Hermann Geyer

Verborgene Weisheit

III

Arbeiten zur Kirchengeschichte

Begründet von
Karl Holl† und Hans Lietzmann†

herausgegeben von
Christoph Markschies, Joachim Mehlhausen†
und Gerhard Müller

Band 80/III

Walter de Gruyter · Berlin · New York
2001

Hermann Geyer

Verborgene Weisheit

Johann Arndts „Vier Bücher vom Wahren Christentum"
als Programm einer spiritualistisch-hermetischen Theologie

III
lumen gratiae et naturae conjungere
Spiritualistisch-hermetische Theologie
Das theosophische Programm der „Vier Bücher"

Walter de Gruyter · Berlin · New York
2001

∞ Gedruckt auf säurefreiem Papier, das die
US-ANSI-Norm über Haltbarkeit erfüllt.

Die Deutsche Bibliothek — CIP-Einheitsaufnahme

Geyer, Hermann:
Verborgene Weisheit : Johann Arndts „Vier Bücher vom Wahren
Christentum" als Programm einer spiritualistisch-hermetischen Theo-
logie / Hermann Geyer. — Berlin ; New York : de Gruyter
(Arbeiten zur Kirchengeschichte ; Bd. 80)
ISBN 3-11-017056-6

3. Lumen gratiae et naturae conjungere — spiritualistisch-hermetische
Theologie : das theosophische Programm der „Vier Bücher". — 2001

Printed in Germany
Layout: Hermann Geyer, München
Umschlaggestaltung: Christopher Schneider, Berlin
Druck und buchbinderische Verarbeitung: Hubert & Co., Göttingen

Ernst Koch

Inhaltsverzeichnis Teil III

A. Hermetisch-paracelsistische Naturphilosophie

§ 1 *concordantia und harmonia cum astris coelestibus*
Das Weltbild des „Wahren Christentums".................................... 1

    1. „die Erde ruhet im centro unbeweglich"
       Makrokosmischer Geozentrismus 1
    1.1 Die Erde als Zentrum der Welt 1
    1.2 Schöpfungsexegese 6

    2. *homo enim totius universi epitome, Microcosmus*
       Mikrokosmischer Anthropozentrismus 13

    3. „eine sehr geheime und große Konsonanz"
       Stufenkosmos und Entsprechung von Oberem und Unterem 31
    3.1 *influentia coelestis* 31
    3.2 Stufenkosmos und *aurea catena naturae* 33

    4. „aus eingepflanzter himmlischer Eigenschaft"
       Die *astra* oder *semina* der Kreaturen 43

    5. *De signaturis rerum* 62

    6. „die pur lautere Essenz und helles Licht"
       Die alchemische Dimension von Arndts Werk 74
    6.1 *Spagyrica* 74
    6.2 „sie haben ihren Samen und Wurzel im Wasser"
        Hylozoismus, *elementum aquae* und *prima materia* 85
    6.3 *lumen internum creaturarum* 98
    6.4 „Er ist alles." 101

§ 2 *magia naturalis* 105

    1. Vorkommen in Arndts Schriften 105
    1.1 *Ikonographia* 108
    1.2 *Bericht von den Weisen aus Morgenland* 113
    1.3 Das „Wahre Christentum" 118

2.   „Erkanntnuß der verborgenen Krafft"
      Grundzüge frühneuzeitlicher *magia naturalis*............................. 125
2.1   Verbindende Merkmale frühneuzeitlicher *magia naturalis*.................... 131

B.   Die ‚cabalistische' „Bedeutung" des *liber naturae*................. 139

§ 3   „in den sterblichen Creaturen den unsterblichen GOtt
      finden" – *Cabala* und die supranaturale Signifikanz der
      sichtbaren Kreatur.. 139

      1.   *Cabala* im *liber naturae* bei Christoph Hirsch............................ 140

      2.   Arndts Naturallegorese in ‚cabalistischer' Perspektive............... 144

      3.   *Praesagia*... 150

      4.   „die rechte, wahre übernatürliche Astronomie".......................... 158
      4.1   „Die haben mit dem natürlichen Himmel nichts zu thun"
            oder: *sapiens dominabitur astris* zum dritten............................ 158
      4.2   *anima socia angelorum*... 185

      5.   „Ein Mensch ... ist hernach das feine Gold"
            Verschmelzung von Alchemie und Theologie............................... 211

C.   Spiritualistisch-hermetische Theologie
      Das theologische Programm der „vier Bücher"...................... 231

§ 4   *Lumen gratiae et naturae conjungere*.. 231

      1.   „dein unvergänglicher Geist ist in Allen" – *lumen naturae*......... 232
      1.1   *lumen naturae* als Quelle von *magia naturalis* und Theologie................. 232
      1.2   „diese lebendigmachende Kraft GOttes ist das Wort"
            Gottes „Wort", „Geist" und „Krafft" in der Schöpfung.................. 237
      1.3   „Gottes ist die gantze Welt voll" – *anima mundi*............................ 244
      1.3.1 *ignis magicus*.. 256
      1.4   „In Ihm leben, weben und sind wir"..................................... 269

      2.   „ein Göttliches jnnerliches Liecht der Seelen" – *lumen gratiae*.. 274

      3.   *Lumen gratiae et naturae conjungere* 281
      3.1   „diß Licht Gottes gehet durch alle Creaturen" – Lichtmetaphysik 281
      3.2   „wie alle Erkenntnüß von jnnen herauß fliesse"
            Zwei „Lichter" der Erkenntnis in Renaissance und früher Neuzeit.... 295

§ 5   Die Konzeption der „Vier Bücher"
      als theologisch-theosophisches Programm 337

D.   Anhänge 373

Anhang 1   Arndts *Esoterica* 373
   1.1   *Mysterium de Incarnatione.* 374
   1.2   *Iudicium Philosophi anonymi* 381
   1.3   *De antiqua philosophia.* 388

Anhang 2   „aus jedwedem Dinge ein natürliches Licht zu scheiden
           stehet" – Arndts Rezeption in der Geschichte der Alchemie 406
   2.1   Benedikt Nikolaus Petraeus 406
   2.2   Heinrich Christian Amelung von Tannenbaum 407
   2.3   *Fegfeuer der Scheidekunst* und *Erlösung aus dem Fegfeur* 408
   2.4   Johann Franz Buddeus 416
   2.5   „Carbonarius" 418
   2.6   Friedrich Christoph Oetinger 420

Anhang 3   *magia naturalis* in Arndts Umfeld 423
   3.1   Christoph Hirsch: *Pegasus Firmamenti* 423
   3.2   David Mederus Osterfeldensis 439
   3.3   Johann Weyer: *Von verzeuberungen.* 441
   3.4   Alexander von Suchten 444
   3.5   Benedictus Figulus: *Pandora magnalium naturalium aurea* 454

Anhang 4   Textauszüge aus Bartholomäus Scleis *Theologia universalis*
           (Teil II Vorrede) 463

Anhang 5   Angelus Silesius
           Cherubinischer Wandersmann (Auszüge) 472

E.   Quellen- und Literaturverzeichnis 479

F.   Verzeichnis der Abbildungen 516

G.   Register 521

A. Hermetisch-paracelsistische Naturphilosophie

§ 1 *concordantia und harmonia cum astris coelestibus*
Das Weltbild des „Wahren Christentums"

Das „Wahre Christentum" hat auch weit über die spezifisch religiöse Welt hinaus die Vorstellungswelt ganzer Generationen geprägt. Schon deshalb lohnte es, sich Arndts nicht auf Buch IV zu beschränkendes Weltbild zu vergegenwärtigen. In seiner spezifischen Charakteristik zeigt es jedoch eine profilierte Dimension nicht nur von Arndts Naturphilosophie, sondern ebenso von seiner Theologie.

Koepps These, der *liber naturae* sei von Arndt selbst „zu einem Anhang herabgedrückt worden",[1] wird allein schon durch Umfang und Gewicht dieses Buches widerlegt. Je mehr man sich auf diesen *liber naturae* einläßt, umso mehr verdichtet sich der Eindruck, daß hier das Herz des Theologen Arndt besonders schlägt.

1. „die Erde ruhet im centro unbeweglich"[2]
Makrokosmischer Geozentrismus

Das Welt(en)bild des „Wahren Christentums" ist ein konservatives. Das schlägt sich sowohl in Arndts Anschauung des Weltengefüges wie in der von ihm gewählten Form der Darstellung anhand des mosaischen Schöpfungsberichts von Genesis 1 nieder. Beides steht in engem Zusammenhang und gemeinsamer Abwehrfront gegen einen als säkularistisch gedeuteten Fortschritt der Wissenschaft.

1.1 Die Erde als Zentrum der Welt

Entgegen den neuen wissenschaftlichen Entdeckungen einer Zeit, die sich mit den Namen berühmter Astronomen wie Kopernikus, Galilei, Kepler, Brahe, Bruno u. a. verbinden, aber auch entgegen dem Heliozentrismus eines Agrippa von Nettesheim,[3] hält Arndt beharrlich am überkommenen Geozentrismus fest.

---

[1]   Koepp Arndt S. 180.
[2]   *Hex* 3,5. Manches, was hier in § 1, 3 und Anhang 1 vorgetragen wird, berührt sich inhaltlich mit Repo: Astrologische Alchemie als Vorbild der Neuen Geburt bei Johann Arndt ... , in: Johann Arndt – Rezeption und Reaktion im Nordisch-Baltischen Raum. Hilding-Pleijel-Symposium III, Lund 1997 (= Bibliotheca Hist.-Eccles. Lundensis 41; im Typoskript eingesehen).
3   *De occulta Philosophia* (1855) S. CLXXIIII, hier nach Kemper I S. 54.

Arndt „dokumentiert" den Zeitgenossen gerade nicht, wie Sommer annimmt, „die *aktuelle wissenschaftliche* Weltdeutung" und „rechte *wissenschaftliche Reflexion*" im Sinne einer Synthese von „Offenbarung und biblische[r] *Naturwissenschaft*"[4] und auch keine „*empirische wissenschaftliche Erkenntnis* [!] im paracelsischen Geist",[5] sondern ein, zumeist in hermetischen Kreisen, zwar weit verbreitetes, jedoch wissenschaftlich problematisiertes, wo nicht bereits erkennbar ‚überholtes' Weltbild, zu dem es auch bei hermetisch geprägten Geistern wie etwa gerade Giordano Bruno oder später Isaac Newton, um nur diese beiden als Beispiele zu nennen, durchaus in einem wissenschaftlichen Sinne ernstzunehmende Alternativen gibt.

In wuchtigen Worten setzt das dritte Kapitel des *Hexaemeron* an, den der Erde als dem Mittelpunkt der „großen Welt" von Gott gesetzten Ort zu beschreiben:[6]

> „Die Erde ist die gröbste, schwerste, körperliche Substanz der ganzen Welt, geschieden von den Wassern, und *gesetzet durch die Gewalt Gottes ins centrum oder Mittelpunkt der großen Welt unbeweglich, zu einem Receptacul oder Behältniß aller himmlischen Einflüsse. Darum sie auch wegen der Runde des Himmels in eine runde Kugel gesetzet die Wirkung des Himmels allenthalben zu empfahen, und machet mit dem Wasser einen globum oder runde Kugel*, und bestehet im Wasser. Und wird diese Erd- und Wasserkugel von der Gewalt der Luft getragen, durch die Kraft des allmächtigen Wortes, voller lebendigen, verborgenen, unsichtbaren Samens aller ihrer sichtbaren Gewächse und Früchte."

Mit in alchemischer Terminologie einhergehender Beschreibung der Materie, der Rede von der „Scheidung" der Erde von den Wassern, dem Postulat der irdischen Abhängigkeit von himmlischen Influenzen, der Vorstellung vom Wasser als Ursprung sowie den astralischen „Samen" der Kreaturen und dem Geozentrismus stellt der Abschnitt geradezu ein Kompendium von Arndts Weltbild dar.

Dieser Geozentrismus ist nicht statisch gedacht. Auch Arndt geht davon aus, daß „die Erde in perpetuo motu, in stetiger Bewegung" sei. Doch will er dies dezidiert nicht als Bewegung um eine Achse oder Umlaufbahn verstanden wissen, sondern organologisch. Die Erde bewege sich *in sich selbst*, indem sie ein um das andere Gewächs aus sich hervorbringe: „da ruhet nichts, bis alle ihre Früchte heraus sind. *Auf diese Weise* geschiehet die Bewegung der Erde", bemüht Arndt sich, Irrtümer auszuräumen, und „*nicht, wie etliche gesagt, daß die Erde umlaufe.*"[7] Arndt kennt letztere Ansichten und verwirft sie strikt, hält aber immerhin an der Kugelgestalt der Erde fest. Seinen Geozentrismus fundiert Arndt ‚theologisch':[8]

> „Diese schrecklich große Wasser- und Erdkugel, woran hänget sie? Wer träget sie? Welches sind ihre Säulen? Höret, was der heilige Hiob spricht Kap. 26,7: Er *hänget* die Erde *an nichts*. Das saget er darum, *weil die ungeheure*

---

4   Sommer Odem S. 209; sein Begriff "biblische Naturwissenschaft" stiftet eher Verwirrung.
5   Sommer Odem S. 216 (Hervorhebungen von mir).
6   *Hex* 3,1 (Hervorhebung von mir).
7   *Hex* 5,16 (Hervorhebung von mir).
8   *Hex* 3,7.9 (Hervorhebung von mir); zu Abschnitt 7 vgl. auch *Pss* 19/I,1 Bd. 1 S. 177a-b.

Wasser- und Erdkugel im Mittel der Welt schwebet, in der Luft unter dem Himmel, und wird vonder [sic] Luft in der ganzen Expansion (Ausdehnung) getragen ...
9. Diese Befestigung des Erdbodens im Wasser, und durchs Wasser in der Mitte und im centro der großen weiten Expansion der Luft, ist ein überaus großer Zeuge der Allmacht Gottes, welches uns der heilige Hiob Kap 38,4 zu Gemüthe führet ... Da wir hören, *daß dies Fundament und Grund des Erdbodens keine Vernunft erforschen mag, sondern solches der Gewalt und Allmacht Gottes zuschreiben* [sic] *muß.* Denn es ist gar ein groß und unbegreiflich Wunder, daß die große Erdkugel also im Wasser bestehet, und doch nicht in die Tiefe hinein sinket, und untergehet."

Durch die Bestätigung seitens des „heiligen" Hiob als eines kosmologischen Kronzeugen, die einmal mehr Arndts Präferenz für alttestamentlich-weisheitliches Textgut (wie auch Spruchgut, Weisheitspsalmen etc.) belegt, scheint die ohnehin nur am Rande verhandelte Frage konkurrierender Weltbilder erledigt.
Bildhafte Sprache und eingängige Vergleiche reichen einander die Hand. So erklärt Arndt den Zusammenhalt der „schrecklich große[n] Wasser- und Erdkugel" mit dem Bild von Eiklar und Dotter.[9] Weber hat in seiner quellenkritischen Untersuchung gezeigt, daß Arndt diesen Vergleich bei Paracelsus, der ihn mehrfach verwendet, entlehnt haben dürfte.[10] Daß er sich nach Paracelsus auch in Weigels Schrift *Vom Ort der Welt* gleich zu Beginn von Kapitel II[11] findet, läßt Weber, obwohl er in diesem Zusammenhang selbst auf eine Illustration just zu dieser Weigel-Schrift verweist,[12] allerdings unerwähnt. Weitere Einzelnachweise erübrigen sich insofern, als es sich bei dem Ei-Vergleich um einen Jahrtausende alten orphisch-gnostisch-alchemischen Topos des ‚philosophischen' oder Welteneies handelt, der hier in der frühneuzeitlichen hermetischen Naturphilosophie fortlebt,[13] vielleicht nicht das unwichtigste Motiv für einen Antikopernikanismus. Die entscheidenden Motive solchen Geozentrismus wären demnach wohl eher in ihren kosmo*sophischen* denn in ihren kosmologischen Implikationen zu suchen.
Auch ohne gleich an textliche Abhängigkeit denken zu müssen, sollte Weigels kosmophilosophische Schrift *Vom Ort der Welt* (ebenso wie das *Informatorium*[14]) als Parallele nicht außer Acht bleiben. Ähnlich thetisch-‚theologisch' wie Arndt

---

9 Zu diesem Bild bei Paracelsus und Weigel vgl. Pfefferl Weigel und Paracelsus S. 88 u. A. 31f.
10 Weber S. 148.
11 Parallel *Soli Deo Gloria* II,V S. 22.
12 Leider ist die Angabe in Anm. 9: „Abb. 46" sowohl nach Abb. wie evtl. Seite falsch.
13 Vgl. den diachronen, verschiedene Varianten sowie die Entwicklung des Motivs vom rein literarischen Vergleich bis zu seiner Verschmelzung mit den 4 Elementen dokumentierenden Überblick von Sheppard: Egg Symbolism in Alchemy, in: Ambix 6 (1957/58) S. 140-148; sowie Hirschberger Philosophie I S. 15f. (Orphik); v. Lippmann Alchemie I S. 246; II S. 220 (Gnostik); Biedermann Lexikon S. 141; Haage Alchemie S. 136 (*Turba philosophorum* u. Bezug auf die 'vorsokratische' Naturphilosophie); Hild, in: Priesner/Figala S. 120 (Diverses) u. a. m.
14 „Vergleiche also diese grosse gantze Welt einem gantzen Ey, vnd wie der Dotter nicht mag fallen auß seinem ort, also mag die Erd vnd das Meer nit verrückt werden auß seinem ort" ("Newenstatt" 1616, Teil II, cap. 5, fol. C iij ʳ, nach Pfefferl Weigel und Paracelsus S. 88).

postuliert sie, daß Gott die Erde als unverrückbares Zentrum des Kosmos in das „Nichts" ‚gesetzt' habe, weshalb sie auch nicht „vnter sich" oder „hinab falle": [15]

> „Daraus folget, daß die Erde in der Mitten stehe, vnd sey *ein Centrum gegen dem Firmament.* Nun wollen wir bedencken die Vrsache, daß die Erde sampt dem Meer nicht hinab falle, wie die Ungeübten vermeynen, daß eine solche Moles corporea, als die Erde vnd Meer eine grosse Kugel ist, nicht falle von jrem Orte, noch aus jhrer Stelle gerücket werden, ist natürlich, vnd ist erstlich das die Vrsache, daß alle Geschöpffe vber sich stehen, vnd nichts hanget vnter sich ...
> Die Vnerfahrenen sagen, Gott müsse die Erden halten oder die Engel, daß sie nicht auß der Mitten falle, aber nein, es stehet alles natürlich; Gott ist vielmehr zu loben vnd zu preisen, daß er ein solcher Schöpffer sey vnd kan die grosse schwere vnd Kugel *setzen* mitten in die Lufft vnd die gantze Welt *in ein nichts."*

Weit tiefer als Arndt spekuliert Weigel philosophisch über die schiere Unbegreiflichkeit dieser göttlichen ‚Setzung' dieses für sich Bestehenden ‚in ein Nichts': [16]

> „Diese sichtbare Welt stehet in jr selbst, vnd nach jhrer Außwendigkeit stehet sie in der Tieffe, in Abysso infinitudinis ... *in einem solchen nichts stehet die Welt,* da niemand in Ewigkeit dasselbige erfahren, ergründen, begreiffen noch bedencken kan, es sey in die Höhe, Tieffe, Breite oder Lenge, so findet man allezeit kein Ende ...
> Wie die Erde vnd das Meer eine Kugel machen vnd stehen im Lufft vnd mögen nicht von jhrer Stellen weichen: Also machet der Himmel vnd die Erden eine Kugel, vnd ist die gantze Machina, der limus terrae, daraus Adam gemacht ist, stehet im nichts vnd felt nirgends hin ... Vnd ist der Schöpffer vielmehr zu preisen, daß er ein solch groß Gebäwde *in ein nichts* setze [!], *vnd daß es also müsse stille stehen bleiben auff der Tieffe."*

Analogien und Unterschiede zwischen Arndt und Weigel sind unübersehbar: Die Vorstellung, daß die Erde im und als Zentrum der Welt über dem Nichts stehe und eine von Luft zusammengehaltene Kugel aus Wasser und Erde bilde, [17]

---

[15] Vgl. insbesondere Weigel: *Vom Ort der Welt:* cap. 2 und 9-11; hier: 9, Werke III S. 29f.

[16] Weigel *Vom Ort der Welt* cap 10, Werke III S. 32f.

[17] Vgl. ähnlich: Weigels *Soli Deo Gloria,* wonach die Erde „muß stille stehen in der mitten bis an die zehrbrechung [sic] der Welt" (II,V S. 23); „Das Erde vnd Meer ein Runde Kugel machen vnd mitten in der Luft stehet vnd nirgends hinfalle" (II,II S. 18; vgl. ebd. II,IV S. 21 Überschrift; II,V S. 22: Ei-Dotter-Vergleich, auch im mit *Soli Deo Gloria* vielfach identischen *Informatorium* - darin Auszug aus dem *Ort der Welt* - II,5, vgl. Zeller Naturmystik S. 118); die Welt steht auf der Tiefe und fällt nicht hinab: (*Soli Deo Gloria* II,VI S. 25; vgl. Ps.-Weigel *Libellus disputatorius* Exemplum V S. 38f.). Auch die postweigelianische *Viererlei Auslegung von der Schöpfung* (dazu allg. Weigel Werke NE Pfefferl Bd. 8 S. LIII; Pfefferl Überlieferung IV B S. 47 u. ö.) konstatiert in weitgehend gleichlautender Sprache, „Wie die Erde und Meer zusammen eine runde Kugel machen, in dem Lufft stehen, und nirgends hinfalle. Darnach, wie die gantze Welt im Nichts stehe, und nicht hinabfalle." (II,2 S. 388)· Auch nach ihr gilt, daß die Erde im Zentrum der Welt stehe und unverrückbar „in der Mitte des Zirkels bleiben" müsse (II,3 S. 394f.). So verwendet sie das paracelsische Bild vom Ei – wie Arndt (*Hex* 3,8 und 5,3)

vor deren Wunderhaftigkeit der menschliche Verstand kapitulieren müsse, ist bei aller spekulativen Differenz beiden gemeinsam. Auch Diktion und Charakter der Darstellung sind unterschiedlich, insbesondere fehlt bei Weigel hier weitgehend der für Arndts Naturauslegung fundamentale Bibelbezug. Gleichwohl eröffnet Weigel seinen *Güldenen Griff* mit einem Kapitel, dessen Überschrift konstatiert: „Das die Betrachtung der ewigen Gottheit / vnd der 6. *Tagewercken* / auch die Erkändtniß seiner selbst groß nutz bringt".[18] Mit dieser Anspielung auf das *Hexaemeron* von Genesis 1 für diese Triade allumfassender Erkenntnis gibt er demnach denselben schöpfungstheologischen Horizont zu erkennen wie Arndt.

Ebensowenig folgen Weigels *Natürliche Auslegung von der Schöpfung* zum selben Thema dem Schema des *Hexaemeron*, nicht anders als die genuine Weigel-Schrift *Vom Ursprung aller Dinge*, die, wie Pfefferl nachwies, als vierte auf ihrer Basis kompilierte *Viererlei Auslegung von der Schöpfung* integriert wurde. Zwar folgen sie einer anderen Logik, setzen aber das ‚mosaische' Sechstagewerk explizit voraus.

Stellvertretend für viele andere Motive und Gedanken kann der Ei-Vergleich bei Arndt, Weigel, Pseudo-Weigel und allen voran Paracelsus verdeutlichen: Es handelt sich um Gemeingut von oft älterer Herkunft, das in Paracelsismus, *Corpus Weigelianum* sowie in deren Einflußbereich häufig in kosmologisch-theosophischen Schriften Verwendung findet, was sich durchgehend nicht von ungefähr mit dem Festhalten am Geozentrismus verbindet, dessen Ursymbol es ist. Darin zeigt sich zugleich ein Grundmerkmal dieses Genus von Schrifttum, das die Unterschiede wie die Gemeinsamkeiten gleichermaßen zu erklären vermag: Bei literarisch tätigen Alchemikern, Hermetikern und Spiritualisten, die im wechselseitigen Austausch kursierender Handschriften ihr Gedankengut verbreiten und rezipieren, handelt es sich in den meisten Fällen keineswegs um bloße Kopisten, sondern um Individualisten, die – wie Arndt dies in seinen Schriften exemplarisch zeigt – sich fremdes Gut kreativ aneignen und eigenständig weiterverarbeiten oder aber, wie im Falle der *Pseudoparacelsica* sowie *Post-* und *Pseudoweigeliana*, die eigenen Schriften oder Kompilate anderer Autoren unterschieben.

Die Basis dafür bildet neben einer gemeinsamen Weltanschauung auch ein über weite Strecken gemeinsames Quellen- und Gedankengut, das jeder mit anderen, häufig von weither gesammelten Quellen, eigenen Beobachtungen, Reflexionen bzw. Experimenten anreichert und je auf seine Weise eigenständig neu gestaltet. Ein prägendes gemeinsames Milieu wird darin ebenso deutlich wie

---

gleich zweimal hintereinander –, um daran deutlich zu machen, wie die Welt in einer Hülle aus Luft als eine Kugel aus Wasser und Erde stabil zusammenhalte und im Universum fest an ihrem Platz stehe (II,3 S. 391f.): „so hebe ich unden an durch ein Gleichniß von einem Ey und Dotter in dem Ey und sage: die Erde und das Meer machen miteinander eine runde Kugel, stehen im Lufft und fallen nirgends hin, gleich wie die gantze Welt, Erde und Himmel zusammen, eine runde Kugel machen, und stehen im Nichts, und fallen nirgends hin." Usw.

18   Kap I S. 7 (Hervorhebung von mir). Aus dem Spott in cap. VIII S. 25 wird die Bedeutung von Gen 1 als wichtigem Fundament der Theologie und Philosophie deutlich: „dieser ist ein grosser Doctor vnd Theologus, vnnd hat noch nicht das erste Capittel Genesis verstanden".

eine – oft unter umgekehrtem Vorzeichen seiner frommen Bestreitung bzw. Sublimierung um so entschiedener vorangetriebene – Subjektivität als spirituelles Pendant des Renaissance-Anthropozentrismus, das in seiner Bedeutung für die Entstehung eines neuzeitlichen Subjektivismus nicht leicht zu überschätzen ist.

Jede dieser Schriften, nicht selten unter persönlicher Gefahren für den Autor, oft pseudonym oder anonym und manchmal nur auf verborgenen Kanälen auf den Weg gebracht, erscheint bis in Charakteristik und Diktion hinein als Unikat, wenngleich vielfach mit Gedanken- und Quellengut anderer Schriften durchsetzt. Eine daraus resultierende Redundanz dieses geistesverwandten Schrifttums gilt daher nicht als Plagiat, sondern vielmehr als die wechelseitige Bekräftigung von Einsichten einer großen Schar von „guten Freunden" bzw. einer *Turba philosophorum*, wie sie der gleichnamige Titel der beliebten alchemischen Schrift – die das Weltenei vertritt [19] – als Selbstverständnis dieser Kreise treffend formuliert. [20]

Daß ein solcher Charakter auch für wesentliche Teile von Arndts öffentlichen und insbesondere auch apokryphen Schriften kennzeichnend ist, belegen nicht zuletzt die quellenkritischen Erkenntnisse über das dort verarbeitete spiritualistische und paracelsische Gut [21] ebenso wie Arndts Rezeption bei den Radikalen.

1.2   Schöpfungsexegese

Gerade auch angesichts deutlicher Unterschiede fallen in diesen Schriften häufig Übereinstimmungen in formaler und stilistischer Hinsicht ins Auge. Sie sprechen dafür, einen Teil dieser kosmologischen Schriften in mancher Hinsicht als eigene Gattung zu betrachten – wenn man sich darauf einläßt, Arndts *Hexaemeron* im größeren Ganzen als einen relativ eigenständigen Teil wahrzunehmen, wofür ein Argument sicher auch die in der Vorrede benannte *Hexaemeron*-Tradition ist. [22]

Schon eine nur auf den ersten Blick äußerliche Beobachtung legt dies nahe: Der Vergleich zwischen Teil I und II von Arndts *liber naturae* zeigt, daß der erste, das *Hexaemeron*, sich durchgängig auf eine Fülle von biblischen Belegen bezieht, während im zweiten Teil – von den Motti als Kapitel-Unterüberschriften und singulären Ausnahmen im Text abgesehen – Bibelbezüge weitestgehend fehlen. Dies erklärt sich daraus, daß es sich auch *innerhalb* des Buchs der Natur um zwei verschiedene Erkenntniswege handelt. Der erste unterwirft sich demonstrativ vom ersten Abschnitt und Kapitel an der Autorität des Schöpfungsberichts und entfaltet die Fragen der Naturphilosophie und spirituellen Naturauslegung unter permanentem Rückbezug auf den biblischen Autoritätsbeweis am *Hexaemeron*. Der zweite Teil, auf Raimund von Sabundes *theologia naturalis* gestützt, versucht dagegen, eine Denknotwendigkeit Gottes und eine unabweisbare sowie ausnahmslos für jeden Menschen erkennbare Verpflichtung zu einem gottgemäßen

---

[19] Vgl. Haage Alchemie S. 136 (mit Belegen).
[20] Peuckert Pansophie S. 213 übersetzt dies treffend mit einem „disputierenden Konvent".
[21] Vgl. Koepp und Weber *passim* (auch ältere Forschung), dazu Schneider *Ikonographia* u. a.
[22] *WCh* IV Vorrede 3.

Leben aus dem anderen Zweig des „Lichtes der Natur", der menschlichen Vernunft, mittels rationalistischer Gedankengänge und Folgerungen zu erschließen. Auch wenn Arndt diese beiden Teile und Wege nach dem Schema des Makro-/ Mikrokosmos eng verknüpft, ist doch ein stilistischer wie sachlicher Unterschied zwischen den beiden unübersehbar, der eine isolierte Betrachtung rechtfertigt.[23]

Ein ähnlich durchgängiger Bibelbezug findet sich, schon von der Anlage der Schrift her, in der dem *Corpus Weigelianum* zugehörigen Schrift *Viererlei Auslegung von der Schöpfung*, die, wie Arndt, die reichlich abgelegene Bemerkung aus 2 Petr 3,5, die Erde sei „aus dem Wasser und in dem Wasser, oder durch das Wasser, bestanden",[24] als ein kosmologisches Argument für die hylozoische These vom „Wasser" als dem ersten und untersten Element der Welt benutzt.[25] In der vorliegenden Gestalt ist ihre Darstellung der – unsichtbaren mehr als der sichtbaren – Welt als vierfach aufeinander aufbauende Auslegung von Genesis 1 konzipiert, also als eine Arndts *Hexaemeron* durchaus verwandte Form, wie sie ja schon der Titel einer *Viererlei Auslegung von der Schöpfung* verspricht. Auch sie interpretiert die „schöne Creatur" als „ein Buch, darinne man lesen soll Gottes ewige Güte, Allmächtigkeit und Weißheit".[26] Um der spiritualistisch-hermetischen Kosmologie und Anthropologie als dem Fundament einer entsprechenden Soteriologie willen ist ihr an der richtigen Auslegung gerade des Anfanges der Bibel alles gelegen:[27]

> „Es liegt viel daran, dz dieses erste Capittel von der Schöpffung gründlich erkant und verstanden werde, den wo es nicht recht verstanden wird, so kan man auch die nachfolgenden Bücher der Schrifft nicht recht auslegen noch verstehen, wie man den siehet an den Commenten der Auslegungen der Alten und Newen, so sie über dz gantze erste Buch Mosis geschrieben haben, dz keine warheit oder gewißheit bei ihnen kan gefunden werden, wie die verstendigen wol sehen. Hetten sie aber diß erste Capittel von der Schöpffung recht getroffen und ausgelegt, so wehre ihr commentiren über die Biblischen Bücher vieleicht nicht so leer abgangen."

Diese Auffassung findet auch bei Weigel selbst Rückhalt, der schon im ersten Kapitel seiner Schrift zur Erkenntnistheorie schreibt, „Das die Betrachtung der ewigen Gottheit vnd der 6. Tagewercken, auch die Erkändniß seiner selbst groß nutz bringt"[28] und damit die Trias der Erkenntnis markiert, Gott, Welt, sich selbst, die sein Schrifttum wie das seiner Rezipienten als eine Einheit durchzieht. Das Stichwort vom Sechstagewerk steht darin für die Welterkenntnis. Nach Weigels *Soli Deo Gloria*, das ebenfalls zur häufigen Betrachtung des Sechstage-

---

[23] Daß auch ganze Teile von Schriften dem Schema des *Hexaemeron* folgen können, zeigt etwa Abraham von Franckenbergs Oculus aeternitatis (Betkius Amsterdam 1677) cap. VII, S. 61-64.

[24] *Hex* 3,6.

[25] *Viererlei Auslegung* II,12 S. 440; zum Thema s. u.

[26] *Viererlei Auslegung* II,1 S. 384f.

[27] *Viererlei Auslegung* I,8 S. 378.

[28] *Der Güldene Griff* I S. 7f.

werkes auffordert, sei darin nicht nur die sichtbare, sondern auch die unsichtbare
Welt zu erkennen,[29] wie das spekulativ ja gerade die postweigelianische *Viererlei
Auslegung von der Schöpfung* versucht. In all diesen Schriften geht der Rekurs auf
die Bibel einher mit einer permanenten Polemik gegen abweichende Meinungen.

Doch sind Weigel und seine Gefolgsleute nicht die einzigen, die den „mosaischen" Weg beschreiten. Carlos Gilly beschreibt und zitiert den „Schwenckfel-
dianer, Paracelsist[en], Streiter für die religiöse Toleranz und dazu noch bedeu-
tende[n] Chiliast[en]" Helisäus Röslin, der nach der Lektüre von Schriften des
Paracelsus den allgemein anerkannten Fundamenten der natürlichen Künste zu
mißtrauen begann und sich davon distanzierend in die Reihe derjenigen stellte,
„die das [sic!] 'Librum magnum Mundi seu Opus creationis Dei et naturam
rerum' immer wieder 'zu erforschen, zu erfassen, zu bewundern und zu erklären'
versuchen, und zwar in paracelsischem Sinne und '*in vollkommenem Einklang mit
Moses' Schöpfungsbericht*'."[30] Des Paracelsus-Jüngers Gerhard Dorn *Liber de naturae
luce Physica, ex Genesi desumta* [!], *in quo continetur Physica Genesis, Physica Hermetis
Trismegisti, Physica Trithemij, Philosophia Meditativa, Philosophia Chemica*[31] verrät schon
im Titel die Quelle einer solchen kategorisch ‚mosaischen' Weltbetrachtung, die
sich als eine Grundlage und Bezugsrahmen hermetischer Spekulation geradezu
anzubieten scheint. Indem er dieser Quelle folgt und sie von den anderen
genannten Quellen her deutet und sie damit anreichert, tut Dorn vom Prinzip
her nichts anderes als Aegidius Gutmann,[32] der Genesis 1 Buchstaben um Buchstaben kabbalistisch-hermetisch auslegt, oder der anonyme Autor der von Eisenmenger alias Siderocrates herausgegebenen *Cyclopaedia Paracelsica Christiana*,[33] die
alle ihre „mosaische Philosophie"[34] auf Genesis 1, diese Fundamentalurkunde
christlich-hermetisch inspirierter Naturphilosophie beziehen, einen Weg, den
einer uralten kosmologischen Tradition gemäß der Hohenheimer gewiesen hatte:

> „also seind die creata buchstaben, in den gelesen wird, wer der mensch ist.
> das aber derselbigen anfang verstanden werde, darum so muß die biblische
> schrift den anfang erkleren: ursach, wir wissen alle nichts darumb, sie
> seind al geschaffen one den menschen, vor seiner schöpfung. darumb, so
> niemants dabei gewesen ist, so mag mans nit wissen, der geist gottes aber
> derselbig ret in der bibel, auf denselben folgt mein ekstein zu schreiben
> …".[35]

---

[29] *Soli Dei Gloria* II cap. XI S. 38-40 (die Schrift ist über weite Passagen mit dem von Arndt
    benützten *Informatiorium* identisch) bietet die Kurzform eines Sechstagewerks.
[30] Gilly Cimelia Rhodostaurotica S. 12 (Hervorhebung von mir).
[31] S. a.; nach Ferguson Bibliotheca Chemica I S. 221.
[32] *Offenbahrung Göttlicher Mayestat* 1619 (hg. von Arndts Celler Freund Melchior Breler!).
[33] Gilly Cimelia Rhodostaurotica S. 10f.; ders. Theophrastia Sancta S. 440f.
[34] Vgl. den sprechenden Titel aus späterer Zeit: Der Sechs Tage-Wercke dieser Welt Geheime
    Bedeutung im Spiegel der uhralten und Mosaischen Philosophie entdecket; Blankenburg …
    1722 (nach Ferguson Bibliotheca Chemica II S. 257).
[35] *Astronomia Magna* Werke (Sudhoff) II S. 32.

Zur Legitimation für die Zugrundelegung der Genesis postuliert der pseudo-paracelsische[36] *Liber Azoth sive de Ligno et Linea vitae* eine göttliche Inspiration der besonderen Art für Moses und benennt in Verbindung mit der *magia naturalis* und der *philosophia adepta* dabei einen ganzen Kanon hermetischer Disziplinen:[37]

„Moises beschreibt die schöpfung der welt und des menschen. so ist aber der gute gotesgelerte [!] Moises bei beschaffung [Erschaffung] der welt und des mensche nit selbs persönlich gewesen und hat doch eigentlich gruntlich und warhaftig die beschaffung himels und der erden beschriben ... nun haben alle naturales eine wissende, unlaugbare, iedem vernünftigen menschen glaubliche, warhaftige ursach, dem Moisi zu glauben, seiner herrlichen beschreibung von beschaffung der welt und des menschen. derowegen auch alle naturales den Moisem erkennen für einen *von got hoch mit dem heiligen geist begabten philosophum, naturkündiger und propheten*, welcher als ein *naturalis magus* und yliaster divinus, unser necroleus und vorgeher ist worden *in adepta philosophia.* derhalben er auch auf necrolisch, necroman-tice und necrocosmice uns den grunt der *beschaffung macro- und microcosmi*[38] fürleget und beschreibet.
Iezt ist die frage, wenn ein heide, das ist ein paganus, ein unglaubiger den geschriften des teuren Moisis nicht wolt glauben geben, womit man wolte den selbigen unglaubigen zu friden stellen, auf das er glauben möchte. dan wir wissen wol, *das es nit einem ieglichen menschen zu glauben ist, vil weniger von got gegeben, den Moisem in seinem schreiben zu verstehen*; dan Moises hat seine schriften nicht mit andern büchern beweret. aber das befindet sich wol, das Moises *aus eingebung des heiligen geistes die beschaffung der ganzen welt so wol auch des menschen Adami und Evae, verstanden, gewußt und beschriben hat.* und wie wol er hoch, recht, warhaftig und gut geschriben, *so ist doch solch schreiben so gar hochsinnig, das keinem einfeltigen ein begnügen beschehe, und bedarf mer einer auslegung und erklerung dan eines einfaltigen lesers. das beweiset physica samt iren nebenkünsten, als da ist astronomia, astrologia, pyromantia, chaomantia, hydromantia, geomantia, alchimia, spagirica, als matrices der edlen kunst cabalistica, und auf dise künste alle vorbenennt wird gegründet magia naturalis ...* ".

Als Adept redet auch Moses wie die Alchemiker so verschlüsselt, daß nur die Eingeweihten sich auf die „auslegung" des verborgenen Sinnes verstehen, wozu sie der *magia naturalis* und ihrer verschiedenen „künste" und „nebenkünsten" kundig sein müssen. Der inaugurierte Weg über Genesis 1 zu allem hermetisch-kabbalistischem Geheimwissen bewegt sich bei allen Unterschieden weitgehend in den Bahnen, die in der Tradition des älteren Hermetismus stehend sowie in Anlehnung an, aber auch Abgrenzung von seinem Lehrer Marsilio Ficino der Renaissance-Platoniker und -Hermetiker Graf Pico della Mirandola in seinem *Heptaplus* gewiesen hatte.

---

[36] Vgl. etwa Goldammer Magie bei Paracelsus S. 37.
[37] Werke I,XIV (Sudhoff) S. 551 (Hervorhebung von mir).
[38] Arndt nennt den "große[n] Prophet[en] Moses" als den, der angeblich die zwei "Zeugen" der 'großen' und 'kleinen Welt' einführe, *WCh* IV Vorrede 1.

Die Weise, wie das Sechstagewerk auch in den verschiedenen spiritualistisch-
hermetischen Kreisen ausgelegt wird, ist sehr unterschiedlich, eher spekulativ in
die intelligiblen superastralen und supralapsarischen Welten und den Sturz Luzifers ausgreifend, oder eher an den sichtbaren Kreaturen orientiert im Sinne einer
hermetischen Naturphilosophie wie manche Schriften aus der Rosenkreuzer-Bewegung. Dazwischen gibt es allerlei Überschneidungen und Zwischenformen.

Bei allen Unterschieden im Einzelnen ist von Joris[39] bis Khunrath,[40] von
Weigel bis Böhme,[41] von Sperber bis Gutmann, von der *Viererlei Auslegung* bis zu
Johann Arndt ein genuines kosmologisches bzw. kosmosophisches Interesse
nicht zu verkennen, auch unabhängig davon, ob es sich mehr oder weniger spekulativ artikuliert. In aller spiritualistischen Abwertung des Irdisch-Materiellen
herrscht eigentümlicherweise dennoch ein eigenständiges Interesse an der kreatürlichen Welt, ein scheinbarer Widerspruch, der nach einer Erklärung verlangt.

Unübersehbares Merkmal vieler dieser Schriften bis hin zu Arndt ist darüberhinaus, daß sich das kosmosophische Interesse allenthalben engstens mit einem
spirituell-theologischen bzw. einem theosophischen Grundanliegen verbindet.
Auf diese Schriften trifft in übertragener Weise eine Charakteristik zu, die Manfred Büttner für die naturphilosophische Bemühung des Vinzenz von Beauvais
als „Schöpfungsexegese"[42] bezeichnet. Arndts „Schöpfungsexegese" führt von
der Betrachtung der Geschöpfe zum Schöpfer, von der Kreatur zur *vita religiosa*.

Ebenso bezeichnend für viele solche Schriften ist ein doppelter Anspruch,
mit dem sie auftreten. Er soll den Lesern signalisieren, daß sie sowohl kenntnis-
reich und fachlich fundiert seien, als auch naturphilosophischen Schriften anderer Provenienz kategorisch überlegen. So suggerieren wiederholt eingestreute
lateinische Zitate aus kosmologisch-philosophischen Quellen[43] eine regsame
Belesenheit, die auf thematische Fachdiskurse Bezug nimmt. Dies mag durchaus
unterschiedlich ausgesehen haben. Daß die Quellenzitate nicht selten auch aus

---

[39] Von David Joris stammt die *Verklaringhe der Scheppenissen* aus dem Jahr 1553, welches
     Werk Adelung in seiner berühmten Geschichte der Narrheit III,37 S. 407 folgendermaßen
     beschreibt:
        „Auf dem Titelblatte stehet in einer großen Vignette eine Abbildung der sechs Schöpfungs-
     tage in einem Zirkel, dessen Mittelpunkt Gott in Gestalt eines mit einem dreyfachen Strah-
     lenscheine umgebenen Auges ist. Es enthält in 84 Kapiteln eine mystische Erklärung der
     Schöpfung nach den sechs Tagewerken, eine Geschichte des Falles der ersten Menschen und
     der Wiederbringung durch Christum, Unterricht von dem rechten Hirten; *kurz, beynahe ein
     vollständiges System der ganzen Mystik.*" (Hervorhebung von mir).
[40] Auch Heinrich Khunrath erhebt in seinem Amphitheatrum den mosaischen Schöpfungs-
     bericht zur Grundlage der Weltbetrachtung, V,261 S. 126-134; dieser Text ist wie das ganze
     Werk im übrigen ein eindrückliches Beispiel für eine durchgängige theosophische
     'Biblisierung'.
[41] *Mysterium magnum*; deutscher Titel: *Erklärung über das erste Buch Mosis*, 1622/23.
[42] Regiert Gott die Welt? S. 15.
[43] *Viererlei Auslegung* I,4 S. 370; II,3 S. 393; II,12 S. 436; II,13 S. 446 (4. Esra); II,14 S. 458
     (latein. Begrifflichkeit); III,5 S.481; III,9 S. 502; IV,IV S. 558; IV,VIII S. 567; IV,XI S. 574;
     IV,XV S. 593 (latein. u. griech. Zitate); IV,XVI S. 596; diverse Fachbegriffe sind eingestreut.

zweiter oder dritter Hand stammen könnten, läßt unter anderem etwa die kleine Beobachtung vermuten, daß Arndt in seiner Zitation des Helisaeus Röslin[44] – der aber seinerseits hier wiederum nur den Albumasar zu referieren hat – und des Wilhelm „Anoponymus"[45] zu Beginn des jeweiligen Zitates im *lateinischen* Text die Einleitungsformeln mit anführt, die ganz danach klingen, als seien sie selbst in dieser Form schon sekundär übernommen.[46] Daß bei vielen Vertretern dieser Disziplin eine ernstzunehmende, eigenständige Bemühung um fundiertes Wissen herrscht und eine kritische Auseinandersetzung mit anderen Positionen und wichtiger, laufend erscheinender Literatur stattfindet, steht außer Zweifel, wie etwa für Arndt der Briefwechsel mit Johann Gerhard wiederholt belegt.

Häufig gibt sich dieser Anspruch exklusiv oder, wie aus dem oben zitierten Beispiel der *Viererlei Auslegung* mit ihrer pauschalisierenden Abwertung Andersdenkender deutlich wird, auch als ein – nicht selten mit beißendem Spott vorgetragenes[47] – Pathos, in krassem Gegensatz zur Masse von Dilettanten und Böswilligen die wahre Weisheit zu besitzen. Der Anspruch gilt für diese Natur-"Philosophie" gleichermaßen wie für die spiritualistische Theologie, sind doch ihre Motive und Begründungen mit deren Argumentation auf das engste verwandt.

Häufig erfolgt eine Bezugnahme auf Autoritäten oder die Positionen anderer „Scribenten"[48] dem Stil einer Disputation ähnlich.[49] Typisches Beispiel dafür ist Arndts *Hexaemeron* 3, jenes Kapitel über die Erde:[50]

„3. Hier disputiren die Gelehrten: Ob die Erde auf dem Wasser stehe, oder ob sie ... das unterste sei ...
4. Die da halten, daß die Erde auf dem Wasser stehe, haben diese Sprüche für sich: ...[51]
5. Die andern, die da wollen, die Erde sei der Grund und Boden des Wassers, haben diese fundamenta und Gründe. 1) Weil die Erde das schwerste Element ist ... Zum 2) führen sie auch diesen Beweis ... und erklären 3) die Sprüche der Psalmen ... ".

---

[44] Weber 170; Gillys gerade auch für das Umfeld Arndts wichtiger Katalog der Rosenkreuzer-Ausstellung: Cimelia Rhodostaurotica S. 11f.
[45] Weber S. 172f.
[46] *Hex* 5,20: „Rosellus de hoc negotio sic scribit ... "; Übersetzung: „Das ist: Rosellus schreibt von diesem Handel also"; *Hex* 5,21 (anders aber 30!): „Wilhelmus Anoponymus hanc profert rationem ... "; Übersetzung: „Das ist: Wilhelm Anoponymus bringet diese Ursache vor". Die Einleitungsformeln wirken sperrig wie Fremdkörper. Von Weber nachgewiesene Textabweichungen beim zweiten Autor könnten ein literarisches Zwischenglied vermuten lassen.
[47] *Hex* 5,12: „Denn es ist doch gar zu elend, was etliche von den Ursachen der Salzigkeit des Meeres schreiben". Arndt kennt sich da anders aus! Vgl. auch *Hex* 5,23: „Wo das wahr ist, so haben die Physiker und Naturkundigen dem Monde allzugroße Arbeit aufgeleget ... ". *Hex* 4,27 mahnt Arndt: „Hier laß dich die *heidnischen* Scribenten nicht irren" – womit er die zeitgenössischen Aristoteliker meint, nicht aber die von ihm hoch geschätzten „weisen Heiden"!
[48] Z. B. *Hex* 2,4: „sagt ein alter Scribent".
[49] Vgl. Weber S. 147.
[50] *Hex* 3,3-5.
[51] Es folgen Zitate aus der Bibel und vom Kirchenvater Chrysostomus.

Der Hinweis auf von nicht namentlich genannten Autoren herangezogene Bibelbelege verweist entweder auf die übliche Lokalmethode oder aber das naturphilosophische Konzept einer *physica sacra*. Wo eine – und zumal auch fromme –
Autorität der andern entgegensteht, muß eine weitere, nun apostolische von
deutlich höherem Rang, den Disput autoritativ einer Lösung zuführen:

> „Es soll uns aber der *heilige Apostel Petrus* diesen Streit entscheiden, da er
> spricht 2 Epist. 3,5: Die Erde ist aus dem Wasser ... bestanden ... Da
> bezeuget *der heilige Apostel*, daß die Erde im Wasser bestehe ... ".

Süffisant kommentiert Weber:[52] „Er [Arndt] löst das Problem weder rational
noch empirisch, sondern dogmatisch ... ". Doch steht Arndt damit nicht allein.
Die erstmals 1620 erschienene alchemische Schrift[53] *GLORIA MVNDI. Alias,
PARADYSI TABVLA. HOC EST: VERA PRISCAE SCIENTIAE DEscriptio,
quam Adam ab ipso Deo didicit* [!]: *Noe, Abraham et Salomo* etc., welche *DE LAPI-
DE PHILOSOPHICO* handelt, setzt 2 Pet 3,5 gar auf den Titel: „Verum nequitia
ergo ignorare volunt, quod coelum olim etiam fuerit, quodque terra ex: et in
aqua, per Dei verbum constiterit." Damit erweist sich die biblische Autorität, die
in einer – die apostolische Sukzession an *antiquitas* und womöglich Gewicht
überragenden – Sukzession der (hermetischen) *prisca scientia* von Adam und anderen biblischen Weisen her steht, zugleich als (christlich-)hermetische Autorität.
    Zwar ist bei Arndt der Anklang an die Form der Disputation deutlich, ebenso
klar wird aber hier wie in so vielen abwertenden Äußerungen über theologische
Disputationen – nicht anders als in der ersten der *Viererlei Auslegung*en – daß diese Form nicht wirklich eine von Arndt geschätzte ist, wie auch in *Hexaemeron* 2,2
deutlich wird:[54] „Doch wollen wir hier mit niemand zanken, und nur sagen, daß
uns die Ordnung der Elemente zu erkennen giebt, daß der Himmel sei das aller-
beständigste, reineste, subtileste klareste, lauterste Wesen der großen Welt".
Allerdings läßt die Argumentation aus dem *ordo elementorum*, die hier über jeden
Streit der Meinungen erhaben zu sein beansprucht, einen hermetischen Hintergrund vermuten, der auch zu dieser Zeit keine uneingeschränkte Geltung besaß.
    Arndts Weltbild ist kein auf den Diskurs gestütztes. Auf autoritative Setzung
gegründet, wie die scheinbaren biblischen Autoritätenbeweise zeigen, entspricht
es weder dem Weltbild von Genesis 1 noch dem aktuellen heliozentrischen, sondern einem – hermetisch adaptionsfähigen – Geozentrismus. Nicht eine Wissenschaft von geschmähten „Rechenkünstlern" gibt den Ton an, sondern das als inspiriert geltende Grunddokument einer ‚mosaischen Philosophie'. Überkomme-
nes Weltbild und biblizistische Gattung *Hexaemeron* reichen einander die Hand.

---

[52] Weber S. 147.
[53] Zu dieser Schrift vgl. Harms Rezeption des Mittelalters S. 35f. und Abb. 9 (Titelblatt).
[54] Vgl. auch *Hex* 2,1 „Ob wohl viel Disputirens ist unter den Theologen und Philosophen von
      der Materie und Substanz des Himmels, so wollen wir uns doch daran begnügen lassen, daß
      Gott der Herr spricht: Sit expansio inter aquas." Das heißt noch nichts über eine Deutung.

2. *homo enim totius universi epitome, Microcosmus* [55]
Mikrokosmischer Anthropozentrismus

Neben der allgemeinen Tatsache, daß den kopernikanischen *revolutionibus orbium caelestium* eine mit den Gesetzen des Medienzeitalters schlechterdings nicht vergleichbare ‚langsame' Rezeption auch in einem tieferreichenden Sinne zuteil wurde, so daß diese Rezeption eine Gleichzeitigkeit des Ungleichzeigen nicht nur sichtbar machte, sondern in hohem Maße auch selbst induzierte und beförderte, sind für Arndts Beharren auf dem Geozentrismus spezifische Gründe auszumachen, die vor allem in seinem theologisch-philosophischen Denken selbst liegen. In der großen Polarität des Renaissance-Denkens zwischen der Erde als einem Stäubchen im Universum auf der einen Seite und „dem" Menschen als dem Zentrum des Universums schlechthin auf der anderen Seite schlägt das Pendel bei Arndt ganz eindeutig in die letztere Richtung aus. Daß die Seele nicht nur als die einzelne und singularische gottunmittelbar ist (Buch III), sondern zugleich das *Telos*, das – zwischen Gott und Welt, also zugleich über dieser stehend –, das Zentrum und den Fluchtpunkt des Kosmos darstellt, setzt unabdingbar ein entsprechend zentrierendes Weltbild voraus, wie es in dieser Form allein der Geozentrismus leisten kann. Die Gründe für Arndts striktes Beharren darauf sind also nicht kosmologischer, sondern spekulativ ‚theophilosophischer' Natur.

Die Vorrede zu Buch IV bemüht die Gestalt des vermeintlichen Autors der Genesis, den Makro- und Mikrokosmos als zwei „Zeugen Gottes" einzuführen:

> „Der große Prophet Moses hält uns im Buch der Schöpfung vor zweierlei gewaltige Zeugen Gottes: erstlich *die große Welt*; und dann *die kleine Welt, das ist, den Menschen*." [56]

Nach diesen, so erklärt Arndt in Abschnitt 8 der Vorrede, gedenkt er das vierte Buch zu gliedern. In seinem Neujahrsbrief 1608 an Johann Gerhard begründet er dies im Zuge seiner Entfaltung des Programms der „Vier Bücher" näher so: [57]

> „Quartus per Macrocosmum et naturae librum[58] Deum auctorem et conditorem naturae pectoribus humanis intime insinuat: homo enim totius universi epitome, Microcosmus scopus et Centrum Macrocosmi est, in quem omnia conferunt Deus et natura, id attestante hominis Conscientia. En tres magnos Testes qui intus loquuntur, intus hominem convincunt."

---

[55] Brief an Johann Gerhard vom 1. 1. 1608 (s. u.), in: Breler *Bericht* S. 6; zum Makro-/Mikrokosmos-Theorem und dem Menschen als *epitome* vgl. auch *De X plagis* VI/1 S. 57; IX/1 S. 85f.

[56] *WCh* IV Vorrede 1 (Hervorhebung von mir).

[57] Brief an J. Gerhard vom 1. 1. (29. 1./29. 6. etc., vgl. Koepp S. 62) 1608, in: Breler *Bericht* S. 6 (Schneider Paracelsist S. 99 – und an ihn angelehnt, Sommer Odem S. 208 A. 10 – nennen S. 7). Auf diesen *locus classicus* der Arndtforschung bezieht sich u. a. auch Koepp S. 61-63: 63, der einiges Licht in das Dunkel um Datierung und Intention dieses Schreibens gebracht hat.

[58] Die Rede vom *liber naturae* bezieht sich in einem engeren Sinn daher auf das *Hexaemeron*.

Das Makro-/Mikrokosmos-Theorem ist für Arndts Weltbild von so weitreichender Bedeutung, daß es die Makrostruktur des „Wahren Christentums" entscheidend prägt. Schon in Arndts frühestem bisher bekannten Brief, dem von Hans Schneider entdeckten Schreiben an Theodor Zwinger vom 2. September 1579, skizziert Arndt einen verwandten Gedanken, in dem er gut hermetisch die als einzigartig herauszuhebende Stellung des Menschen in Relation zu der einzigartigen Zentralstellung der Sonne setzt:[59] „Quod sol in firmamento est, id homo bene communi utilitati consulens in inferiori mundo est." Die Mikro-/Makrokosmos-Relation und der Anthropozentrismus des Weltbildes sind nicht voneinander zu trennen, sondern bilden offensichtlich die zwei Seiten einer Medaille.

Dieses in der Renaissancezeit und zumal in hermetisch-spiritualistischen Kreisen weit verbreitete Makro-/Mikrokosmos-Theorem, das geradezu strukturbildende Bedeutung für Arndts *liber naturae* beansprucht, scheint für Weigel so wichtig, daß er danach den Titel seiner die religiöse wie philosophische Selbsterkenntnis als „Microcosmus" thematisierenden Schrift *Gnothi seauton* formuliert:

> *GNOTHI SEAUTON*
> *Nosce teipsum.*
> *Erkenne dich*
> *selbst.*
> *Zeiget vnd weiset dahin / daß der*
> *Mensch sey ein Microcosmus, das gröste*
> *Werck Gottes / vnter dem Himmel / Er sey die kleine*
> *Welt / vnnd tregt alles in ihme / was da funden*
> *wird / in Himmel vnd Erden / vnd auch*
> *darüber.*

Daß dies den Gehalt der Schrift ausmacht, zeigt nicht nur deren Inhalt selbst, sondern auch die nahezu wörtliche Wiederkehr des Untertitels in der Einleitung.

Beide Autoren, Weigel wie Arndt, messen gleichermaßen dieser Vorstellung eine erhebliche Bedeutung bei. Daß sie dies nicht nur in einem für die Renaissance typischen allgemeinen Sinne tun, sondern damit je auf ihre Weise ganz spezifische theologische und philosophische Interessen verfolgen, ist im folgenden anhand einiger Texte exemplarisch zu zeigen. Der Versuch einer Einordnung dieses Theorems in einen größeren Zusammenhang schließt sich daran an.

Weil es sich um ein buchstäblich universales Thema handelt, kann sich auf höchst unterschiedliche Weise erweisen, wie der ganze Makrokosmos auf den Mikrokosmos hingeordnet sei. So charakterisiert Arndt etwa das Brot als eine Universalspeise, die alle Kräfte der ganzen Natur in sich beschlossen halte, was er wie die Sonne als analoges Phänomen einer mikrokosmischen Relation sieht:[60]

---

[59] Abgedruckt in Schneider Studienzeit S. 173; vgl. den in seinem symbolischen Zentralismus analogen, an Ficino gemahnenden Gedanken in *De X plagis* IX/2 S. 90: "Dann was die Sonne am Himmel ist, das ist das Hertz im Menschen."

[60] *Hex* 3,50 (Hervorhebung von mir).

„Darum hat Gott dem Brode aller Speisen Eigenschaften und Kraft eingeschlossen, auf daß die Natur des Menschen mit einem kleinen Bißlein Brod könnte gesättiget werden. Gleich als wenn man in ein klein Bißlein oder massam (eine geringe Masse) vieler Kräuter Kräfte kann einschließen, also ist in einem Bissen Brod die ganze Natur eingeschlossen. *Denn der Mensch ist mikrokosmus,*[61] *die kleine Welt, und der ganzen Natur, der großen Welt Geschöpf und Eigenschaft ist im Menschen beschlossen.* Weil nun der Mensch mit einem kleinen Bißlein Brot kann gespeiset werden, derhalben so muß in einem Bißlein Brod die ganze Natur eingeschlossen seyn, daraus sonst der Mensch gemacht und geschaffen ist. Quia ex iisdem nutrimur, ex quibus constamus.“

Unübersehbar leitet Arndt den eigentümlichen Charakter der Universalspeise Brot aus dem Gedanken des Mikrokosmos ab. Doch auch sonst fließen im Menschen sämtliche Kräfte und Eigenschaften des Kosmos zusammen, so daß er die „große Welt“ repräsentiert und ihr Zentrum oder auch Extrakt ist. Daher nimmt der Mensch im Kosmos auch eine Schlüsselstellung ein, im Guten, was seine ihn gegenüber der ganzen Schöpfung sonst näher mit Gott verbindende Herausgehobenheit betrifft, im Bösen, wenn aufgrund menschlicher Bosheit Röm 8,19-23 entsprechend die ganze Kreatur mit unter den dem Menschen zugedachten Katastrophen, Krieg und Seuchen leiden muß. Die Vorstellung vom Mikrokosmos ist hier mit dem Bild von Mittelpunkt und Kreis veranschaulicht:[62]

„Die Finsternisse verkündigen und bringen allerlei Jammer auf Erden … , welches alles die Menschen verursachen. Denn alle Creaturen und die ganze Natur ängstet sich … welches Leiden *der großen Welt* hernach auch *im microcosmo, das ist, im Menschen,* vollbracht wird. Was dem Menschen widerfahren soll, das leidet zuvor die Natur und die große Welt. Denn aller Creaturen Leiden, Gutes und Böses, *ist auf den Menschen gerichtet, als auf ein Centrum, darein alle Linien des Cirkels zusammenschießen.*“

Die Ausrichtung des ganzen Kosmos auf den Menschen schließt eine Wechselbeziehung zwischen beiden ein. So wirken die dem Menschen zugedachten Strafen auch auf „die ganze Natur“, während die außermenschlichen Kreaturen diese Strafen anzeigen. Die Vorstellung vom alle Linien in sich sammelnden Zentrum referiert Arndt auch mit einem in sich doppelten Fremdzitat:[63] „Homo est centrum majoris mundi, in quem omnes radii collimant et concurrunt … “.

---

61 Arndt verwendet gar trotz gräzisierender Schreibweise dieselbe latinisierte Endung "-us" wie Weigels Titel des *Gnothi seauton.*
62 *Hex* 4,55 (Hervorhebung von mir).
63 *WCh* II,58,8f. lautet im Zusammenhang: „Zum fünften schreibet ein gelehrter Mann: Ineptum est, statuere, tanta corpora coelestia, quae totius terrae molem superant, vacua esse virtutibus et operationibus. Quandoquidem, ut ait Philosophus, quanto formae rerum sunt perfectiores, tanto res ipsae, quarum sunt formae, nobiliores habent operationes et effectus. *Homo est centrum majoris mundi, in quem omnes radii collimant et concurrunt … “.* (Hervorhebung von mir). Die Wendung: "ut ait Philosophus" klingt deutlich nach einem Zitat im Zitat. Die mißver-

Der Geozentrismus findet seine konsequente Fortsetzung und Steigerung im Anthropozentrismus, ja ist wohl seinerseits dessen Konsequenz. Wie die Erde im Kosmos, so ist der Mensch Mittelpunkt der Erde, in dem alle Strahlen und kosmischen Influenzen zusammenlaufen. Dies gilt wiederum keineswegs nur nach der Ordnung der Natur, sondern analog auch nach der Gnadenordnung. Daß gerade hierin alle verschiedenen Stränge des „Wahren Christentums" in einem Punkt zusammenlaufen, zeigt Arndts Kapitel über die Bibelhermeneutik. Die folgende *conclusio* beschließt bezeichnenderweise einen Abschnitt, der sich ausschließlich um die spiritualisierende Exegese dreht, nach der alles, was der Buchstabe äußerlich beschreibe, innerlich in der menschlichen Seele sich ereignen oder in praktischer Anwendung ‚erfüllt' werden müsse. Was für den Kosmos als ganzen oder die Universalspeise des Brotes gilt, beschreibt auch den Charakter der Bibel, der auf eine unsichtbare, rein spirituelle Wirklichkeit zielt: [64]

„Denn die ganze Bibel fleußt zusammen in Ein centrum (oder Mittelpunkt) in dem Menschen, gleichwie auch die ganze Natur."

Sowohl nach der Seite der natürlichen wie auch der der spirituellen Wirklichkeit ist dies dargelegt in *Hexaemeron* I,6, dem Kapitel, das mit dieser Hermeneutik auch den Angelpunkt zwischen Teil I und II von Buch IV markiert. Der Fluchtpunkt, in dem wie in den als Entdeckung neueren Datums renaissancetypischen perspektivischen Bildwerken alle Linien des irdischen Kosmos wie auch der spirituellen Welt, des Gottesreiches, zusammenfließen, ist die menschliche Seele.

So rekurriert Arndt bezeichnenderweise „Zum Beschluß" des *Hexaemeron* [65] abermals auf das zentrale Makro-/Mikrokosmos-Theorem, um damit eine den Kosmos weit überragende Stellung des Menschen herauszustellen: „Ja, weil er ist die kleine Welt, und aller Creaturen Beschluß und *epitome*, Inbegriff, so folget nothwendig, daß er aller Dinge Vollkommenheit in sich begreife." Arndt steigert dies noch mit dem tradierten Topos, daß es im Gegensatz zur restlichen Schöpfung zur Erschaffung des Menschen als *imago dei* eines eigenen göttlichen Ratschlusses bedurft habe: [66] „Alle Creaturen sind nur Gottes Spur und Fußstapfen, der Mensch aber ist Gottes Bild, welcher den Schöpfer sollte vor Augen stellen." Es ist nicht zu übersehen, daß diese Doppelperspektive nicht nur eine Aussage über den Menschen, sondern zugleich auch über Gott und die Welt bedeutet, weshalb die Trias von Gottes-, Selbst- und Welterkenntnis eine Einheit bildet. [67]

---

standene Übersetzung: „*ein* Philosoph" verkennt die auch über den Bereich mittelalterlicher Aristoteliker hinaus stehende Bezugnahme auf *die* philosophische Autorität des Mittelalters.

[64] *WCh* I,6,2.

[65] *Hex* 6,20.

[66] *Hex* 6,24.

[67] Vgl. z. B. Heinrich Khunrath *Confessio* VIII S. 298: „O wie sehlig vnd vbersehlig ist der, so *BIBLISCH, GROS vnd KLEINWELDLICH* in Dreyeinigem CATHOLICISMO oder ALL-GEMEINHEIT lernet erkennen *Gott, die NATVR vnd CREATVR; auch SICH SELBST!"*

Der Zwillingsgedanke, daß der Mensch einerseits eine *epitome* der Welt und, komplementär dazu, andererseits ein gegenüber der restlichen Schöpfung herausgehobenes Bild Gottes sei, vereinigt sich in der stark von ästhetischer Sprache geprägten Rede von der ‚schönen Seele' als einer Krönung des Kosmos zu einem gewaltigen Schlußabschnitt des *Hexaemeron*. Hier fließen zwei je in ihrem Duktus aufsteigende Linien zusammen: Von der einen Seite her der Erkenntnisweg der Heilsordnung, der aszetisch-mystische Weg von Buch I bis III, der ins Reich Gottes im Seelengrund führt, von der anderen dagegen der Erkenntnisweg einer kosmosophischen Schau, der, zum Ende des *Hexaemeron* führend, den Gipfel in der Seele erreicht; beide münden sie gemeinsam in die ‚schöne Seele'. Nach Gedanken und Diktion sichtlich einer platonistischen Tradition nahestehend, schildert diese Vision, wie Gott dreifaltig in dieser ‚schönen Seele' Wohnung nimmt, weil bzw. insofern sie an seiner göttlichen ‚Schönheit' Anteil hat: [68]

> „Und so Gott, der allerschönste, in der Menschen Seele am allerliebsten wohnet, und dieselbe zu seinem Tempel geheiliget hat, daß sie seyn solle eine Wohnung des Vaters, eine Brautkammer des Sohnes, des allerhöchsten Bräutigams, und ein Tempel des Heiligen Geistes: so folget unwiderleglich, daß die Seele sehr schön sein muß, und die schönste unter allen Creaturen."

Der Konvergenz dieser beiden Wege entsprechend, formuliert Arndt den Anthropozentrismus auch in seinem *liber conscientiae* kaum weniger prägnant: [69] „Denn durch alle Creaturen suchet Gott nichts anders, denn wie Er die Seele des Menschen ehre, würdige und selig mache." Daß ein solches Denken mit dem sowohl die Erde als damit auch den Menschen aus dem Zentrum rückenden kopernikanischen Weltbild schwerlich zu vereinbaren ist, ist offensichtlich.

Daß Arndt auch mit diesem Vorstellungskreis Valentin Weigel verbunden ist, klang bereits an. Von einigen ergänzenden diesbezüglichen Hinweisen ausgehend, soll auch das weitere Umfeld mit ein paar Schlaglichtern erhellt werden, ohne daß in dem weiten Feld einer Verbreitung dieses Gedankens irgend ein Anspruch auf Vollständigkeit Erfüllung fände.

In Weigels erkenntnistheoretischer Schrift *Der Güldene Griff* ist zu lesen: [70]

> „diese grosse Werck [: die Schöpfung] vnd alle Geschöpff ist der eussere Garten; auß diesem eussern Garten ist der Mensch geschaffen vnd begreifft in jhme alle Geschöpff mit der gantzen Welt, darumb er auch Microcosmus gennet wird, das ist, die kleine Welt; vnnd wie er darauß geschaffen ist nach seinem zeitlichen sterblichen Theil, also ist er in die Mitten hinein gesetzt vnd ist ein Centrum, das ist, ein Mittelpunkt aller Creaturen."

---

[68] *Hex* 6,29.
[69] *WCh* III,7,1.
[70] *Der Güldene Griff* cap. XV S. 46.

So wie die mikrokosmische Perspektive die zeitlich-vergängliche Dimension menschlicher Existenz betrifft, steht die *imago* für die aus Gott geflossene Seele. Wenn Weigel in seiner Schrift *Soli Deo Gloria* auf „die gantze Philosophiam saga-cem majoris & minoris mundi, Das ist, die erkendtnuß der grossen vnd kleinen Welt" verweist, markiert er damit nicht nur die fundamentale Bedeutung des Mikro-Makrokosmos-Theorems für die Erkenntnisfrage und damit Philosophie überhaupt, sondern spielt mit dieser Formulierung, ohne den im Kreise seiner Leser ohnehin nicht nötigen Hinweis auf den Namen des Autors zu geben, zugleich auf ein zentrales Werk an, das sich mit diesen Fragen auseinandersetzt: Auch die Rezeption der Paracelsus-Schrift *Astronomia Magna oder die ganze Philo-sophia sagax der großen und kleine Welt*, der wichtigsten gemeinsamen literarischen Basis des Paracelsismus sowie, mittelbar oder unmittelbar, einer der wichtigsten auch des Weigelianismus, verbindet Weigel eng mit Arndt.[71] Denn diese Schrift des Hohenheimers steht an erster Stelle der von Weber identifizierten Quellen von Arndts *Hexaemeron*.[72] Möglicherweise war es ja das *Opus Weigelianum*, das dem ehemaligen Studenten und bleibenden Jünger des Baseler Paracelsismus die Synthese mit der Mystik und damit auch die Berührung mit dem wichtigen spätmittelalterlichen mystischen Schriftgut (vor allem Tauler, Thomas von Kem-pen und *Theologia deutsch*) vermittelte, die für sein Werk dann so prägend wurden.

Die von Arndt herausgestellte doppelte Herkunft des Menschen sowohl als *epitome* des Makrokosmos wie als *imago dei* findet sich analog in Weigels *Gnothi seauton* [!]. Gerade in einer Verknüpfung dieser beiden Gedanken sieht Weigel die Quintessenz der – seiner Auffassung nach inspirierten – Selbsterkenntnis:[73]

> „Erkenne dich selber: Dann durch göttliche verleyhung wil ich melden, Wie der Mensch formiret sey auß dem Erdenkloß, vnd wie dieser Erden-kloß nicht anders sey denn diese grosse Welt mit allen Geschöpffen: Dann auß der grossen Welt ist Adam gemacht in einen natürlichen Menschen, darumb wird er geheissen der Microcosmus, das ist, die kleine Welt: Vber das ist auch der Mensch geschaffen nach dem bildnüß Gottes in eine lebendige Seele, welche durch das einblasen von Gott gangen ist."

Auf das „Wahre Christentum" übertragen, hieße dies: Indem die Bücher I bis III die *imago dei* (im Sinne ihrer Wiederherstellung) repräsentieren, steht der nach Makro- und Mikrokosmos gestaltete *liber naturae* – unbeschadet seiner Vervoll-ständigung der Trias universaler Erkenntnis – nicht zuletzt auch für die ja aus dem Makrokosmos gewonnene natürlich-irdische Seite der menschlichen Exi-stenz, so daß nicht nur die verschiedenen Erkenntniswege, sondern konkret auch die diesen gewidmeten „Vier Bücher" den Menschen umfassend abbilden.

---

[71] *Güldener Griff* III,XIII S. 79.
[72] Weber S. 140-157 u. a. Vgl. S. 108: "Aus keiner literarischen Quelle, abgesehen natürlich von der Bibel, hat Arndt so viel geschöpft wie aus den magischen und naturwissenschaftlichen Schriften Theophrasts von Hohenheim."
[73] *Gnothi seauton* cap. I S. 5f.

In Kapitel 4 derselben Schrift *Gnothi seauton* führt Weigel aus, in welcher Weise die natürliche und die übernatürliche Dimension ineinander greifen. Daraus wird deutlich, wie im Mikro-/Makrokosmos-Theorem eine trichotomische Anthropologie und eine darauf basierende Soteriologie vorherrschen:[74]

„Wann ich solte volkömblich beschreiben den Microcosmum, das ist, den Menschen, so müste ich auch volkommene Erkendtnuß alle [sic] Creaturen in der gantzen Welt haben. Das ist, ich müste totam mundi machinam,[75] Himmel vnd Erde kennen sampt den Geschöpffe [sic], dann auß Himmel vnd Erden vnd auß allen Creaturen ist der Mensch formiret nach seinen [sic] sterblichen vnd tödtlichen Theil, dieweil dieser Erdenkloß, das ist, die gröste [sic] Welt, gantz gebracht ist zusammen in einen Menschen; dann alles, was Himmel vnd Erden ist, dasselbe ist auch im Menschen. *Ja der Mensch ist die Welt selber, darumb er auch Microcosmus geheissen wird.*“

„Die Erkenntnis des Menschen wird damit zugleich zur Erkenntnis des Kosmos und des Schöpfers“.[76] Diese Naturphilosophie ist Voraussetzung wie Element von Weigels Anthropologie und damit zugleich auch seiner Theologie. Auf einen summarischen und knappen Gang durch das Sechstagewerk der Schöpfung folgt eine Beschreibung dessen, was den Menschen bei aller mikrokosmischen Gemeinsamkeit und Anteilhabe dennoch vom Rest der Schöpfung unterscheidet:[77]

„Also Gott wolte den Menschen machen, welcher alle Geschöpffe beschließlich in jhm hette, vnd wolte ihn auch machen edeler dann alle andere Geschöpffe vnter dem Himmel: Darumb schuff er Himmel vnd Erden vnd alle Creaturen zuvor; als dann hernachmals zog er dz fünffte wesen[78] auß allen Geschöpffen vnd brachte es zusammen in einem Menschen; also ist der Mensch auß allen Creaturen zusammen gesetzet, auß diesem Erdenkloß, das ist, auß dieser sichtbaren Welt. Er ist auß den vier Elementen nnd [sic] hat die Element in ihm, alle Thiere, Fische, Vögel, Kreuter, Bäume, Steine, Metallen seynd in ihm, vnd von denen allen muß er seinen Leib ernehren vnd erhalten; er isset vnd trincket dz jenige, auß dem er geschaffen ist, die Thiere, Fische, Vögel, Kraut, Früchte seynd seine Speise, die Element seynd seine Führung vnd Erhaltung“.

Nach seiner leiblich-vitalen, animalisch-‚tierischen‘ Seite teilt der Mensch als ‚Quintessenz‘ der Schöpfung mit den Tieren und anderen Geschöpfen die leiblich-vergängliche Existenz und empfängt von ihnen auch seine Nahrung. Analog stellt es sich auf der nächsthöheren Stufe der menschlichen Existenz dar:

---

[74] *Gnothi seauton* I cap. IV S. 11f. (Hervorhebung von mir).
[75] Der hier (ders.: *Vom Ort der Welt* 10/32f.) noch in anderem Sinne verwendete Begriff der machina mundi wird später für das mechanistische Weltbild und den Deismus wichtig; vgl. Gloy Art. Naturphilosophie, TRE 24 S. 126f.
[76] Gilly Gnosis S. 415.
[77] *Gnothi seauton* I cap. IV S. 12f.
[78] Die *quinta essentia*.

„also der siederische[79] [sic] Geist hat auch seine Speise[80] auß dem Firmament: Dann alle Künste, Handtwercke, Sprachen, Faculteten, vnd alle
natürliche Weißheit empfehet er vom Firmament; dann dz Gestirne ist
vom Schöpffer begabet mit aller natürlicher zeitlicher Weißheit, mit allen
Künsten, Handtwercken; alles was zu diesem tödtlichen Leben gehöret,
kompt vom Gestirne; *das Firmament mit seinen Sternen ist das Liecht der Natur,
darauß die Menschen auff Erden geboren werden,* ein jeder zu dem seinigen: also
wie der Leib auß den Elementen seine Speise, Tranck vnd Nahrung hat,
also der Geist auß dem Firmament, dergleichen auch nach seiner art."[81]

Den der animalischen Schicht überlegenen astralen Teil des Menschen, der alle
zum irdischen Leben nötige Erkenntnis beinhaltet und der astralen Influenz
unterworfen ist, bezeichnet Weigel als das „Licht der Natur". Überboten wird
der gesamte Bereich der alten Geburt durch den der neuen, doch auch in dieser
dritten Stufe scheint die Anthropologie im Bild vom Mikrokosmos zu bleiben:[82]

„Vnd endlich die newgeborne Menschen haben auch jhre Speise vnd
Tranck, das ist das Fleisch vnd Blut Christi zum Himmel ins ewige Leben;
auff das nun der Mensch *ein Begrieff*[83] *were vnd ein Beschluß aller Geschöpffen
vnd gleich als ein Centrum vnnd Punct aller Creaturen,* auff welchen alle Creaturen sehen solten vnd jhn vor einen Herrn erkennen, hat Gott wollen den
Menschen nicht auß nichtes, sondern auß etwas, das ist, auß der grossen
Welt formieren; dann einen solchen gewaltigen Schöpffer haben wir, daß
er diese grosse Welt fassen kan in eine Faust, das ist, in den Microcosmum
beschliessen etc."

So sehr überragt der Mensch als *imago dei* die anderen Kreaturen, daß um seinet-
willen das Prinzip der *creatio ex nihilo* durchbrochen wird, und er als Mikrokosmos „auß etwas", nämlich dem Makrokosmos, erschaffen wurde. Diese qualitative Überlegenheit sollte ihm Hinweis und Warnung sein, seine Existenz dieser
seiner höheren Bestimmung gemäß auszurichten und nicht zurückzufallen. Entscheidend kommt es darauf an, nach welcher dieser Schichten der Mensch lebt.
Richtet er seine Existenz nicht nach der höchsten aus, in der der göttliche Geist
ihn leitet, so fällt er, der doch weit über sie hinaus von Gott mit herausragender
Würde und Befähigung begabt ist, in die animalische Lebensweise und wird ,tie-
risch' oder ,viehisch'. So wie er zwei Leiber hat, einen sichtbaren irdischen Leib
und einen ,siderischen' oder Astralleib (der ebenfalls zur irdisch-vergänglichen
Existenz gehört), so besitzt er auch zwei Seelen oder Geister:[84]

---

[79] Der astrale (*sidus*) Geist.
[80] Die Metaphorik der geistigen "Speise" aus dem Gestirn findet sich im identischen Sinne auch
      bei Arndt in *Hex* 4,15, s. u.
[81] Hervorhebung von mir.
[82] *Gnothi seauton* I cap. IV S. 13 (Hervorhebung von mir).
[83] *Epitome.*
[84] *Gnothi seauton* I cap. VI S. 16 (Hervorhebung von mir); zu den zwei 'Leibern' vgl. auch
      Müller-Jahncke Makrokosmos S. 63f. u. a.

„Also hat der Mensch zweene Geister in jhme, einen auß Gott, als die Seele, den andern auß der Welt, als den Geist der Natur oder Gestirns. Der Mensch aber *sol leben alleine nach dem Göttlichen Geiste, vnd nicht nach dem natürlichen Geiste, welcher alle Thiere vnd Viehe in sich begreiffet; vnnd darumb nach diesem Geist wird der Mensch Thierisch oder Viehisch genandt, Animalis homo, ist vntüchtig zum Göttlichen wort. Dieser natürliche Mensch sol getödtet werden, auff daß der Göttliche Geist herrsche ...* Der Mensch wird nicht gezwungen *vom Vieh Geiste, das ist vom Gestirne,* sondern er ist Herr, so ferrne [sic] er will."

Nicht anders als bei Arndt ist es die irdisch-kreatürliche Existenz, die „getödtet" werden müsse, damit das geistliche Leben seine Anfang nehmen könne. Bleibt der Mensch dieser natürlichen Existenz verhaftet, verfehlt er seine Bestimmung.

Zum Ende der zweiten der *Viererlei Auslegung von der Schöpfung* findet sich ein Abschnitt, der in der bekannten Weise vom Menschen als „Auszug aus allen Geschöpffen", „quintum esse" und Mikrokosmos spricht, in dem ebenfalls von den Lebensweisen der Menschen in diesem Sinn die Rede ist: [85]

„Gott schuff den Menschen aus dem Erdenkloß. Dieser Erdenkloß ist die gantze Welt von Himmell und Erden zusammengesetzet. Gott nahm *dz quintum Esse*, das ist, das fünffte wesen, welches ist der *Auszug aus allen Geschöpffen, und machte daraus den Menschen.* Also kam in den Menschen alle art der Fische, der Vögel, der Thier, der Gewächse, der Sternen, der Metallen, das ist, *diese große welt ist zu einem Menschen worden, daher ihn die weisen nennen Microcosmum, dz ist, die kleine welt,* und wie die große welt zweifach ist, sichtbar und unsichtbar, also ist auch der Mensch, die kleine welt, zweifach, sichtbar nach seinem Leibe, unsichtbar nach seinem Geiste."

Der Autor differenziert zwischen den mikrokosmischen und göttlichen Anteilen:

„Es seind aber zweene Geister im Menschen, der eine ist aus dem Gestirne, der Syderische Geist, der ander ist von Gott eingegeben, als der Heilige Geist. Also hat der Mensch drei theil: den sterblichen Leib sampt dem Syderischen Geiste, und die ewige Seele, und den H. Geist Gottes. Lebet der Mensche *nach seinem Fleische und Blute, nur nach sinnlicher Weise,* so ist er *ein Viehe,* v[nd]. wird erkennet, ob er ein Bock, Schaff, Wolff, Bähr, Fuchs, Löwe, Hundt etc. sei aus den Wercken. Lebet er *nach der Vernunfft,* so ist er *ein Mensch,* und herrschet über sein Viehe in seinem Leibe. Lebet er *nach dem gottlichen* [sic] *Geiste, so herschet er über die Gestirne* [!], welche auch dem Viehe nachschlagen und Leben aller dinge.
Im Menschen seind alle dinge begriffen, und er träget alle dinge in ihm, den daraus er gemacht ist, daßelbe trägt er auch in ihme. Aus der Welt ist er gemachet, die Welt trägt er in ihme, und wird von der Welt getragen."

Stück um Stück wird deutlicher, daß das Makro-/Mikrokosmos-Theorem und die mit ihm unlösbar verbundene trichotomische Anthropologie schlechterdings grundlegende Bedeutung für die Wiedergeburtslehre besitzen, deren kosmo-

---

[85] *Viererlei Auslegung* II,XIV S. 460f. (Hervorhebung von mir).

anthropologische Voraussetzung, aber auch Ausdruck sie bilden. Daß dabei, in eine andere Terminologie gewandet, die platonische Unterscheidung zwischen den Hylikern, Psychikern und Pneumatikern wiederkehrt, ist nicht zu übersehen.

All dieses Gedankengut findet sich auch bei Arndt und gehört auch bei ihm zu den Fundamenten des theologischen Denkens. Schon in den ersten Kapiteln und vorwiegend im ersten Buch setzt Arndts „Wahres Christentum" ein mit der heftigen Kritik einer fleischlichen und adamischen Lebensweise, die er in stehender Redewendung als „viehisch" und „tierisch" qualifiziert und nach der er die Menschen ihrem Verhalten entsprechend bestimmten realen Tieren gleichsetzt.[86] Wer den heiligen Geist nicht besitze und schmecke, „ist wie ein Vieh, und erreichet das Ende[87] der Schöpfung nicht."[88] Weil Nebukadnezar die Welt liebte, „verlor er das Bild des Menschen, und ward in eine Bestie verwandelt ... Also verlieren alle diejenigen das Bild Gottes aus ihrem Herzen, die die Welt allzusehr lieben, und werden inwendig Hunde, Löwen und Bären, werden gar ein Vieh."[89] Es handelt sich um eine in Plotins Werk wurzelnde,[90] von christlichen Spiritua-

---

[86]   WCh I,2,3 „Darnach ist der Mensch aus einem göttlichen, geistlichen, himmlischen Bilde gar irdisch, fleischlich und *thierisch* worden." Er ist I,2,8 „inwendig ganz irdisch, fleischlich und *bestialisch* worden"; daraus entwickelt Arndt an bestimmten Verhaltensweisen geradezu eine Morphologie 'tierischen' Wesens und Gebarens I,2,9f.: „Denn siehe, ist dein Zorn und Grimmigkeit nicht Löwen-Art? Ist dein Neid und unersättlicher Geiz nicht Hundes- und Wolfs-Art? Ist deine Unreinigkeit nicht säuische Art? Ja, du wirst in dir selbst finden eine ganze Welt voll böser Thiere ... Um welcher thierischen und viehischen Unart willen der HErr Christus Herodem eine Fuchs nennet, Luc. 13,32 ... Wenn sich nun der Mensch von solcher Unart nicht bekehret ... , so bleibet er ewiglich in einer solchen hochmüthigen, stolzen, hoffärtigen, satanischen Art, ein grimmiger Löwe, ein neidischer Hund, ein reißender Wolf, ein giftiger Wurm und Basilisk ... ". In II,5,6, wo es Arndt um die tiefe Verderbnis des Menschen einschließlich seiner Leiblichkeit geht, zieht er wiederum Tiere heran: „Aber der natürliche Mensch übertrifft alle Thiere mit Bosheit. Er ist unbarmherziger denn ein Wolf, arglistiger denn ein Fuchs, hoffärtiger denn ein Pfau, fressiger denn ein Schwein, giftiger als eine Otter, grimmiger wie ein Bär." Es folgt abermals Jesus, der Herodes als Fuchs bezeichnet. Ja der ganze natürliche, d. h. nicht wiedergeborene, Mensch hat mit dem verlorenen Sohn zu bejammern, „daß er aus einem Kind Gottes *ein Vieh und unflätige Sau worden, irdisch, viehisch, thierisch, bestialisch*"; Arndt geißelt die „säuische Wollust" (II,12,4) und „viehische Unzucht" (I,7,7), „dein altes adamisches, *viehisches, thierisches* Herz" (II,7,6) – denn im Herzen sitze „die böse Bestia" (II,4,4) – sodann den „viehischen Verstand" (I,17,9), den „viehischen, irdischen, thierischen Geist" des natürlichen Menschen im Gegensatz zu dem „himmlischen, göttlichen Geist" aus Christus (I,3,5), den „bestialischen viehischen Geiz" (I,20,24), sowie – auch mit deutlich leibfeindlichem Unterton – „die alte, fleischliche, sündliche, verdammte und verfluchte Geburt, so aus Adam gehet, dadurch der Schlangen-Same, des Satans Bild und *die irdische und viehische Geburt des Menschen* fortgepflanzet wird" (I,3,2) usf.; das „viehische Auge" (I,13,14) entspricht dem fleischlichen Auge nach Weigels Gnothi seauton cap. IX.

[87]   D. i. das Ziel oder den Zweck, lat. *finis*.

[88]   *Rep ap* III,6,2.

[89]   *WCh* I,18,11 (7).

[90]   Nach Plotin *Enn.* I,I,7 organisiert die aus der 'inneren Seele' ausgestrahlte 'äußere' den Menschenleib, der Plotin als ein Tier gilt; vgl. Kurdzialek Abbild des Kosmos S. 40.

listen verschiedener Epochen hoch geschätzte und daher in der frühen Neuzeit in einem breiten Strom der Paracelsus- und Weigel-Rezeption weit verbreitete und eigenwillig rezipierte Vorstellung, die Arndt mit radikaleren Geistern teilt.[91]

---

[91] Paracelsus: *De Fundamento Scientiarum Sapientiaeque* Werke (Sudhoff) XIII S. 318ff.; Einfluß der Gestirne ebd. S. 321f., wo spezielle Gestirne und Tiere im Menschen einander je zugeordnet werden; das wird genauer ausgeführt in: „Von offenbarung und findung aller künsten" ebd. XIII S. 333: „Die tier sind alle im himel, die auf erden sind … Nun hat der wolf sein planeten, der fuchs die seinen, der has die seinen und also ein ieglich tier sein ascendenten im himel und ist nach dem selbigen gesipt. Also hat auch der mensch also [sic] in vihischer art sein ascendenten, doraus er sein vihische art fürt und rürt wie ander vich … dan ietweder teil hat sein besondern verstant, sein besondern got und geber, also, das vich hat sein vihischen got, id est firmamentum. die sel den ewigen got, id est, spiritum sanctum."; *Astronomia magna* Werke (Sudhoff) XII: Teil/ Kapitel I,I S. 22; I,II S. 39ff., 57f; I,IX S. 212; II,I S. 287ff.; *Liber de lunaticis* (*passim*) ebd. (Sudhoff) XIV S. 43ff.: Zusammenhang von astraler Inklination und 'viehischer' Art sowie die entsprechende Terminologie vom „vichstern" S. 46f.; fleischlicher Mensch als reales Tier ebd. *Tractatus* II S. 50f.: „Johannes: Baptista hieß erstlich die phariseischen ein otterngezücht. dan warumb? sie lebten vihisch und gingen in vihischem verstant unb [sic] und brauchten den geist des menschen nicht, der aus got lernt. drumb hieß Johannes sie ein otterngezücht … hieß sie nit menschen, sondern ottergezücht. aus der ursach, das der mensch zwifach ist, ein tier und ein mensch. so sich selbs ein mensch zu einem tier macht, das ist die selbig weis fürt, so ist er ein tier und kein mensch." Ebd. S. 52f.: „dieweil aber die biltnus [das Bild Gottes, vgl. Weigel und Arndt!] ligt im menschen, nicht im vich, und der mensch gebraucht sich wie ein vich, dorauf folgt nun, das er ein sau oder hunt sein mag … dan die form gibt kein sau, noch kein hunt, das wesen und eigenschaft geben seu und hunde; die form get für sich selbs. dan die geschrift heißt ein menschen ein vich, so er also ist, und ist ein natürlichs vich, im leib und wesen, haben beid, der hunt mit den vier füßen und der hunt auf den zweien füßen, gleich magen, gleich leben und gleich fleisch und dergleichen und auch beid gleich huntswesen und eigenschaft. drumb die geschrift war sagt und ist also zu versten, das der mensch das ist natürlich, und *nicht durch gleichnus, sonder leiblich, vom Limbo* [d. i. vom limbus, dem „Erdenkloß" der Schöpfung, also dem Extrakt der ganzen Welt] her, do ererbt er die sau und den hunt und aus Adams leben geben dem geist, der der mensch ist … also get der mensch, so er in der vihischen natur ist, auch hündisch und seuisch umb." Ebd. S. 55: „die form gibt nichts am namen, sonder die art." Ebd S. 56f.: „auch den menschen [hat Gott] darzu beschaffen, so er nit wil ein mensch sein, so sei er ein wolf, ein sau, ein hunt, ein schlang, ein viper etc.; und das bleibt er auch, dieweil er gottes bildung verschmecht, sei er auch verschmecht und sei ein unvernünftiges tier, und sei beraubt götlicher bildung, wie Kain … und also beschließ ich disen andern tractat, das ir wissen sollen alein, das der mensch *ein tier ist warhaftig und materialisch* und das tier mit seim namen, den in Christus gibt, *und nicht wie, sondern ists*". usw.; Weigel: Werke I S. 44f.; III S. 69f.: „das sie nicht den Bestien und Thieren sich gleich machen"; Weigel *De vita beata* (Halle 1609) Vorrede fol. A 4 [r]: Die meisten Menschen „a vero ac Summo Bono ita declinarunt, ut seipsos homines esse penitus obliviscantur."; ebd. fol. A 5 [r-v]: „& ita [d. h. durch Hinwendung zu Welt und Sünde] evenit, ut homines dici vix mereantur, nam infra bestias sese dejiciunt sponte dignitatem hominis pro nihilo reputantes, miserabile dictu & res lacrimis dignissima." Die bekannte Unterwerfung unter das Gestirn, die mit der viehischen Existenzweise zugleich eingeht, benennt Weigel ebd. Kap. III S. 16f.: „At ignorans semetipsum [nämlich als *imago dei*] & mortalem se solummodo credens collum suum astrorum jugo submittit [!], & in turpi vivit servitute *cum caeteris bestijs*". Weigels Pazifismus spricht kriegführenden Menschen ebenfalls eine 'viehische' Art zu, *Gnothi seauton* I cap. II S. 15: „Dann die Schaffe, die da sein vnter dem Lamb, ziehen nicht in Krieg, nur die Wölffe, Hunde, Beren, Löwen, so als verdampte nit ins Reich Gottes gehören".

Beherzige der Gläubige jedoch Arndts Appell zur tätigen und sich selbst erkennenden Buße, daß „du ein solch unreines Haus voller böser Würmer bist, du auch durch die Buße und Tödtung des Fleisches dieselben erwürgen solltest", und begebe sich auf den Weg der neuen Geburt,[92] werde er aus der ‚tierischen' Existenz in eine Existenz aus Christus bzw. dem Geist versetzt, die ihn „über die

---

Sclei: *Theologia universalis* I,I,61 S. 13: "der Viehische Mensch mit seiner Weißheit"; I,II,1 S. 27: „der irrdische Viehische Mensch", ebenso II,87 S. 175 für die nicht Gottesgelehrten, nicht Wiedergeborenen; I,III,8 S. 52 die Welt „hält also dieses Irrdische Zeitliche Leben, welches doch nur ein Viehisches Leben ist, und noch was ärger, für das Himmlische Leben"; I,III,125 S. 87: die selbsterwählten Lehrer – Akademiker und kirchliche Theologen – „haben auch nicht den rechten Characterem Agni ... , damit Gott alle seine Diener zeichnet. Wohl aber haben sie den Characterem BESTIAE, das ist das Mahlzeichen und den Nahmen des Thiers, beydes an ihrer Stirn und in ihrer rechten Hand. Apoc. 7.13.14." I,III,164 S. 100: Die das innere Wort ablehnen, bezeichnet er als „diese Gottlose Epicureische Säue". II,42 S. 151: weil die Welt das innere Wort und Licht verachtet, ist sie „nur ein tummes Vieh und Irrdisch Fleisch und Blut." II,159 S. 214: „Ach bedencket dabey, was der Mensche nach dem Fall für ein böß Thier für allen Thieren der Erden geworden ... darumb Gott selbst heut die auffs neue von Christo abgefallene Menschen zu bösen Thieren vergleichet und uns dafür mehr als für alle bösen Thiere warnet, damit wir ihre Thierische Bilder nicht anbeten" Ähnlich wie Arndt in *Ikonographia* VIII (fol. 30 ʳ) Falschpropheten mit Wölfen vergleicht, sagt Sclei II,161 S. 215: „Darumb Christus und alle seine Propheten und Apostel uns ... ernstlich warnen, daß wir uns ... für die Menschen und Wolffe unter dem Schaffskleid vielmehr als für allen Offenbahren Wolffen, Thieren, Schlangen und Adlern hüten und fürsehen sollen". Sclei *Vater unser* 89 S. 700f. unterscheidet zwischen Christi und menschlicher Leiblichkeit und findet auf diesem Wege – poströmisch – zu einer neuen Theologie des mystischen Opfers: „Er wil nicht unser Viehisches Blut [!], sondern das H. reine Blut des unbefleckten Lämleins, seines Sohnes Jesu Christi, das ist das Opffer, das ihn speiset [!]. So wir Ihme aber das nicht lieffern [!], unsern Leib, Seele und Geist in dem Blut Christi nicht reinigen und baden, sondern uns in unserm Viehischen Blute sühlen und weltzen, so ersticken wir endlich darinnen und können nicht ein Opffer Gottes genennet werden ... So wir Ihm aber den Rücken wenden, machen wir uns selbst durch solchen Abfall zu einem Greuel für Gott und zu einer erschröcklichen BESTIA, die nicht von oben herab, sondern aus dem Abgrunde steiget". Sperber: *Isagoge in Veram Triunius DEI et Naturae cognitionem: Conclusio* S. 41ff.: hier handelt Sperber in der schon bekannten Weise vom Menschen als Mikrokosmos (vgl. S. 39 unter Verweis auf Paracelsus: „Homo est Epitome, compendium, seu abbreviata Mundi tabella"), der als ‚fünftes Wesen' die Natur aller anderen in sich begreift. „Etenim naturam Angelorum, naturam Brutorum, naturam Vegetabilium, naturam Mineralium omnem unus in sese complexus fuit Homo: in quo Omnia suum Aliquid, immo se tota, & sua omnia agnoscunt." So diente alles dem Menschen, der angehalten war, sich nicht „ab inferioribus" überwinden zu lassen. Doch er, der durch den heiligen Geist die ganze Gottheit im Tempel seiner Seele wohnen hatte, verlor diese unaussprechliche Würde, wodurch die Gottheit gänzlich aus ihm vertrieben wurde. „Sic Homo, Spiritu Sancto amisso, desiiit [sic] esse Spiritualis; *et factus Animalis*, de quo scriptum i. Corinth. 2. v. 14. *Animalis homo* non percipit ea, quae sunt Spiritus DEI. Epist. Judae vers. 19. *Animales, Spiritum non habentes*. ibid. v. 10. Quaecunque naturaliter, ceu animantia rationis expertia [sic], sunt, in his corrumpuntur." Es folgen weitere Bibelbelege zum „Externus homo", „Vetus homo", „Carnalis homo", und, als deren Explikation, schließlich: „*Brutus seu brutalis homo* Psalm 73. v. 22. & 92. v. 6. Proverb. 12. v. 1." Vgl. auch Müntzer nach Fauth, Menschenbild, in: Theologe Müntzer S. 49, 53 u. a., sowie einen (bezeichnend oft entfernten) von den Stichen zu Khunraths *Amphitheatrum*.

[92]   *WCh* II,7,6.

Natur" hebe und ihn den astralen Einflüssen des Makrokosmos entziehe. So sei er, wie der vorletzte Abschnitt des *liber vitae, Christus* prägnant formuliert, „in Christo ein HErr [sic!] über die ganze Natur",[93] und beherrsche die Kräfte, die die Erde beherrschten, wie es die Buch II beschließenden Worte von der Überwindung der „Nativität"[94] (d. h. der astrologischen Determination der ‚alten Geburt') durch die ‚neue Geburt' aus Christus besagen:[95] „Darnach richte, urtheile, meistere ein jeder Verständiger [!] und Gläubiger seine natürliche Nativität, und wisse, daß er ein HErr [sic!][96] sei des Himmels, und über das Gestirn herrsche."

Die Bilder gleichen sich. Nach dem Makro-/Mikrokosmos-Theorem gestaltet Arndt die Anlage von Buch IV seines „Wahren Christentums". Im Blick auf die unlösbare strukturelle Verschränkung von Kosmo-Anthropologie und Heils- wie Erkenntnislehre ist Arndts Äußerung über den *liber naturae* um so verständlicher, er „Achte deßwegen [für] unnöthig zu beweisen, daß auch dies Buch zum wahren Christenthum gehöre",[97] weil es die (kosmo-)anthropologischen Voraussetzungen und Konsequenzen für die Wiedergeburtslehre in Buch I – III entfaltet. Explizit und noch prägnanter formuliert der „Beschluß an den Leser" des *Gnothi seauton* II, daß die Makro-/Mikrokosmos-Thematik, die den Schlüssel zu aller Erkenntnis „beydes, nach der Natur vnd nach der Gnaden" beinhalte, nicht nur eine philosophische, sondern auch eine eminent theologische Bedeutung habe:[98]

> „Vrsache aber dieses meines Schreibens ist: Erstlich, daß der Mensch das gröste werck vnter dem Himel betrachte vnd erkandt werden, beydes, nach der Natur vnd nach der Gnaden, *Welches nicht allein dienet zur Philosophey, sondern auch zur Theologey.* ... Zum dritten, Daß [sc.: er] nach ziemlicher Erkendtnuß der gantzen Natur in vergenglichen nicht verharre, auch in zeitlichen Künsten nit ersauffen (wie jetzt leyder geschicht), sondern durch natürliche Erkendtnuß vielmehr dahin erwecket vnd gebracht werde, daß er von sich selber eyle zu der Gnade. Auß dem natürlichen springe zu dem vnübernatürlichen [sic]. ...
> Ich begere auch alle die jenigen zu anzureitzen, so weit vber mir seynd in diesen Dingen, daß dieselbigen ein richtigers vnd bessers Gnothi seauton schreiben, auff daß dieses mein Büchlein durch jres gründtliches erklären weit hindan gesetzet werde. Solches begehre vnd wünsche ich von Hertzen. Alles darumb, *daß durch rechte Erkendtnuß deß Microcosmi eröffnet werde die Warheit in allen Faculteten,* Sey günstiger Leser Gott be fohlen [sic] etc. ... ".

---

[93] *WCh* II,58,11.
[94] Der astrologische Begriff der 'Nativität' begegnet häufig, etwa in Weigels *Gnothi seauton* I,17f.
[95] *WCh* II,58,12 (Hervorhebung von mir).
[96] An dieser hervorgehobenen Stelle, dem Übergang vom Erleuchtungsweg zum Reich Gottes im Seelengrund, ist der Stuttgarter Stereotypausgabe diese bemerkenswerte typographische *deificatio* gleich zweimal hintereinander 'unterlaufen', was einen bloßen Satzfehler ausschließt.
[97] *WCh* IV Vorrede 3 (Hervorhebung von mir).
[98] Ps.-Weigel *Gnothi seauton* II: *Das Ander Büchlein* S. 125 (Hervorhebung von mir).

Exemplarisch verdeutlicht das Theorem, daß es hier – wie beim *liber naturae* überhaupt – nicht nur um kosmologische, sondern um theologische Fragen geht.

Im Zuge seiner Darstellung Jacob Böhmes und der Rosenkreuzer, für die dieses Theorem ebenfalls von zentraler Bedeutung ist, betont Wollgast in seiner Philosophiegeschichte, daß „eine breite Strömung – bis hin zur Reformbewegung Arndts" sich solcher Gedanken und Terminologie bedient habe. „Vor allem war der Makro-Mikrokosmosgedanke so verbreitet, daß sich zwischen den unterschiedlichsten Autoren verbale Übereinstimmungen belegen lassen."[99] Weil dieser Topos so verbreitet wie vielschichtig ist, ist er hier auch nicht im Ansatz umfassend oder befriedigend darzustellen, wenige Hinweise mögen genügen.[100]

In seinem aufschlußreichen Beitrag „Das Bekenntnis zur Gnosis von Paracelsus bis auf die Schüler Jacob Böhmes" zitiert Carlos Gilly den Gegner und Kenner der Hermetismus Andreas Libavius, der in seinem *Wolmeinende[n] Bedencken von der Fama vnd Confession der Bruederschafft deß RosenCreutzes* von 1616 gegen die Rosenkreuzerschriften gewandt in decouvrierender Intention das Makro-/ Mikrokosmos-Theorem als eine Art Grunddogma des *Corpus Hermeticum* einschließlich des ebenso ‚Hermes Trismegistus' zugeschriebenen *Asclepius* benennt:

„Wer den Grund dieses Ruhms [der Philosophie der Rosenkreuzer] verstehen will, hat den nächsten Weg darzu, daß er im Pimandro und Asclepio Hermetis Trismegisti ... lese, da wird er finden, *wie der Microcosmus sol auss dem Macrocosmo gezogen seyn*: Also daß, wer den Microcosmum verstehet, der wisse alles was im Macrocosmus ist, vnd diß auch von Gott vnnd Engeln vnnd Teuffeln zuverstehen. Magnum enim miraculum et Deus tertius est homo, wie Hermes will. *Da habt ihr das Centrum, radios, peripheriam vnd Mittel spacia ale beysammen.* Da liegt Theologia, Medicina, Physica, Astrologia etcetera, doch ist von Juristischer Materi wenig darbey."[101]

---

[99] Wollgast Philosophie S. 344f.
[100] Weiterführende Hinweise, z. T. mit Literaturangaben, finden sich etwa bei von Lippmann Alchemie I S. 206 (u. a. der von Arndt *WCh* I,7,2 erwähnte Sterndichter Manilius) u. ö.; Wollgast Philosophie S. 230, 246-249, 344f. u. ö.; Haage Alchemie S. 31; 180 (A. 82 Lit.); 191; Biedermann (Hand-)Lexikon S. 304f. (Lit.) u. a. m.; auch an Aufsätzen sei hier nur eine kleine Auswahl genannt: Haas, Alois Maria: Vorstellungen von der Makrokosmos-Mikrokosmosbeziehung im Denken der Zeit vor Paracelsus, in: Nova Acta Paracelsica 6 (1991/92) S. 51-76, der den Topos von Antike bis zur Renaissancezeit verfolgt; Kurdzialek, Marian: Der Mensch als Abbild des Kosmos, in: Der Begriff der Repraesentatio im Mittelalter. Stellvertretung, Symbol, Zeichen, Bild, hg. von: Zimmermann, Albert (Miscellanea Mediaevalia 8) Berlin/New York 1971, S. 35-75 (Platonismus, Neuplatonismus und die Rezeption im Mittelalter); zu Paracelsus vgl. Müller-Jahncke, Wolf-Dieter: Makrokosmos und Mikrokosmos bei Paracelsus, in: Paracelsus. Das Werk – die Rezeption, hg. von Zimmermann, Volker, Stuttgart 1995, S. 59-66, u. a. m.
Belegstellen finden sich im einschlägigen Schrifttum zuhauf; exemplarisch-summarisch seien hier nur die schon genannte Weigel-Schrift *Gnothi seauton* I (so etwa cap. 5f.) genannt, die postweigelsche *Viererlei Auslegung von der Schöpfung* oder, beide von Christoph Hirsch stammend, jedoch pseudonym publiziert, der *Pegasus Firmamenti* sowie die *Gemma magica*.
[101] Frankfurt/Main 1616, S. 159f., hier zitiert nach Gilly Gnosis S. 424 (Hervorhebung von mir).

In der ein Jahr früher publizierten Schrift *De philosophia Harmonica Magica Fratrum de Rosea Cruce* fragt derselbe Libavius als Wissender nach deren Quellen: [102]

„Unde scirent magisterium lapidis, si nullus fuit Hermes, Paracelsistarum Plato [!] tanquam Deus?"

Die drei anklingenden Namen und die spöttische – auf eine geradezu deifikatorische Verehrung der nach dem *Corpus Hermeticum* in der Tat dem Göttlichen nahegerückten Gestalt des Hermes zielende – Anspielung auf eine weitgehende inhaltliche Verschmelzung dessen, wofür „Hermes" einerseits und *Plato tanquam Deus* andererseits bei den *Paracelsistae* stehen, markieren trefflich den mystifikatorischen Synkretismus solchen ‚Platonisch-Hermetischen Christentums' (Colberg). Ist schon das dem spätantiken Synkretismus entwachsene *Corpus Hermeticum* in sich ein Sammelbecken unterschiedlichster eng miteinander verbundener Traditionen, so fällt es angesichts einer weit über tausendjährigen, komplexen und eklektischen Rezeptionsgeschichte, in der sie bis zur Unkenntlichkeit verschmolzen, schwer, die platonische und hermetische Tradition rein von einander zu scheiden – zumal die hermetische von ihren Ursprüngen her ein gut Teil platonisch-platonistisches Erbe in sich trägt. Von der neuplatonisch-neuplotinischen Tradition ließe sich eine hermetische in aller Vorläufigkeit und Behutsamkeit wohl dort differenzieren, wo eine verstärkte Durchsetzung und Durchdringung mit Wiedergeburtslehre, Astrologie, Magie, Alchemie und verwandten Traditionen des Geheimwissens stattfindet, bei allenthalben fließenden Grenzen.

Während Kurdzialek stärker die platonische und plotinische Interpretation des Makro-/Mikrokosmos-Theorems in seiner Rezeption bei den platonisierenden mittelalterlichen Theologen und Philosophen dokumentiert[103] – welchem Ansinnen aristotelisch gesinnte Theologen wie etwa der Aquinate reserviert bis ablehnend gegenüberstanden –, zieht Wollgast, vom frühneuzeitlichen Spiritualismus und Hermetismus ausgehend, eine inhaltliche Linie bis zum gnostischen Denken der frühchristlichen Jahrhunderte – welche ideen- und rezeptionsgeschichtliche Verbindung Gilly mit seinem schon genannten Beitrag „Das Bekenntnis zur Gnosis ... " eindrücklich bestätigt, indem er eine zunächst implizite Rezeption gnostischer Begriffe und Theoreme dokumentiert, die dann mit Abraham von Franckenbergs *Theophrastia Valentiniana* in eine moderate, doch explizite Zustimmung zu wesentlichen Positionen der valentinischen Gnosis mündet.[104]

---

[102] In: ders.: *Examen Philosophiae Novae, quae Veteri abrogandae opponitur*, Frankfurt/Main 1615 S. 278/288, zitiert nach Gilly Gnosis S. 424, der dokumentiert, daß Libavius' Einschätzung etwa mit der Selbsteinschätzung des Tübinger Juristen Christoph Besold klar übereinstimmt.

[103] Kurdzialek Abbild des Kosmos *passim*.

[104] Gilly Gnosis *passim*; die genannte Schrift wurde übrigens erst von Gottfried Arnold in den Supplementen seiner *Unparteiischen Kirchen- und Ketzerhistorie* publiziert, und zwar anonym. Gegenüber Gillys identifikatorischer Deutung würde ich in von Franckenbergs Bemerkungen gleichwohl *auch* eine gewisse referierend-eklektische Distanzierung geltend machen wollen.

Wollgast sieht gerade in dem hier zugespitzten Theorem von Makro- und Mikrokosmos ein wesentliches Erbe gnostischen Denkens, das auf seine Weise Theologie, Anthropologie und Kosmologie zur unlösbaren Einheit verschmilzt und damit der hermetisch-alchemischen Tradition entscheidende Impulse gibt. Nach diesem Denken trägt der Mensch als ein mikrokosmisches „Abbild des Makrokosmos" die ganze Stufenreihe des hierarchisch gestuften Kosmos in sich. Mit seinem göttlichen Teil, dem in die Materie gefallenen Geist, stünde er eigentlich über der Sphäre des *mundus sensibilis*, ist aber durch seine Leiblichkeit als Gestalt seiner Entfernung vom Göttlichen an Seele und Geist von der Last des Stoffes niedergedrückt – und darin böse geworden – und deshalb als sublunares, aus Leib und Geist zusammengesetztes Wesen der astralen Influenz ausgesetzt. Die Erlösung besteht darin, daß er sich seiner göttlichen Herkunft ebenso wie seiner Gefallenheit und Verstrickung in die Welt des Materiellen gewahr wird und auf dem Wege einer stufenweisen Entweltlichung und Vergöttlichung die Rückkehr in seinen göttlichen Ursprung anstrebt. Je mehr er sich dem Einfluß der negativen Kräfte und Influenzen entzieht, desto mehr kann der göttliche Logos auf ihn einwirken. Die ‚Gnosis', in der letztlich auch die Erlösung gründet, besteht in dieser Erkenntnis seiner selbst als eines göttlichen und zugleich gefallenen Wesens und im Wissen um den Weg und die Mittel zur Rückkehr. [105]

---

[105] Wollgast Philosophie S. 100f. Um ihrer Klarheit und Prägnanz willen sei die entsprechende Passage von Wollgast hier wörtlich wiedergegeben:
„So umfaßt der Mensch als das höchstorganisierte Wesen die ganze Stufenreihe der Natur in sich. Er ist Materie, Pflanze, Tier, Logos und Geist zugleich. Er ist daher ein *Abbild des Makrokosmos noch einmal im kleinen als Mikrokosmos*. Dieser Mikrokosmos *erhebt sich aber mit einem Teil seines Wesens über die ganze Natur, hin zu dem außerhalb der Welt und aller Natur stehenden göttlichen Geist*. Wie jedes Wesen seinen *Zweck und Sinn* durch das Höchste und Vollkommenste in ihm – durch die Seele – erhält, so auch der Mensch. Der Zweck seines Daseins weist über ihn selbst und über alle Natur hinaus. *Durch den Geist wird dem Menschen das Göttliche gegeben*.
Mit dieser Mikro-Makrokosmos-Spekulation der Gnosis dürften wir eine der ältesten Formen der für die Alchemie begründend wirkenden Lehre vor uns haben. Der Mensch umfaßt nach Auffassung der Gnostiker als Mikrokosmos alle Elemente der 'Schöpfung' wie Körper, Seele und Geist in sich. Aber gerade deshalb kann er nicht das höchste Wesen sein. Über ihm muß es Wesen geben, *deren Seele und Geist nicht von der Last irdischen Stoffs bedrückt und behindert werden* ...
Im Gegensatz zum christlich-kirchlichen Weltbild unterscheidet die Gnosis einen von Stufe zu Stufe sich zu immer reineren Sphären erhebenden Kosmos. Jenseits der die Himmelssphären abschließenden Fixsterne [Vgl. die astrale Determination des über den *homo naturalis* herrschenden 'Gestirns'!] liegt das Reich des 'unbekannten Gottes'. Die untere Welt wird gegen die obere gleichsam abgeriegelt." [es folgt eine Beschreibung des demiurgischen Reiches, die hier ausgelassen werden kann].
„Aus dem gnostischen Weltbild erklärt sich der Kampf der Gegensätze wie auch der Zusammenhang zwischen den beiden wichtigsten Problemen, die die Gnosis zu lösen versuchte: dem der Weltschöpfung und dem der Erlösung [Die etwa bei Weigel und Arndt in deren spezifischer Zuspitzung der Adam-Christus-Antitypologie, dem Kernstück ihrer Theologie der Wiedergeburt, zum Tragen kommen.] ...
Die Schöpfung ist eine immer weiter von Gott fortführende Entwicklung. Veranlaßt durch seine Güte, bringt Gott durch seinen Logos zuerst die reine Welt des Geistes hervor. Die in

Auch wenn sich manche Anschauungen und Einzelzüge dieses Denkens und seines Weltbildes in Schriften wie etwa der postweigelschen *Viererlei Auslegung von der Schöpfung* in einer noch deutlich größeren Dichte und Konzentration wiederfinden, ist doch offensichtlich, daß die Analogien dieser Kosmo-Anthropo-Theologie zu Arndts Denken gravierend sind, nicht nur in Einzelzügen, sondern vor allem in ihrer Struktur. Die unübersehbaren Differenzen sind aus dem völlig anderen kulturellen, kirchlichen und religiösen Kontext selbstverständlich, mindern aber gerade nicht den Eindruck einer tiefen Prägung Arndts (und seiner Geistesgenossen) durch ein gnostisches Denken. Diese gnostische Religiosität, die sich nicht zuletzt durch eine hochentwickelte Wandlungs- und Anpassungsfähigkeit auszeichnet – einer der ausschlaggebenden Gründe für ihre Langlebigkeit –, verhält sich parasitär und gedeiht, wie Kurt Rudolph treffend formuliert,[106] vorwiegend auf „Wirtsreligionen". Sie paßt sich den Gegebenheiten an und entwickelt im jeweiligen Kontext ihr Eigenleben. So erklärt sich auch die spiritualistisch-hermetische Dimension des „Wahren Christentums".

Wie parallele Verweise in der *Ikonographia* u. a. auf altorientalische Weisheitstraditionen belegen,[107] stellt sich dieses Werk nicht zuletzt dadurch, daß seine Konzeption entscheidend auf diesen Zwillingsgedanken von Makro-/Mikrokosmos und *imago dei* gegründet ist, in eine Tradition gnostischen Denkens, die zu Arndts Zeiten in Paracelsismus und Weigelianismus und deren Ablegern wie etwa der Rosenkreuzer-Bewegung lebendig ist. Die Vielfalt, die hinsichtlich der kulturellen, kirchlichen etc. Orientierung möglich ist, läßt immer wieder staunen.

Wie dieses Denken epochenübergreifend wirksam blieb – und in diesem konkreten Fall wissenschaftsgeschichtlich bedeutsame Folgen zeitigte –, bestätigt

---

ihr waltenden Ideen, die teils unpersönlich als Ideen, teils persönlich als reine Geister gedacht werden, schaffen den sichtbaren Himmel mit seinen Sternengeistern und Planetensphären, die Erde und auch den *Menschen als das Ebenbild Gottes*. Dabei aber ist unter den Geistern selbst ein Abfall von Gott erfolgt. Sie haben die ihnen verliehene Freiheit mißbraucht. Unter der Führung des ersten von Gott abgefallenen Engels hat sich ein Teil von ihnen *dem Irdischen zugeneigt. Er ist in die Bande des Materiellen geraten und böse geworden.* Durch die abgefallenen Engel kommt die Sünde zu den Menschen. Die abgefallenen Engel drängen sich in die Sternenregion, in der sie herrschen, zwischen die irdische und himmlische Welt, so daß der Mensch von Gott völlig getrennt wird ... In diesem Wissen vom Weg nach oben und in der Kenntnis der Mittel, die anzuwenden sind, um ihn gehen zu können, besteht die Gnosis.
Der Mensch kann eine Erlösung nur deshalb erlangen, weil er selbst als Mikrokosmos in sich alle Kräfte und Substanzen des Makrokosmos vereint. *Er besteht aus Materie, aber in ihm ist auch der göttliche Geist lebendig. Sucht sich der Mensch von der Materie und dem Einfluß der bösen (irdischen) Geister zu befreien*, dann vermag er, mit seinen Geisteskräften *aufwärts zu steigen*, dann kann der göttliche Logos auf ihn einwirken. Völlig erlöst wird er aber erst, wenn er dem ganzen Kreis der Schöpfung entflieht und in die außerhalb dieses Kreises liegende unendliche Ewigkeit eingeht. So vollzieht sich die Aufwärtsentwicklung des Menschen in umgekehrter Stufenfolge wie die Schöpfung der Welt. Dabei legt er eine irdische Hülle nach der andern ab: der Körper wird zum Luftleib, dieser in der Sternenregion zum Ätherleib und dieser wieder zum reinen Geist- und Lichtwesen ... ". (Hervorhebung von mir).
[106] Hier zitiert nach Wollgast Philosophie 99.
[107] Siehe unten.

eine Äußerung Joost R. Ritmans, des Gründers der Amsterdamer *Bibliotheca Philosophica Hermetica*. In seinem Geleitwort zum Ausstellungskatalog der *Cimelia Rhodostaurotica* charakterisiert Ritman eine geradezu religiös akzentuierte Version des Mikro-/Makrokosmos-Gedankens als den Inbegriff und das Herzstück des hermetischen Denkens sowie anderer mit diesem verwandter Strömungen:[108]

> „Die hermetische Philosophie, die gnostische Tradition, die mystische Tradition, die naturphilosophische Tradition und die Rosenkreuzerphilosophie weisen sämtlich ohne Ausnahme *auf die ursprüngliche Beziehung zwischen Gott (als Schöpfer), dem Kosmos (als dem offenbarten Buch des Lebens) und dem Mikrokosmos* (als dem in dieser lebendigen Verbindung stehenden Menschen) hin.
> Die reiche Symbolik dieser uralten Tradition ist deswegen nicht an Zeit, an Menschen, an Grenzen gebunden. Sie repräsentiert von Anfang an *den universalen Einweihungsweg in das göttliche Urprinzip des Geistes, das All-Eine, die Gnosis*, das universale All-Bewusstsein des Lebens, seinen Entwicklungsgang und seine vollkommene Offenbarungsform."

Abstrahiert man hier von einem gewissen religiösen Pathos gegenüber dieser Vorstellungswelt und einem wohl darin begründeten ungeschichtlichen Postulat von deren vermeintlich zeitlosem oder gar überzeitlichem Charakter, so bleibt dennoch die grundsätzliche Bedeutung dieses eigentümlichen Theorems treffend erkannt. Seiner Art und Genese nach setzt es einen völlig anderen Charakter von Theologie, genauer: Theosophie, voraus, wie er, an ältere Traditionen anknüpfend, in der frühen Neuzeit in weiten Bereichen der sogenannten „Mystischen Theologie" vorlag. Daß sich – gegenüber manchen sonstigen kirchlichen Rezipienten auf einer völlig anderen Ebene – gerade die Rosenkreuzer und viele Radikale mit Begeisterung auf das Werk Arndts bezogen und es als ein dem ihren verwandtes verbreiteten, ist vor diesem Hintergrund kaum verwunderlich.

Ein Rezeptionsweg der aus der Antike überkommenen[109] Mikro-/Makrokosmosvorstellung geht über die Florentiner Renaissancephilosophie und Paracelsus,[110] über paracelsistische Spiritualisten[111] bis zu Arndt, der sich u. a. etwa auf Plato beruft, welcher mit seinen Gedanken zu Mikro- und Makrokosmos, Einzel- und Weltseele im *Timaios* schon während des Mittelalters entscheidender Bezugspunkt für eine weit verbreitete Mikro-/Makrokosmos-Spekulation war.[112]

---

[108] Cimelia Rhodostaurotica S. IX (Hervorhebung von mir).
[109] Vgl. auch Hübner: Religion und Wissenschaft ... , in: Zwischen Wahn, Glaube und Wissenschaft S. 9-50, der S. 27f. auf Vorkommen und Bedeutung der Vorstellung in der Stoa hinweist. S. 28-35 erörtert er Positionen des „spätaugusteische[n] Sterndichter Manilius" (*WCh* I,7,2!), der „die Interdependenz zwischen Sternenhimmel und Menschenwelt" thematisiert.
[110] Wollgast Philosophie S. 114; zu Paracelsus vgl. Wollgast Weigel S. 104f.
[111] Auch H. Khunrath bezieht sich in Vorwort und Text seines Amphitheatrum wiederholt darauf.
[112] Vgl. Kurdzialek Abbild des Kosmos *passim*.

3. „eine sehr geheime und große Konsonanz“[113]
Stufenkosmos und Entsprechung des ‚Oberen‘ und ‚Unteren‘

Im Zusammenhang der Analogiefrage begegnete ein gestufter *ordo naturae*, an dem entlang der Mensch von den niederen zu den immer höheren Stufen oder Sphäre, wie an einer „Leiter“ aufsteigend, bis zur Erkenntnis Gottes gelangt. Dieser Stufenkosmos ist hier noch von einer anderen Seite her zu thematisieren, von seinen astralen Influenzen und sympathetischen Entsprechungen her, die aus einem in vieler Hinsicht neoplotinisch-hermetisch inspirierten Weltbild des „Wahren Christentums“ resultieren.

3.1   *influentia coelestis*[114]

Mit der mikrokosmischen Relation verbindet sich aufs engste der Gedanke astraler Influenzen auf den Menschen. Gerade indem er eine aus seiner Sicht abwegige Pseudo-Astrologie verwirft, verteidigt Arndt solche „natürlichen Kräfte[]“: [115]

> „Zudem, 6) wie kann so gar verneinet werden, daß das Firmament nicht seine Wirkung im Menschen habe, *da doch das ganze Firmament im Menschen ist* [!], und *das Firmament der kleinen Welt (microcosmische) mit dem macrocosmischen (dem der großen Welt) eine sehr geheime und große Konsonanz* (Einstimmung) hat, wie die *rechtschaffenen Philosophen* [!] wohl wissen. Ich rede nicht von der Wirkung der Sterne, welche die vermeinten Astrologen und Sterngucker, den astris, oder Gestirnen andichten, und darauf ihre Wahrsagerei gründen … sondern ich rede *von den natürlichen* [!] *Kräften des Himmels und der Sterne, daß derselben Wirkung im Menschen, als im microcosmo, oder in der kleinen welt, nicht könne verneinet werden*, darum, daß die Astrologen so ungewiß Ding weissagen. Was können die Sterne dazu, daß Astrologen ihre Wirkung und Kräfte nicht besser verstehen? [!] … Sollte man der Kräuter Wirkung verleugnen? Was können die Kräuter dazu, daß man ihre Kraft nicht besser verstehet?“

Daß Arndt hier sehr bewußt „von den *natürlichen* Kräften des Himmels und der Sterne“ spricht, erinnert etwa an Pomponazzi. In der bewegten Diskussion um die Realität oder Fiktion eines wie immer gearteten Einflusses der Gestirne auf den Menschen bestreitet dieser nicht eine diesbezügliche *communis opinio*, vertritt aber die Position, daß es sich dabei um durchaus „natürliche[]“, nicht um außerordentliche „Kräfte[]“ handle.[116] Arndt wäre gröblich mißverstanden, wollte man seiner Polemik gegen die prognostische Astrologie – der er auf seine Weise an anderer Stelle durchaus eine Deutefunktion apokalyptischer Zeichen zubilligt – eine grundsätzliche Absage an jeglichen Glauben an einen Einfluß der Gestirne

---

[113] *WCh* II,58,9.
[114] *Hex* 3,31.
[115] *WCh* II,58,9 (Hervorhebung von mir).
[116] Vgl. Garin Astrologie S. 136f. (mit Belegen).

auf Welt und Menschen unterstellen, ganz im Gegenteil! Das gesamte letzte
Kapitel des zweiten Buchs legt ebenso wie Kapitel vier des *Hexaemeron* ein lei-
denschaftliches Plädoyer für eine ganz spezifische Art religiöser Astrologie ab.
Gerade die Weise, wie Arndt die Mikro-/Makrokosmos-Relation interpretiert,
belegt zur Genüge eine diesbezügliche Auffassung, die er sowohl von einer
Sternguckerei wie von einer defizitären Philosophie abzugrenzen bemüht ist.
Der Ansicht, daß die antiastrologischen Sprüche der Bibel im Sinne einer grundsätzlichen Bestreitung eines kosmischen Zusammenhangs zwischen „grosser"
und „kleiner Welt" zu interpretieren seien, setzt er mit Nachdruck entgegen:[117]
„Darum heben solche Sprüche die Wirkung des Firmaments nicht auf." Dies
zieht sich, wie noch zu zeigen ist, durch verschiedene Sphären seines Weltbildes.

Ist der Mensch nach seiner leiblich-sinnlichen oder animalischen Seite, die
aus den grob-stofflichen ‚unteren' Elementen stammt, den Tieren verbunden –
woher seine Gefährdung eines „tierischen" oder „viehischen" Lebens aus der
Sinnlichkeit rührt –, so stammt sein menschlicher Geist mit all seinen Kräften
aus den beiden ‚oberen' natürlichen Elementen Feuer und Luft, die dem *natürlichen* Himmel zugewiesen sind. Daher ist der Mensch mit seiner Geistigkeit und
deren Fähigkeiten dem Gestirn unterworfen und empfängt alles von diesem:[118]

> „Denn gleicher Weise als *der Leib des Menschen aus den untersten Elementen
> gespeiset* und erhalten wird, nämlich aus der Erde und Wasser, und kann
> ohne dieselben nicht leben: also, die Sinne, Gedanken und *der Geist des
> Menschen haben ihre Speise vom Gestirn.* Denn alle sinnreiche Menschen haben
> ihren Einfluß und ihre Einfälle vom Gestirn, und *ist gleichsam ihre Speise* [!];
> welches eine gewaltige Probe ist der Astronomie. Denn, sollte der Mensch
> *von den unteren Elementen nur als ein Vieh* gespeiset werden, und seine Sinne
> und Gedanken sollten nicht ihre Speise auch haben?"

Terminologie – bis hin zur „Speise" des menschlichen Geistes aus dem „Gestirn"[119] – und Vorstellungskreis zeigen auch hier den mit Paracelsus und Weigel
gemeinsamen anthropologischen Hintergrund, und wie diese sieht Arndt auch
den geistigen Anteil der mikrokosmisch-natürlichen menschlichen Existenz –
alle Künste und Wissenschaften eingeschlossen, mit Ausnahme der Theologie –
nicht nur als dem astralischen oder siderischen Bereich entstammend, sondern
auch als permanent dessen Einfluß unterworfen an. Dieser Bestimmung entsprechend, ist die Erde bereits ihrer Gestalt nach ins Zentrum des Kosmos gesetzt
und geschaffen als ein „Receptacul oder Behältniß aller himmlischen Einflüsse.
Darum sie auch wegen der Runde des Himmels in eine runde Kugel gesetzt [,
um] die Wirkung des Himmels allenthalben zu empfahen".[120] Doch ist diese
Sicht in der Tat nur im Rahmen eines geozentrischen Weltbildes zu entwickeln.

---

[117] *WCh* II,58,10.
[118] *Hex* 4,15 (Hervorhebung von mir).
[119] Zu dieser "Speise" des menschlichen Geistes vgl. Weigel *Gnothi seauton* I cap. IV S. 12f.; s. o.
[120] *Hex* 3,1.

Sucht man nach Analogien zu diesen Gedanken, ist der Weg wiederum nicht weit zu Weigels *Gnothi seauton*, demzufolge die Abhängigkeit der Menschen vom Gestirn eine direkte Folge des Sündenfalls von Adam ist:[121]

> „Für dem vnnd ehe dann Adam vom Apffel Aß vnnd in dem Paradeiß in der Vnschuld wandelte, war er dem Firmament nichts vnterworffen ... Aber nach dem er durch die Schlange verführet erkennen lernete, was gut vnd böse were, *ward er als bald dem Himmelischen Gestirne vnterworffen* vnnd ward gezwungen, Künste, Sprachen, Handwercke zuerfinden ... ohne welches diß tödtliche Leben nicht hette mögen erhalten werden."

Erst wenn der Mensch durch die Wiedergeburt aus Adam in Christus versetzt wird, ist auch diese Abhängigkeit überwunden, ein Gedanke, der sich in ähnlicher Form bei Arndt findet. Die zu den natürlichen Influenzen gehörenden astralen „Samen" sind an anderer Stelle näher zu betrachten.

3.2 Stufenkosmos und *aurea catena naturae*

Im Gegensatz zu den frommen Seelen, an denen Gott *immediate* handelt, wirkt er wie auf die außermenschlichen Kreaturen, so auch auf die natürlichen, nicht in der ‚neuen Geburt' lebenden und daher dem ‚Gestirn' unterworfenen Menschen „durch die Natur, als durch Mittel".[122] Eines dieser „Mittel" ist eben das Gestirn. Dieses nimmt seinerseits eine verbindende Stellung als Zwischenglied in einer „Kette" ein, die in einem gradativ-qualitativ auf- bzw. absteigenden Stufenkosmos die gesamte sichtbare und unsichtbare Welt alles Geschaffenen durchzieht. Die Schöpfungsexegese ist ein Nachzeichnen des Stufenkosmos, oder wie Arndt es gelegentlich im Bild ausdrückt, das „Auf- und Absteigen" an einer „Leiter":[123]

> „Also sind wir nun bisher von den untersten Creaturen hinauf gestiegen, *als an einer Leiter zu Gott, zu Gottes Erkenntniß* ... zum höchsten Anfang aller Dinge ... Danach sind wir wieder herunter gestiegen von dem Schöpfer zu den Creaturen ... Das ist *das natürliche Auf- und Absteigen*."

Der – durchaus räumlich gedacht – Aufstieg über den sublunaren Kosmos hinauf führt in einen weit höher reichenden „Sphärenkosmos",[124] in den Arndt im vierten Kapitel seines *Hexaemeron* einen geheimen Einblick zu tun wagt:[125]

> „Es soll uns aber der Lauf der Sterne und ihre große Menge höher führen, nämlich zu den unsichtbaren, hochleuchtenden Sternen, den heiligen Engeln, den himmlischen Geistern".

---

121 Weigel *Gnothi seauton* I cap. 17 S. 43f (Hervorhebung von mir).
122 *WCh* II,58,4.
123 *WCh* IV,II,26,6 (Hervorhebung von mir).
124 Kemper I S. 121 und II S. 249 A. 29.
125 *Hex* 4,10 (Hervorhebung von mir).

So weiß der inspirierte Glaube um eine gestufte Ordnung alles Seienden, die von der sichtbaren und der unsichtbaren natürlichen Welt über die übernatürliche bis zu Gott selbst führt. Die Stufung nach „oben" „hinauf" ist eine qualitativ differenzierte, in der sich der jeweilige Grad der Nachahmung Gottes, der *mimesis*, ausdrückt. Die aufsteigende Linie führt, wie Arndts *Hexaemeron* es realisiert, innerhalb der sichtbaren Kreaturen und durch diese hindurch bis in die Seele des Menschen als das Ebenbild Gottes, was die tragende Konzeption des naturphilosophischen Zuganges im Ganzen des „Wahren Christentums" darstellt. Auch wenn die Sünden das Ebenbild zerstört haben, blieb dieser *ordo imitationis* immer noch erhalten. Er wartet darauf, daß es „wiederaufgerichtet" wird: [126]

> „Es ist eine gewisse Ordnung in den Creaturen, und *unterschiedliche Stufen,* *wodurch sie Gott etlichermaſsen nachfolgen und nachahmen*, die eine mehr, die andere minder. Die lebendigen und die empfindlichen oder fühlenden Creaturen ahmen Gott mehr nach, denn die unempfindlichen; die vernünftigen mehr, denn die unvernünftigen. Derowegen weil wir *augenscheinlich sehen, daß eine Ordnung und Stufen in den Creaturen sind*, da immer eine Gott mehr nachahmet, denn die andere, *von der geringsten bis zu der edelsten*, der Mensch aber die edelste Creatur ist: derohalben so muß auch *im Menschen seyn der höchste Grad, GOtt gleich zu seyn. Denn im Menschen ist das Ende aller Creaturen.*
> 2. Derowegen muß auch der Mensch anfänglich *ein vollkommenes Gleichniß oder Ebenbild Gottes* gewesen seyn. Denn sonst wäre *die Ordnung der Creaturen vergeblich, da immer eine die andere in der Nachahmung Gottes übertrifft*".

Daß der Mensch Ebenbild Gottes ist – bzw. vielmehr war –, gehört zur natürlichen Erkenntnis aus dem *ordo creaturarum*. Die Sünde hat die Spitze der kreatürlichen Seinspyramide in der Seele des Menschen zerstört. Doch blieb deren Struktur erhalten und wartet gleichsam auf Wiederherstellung. Wie das erste der schon der ersten Braunschweiger Ausgabe von „Wahres Christentum" I aus dem Jahr 1606 beigefügten Ergänzungskapitel zu Buch I im Titel zeigt, besteht das „gantze" – also wohl auch das „wahre" – Christentum, in der Restitution dieser defizient gewordenen schöpfungsmäßigen Bestimmung des Menschen: [127] „Das *das gantze Christenthumb* [!] *stehe in der widerauffrichtung des Bildes Gottes im Menschen* vnd in austilgung des bildes des Satans". Dieser Heilsprozeß ist, wie Kemper deutet,[128] zugleich als Restitution der gestörten Ordnung der ganzen Schöpfung zu verstehen. Sie vollzieht sich, indem die Seele durch Abwendung von den Kreaturen in der *imitatio Christi* immer höher steigt, bis sie in der Wiederaufrichtung des göttlichen Ebenbilds zugleich in ihren göttlichen Ursprung zurückkehrt. Sphärenkosmischer und soteriologischer ‚Aufstieg' entsprechen einander.

---

[126] *WCh* IV,II,23,1f. (Hervorhebung von mir; vgl. *ordo naturae*); die Überschrift des Kapitels ist getitelt: „Aus der Ordnung der Creaturen lernen wir, daß der Mensch Gottes Ebenbild sei."
[127] Register nach Ende der Vorrede [unpaginiert].
[128] Kemper I S. 216ff.

Die Nachahmung Gottes, eine gradative Annäherung an Gott als Ursprung, geschieht in einer ihrer Entstehung entgegengesetzten Richtung, nämlich von den untersten Elementen hinauf zu Gott. Daß dieser Veredelungs- oder Transmutationsprozeß innerhalb der Schöpfung im Schritt von der sterblichen leiblich-geistigen Existenz zur unsterblichen Seele von einer gleichsam physiologischen in eine ethische Qualität umschlägt – die ihrerseits, wie die *deificatio* erwies, jedoch eminent ontologische Konsequenzen impliziert –, ist für Arndts Theologie bezeichnend. Auch dabei handelt es sich um zwei Seiten einer Medaille: [129]

„Weil es auch offenbar ist, daß auch die Liebe den Willen verwandelt, *eine jegliche Verwandlung aber geschehen soll in ein Besseres und Edleres,* derowegen sollen wir unsere Liebe nicht geben einem Geringern, *sondern dem Alleredelsten, Höchsten und Würdigsten, nämlich Gott allein …*
4. Denn das lehrt uns die Natur, sintemal allewege *die geringern Dinge in Edleres und Besseres* verwandelt werden. Denn die *Elemente,* als da sind Erde, Wasser, Luft, *werden in Kräuter und Bäume verwandelt; die Kräuter aber in die Natur der Thiere; die Thiere aber in des Menschen Fleisch und Blut*[130]." An dieser Stelle erfolgt der Umschwung ins Ethische: „*Also soll unser Wille in unserer Liebe in Gott verwandelt werden, sonst wäre es wider die ganze Natur* [!]. Darum schreiet und ruft die ganze Natur, daß Gott *das Erste und Beste und Edelste sei,* das von uns soll geliebet werden, *weil Er besser ist denn alle Creaturen.*"

Weil an der Spitze der Pyramide dieser physisch-metaphysischen, in der Seele des Menschen als ihrem Schnittpunkt von der körperlichen und natürlich-geistigen zur übernatürlichen Welt umschlagenden Qualitäten Gott stehe, weil ihm von allem Seienden alle schlechthin superlativischen Prädikate des „Ersten", „Besten", „Höchsten" und „Alleredelsten" usw. zukämen, gebühre ihm allein die ungeteilte Verehrung. Das „lehrt die Natur" mit ihrer gestuften „Ordnung". Gott ist also innerhalb der „natürlichen" Stufenordnung dieses metaphysischen Systems wenn schon nicht zu begreifen, so doch durchaus inbegriffen –, worin wohl die Schwäche jedes Systems von konsequent natürlicher Theologie besteht.

Korrespondieren diesem Aufstieg der Seele zu Gott im Zusammenhang der Seelenlehre von einer anderen Seite her Formulierungen, die das Postulat einer unmittelbaren Emanation der Seele aus Gott nahelegen,[131] so meint man andernorts, am Beginn von „Wahres Christentum" IV,II,2, einem Kapitel, das damit in ähnlicher Diktion dieselbe Thematik wie das erste Kapitel der *Theologia deutsch* anschlägt, nahezu ‚pantheistische‘ Töne anklingen zu hören. Alles Gut, das ausnahmslos aus Gott stamme, sei von daher auch in diesem selbst begriffen: [132]

---

[129] *WCh* IV,II,28,3f. (Hervorhebung von mir).
[130] Hier liegt der Grund für den „tierischen" Anteil der menschlichen Existenz, der ihr zum Verhängnis wird, wenn der Mensch sein „fleischliches" Leben, worunter nicht zuletzt seine Sinnlichkeit begriffen ist, nicht tötet und sich zu „Höherem" hinaufschwingt.
[131] S. o. Band 2 zum *liber conscientiae.* Die zwei Geburtslinien aus Adam und Christus; vgl. *WCh* III,2,5; III,7,2; III,8,1.8; I,23,1f. (F S. 259f); I,13,15.
[132] *WCh* IV,II,2,1 (Hervorhebung von mir).

> *„Wenn alles Gut,* so im Himmel und Erden und allen Creaturen ist, *in einem Einigen ist, so ist derselbe das höchste Gut, und alles Gut. In Gott,* dem Schöpfer aller Dinge, *ist alles Gut,* so in allen Geschöpfen und Creaturen ist, im Himmel und auf Erden. *Denn es entspringet alles aus Ihm.* Denn von Ihm, in Ihm, durch Ihn sind alle Dinge. *Darum ist Gott das höchste Gut, und alles Gut."*

Der folgende Abschnitt entfaltet das bekannte neuplatonische Grundmotiv von Gott als dem Einen, Ungeteilten und Vollkommenen, dem die Kreatur als Vielfalt und Stückwerk gegenüberstehe, die nur in diesem Einen Ungeteilten zu Sein, Wesen und Ruhe finde, andernfalls dem Wesenlosen und Nichts anheimfalle.[133] Mit der Tradition der Mystik, aber auch des gnostischen Denkens, formuliert Arndt diese Gedanken im Sinne der Forderung nach einer asketischen Abwendung der Seele von den Kreaturen und einer mystischen Hinwendung zu Gott.

Für jemand, der die „ganze weise Ordnung" der Natur durchschaut, ist der Stufenkosmos an dem Phänomen einer dem äußeren Auge unsichtbaren Verkettung der Sphären und, diesen entsprechend, der Kreaturen zu erkennen. Das nachfolgende Kapitel nimmt die Kreaturen in den Blick, welche, so wie der Mensch auf Gott hingeordnet sein sollte, diesem allein zu dienen, als niedrigere Geschöpfe ihrerseits auf den Menschen hingeordnet seien, diesem zu dienen. Diese Paränese setzt abermals einen gestuften, hierarchisch-harmonischen Zusammenhang der Kreaturen voraus, der auf den Menschen als Zentrum zuläuft. Die Stufung ist derart, daß alle Glieder ineinander greifen wie in einer Kette, wie es Arndt hier an einer Art von höher führender Nahrungskette näher entfaltet:[134]

> „Denn wir sehen, wie die obersten Körper in den untern wirken. Die Elemente geben den Früchten ihre Nahrung; die Früchte den Thieren; die Thiere den Menschen. Also erhält eines das andere. Eines hilft dem andern. Die obern Kräfte dienen den untern, und gehen alle *in einer schönen Gleichstimmung und Ordnung zu einem einigen Ende,* in die Einigkeit und Freundschaft des Menschen.
> 2. *Daraus erkennet man, daß der Mensch die edelste Creatur sei,* weil alle Creaturen, dem einigen Menschen zu dienen, von dem Schöpfer aller Dinge verordnet sind."

Nicht mit von einem fernen Willen indirekt und mechanisch gelenkten willenlosen Rädchen im riesig anonymen Uhrwerk einer deistischen *machina mundi* hat der Mensch es zu tun, sondern innerhalb eines vielfältig beseelten Kosmos mit eigenständig handelnden, einander in „Gleichstimmung" helfend zugewandten Wesen, welche sich gegenseitig ,erhalten' und einander „dienen". Gottes Liebe umgibt ihn in Gestalt einer „Freundschaft" aller Kreaturen in einer auf Sympathie und Harmonie gegründeten „schönen [!] Gleichstimmung und Ordnung".

---

[133] Vgl. das Zurückfallen der Kreaturen jenseits des Schöpferwortes ins "Nichts" nach *Hex* 6,13.
[134] *WCh* IV,II,3,1f. (Hervorhebung von mir).

In dem sympathetisch wie ästhetisch gestimmten *ordo* kommt dem Menschen aufgrund seiner unsterblichen, aus Gott emanierten Seele auf der wichtigsten Stufe des Seienden eine Zwischenstellung zwischen Gott einerseits und den leibhaftigen Kreaturen andererseits zu. Aufgrund seines göttlichen Anteils, der gottebenbildlichen Seele, ist er, wenn er nicht einer ‚tierischen‘ Existenz verfällt, dem sichtbaren Kosmos der außermenschlichen Kreatur unendlich überlegen und „über die Natur" erhoben. All die Linien, die im Menschen zusammenlaufen, bilden in ihrer gestuften Beziehung aufeinander wie in einem Spiegel die durch und durch aufeinander abgestimmte Stufung des gesamten Kosmos ab.

Die kosmische Verkettung, nach der jede Kreatur durch ein System von Empfangen und Weitergeben im großen Gefüge des Kosmos exakt an ihrer ihr von Gott zugewiesenen Stelle steht und selbsttätig wirkt, erläutert Arndt im Zusammenhang der natürlichen und geistlich-allegorischen Deutung der Berge: Daß die Wasser von den Bergen hervorquellen, erklärt Arndt aus der Hypothese, „daß die Brunnen eine große Verwandtniß haben mit dem Gestirn",[135] wie überhaupt[136] „der Himmel eine sonderliche Vereinigung hat mit den Bergen und Brunnen." Für diese „Verwandtniß", die in dem Phänomen der sympathetischen kosmischen Influenzen zum Vorschein kommt, die er als Entstehungsgrund der Quellen identifiziert, verwendet Arndt die Metapher einer unsichtbaren Kette:[137]

> „Da hanget alles *verborgener unsichtbarer Weise* an einander, *als an einer unsichtbaren Kette.* Daher kommts, daß, wo wasserreiche Quellen sind, da ist ein gütiges Gestirn und ein fruchtbar Land. Wenn aber der Himmel seine *Influenz* wieder zurück ziehet, und die *Wassersterne* nicht wirken, die *stellae aquosae et pluviales,* die wasserreichen und regnigen Sterne ... so vertrocknen die Brunnen. ... Darum ists eine *wunderliche Consonanz und Verwandtniß des Himmels und der Erde* ... und werden nicht Brunnen an allen Orten, sondern an den Oertern, da Gott will, da Gott die *semina fontium,* die Samen der Brunnen, *und influentiam coelestem,* die himmlischen Einflüsse, hingeordnet und geleget hat."

Gerade nicht nach einer Phänomenologie, sondern nach einem ganzen System „verborgener unsichtbarer" Kräfte und Influenzen der höheren auf die niedrigeren Sphären und Elemente, welche die Stufen des Kosmos abbilden, erklärt Arndt die irdischen Kreaturen. Indem er dafür die Metapher der „Kette" wählt, bedient er sich eines Motivs der platonischen wie auch hermetischen Tradition, der *aurea catena.* Unter expliziter Verwendung dieses Terminus[138] beschreibt er in

---

[135] *Hex* 3,30.
[136] *Hex* 3,29.
[137] *Hex* 3,30f. (Hervorhebung von mir); die *aurea catena* nennt er auch in *Pss* 148/I Bd. 2 S. 366a.
[138] In anderem Zusammenhang gebraucht Arndt ihn, um nach einer Aufreihung von Sünden, deren Verkettung er begründet: „Denn sie hangen alle an einander.", ein Zitat aus 2 Petr 1, das eine Verkettung von Tugenden enthält, damit auszuzeichnen: „Wie St. Petrus in der 2. Epistel 1,5 u. f. *eine feine goldene Kette machet*" (*WCh* I,37,19).

seinem großen astronomisch-astrologischen Kapitel *Hexaemeron* 4, das sich über weite Strecken diesen kosmischen Influenzen widmet, wie diese „Kette" zu denken sei, durch die Gott auf die Erde wirke. Das folgende Zitat gibt eine Zusammenfassung der Ausführungen zu natürlichen und übernatürlichen Influenzen:[139]

> „Darum hat es der getreue Schöpfer also verordnet, daß *die untern der obern Kräfte und Einflüsse empfahen* müssen. *Und hanget die ganze Natur an einander, als an einer Kette,* wie solche *auream catenam naturae et providentiae divinae,* goldene Kette der Natur und göttlichen Fürsorge, der Prophet Hoseas beschreibet Kap. 2,21.22: Ich will den Himmel erhören, spricht der Herr; und der Himmel soll die Erde erhören; und die Erde soll Korn, Most und Oel erhören; und dieselben sollen Israel erhören.
> 37. Hier redet GOtt der HErr *von der ganzen weisen Ordnung der Natur, und fängt von oben an, a prima caussa* [sic]: Ich will den Himmel erhören ... da will ich den Himmel erhören, und denselben mit Wolken bedecken, und die Sterne ihr natürliche Wirkung vollbringen lassen ... Und der Himmel soll die Erde erhören. Das ist *die andere Ordnung der Natur* [!]. *Denn die untersten Kräfte der Erde hangen alle an den obern Kräften des Himmels.* Wenn der Himmel in seiner Wirkung verhindert wird, und nicht gütig ist, so kann auf Erden nichts wachsen. So rufet die Erde in ihrer Angst und durch dieselbe den Himmel an in dürrer Zeit, wenn sie ihren Mund aufthut,[140] von einander spaltet, und nach dem Regen dürstet. Und die Erde soll Korn, Most und Oel erhören. Das ist: Die Erdgewächse müssen aus der Erde ihre grünende[141] Kraft saugen und an sich ziehen. Wenn denn die Erde ohne Saft ist, so wollen die Gewächse gern Trinken haben *von ihrer Mutter, das ist von der Erde,* wie ein Kind nach der Mutter schreiet, wenns durstig ist."

Daß sich die Metaphorik Erd-„Mutter" der Erdgewächse mit dem Paracelsus wie der alchemischen Tradition vertrauten Begriff der *matrix* berührt, ist in anderem Zusammenhang noch von Interesse. Der Parallelismus der „aurea catena *naturae et providentiae divinae*" verrät Arndts Bestreben, den Hermetismus mit der theologischen *providentia dei*-Lehre zu verbinden, gilt ihm die *aurea catena* doch als das Prinzip, mittels dessen Gottes *providentia* den Kosmos trägt und durchwaltet.

Die sympathetische Harmonie verbindet als ein den gemeinsamen Ursprung symbolisierendes und ihn gleichsam in die Vielheit hinein explizierendes integratives System die Kreaturen sowohl horizontal wie sphärenübergreifend vertikal miteinander. Für Arndts analoges Denken ist bezeichnend, wie er in Predigt 10 zu Psalm 119 aus solcher sympathetischen Harmonie auf die geistliche Eintracht der Wiedergeborenen, welche den heiligen Geist als deren Ursprung erkennen lasse, und von daher auf „die Sammlung der Kirchen" zu schließen vermag.[142]

---

[139] *Hex* 4,36f. (Hervorhebung von mir); Sommer Odem S. 215 identifiziert die *catena aurea* nicht.
[140] Hier begegnet abermals – diesmal unter negativem Vorzeichen – das Motiv der *natura loquax*.
[141] Zur Bedeutung der "grünende[n] Kraft" (*WCh* I,19,10 und *Hex* 4,37) s. u. zum *lumen naturae*.
[142] *Pss* 119/X Bd. 2 S. 210b (Hervorhebung von mir): „die Gottes Wort und Gottes Krafft im Wort recht schmecken [!] ... die verstehen einander leicht / mercken bald / daß sie eines

Weltbild und Theologie stehen auch hier in analoger Relation zueinander. Aufschlußreich ist, wie Arndt die „ganze[] weise[] Ordnung der Natur" „von oben an", d. h. von Gott her als „a prima caussa", beginnen läßt. Die Formulierung zeigt, daß es sich um keinen Randgedanken, sondern um eine Kernaussage des Weltbildes handelt. Sie entstammt einer von Homer an durch drei Jahrtausende tragenden, durch die orphische und die neuplatonisch-hermetische Gedankenwelt[143] dem Mittelalter- und Renaissance-Platonismus überlieferten Tradition,[144] die bei Arndt in manchem geistesverwandten Denkern – wie Agrippa von Nettesheim, in dessen *Occulta Philosophia* I,13 zwar der Begriff der *catena* fehlt, die gestufte Entfaltung des Kosmos von dessen „prima causa" her aber analog dargestellt ist,[145] oder dem paracelsistischen, 1608 in Prag gestorbenen

---

Sinnes und Geistes seyn / ... denn sie haben einen Geist / der sie lehret und erleuchtet / und dieselbe verbindet und vereiniget ... Gleichwie in der Natur gleiches zu gleichem gefüget wird / durch *die wunderliche verborgene Gleichheit / welches die Gelehrten* συμπάθειαν, *natürliche Zuneigung / und Harmoniam, Gleichstimmung nennen*: Also ist es auch in gottfürchtigen himmlischen Gemühtern."

143 Peuckert Pansophie S. 40f. erklärt im Kontext der arabischen alchemischen Schrift *Picatrix* (dazu Ritter, Helmut: P, ein arabisches Handbuch ...) solche Ketten: "Das Charakteristische des Neuplatonismus ... ist ja, daß die Emanation der Gottheit der Welt durch Zwischenwesen vermittelt wird, die, je weiter sie in der Stufenreihe nach oben stehen, sich mehr dem Charakter von Göttern und Dämonen nähern, und je inniger sie sich mit der Materie verbinden, desto mehr sich als geistige, göttliche Kräfte darstellen, die in den Tieren, Pflanzen, Steinen, und allen anderen Naturwesen schlummern. Das Göttliche geht durch alle Materie hindurch; oben stellt es sich dar als mehr persönlich gedachtes göttliches Wesen, unten als geheimnisvoll wirkende Kraft, die den Dingen der drei Naturreiche innewohnt und ihnen wunderbare wirksame Eigenschaften verleiht ... Dieses Zwischenreich zwischen der Allseele und der irdischen Welt galt nun schon bei den späteren Neuplatonikern als qualitativ differenziert durch eine Anzahl von Reihen oder Ketten, seirai, wie es bei Proklus heißt, [41] der diese Lehre besonders ausgebildet hat, in denen gewisse Serien von zusammengehörigen und miteinander in Verbindung stehenden Dingen zusammengefaßt werden ... An der Spitze jeder solchen, den Himmel und die Erde verbindenden Kette, steht eine Gottheit, und unter ihrem Banner schart sich eine Menge von ähnlichen, uns freilich oft ganz heterogen erscheinenden Dingen zusammen, die ihr sympathisch sind und ihr Wirken weiterleiten ... Auf der späten Stufe, auf der diese Lehren bei den Arabern erscheinen, wird das System der Reihen ... ausschließlich von der Astrologie geliefert und völlig von ihr beherrscht."

144 Zur Geschichte der catena von Homer über Orphik, Neuplatonismus, Mittelalter, Renaissance, Frühneuzeit bis zu Goethe u. a. vgl. Ohly Goldene Kette *passim* (viele Lit.!); zum Mittelalter s. Kurdzialek Mensch als Abbild S. 42.69. Peuckert Pansophie S. 2 nennt die Kathedralschule Chartres, u. a. Bernhard Silv., der die platonischen Ideen reflektiert, Thierry von Chartres, der das *Hexaemeron* platonisch auslegt und Zahlenmystik pflegt: „Da steigt vor uns auf das poetisch verklärte Bild des gottentstammten, von Geistesgewalt durchfluteten Universums ... Vor uns tritt die zum göttlichen νοῦς aufschauende Natur, die nach dem Vorbild der göttlichen Ideen mit sinnvoller Gestaltungskraft das Große und das Kleine bildet. Wir sehen die in Einheit und Mannigfaltigkeit zur Schönheit sich entfaltende Welt, in der nichts Abgerissenes sich findet, sondern alles wie durch eine goldene Kette verbunden ist, wo das Höhere im Niederen widerstrahlt und wirkt, und eine Sympathie alles miteinander verbindet. Da ist der Mensch ein Spiegel des Universums. Von oben stammt sein Geist, der von oben auch des Wissens schlummernden Keim mit sich bringt." (Bernhard Silv., *De mundi univ.* I,4).

145 *Occ Phil* I,13 (ed. Compagni) S. 112; zu Agrippa von Nettesheim vgl. auch Kemper I S. 52 ff.

Medicus Oswald Crollius[146] begegnet. Es handelt sich dabei um sympathetische „Ketten", mittels deren sich die Magie[147] ein geheimes Wissen um die verborgenen Kräfte der Natur zunutze zu machen versucht. Wo Rolf Christian Zimmermann in seinen „Studien zur hermetischen Tradition des deutschen 18. Jahrhunderts"[148] auf den gewichtigen Einfluß des Hermetismus auf die Philosophie der Aufklärung zu sprechen kommt,[149] erläutert er den Zusammenhang eines Weltbildes, in dem diese *catena aurea* als ein tragendes Element zu stehen kommt:[150]

> „Die Hermetik analogisiert als emanatistische Philosophie aus dem Grossen und Ganzen von Gott und Welt ins Kleine und Einzelne. Sie geht aus von einem die Analogie erst ermöglichenden Glauben an die göttliche Wesenheit aller Dinge, an die Panharmonie aller Weltgesetze als Ausdruck des Göttlichen. So kommt sie zu ihrer Vorstellung einer zweifachen *Aurea Catena*, die einmal – horizontal in der Zeit gedacht – den Konsensus aller Weisen, also die geheime Tradition, bedeutet, und zum andern als die eigentliche ‚Aurea Catena Homeri'[151] – vertikal im Raum gedacht – die Verbundenheit aller Naturwesen vom Größten bis ins Kleinste, also den Kosmos aller Dinge. Diese zweite und wichtigere Kette hat mit der ersten aber immerhin gemeinsam, daß sich schon im Bild der Kette die Eigenart der hermetischen Analogie zeigt: es handelt sich immer um Einzelglieder, die sich gleichen und berühren, aber sonst völlige individuelle Selbständigkeit haben. Die Kette ist also kein Band. Was aber an Homogenität fehlt, wird ersetzt durch die Totalität: die Kette umschließt *alle* Weisheit, *alle* Natur. So hat das Konzept der Ganzheit für dieses Analogiedenken konstituierende Bedeutung. Freilich ist es zugleich die verborgene *petitio principii* dieses Denkens."

---

146 *Chymisch Kleinod, Erinnerungs Vorrede* I S. 15: die historisch verortete *catena* steht im Kontext des Weltbilds: „Dieses ist die offt vnd weitberümbte güldene Kette / die sichtbahre vnnd vnsichtbahre Gesellschafft der Natur / die eheliche Vermählung deß Himmels oder Firmaments vnd aller Reichthumb / deß Platonis Ringe / die in den allerheymlichsten Winckeln der Natur verborgene Philosophia, vmb deren willen / solche nemblich zuerlernen / wie wir wissen / Democritus, Pythagoras, Plato vnnd Apollonius zu den Brachmannis vnd Gymnosophisten vnd in gleichem auch in Egypten zu deß Hermetis Säulen gereyset. Vnd dieses ist der aller ältesten Philosophen studium vnd eintziger Fleiß gewest / durch das Liecht der Natur sonderbahre Eingebung Gottes von jhnen erlangt vnd begrieffen / auß welchem die wunderbahre vnd vnaußsprechliche Gewalt vnd vnbegreiffliche Weißheit des Schöpffers erscheinet / vnnd die vnerschätzliche Güte desselbigen gegen seine Creaturen / zusampt der vnaußsprechlichen Tieffe der Geheymnussen / vber welche wir vns nicht gnugsamb können verwundern / viel weniger dieselbe nach Gebühr preysen / gantz klärlich abzunehmen." Zur *catena aurea* bei Oswald Croll vgl. auch Ohly Goldene Kette S. 618.
147 Vgl. Peuckert Pansophie S. 40ff., 224, 288, 326 u. a.
148 So der Untertitel des Werkes: Das Weltbild des jungen Goethe, München 1969 u. 1979.
149 Zimmermann I S. 32f. betont, u. a. unter Hinweis auf Leibniz' Kontakte zu zeitgenössischen Hermetikern, den hermetischen Einfluß auf die Philosophie von Leibniz u. a. am Exempel der doppelten catena aurea, die er in die Nähe von dessen Monadenlehre rückt, die auf „dem anlog [sic] gestuften und geordneten Kosmos eines ganzheitlichen Weltbilds" basiert.
150 Zimmermann I S. 29 (Kursivdruck vom Autor); zur Erklärung der *catena* vgl. Ohly Goldene Kette S. 599f. Zimmermann *l. c.* Bd. II S. 297 A. 84 erwähnt Goethes Interesse an dem Motiv.
151 Dies spielt auf den Titel einer bekannten barocken Schrift zum Thema an.

Die „güldene Kette" repräsentiert auch bei Arndt den Zusammenhang des Weltenbildes und erweist dieses als neuplatonisch-hermetisch geprägtes,[152] dem ein Denken in den Kategorien der *analogia entis* entspricht. Der Stufenkosmos der *catena* bildet zugleich die Grundlage für Arndts ethisch-soteriologisches Perfektionierungskonzept, das im Kontext der Alchemie abermals begegnen wird.

Ein exemplarischer Blick auf Christoph Hirsch/„Stellatus" oder auch Valentin Weigel zeigt, wie der Gedankenkomplex von *catena aurea* und Stufenkosmos im Umfeld von Arndts Schriften eine erhebliche Rolle spielt.

Mit demselben Terminus der *catena aurea* möchte der Arndt- und Rosenkreuzerfreund Christoph Hirsch, der im *Pegasus Firmamenti* mit dem Postulat einer Konvergenz zwischen Luther und Paracelsus durchgängig eine Übereinstimmung der hermetischen Philosophie mit dem Reformator zu demonstrieren bestrebt ist, anhand eines Zitats aus Luthers Vorrede zu Lichtenbergers *vaticinia* erweisen, Luther habe „utriusque Astronomiae fundamentum, & *Auream Naturae catenam* per Spiritum sapientiae recte intellexisse".[153] In seiner Erläuterung der dritten Säule der Weisheit, der *columna Rubinea*, erläutert „Stellatus" die Kette makro-/mikrokosmischer Interdependenzen, nach denen jeder Mensch nach dem klassischen Tun-Ergehen-Zusammenhang exakt den (irdisch-astralen) Himmel bzw. die entsprechenden Planeten-Influenzen bekomme, die er verdiene: [154]

> „Etenim mirabilis & secretissima est *Harmonia, sive catena inter Microcosmum et Macrocosmum*: si homo injustas alit imaginationes & futuras actiones paulatim prorumpentes, statim tunc inficit & turbat proprium coelum, vel constellationem, quae postrea suum correlatum simili donabit moneta, secundum illud: Per quae quis peccat, per eadem punitur. Exempli gratia: Si Planeta Saturnus invidentia, tristitia nimia, avaritia, Venus intemperantia & libidine, Mars odio perpetuo & iracundia furiosa seu Tyrannide, Mercurius mendacibus calumniis, serpentina astucia, artibusque vulpinis Mundo usitatissimis, Juppiter injusticia & Hypocrisi &c. irritantur, atque primum ab hominibus sic inficiuntur, statim jnde Procreantur morbi Astrales, curam vulgarem respuentes cum plagis Mundi universalibus, ut sunt, Hydropis, Phrenesis, Mania, morbus Gallicus, Febres pestilentiales, bibendi sitim vin dicantes, epilepsia, Apoplexia, Podagra, Pestis, incendia, & morbi prorsus inauditi ... ".

Daß die natürlichen Menschen von Planeten abhängig seien, und nur die Wiedergeborenen „nicht mehr Söhne Saturni, Jovis, Martis, oder Kinder der Sonne, des Merkurs, des Mondes" seien, „sondern ... filii Dei, Kinder GOttes", sagt analog Arndt in einem der seinen Hermetismus wohl mit am deutlichsten markierenden Kapitel, dem Schluß des *liber vitae*,[155] in dem auch Arndt die große,

---

[152] Ohly Goldene Kette S. 606 verweist zu Alexander Neckam auf eine grundsätzliche "Unvereinbarkeit" von biblischem Schöpfungsglauben und neuplatonischem Emanationsgedanken.
[153] *Pegasus Firmamenti* VII fol. F 3 ʳ; zur *catena* in der *Gemma magica* s. Ohly Goldene Kette S. 618f.
[154] *Pegasus Firmamenti* V fol. D 1 ᵛ - 2 ʳ.
[155] *WCh* II,58,5.

angeblich völlig verkannte Bedeutung der *morbi astrales* betont, weshalb „ein berühmter Medicus" – den Hirsch als *Mysteriarcha noster* bezeichnet, Paracelsus –
„die astronomiam oder Sternseherkunst machet und setzet zur vierten Säule der
Medicin, wie sie denn auch ist."[156]
    Da nach Christoph Hirsch die astral induzierten Krankheiten durch die jewei-
lige Sünde des dem Animalischen anheimgefallenen Menschen selbstverursacht
seien, könnten sie nicht auf natürliche Weise kuriert werden. Solche Krankheiten
„nulla Medicina naturalis, Mar. 5.26. sed duntaxat verbi caelestis cura e medio
tollere potest, si sequatur vera modo paenitentia." „Stellatus" zieht als Folgerung
daraus die auch von Arndt bekannte Anschauung: „Ex quibus summa Theologiae & Medicinae concordantia patescit", eine Konsequenz, die eine Analogie
nun nicht nach dem Schema von oben und unten, sondern nach dem von Seele
und Leib zieht. Ziel aller Bemühung, die Sünde zu vermeiden und abzustreifen,
sei, „ut videlicet *Anima cum DEO, Spiritus Astralis cum Firmamento, corpus cum Elementis per suavissimam Harmoniam conjugantur.* Notetur Mysteriarchae [i. e.: Para-
celsus] nostri sententia ... quae in Astronomia magna sic habet: Wann dies
Gemüth des Menschen vnd der Limus terrae in gleicher Wage stehen, als dann,
was vom Menschen kompt, ist vollkommen."[157] Die Erklärung der schöpfungsmäßigen Bestimmung des Menschen, nach seinen drei Anteilen Leib, sideri-
schem Geist und gottunmittelbarer Seele in einer ungetrübten Harmonie der
jeweiligen Sphären zu leben, welche durch die sündhafte Hinwendung der Seele
zum Materiellen gestört sei und den Menschen nach Leib und Seele den astralen
Krankheiten unterwerfe, zeigt die Stufung von Natur und Übernatur, die der
Mensch zu Gott emporstrebend durchschreiten und hinter sich lassen solle.
Damit folge der Mensch im Nachvollziehen der *catena aurea* bis zu deren Ursprung in der göttlichen Sphäre und finde so in seinen eigenen Ursprung zurück.
    Einer, der den Titel *Mysteriarcha noster* in den spiritualistischen und pan-
sophisch-rosenkreuzerischen Kreisen nicht minder verdiente, Valentin Weigel,
beschreibt die Abhängigkeit alles Irdischen von den Gestirnen ebenfalls in der
Metaphorik einer solchen „Kette":[158] „es hangen alle dinge an ein ander *wie an
einer Ketten die glieder*, als: die sichtbaren dinge, was Corporalisch ist, hanget an den
Elementen vnd Sternen." In seiner knappen Schrift: *Kurtzer Bericht Vom Wege vnd
Weise alle Ding zuerkennen* erläutert er eine solche „Kette" im 11. Kapitel:[159] „Es
seynd alle Dinge auß Gott in die Engel geflossen, auß den Engeln seynd sie
geflossen in das Gestirn, auß den [sic] vnsichtbarn Gestirn in die sichtbarn
Corpora, auß diesen sichtbaren Leibern werden die Früchte herfür gebracht".
Im *Gnothi seauton* wiederum zeigt er stufenweise den Auf- und Abstieg durch die
Sphären vom natürlichen Menschen hinauf bis zu Gott und wieder herab:

---

156 *WCh* II,58,7.
157 *Pegasus Firmamenti* V fol. D 2 ᵛ (Hervorhebung von mir).
158 *Soli Deo Gloria* II,IV S. 22 (Hervorhebung von mir).
159 Fol. D ij ᵛ.

„DAr [sic] Firmament ist also von dem ewigen Schöpffer begabet vnd gezieret, daß es in jhm habe alle natürliche Weißheit zu diesem sterblichen Leben; darumb seynd in jhme alle Künste, Sprachen, Handwercke, Faculteten etc. Also erbet der Mensche seine naturliche Weißheit vom Gestirne durch die natürliche entpfengnuß vnnd Geburt, Gleich wie ein Gleubiger erbet die Göttliche Weißheit in Christo durch die ander Geburt ... Ist nun solches im Menschen, wie es nicht widerredet mag werden, *So muß es alles auch im Gestirn seyn. Ists aber im Gestirne, So ists auch in den Engeln, so ists auch in Gott, von welchem alle Ding herfliessen vnd kommen. Auß Gott kommet es auff die Engel, von Gott vnd den Engeln in das Gestirn, von Gott, Engeln, Sternen auff den Menschen ... ".*[160]

Bezeichnet die Metapher der *catena* den verbindenden Zusammenhang zwischen den verschiedenen Sphären, so sind die schon terminologisch Aufschluß über ihre Herkunft und ihr Wesen gebenden *astra* oder auch *semina* als im Verborgenen wirkende Kräfte das die Totalität in die Fülle der einzelnen Kreaturen entfaltende und individuierende Prinzip. Wie zu erwarten stand, sind diese *astra* und ihr Verhältnis zu den sichtbaren Geschöpfen auch ein tragendes Element der Kosmosophie Arndts, der wie Weigel von den „Früchten" der Sterne spricht.

4. „aus eingepflanzter himmlischer Eigenschaft"[161] Die *astra* oder *semina* der Kreaturen

„Von den natürlichen Wirkungen aber des Himmels sollet ihr merken, daß das Firmament der großen Welt und dem äußerlichen Leben des Menschen täglich und ohne Unterlaß seine Früchte giebt ... wisse, daß alle Meteora, wie sie hernach folgen, Früchte und Wirkungen der Sterne sind."[162]

„Hernach folgen" – terminologisch nicht anders als im obigen Zitat von Weigel als „Früchte des Himmels"[163] aufgeführt – die meteorologischen Erscheinungen von Wolken, Schnee, Gewitter, Regen, Regenbogen, Tau, Wind,[164] die Arndt in der bekannten Weise breit biblisch meditiert. Die – nicht als eine solche verstandene – Metaphorik der „Früchte" geht geradezu antiphänomenologisch davon aus, daß die sichtbaren Erscheinungen und Kreaturen nur die Äußerungen eines in ihnen verborgenen, unsichtbaren Prinzips als deren eigentlicher Realität seien.

Alle Geschöpfe tragen in sich „ihre von Gott eingepflanzte Kraft"[165] und ‚reden' durch diese mit den Menschen, eine Kraft, die ihnen Existenz und ihre

---

[160] *Gnothi seauton* I cap. 17 S. 42f. (Hervorhebung von mir). Zum Verhältnis von Sternen und Engeln s. u.
[161] *Hex* 5,34: Die Ausrichtung des Magneten offenbart das Prinzip.
[162] *Hex* 4,27.
[163] *Hex* 4,36; im selben Sinne als *fructus* deutet sie auch Severinus *Idea Medicinae* S. 51f.
[164] *Hex* 4,28-36.
[165] *WCh* II,42,17.

äußere Gestalt verleiht und ihnen ihre jeweilige Funktion und ihren Ort zuweist. Indem Arndt Äußeres und Inneres, Materie und wirkende Kräfte, „Gestirn" und *astrum* unterscheidet, weist er, was bewegend und lebendig ist, den astralen „Samenkräften" zu, die das, was sich „auswendig" als eine ‚tote' Materie darstellt, zum Blühen bringen, wie Arndt einprägsam am Beispiel der Erde entwickelt: [166]

> „Und obwohl die Erde *auswendig* ungestaltet, grob, hart, dick, finster, todt, dürr und kalt ist, so ist sie doch *inwendig* ein edles, lebendiges Element, von dem Schöpfer mit vielem Segen, unaufhörlicher Fruchtbarkeit und *Samenkräften* erfüllet, die nimmer ruhen, sondern *als verborgene lebendige Gestirne* immer arbeiten, und keine Ruhe haben, bis sie ihre lieblichen *Früchte* hervortreiben, und auf das allerzierlichste ausarbeiten, *mit Form, Proportion*, Kleidung, Geruch, Geschmack und Farben, dadurch sie dem Menschen *ihre inwendige Kraft und Vermögen* anzeigen."

„Auswendig" sei sie tot und dürr, die Erde, und gar nicht genug sprechende Adjektive kann Arndt finden, um auszudrücken, wie dunkel, abweisend und nichtig die „todt[e]" Materie in sich selbst sei. Was sie zum Leben erweckt, liegt offensichtlich nicht in ihr selbst. Paradoxerweise ist es als Lebendiges jenseits der Materie, doch ihr „inwendig", während sie selbst „auswendig" ist und bleibt. Daß die Erde belebt und voller „Früchte" ist, liegt also in einer zugleich jenseits wie in ihr liegenden *geistigen* Wirklichkeit und Lebendigkeit begründet, die auch dem Toten eine Kraft verleiht und ihm aus seinem Nichts heraus Leben schenkt.

„Samen" oder „Samenkräfte" nennt Arndt, was er von deren Herkunft als „verborgene lebendige Gestirne" (*astra*), d. h. „astralische" Influenzen, deutet. Als die Träger der verborgenen Kräfte verleihen sie der Materie ihre „Form und Proportion", wodurch sie als Ableger der antiken philosophischen Vorstellung der *rationes seminales*, ‚Formsamen', ‚Keimkräfte' o. ä. zu identifizieren sind, die, von der Stoa ausstrahlend, auch im Denken der Neupythagoreer, Philons, Plotins, der Kirchenväter (v. a. Augustins) sowie der franziskanischen Theologie, besonders Bonaventuras, bis hin zu Goethes Magie eine zentrale Rolle spielen. [167]

Nicht die tote Materie, sondern allein die gerade unkörperlich gedachten *astra* oder *semina* sind es, die in so vielerlei Gestalt ihre „Früchte" zeitigen und nach dem Willen des Schöpfers alles Leben hervorbringen. So ist auch, was in und durch diese „Samen" – das organologische Bild spricht für sich – wirkt, nicht Materie, sondern „Geist", wie Arndt nicht nur am Beispiel des Meeres darlegt – welches Gott „mit einem *lebendigen Geist* [!] und Bewegung begabet" habe [168] – sondern gerade auch in seiner Unterscheidung des eigentlichen – ‚geistigen' – ‚Samens' von dem natürlich-äußerlichen und körperlichen Samen des Baumes: [169]

---

[166] *Hex* 3,10 (Hervorhebung von mir); Sommer Odem S. 212 z. St. identifiziert die *semina* nicht.
[167] Hirschberger Philosophie I (div. Nachweise s. Register); frühneuzeitl. Astrologie u. Philosophie: Garin Astrologie S. 103f., 144 (Spinoza); Goethes *Faust*: Ohly Signaturenlehre S. 1 u. ö.
[168] *Hex* 5,18 (Hervorhebung von mir); vgl. zur Stelle: Gruebner Lebendigkeit S. 129.
[169] *Hex* 3,18 (Hervorhebung von mir).

„Ein groß Wunder ists, daß in einem kleinen Sämlein so ein groß Gewächs, ja ein großer Baum verborgen liegt, mit seiner Wurzel, Stamm,
Aesten, Blättern, Samen Früchten, *da ein jeder eine besondere Kraft hat* ... Das
liegt alles *in spiritu seminis, in dem verborgenen Geist* [!] *des Samens.* Da liegen so
mancherlei Kräfte ... Merke, *was ein spiritus oder Geist* [!] *für Kraft habe.*"

In ganz anderem Zusammenhang, Buch I,19,10, einem Kapitel, in dem Arndt
von der Notwendigkeit für die Seele, sich vor Gott ganz gering zu achten, redet,
zieht er in einem für ihn bezeichnenden Vergleich einen Analogieschluß von
den „Früchten" des geistlichen Lebens zu den „Früchten" der Bäume: [170]

„Also, trägst du gute Früchte, sie sind nicht dein. Sie erscheinen wohl an
dir, aber als ein Schatten, *sie kommen aber aus dem ewigen Ursprung,* welcher ist
Gott; wie ein Apfel *nicht aus dem Holz* wächset, wie die Unverständigen
meinen [!], ... *sondern aus der grünenden Kraft, ex centro seminis, aus dem innersten
Samen,* sonst trügen auch dürre Hölzer Aepfel. Der Mensch aber ist von
Natur ein dürrer Baum, Gott ist seine grünende Kraft".

Wieder ist das dürre Holz nur das, was bewegt und belebt wird „als ein Schat-
ten", während die „grünende[] Kraft", die *vis fecunda,* Trägerin des Lebens ist.[171]
Was immer wirkt, lebt und belebt, kommt von innen heraus, *ex centro seminis.*
Dieser Grundsatz gilt für die Natur nicht anders als – *per analogiam entis* – für das
geistliche Leben. Das Bild zeigt, wie weit die Analogie trägt, daß sie bis in die
Wurzeln des Denkens reicht, wo „Bild" und Sache einander sehr nahe kommen.
Für die materialen Früchte der Bäume gilt gleichermaßen wie für die Früchte des
geistlichen Lebens, daß ihre Herkunft eine geistig-geistliche ist, und die wirken-
den Kräfte ihrer „Samen" immateriell sind und in Gott ihren Ursprung haben.
Daß dieser „Same" sowohl nach der Seite der irdischen Schöpfung wie nach der
Seite des geistlichen Lebens der Seele als ein „Wort"-hafter, als aus Gottes
lebenschaffendem Wort hervorgehender zu denken ist – Arndts spezifische
Theologie eines „Wortes Gottes" klang schon mehrfach an –, unterstreicht ein
weiteres Mal den engen Zusammenhang beider. Drei Arten von Samen sind
demnach, entsprechend den drei Welten, Sphären, Schichten des Menschen etc.,
zu unterscheiden: die leiblichen, die astralen und die supernaturalen *semina rerum.*
Der kosmo- und anthropologischen Trichotomie gemäß sind ihre Wertigkeiten
eindeutig gegeneinander abgestuft in dem Sinne, daß die siderischen oder astralen als lenkende Kräfte aus dem natürlichen Firmament denen der Materie und
die übernatürlich-geistlichen den siderischen qualitativ unendlich überlegen sind,
wobei sie durch den kettenhaften Zusammenhang alles Seienden in hierarchisch
gestufter Beziehung zueinander stehen, so daß, um im Bild zu bleiben, die *vis
fecunda* des siderischen ‚Samens' sich des natürlichen Samens der Bäume bedient.

---

[170] *WCh* I,19,10 (Hervorhebung von mir).
[171] Zur "grünende[n] Kraft", die analog in *Hex* 4,37 im kosmologischen Sinne genannt wird,
s. u. im Zusammenhang der *anima mundi.*

Der wesentliche Unterschied besteht in zwei Punkten: Der natürliche „Same"
bringt die sterblich-irdische Existenz zum Leben, die dem Gestirn unterworfen
ist. Von seinem Ursprung und leitenden Prinzip her ist er ein „astralischer"
Same. Seine von Gott in ihn gelegten Kräfte sind durch den ganzen Kosmos,
seine Stufen und Ketten, vermittelte.

Der geistliche „Same" hingegen, der in der „neuen Geburt" neues und un-
vergängliches Leben erweckt, das „über die Natur" ist und „über das Gestirn
herrscht", ist als Wirken Gottes bzw. des Geistes in der Seele Gott-unmittelbar.

Beide sind immaterieller, geistig-geistlicher Natur, und der Ursprung *beider* ist
in Gott zu suchen. Der „pansophische" Blick, der die Tiefen des Kosmos *und*
der Seele ergründen will, hat also im letzten ein einziges Thema und in den zwei
verschiedenen Zweigen eine einzige Wurzel. Auch dies rührt an den Grund,
warum das „Buch der Natur" unabdingbar zum „Wahren Christentum" gehört.

Die Lektüre dieses „Buches" gilt analog zur Bibelhermeneutik nicht primär
dem äußerlichen (einzelnen) ,Buchstaben', sondern dem ,Geist' als einem unter
dem ,Buchstaben' verborgenen ,Text'. So ist die „Natur", die es zu lesen und
auszulegen gilt, gerade nicht nach heutigem landläufigem Verständnis das, was
die Augen sehen, was die Sinne erfahren und die empirische Wissenschaft erforschen und analysieren kann. Das Streben nach der Erkenntnis im „Licht der
Natur" gilt vielmehr dem, was der Kreaturen eigene „Natur" im Sinne ihres
inneren Wesens und ihrer schöpfungsgemäßen Bestimmung ist, nicht den
Phänomenen als einem ,Äußeren', sondern den in ihnen zur Wirkung kommen-
den ,inwendigen', ,verborgenen Kräften' der „Samen", die, aus Gott als dem
Ursprung allen Lebens stammend, in Zeit und Ewigkeit, in Seele und Kosmos,
den Menschen natürlicher- und übernatürlicherweise in den göttlichen Ursprung
zurückführen wollen. Wer diese ,inwendigen' Kräfte in zunehmendem Maß zu
erkennen weiß, dessen „geistlichen Augen" erschließt sich auf dem Weg über die
tiefsten Gründe von Erde und Meer bis zu den höchsten Höhen der Berge, ja
Gestirne zunehmend eine auratische Diaphanität von Kosmos und Seele, wie sie
zuletzt am klarsten und reinsten im Fluchtpunkt des gesamten Kosmos, der
Gottes vollen „schönen Seele" (*Hexaemeron* 6), übersinnlich zu leuchten beginnt.

In der Rede von den „Samen" berühren sich Metapher und Sache eng. Es
liegt nahe, daß vor dem Hintergrund des kosmologisch-ethischen Dualismus die
Metapher des Samens eine Aufspaltung erfährt in die guten göttlichen „Samen"
– als solchen bezeichnet Arndt auch das „Wort", aus welchem die neue Geburt
erwachsen müsse[172] –, in geistlichem Leben und Natur und den teuflischen
„giftigen bösen Schlangen-Samen" in der von Adams Fall stammenden, zutiefst

---

[172] *WCh* I Vorrede F (1605) S. 4f.: „Jst demnach dies Büchlein dahin gerichtet ... wie wir auß
dem Wort GOttes müssen new geboren werden zu newen Creaturen. Dann gleich wie ein
jeder Same seines gleichen bringet: Also muß das wort GOttes vns zu newen geistlichen
Creaturen machen / ist anders Gottes Wort der Same / darauß wir geboren werden." Zur
Metaphorik des Samens in Bezug auf das (innere) Wort vgl. o. Band 1 § 5.

verderbten Menschheit,[173] dessen todbringende Folgen und Früchte nur durch die ‚Tötung Adams' und die ‚neue Geburt' in Christus zum Leben überwunden werden können. Wie etwa für Sebastian Franck,[174] Valentin Weigel,[175] Bartholomaeus Sclei[176] und andere ist auch für Arndt die als wahrer Glaube interpretierte Bekehrung ein Wechsel vom „Schlangensamen" zum „Weibssamen", d. h. von der „alten" Geburt aus Adam in die „neue" aus Christus.[177] Daß die „alte" Geburt des *homo naturalis* dabei die, durch die Sünde nicht zuletzt auch in ihrer zu überwindenden Leiblichkeit korrumpierte, *natürliche Existenz* ist, verweist bei allen Genannten wiederum auf eine deutliche Nähe zu gnostischem Denken. Auf die entprechenden ontologisch-soteriologischen Implikationen wurde bereits andernorts hingewiesen. Agrippa von Nettesheims *Occulta Philosophia* belegt im Kapitel *De infestatione malorum demonum* [sic] *et custodia nobis adhibita bonorum daemonum* (III,20) mit seinem Rekurs auf und Zitat aus „Hermes" eine auch literarisch unmittelbare Bezugnahme auf das *Corpus Hermeticum* in der Frage der göttlichen und dämonischen *semina*. Kontext ist die Frage, wie der Mensch sich vom bösen dämonischen Einfluß befreien und sich durch Angleichung dem Wirken der guten Geister öffen könne: [178]

> „bonus quidem per bona opera ipsi conformia nos in angelos uniendo transmutat ... de qua transmutatione et unione alibi scriptum est: 'Qui adhaeret Deo, unus spiritus efficitur cum eo'. Malus etiam daemon per mala opera nos sibi conformes et unitos reddere studet ... et hoc est quod ait Hermes: quando daemon in humanam influit animam, *semina propriae notionis* inspergit, unde *anima talis seminibus conspersa*, furore praegnans, parit inde mirabilia et qualiacunque daemonum sunt officia; bonus erit daemon, quando *in sanctam influit animam*, extollit eam *ad sapentiae lumen*; malus vero daemon, in pravam transfusus animam, incitat eam in furta, in homicidia, in libidines et quaecunque malorum daemonum sunt officia ... ".

In der Fassung für die späte Publikation ergänzt Agrippa dies noch um eine längere, dem Einfluß der *angeli* als der guten Geister gewidmete Passage. Auch wenn die spezifische mystisch-spiritualistische Ausformung wie bei Franck, Weigel, Sclei, Arndt u. a. so noch nicht vorliegt, ist mit den Themen der *unio*, der *sapientia*, der *opera bona*, der *influentia* auf die *animas* als einer Quelle von je nachdem (ganzen Katalogen von) Lastern oder auch Tugenden, die aus diesen Influ-

---

[173] *WCh* I,2,4; vgl. I,2 *passim*; I,3; I,6,2; II,10,3 u. ö.
[174] *Paradoxa* CCXXVI identifiziert einen – im spiritualistischen Sinne – falschen Glauben mit den Wirkungen des 'Schlangensamens' im Gegensatz zur inneren Christusgeburt des 'Weibssamens'.
[175] Z. B. Werke (Zeller/Peuckert) III S. 13 (zweimal); 95; 111; *Gebetbüchlein* XIVf. u. a. m.
[176] *Theologia universalis* II,276 S. 285; vgl. II Vorrede 41 S. 126: „Der Schlangen- und Ottern-gezüchte ihren Schlangen-Saamen und Welt-Weißheit" werden durch die *Theologia Mystica* und eine (an Agrippa von Nettesheim gemahnende) *Magia Coelestis* zertreten!
[177] Das zeigen schön und für das ganze Werk exemplarisch die Kapitel des Eingangsteils I,2-6.
[178] *Occ Phil* III,20 (ed. Compagni) S. 460f. (Belege dort; Hervorhebung von mir).

enzen rühren, in der Rezeption dieses dualistischen Hermetismus bereits eine
Richtung angedeutet, die die späteren, sämtlich unter dem Einfluß des Hermetismus stehenden Spiritualisten lutherischer Provenienz dann einschlagen.

Wie Arndt in „Wahres Christentum" I,5,9 mit den Worten schreibt, die in der
ursprünglichen Fassung das Kapitelende bildeten, gingen aus einem jeweiligen
„Samen" die je entsprechenden „Früchte" hervor. Zwar hütet sich Arndt, von
einem Einfluß der (guten oder bösen) Dämonen oder auch Geister und Engel[179]
zu sprechen, die im Zeitalter einer vehementen Magiekritik unter dem Verdacht
der *magia illicita* stehen, doch ist auch von der dem nachreformatorischen Spiritualismus lutherischer Provenienz eignenden theologischen Konzentration und
Strenge her die Frage nach den Einflüssen strikt auf Gott und Teufel fokussiert:

> „Und gleichwie zuvor durch den Fall Adams, und durch die Verführung
> und Betrug des Teufels, in den Menschen gesäet ist der *Schlangensame*, das
> ist, *die böse satanische Art, daraus so eine böse, giftige Frucht*[180] *gewachsen*: also wird
> durch Gottes Wort und den Heil. Geist *der Glaube*[181] *in den Menschen gesäet
> als ein Same Gottes*, in welchem alle göttliche Tugenden, Arten und Eigen-
> schaften begriffen sind, und *herauswachsen zu einem schönen und neuen Bilde
> Gottes, zu einem schönen neuen Baum, darauf die Früchte sind* Liebe, Geduld,
> Demuth, Sanftmuth, Friede, Keuschheit, Gerechtigkeit, *der neue Mensch und
> das ganze Reich GOttes.*"[182]

Der zu formenden und zum Leben zu erweckenden Materie letztlich nicht
unähnlich ist auch der Mensch darauf angewiesen, daß der von außerhalb seiner
selbst stammende „Same" *in ihm* neues Leben, die Tugenden und den ‚neuen
Menschen' sowie Gottes Reich erwecke, während er selbst – mit Ausnahme der
von ihm erforderten, jedoch schlechterdings alles entscheidenden eigenen Bereitung – zum völligen Verzicht auf jegliches eigengesteuerte Wirken genötigt wird,
weil alles – auch und gerade das, was er tun „muß" – „Frucht" des „Samens" ist.

---

[179] Vgl. aber die *colloquia angelorum theosophica* s. u.
[180] Vgl. *WCh* I,2,4: „Aus diesem *Schlangen*-Samen kann nun nichts anderes wachsen, denn eine
solche gräuliche Frucht, die da heißet *des Satans Bild*, Kinder Belial, des Teufels Kinder. Joh.
8,44. Denn *gleichwie ein natürlicher Same verborgener Weise in sich begreifet des ganzen Gewächses Art
und Eigenschaft*, … daß man sich billig verwundern muß, daß in einem kleinen Sämlein so ein
großer Baum verborgen liegt, und so unzählige Früchte: also ist in dem giftigen bösen *Schlangen-Samen*, in dem Ungehorsam und eigener Liebe Adams, so auf alle Nachkommen *durch*
fleischliche Geburt geerbet, so ein giftiger Baum verborgen, und so unzählige *böse Früchte*,
daß in ihnen das Bild des Satans mit aller bösen Unart und Bosheit erscheinet."
(Hervorhebung von mir). Es folgt ein nichtendenwollender Lasterkatalog all dessen, was
durch den 'Schlangensamen' an nur erdenklich Bösem in einer Kinderseele schlummernd zu
vermuten sei – durchaus auch eine Anfrage an den Pädagogen Arndt! Auch dieser 'Schlan-
gensame' ist konsequent nach dem spiritualistischen Schema von innen-außen gedacht: Er
schlummert inwendig und wird durch äußere Reize erweckt, *WCh* I,2,7 (vgl. auch 5): „Denn
das wächset ja alles von innen heraus, und wird mehrentheils durch die äußerlichen
Ärgernisse erwecket."
[181] Hier ist also nicht das "Wort", sondern der "Glaube" jener die "Früchte" zeitigende "Same".
[182] *WCh* I,5,9 (Hervorhebung von mir).

In Konsequenz widmet sich das folgende Kapitel dem „Samen" des Wortes Gottes, der, spiritualistischer Hermeneutik entsprechend, durch Bekehrung und frommes Leben erweckt werden und im Menschen „erfüllt" werden *müsse*, um in den Früchten eines heiligen Lebens zur vorbestimmten Wirkung zu kommen:[183] „Denn dieweil Gottes Wort der Same Gottes in uns ist, so muß er je wachsen in eine geistliche Frucht, und muß das daraus werden durch den Glauben, was die Schrift äußerlich zeigt und lehret; oder es ist ein todter Same und todte Geburt." Diese Metaphorik läßt sich bis in Arndts späteste Schriften verfolgen.[184]

Der mehrschichtige Umgang mit der Metaphorik des „Samens" zeigt, daß Arndts dynamistisch-organologisches Analogiedenken weit davon entfernt ist, in der Metapher des Samens ‚nur' ein Bild zu sehen – es sei denn, man verstünde den Begriff des ‚Bildes' in dem Sinne von Arndts Bild-Theologie, wie er sie in seiner *Ikonographia* entfaltet hat. Damit zurück zu den astralen *semina creaturarum*.

Was die *catena aurea* als der die Sphären und Ebenen übergreifende Zusammenhang gewährleistet, dies realisieren im einzelnen die der einen entstammenden und deren Impulse aufnehmenden, jedoch in einer je anderen Sphäre angesiedelten und dort wirkenden *astra*. Aus einem Text, der im Kontext der *aurea catena* bereits anklang, lassen sich Prinzipien und Wirkung der *astra* gut ersehen:

> „Die Ursach ist diese, daß die Brunnen eine *große Verwandtniß haben mit dem Gestirn* ... Daher kommts, daß, wo wasserreiche Quellen sind, da ist *ein gütiges Gestirn* und ein fruchtbar Land. Wenn aber der Himmel seine Influenz wieder zurück ziehet, und die *Wassersterne* nicht wirken, die *stellae aquosae et pluviales, die wasserreichen und regnigen Sterne* ... so vertrocknen die Brunnen. ... Darum ... werden nicht Brunnen an allen Orten, sondern an den Oertern, da Gott will, *da Gott die semina fontium, die Samen der Brunnen, und influentiam coelestem, die himmlischen Einflüsse, hingeordnet und geleget hat.*"[185]

Am dichtesten im „Wahren Christentum" überhaupt beschrieben findet sich dieser Vorstellungskomplex in *Hexaemeron* 5, dem – präzise auf die *Astronomia* in *Hexaemeron* 4 folgenden – Kapitel „vom Meer und den Wassern, und von den Früchten des Meeres und der Wasser", so wie ähnlich auch der ganze erste naturphilosophische Teil des *liber naturae* über weite Strecken von ihm geprägt ist.

Der Grund für diesen Schwerpunkt in Kapitel 5 liegt wohl darin, daß Arndt mit der alchemischen Tradition den irdischen Ursprung der anderen Elemente und Kreaturen im Element des Wassers vermutet.[186] Nicht nur weist der Magnet den Seefahrern „aus eingepflanzter himmlischer [!] Eigenschaft"[187] ihren Weg, wie Arndt das sympathetische Denken bezüglich des Wassers weitherzig auch auf menschlich-geschichtliche Phänomene wie die Schiffahrt ausdehnen kann.

---

[183] *WCh* I,6,1 (Hervorhebung von mir).
[184] *Glauben/Leben* 4,1f.: cap. 4 widmet sich ganz dem Wort Gottes als "einem göttlichen Samen".
[185] *Hex* 3,30f. (Hervorhebung von mir).
[186] Zum Hylozoismus s. u. unter Nr. 6.
[187] *Hex* 5,34.

Vielmehr stehen sämtliche dem Wasser entstammenden Kreaturen unter dem Einfluß solcher „Samenkräfte". An dieser Stelle offenbart Arndts Sprache ein Denken, das den Elementen und ihren Früchten ein nahezu biologisches und angesichts des sonstigen konsequenten Theozentrismus bemerkenswert selbständiges (Eigen-)Leben zuzuschreiben scheint: [188]

> „Das Wasser ist ein feuchtes, fließendes und netzendes Element, ... grösser denn die Erde,[189] mit sonderlichem Samen begabet, geschieden von den *Samenkräften* der andern Elemente, *zu gebären sonderliche Früchte.*"

Die alchemisch-paracelsische Rede von der *matrix*, aus der Kreaturen hervorgehen, geht nicht in äußerlich bleibender Metaphorik auf, sondern zielt auf eine Belebtheit und Beseelung auch der außermenschlich-außeranimalischen Kreatur: Dies zeigt die sympathetische Rede von Gebären, Schoß, Bauch etc., aber auch Umarmen und Liebe. In der Metaphorik einer Mutter, die ihr Kind gebiert und liebend umsorgt, beschreibt Arndt das von den „sonderlichen verborgenen lebendigen Samenkräften"[190] erzeugte Hervorgehen der Kreaturen und Elemente:

> „Siehe aber hier, und bedenke die wunderbarliche Freundschaft, Verwandtniß und Einigkeit der Elemente, *wie eines seine Früchte in des andern Schooß gebieret* ... Wie manche schöne Früchte *gebieret das Firmament* in der Luft ... Die Erde treibet ihre Früchte hervor in der Luft, da grünen, blühen und reifen sie, denen giebt die Luft ihre Frucht, *und umfähet sie gleich in ihren Armen und Flügeln* ... Darum *nimmt die Luft die Erdgewächse auf in ihren Schooß, und erziehet sie aus Liebe, obs wohl fremde Kinder sind* ... Also *gebieret* das Wasser seine *Früchte* in dem *Bauch und Schooß der Erde.*" [191]

Sympathie und eine „wunderbarliche Freundschaft, Verwandtniß und Einigkeit" gestalten ein höchst liebevolles Verhältnis zwischen den Kreaturen und Sphären, in das der Mensch sich eingebunden wissen darf. Nicht nur Mensch und Tier leben und sind belebt, sondern auch alles Natürliche, das sie sonst umgibt.

In dem Beitrag: „Der Mensch als Abbild des Kosmos" zeigt Marian Kurdzialek, daß die antike „Theorie, daß die Welt ein Lebewesen ist" oder gar ein Tier – in deren religions- und philosophiegeschichtlichem Hintergrund philosophisch rezipierte und damit domestizierte theo- und kosmogonische Mythen stehen – in einer lebhaften Diskussion insbesondere bei den vom Platonismus beinflußten mittelalterlichen Denkern zwar überwiegend abschlägig beschieden wurde, was jedoch nichts daran änderte, daß von daher ein platonisch beeinflußtes ‚dynamisch-organologisches' Denken Eingang fand.[192] Diese Fragen indes wurden im

---

[188] *Hex* 5,1 (Hervorhebung von mir).
[189] Die geozentrisch als eine vom nächsthöheren Element Wasser umgebene Kugel gedacht ist.
[190] *Hex* 5,6.
[191] *Hex* 5,10 (Hervorhebung von mir).
[192] Kurdzialek Abbild des Kosmos S. 62-65 u. ö.

Zusammenhang des Makro-/Mikrokosmos-Theorems verhandelt. Nach Bernhardus Sylvestris wie auch Wilhelm von Conches ist die Welt als ein „,großes Tier', das erkennt und fühlt", zu verstehen. Und beide waren bemüht, die platonische sowie in den Schriften der Stoiker, Neuplatoniker und Neupythagoreer vertretene Vorstellung von der Weltseele theologisch modifiziert zu rezipieren. Bernhardus tat dies, indem er die sie „mit dem stoischen Begriff des allbelebenden, göttlichen und zugleich materiellen ‚Pneuma'" verband und so das Geistprinzip den Kosmos durchwalten sah, während Wilhelm von Conches radikal formulierte, „,quod anima [: mundi] dicitur Spiritus Sanctus.' Die von Bernhard Silvestris, Wilhelm von Conches und auch von Abaelard, Thierry von Chartres und Clarenbaldus von Arras verfochtenen Anschauungen über Gottes Gegenwart in der Welt gehörten zu den radikalsten."[193] Inwieweit die Vorstellung der *anima mundi* von Bedeutung für Arndt ist, wird im einzelnen zu prüfen sein.

Doch zeigt sich schon hier, daß zwischen dem Makro-/Mikrokosmos-Theorem, dem ‚dynamisch-organologischen' Prinzip einer ‚Beseelung' bzw. Belebtheit aller Kreaturen und den *rationes seminales* als den astralen *semina* aller Kreaturen ein innerer Zusammenhang besteht, der religions-, philosophie- und theologiegeschichtlich auf den Kontext einer Rezeption antiker Traditionen weist, wie er nicht zuletzt bei den mittelalterlichen Platonikern eine zentrale Rolle spielte.[194]

Arndts Weltbild nach folgen die Abläufe in der Natur selbständig den ihnen und der Natur von Gott eingepflanzten Gesetzmäßigkeiten. Mit dem deutlichen Unterschied, daß sie anstelle eines mechanistischen sich auch in diesen Konsequenzen einem dynamisch-organologischen Paradigma verbunden weiß und in polemischer Frontstellung gegen eine quantifizierende Methodologie Qualitäten und Transmutationen organologisch beschreibt, zeigt diese Weltsicht unter ihrem so andersgearteten Paradigma ihrerseits wiederum nicht geringe Analogien zum sich zu Beginn der Neuzeit abzeichnenden wissenschaftlichen Paradigma:[195]

„Und hiebei ist sonderlich zu merken, daß das Meer, und alles, was darin ist, seine von Gott *eingepflanzte Ordnung, Zeit und Bewegung* hat, gleichwie alle andere Elemente. Am Himmel sind die astra, oder Gestirne, die *ihre Ordnung, Zeit und Bewegungen*, ihre ortus et occasus, Auf- und Untergang, haben. In der Erde haben alle Früchte *ihre Ordnung, Zeit und Bewegungen*, und kommen zu ihrer gewissen Zeit hervor ... Also hat das Meer auch seine *innatas leges motus, eingeschaffene Gesetze der Bewegung*, daß es nicht allein für sich selbst sich beweget, ab- und zufließt, und reciprociret; sondern treibet alle seine Früchte *durch seine verborgene, innerliche, lebendige Bewegungen zu seiner Zeit und in seiner Ordnung hervor ...*

---

[193] Kurdzialek Abbild des Kosmos S. 63f.

[194] Mit dieser diachronen Perspektive wäre möglicherweise ein eigenes lohnendes Thema angeschnitten, das hier, wo es eines unter einer Reihe anderer Themen ist, nicht zu vertiefen ist.

[195] *Hex* 5,16ff. (Hervorhebung von mir); zu der auch für Arndt zentralen Unterscheidung zwischen sichtbaren Gestirnen als *corpora* und seminalen *astra* vgl. Severinus *Idea Medicinae* S. 50.

17. ... wer den motum totius naturae, die Bewegung der ganzen Natur, verstehet, und was ein Element sei, *was es für lebendige, angeborne, eingepflanzte, allgemeine und besondere bewegende Kraft habe, motum naturalem intrinsecum proprium, dadurch es sich selbst beweget,* und alles, was es in sich begreift, hervor treibet; der verstehet die Bewegungen des Meers am besten.
18. Denn wie sollte GOtt der HErr *allen Elementen ihr Leben und ihre Bewegungen universaliter und particulariter, allegemein und besonders, eingeschaffen haben,* und sollte das Meer nicht vielmehr ... *mit einem lebendigen Geist und Bewegung* begabet haben, sondern sollte es todt und ohne Bewegung geschaffen haben? Hat Er dem Himmel seine astra und Gestirne gegeben, die ihre gewisse Zeit halten; der Luft ihre Bewegungen; der Erde ihre gewisse Zeit, zu grünen und zu blühen, und ihre Früchte hervor zu treiben: so hat Er vielmehr dem großen weiten Meer ... auch seine Bewegungen, *innatas leges temporis et ordinis, eingeschaffne Gesetze der Zeit und Ordnung,* gegeben. Und das sind die *astra invisibilia maris, die unsichtbaren Gestirne des Meers,* die das Meer treiben."

Dieses Weltbild eines universal belebten Organismus beruht auf einem autokinetischen Prinzip dahingehend, daß die einzelnen Kreaturen gerade nicht wie im mechanistischen Weltbild von einer großen Maschinerie als kleine ineinander greifende Rädchen bewegt *werden,* sondern daß sie das Gesetz und den Impuls der – dynamistisch das Seiende konstituierenden[196] – Bewegung in sich selbst „eingeschaffen" tragen. Ihr Zusammenwirken ist sympathetisch vorzustellen. Abstrahiert man allerdings von diesem dynamisch-organologischen Prinzip, so bleibt im Blick auf diesen *motus naturalis intrinsecus proprius,* die *innatae leges temporis et ordinis,* die regulierten Abläufe, die den Elementen innewohnenden Gesetze und Ordnungen, die nach dem Willen – und vor allem dem seinerseits seminalen „Wort"[197] – des Schöpfers den Kosmos in Sein und Bewegung halten, ein Konzept, das durchaus einer deistischen Sichtweise Anknüpfungspunkte bieten kann.

Die *astra* des Meeres regeln in den Elementen und Phänomenen selbständig die Entstehung, Ab- und Zuläufe sowie Gezeiten der verschiedenen Gewässer. Unter Autoritätenbezug bemüht Arndt sich zu beweisen, daß diese ‚Kräfte' nicht ‚von außen' auf die jeweiligen Prozesse, sondern in diesen selbst als deren ‚eingepflanzte' Wirkkräfte ‚von innen heraus' tätig seien. Die These, daß der Mond einen unmittelbaren Einfluß auf den Gezeitenwechsel ausübe, lehnt Arndt nachdrücklich ab, bekräftigt im gleichen Atemzug jedoch um so entschiedener die „Verwandtniß des Himmels, sonderlich der Wassersterne, mit dem Meer":[198]

---

[196] Vgl. *Hex* 4,8 die Gestirne, die "ihre lebendige Bewegung in ihnen selbst haben, also, daß sie nicht einen Augenblick natürlicher Weise können stille stehen, auch nicht ruhen ... Denn so das geschähe, so würde die ganze Ordnung des Himmels gestört und verwirret. Ja die Sterne verlören alsdann ihr Leben, wenn sie ihre Bewegung nicht hätten, und wären, als wären sie todt, wie ein Mensch, der keine Bewegung hat durch den lebendigen Odem."
[197] *Hex* 3,58 „Und ist GOttes Wort der allererste Same aller Erdgewächse." Nach *Hex* 3,50 ist Gottes *Wort* die verborgene Lebenskraft im Brot, das den Menschen zum Leben diene.
[198] *Hex* 5,18f. (Hervorhebung von mir); zu *Hex* 5,18ff. vgl. auch Gruebner Lebendigkeit S. 129.

„Daher bewegen sich alle Wasser, daher fließen und laufen sie ohne Aufenthalt ... daher läuft der Euripus, und die Wasser in Euböa oder Negro-
ponte alle Tage siebenmal auf- und ab, und hat ja der Euripus mit seinem
Lauf *deßfalls keine Vergleichung* mit dem Mond, *wiewohl die Verwandtniß des
Himmels, sonderlich der Wassersterne, mit dem Meer nicht geleugnet wird, aber in
einem viel anderen Verstande.*
19. Man muß hier *unterscheiden inter concordantiam et causam, unter der Ueberein-
stimmung und der Ursache.* Denn ob wohl der Mond *eine Concordanz und
Vergleichung* hat mit dem Ab- und Zulaufen des Meers, so will darum nicht
simpliciter ... folgen, daß dieser großen wunderlichen Bewegung des
Meers der Mond allein Ursach sei, sondern das folget daraus, daß das
Meer eine solche *natürliche, verborgene, eingepflanzte, bewegliche Kraft habe, oder
eine bewegende Ursach*, so sich mit den andern motibus, oder Bewegungen,
vergleichet. *Denn wenn keine Vergleichung der obern und untern Kräfte wäre,*
könnte keine Bewegung geschehen.“

Die Interdependenz von Gestirnen und terrestrischen Vorgängen beruht demnach nicht auf einem direkten *influxus* im Sinne einer Wirkursache, sondern auf
einer sympathetischen Konsonanz je selbsttätiger Kreaturen. Da es sich um ein
auch für andere Bereiche grundlegendes Prinzip handelt, exemplifiziert Arndt
es an verschiedenartigen Beispielen und bringt es auf folgenden Generalnenner:

„Wer wendet den Magnet nach dem polo, oder Polarstern? Wer wendet
... die Sonnen- und Ringelblumen, nach der Sonne? Thuts nicht *der
inwendige motor und Beweger*? Und so der erlischet, so wendet sichs nicht
mehr, sondern ist todt. *Derowegen muß eines jeden Dinges, sonderlich eines jeden
Elements, ursprüngliche, lebendige, bewegliche Kraft in ihm selbst seyn, und nicht in
einem andern.* Der Verwandtniß halber, so die Elemente haben, sonderlich
der Mond mit den Wassern, ist kein Streit.“

So steht nicht das *daß*, sondern allein das *wie* dieser Verbindung zur Debatte. Die
„Verwandtniß“ zwischen beiden als Verbindung „der obern und untern Kräfte“
beruht nicht auf einem kausalen Nexus, sondern ist – für hermetisches Denken
typisch – eine sympathetische, nach der nicht die jeweiligen Phänomene unmittelbar aufeinander einwirkten, sondern die in ihnen tätigen Kräfte in „Concordanz“ je von ihrem besonderen Ort aus zusammenwirkten, weil „eines jeden
Dinges ... ursprüngliche, lebendige, bewegliche Kraft in ihm selbst“ sei. Nach
Zimmermanns Deutung der *catena aurea* ist für das hermetische Denken typisch,

„daß sich schon im Bild der Kette die Eigenart der hermetischen Analogie
zeigt: es handelt sich immer um Einzelglieder, die sich gleichen und berühren, aber sonst völlige individuelle Selbständigkeit haben. Die Kette ist
also kein Band. Was aber an Homogenität fehlt, wird ersetzt durch die
Totalität: die Kette umschließt *alle* Weisheit, *alle* Natur. So hat das Konzept der Ganzheit für dieses Analogiedenken konstitutive Bedeutung.“[199]

---

[199] Zimmermann Weltbild I S. 29.

Daß und wie die Geschöpfe zusammenwirken, daß die weltbildräumlich und damit hierarchisch ‚unteren' den ‚oberen' folgen – welcher Gedanke sich nicht nur im „Wahren Christentum", sondern auch in den *Psalterauslegungen* findet[200] –, erklärt Arndt aus deren „concordantia und harmonia cum astris coelestibus, ihre natürliche Verwandtniß, die sie mit den himmlischen Gestirnen haben". Nur in diesem Sinne sei zu verstehen, daß jedes Geschöpf „ein gewisses eingeschaffenes Gesetz und Ordnung habe von Gott", daß „sein inwendiger motor und Beweger"[201] in diesem zur Wirkung komme, daß „solche große lichthelle Kugeln [der Sterne] ihre lebendige Bewegung in ihnen selbst haben",[202] weshalb alle Erscheinungen des Kosmos in großer *harmonia* zusammenhängen und -wirken.

Krolzik, der einen paracelsisch-hermetischen Einfluß zu den entscheidenden, Arndts *liber naturae* bestimmenden Kräften zählt,[203] sieht die „anthropozentrische Teleologie der Natur" bei Arndt als eine in dieser beschlossene „Möglichkeit ... , wobei jedes Ding immer wieder dem gleichen Ziel zustrebt", durch welche „die anthropozentrische ausgerichtete Wirklichkeit auf Dauer gestellt" sei. Dadurch, daß Arndt „allen Naturdingen ihre eigene bewegende Kraft" zuschreibe, sei „die Gegenwart der providentia Gottes in der Natur gleichsam nur eine Vergegenwärtigung der Vaterliebe, die bei der Schöpfung wirksam war." So sei die Natur selbst jetzt gegenüber Gottes ursprünglichem Schöpfungshandeln „die eigentlich Handelnde."[204] Anders als bei Luther, wo die Kreatur „als ‚Hand', ‚Rohr' und ‚Mittel' Gottes dennoch ‚Larve' ... der providentia Dei" bleibe, sei die Kreatur bei Arndt, gerade in ihrer Selbständigkeit, zu einer eigenständigen Zeugin der *providentia* geworden.[205] „Diese Eigenständigkeit der Naturordnung macht zwar die Verborgenheit Gottes – insofern es seine Vaterliebe betrifft – allgemein zugänglicher [sc. als bei Luther], aber läßt gleichzeitig Gott weiter zurückweichen. War bei Luther Gott noch in jedem Einzelereignis gegenwärtig, so tritt bei Arndt zwischen Schöpfer und Geschöpf die Naturordnung."[206] Diese Deutung ist gerade mit dem hermetischen Verständnis einer scheinbar autokinetischen, doch per göttlicher Setzung astral determinierten Natur bestens zu vereinbaren.

---

[200] Vgl. *Pss* 136/II Bd. II S. 307b (zu V. 5a): „Am Firmament deß Himmels sihet man GOttes Allmacht und Weisheit ... daß eine solche Weisheit / Ordnung unter dem Heer deß Himmels ist / daß alle andere Dinge / so unter dem Himmel seyn / *von den öbern Kräfften deß Himmels regieret* werden / also / daß kein Kräutlein auff Erden ist / es hat seinen *Einfluß von oben herab* / und empfindet deß Himmels Wirckung. Wenn dieselbe nicht recht seyn / verdirbet alles / was unter dem Himmel ist / und wenn der Himmel mit seiner Wirckung gütig und lieblich ist / so freuet sich alles / was unter dem Himmel ist. Wie aber *alle Dinge an den öbern Kräfften deß Himmels hängen* / und ihre wunderliche *Harmoniam und Einstimmigkeit* haben / das ist eine grosse natürliche Weisheit." (Hervorhebung von mir). Zur natürlichen Weisheit s. u.
[201] *Hex* 5,22f.
[202] *Hex* 4,8.
[203] Krolzik Säkularisierung S. 26f.
[204] Krolzik Säkularisierung S. 20f.
[205] Krolzik Säkularisierung S. 23.
[206] Krolzik Säkularisierung S. 23f.

Zur Erkenntnis der Natur bedarf es einer besonderen Weisheit, die sowohl die verborgenen Kräfte der Kreaturen als auch deren geheimen Zusammenhang untereinander ergründet. Da es um *astrale* Kräfte geht, kann unter Paracelsus-Jüngern diese ‚Wissenschaft' angemessenerweise nur den Titel einer *Astronomia* tragen. Über eine bloße Kunde des natürlichen Himmels greift sie weit hinaus: [207]

> „Darum ist nun nicht allein die astronomia coeli, oder Gestirnwissenschaft des Himmels, zu erkennen, sondern auch der andern Elemente, nämlich *astronomia aeris, terrae et maris,* die *Sternwissenschaft* der Luft, der Erde und des Meeres, und dann *die consonantia, harmonia et cognatio, Uebereinstimmung, Harmonie und Verwandtniß derselben unter einander.* Daher kommen auch die Prognostica und natürlichen Weissagungen des Ungewitters, daß etliche Meerthierlein sind, so Ungestüm und Sturm auf dem Meer verkündigen. Das machet ihre *concordantia und harmonia cum astris coelestibus, ihre natürliche Verwandtniß, die sie mit den himmlischen Gestirnen haben.*"

Von einer solchen *Astronomia* ist Arndts *Hexaemeron,* und damit das „Wahre Christentum" und seine Theologie insgesamt, nachhaltig geprägt. Wenn Zimmermann die These aufstellt, daß „mit der hermetischen Tradition im 18. Jahrhundert Neues geschieht", weil ein Poiret, Arnold, Gichtel, Dippel, Welling und der jüngere van Helmont sie der Arkandisziplin entledigt und sie – gleichwohl in begrenztem Umfang – exoterisiert hätten, ist sehr zu fragen, ob dies nicht schon weit früher durch Arndt geschah, in einem Buch, das ganz bewußt auf eine weite Verbreitung als Hausbuch hin angelegt war und dieses Ziel mehr als erreicht hat.

Schlägt man von den ‚inwendigen' *semina* oder *astra,* die *ab intra,* nicht aufgrund äußerer Einflüsse, ihre Wirkung entfalten, einen Bogen zu Arndts Bibelhermeneutik und dem Zusammenhang seiner Anthropologie und Soteriologie, zeigt sich wiederum die frappierende Analogie, daß für den Bereich des Natürlichen *mutatis mutandis* dieselbe Regel gilt wie für den übernatürlichen Bereich, daß nur die im spiritualistischen Sinne ‚innerlichen' Kräfte wesentlich wirken, während es allem, was nur *ab extra* kommt, es sei Buchstabe, Glaube oder die Influenz des Mondes, an Wesen mangelt und vor allem an „Kraft". Wer etwas, sei es über die Natur oder über die Fragen des Heils, erkennen will, muß sich den *virtutes occultae* zuwenden. Die aufgrund parallel wirkender astraler Kräfte entstehende „Concordanz oder Vergleichung" von Mond und Meer verhält sich analog zur Hermeneutik von *testimonium externum* und *internum,* die beide erst aufgrund des parallel in ihnen wirkenden Geistes kommunizieren. Auf Seiten der Übernatur scheinen auch ontologisch dieselben Gesetzmäßigkeiten wie in der Natur zu herrschen. Beiderseits ist es die „Kraft des Worts GOttes",[208] weshalb jede Betrachtung „von oben an, a prima caussa", bei Gott, zu beginnen habe.[209]

---

[207] *Hex* 5,24 (Hervorhebung von mir). Für diesen Abschnitt identifiziert Weber im Gegensatz zu dessen Umgebung keine fremde literarische Quelle Arndts, auch nicht Paracelsus selbst.
[208] *Hex* 5,25.
[209] *Hex* 4,37.

Valentin Weigel bringt diese in Natur- und Heilsordnung nach Arndt analoge Gesetzmäßigkeit auf die ebenfalls beide Bereiche umfassende prägnante Formel: „also fliessen alle eussere Ding von dem innern herauß, vnd nichts von aussen hinein". Wie Arndt bei der *prima caussa*, so fängt auch Weigel in seiner Entfaltung der Kette des Seienden bei Gott als dem Ursprung ‚oben' an. Gleich im ersten Kapitel seiner systematisch vielleicht wichtigsten Schrift, dem der Erkenntnistheorie gewidmeten Traktat *Der Güldene Griff*, umreißt er als Horizont der zu behandelnden Thematik den in diesem ganzen Abschnitt der Studie in verschiedener Perspektive zu betrachtenden inneren Zusammenhang von Kosmologie/-sophie, Anthropologie, Soteriologie, Hermeneutik und Gnoseologie, die, den spiritualistischen Ansatz präzise wiederspiegelnd, alle aus einem Grund fließen und letztlich nur verschiedene Ausdrucksformen einunddesselben Theorems darstellen. Innerhalb dieser *catena aurea* des aus Gott geflossenen Seins kommt den *astra* – wie in der postweigelianischen *Viererlei Auslegung von der Schöpfung* nicht minder[210] – eine in der Vermittlung zwischen den Seinssphären herausragende Stellung zu. Das grundlegende erste Kapitel, das den Weg zu allumfassender Erkenntnis zu weisen beansprucht – es berührt und überschneidet sich bis zu wörtlichen Anklängen vielfach mit Weigels *Soli Deo Gloria* II,11 –, überschreibt Weigel folgendermaßen:[211] „Das die Betrachtung der ewigen Gottheit / vnd der 6. Tagewercken / auch die Erkändniß seiner selbst groß nutz bringet". Hier erläutert Weigel von Gott ausgehend den universalen Zusammenhang alles

---

[210] In der Viererlei Auslegung begegnen die astralen *semina* etwa in II,12 S. 437f.: die Geister und ihre corpora; S. 438 der *spiritus firmamenti* in den corpora; II,12 S. 441f.: „Also hat die Erde in ihr den Geist, oder das Element sampt den *astris, die da seind Geister*[!] *und Saamen*, dieselben kommen heraus anden [sic] tag, *aus dem unsichtbaren in das sichtige*. Darumb ist es *von dem Element der Erden zu verstehen, daßelbe bringet es herfür, und nicht der Leib. Der Leib ist ein todt finster ding, der Geist ist das Leben*, und ist getheilet in die astra oder Sternen, welche ihr *Gewächse und Früchte* von sich geben. Als die Sternen am Himmell seind ein Gewächs des Fewers, kommen aus den unsichtbaren astris, bringen ihre Früchte, als Blumen, Birnen, Äpffel, Kirschen. Also aus dem Element waßer kompt das Gewächse des waßers, welches da für und für aus dem unsichtigen Element wächset, wie ein Baum ... Also hat das Element Lufft auch seine astra und Früchte ... "; II,14 S. 461; III,3 S. 469f.: „Denn so gewiß als da wahr ist, dz alle dinge aus dem Nichts geschaffen sind zu etwas, aus dem verborgenen an den tag, aus der Finsterniß an das Licht, also gewiß ists auch, das alle leibliche sichtbarer [sic] dinge Fließen und Herkommen aus den unleiblichen geistlichen unsichtigen Wesen, und ist gantz wieder die warheit, auch wieder das licht der Natur, dz Gott solte erstlich die corporea [sic] geschaffen haben, wie etzliche schreiben, und hernach die unsichtigen Kräffte hineingeßossen ... Erstlich seind *die unsichtigen Elementa und astra oder Kräffte, welche durch die scheidung und Schöpffung haben einen Leib angezogen*. Solche unsichtige Kräffte seind *wie ein Wirt im Hause*, und *das Leibliche ist das Haus seines unsichtigen Einwohners* ... "; III,11 S. 519f.: die astralen Elemente und ihr „Leib"; III,12 S. 528, wo Ps.-Weigel das Allgemeine am Element des Feuers erläutert: „Daraus wir behalten sollen, dz das firmament oder Element fewer zwiefach sei, *unsichtbahr nach seinem Geiste, und sichtbar nach seinem Leibe*; die Sternen, so wir sehen, seind corpora der astrorum. *Das Astrum ist der unsichtige Geist, dz corpus ist sichtbar* und lauffet unter dem Zodiaco [d. i. Tierkreis] nach der ordnung Gottes." (Hervorhebungen von mir).

[211] S. 7.

Seienden in der sichtbaren und unsichtbaren Welt, in Natur- und Heilsordnung, wobei der ganze sichtbare *mundus sensibilis* allein von diesen *astra* getragen wird:[212]

„Wer da offt bttracht [sic] den ewigen Gott, wie er anfänglich durch sein wort vnd Geist seines Munds alle ding geschaffen hat, auß nichts etwz: Als die Engel kommen auß nichts dann durchs Wort Gottes: Auff dz folgen die 5. [sic!] Tagwercke der Schöpffung, wie durch die scheidungen[213] alle Ding sind herfür kommen an dz Liecht. Gott ... schuff ... die Engel, dz sie alles in jnen selber haben; auß den [: Engeln] kommen herfür die *4. Elementa* vnd *Astra, auß den Elementen vnd Astris kommen herfür die Corpora, auß den Corporibus wachsen herfür die Früchten* [sic]; wer dz betracht (sage ich), daß alles dz auß nichts worden sey, durchs Wort auß dem verborgen in dz Wesen, *alle Ding auß dem vnsichtbarn in dz sichtbare kommen sey* [sic], *auß dem Geistlichen* [!] *in das Leibliche vnd Cörperliche vnd bleibet eins in dem andern:* Als der leibliche sichtbare Baum bleibt im vnsichtbarn geist*lichen* [!] Baum; *also fliessen alle eussere Ding von dem innern herauß, vnd nichts von aussen hinein.* Sihe an, wo kömpt der Baum her, warlich *auß den Astris deß vnsichtbarn Samens.* Wo kompt die Birn her: aus dem Baum. Wo kompt der Schnee vnd Hagel her, Regen, Nebel: nit auß den jrrdischen Dünsten, wie Aristoteles saget. Sondern *auß den vnsichtigen Astris der Sternen, die dz vnsichtbare sichtbar machen?* Nun, wo kompt der Mensch her? Auß dem Limbo terrae, dz ist, auß dem Erden Kloß, der da ist die gantze Welt? Unsichtbar lag Adam in der Welt vnd ward Leiblich; wz auß [d. i.: woraus] einer ist, dasselbige hat vnd begert er auch in jm; die Birn ist auß dem Baum, der Kern auß der Birn. Darumb kan auß dem Kern widerumb eine Birn wachsen sampt mehr andern Birnen, *vnd kompt alles von jhnen* [: innen] *herauß, auß dem Unsichtigen in dz Sichtige;* auß allen Geschöpffen ist Adam gezogen, vnnd alle Geschöpffe ligen in jhm; *auß dem Firmament oder Gestirn ist sein Geist,* vnd daher hat Adam alle seine Kunst, Handwerck, Sprachen vnd alle thürische [: tierische] Weißheit in jm, *denn wz im Firmament ist, dz ist auch im Menschen;* vber dz hat der Mensch die ewige Seel durch dz einblasen von Gott sampt dem H. Geist; *derhalben ligt auch die ewige himlische Weißheit in jm,* darauß geschlossen wird, *dz alle Erkenntnis Göttlicher ding nit auß den Büchern genommen werde, sondern auß dem Menschen selbst herfliesse in den Buchstaben.* ... O wüsten die Hohenschulen vnd Weltgelehrten diesen Griff[214] vnd kurtzen Grund, sie würden nicht mit müh vnd arbeit jre Weißheit *auß den Büchern zulesen verhoffen* ... O ewiger Gott vnd Schöpffer, die werck deiner Hende bezeugen gnugsam, *dz alle ding auß dem vnsichtbaren in dz sichtbare Kommen, auß dem geistlichen in dz leibliche Cörperliche vnd Weltliche, da alle ding herauß fliessen in dz sichtbare. Also ist der Buchstab kommen auß dem innwendigen Geist, Adam auß der Welt, die Erkenntniß oder Verstandt auß dem Adam;* denn der *Mensch ist vor allen Büchern; die Bücher sind auß dem Menschen.* O Herr, erleuchte mich wider, du wahres Liecht, dz ich nun dich vnd mich erkenne, so wird mir eröffnet die erkentniß aller ding. Amen."

---

[212] Güldener Griff *I* S. 7f. (Hervorhebung von mir). Weil cap. I den Zusammenhang, der sich bei Arndt eher verstreut findet, überaus prägnant zusammenfaßt, sei es ausführlicher zitiert.

[213] Der terminus der „Scheidung" verweist auf die Alchemie, s. u.

[214] Nämlich den "Güldenen" Griff.

In der Tat findet sich in diesem Kapitel eine Summe des Buches und zugleich eine Summe hermetisch-spiritualistischer Theologie, die auf kleinstem Raum das formuliert, was Arndt mit seiner Konzeption seiner „Vier Bücher" realisiert: Die Integration von Seins- und Heilsordnung aus einem alles übergreifenden Prinzip. Diesem zufolge gliedert sich die hierarchische Seinsordnung folgendermaßen:

1. Gott
2. Engel   (intelligible Welt)
3. Vier Elemente und *astra*   (siderische Welt)
4. *Corpora*   (sinnliche Welt)
5. Früchte   (Erscheinungen der sinnlichen Welt)

Innerhalb der Seinspyramide stellen die *astra* das vermittelnde Prinzip zwischen der intelligiblen Welt und der Welt des Sichtbaren dar. Sie gehören als aus der ‚englischen' Welt geflossene Kreaturen selbst der ‚siderischen' Sphäre als ihrem eigentlichen Ort an, werden aber als ein das Sein des *mundus sensibilis* konstituierendes und gestaltendes Prinzip in diesem als dessen inneres Wesen wirksam, wodurch sie das Prinzip einer Vermittlung des Seins ‚von oben herab' realisieren. Was sie der sichtbaren Welt astral vermitteln, fließt aus dieser wiederum in den Menschen nach seiner natürlichen Existenz im Sinne des Mikrokosmos, während sein eigentliches Wesen der „ewige[n] Seel" ihm Gott-unmittelbar eignet. In dieser Erkenntnis (Gnosis), die Gottes- und Selbsterkenntnis zugleich ist, erschließt sich die *cognitio omnium rerum*. Als die Welten verbindendes Element tangieren die *astra*, deren Ausfluß die sichtbaren Kreaturen sind, alle drei Gegenstände der Erkenntnis, Gott mittelbar, Himmel/Erde und Mensch unmittelbar. So ist Weigel ganz im Sinne Arndts zu verstehen als „ein guter Astronom ... , der sich mehr auf die Sterne versteht, denn auf die Rechenkunst".[215] Ohne die Erkenntnis der *astra* und des „Unsichtigen" als Repräsentanten der „geist*lichen*", d. h. nicht leiblichen, materiellen Welt, bleibt nach dem *Güldenen Griff* auch „der einfeltige Theologus, der da kein Philosophus ist", in seinem vergeblichen Wähnen, „das sichtige Corpus thue solches, so es doch der vnsichtige Geist auß der Erden herauß bringet, welches [cj.: welcher] das Element ist", dem Irrtum verfallen. Daher sei ihm – nicht zuletzt zum Schaden seiner Theologie, in der dasselbe gilt – die grundlegende Regel verborgen: „das wir sehen ist nur das corpus [der die Gewächse hervorbringenden Erde], vnd nicht das, dz herfür bringet ... nicht das corpus, oder die Zunge [des Menschen], sondern der Geist thut es; das Fleisch an jm selber ist nichts ... so es doch nur ein Werckzeug ist des jnnern Geistes".[216] Daß die *astra* dieses – analog für die Seele wie den Kosmos geltende – Prinzip für den letzteren repräsentieren, ist der tiefere Grund dafür, daß der Theologie selbst „die Betrachtung ... der 6. Tagewercken ... groß nutz bringet".

---

[215] *Hex* 4,13.
[216] Weigel *Der Güldene Griff* cap. XI S. 34f.

Der *Medicus* und *Philosophus hermeticus* Oswald Croll beklagt in der Einleitung zum Traktat *Von den jnnerlichen Signaturn*, „wie der gemeine Pöbel der jnnerlichen Augen[217] mangelt / alle Dinge *nach dem eusserlichen Ansehen vrtheylet* / vnd sich allein vmb die eusserliche bittere Rinden bemühet",[218] welcher, auch akademischen, Untersuchung der „Rinden" – im Sinne aristotelisch-phänomenologischer Naturphilosophie der *qualitates* – er an anderer Stelle ihren Stellenwert zuweist:[219]

> „hindan gesetzt die vier Qualiteten / als eusserste Rinden der Kräfften: Sintemahl die vnsichtbahre vnd jnnerliche allezeit edeler / fürtrefflicher vnd kräfftiger sind / als die eusserliche sichtbahre ... *Also wirdt ein Hauß / als ein eusserlich Ding von wegen deß Innwohners erbauwet*: Der Innwohner aber ist besser vnd fürtrefflicher / als alle Stein vnnd Holtz / die darzu gebraucht worden / zusampt dem gantzen Gebäwe: Dann er ist ein lebendige vnd vernünfftige Creatur."

Die auch Weigel geläufige[220] Metaphorik von Haus und Einwohner für die in der Materie verborgene, doch selbst unkörperliche Kraft „des jnnern Geistes" dient Croll zur Erläuterung seines Verständnisses jener *astra*, welches er im Zusammenhang der „Signaturen"[221] entfaltet:[222]

> „Der Innwohner aber / als das *vestigium* oder Wahrzeichen deß vnsichtbahren Gottes in seinen Creaturn / den Schatten / Ebenbild deß Schöpffers den Creaturen eingeprest / oder *die jnnerliche Gewalt vnd geheyme Krafft zuwürcken* ... wirdt von jhnen mit grosser vnd verdamlicher [!] Vnachtsambkeit vbergangen vnd gantz gar nicht geachtet."

Sachlich analog, doch klarer als *Der Güldene Griff* cap. 1, ordnet Croll die Seinspyramide im Sinne der *catena aurea* bzw. des *ordo creaturarum* und weist den *astra* darin ihren beherrschenden Platz zu: 1) Gott 2) Engel 3) *astra* und 4) Körper (-welt). All dessen Ursprung liegt im Schöpfer bzw. seinem ‚Licht'. Gott habe[223]

> „durch sein Wort / erstlich das Liecht / das ist / die Englische Substantias oder Wesen hervor gebracht / in dem er sagt: Es werde Liecht. Auß diesem Englischen Liecht sind nachmals die Astra herauß kommen / auß den Astris die Cörper oder sichtbahre Gebäwe der Welt auß den vier Elementen zusammen vermischt ... Alle sichtbahre Cörper oder Elementen sind in den vnsichtbahren Astris oder Spiritualischen Elementen [!]:

---

[217] Vgl. Arndt *Hex* 1,3: "Weil nun einem Christen gebühret, die Creaturen GOttes *mit geistlichen Augen also anzuschauen* ... " (Hervorhebung von mir).

[218] Ed. Kühlmann/Telle S. 167 (Hervorhebung von mir; auf diese Ausgabe der lateinischen und deutschen *editiones principes* beziehen sich die Angaben im Folgenden).

[219] *Von den jnnerlichen Signaturn* (ed. Kühlmann/Telle) S. 187 (Hervorhebung von mir), vgl. 168f.

[220] Z. B. Weigel *Der* Güldene Griff *cap. XI S. 34*.

[221] S. u.

[222] *Von den jnnerlichen Signaturn* (ed. Kühlmann/Telle) S. 167 (Hervorhebung von mir).

[223] *Von den jnnerlichen Signaturn* (ed. Kühlmann/Telle) S. 183f. (Hervorhebung von mir).

Vnd die Astra sind in den Cörpern; Die Astra sind in den Engeln: Vnd die
Engel in den Astris: Die Engel sind in Gott / vnd Gott in den Engeln:
Daß also allezeit sein superius oder obere ohne das vntere seyn kan: Das
vntere aber ohne das obere keines Wegs: Sintemahl weder die sichtbahre
Welt / noch [ein] eintzig Corporalisch Ding ohne die Astra bestehen kan."

Im Sinne der *catena aurea* stellen die *astra* demnach gerade nicht eine Sphäre oder
Ebene dar, sondern die auf dieser – als auf die nächstniedrigere einwirkende –
Ebene angesetzte *Verbindung der Ebenen*, und zwar der jeweils ihr gegenüber
nächsthöheren mit der unter ihr angesiedelten:[224] „Dieweil demnach dieses
Astrum oder Saame ein Bild oder Schatten der Englischen Substantz ist / vnd das gantze
leibliche Wesen deß Baums in seinem jnnersten Schoß ohne Größ[225] / Quali-
tet[226] vnd dergleichen begreifft", zwischen welchen es den letztlich in Gott
gründenden Impuls zum Sein vermittelt, so enthält etwa in botanischer Perspektive „jeder Stern [: Astrum] deß Himmels ... als ein auff Geistliche [!] vnd Chao-
tische[227] weise vorgebildet Kraut" alles, was die Existenz einer irdischen Kreatur
ausmacht, mit einer bezeichnenden Ausnahme, während die jeweilige Kreatur
dessen irdisches Ab- und Gegenbild darstellt:[228]

„Vnd also ist ein jedes Kraut ein Irrdischer Stern / so sich gegen dem [sic]
Himmel richtet: Vnd jeder Stern ist *ein Himmlisch Kraut in einer Geistlichen* [!]
*Form / in keinem Ding von den Kräutern der Erden vnterscheyden / als allein in der
materia.*"

So ist das *Astrum*, das seinen eigenen Impuls aus dem *mundus intelligibilis* empfängt, selbst in der siderischen Sphäre des seinerseits immateriellen Gestirns[229]
beheimatet, jedoch ist es als deren inneres Sein in den Kreaturen des *mundus sensibilis* angesiedelt, wo es diese konstituiert und ihr formgebendes Prinzip bildet.

---

[224] *Von den jnnerlichen Signaturn* (ed. Kühlmann/Telle) S. 181 (Hervorhebung von mir).
[225] Extension.
[226] Als einer Akzidenz.
[227] Im Sinne des etwa von Khunrath beschworenen "Chaos" als der ungeformten Potentialität.
[228] *Von den jnnerlichen Signaturn* (ed. Kühlmann/Telle) S. 176 (Hervorhebung von mir).
[229] Nach *Chymisch Kleinod Erinnerungs Vorrede* S. 14f. "ist solches nicht von den sichtbahren
Kohlen [!] deß Himmels oder Firmaments / noch auch von dem vnsichtbahren Cörper / der
Astrorum in dem Firmament / *sondern von eines jeden Dinges eygenen vnnd sonderbahren Astro zuverstehen.*" Wie Arndt betont Croll, daß das Spezifikum dieser *astra* sei, daß jedes Geschöpf dies
in sich selbst trage – weshalb es seine jeweilige Imfluenz nicht von außen, sondern von innen
her empfange: "Derowegen geust das öberste Firmament in das vntere specificierte nit die
Geheymnussen oder *Virtutes*, oder Kräffte ein / wie die falsche *Philosophia* dafür helt / als
verwiessen die Gestirn jhre Krafft vnnd Tugendten in die Kräuter / Bäume vnnd dergleichen. Dann *es hat vnnd bringt ein jede wachsende vnnd lebende Creatur sein eygen Firmament vnnd Astrum
bey vnnd mit sich* / vnnd werden allein durch den Lauff der obern Sterne in dem Zodiaco oder
Thierzirckel gleichsamb auffgemundert ... : Bekommen aber von denselbigen nicht allein
keinen jnnerlichen Astrum, sondern auch weder Geruch / Farb noch eintzige sonderbahre
Gestalt: *Sondern alles von jhrem jnnerlichen Astro vnnd verborgenem Werckmeister vnnd keines wegs von
aussen her.*" (Hervorhebung von mir).

Daß diesem Verständnis gemäß den Kreaturen mit einer Analyse von deren nach einem phänomenologisch orientierten wissenschaftlichen Paradigma zu erhebenden ‚äußerlichen' *qualitates* nicht beizukommen ist, versteht sich von selbst. So wie Croll schon hinsichtlich des sphärenübergreifenden Zusammenhangs, in dem die *Astra* stehen, größere Deutlichkeit an den Tag legt als der von den gleichen Inhalten ausgehende Arndt, so schildert er auch in der Horizontalen gegenüber Arndt – der diese *astra* zwar als in Konkordanz und Konsonanz den Himmel und die Kreaturen der Erde verbindende Entitäten charakterisiert, sie aber pluralisch als je einzelne benennt – diese Denkform insofern umfassender, als er die *Astra* nicht nur als je einzelne, sondern auch in ihrer wechselseitigen Bezogenheit aufeinander als ein kollektiv handelndes, singularisches Subjekt einführt und als den *spiritus mundi* oder mit Paracelsus als „Hylech" bezeichnet:[230]

> „Dann es ist das Firmament zweyerley: Nemblich das externum oder eusserliche / wie alle Cörper[231] [!] der Gestirn im Firmament deß Himmels: Vnnd dann das jnnerliche / als das Astrum oder vnsichtbahre vnempfindliche Corpus in allen Gestirnen deß Firmaments. *Dieses vnsichtbahre vnnd vnempfindliche Corpus der Astrorum ist der Geist der Welt / oder Natur / oder Hylech, wie es Paracelsus nennt / in alle Astra außgetheilet: Oder er ist alle Astra selbst.* Vnnd gleich wie dieser Hylech in der grossen Welt alle Astra oder Gestirn insonderheit begreifft: Also verfasset auch der jnnerliche Himmel oder Firmament deß Menschen / welches der Spiritus olympicus ist / jnsonderheit alle Astra vnnd Gestirn. Vnnd also ist der vnsichtbahre Mensch nicht allein alle Gestirn / sondern auch mit dem Geist der Welt gantz einerley gleich wie das weisse in dem Schnee. Vnnd gleich wie alle Dinge von innen / als von dem vnsichtbahren vnnd verborgenen heraußkommen vnnd entspringen / *also kommen auch die sichtbahre Corporalische substantiae auß den vncorporischen Spiritualischen / als auß den Astris vnd sind Cörper der Astrorum oder Gestirn vnd bleiben auch in denselbigen / eines in dem andern.* Vnd daher erfolgt / daß nicht allein alle lebendige Creaturen / sondern *auch alle wachsende / ja auch die Steine / Metall vnd was in der gantzen Natur der Dinge zufinden / mit einem Syderischen Geist sind begabt / welcher das Firmament oder Astrum wird genennt* / oder auch der verborgene Schmidt oder Werckmeister / von welchem die Formatio oder Bildung / Figur vnd Farb / her ensteht [sic]. Von diesem sonderbahren vnd jnnerlichen astro (welches Theophrastus das Ens seminis vnd virtutis nennet) als der Sonnen der kleinen Welt / wird der Mensch geboren / erzeuget / formieret vnnd mit Farben gleichsamb angestrichen vnnd regieret."

Weil die „sichtbahre Corporalische substantiae auß den vncorporischen Spiritualischen / als auß den Astris" stammen, gelangt, wer diese identifizieren kann, zu den Grundlagen des Seins. Dies gelingt nur dem, der die *astra* an ihren äußerlichen Zeichen, den Signaturen, erkennt und die Schrift des *liber naturae* entziffert.

---

[230] *Chymisch Kleinod Erinnerungs Vorrede* S. 14.
[231] Die – wie bei den Elementen analog – vom eigentlichen Gestirn zu unterscheiden sind.

5. *De signaturis rerum*

In Arndts naturphilosophischem Denken besteht eine Brücke zwischen der immateriellen Welt der Ideen, den *astra* und der Welt der irdischen Erscheinungen. Sie knüpft an die schöpfungstheologische ‚Bedeutung' der Kreaturen an und gibt als sichtbare „Signatur" an der äußerlich-sinnlichen Erscheinung die in dieser verborgenen siderischen Kräfte zu erkennen. Das Äußere wird so zu einem mittelbaren Ausweis der innerlichen wirkenden Kräfte. Die „Handschrift" Gottes vermag jedoch nur ein in das „Buch der Natur" Eingeweihter zu entziffern:

> „Das ist *ein lebendiges Buch* ... *in Gottes Buch sind lebendige Buchstaben*, welche allen Menschen, großen und kleinen, gelehrten und ungelehrten vor Augen gestellet werden; allein, daß sie nicht von Jedermann recht gelesen werden können, darum, daß sie *die schöne herrliche Signatur und Zeichnung der Kräuter* nicht kennen. Dieselbe muß man zuvor wissen, so kann man diese herrliche, schöne, lebendige Buchstaben lesen und zusammen setzen. 14. ... Du wirst an jedem Kraut und Blümlein *sonderliche Zeichen* finden, welche sind die *lebendige Handschrift und Ueberschrift Gottes*, damit Er *jedes Kraut gezeichnet nach seiner verborgenen Kraft* so künstlich, so wunderlich, so zierlich ...".[232]

Zwar sind die Kreaturen als der Materie zugehörige in sich ohne ‚Wesen' und Bedeutung, und wenn Gott seinen Lebensodem wegnimmt, „so vergehen sie, ... fallen wieder in ihr eigen Nichts."[233] Doch verleihen die Signaturen den Kreaturen die unvergleichliche Würde von Bedeutungsträgern göttlicher Offenbarung, ja von handschriftlichen Urkunden des göttlichen Liebeswillens zum Menschen. Daß sie den Menschen, der sie zu „lesen" weiß, zum Lob Gottes führen, ist die allgemeine Botschaft aller Kreaturen, so daß jene generelle Deutung der Kreaturen *in toto*, sie seien „eitel Hände und Boten GOttes ... , die uns sollen zu GOtt führen",[234] recht verstanden, schon eine angewandte Signaturenlehre darstellt. In ähnlichem Sinne formuliert die deutsche Ausgabe von Crolls Signaturentraktat (1623) in einer für heutige Ohren vielleicht eher befremdlichen Weise, die Kreaturen seien „deß Schöpffers Hindertheyl vnd der Effect / durch deren Erkanntnuß / auch der Schöpffer vnd Werckmeister selbsten wirdt erkennet."[235]

Einerseits beinhalten die Kreaturen ‚geistliche Bedeutungen' im engeren Sinne, die auf allegorische Weise zu erheben sind.[236] Andererseits tragen sie jedoch auch ‚natürliche' Hinweise, die Gott selbst den einzelnen Kreaturen eingepflanzt bzw. eingezeichnet hat, die den Menschen auf ihre verborgenen Fähigkeiten

---

[232] *Hex* 3,13f. (Hervorhebung von mir); Sommer Odem S. 213 zitiert die Stelle, geht jedoch auf die zu der Zeit von Paracelsus her sehr weit verbreitete Signaturenlehre mit keinem Wort ein.
[233] *Hex* 6,13.
[234] *WCh* IV Vorrede 5.
[235] *Von den jnnerlichen Signaturn* (ed. Kühlmann/Telle) S. 180.
[236] S. o. u. u.

verweisen. Dies gilt nicht nur von der außermenschlichen Kreatur, sondern auch vom Menschen selbst, wie abermals das Kapitel von der ‚schönen Seele' zeigt:[237]

> „Denn es kann auch der Seelen Schönheit aus der schönen Gestalt menschlichen Leibes erkannt werden, weil *der Leib ist ein Haus und Wohnung der Seele*. Derowegen weil das Haus so schön ist, welches wir augenscheinlich sehen, wenn wir einen schönen wohlgestalten Menschen anschauen: wie schön wird dann seyn die Seele, so in selbem Hause wohnet! Denn *einem schönen Gast*[!] *hat auch der Schöpfer ein schön Haus erbauet*. Wir sehen auch, ... *welche Kraft doch der äußerliche Leib von der einwohnenden Seele erlanget*.“

Eigentümlich kontrastiert dies Arndts leibfeindliche Äußerungen an anderer Stelle. Doch ist nicht zu übersehen, daß auch angesichts dieser ungewöhnlichen Ästhetisierung des „wohlgestalten" Leibes die „schöne Seele" doch nur als „Gast" im fremden „Haus" des Leibes wohnt. Dieser Entsprechung von Seele und Leib gemäß gilt in entgegengesetzter Weise auch, daß böse Regungen des Herzens die Gebärden entstellen, weil das Innere das Äußere entsprechend gestaltet:[238] „Siehe, wie der innerliche Zorn deine Geberde verstellet, und dadurch aus dem Herzen, als ein Feuer, lauschert (lodert) ... Siehe, wie der Zorn durch die Scheltworte ausbricht, daß du sagest mit giftigen Worten ... Was hilft es, die Hände stille halten, und dagegen mit feindseligen Geberden als ein Basilisk mit den Augen den Nächsten tödten?" All solche ‚Äußerungen' offenbaren, wie es um das Innere bestellt ist. Dagegen habe, um „Gelindigkeit und Sanftmuth" anzuzeigen, sich der heilige Geist „in Tauben-Gestalt" offenbart,[239] werde Jesus mit einem „Lämmlein" verglichen.[240] In der *Ikonographia* heißt es im Zusammenhang von Arndt Plädoyer für eine kultische Bezeichnung mit dem Kreuzzeichen: „Denn es ist des Glaubens art, das er *außbricht in eusserliche Zeichen vnd geberde*".[241] Es zeigt sich, daß, auch wenn die Bezeichnung der ‚Signatur' explizit dort fehlt, ‚Äußerungen' menschlichen und geistlichen (wie fleischlichen) Lebens denselben Gesetzmäßigkeiten folgen. Auch hier erweist Arndt sich als ein gelehriger Jünger des Paracelsus, der im – insgesamt noch zu wenig beachteten – zweiten Teil seiner *Astronomia magna* unter folgender Überschrift fragt: „Was *signum coeleste*, was *coeleste signator* sei" und unter diesen Stichworten die folgende Regel formuliert:[242]

> „Also ist auch *physio*[g]*nomia ein erkennerin der innern, verborgenen ding des menschen*: Also auch in dem *ubernatürlichen menschen*, wie er stehet gegen got und den seinen, in ubernatürlichem herzen. ... das alles sind seine *zeichen*,

---

[237] *Hex* 6,22 (Hervorhebung von mir).

[238] *WCh* II,4,4.

[239] *WCh* I,27,4.

[240] *Hex* 6,5.

[241] *Ikon* X fol. 37 ᵛ (Hervorhebung von mir).

[242] *Astronomia magna* Werke XII S. 342f. (Hervorhebung von mir); Hohenheims *physionomia coelestis* relativiert Friedrich Ohlys Resümee seiner Studien zur Signaturenlehre (S. 121): "Das Wirken der Signaturen reicht über das Innerkosmische [i. S. von intramundan] nicht hinaus".

dardurch er erkent wird, was sein herz ist. dan des das herz vol ist, lauft der munt uber,[243] das sein herz begert, das hören seine oren, das suchen seine augen. darumb dem selbigen nach *physionomia coelestis dermaßen sein erkantnuß gibt und offenbart durch sein himlische oder irdische werk* [!]*, was der selbigen herz sei. dan aus iren früchten werdent ir sie erkennen*[244]*."*

Ein Blick ins „Wahre Christentum" zeigt,[245] daß dort Matthäus 7 Vers 16 bzw. 20 im Zusammenhang von dessen Herzstück erscheinen, nämlich bei der Frage nach den „Früchten des Lebens", an denen sich „wahre [!] vnd falsche Christen" scheiden: „Was ists auch / daß der HERR spricht: An jhren Früchten solt jr sie erkennen? Nichts anders dann auß den Früchten deß Lebens [!] müssen wahre vnd falsche Christen erkandt werden / nit auß vielem HErr / HErr schreyen." Der Kontext handelt von Buße, Bekehrung, Früchten, neuer Geburt, dem „Leben Christi" in Gestalt der Tugenden sowie dem innerlichen Reich Gottes, welches alles darin beschlossen liege, daß „der wahre Glaube / der durch die Liebe thätig ist / dadurch der Mensch eine newe Creatur wird / dadurch er new geboren wird" etc., in ihm Gestalt gewinne, was sich an den „Früchten" zeige. Sollte nicht nur, was die Naturphilosophie und das Weltbild, die Anthropologie und die Wiedergeburt betrifft, sondern auch in der fundamentalen Frage nach einem heiligen Leben als der *fides caritate formata* eine Spur zu Paracelsus führen? Unmißverständlich formuliert der Hohenheimer wenige Kapitel später unter der Überschrift *Probatio in coelestem signaturam et coelestem signatorem*[246] – unter der die auch vom Eingang des „Wahren Christentums" wohl bekannte Thematik von Wölfen, Ottergezücht etc. als der verborgenen bösen Art des *homo naturalis* sich zumindest angedeutet findet[247] –, was er unter dieser *coelestis signatura* versteht:[248]

„das *himlische signatum* zeichnet die irigen *mit iren früchten und werken, durch die selbigen erkent man sie,* das bezeugt Christus: aus iren früchten, werken werdet ir sie erkennen,[249] ob sie *von got, aus got, in got* sind oder nit. nun ist das *signatum coeleste* gnugsam probirt durch Christum, *das himlische signatum in werken stehet und in früchten zu suchen* ... in *coelesti signato* nemen sich die werk nicht aus der form, *sonder aus dem herzen der neuen geburt, und aus denselbigen werken wird der mensch erkent,* ob er sei aus got oder nicht, das ist *ob er der natur son* [!] *oder gottes, der alten geburt oder der neuen,*[250] das ist, der seligen einer oder der unseligen, der gerechten oder der ungerechten ... *solches alles seind die werk, die dan den menschen zu erkennen geben im himlischen wesen und signato".*

---

243 Mt 12,34.
244 Mt 7,16.20 (vgl. V. 17).
245 *WCh* I,39,9, zitiert nach F S. 457; Mt 7,16 findet sich analog in der *Vorrede ThD* I,13 (12).
246 *Astronomia magna* Werke (Sudhoff) XII S. 387 (Hervorhebung von mir).
247 *L. c.* S. 388f. Sie ist in Hohenheims *liber de lunaticis* näher ausgeführt (dazu vgl. Schneider Paracelsist S. 99f.); thematisch vgl. o. zu der 'tierisch'-'viehischen' Existenz des *homo naturalis*.
248 *Astronomia magna* Werke (Sudhoff) XII S. 387f. und 391 (Hervorhebung von mir).
249 Abermals Mt 7,16 bzw. 20.
250 *Homo naturalis.* Wofür bei Weigel und Arndt dann die Adam/Christus-Antitypologie steht.

Auch wenn man sich bei einem notorischen Eklektiker wie Arndt vor mono-kausalen Zuweisungen hüten sollte, scheint doch unabweisbar, daß seine omni-präsente Insistenz auf Tat, Früchten, Werken, der „Probe"[251] im Herzen etc. als unabdingbar heilsnotwendigen Äußerungen des „wahren" Glaubens im Sinne einer „Kraft" *auch* mit dem Impuls der paracelsischen *signatura coelestis* zu tun ha-ben, was im übrigen Hinweis ist auf eine unter dem Blickwinkel von Traditionen des Geheimwissens noch eigens zu betrachtende *signatura spiritualis creaturarum*.

Ihren primären Ort und Kontext hat die Rede von den Signaturen jedoch im Bereich der Naturphilosophie, wo sie die sinnlich-leibhafte ‚Außenseite' der *astra* als eine geistig-geistlich zu deutende ‚Chiffreschrift' der von den *astra* erzeugten Kreaturen darstellen. Mit einer solchen Signatur sei jedes Kräutlein „gezeichnet nach seiner verborgenen Kraft",[252] welche der Wissende daraus ablesen könne:[253]

> „Ja mit der äußerlichen Form und Proportion zeigen sie oft an *ihre verbor-gene Kraft*. ... Und das liegt da vor deinen Augen allenthalben."

Die *virtus occulta*,[254] nach der die Hermetiker und die Alchemiker im Besonderen suchen, stellt sich Arndt insofern als etwas ‚Natürliches' dar, als es sich um ‚Kräfte' handelt, die in der Schöpfung selbst so angelegt und daher ‚ans Licht' zu bringen sind. Das Wesen der Signatur als „Zeichen" (*Hex* 3,14 u. ö.) besteht ge-rade darin, daß es, der sinnlichen Erscheinung anhaftend, auf Wesenhaft-Über-sinnliches verweist und damit der Erscheinung selbst ihre eigene Würde verleiht.

Allem Antiaristotelismus zum Trotz ist die Weise, wie die Hermetiker die schon Plinius bekannten[255] *signaturae* propagieren, zum gewissen Teil dem Stagiri-ten geschuldet, dessen Philosophie das Prinzip der einer zuvor ungestalten Mate-rie erst Gestalt verleihenden *forma* entlehnt ist. Dies mit der platonischen Ideen-lehre zu verbinden, war ein Anliegen Plotins. Dieser stellt sich den platonischen Nus (Geist) ebenso wie die von diesem gedachten Ideen als der Welt immanent vor, woraus ein Weltensystem entsteht, das nicht von ungefähr an die von den frühneuzeitlichen platonisierenden Hermetikern favorisierte *catena aurea* erinnert:

> „Aus *dem Geist* entstehe durch weitere Ausstrahlung *die Weltseele*, hieraus *die Vielzahl der Einzelseelen* mit ihren Tätigkeiten und schließlich *die Körperwelt*. Das entfernteste Abbild des Einen sei die formlose, chaotische Materie, die aber durch die Seele an den Ideen teilhaben könne und so Form und Sein erhalte. *Die platonische Teilhabe der sinnlichen Erscheinungen an den Ideen wird von Plotin aristotelisch als Bewältigung des Stoffes durch die Form gedeutet.*"[256]

---

[251] Eine alchemische Metaphorik.

[252] Das Hauptinteresse vorwiegend medizinisch-iatrochemisch orientierter Paracelsisten.

[253] *Hex* 3,14 (Hervorhebung von mir).

[254] Vgl. *Hex* 1,20 die "verborgene Lebenskraft" des Lichtes (s. u.). Zu den *virtutes occultae* vgl. auch Meinel Wissenschaften *passim*, bes. S. 24-26, 30-35 u. 38f. sowie Blum Qualitates *passim*; zum Zusammenhang von "Zeichen" und *virtus* vgl. auch Ohly Signaturenlehre S. 53f. u. ö.

[255] *Naturalis Historia*, vgl. Schmitz Okkulte Wissenschaften S. 11.

[256] Hauskeller (Hg.): Was das Schöne sei, Einleitung S. 56 (Hervorhebung von mir).

In diesem abgeleiteten Verständnis können nach Plotin auch sinnliche Erscheinungen an der von ihrem Wesen her übersinnlichen Schönheit teilhaben:[257]

> „Die Schönheit bemißt sich genau wie der Seinsgehalt eines Dinges da-
> nach, wie sehr der Stoff von der Form durchdrungen ist. Alles Seiende ist
> darum, sofern es ist, schön. Alle Dinge der körperlichen Welt seien schön,
> weil und insofern sie an der Formung durch die Ideen teilhätten."

Möglicherweise steht Arndt hierin Plotin wie auch der platonistischen Tradition
überhaupt an diesem Punkt näher als andere seiner hermetischen Zeitgenossen,
weil für ihn dieses Thema der „Schönheit", angefangen von der immer neu
hervorgehobenen Schönheit aller Kreaturen und der Welt des Sichtbaren[258] über
den schönen Leib als Haus der schönen Seele bis hin zu dieser schönen Seele
selbst, die gerade in ihrer überweltlichen Nähe zum Göttlichen die Schönheit
aller anderen Kreaturen einerseits teilt, andererseits jedoch unendlich überragt.[259]

Zur Interpretation von Natur und Menschen wendet Arndt wie viele seiner
Zeitgenossen die *Physiognomik* an (die sich terminologisch im Begriff der „Naturkündigkeit" wiederfindet). Er versteht sie als eine dem Menschen ursprünglich
„angeschaffene" Fähigkeit, die äußerlichen *Signaturen* der Kreaturen auf die von
ihnen angezeigten ‚verborgenen Kräfte' der *astra* oder *semina* hin zu entschlüsseln, eine Fähigkeit, die der Mensch wiedererlangen könne. Anhand der Erläuterung von Genesis 2,19f., wie Adam im Paradies den verschiedenen Tieren ‚ihre'
Namen verleiht, bezeichnet Arndt diese Fähigkeit mit dem Begriff *physiognomia*:[260]

> „Hier hat nun der Mensch müssen seine angeschaffene Weisheit hervor
> ans Licht bringen zu Ehren seines Schöpfers, und erstlich in den mancher-
> lei Thieren anschauen die Weisheit und Allmacht GOttes, wie GOtt der
> HErr ein jedes Thier und jeden Vogel unter dem Himmel *mit sonderlicher*
> *unterschiedlicher Gestalt, Form, Figur, Proportion, Bildnissen, Farben und dergleichen*
> *geschaffen*. Welche *Merkzeichen und Signatur* Adam aus angeschaffener Weis-
> heit alle wohl verstanden, nämlich *die physiognomiam, oder natürliche Zeichnung,*
> aller lebendigen Thiere, *daraus er ihre eingepflanzte Art, Natur und Eigenschaft*
> *erkannt,* und dieselbe, ihrer unterschiedlichen Art nach, mit *ihrem eigentlichen*
> *natürlichen Namen* genennet, welcher Name eines jeden Thieres Art, Natur
> und Eigenschaft in sich begriffen hat".

Was Rothacker an anderer Stelle treffend als „naturphysiognomische Mystik"
charakterisiert,[261] ist nach Arndt den Eingeweihten möglich: Anhand jener Signatur Eigenschaften oder Wesen eines Dinges oder auch Menschen zu erkennen.

---

[257] Hauskeller *l. c.*
[258] Vgl. etwa *Hex* 1,4.10.16.30; 2,4f.; 3,12 u. a. m.
[259] Vor allem *Hex* 6,20-24; vgl. auch Croll *De signaturis* Einleitung S. 18 sowie u. § 4 zu M. Ficino.
[260] *Hex* 6,2 (Hervorhebung von mir); zur Benennung mit den *nomina propria* s. u. zur *magia*.
[261] Rothacker Buch der Natur S. 14 (S. 15: Im Zusammenhang Raimunds v. Sabunde etabliere
  sich neben dem *lumen internum* auch "eine naturphysiognomische Form des lumen naturale").

Die von Gott erschaffene, durch das *astrum* vermittelte, den Kreaturen „eingepflanzte Art, Natur und Eigenschaft" läßt sich – etwa im Blick auf die wirkende immaterielle Kraft der Kräuter – an deren sichtbarer Erscheinung ablesen:[262]

> „... eins hat *die Gestalt* eines Hauptes, ein anderes die *Gestalt und Signatur* der Augen, das dritte der Zähne, das vierte der Zungen, ... des Herzens, der Leber, der Blasen, der Nieren, der Wunden, und dergleichen."

Oswald Crolls Signaturen-Traktat, in dem just diese „Vergleichung der Form und Figur (nemblich durch Anzeygungen deß Ampts / Wesens vnd verborgene Kräffte)" breit ausgeführt ist, „strapaziert die optisch-morphologische Konkordanztheorie bis hin zu beliebig erscheinenden Vergleichsbezügen"[263] und stellt dies in den folgenden Kontext: „so reden sie auff Magische weise vnd durch jhre Signaturn mit vns."[264] Würde man eine solche Verknüpfung *heutigem* Sprachgebrauch folgend „magisch" nennen, wäre dies historisch insofern unpräzise, als sie mit sog. „okkulter" Praxis o. ä. nichts zu tun hat. Weil es um eine *Erkenntnis* verborgener *natürlicher* Kräfte geht, trifft es auf andere Weise jedoch exakt das Selbstverständnis einer (natur-)magischen Deutung der Kreaturen, das Croll in seiner Schrift zum Thema in einer Arndt nicht unähnlichen Weise formuliert:[265]

> „Dann die Charakterismi vnd Signaturatae naturales der Natur / welche auß der Creation oder Erschaffung *nicht mit Dinten / sondern mit dem Finger GOttes in allen Creaturen eingegraben oder angeschrieben sind (sintemahl ein jede Creatur Gottes Buch) sind der beste Theyl der wahren Literatur* ...
> Vnser erster Vatter *Adam hat in dem Stand seiner Vnschuld* auß der prädestinierten Kunst / das ist der signierten oder gezeichneten ein *vollkomme Erkanntnuß der natürlichen Dinge* gehabt / derowegen *einem jeden Ding seinen eygenen Namen gegeben vnd durch denselbigen zugleich auch seine Natur erklärt*: Dann es hat Gott den Menschen gleich *in dem ersten Einblasen deß Geistes aller Dinge Kräffte vnd Natur gelehret.*"

Von der Ausformung abgesehen, zeigt sich dasselbe Bild eines an den Urstand der Schöpfung anknüpfenden Versuchs, die Urschrift der Natur und Ursprache des *Protoplastes Adam* samt den *nomina propria* wiederzugewinnen. Deren Kenntnis sei weitgehend, doch nicht völlig verlorengegangen und sei in der Rückkehr zum Ursprung wiederzugewinnen, weshalb Croll der „Reipublicae Medicae ... dieses Göttliche [!] Studium der Signaturn" anempfiehlt. Die Künste der *Physiognomia* und *Chiromantia* eröffneten „alle sonderbahre vnd verborgene Kräffte[266] aller Dinge: Ja alle Secreta vnd Geheymnussen der Natur werden offenbahret".[267]

---

[262] *Hex* 3,14 (Hervorhebung von mir).
[263] Kühlmann Crollius S. 118.
[264] *Von den jnnerlichen Signaturn* (ed. Kühlmann/Telle) S. 177; vgl. S. 169: "auff Magische Weise".
[265] *Von den jnnerlichen Signaturn* (ed. Kühlmann/Telle) S. 186f. (Hervorhebung von mir).
[266] *Virtutes occultae*; zu den *nomina propria* s. u.; *Protoplastes Adam* vgl. Crollius *l. c.* Schluß S. 93/187.
[267] Crollius *l. c.* S. 186f.; zu Croll vgl. jetzt auch Ohly Signaturenlehre S. 55f., 74-77 u. ö.

Daß Arndt mit seinem Eintreten für die Signaturenlehre im Strom einer brei-
ten Tradition von durchaus philosophischem Anspruch[268] steht, zeigt bereits im
Jahr 1930 Wolfgang Kayser in seinem – von der Arndt-Forschung nach meiner
Wahrnehmung nicht zur Kenntnis genommenen – Aufsatz zu „Böhmes Natursprachenlehre und ihre[n] Grundlagen".[269] Dort stellt Kayser Arndt[270] in eine
Reihe von namhaften Vertretern dieser Anschauung nicht nur neben Oswald
Croll (1609),[271] sondern auch den (Neu-)Initiator der Signaturenlehre Paracelsus,[272] dazu Heinrich Khunrath – dessen Baseler Dissertation (1588) bei Arndts
Lehrer Theodor Zwinger –, Aegid[i]us Gut[h]mann[273] (1619) sowie herausragende Vertreter der Rosenkreuzer wie J. V. Andreae[274] und Robert Fludd,[275]
und natürlich Böhme (1621).[276] Ein sie verbindendes und für ihrer aller Denken
konstitutives Element sei der Signaturgedanke, worüber im Zeitraum von nicht
einmal einer Generation um die Jahrhundertwende ganze Kapitel oder eigene
Schriften, meist unter dem Titel *De signaturis (rerum)*, zu dem Thema entstanden.

Kühlmann und Telle, die in ihrer Edition des Crollschen Signaturentraktats
u. a. einen detaillierten Überblick über das Signaturen-Schrifttum im 16. und 17.
Jahrhundert bieten und eine Fülle im einzelnen, vor allem zu Paracelsus, Böhme
und Croll, verstreut zu suchender Literatur dokumentieren, ergänzen die Liste
um Pseudo-Paracelsus (*De natura rerum*), Michael Toxites, Bartholomäus Carrichter, ‚Philomusus Anonymos', Joseph Duchesne (der von Arndt genannte
Quercetanus), Philipp Fesel sowie (von Arndt anonym zitiert) Helisäus Röslin.[277]

---

[268] Foucault Ordnung der Dinge S. 46-77 bietet eine Deutung der Signaturen bei Croll; Gerl
widmet der Lehre in der „Einführung in die Philosophie der Renaissance" je einen eigenen
Abschnitt bei Paracelsus (gleichen Ranges mit den Abschnitten zu Kosmologie, Anthropologie, Theologie und Medizin; S. 82f.) wie bei Böhme (neben Ontologie und Kosmologie ist
von Gewicht der Abschnitt „e) Naturphilosophie: Die Signatur der Dinge", S. 90f.) u. a. m.

[269] EUPHORION 31, Stuttgart 1930 [= Liechtenstein 1967], S. 521-562.

[270] Es wäre sicher lohnend, analog zu Böhme Arndts Verständnis der "Natursprache" in dem in
zeitlicher Nähe und wie bei Böhme im Kontext von Signaturenlehre, Buchmetaphorik und
göttlichem Schöpfungswort zu deutenden *Hexaemeron* näher zu untersuchen. Ein paar Beobachtungen sind hier und o. unter *Natura loquax* notiert, doch sollte trotz gewollter interdiszi-
plinärer Grenzgänge und -überschreitungen hier auch der Theologe bei seinem Leisten bleiben – zumal dieser Aspekt ein eigenes, umfangreiches Thema darstellt. Wichtige Zusammenhänge (auch zu Böhme und Arndt) sieht diesbezüglich Rusterholz *passim*.

[271] *Tractatus de signaturis* 1609, Kayser Natursprache S. 543; zu Croll vgl. auch Peuckert Pansophie
(vielfach, s. Reg.); ders. Gabalia S. 274-295; Einfluß auf Alsted: Wollgast Philosophie S. 192.

[272] Kayser Natursprache S. 539-541; Text- und Literaturhinweise bei Rothacker Buch der Natur
S. 20 und 128 A. 19; Gerl Philosophie der Renaissance S. 82f.

[273] Kayser Natursprache S. 543-545.

[274] Kayser Natursprache S. 546f.

[275] Kayser Natursprache S. 548.

[276] Kayser Natursprache *passim*; Gerl Philosophie der Renaissance S. 90f.; Texte u. ältere Lit. bei
Rothacker Buch der Natur S. 27-29; vgl. Peuckert Rosenkreutz 238f.; der Signaturentraktat
entsteht kurz vor dem Mysterium magnum. Zu Böhmes (auch mit 3-"Bücher"-Metaphorik
verschränkter) Signaturenlehre vgl. Rusterholz *passim*, jüngst Ohly Signaturenlehre S. 61-72 u. ö.

[277] Croll *De signaturis* (ed. Kühlmann/Telle) S. 13-16; wichtiges Material bietet die von Keller/
Staubach aus Friedrich Ohlys Nachlaß hg. Schrift: Zur Signaturenlehre der Frühen Neuzeit.

Auch wenn er selbst nicht diesem Kreis paracelsistisch-hermetischer Vertreter der Signaturenlehre zuzurechnen ist, ist Giambattista della Porta insofern hier zu nennen, als seine Schrift *Phytognomonica* von 1588 gerade bei ihnen eine deren Eigeninteressen gemäße Rezeption erfuhr, wie etwa Croll bezeugt.[278] Angesichts des dokumentierten Schrifttums sowie der Forschungssituation konstatieren Kühlmann/Telle nüchtern, daß diese Schriften noch weitgehend „einer systematischen Erfassung harren", weshalb man „Von einer möglichst vollständigen Erfassung des einschlägigen Schrifttums, Konturierung der frühneuzeitlichen ‚Signatur'-Begriffe und einer einläßlichen Geschichte der frühneuzeitlichen Signaturenlehren ... indes weit entfernt" sei.[279] Vor dem Hintergrund wäre es verwegen, zumal von der schmalen Quellenbasis bei Arndt über diesen hinausgehende weiterreichende Schlüsse zu ziehen, weshalb wenige Hinweise hier genügen mögen.

Sibylle Rusterholz hat an Böhmes Signaturenlehre mit einem vergleichenden Blick auf Arndt gezeigt, wie tief diese Lehre mit der Buchmetaphorik und den übergreifenden Fragen der Erkenntnis zu tun hat. Wenn Croll[280] die Erkenntnis der Signaturen davon abhängig sein läßt, daß „Gott den Menschen gleich in dem ersten Einblasen deß Geistes aller Dinge Kräffte vnd Natur gelehret" habe,[281] so versteht sich, daß die Wiederherstellung dieser Erkenntnis an die der *imago dei* geknüpft ist, die Croll ganz dem ‚platonisch-hermetischen Christentum'[282] gemäß nicht nur mit der Bibel, sondern mit Plato, Pseudodionysius und Pico begründet. Nach Rusterholz ist Analoges sowohl bei Böhme wie bei Arndt zu beobachten:

> „Weil die paracelsische Naturerforschung ... auf die Erkenntnis der Signaturen zielt, ahmt sie die ursprüngliche Erkenntnisweise Adams nach und trägt so ihrerseits bei zur Wiederherstellung der im Sündenfall verlorenen Gottebenbildlichkeit. Damit ist für Arndt auch das 'Buch der Natur' eingebunden in den einen Prozeß der Wiederherstellung der Imago Dei, auf den es Arndt (wie Böhme) entscheidend ankommt".[283]

---

[278] Croll *De signaturis* (ed. Kühlmann/Telle) S. 79, 84f./169, 175f.; vgl. Einleitung S. 21 u. ö.
[279] Croll *De signaturis* (ed. Kühlmann/Telle) S. 13 u. A. 42; vgl. S. 28. Ein wichtiges Kapitel dazu schreibt Kühlmann selbst in:"Oswald Crollius und seine Signaturenlehre. Zum Profil hermetischer Naturphilosophie in der Ära Rudolphs II.", in: Die okkulten Wissenschaften in der Renaissance, hg. von Buck, August, Wiesbaden 1992, S. 103-123 (zum Teil identisch mit der Einleitung zu Crolls Signaturentraktat); ebd. S. 115f. A. 28 nennt Kühlmann weiterführende Literatur. Wichtige thematische Klärungen bieten Klein Anfang S. 121-144: "Das körperliche Wort: Signaturenlehre" sowie jüngst Ohly Signaturenlehre *passim* (von Antike bis zu Goethe).
[280] Herrn Prof. Dr. Theodor Mahlmann/Marburg verdanke ich den freundlichen Hinweis, daß von Herrn Prof. Dr. Fritz Krafft/Marburg beim Barock-Symposium Februar 2000 Wolfenbüttel mündlich die These geäußert wurde, daß Arndt vor Veröffentlichung seines Werks Crolls Traktat gekannt und auch als Quelle benutzt habe. Selbst auf anderem Wege zu Croll gekommen, sah ich in diesem Votum eine gewisse Bestätigung meiner Wahrnehmung, habe die Frage möglicher literarischer Beziehungen von daher aber bewußt nicht weiter verfolgt.
[281] *Von den jnnerlichen Signaturn* (ed. Kühlmann/Telle) S. 186f.
[282] Croll *De signaturis* (ed. Kühlmann/Telle) S. 4.
[283] Rusterholz S. 144f. (Hervorhebung von mir).

Daß die Signaturenlehre daher nicht nur ein Rand- oder Spezialthema unter anderen ist, sondern von ihrem Selbstverständnis her *den* fundamentalen Zugang zur natürlichen Erkenntnis zu bieten beansprucht, zeigt Khunraths Erklärung in der *Confessio*, auf welche Weise Gott den Theosophen seine Weisheit schenke:[284]

1) „theosophisch", d. h. aus göttlicher „Eingeistung", also der inneren Offenbarung;
2) aus der „natürlichen Signatur", die Khunrath wie folgt näher präzisiert: „Oder aber aus seiner Natürlichen SIGNATVRA, dz ist BEZEICH-NVNG, welche auch eine Warheits stimme vnd *geheimnisreiche recht lehrende Rede GOTTES*[285] *mit vns aus* [!] *der NATVR durch* [!] *die CREATur* ist";
3) „Oder auch aus Schrifftlicher oder Mündlicher Anleitung vnd Vnterweisung eines erfahrenen und guten LEHRMEISTERS ... ".

So ist die Signatur, die „Rede" Gottes in der Natur – auch in ihrer kodifizierten Gestalt des *liber naturae* – ein worthaftes Geschehen wie die göttliche „Eingeistung", so daß Gottes Wort – wie es Khunraths drei-„Bücher"-Lehre präzise spiegelt – in Bibel, „Eingeistung" und „aus" der „Natur" gleichermaßen ‚redet‘.

Zeitlich und inhaltlich mitten in diesem Kontext kommen Arndts von Khunrath, sicherlich von Paracelsus[286] sowie möglicherweise von Croll und anderen beeinflußte Signaturenlehre zu stehen als eine „magische Semiotik der Natur".[287] Daß sie von zentraler Bedeutung für Arndts naturphilosophisches wie theologisches Denken sind, dürfte deutlich geworden sein: So führt die Signatur vom Signum oder Zeichen der äußerlichen Gestalt zu dem vom Schöpfer bestimmten Wesen als dessen Signatum und damit durch dessen spirituellen Kern zurück zu Gott. So zeigt sich der Kosmos als „Hierophanie", wie Mircea Eliade das Naturverständnis der Alchemiker quer durch die Kulturen charakterisiert.[288] Was Gerl über Paracelsus schreibt, gilt analog für seinen so eigenständigen Jünger Arndt:[289]

„Erkenntnis der Natur ist ihm [dem Menschen] deutlich über dieses aller Schöpfung aufgeprägte Zeichen – geradezu phänomenologisch – möglich. Erkennen ist grundsätzlich ‚anschaulich‘ und schon von daher zutiefst auf Erfahrung gegründet ... Freilich gehört dazu die Übung, vom äußeren

---

[284] *Confessio* II S. 44 (Hervorhebung von mir); zu Khunrath vgl. Ohly Signaturenlehre S. 54f. u. ö.
[285] We Arndt und Böhme (hiezu vgl. Ohly Signaturenlehre S. 73-78) hält auch Khunrath an dem – natursprachlichen – Zusammenhang mit einer "Rede" Gottes in den Erscheinungen fest.
[286] *Liber de imaginibus* Werke (Sudhoff) XIII S. 374: Signaturen und Influenzen, die dem Bereich der Magie zugeordnet werden.
[287] Mager Bildfrömmigkeit S. 113 (vgl. Weber S. 127: Signaturen als „magische Semiotik" und „Magie der Natur"!); vgl. S. 114: "Natursemiotik". Gruebner Lebendigkeit S. 132f. und Sommer Odem S. 212f. beziehen sich auf diese Stellen, bieten aber keiner tiefergehende Deutung.
[288] Schmiede und Alchemisten, Stuttgart 1960 S. 208: „Für den archaischen Bergmann, wie für den westlichen Alchemisten ist die Natur eine Hierophanie: sie ist nicht nur belebt, sie ist auch göttlich und besitzt zum mindesten eine göttliche Dimension." Letzteres trifft in dieser Weise auch auf Arndts Denken zu.
[289] Gerl Philosophie der Renaissance S. 82 (Hervorhebung von mir); vgl. Arndts Bildtheologie.

Wahrnehmen zu einem inneren Sehen, von den elementischen Augen zu den siderischen zu gelangen: Sie sehen das Wesen über die leibliche Substanz hinaus. Alle Wissenschaft ist ein Üben dieses Übergangs *vom Bild zum Wesen* ... Erst dann ist ein Wissen erreicht, das aus dem 'Herzen' oder dem 'Gemüt' stammt."

Ob sich diese Erkenntnis mit Gerl als „geradezu phänomenologisch" bestimmen läßt, scheint indes fraglich, geht es doch, wie etwa Crolls Polemik gegen die aristotelischen *qualitates* als „eusserliche bittere Rinden"[290] zeigt, gerade nicht um die Erscheinungen *per se*, sondern um die an ihnen als einem „Hauß" abzulesenden *Signa* oder Zeichen auf die „Innwohner" als das eigentliche Objekt der Erkenntnis, worin auch die bleibende und unüberbrückbare Differenz zu allen Phänomenologen besteht. Geht es doch gerade nicht um sinnlich Wahrnehmbares, sondern um eine „Suche nach der spirituellen Substanz"[291] *in* den Kreaturen. Insofern ist die ‚Signatur' als ein dem Leibhaften zwar Anhaftendes, als Zeichen immaterieller Wirklichkeiten seinerseits aber *per se* gerade nicht Leibhaftes selbst sprechendes Symbol eines kosmosophisch-theosophischen Spiritualismus. Gegen eine, jedenfalls in der Hinsicht, allzu ‚spirituelle' Deutung bleibt mit Ohly jedoch festzuhalten,[292] daß die ‚Signaturen' der Kreaturen, indem sie „auf deren Inneres als den Sitz von Wirkkräften" verweisen, „*inner*kosmische Verbindungen schlagen" und hermeneutisch das „*intramundane* Aufeinanderwirken" bezeichnen.

Darin liegt ihre Bedeutung wie auch Grenze für Arndts *theologia naturalis*. Die Betrachtung der ‚Natur' mit „geistlichen Augen" soll in deren Meditation über dem Staunen vor den Wundern der Schöpfung zum Schöpfer selbst führen. Die geistliche Betrachtung in der Spur biblischer und biblisch-apokrypher Weisheitstradition, patristischer Überlieferung und mittelalterlicher Naturphilosophie ist bei Arndt unter dem Einfluß des Paracelsus und der von diesem begründeten Tradition eine paracelsistisch-hermetisch geprägte geworden. Persönliche Nähe, religiöse Wärme sowie eine deutlich biblisch inspirierte Sinnenhaftigkeit – durchaus eine theologische Würdigung des „Äußerlichen" –, welche alle drei sowohl der kühlen und einsamen Spekulation Weigels wie den Schriften von dessen Epigonen in dieser Weise fehlen, gerade sie geben in ihrer Verschmelzung Arndts Denken und Diktion im geschilderten Umfeld ihr unverwechselbares Gepräge:

„Denn in dem allergeringsten Gräslein und Sämlein, welches du gar gering und für unnütz achtest, ist größere Weisheit GOttes, Kraft und Wirkung, als du ergründen kannst ... Darum siehe zu, daß du GOtt in seinen Werken nicht verachtest. Ich sage dir, es ist der tausendste Theil der Kräuterkraft noch nie ergründet."[293]

---

[290] *Von den jnnerlichen Signaturn* (ed. Kühlmann/Telle) S. 167, s. o.
[291] Croll *De signaturis* (ed. Kühlmann/Telle) Einleitung S. 21; doch bleiben in dem Zusammenhang sowohl der Begriff "spirituell" wie der der "Substanz" je auf ihre Weise problematisch.
[292] Ohly Signaturenlehre S. 85f. (Hervorhebung von mir); 14,53f.; ders. Welt als Text S. 262-264.
[293] Hex 3,14; *ex mille vix unum* ist ein beliebtes Motiv in den Stichen zu Khunraths *Amphitheatrum*.

Die Aufgabe nicht nur einer Deutung, sondern auch einer praktischen Aus-
wertung der Signatur führt von der ‚Schale' zur innerlich verborgenen „Kraft":[294]

> „Wo du nicht allein *die äußerliche Form und Signatur* erkennest, sondern *die
> innerliche verborgene Form*, und *dieselbe offenbar machest durch die Kunst der Schei-
> dung* [!], daß du *heraus ziehest die Kraft*, in welcher die rechte Arzenei liegt,
> die *pur lautere Essenz und helles Licht* [!] *aus ihrem Schaalenhäuslein und Kästlein*,
> darein sie GOtt der HErr geleget hat, so wirst du erst *die Güte des Schöpfers
> schmecken in seinem Werk*, und Ihn von Herzen preisen, daß Er dem blöden,
> elenden Menschen in seinen Gebrechen und schmerzlichen Krankheiten
> solche Linderung, Hülfe und Süßigkeit geschaffen hat." [295]

Die Geheimnisse der Schöpfung in und aus den Geschöpfen zu ergründen ist
eine spirituelle Aufgabe, auch in dem buchstäblichen Sinne einer Vergeistigung,
daß sie „die Güte des Schöpfers schmecken" lehre. Indem sie von der äußeren
Erscheinung zu deren Kern vordringt, von den *corpora* und deren *Signaturen* als
äußerlich sichtbaren Indikatoren zu der „innerlichen verborgenen Form", dem
geistigen Wesenskern, gelingt es ihr, aus der äußeren materiellen Hülle, dem
„Schaalenhäuslein und Kästlein",[296] die „pur lautere Essenz" des astralen Samens
und damit die wirkende „Kraft" zu extrahieren. Das „helle Licht", das darin zum
Vorschein kommt, welches sich allerdings nur den Eingeweihten zeigt, ist das
„Licht der Natur". Die Aufgabe, diese „Essenz" aus deren „Kästlein" zu extrahieren, kann, wie in dem zitierten Beispiel, auf den Spuren des Paracelsus die
medizinische Suche nach der rechten Arznei zu suchen, wie Arndt sie auch ver-
schiedentlich praktiziert hat.[297] Diese „Kunst der Scheidung" ist die *ars alchemica.*
Zwei zeitgenössische Referenzen mögen das verdeutlichen. Joachim Tancke
(Tanckius) identifiziert in der Vorrede zu seinem 1610 in Leipzig veröffentlich-
ten *Promptuarium Alchymiae* mit dem Untertitel: *An den Liebhaber der herrlichen Kunst
Alchymey / Von der Alchimey würden und nutz,* das exklusive Selbstverständnis der
Alchemie gerade mit dem Schluß von der ‚äußeren' auf die ‚innere' „Form":[298]

> „Also seyn auch wenig, so der Alchimey obligen, der Natur geheimnisse
> erkundigen, ihre krefíte und wirckungen suchen und nachforschen ...
> Diese Kunst und Philosophey sihet nicht allein an, was eusserlich durch
> die fünff Sinnen kann erforschet werden, wie fast alle andere künste seyn,
> so nur auff die eusserliche Form und Natur gehen ... Sondern die ware
> Alchimey und Philosophey, so auch die wahre Medicin begreifft, wil

---

[294] *Hex* 3,14 (Hervorhebung von mir); gegen Sommer Odem S. 212f. handelt es sich nicht um
eine "göttliche Kraft", sondern um eine 'natürliche', von Gott in der Schöpfung verborgene.

[295] *Hex* 3,14f. (Hervorhebung von mir); Sommer Odem S. 213 z. St. übergeht hier die Alchimie.

[296] Böhme gilt das die Signatur tragende *corpus* als "Behalter oder Kasten des Geistes", vgl. Rusterholz S. 143 u. ö., Ohly Signaturenlehre S. 68-72: "Signatur als Kasten" (jew. mit Belegen).

[297] S. u. den nächsten Abschnitt; gegen Kühlmann/Telle Einleitung zu Croll *De signaturis* S. 15f.,
nach denen neben Jacob Böhme auch Johann Arndt "keine spezifisch pharmakotherapeuti-
schen Zielsetzungen" verfolgt habe. Zwischen den beiden besteht hier eine klare Differenz.

[298] Abgedruckt in Scherer Alchimia S. 57-80, hier S. 72f. (Hervorhebung von mir).

geistliche Augen[299] haben, *die in die Natur hineinsehen können, ... was in einem jeden dinge Geistlich* [!] *und verborgen ist*. Solche vortreffliche Philosophi seyn gewesen Hermes [:Trismegistos], Democritus,[300] Pythagoras und Plato, so *mit Himmlischen oder Englischen Augen* [!] gesehen, daß die Natur *allen dingen eine verborgene und geistliche* [!] *gewalt, Samen,*[301] *krafft eingepflantzet* und einge-gossen, daß wenn dieselbigen von der *irdischen Korporitet und verhinderung* [!], darinn sie verwickelt und gefangen, loß gesprochen und erlöset [!], daß sie wunderbarlicher wirckung seyn ... ".

Ähnlich wie Arndt tut Tanckius sich, wenn es um die Extraktion der verborge-nen „kreffte" aus den Erscheinungen als der „verhinderung" des Körperlichen geht, aus der sie zu ‚erlösen' seien, mit einer Unterscheidung von „geist*ig*" und „geist*lich*" schwer. In der Sache analog erklärt der *Libellus disputatorius* das Wesen der wahren *Physica* und Medizin, wie üblich vor der Negativfolie irrender *opiniones*:

„Darnach jhre Physica ist auch wieder [wider] das *Liecht der Natur* be-schrieben / nur auß den finstern opinionibus, ohne alle Experientz. Sie sagen: Die Elementa sollen kalt / naß / warm / trucken seyn / vnd ist doch nicht wahr / denn kein Element ist also: *Die Corpora sind wol ament* ... Sie sagen / die Meteora, als Regen / Schnee / Donner / etc. kommen auß den exhalationibus viscosis, humidis, calidis, auß den Dünsten / vnd ist nicht wahr ... *Es kömmet nicht auß diesen Dingen / sondern auß den vnsichtigen* [unsichtbaren] *Astris* ... Also mit der Medicin wird auch widersinnisch gehandelt ... Als die Morbi sollen auß den Humoribus wachsen / vnnd sollen durch die Scrupen, Pillen / etc. hingenommen werden / etc. *vnd wachsen doch alle Morbi auß den Samen oder auß den Astris*. Sie geben das Kraut vnd andere ding ein *mit dem Corpore impuro*, gutes vnd böses zuhauff ... Denn *das Perlin vnd das Arcanum kann nicht wircken / dieweil nicht das vnreine Corpus davon separiret ist per Alchimiam* ... Sie wissen nichts *de separando puro ab impuro*, nichts de distinctione Vitae praesentis. ... *Daß lehret alles die Natur / das man scheiden sol / purum ab impuro* ... Also sollten freylich *alle Medicamina gescheiden werden / von jhren vnreinen Corpore, da sollten die Medici Alchimiam können / daß sie die Arcana auß jhren Schlacken zuziehen wüsten /* vnd alle dinge *ex vita praesenti in Ultimam materiam* zubringen ... ".[302]

Auch nach Arndt sind viele Krankheiten „astralisch".[303] Therapeutisch gilt es, die heilenden „Kräfte" aus der Materie zu befreien. Diese ‚Kunst' ist die Alchemie.[304]

---

[299] Vgl. *Hex* 1,3: „Christen gebühret, die Creaturen GOttes *mit geistlichen Augen also anzuschauen*".
[300] Zu Pseudo-Demokritus konstatiert von Lippmann Alchemie I, S. 27-46 u. 327-333, „daß das Hervorgehen der Gestalt des PSEUDO-DEMOKRITOS als Magiers, Astrologen, Wunder-arztes, Alchemisten usf. aus jener des ebenso scharfsinnigen wie naturkundigen Philosophen DEMOKRITOS ... zu den merkwürdigsten Erscheinungen der gesamten Geschichte der Wissenschaften zählt." (ebd. S. 327f.); vgl. auch Hild in Priesner/Figala Alchemie S. 108–110.
[301] *Astrum* oder *semen*.
[302] S. 25-28 (Hervorhebung von mir).
[303] Nach *WCh* II,58,7 "ist der größte Theil menschlicher Krankheit astralisch".
[304] Arndt *De X plagis* IX/1 S. 85f. zum 'Licht' als der 'Kraft' in den Kreaturen: "Die Kräuterlein haben auch ihr Licht. ... Wer das Licht von ihnen scheiden kann, der ist ein rechter Künstler."

6.   „die pur lautere Essenz und helles Licht"
Die alchemische Dimension von Arndts Werk

6.1   *Spagyrica*

Hermann Fictuld läßt in seinem *Längst gewünschten und versprochenen Chymisch-Philo-sophischen Probier-Stein*, in dem *der wahren und ächten ADEPTORUM und anderer wür-dig erfundenen Schrifften Nach ihrem innerlichen Gehalt und Werth vorgestellt und entdecket werden* – so der Titel einer Überblicksdarstellung über allerhand „den Liebhabern der Kunst"[305] bzw. „den Liebhabern der ächten und wahren Naturwissen-schaft"[306] wichtige alchemische und theosophische Schriften[307] – keinen Zweifel an dem spezifischen Charakter von Arndts naturphilosophischen Einlassungen, aus denen Arndts adeptische Weisheit und Inspiration klar zu erkennen seien: [308]

> „in seinem vierten und fünfften [!] Buch dieses *wahren Christenthums* von
> der Schöpffung hat er *die primam materiam lapidis Philosophorum und die gantze
> Bereitung desselben* so zierlich, lieblich und angenehm einfliessen lassen, daß
> es ohne *ein die Natur und deren Wercke kennender* nicht leicht jemand vermer-
> cken wird, und hiemit werden Anfängere [sic] darinn kein irdisches Liecht
> finden, indem er *in einem göttlichen Liecht* [!] *gestanden ist, und geschrieben hat.*"

Die Frage, inwieweit sich dieses Urteil in Arndts Werk und in der alchemischen Tradition verifizieren läßt, führt zu dem Schluß, daß Arndt in einem buchstäb-lichen und übertragenen Sinne mit der Materie der Alchemie vertraut war. Koepp, Lund, Schneider und Trepp gehen – meist auf Rehtmeyers Bericht von einem Laboratorium Arndts gestützt – ohne Zweifel von einer eigenen alche-mischen Praxis Arndts aus, für die in der Tat einige gute Gründe sprechen.[309] Dies bestätigt auch sein Briefwechsel mit Johann Gerhard, in dem sich unter dem 19. Februar 1607 ein längerer Brief findet, in dem Arndt im Zusammen-hang mit einem Bericht über den Stand seiner *Psalterauslegungen* schreibt: „Praeter sacros labores, aliquid temporis & meditationum [!] impendo *Spagyricis, in auri resolutione Philosophica, medica*, in qua summa medicinae & gemmarum, laboro."[310]

---

305 Vorbericht S. IV.
306 Vorbericht [S. III – unpag.].
307 Zitiert nach der Auflage ³1784, sachlich identisch mit ²1753; die Erstausgabe erschien 1740.
308 S. 12f. (Hervorhebung von mir).
309 Koepp S. 99; Lund S. 133 erwähnt die posthume Explosion des Laboratoriums nach Reht-meyers *Antiquitates ecclesiasticae*; Schneider Paracelsist S. 94 (allgemein); Trepp Religion S. 489 (unter Bezug auf Rehtmeyer *l. c.* und Gottfried Arnolds *KKH*; jeweils mit Belegen).
310 19. Februar 1607, Raidel S. 79 (Hervorhebung von mir); ebd. in Anmerkung G kommentiert Raidel, was nicht sonderlich erfreut klingt: „Num exinde concludi possit, ARND UM [sic] fuisse *Alchymistam*, alii judicent." (Hervorhebungen von Raidel). Ebd. Anm. F sucht Raidel Johann Gerhard vor einer vermeintlichen oder, wie er es empfinden muß, unterstellten Nähe

Daß die „sacri labores" auf die Arbeit am Psalter zu beziehen sind, erhellt aus
dem Kontext. Wenn Arndt daneben die *Spagyrica*, also die alchemische Arbeit in
einer geläuterten[311] paracelsistischen medizinisch-iatrochemischen Tradition, –
die er nicht ohne das Pathos der alchemischen Selbstprädikation als *auri resolutio
philosophica* apostrophiert – mit dem religiös geprägten Begriff der *meditationes*
belegt, unterstreicht dies wie die Konzeption und Einbindung des *liber naturae* im
„Wahren Christentum" den religiösen Charakter seiner Naturphilosophie. Im
gleichen Brief gibt Arndt, ohne daß er beides explizit verknüpft oder ein Auf-
hebens darum macht, ein praktisches Exempel seiner Kunst: Dem unter Herz-
beschwerden, Schlaflosigkeit, Kopfschmerzen etc. leidenden Korrespondenzpartner Gerhard erstellt er aufgrund dessen brieflicher Notiz eine Ferndiagnose
und verbindet diese, nicht ohne eine bitter-ironische Kritik an der Diagnose
seitens der Schulmedizin – „atque Galenus, cum universo suo causarum choro,
ulterius non progreditur" – mit einem kleinen medizintheoretischen Exkurs über
die Prinzipien und Verläßlichkeit der paracelsischen Medizin gegenüber einer
Vergeblichkeit der galenischen – „Cura autem totius morbi est in salibus ... Ita
similia similibus curantur; non contraria contrariis".[312] Außerdem *praescribit* er
Gerhard gleich noch „facillimum omniumque tutissimum ... remedium" samt
detaillierter Rezeptur.[313] Raidel diagnostiziert dies zutreffend:[314] „Medicum hic se
gerit ARNDIUS: Morbum indicat, causas investigat, et remedia praescribit."
Und ergänzt, möglicherweise leicht pikiert: „Sed praefert methodum Spagyricam
medendi, Galenica",[315] also die paracelsische oder „spagyrische"[315] gegenüber der
an den Hohen Schulen etablierten galenischen Tradition der Schulmedizin.

Auch wenn in dem genannten Brief der Schwerpunkt klar auf der Medizin
liegt, aus Buch IV des „Wahren Christentums" wird doch gerade deutlich, daß
Arndts Interesse, und zwar durchaus in den Bahnen des paracelsischen Denkens, deutlich darüber hinaus in das weite Feld von hermetisch geprägter Natur-
„Philosophie" reicht. Ebenso wie des Hohenheimers Medizin ohne seine spezifische „Astronomia" nicht zu denken ist, so ist, wie für das hermetische Denken

---

zur Alchymie in Schutz zu nehmen: „Munere igitur, non adeo lauto proventibus, gavisus erat
GERHARDUS. Abeant proinde, qui dicunt, GERHARDUM Alchymiam calluisse."
[311] Weber S. 112f.
[312] Ein paracelsischer Grundsatz, vgl. Kühlmann Crollius S. 119 u. a.
[313] Raidel S. 75-77; dazu vgl. auch Weber S. 110-113: "Arndts Stellung zur Medizin Hohenheims", der allerdings den Brief gleich zweimal hintereinander falsch auf Januar 1607 datiert
(S. 110f.); zu diesem Brief vgl. auch Koepp S. 30 und neuerdings Schneider Paracelsist S. 94f.
[314] S. 75. Anmerkung A.
[315] Peuckert Pansophie S. 267: "Spagyriker, welchen Namen die paracelsischen Alchymisten
nach einem Ausdruck des Meisters tragen". Zur Erklärung des Begriffs zitiert Sudhoff Versuch II S. 684 ein Manuskript des British Museum London (Sloane 476) S. 75: "Paracelsus et
alii recentiores Spagyriam nominant ex Graeco σπᾶν quod est divellere et ἀγείρειν quod est
congregare; Quasi ars sit corpora naturalia dissoluendi, et iterum componendi." (hier zitiert
nach Peuckert Pansophie S. 462, der als weitere Repräsentanten die mit dem Baseler Paracelsismus eng verbundenen Gestalten eines Andreas von Bodenstein/Karlstadt, Alexander von
Suchten und Johannes Oporinus nennt).

insgesamt typisch, auch Arndts alchemisch-medizinisches Interesse als Teil in ein größeres Ganzes eingebettet, das sich im *Hexaemeron* dokumentiert. Ähnlich wie das für seine mystische Ambitionen gilt, so ist Arndt auch in dieser Hinsicht als Eklektiker zu betrachten. Aus einem bei aller Rezeption fremder Autoren eigenständigen Ansatz erklärt sich, daß sein *Hexaemeron*, soweit ich bisher sehe, inmitten einer Reihe von geistig verwandten theosophisch-naturphilosophischen Entwürfen doch nach Gehalt und Gestalt singulär ist.

Ein genauerer Blick in das *Hexaemeron* und das „Wahre Christentum" zeigt, daß Arndts Interesse an der Alchemie ein dichtes und insgesamt vielschichtiges ist. Bis in die Sprachgestalt hinein ist das *Hexaemeron* tief geprägt oder, wenn man so will, „tingiert" von alchemischer Terminologie und Denkungsart.

Daß Arndt die Erde, den alchemischen Tertiärqualitäten gemäß,[316] als „auswendig ungestaltet, grob, hart, dick, finster, todt, dürr und kalt"[317] und als die „gröbste, schwerste, körperliche Substanz"[318] charakterisiert, klang bereits an. Als das der abfallenden Folge des Stufenkosmos von der himmlischen Sphäre räumlich und nicht minder qualitativ nach ‚unten' fernstliegende Element ist die Erde beinahe *per se* negativ besetzt. Das alchemische Projekt einer Veredelung der Metalle soll gerade die Befreiung von allem Unedlen und allen erdhaften Schlacken bewirken, die sie in und an ihrer Qualität und Ausstrahlung mindern. Das schiere Gegenteil zur „Finsterkeit" der Erde bietet das Licht, mit dem Arndt – die ersten beiden Verse der Genesis, die etwa die *Viererlei Auslegung von der Schöpfung* zu allerhand mythologischen Spekulationen anregt, auslassend – seinen Schöpfungsbericht eröffnet, nicht ohne Verweis auf Hiob, der kategorisch die Unbegreiflichkeit des Lichtes für die menschliche Vernunft postuliert:[319]

> „Sagen demnach also: Das Licht ist der *edelste, subtilste, reineste, weißeste candor, heller Schein oder Klarheit,* so in der Schöpfung von der Finsterniß der großen Welt *geschieden,* indem der Schöpfer das Licht hat heißen hervor leuchten aus der Finsterniß, 2. Kor. 4,6., dadurch die Welt erleuchtet, erfreuet, unterschiedlich erkannt, und ganz weislich und wunderbarlich offenbaret worden; ja dadurch das Licht des Lebens, nach Etlicher Meinung, der großen Welt [!] *influiret,* und allen Creaturen einverleibet worden. Aus welchem *Candore und weißem Schein* die höchste *Clarität* (Klarheit) oder *Diaphanität* (Erleuchtungskraft) in die Globul oder runde Kugel der Sonne, als in das rechte Tageslicht zusammengefasset … ".

Mit offensichtlicher Lust an Fachsprache beschreibt Arndt mit der Tradition die Qualitäten der Materie bzw. der sichtbaren Welt, so etwa, daß die Qualität des (natürlichen) Himmels derart „pur und rein" sei, „daß keine Corruption und

---

[316] Vgl. Keil: Porta, Giambattista della, in: Priesner/Figala Alchemie S. 286f.
[317] *Hex* 3,10.
[318] *Hex* 3,1, vgl. auch *Hex* 2,3.
[319] *Hex* 1,1f. (Hervorhebung von mir).

Verderbung darein fallen kann".[320] Der qualitativ polare Gegensatz von Erde und Licht spiegelt die Spanne eines graduell ab- bzw. aufsteigenden Kosmos, der eine Reihe von Licht transparenter Gruppen von Geschöpfen aufweist. Sie sind je in sich abermals qualitativ gestuft zu denken, so etwa die Engelhierarchien des Pseudo-Dionysius Areopagita (welchen Arndt in diesem Kapitel wiederholt zitiert) oder auch, in kühner Parallele zu den Engeln, die Metalle und Edelsteine:[321]

> „Je mehr Lichts: je edler Geschöpf; als wir sehen an Engeln, an Sonne, Mond und Sternen, an Edelgesteinen, an Metallen."

Der ab- und aufsteigenden Linie entspricht bzw. sie umgreift eine dreifache Stufung des Lichtes. Warum Gott das Licht zuerst geschaffen habe, erklärt Arndt so, daß es von Gott, der selbst das Licht sei, ausgehend, bis zum Licht der Sonne reiche. Arndt bezieht sich dabei auf den Neuplatoniker Pseudo-Dionysius:[322]

> „Quia ab ipsa divina luce plus quam intelligibili statim emanat lux omnium simillima Deo. Weil von dem göttlichen überverständlichen Lichte selbst alsobald das Licht entspringet, so unter allen GOtt am gleichesten. Darum nennet er lucem imaginem bonitatis Dei, das Licht ein Bildniß der göttlichen Gütigkeit, und sagt: *lux superintelligibilis*, ein überverständliches oder unbegreifliches Licht, sei in GOtt; *lux intelligibilis*, ein verständliches Licht, in Engeln und Menschen; *lux visibilis*, ein sichtbares Licht, in der Sonne."

Die Stufung spiegelt zugleich das Weltbild eines Sphärenkosmos, wie es bereits mehrfach zu beobachten war. Sieht man die beiden Reihungen zusammen, ergibt sich ein die Himmel und die Erde übergreifendes Gesamtbild der abgestuften göttlichen, überirdischen und irdischen Welt mit ihren Untergliederungen.

Vom Licht geht Arndt, dem Schöpfungsbericht der Priesterschrift von Genesis 1 folgend, über zur Erschaffung des Himmels, dem „andern", d. h. zweiten „Tagewerk GOttes". Gott spricht hierbei lateinisch:[323] „sit expansio inter aquas". Diese Setzung wird angesichts der Tatsache, daß offensichtlich unnötigerweise „viel Disputirens ist unter den Theologen und Philosophen von der Materie und Substanz des Himmels", gemäß Elihus dritter Rede im Buch Hiob dahingehend erklärt, „daß die Veste zwischen dem Wasser, das ist der Himmel, aus Wasser gemacht sei". Dies wiederum deutet auch eine – nicht näher erläuterte – Etymologie des hebräischen Wortes Schamajim (Himmel; Majim: die Wasser) an.[324]

---

[320] *Hex* 2,13.
[321] *Hex* 1,16 (Hervorhebung von mir); vgl. *De X plagis* IX/1 S. 85f.: "Je mehr Lichts bey einer Creatur ist, je schöner ist sie, je grösser Krafft und Tugend ist bey derselben"; der Kontext weist wie *Hex* 1,16 in dieselbe Richtung einer Deutung der Tugenden als 'Licht' (hierzu s. u.).
[322] *Hex* 1,4 (Hervorhebung von mir).
[323] Vgl. "Stellatus"/Hirsch *Pegasus Firmamenti* III fol. B 4 ᵛ – 5 ʳ: "Ad fundamentalem igitur Scripturae intellectum requiritur linguarum ... cognitio, ut DEUM non modo Latine et Germanice, sed potissimum quoque Ebraice, Chaldaice, Graece ad nos loquentem audiamus ... ".
[324] *Hex* 2,1.

Doch erklärt Arndt einen Zank um widerstreitende Theorien für überflüssig, lasse doch die „Ordnung der Elemente"[325] aus ihr selbst erkennen,

> „daß der Himmel sei das *allerbeständigste, reineste, subtileste, klareste Wesen* der großen Welt, oder der Wasser und Luft, *geschieden von aller elementischen Grobheit*, ein *durchscheinendes, klares, unvergängliches*[!] *Corpus*, welches *von wegen der Reinigkeit* keiner *Corruption*, oder Verderbniß, unterworfen. Denn es ist von derselben *abgeschieden*, darum kann keine Corruption darein fallen, und kann sich mit der Unreinigkeit nimmermehr vermengen. Denn es sind zwei *contrariae naturae*, widerwärtige Naturen."

Angesichts seiner von aller „elementischen Grobheit" und jeglicher Form von *corruptio* „reinen" Subtilität und Klarheit klingen diese Prädikationen des natürlichen Himmels fast, als seien sie, etwa was die Unvergänglichkeit betrifft, auf den Himmel der intelligiblen Welt bezogen. Systembedingt wird in diesem Bereich die Grenze zwischen der natürlichen und der intelligiblen Welt unscharf[326] und entgeht der Gefahr eines Materialismus unter negativem Vorzeichen – jener inneren Gefährdung und mitunter paradoxalen Affinität des Spiritualismus, wie etwa die Geistleiblichkeit verrät – nicht klar. So entwickelt Arndt auch seine Erklärungen zum „Wesen des Himmels" *e contrario* – und der gleichermaßen gottgewirkten und im menschlichen Handeln nachvollzogenen Bewegung nach oben folgend. Was die leiblichen Augen sehen könnten, das seien lediglich die *corpora*:

> „Darum, was das Wesen des Himmels anlanget, so sehet die Erde an [!], wie schwarz, grob, dicke sie ist, daß nichts gröber seyn kann. Darnach siehe das Wasser an; wie viel subtiler, lauterer, klärer, reiner es ist, denn die Erde. *Denn je weniger Erde* [!] *damit vermischet, je reiner ist es*, also, daß man etliche Ellen tief hineinsehen mag.[327] Siehe die Luft an, die ist abermals mehr *clarificiret*, und *geläutert*, denn das Wasser, und ist gar durchsichtig, *unbegreiflicher*[328] denn das Wasser, so *lauter und pur*, daß man gar nichts in ihr siehet. Jetzt bedenke nun, wie ungleich diese *Körper* gegeneinander sind, die Erde gegen dem Wasser, und das Wasser gegen der Luft, wie ein großer Unterschied ist zwischen ihnen *der substantiae, des Wesens*, halben. Jetzt bedenke nun das *Corpus des Himmels*; der ist über die Luft, und das klareste, lauterste Wesen. *Und je reiner das Wesen, je spiritualischer (geistiger) und mehr Kraft da ist.*"[329]

---

[325] *Hex* 2,2 (Hervorhebung von mir).

[326] Zum Schluß des Kapitels, allerdings erst im Zusammenhang der anagogischen Allegorese zum „neuen Himmel", daß endzeitlich „die Himmel zergehen werden" (im weiteren Verlauf des Abschnitts erscheint das Verb „vergehen" noch zweimal), so daß die Rede vom „unvergänglichen" Himmel zwar verbal nicht korrigiert, aber *de facto* doch aufgehoben ist. Die Spannung bleibt auch hier ungelöst. Möglicherweise ist auch hier an eine Überarbeitung nach der gutachtlichen Zensur vor Drucklegung zu denken.

[327] Eine Erfahrung, die Menschen um die Wende zum dritten Jahrtausend leider versagt bleibt.

[328] Wohl nicht zufällig, sondern, wenn auch möglicherweise unbewußt, präzise kehrt der oben beim Licht im metaphysischen Sinn verstandene Gedanke der Unbegreiflichkeit hier wieder.

[329] *Hex* 2,3 (Hervorhebung von mir).

Nicht um die Elemente selbst, die geistiger Natur sind, geht es hier, sondern um deren „Körper", d. h. um die aus ihnen hervorgegangene sichtbar-„leibliche", also materielle Gestalt. In einer offensichtlich qualitativ aufsteigenden Linie beschreibt Arndt die verschiedenen *Corpora* der Elemente und charakterisiert sie ihrem „Wesen" nach. Deren jeweilige „Reinheit" oder „Klarheit" bemißt sich dabei nach dem entsprechenden Grad ihrer Entmaterialisierung: „je weniger Erde damit vermischet, je reiner ist es". Der von Arndt hier eingeführte, *e contrario* materialistisch gefaßte Begriff des „Spiritualischen" scheint für Mißverständnisse geradezu prädestiniert. Er läuft Gefahr, wichtige Grenzen im Denken fast unbemerkt zu verwischen. Und in der Tat korrespondiert diese Unschärfe präzise mit einer ganz analogen Unschärfe in „Wahres Christentum" II,36,6 auf der mystischen Seite: „Und indem wir nun unsere Herzen täglich zu GOtt erheben ... , kommen wir GOtt immer näher, vergessen allgemach *der Erden* [!] und der Welt, und werden aus *irdischen* Menschen *geistlich* [!] *und himmlisch* ... ". In beiderlei Hinsicht bedeutet ein Fehlen oder eine Entfernung von der „Erde", das aszetische Abstreifen des ‚Irdischen', einen direkt proportional zunehmenden Grad an Veredelung, auf der kosmologischen wie auf der spirituellen Seite, wo der Mensch durch sie „geist*lich*", ja „himmlisch" wird. Der Unterschied zwischen beidem hat, in der grundsätzlichen Widersprüchlichkeit dieses Konzepts doch wieder folgerichtig, eine absolute und eine relativ-graduelle Seite in seinen Gegensätzen zwischen der natürlich-materiellen, natürlich-geistigen und übernatürlichen Welt. Zu *beiden* Letztgenannten führt der Weg über die Entmaterialisierung, und beide, wenn auch in mancher Hinsicht scharf voneinander geschieden, sind aufeinander folgende Stufen oder Sphären in dem einen vom Schöpfer bis zur toten, gegenüber Gott am fernsten angesiedelten Erde bzw. Materie reichenden Weltengefüge. Die mangelnde Trennschärfe der Begriffe offenbart: Was jeweils mit Erde/irdisch und Himmel/himmlisch gemeint ist, muß verschwimmen, weil und solange – wie es für das alchemische Denken bezeichnend ist – die Unterscheidung zwischen geist*ig* und geist*lich* nicht einmal nur ungeklärt bliebe, sondern vielmehr prinzipiell in einem klar gnostischen Sinne gelöst ist.[330]

Der kosmologische und der spirituelle Erkenntnisweg Arndts und so vieler ihm gleichgesinnter Theo- und Pansophen bewegen sich, wie im folgenden näher zu zeigen sein wird, durch verschiedene Sphären des einen Weltengebäudes nach „oben" zu Gott als dessen Ursprung, Quelle bzw. Schöpfer. Insofern berühren sich die Ebenen und Sphären des hermetischen und des mystischen Denkens nicht nur beiläufig. Vielmehr sind sie eng ineinander verschränkt und können im Rahmen eines symbolischen Denkens füreinander transparent, ja wechselseitig einander zum Deutehorizont und Symbol werden.[331]

---

[330] Vgl. auch die *Viererlei Auslegung* III,1 S. 464; III,3 S. 468-470 (Überschrift und Text); III,10 S. 510 u. ö. in ganz demselben Sinne, daß die unkörperliche Welt als die "geist*liche*", als der Bereich des "Geist*lichen*" bezeichnet wird, was im verwandten Schrifttum häufig begegnet.

[331] Jüngst (mit Überblick über einschlägige Lit.) Trepp Religion *passim*, besonders S. 482-493.

Zweifellos können Hermetismus und mystischer Spiritualismus je auch selbständig und unabhängig nebeneinander bestehen, wie sie es in verschiedenerlei Gestalt zeigen. Doch sind ihre gemeinsamen weltanschaulichen Grundlagen im spätantiken Erbe und in den spezifischen Ausprägungen dieser Zeit so beschaffen, daß sich eine enge Verschmelzung, wie sie vielfach aufscheint, geradezu anbietet. Die vielzitierte und -gedeutete nicht nur Analogie, sondern innere Affinität zwischen Mystik und Hermetismus in der frühen Neuzeit ist keine zufällige oder künstliche, sondern eine systembedingte, die – beinahe wörtlich zu verstehen – einen Ausfluß dieses holistischen Denkansatzes darstellt.

Es hat den Anschein, als verdankten sie ihre Faszination und ihren Erfolg gerade einer unaufgelösten – und zwar systemimmanenten – Spannung, die wichtige Bedingungen für eine Befriedigung von wenigstens zum Teil gegenläufigen Bedürfnissen schafft. Diese letztlich unausgeglichene Spannung verleiht manchen dem Neuplatonismus nahestehenden Entwürfen ihre charakteristische Dynamik. Diese besteht in dem Widerspruch zwischen einer relativen und aufgrund des emanatistischen Weltbildes auch qualitativ differenzierenden Stufung, und der absoluten Polarität eines radikalen Dualismus von Geist und Materie, wie er nicht nur für die verschiedenen Spielarten des Platonismus selbst, sondern noch verschärft für gnostische oder gnostisierende Strömungen kennzeichnend ist. Gradation und Diastase überlagern und durchdringen sich permanent wechselseitig. So bildet gerade diese Spannung eine unabdingbare Voraussetzung und eröffnet ihrerseits einen Denk- und Handlungshorizont für all solche zielgerichteten Bestrebungen einer Veredelung durch Annäherung bzw. Wiederaufstieg an einen Ursprung, sei es im alchemischen Opus der Transmutation, sei es in der *remeatio* der Seele zu Gott. Der absolute Gegensatz steht dabei für Ausgangspunkt und Ziel sowie für den Erweis der Dringlichkeit einer radikalen Veränderung – und somit für die entscheidende Einstiegsmotivation –, während die Stufung das ferne Ziel erreichbar erscheinen läßt, einen schrittweise zu vollziehenden Weg zu diesem Ziel aufzeigt und ihn damit zugleich in einen Veränderungsprozeß hinein zu strecken vermag, der über die Spanne eines Lebens hinausreichen kann, wie er für die mystischen Konzepte vom Aufstieg der Seele zu Gott typisch ist. Der kosmische Dualismus wird überbrückt und partiell bzw. antezipatorisch überwunden durch operationalisierbare Schritte. So dürfte gerade die Verknüpfung der widersprechenden Prinzipien die Basis für eine synkretistische Verschmelzung unterschiedlichsten Gedankengutes sein. Darin wird wohl auch eines der Geheimnisse für die immer neue Faszination des sogenannten ‚esoterischen' Denkens bis in die heutige Zeit zu suchen sein, das gerade in Umbruchszeiten situationstranszendierende Energien zu mobilisieren vermag.

Arndts drittes Kapitel des *Hexaemeron*, das mit dem terminologischen Anklang eines alchemischen Kernbegriffs und -vorgangs im Titel „von der *Scheidung der Wasser von der Erde*" überschrieben ist, handelt – anders als die *Viererlei Auslegung von der Schöpfung*, die viel über die urzeitliche „Scheidung" der intelligiblen Welt von den „oberen", intelligiblen Wassern spekuliert[332] – überwiegend gar nicht von dieser „Scheidung", sondern vom „Element" Erde. Arndt handelt zunächst, mehr biblizistisch, denn im engeren Sinne naturphilosophisch argumentierend, von ihrem statischen Ort inmitten der Wasser im Weltengefüge,[333] sodann aber weit mehr von ihren „Früchten" zu Freude und Nutzen des Menschen, den Bergen, den Gewässern, die aus der *Erde* hervorgehen[334] usw. Rekurriert er zunächst sporadisch auf Psalm 104,[335] so bietet ihm dieses Dokument alttestamentlicher Weisheitstradition von Abschnitt 24 an zunehmend deutlicher den Leitfaden für die assoziativ voranschreitende Darstellung solcher „Früchte".

Auch hier begegnet man auf Schritt und Tritt Themen und Termini, die nicht Arndts theologischem Schulsack – wenn er denn einen solchen erworben haben sollte – entstammen. Da eröffnet die Erde nicht nur „ein großes Kräuterbuch", sondern „eine große Apotheke", voller „Speise und Arznei" und wunderbarer „Kräuterkraft", „in welcher die rechte Arzenei liegt", so unerschöpflich und verborgen, daß sie bei weitem nicht ausgeschöpft sind: „Ich sage dir, es ist der tausendste Theil der Kräuterkraft noch nicht ergründet."[336] Und „Ein groß Wunder ists", daß von all den verschiedenen Pflanzen und Bäumen „ein jeder eine besondere Kraft hat, und den Menschen sondere Arzenei und Speise gibt",[337] während das Brot nicht auf einzelnes wirkt, sondern eine „Universalspeise" darstellt.[338] Geheimnisvoll wirkende Edelsteine sind „um der Gesundheit willen der Menschen" geschaffen.[339] Hier wird der Mediziner Arndt greifbar, der einst in Basel nicht Theologie, sondern Medizin studiert hat, bei Theodor Zwinger, der, der Schulmedizin zugewandt, sich dann behutsam für die paracelsische Medizin geöffnet hatte.[340] Gilly – und auf ihn gestützt Schneider unter dem Blickwinkel auf Arndt – haben das geistige Klima Basels näher skizziert.[341] So ist davon auszugehen, daß Arndt dort seine paracelsistische Prägung erfahren hat – wenn sie ihn, von dem später kein nennenswerter längerer Aufenthalt jenseits des Gebietes östlich und nördlich der Harzgegend mehr bekannt ist, nicht aufgrund einer früheren Berührung bereits zur Wahl seines Studienorts veranlaßt haben sollte.

---

[332] S. u.; allerdings nennt Arndt die Wasser oberhalb der Feste in *Pss* 148/I Bd. 2 S. 366b-367a.
[333] *Hex* 3,3-9.
[334] Was in einem gewissen Widerspruch dazu steht, daß das ganze fünfte Kapitel dem „Meer und den Wassern, und ... den Früchten des Meeres und der Wasser" gewidmet ist. Arndt geht in *Hex* 3,29 eigens darauf ein und begründet es damit, daß „der königliche Prophet" (David) in Ps. 104 „Berge und Brunnen" zusammen nennt. Zu *Hex* und *Pss* vgl. auch u. § 4.
[335] *Hex* 6,8.10.12 nimmt diese Linie mit Ps 104 bei der Beschreibung der Tiere weiter auf.
[336] *Hex* 3,13-15; zum "Kräuter-Buch der Natur" vgl. etwa auch *Pss* 148/II Bd. 2 S. 368a.
[337] *Hex* 3,18.
[338] *Hex* 3,17.
[339] *Hex* 5,14.
[340] Vgl. Schneider Studienzeit S. 147f. Wie Severinus verbindet Zwinger beide Medizinkonzepte.
[341] Gilly Erfahrung *passim* (u. a. auf Arndt bezugnehmend); Schneider Studienzeit S. 145-155.

Weil die wirkende Kraft eine verborgene ist, gilt es nach Arndt die Kräuter zu extrahieren, und zwar durch „die Kunst der Scheidung", also die Alchemie bzw. Spagyrie, welche „die pur lautere Essenz und helles Licht" aus ihnen „zieht"[342] und so allein für die Wissenden zum Vorschein bringt. Diese medizinische Neigung weckt zu einer Zeit, als ein Johann Rudolf Glauber noch ein Kind ist, Arndts balneologisches Interesse an den *thermae*, an Thermalquellen und „arzneiische[n] Brunnen", an „Sauer-Brunnen, Salzbrunnen, bittere[n] Brunnen",[343] aber etwa auch an einer medizinischen Wirkung des Weines – in dem „ein solcher Spiritus [ist], welcher eine natürliche Wärme und Stärke den Lebensgeistern im Herzen giebt"[344] – oder anläßlich von Psalm 104,15 an der Salbung mit Öl oder gar der Einbalsamierung der Leiche von Alexander dem Grossen, dessen Grab man zur Zeit des Augustus fand, und der „dreihundert Jahre im Grabe gelegen, und noch so frisch gewesen, als wenn er gestern gestorben."[345]

Das Interesse reicht jedoch über den engeren Bereich der Medizin weit hinaus. Die Wasser und Brunnen, die aus dem Boden hervorquellen, stammen aus dem Meer und müssen „durch die Erde dringen, und dadurch *sich reinigen und destilliren von ihrer Salzigkeit*".[346] Bienen wissen naturgemäß ihre Bereitung von Honig zu „temperiren und digeriren".[347] Fachtermini und -kenntnisse fließen beiläufig ein. Daß Arndt die angekündigten „vier" Elemente der empedokleischaristotelischen Tradition[348] hier mit nicht weniger als sechs Begriffen wiedergibt, liegt weder an einem Irrtum noch einem Rechenfehler, sondern daran, daß er die Reihe der Elemente mit den (u. a. paracelsischen) Aggregatszuständen des Flüssigen, Flüchtigen und Festen verbindet, weshalb Dampf und Dunst ihrer doppelten Affinität halber zwischen je zweien dieser Elemente zu stehen kommen.

In eine ähnliche Richtung weist, wenn Arndt im vierten Kapitel: „von Sonne, Mond und Sternen des Himmels", in dem er auch die Meteorologie behandelt, den vier Winden die vier möglichen Paarungen der (wiederum auf Aristoteles zurückgehenden) vier Primärqualitäten zuweist.[349] So ist der Ostwind „heiß und trocken", der Südwind, der von Mittag weht, „warm und feucht"; der Westwind, der „von der Sonnen Niedergang" kommt, ist deshalb „kalt und feucht", während der Nordwind von Mitternacht her „kalt und trocken" ist, was Arndt je-

---

[342] *Hex* 3,15.

[343] *Hex* 3,32, vgl. auch *Hex* 5,14.

[344] *Hex* 3,54; dieser Abschnitt ist ein beredtes Beispiel für die assoziativen Sprünge, die Arndts Naturallegorese in Verbindung mit biblischen Bildern manchmal macht: „Dabei wir uns auch erinnern sollen, wie GOtt unserer kranken Seelen einen süßen Wein geschaffen, nämlich das edle Trauben-Blut, aus dem verwundeten Weinstock, welcher ist Christus. Er wird sein Kleid im Wein waschen, und seinen Mantel im Weinbeerblut. 1. Mos. 49,11."

[345] *Hex* 3,57.

[346] *Hex* 3,31 (Hervorhebung von mir).

[347] *Hex* 3,40; die *digestio* fehlt im Paralleltext *Pss* 104/III Bd. 2 S. 47b.

[348] Aristoteles vermittelte, auf der Elementenlehre des Empedokles fußend, der arabischen und westlichen Alchemie die Anschauung von den Elementar*qualitäten* heiß, kalt, feucht, trocken.

[349] *Hex* 4,35. Vgl. zu den Elementarqualitäten Haage Alchemie S. 24.

weils noch mit entsprechenden Bibelbelegen unterfüttert. Daß er die Winde, die Himmelsrichtungen und den Sonnenstand in ein ganzes System von dem Auge verborgenen Konkordanzen bringt, ist typisch für hermetisches Denken, das ganze Netzwerke von sympathetischen Beziehungen zwischen verschiedenen Spären und Bereichen am Wirken sieht.[350] Wie die Vierzahl von Elementen, Qualitäten, Temperamenten etc. sucht auch Arndts Zuweisung der Winde und Himmelsrichtungen zueinander eine Totalität auf den Begriff zu bringen.

Sogar die Metallurgie hat Arndt im Blick, wie in seiner Auslegung von Psalm 13,7 seine detaillierte fachliche Kenntnis von den Prozessen bei der Bereitung des Silbers verrät, die er anhand jenes Bildwortes von der Rede Gottes als einem siebenmal geläuterten und bewährten Silber *en detail* ausführt. Dieses Wort sei [351]

„ein schönes Gleichniß / von der *Probier- und Scheide-Kunst* / darinnen das Silber und Gold geläutert / geseigert und gesäubert wird von allem Unflaht / Schlacken / Rauch und Stanck / und also *schön / rein / weiß und lauter* wird: Dazu sind erfunden *die Silber- und Gold-Proben* / da eine immer höher ist / denn die andere: I. In gemeinen *Schmeltz-Ofen* / darnach durch *Scheide-Wasser* / darnach durch den *Strich auff den Probier-Stein* / darnach durch das *Bley auffm Test* / darnach durch den *Mercurium* / durchs *Cement* durch den *Hammer im Schmieden* / wenn es wol geschmeidig ist / zum siebenden durch *das schlagen* / wenn man es zu dünnen Blätlein schläget / wie ein Monblat / wie es die Gold-Schläger nennen. Wenn es diese sieben Proben außstehet / so ist es fein Silber / so ist es köstlich gut / rein und schnee-weiß. Also auch Gottes Wort ist in den sieben Proben beständig".

In Analogie zu den Schritten des *opus* führt Arndt nun aus, wie „das geistliche Silber deß göttlichen Worts" in den „sieben Silber-Proben" der Anfechtungen und Bedrängnisse geläutert werde und darin seine Kraft und Klarheit erweise, worin bereits eine eigens zu betrachtende theoalchemische Dimension anklingt.

Eine besondere Anziehungskraft üben auf Arndt die Berge aus, künden sie doch auf mehrerlei Weise von den verborgenen Geheimnissen in Gottes Schöpfung. Unter anderem ragen sie deshalb so weit zum Himmel empor, „weil die natürliche Influenz und Einfluß des Himmels und der Sterne, sonderlich in den hohen Gebirgen seine Wirkung hat in *Kochung und Zeitigung der Metalle*."[352] In Kapitel vier, dem astrologisch-meteorologischen, ist die Sonne zu sehen, wie sie mit ihrer Hitze im Auftrag des Schöpfers diese Prozesse fachgerecht ausführt: [353]

---

[350] Haage Alchemie S. 26 stellt ein solches sympathetisches Geflecht in einem Schema dar, nach dem das jeweilige Element mit einer bestimmten Qualität, einem Körpersaft und einem Temperament eng korrespondiert (z. B. Feuer, heiß und trocken, gelbe Galle, Choleriker).
[351] *Pss* 12/III Bd. 1 S. 102 a-b (Hervorhebung von mir); zur "geistlichen" Deutung des *opus* s. u.
[352] *Hex* 3,26 (Hervorhebung von mir).
[353] *Hex* 4,30 (Hervorhebung von mir).

„Die Sonne machets heißer, *denn viel Öfen, und brennet die Berge, und bläset eitel Hitze* von sich. Sir. 43,4. Da wird die Sonne beschrieben als *ein Feuer, das alle Dinge zeitiget und kochet.* Wo wollte man sonst ein solch Feuer nehmen, das die Welt erwärmete, und *alles in seine Maturität brächte und reif machte?*"

Das von Arndt durchaus angemessen eingeschätzte Potential solarer Energie vermag im Berg die Metalle nach allen Regeln zu „kochen". Dies bedarf genauer Beobachtung und „Zeitigung" der Prozesse bis zum Punkt der „Maturität", an dem der Reifungsprozeß des Metalls – als einer aus der Erde erwachsenen „Frucht" – zum Abschluß kommt. Wer angesichts solcher Beschreibung und *termini technici* das Bild eines alchemischen Laboratoriums assoziiert, kommt dem Thema durchaus nahe, das Arndt hier bewegt, wenn er den Protalchemicus an einem alle Dimensionen sprengenden Athanor das spagyrische *opus* wirken sieht:

„Die Berge sind GOttes Schatzkammern,[354] darin allerlei *Metall durch die Natur bereitet wird.* Denn sie sind *als natürliche Destilliröfen,* darin GOtt [!] alle *metallische und mineralische Dinge kochet und zeitiget.* Und sind in die Berge eingeschlossen die *vier Elemente,* Feuer und Dampf, Luft und Dunst, Wasser und Erde. Und die Erde, darin *die metallischen Dinge wachsen,* sind *die Steine,* und *das Gestirn ist der Metalle Wurzel und Samen.*"[355]

Die alchemische und die astrologische Dimension dieses Denkens sind zwei Seiten ein und derselben Medaille. Ob im Sinne heutiger Naturwissenschaft organisch oder anorganisch, die dynamistisch gedeuteten Kreaturen gelten allesamt als belebte Wesen. Daher „wachsen" nach alchemischer Anschauung die Metalle,[356] vom Gestirn her angeregt, aus den astralen „Wurzel und Samen" heraus.[357]

Wo Gott und die Natur gemeinsam die „Destillieröfen" der Berge, und Bienen eine *digestio und temperatio* des Honigs betreiben, ist auch das alchemische *opus* in der Nachahmung der Schöpfung – und damit des Schöpfers – ein gottgefälliges Werk, das in den Geheimnissen der Schöpfung den „Werkmeister" ehrt.

---

[354] Die mystifizierende Rede von Gottes „Schatzkammern" begegnet öfter, so etwa in *WCh* II,29,6 die Erde, „die große Speise- und Schatzkammer GOttes, die gibt hervor Speise und Trank, Arzenei und Kleidung, unsere Häuser und Wohnung, und je mancherlei Metalle, Gold und Silber ... "; im Blick auf die Gestirne *Hex* 4,6.12.13; die verwandte Formulierung "Schatzkasten" in *Hex* 4,31 u. ö.

[355] *Hex* 3,25 (Hervorhebung von mir); zur Stelle vgl. auch Krolzik Säkularisierung S. 21, der im Blick auf das Handeln der *providentia dei* hier beinahe eine Austauschbarkeit von Gott und Natur wahrnimmt: "Bei der Schöpfung zeigt sich Gott noch mehr als Handelnder; jetzt eignen der Natur die Kräfte und Vermögen, deshalb ist sie die eigentlich Handelnde."

[356] Nach Scherer Alchymia S. 37 ist es, wie etwa bei "Basilius Valentinus", "allgemeine Anschauung seiner [: Biringuccios] Zeit, daß die Metalle in der Erde wachsen". Vgl. etwa *Arcani Artificiosa Aperta Arca*, in: Scherer Alchymia S. 87-94, hier S. 90f. unter Berufung auf Geber, Arnold von Villanova, den "fürtreffliche[n] Magus und Philosophus Aristoteles chymista", "Hermes Rex & Philosophus" sowie "Graff Bernhardt" [Trevisanus].

[357] So etwa bei Arndts elf Jahre jüngeren Zeitgenossen Michael Sendivogius, der dem "Samen" der Metalle seinen Traktat *Novum Lumen Chymicum* (Leipzig 1604) widmete; vgl. auch Figala in: Priesner/Figala Alchemie S. 322f. und S. 333; s. u.

6.2 „sie haben ihren Samen und Wurzel im Wasser"[358]
Hylozoismus, *elementum aquae* und *prima materia*

Nicht minder als die vorausgehenden verrät das fünfte Kapitel des *Hexaemeron* „vom Meer und den Wassern, und von den Früchten des Meeres und der Wasser" – das vierte kam im Zusammenhang der mit der Alchemie verwandten Astrologie schon ausgiebiger zu Wort – eine profunde Vertrautheit Arndts mit diversen Themen der Alchemie. Abermals spricht schon der Einstieg für sich: [359]

„Das Wasser ist ein *feuchtes, fließendes und netzendes Element, geschieden von den andern Elementen*, nämlich von der Erde, von der Luft, und von dem Firmament oder Feuer [!], daß es sei ein sonderlich *feuchtes und fließendes Element*, größer denn die Erde,[360] *mit sonderlichem Samen begabet*, geschieden von den Samenkräften der andern Elemente, *zu gebären sonderliche Früchte*. Und begreift in sich die *primam materiam* oder den Samen der Vögel, der Fische, der Steine, der Edelgesteine, der Metalle, Mineralien und Salze."

Strukturell wiederholt sich hier die Beschreibung des „elementum aquae"[361] nach seinen Qualitäten, des weiteren nach „seine[r] Stätte und sein[em] Ort; darnach, wie es seine Früchte gebieret ... und dann, wie es seine Früchte ... austheile".[362] Im „Wasser" liegt im Sinne der „Samenkräfte" die *prima materia* des größten Teils nicht etwa nur der organischen, sondern ebenso der anorganischen Kreatur.[363]

---

[358] *Hex* 5,5.
[359] *Hex* 5,1 (Hervorhebung von mir).
[360] Weil die Erde nach Arndts und der Alchemiker Auffassung aus dem Wasser kommt und „im Wasser besteht", vgl. o. und *Hex* 5,3.
[361] *Hex* 5,3.
[362] *Hex* 5,2.
[363] Wie nach dem *Libellus disputatorius* schon Kinder aus dem "Liecht der Natur" die *Physica* lernen, erweist sich in mehrerlei Hinsicht der Arndtschen Auffassung sehr ähnlich, angefangen von dem Biologismus des "Gebärens" und der "Früchte" oder "Gewächse" über die Konsequenz, daß die Elemente ihre Früchte in ein jeweils anderes Element geben, über die Anschauung, daß die Metalle aus dem Wasser "wachsen", bis hin zur grundsätzlichen Unterscheidung zwischen den unsichtbaren, geistigen Elementen und ihren *corpora*. S. 21f. (Hervorhebung von mir): "Ein Knabe so er zun Jahren kömmet / lernet er seine Physica, die 4. Element seyn als das Fewer / Wasser / Erde / Lufft / vnd *das ein jedes Element seine Frucht oder Gewechse von jhme giebet in ein ander Element*: Als die Erde giebet jhr Gewechse von sich in die Lufft: Das *Wasser* giebt seine Früchte vnd Gewächse *in die Erden* / denn *auß dem muß wachsen die Metalla, Mineralia, Steine* / vnd müssen im Erdreich gesucht vnd gefunden werden / deß Fewers frucht oder Gewächse sind hitze / kälte / Schnee / Regen / Donner / Reiff / Taw / Blitz / etc. vnnd giebts auff Erden in die Lufft: Auch wird erkennet / daß die Elementa weder kalt / weder warm / weder trucken noch naß seyn / weder schwer noch leicht / sie stehen in der Temperatur / sind vnzerbrechlich biß an den letzten Tag / *vnnd sind Geister* / *vnnd sind das Leben aller Dinge. Die Corpora aber der Elementen / vnd die Gewächse so darauß wachsen sind heiß / trucken / kalt / naß* / *Aber die Elementa selber sind weder heiß noch kalt / weder trucken noch naß* ... Dieses alles ist *das lernen vnd studieren nach der anweisung der Natur / vnd mit der Natur / vnd in der Natur* / vnd nicht dawieder" – wie es den Pseudophilosophen vorgeworfen wird. Die Unterscheidung der wahren Elemente von ihren *corpora* ist schlechterdings entscheidend.

Daß ahnungslose Zeitgenossen, vor allem aber nur vermeintliche „Philosophen" – tatsächlich handle es sich jedoch um „logische[] Artisten", die sich hüten sollten, „daß sie nicht ihr Lebtage mit unnöthigen Subtilitäten umgehen, und die Werke GOttes vergessen"[364] – etwa die Mineralien und Metalle für Gewächse der Erde hielten – sie spende vielmehr die „Samenkräfte[] der Bäume, Kräuter, Blumen und des Grases ... so man vegetabilia nennet"[365] – und die Vögel für „Früchte" der Luft, liege ausschließlich daran, daß sie die wahren Zusammenhänge nicht sähen. Nicht anders als für die übrigen Elemente gelte für das Wasser: Auch wenn ihre „Samen" tatsächlich aus dem Wasser stammten, trage doch die ‚Matrix oder Mutter' eines jeweils anderen Elements sie aus, weshalb nur Unwissende diese „Früchte" den falschen Elementen zuwiesen: [366]

> „Es *gebieret* aber 2) das elementum aquae ... *seine Früchte in der Erde,* zu gleicher Weise als *die Erdfrüchte ihren Samen und Wurzel in der Erde haben, aber nur in der Luft reif werden.* Denn die Erde treibts heraus, und bleibet nicht in der Erde, sondern es scheidet sich von der Erde. *Also gehet auch vom Wasser aus sein Gewächs, Metalle,* Mineralien, salia, gemmae, lapides, Salze, Edelgesteine, Steine, alles von *der Mutter des Elements aquae,* des Wassers, *in eine andere matricem oder Mutter,* das ist, in die Erde, da *vollendet es seine Operation und Wirkung; hat aber seine Wurzel im Wasser,* wie Bäume und Kräuter ihre Wurzel in der Erde. Und aber auf Erden werden sie vollkommen, und gehen in ihre *ultimam materiam* [!], in ihre äußerste Materie, welches denn in der Luft geschieht."

Nach alchemischer Auffassung bestehen alle Dinge und Lebewesen zunächst aus einem „strukturlosen Grundsubstrat, der Materie, das an sich nur Möglichkeit war, und erst durch die Wirklichkeit verleihende Form ihr spezifischen Eigenschaften erhielt."[367] Diesen Urstoff in noch ungeformter Potentialität belegt die alchemische Tradition häufig mit dem auch hier mehrfach begegnenden Terminus der *prima materia*.[368] Arndt verwendet in der oben zitierten Passage diesen Terminus – der mit dem Pendant der *ultima materia,*[369] der durch die formgebenden *astra* ausgestalteten oder aber im *opus* vollendeten Kreaturen, korrespondiert[370] – insofern begrifflich nicht präzise im Sinne der auf Aristoteles

---

[364] *Hex* 5,9.

[365] *Hex* 5,7.

[366] *Hex* 5,4 (Hervorhebung von mir); nach Paracelsus Werke III S. 36/Z. 12-25 (Weber S. 160).

[367] Figala in Priesner/Figala Alchemie S. 237.

[368] *Hex* 5,1.8.13.

[369] Paracelsus begründet seine Forderung nach „reinen" Heilmitteln aus der nach alchemischer Vorstellung gedachten Möglichkeit, eine unvollendete Materie (im Sinne solcher *prima materia*) durch die menschliche Kunst und das „vulkanische" Feuer in die *Materia ultima* zu bringen; Figala in Priesner/Figala Alchemie S. 239.

[370] Davon zu unterscheiden ist der Gebrauch des Terminus der *ultima materia* in *Hex* 5,29: „Denn die letzte Materie aller Dinge ist Salz." Während Arndt in *Hex* 5,4 die jeweilige Endgestalt einer Kreatur bezeichnet, meint er hier das alchemische und nicht zuletzt paracelsische *Prinzip* Salz („sal"), das ähnlich dem „Element" nichts Materiales als solches bezeich-

fußenden Tradition, als er gerade die Gesamtheit der *astra* oder *semina* mit der *prima materia* identifiziert oder sie auf sie bezieht. Doch insofern Arndt wiederholt auf deren „himmlische" Influenzen rekurriert,[371] bleibt der für das Weltbild ebenso charakteristische wie unabdingbare astro-alchemische Zusammenhang von Himmel und Erde, ‚Oben' und ‚Unten', „Geist" (*astra*) und *materia* gewahrt.

Die „wahren Philosophen" dagegen, also die Vertreter der hermetischen und paracelsistischen Tradition, „wissen ... , daß *die Gewächse der Mineralien und Metalle alle Wasser* sind, und ihre *prima materiam ... im Wasser* haben."[372] Die Leser sollen sich nicht von anderslautenden „unrechten"[373] Meinungen beirren lassen. Die Lernbereiten nimmt Arndt gleichsam zu einem alchemischen Propädeutikum bei der Hand und führt sie ins nötige Grundwissen ein:[374] „Darum mußt du zuvor lernen, und wissen, was ein Element sei, nämlich ein Brunnen und Ursprung sonderlicher unterschiedlicher Samen und Kräfte, die sonderliche unterschiedliche Früchte bringen ... Also mußt du recht erkennen und unterscheiden die Elemente mit ihren Früchten" etc. So werden die Neulinge auch zunehmend „erkennen", daß jeweils ganz andere Elemente deren „Früchte" hervorbringen als die, aus denen sie stammen – statt daß man annimmt, „Mineralien und Metalle wachsen *aus* der Erde, dieweil sie *in* der Erde wachsen"[375] –, und sie werden wahrnehmen, wie verwandtschaftlich,[376] ja geradezu familiär[377] in einem gleichsam biologischen und sozialen Sinne es zwischen diesen Elementen zugehe:[378]

> „Siehe aber hier, und bedenke die wunderbarliche Freundschaft, Verwandtniß und Einigkeit der Elemente, wie eines seine Früchte des anderen Schooß gebieret, und dem Menschen zu Nutz hervortreibet ... Darum nimmt die Luft die Erdgewächse auf in ihren Schooß, und erziehet sie aus Liebe, obs wohl fremde Kinder sind. Und die Erde und das Wasser nehmen die Früchte der Luft wieder auf, nämlich ihre Lebenskraft, so sie in verborgener Weise mit sich führet ... Also gebieret das Wasser seine Früchte in dem Bauch und Schooß der Erde. Da theilet sie dieselben Menschen mit auf manche wunderliche Art, als ein Baum seine Früchte, immer einem Lande und Volke mehr, denn dem andern."

Die Anschauungen der nach Arndt „wahren Philosophen" weisen auf eine weit zurückreichende, für die Alchemie höchst bedeutsame philosophische Tradition.

---

net, sondern eine „Grundeigenschaft", nämlich die „Verkörperung der Eigenschaften des Feuerfesten und Unschmelzbaren" (Priesner in Priesner/Figala Alchemie S. 320). Zu den alchemischen Prinzipien Sal, Sulphur und Mercurius vgl. u. a. etwa Scherer Alchymia S. 37f.

[371] Vgl. oben.
[372] *Hex* 5,8 (Hervorhebung von mir).
[373] *Hex* 5,5.
[374] *Hex* 5,6.8.
[375] *Hex* 5,5 (Hervorhebung im Druck).
[376] Vgl. *Hex* 3,7: "weil Luft und Wasser eine nahe Verwandtniß haben, daß sie einander tragen".
[377] Vgl. auch die *cognatio Hex* 5,24.
[378] *Hex* 5,10 (Hervorhebung von mir); zu möglichen paracelsischen Vorlagen vgl. Weber S. 162f.

Das letzte Kapitel zu den vier Elementen im Rahmen seiner Kosmologie der *Occulta Philosophia* eröffnet Agrippa von Nettesheim, indem er über das *elementum aquae*, dessen Bedeutung und philosophiegeschichtliche Bezüge philosophiert:[379]

> „Aquae enim tanta necessitas est, ut absque illa nullum animal degere possit, nulla herba nec planta quaevis citra aquae humectationem possit progerminare. *In ipsa est seminaria omnium rerum virtus.*[380] animalium primo, quorum semen aqueum esse manifestum est; sed *et fruticum* [recte: fructium] *et herbarum semina*, licet terrea sint, tabefieri tamen aqua necesse est, si foecunda esse debeant … sola siquidem terra et aqua a Mose describuntur[381] producere animam viventem; sed aquae duplicem productionem tribuit, natantium videlicet in aquis et volantium in aëre supra terram. … Tanta eius elementi potestas est, ut nec *spiritualis regeneratio* fiat sine aqua, sicut ipse Christus ad Nicodemum testatus est.[382] … Infinitae eius utilitates sunt et usus multiplex resque omnes ex eius potestate consistunt, ut quae *generandi, alendi, augmentandi vim possidet: inde Thales Milesius atque Hesiodus aquam omnium rerum principium statuerunt omniumque elementorum antiquissimum esse dixerunt atque potentissimum, quippe quod caeteris omnibus imperat.* … ".

Ähnlich wie für Arndt[383] liegt auch für Agrippa der Ursprung der *seminaria virtus omnium rerum* im „Wasser", worin ein weit über eine bloß allgemein belebende Eigenschaft hinausgehendes Verständnis dieses Elements zum Tragen kommt. Daß Agrippa Thales und Hesiod nennt, hilft nicht nur zu einer Identifikation, sondern ist auch Zeugnis eine expliziten Anknüpfung an die milesische Philosophie, die im hylozoischen Denken zwei später für die Alchemie fundamentale Gedanken vereinigt:[384] „Mit dem Satz, daß alles Wasser sei, muß man den zweiten Satz des Thales zusammenhalten, daß alles voll von Göttern sei.[385] Man braucht darin nicht ein förmliches Bekenntnis zum Pantheismus oder Monismus zu sehen, obwohl diese Einstellungen natürlich anklingen." Ausdruck dessen sei die „Deutung des Seins durch anthropomorphe Begriffe" und Bilder. „Die Welt ist für Thales wirklich voll des Göttlichen. Man kann es mit Händen greifen." Daß der Hermetismus an diese Spur gern anknüpfte, ist leicht nachzuvollziehen. Haage zeigt, daß auch für die arabische alchemische Tradition, hier repräsentiert durch Abu 'Abd Allah Ga'far, der Grundsatz gilt: „Urquell von allem ist das klare Wasser".[386] Und nach Walter Pagel bildet eins von fünf klar gnostischen Elementen im Denken des Paracelsus „the role of water as universal matter".[387]

---

[379] *Occ Phil* I,6 (ed. Compagni) S. 94
[380] Vgl. die Gesamtheit der von Arndt genannten "Samenkräfte".
[381] Gen 1,20-22; 2,5 (nach Apparat).
[382] Joh 3,5.
[383] *Hex* 5,1.
[384] Hirschberger Philosophie I S. 19; zur milesischen Philosophie insgesamt ebd. S. 18-22.
[385] Die als Dämonen zu denken sind – von denen das mittelalterliche und frühneuzeitliche magische Denken – vgl. etwa Agrippas *Occulta Philosophia* u. a. m. – nur so wimmelt.
[386] Haage Alchemie S. 119 (mit Beleg).
[387] Pagel Paracelsus Introduction S. 387f. (die 5 Lehrstücke); vgl. Gilly Gnosis S. 405.

Das organologische Denken, das die Metapher der *matrix* – das ‚weibliche‘, passive Prinzip, dem das ‚männliche‘, formgebende des ‚Samens‘ korrespondiert – auf wörtliche Weise ins Bild setzt, nimmt hier anthropomorphe Züge an.[388] Insofern sich all dies auf den Menschen und seinen „Nutzen" bezieht, wird dieser in das große verwandtschaftliche System mit einbezogen. Die Natur lebt beileibe nicht nur in Pflanzen oder Tieren, die ganze elementische Welt ist durchpulst von wirkenden, sympathetischen und den Menschen mit ihrer Fürsorge über, auf und unter der Erde umgebenden Kräften; „und gehen alle in einer schönen Gleichstimmung und Ordnung zu einem einzigen Ende,[389] in die Einigkeit und Freundschaft des Menschen",[390] wie es im zweiten Teil heißt. Die Makro-/Mikrokosmos-Vorstellung gewinnt auch in dieser Hinsicht noch eine eminent vitale Dimension hinzu. Die ganze natürliche Schöpfung zielt auf den Menschen und gipfelt in ihm, der ihr zugleich durch seine dem Göttlichen entsprungene Seele und seine daraus resultierende Mittelstellung zwischen Gott und Kosmos ein deutliches Stück entrückt und enthoben ist.

Die nähere Betrachtung zeigt, daß das sichtbar materiale Wasser vom *elementum aquae* in der Weise zu unterscheiden sei, daß es dessen „Frucht" darstelle:[391]

2. Es sei zu bedenken, wie das Wasser „seine Früchte, *als ein Wasserbaum*, austheile durch den ganzen Kreis der Erde, beides an Wasserflüssen, Mineralien und Metallen. ...
11. ... vor allen Dingen giebt das Element des Wassers hervor die Wasserflüsse, diesem Lande den Rhein, dem andern die Donau, dem dritten die Elbe, dem vierten den Nil, *welche alle nicht für sich selbst das Element des Wassers sind*, sondern nur *Aeste und Zweige eines großen wunderbarlichen lebendigen Baums* ... Und gleich als an einem Zweige eines großen fruchtbaren Baums viel Früchte hangen, also hangen an dem Ast und Zweig des Wasserbaums, des elementi aquae, nämlich an dem Rhein und der Donau, und andern grossen und kleinen Wassern, viel herrlicher und mancherlei Früchte. Und also *gehet heraus aus dem Element des Wassers* bald ein fließender Bach, bald ein Brunnen, wie denn die Zweige und Aeste des Baums durch

---

[388] Wenn Arndt die Entstehung der Metalle als einen Vorgang des *Gebärens* deutet, kommt er Heinrich Khunrath nahe, der in dieser Erkenntnis den Schlüssel zum *lapis philosophorum* sieht: *Confessio* VI S. 185f.: "Derohalben / in diesem Punct gute auffsicht hoch von nöten; Dann nicht ein jeder / wie Authentisch er auch mag gehalten werden / so de Ortu et Generatione Metallorum geschrieben / es darmit durchaus recht troffen. Allen Büchern ist disfals nicht zutrawen. Jch sage dir fuerwar / lernestu angedeuten Jhre der Metallen / Empfengnis vnd Geburts weise recht verstehen / so kümstu in LAPIDIS Phil: SVBIECTI Catholici gewisse Erkentnus gar bald vnd leichtlich. Mehr darff ich dir nicht sagen." Auch die zitierte Vorstellung Arndts, daß das Wasser die *prima materia* der Metalle, Mineralien etc. bilde, geht über eine bloße Metaphorik weit hinaus und ist im analogen Sinne organologisch zu verstehen. Zu Khunraths alchemischem Hylozoismus vgl. Töllner Khunrath S. 124 (mit Belegen).
[389] Ziel.
[390] *WCh* IV,II,3,1.
[391] *Hex* 5,2.11-13 (Hervorhebung von mir).

die ganze Erde ausgetheilet sind, *und ist doch alles Ein Baum, Ein Ursprung, Eine Wurzel von Einem Stamm ...*
12. Also sind nun alle Wasserströme und Bäche *eine Frucht ihres Elements, aber das Element selbst nicht ...* ".
13. [Wie von den Wasserflüssen], "also sollet ihr auch verstehen *von den Metallen, von den Mineralien, von Gold, Silber, Kupfer, Eisen, Zinn, Blei; auch von Edelgesteinen, Smaragden, Sapphiren, Korallen, Granaten etc;*[392] *und von den Salzen, Alaun, Vitriol; auch von den Brunnen, sauer, süße, kalt, warm ...* derer aller Austheilung durch die ganze Erde gehet aus dem Element des Wassers. Und *diese alle haben ihren Samen, primam materiam, Wurzel und Stamm in den Wassern.* ... Und ... wie aus der Erde mancherlei unterschiedliche Bäume wachsen, ... also ists mit dem Element, dem Wasser auch, das treibet hervor seine Bäume und metallische Früchte in die Erdgänge und Klüfte. Und so bald sie in die Erde kommen, so geschiehet die *coagulatio und Härtung*, und *wird ein metallischer oder mineralischer Baum geboren* [!], der seine Aeste weit ausbreitet in die Erde, also daß sich ein Ast oft über zwanzig, vierzig, sechzig Meilen Wegs erstreckt ... ".

Das Prinzip des „einen" Ur-Wasser-Baumes – für das sich in der *Viererlei Auslegung* eine Parallele aus Weigels Feder findet[393] – filiatisiert sich zu selbständigen metallischen „Bäumen", die ihre Wachstums- und Erntezeiten hätten, nach denen sie als vollendet wie die Bäume abstürben – weshalb dann Bergwerke geschlossen werden müßten. Die wuchernde Metaphorik führt zu dem grotesken, aber folgerichtigen Bild über, daß auch diese Bäume selbst „geboren" werden.

Die Beschreibung der Elemente und Qualitäten, Begriffe wie die *coagulatio und Härtung*, also die Fixierung, nicht anders als die schon zitierten der *digestio, destillatio, temperatio* oder die in *Hex* 5,29 genannte *putrefactio und Fäulniß* ebenso wie die 5,13 erwähnte *consummatio*, entspringen dem alchemischen Labor, das in verschiedener Weise Arndts Naturphilosophie einen willkommenen sachlich-gestalterischen Orientierungsrahmen bietet. Die nach qualitativen Kriterien gestaffelten Summare von Metallen und „Edelgesteinen", alchemischen Aggregaten etc. vervollständigen das Bild von einer anderen ‚stofflich'-handwerklichen Seite her.

Ebenso handelt es sich bei der hylozoischen Theorie der „wahren Philosophen", daß wie im Prinzip alles so auch insbesondere die Metalle in diesem Sinne aus dem „Wasser"[394] als deren *prima materia* hervorgingen – die nach Arndt geradezu ein Kriterium für die Unterscheidung zwischen „wahrer" und irriger „Philosophie" bildet –, um eine unter Alchemikern und Theosophen verbreitete Anschauung, die sich gerade auch in Arndts Umfeld verschiedentlich artikuliert.

---

[392] Vgl. auch *Hex* 5,14: „nicht allein was Gold und Silber angehet, sondern auch die Korallen, Perlen, Agatsteine, Ambra, und die Edelgesteine Ezech. 28,13."
[393] *Hex* 5,2.11; vgl. *Viererlei Auslegung* II,12 (S. 441f.): "Also aus dem Element waßer kompt das Gewächse des waßers, welches da für und für aus dem unsichtigen Element wächset, wie ein Baum aus der Erden in seinem Stamm Äste, und läufft herauff auff die erden, bis er kompt in das Meer, da wird er gefreßen von dem Meerwaßer."
[394] Worunter, wie gezeigt, das *elementum aquae* und nicht das sichtbare Wasser zu verstehen sei.

Paracelsus[395] etwa oder Khunrath – der sich dafür u. a. auf „Hermes Trismegistos" beruft[396] –, vertreten sie. In solchem „Wasser" sieht Khunrath eine Art Urpotenz nach dem Prinzip der *anima mundi*, die nicht nur eine Ur*materie* als Ursprung aller Kreaturen enthält, sondern auch die allem die Form gebenden Prinzipien.[397] Darin berührt sich seine Auffassung eng mit dem, was Arndt in Kapitel 5 des *Hexaemeron* über die *prima materia*, das *elementum aquae* und die *semina* äußert.

---

[395] Werke (Sudhoff) XII: *Astronomia Magna* S. 111 – 113.

[396] *Confessio* II S. 55, unter Berufung auf Geber: die *viscosa humiditas*, "*Welche ist eine Wurtzel aller Metallen*. Es ist das wahre AQVA PERMANENS semperque viuens, das bleibende vnd jmmerlebende Wasser; dann es im Fewer bestendig bleiblich ist / im anfang vnd ende vnsers Philosophischen Wercks. AQVA Philosophorum sicca ... MERCVRIVS Philosophorum CRVDVS"; die Marginalie erläutert zur Stelle: "Radicalis humiditas vnctuosa et viscosa: Nec mirum, quia est *semen et sperma Mundi*", woraus die Nähe zu Arndts Anschauung noch deutlicher wird. Über das "Wasser" als allgemeines Prinzip aller Dinge vgl. *Confessio* VII S. 219f. unter Berufung auf *Hermes Trismegistos*: "Also auch AQVA Communis, das Gemeine WASSER; Dieweil es VINVM Catholicon, der Vniversal WEIN ist / so der Mensch / Vegetabilia, Animalia vnd Mineralia, ALLGEMEin in der gantzen Weld (ein jedes auff seine weise) trincken. Vnde HERMES: *Secretum cuius libet rei et in vita in vna est AQVA; et haec Aqua est susceptabilis nutrimenti in Hominibus et alijs, et in AQVA est maximum secretum*. Et sine AQVA non operatur NATVRA, non tantum in Mineralium [!] ordine, verum etiam Animalium, *quorum spermata quoque sunt AQVA*." (alle Hervorhebungen von mir). Zu Khunraths Herleitung der Metalle aus dem "Wasser" s. auch Töllner Khunrath S. 124 und 166f. (mit Belegen).

[397] Khunrath erklärt – ebenfalls unter Berufung auf Thales von Milet! – das "primordiale" "Wasser" vom Beginn der Welt: *Confessio* VII S. 214-217 handelt vom Mercurius, dem AQVA der Philosophen: "MERCVRIVS ... von welchem die Philosophie sprechen: Est in MERCVRIO, quidquid quaerunt Sapientes. *AQVA purificata Terrestris, Celestis atque Diuina, quae est* [hier Symbol für Mercurius/Quecksilber] SVBLIMATVS Sapientium, so von Vitriol vnd Salpeter der Weisen / nicht alleine nur Sieben / sondern noch zu mehr malen / Philosophisch sublimiret ist. *AQVA hylealis et Mundi-primordialis viscosa Catholica, das Materialische Erste Weldanfangs gesaltzene schleimige Allgemeine Schlamwasser / oder wesserige Schlam / das Erste Materialische Principium oder Anfang des grossen Gebewes der gantzen schönen Weld / sampt allen Materialischen vnnd leiblichen Dingen darinnen*: Welches auch THALES Milesius, einer aus den sieben weissesten des Griechenlands / (vielleicht durch ALCHYMIAM) [!] auch erkandt / vnd weislich daruon Philosophiret hat. *Haec dicta AQVA nostra est de illa AQVA, a qua Mundi-primordialiter sunt OMNIA nata* [!]*, quae nata sunt. In HAC AQVA Catholici Nostri salsa, non in alia vlla, est maximum Secretum:* circa hanc Theosophice ORARE, et Physico-Chymice LABORARE memento. Sit igitur Magnesia tibi summe commendata. *Dann in diesem vnserem WASSER / sprechen die Weisen / steckt die gantze Kunst*. O benedicta forma Aquina, pontica, quae Elementa dissoluis! Inquit HERMES. ... *Es heisset aber UNSER WASSER / der hyealische AZOTH* / darumb MERCVRIVS, dieweil es ist de *Hyle Catholica, AZOTH oder LIMO Mundi-primordiali Vniuersali*, vom *allgemeinen erst-weld-anfanges AZOTH: Welcher am Anfang der Weld / im CHAOS, eine Allgemeine Materia war* / darinnen vnd daraus die Fewerfuncken der SEEHL der Weld [: anima mundi] / als reine FORMAE Rerum essentiales, nach GOTTES befehl vnd geheis FIAT, durchs WORT / Materialisch vnd Corporalisch sich verkleidet haben / vnd also Alle Formas vnd Gestalten / so GOTT in zierung der Welt befahl / an sich name: Auch hernacher dahero operirte oder würckete / nach vnterschiedlicher art / Natur vnd Eigenschafft eines jeden Special Seel-Fewerfuncklein der NATVR / mit welchem vnd was für einem (vermittelst Schamaim) die wahre vereinigung / in vns sichtbarer herfür tretung in diese Weld / entweder Vegetabilisch / Animalisch / Mineralisch / Himlisch / etc. geschehe." (Hervorhebungen von mir).

Ähnlich, reichlich weit derber, schildert der Paracelsist Leonard Müllner in der 1577 in Erfurt veröffentlichten *Abhandlung von der Generation und Geburt der Metallen* die Entstehung der Metalle als einen Prozeß von Zeugung und Geburt:

> „*Der Anfang der Metallen (Prima Materia) ist eine schleimmichte Feuchtigkeit,* vermischt mit einem *reinen weisen Schweflichten Erdreich,* welches *der Männliche Saamen, oder die Form der Metallen* genannt wird. Aus dieser Materie wird *das Argentum vivum oder der Mercurius geboren,* und dieser ist *secunda Materia Metallorum;* Nun ist die *Materia* vorhanden, als ein *Weibes-Bild,* welches keine Frucht oder Menschen auf die Welt *gebähren* kann, ohne den Saamen des Mannes, welcher allein der Mensch ist [!],[398] also kann dieser Mercurius kein Metall gebähren, denn er ist die Materie oder das Weiblein, derohalben muß *die Form, als der Männliche Saamen,* und *die Materie, als das Weib,* bey einander seyn, wann anders ein Metall daraus werden soll. Und zu dem Ende hat die Natur der Materie einen *Schwefel* beygefüget, als den *Männlichen Saamen,* der den Mercurium in Beweglichkeit bringe, damit ein Metall aus ihme mag gebohren werden, alsdann coagulirt dieser genannte Schweffel den Mercurium, und macht aus ihme einen Stein, Klotz oder Klumpen, *gleich wie der Saamen des Mannes in der Materie* [!] *der Frauen thut,* und coagulirt sich zu einem Klumpen, oder zu einem Stuck Fleisch [!], daraus mit der Zeit ein Mensch gebohren wird. ..." etc.[399]

Bei aller Differenz in Diktion und Einzelheiten wird doch deutlich, wie tief in der Sache sich die Anschauungen und die Vorstellungswelt mit denen Arndts berühren und in dem für die Alchemie so typischen organologischen Denken übereinstimmen. An Müllners alchemischer Rede von der „schleimmichte[n] Feuchtigkeit" wird die Differenz zwischen dem „Wasser", aus dem die Metalle „wachsen", und dem gewöhnlichen sichtbaren Wasser besonders gut deutlich.[400]

Der hochangesehene Alchemiker Michael Sendivogius, der sein *Novum Lumen Chymicum* 1604 in Leipzig publiziert,[401] erklärt eingehender, doch nicht grundsätzlich anders die Entstehung der Metalle aus dem feuchten Element bzw. dem „fetten Wasser", das er jedoch von dem gewöhnlichen Wasser klar unterscheidet und das er den – wiederum in einem nichtmateriellen Sinne – *Mercurius* nennt:[402]

Dritter Traktat: „Aber die erste Materi der Metall, ist *eine feuchtigkeit mit warmer Lufft vermischet,* und ist in form und gestalt, wie *ein fett Wasser* das an ein jedweder ding, es sey rein oder unrein sich anhenget, doch in einem ort heuffiger, alß in dem andern ...".
Vierter Traktat: „Sollen demnach die Kinder dieser Kunst wissen, daß *das Sperma der Metall kein anders sey, alß das Sperma aller anderer dinge, nemlich ein*

---

398 Eine Kommentierung dieses Bildes von den Geschlechtern erledigt sich von selbst.
399 Zitiert nach Scherer Alchymia S. 163; (Hervorhebung von mir).
400 Vgl. auch die Texte Khunraths in den vorigen Anmerkungen.
401 Zu Person und Werk s. Figala in: Priesner/Figala Alchemie S. 332-334.
402 *Novum Lumen Chymicum,* zit. nach Scherer Alchymia S. 115 – 160; hier S. 128f. (Hervorhebung von mir); zum "Wasser" als "Mercurius" siehe auch oben bei Heinrich Khunrath.

feuchter vapor oder dampff. Deren wegen suchen die Artisten vergeblich die Metall in ihr erste Materi zu reduciren, welche nur *ein dunst* ist ... ". Sechster Traktat: „Die vier Element in der ersten operation und wirckung der Natur tröpffen durch den Archaeum der Natur in das Centrum der Erden einen gewichtigen *vapor oder dunst wassers, welcher der Metall samen ist,* und wird Mercurium [sic] genant, wegen seiner flüssigkeit, und daß er sich mit jedweden ding vereiniget, nicht wegen seines wesens, wird den Sulphur verglichen, wegen seiner innerlichen wärme und nach der congelirung ist *das humidum radicale, welchs man zu deutsch eine solche Feuchtigkeit nennen köndte, so von anfang der Natur eingepflantzt.*" Sendivogius sucht dies vor dem materialistischen Mißverständnis der „Artisten" zu schützen, als handle es sich um gewöhnlichen, d. i. materialen 'Mercurius': „Und ob schon der Metallen Leib [: Corpus, die sichtbare Gestalt] aus dem mercurio geschaffen ist, *welches von dem Mercurio der Philosophen* [: Alchemiker] *zu verstehen,* so soll man doch denen kein gehör geben, welche vermeinen, daß der *gemein Mercurius der samen der Metall* sey, und nehmen also *ein Corpus, an stat des samens,* und bedencken nicht daß auch der gemein bekannt Mercurius seinen Samen in sich habe." Der Irrtum liegt in der Verwechslung von *prima* und *secunda materia* und mangelnder Wahrnehmung der unkörperlichen *semina*, weshalb sie sich vergeblich an der Materie abmühten. „Wisse demnach daß das Multiplicativum und vermehrende Sperma *die zweite materia* sey, und nicht die erste, denn *die erste Materia der dinge wird nicht gesehen, sie ist verborgen in der Natur* [!], oder in den Elementen, die zweite aber erscheinet underweilen den Kindern der [: alchemischen] Kunst." [403]

Der zwölfte Traktat „Von dem [Philosophischen] Stein, und seiner Tugend" schließlich erläutert, wie alles seinen Ausgang von jenem „Wasser" nehme: [404]

„Nichts beschicht in der Welt, ohne des wöllens Gottes und der Natur. Dann jedweder Element ist in seinem Kreyse aber es kann doch eines ohne das andere nicht seyn, eines lebet von dem andern, und vergleicht sich doch nicht beysammen. *Das Wasser aber ist das würdigste unter allen Elementen, weiln es die Mutter aller dinge,* auff diesem schwebet oder schwimmet ein Geist des Fewers, vermittels des Fewers *wird das Wasser Materia prima,* nemlich durch streit des Fewers mit dem Wasser, und der gestalt werden gezeuget die Winde oder tägliche vapores, daß sie mit der Erden congelirt werden durch den rohen lufft ... und dieses beschicht ohne unterlaß durch einen immerwehrenden motum ... So verursacht demnach der motus die wärme, die wärme beweget das Wasser, die bewegung des Wassers verursachet den Lufft, dessen alle ding geleben. *Demnach so wachsen alle dinge also wie oben gemelt, nemlich aus dem Wasser,* dann *aus desselben subtilsten dämpffen* entstehen die subtilesten und leichtesten dinge, aber *aus desselben öhle,* schwerere und mehr gültigere, *aus dem Saltz* [405] endlich solche dinge, welche weit schöner seind denn die vorigen ... ".

---

[403] *Novum Lumen Chymicum,* zit. nach Scherer Alchymia S. 134-136 (Hervorhebung von mir).
[404] *Novum Lumen Chymicum,* zit. nach Scherer Alchymia S. 147f. (Hervorhebung von mir).
[405] Es handelt sich wieder um die paracelsischen drei *Prinzipien* Merkurius, Sulphur und Sal.

Dieser letzte Traktat von Sendivogius' Schrift formuliert am deutlichsten die Anschauung jener Philosophie, daß alle Elemente und alle Kreaturen in einem komplizierten kosmogonischen Prozeß letztlich aus dem „Wasser" als der „Mutter aller Dinge" und der *prima materia* hervorgehen. Ob Arndt diese Traktate von 1604 bekannt waren, darüber gibt es keine Nachrichten, doch daß sein Eislebener Berufskollege, Freund und Geistesverwandter Christoph Hirsch mit Sendivogius vertraut war, geht aus dessen *Gemma magica* klar hervor.[406] Insofern Sendivogius zu seiner Zeit, in die die Blüte der Alchemie und der Höhepunkt der alchemischen Bücherproduktion[407] fiel, Anhängern und Interessenten der *ars* das Gemeingut alchemischen Denkens bot, kann man in ihm einen Repräsentanten jener „wahren Philosophie" der *materia prima invisibilis* sehen, die Arndt im *Hexaemeron* und im *liber naturae* des „Wahren Christentums" energisch einfordert.

Ein weiteres Beispiel soll die ohne Mühe fortsetzbare Reihe an diesem Punkt beschließen. Die in anderem Zusammenhang schon zitierte postweigelisch kompilierte *Viererlei Auslegung* enthält sowohl in ihren auf Weigel selbst zurückgehenden wie den nachträglich ergänzten Teilen[408] analoges Gedankengut, das hier jedoch in eine sehr viel weitergehende kosmologische Spekulation eingebettet ist. In Kapitel 6 seiner zweiten Auslegung (das dem fünften Kapitel von Weigels *Natürlicher Auslegung* entspricht) kommt Weigel im Rahmen einer Sophia-Spekulation auf das „Wasser" als *prima materia* der gesamten Schöpfung zu sprechen:[409]

> „seine weißheit, durch diese hat er alle ding gemacht ... durch sie ist die *erste materia* geschaffen, nemlich *die waßer*, die da lagen auff dem Abgrunde, mit dem mächtigen Vmbkreiß oder Zirkel umbgeben; Ihr Allmächtiger Geist faßete die waßer wie in einem Schlauch. *Aus diesen waßern hat die weißheit geschaffen Himmell und Erde*, das ist, die Engel in Himmell, und den Menschen auff Erden. Sie ist vor allen Creaturen die erstgeborene, Sie war, ehe der welt grundt gelegt ward, das ist, ehe *die waßer geschaffen wurden, daraus die welt ist gemacht worden* ... Sie ist das Leben aller Creaturen sie träget alles durch ihr kräfftiges wort ... Sie ist unser aller Mutter, in ihrem Leibe [!] hat sie uns alle getragen, sie hat *durch ihr kräfftiges wort alle dinge herfürgeruffen aus den waßern* ohn sie hat Gott nichts gemacht, was er gemacht hat".

Es fällt ins Auge, wie hier entscheidende Gottesprädikationen auf die *Sophia* übertragen werden: die Erschaffung der Welt, die Aussage, daß *sie* das Leben sei und alle Kreaturen trage, schließlich, und das ist in beiden Aspekten bedeutsam,

---

[406] S. 43 zitiert er aus dem "Beschluß seiner zwölff Tractaten", S. 61 zwischen den auch von Arndt bekannten Autoren Paracelsus und Severinus Danus (der Paracelsist Peder Sørensen, vgl. dazu u. a. Schneider Paracelsist S. 95) aus Sendivogius' *Philosophischem Stein*.

[407] Scherer Alchymia S. 17 geht von etwa 75.000 bis 120.000 gedruckten Büchern *jährlich* aus!

[408] Nach Horst Pfefferl Rezeption *passim* (vgl. die Übersicht S. 162) sind die *zweite* (mit Ausnahme der z. T. aus Weigel-Materialien erstellten Kapitel 9–10 und der Gebete von 9–14) sowie die *vierte* der *Viererlei Auslegungen* als authentisch anzusehen, während die *erste* und *dritte* sowie die Gesamtkompilation von späterer Hand stammen.

[409] S. 407f. (Hervorhebung von mir).

daß *sie ihr* wirkungsmächtiges Wort der Schöpfung spreche. Damit zeigt sich zugleich, was schon bei Arndt zu beobachten war, daß einer spezifischen Konzeption des ‚Wortes' Gottes schöpfungstheologisch eine zentrale Rolle zukommt. [410] Im Kapitel 8 von Auslegung II sieht Weigel eine ganze *catena* aus dem primordialen „Wasser" hervorgehen. Dabei handelt es sich nicht wie im zuletzt zitierten Abschnitt um die Erschaffung der intelligiblen, sondern der sublunaren Welt, die gemäß der Deutung in II,11 Gott erst nach dem Fall Luzifers und der Engel dadurch hat entstehen lassen, daß er sie von der ewigen geistigen Welt „geschieden" hat. In dieser Stufung zwischen der intelligiblen und der körperlichen Welt kehrt der alte gnostische Gedanke von der Entstehung der sichtbaren Welt der Materie aus dem Engelfall wieder, in der die göttlichen Lichtfunken gefangen seien und aus welcher die Pneumatiker sich wieder zu befreien hätten. Die materialen Kreaturen der sichtbaren Welt kann Gott demzufolge selbst nicht geschaffen haben. Sie gehen vielmehr als irdisch-materielle *corpora* erst sekundär aus den „Samen" der Elemente hervor. Wie zu sehen ist, handelt es sich, abgesehen von der breit ausgeführten Spekulation um die Sophia und den Fall Luzifers, um dieselben Grundlagen des Weltbildes, die auch bei Arndt begegnen und sich u. a. in seiner Anschauung von Leib und Materie als dem Gefängnis der Seele spiegeln. In der *Viererlei Auslegung* sieht diese *catena* so aus: [411]

Der „werckmeister", Gott, „wohnet in ihm selber, und hat geschaffen durch seine weißheit die Engel, nach dem fall der Engel sindt entstanden *die waßer, welche ein Same waren aller nachfolgenden Geschöpffe. Aus dem waßer seind kommen die Elementa, aus den Elementen die corpora, aus den Cörpern die Früchte, aus der welt die Thiere, und aus der Welt und allen Geschöpffen der Mensche.* Gott wird gesehen in seiner bildniß von fernen, gleich als in einem Schatten oder Dunckelen, als *die Seele des Menschen ist eine unsichtbare geistliche Substantz, ein Bildnuß Gottes* [!], wer diese siehet, der siehet Gott [!]".

Auch hier handelt es sich bei dem genannten „Wasser" nicht um gewöhnliches materielles Wasser – das nur das äußerliche *corpus* des eigentlichen immateriellen *elementum aquae* bildet –, sondern um den immateriellen, noch ungeformten Urstoff, die *prima materia* des *mundus sensibilis*. Der kosmologische oder kosmosophische Zusammenhang von dem Urwasser bis zur körper- und weltlosen Seele als Ebenbild Gottes gemahnt vielfältig an die Züge, die von einer Gesamtkonzeption des „Wahren Christentums" bereits sichtbar wurden. Das zwölfte Kapitel der zweiten von den *Viererlei Auslegung*en, das dem neunten Kapitel von Weigels *Natürlicher Auslegung* entspricht, bringt nun die beiden Welten in einen

---

[410] Vgl. auch *Viererlei Auslegung* II,12 (S. 442f.): das Wort Gottes, "durch welches alle dinge gemacht seind, und in demselben vielmehr bestehen ... wollen sie bestehen, so müßen sie in dem worte bestehen, und nicht in ihnen selber"; vgl. ebd. III,11 (S. 521).

[411] *Viererlei Auslegung* II,8 (S. 417f.; Hervorhebung von mir); „werckmeister": III S. 465 u. 477; das griechische Äquivalent dieses Begriffs ist der im Zusammenhang gnostischer Religion höchst bedeutsame Titel des Schöpfergottes als Demiourgos.

Zusammenhang, in dem die „oberen" und die „unteren" „Wasser" je an ihrem Ort,[412] von denen jeweils die Entwicklung dieser Welten den Ausgang nimmt:

"Bis anhero in dem ersten und andern Tagewerck seind die unsichtbaren dinge beschrieben worden, als erstlich, das ungestalte wesen, die *erste materia* des Lichtes und der Finsternuß, welche war eine leere, weiße, tunckele vermengung, ein chaos ... Eine Finsterniß, *die sich bald wandelte zu waßer*, das ist, zu einer lufftigen warmen feuchte wie ein Athem des Menschen. Aus diesen finstern waßern ... kam herfür das Licht, welches unsichtbar war vor menschlichen Augen, *darnach ward getheilet durch das Firmament das obere waßer von dem unteren, und diß auch noch alles unsichtbar*. ... Aber nun kompt herfür *die Erde aus den waßern, das ist diese sichtbare weldt*, welche gesetzet ist in das ▲ luft ▼ erde, nemlich das sich die waßer unter dem Firmament samlen an ihren Ort, *als aus den untern waßern worden geschei- den der Geist des firmaments* am andern tage, der war unsichtig allen mensch- lichen Augen, an dem dritten tage kam hervor das sichtbare leibliche als der Himmell. *Also auch aus diesen waßern wurden geordnet die andern drei Ele- menta, welche auch Geister sind* [!], welche alle drei von sich scheideten *ihre cor- pora, das ist ihre leiber*, der Geist der lufft gab sein corpus, der geist des waßers brachte seinen leib und blieb im leibe, das Element Erde brachte seinen leib und blieb im leibe; dieweil aber die sichtbare Erde mit dem Meerwaßer bedecket war, da schiede Gott das Meerwaßer auch an seinen Ort, das man das trockene sahe. *Also kam hervor die Erde aus den waßern, nemlich die vier Elementa, welche die welt seind wurden unsichtbahr*. Also haben die Elemente sich gereiniget und gesubtiliret durch die scheidung. Die lauter- sten und subtilsten seindt geordnet in die obere Sphaera als fewer und lufft, die groben zwei haben den boden eingenommen, als waßer und Erde. Die Erde ist das gröbste und dickste corpus, ein Auswurff und Absäuberung von den subtilen Elementen und *astris oder Sternen, die in allen Elementen seind astra. Diese gantze leibliche welt in ihren waßern war anfänglich wie ein warmer Nebel oder Dampff, da ein jedes Element sein corpus von sich schiede, und blieb doch in dem corpore*. Als der spiritus firmamenti oder Element Fewer ward zu Fewer, also *ist geist und leib beisammen, wie ein Same von sich scheidet das Gewächse, sichtiges und unsichtiges allemal beisammen*." [413]

Auch das gnostisch-spekulative Weltbild der *Viererlei Auslegung* ist, wie Gehalt und Sprache allenthalben zu erkennen gibt, in ihren verschiedenen Schichten tief dem alchemischem Denken verpflichtet. Analog zu Arndts betonter Unterschei- dung zwischen den Elementen und ihren „Körpern",[414] etwa dem *elementum aquae* und den Gewässern als seinen konkreten „Früchten",[415] differenziert auch Weigel zwischen dem „unsichtbaren Wasser" als dem *elementum oder spiritus* und der sichtbaren Erscheinung, die beide als eine Doppelheit zusammengehören:[416]

[412] Ein Nachhall auf diese Spekulation findet sich auch bei Arndt: *Pss* 148/I Bd. II S. 366b-377a.
[413] *Viererlei Auslegung* II,12 (S. 436-438; Hervorhebung von mir).
[414] *Hex* 2,3; s. o.
[415] *Hex* 5,2.11–13.
[416] *L. c.* (Hervorhebung von mir).

„Also der Spiritus aeris oder das Element Aer ward zur lufft und ist selber die lufft. Der Spiritus aquae oder das Element aqua gieng zue Meerwaßer, und ist in dem waßer oder Geiste der Erden; oder das Element Erde ließ aus von ihm dampf, Rauch, und alles was Grobheit war, von dem andern, ward es zue Erden. *Also ist ein jedes Element zwifach, sichtig und unsichtig beisammen*, und die gantze welt ist ein zusammengebackter coagulirter Rauch nach dem sichtbaren Leibe, welche Leiber seind gescheiden aus den unsichtbahren; *denn gleich wie die unsichtbahre erste materia der geschöpffen gleich bald sich neigete zu einer feuchten wärme der waßer, also wurden die untern waßern unter dem Firmament durch die scheidung gleich zu einer sichtbahren materia je mehr und mehr, bis ein jedes Element nach seiner Ordnung seinen Leib von ihm gescheiden hatten* [sic]*, und sich also sichtbar gemacht hatte. Siehe, also leßet sich die Erde sehen aus den waßern*, nemlich die welt sichtbar und hart, leiblich, greifflich, wiewol Moses von dem Meerwaßer redet, das es von der Erden gescheiden sey. So sehen doch *die Weisen*, das *die gantze sichtbare welt sei limus terrae, der Erdenkloß, der da entstanden und hervorgekommen ist aus den unsichtbahren waßern.*"

Arndts *Hexaemeron*, das auf weitgehend analogen alchemischen Vorstellungen basiert, läßt im Vergleich hierzu solche spekulativen Gedankengänge vermissen. Es fällt auf, wie fern Arndt zunächst eine solch Diktion und Denkweise scheinen – jedenfalls in diesem für ein breites Publikum verfaßten Werk.[417] In den ersten drei Tagewerken der Schöpfung nach Arndt ist nichts zu finden über die „oberen" und „unteren" „Wasser" und die Himmelsfeste als Trennung dazwischen. Arndt, der die von Weigel extensiv genutzte Gelegenheit der ersten Verse der Genesis auszulassen scheint, eröffnet sein *Hexaemeron* mit dem Licht, doch ohne über Herkunft und Wesen der Finsternis zu philosophieren, er meditiert den (natürlichen) Himmel und konstatiert lapidar, daß die Erde „im Wasser bestehe". Was er beschreibt, das geht, zumeist in bewußt schlichter Darstellungsweise und Diktion, von der Welt des Sichtbaren aus, die ihm *per analogiam* en detail und im Ganzen zu einer allegorisch auszulegenden Chiffre für die jenseitige Welt Gottes wird. Sein Hang zu einem prononciert praktischen und damit verbunden anschaulichen Christentum und seine überall spürbare Freude an der Fülle und Schönheit des Kosmos, die ihm, gut pansophisch, fast *per se* zur Doxologie wird, verleihen seinem Werk gegenüber dem postweigelischen einen deutlich wärmeren, freundlicheren und auch vielfältigeren Charakter.

Und doch begegnet man auf Schritt und Tritt denselben Elementen des Weltbildes: In dem dreifach gestuften Licht des ersten Schöpfungstages bei Arndt dem gestuften, die sichtbare Welt dreigestuft übersteigenden Sphärenkosmos; auch den von ihren „Körpern" zu unterscheidenden „Elementen", die selbst, als der immateriellen Sphäre zugehörig, unsichtbar sind, auch wenn sie sich sichtbar verleiblichen und ihre *corpora* hervorbringen, aus denen wiederum die „Früchte" „wachsen"; dem Hervorgehen und „Bestehen" der Erde im Wasser; dem einen,

---

[417] In anderer Weise zeigt sich sein Hang zum Spekulieren, allerdings mit nicht geringen eigenen – und erklärten – Unsicherheiten behaftet, etwa in seinem *Mysterium de incarnatione*.

alles verbindenden großen „Wasserbaum" im Erdinneren; der Mikro/Makrokos-
mos-Spekulation, die hier wie dort zutiefst in die Fragen nicht nur der Kosmologie, sondern der Anthropologie und Soteriologie hineinreicht; schließlich, um
die ohne Mühe fortsetzbare Reihe zu beenden, den *astra, semina* und *virtutes
occultae*, die die Elemente mit den Erscheinungen, das „Obere" mit dem „Unteren", die geistige Welt mit der materiellen verbinden, und die für Arndt wie für
Weigel ein schlechterdings unverzichtbares Element ihrer Kosmologie bilden.[418]
Sie stellen den Zusammenhang aller Kreaturen mit ihrem Ursprung, den gleichsam aus der Außensicht die *catena aurea* zeigt, unsichtbar „von innen" her und
bringen ihn, der den Augen verborgen ist, allein den Eingeweihten zur Darstellung, die sich in diesem Wissen von den vergeblich Weltgelehrten unterscheiden.

6.3   *lumen internum creaturarum*

Arndts Hermetismus vereint den Blick aufs Detail mit dem aufs Ganze. In dieselbe Richtung wie schon die Rede von der „pur lautere[n] Essenz und helle[m]
Licht", die es aus dem „Schaalenhäuslein und Kästlein" zu extrahieren gelte,[419]
jedoch von dem Einzelphänomen zum Gesamtzusammenhang voranschreitend,
weist im *Hexaemeron* eine von den verschiedenen Disziplinen der Arndt-Forschung bisher noch kaum beachtete, in der alchemischen Tradition dafür um so
höher bewertete Stelle im Zusammenhang des ersten Kapitels, das „Vom ersten
Tagewerk GOttes, dem Lichte" handelt. Schon zu dessen Beginn war zunächst
die Rede gewesen von dem Licht,[420]

> „so in der Schöpfung von der Finsterniß der großen Welt *geschieden*, ...
> dadurch die Welt erleuchtet, erfreuet, unterschiedlich erkannt, und ganz
> weislich und wunderbarlich offenbaret worden; ja, *dadurch das Licht des
> Lebens*, nach Etlicher Meinung, *der großen Welt*[421] *influiret, und allen Creaturen
> einverleibet* [!] *worden*".

Verknüpft man dieses den Kreaturen – auf dem oben beschriebenen Wege einer
Materialisierung des Immateriellen – „einverleibte" und sich so in den ganzen
Makrokosmos verströmende innere Licht mit dem Vorhaben, „die pur lautere
Essenz und helles Licht" aus den „Kästlein", d. h. *corpora* der Materie zu ziehen,
gelangt man geradewegs zum alchemischen *opus*. In der Tat läuft das Kapitel
vom Licht – und speziell im Schlußabschnitt – geradewegs darauf hinaus:[422]

---

[418] Z. B. *Viererlei Auslegung* II,12 (S. 441) u. ö.
[419] *Hex* 3,15.
[420] *Hex* 1,2 (Hervorhebung von mir).
[421] Dem Makrokosmos.
[422] *Hex* 1,30 (Hervorhebung von mir).

„Zum Beschluß ist auch zu wissen, daß der gütige Schöpfer *ein reines, schönes und anmuthiges Licht allen Dingen eingeschlossen habe,*[423] wie die wissen, so *die natürliche Separation und Absonderung verstehen, und die Purität, Reinigkeit, aller Dinge recht philosophisch* [!] *scheiden können von der Impurität,*[424] *Unreinigkeit, und Finsterniß.* Und so können alle Dinge *natürlich perficiret* (vervollkommnet) *und gebracht werden in ihre Klarheit.* Denn das ist ihre *natürliche Verklärung...* ".

Nichts weniger als das Urlicht der Schöpfung gilt es „recht philosophisch" zu erschließen, und nur die Spagyriker wissen um den Zugang zu diesem Licht, das in allen Kreaturen zu finden ist. Auch von seinem spezifischen Ort im *Hexaemeron* her handelt es sich um einen Schlüsseltext. Im Übergang vom ersten Schöpfungswerk, dem Licht, berührt Arndt den Zusammenhang des inneren „Lichtes" aller Kreaturen und verknüpft ihn – und zwar noch bevor er sich der Erschaffung des Himmels und der Erde und damit den „Elementen" zuwendet! – mit der alchemischen Kunst der „Scheidung",[425] die das innerliche Licht zu erkennen vermag und damit recht umzugehen weiß. Insofern sie noch vor Himmel und Erde und allen einzelnen kreatürlichen Phänomenen an den Grundlagen der Schöpfung zu forschen beansprucht, mag sie daher ihrem eigenen Selbstverständnis und Pathos nach *mutatis mutandis* einen nicht geringeren Stellenwert beansprucht haben als vielleicht heutzutage Atomphysik oder Genforschung unter ihren weitgehend anderen wissenschaftlichen und weltanschaulichen Prämissen.

Wer die in der Natur nur in verunreinigender Vermischung vorkommenden Dinge „recht philosophisch", d. h. alchemisch auf „natürliche" Weise, also nach alchemischem Selbstverständnis „nicht gegen die Natur, sondern mit ihr",[426] zu „separieren", zu „perficiren" und mit ihrer „natürlichen Verklärung" erst eigentlich zur in ihnen angelegten Vollendung als *ultima materia* zu bringen weiß, arbeitet unmittelbar an den Grundlagen der Schöpfung. Mit der „philosophischen" „Separation" der „Purität" von der „Impurität", also der „Absonderung" des stofflich Reinen im Sinne des therapeutisch Wertvollen von dem aus medizinischer Sicht Nutzlosen, bezieht Arndt sich auch terminologisch auf einen „Kerngedanken der Paracelsischen Alchemia medica", den der Hohenheimer verschiedentlich äußert.[427] Die pseudoparacelsische Schrift *De natura rerum* charakterisiert diese Separation als „ein extraction des reinen edlen geists oder quintae essentiae von seinem groben zerstörlichen elementalischen Leib".[428] Nach Telle hat sich die Formel von der *separatio puri ab impuro* „geradezu zu einem paracelsistischen

---

[423] *Hex* 1,2 formuliert im (nachträglichen?) Einschub vorsichtiger: "nach Etlicher Meinung".
[424] Zur *separatio puri ab impuro* vgl. unten.
[425] Welcher Terminus nicht zufällig, etwa in der *Viererlei Auslegung*, sowohl für Gottes Erschaffung der Welt wie für das mit der Schöpfung befaßte alchemische Werk verwendet wird.
[426] Scherer Alchymia S. 44.
[427] Nachweise nach Telle Stein der Weisen S. 180f. A. 46: *Archidoxa* III (Sudhoff) S. 147, 149f.; III (Sudhoff) S. 218; IV (Sudhoff) S. 132 u. ö.
[428] Nach Telle Stein der Weisen S. 180f. A. 46: XI (Sudhoff) S. 352.

Losungswort" entwickelt, wie er am Beispiel einer „alchemoparacelsistischen Lehrdichtung", des Reimpaargedichts *Vom Stein der Weisen,* zeigt.[429]

Am Beispiel frühneuzeitlicher Adepten weist Richard Scherer zu Recht auf den qualitativen Sprung im Selbstverständnis der Alchemie dahingehend, „daß die Kunst, die menschliche Arbeit also, das Ziel der Natur aufnimmt", und das, was in der Natur angelegt, aber noch nicht vollkommen ist, damit an sein Ziel bringt. Mit diesem Bestreben jedoch verharrt das Selbstverständnis nicht mehr in einem nur physiomimetischen Gestus, sondern dringt in Verbindung mit dem von der Stoa übernommenen teleologischen Denken zu einer Gleichberechtigung von *natura* und *ars* vor: „Die faktische Natur mit ihren Mängeln bedarf der Kunst; ohne die Natur aber vermag die Kunst nichts. ... Als reife, dh. an ihr Ziel gelangte Natur, ist jeder Stoff als Heilmittel zu gebrauchen. Die Bewegung zu diesem Ziel hin ist die der Natur selbst. Der Mangel der faktischen, vorfindlichen Natur besteht darin, daß sie dieses Ziel noch nicht erreicht hat. Und genau darin liegt der Ansatzpunkt der *ars,* der menschlichen Arbeit. Sie ergreift die Natur und führt diese zu ihrem eigenen Ziel. Die menschliche Arbeit vollendet die Natur."[430] Ähnlich wie die „weiße" Magie nicht widernatürliche Manipulationen anstrebt, sondern Kräfte – und Ziele –, die ihrem Verständnis nach in der Natur selbst liegen, zur Wirkung zu bringen sucht, ist dies das Anliegen auch der Alchemie, die selbst einen Teil solcher Magie bildet. Daß es zeitgenössische Alchemiker gab, die das Verhältnis von *natura* und *ars* im Sinne der klaren Überlegenheit der menschlichen Tätigkeit bestimmen, zeigt das von Thomas Lederer dokumentierte Beispiel des nahezu in Vergessenheit geratenen, u. a. von Benedikt Figulus[431] geschätzten Franz Krell,[432] der in der nach 1604 entstandenen Schrift *Physica naturalis* das traditionelle Verständnis von deren Rangfolge geradezu auf den Kopf stellte: „Wisse aber, der Kunst, so der Mensch von Gott empfangen hat, ist alle ding möglich, sie ist weit über die Natur. *Die Kunst folgt nicht der Natur nach,* als wenn sie ihre Dienerin seye, *sondern sie herrschet über die Natur,* vollbringt und thut sachen, daß der Natur nicht möglich ist zu thun."[433] Nicht minder provokant mag dieser „Traum von der auf Erfindungskraft gegründeten Macht des Menschen zur Beherrschung der Natur"[434] für fromme Ohren geklungen haben: „Die Kunst ist Herr und nicht die Natur, die darff sich nicht höher sehen lassen, sondern muß sich mit ihren Werken schämen"!,[435] weshalb schon der Herausgeber des Erstdrucks von 1606, der Frankfurter Para-

---

[429] Telle Stein der Weisen S. 180f. A. 46.

[430] Scherer Alchymia S. 44f., v. a. unter Bezug auf Joachim Tanckius' *Promptuarium Alchemiae.*

[431] Zu Figulus s. u.

[432] Lederer Krell, in: Telle (Hg.) Analecta Paracelsica S. 149-166.

[433] Krell *Physica naturalis* (im Anhang zu *Aperta arca arcani artificiosissimi,* Frankfurt / Main 1623) S. 160, nach Lederer Krell S. 156. Zu fragen ist, ob dies auch magisch zu verstehen ist.

[434] Lederer Krell S. 157.

[435] Krell *Physica naturalis* (im Anhang zu *Aperta arca arcani artificiosissimi,* Frankfurt / Main 1623) S. 160, nach Lederer Krell S. 172.

celsist Franz Kieser, diesen für ihn offensichtlich anstößigen „Traditionsbruch" Krells redaktionell zu revidieren suchte.[436]

Arndts Rede von der „natürlichen Verklärung" und „Perfizierung" der Dinge hat zwar an dem alchemisch-paracelsistischen Grundgedanken Anteil, daß durch die Kunst ein von der Natur selbst noch nicht erreichter Stand zu erzielen sei, doch ist es von dem Selbst- und Naturverständnis eines Franz Krell weit entfernt. Das „helle Licht" und die „pur lautere Essenz", die Gott nach Arndt in die Natur gelegt hat, warten geradezu darauf, von den Wissenden entdeckt und durch ihr Wirken zur höheren Ehre Gottes hervorgebracht zu werden: „Denn die Natur treibet die Gemüther solcher Leute, den Künsten mit heftigem Nachsinnen und Arbeiten obzuliegen, auf daß GOttes Werke offenbar und hervorgebracht werden zu GOttes Ehren und dem Menschen zu Nutz."[437] Die Natur selbst ist hier noch ganz das Subjekt des Handelns, erst auf ihren Anstoß hin wird der Mensch in einem tieferen Sinne zum Mitarbeiter in Gottes Schöpfung.

6.4   „Er ist alles."[438]

Einmal mehr verdeutlicht der geschilderte Gedankengang, wie eng die verschiedenen Dimensionen des Weltbildes ineinandergreifen. Daß die Schöpfungslehre mit ihrem platonisierenden Stufenkosmos, die Lichtmetaphysik, die Astrologie der astralen Influenzen und die diese *astra* und das in ihnen verborgene Licht separierende Alchemie verschiedene Aspekte oder Dimensionen ein- und desselben Zusammenhangs bilden, die sekundär getrennt und zugleich sinnvoll nur in ihrem Zusammenwirken und Ineinandergreifen betrachtet werden können, hat der bisherige Gang durch die Sphären und Interdependenzen von Arndts Weltbild gezeigt. Die innere Einheit dieses Zusammenhangs ist in dem – nun auf Ebene der Naturphilosophie wirksamen – spiritualistischen Vorrang des Geistprinzips zu suchen. Alles Sichtbare und in aller Freude an der Schönheit und Fülle des Kosmos Bestaunte ist letztlich nur äußerliche Manifestation des *ex centro seminis* wirkenden geistigen – bzw. eben auch „geist*lichen*" – Prinzips. In den *corpora* und *Früchten*, den äußerlichen *Schaalenhäuslein und Kästlein*, die wirkenden Kräfte – wie in den medizinisch nutzbaren Kräutern – und in ihnen die Güte des Schöpfers aufzuspüren, darauf zielt die spagyrisch-alchemische Kunst. Sie ist für Arndt Teil des Strebens, im Geschöpf zum Schöpfer zurückzukehren.

Bei Arndt – nicht unähnlich wie bei Weigel – war mehrfach eine enge Einbindung des Schöpfungsverständnisses in eine Theologie des Wortes Gottes zu beobachten. Was die Kreaturen als Gottes „Buchstaben" mit ihren einzelnen und ihrer kollektiven „Signatur" „sprechen", „rufen", „schreien" und „verkündi-

---

[436] Franz Kiesers Version der *Cabala chymica* [= *Physica naturalis*] 1606, S. 35 kehrt die zuerst zitierte Äußerung ins schiere Gegenteil um: "Die Kunst folgt nicht der Natur nach, sondern sie ist ihre Dienerin."; nach Lederer Krell, in: Telle (Hg.) Analecta Paracelsica S. 156 A. 45.
[437] *Hex* 4,13.
[438] *WCh* II,26,10.

gen", was sie mit tausend Einzelzügen in all ihren allegorischen Botschaften den Menschen übermitteln, weist sie als Träger des göttlichen Wortes, als mittelbare Offenbarungsträger aus. Dies gilt in einem unmittelbaren Sinne auch dadurch, daß sie nur insofern und solange, als sie in Gottes schöpferischem Wort bleiben, Bestand haben. In einer spezifischen Verknüpfung von Wort-Gottes-Lehre mit dem Geistprinzip in den Kreaturen ist auch die religiöse Einbindung und Fundierung auf eine unmittelbare Weise gewährleistet. Was Arndt über die natürlichen Bäume als „Früchte" der Erde sagt, gilt analog für die „Gewächse" der anderen Elemente. Sie gehen alle aus einem Ur-„Samen" eigener Art hervor: [439]

„Stehet hier [Psalm 104,16]: Der HErr habe sie gepflanzet, verstehe, durchs Wort der ersten Schöpfung 1 Mos. 1,12. Und dadurch wachsen noch heut zu Tage neue Bäume, ob man gleich die alten mit der Wurzel ausreutet. Denn die Erde behält diesen Segen, so lange sie währet. *Und ist GOttes Wort der allererste Same der Erdgewächse.*"

In den astralen *semina* der Kreaturen, die „himmlisch" sind und doch in der vergänglichen natürlichen Welt ihre Bestimmung erfüllen, wirkt das primordiale *semen divinum*, das von der Erschaffung der Welt her in der *creatio continuata*, der Welterhaltung, als bis in die Gegenwart wirkend tätig erfahrbar ist. Eine gewisse deistische Tendenz ist dabei unübersehbar. Bis in alle Verästelungen des astralseminalen Kapillarensystems innerhalb dieses hermetischen Weltbildes hinein reicht Arndts spezifische Theologie von einem in den Kreaturen verborgenen *inneren Wort der Schöpfung*. Wie die Lichtmetaphysik in Kapitel I, die Sapientologie in Kapitel vier des *Hexaemeron* [440] und anderes mehr zeigen, ist nicht nur von der im engeren Sinne mystischen, sondern auch von der naturphilosophisch-hermetischen Seite der Weg zu einer inneren Einheit von Arndts Theologie in diesen beiden Elementen nicht weit. Die Verknüpfung beider Stränge ist bereits in diesem Denken selbst und in seinen sphärenübergreifenden Grundlagen angelegt.

Das markig betonte monistische Prinzip: „und ist doch alles Ein Baum, Ein Ursprung, Eine Wurzel von Einem Stamm" schließlich, das nicht von ungefähr stark religiöse Assoziationen anklingen läßt, verweist auf den großen organologischen Zusammenhang dieses Weltbildes, in dem sich in Arndts schon von ihrer literarischen Gestalt her eklektizistischen Theologie die verschiedenen Stränge der alchemisch-hermetischen Tradition, der patristischen und mittelalterlichen naturphilosophisch-naturallegorischen Tradition, der alttestamentlichen Weisheitstradition und schlichter biblisch-biblizistischer Schöpfungsglaube sich trotz aller Detailverliebtheit zu einem in seinen großen Konturen beeindruckend geschlossenen Ganzen aufbauen. Hierzu mag neben dem für die Renaissancephilosophie so wichtigen Anthropozentrismus und seiner neuen Betonung wie Interpretation der uralten Makro-/Mikrokosmos-Spekulation – die eine zentrale Rolle

---

[439] *Hex* 3,58 (Hervorhebung von mir).
[440] *Hex* 4,13-17.

für Arndts Konzeption von Buch IV spielt – vor allem auch die enge Verbindung jener den Kosmos durchwirkenden und durchwaltenden „astralischen" *semina* mit dem „allerersten Samen" des göttlichen Schöpfungswortes beitragen. Ähnlich wie in der mystischen Dimension von Arndts Theologie das neuplatonisch inspirierte *omnia-unum*-Prinzip spielt auch in dem synkretistisch von neuplatonischen und hermetisch-gnostischen, aber auch stoischen und aristotelischen Einflüssen geprägten naturphilosophischen Denken Arndts und seiner Geistesverwandten der Gedanke der göttlichen Einheit als Ursprung und Ziel des Kosmos eine große Rolle. Das zweite Kapitel von Teil II des *liber naturae*, das aus der „Schöpfung aller Dinge" auf Gott als *summum bonum* schließt, trägt Röm 11,36 als biblisches Motto, das auch im Text wiederkehrt,[441] das allerdings – und zwar beide Male – in einer gegenüber dem Luthertext signifikant abweichenden Reihenfolge des Wortlauts begegnet:[442] „Von Ihm, in Ihm, durch Ihn sind alle Dinge." Diese Formulierung indes unterstreicht noch den geradezu pantheistisch oder zumindest panentheistisch klingenden Charakter dieses ganzen Gedankengangs: *„In* [!] *GOtt, dem Schöpfer aller Dinge, ist alles Gut, so in allen Geschöpfen und Creaturen ist,* im Himmel und auf Erden. *Denn es entspringet alles aus Ihm.*"[443]

Dies korrespondiert zum einen mit dem die Vorrede zu Buch IV leitenden, in diesem Kontext christosophisch zu verstehenden biblischen Motto Kol 1,16f.: „... Es ist alles durch Ihn und in (zu) Ihm geschaffen, und Er ist vor allen, und es bestehet alles in Ihm.", das motivisch im siebten Abschnitt der Vorrede wiederkehrt: „In Dem [: Christus] ist alles, und alle Fülle, der strecket seine Hand aus über alle Creaturen. ... Es bestehet alles in [!] Ihm.", zum andern mit der das zweite Kapitel des *Hexaemeron* vom natürlichen und geistlichen Himmel beschließenden Anspielung auf 1 Kor 15,28: „In diesem neuen Himmel wird GOtt alles in allem seyn." Im Kontext der *vita contemplativa* von Buch II schließlich scheut Arndt nicht davor zurück, seine mystisch-ästhetische Schau der „Schönheit" Gottes auf folgende geradezu pantheistische Formel zulaufen zu lassen:[444]

„So erkennen wir auch die Liebe GOttes aus seinem lieblichen Wesen. Denn aus den Gesichten [!] der Propheten [!] und Offenbarung Johannis können wir merken, daß der allmächtige GOtt so schön und lieblich ist,

---

[441] Abschnitt 1.

[442] Luther 1545, Bd. II S. 2289: „Denn von jm / *vnd durch jn / vnd in jm /* sind alle ding."

[443] *WCh* IV,II,2,1 (Hervorhebung von mir).

[444] *WCh* II,26,10 (Hervorhebung von mir); es folgt des Märtyrers Stephanus Vision des offenen Himmels Apg 7,56, auf die sich etwa auch das *ECHO Der von GOtt hocherleuchten Fraternitet deß löblichen Ordens R. C.*, Danzig 1616, fol. B iij ʳ⁻ᵛ bezieht: "Warlich in diesem Stück ist verborgen die Sapientia omnium Coelestium & Terrestrium rerum, allhier ist das Mysterium, wie zu den letzten zeiten dz WORT sey Fleisch worden / wird denen so Gott zu dieser erkentniß erwehlet / also offenbar / das sie mit Stephano den Himmel offen sehen / vnnd den Sohn des Menschen sitzen zur rechten hand Gottes vnd mit Paulo von der Erden biß gar in den 3. Himmel auffgehoben werden. ... Die vernunfft allein nach dem fall / kan ohn sonderliche erleuchtunge so hoch nit kom[m]en." (Hervorhebung von mir).

daß Er unaussprechlicher Weise übertreffe alle Schönheit und Lieblichkeit der Welt. *Er ist* [!] *aller schönen Dinge Schönheit, aller lieblichen Dinge Lieblichkeit, aller Lebendigen Leben. Er ist alles.*"

„Er ist alles." Auch wenn Oswald Croll mit der kühnen Formel: „Mundus est [!] DEUS (ut ita dicam) evolutus."[445] noch weitaus unbekümmerter redet als Arndt, ist seine Verwurzelung in der gleichen Denktradition doch nicht zu übersehen. Nach Kühlmann/Telle belegt Crolls Formel, wie wenig Gott hier „kategorial geschieden ist von dem auf ihn zulaufenden und von ihm ausgehenden, in der neuplatonischen, latent pantheistischen Influenzlehre gefaßten intramundanen Kräftezusammenhang",[446] was auf seine Weise durchaus auch auf Arndt zutrifft.

Auch für Arndt bildet der Kosmos eine „Hierophanie"[447] Gottes, wie Ohly sie im Blick auf die ältere Tradition des *liber naturae* als „Theophanie" beschreibt: „Das Lesen im Buch der Natur hat den Sinn, die Welt als Theophanie zu rühmen."[448] Wer darin „mit geistlichen Augen" das Verborgene erkennt und dem Schöpfer nachspürt, kann, wenn auch vermittelt, so doch analog zum Grund der Seele, im Geheimnis der alles durchwaltenden Weltseele den Schöpfer schauen und berühren. Die mystisch-ästhetische Schau führt, den Stufungen der Emanation in Gegenrichtung folgend, von den sichtbaren Kreaturen zu ihren *semina* und *astra*, von den *corpora* zu den unsichtbaren Elementen, vom sichtbaren Licht über das in allen Kreaturen verborgene unsichtbare ‚Licht' bis zum Urlicht der ersten Schöpfung und von da aus zurück *in* Gott, *aus* dem *Alles* herkommt und der *in sich Alles*, d. h. *das All*, begreift. Daß der visionäre Aufstieg der Seele durch den Kosmos zu Gott in der *vita contemplativa* des zweiten Buches erfolgt, ist abermals Beleg für die enge innere – ‚pansophische' – Verbindung zwischen einem mystischen Spiritualismus und einer doxologisch orientierten Naturphilosophie sowie für den engen Konnex, der hier zwischen Weltbild und Theologie besteht.

---

[445] Croll *De signaturis* (ed. Kühlmann/Telle) S. 91.
[446] Croll *De signaturis* (ed. Kühlmann/Telle) Einleitung S. 9, u. a. bezogen auf *Chymisch Kleinod ErinnerungsVorrede* S. 106: "Aller Dinge Werckmeister / nemblich Gott den HERRN erkennen / vnd in jhn mit dem Bildt der Gleichheit oder wesentlichen Berühren ohn einig Bandt eingehen / damit du selbst verwandelt vnd zu einem Gott werdest [*deificatio*!] / ist erst die rechte / wahre vnd beständige Philosophie." Zur inneren Affinität von in diesem Sinne (Natur-)"Philosophie" und Theologie s. u. § 3.
[447] Eliade Schmiede und Alchemisten, Stuttgart 1960, S. 208.
[448] Ohly Neue Zeugen S. 551f.

§ 2   *magia naturalis*

1.   Vorkommen in Arndts Schriften

Alchemie und Astrologie stehen als im hermetischen Denken direkt aufeinander bezogene Disziplinen[1] in einem engen Zusammenhang. Die eine ist nicht ohne die andere, und als ineinander greifende Glieder der *catena aurea* spiegeln sie in der Sphäre der sinnlichen Welt einander wechselseitig nach dem Grundsatz der ‚Hermes Trismegistos' zugeschriebenen *Tabula Smaragdina* von der Entsprechung des Oberen mit dem Unteren. Das für den Hermetismus fundamentale Konkordanzdenken verbindet über die Vorstellungen der *astra*, des *lumen internum creaturarum*, der Influenzen und der *catena aurea* nicht nur die stellare und terrestrische Sphäre,[2] sondern, wie der Gang der Untersuchung gezeigt hat, auch die sich nicht nur den jeweiligen Sphären, sondern vor allem deren Relationen untereinander zuwendenden ‚Disziplinen' des Geheimwissens, wie vor allem die wechselseitig aufeinander bezogene astrologische Disziplin einerseits und alchemische andererseits zeigen. Der hermetische Arzt, der eine Krankheit ‚astralischen' oder ‚lunatischen' Ursprungs diagnostiziert, sucht für seine Therapie ein sympathetisches Mittel zu eruieren, dessen aus dem Gehäuse der Materie ‚gezogenen' inneren, verborgenen Kräfte des Makrokosmos dem Mikrokosmos wieder aufhelfen.

Ein Beispiel für den die verschiedenen Glieder der *catena aurea* übergreifenden Zusammenhang der Kräfte in den verschiedenen Sphären und dementsprechend für die enge Verbindung der hermetischen Disziplinen untereinander bietet

---

[1]   Was den Hermetismus anbetrifft, fällt auf, daß er von der neutestamentlichen und patristischen Wissenschaft abgesehen in den historischen und systematischen Disziplinen der Theologie unterrepräsentiert scheint. Sinnfälliger Ausdruck dessen ist, daß das Thema in zentralen Nachschlagewerken erst gar nicht auftaucht oder zumindest deutlich unterbewertet ist. In der alten RE[3] fehlt es völlig, wo es – wie sogar auch noch im neuen EKL! – weder in den Textbänden noch auch im Register überhaupt erscheint. In der TRE ist alphabetisch unter dem Stichwort zunächst nichts zu finden, während in Band 18 in einer Art Nachtrag ein kurzer Artikel begegnet, dem jedoch die fast alle Epochen westlicher Kirchen-, Theologie- und Kulturgeschichte wirkungsvoll begleitende Rezeptionsgeschichte des Hermetismus und des *Corpus Hermeticum* kein eigenes Thema wert zu sein scheint, was – um nur ein Beispiel unter vielen zu nennen – etwa seiner Bedeutung für die Entstehung der Aufklärung in keiner Weise gerecht wird. Dieser generellen Unterbewertung entspricht die weitgehende Ausklammerung oder Negation dieser Frage in der Arndtforschung, wo erst Edmund Weber mit seiner breiten Dokumentation von Arndts umfangreicher Paracelsus-Rezeption eine Wende einleitete.

[2]   Dies ist nach Joachim Tanckius' (Tancke) Schrift *Von der Alchimey würden vnd nutz* Gegenstand der "ware[n] Astrologia", die nur den Eingeweihten bekannt sei, vgl. Scherer Alchymia S. 72.

Arndts Zeitgenosse, der Mediziner und Paracelsist Oswald Croll, der sich wie
Arndt u. a. auf Paracelsus und Weigel[3] bezieht. In seinen Schriften wird, was sich
bei Arndt eher in einzelnen Äußerungen hier und dort findet, in einem großen
Zusammenhang und in einer geschichtlichen Perspektive ersichtlich: [4]

„Vnnd also sehen wir auch auß der Alten hinderlassenen Schrifften daß
zwischen den Astrologen vnnd Chymiologen keine geringe Verwandt-
schafft sey: Sintemahl die Himmlische Astronomi gleichsamb der vndersten Vatter vnnd Lehrmeister ist / vnter welchen ein jedes sein besonder
Firmament / seine sonderbahre Sonn / Mond / Stern vnd Planeten hat /
jedoch also / daß bey der Astronomi der öbersten Dinge / bey der
Chymiologie aber der vntersten Gelegenheit zufinden. Welche nun auß
diesen schwartzen Philosophis, auß Erleuchtigung Gottes den MENTEM
erlangt / vnd die Eygenschafften der Cörper in dem obern Globo wahrgenommen durch eine Kunstreiche Analogy den Astris vnnd Cörpern deß
vntern Globi recht können accomodiren / die werden selbst bekennen /
daß jhnen gar nicht von nöthen Philosophirung halben nach Indien oder
in Americam zuschiffen / sondern werden alle Philosophische Difficulte-
ten / vnnd dunckel eingewickelte Rätzel oder Fragen in einer feinen kürt-
ze sehr klärlich können eröffnen. Dann auff deß eintzigen Schöpffers Vor-
sichtigkeit vnnd Güte kompt es / daß sich vnsichtbahre Astra oder Gestirn der vbrigen Elementen in dem öbersten Element sichtharlicher [sic]
Gestallt vnd die Gesetz der Bewegungen zusampt der zukünfftigen Ende-
rung der Zeiten eygentlich erklären. Wiewol nichts in dem gantzen Familia
oder Geschlecht der vndersten Natur / daß da die gantze Astronomiam
den innatis Astris so jhren prädestinirten Aemptern zugethan / nicht
köndte vollenden oder absolvieren ... ”.[5]

---

3 *Chymisch Kleinod, ErinnerungsVorrede* S. 14, 72 u. ö.: Paracelsus; S. 72: Weigel (genannt in einem
   Atemzug mit Paul Braun (Nürnberg) und Petrus Wintzius (Breslau), die im *LEO RUGIENS
   oder LEWEN GEBRVELL*, Staatsbibliothek München Cgm 4416, fol. 213 ᵛ – 214 ʳ, und
   zwar zusammen mit Johann Arndt, dem dritten Engel der Apokalypse zugewiesen werden).
4 *Chymisch Kleinod, ErinnerungsVorrede* S. 13f.
5 Die Fortsetzung dieser Stelle, die bis zum *spiritus mundi* als dem Inbegriff der *astra* und in die
   Anthropologie und Theologie ausgreift, lautet folgendermaßen (S. 14): “Dann es ist das
   Firmament zweyerley: Nemblich das externum oder eusserliche / wie alle Cörper der Gestirn
   im Firmament deß Himmels: Vnnd dann das jnnerliche / als das Astrum oder vnsichtbahre
   vnempfindliche Corpus in allen Gestirnen deß Firmaments. Dieses vnsichtbahre vnnd
   vnempfindliche Corpus der Astrorum ist der *Geist der Welt / oder Natur / oder Hylech, wie es
   Paracelsus nennt / in alle Astra außgetheilet: Oder er ist alle Astra selbst.* Vnnd gleich wie dieser
   Hylech in der grossen Welt alle Astra oder Gestirn insonderheit begreifft: Also verfasset auch
   der jnnerliche Himmel oder Firmament deß Menschen / welches der *Spiritus olympicus* ist /
   jnsonderheit alle Astra vnnd Gestirn. Vnnd also ist der vnsichtbahre Mensch nicht allein alle
   Gestirn / sondern auch mit dem Geist der Welt gantz einerley gleich wie das weisse in dem
   Schnee. Vnnd gleich wie alle Dinge von innen / als von dem vnsichtbahren vnnd verborgenen heraußkommen vnnd entspringen / also kommen auch die sichtbahre Corporalische
   substantiae auß den vncorporischen Spiritualischen / als auß den Astris vnd sind Cörper der
   Astrorum oder Gestirn vnd bleiben auch in denselbigen / eines in dem andern. Vnd daher
   erfolgt / daß nicht allein alle lebendige Creaturen / sondern auch alle wachsende / ja auch
   die Steine / Metall vnd was in der gantzen Natur der Dinge zufinden / mit einem Syderischen Geist sind begabt / welcher das Firmament oder Astrum wird genennt / oder auch der

Geradezu klassisch setzt Crollius Astrologie und Alchemie, die *astra* und die *corpora*, das Oben und Unten des Weltengefüges in eine Beziehung der Sympathie. Dieselbe Basis, auf der auch Arndt die „wunderliche Consonanz und Verwandtniß des Himmels und der Erde"[6] blühen sieht, ist das hermetisch-magische Denken der Nachrenaissancezeit. Die fachliche Disziplin, die sich nicht nur mit einzelnen Aspekten – besser: Perspektiven auf das Ganze – oder auch mit bestimmten Sphären des Kosmos befaßt wie Astrologie und Alchemie, sondern deren inneren Zusammenhang als Gesamtheit herzustellen sucht, ist die *magia naturalis*, die Naturphilosophie hermetischer Prägung. In ihr und von ihr als gemeinsamer Grundlage her integrieren sich die einzelnen Bereiche und Disziplinen zu einem Ganzen, wie es an verschiedenen Einzelphänomenen wiederholt zu beobachten war. Nach der Ansicht Arndts und vieler seiner Geistesverwandten handelt es sich dabei um die „rechte Philosophie".

Diese Zusammenhänge hat Arndt, von der theologischen Kritik der Braunschweiger Zeit noch unbehelligt, in der *Ikonographia* von 1596/97 und in einem möglicherweise im selben Zeitraum entstandenen, erst 1616 jedoch in Arndts *Postilla oder Auslegung und Erklärung der Evangelien* veröffentlichten *Bericht von den Weisen aus Morgenland*[7] weitaus unbefangener zur Sprache gebracht als dann im „Wahren Christentum", in dem sie bei näherem Zusehen gleichwohl mehrfach und an entscheidender Stelle begegnen. Für dessen Textgestalt sind insgesamt und so auch für den *liber naturae* an die möglicherweise nicht unerheblichen Eingriffe im Zusammenhang der Gesamtzensur des „Wahren Christentums" – insbesondere jedoch nach Gerhards Angaben zu Buch I, II und IV – durch die Jenaer Fakultät in Erinnerung zu rufen, über die Johann Gerhard dem Nicolaus Hunnius berichtet,[8] deren erklärtes Ziel sei es gewesen, anstößige Formulierungen „substitutis quanquam commodioribus phrasibus explicare, et quantum fieri posset, depravationi occurrere". Insofern entbehren die vielen Versuche, Arndt aufgrund einzelner typisch orthodox klingender Formulierungen pauschal auch eine entsprechende Theologie nachzuweisen, methodisch nicht einer gewissen Naivität, ist doch durchgängig davon auszugehen, daß nicht wenige dieser Formulierungen von fremder Hand stammen, unabhängig davon, daß Arndt sich bereit zeigte, sie nachträglich zu übernehmen, sei es aus Anpassung oder Überzeugung. Glücklicherweise liegen in der *Ikonographia* und im *Bericht von den Weisen aus Morgenland* Quellen vor, die, weil unzensiert, sehr viel unvermittelter die genuinen Anschauungen Arndts zeigen, als es das von fremder und eigener Hand überarbeitete „Wahre Christentum" in seiner bis auf Buch I nur in der

---

verborgene Schmidt oder Werckmeister / von welchem die Formatio oder Bildung / Figur vnd Farb / her ensteht [sic] ... " (Hervorhebung von mir).
6   *Hex* 3,30f. (Hervorhebung von mir).
7   Hierzu vgl. Schneider Frühschriften S. 36–38; der Text ist abgedruckt ebd. S. 65-67.
8   Gleichius *Trifolium* Nr. IV S. 13f. (vgl. oben).

Endfassung vorliegenden Gestalt überhaupt noch tun kann. Dies gilt es für dieses Werk immer wieder sich zu vergegenwärtigen, weshalb davon auszugehen ist, daß manches vom ursprünglichen Bestand, das dort möglicherweise eliminiert oder nachhaltig überarbeitet wurde, sich an anderer Stelle noch finden läßt.

1.1 *Ikonographia*

Auch wenn in Arndts *Ikonographia* von 1596/7 die Bilderfrage im Zentrum steht – die seiner Auffassung nach im übrigen für das magische Denken insgesamt von hoher Relevanz ist –, lassen sich entscheidende Linien auch aus dem dortigen Kontext erheben. Insofern führt ein Umweg über diese Schrift direkt in später möglicherweise eher überdeckte, doch nichtsdestoweniger tragende Schichten des „Wahren Christentums".

Die im „Wahren Christentum" schon betrachtete *Signatura rerum* steht nach der *Ikonographia* nicht nur für einen Teilbereich, sondern für ein ganzes Denken, in dem Arndt die allein wahre „Philosophie" begriffen sieht, gegenüber der das akademische Studium der *artes* nicht mehr als ein Propädeutikum darstelle: [9]

> *„Diese ding* [d. i. Prognostica und Praesagia] *verstehen vnd die Signaturam rerum, ist die rechte Philosophia*, die man lernen solte. Sprachen vnd Artes Logicae machen keinen Philosophum. Linguae enim et artes sunt Philosophiae et eruditionis verae famulae, ornamenta et instrumenta, non ipsa Philosophia et Eruditio. Und thun die jenigen, so jr Leben in Sprachen vnd Logicis zubringen, eben so nerrisch, als ein Handtwercksman, der sein Lebtage am Werckzeuge arbeitet vnd zum rechten Wercke nimmer keme."

Handwerkszeug der Philosophie seien Sprachen und *artes*, nicht mehr. Daß die topische Kritik Arndts Polemik gegen die akademische und kirchliche Theologie andernorts nach Geist und Diktion aufs Haar gleicht, zeigt nur, wie eng sie ihr bis hin zu den Stereotypen und dem reduktionistischen Blickwinkel verwandt ist.

In einer Darlegung von auf Zukünftiges vorausweisenden *Prognostica* und *Praesagia*,[10] die als „Bilder" der Natur eigentliches Thema von *Ikonographie* IX bilden, eingestreut finden sich Charakterisierungen jener besonderen „Philosophie" der „Astronomi vnd Naturkündiger".[11] Arndt stellt sie in den Kontext einer Auslegung des „Buches der Natur", in dem nicht nur eine von Arndts primären Quellen seiner Signaturenlehre zur Sprache kommt, sondern in dem auch sonst deutlicher als im „Wahren Christentum" der geistige Hintergrund durchklingt, in dem dieser für Arndts Denken bedeutsame Vorstellungskomplex wurzelt:[12]

---

[9]   *Ikon* IX fol. 35 ʳ (Hervorhebung von mir); zur *Ikonographia* betr. Quellenkritik vgl. Weber S. 116-140 u. Schneider Chemnitz *passim*; inhaltlich-thematisch v. a. Mager Bildfrömmigkeit *passim*; zur inferioren Rolle der *artes* vgl. u. S. 205: Abb. 18 (Fludds *Utriusque Cosmi… Historia*).
[10] Ankündigungen künftiger von Gott geschickter Ereignisse in Naturerscheinungen.
[11] *Ikon* IX fol. 34 ᵛ; die "wahren Naturkündiger und Phisici" mit ihrem "dem gemeinen Mann" überlegenen Wissen vom Mikro-/Makrokosmos finden sich auch in *De X plagis* VI/1 S. 57.
[12] *Ikon* IX fol. 32 ᵛ – 33 ʳ (Hervorhebung von mir).

„Darauff so wisset, *das die Natur jrem* [sic] *Schöpffer nachahme.* Denn gleich
wie Gott der HErr *Göttliche geheimnus durch Bilder geoffenbaret* im alten vnd
newen Testament: *Also die Natur auch,* vnd hat Gott die Weissagungen
durch Bilder in die Natur gepflantzet. Denn die gantze Natur vnd alle
Elementa, Animalia, Vegetabilia, mineralia, sind voller *wünderlicher Figuren,
Zeichen vnd Bilder,* dadurch sie sich zuerkennen geben, vnd offenbaren alle
jre geheimnus durch Bilder; vnd *aus denselben kan alles gelernet werden, was
natürlich ist,* ja so wol, als aus einem beschribenen Buche; Wie jetzo ein für-
trefflicher *Philosophus vnd Naturkündiger* in seinem herrlichen vnd wunderbarlichen *Amphitheatro sapientiae divinae et humanae* [13] schreibet. Und sindt
also diese Bilder in der Natur Gottes Buchstaben, dadurch Er die Natur
gründtlich außleget *allen denen, die es verstehen* vnd diese wünderliche *Schrifft
vnd Buchstaben Gottes* lesen können. Daraus in einer Stunde mehr *natürlicherr*
[sic] *Weißheit* [14] kan geschepffet werden, denn viel weitleufftige vngegrünte
[: ungegründete] Heidnische Bücher vermögen. Denn sihe alle Kreuter
auff dem Felde an, alle Thier vnd Vogel, alle Sterne am Himel, alle Metallen, alles, was auff Erden vnd in der Erden ist, *obs nicht alles seine eigene Form,
Bild, Gestalt, Proportion, Figur vnd Signatur habe. Diß ist die rechte Philosophia* [!],
*deren prima rudimenta vnd gleichsam das Alphabet ist die Signatur; wer diß Alphabet
wol kan, der kan darnach baldt lesen lernen vnd der Natur Arcana verstehen.* Viel
rümen sich jtzo der Philosophi, vnd haben doch *das Alphabet der Natur vnd
wahren Philosophi vnd Physic* nihe gelernet."

Als Quelle bezieht Arndt sich hier, ohne namentliche Erwähnung seines Autors,
unter irrtümlich leicht abgewandelter Schreibung des Titels das *AMPHITHEA-
TRUM SAPIENTIAE AETERNAE* des Heinrich Khunrath von 1595,[15] mit
dem – wie mit dem späterem Herausgeber seines Werkes, Erasmus Wolfart –
Arndt erkennbar in freundschaftlichem Kontakt stand.[16]

Wie im Bereich der Theologie mit dem inneren Wort, so tritt Arndt hier mit
der Signaturenlehre auf und erhebt den Anspruch, die „rechte" oder „wahre[]
Philosophi vnd Physic" zu vertreten. Beides hat bei näherem Zusehen miteinander zu tun. Ob in „Theologie" oder hermetischer Naturphilosophie, überall
findet die Wahrheit nur, wer nicht nach dem ‚Äußeren' geht, sondern nach dem
verborgenen ‚Inneren' und dessen wirkenden ‚Kräften' sucht. Die „Signaturen",
als von Gott selbst den Kreaturen als „Alphabet" dieser „Philosophie" im
„Buch der Natur" eingezeichnete Buchstaben oder Schriftzeichen, sind ihrem
physiognomischen Charakter gemäß gerade Verweisungen vom Äußerlichen auf
das Innerliche, die zu den naturphilosophischen *Arcana* – ein beliebter Begriff im
paracelsistischen Milieu – der Schöpfung führen. Die Klassifizierung der *Elementa* sowie der *tria regna,* d. i. der „Animalia, Vegetabilia, mineralia",[17] eröffnet

---

13 Schneider Lutheraner S. 282 zitiert irrtümlich: „wunderbarischen".
14 Dahinter verbirgt sich terminologisch die *magia naturalis* (als Pendant zur *divina sapientia,* s. u.).
15 Schneider Lutheraner S. 282 und A. 51; spätere Ausgabe S. 283f. und A. 60.
16 Näheres vgl. Schneider Lutheraner S. 282f., ders. Studienzeit 154f. u. Paracelsist S. 98f., 101f.
17 Dies sind die hermetisch-paracelsischen *tria regna* (Bereiche) der Naturphilosophie, vgl. z. B.
  Severinus *Idea Medicinae* VI S. 53f.; vgl. u. Abb. 18/S. 205 (Fludds *Utriusque Cosmi ... Historia*).

den Zugang ins Reich der Alchemie.[18] Die Weissagungen aus den konvergenten Bildern der Bibel und der Natur schließlich runden das in diesem so kurzen Abschnitt sich abzeichnende Bild eines größeren komplexen Denkzusammenhangs ab. Mit den folgenden Umrissen einer geistigen Genealogie gibt Arndt näher zu erkennen, welchen Ursprungs und Charakters diese „rechte Philosophie" sei: [19]

> „Diese ding sindt in gutem wissen gewesen *bey den alten Egiptischen vnd Persischen Philosophis vnd Medicis*, davon auch noch Vestigia zufinden in Platone, in Timaeo, in Cratylo vnd anderswo, welcher es von den Egiptischen Philosophis erlernet hat. Nun aber mehrenteils verloschen, weil man *nicht aus der Natur als aus Gottes lebendigem Buche*, welches Gott mit seinem allmechtigen Finger selbst geschrieben, sondern aus *Pappiernen Büchern vnd todten Buchstaben* die Natur erkünden wil, welches die alten Philosophi nicht gethan. Wie ich in meinem *Büchlein de antiqua Philosophia* ferner meldung thu, Auch in dem *Tractatu de Magis ex oriente.*"

Arndts – hier explizit angesprochene – Lesart des „Buches der Natur" ist eine hermetische. Die Vorstellung von den Signaturen steht *pars pro toto*, wie der Verweis auf die alten Autoritäten zeigt, für die hermetische „Philosophie", die Tholuck als eine „theosophische Naturphilosophie" bezeichnet.[20] In dem Anspruch der „Lebendigkeit"[21] von göttlichem Buch und Buchstaben und der Polemik gegen die toten Menschenbücher zeigt sich darüber hinaus abermals, daß diese hermetische Philosophie dem mystischen Spiritualismus der ersten drei Bücher analog, ja in der Substanz verwandt ist, wie gerade auch aus der Lehre von den *astra* und *Signaturen* erhellt.

In einem früheren Zusammenhang der *Ikonographia*, in dem Arndt von den *Praesagia* handelt, kommt er ebenfalls auf die genannten Ursprünge dieser „Philosophie" zu sprechen. Hier bezeichnet er deren frühe Vertreter mit einem spezifischen Terminus und beschreibt, welchen Namens und Art ihre „Kunst" sei: [22]

> "denn die Natur durch mancherley Bilder / Figur vnd Zeichen jre Praesagia offenbaret / gute oder böse. Vnd weil in Egipten / Chaldea / Persia *die Weisen / so man Magos nennet* [23] / jren Sitz gehabt / *welcher Kunst / nemlich Magia / eine gründtliche Erkentnus ist aller Thiere / Gewechse vnd der Sternen /*

---

18 Vgl. den aufschlußreichen Buchtitel von Johann Baptist Großschedel: *TRIFOLIUM HERMETICUM Oder HErmetisches Kleeblat: Von der Allgemeinen Natur: Von der besondern vnd der Menschlichen Kunst: Von der verborgenen vnd Geheimen Weißheit: In welchem das grosse Buch der Natur in seinen dreyen Reichen als nemblichen dem Animalischen, Vegetabilischen vnd Mineralischen auffgethan vnnd erklärt wird ...* Frankfurt/M.: Lucas Jennis 1629.
19 *Ikon* IX fol. 33 ʳ (Hervorhebung von mir); Arndts eigene Schriften über diese „Philosophie", die er hier benennt, sind noch an anderer Stelle zu reflektieren.
20 Lebenszeugen S. 275.
21 Mit diesem Stichwort verbindet sich Birgit Gruebners Ansatz der Arndtdeutung, doch ohne daß dabei die Frage des Hermetismus näher zum Tragen käme.
22 *Ikon* III fol. 16 ᵛ – 17 (Hervorhebung von mir).
23 Vgl. fast wortgleich *Ikon* IX fol. 34 ᵛ.

Vnd aber der Pöbel gesehen / das solche weise Leut mit solchen sachen vmbgangen / vnd wünderliche Dinge damit vollbracht / haben sie allerley Thiere / Erden Gewechse / auch das Heer des Himels / vnd Himlische wirckung für Götter gehalten / vnd dieselbe angebetet / Welches aber stets dieselben Philosophi / sonderlich die Perser / verboten / vnd gestraffet."

Den Terminus „Magi" kennzeichnet Arndt als Äquivalent für die „Weisen" seiner und anderer Zeiten. Die „Weisheit", also jene „rechte Philosophie", von der Arndt wiederholt spricht,[24] ist ihr Metier. Ihre Weisheit selbst bezeichnet er als die „Magia". Diesen Begriff skizziert Arndt genauer: Er definiert sie zum einen als eine „Kunst" (*ars*), zum anderen – von vermeintlichen Zaubereien etc. weit entfernt – als eine „Erkentnus", und zwar eine „gründtliche Erkentnus", die also in die verborgenen Tiefen schaut und von daher geheimes Wissen erwirbt. Gleich im ersten Kapitel der *Ikonographia* erklärt er sie im Zusammenhang der Frage nach der Entstehung von Bildern in wenigen Strichen:[25]

„WIewol aus dem Buch Josua am 24. Capittel ... könnte geschlossen werden / das die Chaldeer die ersten Erfinder der Bilder gewesen / Wie es denn auch wol sein kann / denn in Chaldea der Sitz gewesen / *der vhralten Philosophiae* / vnd höchsten *natürlichen Weißheit* [!]/ *so man Magiam nennet* / welche jre Arcana mit Bildern vnd Figuren offenbaret ... So ist doch auch gewiß / das mit nichten alle Bilder jren vhrsprung aus der Abgötterey / vnd eitel Ehre haben / sondern etliche aus Gott / etliche aus der Natur / etliche aus denckwirdigen Historien ... ".

Deren pointierte Identifikation mit der „vhralten Philosophia" sowie der *Magia* zeigt, daß die auch im „Wahren Christentum", wie etwa in *Hexaemeron* Kapitel 4 verwendete Formel von der "natürlichen Weisheit" nichts anderes als diese hermetische „Weisheit" bezeichnet. Die *Magia* gilt Arndt, für den Bereich des Irdischen zumal, als die *summa sapientia*. Gegenstand solcher „Magie" sind keine im heutigen Verständnis ‚okkulten' Praktiken oder Manipulationen, sondern eine „Erkenntnis" der „Tiere, Gewächse und Sterne", d. h. der alles irdische Leben regierenden Gestirne und all dessen, was unter ihrer Lenkung in und unterhalb des natürlichen Himmels lebt und existiert (wie etwa „wachsende" Metalle), des irdischen vergänglichen Kosmos. Arndts *Magia* ist eine *Magia naturalis*, die die Geheimnisse der Schöpfung zu bestaunen und ihnen auf die Spur zu kommen trachtet. Daß „Magiern" oder „Weisen",[26] die um die verborgenen Zusammenhänge des Kosmos wüßten, eine besondere Beherrschung oder Nutzung der in der Natur vorhandenen Kräfte zuhanden sei, habe schon bei den antiken Völkern zu superstitiösen Mißverständnissen und Götzendienst geführt, wie Arndt

---

[24] *Ikon* IX fol. 33 ʳ; 34 ᵛ; 35 ʳ; 33 ʳ spricht er von der "wahren Philosophi vnd Physic".
[25] *Ikon* I fol. 12 ᵛ – 13 ʳ (Hervorhebung von mir).
[26] Vgl. *Ikon* IX fol. 34 ᵛ "die alten Weisen".

mit der christlich-magischen Tradition[27] beklagt. Die Zielrichtung der rechten *Magia* sei jedoch die Erkenntnis der Natur und die Erkenntnis Gottes in der Natur. Und nur wer sich darauf recht versteht, hat wie Heinrich Khunrath als wahrer „Philosophus vnd Naturkündiger"[28] zu gelten – welchen Titel dieser selbst den „*Magis Physicis* oder Naturkündigern"[29] zuweist. Die Titulation als „Naturkündiger",[30] in Kreisen von Alchemikern und Paracelsisten zur Kennzeichnung von Autoritäten und Gesinnungsfreunden verbreitet,[31] verweist auf das geheime Wissen der „Naturkündigkeit", einer hermetischen bzw. auf hermetischer Basis fortentwickelten paracelsistischen Naturphilosophie mit den beiden Hauptquellen der Bibel und der Signatur, wie der gelegentlich bereits genannte *Syderocrates* sie in seiner *Cyclopaedia Paracelsica Christiana* von 1585 wie folgt charakterisiert:[32] „Inn dem ersten Buch würt beschrieben der ware grund, herkommen vnd gebrauch der freyen Künsten", Schritt für Schritt entfaltet aus der Bibel. „Inn dem andern Buch würt angezeigt, wie Gott der Herr den ersten Mann [: Adam] vber alle seine sichtige geschöpff [als] einen Herrn gesetzt ... auch jhm vnder andern dingen mit fürstellung aller sichtbaren geschöpff vberreicht *die heylig*[!] *Kunst der naturkündigkeit, die man jetzo zu nennen pflegt Physiognomiam*". Die Naturbuch-Metaphorik, die Begriffe der „Naturkündigkeit" und der „Physiognomie" sowie deren synonyme Verwendung für die Signaturenlehre, das besondere Verständnis dieser Naturphilosophie als einer „heiligen", die, gottgegeben,

---

27 *Ikon* III fol. 17 ʳ⁻ᵛ (Hervorhebung von mir): "Der mißbrauch aber der Bilder kömpt vhrsprünglich her von den Egiptern / Chaldeern / Babyloniern / Assyriern / denn diese haben Bilder gemacht / so sich beweget haben / aus der Kunst der Geometri / vnd Astronomi / Da hat der Teuffel / der Mille artifex, auff gelauret / vnd den Aberglauben dem Volck ins Hertz geseet / das sie die Bilder für Götter vnd Nothelffer gehalten haben. Vnd weil die *Philosophi vnd natürlichen Weisen* [die wahren *Magi* bzw. Weisen] durch jre *natürliche Kunst*[!] / bewegende Bilder vnd Jnstrument gemacht haben / Hat der leidige Teuffel / der alles gute verderbet / auch seine falsche Magos / vnd seinen Zauberischen Samen mit vnter geseet / vnd seinen verfluchten Magis auch geleret / durch Zauberey bewegende Bilder zumachen / das Volck damit in Abgötterey zuverfüren. ... ". Es folgen religionsgeschichtliche Beispiele für Zauberei und Idolatrie. Zur theol. Kritik der schwarzen Magie vgl. Anhang 2 zu Joh. Weyer. Zum Teufel als "gewaltige[m] Naturkündiger" in der *magia illicita* vgl. *De X plagis* III/2 S. 29f.
28 *Ikon* IX fol. 32 ᵛ f.
29 *De igne magorum philosophorumque* S. 35 (Hervorhebung von mir); in der *Confessio*, V S. 110 (vgl. II S. 40; VI S. 186) wettert Khunrath gegen pseudoalchemische „Arg-Chymisten": „es gehet jhnen aber bey wahren Naturkündigern nicht an"; nach VIII S. 312 ist "ein wahrer Christ [!] / vnd rechter Philosophus [!] / dessen Philosophia aus dem LICHT der NATUR ... gehet"!
30 Auch *Ikon* IX fol. 34 ᵛ: "Astronomi vnd Naturkündiger".
31 Vgl. den Titel der alchemischen Schrift: *Uhr-alter Ritter-Krieg ... daraus der Stein der Weisen von den Naturkündigern ... bereitet wird*, Uraugabe Leipzig 1604 (?); eine Ausgabe der Schrift aus dem Jahr 1765 paraphrasiert anhand einer Ergänzung den Begriff „Naturkündiger": „mit eines französischen Weisen Commentar und Sendschreiben an *die ächten hermetischen Schüler*" nach Ferguson II S. 485f; Schröder, Friedrich J. W.: *Neue Alchymische Bibliothek fur* [sic] *den Naturkundiger* [sic] *unsers Jahrhunderts* ... Frankfurt/M./Leipzig 1772, nach Ferguson II S. 342; der Paracelsist Gerhard Dorn preist Johannes Trithemius als „den aller vortrefflichsten Philosophen unter allen Naturkündigern", zitiert nach Peuckert Pansophie S. 271.
32 S. Eisenmenger, hier zitiert nach Peuckert Pansophie S. 366 (Hervorhebung von mir).

schon von Adam her datiert, all dies belegt den gemeinsamen Hintergrund der beiden Paracelsus-Jünger *Syderocrates* ('der über das Gestirn herrscht') und Arndt.

Die *Magia* ist nach *Ikonographia* IX, dem Kapitel über die Prognostica als „Bilder", eine Sache der Eingeweihten. Um sich vor gefährlichen Machthabern zu schützen, sahen Weise wie etwa Joseph und Daniel sich oft gezwungen, ihre prognostische Rede zu verschlüsseln, was zum Merkmal magischer Rede und magischen Denkens überhaupt wurde, die die „rechte Philosophia" bilden: [33]

> „Darumb haben sie durch Bilder / vnd verborgene verblümbte Reden jre Warnungen vnd Weissagungen an Tag geben. Auff diese Weise haben die Egiptischen / Persischen Philosophi / so man *Magos* nennet / jre herrliche / *natürliche* [!] *vnd nützliche Künste* / *darinn die rechte Philosophia* [!] *stehet* / durch Bilder beschrieben / Vnd sind solche Schrifften Hieroglyphica genant / dadurch sie die natürlichen geheimnus den Vnwirdigen verborgen / den Wirdigen vnd Verstendigen aber geoffenbaret".

Wichtig ist der auch in *Ikonographia* III[34] begegnende Hinweis, daß es sich um „natürliche" Künste handelt, die diese *Magia* scharf von jedem Ruch einer Zauberei oder Schwarzkunst scheiden. Wie besonders die *Ikonographia* über ganze Passagen, gelegentlich aber auch das „Wahre Christentum"[35] zeigen, befaßt Arndt sich verschiedentlich mit dem Thema der *Prognostica* und *Praesagia*, d. h. natürlicher und übernatürlicher „Bilder" in der Natur, die den Eingeweihten bevorstehende Ereignisse ankündigen. Auch diese Thematik gehört nach Arndt ebenso wie die verschlüsselte Rede zentral zum Komplex magischen Denkens.

1.2   *Bericht von den Weisen aus Morgenland*

Den *Magis ex oriente* schließlich, den „Weisen" [!] aus dem Morgenland, die nach Matth 2,1-13 dem Stern folgend kamen, um den neugeborenen Erlöser anzubeten, und deren überlegene Sterndeutung Arndt beiläufig rühmt,[36] hat er einem Hinweis in der *Ikonographia* nach[37] einen eigenen Traktat gewidmet, der als solcher bisher nicht nachgewiesen werden konnte, nicht zuletzt wohl, weil er, wie Hans Schneider mit guten Gründen annimmt,[38] wahrscheinlich niemals, zumindest als eigene Schrift, in Druck ging. Schneider lenkte vor kurzem die Aufmerksamkeit auf den *Bericht von den Weisen aus Morgenland* / *wer sie gewesen* / *und was jhre Kunst gewest sey*, den Arndt in seiner *Postilla* der zweiten Predigt zum Epiphaniasfest beigibt,[39] der, wenn er schon nicht mit dem genannten Traktat identisch sein

---

33 *Ikon* IX fol. 34 ᵛ (Hervorhebung von mir).
34 Fol. 17 ᵛ: "jre natürliche Kunst", d. h. die aus besonderem Wissen zieht, was *in der Natur* liegt.
35 Etwa *Hex* 4,23-26; 5,24 u. a.
36 *Ikon* IX fol. 35 ᵛ.
37 *Ikon* IX fol. 33 ʳ.
38 Schneider Frühschriften S. 36–38.
39 Schneider Frühschriften fügt ihn an als Beilage II S. 65-67. Der Text findet sich in Arndts *Postilla* fol. 125 ᵛ – 126 ᵛ.

sollte, doch ein gutes Bild von dessen mutmaßlichen Inhalten bieten dürfte. Für diesen Zusammenhang ist er insofern besonders aufschlußreich, als auch er eine nähere Erklärung dessen bietet, was Arndt unter der *Magia* versteht:[40]

"Allhie haben wir Vrsach zu reden / von den *Weisen* / vnd jhrer herrlichen Kunst: *Sie werden Magi genannt / dz ist / Erforscher / Ergründer / der göttlichen* [!] *vnd natürlichen Weißheit /* Indagatores, investigatores sapientiae divinae et humanae: *Dz* [sic] *heissen eigentlich Magi ...* Denn *diese Kunst / die man im rechten Verstande Magiam nennet /* wie sie gewust haben */ Joseph* in *Egypten / Daniel* in *Persia / Salomon* in *Judaea / die Weisen im Morgenlande /* dieselbe gehet *aus Gott / vnd aus dem H. Geist /* vnd nicht aus dem Teuffel: *Denn alle Weißheit ist von Gott /* vnnd ist bey jhm ewiglich / vnd alle gute vollkommene Gaben komen von oben herab / vom Vater des Liechts. Proverb. 2. So du die Weißheit suchest wie Silber / vnd erforschest sie wie Schätze / als denn wirstu *Gottes Erkenntniß* finden / denn *der HErr gibt Weißheit* vnd aus seinem Munde kömpt *Erkenntniß vnd Verstand.*"

Einige Punkte fallen an diesem Text besonders ins Auge: Arndt setzt mit dem ihm auch sonst geläufigen Begriff der „Weisen" ein, um ihn erst in einem zweiten Schritt mit der für ihn synonymen Bezeichnung *Magi* zu identifizieren. Die „Kunst" der „Weisen" oder *Magi,* die das Prädikat „herrlich" verdient, ist die einer „Erforschung". Doch nicht bloßes Wissen, sondern vor allem „Erkenntnis" zu gewinnen, primär die Erkenntnis Gottes, ist das Ziel. Von daher erschließt sich auch die breite Rezeption der alttestamentlichen Weisheitstradition, die weite Passagen des „Wahren Christentums" prägt.

Gegenstand und Quelle der angestrebten Erkenntnis der *Magi* ist jene „Weisheit", die Arndt näher charakterisiert nicht nur als eine *sapientia humana,* sondern, und das ist bemerkenswert, auch als *sapientia divina.* Nicht von ungefähr erinnert dies an Christoph Besolds Schrift *De verae philosophiae fundamento,* die Besold Arndt als dem *antistes primarius* der *divina sapientia* und Tobias Adami als dem der *humana sapientia* widmet,[41] sowie an Arndts irrtümliche, doch bezeichnende Modifikation der Schreibweise des Titels von Heinrich Khunraths *Amphitheatrum* in der *Ikonographia,* den er gegenüber dem tatsächlichen Titel *AMPHITHEATRUM SAPIENTIAE AETERNAE, SOLIVS VERAE* – in inhaltlicher Hinsicht übrigens dem Geist von Khunraths Theosophie durchaus adäquat – als *Amphitheatrum sapientiae divinae et humanae* wiedergibt.[42]

Im Gegensatz zur schwarzen Magie der „Teuffelskünstler"[43] „gehet" diese Weisheit alias *Magia* „aus Gott vnd dem H. Geist", der hier offensichtlich die nicht- bzw. vorchristlichen *Magi* auch außerhalb des israelitischen Kulturkreises, die dem Stern zu folgen bereit waren, in die „göttliche Weisheit" einweiht. Merk-

---

[40]   *Bericht,* im folgenden zitiert nach Schneider *l. c.,* hier S. 65 (Hervorhebung von mir).
[41]   Vgl. oben Band I § 5 Einleitung.
[42]   *Ikon* IX fol. 32 ᵛ (Hervorhebung von mir).
[43]   *Bericht* Schneider Frühschriften *l. c.* S. 65; vgl. *Ikon* III fol. 17 ᵛ: "der Teuffel/der *Mille artifex*".

mal dieser Weisheit ist, daß sie nicht nur von Gott stammt, sondern zugleich „ist bey ihm ewiglich". D. h. wer sie erlangt, gewinnt so zugleich Anteil an Gott. Bezeichnend ist auch der an die *Ikonographia* erinnernde, kreisende Tautologismus von Weisheit und *Magia* bzw. Weisen und *Magi*. Die dieser doppelten Weisheit – der zu folgen „man im rechten Verstande Magiam nennet" – verpflichteten Suchenden, die „Weisen", „heissen eigentlich Magi". D. h. sie sind gegenüber jeglichen Vertretern einer dämonischen Pseudo-Magie[44] die wahren und einzig legitimen *Magi*. In ihrem Streben nach der doppelten, nämlich der göttlichen und natürlichen oder menschlichen Weisheit, sind sie unmittelbare Vorläufer der zeitgenössischen Theosophen, welche ebenfalls danach trachten, beides zu vereinbaren und in eine innere Konkordanz zu bringen.
Die rechte *Magia* inhaltlich näher zu entfalten überläßt Arndt dem „hochweise[n]" Salomo als dem herausragenden Repräsentanten der biblischen Weisheitstradition, ein für Arndt typisches Verfahren:[45]

"Was aber die *Weißheit oder Magia* eigentlich sey / lehret vns der hochweise König Salomo Sap 7[,17-21]. da er spricht: Gott hat mir geben durch die Weißheit / gewisse Erkenntniß alles Dinges / daß ich weis / *wie die Welt gemacht ist / vnd die Krafft der Elementen / der Zeit Anfang / Mittel vnd Ende /* wie der Tag zu vnd abnimpt / vnd wie dz Jahr sich endert / wie das Jahr herumb leuffet / *wie die Stern stehen / die Art der zahmen vnnd wilden Thier /* wie der Wind so stürmet / vnnd was die Leute im Sinn haben / *mancherley Art der Pflantzen / vnd Krafft der Wurtzeln / Ich weis alles was heimlich vnd verborgen ist / denn die Weißheit so aller Kunst Meister / lehret michs.*"

Als, wenn nicht Ziel, so doch Ertrag der *Magia* benennt der *sapientissimus rex*[46] Salomo eine „gewisse *Erkenntniß* alles Dinges", dem rezeptionsgeschichtlichen Zusammenhang, in dem Arndt diesen biblischen Inbegriff der Sapientiologie einführt, gemäß also eine Art ‚Pansophie', die nach Kosmologie, „Elementen", Zeitläuften, Gestirnen, Tieren, meteorologischen Phänomenen, Pflanzen und den in ihnen verborgenen geheimen Kräften fragt. Die Antwort auf die rhetorische Frage des Titels, „was jhre Kunst gewest sey", ist klar: Wiederum handelt es sich – nicht so sehr bei Salomo selbst als vielmehr in der topisierenden Rezeption seiner Gestalt – um dieselbe *magia naturalis* wie in der *Ikonographia*, die auf dem Grunde neuplatonisch-hermetischen Denkens einem inneren Zusammenhang in aller Kreatur nachzuspüren sucht. Arndt fährt fort mit einer Reihe von biblischen Vertretern solcher *Magia*, angefangen bei den auch Paracelsus in dieser Hinsicht geläufigen[47] *Magi ex oriente*, in der der größere kultur- und religionsgeschichtliche Hintergrund solcher Ableitungen in Umrissen sichtbar wird:

---

44 Vgl. auch *Ikon* III fol. 17 v – 19 v.
45 Im folgenden zitiert nach Schneider Frühschriften, hier S. 65 (Hervorhebung von mir).
46 Arndts *Dissertatio* These 22; vgl. Hirsch/"Stellatus" *Pegasus Firmamenti* II fol. A 8 r: "Rex sapientissimus Salomon caelitus edoctus".
47 Goldammer Magie bei Paracelsus S. 44f.; Paracelsus kennt eine analoge biblische Genealogie.

„Diß ist die rechte Beschreibung der Weißheit / so diese *Weisen aus Morgenland* gewust habe / daraus wir sehen / was es für Leute gewest seyn / vnd was jre Kunst gewest. Die herrlichsten Leute vnter dem Volck Gottes haben diese Kunst gewust: Der Ertzvater *Jacob* / wie seine bunte Stebe bezeugen: *Joseph* / wie seine Auslegung der Treume Pharaonis bezeugen: *Salomon* / dessen Weißheit grösser gewesen / denn aller Magorum in Egypten / vnd gegen Morgen in Persia: Der Prophet *Daniel* / als er dem König Nebucadnezar seinen Traum / den er vergessen / wieder fand vnd jhn auslegte / darüber alle Weise zu Babylon vmbbracht weren / wo Daniel nicht für sie gebeten / vnd den Traum wieder funden: Die *Königin aus Reich Arabia* / welche gen Jerusalem kam *Salomons* Weißheit zu hören / vnd jhn mit retzeln[48] zu versuchen / welches nicht lose Possenretzel gewesen / sondern *die aller verborgensten tieffesten Geheimniß der natürlichen Weißheit* [!] ... Nach dieser Kunst ist *Plato* in Egypten gereiset / vnd dieselbe allda bey den *Egyptiis Sacerdotibus* studieret: *Aus Egypten ist auch die Astronomie oder Sternkunst kommen* / vnnd seynd noch Reliquiae dieser Kunst. Solche hohe vortreffliche Leute sind *diese Weisen gewest aus Persia vnd Arabia ...* ".[49]

Weil es „Regiae scientiae, nobiles et generosae" seien, „Die für das gemeine Volck nicht dienen", hätten Menschen „königlichen Geschlechtes" „sonderliche königliche Schulen gehabt". Daß Arndt, der sich mit seinen Schriften selbst in eine sich vom „gemeinen Mann" abhebende, in das Pneumatikerideal zurückverweisende elitäre Tradition der Paracelsisten[50] stellt, damit indirekt auch für die eigene Person einen aristokratischen Platz beansprucht, ist nicht zu übersehen.[51]

---

48 Rätsel.
49 Nach Schneider Frühschriften S. 65f. (Hervorhebung von mir).
50 Weiteres Material zu Arndt s. Schneider Studienzeit S. 168; vgl. u. a. Paracelsus *De sagis, Prologus* Werke (Sudhoff) XIV S. 5, dazu vgl. Goldammer Magie in: Symposium Magie S. 37; von Suchten *Dialogus* S. 313f., wo Bernhardus spricht: „Adam unser erster Vatter / hat aller Künsten Wissenschaft gehabt / auch die Artzney / von Gott empfangen / ist von den Gelehrten / biß auff die Zeit Noe heimlichen (Als die grosse Gabe Gottes) gehalten worden / und *dem gemeinen Manne gantz verborgen gewesen*; Die so mit der Artzney umbgangen / waren *Fürsten und grosse Herren* / haben die Kunst der Artzney für ihren grösten Reichthumb gehalten und geschätzet / *darumb verhütet* [!] / *daß sie dem gemeinen Mann* / *(Als solch Geheimnuß Gottes* [sic] *und der Natur unwürdig* [!] */)* nicht zu Theil würden." Etwas milder, doch letztlich nicht minder abwertend äußert sich "Basilius Valentinus" in *De Microcosmo*, in: Scherer Alchymia S. 283: "Also folget immer eine Natur der andern nach, unerforschlich, unbegreifflich, und so noch zur Zeit *dem gemeinen Mann, dem die Natur nicht zu erlernen angelegen* [!], unbekantlich, auch von ihm vielmehr für unglaublich erachtet wird." (Hervorhebungen von mir). Diese unverhohlen elitaristische Linie kontrastiert eigentümlich mit jener standes- und hierarchiekritischen Linie, wie sie etwa in Cusanus' *Idiota de sapientia* und Weigels *Auditor* in dessen *Dialogus* begegnet. In diese Linie wiederum paßt bei Arndt die Konzeption des "Wahren Christentums", die nach Anspruch wie auch Rezeption ursprünglich esoterische Traditionen wenigstens in Ansätzen exoterisiert, so daß sie für eine von Arndt beschworene (s. Schneider l. c.) *fides simplex* im Horizont des Erreichbaren sind.
51 Eine gewisse Parallele dazu findet sich in der von Weber S. 5-10 dokumentierten Parteinahme Arndts für die aristokratisch-patrizische und gegen die neu gewählte bürgerliche politische Bewegung in den inner-Braunschweigischen Wirren um die Herrschaft in der Stadt.

Die altorientalische Magie verknüpft Arndt, der christlich adaptierten hermetisch-magischen Tradition gemäß, mit den biblischen „Weisen", deren *„Kunst...
man im rechten Verstande Magiam* [!] *nennet",*[52] und die selbst durch die Schule der
altorientalischen Magie gegangen seien, jedoch durch den unmittelbaren Zugang
zur Quelle aller wahren Weisheit, den Geist Gottes, in ihrer Erkenntnis jenen
Magi unendlich weit überlegen gewesen seien. So sei Moses, von der Pharaonen
Tochter adoptiert, „in der königlichen Schul aufferzogen worden in aller Weißheit der Egypter", ähnlich wie Daniel mit den israelitischen Knaben in Babylon;
„die sollten lernen Chaldeische Schrifft vnd Sprache / vnnd in der königlichen
Schule aufferzogen werden". Doch schon die erste Prüfung habe gezeigt, daß
Daniels Weisheit höheren Ursprungs sei. Als der König, zu dessen Dienern sie
bestimmt waren, den Erfolg ihrer Bildung überprüfte, fand er „sie in allen Sachen die er fraget / zehen mal klüger vnd verstendiger / denn alle Sternseher
vnnd Weisen im gantzen Reich".[53] Daß die biblischen „Weisen" ihren Lehrern in
den „königlichen Schulen" des Orients und allen anderen *Magi* und Weisen gar
um ein Zehnfaches und mehr überlegen waren, erklärt Arndt aus dem unendlich
höheren Ursprung ihrer besonderen *Magia*, die, wie der einleitende Abschnitt
besagt, „aus Gott / vnd dem H. Geist" selbst stamme.

Die zentrale Referenzgestalt des Hermetismus, jener „Hermes Trismegistos",
erscheint bei Arndt namentlich nur in jenem Gedicht des Alexander von Suchten, das Arndt dem Joachim Morsius anläßlich dessen Edition des Suchtenschen
Traktats *De vera medicina* gewidmet hatte.[54] Doch ist nach allem Beobachteten
davon auszugehen, daß sich hinter der mehrfach beschworenen ägyptischen Tradition nichts anderes als das jener Gestalt zugeschriebene Gedankengut verbirgt.

Das Modell jener Anknüpfung und Überbietung der altorientalischen hermetisch-magischen Tradition schafft den Rahmen für deren Rezeption als Baustein
für eine *magia christiana*. Traditionskonform verknüpft Arndt die biblische Weisheitstradition mit den ägyptischen und altorientalischen Wurzeln nicht nur der
Alchemie, sondern der damit untrennbar verbundenen späteren magisch-hermetischen Tradition überhaupt. Der große Alchemie-Forscher aus wissenschaftsgeschichtlicher Perspektive Edmund Otto von Lippmann legt nicht nur den
(al-)chemiegeschichtlichen, sondern auch den komplexen kultur- und religionsgeschichtlichen Hintergrund und Entwicklungsgang der Alchemie dar, in dem in
der Tat Einflüsse des Orients, Babyloniens, Persien und Ägyptens,[55] wie sie auch
in der *Ikonographia* verschiedentlich benannt werden,[56] eine zentrale Rolle spielen,
worauf hier nur allgemein verwiesen sei.

---

[52] Nach Schneider Frühschriften S. 65, s. o.
[53] Nach Schneider Frühschriften S. 66; vgl. Dan 1,17-20.
[54] Fol. C 5 r-v.
[55] Von Lippmann I S. 161-185 u. ö.
[56] *Ikon* I fol. 12 v: Chaldäa Sitz der uralten Weisheit/Magia; III fol. 16 v: Ägypten, Chaldäa,
Persien als Sitz der *Magia naturalis*; IX fol. 33 r: ägyptische und persische "Philosophi[] vnd

Daß Arndt hier die „Kunst" der *Magia* – die er andernorts als die „wahre"
oder „rechte Philosophie" bezeichnet[57] –, als die „natürliche Weisheit" apostrophiert, bestätigt – auch angesichts der wiederholt beobachteten Synonymisierung
von *Magia/Magi*, Philosophia/Philosophen und Weisheit/Weise[58] – den Terminus abermals ganz eindeutig als das deutsche Äquivalent der *Magia naturalis*.[59]

1.3   Das „Wahre Christentum"

Rein zeitlich gesehen entsteht das *Hexaemeron* etwa in der Mitte zwischen der
Publikation der beiden genannten Schriften. Und auch sachlich fügt es sich ohne
weiteres in deren Gesellschaft ein. Hier wie dort finden sich die gleichen oder
verwandte Themen, und auch die Begrifflichkeit deckt sich weitgehend, von
einer bezeichnenden Ausnahme abgesehen.

Ein vergleichender Blick zeigt, daß das *Hexaemeron* des „Wahren Christentums" als Ganzes ziemlich genau die von „Salomo" nach dem *locus classicus* der
Sapientiologie, Sap 7, im *Bericht von den Weisen aus Morgenland* benannten Themen
behandelt, also die Kosmologie, die „Elemente", die Gestirne und Zeitläufte einschließlich der *Prognostica*, die Tiere, die meteorologischen Phänomene, das Reich
der Pflanzen und der in ihnen verborgenen Kräfte, natürlich in anderer Anordnung, Terminologie und Ausdeutung als dort. Der prononciert biblizistische Ansatz der Darstellung mit der programmatischen Gattung *Hexaemeron*, die die
wechselseitige Auslegung von Bibel- und Naturbuch als den zweierlei „Büchern"
Gottes zum Ausdruck bringt, setzt den Rahmen, innerhalb dessen die einzelnen
Themen zugeordnet und gestaltet werden.

Das sechste Kapitel des *Hexaemeron* „Von dem sechsten Tagewerk GOttes,
von den Thieren" eröffnet Arndt mit dem klassischen „Salomon"-Zitat Sap
7,20f., welches Arndt mit Gen 2,19f., Adams Benennung der Tiere, verknüpft:[60]

„1. Es rühmet sich Salomon Buch d. Weish. 7, V. 20., daß er wisse die Art
der zahmen und wilden Thiere, und sagt V. 21., *daß der Geist der Weisheit ihm
solches gelehret habe.* Daraus abzunehmen, daß solche *gründliche Erkenntniß* I)
aller Thiere *ein besonderes Stück der natürlichen Weisheit sei. ....* .[61]
2. Hier hat nun der Mensch müssen seine *angeschaffene Weisheit* [!] hervor
ans Licht zu bringen *zu Ehren seines Schöpfers,*[62] und erstlich in den mancherlei Thieren anschauen die Weisheit und Allmacht GOttes, wie GOtt der
HErr ein jedes Thier und jeden Vogel unter dem Himmel *mit sonderlicher
unterschiedlicher Gestalt, Form, Figur, Proportion, Bildnissen, Farben und dergleichen*

Medici[]"; IX fol. 34 ᵛ: ägyptische und persische "Philosophen", die man "Magos" nennt;
IX fol. 35 ᵛ: die *Magi ex oriente.*
57 *Ikon* IX fol. 33 ʳ; 34 ᵛ; 35 ʳ; s. o.
58 *Ikon* III fol. 16 ᵛ, 17 ᵛ: *Magi* als "dieselben Philosophi", "Philosophi vnd natürlichen Weisen".
59 Vgl. Khunrath *De igne* S. 58: "Magiae Physicae alumnus, Natürlicher Weißheit erkündiger".
60 *Hex* 6,1f. (Hervorhebung von mir); *Colloquium Rhodost.* S. 72f.: Adams 'höchste Philosophie'.
61 Es folgt Gen 2,19f.
62 Der eigentliche, tiefere Sinn der Weisheit.

geschaffen. Welche *Merkzeichen und Signatur* Adam *aus angeschaffner Weisheit* alle wohl verstanden, *nämlich die physiognomiam*, oder natürliche Zeichnung, aller lebendigen Thiere, daraus er ihre *eingepflanzte Art, Natur und Eigenschaft erkannt*, und dieselbe, ihrer unterschiedlichen Art nach, mit ihrem *eigentlichen* [!] *natürlichen Namen* genennet, *welcher Name eines jeden Thiers Art, Natur und Eigenschaft* in sich begreift. Darum er auch seine Eva nennet Männin, darum, daß sie vom Manne genommen ist. 1 Mos. 2,19. 23. *Solches erkannte und wußte Adam*, obgleich GOtt der Allmächtige hatte lassen einen tiefen Schlaf auf ihn fallen ... ".

Arndts besprochenen anderen Schriften analog nimmt diese „angeschaffene" „Weisheit" als eine „gründliche Erkenntnis"[63] ihren Ausgang von Gott selbst.[64] Als primordiale Weisheit gehört sie zum seit dem Fall verdunkelten und nunmehr zunehmend gar „[v]erloschen[en]"[65] Grundbestand der Schöpfung, wogegen Adam noch im Schlaf die *nomina propria*, d. h. die den inneren,[66] schöpfungsmäßig „eingepflanzten" Sinn aller Tiere und Kreaturen enthaltenden Namen, *a posteriori* kannte und sie jenen definitorisch zusprechen konnte, was ihn – im Sinne des mittelalterlichen Streits um die Universalien – klar als Realisten ausweist – zusammen etwa mit Agrippa von Nettesheim.[67] Daß Kapitel sechs in die Darlegung der „schönen Seele" mündet, belegt, daß auch sein Eingangsthema der Urerkenntnis Adams zum Komplex der *restauratio imaginis dei* gehört, womit *Hexaemeron* 6 und Buch IV insgesamt unmittelbar an Buch I bis III anschließen.

Begriff und Sache der „natürlichen Weisheit" verknüpft Arndt wie hier so auch in *Ikonographia* IX – im Zusammenhang von Khunraths Werk über die angebliche *sapientia divina et humana* – aufs das engste mit der Lehre von den Signaturen.[68] Diese bietet ihm eine umfassende Beschreibung und Deutung des Kosmos, denn sie beinhaltet die Erkenntnis „aller Thiere, Gewechse und Sternen" und aller Kreaturen insgesamt. In diesem Zusammenhang der *Ikonographia* jedoch, die eine Beschreibung der Signaturen als die „rechte Philosophie" eben-

---

63 *Ikon* III fol. 16 ᵛ: "welcher [: *Magi*] Kunst / nemlich Magia / eine gründtliche Erkentnus ist".
64 *Bericht* in: Schneider Frühschriften S. 65; *Fama Fraternitatis* (ed. van der Kooij/Gilly) S. 98: "Unsere Philosophia ist nichts newes, sondern wie sie Adam nach seinem Fall erhalten ... ".
65 *Ikon* IX fol. 33 ʳ; *Bericht* in: Schneider Frühschriften S. 67.
66 Vgl. die *astra* der Kreaturen.
67 Zu Adams Kenntnis der *nomina propria* zu Gen 2,19f. vgl. Crollius (s. o. unter Signaturenlehre) sowie Agrippa *Occ Phil* I,70 (ed. Compagni S. 232f.; v. a. zu deren magischer Bedeutung).
68 Zum Vergleich sei ein Teil der oben zitierten Passage hier nochmals abgedruckt, *Ikon* IX fol. 32 ᵛ – 33 ʳ (Hervorhebung von mir): "Und sindt also diese Bilder in der Natur Gottes Buchstaben ... Daraus in einer Stunde mehr *natürliche Weißheit* kan geschepffet werden, denn viel weitleufftige vngegrünte Heidnische Bücher vermögen. Denn sihe alle *Kreuter auff dem Felde an, alle Thier vnd Vogel, alle Sterne am Himel, alle Metallen, alles, was auff Erden vnd in der Erden ist*, obs nicht alles seine eigene *Form, Bild, Gestalt, Proportion, Figur vnd Signatur* habe. Diß ist *die rechte Philosophia*, deren prima rudimenta vnd gleichsam das Alphabet ist die *Signatur;* wer diß Alphabet wol kan, der kan darnach baldt lesen lernen vnd der Natur *Arcana* verstehen. Viel rümen sich jtzo der Philosophi, vnd haben doch das Alphabet der Natur vnd *wahren Philosophi vnd Physic* [: Naturphilosophie] nihe gelernet."

falls an der Klassifikation von „Form, Bild, Gestalt, Proportion, Figur vnd Signatur" der Kreaturen festmacht, identifiziert Arndt diese „Weisheit" eindeutig
als eine spezifische „Kunst / nemlich Magia", die in Wahrheit den *Magis* allein
zukomme.[69]

Daß die biblischen „Weisen", allen voran Salomo, hier aber etwa auch „Der
heilige Hiob",[70] in die Geheimnisse der Natur einzuführen wissen, paßt ebenso
ins Bild wie die allerdings – möglicherweise auch unter dem Druck der Jenaer
Zensur eher – knapp ausfallende Erwähnung der „Weisheit Egyptens und Persiens, und des ganzen Orients" in *Hex* 4,17. Worin just in diesem Zusammenhang dann wieder eine große Übereinstimmung mit der *Ikonographia* herrscht, ist
die kategorische Überlegenheit der biblischen Heiligen über die Weisen Ägyptens und Persiens aufgrund ihres Besitzes der doppelten „Weisheit", der natürlichen und der übernatürlichen „Weisheit" bzw. der *sapientia divina und humana*,
wie sie parallel auch im *Bericht von den Weisen aus Morgenland*[71] erscheint:[72] „Denn
diese haben *nur die natürliche Weisheit des natürlichen Himmels* gehabt; *Moses aber,
Joseph, Daniel, David, Salomo* haben über dieselbe auch *die übernatürliche Weisheit*
gehabt." Gemäß jenem thomistischen Prinzip formuliert hieße das: *Gratia perficit
naturam.* Die übernatürliche Weisheit hebt – den monophysitischen Tendenzen
in Christologie und Soteriologie auch in der Gnoseologie präzise entsprechend –
die Fähigkeiten der „natürlichen Weisheit" in den Wiedergeborenen, allen voran
in den biblischen „Weisen", auf ein qualitativ unerreichbar höheres Niveau:[73]

> „Daher [von Gott, jedoch *mediate*] kommt nun alle natürliche Weisheit ...
> Und in Summa, daher kommen einem jeden seine natürlichen Gaben, wie
> sie ihm GOtt austheilet. Die aber *GOtt mit dem Geist der Weisheit übernatür-
> licher Weise erfüllet*, als die Künstler des alten Testaments, als die klugen
> Regenten[74] und Kriegshelden, deren in der Schrift gedacht wird, *dahin auch
> Salomonis Weisheit gehöret*, die haben mit dem natürlichen Himmel nichts
> zu thun. ...

---

69 *Ikon* III fol. 16 ᵛ: „welcher [der *Magi*] Kunst [: *ars magica*] / nemlich Magia / eine gründtliche
    Erkentnus ist".
70 *Hex* 6,3.
71 *Bericht* in: Schneider Frühschriften S. 65, s. o.
72 *Hex* 4,17 (Hervorhebung von mir).
73 *Hex* 4,15f. (Hervorhebung von mir); wie Arndt in *Hex* 4,13 erklärt, bezieht er sich in der
    folgenden Passage auf "die Meinung des vortrefflichen deutschen Philosophen, Philipp Para-
    celsus", deren Beurteilung er jedoch den Lesenden scheinbar selbst überläßt. Erst 4,18 be-
    schließt er diesen Zusammenhang in ähnlichem Sinne mit den Worten: "Dies ist obgedachtes
    Philosophen Meinung, welche auf des Autoren Beweis und Verantwortung ruhen mag."
    Weber (S. 153–157; zu Abschn. 15 S. 155–157) hat allerdings nur bis Abschnitt 15, und auch
    dort nur partiell, einen klaren, bisweilen lockeren Bezug auf Paracelsusschriften und deren
    eigenständige Weiterverarbeitung nachweisen können. In Konsequenz heißt das, daß bis zum
    Beweis des Gegenteils davon auszugehen ist, daß gerade die für diesen Gedankengang
    zentralen Passagen und Formulierungen genuines Gut Arndts oder weiteres Fremdgut sind.
74 Möglicher Anknüpfungspunkt für die von Sommer: Gottesfurcht und Fürstenherrschaft *pas-
    sim* beschriebene stark religiöse Überhöhung des (frühabsolutistischen) weltlichen Regiments.

16. Und so denn *zu diesem natürlichen Licht die Erleuchtung von oben herab* kommt, durch den *Heiligen Geist und Wiedergeburt*; alsdann *erreichen die natürlichen Gaben einen viel höheren Grad zu ihrer Vollkommenheit.* Die bekommen denn einen neuen Himmel, der sie viel höher incliniret (lenkt)."

In diese beschriebene Kategorie gehören die genannten biblischen Weisen. In ihnen gehen das natürliche Licht – das aus dem Gestirn stammt[75] – in dessen Schule viele von ihnen bei den orientalischen *Magi* gegangen waren, und das übernatürliche Licht eine Verbindung von außergewöhnlicher Tragweite ein, nach der die Gaben der im Anfang der Welt „angeschaffenen" Weisheit weit über ihren ursprünglichen Horizont hinaus entwickelt und „zu ihrer Vollkommenheit" geführt werden.

Daß der heilige Geist und die Wiedergeburt die „natürliche Weisheit" in unerreichtem Maß überragen und damit zugleich erst die Basis für die rechte „natürliche Weisheit" bilden, erklärt in einer der Arndtschen sehr verwandten Sapientiologie auch der hessische paracelsistische Arzt Oswald Croll in seinem *Chymischen Kleinod*: Auf einer gemeinsamen paracelsistisch-weigelianischen Basis die Wiedergeburtslehre (die Croll zutreffend vorchristlich dem „Hermes" zuweist) vertretend, der eine ein glühender *Theomedicus*, der andere ein nicht minder glühender *Medicotheologus*, sind sie in so vielerlei Hinsicht Brüder im Geiste:[76]

"Vnd gleich wie wir durch die Erkantnuß der sichtbaren Welt zu der Erkantnuß deß vnsichtbaren Werckmeisters gelangen: Also lernen wir auß dem sichtbaren Christo den Vatter erkennen ... Gleichwie aber niemand zum Sohn kommen kan / er höre vnnd lerne es dann von dem Vatter: *Also kan auch niemand das Gebäw der Welt recht erkennen / er werde dann von Gott vnterrichtet vnd gelehrt.* Auß welchem gnugsamb erscheinet / daß der Heyden Schrifften von der Natur gemeinlich falsch seyen / mit welchen die Philosophia vnnd andere Facultates beschmeist vnnd verfälscht sind. Were demnach vergeblich eine Wissenschafft bey denen suchen / welche die gantze Zeit jhres Lebens mit dem Nachforschen zugebracht / wiewol jhrer viel nicht auß Boßheit / sondern auß Vnwissenheit gejrret vnd verführet worden sind / dieweil jhnen das Liecht der Warheit noch nicht auffgangen / *noch das Liecht der Natur von dem heiligen Geist angezündet worden.* Die wahre Philosophia mit sampt den vbrigen Faculteten soll auß der heiligen Schrifft gegründet werden [!] / vnd widerumb zu Gott kehren / damit der Saame / so bey den Heyden wegen mangels der Sonnen vnter den Dornen erstickt / *bey den Widergebohrnen Christen zu seiner Vollkommenheit gelange: Zu der Vollkommenheit aber aller Künste wird eine Wiedergeburt erfordert vnd soll die wahre Philosophi auff den Eckstein Christum gegründet seyn.* ... Sintemal allein die Christen / welchen die Warheit beywohnet vnnd *die den Saamen von GOtt zur Philosophi durch Hülffe der Widergeburt empfangen* vnd die den Heyden versaget / *recht* vnd ohne Irrthumb können *Philosophiern*[77] vnd

---

[75] S. u.
[76] *Chymisch Kleinod, ErinnerungsVorrede* I S. 27f. (Hervorhebung von mir).
[77] Vgl. die "rechte Philosophia" bei Arndt, *Ikon* IX fol. 34 ᵛ.

die vbrige Facultates nach Gebühr begreiffen. Dann *nach Außgiessung deß heiligen Geistes / können die Glaubige auß GOTT gelehrt seyn.*[78] In summa es ligt vnd besteht alles in der Erkantnuß als der gantzen Welt Schatz / sintemal ohne dieselbige niemand zum ewigen Leben kommen kan ... *Diese Widergeburt* haben *Hermes* [!] vnd andere / so eines reinen Hertzens vnd heiligen Wandels gewesen [!] / eher [sic] das Wort Fleisch worden / durch den heiligen Geist erleuchtet in dem geheimen Schrein jhrer Hertzen still-schweigent [sic] gehabt / vnd besser erkennt / dan viel auß den vnsern / welche Christen wöllen genennet seyn / vnd viel lieber für Erkenner / als Liebhaber Gottes gehalten werden. O deß grossen Wunders / daß der Mensch / dessen Gemüth Gott dem Allmächtigen durch Christum ist ver-einbahret / die rechte Weißheit aller Dinge vnd aller Geheymnussen Wissenschafft vollkommentlich besitzt."

Inhaltlich weist dieser Auszug aus Croll sehr weitgehende Parallelen zu Arndts Sapientiologie in *Hexaemeron* 4,13-17 auf. Beide unterscheiden zwischen einer defizitären natürlichen Weisheit und einer höheren Weisheit aus Geist und Wie-dergeburt, welch letztere Croll dem Hermes ebenso zubilligt, wie Arndt dies den *Magi ex oriente* tut. Abermals zeigt sich, daß eine zu scharfe Trennung hie Her-metismus, hie mystischer Spiritualismus in diesem Milieu allzu künstlich wirkte.

Was die *Magi ex oriente* in Arndts Denken angeht, bilden und bleiben sie, die von anderen Autoren recht unbefangen eingeführt werden,[79] ein Grenzphäno-men. Obwohl sie in der *Ikonographia* und vor allem im *Bericht von den Weisen aus Morgenland*, wo Arndt ihnen klar den Besitz des Geistes Gottes zubilligt,[80] eine wichtige Rolle spielen, erscheinen sie im „Wahren Christentum" nirgends. Ob man zumal im Blick auf die die Themen Astronomie und Astrologie behandeln-den Kapitel angesichts der Jenaer Zensur von einem ursprünglichen Fehlen aus-zugehen hat oder von nachträglicher Elimination, muß Spekulation bleiben. Daß die *Magi* jedoch unabhängig von dieser Frage in Arndts Denken im Grenz-bereich von natürlicher und übernatürlicher Weisheit zu stehen kommen und in beide Bereiche gehören, wenngleich wieder anders als die Wiedergeborenen und biblischen Weisen, zeigt der Schluß des *Berichts von den Weisen aus Morgenland*:[81]

„Dieweil nu diese Weisen / *mit einer solchen hohen Weißheit / Kunst / vnd Vorstande von Gott sind begabet gewesen* / vnnd auch darinnen erzogen / so haben sie den Stern / so jhnen erschienen / auch gründlich verstehen können."
Vier Punkte benennt Arndt: 1) war es ein neuer Stern, 2) ein königlicher.
„3. So ist er *vbernatürlich* gewesen." 4) hat er ihnen den Weg gewiesen. ...

---

78 Vgl. in Band I dieser Studie § 5 *divina sapientia* (*passim*).
79 Nach Paracelsus sind sie "heilige" Leute, die die Natur beherrschen, vgl. Peuckert Pansophie S. 221f. Hirsch subsumiert sie unter biblisches Autoritäten, *Pegasus* II fol. B ʳ; nach dem rosenkreuzerischen *Echo* Vorr. S. 4 lehren sie Schöpfer und Geschöpf erkennen; ähnlich bezieht auch *Helias artista* II S. 9 sich auf sie.
80 S. o.
81 *Bericht* in: Schneider Frühschriften S. 67 (Hervorhebung von mir).

„Vnnd dieweil er in seinem Motu vnnd Lauff / ein gewisses Volck / nemlich das Jüdische Land andeutet / so mus er einen newgebornen König der Jüden bedeuten / *vnd weil der Stern so vbernatürlich* / so mus der / welchen er bedeutet / mehr denn ein Mensch seyn / *vnd vber die Natur* / *ein wahrer Gott* / ... denn *weil Christus vber die Natur war* / so gehört er *nicht vnter die natürliche Astronomiam*, sondern muste *einen vbernatürlichen Stern haben* / die Weisen haben wol verstanden / daß der / so durch diesen Stern bedeutet ist / nicht vnter die natürliche Astronomiam gehörte / darumb müste er mehr seyn denn ein ander Mensch."

So kommen die *Magi ex oriente* an der Grenzlinie zwischen den zwei „Weisheiten" gemäß *Hexaemeron* 4,13-17 oder auch den zwei „Astronomien" zu stehen. Einerseits sind die *Magi* nicht ohne weiteres und unmittelbar den Wiedergeborenen zuzurechnen, die von der übernatürlichen Weisheit erleuchtet werden, andererseits gelingt ihnen aufgrund der ihnen von Gott gewährten „hohen Weißheit / Kunst / vnd Vorstande"[82] ein Blick über den Zaun, der sie erkennen läßt, daß es sich bei diesem Stern um ein Phänomen „über die Natur"[83] handeln müsse, weshalb das neugeborene Kind ebenfalls „über die Natur", also göttlich, sein müsse, was sie zu Reise und Anbetung bewegt. Ähnlich wie im Blick auf Platos Lehre von der Unsterblichkeit der Seele – „wie Plato gewaltig davon disputiret"[84] – bleibt eher unausgesprochen als unklar, in welchem Verhältnis die nicht zum Gottesvolk des alten und neuen Bundes gehörenden, für Arndts Denken jedoch schlechterdings unverzichtbaren „Weisen" hinsichtlich der Religion, der Weisheit und in letzter Konsequenz vielleicht auch des Heils zu stehen kommen. Gerade diese Grenzphänomene lassen das Profil der Anschauungen Arndts schärfer hervortreten: Die sich pointiert christlich verstehende *magia* oder hermetische Philosophie tritt an, die vor- und außerchristliche naturphilosophisch-magische Tradition nach dem Modell von Anknüpfung und Überbietung zu adaptieren und zu beerben. Diese sei letztlich defizitär geblieben, komme aber nun, aus Wiedergeburt und Geist erneuert, zu neuen Ehren und zu ihrer uranfänglichen Fähigkeit zu umfassender Erkenntnis der natürlichen Dinge. So ist sie identisch mit der Weisheit der biblischen Leitgestalten über den *sapientissimus rex* Salomo bis zurück zu Adam, der diese *antiquissima sapientia* als Grundbestand der Schöpfung vom Schöpfer empfangen habe. Insofern die genannten Grenzgänger, aus dem vor- bzw. außerchristlichen Bereich stammen, in beide hineinragen, markieren sie beides zugleich, Adaption und kategorische Überbietung.

---

[82] Vgl. *Ikon* IX fol. 37 r-v zur Johannes-Apokalypse, „darin viel *Göttliche vnd natürliche Geheimnus* verborgen sein / vnd erfordert dieses einen *sonderlichen hohen Verstandt im Liecht der Natur*."

[83] Auch nach Paracelsus *Astronomia magna* Sudhoff XII, S. 83 ist der Stern der Magier als eine übernatürliche Erscheinung zu deuten. Und zwar ist er der ersten von sechs *species* der Magie zuzuweisen, der *insignis magica*, die von "ubernatürlich in himel" erscheinenden, "natürlich" aussehenden, ihrer Herkunft nach jedoch "unnatürlichen Zeichen" handelt; vgl. Goldammer Magie bei Paracelsus S. 35.

[84] *WCh* I,7,2.

Mit der Makro-/Mikrokosmos-Spekulation, mit Astrologie und Alchemie samt den Influenzen in Gestalt der *astra* oder *semina*, mit der Signaturen- und der Elementenlehre, den *Prognostica* und vielem anderen hat das *Hexaemeron* als ein integrales Element des „Wahren Christentums" seine nachhaltige Prägung durch das magisch-hermetische Denken vielfältig unter Beweis gestellt. Und auch der Vergleich mit den beiden zuvor untersuchten Traktaten zeigt eine grundlegende Übereinstimmung gerade in den zentralen Fragen wie auch in der Begriffswelt.

Dabei springt ins Auge, daß die Begriffe der *magia* bzw. *Magi* – aus welchen Gründen auch immer – im „Wahren Christentum" auffallend fehlen, ebenso wie die *Magi ex oriente*. Doch ändert dies nichts an dem Ergebnis, daß hier wie dort dieselben Themen und Sachverhalte verhandelt werden. Dies bedeutet jedoch, daß, was Arndt in der *Ikonographia* und im *Bericht von den Weisen aus Morgenland* sachlich wie terminologisch eindeutig den *Magi* bzw. der *magia* (*naturalis*) zuweist, auch im „Wahren Christentum", wo es unter dem deutschen Äquivalent der „natürlichen Weisheit" erscheint, ebenso klar im Sinne der *magia* zu deuten ist. So erweist der Vergleich von Text und Sache in der Konsequenz, daß das *Hexaemeron*, auch wenn dort der Begriff der *magia naturalis* durchgängig durch den – wie an jenen anderen Traktaten gezeigt, sachlich gleichbedeutenden – Begriff der „natürlichen Weisheit" ersetzt ist, in einer Hinsicht eine breit entfaltete *magia naturalis* vertritt. Daß es sich darin nicht erschöpft, sondern darüberhinaus noch eine entscheidende weitere Dimension beinhaltet, die jedoch mit der naturmagischen auf das engste korrespondiert, steht auf einem anderen Blatt.

Daß die Faszination durch die hermetisch-magische Tradition nicht auf eine bestimmte Phase in Arndts Biographie zu beschränken ist, belegt die aus der Zeit seines höchsten Kirchenamts stammende *Landtagspredigt* aus dem Jahr 1618, in der von der terminologischen Identifikation der „Weisen" mit den *Magi* bis zu einer kategorischen Überbietung der altorientalischen „Weisheit" und ihrer – wie sich versteht, „königlichen" – Schulen durch die „PfingstSchule des H. Geistes" samt ihrer die „natürliche" überbietenden „göttlichen Weißheit" der biblischen Heiligen alten und neuen Bundes der Traditionskomplex in einer selten klaren – inhaltlich mit Hirschs *Pegasus Firmamenti* weitestgehend übereinstimmenden – Zusammenfassung inklusive umfassender biblischer Legitimation wiederkehrt. [85]

---

[85] Fol. F ij ᵛ - F iij ʳ: „Zum dritten kan keine gute Policey seyn, Es müssen Schulen auffgerichtet werden. Dieselben haben in der H. Schrifft [!] von anfang der Welt her [!] einen vortrefflichen Grund, denn *Gott hats in die Natur gepflantzet*, der Weißheit nachzuforschen, vnd ist anfänglich *die göttliche vnd natürliche Weißheit* [!] durch die H. Ertzväter von Geschlecht zu Geschlecht fortgepflantzet / vnd ist also die Wissenschafft vieler hoher Sachen bey den vornembsten Familiis vnd Geschlechten [sic; zu diesem aristokratischen Elitarismus vgl. die von Weber S. 6 konstatierte politische Option Arndts in den Braunschweiger Auseinandersetzungen] in Verwahrung blieben. Hernach da Städte erbawet seyn / sind Königliche Schulen auffgerichtet / wie in der Apostel Geschicht zu lesen / weil Moses von des Königs Pharao Tochter in Egypten für einen Sohn angenommen / ist er in der königlichen Schuel in aller *Weißheit der Egypter* erzogen. Von der Schule des Propheten Samuelis / Elisaei / Nathans / vnter welches Hand der König Salomo [der biblische Patron und Inbegriff der "Weisheit" schlecht-

So ist der Braunschweiger Arzt Johann Nicolaus Martius im Recht, wenn er sich, wie im Zusammenhang des *liber vitae* vermerkt, im *Unterricht Von der wunderbaren Magie und derselben medicinischem Gebrauch* von 1719 in der hermetischen Tradition der „geheime[n] natürliche[n] Philosophie der alten Weisen" zwischen Ficino, Agrippa von Nettesheim, Paracelsus, van Helmont u. a. auf das „Wahre Christentum" als Quelle der *magia naturalis* beruft.[86] Und auch das Register zu Arnolds *Unpartheyischer Kirchen- und Ketzer-Historie* trifft den Kern der Sache, wenn es zum Stichwort ,Arndt' vermerkt: „Arndt (Johannes) ... hat die magie lieb".[87]

2. „Erkanntnuß der verborgenen Krafft"[88] Grundzüge frühneuzeitlicher *magia naturalis*

Nachdem der Hermetismus vor allem in Alchemikerkreisen zumal seit der abendländischen Rezeption der arabischen Literatur im Hochmittelalter in Blüte stand, ging vom Florentiner Renaissance-Platonismus eines Marsilio Ficino und des Grafen Pico della Mirandola, der auch das hermetische Schrifttum und Denken der gelehrten Latinität neu erschloß und in enger Verbindung mit dem Denken des Platonismus, Neuplatonismus, der Kabbala usw. einer grundlegenden philosophisch-theologischen Reflexion würdigte, eine Vielzahl nachhaltiger Impulsen auch in den deutschen Sprachraum hinein aus.[89] Eine wichtige Station der Vermittlung waren in dem Zusammenhang die drei Bücher der *Occulta Philosophia* des *Medicus* Agrippa von Nettesheim, die nach Goldammer nicht nur von dessen medizinischen Interessen, sondern auch von dem Bestreben einer „Entmagisierung" und einer Rationalisierung des Weltbildes geprägt sind,[90] wie das auf seine Weise nicht minder für den Hohenheimer zu gelten hat. Neben philosophischer Würdigung und Entmagisierung ist als ein drittes entscheidendes Kri-

---

hin!] aufferzogen / Jtem von der Königlichen Babylonischen Schuel / in welcher der Prophet Daniel erzogen / ist lieblich in seiner Historia zu lesen. Vnd das sind die Schulen der ersten Monarchi. Die Persische Monarchi hat treffliche Schulen gehabt / welcher Praeceptorem vnd Alumnos man *Magos die Weisen* gennet hat / *daher die Weisen aus Morgenlande kommen seyn.* Die Griechische Monarchi hat vortreffliche Schulen gehabt / nicht allein zu Athen / sondern die sieben Weisen in Griechenland haben jhre sonderliche Schulen gehabt. Die Römische Monarchi hat zu Rom / zu Alexandria [!] / zu Jerusalem treffliche berühmte Schulen gehabt / wie in der Historia des H. Märtyrers Stephani / der Schulen gedacht wird / der zu Alexander / vnd derer aus Cilicia vnd Asia. S. Paulus ist in der Schul Gamatelis erzogen. Die höheste Schule ist die *PfingstSchule des H. Geistes,* da die Apostel mit *göttlicher Weißheit* vnd allerley Sprachen erfüllet seyn." (Hervorhebung von mir). Vgl. *Pegasus Firmamenti* cap. II, IVf.
86 Vgl. Peuckert Gabalia S. 415f.
87 2. Band, Teil III und IV, S. 1489.
88 Croll *Signaturen* Vorrede S. 3.
89 Überblick bei Müller-Jahncke Heilkunde S. 33-56; zu Rezeption und Wirkung der Impulse im frz. u. dt. Raum bis zu Reuchlin, Trithemius u. Agrippa von Nettesheim vgl. ebd. S. 56-67; einen kurzen Überblick über die Entwicklung gibt ders. in seinem Aufsatz: Renaissance-Magie.
90 Vgl. Goldammer Magie bei Paracelsus S. 46.

terium der Hermetismus-Rezeption die massive und auch publizistisch rege Kritik der in der Tradition eines *Asclepius*, einer *Picatrix* oder auch eines *Arbatel* repräsentierten und etwa von Agrippa unbefangen, wo nicht praktizierten, so doch kolportierten ,schwarzen' *magia daemonica* in Rechnung zu stellen, die sich auf sehr unterschiedliche Weise mit den Namen Thomas Erastus, Jean Bodin, Johannes Weyer/Wier und auf katholischer Seite Martin del Rio verbindet.[91] Ob sie nun wie Bodin Geheimwissenschaften, etwa die Astrologie, partiell anerkennen, die Magie aber einschließlich der *magia naturalis* als eine teuflische Praxis insgesamt kategorisch ablehnen, ob sie, wie Weyer, zugunsten einer geschätzten *magia naturalis* die in ihrer gemutmaßten Realität durchaus anerkannte dämonische Magie entschieden bekämpfen, in der Konsequenz tragen in der hier interessierenden Perspektive auch verschiedentlich gegensätzliche Positionen doch gemeinsam zu einer noch weitergehenden „Entmagisierung" des Weltbildes und so letztlich auch zu einer, wenn man so will, Läuterung der *magia naturalis* vom Ruch des Dämonischen und Widergöttlichen der *magia infamis* bei. In der Folge tritt 1) die schwarze Magie für diese Belange entscheidend zurück, wird 2) der positiv-religiöse Charakter solcher Magie und deren Vereinbarkeit mit theologischem und kirchlichem Denken als um so stärkeres Postulat erhoben und kann 3) die *magia naturalis* ihren Charakter als eine *scientia* bzw. *sapientia rerum naturalium* und der darin verborgenen Kräfte und Wirkungen mit den erklärten Zielen des menschlichen Nutzens (vor allem hinsichtlich der Medizin) einerseits und der Suche des Schöpfers in seinem Geschöpf sowie der Mehrung der Ehre Gottes andererseits weit deutlicher als bisher zur Geltung bringen. Nicht zuletzt diese Läuterungsprozesse dürften als entscheidende Voraussetzungen für eine pointiert ,christliche' Rezeption des Hermetismus und dessen nicht leicht zu überschätzenden Aufschwung um die Wende zum 17. Jahrhundert anzusehen sein.

Als Kontext, der von besonderer Relevanz speziell für eine Erhellung von Arndts Denken ist, soll hier der Hermetismus etwa aus dem letzten Viertel des 16. und dem Beginn des 17. Jahrhunderts im Blickpunkt des Interesses stehen. Ein auch nur kurzer Streifzug durch die *magia naturalis* dieser Epoche zeigt, ähnlich wie der durch die frühneuzeitliche *theologia mystica*, in all seinen Varianten und Differenzen doch überraschend klare Konturen eines in seinen Grundlinien konsensuellen Phänotypus von dezidiert religiöser *magia naturalis*. Wenigstens einige Kernanschauungen exemplarisch ausgewählter Positionen, die im Anhang ausführlicher zu Wort kommen, möchte ich hier kurz skizzieren, damit aus einer Zusammenschau die Umrisse eines vorläufigen Gesamtbildes sichtbar werden.

Der Eislebener Prediger Christoph Hirsch *alias* Josephus Stellatus benennt als Quelle dieser *magia* „purum *Naturae Lumen ... ex quo vera MAGIA profluit*",[92] und vergleicht das sowohl im Makro- wie im Mikrokosmos zugleich fließende *lumen naturae* mit den Sonnenstrahlen, die sich in einem konkaven Spiegel bündeln.

---

[91] Dazu vgl. ausführlicher Müller-Jahncke Heilkunde S. 208-226; Goldammer Magier S. 62-64.
[92] *Pegasus Firmamenti* VII F 6 ʳ (Hervorhebung von mir).

Dieses Licht umfaßt die *astra*, seien es natürliche oder übernatürliche, ebenso wie die daraus erwachsenden menschlichen *artes, scientiae et arcanorum noticia*.[93] Ihre Erkenntnis gewinne die *magia* wie schon zu Zeiten der alten *Magi* aus dem *liber naturae authenticus*[94] und dessen *folia praecipua* – die in seiner *Gemma magica* ein wichtiges Gliederungsprinzip bilden. Es sind die im Wesentlichen sowohl von Arndts *Hexaemeron* wie auch aus seiner *Ikonographia* längst vertrauten Themen:[95]

> „Si nimirum quis habuerit optime perspectas *Elementorum VIRTUTES* specificas, tam arcanas, quam manifestas, *affectiones seminalium astralium internas & externas*; operationem *Naturae in Elementis* abstrusissimam, dissonantiam vehementissimam, Harmoniam suavissimam, ad omnis generis creata, seu corpora Physica producendum Naturae ordine: quae creata, utpote *Astra, Animalia, Vegetabilia, Mineralia hujus Libri Naturae sunt literae Hieroglyphicae, ceu Elementa, Terra, Aqua, Aer, Ignis, folia principalia consentur*. Nunc restat solummodo artificiosa Lectura ad Arcanorum sensum eliciendum, quem *doctrina signaturarum, tanquam clavis veris Philosophis aperit*."

Hirschs Schriften der *Gemma magica* und des *Pegasus Firmamenti* sind als Ganze ein beredtes Zeugnis dafür, daß es sich bei den an Arndts Werk beobachteten einzelnen Zügen des Weltbildes um einen geschlossenen inneren Zusammenhang des magisch-hermetischen Denkens handelt. Innerhalb dessen erweisen der Dynamismus der in den Elementen und *corpora Physica* wirkenden „Kräfte", die in den *semina astralia* in sympathetischer Harmonie bis in die Elemente reichende, sphärenübergreifende astrologisch-magische Konkordanz sowie die Signaturenlehre, die Hirsch als den *clavis* der Philosophen identifiziert und Arndt als das Alphabet der wahren Philosophie des *liber naturae*, ihre bekannte Interdependenz.

Auch für den Prediger aus Nebra an der Unstrut David Meder ist die *magia*, mit welchem Begriff er ebensogut seine erklärtermaßen bescheidene Praxis der *alchymia* wie die *medica chymia* bezeichnen kann, „eine hohe *Weißheit vnd Erkäntniß* der Natur",[96] die als von Gott ursprünglich Adam verliehene nach ihrem Verlust erst durch die Wiedergeburt und die Gabe des hl. Geistes erneuert wurde.[97]

Der reformierte Streiter wider die schwarze Magie Johann Weyer, der durch die Schule eines Agrippa von Nettesheim gegangen war – dessen spätes Werk *De incertitudine et vanitate scientiarum* ihn in seiner Sicht der Dinge nachhaltig beeinflußt haben dürfte – unterscheidet von der von ihm zutiefst verabscheuten *magia illicita* scharf „die *gründtliche erkendtnis natürlicher geheimnissen vnd ware Philosophiam /* so man gemeinlich *Magiam naturalem* nennet",[98] die er als eine Sache der echten „Liebhaber der Weisheit" durchaus in Ehren zu halten gewillt ist.

---

[93] *Pegasus Firmamenti* VII F r-v (Hervorhebung von mir).
[94] *Pegasus Firmamenti* IV B 6 v aus der Kapitelüberschrift.
[95] *Pegasus Firmamenti* IV B 7 v - 8 r [unpag.].
[96] *JUDICIUM THEOLOGICUM* A iiij v (Hervorhebung von mir).
[97] *JUDICIUM THEOLOGICUM* C ij v (Hervorhebung von mir).
[98] S. 199-200 (Hervorhebung von mir).

Dem aus Danzig stammenden paracelsistischen Arzt Alexander von Suchten zufolge benötigten diejenigen, die eine der *tres facultates* Theologie, Astronomie oder Medizin auf die richtige Weise studieren wollen, vor allem andern die "*Magiam ... / das ist / die Kunst den HErrn zufinden in seinem Geschöpff.*"[99] Außer Zweifel stehe, daß diese „Magia ... die allergröste *Weißheit Göttlicher Werck* ist / und eine *Erkennerin verborgener Natur*",[100] die von daher auch zu der wahren Medizin führe. Ausschließlich in Verbindung mit dieser *magia* wie zugleich in deren Überbietung sei die *sapientia omnium coelestium et terrestrium rerum*[101] zu erlangen.

Nach Benedictus Figulus schließlich ist die „*Hermetische Philosophey* [!] ... welche in sich begreifft die wahre Astronomiam, Alchymiam, vnd Magiam, wie auch Cabalam etc. ... ein Vhralte Wahre / *Natürliche Scientia von Adam her* / welcher ... *allerding völlige erkandtniß* gehabt". Es handle sich dabei um die *magia* der Alten, und diese sei nichts anderes als eine „*Allgemeine Erkantniß vnd Wissenschafft dieser wahren Natürlichen Philosophey / so auß dem Hellen Liecht der Natur* bey ihnen Entsprungen" sei.[102] Als Zielsetzung und Quelle für die „hermetische Philosophie" besitze sie für seine Zeit unvermindert Gültigkeit. Diese „Wahre[] Natürliche[] Philosophey / *auß dem Liecht der Natur gegründet* ... Als vnsere Spagyrische Phylosophey / Astronomia[] *Vera[]*, vnd Magia[]" fließe aus den zwei „Büchern" des Makro- und Mikrokosmos, die in jenem dritten Buch, der Bibel, ihre Ergänzung fänden. „Alle *natürliche Künst vnd Weißheit* werden *von dem Gestirn* dem Menschen gegeben ... : Auß dem *Liecht der Natur* als auß vnserm Vatter / *auß dem wir Gemacht vnd Geschaffen sind* / sollen wir lernen. ... Allso hat es Gott verordnet / daß *das Natürliche Liecht sey in dem Gestirn* ... Was aber nun der Mensch *vom Gestirn* sauget / das ist alles seine *tödliche Weißheit* / Vernunfft / Kunst / vnnd *was auß dem Liecht der Natur ist / daß muß auß denselbigen erlernet werden.*"[103] So versteht sich diese *magia* oder *hermetische Philosophie* in erster Linie nicht als menschliches Bemühen, sondern als ein Ausfluß des *lumen naturae* selbst im Menschen einerseits und eine Erkenntnis und deren gezielte praktische Anwendung auf Seiten des Menschen andererseits, oder wie Peuckert, nicht ohne Pathos, prägnant zum Hohenheimer formuliert: „Magie als die Praxis natürlichen Lichts!"[104]

Der *Medicus et Philosophus hermeticus* Oswald Croll, dessen Schrifttum mit der von Kühlmann und Telle besorgten Edition der Schrift *De signaturis rerum* vor nicht langer Zeit einen Impuls zu seiner neuen Erschließung erfuhr,[105] skizziert im Zusammenhang der Signaturenlehre die *magia naturalis* mit wenigen Worten.

---

99 S. 379 (Hervorhebung von mir).
100 S. 346 (Hervorhebung von mir).
101 *De tribus facultatibus* S. 363f. (Hervorhebung von mir).
102 Fol. * iiij ᵛ – * v ᵛ (Hervorhebung von mir).
103 Fol. * vii ᵛ – * viii ᵛ (Hervorhebung von mir).
104 Pansophie S. 244.
105 Die vorzügliche Edition des Signaturentraktats als erster Band einer Werkausgabe durch Wilhelm Kühlmann und Joachim Telle bedeutet auch für die kirchen- und theologiehistorische Forschung einen Anstoß zur Auseinandersetzung mit Crolls einflußreichem Werk.

Der Mensch kann aus der äußerlichen Zeichnung der Kreaturen deren verborgene wirkende Kräfte erkennen, ebenso wie der Arzt aus den äußeren Symptomen die innere Krankheit zu diagnostizieren vermag, ein Beispiel, das ihn mitten ins Thema führt:[106]

> „Vnnd gleich wie die eusserliche Zeichen zur Erkantnuß deß jnnerlichen Menschen vnnd seiner Kranckheiten führen: Also werden auch die Artzneyen / so dem Menschen nothwendig vnnd ersprießlich / *auß einer gleichen Anatomy* erforschet: Dann sie sind *einerley Astronomi vnnd Philosophi*."

Es folgt ein Kernsatz, der das an allen zitierten Vertretern dokumentierte nachparacelsistische Verständnis dieser ganzen Epoche von der *magia naturalis* auf einen prägnanten gemeinsamen Nenner bringt:

> „*Die Magia aber / welche in dem Liecht der Natur eine Lehrmeisterin vnd der gantzen natürlichen Philosophiae aller vollkommenste Wissenschafft ist / gibt die Erkanntnuß der verborgenen Krafft.* Vnnd zwar *so vermehret nichts die Frombkeit mehr* [!] / ja es ist auch nichts / das vns besser vnd hefftiger *zum Dienst vnd Liebe Gottes befördert* / als eben desselbigen wahre Erkanntnuß / die *vnauffhörliche Betrachtung der Werck vnd Wunder Gottes* vnd als diese *natürliche Magia* (welche vns *den inwendigen Kern oder gezeichnete durch die eussere Rinde oder Zeichen* erkläret) *deß Himmels oder Firmaments Tochter / ein erfinderin aller Künste vnd Geheymnussen* / durch welche wir gezwungen werden zu singen / vnd zu sagen: Der Himmel vnd alle Erde ist voll der Majestät vnd Herrligkeit vnsers Schöpffers."

„*Im* Licht der Natur" versieht die *magia naturalis* ihre Aufgabe als „Lehrmeisterin" einerseits, die den Menschen die Erkennntis vermittelt, und der „vollkommensten Wissenschaft", die sich auf den Bereich „der ganzen natürlichen Philosophie" erstreckt samt den verschiedenen ihr zugehörigen Disziplinen andererseits. Von menschlicher Seite her ist sie wiederum das angewandte *lumen naturae*. Diese drei Dimensionen sind nicht voneinander zu trennen, ebenso wie die Arndt kaum nachstehende religiöse Durchdringung und Deutung dieser *magia*.

Wie Crolls Schrift und das ihr den Titel gebende Konzept *De signaturis rerum* verdeutlichen, ist gerade nicht eine Phänomenologie der sichtbaren Kreaturen Gegenstand solcher *magia*, sondern vielmehr „die Erkenntnis der verborgenen Kraft". Zwar läßt sich, wie Crollius es am Beispiel der Medizin gezeigt hatte, die *signatura* als äußerliches Zeichen an der „Rinde" phänomenologisch beschreiben und identifizieren, doch weiß der wahre Kenner der *magia* sich vor deren Verwechslung mit jener verborgenen Kraft zu hüten, dem *signatum*, auf das es entscheidend ankommt. Die *magia* ist, wie Croll elegant formuliert, „deß Himmels oder Firmaments Tochter" und verrät schon damit ihre Herkunft aus dem

---

[106] *OSWALDI CROLLII MEDICI vnd PHILOSOPHI HERMETICI Von den Signaturen Oder Wahren vnd lebendigen Anatomia der grossen vnd kleinen Welt* ... übersetzt und herausgegeben von Johann Hartmann, Frankfurt/Main 1647 S. 3f. (Hervorhebung von mir).

Gestirn und ihren Erstreckungsbereich in der sublunaren Welt. Als „Erfinderin aller Künste und Geheimnisse" vermittelt sie Erkenntnis sowie geheimes und praktisches Wissen aus dem „Gestirn". Der Auffassung Hirschs, von Suchtens und Meders analog sucht sie den Schöpfer im Geschöpf zu erkennen, ist zugleich, wo nicht primär, so doch immer auch angewandtes Lob des Schöpfers. Dies ist ein klares Argument gegen Peuckerts – jedenfalls speziell im Blick auf diese Zeit und dieses Milieu – zu pauschale Trennung zwischen „Pansophie" einerseits und *magia naturalis* andererseits, welch letzterer er im Gegensatz zur ersteren ein vorwiegend oder ausschließlich naturphilosophisches Interesse zuschreibt.[107] Gegen diese Entgegensetzung spricht allein schon die Weise, wie Hirsch im Titel seines *Pegasus Firmamenti* dem Inhalt entsprechend die „Pansophie" der Rosenkreuzer-Bewegung zur legitimen Erbin der *magia veterum* erklärt.

In sachlicher Übereinstimmung mit Figulus, Arndt,[108] Meder und anderen Hermetikern führt ein Jahrhundert später auch einer der Herausgeber von *Fama* und *Confessio R. C.*, Thomas Vaughan, die *magia naturalis* bis auf Adam als den ersten Empfänger dieser in den Kosmos und den Menschen zugleich gelegten Weisheit zurück. Unter dem Pseudonym „Eugenius Philaletha" erscheint in Amsterdam 1704 sowie in Leipzig und Hof 1735 seine *Magia adamica* in deutscher Sprache unter dem aufschlußreichen Titel: *MAGIA ADAMICA Oder Das Alterthum Der MAGIE, Als Dererselben von Adam an herabwärts geleitete Erweisung, Welcher Eine gantz vollkommene Entdeckung des wahren Himmels, der Erden, oder derer Magorum, himmlischen Chaos und erste Materie aller Dinge zugefüget*. Der anonyme Herausgeber des Drucks von 1735, der wie üblich die *magia adamica* scharf von der Nigromantie abzugrenzen bemüht ist, charakterisiert sie in der Vorrede mit wenigen Strichen so, daß sich all die bekannten Elemente mühelos wiederfinden lassen:[109]

„Da hingegen die Magie in gutem Verstande nicht anders, als die *von dem Schöpffer geoffenbarte, und in die Natur eingepflantzte Weißheit* zu nennen, welche sehr hoch zu achten, wie denn deswegen *Matthäus im 2. Capitel derer Magorum* als Ehrwürdiger, und durch Göttlichen Trieb [!] in das heilige Land geführter Männer gedencket. Und dahero sagt ein gewisser grosser Gelehrter über diesen Ort gar recht: Das Wort Magi wird allhier in der Griechischen Bedeutung, nicht vor diejenigen genommen, welche die schwartze und Teuffelische Magische Kunst exerciren, sondern es kommt mit dem Hebräischen Wort אשפים überein, von welchem das Griechische Sophi, die Weisen, abstammet, denn es hat vor Alters, wie Grotius erinnert, *Arabia* seine Weisen gehabt, die sowol die gantze Natur, als absonderlich die Astronomie studiret, wie uns solches des *Hiobs* und dessen Freunde Gespräche lehren. *Könige, Priester und Propheten* waren vormals *Magi*, Leute, welche, nebst der Erforschung der Natur, auch mit denen

---

[107] Gabalia S. 27f.; dieser für eine spätere Zeit eher zutreffende Gegensatz liefert Peuckert die Konzeption seines Doppelwerks Pansophie / Gabalia.

[108] Hex 6,2.

[109] Fol.)(4 ʳ; zu Vaughans *Rosicruciana*-Editionen vgl. u. a. Gilly Katalog Manifeste S. 75-77.

wesentlichen geistlichen Geheimnissen des Gottesdienstes, davon sie nur
das auswendige Vorbild und Theil dem Volcke zeigten, umgiengen. Diese
Kunst, oder vielmehr Geheimniß, hat *sein erstes Herkommen von GOtt selbst*:
denn es ist nichts anders, als eine Handlung oder Würckung seines in der
Materie arbeitenden Geistes, der die Anfänge durch Vereinigung zusammen gesetzet, und das zusammengesetzte wieder auflöset in seine Anfän-
ge. Sie ist *eine vor alten Zeiten gewesene Erkänntniß der Göttlichen* [!] *Weißheit.* ... ".

Es ist dieselbe magische Tradition, an die Arndt in seinem *liber naturae* anknüpft.
In der etymologisierenden Ineinssetzung: Weise – *Sophoi* – *Magi*, die sich analog
in Arndts Konzept der „natürlichen Weisheit" inhaltlich wiederfindet, bringt der
anonyme Herausgeber Vaughans das Selbstverständnis der Anhänger jener *magia
naturalis* oder *magia adamica* zutreffend zum Ausdruck. Auch dieses nicht in Einzelheiten auszulegende Beispiel belegt, daß sich trotz aller Variationsbreite der
verschiedenen Gestalten und Entwürfe ein gemeinsamer Grundtypus von frühneuzeitlicher, prononciert religiös fundierter *magia naturalis* mit wiederkehrenden
Grundelementen identifizieren läßt, wie er auch in Arndts *liber naturae* begegnet.

2.1   Verbindende Merkmale frühneuzeitlicher *magia naturalis*

Verschiedene Topoi, die mehr oder weniger dicht dieses Schrifttum wieder-
kehrend durchziehen, kristallisieren sich aus der Variationsbreite der verschiedenen genannten und anderer Entwürfe heraus, von denen hier mit der Perspektive auf Arndt einige wichtige exemplarisch zur Sprache kommen sollen.

Bei der *magia naturalis* oder „natürlichen Weisheit" handelt es sich dem Verständnis ihrer Anhänger nach um eine von Gott gegebene Urweisheit seit Adam
her, die von ihrem den Kosmos verborgen durchwaltenden *lumen naturae* her als
integraler Teil zum allerersten Grundbestand der Schöpfung gehört und daher
jeglichem vehement bestrittenen autoritätsgestützten Schul- und Buchwissen als
vom Schöpfer in die Schöpfung gelegte „Weisheit" kategorisch überlegen sei.
Mit dem Selbstverständnis einer dem hermetischen Geheimwissen verpflichteten
„Mosaischen Philosophie", das in der den Biblizismus und die Naturbuch-Metaphorik integrierenden Gattung *Hexaemeron* seinen symbolischen Ausdruck findet,
verbindet sich eine häufige Referenz auf die Bibel, seien es die Schöpfungsbe-
richte der Genesis, seien es verschiedentliche biblische Bezüge auf außerisraeli-
tische altorientalische Weisheitstraditionen (Ägypter, in deren „Schule" Moses
gegangen sei, Chaldäer/Daniel, Perser, *Magi ex oriente*), denen eindeutig legitima-
torische Funktion zukommt, seien es weisheitliche, astrologische, für im engeren
oder weiteren Sinne naturphilosophische Belange adaptierte Anknüpfungspunkte für dieses Projekt eines „christlichen" magisch-hermetischen Synkretismus. In
diesem Zusammenhang kommt bestimmten Gestalten der alttestamentlichen
oder apokryphen weisheitlichen Tradition eine herausragende Rolle zu, von
Joseph (Ägypten) über Mose (Ägypten), den *sapientissimus rex* Salomon und Hiob
bis zu Daniel (Chaldäer), die, so etwa Arndt und Hirsch, neben der magischen

auch die dieser überlegene übernatürliche „Weisheit" des *lumen gratiae* empfangen hätten. Mentalitäts- wie auch sozialgeschichtlich aufschlußreich ist die von den paracelsistischen Repräsentanten dieser Tradition – die ganz überwiegend Angehörige akademischer Berufe und somit höheren, neben dem ärztlichen nicht selten geistlichen oder gar beides verbindenden, Standes sind –, formulierte kategorische Abgrenzung gegenüber Wissen und Kompetenzen des „gemeinen Mannes", wie es sich für eine auf Könige, Priester und Propheten zurückgeführte Weisheitstradition nahezulegen scheint, welche Trias in der weitgehend fiktionalen Gestalt des „Hermes Trismegistos" in Personalunion gegeben schien. Neben der durchgängigen Referenz auf den Hohenheimer ist eine Berufung auf Hermes – die sich bei Arndt in den von ihm für eine Publikation vorgesehenen Schriften auf den selbst formulierten Schluß jenes Joachim Morsius gewidmeten alchemischen Gedichtes des Alexander von Suchten beschränkt[110] – zwar üblich, doch durchaus nicht obligatorisch, ist doch für die Eingeweihten, um die es zumeist geht, beim Stichwort Ägypten ohnehin klar, was bzw. wer gemeint ist. Weitaus entscheidender ist die zumeist mit der Metaphorik des *liber naturae* verbundene Zurückführung des geheimen Wissens auf Gottes eigene Offenbarung im Reich der Natur, wie sie dem ersten deutschsprachigen Druck des *Corpus Hermeticum* von 1706 den sprechenden Titel verlieh: *HERMETIS TRISMEGISTI Erkäntnüß Der Natur Und Des darin sich offenbahrenden Grossen Gottes* (Hamburg 1706).[111]

Daher gehört zur Genealogie dieses nicht aus menschlichem Vermögen, sondern allein als Gabe Gottes zu erwerbenden Wissens unweigerlich auch Adam,[112] dem es in der Schöpfung unmittelbar vor Augen lag. Auch wenn eigene, möglicherweise unbewußte Anleihen bei Aristoteles – etwa in der Qualitätenlehre oder bei der die Differenzierung von *materia* und *forma* voraussetzenden Signaturenlehre – unvermeidlich erscheinen, steht der Stagirit zumeist in eher schlechtem Ruf, gilt er doch als Inbegriff und Leitfigur eines verhaßten Wissenschaftssystems der Akademien, das als heidnisch, blind autoritätengläubig, antiempirisch, auf den bloßen Schein der Äußerlichkeiten und eigene *opiniones* fixiert und somit „von dem Grundt der Warheit abwegs" verschrieen ist (eine löbliche Ausnahme bildet das von Arndt hoch geschätzte Werk *Idea medicinae philosophicae* des Petrus Severinus, der, wie schon die Vorrede zeigt, eine Synthese der hippokratischen, galenischen und paracelsischen Tradition wagt und sich in diesem Kontext auf die aristotelische Philosophie bezieht). Während die der *magia* Kundigen ihr Wissen aus einem guten „Gestirn" empfangen, wird jene „Gemeine Aristotelische Platonische / et nostri temporis Philosophia, welches nur ein Cagastrische Philosophi, Speculation, vnd Phantasey ist", der niedersten Sphäre des Menschlichen, „die mit dem Cörper im grab zu nicht / staub vnd aschen wirdt", zugewiesen, wie das etwa Figulus mit seiner Klassifizierung der „Dreyerley

---

110 *De vera medicina* (hg. von Morsius, Joachim) Hamburg: Heinrich Carstens 1621 fol. C 5 r-v.
111 Hg. von (einem) „Alethophilus", d. h. Liebhaber der Wahrheit.
112 *Hex* 6,2; die "Signatur" kannte "Adam aus angeschaffener Weisheit".

Philosophia oder Weißheit" in der Vorrede seiner *Pandora magnalium aurea* ebenso sprachmächtig wie typisch formuliert.[113] Jenseits von Figulus' Seitenhieb auf die platonische Philosophie weiß man sich der schon im Hochmittelalter vor allem in der Schule von Chartres kultivierten platonisch-neuplatonischen Tradition verpflichtet, die auch die Verbindung zu hermetischem Gedankengut anstrebte. So stellt das Florentiner Renaissance-Projekt einer *Theologia Platonica* in enger Verbindung mit der Neuerschließung des *Corpus Hermeticum*, die gemeinsam die Grundlage für den Aufschwung dieser neoplatonisch-plotinisch-hermetischen Synthese mit ihrem philosophischen Selbstverständnis und Anspruch auch im deutschsprachigen Bereich legten, einen Neuansatz auf bereitetem Boden dar.

Was die Kosmologie oder auch Kosmosophie anbetrifft, wird man in einem Feld, in dem der Hermetismus seinerseits von der Chemie und Medizin über die Philosophie bis zur Astronomie selbst zu einem der entscheidenden Träger und nicht selten wohl auch Katalysatoren zukunftsweisender wissenschaftlicher Entwicklungen wird – wofür stellvertretend etwa die Namen Bruno, Dee, Glauber und van Helmont stehen mögen –, und zumal angesichts des notorisch eklektizistischen Charakters dieser Strömung keineswegs von einem bei all seinen Vertretern geschlossenen homogenen Weltbild ausgehen können. Dies hindert jedoch nicht, gerade in diesem dem Paracelsismus wie dem natur*magischen* Paradigma im beschriebenen Sinne verpflichteten Milieu in seinem bezeichnenden Spannungsfeld zwischen Medizin und Theologie nach Konstituentien des Denkens Ausschau zu halten, die, selbst wenn sie nicht in allen einzelnen Fällen in dieser Weise erscheinen, doch aufs Ganze eine Art *common sense* bilden, auf den die einzelnen Entwürfe sich in all ihrer Unterschiedlichkeit noch im Falle einer Abweichung beziehen. Dabei kommt es wegen des besagten eklektizistischen Charakters weniger auf das je einzelne Element als solches – wie etwa die in der Renaissance auch weit jenseits hermetischen Denkens allgegenwärtige Rede antiker Provenienz von Mikro- und Makrokosmos – an, sondern vielmehr auf seine Zugehörigkeit zum und Stellung im einen großen Ganzen des Wissens- und Weltzusammenhangs, dem man diverses Gedankengut von sehr heterogener, im weitesten Sinne des Begriffs „philosophischer" Herkunft einzuverleiben pflegte.

In einem gewissen Widerspruch zum pointiert anthropozentrischen Mikro-/Makrokosmos-Theorem, das letztlich eher zur Erde als Scheibe passen würde,[114] steht das Festhalten weiter hermetischer Kreise am Geozentrismus, entgegen der die Erde und den Menschen an die Peripherie des Geschehens rückenden astronomischen Revolution, und das, obwohl doch eigentlich schon der Geozentrismus im Hinblick auf dieses Weltbild schon eine Stufe zu weit zu gehen scheint, wie dessen vertikal-hierarchischer Aufbau deutlich zeigt, dessen ‚Oben' und ‚Unten' zumindest vorstellungsmäßig eine vertikale Zentrierung und Hierarchisierung des Raumes voraussetzen, es sei denn, man trennt wie Weigel – der im

---

[113] *Pandora* Vorrede fol. * ij ᵛ - * iij ʳ.
[114] Wie eine solche der berühmte Stich aus dem *Musaeum Hermeticum* in der Tat zeigt.

übrigen geozentrisch denkt – in seinem *Ort der Welt* im Horizont platonischen Denkens[115] die Kategorien von Raum und Zeit als den Bedingungen des Körperlich-Vergänglichen geschuldete Kontingentien ebenso konsequent wie unanschaulich von der Welt des Göttlichen. In ihrer unlösbaren Verschmelzung von neuplatonischem und hermetischem Denken grundlegend ist die Vorstellung des Sphären- bzw. Stufenkosmos und bildet die unabdingbare Voraussetzung eines Denkens in Analogien, Influenzen des ‚Oberen' auf das ‚Untere', Konkordanzen, Sympathien etc. zwischen den Wesen verschiedener Sphären, wie sie in den vielfach verwendeten Metaphern der *catena aurea* oder Leiter von Gott über die himmlischen seien es Intelligenzen, seien es Engel, die Sterne, nach Fixsternen und Planeten differenziert, über die – immateriellen – Elemente und ihre materialen ‚Verkörperungen' bis in deren „Früchte" in Gestalt von anorganischen wie organischen Kreaturen. Die eng gedachte und im alchemischen *opus* wie in der astralmedizinischen Therapie durchaus praktisch bemühte und realisierte Verbindung zwischen Astrologie und Alchemie beruht ebenso auf dieser Vorstellung wie die entsprechende „höhere" eines lenkenden Einflusses der Intelligenzen oder Engel auf die – selbst unsichtbaren – *astra* und deren sichtbare *corpora*.[116] Bei vielen Vertretern steht dabei explizit oder implizit die auf Plato, dessen *Timaios* zu einer der Leiturkunden der Bewegung gehört, zurückgehende Vorstellung von einer das All unsichtbar durchwirkenden *anima mundi* im Hintergrund.

Im Gesamtzusammenhang dieses Denkens hat die *ars hermetica* der Alchemie nur vordergründig mit den *corpora*, der sichtbar-leiblichen Seite des *mundus sensibilis*, zu tun. Gegenstand des Interesses und der „philosophischen" Bemühung ist vielmehr die „verborgene[] Krafft" (Crollius), die als das formgebende und eigentlich wirkende Prinzip den leiblichen Augen unsichtbar bleibt, als unsichtbares „Licht" in den Kreaturen aber mittels des in der Schöpfung in den Menschen gelegten „Lichtes der Natur" – das aus dem gleichen Grund hervorgehend auf das engste mit jenem *lumen internum creaturarum* korrespondiert –, aber von dem sich seiner gottgegebenen Fähigkeiten und „Weisheit" bedienenden Menschen erkannt werden kann. Die in den Kreaturen wirkenden *astra* oder *semina* sind wohl als eine Variante der im Zusammenhang stoischen Denkens entfalteten λόγοι σπερματικοί oder *rationes seminales* zu identifizieren, die im Neupythagoreismus, bei Philo von Alexandria, Plotin und in der Geschichte der christlichen Theologie vor allem in der Patristik und, von Augustin ausgehend, in der franziskanischen Theologie, insbesondere bei Bonaventura, eine wichtige Rolle spielen.[117] Wenn sie wie etwa bei Arndt als *astra* der Kreaturen bezeichnet werden, worin zugleich eine Abhängigkeit des sublunaren Geschehens vom „Gestirn" mitgedacht ist, so ist dieses beides zusammen nicht im Sinne eines unmittelbaren Kausalnexus zwischen astraler und terrestrischer Sphäre zu verstehen, sondern

---

[115] Vgl. Hirschberger Philosophie I S. 144f.
[116] S. u.
[117] Vgl. Hirschberger I S. 255f., 296, 298, 307, 340, 362, 451 und 455.

in dem bereits angesprochenen Sinne eines auf der Basis sympathetischer Wechselbeziehung von „oben" nach „unten" einwirkenden stellaren Influxes, so daß gerade nicht externe, sondern in den jeweiligen Kreaturen selbst befindliche Kräfte den Augen verborgen am Wirken sind, die die äußere Gestalt bilden und den kosmischen Organismus in seiner permanenten „Pulsation" (Garin) halten.

Wenn es bei Arndt heißt, daß Gott in Gestalt dieser „Samen" die Geschöpfe „mit einem lebendigen Geist und Bewegung begabet" habe, und daß deren wirkende „Kraft" „in spiritu seminis, in dem verborgenen Geist [!] des Samens" liege, woraus zu erkennen sei, „was ein spiritus oder Geist für Kraft habe",[118] offenbart sich darin ein kosmologischer bzw. kosmosophischer Spiritualismus. Insofern sie sich, im Rahmen der Metaphorik von der Schöpfung als einer zu entschlüsselnden „Chiffreschrift" (H. Nobis) bzw. eines ‚Naturbuches', mit einer identifizierenden Verknüpfung jener verborgenen „Kräfte" mit den sie umschließenden und von ihnen geformten sinnlichen Gestalten der Dinge befaßt, kommt der Signaturenlehre von ebenfalls bereits antiker Provenienz, die in der sichtbaren Gestalt einer Kreatur einen ontologisch zu denkenden Verweis auf die darin wirkende Kraft zu identifizieren sucht, in diesem Denken die Schlüsselstellung eines „Alphabet[s] der Natur vnd wahren Philosophi vnd Physic" zu[119] und findet sich daher in Folge des Hohenheimers bei nicht wenigen Paracelsus-Jüngern und Einzelgängern von Arndt über Khunrath oder Croll bis Böhme.[120]

Wie insgesamt, speziell aber aus der Verbindung von *magia naturalis* und *lumen naturae* zu sehen war, erschließt dieses Denken sich nicht aus Einzelelementen, sondern aus seinem Gesamtzusammenhang, der kategorisch vor allen einzelnen Elementen steht und diesen Ziel – in Arndts Weltbild richtet sich alles auf die menschliche Seele aus – und Gestalt verleiht. Der Zusammenhang zeigt sich auch darin, daß alle wichtigen Größen sich wechselseitig aufeinander beziehen. Was als *anima mundi* den Kosmos entfaltet und ihn als Einheit zusammenhält, erscheint als aus der siderischen Sphäre influierendes *astrum* und *lumen internum* in den einzelnen Kreaturen. Dieses korrespondiert aufs engste mit dem „aus dem Gestirn" stammenden *lumen naturae*, das – wie es Arndts Begriff der „natürlichen Weisheit" im doppelseitigen biblischen Verständnis der „Weisheit" zum Ausdruck bringt – sowohl das vom Schöpfer in die Schöpfung gelegte Geheimnis umfaßt, als zugleich auch die vom Schöpfer in den Menschen als sein edelstes Geschöpf gelegte Fähigkeit, dieses Geheimnis göttlicher Weisheit zu erkennen. In einem speziellen Sinne ist die *magia naturalis* auf Seiten des Menschen die praxisorientierte, aus dem *lumen naturae* zu gewinnende *sapientia* bzw. *scientia rerum naturalium* im Sinn der „wahren Philosophie" und deren praktische Anwendung in ihrer milieutypisch vorwiegend medizinischen Ausrichtung.

---

[118] *Hex* 5,18 und 3,18.
[119] Arndt *Ikon* IX fol. 33 ʳ.
[120] Vgl. Croll *De signaturis rerum internis* (ed. Kühlmann/Telle); Foucault Ordnung S. 56-61; Klein Anfang S. 121-144; Kühlmann Signaturenlehre *passim*; Rusterholz *Liber Naturae* S. 143f. u. a.

Das Verhältnis einer unmittelbaren Entsprechung zwischen dem je in der
Schöpfung und im Menschen liegenden natürlichen Licht, das Hirsch mit dem
Vergleich eines die Strahlen des Lichts in einem Brennpunkt bündelnden konkaven Spiegels veranschaulicht,[121] stellt eine paradigmatische Konkretion der Mak-
ro-/Mikrokosmos-Relation dar, ein in der Renaissancezeit zwar weit verbreitetes
Thema, das besonders aber als Kernthema für den Hermetismus und die Alchemie eine herausragende Rolle spielt, laufen in diesem Jahrtausende alten Topos[122]
doch entscheidende Fäden des Denkens zusammen. Zum einen fügt es sich in
den Gedanken der Konkordanzen und Influenzen zwischen hierarchisch gestuften Sphären des Kosmos ein und konkretisiert ihn wie im gezeigten Beispiel,
geht aber darüber noch hinaus, indem es das allem zugrunde liegende Analogiedenken zu einem verdichtenden und halbwegs anschaulichen Prinzip erhebt. So
spiegeln nicht nur makrokosmisch Astrologie und Alchemie einander wechselseitig, sondern auch makro-/mikrokosmisch Gestirn einerseits sowie ‚natürliche
Weisheit', Schicksal, Charaktereigenschaften und ‚lunatische' Krankheiten andererseits, die einer Abhängigkeit des *homo naturalis* vom astralen Einfluß zugewiesen werden. Ins Positive gewendet, bietet sich die teleologische Vorstellung, daß
im Menschen als deren *quinta essentia* alle in der „großen Welt" angelegten Potentiale zu Entfaltung und Erfüllung kommen, schon allein um ihrer konsequenten
Anthropozentrik willen geradezu als Paradigma schlechthin für Denken und Le-
bensgefühl der Renaissance an, die den Menschen (Singular) ins Zentrum rückt.
Im Kontext eines gnostisierenden Traditionen verpflichteten Denkens ist er
allein schon insofern so beliebt, als er den *homo naturalis* bei aller tendenziellen
Abwertung des Natürlichen doch als Ergebnis eines natürlichen Veredelungs-
prozesses begreift, der jedoch einer radikalen Überbietung durch die Befreiung
der von ihrem Ursprung über der Welt stehenden Seele aus der Gefangenschaft
des Materiellen und der sie von daher bindenden negativen Leidenschaften bedarf – welcher gerade über den Makrokosmos hinausschreitende Veredelungs-
prozeß dann auch wiederum eine nachträgliche und inferiorisierende Integration
des Natürlichen ermöglicht, so daß der Gott, sich selbst und die Welt „erkennende" Mensch sich sowohl als ein „Sohn der großen Welt" wie in einem viel
höheren Sinn als ein zum „Sohn Gottes" Gewordener (*deificatio*) begreifen kann.
Wie das an dem mit der Lichtmetaphysik bei Gott selbst einsetzenden und in die
„schöne Seele" als seinen Fluchtpunkt mündenden *Hexaemeron* Arndts und seinem Verständnis des *ordo creaturarum* eindrücklich zu beobachten ist,[123] stellt die
zum Menschen hin qualitativ eindeutig aufsteigende Teleologie der sichtbaren
„großen Welt" schon in sich eine gegenläufig korrespondierende Linie zur hier-
archisch-qualitativ absteigenden emanativen Stufung des Kosmos. Damit trägt

---

[121] *Pegasus Firmamenti* V D 8 r-v, vgl. unten Anhang 2.
[122] Haas Makrokosmos *passim* (Antike); von Lippmann Alchemie I S. 196: Babylonien/Stoa;
      S. 206: Manilius; Haage Alchemie S. 31; 78; 80f.; 82f.; 136; 181 A. 82 Lit.; (Mittelalter) u. a. m.
[123] Vgl. etwa Arndt *WCh* IV,II,9, 20 sowie 23 u. ö.

sie *per se* und gleichsam naturhaft ein vorbereitendes oder auch typologisches Element des für das gnostische Denken fundamentalen Prinzips eines Wieder-aufstiegs in sich, kehrt also bereits in ihrem Ansatz die in beiderlei Richtung die die Sphären überschreitende Bewegung der in die Materie gefallenen Seele um, jedoch nicht ohne daß die von Hermetikern wie von mystischen Spiritualisten gleichermaßen vertretene „neue Geburt" permanent eingefordert werden müßte, verlangen doch die über alles außer Gott erhöhte ursprüngliche Stellung der See-le und ihre Rückkehr dorthin unweigerlich nach einer Lösung von der Materie. Indem im weiten Horizont einer christlichen Rezeption platonistisch-gnostischer Traditionen das trichotomische Prinzip in der Übertragung auf die Makro-/Mik-rokosmos-Relation nicht nur in der Kosmologie (vgl. etwa die Drei-Welten-Konzeption in Agrippas *Occulta Philosophia*), sondern gleichermaßen und in ana-loger Relation dazu ebenso in der Anthropologie – wie auch in der Epistemo-logie – Anwendung findet, erfolgt eine – von Hans-Georg Kemper mit seinem *opus magnum* „Gottebenbildlichkeit und Naturnachahmung" diagnostizierte, mit der Rezeption der hermetischen *prisca sapientia* einhergehende – Naturalisierung der Religion bereits mit diesem Ansatz selbst. Aus solcher Perspektive erscheint es nur konsequent, wenn ein Alexander von Suchten in seinem Traktat *De tribus facultatibus* eine schon von Plinius bezeugte ursprüngliche Einheit der *tres facultates* Theologie, Astrologie und Medizin[124] innerhalb der antiken *Magia* beschwört und eine Erneuerung der drei aus dem Geist der Magie fordert. Deshalb bleibt es schließlich auch im Rahmen dieses in sich transgressorisch gedachten Konzepts, wenn die alchemischen Prozesse – wie dies die Theoalchemie tut – in eine analoge Relation zu Prozessen in dem sie vollziehenden Subjekt gesetzt werden, deren Verbindendes sich in einer ‚Scheidung' des Reinen vom Unreinen zeigt:[125] „Der Gleichklang von Mensch und Natur liegt in der Läuterung, der Katharsis".

Wie aus den verschiedenen Dimensionen dieses Denkens von der Kosmo-Anthropologie bis zur Theoalchemie deutlich wird, bleibt der *magia naturalis* als solcher auch in ihrer – in Subordination unter die Theologie christlich rezipier-ten Gestalt – ein unübersehbar eigener religiöser Impetus erhalten, der sich – wie es etwa bei Arndt, Croll und anderen durchaus geschieht – mittels der *provi-dentia* theologisch integrieren und für das eigene Anliegen fruchtbar machen läßt.

---

[124] S. u. Zu Plinius' Äußerungen über "Hermes Trismegistos" vgl. von Lippmann Alchemie I S. 227f. In der Vorrede *Von der Alchimey würden und nutz* zum 1610 in Leipzig gedruckten *Promp-tuarium Alchemiae* variiert Joachim Tanckius diese Trias an einer Stelle, doch so, daß insgesamt die Richtung bleibt (nach Scherer Alchymia S. 71; Hervorhebung von mir): "Dann der Egyp-ter Studia allein gewesen *Theologia, Astrologia unnd Alchimia*, wie dann auch *die Magi in diesen dreyen Faculteten* erfahren und kundig gewesen." In seiner Ambiguität und mit der gleich dop-pelten Zurückweisung eines offensichtlich virulenten Anliegens verrät der nächste Satz viel von der permanenten theologischen Versuchung einer zeitgenössisch rezipierten *magia*: "*Ob nun wol* die Theologie allein aus der Bibel zu lernen, *so zeiget doch* Paulus an, daß *auch* aus der Natur die Heiden Gott erkennet haben, *ob wol* sein Wille alleine inn der Schrifft uns offen-baret ist." Dieses Schwanken offenbart das Dilemma mit dem religiösen Anspruch der *magia*.

[125] Scherer Alchymia S. 50.

Das Verständnis der *magia* als einer *sapientia* hat mehrere Dimensionen. Mit dem Anspruch eines mittelbaren Offenbarungswissens und einer daraus abgeleiteten wahren oder rechten „Philosophie" verbindet sich bei den Paracelsisten ein – etwa gegenüber der Florentiner Renaissance oder auch Agrippa vorsichtigerer – Eklektizismus, der für sich, und damit zugleich auch explizit gegen die jeweils herrschenden Schultraditionen der betreffenden Disziplinen, den Besitz des „wahren" Wissens reklamiert. Wirft man den Hohen Schulen ein geradezu blindes und daher unweigerlich fehlgehendes Vertrauen auf menschliche Autoritäten und Schulhäupter vor, so beruft man sich auch dafür und für alles andere gerne auf die Weisen und Vorbilder der eigenen Tradition, wobei der für diese Epoche symptomatische Rückgriff auf antike – nur eben der je eigenen Genealogie des Wissens gemäße – Traditionen ein die Lager übergreifendes Phänomen darstellt. In den Augen ihrer Anhänger ist das Selbstverständnis dieser *magia* als Weisheit nicht nur von ihrer gegenüber allem Schulwissen „höheren" Abkunft geprägt – von woher das in nichtöffentlicher Tradition vermittelte Wissen von einer Aura des Geheimnisvollen und in Verbindung damit nicht selten auch Geheimzuhaltenden umgeben ist[126] –, sondern zeichnet sich in Verbindung mit dem elitären Ethos eines besonderen gottgefälligen Lebens, das als Voraussetzung zum Erwerb des Wissens gilt, durch eine kategorische Praxisnähe aus, in der sich eine Mehrung der Ehre Gottes mit dem Wirken zum Nutz der Mitmenschen paart. So suchen die paracelsistischen *Medici* nicht ein alchemisch transmutiertes Gold sich mehrenden Besitzes, sondern in praktizierter Nächstenliebe das „philosophische" Gold in der Extraktion der wirkenden Essenzen und der Bereitung von Tinkturen sowie in einer Läuterung der Individuen – oder des Gemeinwesens, wie Letzteres vor allem der Rosenkreuzer-Mythos und seine Wirkungen zeigen. Die praktische Orientierung wiederspricht in keiner Weise dem Ansinnen und Anspruch einer *scientia* als einer „gründlichen Erkenntnis", die sich jedoch gerade darin als profund erweisen muß, daß sie die verborgenen Kräfte anwenden kann.

Sucht man nach Ansätzen einer Wissenschaftssystematik, trifft man bei tendenziell analogen Grundlinien allenthalben auf eine schillernde Begrifflichkeit ebenso wie eine schwankende Zuweisung und Einbeziehung bestimmter Disziplinen wie Alchemie, Medizin, Astrologie, Cabala etc. samt Unterdisziplinen. Dies nur defizitorientiert zu kritisieren, würde dem Charakter dieses tendenziell antidistinktiven und holistisch-organologischen Denkens von jenem einen göttlichen Ursprung her wenig gerecht, das das Einzelne aus dem Ganzen entstehen sieht und nicht umgekehrt, weshalb, was als Beliebigkeit erscheinen könnte und den Eklektizismus präzise spiegelt, „von innen" als einer Ureinheit verdankt gilt.

---

[126] Vgl. Agrippa von Nettesheim *Occulta Philosophia* III,2 *De silentio et occultatione eorum quae secreta in religione sunt*; Compagni verzeichnet eine Fülle typischer Zeugnisse von Antike bis Renaissance für die Forderung nach Geheimhaltung der *secreta*; vgl. Hirsch *Pegasus Firmamenti* V fol. D 2 ᵛ die *columna saphyrea* am Tempel der Weisheit, die die *Taciturnitas in secretis* symbolisiert; zu diesbezüglichen Äußerungen Arndts vgl. Schneider Lutheraner S. 284f. (mit div. Belegen).

B. Die ‚cabalistische' „Bedeutung" des *liber naturae*

§ 3 „in den sterblichen Creaturen den unsterblichen GOtt finden"[1] – *Cabala* und die supranaturale Signifikanz der sichtbaren Kreatur

Das den *Signaturen* analoge Wesen der Buchmetaphorik besteht in einem semiotischen Charakter, der die Aufmerksamkeit auf eine jenseits des betrachteten Gegenstands in seinem Sosein liegende, von diesem aber angezeigte Wirklichkeit lenkt. Beachtung verdient ein Gegenstand demnach nicht *per se*, sondern gerade dann, wenn und insofern er von sich weg auf ein anderes verweist. Arndts Verwendung der Buchmetaphorik zeichnet sich durch eine nicht geringe Komplexität aus, die sich auch in den Verweisungszusammenhängen des *liber naturae* zeigt.

Eine Kenntnis der *signatura rerum* hatte Arndt als Kernelement der „rechten Philosophie" deklariert. Die sichtbare Gestalt verweise auf die innere „verborgene Kraft", etwa die therapeutisch wertvolle Essenz, welche nicht Materie ist, sondern „Licht" bzw. „Geist". Auch wenn teleologisch-physikotheologisch jeder ‚Buchstabe' des ‚Naturbuches' *in genere* zum Schöpfer zu führen beansprucht, bleibt die primäre Sphäre der *signatura rerum* doch die innerweltliche, in einem engeren Verständnis naturphilosophische, die dem Bereich der *magia naturalis* zugehört, auch wenn diese Welt der *virtutes occultae* gerade nicht die des Sichtbaren ist.

Davon zu unterscheiden ist eine ‚geistliche Bedeutung' der sichtbaren Kreaturen, deren Charakteristikum gerade die Überschreitung der Sphäre des Vergänglichen ist. Zwar vom Prinzip, doch kaum inhaltlich an die mittelalterliche Naturallegorese anknüpfend, sowie auf Basis einer Konkordanz und je wechselseitigen Verweisung der beiden ‚Bücher' Bibel und Natur,[2] wie sie in der Gattung *Hexaemeron* gipfelt, beansprucht diese allegorische Auslegung der Kreaturen in Arndts *liber naturae* „christlicher Erklärung nach, zu GOtt und Christo [zu] führen."[3]

Beide Weisen der Signifikanz gehören gerade in ihrer Differenzierung nach den Sphären des Weltbildes zusammen. Das reziproke Phänomen, daß die Bibel nicht nur Heils- oder Religionsfragen im engeren Sinne beinhaltet, sondern auch naturphilosophische Fragen autoritativ beantwortet, überrascht hier kaum mehr.

---

[1] *WCh* IV Vorrede 6.
[2] Vgl. *WCh* IV Vorrede 1 und 3.
[3] *WCh* IV Vorrede 2.

1. *Cabala* im *liber naturae* bei Christoph Hirsch

Daraus nun zu schließen, daß die eine Weise der Signifikanz, die *signatura rerum*, dem hermetisch-magischen Denken paracelsischer Prägung im beschriebenen Sinne zuzuordnen sei, nicht aber die spirituelle Signifikanz, die etwa auf einen mittelalterlichen Einfluß jenseits des Hermetismus zurückzuführen sei, griffe zu kurz. In seinem Aufsatz: „Die Welt als Text" identifiziert Friedrich Ohly in der *Gemma magica*, die, wie aus dem Briefwechsel des Abraham von Franckenberg klar zu ersehen ist, von dem Eislebener Prediger und Arndt-Freund Christoph Hirsch stammt,[4] ganz analoge „zwei Arten einer Lesung der Natur, eine sie text-immanent auf ihren intramundanen Zeichensinn hin deutende und eine ihren Text auf metaphysische Bedeutungsdimensionen hin auslegende", die Ohly „als unvermengbar voneinander abgehoben" beschreibt.[5] Die zweite Art, die sich – wie auch an Arndts *Hexaemeron* durchgängig zu beobachten – durch einen strikten Bezug auf die Bibel auszeichnet, trägt bei Hirsch in einer Spezifizierung dieses vielfältig und schillernd gebrauchten Begriffs die Bezeichnung *Cabala*.[6] „Die Magie handelt von den Sinnbezügen innerhalb des Natürlichen. Die Cabala übernimmt die alte Aufgabe der Allegorese im Sinne der Auslegung der Welt im Wort auf Gott hin."[7] Wenn Hirsch in diesem Sinne den Katalanen Raimund von Sabunde – dessen *liber creaturarum* Arndt zur Grundlage von Teil II seines *liber naturae* macht – wie schon im *Pegasus Firmamenti* als einen *Cabalista* bezeichnet,[8] weil er aus dem *liber creaturarum* auf Gott schließe, so zeigt der Zusammenhang über einzelne auffällige Affinitäten zwischen Hirsch und Arndt hinaus, wie klar sich auch eine solche spirituelle Exegese des *liber naturae* in die hermetisch-magische Weltsicht einzeichnen und integrieren läßt, um die es Hirsch in seiner *Gemma magica* geht. So findet die überkommene Naturallegorese im frühneuzeitlichen hermetisch-paracelsistischen Milieu eine neue Kontur und einen neuen ‚Sitz im Leben', bevor sie, wie die Signaturenlehre auch, in einem unmittelbaren und in Folge in einem ihren Stellenwert betreffenden Sinne ihrer Bedeutung verlustig geht, was in einem größeren Zusammenhang mit dem Niedergang der Metaphorik vom *liber naturae* wie des allegorischen Denkens überhaupt zu sehen ist.

In seiner *Gemma magica* – in der aufs Ganze gesehen die spirituelle Exegese des *liber naturae* gegenüber Arndts *Hexaemeron* deutlich geringer wiegt, während das Interesse am *lumen naturae* überwiegt – liefert Christoph Hirsch unter Bezug auf jenen weiteren Begriff der *Cabala* auch den entscheidenden Schlüssel zum Verständnis jener ‚cabalistisch'-magischen Auslegung des *liber naturae*:[9]

---

4   Joachim Telles Edition des Briefwechsels S. 33 und A. 54; S. 265f., 267f., 356f.
5   Ohly Welt als Text S. 262-264, hier 263.
6   Die Überschrift zum 6. Teil lautet: "Von der *in der grossen Welt* [d. i. dem Makrokosmos] uns von Gott vorgestellten *Cabala*" (Hervorhebung von mir). S. 148.
7   Ohly Welt als Text S. 263.
8   *Gemma magica* I cap. 2 S. 18; *Pegasus Firmamenti* (1618!) III B 3 ᵛ im gleichen Sinne.
9   *Gemma magica* 6. Teil S. 148f. (Hervorhebung von mir).

„Die Cabala aber / auß dem Inhalt ihres hohen heimlichen Verstandes / weiset den rechten Weg und Strasse dem Menschen zu Gott dem HErrn zu gelangen / wie man mit ihm handeln / und was man aus seinem Worte offenbahren und verkündigen solle ... Dann *die Cabala* (so ein geheimes / heiliges Gespräch mit Gott ist)[10] *ist voll der himmlischen Geheimnüssen / gleich wie die Magia und Weißheit / der Natürlichen* [11] ... Es wird auch gar kein Geschöpff erfunden / auch das allergeringste / als die Würmlein / nicht / daß *da seinen Schöpffer nicht bezeuge* und bestätige / und *denen erleuchteten* [!] *Gemüthern etwas göttliches* [!] *lehre*: Dann *das Sichtbahre führet zu dem Unsichtbahren / das Irrdische zum Himmlischen / und das Menschliche und Natürliche weiset das Göttliche und übernatürliche an*".

Insofern als „auch [!][12] die heilige Schrifft ... höchst-billig von GOtt eingegeistert genandt wird",[13] bedeutet eine Erwähnung in der Bibel für entsprechende Phänomene aus Natur oder Kultur qua Inspiration durch den heiligen Geist eine Beglaubigung als Zeichen oder Träger göttlicher Offenbarung. Gemäß eines wechselseitigen Verweisungszusammenhangs in einem hermeneutischen Zirkel erschließt sich ihr ‚cabalistischer‘ Sinn im wiederum seinerseits inspiriert gedachten Rekurs des von Gott „erleuchteten Gemüts" auf das Wort der Bibel, in dem sich Phänomene wie etwa eine Mauer verschiedentlich beschrieben finden:

„Zum Exempel Betrachte man eineMauer [sic] / was sie uns lehre auß heiliger Schrifft / als welche die bekandtste ist / so daß es dem Gemüthe auff stehendem Fuße beyfällt / an welchen Oertern das Wort stehe / und *welcher Gestalt es vom heiligen Geist gebraucht werde*.[14] Also fiele die Mauer der Stadt Jericho ein / da sie doch durch keine Kriegs-Wehren zu Boden geworffen worden / woselbst *durch ihrer Umbkehrung* des Glaubens und ernstlichen Gebets himmlische Krafft *gelehrt wird* / welcher keine menschliche Gewalt und Macht / noch Teuffelische List vermögen widerstehen."[15]

Die erbauliche, auf christliches Glauben und Leben der einzelnen zielende Art, für die der Theologe Hirsch weitere biblische Beispiele von Mauern, etwa vom Sprung mit Gott über die Mauer,[16] Sacharjas Nachtgesicht mit dem Bild von Gott als einer feurigen Schutzmauer um die offene Stadt[17] bis hin zu Vision der Johannes-Apokalypse von der ewigen Stadt mit ihren aus Edelsteinen zusam-

---

[10] Eine klassische milieutypische Definition der *cabala* als unmittelbarer innerer Offenbarung.
[11] Dem gestuften Weltbild nach differenzieren sich *cabala* und *magia* in verschiedenen Sphären.
[12] Nämlich wie die zuvor genannten *Magi*, Moses, die (biblischen) Erzväter, Propheten und Apostel, deren *Cabala* "die verborgenste / von Gott erlangte oder erhaltene und von ihm selbst eingegeisterte [sic] Weißheit" ist, *Gemma magica* 6. Teil S. 148.
[13] *Gemma magica* 6. Teil S. 148.
[14] Der dieses natürliche Phänomen damit als Offenbarungsträger legitimiert. Die Nähe zum emblematischen Denken ist unverkennbar.
[15] *Gemma magica* 6. Teil S. 149f. (Hervorhebung von mir).
[16] Ps 18,30.
[17] Sach 2,9.

mengesetzten Mauern,[18] heranzieht und auslegt,[19] erinnert deutlich an Arndts Stil solcher Naturauslegung, von dem Hirsch ohne Zweifel auch geprägt ist.

Ähnlich wie in der *magia naturalis* macht noch nicht der einzelne Bibelbezug allein das *cabalistische* Prinzip aus, sondern wie dort durch die vielfältigen Bezüge der sympathetischen Reihen und Ketten, so entsteht auch hier das Ganze erst aus einem vielschichtigen Geflecht oder Netzwerk von interdependenten Verweisungen, seien sie nun rein innerbiblisch oder zwischen den beiden „Büchern" angesiedelt. Sie mehren die theosophische „Gotts-Gelehrtheit":[20]

„Wann derhalben in heiliger Schrifft ... eine Erwehnung der Mauer geschiehet / daselbst stellet sich *eine neue Belehrung / ein neues Wunder-Werck / ein neuer Schatz der Gotts-Gelehrtheit den Cabalisten* dar.
Also werden jede Elementen / die Erde / das Wasser / die Lufft / das Feuer / der Himmel / und in selbigen alle Sterne / Thiere / Erdgewächse / Berg-Arten / *so im Buch der heiligen Schrifft beschrieben* / wann sie *tieffsinnig*[21] *gelesen und betrachtet* werden / vielfältiger Weise *die himmlische Weißheit und Gelahrtheit* [!] *zugleich anerinnern und vermehren* / da nemlich dieß Wunder-Buch nur durch stetiges lesen und nächtliches betrachten *auffs innerlichste* de kandt [sic; muß heißen: bekandt] gemacht wird.
Wann du derhalben *im Welt-Buch aller Geschöpffen Bildungen / jene Sinnbildische Buchstaben nemlich* / erwiegest / alsdann soltu dich alsobald *der Oerter heiliger Schrifft erinnern / da diese vorgesagte geheime Buchstaben sich außgedruckt befinden* / und also wirstu *die wahre Erklärung der Cabalae*, in der Anführung und *Erleuchtung Gottes / durchs Licht seines Worts* haben."

Im biblizistischen Grundsatz analog, zugleich in einer sachlichen Differenz zu den – wie bei Arndt unter Bezug auf Genesis 1 entfalteten – *natürlichen* Signifikanzen im Bereich von *magia* oder *philosophia naturalis*, deren Signifikate primär auf den Bereich des Natürlichen beschränkt sind (aus dem gleichwohl das Lob des Schöpfers erwächst), beinhaltet der *liber naturae* – inhaltlich nicht anders als die Bibel, jedoch von ihr abgeleitet – Signifikanzen auf das Göttliche, die nach dem Prinzip „cabalistischer" Auslegung sogleich mit weiteren biblischen Belegen für das Vorkommen derselben Phänomene in eine im wörtlichen Sinne kontextuelle Beziehung zu setzen sind. Erst aus solcher Synopse erwächst diese *Cabala*.

---

[18] Offb 21,12.14; in diesen Zusammenhang gehört auch Hirschs Hinweis auf Johann Valentin Andreaes *Christianopolis* am Ende dieses Teils S. 153, die *in toto* auf diese Vision bezugnimmt.

[19] S. 150 zu Sach 2,9: "An einem andern Ort [der Bibel] wird Got selbst vom Propheten eine feurige Mauer genandt; Welche nichts anders ist / als der himmlische Schutz der Engeln; Also gedeyet auch ein auff Gott eintzig und feste sich verlassender Mann durch sein Gebet zu einer Ehernen gegen Gottes Zorn und den allgemeinen Straffen / bestehenden Mauer."

[20] *Gemma magica* 6. Teil S. 150 (Hervorhebung von mir); zur "Gottesgelehrtheit" vgl. Bd. I § 5.

[21] D. i. allegorisch.

So ist nicht nur die natürliche Weisheit der *magia naturalis*, sondern auch die „himmlische Weisheit" des Göttlichen in Buchstaben und Textus des Naturbuches verborgen: „Quin potius in Libro Naturae itidem Christi Mysteria *parabolice descripta* reperiuntur".[22] Doch ist dies nur zu verstehen auf Basis dessen, daß Buchstaben und Texturen *aus beiden Büchern* sich intertextuell vereinigen und zu einer, wie Hirsch zutreffend formuliert, *theologia symbolica* verweben, deren unabdingbare Voraussetzung die göttliche Erleuchtung ist. Unter der Prämisse des *unum esse auctorem*-Gedankens legt die Bibel die Chiffren des *liber naturae* aus. Daß die Grenzen der Bereiche, denen die jeweiligen Träger bestimmter Signifikanzen entstammen, zunehmend verfließen, liegt im System selbst begründet:[23]

> „Darauff müssen wir zum *Meer der heiligen Schrifft* neu treten / darinnen die Mosaische *Vorbilder* / Prophetische *Gesichter* / Evangelische *Gleichnüssen* und die gantze *Offenbahrung die auß dem Natur-Buch entlehnte Sinnbildische Buchstaben / auff Cabalistische Art oder Geheimnüs-Weise erklären und außlegen / also daß die Cabala gleichsam eine symbolische Theologie sey* / in welcher die Buchstaben / Zahlen / Figuren / Dinge und Nahmen / so wohl auch deren Anfängen Spitzen / Striche / Puncte und Accenten *allesampt die höchsten Sachen und grösten Heimlichkeiten / der Cabalisten geheimen Unterricht nach /* andeuten."

Unverkennbar ist die Faszination dieser Hirschschen *theologia symbolica* durch die jüdische Kabbala und ihre symbolische Ausdeutung auch noch der masoretischen Punktation des Textes der hebräischen Bibel, Beleg dafür, daß die Verwendung des *Cabala*-Begriffes einen konkreten Anhaltspunkt an deren genuiner Tradition hat, wenngleich in christlicher Rezeption, wie sie sich häufig im theosophisch-magischen Milieu findet, wofür hier nur stellvertretend genannt seien Heinrich Khunraths *Amphitheatrum* und *Confessio, die Offenbahrung Göttlicher Mayestat,* in der Aegidius Gutmann in einer nicht nur wörtlichen, sondern geradezu buchstabenweise dem hebräischen Text folgenden Auslegung von Genesis 1 das hermetisch-magische Geheimwissen entfaltet, und die Schriften Julius Sperbers, nicht zuletzt die großen, in hermetisch-universalwissenschaftlicher Intention ,pansophischen' Systeme eines Fludd oder Comenius. Auch das im Zuge von deren pseudepigraphischer Fortschreibung und Publikation den *Wigelio-Paracelsica* inkorporierte Schrifttum des Nürnberger Malers Paul Lautensack[24] voll apokalyptischer Zahlen- und Buchstabenspekulation dürfte hierzu zu zählen sein.

Auf die von Hirsch beschriebene Weise kann jegliches Bild, Zeichen, Figur, Zahl oder Phänomen, sei es unmittelbar der Bibel entlehnt, sei es der Natur, jedoch durch eine anderweitige biblische Erwähnung gleichsam qua Inspiration durch den heiligen Geist als Offenbarungsträger legitimiert, zu einem Signifikanten der verborgenen göttlichen Geheimnisse werden, um die sich, auch jenseits

---

[22] "Stellatus"/Hirsch *Pegasus Firmamenti* IV fol. B 7 ͬ [unpag.](Hervorhebung von mir).

[23] *Gemma magica* 6. Teil S. 149 (Hervorhebung von mir).

[24] Vgl. Teile der *Pseudoweigeliana* sowie die aufschlußreiche Sammelschrift der *Philosophia mystica*.

des *liber naturae*, alles in jenem Streben der *Cabalisten* dreht. Wie Koordinaten, doch nicht in einem ihnen vergleichbaren exakt mathematischen, sondern einem metaphorisch-mystischen Sinn spannen Bibel und Natur einen Bezugsrahmen auf, in dem jedes Phänomen „cabalistisch" nach seinen – in aller Freiheit assoziativer Analogese grenzenlosen – Verweisungszusammenhängen auszulegen ist.

Als ich in der *Gemma magica* abermals auf diesen Zusammenhang stieß und ihn im Blick auf Arndts *Hexaemeron* ganz neu las, entstand und erhärtete sich bei mir der Eindruck, daß in diesem nachweislich nicht ohne Beschäftigung mit Arndt[25] entwickelten Gedanken Hirschs ein wichtiger Schlüssel auch zum Verständnis von Arndts „Wahrem Christentum" liegt, der manche der bisher kaum wahrgenommenen, geschweige denn gelösten Fragen zu beantworten verspricht.

2.   Arndts Naturallegorese in ‚cabalistischer' Perspektive

Daß Arndt in der *Ikonographia* seine Bildtheologie nicht zuletzt in Verbindung mit *liber naturae*, *magia naturalis* und der *signatura rerum* als dem eigentlichen Alphabet der „rechten Philosophie" entfaltet, innerhalb dieses Komplexes aber auch auf die Bilder und Zeichen der Natur zu sprechen kommt, die Übernatürliches anzeigen – ebenso wie in der *Ikonographia* nicht anders als im *Bericht von den Weisen aus Morgenland* eine übernatürliche Erkenntnis aus der Natur durch die *Magi* zur Sprache kommt –, ist vor dem Hintergrund von Hirschs Verständnis der Magie und Cabala als ein in sich schlüssiger Gesamtzusammenhang zu erkennen.

Im Blick auf das nach Hirsch ‚cabalistische' Verständnis von Naturauslegung liefert bereits Arndts Vorrede zum *liber naturae* Hinweise. Sie setzt ein mit den „zweierlei gewaltige[n] Zeugen GOttes", die Moses im *„Buch der Schöpfung"* zeige, Makro- und Mikrokosmos, aus denen „die *Heil. Schrift* herrliche Zeugnisse an vielen Orten" entlehne, „durch welche uns der Schöpfer und Erhalter aller Dinge geoffenbaret, und in unser Herz gebildet wird."[26] Die Deutestruktur ist dieselbe: Natürliche *res* oder *voces* erhalten dadurch, daß die Bibel sie nennt und beschreibt, einen eigenen Status und eine besondere Signifikanz für das Göttliche, weshalb sie „uns, christlicher Erklärung nach, zu GOtt und Christo führen."[27] Diese ‚cabalistische' Signifikanz gründet in Schöpfungs- *und* Bibelwort zugleich, die gemeinsam nach dem *physica sacra*-Prinzip den Text des *liber naturae* schreiben. Um den *liber naturae* gegen alle Einwände dahingehend zu verteidigen, „daß auch dies Buch zum wahren Christentum gehöre", verweist Arndt mit Kol 1,16f., Röm 8,22, 1 Kor 15,52 sowie Psalm 19, 104, 139 u. a. auf Bibeltexte, in denen jeweils die Schöpfung bzw. Totalität der Kreaturen eine zentrale Rolle spielt. In die Verteidigungslinie bezieht er Christus selbst ein, der „aus dem großen Welt-

---

25 *Gemma magica* am Ende dieses 6. Teils S. 153 verweist Hirsch etwa auf Arndts *Paradiesgärtlein*.
26 Im Blick auf die Buchmetaphorik stellt dieser *liber creationis* einen seltsam zwittrigen Zwischentext dar zwischen *liber naturae* einerseits und Bibel (Schöpfungsbericht) andererseits.
27 *WCh* IV Vorrede 1f.

buch der Natur durch so viel tröstliche Gleichnisse das wahre Christentum und das Himmelreich erkläret" habe, ebenso wie „auch die heiligen Sacramente ... mit ihren Substantialien, so zu Zeugen und Siegeln der Gnaden GOttes verordnet, ... aus dem großen Weltbuch der Natur genommen und geheiliget sind."[28] Das „große Weltbuch" legitimiert sich theologisch dadurch, daß Christus sich seiner bedient, um in die Geheimnisse der Religion einzuführen, ebenso wie der heilige Geist, der von Feigenbaum, Noahs Ölblatt, Palmbaum, dem Balsam als der Präfiguration des heiligen Geistes, „vom Wein und Weinstock, und von allen andern Gewächsen ... Gleichnisse nimmt und einführet, uns damit das Himmelreich einzubilden."[29] Der *liber naturae* figuriert als Quelle göttlicher Offenbarung.

So kommen, durch die göttlichen Personen selbst eingeführt und legitimiert, Bibel und Naturbuch in einem engen, übergreifenden Verweisungszusammenhang zu stehen, in dem – analog zur natürlichen Erkenntnis der *magia*, die durch das *lumen gratiae* eine Erweiterung und Überschreitung ihres Horizonts erfährt – die Grenzen zwischen den jeweiligen Sphären zunehmend ins Fließen geraten, und in dem der *liber naturae* zwar in einem abgeleiteten Verständnis, doch gültig zum eigenständigen Träger der Gottesoffenbarung in einem engeren Sinne wird. Seine Botschaft ist in einem übertragenen, „geistlichen" Sinne zu erschließen. Blickt man auf die frühneuzeitliche *magia naturalis* von Hirsch bis Alexander von Suchten (und von diesem zum rosenkreuzerischen *ECHO*), denen zufolge die alten *Magi* in Zusammenhang mit ihrer tiefgründigen Erforschung der Natur sogar die Geheimnisse von Inkarnation und Trinität erkannt hätten[30] – worin sich die postulierte Ureinheit von (Natur-)Philosophie und Theologie augenscheinlich manifestiert –, so zeigt sich ein Verständnis, das mit dem Arndts gut korrespondiert, zumal wenn man die behandelten Schriften der *Ikonographia* und des *Berichts von den Weisen aus Morgenland* mit heranzieht, die ebenfalls von einer erstaunlichen Erkenntnis gerade auch jener *Magi ex oriente* zu berichten wissen.

Nach einer solchen Deutung des *Hexaemeon* wird deutlich, warum Arndt sich nicht auf die zur Physikotheologie hin weiterführende Linie einer Beschreibung der Kreaturen zu Lob und Preis ihres Schöpfers beschränkt, wie sie in der naturmagischen Seite des Sechstagewerkes begegnet, sondern *durchgängig* der naturphilosophischen eine naturallegorische Deutung folgen läßt und ihr damit zur Seite stellt. Erst beide Gestalten zusammen, die sozusagen buchstäbliche und die allegorische, nach Hirsch, der sich auf Paracelsus beruft,[31] die naturmagische und die „cabalistische" Auslegung des Weltbuchs, ergeben das vollständige Bild des

---

28 *WCh* IV Vorrede 3.
29 *Hex* 3,20; daß Arndt hier von "vor*bilden*" (Präfiguration) und "ein*bilden*" spricht, weist auf den Zusammenhang mit seiner Bildtheologie und deren pädagogischer Seite.
30 *ECHO Der von GOtt hocherleuchten Fraternitet deß löblichen Ordens R. C.* fol. (c) viij ᵛ: "Vnd ist eben dieselbe Erleuchtunge / dardurch als dann die Magi, Trinitatem vnd Jncarnationem verbi begrieffen ... "; s. o. den Abschnitt über andere Entwürfe einer *magia naturalis*.
31 *Gemma magica* 6. Teil S. 148.

Arndtschen *Hexaemeron* und seines sowohl intramundanen wie transmundanen Verweisungszusammenhanges. Beide führen je unterschiedlich, indirekt vermittelt und direkt unvermittelt, und darin gerade in einer dem gestuften Weltbild entsprechenden Differenzierung gemeinsam, zu Gott als dem Schöpfer und Erlöser. Die konsequente Durchgestaltung in dieser doppelten Weise der Auslegung, und zwar auf der unmittelbaren Basis des biblischen Sechstagewerkes, ist meiner bisherigen Wahrnehmung nach in diesem ganzen Milieu singulär.

Die zirkuläre Hermeneutik der zwei-Bücher-Theorie – der zumindest bei Hirsch, in der Systematik Arndts formuliert, allemal das dritte „Buch" des *liber conscientiae* als der inneren Erleuchtung und Offenbarung vorzuordnen wäre[32] – ist frappierend. Dies geht bis zu jener schon erwähnten biblizistischen Ableitung des Kulturphänomens der Nautik aus Gen 6,14; 7,16 u. a., nach der „GOtt der erste Erfinder der Schifffahrt [sic] sei".[33] Nur sie bietet, nun wiederum in natürlicher Ableitung, die gern wahrgenommene Möglichkeit, auf das magisch wie naturphilosophisch beliebte Thema des für die Seefahrt unverzichtbaren Magneten einzugehen.[34] Dabei zeigt sich das Kuriosum, daß fern jeder biblischen Legitimation und Basis solcher Allegorese sieben Abschnitte später nun auch dieser Magnet „geistlich" gedeutet wird:[35] „also ist unser Magnet Christus JEsus, unser HErr, der unsere Herzen zu sich wendet und zieht gen Himmel, auf daß wir nicht irre fahren auf diesem Meer der Welt." Gerade so ein Grenzfall zeigt, welchen Grad an Dehnungsfähigkeit im Zweifel das biblizistische Prinzip aufweisen muß, offensichtlich aber auch kann. Aufschlußreich zu beobachten ist, wie im Rahmen der biblizistisch fundierten Naturauslegung Bibelallegorese und Naturallegorese Hand in Hand gehen und nicht selten ineinander übergehen.

Das Anliegen, dem Buch der Bibel den Primat vor dem Buch der Natur zuzuweisen, vertrat schon Augustin, der damit auch alle Fragen abzuwehren suchte, „die sich nicht im Lichte der biblischen Offenbarung beantworten lassen."[36] Wenn Arndt gegen „Rechenkünstler" und „Vernunftkünstlinge" polemisiert und zugleich naturphilosophisch strittige Fragen von biblischen Autoritäten definitiv entscheiden läßt, stellt er sich in diese Tradition. Doch wie gerade das Beispiel Hirschs zeigt, der in seinem *Pegasus Firmamenti* – was einem Arndt völlig fernliegt – sich nachhaltig um eine Harmonisierung seiner paracelsistisch-pansophischen Interessen mit Luther bemüht,[37] genügt es bei weitem nicht, einen intensiven Bibelbezug wie den von Arndt kategorisch mit einer inhaltlichen Nähe zur lutherisch-orthodoxen Tradition zu erklären, wie dies Weber mit seiner Deutung einer nachträglichen „Biblisierung" fremden Quellenmaterials durch Arndt tut, zumal die sehr weitgehende Bibel-Allegorese – von der die auf das Naturbuch

---

[32] Die nähere Verhältnisbestimmung der "Bücher" Arndts erfolgt im letzten Paragraphen.
[33] *Hex* 5,33f.
[34] *Hex* 5,34. Zum Magneten vgl. etwa Agrippa *Occ Phil* I,13.
[35] *Hex* 5,44; vgl. *liber conscientiae* [!] III,13,1f.: der Magnet als Bild Gottes wie auch der Hölle.
[36] Blumenberg Lesbarkeit S. 50.
[37] S. o.

angewandte ihrerseits eine Ableitung darstellt – es, wie im Zusammenhang von Arndts *liber scripturae* und seinem Hermeneutik-Kapitel I,6 gezeigt, ratsam scheinen läßt, von schnellen Schlüssen in dieser Richtung Abstand zu nehmen.

Vielmehr ist ein Denken in Rechnung zu stellen, das von der spiritualistischen Hermeneutik als einem Kernstück der Theologie her in dem kodifizierten ‚äußerlichen‘ Text ‚den‘ darin verborgenen, mehr oder weniger geheimen Sinn sucht. Und dies gilt nicht nur in einem allgemeinen oder im engeren Sinne auf den mystischen Spiritualismus bezogenen, sondern, auf *liber et textus naturae* übertragen, auch in einem auf das Weltbild bezogenen Sinn, der, wie der *liber naturae*, wiederum auf das Ganze von Arndts Theologie ausstrahlt. Insofern handelt es sich bei diesem spezifischen Aspekt solcher *Cabala* nur um einen Sektor eines größeren Gesamtkomplexes, der hier aber, in der Weise, wie die Bibelhermeneutik auf die Natur übertragen wird, in einem Teilbereich analog und den Gesamtplan enthaltend die übergreifende Struktur widerspiegelt.

Daß dieser Aspekt von *Cabala* im Hirschschen Sinne zwar dem *Hexaemeron* eine fast durchlaufende Struktur gibt, als Grundmuster der Arndtschen Theologie aber nicht auf das „Wahre Christentum" zu beschränken ist, zeigt vielfach Arndts Psalterauslegung, wie es etwa an den Predigten zu Ps 19 abzulesen ist, die Arndt gleich mit einer grundsätzlichen Einleitung zu dieser Thematik eröffnet:[38]

> „Gleich wie aber der heilige Geist in seinem Wort den Gebrauch hat / daß er uns *himmlische / geistliche / ewige Dinge fürbildet / durch die Natur uns gleichsam dieselbe zeiget / daß wir es mit Augen sehen mögen* / wie GOtt zu Abraham sprach: Hebe deine Augen auff / und sihe die Sterne am Himmel ... So soll dein Same werden: Also redet der heilige Geist in diesem Psalm auch / und *führet den Himmel gleichsam redend ein* / Tag und Nacht / und die Sonne und Firmament / *als hielten sie miteinander Sprache / und verkündigten an allen Orten der Welt die Herrlichkeit Gottes* : Also saget der heilige Geist hie / soll das Evangelium von Christo ... so ein gewisser / warhaffter / beständiger Zeuge seyn von Christo / als der Himmel mit seiner Ordnung zeuget von Gottes Allmacht und Weisheit."

„Also werden die Creaturen redend eingeführt",[39] wie von der Natursprache im *liber naturae* zum Lob Gottes und zur Aufforderung des Menschen, Gott zu loben, bereits bekannt. Doch muß eine solche ‚physikotheologische‘ Auslegung defizitär erscheinen, wo sie nicht um jene „geistlich"-allegorische ergänzt wird:

> „Es ist aber die Verkündigung der Ehre Gottes / so durch den sichtbahren natürlichen Himmel geschiehet / nicht genug / sondern *die ganze Natur soll uns viel höher führen / also / daß wir auß dem Sichtbahren das Unsichtbahre / auß dem Zeitlichen das Ewige erkennen* / wie uns der HErr selbst durch viele *natürliche Gleichnisse* zu erkennen gibt. Darum gleich wie nun ein *natürlicher Himmel* / Sonne / Mond und Sterne sind / also ist ein *geistlicher Himmel* /

---

[38] *Pss* 19/I Bd. I S. 176 a/b (Hervorhebung von mir).
[39] *Pss* 19/I, Bd. I S. 178 a.

darinnen GOtt mit seiner Gnade wohnet / das ist die Christliche Kirche /
welcher Himmel auch durch das *Wort deß Evangelii der Gnaden* erbauet ist /
als der natürliche Himmel durch das *Wort der Schöpfung.*" [40]

Nicht weniger als fünfmal allein in Abschnitt I der ersten Predigt zu Ps 19 argumentiert Arndt mit einer analogen Figur des „gleichwie ... also" wie hier, wo
dem gestuften Weltbild und zugleich der allegorisierenden Auslegung entsprechend das Wort der Schöpfung und der Erlösung einander zugeordnet werden.
Daß es sich um ein stereotypes und zumal eher schlichtes Muster handelt, zeigt
Abschnitt I der nächstfolgenden Predigt, in der auf eine naturphilosophische
Beschreibung der diesen Himmel umlaufenden Sonne eine *enumeratio* von nicht
weniger als neun weiteren Beispielen solcher Auslegung folgt. Die Überleitung
dazu und der Schluß dieses Abschnitts dokumentieren Anspruch und Prinzip:[41]

> „Von diesem herrlichen natürlichen Zeugniß der Providentz Gottes / wel-
> ches und vorhält *das Buch der Natur* / wollen wir nun *fortschreiten zum geist-*
> *lichen Verstande / welcher hierin verborgen liget* [!] / denn durch diese schöne /
> *verblümte / figürliche und natürliche Rede* will uns der heilige Geist den HErrn
> Christum / die Sonne der Gerechtigkeit / mit seiner schönen Morgenrö-
> te deß heiligen Evangelii *fürbilden.* [...] Darauß sollen wir nu lernen / daß /
> wenn wir die gantze Natur ansehen / daß wir [...] *in den Creaturen den*
> *Schöpffer lernen anschauen* [!] / denn diß ist *eine hohe Weisheit* [!] / wenn man *in*
> *dem Irdischen das Himmlische sihet* [!] / *in dem Zeitlichen das Ewige*: dahin gehen
> *alle Gleichnisse der Propheten / der Psalmen und deß Neuen Testaments /* daß uns
> Gottes Wolthaten / Gottes Liebe und Barmherzigkeit / unsere Erlösung
> und Seligkeit *gleichsam für die Augen* [!] *gestellet* / und *in das Hertz gebildet*
> werden mögen."

Vom biblisch abgeleiteten *liber naturae,* seinem „geistlichen Verstande" und der
Rede vom *Fürbild,* also der Typologie, bis hin zur Bedeutung der Gleichnisse, die
zum Formalprinzip einer durchgängigen Naturallegorese geraten, findet sich derselbe naturphilosophisch-allegorische Zusammenhang wie im „Wahren Christentum". Die Formel der „hohen Weisheit", deren die ,Anschauung' gewähren-
de Erkenntnis des Ewigen aus dem Irdischen[42] bedürfe, erinnert an den Zusammenhang der *magia* in *Ikonographia* IX, wo es im Blick auf die „Bilder" in der Natur heißt, daß „darin viel *Göttliche* [!] vnd natürliche Geheimnus verborgen sein /
vnd erfordert dieses einen *sonderlichen hohen Verstandt im Liecht der Natur.*"[43] Den
späteren Gedanken Goethes, daß „Alles Vergängliche ... nur ein Gleichnis" sei,
formuliert Arndt hier in Prägnanz, jedoch noch ganz in strenger Rückführung
alles Kreatürlichen auf das Wort Gottes. Das von Hirsch als *cabalistisch* bezeich-

---

[40] *Pss* 19/I, Bd. I S. 177 b (Hervorhebung von mir); zum "geistlichen Himmel" s. u. § 8 Nr. 4.2.
[41] *Pss* 19/II, Bd. I S. 180 a/b (Hervorhebung von mir).
[42] Vgl. *Viererlei Auslegung* III,XI S. 521: "Laß mich schauen und betrachten die werck deiner
      Hände, also, das ich durch das vergängliche, Zeitliche steige zum ewigen, vnvergänglichen".
[43] Fol. 37 ʳ⁻ᵛ (Hervorhebung von mir).

nete Prinzip der Auslegung von in der Bibel genannten Kreaturen erscheint hier,
wenngleich ohne diesen Terminus, ebenso wie in der Vorrede zu Arndts *liber
naturae*, aus dem Vorbild von Propheten, Aposteln und neuem Testament abgeleitet, die sich solcher „Gleichnisse" bedient hätten, welchen Terminus Arndt
auch jenseits der spezifischen Gattung relativ frei für jegliche bildliche Rede mit
Bezug auf die Natur verwendet. Eine Deutung im Sinne eines Prinzips, mittels
dessen aufgrund einer besonderen „hohen Weisheit" aus dem Irdischen das
Ewige zu erkennen sei, verbindet Arndt mit dem Eislebener Theologen Christoph Hirsch. So ist diese Form der Erkenntnis übernatürlicher Dinge aus der
Natur jener nach Adams Fall verbliebenen *cognitio naturalis simplex*, nach der auch
die „Heiden" die Existenz Gottes, des jüngsten Gerichts und der natürlichen
Gerechtigkeit sowie die Unsterblichkeit der Seele ‚natürlich' erkennen könnten,[44]
qualitativ weit überlegen. Daß etwa die *Magi ex oriente* aus den Sternen die Geburt des Erlösers zu deuten vermochten, dazu bedurften sie eines höheren
Lichtes als des „Lichts der Natur", das auch ihnen nicht *mediate*, sondern *immediate* zuteil wurde. Gerade das Beispiel jener *Magi* zeigt – wie auf seine Weise analog
das von Seneca, der als einziger unter den paganen Philosophen „ex spiritu
scripserit"[45] – das für solchen eklektischen Synkretismus oder synkretistischen
Eklektizismus bezeichnende Verwischen trennender Grenzen, die wechselseitige
Überlappung angrenzender Sphären und deren reziproke Verweisung aufeinander und darin letztlich eine alle Konturen verwischende inhaltliche Verschmelzung der verschiedenen Bereiche bis in ihren Kern hinein, die voneinander zu
differenzieren zwar das erklärte Ziel ist, welches jedoch von dem realen Ziel,
eine allübergreifende Konkordanz zu erweisen, wiederum überboten wird. Dies
rührt nicht zuletzt vom neuplatonischen *omnia unum-* und Emanationsdenken
her, das sich im Sphärenkosmos konkretisiert, in dem qualitativ Unterschiedenes
durch eine Hierarchisierung einerseits differenziert wird, andererseits aber durch
die wechselseitige Verschränkung eng ineinander gezogen wird. Daher ist der
hermeneutische Zirkel zwischen den verschiedenen „Büchern" der Gottesoffenbarung ebenso systemkonform wie die zunächst paradox anmutende Tatsache,
daß einer radikal dualistischen Abgrenzung solcher theologischen Theosophie
nach außen von anderen Denkansätzen gemäß dem Schema von Fleisch/Geist
oder Buchstabe/Geist[46] nach der Innenseite jenes alles vereinerleiende Verwischen der Kontur gegenübersteht, was beides gleichwohl miteinander zu tun hat.
    Die hier entfaltete Deutung von doppelter, naturmagischer und ‚cabalistisch'-
naturallegorischer, Auslegung des *liber naturae* bietet die Möglichkeit, beides in
seinem inneren Zusammenhang zu begreifen, und nimmt deren gemeinsamem
Auftreten den Anschein des Zufälligen. Zudem erklärt sie die Specifica jener
biblisch abgeleiteten und Themen der Gnadenordnung erschließenden „geist-

---

[44] *WCh* I,7 *passim*, vgl. dazu o. Band 2 die Auseinandersetzung mit Greschats Arndt-Deutung.
[45] Vgl. Band I § 3.
[46] Vgl. Band I § 2.

lichen" Naturallegorese, die sich in Ausrichtung und Ausprägung von der mittelalterlichen *Physiologus*-Tradition doch deutlich unterscheidet. In ihrer pron(oncier)ten Betonung des „Wortes" Gottes, das sich je spezifisch, aber miteinander verbunden in Bibel, Herz und Natur offenbart, erweist sich Arndts Theologie als im doppelten Sinne nachreformatorisch, ohne jedoch dabei eine größere inhaltliche Affinität zur Tradition der Wittenberger Reformation aufzuweisen. Die dritte Auslegung schließlich – jenseits von *physica sacra* und der Suche nach dem verborgenen „geistlichen Verstande", der die „verblümte / figürliche und natürliche Rede" des Naturbuches allegorisch zu entschlüsseln vermag –, die rationalistische, die zusammen mit Buch I Kapitel 7 am deutlichsten jene, den „Heiden" zugängliche Erkenntnis des christlichen Gottes vertritt und die durch einen eigenen zweiten Teil des *liber naturae* repräsentiert wird, vervollständigt das Bild jener dreifachen „natürlichen" Erkenntnis Gottes in der und durch die Natur. Erst in der Komplexität dieser Trias zeigt sich das Gesamtbild, angesichts dessen Vielfalt und Gewicht sich die wiederholt vertretene These, das vierte Buch bilde nur einen nachrangigen Appendix zum „Wahren Christentum", von selbst erledigt.

Arndts Affinität zum magisch-hermetischen Denken zeigt sich nicht nur in dem beschriebenen Formalprinzip seiner Naturallegorese, das Hirsch als „cabalistisch" bezeichnet, sondern in mancher Hinsicht auch den Inhalten der Allegorese nach. Dies soll exemplarisch an Themen gezeigt werden, die an sich selbst eine besondere Nähe zum magisch-hermetischen Weltbild aufweisen.

Dabei lassen Formulierungen wie in *Hex* 2,10: „Was *ist* die Veste des Himmels anders, denn die ewige, beständige Wahrheit GOttes und seines Werks?", die geradezu eine Gleichung zwischen *Signum* und *Signatum* zu suggerieren scheinen, aufhorchen.[47] Ratsam wird es sein, eine Deutung der Allegorese in einem oberflächlichen Sinne bloß äußerlicher Verweisung ohne eigene Anteilhabe zu vermeiden. Schon bei den astrologischen *Praesagia*, zumal aber an den gestuften *Astronomien* sowie der *Theoalchemie* wird deutlich, daß es um analoge Verweisungen geht, die an dem symbolisch Bedeuteten selbst Anteil haben oder geben.

3. *Praesagia*

Scheinbar paradox weist die von Arndt im Drohgestus gehäuft eingesetzte apokalyptische Motivik letztlich einen deutlich eingeschränkten Wirkungskreis auf. Schon in der Einleitung zum ersten Buch des „Wahren Christentums" deutet Arndt Katastrophen in Geschichte und Natur als Wirkungen der göttlichen „Rache", oder wie er später abmildert, von „Zorn und Strafe", in denen die aus dem *Hexaemeron* bekannten vier Elemente gegen den Menschen streiten „müssen", und die ganze Natur darüber „brechen" „will". Er stellt diese Ereignisse in Beziehung zu den ägyptischen Plagen nach Exod 7-11, denen er eine eigene

---

47   Im Gegensatz zu den vorigen Abschnitten *Hex* 2,6.7.8: "Was bedeutet die … denn die … ".

posthum veröffentlichte Schrift, abermals in aktualisierender Tendenz, widmet.[48] Die Geschöpfe als einzelne und als Kosmos stehen in Bezug zu Gottes nicht nur Schöpfungshandeln, sondern aktuellem Eingreifen in die Weltläufte. Dieses punktuell und als Reaktion auf menschliche Verworfenheit charakterisierte Eingreifen Gottes ist nach Arndts wie vieler Zeitgenossen Auffassung an außergewöhnlichen Phänomenen im Bereich des Natürlichen ablesbar, eine Thematik, die, dem Bilderverständnis Arndts gemäß, in der *Ikonographia* mehrfach begegnet. Aufs Ganze gesehen fällt auf, daß gegenüber den ‚Wiedergeborenen‘, die ‚über die Natur‘ sind, als typisch apokalyptisch zu charakterisierende Ereignisse und ‚Zeichen‘ exklusiv den sublunaren Bereich und den ‚alten Menschen‘ betreffen.[49]

Eine bezeichnende Verknüpfung von Ebenen, die auf den ersten und zweiten Blick wenig miteinander zu tun zu haben scheinen, zeigt die *Historia* eines Erdbebens im Jahr 1509 im islamisierten, ehedem christlichen Byzanz / Constantinopel. Zwar bekräftigt die Vorrede gut spiritualistisch, daß der „reine Gottesdienst / der da ist in eines jeden Menschen reinem Hertzen vnd Glauben / bestehet / wenn auch nimmermehr eine Kirche / Bilde vnd Altar were / Denn er ist an keine zeit / ort / oder einig eusserlich ding gebunden / Vnd ist das Reich Gottes / so in vns ist / welchs nicht kömpt mit eusserlichen geberden / oder gespreng."[50] Doch werden, der Gesamttendenz der Schrift entsprechend, dann ausgerechnet das ehemalige Kirchengebäude der *Hagia Sophia* [!] und in ihm eine übertünchte Wandmalerei zu Zeugen des Reiches Gottes, dies jedoch nicht *per se*, sondern mittelbar durch eine gewaltige Naturkatastrophe, die besser als jede menschliche Inszenierung die Überwindung einer inkriminierten Übermalung ihrer ursprünglichen Botschaft und in seiner spontanen Urgewalt deren ungebrochene Aktualität kraft göttlichen Eingreifens zu bekräftigen scheint. Die Weise, wie Arndt es deutet, verleiht einem Naturereignis den Charakter eines göttlich gewirkten Zeichens, das selbst zu „predigen" vermag. Das Verfahren, nach dem routiniert biblische Referenzen zum inhaltlichen Stichwort des Naturphänomens herangezogen werden, erinnert nicht nur an eine vielfach geübte Praxis Arndts im *Hexaemeron*, aber auch der Psalmenauslegung, sondern an das Verfahren, das Christoph Hirsch in der *Gemma magica* als „cabalistisch" bezeichnet hatte:[51]

---

[48] *WCh* I Vorrede (F) S. 11f.: „Man klaget an allen Orten vber die Boßheit der Welt / vnnd vber elende betrübte Zeit / vber Vnfried / vber Zerrüttung der Regimente / vber erbärmliche klägliche Fälle / vber Jammer vnd Elend / Aber die Vrsach der bösen Zeit wil niemand verstehen / vielweniger durch wahre Busse abwenden. Vnsere Sünde steigen vnnd schreyen gen Himmel / vnd machen vns Gott vnd die Natur zu wider / als daß Gott die Creaturen wieder vns rüsten muß zur Rache / daß Himmel vnnd Erde / Fewr vnnd Wasser wieder vns streitten müssen / ja die gantze Natur engstet sich darüber / vnnd wil brechen." Vgl. *Von den Zehen grausamen ... Egyptischen Plagen*, Frankfurt/M. 1657, dazu Schneider Paracelsist S. 95f.

[49] Dies zeigt u. a. auch Arndts frühe Schrift *De X plagis* (s. o.) in ihrem durchgängigen Dualismus von 'alter Geburt' und 'neuer Geburt' *passim*.

[50] *Ikon* Vorrede fol. 2 ᵛ- 3 ʳ; zu den *Praesagia* der *Ikon* vgl. auch Mager Bildfrömmigkeit S. 114.

[51] *Ikon* Vorrede fol. 9 ʳ⁻ᵛ (Hervorhebung von mir).

„Das aber auch *solche schlechte eusserliche dinge Christum predigen* [!] *können /*
bezeuget die Historia / so anno 1509. zu Constantinopel geschehen ist /
da ein schreckliches Erdbebem [sic!] gewesen ... Vnd hatten die Türcken
aus S. Sophiae Kirchen ... ein Meßquid [: Moschee] gemacht / Vnd das
Leiden vnsers HErren Jesu Christi / so an der Mauren zierliche gemahlet
/ vbertünchen / vnd außleschen lassen. Derselbe Tünch ist durch dz
Erdbebem abgeworffen / vnd das gedachte Gemehlde / als were es new
angestrichen / wieder auffgedeckt. *Diß Erdbebem ist des Leidens Christi Zeuge*
gewesen / Denn der HErr in seinem Leiden mit einem Erdbebem verschieden[52] */vnd*
auch in grossem Erdbebem wider aufferstanden[53] *... ".*

Der Erdbeben sind viele, aber das in ihnen verborgene Handeln Gottes zur Ret-
tung „wieder die vngleubigen Türcken" – wie auch gegen die Christenverfolger
der Epoche Diokletians, in der eine ganze christenfeindliche Stadt zur Strafe für
ein Massaker in der Kirche zu Weihnachten durch ein Erdbeben ausgelöscht
wurde[54] – ist ein und dasselbe, das sich außerordentlicher Naturereignisse bedient, um Menschen zu strafen und zu warnen. Zeichen und Bedeutung sind dabei gerade nicht voneinander getrennt, sondern stehen in einem Wirkzusammen-
hang, und daß die Natur in Überschreitung ihrer Grenzen selbst hier „predigt"
und als „Zeuge" Christus verkündigt, steht außer Zweifel. Natur, Kultur, Historie, Religion und Bibel dienen Arndt in diesem Sinne als Zeichen, das sowohl
seinem dauerhaften Inhalt (Bildsequenzen) als auch der außerordentlichen Aktu-
alisierung (Offenbarungsereignis) nach auf die Übernatur verweist. Das singuläre
Naturereignis ist von dieser Bedeutungskomplexion ganz durchdrungen. *Cabali-*
stisch gedeutet im Hirschschen Sinne, kann das Erdbeben hier neu aktuell zum
„Zeugen" für Passion und Auferstehung Christi werden, weil es durch seine ein-
stige ebenso zeichenhafte Begleitung des Heilsgeschehens biblisch legitimiert ist.
Arndt geht, alle calvinistische Gegnerschaft gegenüber religiösen Bildern be-
kämpfend, in der *Ikonographia* davon aus, daß wichtige Bilder religiösen Gehalts
„aus Gott jren vhrsprung nemen". Neben die *imagines* „Typicae et mysticae",
also Typologien und Allegorica, und „denckwirdige Geschichten", die „Memo-
rial vnd erinnerungen" sind, setzt er „Die aus der Natur": sie „sind Praesagia
vnd Warnungen."[55] Im dritten Kapitel der Schrift beklagt Arndt, daß „Bilder /
so aus der Natur jren vhrsprung haben / von den Nerrischen Leuten mißbrau-
chet [wurden] / denn die Natur durch mancherley Bilder / Figuren vnd Zeichen
jre Praesagia offenbaret / gute vnd böse."[56] Der Zusammenhang, in den Arndt
das stellt, ist wiederum die schon bekannte, bei den altorientalischen Völkern
praktizierte „Magia / eine gründtliche Erkentnus ... aller Thiere / Erden Gewechse / vnd der Sternen". Nicht ihr Gebrauch – und damit eine Anwendung

---

52 Matth 27,52-54.
53 Matth 28,2.
54 *Ikon* Vorrede fol. 3 ͬ.
55 *Ikon* I fol. 13 ͬ⁻ᵛ; *natürliche* Phänomene wie die Tiere vor Unwettern sind *Prognostica* (*Hex* 5,24).
56 *Ikon* III fol. 16 ᵛ.

der *praesagia* – sei zu tadeln, sondern allein ein vom Teufel eingesäter Mißbrauch und Aberglauben, der die Kreaturen vergötzt.[57] Am ausführlichsten äußert Arndt sich zu diesem ganzen Komplex in Kapitel IX, dessen Überschrift das Thema umreißt: „So bezeugens auch die Bilder / so jren vhrsprung aus der Natur haben / vnd viel Geistliche [!] vnd Weltliche Hendel praesagiren … ".[58] Schon die Einleitung parallelisiert biblische und „in die Natur gepflantzet[e]" „Bilder" als von Gott gegebene Zeichen: „Denn gleich wie Gott der HErr Göttliche geheimnus durch Bilder geoffenbaret / im alten vnd newen Testament: Also die Natur auch / vnd hat Gott [!] die Weissagungen durch Bilder in die Natur gepflantzet".[59] Beschränkt sich dies zunächst auf die Signaturenlehre als „die rechte Philosophia" im oben beschriebenen Sinn, daß sie sich allein auf die „natürliche[] Weißheit" erstreckt, so springt die allegorisierende Semiose solcher „Bilder" schon im nächsten Atemzug über auf ein *Praesagium* wider das Papsttum:[60]

„Denn sage mir / Woher kommen die Bilder / die in den Bergwercken vnd Ertzgruben gefunden werden. Wie in den Manßfeldischen Bergwercken für wenig Jaren gefunden sein Bilder auff Schyfern[61] / so artig von der Natur abgerissen / mit güldenen Linaementis / das kaum ein Maler so artig hette abreissen können / Da mit Verwunderung anzusehen der Pabst / mit seiner dreyfachen Krone / in seinem Habit / auff seinem Stul / mit viel andern anzeigungen mehr / *von der Natur wunderlich fürgebildet* / Welches ein gewiß *Praesagium* / *vnd natürliche Weissagung* ist / das der Pabst sol offenbar werden. Darum hat auch diese Weissagung nicht gefeylet / denn die Natur leuget nicht."

Edmund Weber, der als Quellen des neunten Kapitels die Schriften des Hohenheimers *Liber de imaginibus*, die *Auslegung der Papstbilder*, die *Chronica und ursprung dises lants Kernten* und die *Auslegung ettlicher Figuren Jo. Liechtenbergers* genauer identifiziert[62] und Arndts Naturdeutung treffend als „magische Semiotik" und die Signaturenlehre als „eine Magie der Natur" charakterisiert[63] – woraus er für die Gesamtdeutung des „Wahren Christentums" jedoch kaum Konsequenzen zieht –, hat gezeigt, wie Arndt antireformatorische Spitzen jener Schriften in antirömische umzubiegen weiß, dabei aber, von Ausnahmen abgesehen, die magischen Intentionen des Hohenheimers teilt. An einer Stelle weist Weber auf eine signifikante Veränderung hin: Wo Paracelsus im *Liber de imaginibus* cap. 5 die „magische bedeutung" der Himmelszeichen wie etwa des Regenbogens allein

---

[57] *Ikon* III fol. 16 v - 17 v.
[58] *Ikon* IX fol. 32 r.
[59] *Ikon* IX fol. 32 r.
[60] *Ikon* IX fol. 33 r-v (Hervorhebung von mir).
[61] Schieferplatten.
[62] Weber S. 127-140; zur *Ikonographia* insgesamt vgl. auch noch S. 116-126; Schneider Chemnitz S. 205-214 weist über Weber hinausgehend eine umfangreiche Benutzung von Chemnitz' *Examen Concilii Tridentini* in der *Ikonographia* nach.
[63] Weber S. 127.

natürlich-prognostisch erklärt, zeigen sie bei Arndt, so Weber,[64] „religiös-magischen Charakter". Wenn Weber zugleich davon ausgeht, es bleibe dabei gleichwohl „der ursprüngliche Sinn erhalten", ist dies sicherlich auf den naturmagischen Kontext, nicht aber auf Arndts ‚geistliche' Interpretation der Himmelsphänomene zu beziehen, in der abermals eine ‚Predigt' der Kreaturen begegnet:[65]

> „Solche Bilder in mancherley art vnd gestalt / hat man offt vnd viel am Himmel gesehen / vnd sindt *nichts denn Weissagungen Gottes / vnd der Natur / verkündigen* [!] grosse verenderung *von dem jüngsten Tage* / deren eins ist der Regenbogen / welcher ist ein *Zeuge Gottes in den Wolcken* / vnd *prediget vns Gottes Gnade / vnd den Vntergang der Welt.* Solcher art sind alle Cometen / vnd wenn die Astronomi dieselbe so wol verstanden / *als die Magi ex oriente jren Stern* / so würden sie viel dinge zuvor verkündigen / da Landt vnd Leuten angelegen were."

Hier ist jene über die paracelsische Vorlage deutlich hinausgehende naturallegorische Linie erkennbar, die vom *Hexaemeron* bekannt ist. Wieder ist eine klare Trennlinie an wichtiger Stelle nicht auszumachen, denn die vor- und außerisraelitischen bzw. -christlichen *Magi ex oriente* werden gerade als Weise geschildert, die solche ‚Predigt' verstehen und beherzigen. Aus seinen paracelsischen Quellen führt Arndt verschiedene *Praesagia*, etwa *Monstra* wie das von Ravenna[66] oder die Lichtenbergerschen *vaticinia* an, welche „bey den alten Geist vnd Kunstreichen Leuten", also den *Magis*, als „aus Gottes vnd der Natur Exempel genommen" in hohem Ansehen und gutem Brauch standen,[67] zudem Kometen.[68] „Denn Gott vnd die Natur" zeigen in seltener Einmütigkeit Aufstieg und Fall von Ländern und Regimenten an. Das Beispiel, daß „Anno 1501. ... den Leuten Crentzlein [conj.: Creutzlein[69]] / DorneKronen / vnd Blutströpfflein auff die Kleider gefal-

---

[64] S. 130 mit Belegen.
[65] *Ikon* IX fol. 35 ʳ⁻ᵛ (Hervorhebung von mir).
[66] *Ikon* IX fol. 35 ᵛ–36 ʳ.
[67] *Ikon* IX fol. 35 ʳ⁻ᵛ.
[68] *Ikon* IX fol. 35 ᵛ. Nach Paracelsus' *Astronomia magna* I,4 XII S. 83 (Sudhoff) sind sie "ubernatürlich in himel" gestellte "unnatürliche[] zeichen" der "insignis magica" wie "der orientist stern auf Bethlehem", vgl. Goldammer Magie in: Symposium Magie S. 35. Zur Rezeption von Paracelsus' Kometen-Deutung vgl. Pfister Astrologica in: Telle (hg.) Analecta S. 531-540.
[69] Vgl. die Parallele *Ikon* X fol. 39 ʳ: Die "Creutzlein vom Himel" über "die Juden" nach Julian Apostata. Der Konjekturvorschlag beruht auf der Beobachtung einer häufigen, aufgrund der typographischen Gestalt leicht möglichen – in beider Richtung erfolgenden – Verwechslung von "u" und "n", vgl. *Ikon* Beschluß fol. 48 ᵛ: "mnss" statt "muss". Daß Arndt ausgerechnet in *dieser* Schrift und in *diesem* Kontext das Kreuz eliminieren sollte, ist nicht einsichtig. Weber S. 131, der eine jüngere Ausgabe Halberstadt s. a. benutzte, lag darin die spätere, scheinbar eindeutige Schreibweise "Kräntzlein" vor. So postuliert er die Überarbeitung der Paracelsus-Vorlage, weil Arndt dessen ursprüngliche Deutung, die "creuzlein" symbolisierten eine durch die Reformation verursachte Spaltung der einen Kirche in viele "Secten", hätte ablehnen müssen. Beispiele einer beiderseitigen Verwechslung von *u* und *n* als mit Abstand häufigster Form von Satzfehlern liefert etwa die erste deutsche *Corpus Hermeticum*-Ausgabe des "Aletho-

len"[70] als Weissagung böser Zeit, zeigt die übernatürliche Herkunft der *Praesagia*. Diese „Bilder" sind Vorbilder und zugleich Material einer eigenen – weitverbreiteten[71] – astrologischen Gattung *ex professione*: „nach diesem Exempel haben viel Astronomi vnd Naturkündiger jre Prognostica durch Bilder beschrieben", teils, um sich vor der Gewalt von Potentaten zu schützen, teils, wie die altorientalischen *Magi*, um die Weisheit vor dem Zugriff der „Vnwirdigen" zu sichern.

Eine *communicatio idiomatum* dergestalt, daß die Bibel Naturphänomene und die Natur göttliche Wahrheiten erklären, wobei die Erstreckungsbereiche zunehmend ineinander übergehen, war schon mehrfach zu beobachten. Für das Ineinander von naturallegorischer und biblisch-allegorischer „verblümter" Rede und Denkungsart bildet gerade auch Kapitel IX der *Ikonographia* ein gutes Beispiel: Nachdem Arndt im Zusammenhang jener naturmagisch-praesagischen Deutung des Papsttums[72] das ravennatische Monster und Agrippa von Nettesheims Herleitung der „Münchskappen" erläutert hat, springt er – wohl weil es ihm seinem kreisend assoziativen Stil gemäß als dasselbe Genus erscheint, doch zugleich in klarem Widerspruch zur eigenen Zuweisung biblischer „Bilder" zu Kapitel VIII – für den nicht geringen Rest des Kapitels zur Apokalypse des Johannes über, die er mit der Tradition antipapistisch deutet:[73] „Summa die Offenbarung Johannis ist *eine gewaltige Weissagung durch Bilder* / darin der Bapst in Drachen gestalt abgebildet ... ". Wiederum kehrt sich der Blickwinkel um, offenbart die Johannes-Apokalypse, gerade indem sie sie verhüllt, nicht nur „Göttliche", sondern auch „*natürliche Geheimnus* / vnd erfordert dies einen sonderlichen hohen Verstandt *im Liecht der Natur* [!]. Weil nun die Natur sich so gewaltig aus Gottes ordnung durch Bilder offenbaret / so ist es ... eine grosse Gottlosigkeit vnd vnwissenheit / dieselbe verwerffen oder verachten."[74] Der typisch holistischen Inkonsequenz zirkulären Denkens, die allerhand über sein Bilder-, Natur- und nicht minder Theologieverständnis verrät, bleibt Arndt auch in der *Ikonographia* treu.[75]

Daß gemäß dem durchgängigen naturallegorischen Prinzip solche *praesagia* auch im „Wahren Christentum" zu finden sind, steht zu erwarten. Neben II,58,5f. und 10 finden sie sich vor allem in *Hexaemeron* 4, wo es um „Sonne, Mond und Sterne[] des Himmels" geht. In diesem Kapitel, hier in alternierender Verschränkung mit den üblichen naturphilosophischen Passagen, finden sich Hinweise an mehreren Stellen. Schon der erste Abschnitt unterteilt die „himmlische[n] Lichter" in die drei Klassen von „Naturzeichen, Zornzeichen und

---

philus", betitelt: *HERMETIS TRISMEGISTI Erkäntnüß der Natur Und Des darin sich offenbahrenden Grossen Gottes*, Hamburg 1706, zur Genüge (S./Kap.: S. 16/90; S. 28/75.77; S. 34/11; S. 38/19; S. 40/32; S. 54/14; S. 57/32; S. 81/12f.; S. 82/15; S. 85/40 usw. usf. bis S. 127/10).

[70] *Ikon* IX fol. 35 ᵛ.

[71] Vgl. etwa Nutton Paradoxon, in Paracelsus Werk-Rezeption S. 105f.

[72] Die *in toto* wohl schwerlich mit Webers Deutung Arndts als eines "Irenikers" vereinbar ist.

[73] *Ikon* IX fol. 35 ᵛ-36 ʳ.

[74] *Ikon* IX fol. 37 ʳ⁻ᵛ (Hervorhebung von mir).

[75] Für viele aufschlußreiche Zusammenhänge und Details sei auf Weber *l. c. passim* verwiesen.

Gnadenzeichen", wodurch der durch und durch semiotische Charakter der Himmelskörper nur bekräftigt wird. Im 18. Abschnitt empfiehlt Arndt, nachdem er individuelle *Nativitäten* (Horoskope) abgelehnt, geistliche *Astrologica* aber gerade nicht verworfen haben will, drei nützliche „Punkte dieser Kunst" zu beachten:

1. die Ordnung und Revolution oder Veränderung der Zeit;
2. die natürlichen und unnatürlichen Zeichen des Himmels;
3. die natürlichen und unnatürlichen Wirkungen des Himmels.

Insofern die Gestirne für den Bereich des Irdischen Signifikanten und Handlungsträger zugleich sind, finden sich die – hier allerdings nicht mit dem Begriff der *praesagia* bezeichneten – Phänomene in einem Überschneidungsbereich zwischen dem zweiten und dritten Punkt. Was sogenannte *signa naturalia* unter 2 anbetrifft, so liefert Arndt unter Verweis auf Matth 16,2 und Luk 12,54 eine für das *physica-sacra*-Prinzip typische Legitimation dafür. Daraus, daß Christus „einen Beweis nimmt aus den allgemeinen natürlichen Zeichen des Himmels, so durch die Erfahrung im gemeinen Leben bestätiget sind" und dabei seinen Zuhörern bescheinige, daß sie zwar die Gestalt des Himmels und die Witterung, nicht aber die Zeichen der Zeit erkennten, zieht Arndt den Umkehrschluß: „Ergo Christus adprobat signa naturalia."[76] Demgegenüber zeigt der Himmel als echte *praesagia* auch „unnatürliche Warnungszeichen ... als Vorboten künftiger Strafen", die von den genannten „Prognostica und natürlichen Weissagungen des Ungewitters, ... so Ungestüm und Sturm auf dem Meer verkündigen",[77] zu unterscheiden seien. Was die „unnatürlichen Wirkungen" angeht, so betont Arndt, daß es nicht etwa bösen Gestirnen, sondern allein der menschlichen Bosheit zuzuschreiben sei, „daß GOtt die Creaturen zur Rache rüstet". Dazu gehören spezielle – jeweils eigens als „unnatürlich" charakterisierte – Hitze-, Kälte-, Nässe- und Dürrekatastrophen sowie Gewitter, „dazu viel Geschmeiß und Gift in der Luft, welche wie das Feuer zu Sodom vom Himmel fallen", und was Arndt sonst zu sagen weiß „von den Plagen, Strafen und unnatürlichen schädlichen Wirkungen, so GOtt durchs Gestirn, als durch seine Ruthen, übet und ausgießt über die Bosheit der Welt."[78] Der Zusammenhang zwischen den Zeichen als Ankündigung und dem Ereignis selbst als Ausführung ist bei den Gestirnen, die Verkünder und Vollstrecker des Willens Gottes zugleich sind, eng. Nachdem Arndt ausführlich von „natürlichen Wirkungen" und „Wohlthaten" der Gestirne berichtet hat, kommt er gegen Schluß auf die regelmäßig wiederkehrende Fragestellung zurück, was aus den jeweiligen Kreaturen geistlich zu lernen sei. Hier rekurriert er auf die Kategorie der „Zeichen" und deutet Sonnen- und Mondfinsternisse als „Spiegel des Zorns GOttes, und Zeichen des jüngsten Tages, Luc. 21,25. und

---

[76] *Hex* 4,21f.
[77] *Hex* 5,24.
[78] *Hex* 4,24f.; übernatürlich gedeutete Naturereignisse kennt auch *Pss* 18/IV Bd. 1 S. 155-159.

großer Veränderungen der Welt; Bußpredigten, dadurch uns GOtt unserer Sünden erinnert."[79] In erklärtem Gegensatz zu anderen, jedoch nicht namentlich genannten Repräsentanten der Theologie vertritt Arndt dabei die Auffassung, daß nicht nur „übernatürliche" Sonnenfinsternisse wie bei Jesu Tod[80] oder in der neunten ägyptischen Plage[81] – also biblisch bezeugte –, sondern auch die „natürlichen Finsternisse ... sollten Zeichen seyn, die uns den jüngsten Tag verkündigen. Denn alle Finsternisse sind wider die Natur und Eigenschaft der himmlischen Lichter", weshalb schon „die Heiden" – die damit ihrerseits zu Zeugen der göttlichen Botschaft werden – gesagt hätten: „Defectus solis lunaeque labores". Der enge Zusammenhang zwischen Zeichen und Ereignis erscheint hier auch explizit auf die knappe Formel gebracht: „Die Finsternisse *verkündigen und bringen* allerlei Jammer auf Erden, Hunger, Krieg und Pestilenz; welches alles die Menschen verursachen."[82] So „verkündigen" die Finsternisse „uns eine grosse vollbrachte Bosheit auf Erden, und deroselben Strafe. ... Wie die Finsterniß im Leiden Christi *verkündiget* der ganzen Welt den Tod Christi, und große Bosheit und Lästerung wider Christum. ... Alle Sonnenfinsternisse *bedeuten* eine inwendige Finsterniß des Unglaubens in den Herzen der Menschen." Noch der Anblick der untergehenden Sonne „will ... zu uns sagen: Sehet ihrs, so werde ich einmal im Feuer vergehen."[83] Versöhnlich klingen erst die letzten beiden Abschnitte. Während der 59. Abschnitt an den Gestirnen „GOttes Gütigkeit [zu] erkennen" lehrt – jedoch umgehend wieder in einen Antagonismus Christus/Belial[84] und damit in eine Gerichtsperspektive mündet[85] –, zeigt Abschnitt 60 schließlich die „eine geistliche und ewige Sonne", Christus.

Ohne daß wie in der *Ikonographia* der naturmagische Hintergrund explizit angesprochen wäre, entspricht die Weise, wie hier Naturphänomene als „Zeichen" übernatürlicher Offenbarung erklärt sind, die Gottes Willen und Botschaft ‚verkündigen' oder ‚predigen',[86] dem dort erhobenen Verständnis. Ob Sonnenfinsternis oder „Erdbebem", solche exzeptionellen Ereignisse, die Arndt, wo nicht übernatürlich zu erklären, so doch in diesem Sinne zu interpretieren pflegt, stehen in jener magisch-‚cabalistischen' Semiose, derzufolge die Natur nicht nur „natürlich" die unsichtbaren Wirkzusammenhänge zu erforschen gibt, sondern auch „übernatürlich" die Offenbarung von Gottes Gericht und Gnade ‚predigt'.

---

79 *Hex* 4,53.
80 Matth 27,45.
81 Exod 10,21ff.
82 *Hex* 4,54f.
83 *Hex* 4,57.
84 2 Kor 6,14f.
85 Sollte hier, wie mit solcher Tendenz an anderer Stelle so häufig zu beobachten, ein ursprünglicher Kapitelschluß vorliegen?
86 Ähnliches gilt sowohl für die biblischen Träume, die, weil übernatürlicher Herkunft, man "nicht forschen kann, verstehe, aus der Natur, aber wohl durch den Heil. Geist." (*WCh* II,58,10).

4.   „die rechte, wahre übernatürliche Astronomie"[87]

Drohende und strafende Naturzeichen gelten allein den fleischlichen Menschen; „ein gläubiger Christ" hingegen hat solche *praesagia* nicht zu fürchten, da er „in Christo über die Natur herrschet".[88] Das bedeutet, daß er den Einflüssen des natürlichen Himmels, die alles irdische Geschehen regieren, ganz enthoben ist. Im *liber naturae* knüpft Arndt damit an eine Thematik an, die an prominenter Stelle der Architektonik des „Wahren Christentums" bereits eine herausragende Rolle spielte. Daß sie in dem kosmosophischen Teil – in einer für das Weltbild wie für die Theologie Arndts gleichermaßen bedeutsamen Weise – sowie in einer frühen Fassung der Vorrede zu Buch I wiederkehrt, unterstreicht ihre über Einzelaspekte von Arndts Theologie und Weltbild weit hinausgreifende Bedeutung.

4.1   „Die haben mit dem natürlichen Himmel nichts zu thun" oder: *sapiens dominabitur astris* zum dritten

Sein zweites Buch vom „Wahren Christentum" hatte Arndt mit jenem 58. Kapitel abgeschlossen, in dem von der neuen Geburt in der Weise die Rede ist, daß der wahre Gläubige „über die Natur" sei und – mit welchen Worten Arndt den *liber vitae* beschließt! – daß er „ein HErr sei des Himmels und über das Gestirn herrsche".[89] Dieses Kapitel markiert nach der Vorrede zum dritten Buch den Übergang von der zweiten Stufe des mystischen Weges, der *illuminatio*, zur dritten, der *unio*, dem Reich Gottes im Grund der gelassenen Seele. Arndt hatte dies eng mit zwei Topoi spiritualistischen Denkens verknüpft, mit den Gedanken der Wiedergeburt einerseits und der Gottweisheit andererseits. So ist ihm der wahre, d. h. in der neuen Geburt lebende Christ eben dieser *sapiens*, der im Besitz der *divina sapientia* befindliche Mensch, *qui „dominabitur astris*. Der gottweise Mensch herrscht über das Gestirn."[90] Ohngeachtet der Vorliebe für metaphorische Redeweise ist dies für Arndts Weltbild in einem buchstäblichen Sinne zu verstehen. Dem mystisch-spiritualistisch verinnerlichenden Weg im *liber vitae* zur Herrschaft über Natur und Gestirn korrespondiert der zum gleichen Thema führende kosmosophische Weg im *liber naturae*, der über die Welt des Sichtbaren und damit über die pluralen – wie Arndt sie im Gefolge des Paracelsus identifiziert – „Astronomien" des natürlichen Bereiches hinausführt, so über die *astronomia coeli*, aber auch die *astronomia aeris, terrae et maris*.[91] Dabei zeigt sich, daß sich beide

---

[87]   *Hex* 4,10.
[88]   *Hex* 4,23.
[89]   *WCh* II,58,12.
[90]   *WCh* II,58,5.
[91]   *Hex* 5,24.

Wege – und in ihrer Überschreitung der Sphärengrenzen gemeinsam – in dem von der *catena aurea* symbolisierten Stufenkosmos wiederfinden.

Schon in II,58 hatte Arndt, wie aus der Perspektive des *Hexaemeron* nun klarer erkennbar wird, mit dem Thema der Überwindung der astralen Influenzen als Lenkerinnen der Schicksale des irdischen Menschen durch die wahren Gläubigen faktisch auf der Basis eines hierarchischen Sphärenkosmos argumentiert:[92]

> „Denn denen, so aus Gott geboren sind, und in der neuen Geburt leben, kann *der Himmel und die ganze Natur* nicht schaden. ... *Sapiens dominabitur astris*. Der *gottweise* Mensch herrscht über das Gestirn. Denn die aus der neuen Geburt sind, sind *über den natürlichen Himmel* mit ihrem Wandel, *und sind nicht mehr Söhne Saturni, Jovis, Martis, oder Kinder der Sonne, des Merkurs, des Mondes, sondern filii Dei, Kinder Gottes*, und leben im Glauben,[93] dadurch sie sich *den Kräften und Eindrücken des natürlichen Himmels* entziehen."

Dieser geradezu räumlich gedachten Vorstellung nach hat der Wiedergeborene, sofern er über das Gestirn herrscht, „die ganze Natur unter seinen Füßen".[94] Er gehört also der nächsthöheren Spähre an und ist daher einem höheren Gestirn oder Himmel als dem natürlichen – „sie sind über demselben"[95] – unterworfen:[96]

> „Und also solls auch seyn im Neuen Testament bei den Christen. Denn Christus, unser Herr, will seine Gläubigen selbst regieren, *und ihr neuer Himmel seyn*, sie kräftiglich *neigen*,[97] *bewegen, leiten und führen* ... Denn eines Christen Leben und Wandel soll allein aus GOtt und aus der neuen Geburt gehen, und von GOtt regieret und geführet werden."

Christen beerbten die Juden, von denen viele vergeblich zu Sternsehern liefen,[98]

> „und wollten ihnen von ihrem zukünftigen Glück *weissagen lassen aus der Natur und dem Himmelslauf*; da doch GOtt dieses Volk erwählet hatte, daß *Er* sie wunderbarlich führen wollte, *über, ja wider die Natur*, wie Er auch gethan. *Darum* [!] kein *natürlicher* [!] Astrolog und Sternseher den Juden hat können weissagen ... sondern aus dem Munde der Propheten, als aus dem Munde GOttes, sollten sie es hören ... ".

Nicht gegen eine astrologische Deutung *per se* wendet sich Arndt – denn es „heben solche Sprüche [der Bibel] die Wirkung des Firmaments nicht auf"[99] –, sondern gegen deren mißbräuchliche Anwendung auf Menschen und ein ganzes

---

[92] *WCh* II,58,5 (Hervorhebung von mir)
[93] *Ad vocem* „Glauben" vgl. Weigel *Gnothi seauton* I,18 S. 47: „so trit[t] in *Glauben* CHRISTI, *das ist, in die Newe Geburt*"; ebd. „Dieweil du *im Glauben oder Newen Geburt* verharrest ... ".
[94] *WCh* II,58,11.
[95] *Hex* 4,17.
[96] *WCh* II,58,3 (Hervorhebung von mir).
[97] *Terminus technicus* für die astrale *inclinatio*, vgl. *Hex* 4,17.
[98] *WCh* II,58,2 (Hervorhebung von mir).
[99] *WCh* II,58,10.

Volk, die aufgrund von Gottes erwählendem Handeln den stellaren Einflüssen entzogen und Gottes unmittelbarer Lenkung unterstellt seien. Für die Wiedergeborenen gilt deshalb geradezu eine neue, andere „Astronomie", die Arndt auch im *Hexaemeron* mit dem biblischen Bild des „neuen Himmels"[100] verknüpft. Anstelle der Sterne übernehmen dort höhere Wesen die Rolle der Lenkenden: [101]

> „Die bekommen denn einen *neuen Himmel, der sie viel höher incliniret* (lenkt). 17. Die nun aus der neuen Geburt sind, aus GOtt geboren, *derer* [sic] *Himmel und inclinatio oder Neigung ist GOtt selbst*, und *die heiligen Engel sind ihre Sterne*, wie die Offenb. Johannis bezeuget. Die haben *mit dem natürlichen Himmel nichts zu thun, sie sind über demselben*, und ihre Werke haben einen höhern Ursprung, nämlich aus GOtt selbst."

Die neue Geburt, die den Menschen aus Adam in Christus versetzt, transponiert ihn damit zugleich nicht nur in eine neue Lebensweise, sondern in eine kosmisch andere Sphäre, die ihn von den im *status ante* Verbliebenen fundamental trennt. Dies korrespondiert präzise mit der Versetzung in das „Fleisch Christi" und der *deificatio*, die sich gleichermaßen keineswegs auf einen forensisch zugesprochenen neuen Status vor Gott beschränken, sondern eine tiefgreifende effektive Transformation und, wenn man so will, Translokation der ganzen Existenz bedeuten. Vor dem Hintergrund der in und seit der Renaissance viel und kontrovers diskutierten Frage eines astralen Determinismus[102] des Menschen fällt nicht nur auf, daß Arndt wie selbstverständlich von dessen Gegebenheit ausgeht, sondern mehr noch, daß seine Vorstellung von Wiedergeburt zwar von einer Diskontinuität hinsichtlich der konkreten Gestalt und Sphäre, zugleich aber von einer klaren Kontinuität eines prinzipiellen Determinismus auch *in statu novo* ausgeht, nur daß dieser eine unmittelbare statt einer mittelbaren göttlichen Lenkung darstellt. Das renaissance- und humanismustypische Autonomiepathos eines Grafen Pico della Mirandola, das wie schon für Petrarca nicht zuletzt treibende Kraft für die konsequente Astrologiekritik war, die Pico auch an diesem Punkt in einen deutlichen Gegensatz zu Marsilio Ficino brachte,[103] erscheinen einem Arndt fremd. Als Repräsentanten und Typoi einer solchen himmlischen „Inklination" im Sinne Arndts erscheinen herausragende alttestamentliche Gestalten, deren von Gott selbst empfangene Weisheit zwar die „natürliche Weisheit" eingeschlossen, sie aber zugleich unendlich überboten hat:

   Zwischen der alten und der neuen Geburt zeigt sich ein gravierender Unterschied in der Weise, in der Gott auf die Menschen einwirkt, nämlich mittels jener irdisch-astralen einerseits und einer übernatürlichen Influenz andererseits: So gilt auf der einen Seite, „daß der allmächtige GOtt *durch die Natur, als durch*

---

[100] Apk 21,1.
[101] *Hex* 4,16f. (Hervorhebung von mir).
[102] Vgl. Garin Astrologie *passim*, besonders S. 27, 34f., 42f., 49, 52f., 55f., 58, 92-108 u. ö.
[103] Vgl. Garin Astrologie S. 112-126 u. ö.

Mittel, wirket",[104] im Unterschied zu „den Werken GOttes, so GOtt *immediate oder unmittelbar* thut".[105] Während Arndt unter den letzteren die Werke und Offenbarungen der Geistbesitzenden subsumiert, die aus dem „neuen Himmel" stammen, bleiben die Menschen der alten Geburt einem indirekten, vermittelten Handeln Gottes durch den ganzen Kosmos und so dem natürlichen Himmel und den Influenzen des Gestirns unterworfen.[106] So wirkt Gott auf die Menschen der neuen Geburt *immediate*, auf die Menschen der alten Geburt *mediate* durch die Kräfte des Kosmos.

Das Stichwort *immediate* führt auf eine wichtige Spur: Indem Arndt das überkommene ptolemäische Diktum von dem Weisen, der über das Gestirn herrscht, seinem Anliegen dienstbar macht, stellt er es zugleich in den für seine Theologie konstitutiven Interpretationszusammenhang des mystischen Spiritualismus. Den *sapiens* identifiziert er als den „*gott*weise[n]", d. h. den im Besitz der *divina sapientia*, also der Theosophie, befindlichen Menschen, der sich gerade dadurch von anderen unterscheidet, daß er die göttlichen Offenbarungen *immediate* empfängt.

---

[104] *WCh* II,58,4 (Hervorhebung von mir).

[105] *WCh* II,58,10 (Hervorhebung von mir).

[106] *WCh* II,58,10 (Hervorhebung von mir). Derselbe Zusammenhang einschließlich der Abwehr von Influenzen des natürlichen Himmels und auffälliger astrologischer Terminologie begegnet in den *Psalterauslegungen* in Arndts zweiter Predigt zu Ps 4, *Pss* Bd. I S. 29b-30a (Hervorhebung von mir): *"Die Welt-Kinder die lässet GOtt die Natur führen / und den natürlichen Himmel ihren Führer seyn* / mit zeitlichem Glück oder Unglück: Aber die Heiligen / das ist / die im Glauben an JEsum Christum leben und wandeln / und *ein neues Leben auß Christo JEsu haben angenommen / und in der neuen Geburt leben / und im Geist wandeln* / wie S. Paulus spricht / *die leitet und führet GOtt selbst … Derselben Heiligen ihr Himmel ist GOtt selbst / die influiret / incliniret / beweget er selbst übernatürlicher himmlischer Weise* / darum *der natürliche Himmel mit seiner Jnfluentz und Impressionibus, Einflüssen und Wirckungen* den Gläubigen / so in Christo leben / nichts schaden kann / aus welchem Grunde GOtt den Gläubigen befohlen / daß sie sich für den Zeichen deß Himmels nicht fürchten sollen. Ach! *die natürliche Weisheit* kan solcher Heiligen Wege nicht begreiffen / weil es *nicht auß dem natürlichen Himmel / sondern auß GOtt* kömmt. Darum *die weisen Chaldäer und Egypter* beydes dem Pharaoni und dem Könige NebucadNezar [sic] seinen Traum nicht deuten konnten / es muste *ein prophetischer göttlicher Geist* dazu kommen / der *über die Natur* war / der war in Daniel und Joseph …"; vgl. die gegenüber einer defizitären "natürlichen Weisheit" der altorientalischen *Magi* hier allein aussagekräftige prophetische Geistesgabe der *divina sapientia* in den *Sancti*, worauf ganz im Sinne der hier zitierten Psalterpredigt *WCh* II,58,2.10 sowie *Hex* 4,14-17 anspielen! Und ähnlich wie in *WCh* II,58,5.11f. und *Hex* 4,23 sowie einer später eliminierten Passage in der Vorrede zur Frankfurter und ersten Braunschweiger Ausgabe von *WCh* I (s. u.) sieht die Psalterpredigt die Wiedergeborenen im Glauben, der 'die Natur bricht', jeglichen schädlichen Influenzen der Natur, der Sterne und ihrer Wirkungen entzogen: "Es muß den Gläubigen weder Feuer noch Wasser schaden / der Himmel / die Elemente und die gantze Natur müssen ihre Wirckung nicht vollbringen und wider die Natur thun / wenn sie GOtt in seinem Schutz hat / unter seinem Schirm und Schatten [Anspielung auf Ps 91,1, s. u.!] … wir sollen nur im Glauben und starckem Vertrauen und im Gebet verharren / so müssen uns die Dinge / die uns zuwider seyn / *wider ihre Natur* helffen und erretten / als wir viel Exempel in der Schrifft haben / daß GOtt im Feuer und Wasser geholffen und errettet. *Der Glaube und das Gebet sind über die Natur / und brechen die Natur / überwinden den Himmel* / und alle bösen Einflüsse und Wirckungen".

Doch gilt es zum genaueren Verständnis zu beachten, auf welche Tradition
Arndt sich mit dem Spruch bezieht, den er auf die genannte Weise interpretiert,
ein Weg, der in den komplexen Zusammenhang von Renaissance-Astrologie
und -Magie führt, der für das Denken und die Weltwahrnehmung jener ganzen
Epoche weit über den norditalienischen Bereich hinaus prägend war.

Wie etwa das Beispiel eines Bernardin von Siena (1388-1444) zeigt, handelt es
sich bei der Bezugnahme auf jene berühmte Formel des Ptolemaios von der
Herrschaft der weisen Seele über die Sterne um eine in dieser Ausrichtung
spätestens seit dem Hochmittelalter (und nicht zuletzt dessen Rezeption des arabischen Schrifttums, in dem die Astrologie eine zentrale Rolle spielt) greifbare
Tradition. Im Unterschied zu Petrarca, der sich im Namen der menschlichen
Freiheit „gegen eine Weltanschauung, die auf der Natur bzw. ihrer physikali-
schen Unwandelbarkeit basiert", wendet und den astralen Influenzen das Licht
des Geistes entgegensetzt, weshalb er in der Konsequenz die Astrologie radikal
ablehnt,[107] meint Bernardin, der an der Geltung der Astrologie festhält, zugleich
– wie Garin formuliert – „die Sterne *und* die Seele retten zu können".[108] So
unterstreicht er einerseits in der Welt des Körperlich-Sichtbaren den astralen
Einfluß, andererseits siedelt er die menschliche Seele über den Gestirnen – und
damit über deren Wirkungskreis – an: „Das andere Reich ist spirituell; es gehört
der Seele, die sich über alles Körperliche erhebt. In ihrer Größe und Tugend
steht die Seele über der ganzen Erde, über Wasser, Feuer und Luft, ja über
allem, was diesen Elementen zugehört. Die Seele steht über dem Mondhimmel
und dem Himmel von Merkur oder Venus, von Sonne, Mars, Jupiter oder
Saturn, sowie über allen Zeichen, die in diesem Himmel sind. Sie steht über den
72 Konstellationen." In seinem Versuch, den Widerspruch zwischen physikali-
schem Determinismus und menschlicher Willensfreiheit zu überwinden, bezieht
er sich auf die überlieferte Formel: „Bei Gott, so höre den Spruch der Heiden,
ob er wahr sei. *Sapiens dominabitur astra* [!]: ‚der Weise bezwingt die Sterne'." So
kann etwa die astrologisch-medizinisch spezifizierte Verabreichung der jeweiligen Medikamente die natürlichen Vorgänge beeinflussen: „Diese kleine Dosis
aber raubt dem Planeten in seiner Umlaufbahn einen Teil seiner Kraft ... ",[109]

---

[107] Garin Astrologie S. 50-52; S. 26f. zitiert er Petrarcas *Rerum senilium* I,6[7], *Opera omnia*, Basel
1581 "S. 747-745" [sic!] bzw. nach Übers. von Fracassetti Florenz 1892 Bd. I S. 59-67: "Frei
sei der Weg für die Wahrheit und das Leben ... . Feuerbälle [vgl. Gen 1,15-17: Lampen] können nicht unsere Führer sein. ... *Die tugendhaften Seelen, die ihrem erhabenen Schicksal entgegengehen,
werden von einem viel schöneren inneren Lichte erleuchtet* [!]. Wer durch diesen Strahl geleitet wird,
kann auf jene betrügerischen Astrologen und lügnerischen Propheten verzichten ... ".

[108] Garin Astrologie S. 52 (Hervorhebung von Garin).

[109] St. Bernardin: *Le prediche volgari dette nella piazza del Campo l'anno 1427*, hg. von E. Bianchi, Tip.
Ed. S. Bernardino, Siena, 1880 S. 38ff., zit. nach Garin Astrologie S. 52f. (Hervorhebung von
Garin). Bernardins skizziertes Bestreben dokumentiert Garin *l. c.* S. 165f. A. 3 auch mit einer
Stelle aus dessen *Sermones "de tempore" et "diversis"* (*Opera omnia* VII. Ex Typ. Collegii Bonaven-
turae, Ad Claras Aquas, 1959 S. 55), aus der deutlich wird, daß Bernardins inhaltlich nahe-
liegender Rückgriff auf Ptolemäus ein durch den Aquinaten vermittelter ist: "stellae quae sunt

und der Mensch hat so an einer Stelle die Determination durchbrochen. Diese praktische angewandte Weise eines solchen *dominium astrorum* wird später zu einem wichtigen Ansatzpunkt der Renaissance-Magie, dem himmelstürmenden und allemal – sicherlich nicht völlig grundlos – häresieverdächtigen Unterfangen, aktiv gestaltend die verborgenen Kräfte des natürlichen Himmels – und in der praktischen *Cabala* die Kräfte des übernatürlichen Himmels – in den theurgischen Dienst menschlicher Ziele und Zwecke zu stellen.

Eugenio Garin unterscheidet zwei Aspekte, um die es in der Renaissance-Astrologie geht: In theoretischer Hinsicht um „eine detaillierte Geschichtsphilosophie, die auf einer kohärenten Konzeption des Universums basiert" und einen strengen „Naturalismus und Determinismus" bedeutet. Praktisch gewendet, geht es um eine Beobachtung und Deutung des Himmels, wie sie in den „Nativitäten", d. h. den Geburtshoroskopen,[110] zur Anwendung kommt, wobei sich, wie schon am Beispiel Bernardins zu beobachten, die Frage stellt, inwieweit im Rahmen solcher Determination Möglichkeiten bestehen, Auswege zu finden oder seinerseits die Auswirkungen der astralen Influenzen zu beeinflussen. „Schlechthin weise ist derjenige, der die Menschen-Geschichte in den Sternen zu lesen versteht." Auf der Basis dieses astrologischen Grundkonsenses existieren sehr vielfältige Bestrebungen, „uns durch Magie dem Zwang der himmlischen Konstellationen und ihren verderblichen Konsequenzen zu entziehen; dies gelingt freilich nur, wenn diese Konsequenzen im Spiel der himmlischen Konstellationen auch rechtzeitig ausgemacht werden. So erklärt sich das Motto der Astrologen [!]: ‚Der Weise wird die Sterne regieren.'"[111]

„Magie und Astrologie erscheinen ... stets eng miteinander verbunden."[112] Der weit verbreitete renaissancetypische Zusammenhang zwischen beiden, der innerhalb der neuplatonisch-hermetischen *catena aurea* als Konsonanz und Sympathie der abgestuften siderischen und terrestrischen Sphäre zu verstehen ist, findet sich bereits in der für die Renaissance in vielerlei Hinsicht wegbereitenden – schon Ficino und Pico befaßten sich intensiv mit ihr – Schrift, besser Anthologie *Picatrix*, die der Mitte des 11. Jahrhunderts entstammt. Den neunten ptolemäischen Aphorismus aus dem *Karpos* oder *Centiloquium*: „Omnia huius mundi caelestibus oboediunt formis" kommentiert die *Picatrix*: „Alle Weisen sind sich darüber einige, daß die Planeten Einflüsse und Wirkungen auf diese Welt aus-

---

in caelo triplex officium habent: primum, distinguere tempora; secundum, figurare naturalia; tertium, *influere in inferiora, scilicet causando eorum generationem atque corruptionem.* Nihil tamen super liberum arbitrium possunt, cum etiam ipse Ptolemaeus astrologus [*lib. quadrip.* I,2 ap. Thomam, *Summa contra gentiles*, III,86] dicat: ‚Judicia quae ego tibi trado sunt inter necessarium et contingens' ... Et iterum ait: ‚Astrologus non debet dicere rem specialiter, sed universaliter, *quia sapientis anima dominabitur astris* ... ‚." (Hervorhebung von mir).

[110] Vgl. Garin Astrologie S. 49, 58 u. ö. Die Gestirnenkonstellation zum Zeitpunkt der Geburt, die das jeweilige Schicksal determiniert, ist Gegenstand der Untersuchung und Voraussage.
[111] Garin Astrologie S. 35.
[112] Garin Astrologie S. 64 und den ganzen Zusammenhang, vgl. auch 107 u. ö.

üben ... daraus folgt, daß der Ursprung der Magie aus den Bewegungen der Planeten resultiert."[113] So kommt der *Picatrix* zufolge, in Anlehnung an die *Hermetica*, dem Menschen – doch nur, sofern er Weiser bzw. *Magus* ist und damit die Bestimmung des Menschseins ausfüllt – eine schlechthin herausragende Stelle im Kosmos zu, die ihn der Einordnung in die Sphären enthebt: „er ist kein Seiendes unter Seienden, sondern konstituiert eine Wirklichkeit für sich. Der Mensch ist Offenheit und Möglichkeit: Offenheit gegenüber allen Seinsstufen und Möglichkeit, die sich in der ,vornehmsten' Wissenschaft ... konkretisiert, die im tiefsten Grunde Magie und magisches Handeln ist."[114] Einer solchen „Wissenschaft, die zugleich Astrologie und Magie ist",[115] stehen alle unergründeten Bereiche zur Erforschung wie zur Entfaltung jeglicher Möglichkeiten magischen Wirkens offen.

Auch der Avicennas divinatorische Astrologie und die astrologisch orientierte Medizin verteidigende Galeotto Marzio da Narni, der nachdrücklich eine Determination des Menschen durch die native Sternenkonstellation vertritt, bietet in der Schrift *De incognitis vulgo* eine Vorstellung von der Überwindung astraler Influenzen, wenn er der Seele des Magus und ihrer imaginativen Kraft – auch im Rückgriff auf antike Poesie – die Fähigkeit zuspricht, terrestrische, ja siderische Vorgänge und Gesetzmäßigkeiten zu durchbrechen, eine geradezu wörtlich verstandene Weise der Herrschaft über sie:[116] „non parvae persuasonis est divinitatis humanae tantam vim inesse homini ut, verbis a corde tamquam a centro prolatis, *moveantur montes*[117] *sata sterilescant, homines in brutorum formas vertantur. Magus enim potest*, ut poetae carmine utar, *sistere aquam fluminis et vertere sidera retro*, ita ut illud Avicennae verissimum esse videatur. Inquit *animae nostrae inesse vim immutandi res*". Bei Marzio findet sich beides, was für die der Astrologie nachhaltig verpflichtete Renaissance-Magie typisch und gerade angesichts des inneren Widerspruchs untrennbar ineinander verschränkt ist: Der Glaube an die astrale Determination einerseits *und* an die Fähigkeit des *magus*, sie zu überwinden andererseits, was sich, für weite Kreise durchaus repräsentativ, hier als Anspruch äußert, wunderhafte Handlungen ausführen zu können, im Gegensatz zu einer szientifisch orientierten Richtung der *magia naturalis*, der es primär um die Erkenntnis und auch die Nutzung verborgener, nichtsdestoweniger aber natürlicher Kräfte geht.

Welche transmundanen Höhen zugleich mit dem Versprechen irdischen Glücks die mit der Magie verbündete Astrologie – hinter der hier das hermeti-

---

[113] Zitiert nach Garin Astrologie S. 72/74.

[114] Garin Astrologie S. 74, vgl. 69-80 *passim*.

[115] Garin Astrologie S. 76.

[116] *De incognitis vulgo*, ed. v. Frezza, M., Neapel 1948, S. 68, zitiert nach Garin Astrologie S. 171 A. 13 (Hervorhebung von mir).

[117] In seiner Schrift *De doctrina promiscua* von 1490 verweist Galeotto Marzia – unter Bezug auf dieselbe These Avicennas von der Fähigkeit der menschlichen Seele, die Dinge zu verändern – darauf, daß „die Magier ... und auch die christliche Wahrheit" dies bestätigten, wie aus Matth 17,20, dem Logion vom Glauben, der Berge zu versetzen imstande sei, hervorgehe; *De doctrina promiscua* ed. Frezza, M., Neapel 1949, S. 95ff., hier nach Garin Astrologie S. 67.

sche Ideal des deifizierten Menschen unschwer auszumachen ist – zu erklimmen
beansprucht, zeigt das Beispiel des Guglielmo Raimondo Moncada *alias* Flavius
Mithridates, der in den unruhigen und von hermetischen Prophetien und apokalyptischen Prognosen einer Umwälzung der Welt umgetriebenen Jahren um
1490 in der Widmungszuschrift des von ihm edierten arabischen Traktats *Ali de
imaginibus coelestibus* an Herzog Frederigo d'Urbino formuliert:[118] „haec est illa
scientia divina [!] quae felices homines reddit, et *ut dii inter mortales videantur* edocet:
haec est quae *cum astris loqutur* [sic] et, si majus dicere fas est, *cum Deo ipso quidquid
in mundo est gubernatur.*" Kühner ist der magische Anspruch kaum zu formulieren.
Von Moncada – dem jüdischen Konvertiten, einst Samuel ben Nissim Abulfa-
radsch – erhielt Pico della Mirandola als dessen jahrelanger Dienstherr fünf Fo-
liobände lateinischer Übersetzungen von ganzen kabbalistischen Bibliotheken.[119]

Auch im mitteleuropäischen Bereich und den – gegenüber jenen am reinen
Philosophieren orientierten Florentiner Renaissanceplatonikern Ficino und Pico
sehr viel stärker mit praktischen Fragen befaßten[120] – Traditionen, mit denen
Arndt nachweislich unmittelbar in Berührung kam,[121] spielt der magisch-astrolo-
gische Komplex eine wichtige Rolle. Wie Wolf-Dieter Müller-Jahncke und Kurt
Goldammer[122] jeweils[123] näher dargelegt haben, identifizieren sowohl Agrippa
von Nettesheim[124] wie Paracelsus,[125] beide auf ihre je unterschiedliche Weise, den
„Weisen", der über das Gestirn herrscht, mit dem (Renaissance-)*Magus*, der das
Weltengebäude zu durchschauen und sich der darin waltenden Kräfte – beide
waren Ärzte! – vorwiegend auch in medizinischer Intention zu bedienen weiß.
Beiden gelten, wie anderen Zeitgenossen auch – nicht zuletzt vor dem Hinter-
grund der traditionellen Verknüpfung der *Magi ex oriente* von Matth 2[126] mit der
magischen Tradition – die *sapientes* und *magi* als Synonyma,[127] wie das aus dem
Kontext der *Magia naturalis* bei Arndt ebenfalls nicht anders zu erschließen war.

---

118 Vat. Urb. lat. 1384, zitiert nach Garin Astrologie S. 178 A. 24 (dt. Übersetzung S. 109); (Her-
    vorhebung von mir); Literatur zu Moncada siehe ebd.
119 Vgl. Scholem Stellung der Kabbala, in: ders. Judaica 4 S. 9.
120 In der Diskussion über Müller-Jahnckes Vortrag zu Agrippa hat Goldammer besonders hier-
    auf hingewiesen, vgl. Müller-Jahncke Agrippa S. 28.
121 Arndts Kenntnis von Agrippas *De vanitate scientiarum* belegt *Ikon* IX fol. 36 ʳ; nicht nur, aber
    auch in quellenkritischer Hinsicht könnte ein vergleichender Blick auf Agrippa evtl. lohnen.
122 Vgl. die sich verschiedentlich berührenden Darstellungen der magischen Tradition beider in
    Müller-Jahncke: Heilkunde S. 33-134, sowie Goldammer Magier S. 25-57.
123 Zu Agrippas Magieverständnis vgl. Müller-Jahncke Agrippa S. 21-29, aus theologischer Per-
    spektive: Kuhlow Imitatio S. 18-33; zu Paracelsus Goldammer Magie bei Paracelsus S. 30-55.
124 Müller-Jahncke Agrippa S. 26 (mit Belegen).
125 Goldammer Magie bei Paracelsus S. 36-38 (mit Belegen); ders. Magier S. 52.
126 Nach Paracelsus kamen sie nicht aus natürlicher, sondern aus magischer Kraft nach Beth-
    lehem, vgl. Goldammer Magier S. 49 mit Belegen.
127 Goldammer Magie bei Paracelsus S. 37 A. 44; zu Matth 2 vgl. auch ders. Magier S. 15 den
    Verweis auf die Legitimationsfunktion dieser Verknüpfung für die christliche Rezeption der
    magischen Tradition.

Der Nettesheimer, dessen Bestreben es nach Kiesewetter und Müller-Jahncke war,[128] ein „Magisches System" mit einer in sich schlüssigen Kosmologie und einem System von logisch abzuleitenden Kausalitäten zu entwickeln, betrachtet die – in Anlehnung an die Florentiner Renaissance als *magia naturalis* interpretierte – *magia* als höchsten Gipfel der natürlichen Philosophie. Zugleich gelten ihm Naturmagie wie magische Kosmosophie, wie Goldammer betont, als „ein *Stück* – für diese Leute das wesentliche! – der *Religionsgeschichte*", d. h. sie kommen für ihn im Zusammenhang jener Ficinischen *prisca theologia* zu stehen.[129] So wird ihm die im Kontext von Neoplatonismus, Hermetismus und Kabbala christlich adaptierte *Magia*, wie nicht zuletzt ihre stufenweise aufsteigende Entfaltung bis zur *magia caeremonialis*, der Theologie, zeigt, zu einer genuin religiösen Angelegenheit. Wie es die ersten beiden Kapitel im ersten Teil seines großen Überblickswerkes *De Occulta Philosophia* näher entfalten, bildet der dreiteiligen Systematik dieser *facultas* zufolge die *magia naturalis* erst die unterste Stufe in diesem System, auf die die zweite der *Magia coelestis* und zuletzt die dritte Stufe der *Magia ceremonialis* aufbauen. Sie korrespondieren den drei Welten oder Sphären, der elementischen, himmlischen und intellektualen Welt, die durch die sympathetische *catena* „per angelos, coelos, stellas, elementa, animalia, plantas, metalla, lapides"[130] in absteigender Hierarchie untereinander verbunden sind. Epistemologisch entsprechen ihnen die drei Bereiche 1) der *physica*, 2) der *mathematica* und 3) der *theologia*.[131] Im Ziel des Interesses steht der Mensch, der „nicht mehr länger unbestimmten Mächten wie den wunderbaren Wirkungen der Dinge, den Gestirnen oder dem Schicksal ausgeliefert ist, sondern *selbst den Kosmos und Gott durch das ,Magische System' zu beherrschen vermag.*"[132] Das Bestreben der Vereinigung mit dem Archetypus (Gott) unterstützt der *magus* u. a. durch Räucherungen, diätetisch-asketische Lebensweise und Gebete. Anzustreben ist, daß die Seele sich von dem sie in ihrer Entfaltung hemmenden Körper löst und die Materie überwindet, bis der Mensch sich und alle Welten bis zur höchsten Sphäre zu beeinflussen vermag: „Hinc provenit nos in natura constitutos, *aliquando supra naturam dominari.*"[133]

Auch Arndts Formel vom ,Herrschen über die Natur' klingt darin bereits an, wenngleich in einem prononciert indeterministischen Verständnis.[134] Agrippas

---

128 Müller-Jahncke Agrippa S. 20, 22f., 26 (jeweils mit Belegen).
129 Goldammer Magier S. 41f. (Hervorhebung von Goldammer).
130 Agrippa *Occ Phil* I,1 (ed. Compagni) S. 85; zum Weltbild vgl. auch Kuhlow Imitatio S. 18-33.
131 Agrippa *Occ Phil* I,2 (ed. Compagni) S. 86-89.
132 Müller-Jahncke Agrippa S. 26.
133 Agrippa *Occ Phil, Opera* [Lyon 1550 = Hildesheim 1970] I S. 321 (nach Müller-Jahncke Agrippa S. 26). Ein Mühsal für jeden, der quellenorientiert arbeitet, ist der Usus, Werke, die nach Bänden, Kapiteln etc. geordnet sind, zumal bei divergenten Ausgaben, (ausschließlich) nach Seiten zu zitieren, wie das Müller-Jahncke *l. c.*, Klein Anfang und so viele andere tun, (was z. B. angesichts der unzähligen Editionen von *WCh* manche Nachweisprobleme zeitigt).
134 Vgl. Kuhlow Imitatio S. 21. Müller-Jahncke Agrippa S. 28: "Letzten Endes bedeutet für Agrippa Magie nichts anderes als die Möglichkeit, durch Erkenntnis und Wissen Macht auszuüben. Der Mensch, der das will, muß zur totalen Selbsterkenntnis kommen. Diesem

„via nouva che aprirà all'uomo l'imperio sulla natura",[135] der eine klare Selbst-
bestimmung beinhaltet,[136] führt über die Selbst- und Gotteserkenntnis, in der
auch die Erkenntnis der „omnia" eingeschlossen ist.[137] In dieser Synthese zeigt
sich nicht nur der komplexe geistesgeschichtliche Hintergrund von Agrippas
Position, sondern auch die Eignung des anspruchsvollen Systems, ursprünglich
so heterogene Phänomene wie Neoplatonismus, Hermetismus, Mystik, Magie,
Kabbala u. a. in einem differenzierten Gesamtzusammenhang zu integrieren.[138]

„Wort und Sache der Magie spielen in den Schriften des Paracelsus rein quantitativ eine beträchtliche Rolle."[139] Für Paracelsus, der sich in medizinischer, und
das heißt vorwiegend praktischer Orientierung, doch nicht ohne theoretische
Interessen mit der *magia* als einer *magia naturalis* befaßt,[140] steht besonders die Gestalt der Arztes als *magus* im Blickpunkt. Gegenüber einem gewöhnlichen Arzt,
der die Kräfte in den Kräutern kennt und sie extrahiert, hantiert der Arzt, der
sich – wie Paracelsus selbst – als *magus* versteht, mit der „firmamentischen arznei",[141] die er dem anderen Arzt analog, nur statt aus den Kräutern aus den Sternen zieht.[142] So gilt ihm die [*ars*] *magica* als „eine hohe arznei, die da alein hantlet
aus dem firmament und im firmament, es sei dan natürlich oder ubernatürlich".[143] Der *magus* „[ver-]mag zusamen fügen die operation des gestirns und den
menschen" und die Wirkung etwa der Sonne zwar nicht verursachen, aber inten-
sivieren und gezielter zur Anwendung bringen.[144] Damit ist, vielleicht auf weniger praktische Weise als bei Agrippa zu beobachten, die *magica*, die Paracelsus in
der *Astronomia Magna oder Philosophia sagax* als Teil seines ganzen wissenschaftstheoretischen Systems beschreibt, „Naturbeherrschung, Bemächtigung der Na-

---

Zweck dienen die Versuche in der *magia caeremonialis*, die darauf abzielen, daß die 'Seele sich
  vom Körper entfernt'."
[135] Garin, Eugenio; Medievo e Rinascimento. Studie e ricerche, Bari 1954 S. 153, zitiert nach
  Müller-Jahncke Agrippa S. 20.
[136] "In nobis inquam, est ille mirandorum operator, nos habitat, non tartara: sed nec sydera caeli.
  Spiritus in nobis, qui viget, illa facit." *Opera* II *Epistolae* S. 874, zitiert nach Müller-Jahncke
  Agrippa S. 26.
[137] *Occ Phil, Opera* I S. 408, (nach Müller-Jahncke Agrippa S. 25f.): "Quicumque igitur seipse
  cognoverit, cognoscet in seipso omnia, cognoscet in primis Deum."
[138] Vgl. Kuhlow Imitatio S. 24: "Die, wie es scheint, völlig unreflektierte Parallelisierung heid-
  nischer und christlicher Religiosität ist frappierend."
[139] Goldammer Magie bei Paracelsus S. 30-55, hier S. 30.
[140] Die gemeinhin mit dem Begriff der Magie verbundene, von ihm so bezeichnete "Zauberei"
  lehnt Paracelsus vehement ab, gleichwohl – oder zumal – sie ihm als, diabolisch gewirkte,
  Realität gilt, vgl. Goldammer Magie bei Paracelsus S. 32f.
[141] Paracelsus *Werke* (Sudhoff) XII, S. 134, nach Goldammer Magie bei Paracelsus S. 39.
[142] Goldammer Magie bei Paracelsus S. 41: "So wie der Arzt mit den Kräutern, handelt der
  Magus mit den Sternen, die aber auch für ärztliches Erkennen und Praktizieren wichtig sind,
  denn beide bedienen sich eines 'Mittels' für die Natur."
[143] Paracelsus *Werke* (Sudhoff) XII, S. 135, nach Goldammer Magie bei Paracelsus S. 39.
[144] Paracelsus *Astronomia Magna* Entwurf, Werke (Sudhoff) XII, S. 460f., nach Goldammer
  Magie bei Paracelsus S. 37.

tur".[145] Im fortgeschriebenen Sinne der magischen Tradition identifiziert Paracelsus die Begriffe des *sapiens*, des *magus*, des „weis man" und des *Adeptus* miteinander,[146] deren Komplexion in seinem Gebrauch des Ptolemäischen Diktums vom *dominium astrorum* anklingt.[147] Selbst der naturmagischen Tradition – sowie dem Paracelsismus – verpflichtet, kann Arndt, der u. a. die *Astronomia magna* in größerem Umfang im *Hexaemeron* verarbeitet,[148] an diese Identifikation anknüpfen und sie in einer das gestufte Weltbild integrierenden Differenzierung mit der mystisch-spiritualistischen Konzeption der wahren Weisheit, der Theosophie, verbinden, durchaus in den Bahnen des von Paracelsus in der *Astronomia magna* entfalteten Welt- und Menschenbildes und seiner Makro-/Mikrokosmosrelation, die Goldammer prägnant als „Kosmo-Anthropologie" charakterisiert.[149]

Sachlich analog, wenngleich nicht in der selben systematischen Stringenz wie Agrippa, vertritt auch der Hohenheimer ein gestuftes Weltbild, das er mit dem Begriff der „Astronomien" – denen, Agrippa entsprechend, eine jeweilige Form der *magia* zuzuweisen ist – vierfach auffächert:[150] 1) die *astronomia naturalis*, 2) die *astronomia supera*, die aus Christus entspringt, 3) die *astronomia olympi novi* aus dem Glauben, die den Gläubigen allein vorbehalten ist, und schließlich, als negativ besetztes Gegenstück, 4) die *astronomia inferorum*, der Bereich der „infernalischen Geister". Innerhalb dieses Weltbildes, in dem der schwarzen Magie, der Paracelsus im übrigen diesen ehrenden Titel in der Regel vorzuenthalten pflegt,[151] ihr Platz wie von selbst zukommt, kann Theophrastus Bombastus auch einen „unterscheit zwischen der *magia der natur* und der *magia vom inern himel*" konstatieren, in welchem gegenüber dem irdischen weit höheren „Himmel" es um die Fragen des göttlichen Wirkens und des ewigen Heils sowie der Offenbarung geht.[152] Während die *magia naturalis* natürliche Kräfte zur Wirkung bringt oder intensiviert, vermag die *magia coelestis* auch die – modern, aber durchaus in Fortentwicklung von Impulsen der *magia naturalis* formuliert – Naturgesetze zu durchbrechen, etwa durch Auferweckung von Toten.[153] Folgerichtig ergibt sich im Rahmen dieses (Menschen- und) Weltbildes sowie seiner Formen der *magica* die hier-

---

145 Goldammer Magie bei Paracelsus S. 34f., vgl. 45f., wo Goldammer auf die nach Paracelsus hohen ethischen Anforderungen solchen "Erkenntnis- und Machtstreben[s]" verweist.

146 *Astronomia magna* I,4 *Werke* (Sudhoff) XII S. 85, vgl. Goldammer Magie bei Paracelsus S. 36-38; *De sagis et earum operibus* 3, *Werke* (Sudhoff) XIV S. 7: "der weis man, magus", vgl. Goldammer Magie bei Paracelsus S. 37 und A. 44 sowie ders. Magier S. 52.

147 Belege, oft im Kontext der Magie, sind z. B.: *Werke* (Sudhoff) XII S. 129, 457, 462, 466f. u. ö.

148 Weber S. 109f.; 140-157.

149 Goldammer Magier S. 55.

150 Paracelsus *Astronomia magna* I,4, *Werke* (Sudhoff) Bd. XII S. 76; vgl. Goldammer Magie S. 35, sowie ders. Magier S. 51.

151 Goldammer Magie bei Paracelsus S. 33; vgl. ebd. S. 43: *magica infernalium*, die sich u. a. als ein Handeln "für sich selbst" in Eigennutz darstellt, im Gegensatz zu der den Willen Gottes realisierenden *magia naturalis*; *Astronomia magna* IV Vorrede, *Werke* (Sudhoff) XII S. 414.

152 *Astronomia magna* II Vorrede, *Werke* (Sudhoff) XII S. 277; 279f., vgl. Goldammer Magie bei Paracelsus S. 43.

153 *Astronomia magna* II,4, *Werke* (Sudhoff) XII S. 333f., vgl. Goldammer Magie bei Paracelsus S. 43.

archisierende Integration zu einem größeren Ganzen, in dem sich *magus/magia naturalis* den Begriffen und der Sache von *magus/magia coelestis* klar zuordnen:

magi	sind	die „heiligen in got	zu natürlichen kreften"
sancti	sind	die „heiligen in got	zur selikeit".

Die entscheidende Differenz besteht darin, „das der sanctus aus got, der magus aus der natur wirket".[154] Die Spiritualisierung zeigt: „Der ‚magus coelestis' ist ein Heiliger"[155] – und umgekehrt. Die „Einpassung ins Naturphilosophische *und* ins Religiös-Theologische"[156] erweist sich als ein Grundanliegen paracelsischer *magia*. Ohne daß dabei die Terminologie von *magus/magia* explizit erschiene, findet sich eben dieses System der gestuften Magien wieder in Arndts *Hexaemeron* in jener – für Arndt ungewöhnlich – namentlich auf Paracelsus bezogenen Passage Kapitel 4,13-18, in der terminologisch an Stelle der *magia* der Begriff „Weisheit" firmiert.

Wie u. a. aus dem *Liber de lunaticis* in seiner *Philosophia magna*, aber auch aus dem *Liber de fundamento scientiarum sapientiaeque* hervorgeht, weist der Hohenheimer anthropologisch vom Prinzip her ausschließlich der Sphäre der Leiblichkeit – die er, indem er sie mit den Tieren und ihrer von Triebdominanz gesteuerten Existenz auf dieselbe Stufe setzt, als „vihisch" bezeichnet – eine astrale Determination zu. Der Mensch ist aus Leib von der Erde – „vich" – und aus Geist zusammengesetzt und hat daher zwei einander widerstrebende „Geister" in sich:[157]

> „dan das ist ie war, das der mensch die *biltnus gottes* ist, dabei hat er auch *ein götlichen geist in im*. nun ist er aber sonst ein tier, *ein tierisch geist*. das seind nun zwei widerwertige, iedoch aber eins muß dem andern weichen. nun sol der mensch kein tier sein, sonder ein mensch. ... so muß er *aus dem geist des lebens des menschens leben* und also *hinweg tun den vichischen geist*."

Das Gestirn hätte keinen Einfluß auf den Menschen, sofern der nicht durch die selbstverschuldete Hinneigung zu einer fehlgesteuerten animalischen Existenz „vihisch" würde; „dan der mensch ist frei on die all in seim wesen, von niemants angenaturt, als alein von got in des selbigen biltnus und geist. das ist aber wol war, das die himlischen stern vihisch natur und art haben."[158] Daher steht der Mensch in der Entscheidung, eine Existenz als Tier unter dem „vichstern"[159] zu führen oder das wahre Menschsein zu ergreifen, das ihn diesem überhebt:[160]

---

154 *Astronomia magna* I,6, *Werke* (Sudhoff) XII S. 130, vgl. Goldammer Magie bei Paracelsus S. 38. Zu diesem Zusammenhang vgl. auch Peuckert Pansophie S. 221f.
155 Goldammer Magie bei Paracelsus S. 38, vgl. *Astronomia magna* II,Beschluß, *Werke* (Sudhoff) XII S. 405.
156 Goldammer Magie bei Paracelsus S. 46 (Hervorhebung von mir).
157 *Liber de lunaticis*, Prologus, *Werke* (Sudhoff) XIV S. 43 (Hervorhebung von mir).
158 *Liber de lunaticis*, *Werke* (Sudhoff) XIV S. 46.
159 *Liber de lunaticis*, *Werke* (Sudhoff) XIV S. 47f. u. ö.
160 *Liber de lunaticis*, *Werke* (Sudhoff) XIV S. 47 (Hervorhebung von mir).

„die ding, impressiones, influentiae, constellationes etc ... sind alle alein
auf das tier gemacht und nit uf den menschen. so der mensch als ein
mensch lebt, so ist alles umsunst. lebt er aber als ein vich, so gêt es im wie
dem vich das ist, mit dem vich get er dahin und im wird war, das vihisch
war sol werden. dan zugleicher weis wie die narren vom gestirn gefürt
werden, also werden auch gefürt die, so sich wizig vermeinen ... ".

Zur Diagnose ,lunatischer' (Mond-induzierter) Krankheiten müsse der Arzt die
Wirkungen des Gestirns kennen. Doch solle er Prognostikation vermeiden:[161]
„was die weissag, augurei berürt, des sol man nicht gedenken, dan sie dienen auf
das vich, das ist nicht christlich, sonder heidnisch." Ähnlich wie im Blick auf die
nicht bestrittene Realität von Wirkungen der *magia inferorum* geht Paracelsus von
einem selbstverständlichen astralen Influx im Bereich der vergänglichen Welt der
Körper aus,[162] nur daß dieser die nach ihrer göttlichen Bestimmung lebenden
Menschen eben deshalb nicht trifft. Der „vihische" Mensch hingegen mutiert
unter diesem Influx,[163] nicht der Form, doch der Art nach, selbst zum Tier:[164]

„dieweil aber die biltnus ligt im menschen, nicht im vich, und der mensch
gebraucht sich wie ein vich, dorauf folgt nun, das er ein sau oder hunt sein
mag. dann *die tierisch art* aller tieren sind beim menschen ... die form gibt
kein sau, noch kein hunt, *das wesen und die eigenschaft* geben seu und hunde".

Im *Liber de fundamento scientiarum sapientiaeque* bringt Paracelsus dies auf die
prägnanten Formulierungen:[165] „wir sollen den himel herschen und sollen i[h]n
regiren, und er nicht uns." „dan der mensch sol ein mensch sein, kein vich."
Dazu ist vonnöten, daß der Mensch sich die Erkenntnis der *gaballistica ars* ver-
gegenwärtigt, welchen erhabenen Status er im ganzen Weltgefüge einnimmt:[166]

„gaballistica ars bewert so vil, das wir sehent, das wir engel [!] sind und das
die sêl ewig ist in uns und der leib nit, sonder der leib ist gar tot und nichts
wert. ... Dise ding seind nun geret von englischen menschen, das ist das
wir im selbigen sollen leben und betrachten, das all unser werk, tun und
lan, weisheit und kunst etc gang aus gott."

So entscheidet sich alles daran, daß der Mensch zwar „im" „vihe", d. h. in seiner
leiblich-irdischen Existenz, recht zu leben weiß, nämlich als „der werkzeug,
durch den got seine wunder offenbaret, darumb ist er [auch] ein vihe".[167] Daher
gilt: „also ist das firmament des menschen weier, mêr und sê. nun wissen im

---

[161] *Liber de lunaticis*, *Werke* (Sudhoff) XIV S. 48.
[162] Kemper II S. 72f. A. 50 bestreitet für Paracelsus jegliche astrale Beeinflussung des Menschen.
[163] *De fundamento scientiarum*, *Werke* (Sudhoff) XIII S. 323: "Also ist der himel herr der menschen,
welche menschen vihe sind und vihisch leben und wonen."
[164] *Liber de lunaticis*, *Werke* (Sudhoff) XIV S. 52 (Hervorhebung von mir).
[165] *De fundamento scientiarum*, *Werke* (Sudhoff) XIII S. 309; 323.
[166] *De fundamento scientiarum*, *Werke* (Sudhoff) XIII S. 309f.
[167] *De fundamento scientiarum*, *Werke* (Sudhoff) XIII S. 310.

selbigen [sic], das der mensch also aus dem selbigen sein vihisch vernunft auch nimpt. . [sic] dan das vich ist dem himel underworfen, und der mensch auch als ein vich ... ir sehet, das im menschen alle vich ligen" und damit auch die – fast durchweg negativ konnotierten „vihischen" Einflüsse der Gestirne.[168] Doch kommt es darauf an, daß der „englische Mensch" darin nicht aufgeht und sich dieser niederen und im Gegensatz zu seinem gottgegebenen Geist vergänglichen Schicht seiner Existenz unterwirft, sondern Gottes Willen gemäß lebt: [169]

> „mer hat er [: Gott] aus dem menschen gemacht, das ist, das er nicht
> vihisch sein sol, sonder ein mensch. was aber vihisch ist an im, das selbig
> wird alles von dem eußern vihe genomen, vom himel und vier elementen
> .... dan *der mensch hat einen vater, der ist ewig, dem selbigen sol er leben, nit dem*
> *vihe.* er hat i[h]n vihisch gemacht, *nicht darin zu wohnen, sonder darin zu leben.*"

Paracelsus hält am Konzept astral-magischer Determination fest, deutet deren Überwindung jedoch nicht *magice*, sondern *theologice*. Auch dies gehörte hinzu, wenn man von seinem „Beitrag zur Entmagisierung des Weltbildes"[170] spricht. Doch stellt sich die Frage, ob das, was der Hohenheimer in der – wie ich sie zu apostrophieren versucht bin, ‚theosophischen Bibel' der frühen Neuzeit – *Astronomia magna* und in anderen Schriften formuliert, mit den Stichworten der „Entmagisierung" und des Strebens nach einem „universalwissenschaftlichen" bzw. „wissenschaftstheoretischen System[]"[171] schon zureichend beschrieben ist. Die Zweiteiligkeit der genannten Schrift und ihre Vorrede, die das diese Schrift als ganze durchziehende Thema der zwei „Lichter" und zwei „Weisheiten" intoniert, belegen eindrücklich, wie der Hohenheimer seine Gedankenwelt und ihre Sphären bzw. Bereiche von einem, wenn nicht selbst theosophischen, so zumindest für die Theosophie weit offenen Denken her konzipiert hat, das es ihm ermöglichte, auch die magisch-astrologische Thematik als einen Teilbereich von sekundärem Rang zu integrieren. Eine umfangreichere Passage, die wie ein vorweggenommener, von der zweiten Hälfte des sechzehnten bis mindestens nach der Wende zum siebzehnten Jahrhundert tragender *cantus firmus* des theosophischen Schrifttums klingt, möge das exemplarisch für diese Schrift dokumentieren. Von den drei Teilen des Menschen ausgehend, dem „elementischen" sowie „siderischen" *corpus* und der übernatürlichen „biltnus", entsteht folgendes Bild:

> „darumb von der *biltnus gottes* zu reden, befint sich, das der mensch *über-*
> *natürlich* ist. was dasselbig antrift, wird den elementen und *dem gestirn nicht*
> *zugeschrieben*; dan dasselbig ist *ewig*, das ander ist zergenglich, ein staub, aber
> erscheinet nicht als ein staub, sonder als blut und fleisch,[172] als ein mensch.

---

168 *De fundamento scientiarum, Werke* (Sudhoff) XIII S. 321.
169 *De fundamento scientiarum, Werke* (Sudhoff) XIII S. 324 (Hervorhebung von mir).
170 Goldammer Magie bei Paracelsus S. 46.
171 Goldammer Magie bei Paracelsus S. 34f.
172 D. h. in der natürlichen Leiblichkeit.

... *die rechte weisheit*[173] *des menschen ligt in dieser biltnus*; allein das tierisch ist das
so zergenglich ist, dasselbig ligt in blut und fleisch, in dem menschen, der
da ist das fünfte wesen,[174] der da ist microcosmus, der da ist der son der
welt, der da ist aus der welt, der in ime hat die welt. darumb, was der welt
nachschlegt, schlegt in iren irdischen vatter;[175] das seind kinder diser welt,
in der welt bleiben sie, achten *der götlichen biltnus* nicht, noch *derselbigen weisheit*, da der mensch hintrachten sol.
Nun spricht ein *weisman* einen edlen spruch: *der weis man herschet uber das
gestirn.* das sovil gere[de]t ist, dise biltnus uberlebt die tierisch; dan *das tierisch ist nichts anders, als allein die biltnus der erden*, die zergehet, aber die biltnus
gottes zergeht nit, dan got ist ewig. also verstehet disen spruch: *der weisman,*
das ist, der man *der aus götlicher weisheit* [!] *lebet in der biltnus,* derselbig herschet uber den gestirnten [: siderischen] und elementischen leib [!]. ...
also diser spruch lautet dahin, das der weisman lebt nach der biltnus und
nit nach der welt. *der nach der biltnus lebt, uberwint* [!] *das gestirn* ... das aus der
erden ist, isset und trinket aus der erden; *wer aus dem himel ist, der isset himelbrot mit den englen.* die elementa und die gestirn seind des kints vatter; aus
denen und in denselben muß er leben, wie dan auch *die neue geburt in Christo*
nicht außerhalb sein mag. ... ".[176]

Was das Menschsein des Menschen ausmacht, ist „übernatürlich", also die oft
auch absolut benannte, weil eindeutig zu identifizierende „biltnus" als anthropo-
logisches Grunddatum. Während die Existenz der natürlichen und siderischen
Leiblichkeit vergeht, ist jenes Proprium des Menschen von Herkunft her „ewig".
Es stellt ihn in die Gemeinschaft der Engel, die mit ihm das „himelbrot" teilen,
eine bis hin zum Abendmahlsverständnis relevante Vorstellung.[177] Das Leben in
der „biltnus" ist Frucht der „neuen Geburt" ebenso wie die exklusiv an diesen
Status gebundene „göttliche weisheit", die schon rein terminologisch die theosophische Orientierung zu erkennen gibt. So fließen die verschiedenen, aus der
Astronomia magna wie aus dem *Liber de lunaticis* und dem *Liber de fundamento scientiarum sapientiaeque* stammenden Linien zu einem klaren Bild zusammen: Zwei
Welten gehört der Mensch „englischen" Standes an, der ewigen von seiner Herkunft, der natürlich-vergänglichen, die, weil sie leiblich, eine „viehische" ist, von
seiner zeitlichen Existenz her. Zwar „in" der zeitlichen Welt, soll er jedoch nicht
„aus" dieser und deren „biltnus" in ihm als dem Mikrokosmos, sondern aus der
ewigen „biltnus" gottes leben,[178] andernfalls er, der sich den Tieren gleichmacht,
selbst zum „vich" wird und dem den sublunaren, letztlich also untermensch-
lichen Kosmos regierenden „vichstern" unterworfen bleibt. Nur der diese Fehl-
orientierung in der „neuen Geburt" korrigierende Mensch wird dem Diktum des

---

173 Die sapientiale Thematik; vgl. im selben Abschnitt weiter unten.
174 *Quinta essentia.*
175 D. h. die Welt als Makrokosmos.
176 Paracelsus *Astronomia magna* I,2, *Werke* (Sudhoff) Bd. XII S. 41f. (Hervorhebung von mir).
177 Zur *anima socia angelorum* s. u. den nächsten Abschnitt.
178 *Astronomia magna* I,2, *Werke* (Sudhoff) Bd. XII S. 41f.

„weisman" – in diesem Fall Ptolemäus – gemäß das Gestirn „überwinden", wie Paracelsus bezeichnend sagt. Damit ist, repräsentiert durch Teil I der *Astronomia magna*, das magisch-astrologische Weltbild des astralen Influxus integriert als der inferiore Teil eines übergreifenden theosophischen Weltbildes und als Bereich der der *göttlichen Weisheit* – repräsentiert in Teil II der *Astronomia magna* – unter- und nachgeordneten *natürlichen Weisheit*. Während der jenem astralen *Influxus* selbstverschuldet unterworfene Mensch zum „vich" degeneriert, erschließt sich dem in der neuen Geburt aus der „biltnus" lebenden, d. h. dem seine angelische Herkunft realisierenden *Theosophus* nicht nur die göttliche, sondern, in dieser eingeschlossen, auch die natürliche Weisheit, die aus dem Gestirn fließt, welches ihm zu Füßen liegt. Zu jenem *status inter angelos* schließlich gehört, was Paracelsus hier nur andeutet, was jedoch für das Verständnis des gesamten Gedankenzusammenhangs von unverzichtbarer Wichtigkeit ist: das an die „biltnus" in der „neuen geburt aus gott" geknüpfte Thema der *deificatio* oder Vergöttlichung:[179]

„gedenk an das, das got gesagt hat: wir machen den menschen nach unser biltnus, das ist sovil, nicht mit fleisch und blut, sonder darumb, das er uns gleich wird sein, soweit die biltnus antrift, wie dan die geschrift sagt, *ir seid götter*[180]. ... darumb ... befint sich, *das der mensch ubernatürlich ist*."

Wer nicht „vich" ist, ist „übernatürlich", ja göttlich, und herrscht übers Gestirn. *Dieser* Zusammenhang ist es, auf den Arndt sich an der Nahtstelle vom *liber vitae* zum *liber conscientiae* in Kapitel 58 bezieht und den er sich damit an einem der Angelpunkte des „Wahren Christentums" zu eigen macht. Indem Weber den in diesem Kapitel von Arndt ausschließlich in Abschnitt 7 angesprochenen Aspekt der „Astral-*Medizin* Hohenheims" zum Thema dieses für Arndt schlechterdings fundamentalen Kapitels erklärt,[181] verfehlt er an diesem Punkt nicht nur den Theologen Arndt, sondern auch den Theologen Theophrastus von Hohenheim! An jene von Goldammer für Paracelsus diagnostizierte „Entmagisierung des Weltbildes" kann Valentin Weigels *Gnothi seauton*, das dem Paracelsus, aber auch der mystisch-spiritualistischen und der hermetischen Tradition, dem spekulativen philosophischen Denken sowie in alledem einem starken theologischen Impetus verpflichtet ist, anknüpfen und die in Paracelsus' Werk – wozu gerade auch die verschiedenen Teile der *Astronomia magna* gehören – angelegten Gedan-

---

[179] *Astronomia magna* I,2, *Werke* (Sudhoff) Bd. XII S. 40f. (Hervorhebung von mir).
[180] Ps 81,6; in ähnlichem Sinne gedeutet auch in Agrippas *Occ Phil* III,35 (ed. Compagni) S. 505.
[181] Weber S. 114-116; in der Tat reduziert Weber den Gehalt von *WCh* II,58 auf das "höchst kontroverse[] Problem, ob [!] eine Influenz des Gestirns im Menschen anzunehmen sei oder nicht", welcher Frage er gerade die von Paracelsus und in seiner Folge von Arndt vorgenommene Differenzierung nicht angedeihen läßt. Damit wird der Hohenheimer entgegen dessen eigenen Intentionen, aber auch denen seines Rezipienten Arndt, auf das Bild und die Rolle eines Mediziners und Naturphilosophen reduziert, die ja – bis in das längere Zeit einseitig akzentuierte, erst durch Goldammer ergänzte Editionsprojekt seiner Schriften hinein – in der Forschung vorherrschend waren.

ken vertiefen und einer durchdringenden theologischen Reflexion unterziehen. So finden sich all die bereits genannten Elemente bis hin zur „viehischen" Existenz darin wieder, doch gleichsam in einer geläuterten Form, bis hin zur Terminologie, nach der zwar die Elemente des magisch-astrologischen Weltbildes in ihrer Transformation noch mühelos erkennbar sind, der Begriff der *magia* etwa aber erkennbar eliminiert bzw. durch den der „Weisheit" ersetzt ist. Möglicherweise ist das selbst als eine systemimmanente Konsequenz der *theosophice* adaptierten und interpretierten Forderung des *dominium astrorum* anzusehen.

Dem *Gnothi seauton* nach ist die konstatierte menschliche Abhängigkeit vom Gestirn erst Resultat des Sündenfalls. Lebt der Mensch jedoch „durch Christus" in der „neuen Geburt", so sei diese astrologische Determination überwunden:[182]

> „Für dem vnnd ehe dann Adam vom Apffel Aß vnnd in dem Paradeiß in der Vnschuld wandelte, war er dem Firmament nichts vnterworffen ... Aber nach dem er durch die Schlange verführet erkennen lernete, was gut vnd böse were, ward er *als bald dem Himmelischen Gestirne vnterworffen* vnnd ward gezwungen, Künste, Sprachen, Handwercke zuerfinden ... ohne welches diß tödtliche Leben nicht hette mögen erhalten werden.
> Diese Schlange, dieser Fall vnnd diese Sünde ist eine Vrsache, daß wir nun *in Adam dem Himmelischen Gestirne verworffen* [sic!] *sind gleich wie ein Viehe. So wir aber in der Newengeburt lebeten durch Christum mit den Propheten vnd Aposteln, so hette das Gestirne auch nichtes vber vns zu herrschen. Sondern wir würden vber das Gestirne herrschen".*

Die Weigelsche Tradition verschmilzt das von seiner Herkunft magisch-astrologische Theorem unlöslich mit der Lehre von Urstand und Fall, der Adam-Christus-Antitypologie sowie der davon abgeleiteten Anschauung von den zwei „Geburten" aus Adam und Christus, die als zusammengehöriger Gedankenkomplex in seinem Denken eine Schlüsselrolle innehaben. So erscheint, ähnlich wie bei Paracelsus,[183] doch in noch größerer theologischer Stringenz, das *dominium astrorum* an die hier klar mystisch-spiritualistisch gedeutete „neue Geburt" geknüpft. Insgesamt ist der Blick auf die Welt des Sichtbaren deutlich düsterer als bei Paracelsus, und auch die vom Gestirn empfangene natürliche Weisheit dient weniger dazu, Gottes im Kosmos verborgene Wunder ans Licht zu bringen, als vielmehr zu einer notdürftigen Erhaltung dieses „tödtliche[n] Leben[s]", das zugunsten des geistlichen Lebens in der „neuen Geburt" zu überwinden die Intention von Weigels theologischem Streben ist. Eigentümlich berührt sich damit, daß das *Gnothi seauton* der astrologischen Prognostikation ein Mehr an Legitimität und Deutungskompetenz zuzuschreiben scheint als Paracelsus, allerdings *stricte* beschränkt auf den *homo naturalis* der „alten Geburt", während es ihr in keinem Fall zustehe, über jene geistliche „Nativitet" aus Gott zu spekulieren:

---

182 Weigel *Gnothi seauton* I,17 S. 43f. (Hervorhebung von mir).
183 Vgl. die *Astronomia magna* schon hinsichtlich ihrer Gesamtanlage, bes. auch I,2 S. 39-43; II,3 S. 326f. u. ö.

„Allhier sollen die Astronomi auffmercken, daß sie die Nativiteten machen nicht auff *den ewigen vnd vnsterblichen Menschen, welcher nicht auß dem Gestirne kommet, sondern von Gott*. Auff *den natürlichen aber, der da vom Gestirne kompt,* sollen sie die Nativiteten eri[cht]en, da mögen sie die Warheit treffen. Dann es mag nichtes also heimliches seyn in natürlichen Menschen, daß ein Astronomus nicht in wissen hette, so er im Gestirne erfahren ist." Dieser Unterschied wird so näher skizziert: „Ein jeder *natürlicher Mensch, animalis* [!] *Homo*, ist gantz beschrieben vnd abgemalet mit allen seinem Leben, Wandel, Thun vnd Lassen vom Anfang biß zum Ende *im Gestirne*. Darumb kan ein rechter Astronomus alles von jhm wissen. *Aber ein Christ sol* [!] *nicht von dem Gestirne, sondern nach CHRISTO leben*. Es ist Heydnisch vnd nicht Christlich, auff den gantzen Menschen ein Nativitet[184] stellen. *Wo der Mensch animaliter lebet, das ist, Thierisch vnd Viehisch nach dem alten Adam, so gilt die Nativitet, vnd fehlet nicht. Aber das sol kein Christe thun, sondern den alten Adam tödten vnd nach dem newen Menschen in Christo leben*. Wo er nach dem Geiste oder im Glauben [!] wandelt, *da höret die Natur auff*; da vermag kein Astronomus nimmer etwas wahrsagen von einem solchen *Newgebornen Menschen*. Darumb so einer den Propheten, Aposteln, Davidi, Salomoni wolte ein Nativitet stellen vnd jhr Leben, Thun vnd Wandel beschreiben, jhr Anfang vnd Ende: Der wird es auß dem Gestirne nicht finden, sondern *auß Gott müste er sie beschreiben. Dann solche Newgeborne in Christo seynd der Natur entwichen* durch den Glauben[185] vnnd *weit vber das Gestirne ...* "[186]

Hohenheims Differenzierung[187] zwischen dem „vatter der elementen und des firmaments" für den natürlichen Menschen und dem „rechten vatter" des Menschen der „neuen Geburt", die *mutatis mutandis* an die gnostische Scheidung zwischen Schöpfer- und Erlösergott erinnert, greift das *Gnothi seauton* im nächsten Kapitel auf, wo es, wie so oft, gegenüber Paracelsus stärker dualistisch pointiert:

„Dann das *Firmament mit seinen Sternen* ist deß *natürlichen Menschen* Vater, gleich wie *GOTT* ein Vater ist *eines Newgebornen* durch Christum." [188]

Demzufolge gilt der astrale Influx für die Existenz „im alten Adam, darinne dann das Gestirne volkommene Herrschung hat". Der Mensch der alten Geburt bleibt letztlich in der Existenz eines „Viehes" gefangen und ist auf Dauer der völligen Determination durch den irdischen Himmel ausgesetzt, es sei denn, er werde durch die ‚Tötung' Adams in sich und die daraus folgende neue Geburt ins Leben Christi versetzt und empfange in Gott neu ein ihn leitendes „Gestirn":

---

184 Geburtshoroskop, verallgemeinert im Sinne der zodiakischen Determination des Menschen.
185 Die von Weber in der Arndtschen Redaktion der ausgeschriebenen Quellen als lutherische Adaption gedeutete Formel „durch den Glauben" pointiert an dieser Stelle sichtlich die spiritualistischen Anliegen.
186 Fortsetzung des obigen Textes *Gnothi seauton* I,17 S. 43f. (Hervorhebung von mir).
187 *Astronomia magna* I,2, *Werke* (Sudhoff) Bd. XII S. 40 u. ö.
188 Weigel *Gnothi seauton* I,18 S. 45f. (Hervorhebung von mir).

„Christus vnnd alle, so auß jhm geboren seynd, gehören nicht vnter das Gestirne, *sondern Gott ist jhr Gestirne*".[189]

Nur wenig anders nuanciert klingt es, wenn Arndt im Zusammenhang des *dominium astrorum* meint: „Die nun aus der neuen Geburt sind, aus GOtt geboren, derer Himmel und inclinatio oder Neigung ist GOtt selbst, und die heiligen Engel sind ihre Sterne. Die haben mit dem natürlichen Himmel nichts zu thun".[190] Und wenn es dort von den Menschen der alten Geburt heißt: „Darumb müssen sie *erdulden die harten Streiche deß Firmaments*",[191] so findet sich auch dieser Gedanke bis zu beinahe wörtlichen Anklängen wieder bei Arndt, wo es heißt:[192] „Die aber nicht in der neuen Geburt leben, sondern nach dem Fleisch, die ... *müssen des Himmels Streiche leiden*, weil sie heidnisch leben." Längst nicht nur Stichworte wie die der alten und neuen Geburt zeigen, daß über verbale Anklänge hinaus vor allem weitgehend übereinstimmende Grundanschauungen herrschen.

Daß der spätere Celler Generalsuperintendent eine – ausweislich deren nicht geringer Rezeption in seinem eigenen Werk – hohe Wertschätzung für die *Paracelsica* und *Weigeliana* empfand, und daß sie ihm auch in dem dargelegten thematischen Zusammenhang von *imago dei* und ‚neuer Geburt' in der Tat am nächsten stehen, rührt aus tiefer Übereinstimmung in Fragen des Welt- und Menschenbildes und einer damit engstens verbundenen Theologie oder präziser: Theosophie.

Bezeichnend für Arndt ist, daß und wie sowohl die im engeren Sinne astrologisch-magische wie die religiöse Komponente ihre je eigene Bedeutung erlangen, doch so, daß unter klarer Dominanz der religiösen Fragestellung die magische Komponente dem hermetisch-magischen Weltbild entsprechend integriert wird. Der Wiedergeborene „herrscht" – dem (Renaissance-)*Magus* gemäß, welcher Terminus jedoch, wie bei Weigel, nicht erscheint – „über das Gestirn", so daß die alles sublunare Leben lenkenden astralen Influenzen ihn nicht betreffen können. Der ganze Bereich des Natürlichen, einschließlich der *magia naturalis*, erschließt sich ihm unmittelbar aus dem supranaturalen Bereich, dem auch jener untergeordnet ist. Arndt interpretiert die magische Tradition in der von Paracelsus gelegten Spur, doch, zugleich über diesen hinausgehend, im stärker der

---

[189] *Gnothi seauton* I,17 S. 44 (Hervorhebung von mir); die pseudo-Weigelsche Schrift *Astrologia Theologizata* [!], die sich als dessen unmittelbare Fortsetzung gibt, vertritt in Kapitel XXIX S. 103 Nr. VII mit anderen Worten dieselbe Anschauung, „Das keinem Christen gebüret, nach dem Firmamente oder SternGeiste zu Leben, den es were Heydnisch (Thierisch). Den gleich wie Christus der Erstgeborne vnter dem Gestirn nicht geboren ist, Also alle Renati [!] in Christo seind vber das Firmament vnnd Regieren das Gestirne."

[190] *Hex* 4,17.

[191] *Gnothi seauton* I,18 S. 47 (Hervorhebung von mir); vgl. wiederum auch *Astrologia Theologizata* Vorrede fol. A ij ᵛ.

[192] *WCh* II,58,5 (Hervorhebung von mir); B₁ (I) v ʳ [unpag]: „Denn wer nach dem Fleisch vnd nach der Natur lebt, der mus der Natur streiche leiden vnd reitzet den Himmel vnd alle Creaturen wider sich"; vgl. auch Stellatus *Pegasus* V S. D 2 ᵛ: „cogamur per morbos Astrales, plagasque universales!"

theologischen Tradition des mystischen Spiritualismus verpflichteten Sinne Weigels: Was einst der über das Gestirn herrschende *magus* als „Weiser" war, ist nun der geistliche *sapiens* und „Gottweise", der in der neuen Geburt mystisch mit Gott vereinte *Theo-Sophus*. Die „magische" Überwindung der Determination durch die astralen Influenzen wird *theosophice* reformuliert und inhaltlich gefüllt durch die supranaturale *unio* der Seele mit Gott bzw. Christus, die mit der Wiederherstellung der *imago dei* die ursprüngliche Zwischenstellung des Menschen zwischen Gott und Kosmos restituiert. Die „neue Geburt" streift dabei die alte „sündliche" Geburt samt dem „Fleisch" Adams – in ethischer wie ontologischer Hinsicht – und seiner verkehrten Hinwendung zum Irdisch-„Tierischen" ab und gewinnt durch die gnadenhaft sich realisierende Annahme des „Lebens Christi" als eines demütigen und tugendhaften Lebens und die daraus erfolgende Transformation in eine Existenz im „Leben Christi" ebenso wie im „Fleisch Christi" die Teilhabe an der göttlichen Natur Christi (*deificatio*), mit der die Gefangenschaft der Seele in Welt und Gestirn endgültig überwunden ist und sich im Gegenteil in eine Herrschaft über sie gewendet findet, die allerdings meist – antiperfektionistisch und in *diesem* Sinne auch antienthusiastisch – unter dem Vorbehalt der noch nicht erreichten eschatologischen Vollendung steht. Doch sind auch andere Töne zu vernehmen.

Mit seiner Plazierung am Übergang vom *liber vitae* zum *liber conscientiae* hat das Thema systematisch seinen präzisen Ort an der Schwelle vom aszetisch-mystischen Reinigungs- und Erleuchtungsweg zur *unio* und dem Reich Gottes im Seelengrund oder dem inneren Wort und *lumen gratiae* in der wiedergeborenen Seele. Neben dieser mystisch-spiritualistischen Spur findet es sich im *Hexaemeron* des *liber naturae*, abermals präzise plaziert im Kapitel von Sonne, Mond und Sternen, abermals in der Schwellensituation einer aufsteigenden Linie, die diesmal kosmosophisch von der Welt des Sichtbaren in die des Übernatürlichen führt, die Stufung des im *ordo naturae* postulierten Sphärenkosmos *anagogice* nachvollziehend.

So wie Überschneidungen zwischen diesen beiden großen Linien immer wieder – etwa in der den Kosmos durchsteigenden Schilderung der *vita contemplativa* des *liber vitae*, Kapitel 26-33 – stattfinden, so kreuzen sie sich, beide im Aufstieg von der Welt zur Überwelt begriffen, beiderseits just an einer markanten Schwelle, die sich indes bei näherem Zusehen als eine nach beiden Seiten hin kaum mehr unterscheidbare erweist, was davon herrührt, daß beide Wege, wenngleich mit unterschiedlichen Zugängen, auf weitgehend demselben geistigen und weltanschaulichem Terrain verlaufen und vor allem dasselbe eine Ziel im Auge haben. Doch so, wie die Thematik in der späteren Gestalt des „Wahren Christentums" immerhin an so zentralen Stellen plaziert ist, muß sie gleichwohl fast als Torso erscheinen, wenn man dagegen die ersten Ausgaben ins Auge faßt. Die Vorrede zum ersten Buch in der Erstgestalt des Frankfurter Drucks von 1605 läuft geradewegs auf eine entsprechende Passage als ihren Abschluß zu. Textlich ist diese Passage auch im ersten Braunschweiger Druck von 1606, dazu in einer

inhaltlich noch zuspitzenden Modifikation zu finden, doch ist sie bereits durch
Ergänzungen der Vorrede von apologetischem Charakter ihrer herausgehobenen
Stellung beraubt, bis sie in der nächsten Version der Vorrede Braunschweig
II/1606 ebenso wie in der für die späteren Ausgaben maßgeblichen Version von
1610 bis zur Unkenntlichkeit verkürzt bzw. fast eliminiert erscheint. In stark
apokalyptischem Gestus prophezeit Arndt, daß die den ägyptischen Plagen vergleichbaren „letzten Plagen dieser Welt außgegossen werden", und sagt „elende
Zeit" an, die in Gestalt geschichtlicher und kosmischer Katastrophen jedoch
allein die – sein Generalanliegen weist die Spur – „Vnbußfertigen" treffen wird,
während Arndt die wahren Gläubigen „über der Natur" und deren die Sünde
ahndenden und die „Rache" Gottes ausführenden „Eingriffen" stehen sieht: [193]

> „vnnd die / so nach dem Fleisch leben / nach der Welt in Vnbußfertigkeit
> die wirdts sonderlich treffen / die werden endtlich *für keiner Creatur sicher*
> *seyn können* ... [...][194] ... Die sich aber von der Welt / vnnd von dem Gott
> dieser Welt bekeren ... werden siegen vber den Teuffel / vnnd vber die
> Welt [!] / vnnd wirt jnen keine Creatur / ja die gantze Welt nit schaden /
> vnnd keinen Eingriff in sie thun können / *Dann sie sind vber die Natur im*
> *Glauben in Gott vnd Christum versetzet* vnter dem Schirm des höchsten / vnnd
> Schatten deß Allmechtigen[195] / dahin keine Creatur / ja kein Teuffel mit
> seinem Eingriff reichen kan ... [][196] die so nach der Welt leben in aller Got-
> losigkeit sind allem Jammer / schröcklichen Plagen vnd Vnfällen der Welt
> *natürlich* [!] *vnterworffen* / Die aber im Glauben leben / vnd in Christo wan-
> deln / *sind der Natur nicht vnterworffen.*"

An dieser Stelle fügt Arndt in Braunschweig I eine längere Passage ein, die vor
dem Hintergrund der frühen Auseinandersetzungen um das „Wahre Christentum"[197] – wie Weber das für diese Ausgabe und Vorrede insgesamt dokumentiert[198] – seine umstrittenen Äußerungen insgesamt eher noch verschärft, nicht
ohne sie mit vier Lutherzitaten zu verknüpfen, wobei er diese für ihn ohnehin
ungewöhnliche Praxis auch noch, völlig singulär, mit präzisen Belegen unterfüttert. Im Zusammenhang dieser Ergänzung, in der Luther eher unspezifisch die

---

[193] F S. 12-14; vgl. Braunschweig I fol. (I) vi ʳ - vii ʳ [unpag.] (Hervorhebungen von mir).

[194] Bemerkenswert ist der folgende Einschub in Braunschweig I fol. (I) vi ʳ nicht nur, weil er die
Arndt und Weigel gemeinsame (s. o.) Formulierung von den "Streichen" der Natur anführt
und das später eliminierte Bild von der Herrschaft "über die Natur" *e contrario* noch verstärkt,
sondern auch, weil er mit dem Hinweis auf die ganz offensichtlich bereits abgeschlossene
Arbeit am letzten Kapitel von *WCh* II und der Auslegung von Psalm 121 zu dem Zeitpunkt,
als diese Vorrede entsteht, eine indirekte Auskunft über den Stand seiner Arbeiten gibt:
"Denn wer nach dem Fleisch vnd nach der Natur lebt / der mus der Natur streiche leiden /
vnd reitzet den Himmel vnd alle Creaturen wider sich Sap. 5[18.21-23]. Wie ich solches im
121. Psalm vnd im andern [= zweiten] Buch [cap. 58] nottürfftig erkleret [habe]."

[195] Ps 91,1.

[196] Hier zitiert Arndt vom bereits zuvor herangezogenen Ps 91 die Verse 7f.

[197] Vgl. Koepp S. 43-48 u. ö., Weber S. 4f. und 15-18.

[198] Weber S. 15-20 unter kritischem Bezug auf Koepps bloße Vermutungen zur Urausgabe.

Aufgabe zukommt zu bekräftigen, daß demjenigen, der den Glauben hat, nichts Zeitliches oder Ewiges zu schaden vermag,[199] präzisiert Arndt die Aussage über die Wirkungen des ‚natürlichen Himmels', die er durch deren Parallelisierung mit den unmittelbaren *impressiones* des Teufels gegenüber der Tradition radikalisiert:

> „das ist, der Schirm des Höhesten vnd Schatten des Allmechtigen bedecket sie zur bösen Zeit wider die *gifftigen Eingriff vnd impressiones* [!] *des Teuffels* [!] *vnd des natürlichen Himmels …* … ".

In dem mit der Ergänzung zusätzlich eingeführten *terminus technicus* der *impressiones* klingt eindeutiger noch als in der dasselbe Phänomen *e contrario* markierenden Formel „über die Natur" die astrologische Tradition an. Bemerkenswert ist die paradox anmutende Tatsache einer inhaltlichen Vertiefung in Verbindung mit dem Versuch einer Rückbindung an Luther, wie er in der hermetischen Tradition etwa bei Christoph Hirsch und in der spiritualistischen etwa bei Gottfried Arnold wahrzunehmen ist, im Gegensatz dazu für Arndt jedoch sonst gerade nicht zu belegen ist. Über die Gründe dieser Ausnahme läßt sich allerhand spekulieren. Tatsächlich scheint ihm jedoch diese Konjunktion kein Herzensanliegen gewesen zu sein, andernfalls hätte er, gerade angesichts der theologischen Kritik, die Luther-Bezüge in den späteren Versionen der Vorrede seines Hauptwerks nicht restlos getilgt. Was er dagegen u. a. nicht eliminierte, ist der Bezug auf Psalm 91, der sich wie ein roter Faden durch alle einschlägigen Stellen zum Thema zieht, einschließlich der just in diesem Feld unterschiedlich akzentuierenden Versionen der Vorrede zum ersten Buch.[200] So erscheint dieser Psalm noch in den bis zur Unkenntlichkeit verkürzten Versionen von Braunschweig II/1606 und Magdeburg/1610 und fungiert dort als eine Art Platzhalter der Thematik.[201] Wirft man zum Vergleich einen Blick in Arndts *Psalterauslegungen*, so wird man in der dritten und vierten Predigt zu Ps 91 klar fündig:[202] Dort finden sich ausführlich die schädlichen „himmlischen Wirckungen / Impressiones, Einflüsse der Sonnen / Monden und Sterne" des natürlichen[203] Himmels entfaltet, abermals in eins gesetzt mit den satanischen „Impressiones", ist doch Satan – dem in dem ganzen Zusammenhang bei Arndt gegenüber der bisher dargelegten Tradition eine singuläre, herausragende Stellung zukommt[204] – ein „gewaltiger Astro-

---

[199] Tom. 4. Ger. 519.

[200] *WCh* II,58,11; *Hex* 4,23; thematisch etwas verschlüsselter, doch immer noch erkennbar: *Glauben/Leben* 6,9(f.); F S. 13f.; Braunschweig I *fol.* (I) vi ᵛ [unpag.]; *De X plagis* I/1 S. 5; X/1 S. 99.

[201] Braunschweig II *fol.* A iiij ʳ; Magdeburg A vi ʳ.

[202] *Pss* Bd. I S. 806b–808b.

[203] Einschließlich der „übernatürlichen" Impressionen in Form von Hitze- und Kältewellen etc.

[204] Nach *Ikon* 3 fol. 17 ᵛ "Hat der leidige Teuffel / der alles gute verderbet / auch seine falsche Magos / vnd seinen Zeuberischen Samen mitvnter geseet"; was die – an sich gute, durch den Teufel zur Schwarzmagie mutierende – Magie der bewegten Bilder betrifft, gilt analog für die teuflische Usurpation der magisch-astrologischen Influenzen, derzufolge "Welt" und Teufel im Verbund zusammenwirken; zur Teufelsmagie in *Ikon* vgl. Weber S. 125f. (samt Belegen).

nomus, Sternkündiger / und ein Geist / der in der Lufft herrschet". Die vierte
Predigt zum Psalm zielt auf die bekannte Deutung: „denn die / so in der neuen
Geburt leben / die sind über die Natur / und kan ihnen die gantze Natur nicht
schaden."[205] Gedanklich, terminologisch und auch biblisch ist es derselbe Fundus, aus dem Arndt sich nicht nur hier, sondern ebenso in der zweiten Predigt
zu Psalm 112[206] sowie in der zweiten Predigt zu Psalm 121[207] reichlich bedient.
Bei beiden Psalmen erscheint, anders als bei Ps 91, auch die im „Wahren Christentum" in modifizierender Anknüpfung an die astrologisch-magische Tradition zitierte ptolemäische Formel: „sapiens dominabitur astris". Was man in all
diesen Auslegungen vergeblich suchen würde, ist ein auch nur marginaler Bezug
auf Luther, der, wie die Textgeschichte der Vorrede zu Buch I her zeigte, ohnehin nur als eine sekundäre Zutat zu identifizieren ist, die ebenso rasch, wie sie
eingeführt wurde, aus dem ohne sie schlüssigeren Text auch wieder verschwand.
Damit zurück zu den beiden frühesten Versionen der Vorrede zu Buch I, die
nach dem längeren Einschub der Ausgabe Braunschweig gemeinsam fortfahren:

> „Darumb hat Gott befohlen / daß sich die Gläubigen für den Zeichen
> des Himmels nicht fürchten sollen / ja sie sollen auff den Wegen deß
> HERRN wandeln / *so sind sie nicht vnter der Natur, sondern vber der Natur
> vnd Herrn* [!] *der Welt.*"

Die kühne, an Arndts *deificatio*-Konzept erinnernde Aussage, Wiedergeborne sei-
en „Herrn der Welt", korrespondiert eng mit „Wahres Christentum" II,58,11.12:

> „Denn ein Gläubiger ist in Christo ein HErr über die ganze Natur ... Das
> ist, der Gläubige ist in Christo über alles erhaben, und in Ihn versetzet, mit
> Christo bekleidet, und theilhaftig seiner Herrlichkeit und seines Lichtes,
> und hat die ganze Natur unter seinen Füßen."

Daß in Verbindung mit diesen enthusiastisch klingenden Tönen für Arndt, dem
in medizinischer Hinsicht eine religiös akzentuierte Magie keineswegs fremd
scheint,[208] dem „über die Natur" herrschenden[209] Menschen Möglichkeiten zu-

---

[205] *Pss* Bd. I S. 808a; vgl. auch *WCh* III,3,5: "Weil nun diese neue Geburt über die Natur ist ... ".
[206] *Pss* Bd. II S. 149; *Pss* 12/II S. 100b - 101a: Verbindung von neuer Geburt/"über die Natur".
[207] *Pss* Ps 121/II,4; Bd. II S. 252b-253a; hier betont Arndt die Makro-/Mikrokosmos-Relation.
[208] *Vereinigung* 6,6f.: "Darnach so schöpfet auch der Glaube aus dem Heilbrunnen Gesundheit
des Leibes, wie der Evangelist von dem blutflüßigen Weiblein bezeuget, Luc. 8,43. Matth.
9,20., welches den Saum des Kleides ihres hochverdienten Heilandes anrühret, ja durch den
Glauben geistlicher Weise dermaßen gehalten, daß *eine Kraft* aus dem *heiligen Tempel seines
Leibes ausgegangen*, welche ihre vieljährige Krankheit benommen, und sie wieder frisch und
gesund gemacht habe. 7. Daher ist klärlich anzunehmen, daß *die Kraft des Glaubens* stärker sei,
als ein Magnet [!] ... ". Dieselbe Perikope behandelt Agrippa *Occ Phil* III (*magia caeremonialis*)
cap.13, ed. Compagni S. 437: *De membris Dei et de eorum in nostra membra influxu* im Kontext der
"vestimenta ... Dei ... et ornatus ... tanquam *viae quaedam, seu relationes sive emanationes vel
canales, per quas sese diffundit*" (zum Prinzip der magischen Übertragung ebd. I,16) als Beispiel
für jegliche Art einer von Gott zu erreichenden "virtus divina alicuius membri"! Wie Arndt

wachsen, Naturgesetze durchbrechende *Mirabilia* zu vollbringen, zeigen – wie
auch bei Agrippa[210] biblische – Beispiele des wundertätigen Glaubens in II,58,11:

> „Durch den Glauben haben die Heiligen den Himmel auf- und zuge-
> schlossen, des Feuers Gluth ausgelöschet, Sonne und Mond heißen stille
> stehen, Jos. 10, 12.13., der Löwen Rachen zugehalten. Hebr. 11,33."[211]

Zwar fern jeglicher theurgischen Anwandlungen okkulter Praktiken, jedoch
theologisch kaum weniger kühn als die zitierten Vertreter der italienischen Re-
naissanceastrologie und -magie sieht Arndt den Wiedergeborenen zwischen Gott
und dem Kosmos stehen und „als Erben und Herren ... mit Christo" „herrschen". Erlangt der *Magus* seine Beherrschung irdischer und überirdischer Kräfte
aus den verschiedenen Spezies der *magia*, so erlangt der „gottweise" Mensch in
der „neuen Geburt" nach Arndt mit der „natürlichen" und der „göttlichen"
„Weisheit", die er von Gott selbst empfängt, das *dominium astrorum*. Die Architektonik des Weltbildes ist indes dieselbe. Wie der letzte Satz von Buch II zeigt,
sind Weltbild und theologisches Anliegen auf das Engste ineinander verschränkt:

> „Darnach richte, urtheile, meistere ein jeder Verständiger und Gläubiger
> seine *natürliche Nativität*, und wisse, daß er ein HErr sei des Himmels, und
> über das Gestirn herrsche." [212]

Wie ein Gelenkstück oder ein Brückenpfeiler zwischen Flußläufen steht das
Schlußkapitel 58 des *liber vitae* an der Schwelle zum dritten Buch, das Arndts
eigenen Worten in dessen Vorrede zufolge das Herzstück des „Wahren Christentums" bildet. Das Bemerkenswerte an der *dominium-astrorum*-Thematik ist vor
anderem seine Sphärengrenzen markierende, übergreifende und zugleich überschreitende Funktion. Denn für das *dominium* wird ein Standpunkt jenseits oder,
räumlich formuliert, oberhalb reklamiert, der den *homo novus* in einer anderen

---

sie deutet, kommt jener "Kraft" des Gewandes Christi kaum weniger Aufmerksamkeit zu als
der "Kraft" des Glaubens der Frau. Dieselbe Perikope eröffnet auch *Ikon* VI (*Imagines Histo-*
ricae) fol. 27 ᵛ-28 ʳ, wo Arndt eine bildtheologische Überlieferung des Eusebius referiert, der
von der Übertragung einer 'magischen' Kraft von Bildern auf Heilkräuter zu berichten weiß:
Diese geheilte Frau habe "für jrer Haushtür ein engossenes ehrnes Weibesbilde ... setzen
lassen / ... kniendt / vnd die Hende außbreitende / ... / vnd gegen demselben vber ein
ander Ehrenbilde / zierlich mit einem langen Kleide / die dem Weibe die Handt reichet /
welches das Bilde des HErren Christi gewesen / Vnd das hoch zuverwundern / *so ist aus der*
Erden / an derselben stedte / ein vnbekantes Kreutlein gewachsen / so baldt dasselbe so gros worden / das
es den Saum des Kleides dieses Bildes berüret / hat es die krafft[!]*gewonnen / alle Kranckheiten zu heilen.*"
[209] So auch *Hex* 4,23; *WCh* II,3,5 (übernatürliche Fähigkeiten; Anteil an Christi Leiblichkeit).
[210] Zu Jos 10 u. a. vgl. *Occ Phil* I,13; III,36 (*De diis mortalibus et terrenis!*), ed. Compagni S. 112; 506.
[211] Vgl. Galeotto M. da Narni *De incognitis vulgo*, ed. v. Frezza, M., Neapel 1948, S. 68, zit. nach
Garin Astrologie S. 171 A. 13 (Hervorhebung von mir) : „non parvae persuasonis est divinitatis humanae tantam vim inesse homini ... *Magus enim potest ... sistere aquam fluminis et vertere*
sidera retro... "; Arndts *Judicium* nennt *Transmutationes in Magia* der "Magi in AEgypten" (S. 123).
[212] Hervorhebung von mir.

kosmischen Sphäre lokalisiert als in der seiner irdisch-leibhaften Existenz.[213] Mit der Vorstellung des *dominium* wird zugleich die naturmagisch-astrologische Weltsicht für den Bereich der sichtbaren Welt – paradoxerweise in Form ihrer Inferiorisierung und Überbietung – legitimiert und als untere, in vielerlei Hinsicht defiziente Stufe in das hierarchisch höher aufsteigende Weltbild integriert, auf welche Weise es seine differenzierende und verklammernde Fuktion ausübt. So eignet dieser Vorstellung eine kosmologisch-theologische Schlüsselposition, aus der sich ihre dominante Stellung in der allerersten Vorrede mühelos erklärt. Indem sie dem Generalthema der Vorrede, der im Sinne seines Verständnisses vom wahren Christentum in erster Linie ethisch gedeuteten „neuen Geburt", eine visionäre Perspektive in aller eschatologischen Dialektik eines ‚noch nicht' und ‚schon jetzt' verleiht, erschließt sie den Lesern den Zugang zu einem Werk, das sich durch sein beiderseits, sowohl auf dem aszetisch-mystischen wie auf dem kosmosophischen Weg, stufenweise höhersteigendes Streben auszeichnet. Nach *dieser* Ouvertüre ist man auf ein anderes Hören eingestimmt, wenn der erste Akt mit dem Bild Gottes im Menschen (Kapitel I,1) beginnt, sich fortsetzt mit dem Fall des Menschen nicht nur in Sünde, sondern damit in eine Existenz, die „gar irdisch, fleischlich, viehisch und thierisch worden" (I,2,3) ist und sich als „Löwen-Art ... Hundes- und Wolfes-Art ... säuische Art" etc. (I,2,9) äußert, sodann mit dem Programm der „neuen Geburt", die aus den „zweierlei Geburts-Linien" im Menschen die fleischliche zugunsten der geistlichen verwirft (I,3,3f.), was auf die Wiederaufrichtung des Bildes Gottes im Menschen zielt (I,3,2) usf., die den Bogen vom Anfang des *liber scripturae* bis zum *liber conscientiae* schlägt und in der perspektivischen Orientierung des gesamten *Hexaemeron* auf die „schöne", Gottes volle Seele als Fluchtpunkt seine Ergänzung und Entsprechung findet. Insofern ist, was das Werk ursprünglich intonierte und sowohl in II,58 wie in *Hexaemeron* 4 seine klug disponierte Fortführung fand, als eines der tragenden Elemente des Ganzen zu erkennen. Während in der späteren Gestalt der Vorrede vom vormaligen Text als Repräsentanten der „neuen Geburt" kaum mehr als ein Katalog von religiösen Appellen übrigblieb,[214] bietet Buch II Kapitel 58 nicht eine „Astral-Medizin", sondern mit der „biltnus"-Konzeption des Hohenheimers im Anschluß an die magisch-astrologische Tradition und in ihrer Rezeption durch Weigel das Rohmaterial, nach dem Arndt sein Hauptwerk konzipiert.

Trotz ihrer Elimination in der Vorrede sind die Gedanken in der Letztgestalt des „Wahren Christentums" erhalten geblieben, und zwar am Ende des zweiten Buches, wo sie, dem Duktus von Arndts Theologie folgend, ihren präzisen Ort haben: Am Übergang des nun Wiedergeborenen in die unmittelbare göttliche

---

[213] *WCh* II,Vorrede 1: "der neue geistliche Mensch".

[214] Braunschweig 2 fol. A iiij ʳ: "Darum hohe zeit ist Busse zuthun / ein ander Leben anzufahen / sich von der Welt zu Christo zubekehren / an jhn recht gleuben / vnd in jhm Christlich leben / auff das wir vnter dem Schirm des Höchsten / vnd Schatten des Allmechtigen sicher sein mögen / Psalm 91. [!] dazu vns auch der HErr vermahnet ... "

„Inklination", der auf dem Weg der *imitatio Christi* bis zur Offenbarung des Reiches Gottes im Seelengrund gelangt ist, wo Gott *immediate* in der Seele wirkt und auf sie einwirkt, statt der astralen nun durch die göttliche „Inklination". Aus demselben Grund erscheinen sie wieder in *Hexaemeron* 4, dem Kapitel der astralen Relationen, in dem Arndt bezeichnenderweise nicht nur die unterschiedliche Wirkweise Gottes *mediate*, durch die Natur, oder *immediate*, in der Seele, sondern just in diesem Zusammenhang auch die Frage der „natürlichen" und der *divina sapientia* verhandelt.[215] Damit knüpft er auch explizit an Paracelsus an, und im Hintergrund schimmert, auch ohne daß explizit die *magia*-Terminologie erscheint, die genannte Unterscheidung des Hohenheimers durch zwischen den *magi*, die ihre Weisheit aus dem Licht der Natur empfangen, und den *sancti*, die ihre Weisheit aus dem Licht der Gnade gewinnen. Insofern führt die gleichermaßen nach „unten" wie nach „oben" differenzierende Thematik des *dominium* von jeder der je für sich stimmig plazierten Stellen mitten ins Zentrum von Arndts theologischem Denken, in dem sich Theologie, Anthropologie, Kosmologie, Sapientiologie und Soteriologie vielfältig nicht nur berühren, sondern überschneiden, wo nicht ineinander verfließen. Seine Mystik und Kosmosophie zielen so an unterschiedlichem Ort, auf unterschiedlichen Wegen und in unterschiedlicher Terminologie auf dasselbe auf gestuftem Weg zu erreichende Ziel, wofür jene Vorrede eine beide Wege verbindende Einstimmung geboten hätte. Ähnlich wie bei Weigel stellt sich bei Arndt der Eindruck ein, daß die magisch-astrologischen Gedanken ihre Bedeutung für das Ganze erst eigentlich da erschließen, wo sie vor dem Hintergrund der entsprechenden Kosmo-Anthropologie das Material zur Erläuterung eines dualistischen Gegensatzes zwischen alter und neuer Geburt bereitstellen, von dem die Anschauung wesentlich lebt.

Die Verschmelzung der jeweiligen Stränge, des mystisch-spiritualistischen von Buch I-III und des hermetisch-magischen von IV, ist eine enge. Insofern der hermetisch-magischen Tradition schon von ihren religionsgeschichtlichen Wurzeln und ihren eigenen Ursprüngen her eine gnostisierende erlösungsreligiöse Komponente von zentraler Bedeutung eignet – die je nachdem mehr oder weniger stark zum Vorschein kommt, doch in dem alten Anspruch jener in der Trias Theologie, Astronomie und Medizin/Alchemie bestehenden umfassenden Weisheit prinzipiell integriert ist[216] –, ist nicht leicht, vielleicht letztlich auch nicht eindeutig zu bestimmen, ob die Überschneidungsbereiche nun der spiritualistischen *oder* der hermetischen Seite zuzuordnen sind, die vielfach ineinander verfließen – was eine Zuordnung einzelner Phänomene unvermeidlich mehrdeutig sein läßt. Insofern verrät deutlicher als in der Letztgestalt erkennbar die noch in den Anfängen intendierte und zumindest ansatzweise ausgeführte dreifache Verankerung in der Vorrede, an der Schwelle vom zweiten zum dritten Buch innerhalb des mystischen Weges und in Buch IV innerhalb des kosmosophi-

---

[215] *Hex* 4,13-18.
[216] S. o. u. u. zur *magia naturalis* (besonders auch zu Alexander von Suchten).

schen Weges,[217] daß es sich weniger um ein je nachdem dem einen oder anderen Strang zuzuordnendes Einzelphänomen, als vielmehr um eine Grundkoordinate von Arndts theologisch-theosophischem Denken handelt, die für alle Bereiche hohe Relevanz zeigt und die mit der mystisch-spiritualistischen Koordinate zusammen einen ganzen Denkraum und ein polyvalentes Bezugssystem aufspannt.

So scheint es plausibel, Arndts Integration des magisch-astrologischen Denkens in seine Theologie im Rahmen seiner tragenden Konzeption der ‚neuen Geburt' als christianisierende Rezeption hermetischen Gedankenguts zu deuten. Dies als eine inhaltliche Entfernung Arndts von der hermetischen Tradition zu interpretieren, würde jedoch die Tatsachen verfehlen. Ohne dem hier nicht zu leistenden Unterfangen einer Geschichte des frühneuzeitlichen Hermetismus irgend vorgreifen[218] oder literarische Bezugnahmen Arndts auf das *Corpus Hermeticum* behaupten – ebensowenig wie bestreiten – zu wollen, sei hier festgehalten, daß in des Hermes' *Rede auf dem Berge* (*CH* XIV) das *dominium astrorum* in engem innerem Zusammenhang zur ‚neuen Geburt' steht – was bedeutet, daß Arndts ‚Christianisierung' des Konzepts Wiedergeburt selbst hermetisch zu deuten wäre:

Die – durch ‚Gottes Sohn' gewirkte[219] – ‚Wiedergeburt',[220] die eine Befreiung des Gemüts von Welt und Sinnen des Leibes voraussetzt sowie eine Überwindung der unvernünftigen ‚Untugenden' der Materien[221] durch die zehn (göttlichen) ‚Kräfte' vollzieht,[222] stellt sich als ein gnadenhaft zukommendes Erlebnis[223] und passives Erleben einer Erkenntnis dar,[224] die sich nicht lernen lasse, sondern in der Stille verborgen sei.[225] Sie beinhaltet das Erleben, selbst aus dem Göttlichen zu bestehen, und mündet in eine Überwindung der astralen Determination.[226] Wie zu sehen ist – und sicherlich auch einer eingehender Untersuchung wert wäre –, steht Arndt dem ursprünglichen hermetischen Denken nahe.

Arndts naturmagisch-astrologische Sicht des sublunaren Kosmos erweist sich als ein unter anderen Teilen inferiorisierter und damit zugleich integraler Bestandteil seiner – in Anlehnung an Goldammers Begriff der „Kosmo-Anthropologie" formuliert – Kosmo-Theologie oder Kosmo-Theanthropologie. Eben-

---

217 Dafür ist die Ausgabe Braunschweig I Beleg, die die – erweiterte – Passage der Vorrede noch enthält, zudem auch auf das letzte Kapitel des als abgeschlossen erklärten *liber vitae* erwähnt und, anders noch als Frankfurt 1605, bereits die Konzeption der 4 Bücher voraussetzt und erklärt.

218 Einschließlich der dabei differenziert zu berücksichtigenden Frage einer Rezeption des *Corpus Hermeticum* bedarf, wie die Tagung "Hermetismus als Kulturphänomen der frühen Neuzeit" (Max-Planck-Institut für Geschichte, Göttingen 1999) zeigte – auf der auch Phänomene der Intertextualität vielfach sichtbar wurden – der Begriff des Hermetismus selbst einer Klärung.

219 *Corpus Hermeticum* in: Ficino, Marsilio. Opera omnia/Basel 1576, Bd. II,2 S. 1836ff.; These 22.

220 *Passim.*

221 *L. c.* These 2f.; 30-35; 59.

222 These 30-48.

223 These 11; 49 u. ö.

224 These 19-27.

225 These 64f.

226 These 49 sowie 51-53.

sowenig wie das *Hexaemeron* bei der Betrachtung des Sichtbaren verharrt, bleibt
Arndt in der Sphäre des Sublunaren stehen, weist doch das *dominium* über die
ansatzweise remythisierten[227] Planeten als Weltenlenker über diese gerade hinaus.
Daher „soll uns aber der Lauf der Sterne und ihre große Menge höher führen"[228]

4.2　*anima socia angelorum*

„nämlich zu den unsichtbaren, hochleuchtenden Sternen, den heiligen Engeln,
den himmlischen Geistern",[229] in deren Gesellschaft die wiedergeborene Seele
sich wiederfindet. Die sichtbaren Sterne sind also das *Signum*, das auf das *Signatum* einer anderen, „höheren" Art von Astronomie verweist, wie die zweimalige
anagogische Rede vom „höher führen" in diesem einen Abschnitt ausweist. Die
theosophische Spekulation macht bei den stellaren Sphären nicht halt, vielmehr
„schwingt sie sich über die Natur"[230] in die ihr erst eigentlich gemäße Sphäre,[231]

> „wie uns solches bezeuget die Offenbarung Johannis, da der Sohn GOttes
> sich vorbildet,[232] daß Er in seiner Hand sieben Sterne hat. Offenb. 1,16.
> Und das sind die sieben *Geister oder Engel*, in alle Lande ausgesandt. *Mit
> welcher Figur die rechte, wahre übernatürliche Astronomie tecte*, verdeckter Weise,
> *beschrieben wird*; davon wir auch lesen im Buch Hiob Kap. 38,4.7: Wo
> warest du, da Mich die Morgensterne lobeten, und jauchzeten alle Kinder
> GOttes? Da uns gleichfalls der heilige Hiob *von den Sternen höher führet*,
> *nämlich zu den heiligen Engeln.* Denn, so GOtt eine so große Menge und
> Heer der Sterne erschaffen, was wird denn *eine große Menge der himmlischen
> Heerscharen* seyn, die GOtt ohne Unterlaß loben? Es loben Ihn Sonne und
> Mond, und alle leuchtende Sterne. Ps. 148,3."

Wie ein Blick auf Arndts Auslegung des zitierten Psalms zeigt, ist der *mundus
angelicus*, in den Arndts Betrachtung der Sterne führt, die nächsthöhere Stufe in
dem der an anderer Stelle genannten *catena aurea* entsprechenden *ordo creaturarum*,
an dem von „oben" nach „unten" entlanggehend er das Lob Gottes meditiert:[233]

---

227 Unter Hinweis auf die ältere Forschung legt Werner H. Schmidt dar, wie der priesterschrift-
liche Schöpfungsbericht der altbabylonischen Vorstellung von den Regenten des Lebens und
der Geschichte – die im Renaissancehermetismus modifiziert wiederkehrt – eine dezidiert
entmythisierende Deutung der Gestirne als einer Art Leuchtkörper am Himmelsgewölbe entgegensetzt; Schmidt Schöpfungsgeschichte S. 119, vgl. auch S. 116 mit A. 1ff. (div. Literatur).
228 *Hex* 4,10.
229 Ebd. Fortsetzung.
230 Peuckert Gabalia S. 415f.; 418 (unter Bezug auf den Braunschweiger Arzt Johann Nicolaus
Martius, der sich, wie o. beim *liber vitae* bereits vermerkt, in seinem *Unterricht Von der wunderbaren Magie und derselben medicinischem Gebrauch* von 1719 auf Arndts *dominium astrorum* beruft).
231 *Hex* 4,10 (Hervorhebung von mir); Apk 1,16 [fälschlich: "1,14"] findet sich auch *Hex* 1,29
[fälschlich: "1,28"].
232 *Praefiguratio.*
233 *Pss* 148/I Bd. II S. 366a (Hervorhebung von mir); ebd. S. 366b findet sich, wiederum mit
V. 3 von Ps 148 verknüpft, Hiob 38,4.7.

„Darum hält er diese Ordnung in diesem Psalm / daß er gleichsam *an einer Himmels-Leiter von oben hinab steiget / ex mundo angelico*, auß der Engelischen Welt auff *die himmlischen Cörper / Sonne, Mond und Sterne /* von dannen / nemlich von der *regione aetherea ad regionem aërem*, vom Himmels-Kreiß zum Kreiß der Lufft / da Feuer / Wasser / Regen / Schnee / Wind / etc. gebohren werden / von dannen *ad regionem terrestrem*, zum Erd-Kreiß / auff das Meer / und auff die Erde / und ihre Früchte / von dannen *auff die Menschen nach ihrer Ordnung.*"

Die „Himmelsleiter" oder *catena* steigt stufenweise herab von der überweltlichen Sphäre der Engel zu der der Gestirne und geht von da bruchlos über in den Makro- und von diesem in den Mikrokosmos Mensch (nach seiner natürlichen Seite). Der Vers von den „Wasser[n] / die oben am Himmel seyn" (Ps 148,4) bietet Arndt Gelegenheit, eher im Vagen bleibende, doch allenthalben biblisch gestützte Spekulationen über „unterschiedliche Theile und regiones, Kreisse deß Himmels" und von „vielen Himmeln" bis hin zum dritten Himmel des Paulus zu äußern. „Etliche sagen / de supremo, interno, & externo coelo, vom öbersten / inwendigen / und äusserlichen Himmeln/ welches ich andern befehle." Fest hält er an den „Wassern" oberhalb der Himmelsfeste, die der postweigelischen *Viererlei Auslegung* als Gegenstand gnostischer Schöpfungspekulation dienen. [234]

Der Blick dem *ordo creaturarum* entlang hinauf in die superastralen Sphären gehört offensichtlich noch zu einer (und sei es, gesteigerten) Fähigkeit des *lumen naturae*, denn: „Solche Ordnung zu verstehen ist die höchste natürliche Weisheit",[235] die mit der *magia naturalis* gleichzusetzen ist. Auch Arndts Predigt zu Psalm 19/I gibt einen Einblick in die gestuften Himmelssphären, die „unterschieden werden in *coelum aëreum, ... stellatum*" – der seinerseits nach Sonne, Mond und Planeten differenziert wird, „die alle ihren sonderlichen Weg und Lauff haben / immer einer höher denn der andere" – „*... et thronum, et sedem DEI seu paradisum ...* Gleich wie dreyerley Leben sey / das natürliche / geistliche und ewige Leben / also sind drey Himmel / der natürliche / geistliche / und der Himmel der Herrlichkeit Gottes",[236] woraus einmal mehr deutlich wird, daß die Rede vom „neuen Himmel" der Wiedergeborenen im strengen Sinn auf das Weltbild bezogen ist. Abermals stützt Arndt mit Hiob 38,4.7 das anagogisch-naturallegorische Prinzip, das vom „natürlichen" zum „geistlichen Himmel", der Kirche der wahren Gläubigen, „viel höher" führt und zu einem im Wortsinn erhellenden Kirchenverständnis:[237]

„Es ist aber die Verkündigung / so durch den sichtbahren natürlichen Himmels geschiehet / nicht genug / sondern *die gantze Natur soll uns viel höher führen / also / daß wir aus dem Sichtbahren das Unsichtbahre / auß dem Zeit-*

---

234 Zum Thema dieser 'oberen' u. von daher 'unleiblichen Wasser' etc. vgl. Gilly Gnosis S. 414f.
235 *Pss* 148/I Bd. II S. 367a.
236 *Pss* 19/I Bd. I S. 177a (Hervorhebung von mir); zu 3 Welten vgl. Croll *Signaturae* (1996) S. 88.
237 *Pss* 19/I Bd. I S. 177b-178a (Hervorhebung von mir); vgl. auch *Pss* 136/II Bd. II S. 308a.

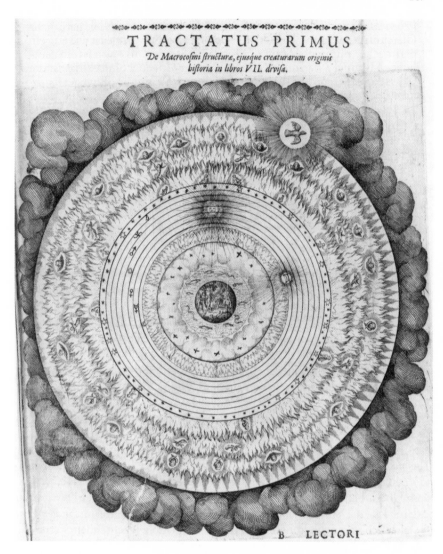

Abb. 17   Die *Macrocosmi structura*, in: Fludd, Robert: *Utriusque Cosmi Maioris scilicet et Minoris ... Historia*, [Oppenheim] 1617 (Bayer. Staatsbibliothek München), zeigt, geozentrisch-hierarchisch von den 4 Elementen aufsteigend, die von *Sol* und *Luna* dominierte, alles Irdische inklinierende astrale Sphäre. Jenseits der ‚gestirnten‘ ogdoadischen Sphäre erscheinen als auratisierte Babies die (den Engeln sich assimilierenden) ‚Neugeborenen‘, über denen, sie umgebend, die feurige angelisch-göttliche Sphäre als ihr ‚höherer‘ Himmel zu sehen ist, der sie, in Gestalt des heiligen Geistes als supraastraler *inclinatio*, regiert.

lichen das Ewige erkennen / wie uns der HErr selbst durch viele natürliche Gleichnisse das Himmelreich zu erkennen gibt. Darum gleich wie nun ein natürlicher Himmel / Sonne / Mond und Sterne sind / also ist ein geistlicher Himmel / darinnen GOtt mit seiner Gnade wohnet / das ist die Christliche Kirche ... Gleich wie die Sonne am Himmel führet *das natürliche Licht* / als Mundi oculus ... : Also unser HErr JEsus Christus ... *das Licht deß ewigen Lebens*. Gleich wie die Sterne am Himmel leuchten und scheinen / also *alle Gläubige auff Erden* [!] *sind geistliche Sterne* / erleuchtet mit dem Erkenntniß JEsu Christi / ... Gleichwie der Himmel voll Sterne gepflantzet und gesäet ist / also ist der geistliche Himmel voll gläubiger Seelen / die da für GOtt als Sterne leuchten."

Diese Allegorese, die hier keine im eschatologischen Sinne anagogische ist, bleibt gleichwohl als von der Deutung in *Hex* 4,10 auf die Engel klar abweichende Variante[238] im hermeneutischen Schema des *quadruplex sensus* und folgt just jener später zum 148. Psalm genannten Triade gemäß dem „supremo, interno, & externo coelo", die Arndt „andern befehle[n]" wollte, hier jedoch selbst anwendet, ohne daß deshalb der im engeren Sinne anagogische *quartus sensus* obsolet wäre. Dieser findet sich im *liber vitae* in II,30,5, wo Arndt einen Bogen vom Glanz der Herrlichkeit Gottes über die *deificatio* und die *imago dei* bis zur Anteilhabe am verklärten Christus schlägt, weshalb mit Dan 12,3 die Heiligen leuchten wie Sterne. Daß die von Arndt an ein geistliches Firmament projizierte „Christliche Kirche / welcher Himmel auch [!] durch das Wort deß Evangelii der Gnaden erbauet ist",[239] mit der Rückbindung an das *verbum divinum* mühelos mit der Wittenberger reformatorischen Tradition vereinbar sei, mag nur auf den ersten Blick so scheinen, spricht doch der verräterische Vergleich mit den erleuchtenden Sonnenstrahlen und den wie Lichtfunken im Universum vereinzelt leuchtenden Sternen für sich. Das anagogische hermeneutische Prinzip bleibt, ob Engel oder erleuchtete Gläubige, dasselbe: Die „Natur" führt, auf welche Weise auch immer, zur Übernatur. Die wohl in zeitlicher Nähe zum „Wahren Christentum" entstandene, doch erheblich später publizierte Psalmenpredigt könnte durchaus einen späteren Überarbeitungsstand spiegeln, aus dem sich vielleicht manche Differenzen erklären lassen. Denn die „übernatürliche Astronomie" der Engel im *Hexaemeron* ist sicherlich von noch höherer Brisanz als die gläubig leuchtenden Sterne der wahren Kirche. So verweist Koepp auf Dilgers Versuch, Arndt im Blick auf eine von ihm in *Paradiesgärtlein* II,4 im Gebet angestrebte *societas angelorum* analog der

---

238 In einer wieder anderen Variante deutet Arndt sie in *Pss* 27 Bd. I S. 267a auf das "geistliche[] Firmament der heiligen Schrifft" und deren das "Gnaden-Licht" ausstrahlenden Sprüche.
239 *Pss* 19/I Bd. I S. 177b; angesichts solcher Formulierungen in den *Psalterauslegungen* stellt sich nicht minder als an die späte Gestalt des "Wahren Christentums", zumal angesichts einer ganzen Dekade zwischen Erarbeitung und Veröffentlichung, die hypothetisch bleibende Frage nach einer korrigierenden Überarbeitung, wie sie allein an *WCh* I, allerdings exemplarisch genug, zu beobachten ist. Dies sei hier wenigstens als kurze Problemanzeige vermerkt.

Josephs und der *Magi ex oriente* vor einer ihm zum Vorwurf gemachten Nähe
zum Weigelianismus in Schutz zu nehmen, mit Erfolg, wie Koepp annimmt. [240]
Doch ist die inkriminierte Stelle keineswegs die einzige, die in diese Richtung
weist. Schon in der Vorrede zum *Paradiesgärtlein* heißt es kühn: „Durchs Gebet
kommen wir *in der Heil. Engel Gemeinschaft und Gesellschaft, werden gleich* [!] *den
Engeln GOttes und verrichten der Engel Amt.* Durchs Gebet erlangen wir von GOtt
die *himmlische Weisheit ...* ".[241] Im Zusammenhang des dieser *sapientia coelestis*
engstens verwandten *divinum alloquium* heißt es vom Erzvater Jakob als Vorbild
heiligmäßig-asketischer Gottsuche: Es „redeten GOtt und die Engel mit ihm ...
Denn GOtt und die Engel lieben eine heilige Seele über die Maaße, und lassen
sie nicht allein."[242] Das zeigt, daß diese *colloquia Angelorum Theosophica* – wie Christoph Hirsch sie nennt, während ein Marsilio Ficino seinerseits die *amicitia demonum* der *Magi* rühmt [243] – sich weder auf biblische Heilige, noch auf die Ewigkeit
– für die nach Arndts *liber vitae* 57,8 zu erwarten sei „Die Gegenwart der heiligen
Engel, so unsere Seele in Abraham Schooß tragen. Unsere Seele kommt in die
Gesellschaft der Engel,[244] und zur ewigen Ruhe ... " – allein beschränken, sondern
auf die Gegenwart eines weltabgewandten geistlichen Lebens. So wie *e contrario*
für einen ,fleischlich lebenden' Menschen gilt, daß er weder Kind Gottes, noch
Jünger oder Glied Christi, noch Werkzeug des Geistes, noch „in der heiligen
christlichen Kirchen Gemeinschaft" sein könne, welche offensichtlich, wie die
Sterne zeigten, eine Kirche „deß kleinen Häuffleins" der Wiedergeborenen ist;[245]
denn „Er kann auch in der Engel Gesellschaft nicht seyn", weil seine Untugenden „nicht engelisch, sondern teuflisch" sind.[246] Ein Blick in die *Psalterauslegungen*
zeigt in der zweiten Predigt zu Psalm 91, deren erster Teil von jenem *alloqvium
laetum* der Seele mit Gott handelt, denselben Konnex zwischen dem *divinum allo-
qium* und den *colloquia angelorum*, die nur wenigen Auserwählten zuteil werden: [247]

> „Allhie lernet nun das innerliche liebliche Gespräch der gläubigen Seelen
> mit GOtt. Sehet / also redet die Seele mit GOtt / dadurch die Seele er-
> qvicket und erfreuet wird / darauff auch GOtt der HErr *durch heilige Engel*
> und tröstliche Gedancken und freudigen Geist wunderlich antwortet ...
> Solche grosse Dinge sind die himmlische Freude und Süssigkeit / so das
> Herz bißweilen empfindet ... Denn *was aus GOtt kömmt ohne Mittel* [248] *in deß*

---

[240] Koepp S. 90; zu einem Tübinger Diskurs darüber vgl. Bubenheimer Schickard S. 76 u. A. 51.
[241] Vorrede 9 (Hervorhebung von mir); ebd. Vorrede 7 vergleicht Arndt das Gebet der nicht
    von ungefähr ebenso im kosmosophischen Zusammenhang geläufigen "Himmelsleiter, an
    welcher wir hinauf gen Himmel steigen, und die heiligen Engel mit uns wieder herab".
[242] *WCh* I,23,11; zum *divinum alloquium* vgl. Bd. I § 5: *divina sapientia*.
[243] *Pegasus Firmamenti* VII fol. F 2ʳ; *amicitia demonum* der *Magi* bei Ficino *De amore* VI,10 S. 244-46.
[244] Hervorhebung von mir; eine Reihe von biblischen Beispielen benennt Agrippa *Occ Phil* III,47.
[245] Vgl. *Pss* 119/X Bd. 2 S. 210b: "die Sammlung der Kirchen ... die Gottes Wort und Gottes
    Krafft im Wort recht schmecken ... sie haben einen Geist / der sie lehret und erleuchtet... ".
[246] *Rep ap* I,26.
[247] *Pss* 91/I Bd. I S. 802 (a-)b-c (Hervorhebung von mir).
[248] *Immediate.*

Menschen Herz und Seele / ist eine edlere Freude / denn alle Creaturen vermögen. ... Also ist wol Gottes Güte in den Creaturen / aber nicht lauter / wenig Leute haben die himmlische Freude geschmecket. ... ".

Wenn also die arndtisch-paracelsische Sapientologie der natürlichen und himmlischen Weisheit, derzufolge Gott sich allein den Heiligen „über" dem natürlichen Himmel *immediate* mitteilt – und die in definitorischer Funktion durchaus präzise in diesem vierten Kapitel des *Hexaemeron* plaziert ist (*Hex* 4,13-17) –, eingerahmt wird von dem Hinweis auf die verborgene „übernatürliche Astronomie" der Engel als Sterne hier (*Hex* 4,10) und dort von der Rede, daß der sie regierende „neue[] Himmel" der Wiedergeborenen und ihre *inclinatio* Gott selbst seien, „und die heiligen Engel ... ihre Sterne" (*Hex* 4,16f.), so zeigt sich bei Psalm 91 ebenso wie im „Wahren Christentum" II und im *Hexaemeron* dieselbe Denkfigur, die eine die mystisch-spiritualistisch spezifizierte *divina sapientia* als zentrale Vorstellung einschließende „höhere Astronomie" mit dem magisch-hermetischen *dominium astrorum* des natürlichen Himmels als deren Unterbau unlösbar verbindet. Die Weise, wie das theologische Anliegen und die Kosmosophie ineinander verschränkt sind, bestätigt deren verschiedentlich bereits beobachtete Interdependenz. Ohne hier auf die Frage möglicher literarischer Abhängigkeiten einzugehen, soll der folgende Überblick einen traditionsgeschichtlichen Hintergrund dieses für Arndts Sapientiologie, Kosmologie und Soteriologie sowie für seine theosophische Theologie insgesamt bedeutsamen Vorstellungkomplexes in einigen wenigen Schlaglichtern erhellen.[249]

Widersprüchlich genug eröffnet Arndt in der *via* und *vita contemplativa* des *liber vitae* die von den „geistlichen und ewigen" klar abgesetzte Reihe der „leiblichen Wohlthaten" Gottes in der Schöpfung mit den „Unsichtbaren", den Mächten höherer Welten, also „Geister[n]",[250] die dem Menschen dienend und helfend als Engel gegenübertreten, oder aber ihn gefährdend, als Dämonen – welcher Terminus auffallend vermieden bleibt. Sie zu kennen sei Vorrecht allein des „Weisen", der, wie es die „geistliche" Auslegung des *liber naturae* fordert, die „unsichtbare Welt" „anschauet". Diese *visio* zeigt ihm Myriaden von Engelwesen:[251]

„*Die Unsichtbaren*, die uns dienen, sind *die heiligen Engel* ... Alldieweil auch viel böse Geister auf einen Menschen lauern, ihn zu verderben,[252] so sind dagegen auch viel heilige Wächter von GOtt verordnet ... Diese Wohlthat, weil sie unsichtbar ist, und unsichtbarer Weise geschieht, achten *viele*

---

[249] Ich stütze mich dabei in vielen Bezügen auf die prägnante Darstellung in F. Yates' Arbeit: Giordano Bruno and the Hermetic Tradition.

[250] *Hex* 1,26; sie erscheinen in einem dem Feuer (s. u.) verwandten Zusammenhang des Lichtes. ebd. 4,10: "Engel oder Geister". Den Terminus der *spiritus* benützt auch Agrippa, *Occ Phil* (ed. Compagni) III,24 S. 468 u. v. ö.

[251] *WCh* II,29,2 (Hervorhebung von mir); zum Motiv des Schauens s. auch u. zur Theoalchemie.

[252] Mit diesen Dämonen verbindet Arndt die von ihm verabscheute, gleichwohl als real erachtete schwarze Magie, die er jedoch vor allem dem Teufel selbst zuweist, vgl. *Ikon* III fol. 17 ᵛ-18 ʳ.

Leute für gering. Aber *ein Weiser* [!], *der nicht allein die sichtbare Welt anschauet* [!], *sondern auch die unsichtbare, der verstehet wohl,* daß *im unsichtbaren Wesen, darin GOtt wohnet,* viel größere Herrlichkeit, viel ein größer Volk und Kriegsheer, viel größere Herrschaften und Fürstenthümer seyn müssen, denn in dieser sichtbaren Welt."

Im ‚Anschauen' des „unsichtbaren Wesen[s]" erkennt Arndt „GOttes Wort, Engel, alle Propheten, Apostel und alle Heiligen GOttes" als „Feuer und Flammen" tragende „Boten der Barmherzigkeit" – nicht von ungefähr sind darunter die Träger der hier nicht benannten *linguae ignitae* –, die mit Gottes glühender Liebe das „todtkalte und erfrorene Herz" des Menschen, „dieses das höchste Wunderwerk des Teufels, das er kann", zu erwärmen suchen: „Darum merke auf, du menschlich Herz, und siehe, *wohin dich dein Schöpfer gesetzet hat: mitten in so viel feurige Wohlthaten, da die Engel um dich hergehen* mit ihrer feurigen Liebe ... ".[253] Einen Gegensatz zwischen dem eisigen Wirken des Teufels und dem Feuer der Gotteswelt kennt auch die *Divina Comedia* eines von Hermetismus wie Neuplatonismus geprägten Dante Alighieri, die den Weltenpilger zum tiefsten Punkt im Zentrum der Erde, an dem der Teufel tief inmitten einer Eisfläche gefroren steckt,[254] und bis zum höchsten Punkt über allen Himmelssphären der Planeten, Fixsterne sowie der pseudodionysischen Engelshierarchien führt, zum göttlichen Feuerzentrum allen Seins, dem *Empyreum,* aus dem Gottes Licht das All durchstrahlt.[255] Zwar ist kaum anzunehmen, daß Arndt Dante gelesen und geschätzt haben sollte, doch spricht umgekehrt allerhand dafür, daß vieles, das im Florentiner Renaissanceplatonismus und -hermetismus propagiert und in eine Systematik gebracht wurde, in Anknüpfung an ältere Traditionen bereits mit Dantes grandioser Welten- und Gottes-Schau nicht unwesentlich vorbereitet war, die auch philosophisch und theologisch einen Vorstellungshorizont und Denkraum eröffnete, der manche Möglichkeiten der Adaption außerchristlicher Traditionen erschloß. So ist, bevor Arndt sie aufgreift, die Frage nach der suprastellaren, dem Sphärenkosmos zugeordneten Engelwelt längst in der – auch hermetisch-magischen und christlich-kabbalistischen, nach Agrippa also „okkulten" – Tradition präsent. Wenn Arndt in jenem Schlüsselfunktion innehabenden Kapitel II,58 in Abschnitt 4 bei den Gestirnen als Lenkern der Zeit darauf zu sprechen kommt, daß die Johannes-Apokalypse „viel mit der Zeit und mit der Zahl zu thun" habe – „und darin stehen die größten Geheimnisse"[256] –, so ist dies nicht zuletzt auch auf die „unsichtbar hochleuchtenden Sterne" der Engel[257] zu beziehen, über die sich Arndt in manchen Andeutungen geheimen Wissens ergeht. Wenn er den

---

[253] *WCh* II,29,9f. (Hervorhebung von mir).

[254] *Divina Comedia* I,34.

[255] *Divina Comedia* III,28; 30; 33.

[256] Dabei könnte man an Paul Lautensacks *Offenbahrung Jesu Christi* und deren pseudoweigelsche Auslegung in der *Philosophia Mystica* denken, aber auch an Schriften des Tübinger Freundes von Andreae, Tobias Hess – der aus Nürnberg, dem Wirkungsort von Lautensack, stammte.

[257] *Hex* 4,10, s. o.

Stern namens „Wermut" nach Apk 8,10f. unter abermaligem Hinweis auf „ein großes Geheimniß" als Beleg dafür anführt,[258] daß Gott das „Heer der Sterne" herausführe und sie alle mit Namen nenne, führt dies in der *Psalterauslegung* zwar nicht bei dem dort angeklungenen Ps 147 Vers 4[259] – wo Arndt das tiefere Verständnis der Sterne als die „grösseste natürliche Weisheit" rühmt –, wohl aber, wie eingangs zitiert, bei Ps 148,3 wie auch in *Hex* 4,10 vom „Heer der Sterne" bzw. des Himmels *anagogice* zu der „viel größere[n]" Menge der himmlischen Heerscharen, in deren Schutz – und „Gesellschaft" – der Wiedergeborene steht.

Diese Sphäre der Engel befindet sich jenseits der von Arndt in *Hexaemeron* 4,5 und zu Ps 33,6[260] genannten *sphaera octava*, des Fixsternhimmels, dessen die Welten und die Status des Menschen trennende Bedeutung sich bis zum Ende der Rede des Poimandres an Hermes Trismegistus zurückverfolgen läßt: Sieben Regenten sind es, die das Schicksal des im Leib wohnenden Menschen bilden und die ihn zugleich in seinen die Erkenntnis und das Lob Gottes verhindernden, dem stofflichen Leib zugewandten bösen Neigungen binden. Im Durchschreiten der sieben Zirkel dieser Regenten streift der nach dem wesentlichen Menschen als seinem höheren, unsterblichen Teil strebende Mensch Stufe für Stufe diese ihn bindenden Neigungen ab und gelangt jenseits der siebten Sphäre zu der achten Natur, über der er die *virtutes*, die Gott lobenden Kräfte, die unmittelbaren Zugang zu Gott haben, hören und sich selbst unter sie begeben kann. Dieser Status der Erkenntnis bedeutet zugleich die Vergöttlichung.[261] Mit diesem Ausblick beendet Poimandres den Hermes einführenden Dialog und entschwindet. *Die verborgene Rede auf dem Berge* des ‚Hermes Trismegistus' an seinen ‚Sohn'[262] verknüpft den Status in der Achtheit (*ogdoas*) ausdrücklich mit dem in der ‚Geburt aus Gott'[263] sich vollziehenden Abstreifen der zwölf ‚Untugenden' und deren Ersetzung durch die zehn ‚Kräfte' sowie dem zugleich darin erfolgenden – und ihm gleichbedeutenden – Ablegen des zwölfgeteilten ‚zodiakischen Zeltes'.[264]

Frances A. Yates hat, im Anschluß an Gershom Scholems Nachweis einer Rezeption dieser gnostischen Konzeption in der für die spätere Kabbala wegbereitenden Hekhaloth-Literatur,[265] die These aufgestellt, daß gerade diese Kon-

---

258 *Hex* 4,7; vgl. *Ikon* IX fol 37 r-v, wo Arndt die mit den (Plural!) Wermutssternen angedeuteten "viel *Göttliche* vnd natürliche Geheimnus" aus einem "sonderlichen hohen Verstandt *im Liecht der Natur*" ausgelegt wissen will (Hervorhebung von mir).

259 *Pss* 147 Abschnitt IV Bd. II S. 359b-360a; diesen Vers zitiert Arndt u. a. auch noch *Hex* 4,51.

260 *Pss* 33/II Bd. 1 S. 313b-314a; wie zu erwarten, findet sich dort allerhand Kosmosophisches.

261 *Corpus Hermeticum* I Thesen 70-74. Vgl. Agrippa *Occ Phil* zweites (nicht drittes!) Buch cap. 59, wo Agrippa unter Bezug auf *Poimandres* diese 7 Regenten mit magischen Praktiken verbindet.

262 *Corpus Hermeticum* XIV (nach Ficino XIII).

263 *Corpus Hermeticum* XIV,49.

264 *Corpus Hermeticum* XIV,51f. und 60f.; zur Verbindung zwischen Zodiak und Planetensphären im *Asclepius* vgl. Yates Bruno S. 36f.; zu den sieben Regenten als Gottheiten des chaldäischen Kultes vgl. von Lippmann I S. 165-167; in Gen 1,14-17 sind sie zu Leuchtkörpern degradiert!

265 Jewish Gnosticism, Merkabah Mysticism, and the Talmudic Tradition, New York 1960, S. 65ff.; ders.: Major Trends, nach Yates Bruno S. 108.

zeption aufgrund der ihnen zugrundeliegenden strukturanalogen Charakteristika gnostischen Denkens Pico della Mirandola die Basis für seine Verknüpfung von Hermetismus und Kabbala bot.[266] Für diese für die Geschichte des Renaissance-Denkens folgenreiche und über Gestalten wie Trithemius, Reuchlin, Agrippa von Nettesheim,[267] aber etwa auch Heinrich Khunrath mit zeitlicher Verzögerung ebenso im deutschsprachigen Raum wirksam gewordene Verknüpfung erfüllt daher die „ogdoadic sphere" eine Art Gelenkfunktion, indem sie die Planetensphären von den himmlischen Sphären und den siderischen Himmel von dem geistlichen ebenso trennt, wie sie sie über die sphärenübergreifenden *catenae* der von Gott ausgehenden Emanationen permanent miteinander verbindet. Schon Dante hatte in seinem *Convivium*, in dem er – analog übrigens in der *Divina Comedia* – die Astralsphären und die pseudodionysischen Engelshierarchien miteinander verknüpft und diese kosmologisch jenen übergeordnet hatte, die Seelen der Erlösten auf den Planetensphären lokalisiert. So finden sich die Apostel und die *ecclesia thriumphans* auf jener achten (*ogdoas*) Sphäre oberhalb der stellaren Sphären, während die neunte, auf die hin die achte sich orientiert, und die ihrerseits wiederum der zehnten Sphäre der Trinität und des göttlichen Empyreums zu- und untergeordnet ist, den neun Hierarchien der Engel vorbehalten bleibt.[268] Nach Yates gipfeln die hermetischen Dialoge, die die gnostische Theorie vom Aufstieg der Seele durch die Sphären auf sehr spezifische Weise mit dem Weltbild verbinden und damit eine „gnostic religion of the world" schaffen, gerade in der zentralen Bedeutung jener ogdoadischen Sphäre, in der – gleichbedeutend mit der Wiedergeburt und dem Gewinn der Erkenntnis – nach Ablegen des zodiakischen Zeltes anstelle der Gestirne die göttlichen *virtutes* von dem aus den Gefangenheit des Leibes, der Materie und ihrer bindenden Kräfte und Leidenschaften befreiten Menschen Besitz ergreifen. Und so ist es, abermals Yates zufolge, die ägyptische Astralmagie, die Marsilio Ficino inspiriert, christliche Erfahrung in das Weltensystem einzuzeichnen,[269] wobei Ficino in Wahrheit nicht eine vermeintlich Christus prophezeiende *prisca theologia* des ägyptischen Moses und Bruder im (heiligen) Geiste der biblischen Patriarchen christlich rezipierte, sondern eine Gnosis, wie sie etwa der römische Kaiser Julian, genannt Apostata, gegen das Christentum in Stellung zu bringen versuchte.[270] Gegenüber Ficino, der sich nur vorsichtig und nicht ohne skrupulöses Zögern für eine nicht-dämonische, nicht zuletzt aus dem Erbe der Chaldäer, Perser und Ägypter – die auch Arndt verschiedentlich (u. a. wiederum in *Hex* 4,17) nennt – erschlossene *magia naturalis* öffnete,[271] blieb sein jüngerer, von ihm überlebter Zeitgenosse, Schüler und in mancher Hinsicht zugleich Antipode, Pico della Mirandola, dabei nicht

---

[266] Yates Bruno S. 109f.
[267] Yates Bruno S. 102.
[268] Yates Bruno S. 119.
[269] Yates Bruno S. 127f.
[270] Yates Bruno S. 60.
[271] Yates Bruno S. 80.

stehen, weil ihm diese astrologisch bestimmte Magie allein, die sich der natürlichen Kräfte zu bedienen versucht, als zu schwach erschien. Und so setzt sein
Interesse und Streben recht eigentlich erst da an, wo das des Ficino endet, bei
den Kräften oberhalb der *achten Sphäre* und bei der Frage, wie der Mensch sich
dieser Kräfte bedienen könne. So ergänzt Pico die natürliche Magie entscheidend um „a spiritual magic … in the sense, that it attempted to tap the higher
spiritual powers, beyond the natural powers of the cosmos. Practical Cabala in-
vokes angels, archangels, the ten sephiroth which are names or powers of God,
God himself, by means some of which are similiar to other magical procedures
but more particularly through the power of the sacred Hebrew language. It ist
thus a much more kind of magic than Ficino's natural magic, and one which it
would be impossible to keep apart from religion."[272] Damit, daß Yates jenes
Kapitel „Pico della Mirandola and Cabalist Magic" überschreibt, pointiert sie
Picos Synthese von Magie, Hermetismus, pseudodionysisch geprägtem Neoplatonismus und jüdischer Kabbala[273] als eine Komplettierung oder überbietende
Fortschreibung der *magia naturalis*, die das magische und durchaus praktisch
gedachte und intendierte Streben, sich des Einflusses auf die höheren Kräfte zu
vergewissern, als eine „supreme form" der Magie in die überhimmlische Sphäre
der engelischen und göttlichen Kräfte gleichsam verlängert und so in umgekehrter Richtung auch die Magie unweigerlich in den Bereich des Religiösen integriert.[274] Dabei verwischen die Grenzlinien zwischen Magie und Mystik, beide
werden füreinander offen und integrationsfähig, was sich verbindet mit einer
verschiedentlich beobachtbaren „tendency towards astrologising mysticism, and,
conversely, towards mysticising astrology".[275] Unabdingbare Voraussetzung für
eine Verknüpfung von *magia* und *cabala* bildet die Unterscheidung zwischen den
drei Welten, dem *mundus supercoelestis* der Sephiroth und Engel, dem *mundus coelestis* der Sterne und dem *mundus sensibilis* oder *terrestris*, zwischen denen ein gestufter, doch ununterbrochener Zusammenhang der jeweiligen von oben nach unten
erfolgenden Influenzen besteht, eine von Pico unternommene Verschmelzung
der kabbalistischen und pseudodionysischen Konzeption von je drei Welten.[276]
Pico, der die Geheimnisse des Christentums wie die Göttlichkeit Christi und die
Trinität in den Quellen hebräischer Weisheit, der Kabbala, bestätigt und tiefer
begründet zu finden meint, setzt nicht nur, wie schon Ficino, der seinerseits das
pseudodionysische, das hermetische und das kabbalistische Denken zu harmonisieren sucht,[277] die intelligible (überhimmlische) Welt mit der – wiederum im Sinne des Pseudo-Dionysius verstandenen und zugleich mit kabbalistischen Spekulationen über Namen und Zahlen der Engel verbundenen – Welt der Engel

---

[272] Yates Bruno S. 84.
[273] Yates Bruno S. 127f.
[274] Yates Bruno S. 102-104, vgl. 96f.
[275] Yates Bruno S. 99, 126.
[276] Yates Bruno S. 121; zu Arndts drei-Welten-Konzeption s. o.
[277] Yates Bruno S. 125.

gleich, sondern setzt die der Kabbala zufolge dem *mundus supercoelestis* zugehörenden zehn Sephiroth – ebenso wie mit den zehn hermetischen guten Mächten, den *virtutes*[278]– mit den zehn kosmischen Sphären in eine enge Beziehung, in der nicht von ungefähr die *Hokhmah*, also die (Gottes-) „Weisheit", der achten, also hermetisch gedacht, ‚ogdoadischen' Sphäre korrespondiert. Während Ficinos Interesse und Bemühen also dem unterhalb der Sternensphäre wirkenden *spiritus mundi* gilt, sucht Pico, erklärtermaßen darüber hinausgehend, über die Kabbala den Zugang zur Welt der Engel.[279] Insbesondere die Verknüpfung mit dem Sphärenkosmos „makes of Cabala a theosophy related to the universe. And it is this relationship which makes it possible to speak of Cabalist magic as the completion of natural magic, or a higher form of natural magic, reaching higher spiritual forces which are yet organically related to the stars."[280] Die komplexe Synthese jener verschiedenen, durch gemeinsame Wurzeln in der Spätantike und durch eine mehr als ein Jahrtausend währende Intertextualität vielfache Affinitäten zueinander aufweisenden Traditionen bezeichnet Yates als „practical Cabala, or Cabalist magic" und charakterisiert sie als eine, „which puts the operator in touch with angels or Sephiroth or the power of divine names, also puts him in touch with the Pseudo-Dionysian angelic hierarchies, and thus becomes a Christian magic which is originally connected with celestial or elemental magic through the continuity linking all the three worlds."[281] So gehen Hermetismus, Kabbala und Neoplatonismus – oder wie Hirschberger zu letzterem zutreffender formuliert, ein kaum reinlich zu scheidendes „Ineinander von Platonismus und Plotinismus in der Renaissance im allgemeinen und bei Ficinus im besonderen"[282] – eine Synthese ein, die, so Hirschberger mit unüberhörbar kritischem Unterton, „so etwas wie einen Renaissancesynkretismus" bildet.[283] In der nicht nur spekulativen, sondern ganz im Sinne ihrer magischen und praktisch-cabalistischen Anwendung entwickelten Synthese besteht nach Yates „the equipment of the Renaissance Magus".[284] Deren eigentliche Wurzel sieht Yates in einem stark religiös akzentuierten Interesse am Gnostizismus und von daher an den *Hermetica*, was sie zu der bemerkenswerten und durchaus folgenreichen These führt, Ficinos und Picos Synthese all der von ihnen rezipierten Philosophien, die sie als auf mystischer Basis erfolgend interpretiert, sei „really, at bottom, an aspiration after *a new gnosis* rather than a new philosophy"![285]

---

[278] Yates Bruno S. 109, wobei Pico diese Dinge mehr andeuten als offen aussprechen will.

[279] Yates Bruno S. 120, 123.

[280] Yates Bruno S. 100f.

[281] Yates Bruno S. 140; die Verbindung zwische Sephiroth und Engelshierarchien sowie deren Zuweisung zu den drei Welten (ähnlich der traditionellen Zuweisung von je drei der Engelshierarchien zu den Personen der Trinität, vgl. Yates Bruno S. 117), die Pico nur andeutet, führt der hermetische Arzt und Alchemiker Robert Fludd näher aus, vgl. Yates Bruno S. 123.

[282] Hirschberger Philosophie II S. 12f.

[283] Hirschberger Philosophie II S. 13.

[284] Yates Bruno S. 107.

[285] Yates Bruno S. 110 (Hervorhebung von mir).

Im Zusammenhang mit Paracelsus, jedoch in vieler Hinsicht auf die ihn prägenden Traditionen ohne weiteres übertragbar, weist Hirschberger auf die nicht
leicht zu entschlüsselnde Komplexität eines solchen Synkretismus hin: Insgesamt erweise sich „der neuplatonisch-hermetische Strukturplan des Ganzen als
das Entscheidende an seinem [: Paracelsus] geistigen Habitus. Die Wege im einzelnen nachzuzeichnen, auf denen das neuplatonische und hermetische Gedankengut in die Renaissance gebracht wurde, ist kaum möglich, weil sie noch zu
wenig erforscht sind. Und noch schwieriger ist die Kennzeichnung ihrer Kreu-
zungen. Es ist das ähnlich wie mit den Überdeckungen des Neuplatonismus mit
kabbalistischen und sonstigen okkulten Strömungen. Allein wie das Ganze auch
kam, jedenfalls war dieser Zeitgeist Tatsache, und Paracelsus zollte ihm auch
seinen Tribut."[286] Daß Paracelsus das Werk Ficinos direkt rezipierte, scheint eher
zu bezweifeln,[287] gleichwohl haben insbesondere die Arbeiten Walter Pagels den
durch die Renaissancephilosophie vermittelten neuplatonisch-hermetischen Hintergrund in seinem Denken herausgearbeitet, einer der Wege, die für Arndts Prägung in dieser Richtung bestimmend wurden. Ob Arndt – der in einer die auf
das *unum unicum* zielenden Gleichnisse vom Schatz im Acker und der kostbaren
Perle paradox verkehrenden und gerade darin den eigenen Synkretismus trefflich
pointierenden Metaphorisierung von Matth 13,44.46[288] über sich selbst sagt: „die
edle Perle habe ich gesucht in manchem [!] Acker"[289] – seinerseits mit Ficinos
(und Picos?) Schriften näher in Berührung kam – wie u. a. seine Pseudo-Diony-
sius-Rezeption vermuten ließe –, verdient eigene Prüfung. Denkbar ist dies allein
schon deshalb, weil in den zwei Dekaden vor Arndts dortigem Studienaufenthalt
just dort drei für lange Zeit maßgebliche Werkausgaben erschienen, die des Marsilio Ficino 1561/1576 und die des Pico della Mirandola 1572. Schon das ist Anstoß genug, die Rheinstadt nicht allein als Hort des Paracelsismus zu sehen, sondern als einen zentralen und für deren Fernwirkungen maßgeblichen Umschlagplatz der die neoplatonisch-hermetisch geprägte Renaissance tragenden philosophischen Ideen, Traditionen und Schriften nördlich der Alpen, der mit seinem
geistigen Klima seinerseits zum fruchtbaren Boden für den Paracelsismus wurde.

Agrippa von Nettesheim, der unter dem Eindruck der florentinischen Renaissance und deren Fortwirkungen sowie verschiedenen, auch beargwöhnten Traditionen magischen Denkens und magischer Praxis in seiner ein reflektiertes magi-

---

[286] Hirschberger Philosophie II S. 29.
[287] Vgl. Schütze, Ingo: Ficino-Rezeption bei Paracelsus, in Telle (Hg.) Parerga S. 39-44.
[288] Daß Arndt die ursprünglich zwei motivisch verwandten Gleichnisse in eines zieht, ist typisch.
[289] *Rep ap* II,5; weder Weber S. 40 noch, nach ihm zitierend, Schneider Paracelsist S. 104 belegen
die Stelle nach Buch/Kapitel, sondern nur nach Seite, was jedoch geringer wiegt gegenüber
der Tatsache, daß beide gleich mehrfach falsch zitieren (Weber dreimal: „edle" fehlt; für "habe ich" fehlen die Auslassungszeichen; "gesuchet" ist falsch plaziert: Schneider fügt dem
noch die verkürzte Schreibweise "gesucht" hinzu. Daß Schneider in Zitation und Beleg die in
Übersetzung *Breler* referierende Formulierung Webers: "das Gold vom Kot[e!] geschieden"
damit parallelisiert, könnte in leicht mißzuverstehender Weise ein Zitat Arndts suggerieren).

sches System entfaltenden und ein magisches Kompendium darstellenden *Occulta Philosophia* zugleich Neoplatonismus, *Hermetica* und Kabbala rezipiert, geht, Pico ähnlich, von drei in Genese und Wirkungen aufeinander bezogenen Welten aus, von denen jede ihre Influenzen aus der jeweils höheren Sphäre empfängt. Zwar ist er sich mit Ficino – und Arndt[290] – in einer zwischen superstitiösen Irrtümern und mit dem katholischen Glauben gut vereinbaren Erkenntnissen differenzierenden Rezeption der antiken chaldäischen, persischen und ägyptischen *Magi* einig,[291] doch teilt er weder Ficinos Beschränkung auf die substellare Sphäre noch dessen Ablehnung einer dämonischen Magie, im Gegenteil, seine gegenüber dem fromm-feinsinnigen Ficino doch sehr handfest dämonisch operierende Magie zeigt Bilder, Talismane und allerhand weitere magische Praktiken als ihr Instrumentarium.[292] Ganz in Picos Sinne „The Agrippa Magus aims at mounting up through all three worlds, the elemental world, the celestial world, the intellectual or angelic world,[293] and beyond even that to the Creator himself whose divine creative power he will obtain."[294] Die Anlage der *Occulta Philosophia* trägt dem Rechnung durch ihre dem Weltbild entsprechende Einteilung in die *magia naturalis* von Buch I, die *magia coelestis* des zweiten Buches, vorwiegend *Mathematica* enthaltend, und schließlich die im engeren Sinne religiöse Fragen behandelnde *magia caeremonialis* in Buch III. Während I und II in einem spezifischeren Sinne der *Magia* zugerechnet werden, firmiert die *magia caeremonialis* unter dem Leitbegriff der *Cabala*,[295] die damit in die dem Menschen als *Magus* zugängliche und von ihm gezielt zu beeinflussende Sphäre fällt. In diesem dritten Buch, das u. a. unter zentralem explizitem Bezug auf die Gestalt des sog. „Hermes Trismegistus" von der menschlichen *imago dei* handelt,[296] nimmt die Vorstellung von den unsichtbaren und körperlosen Intelligenzen der Geister, Engel und Dämonen, und zwar ausgehend von den astralen Seelen der Himmelskörper als paganen Göttern, breiten Raum ein.[297] Auf Engel als gute Dämonen bezogen finden sich dort nicht nur die auf die Welten und darin auf einzelne Funktionen bezogenen Hierarchien, die in einem folgenden Kapitel mit den pseudodionysischen und athanasianischen sowie mit den neun kabbalistischen Engelshierarchien in Beziehung gesetzt werden,[298] sondern auch die *cum nobis collocutiones* der Engel[299] und, im schon genannten Kapitel *De homine quomodo*

---

[290] S. o.
[291] Vgl. Yates Bruno S. 138f. zu *Occ Phil* III,4.
[292] Vgl. Yates Bruno S. 131, 141. Agrippa beruft sich klar auf den von Ficino nachdrücklich abgelehnten *Asclepius* und seine dämonische Magie, vgl. Yates ebd. S. 132f.
[293] Auch hier erfolgt deren Gleichsetzung.
[294] Yates Bruno S. 136.
[295] Yates Bruno S. 141.
[296] *Occ Phil* III,36.
[297] *Occ Phil* III,14ff.; vgl. auch Peuckert Pansophie S. 145-156: "Dämonen, Gestirne und Engel".
[298] *Occ Phil* III,16f.
[299] *Occ Phil* III,23.

creatus ad imaginem Dei,[300] die *conversatio* des Menschen nicht nur mit Gott sowie den nach den Sphären diversifizierten Kreaturen, sondern auch mit den Engeln:

> „Est igitur homo expressissimum Dei simulacrum, quando homo omnia in se continet quae in Deo sunt ... Homo itaque solus hoc honore gaudet, quod cum omnibus symbolum habet et cum omnibus operationem, cum omnibus conversationem: symbolizat cum materia in proprio subiecto, cum elementis in quadrifario corpore, cum plantis in vegetativa virtute, cum animalibus in sensitiva, *cum coelis in aethereo spiritu atque influxu superiorum in inferiores, cum angelis in intellectu et sapientia* [!], cum Deo in omnium continentia; *conversatur cum Deo et intelligentiis per fidem et sapientiam*, cum coelis et coelestibus per rationem et discursum, cum inferioribus omnibus per sensum et dominium agitque cum omnibus et in omnia posse habet – etiam in Deum ipsum, illum intelligendo et amando." [301]

So kann der *Magus* erkennen, wie von Steinen, Pflanzen, Tieren, Elementen, Himmeln, Dämonen sowie „ab angelis et ab unaquaque re habere et impetrare possit et quomodo singula singulis suo loco, tempore, ordine, mensura, proportione et harmonia aptare queat et ad se trahere atque deducere non secus atque magnes ferrum."[302] Neben dem gezielten Versuch einer Einflußnahme auf den sympathetischen *Influxus* des siderischen Himmels ist zu beobachten, wie auch das aus der Verknüpfung der neoplatonischen, hermetischen und christlich-kabbalistischen Tradition erwachsene Motiv der im Bereich der *Cabala* angesiedelten *conversatio cum angelis* auf das Anliegen praktischer Anwendung ausgerichtet ist. In der zweiten, auf den *mundus coelestis* bezogenen Gattung der Intelligenzen schildert Agrippa, auf die magisch-astrologische Tradition gestützt, ein ganzes superastrales System von alle Himmel samt dem Himmel der sichtbaren Gestirne, ja noch jedes einzelne der Gestirne je einzeln lenkenden Intelligenzen in einer hochkomplex und gestaffelt differenzierten Ordnung. Während es Hauptaufgabe der obersten Gattung der hauptsächlich auf Gott selbst hin ausgerichteten Intelligenzen oder guten Dämonen ist, daß sie „susceptum a Deo lumen [!] inferioribus ordinibus influunt singulisque singula officia distribuunt", agieren jene der zweiten Ordnung als „unicuique coelorum et stellarum praesidentes":[303]

> „posuerunt itaque [: veteres astrologi] duodecim daemonum principes, qui praeessent duodecim signis Zodiaci, et triginta sex, qui praeessent totidem decuriis, et septuaginta duos, qui praeessent totidem coeli quinariis et hominum linguis et gentibus, et quatuor, qui praeessent triplicitatibus et elementis, et septem totius mundi gubernatores iuxta septem planetas ... ".

---

[300] *Occ Phil* III,36.
[301] *Occ Phil* (ed. Compagni) III,36 S. 508f. (Hervorhebung von mir).
[302] *Occ Phil* (ed. Compagni) III,36 S. 509.
[303] *Occ Phil* (ed. Compagni) III,16 S. 446.

Nicht die Gestirne selbst als Himmelskörper sind demnach Lenker des unter ihnen liegenden Geschehens, sondern die durch sie hindurch wirkenden Intelligenzen. Nachdem Agrippa mehrere Spekulationen über die Zahl solcher Intelligenzen referiert, bezieht er erst im folgenden Kapitel (17) diese samt den beiden darüber und darunter angesiedelten Intelligenzen-Sphären auf die bereits genannten Engelshierarchien pseudodionysischer, athanasianischer und jüdischer Provenienz. In den Kapiteln III,24 bis 28 gibt Agrippa dann – auf eine durchaus im Arndtschen Sinn abermals ‚höher führende' Weise – eine Einführung in das kabbalistische Thema der Engelnamen, die er unter Hinweis auf den bereits aus Arndts astrologischen Einlassungen her geläufigen *locus* Psalm 147,4: Deus „solus numerat multitudinem stellarum et omnibus illis nomina vocat" eröffnet, womit er dieses Thema ohne jeden Zweifel in den Zusammenhang eines astrologisch geprägten Denkens stellt, wie es an anderer Stelle auch die strukturanalog-proportionale Abbildung des Systems der Intelligenzen in den 12 Aposteln, 72 Jüngern Christi, den Quinarien, Stämmen etc. in dem nach unten unmittelbar an die Engelshierarchien anschließenden *ordo animasticus* spiegelt, dem die Heiligen zugeordnet werden.[304] Die *propria et vera nomina* der Geister oder Intelligenzen seien Gott allein bekannt; „quorum nulla a nobis, nisi divina revelatione, cognosci possunt atque admodum pauca nobis in Sacris Literis expressa [!] sunt."[305] In III,38f. schließlich finden sich zweigestuft die Influenzen der sieben Planeten und der sie lenkenden höheren sieben Intelligenzen vor Gottes Thron (Apk 1,4), die in doppelter Weise je auf die geistige oder körperliche Sphäre des Menschen einwirken. Einzelheiten auszuführen ist nicht der Ort, vielmehr geht es darum, auf systemische Bezüge und Analogien zwischen Agrippas und Arndts Werk zu verweisen, gerade auch wenn bei Arndt Vieles sich auf Andeutungen beschränkt:

Wenn Arndt etwa im Zusammenhang des himmlischen Heeres von Ps 147,4 davon spricht, daß darin ein „großes Geheimniß verborgen" und mit dem vom Himmel gefallenen Stern namens „Wermut" (Apk 8,10f.) die Namen der Engel immerhin „angedeutet" seien,[306] paßt dies mit Agrippas geschildertem, ebenfalls von Psalm 147,4 her erfolgenden Einstieg in das Kapitel von den Namen, daß deren wenige in der Bibel offenbart seien, ohne weiteres zusammen. Im Zusammenhang der Herrschaft des natürlichen Himmels über die Zeit, in der die eher allgemein bleibende Andeutung erfolgt, die Offenbarung des Johannes habe „viel mit der Zeit und mit der Zahl zu thun ... und darin stehen die größten Geheimnisse", konstatiert Arndt, daß „die" Juden eine „weisliche Erforschung der Zeit" aus „den Propheten und Predigten Christi" zu ihrem Schaden ver-

---

[304] Daß von hier der Weg auch zu Arndts "geistliche[m] Himmel" der leuchtenden Sterne von Ps 19 als der Heiligen in Gott (s. o.) alles andere als weit ist, liegt auf der Hand.
[305] *Occ Phil* (ed. Compagni) III,24 S. 468.
[306] *Hex* 4,7.

säumt hätten.[307] Um eine ebensolche – ihrem Begriff nach – „Wissenschaft", die allerdings „weder zu der Apostel Amt, noch Erbauung der Kirche und Fortpflanzung des Evangeliums nöthig und nützlich ist",[308] geht es dann im astrologischen Kapitel 4 des *Hexaemeron* zu der die Zeit regierenden Funktion der Gestirne, wo Arndt, wiederum unter Verweis auf Gottes Vorsehung, äußert, daß „wir durch die weisliche Erforschung der Zeit die Gleichstimmigkeit der Propheten mit den Historien und der Natur augenscheinlich spüren, als: die Jahre der Welt mit ihren saeculis, oder hundertjährigen Zeiten, die aetates mundi, die Alter der Welt, die Zeit der Monarchien, die siebenzigjährige Babylonische Gefangenschaft, die siebenzig Jahrwochen Daniels, die Zeit des Messias, die periodos regnorum, oder die bestimmten Zeiten der Reiche, die Zeit des Antichrists, im Daniel und der Offenbarung Johannis, und dergleichen."[309] Auch Agrippa geht von einer die Zeitläufte nicht nur regulierenden, sondern regierenden Funktion der Gestirne aus, die er allerdings nicht den Himmelskörpern, sondern den diese lenkenden Intelligenzen oder Geistern zuschreibt. Dabei handelt es sich um Engel, deren Namen von den *antiqui Hebraeorum patres*, also in der kabbalistischen Tradition, überliefert seien.[310] Jedem einzelnen Gestirn, dem er eine regierende Funktion zuschreibt, weist Agrippa eine eigene Leitinstanz oder auch – wie für den zwölfteiligen Zodiak oder die 28 Stationen des Mondes – eine ganze Reihe von es leitenden Instanzen der Intelligenzen zu, so daß ein ganzes, die Astronomie des sichtbaren Firmaments in der intelligiblen Sphäre der Geister widerspiegelndes, urbildliches System von überaus machtvollen Gestalten ersteht: „Quisque autem horum spirituum grandis princeps est et habens potestatem multae libertatis in dominio suorum planetarum et signorum et in eorum temporibus, annis, mensibus, diebus et horis et in suis elementis et partibus mundi et ventis: et unusquisque illorum dominatur pluribus legionibus."[311]

Bei allen Unterschieden im einzelnen gemahnt dieses supraastrale System an Arndts anagogisches Schlußverfahren von den Sternen auf die Engel und an seine Rede, daß in der apokalyptischen Vision Apk 1,16 vom Sohn Gottes mit den sieben Sternen in seiner Hand als einer „Figur ... die rechte, wahre übernatürliche Astronomie tecte, verdeckter Weise, beschrieben wird".[312] Wenn auch Agrippa in solcher höheren Astronomie von sieben Sternen schreibt, die er sowohl bei „Hermes Trismegistus" wie zugleich auch in der Johannes-Apokalypse findet, meint er zwar jene anderen sieben von Apk 1,4, die ‚vor dem Thron

---

[307] *WCh* II,58,4.
[308] Handelt es sich um einen späteren Zusatz, wie das Fehlen einer analogen Einschränkung in *WCh* II,58,4 nahelegen könnte?
[309] *Hex* 4,19.
[310] Dabei ist an eine initiierende Vermittlung durch die Schrift *De arte cabalistica* seines Lehrers Reuchlin zu denken; zu dessen kabbalistischen Engelspekulationen vgl. Klein Anfang S. 98f.
[311] *Occ Phil* (ed. Compagni) III,24 S. 471.
[312] *Hex* 4,10; laut Apk 1,20 die Engel der 7 Gemeinden! Nach Ps.-Weigel *Offenbahrung Jesu Christi* II S. 126 kann nur ein *perfectus Astronomus*, nicht aber ein *Mundanus* sie – ‚cabalistisch' – deuten.

stehen', doch sind sowohl die Spekulation einer sich darin spiegelnden höheren Ordnung wie die Zuweisung der Regentschaft über das Irdische an deren Sphäre sachlich dieselbe wie bei Arndt. Jeder einzelne Planet hat in der *Occulta Philosophia* seinen ihm zugewiesenen, namentlich bezeichneten Engel:[313]

> „Saturno Zapkiel, Iovi Zadkiel, Marti Camaël, Soli Raphaël, Veneri Haniel, Mercurio Michaël, Lunae Gabriel; hi sunt *spiritus illi septem*, 'qui semper adstant ad faciem Dei', quibus credita est *dispositio totius regni coelestis et terreni* quod sub orbe Lunae est. Hi enim (ut dicunt *secretiores theologi* [!]) omnia regunt vicissitudine quadam horarum, dierum et annorum, quemadmodum de planetis quibus praesunt traduunt astrologi; *quos Trismegistus Mercurius iccirco vocat septem mundi gubernatores*,[314] qui per coelos tanquam per instrumenta, coacervatis omnium stellarum et signorum influentiis, eas in haec inferiora distribuunt. Sunt autem qui illos paulo diversis nominibus stellis adscribunt[315] ... *De istis spiritibus praesidentibus planetis et signis meminit etiam Iohannes in Apocalypsi*, de prioribus in fronte inquiens: 'Et a septem spiritibus, qui in conspectu throni Dei sunt', *quos reperi praesidere etiam planetis* ... ".

Mit am deutlichsten und zugleich wiederum für Arndts *tecte*-Prinzip der ‚höheren Astronomie' der Engel aufschlußreich ist seine Erwähnung der vier über die „Schätze der Winde" von den „heimliche[n] Oerter[n] der vier Enden der Welt" gesetzten himmlischen „Schatzmeister" der Winde und Himmelsrichtungen.[316]

Die Erwähnung dieser himmlischen Geister verknüpft Arndt mit Sach 6,5, Apk 7,1 sowie Mk 13,27 par., und zwar jedesmal wieder auf eine den Literalsinn allegorisierende Weise, sei sie nun „gleichnißweise", „nach prophetischer Art geistlich gebrauchet" oder in dem Sinne: „Welches der Evangelist [der Johannes der Apk] aus der Natur nimmt, und zur prophetischen Weissagung gebrauchet", wodurch verschiedene Aspekte des einen übergreifenden Zusammenhangs zwischen terrestrischer, coelestischer und intelligibler Sphäre angesprochen werden. Agrippa – hier ist die Parallele zu Arndt zweifelsfrei unmittelbar aufzuzeigen, wenngleich verdeckt – erwähnt dieselben Geister und ebenfalls unter Berufung auf Apk 7,1f., und zwar gleich zweimal: Einmal in *Occ Phil* III,18, und das heißt bemerkenswerterweise unter den *ordines malorum daemonum*,[317] weil ihnen nach Apk 7,2 Macht und Auftrag verliehen sind, „der Erde und dem Meer Schaden zu tun", und einmal in III,24 unter den *principes* der Gutes bewirkenden Engel, wobei ihnen hier nach Reuchlins anonym benutzter Schrift *De arte cabalistica* die folgenden Namen zugewiesen werden:[318] „Sunt etiam quatuor angelorum principes,

---

313 *Occ Phil* (ed. Compagni) III,24 S. 469f. (Hervorhebung von mir); Ficino *De amore* VI,4 S. 194: Die *fecunditas generandi* verleiht Gott *septem diis, qui planetas septem movent, angelique a nobis vocantur.*
314 Nach Compagni *Corpus Herm.* I (=Pim.) § 9 p. 9 [p. 1837]; vgl. *Viererlei Auslegung* II,13 S. 451.
315 Es folgt ein Verweis auf Trithemius' Schrift *De septem secundeis idest intelligentiis sive spiritibus*, [S. 3-13]; zu dessen Verknüpfung der Sterne mit den Engeln vgl. Peuckert Pansophie S. 364f.
316 *Hex* 4,34(f.) (Hervorhebung von mir); nach *Hex* 4,14 ist Gott "der oberste Schatzmeister".
317 *Occ Phil* (ed. Compagni) III,18 S. 453.
318 *Occ Phil* (ed. Compagni) III,24 S. 471; Reuchlin *l. c.* cap. 3 (Nachweise bei Compagni).

qui praefecti sunt super quatuor ventos et super quatuor partes mundi, quorum Michaël praefectus est super ventum orientalem, Raphaël super occidentalem, Gabriel super borealem, Noriel (qui ab aliis Uriel dicitur) super australem."

Wie auch immer die Entsprechungen und ihre Differenzen aussehen, auf die es im einzelnen hier nicht ankommt, so wird doch insgesamt deutlich, daß die christlich-kabbalistisch geprägte geistige Welt von Agrippas Jugendwerk der *Occulta Philosophia* mit ihrer direkten Verbindung zwischen den Sternen und den sie influierenden Geistern aus der Sphäre des Intelligiblen mit dem, was Arndt vorwiegend in der Johannes-Apokalypse als „die rechte, wahre übernatürliche Astronomie tecte, verdeckter Weise, beschrieben" sieht, vom Weltbild her eng korrespondiert, wenn auch nicht von jener praktisch-magischen Intention her. Daß im gestuften Weltbild jener „gnostic religion of the world" im Blick auf das Wirken der die jeweiligen Sphären regierenden Wesen die Grenzen verschwimmen zwischen Magie, Astrologie und Cabala, aber auch zwischen, in traditionellen theologischen Kategorien gesagt, Natur und Gnade, Seinsordnung und Heilsordnung, göttlichem Heil und menschlicher Synergie, ist, wie bisher bereits auf vielen Feldern zu beobachten war, zutiefst im Charakter dieses gnostisierenden Denkens verwurzelt.

Nicht zuletzt unter dem Einfluß von Agrippas Werk, dessen zweites Buch, die *magia coelestis*, die Mathematik bestreitet, befaßte sich der englische Hermetiker und Mathematiker John Dee in wissenschaftlichen Studien mit mathematischen und Buchstaben-Spekulationen im Sinne der praktischen *Cabala*, wie sie in den Ziruph-Tafeln in *Occulta Philosophia* III,25 vorliegen, um durch – von seinem betrügerischen Assistenten Edward Kelley vorgegaukelten – *colloquia angelorum* und deren geheime Offenbarungen tiefer in die Geheimnisse der Wissenschaft einzudringen:[319] „What Dee chiefly wanted to learn from the angels was *the secrets of nature*; it is a way of *prosecuting science on a higher level*." Damit steht der ambitionierte Mathematicus auf dem von Pico della Mirandola bereiteten Boden ebenso wie sein eine Generation jüngerer, von seinen Interessen völlig anders orientierter Zeitgenosse Arndt. Dieser unterscheidet in *Hex* 4,14f. ganz im Sinne von Picos Differenzierung zwischen der durch den Kosmos vermittelten *magia* und der von Gott unvermittelt erlangten *Cabala*[320] eine von Gott *mediate* gewährte „natürliche Weisheit" der „natürlichen Weisen" von der *immediate* gewährten „himmlischen Weisheit" der Heiligen alten und neuen Bundes und dringt in dem Sinne, doch nicht in der Sprache Picos, auf eine „Erleuchtung von oben herab": „durch den Heiligen Geist und Wiedergeburt ... erreichen die natürlichen Gaben einen viel höhern Grad zu ihrer Vollkommenheit. Die bekommen denn einen neuen Himmel, der sie viel höher incliniret ... GOtt selbst, und die heiligen Engel sind ihre Sterne".[321] *Gratia perficit naturam*, es schließt sich der Kreis.

---

[319] Yates Bruno S. 149.
[320] Vgl. Yates Bruno S. 98f. mit Belegen.
[321] *Hex* 4,16f. Die Erleuchtung durch das *lumen gratiae* potenziert das *lumen naturae*, dazu s. u. § 4.

In zeitgenössischen bildlichen Darstellungen findet dieses Weltbild einen sichtbaren Niederschlag. Eine Illustration zu Paracelsus' *Großer Wundarznei* zeigt von der Erde im Zentrum kreisförmig ausgehend über den vier elementischen nicht weniger als elf weitere Sphären, von denen die sieben planetarischen und die achte der Fixsterne mit den bekannten astrologischen Symbolen gekennzeichnet sind, die folgenden drei des kristallinischen Himmels, des *Primum mobile* und des *Empirreum immotum* jedoch von Symbolen frei bleiben.[322] Dagegen spiegelt das *Integrae Naturae speculum Artisque imago* aus Robert Fludds *Utriusque cosmi historia* [323] über der sehr viel weitergehend in Details ausgeführten elementisch-terrestrischen Sphäre, den sieben symbolisch gekennzeichneten planetarischen und der klar als Grenze abgesetzten achten Sphäre des Fixsternhimmels drei von Flammenkreisen markierte höchste Sphären, in deren erster kleine Kinder,[324] der zweiten geflügelte Engels-Kinder und der dritten bloße geflügelte Engelsköpfe zu sehen sind. Eine die *ars* verkörpernde nackte Frauengestalt, durch das solare und lunatische Symbol an ihren Brüsten als die *ars hermetica* gekennzeichnet, deren Füße in der terrestrischen Sphäre stehen, und deren Körper die planetarischen Sphären überdeckt, zwischen denen sich ihre Hände bewegen, deren sternenumkränztes Haupt[325] über jene achte (,ogdoadische') Sphäre des Fixsternhimmels sichtlich in den ersten supracoelestischen Kreis hineinragt, hat in jeder Hand eine Kette: Die eine, die um ihre rechte Hand gekettet, die durch sie vermittelte Erkenntnis als eine passiv, oder wie Weigel formuliert, „leidenlich" empfangene ausweist, verbindet die aus der das göttliche Tetragrammaton umkleidenden Wolke reichende, die Kette straff gespannt haltende Hand mit dem rechten Handgelenk der Frauengestalt, während die von der Frau aktiv mit der linken Hand gehaltene zweite Kette von der astralen Sphäre eher locker gespannt in die terrestrische reicht, wo sie ihrerseits das (linke) Handgelenk der affenartigen hockenden Gestalt erreicht, die wohl den gegenüber der ,siderokratischen' Existenz ,tierisch'-,vihisch' gebliebenen *homo animalis* der ,alten Geburt" samt der – auf die *artes* beschränkten – „thierischen Weißheit" („Wahres Christentum" III,6,1) repräsentiert.[326] Die beiden Ketten duplizieren und differenzieren das neuplatonisch-hermetische Motiv der *aurea catena* in die zwei Disziplinen der von Gott bzw. aus der Sphäre der Intelligenzen oder Engel zu gewinnenden *Cabala* als der höheren *Magia* einerseits und der der astralen Sphäre zugeordneten *Magia naturalis* andererseits. Dem die höheren Offenbarungen der Engelwelt empfangenden Menschen der ,neuen Geburt' – im Speziellen hier seiner klar hermetisch gedeuteten *ars* – stehen auch die Geheimnisse der natürlichen

---

[322] Abgebildet in Dopsch/Goldammer/Kramml (Hg.): Paracelsus S. 98.

[323] S. 3, abgebildet u. a. in: Yates Bruno bei S. 275, Erläuterungen dazu ebd. S. 144; Ohly Goldene Kette S. 659; dazu (mit einiger weiterer Literatur) Ohlys auf das Thema seines Aufsatzes bezogene Deutung S. 658-662, zu einer vermuteten Rezeption bei Jean Paul vgl. ebd. S. 675f.

[324] Dabei handelt es sich wohl um die Seelen der "neuen Geburt".

[325] Vgl. die astrologischen Pseudonyme "Stellatus" (Hirsch) und "Syderocrates" (Eisenmenger).

[326] Yates Bruno S. 144f. deutet den Affen als die Kräfte oberer Welten herabziehenden *Magus*.

Weisheit, und zwar auf nachhaltig vertiefte Weise, offen. Wie dem Landsmann John Dee vor ihm gilt Robert Fludds vorwiegendes Interesse der Wissenschaft. Wenn Arndt von der Seele in „Gesellschaft" der Engel und von der „übernatürliche[n] Astronomie", zu denen die Sterne „höher führen", spricht, steht er in einem Feld diverser sich komplex überlagernder und intertextuell assimilierender Traditionen, wie es, von älteren platonischen und hermetischen Traditionen gespeist, im Neuansatz der florentinischen Renaissance deutende und prägende Kraft für eine ganze Epoche gewann und in einem seiner Ableger sich zu jener „Hermetische[n] Philosophey" entwickelte, „welche in sich begreifft die wahre *Astronomiam, Alchymiam, vnd Magiam, wie auch Cabalam* etc." und die sich ebenso in der Florentiner Tradition jener *prisca sapientia* oder *theologia* als „Vhralte Wahre / Natürliche Scientia von Adam her" versteht, welche der bereits genannte Benedictus Figulus 1608 in der Vorrede zur *Pandora magnalium aurea* aus der Trias der göttlichen „Bücher" von Makrokosmos, Mikrokosmos und Bibel herleitet.[327]

Auch in den *Weigeliana*, zu denen von Arndt her wie verschiedentlich gezeigt nicht geringe Affinitäten bestehen, findet sich der skizzierte religiös-astrologische Vorstellungskomplex in seinen verschiedenen Elementen. Während Arndt die Vorstellung einer negativen Influenz des Gestirns auf den sündigen Menschen in dem von ihm im „Wahren Christentum" verwendeten *Gebetbüchlein* finden konnte,[328] beschreibt die (weitgehend mit dem von Arndt benützten *Informatorium*[329] übereinstimmende) Schrift *Soli Deo Gloria* die Abhängigkeit alles Irdischen von den Gestirnen mit der auch Arndt vertrauten[330] hermetischen *aurea catena*:[331] „es hangen alle dinge an ein ander *wie an einer Ketten die glieder*, als: die sichtbaren dinge, was Corporalisch ist, hanget an den Elementen vnd Sternen." Der in der Tat *Kurtze[] Bericht Vom Wege vnd Weise alle Ding zuerkennen* entfaltet im

---

[327] *Pandora* fol. * v ʳ; zu den drei Büchern ebd fol. ** iij ᵛ – v ʳ; zu Figulus' *Schola Hermetica* vgl. van Dülmen Utopie S. 52f. Daß Figulus das *dominium astrorum* vertritt, ist fast zwangsläufig, vgl. *Pandora* fol. ** ij ʳ: "Der nun nach der Bildnuß deß HErren lebt / der vberwindet das Gestirn / vnd wird billich ein weiser Mann genennet." So besitzt er nicht nur, wie der *homo naturalis*, einen (fol. ** iiij ʳ – v ʳ) "zweyfachen Magneten ... Einen Nemlich von den Elementen / darumb zeucht er sie widerumb an sich: Darnach einen auß dem Gestirn / auß dem er an sich Zeucht die Microcosmische Sinnligkeit widerumb vom Gestirn ... Auß diesem sage ich / daß noch einer entstehe *in den Rechtgläubigen* [!] / *Magis vnd Cabalisten* / vnd das *dieser dritte Magnet* verborgen sey / *in der Bildnuß Gottes* / vnnd in deß Menschen Sehl / der dringe durch die Imagination vnd Glauben / zu dem / von dem sie kommen ist / vnd suchet die Ewige Weißheit vnd den H. Geist ... "; diese Duplizität von Seele und Leib führt Figulus zu Arndts 'höherer Astronomie': "Also befinden sich im Menschen auch *zwen Himmel* / der Eine ist Luna cerebrum, der Cagastrische Himmel: *Jm Hertzen deß Menschen aber ist der Rechte Jliarische Necroconische Himmel / Ja COR HOMINIS selbst ist der Rechte Himmel deß Ewigen Wesens* / darauß die Sehl noch nie kommen ist / darinnen jhm der *Newe Olympus* [!] *vnd Himmel Christus Jhesus* seine residentz vnd Wohnung bey allen Glaubigen erwehlet hat." (Hervorhebungen von mir).

[328] *Gebetbüchlein* XVI fol. K ʳ; zu dessen Rezeption durch Arndt vgl. Weber S. 71-74.

[329] Zu Arndts Rezeption des *Informatorium* vgl. Weber S. 74-77.

[330] *Pss* 148/I Bd. II S. 366a, *Hex* 4,36f. s. o. am Beginn dieses Unterkapitels.

[331] *Soli Deo Gloria* II,IV S. 22 (Hervorhebung von mir).

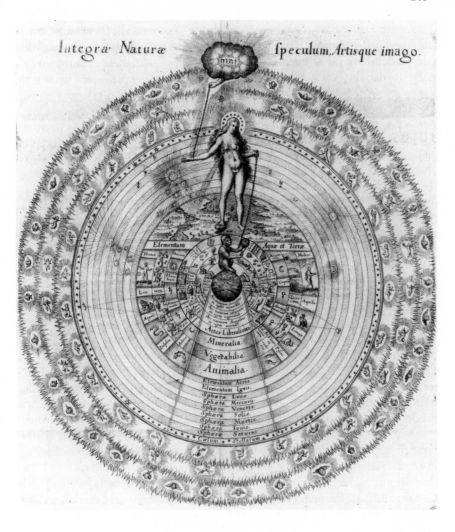

Abb. 18   Die *ars hermetica*, in: Fludd, Robert: *Utriusque Cosmi Maioris scilicet et Minoris ...
Historia,* ... 1617 (Bayerische Staatsbibliothek München), steht (zugleich als ein Bild der
wiederhergestellten Natur) – jenseits der vom *homo animalis* besetzten Sphäre der *artes
liberal(ior)es* – mit beiden Beinen in den *tria regna*, ragt mit sternumkränztem („*stellatum*")
Haupt über die astrale – wo hinein und hindurch sie wirkt –, und die ogdoadische in die
himmlische Sphäre. Die zwei *catenae* stehen, über den emanativen Seinszusammenhang
hinaus, für die passive ‚göttliche' und aktive ‚natürliche' Erkenntnis (rechte/linke Hand).

11. Kapitel eine sphärenübergreifende Kette:[332] „Es seynd alle Dinge auß Gott in die Engel geflossen, auß den Engeln seynd sie geflossen in das Gestirn, auß den [sic] vnsichtbarn Gestirn in die sichtbarn Corpora,[333] auß diesen sichtbaren Leibern werden die Früchte herfür gebracht". Der Sphärenkosmos erscheint etwa gegenüber Agrippa deutlich gestrafft und vereinfacht, statt drei Gruppen von Geistern, Intelligenzen und Dämonen, finden sich lediglich die religiös eindeutigeren Engel, die die Sphäre zwischen Gott und den – intelligiblen – Gestirnen bevölkern und regieren. Einen stufenweisen Auf- und Abstieg durch die Sphären vom *homo naturalis* hinauf zu Gott und wieder herab erklärt das *Gnothi seauton*:

> „DAr [sic] Firmament ist also von dem ewigen Schöpffer begabt vnd gezieret, daß es in jhm habe alle natürliche Weißheit zu diesem sterblichen Leben;[334] darumb seynd in jhme alle Künste, Sprachen, Handwercke, Faculteten etc. *Also erbet der Mensche seine natürliche Weißheit vom Gestirne durch die natürliche entpfengnuß vnnd Geburt, Gleich wie ein Gleubiger erbet die Göttliche Weißheit in Christo durch die ander Geburt* ... Ist nun solches im Menschen, wie es nicht widerredet mag werden, *So muß es alles auch im Gestirn seyn. Ists aber im Gestirne, So ists auch in den Engeln, so ists auch in Gott, von welchem alle Ding herfliessen vnd kommen. Auß Gott kommet es auff die Engel, von Gott vnd den Engeln in das Gestirn, von Gott, Engeln, Sternen auff den Menschen* ... ".[335]

Diese Erkenntnis, die die Makro-/Mikrokosmos-Relation einschließt, zählt nach *Soli Deo Gloria* zur „Notwendigen erkentnuß":[336] Sie führt von der Selbsterkenntnis aufsteigend zur Gotteserkenntnis, worin beide Teile der zum Heil notwendigen Erkenntnis nach der natürlichen und übernatürlichen Herkunft des Menschen inbegriffen sind. Die Selbsterkenntnis auch des natürlichen Menschen gehört also zum Bereich der unmittelbar und mittelbar heilsrelevanten Themen.

Diesen Aufstieg, „das[s] wir sterbliche Menschen auß diesem thal der zehren vnnd finsternus vns können erheben vnd steigen *in die Engelische Welt zu Gott*",[337] in der die Seele ihren Ursprung, ihr Ziel und demgemäß als *anima socia angelorum* ihre eigentliche Heimat hat, identifiziert die Schrift mit der „Scala Jacobea" nach Genesis 28,10-15, die dem zweiten Teil seiner Schrift den Titel gab. Folgerichtig behandelt dieser Teil nicht zuletzt kosmologische und kosmosophische Fragen, unter anderem die oben angesprochene Kugelgestalt der im Zentrum ruhenden Erde und die Aussagekraft und -weise des Sechstagewerkes der Schöpfung nach Genesis 1, das wie Arndts *Hexaemeron* zum integralen *religiösen* Bestandteil wird. Die *Scala Jacobea* führt zu weitreichender Erkenntnis – aber auch zu den Engeln:

---

[332] Fol. Dij ᵛ.
[333] Die *Corpora* des an sich unleiblich-unsichtbaren Gestirns, d. i. die Himmelskörper.
[334] Sie entspricht – wie auch bei Arndt, ohne daß deren Terminus erschiene – der *magia naturalis* im *lumen naturae*.
[335] *Gnothi seauton* I,17 S. 42f. (Hervorhebung von mir).
[336] *Soli Deo Gloria* II,I Überschrift.
[337] *Soli Deo Gloria* II,II fol. Cij ʳ.

„wer sich selbst ansiehet vnnd erkennet, von Innen vnd aussen, im Geist
vnd in der Natur, der mus erkennen *den ewigen Gott, dessen Bildnuß er treget
vnd von welchen er ist herkommen; darnacher kent er die Engel, deren mit
gesel er sein sol,* vnd erkent auch die grosse Welt [: Makrokosmos], auß
welchem [sic] er gemacht ist nach seinem sterblichen theil; *wer Gott kennet,
der kennet auch die Engel, vnd wer die Engel kennet, der kennet auch die Astra vnd
gestirn; wer die Sterne kennet, der kennet auch die Vier Element vnnd alle Geschöpff,
das ist die grosse Welt, vnd also den Menschen ...* ".[338]

In der Konsequenz dieses Denkens mündet das 11. Kapitel im zweiten Teil der
Schrift *Soli Deo Gloria* mit dem Thema „Das die 6. Tage der Schöpffung begreiffen alle werck Gottes, sichtig vnd vnsichtig" nach einem reichlich knappen
Durchgang durch das Sechstagewerk schließlich in eine universalistische Darstellung des gestuften Weltengefüges voll sichtbarer und unsichtbarer Geschöpfe: [339]

„was nun ist in der sichtbaren Welt leiblich, greifflich, dasselbe ist zuvor in
den Elementen oder * [i. e.: „Astris"] vnsichtbar vnnd Geist*lich* [!] ... alles,
was da ist in den Sternen vnd Elementen Elementisch, dz ist in den
Engeln Engelisch; vnd was in den Engeln Englisch ist, das ist in Gott
Göttlich; alles geschöpff were in Gott Göttlich; *auß Gott kommen sie in die
Astra oder Elementa; auß denn* [sic] *Astris kommen sie in die Leibliche Substantias,
vnd kommen daraus die gewechs, auß welchem* [sic] *die früchte wachsen; die Bäume vnd
Kreuter sind gewechs der Erden durch die Astra der sahmen sambt jhren Früchten.*
          Die Astra sind wesen der Engel.
          Die Engel seind von Gott.
          Gott ist vom im selber.
Am Firmament siehestu die Sternen, die sind gewechse des Himmels, ge-
ben jhre früchte[340] als Donner, Kelte, Regen, Schnee vnd Anders.
Diese Himlische gewechse oder Sternen seyd [sic] *Corpora Astrorum, das ist,
Leiber oder Cörper, auß den vnsichtbaren Samen oder Astris herfür kommen; die
Astra sind wesen der Engel, die Engel* sind von Gott geschaffen vnd *haben in
jhnen alle Astra sambt denn* [sic] *4. Elementen.* Gott aber ist von keinem als
von jhm selber."

Die Bindeglieder jener ‚Kette' zwischen Gott und den *Corpora*, dem geistigen
Ursprung alles Seienden und den leibhaftigen Kreaturen von der Erde bis zum
Firmament und seinen *corpora*, sind die Engel sowie die unleiblichen *astra*, aus de-
nen in gestuftem Prozeß die sichtbaren Kreaturen in ihrer Vielfalt hervorgehen.

---

[338] *Soli Deo Gloria* II,I fol. C ʳ⁻ᵛ (Hervorhebung von mir); vgl. *Gnothi seauton* I,16 S. 41: "Er ist
auch *nach dem Bildnüß Gottes gemacht / vnnd ist eine lebendige vernünfftige Seele / welche ist ein
Mitgesell der Engel / vnd ist* ein Engel: vber jhm / oder in jhm / hat er auch den Geist Gottes".
[339] *Soli Deo Gloria* II,XI fol. F ij ʳ⁻ᵛ (Hervorhebung von mir).
[340] Auch Arndt bezeichnet die meteorologischen Erscheinungen als "Früchte" des Himmels:
Hex 4,27; gegen die Anschauungen von "heidnischen Scribenten ... wisse, daß alle Meteora
... Früchte und Wirckungen der Sterne sind." Nach deren Beschreibung 4,28-35 fügt er sie
in *Hex* 4,36f. folgerichtig und den *Weigeliana* analog in jene *auream catenam naturae et providentiae
divinae* und in den *a prima caussa*, Gott, beginnenden, hierarchisch abgestuften *ordo naturae* ein,
in dem "die untersten Kräfte der Erde ... alle an den obern Kräften des Himmels" hangen.

Um so wichtiger ist, daß der Mensch, in Erkenntnis seiner doppelten Herkunft aus dem *limus terrae*, dem Erdenkloß einerseits, und aus Gott als dessen *imago* andererseits, die ebenso kosmische wie religiöse Prävalenz der zweiten erkennt, und das heißt, in seiner Existenz realisiert. Erst so wird sich die Seele ihrer Herkunft und Zukunft als *socia angelorum* bewußt. Der Schlüssel zum wahren Sein ist also die Erkenntnis, die, wie für Arndt, eine eminent praktische Erkenntnis ist: [341]

> "Qui vero cognoverit seipsum, cognoscet mundum parentem suum, ex quo natus est *secundum externum et mortale corpus*: cognoscet *Angelus* [sic] *socios suos juxta* [!] *se*, et contemplabitur DEVM aeternum genitorem supra se *ad cujus Imaginem cum reliquis Angelis est creatus*."

Daß Theodor Thumm[342] und Nicolaus Hunnius[343] die *colloquia angelorum* und den damit verbundenen Themenkreis heftig befehden, kommt nicht von ungefähr. Wenngleich nicht so sehr von der emotionalen Einfärbung ihrer Mystik, und gewiß nicht in dem popularisierenden Interesse des „Wahren Christentums" sich Arndt und die *Weigeliana* berühren, stimmen sie um so mehr aber in der nicht zuletzt wohl mystisch inspirierten Konzentration dieses dem spätantiken Hermetismus verdankten Gedankenkomplexes überein. Lehrt *Hex* 4,10.16f. eine „übernatürliche Astronomie" der „neuen Geburt", so formuliert das *Gnothi seauton*: [344]

> „Christus vnnd alle, so auß jhm geboren seynd, gehören nicht vnter das Gestirne, sondern Gott ist jhr Gestirne".

Auch der Danziger *Medicus* und Paracelsist Alexander von Suchten, der in der aus seiner Sicht von Paracelsus gänzlich erneuerten *Magia* eine darin postulierte ursprüngliche innere Einheit der *tres facultates* Theologie, Astronomie und Medizin wiederzufinden und zu restituieren sucht, soll hier kurz Erwähnung finden. In seiner für Paracelsisten typischen Kritik etablierter Wissenschaften, denen er gut spiritualistisch zum Vorwurf macht, sie verwechselten den äußeren Anschein mit der Sache selbst, äußert sich im Gegenzug eine Überzeugung, derzufolge das Sichtbare nur Verweis auf eine dahinter verborgene größere Wirklichkeit sei.

---

[341] *De vita beata* III S. 17 (Hervorhebung von mir); zum Topos der *anima socia angelorum* vgl. die *Viererlei Auslegung* II,8 (S. 413f.), die thematisch näher zu untersuchen zweifellos lohnen wird.

[342] Thummius *Impietas Wigeliana* S. 40: *colloquia familiaria angelorum*.

[343] *Paracelsische und Weigelianische Theology* S. 3, v. a. auch *X. Ursach*, S. 396ff. u. ö.

[344] *Gnothi seauton* I,17 S. 44; die pseudo-Weigelsche *Astrologia Theologizata* fordert XIV S. 49f., "das die alte Geburt / aus dem Gestirne vergehen muß / vnd kan die Natur den Himmel nicht besitzen. ... Derhalben jhr gelehrten / jhr Juristen / jhr Medici, &c. *glaubet Christo / vnd der gantzen heiligen Schrifft* [!]/ das man bey gesunden Leben solle vnd müssen [sic] abthun alle Sternen / die alte Geburt / vnd *den Newen Stern / den Morgenstern / für den Newen Ascendenten* nehmen. Dazu ist ein jeder Mensche starck genung dem Himmel zu widerstehen / denselben zuverwinden / *durch den Glauben* [!] (per exercitium Sabbathi / pias preces, poenitentiam, &c. per timorem Domini) der grossen Creatur zuentweichen / vnnd Christum Jesum den Newen Menschen anzuziehen ... " (Hervorhebung von mir). Auch die scheinbar der Wittenberger Tradition nahestehenden Formeln ändern nichts an der ihr zuwiderlaufenden Theologie.

Hinter dem Firmament die wahre Astronomie zu entdecken, sei weder einem Astronomen, noch dem erwähnten „Bauern", auch nicht „dem gemeinen Mann / (Als solch GeheimnußGottes [sic] und der Natur unwürdig /)"[345] gegeben, sondern allein dem „Gottsgelehrten", im Besitz der Theosophie befindlichen Weisen. Interessant an von Suchten ist hier, wie er zugleich die Influenz des Firmaments bestreitet und die geistliche „Astronomie" samt Theosophie propagiert:[346]

> „Also ... das Signum nicht Signatum ist. Denn *das Firmament*, die ☉ und
> ☽, so ein Bauer ob ihm sihet / *ist nit das Signatum, sondern ein Signum*
> *Astronomiae, welchs Signatum allein der Gottsgelehrte*[!] *verstehet.* Dann er weiß
> das noch *ein ander Himmel* ist / *ein ander Firmament, ein ander Sonn / ein*
> *anderer Mond* / dann dich dein rothes Hütlein[347] gelehret hat.
> Er weiß daß der grossen Welt[348] Theologia ihren Messiam fürbildet / er
> weiß / daß Gott zwo Welten geschaffen hat / zween Himmel / zwo Er-
> den / er weiß auch daß die eine Welt ihre Theologiam, ihre Astronomiam,
> ihr Medicinam hat: Der grossen Astronomia, der kleinen Sonn und Mond
> anzeigt: Der grossen Medicina, der kleinen die Artzney bedeutet.
> Also wird *durch das Eussere das Inner erklärt* und verstanden; nicht daß das
> Eusser darumb das Innere sey; sondern eine Anzeigung / *ein Signum, nicht*
> *Signatum*. Darumb seynd auch der Kirchen-Ordnung / Ceremonien /
> Geziert / Priesterschafft / und was darzu gehört / nicht meine Seeligkeit
> / sondern Gott ist sie / der in mir durch Christum wohnt / und durch
> den Glauben kräfftig ist.
> Die *Sonne und Mond* / die ich ob mir sehe, *influiren in mich nichts Böses / noch*
> *Gutes*; Aber *die Sonne / Mond und Planeten* / damit die Göttliche Fürsichtig-
> keit[349] gezieret hat *den Himmel / der in mir ist* / und ein stul deß Allmächti-
> gen / *die haben Gewalt mich zu regieren / reformiren / nach ihrem Lauff / wie den-*
> *selben Gott geordnet hat.*"

Indem der Mediziner von Suchten sich in einem im engeren Sinne religiösen Kontext der Termini *Signum* und *Signatum* bedient, welche sonst eher im Umkreis der naturmagischen Signaturenlehre zu erwarten wären, unterstreicht er den Charakter dieser ‚cabalistisch' geprägten Theosophie als einer symbolischen, wie er den hier referierten Entwürfen samt all ihren Unterschieden gemeinsam ist. Daß Arndt für den übernatürlich-‚cabalistischen' Bereich den Terminus der „Astronomie"[350] verwendet, verbindet ihn nicht zuletzt auch mit dem Rosen-

---

345 Von Suchten *Dialogus*, in ders. *Chymische Schrifften* Nr. 5 S. 313 (auf Adams Weisheit bezogen).
346 Von Suchten *De tribus facultatibus*, in: ders. *Chymische Schrifften* Nr. 6 S. 376-378.
347 Doktorhut.
348 Des Makrokosmos.
349 *Providentia dei.*
350 Indirekt *e contrario* und in der Entgegensetzung des "übernatürlichen Sterns" findet sie sich auch in Arndts *Bericht von den Weisen aus Morgenland* (in: Schneider Frühschriften S. 67) ange- deutet: "denn weil Christus vber die Natur war / so gehörte er nicht vnter *die natürliche Astro- nomiam* / sondern muste *einen vbernatürlichen Stern* haben / die Weisen [: die *Magi* nach Mt 2 V. 1-12] haben wol verstanden / daß der / so durch diesen Stern bedeutet ist / nicht vnter die natürliche Astronomiam gehörte / darumb müste er mehr seyn denn ein ander Mensch."

kreuzertum, wie nicht nur Johann Valentin Andreaes Schrift vom *Cosmoxenus*,[351] sondern etwa die pseudoparacelsische – insonderheit „euch Cabalisten vnnd Naturkündigern / oder allen Magis, die jhr Gewalt habt vber die Geister zugebieten / verborgene Bücher vnd Mysteria der gottlosen Welt zur Bußfertigkeit fürzutragen",[352] ans Herz gelegte – Schrift Adam Haslmayrs mit dem sprechenden Titel *Astronomia Olympi Novi* in ihrer Thematik wie Diktion deutlich verrät, an welcher die für die *Fraternitas* typische Frömmigkeitshaltung wie auch ihre unverzichtbare gemeinwesenbezogene Reformorientierung deutlich ins Auge fallen: [353]

„Darumb sagen wir euch auß diesem H. Liecht [: Christus] / welches *vnser Signatstern* ist / je mehr erkandtnuß der Werck Gottes sind in dem Menschen / je grösser ist der Glaub / darnach die Seligkeit ...
Wir nennen solches derowegen billich auch *Astronomiam Gratiae* [!]. Dann selig vnd vberselig mögen die Menschen / die Länder / die Stätte [!] seyn / welche die Gnad haben / *diesen Himmel das ist / Christum Jesum / die ewige Weißheit* / vnd sich selbsten zuerkennen / weil *alle Seligkeit nur an dieser H. Erkannntnuß* [sic] *gelegen ist* / vnd von keinem niemals also *mit Cabalistischem Grundt* erkläret worden ist / biß auff diese vnsere Monarchey ... ". [354]
„Gleich wie die Sonne deß zergenglichen Himmels die gantz Erden / vnd jhr centrum durchgeht ... Also ist es mit *Christo / dem newen Himmel* / auch ... Darumb laß also *Christum / den newen Himmel* / seyn dein Leben / dein Weg / dein Liecht / dein Tugend vnd Krafft etc. *siehe an seine Astra, das seyn Johannes Baptista / die Patriarchen / die Propheten / die Aposteln / diese sollen*

Hier besteht also offensichtlich eine unmittelbare Beziehung zwischen der "übernatürlichen Astronomie" und den außergewöhnlichen Himmelserscheinungen (Hervorhebung von mir).
[351] *Cosmoxenus* S. 10f.: "Sunt enim iam reuera Martis, Mercurij, Saturni filij, vel potius mancipia, qui filij siue fratres Dei esse noluerunt" bildet das Pendant zu *Cosmoxenus* XXI S. 45, wo Andreae eine ganze im Einzelnen entfaltete 'geistliche Astrologie' und, in deren Analogie fortgeschrieben, Kosmologie vorstellt: "Nobis coelum erit Trinitas, Sol Christus, Luna ecclesia, Planetae Doctores, Astra Electorum chorus, Motus primus Antiquitas, Motus secundi temporum signa, Centrum verbum Dei, Ignis Fides, Aër suspiria et preces, Aqua nostri deliquium, Terra conatus, Dies anima, Nox corpus, quae longe pluris nobis curae erunt, quam ingens illa in nostri ornamentum fabricata Machina: Qua etiam Astrologia illud Mundo aduersum, retrogradumque brevi impetrabimus, vt dum eius serui sciendo nesciunt, possidendo indigent, quiescendo laborant, liberi seruiunt, Nos nesciendo sciamus, agendo possideamus, laborando quiescamus, seruiendo simus mortalium liberrimi."
[352] *Astronomia Olympi Novi* Beschluß S. 38; zu diesem Werk vgl. Gilly Haslmayr S. 184, auch Peuckert Pansophie S. 350-352 (mit Textbeispielen).
[353] In *Philosophia mystica* S. 33-39; zur Identifikation Haslmayrs als Autor s. Gilly Haslmayr S. 184; der volle Titel lautet: *Astronomia Olympi Novi, Das ist: Die Gestirnkunst deß newen Himmels / welche allein auß dem Glauben entspringet / darauß der Mensch alle Magnalia Gottes vnd der Natur / die den glaubigen sind zu wissen / sehen vnd erlernen mag.* Der Titel *Astronomia Olympi Novi* ist dem System der vier Astronomien in Paracelsus' *Astronomia magna* I,4 Werke (Sudhoff) XII S. 76 oder deren Vorform entlehnt, der *Erklärung der ganzen astronomei*, Werke (Sudhoff) XII S. 448, denen gegenüber die Deutung jedoch eine im oben beschriebenen Sinn deutlich 'cabalistischere' ist. In ähnliche Richtung weist der durch Widemann festgehaltene Titel von Haslmayrs Schrift aus dem Jahr 1613: *Astronomiae fidelium Paracelsica IVDICIVM*, dazu vgl. Gilly Haslmayr S. 124.
[354] Aphorismus IV S. 35.

regieren die Welt / wie das Sidus naturae die gantze Natur / deren Liecht vor menniglichen leuchtet / wie das Gestirn am Firmament in der Natur. Das ist: Sie machen alle Krancken gesund / vnd vben die acht Tugenden der Seligkeit / etc."[355]

Daß nach solcher *astronomia gratiae* nicht Engel, sondern die (biblischen) Heiligen die *astra* darstellen, verbindet – ebenso wie der durchgängige Impuls zu einem frommen, d. h. tugendhaften Leben[356] – diese *Astronomia* auch mit Arndts ekklesialer Vision der Heiligen als leuchtender Sterne in der Auslegung von Psalm 19.

5. „Ein Mensch ... ist hernach das feine Gold"[357] Verschmelzung von Alchemie und Theologie

„Je mehr Lichts: je edler Geschöpf; als wir sehen an Engeln, an Sonne, Mond und Sternen, an Edelgesteinen, an Metallen." Eine die Sphären übergreifende, aber auch innerhalb der jeweiligen Sphären herrschende quantitative – nicht zuletzt und vor allem jedoch qualitative[358] – Hierarchie des „Lichts" in allen Kreaturen strahlt *per analogiam* auch auf den Menschen und die Heilsfrage aus: „Also ist auch die Tugend ein Licht. Und alle Gaben der Auserwählten werden aus ihnen leuchten im ewigen Leben. Darum dieselben einander übertreffen werden, wie die Sonne und Sterne einander übertreffen in ihrer Klarheit."[359] Wenn Arndt zufolge die Alchemie es im Bereich der *magia naturalis* mit einem verborgenen inneren „Licht" in den Kreaturen zu tun hat,[360] die Theologie hingegen das Reich Gottes „als ein Göttliches jnnerliches Liecht der Seelen"[361] und die geistlich leuchtenden Sterne zum Gegenstand hat, und wenn Arndt vor dem Hintergrund

---

[355] Aphorismus VII S. 37; nach Arndt *WCh* II,30,5 leuchten die Heiligen wie Sterne (Dan 12,3)!
[356] Wie dagegen mangelnde Erkenntnis und die 'tierische' ethisch-moralische Defizienz einander bedingen, vgl. Beschluß S. 38: „Was also nicht nach deß newen Himmels / vnd seines Gestirns *Leben vnd Lehr* [!] wandelt / den lässet der Himmel eine Saw [!] vnnd Vnflat bleiben... ".
[357] *WCh* II,52,10.
[358] Nach *Ikon* X fol. 38 ᵛ war das dem Kaiser Konstantin erschienene – übernatürliche – Lichtkreuz am Himmel weitaus heller als die – natürliche – Sonne. Innerhalb des Übernatürlichen gibt es abermals eine deutliche qualitative Stufung zwischen dem alten und neuen Bund. So war nach dessen Gespräch mit Gott auch das Licht auf dem "Angesicht des Mose *viel heller denn die Sonne*, also daß es die Kinder Jsrael nicht ansehen konnten, um der Klarheit willen ... Mosis Angesicht leuchtete schrecklich; Christi Angesicht aber blieb lieblich in seiner Verklärung." Was sich in letzterem zeigte, "Das war der himmlische übernatürliche candor oder weißes Licht, der ewigen Sonne." *Hex* 1,29 [fälschlich: "28"]. Der Abschnitt umgreift abermals einen gedanklichen Zusammenhang von der Verklärung Christi bis zu der der Erlösten. Zur Beschreibung des himmlischen Jerusalems dienen *Hex* 2,13 im Hinblick auf ihren Lichtgehalt "solche Dinge, so aus der Natur genommen, und in der Natur die köstlichsten sind".
[359] *Hex* 1,16 (Hervorhebung von mir).
[360] *Hex* 1,2; 1,30 und 3,15; s. o. zur *magia naturalis*.
[361] Rückseite des Titelblatts der von Buch I des "Wahren Christentums" von Braunschweig 1606 im Rahmen des Programms der "Vier Bücher" aus der Titelangabe des *Liber conscientiae*.

seines symbolischen Denkens und dem Prinzip der spirituellen Naturauslegung zwischen beidem die Relation einer Analogie herstellt, so steht bei ihm nahezu zwangsläufig auch ein auf das alchemische Sprachspiel bezogenes, dem alchemischen Transformations- oder auch Transmutationsprozeß analoges anthropologisch-soteriologisches Perfektionierungskonzept zu erwarten.

„Gleichwie die Sonne die Welt erleuchtet, also erleuchtet Christus unsere Seele."[362] Arndt, der in seinem mystisch-theosophischen Streben die Bibel mit Vorliebe allegorisch, zumeist tropologisch auslegt, deutet aus seinem Analogiedenken und Verständnis der *physica sacra* heraus die sichtbare Welt und deren Kreaturen auf eine „höhere", jenseits des Sichtbaren liegende „geistliche" Wirklichkeit. So durchzieht das Analogiedenken Arndts Werk auf verschiedenen Ebenen bis hin zur formalen Gestalt des „Wahren Christentums", die vom Wechsel zwischen literaler und allegorischer Exegese des *liber naturae* bis zur Frage nach dessen Stellung im Gesamtwerk davon geprägt ist. Aber auch so viele einzelne Gedanken schließen, wie verschiedentlich gezeigt, von der Natur auf die Übernatur, daß man von einem Argumentationsmuster sprechen kann. Arndts alchemisches Analogiedenken, das in jene allgemeine, weiter reichende Analogie eingebettet ist und an ihr partizipiert, verdichtet diese noch insofern, als es gegenüber deren oft eher statischen ontologischen Relationen sowohl in spiritueller wie naturphilosophischer Hinsicht unmittelbar transmutatorische Prozesse zum Gegenstand hat.

Im theosophischen Hermetismus zeigt eine nicht nur religiös fundierte, sondern in ihren Intentionen selbst genuin religiös orientierte Interpretation des Natürlichen drei spezifisch religiöse, teilweise ineinandergreifende Dimensionen:

1. Eine epistemologische: Ihr zufolge erwächst jegliche wahre Erkenntnis nicht aus menschlichem Vermögen, sondern ist – unter der bei den religiösen Hermetikern unter Berufung auf „Hermes Trismegistos" nicht nur unbestrittenen, sondern allenthalben bekräftigten *conditio sine qua non* eines frommen Lebens[363] – eine von Gott gewährte Erkenntnis.
2. Eine physikotheologische: Die Beschäftigung mit den Wundern und Geheimnissen des Kosmos führt den sich seiner Gaben bedienenden Menschen unweigerlich zur Erkenntnis der Weisheit Gottes und von daher zu dessen Lob, in dem Sinne, wie Alexander von Suchten die *Magia* des Natürlichen definiert als „die Kunst den HErrn zufinden in seinem Geschöpff".[364]
3. Eine offenbarungstheologische: Aus dem Kosmos und der kosmologischen bzw. kosmosophischen Spekulation sei eine übernatürliche Erkenntnis zu gewinnen. Dies ist auch der Ansatzpunkt für eine spezifische Rezeption vor- und außerchristlicher magischer wie philosophischer Traditionen, die zu-

---

[362] *Hex* 1,14.
[363] In – spezifisch magischer – Zuspitzung repräsentativ ist dafür Agrippa *Occ Phil* III,3; für die Alchemie vgl. etwa Sendivogius *Novum Lumen Chymicum*, in: Scherer Alchymia S. 120, u. a. m.
[364] *De tribus facultatibus* S. 379, s. o.

nächst begrenzt gedacht war auf den Bereich der *magia naturalis*, von diesem
jedoch dann für – um eine Formel aus Pseudo-Roger Bacos Traktat *Von der
Composition Lapidis Philosophorum* einzuführen[365] – „die Cabalisten der Reali-
schen [!] Cabala" in den genuin religiösen Bereich übergriff, wie es exemplarisch Agrippas Ausführungen im dritten Buch der *Occulta Philosophia* Kapitel
7f. zeigen, aber auch die eines Alexander von Suchten über die letztlich zur
Sapientia omnium Coelestium et Terrestrium rerum führende alchemische Suche in
den *tria prima* Wasser, Sulphur und Salz, die bei letzterem eine den alten *Magi*
gnadenhaft zukommende Erkenntnis der tiefsten Geheimnisse christlicher
Religion[366] erschloß: „Auß diesem Mysterio haben die Magi Trinitatem et
Incarnationem Verbi gewust / und viel hundert Jahr vor Christi Geburt darvon geschrieben."[367]

Ein analoger hermeneutischer Zirkel wie in jener „cabalistischen" Deutung des
liber naturae, doch ohne deren durchgängigen Bezug auf die Bibel wie bei Hirsch
oder Arndt, findet sich in der im Sammelwerk *Philosophia mystica* abgedruckten
Introductio hominis, die die *ars* der *Chymia* als eine Gabe des heiligen Geistes bezeichnet, aus der eine Erkenntnis der göttlichen Geheimnisse zu gewinnen sei:[368]

„Vnnd ob wol nicht ohn / daß solche gemelte Kunst nicht zweiffelhafft /
sondern gewiß / auch für allen andern Künsten in der Welt die höchste /
verborgeneste [sic] vnd schwergegründeste [sic] ist vns sein muß. Vrsach
dieweil sie nicht nur allein / wie *Hermes Trismegistus* bezeuget / natürliche /
sondern auch *Göttlicher Dingen vollkommene* [!] *Erkantnuß gibet* / vnd für *eine
Gabe deß heiligen Geistes* soll vnnd muß gehalten werden / so ist doch in
diesem nicht vnbillich höchlich zuuerwunden / daß so viel Leut in diese
Torheit vnd jrrigen Wahn gerahten / daß sie meinen / solche hohe vnd
herrliche Kunst nicht anderst / als wie andere von der Vernunfft erfun-
dene Künste vnd Arbeiten ... zu lernen vnd zu erlangen sey ... sondern
*allein an der Gnade vnnd Güte Gottes auch deroselben Erkantnuß vnnd Wissenschafft
gelegen ist / darumb sie viel mehr für eine Göttliche vnd Himmlische* [!] *Kunst* ...
gerümet vnnd gehalten werden solle / wie sie denn in Warheit eine solche
ist / vnnd auch biß an der Welt Ende bleiben wird ... ".

Die Zurückführung der Naturdeutung als einer Quelle religiöser Erkenntnis[369]
und Offenbarung auf „Hermes Trismegistos" zeigt, daß eine „geistlich"-religiöse
Deutung auch der Alchemie – die zwar selbst nicht zum ganz ursprünglichen
Bestand antiker ‚hermetischer' Traditionen gehört, sich mit diesem bald aber

---

365 In: Scherer Alchymia S. 264.
366 Vgl. auch "Basilius Valentinus" *De Microcosmo – De Macrocosmo*, in: Scherer Alchymia S. 303f.
      das Abbild der Trinität in der alchemisch zu untersuchenden Materie.
367 S. o.
368 *Introductio hominis*, in: *Philosophia mystica* S. 231f. (Hervorhebung von mir).
369 So auch der pseudoparacelsische *Liber Azoth*, Paracelsus Werke (Sudhoff) XIV S. 538, dem-
      zufolge die [*Ars*] *Magica* die übernatürliche Weisheit aus der Schöpfung erklärt.

derart unlöslich verband, daß die Alchemie später selbst zum Inbegriff der *ars hermetica* wurde – nicht als erst sekundäre Applikation in einem christlich-natur-allegorischen Verständnis anzusehen ist, sondern historisch bereits zum genuin vor- und außerchristlichen Traditionskomplex des Hermetismus gehört, in dessen christlicher Rezeption auch jene authentisch religiöse Deutung modifiziert reüssierte. Insofern ist auch über den Glauben hinaus, daß die „philosophische" Erkenntnis und Tätigkeit im vom Schöpfer in den Kosmos gelegten *lumen naturae* eine heilige, von Gott wenigen Auserwählten gnadenhaft verliehene Gabe sei,[370] das Thema Religion untrennbar mit der Alchemie selbst verwoben. Die „Theoalchemie", der Telle[371] diesen prägnanten Begriff verlieh, als die „metaphysische" Dimension (Gilly)[372] oder „mystic side" (Sheppard)[373] der *ars* ist daher gerade nicht ein Sekundäres oder posteriorisch Appliziertes gegenüber der ‚eigentlichen' Alchemie, vielmehr ist sie ein Teil von ihr, eine Seite derselben nicht minder als die Arbeit im Laboratorium. Die Reduktion auf die Rolle einer Vorläuferin sei es der Chemie, sei es der Psychologie,[374] muß, soweit sie diesen originären Zusammenhang außer Acht läßt, das Wesen der Alchemie insofern verfehlen, als diese ein Phänomen des Analogiedenkens ist. Auch wenn viele Vertreter sich vorwiegend oder ausschließlich nur einer der beiden Sphären widmen, steht die Alchemie als *ars hermetica* historisch doch im Denkzusammenhang einer Tradition, die, etwa in Alexander von Suchtens Traktat *De tribus facultatibus*, gerade eine ursprüngliche Einheit von modern ausgedrückt Naturphilosophie, Medizin und Religion postuliert, wie sie in den königlichen und priesterlichen *Magi* personifiziert erscheint. Weil das holistische frühneuzeitlich-hermetische Denken ein tendenziell „Alles" umgreifendes zu sein beansprucht, wie es das virulente Anliegen einer „Pansophie",[375] aber auch die religiös wie kosmosophisch applizierte Metaphorik der von Gott bis in die verborgenen Tiefen der Materie reichenden *catena aurea* ausdrücken, in der gemäß dem sympathetischen Grundsatz der Ent-

---

370 Vgl. Hartman Alchemie I, TRE 25 S. 196 zur antiken Bezeichnung der Alchemie als "göttliche und heilige Kunst", "göttliche Wissenschaft" und "mystische Kunst der Philosophen". Vgl. Peuckert Pansophie S. 213: "Alchymie [ist] nicht nur ein Handwerk, sie ist ein Denken, fast ein Glaube."

371 So z. B. in: Telle, Joachim: Zum "Filius Sendivogii" Johann Hartprecht, in: Meinel, Christoph (Hg.): Die Alchemie in der europäischen Kultur- und Wissenschaftsgeschichte (Wolfenbütteler Forschungen 32) S. 131 u. a. Telle widmet im Artikel Alchemie II, TRE 25 S. 199-227, mit mit acht Seiten [!] Literaturangabe den Radius des hier auch nicht in Ansätzen zu ergründenden Fachgebiets markiert, Abschnitt 6 dem Thema "Alchemie und Religiosität" (S. 208-210).

372 Gilly Erfahrung 77/1977 S. 123f. unterscheidet "natürliche" und "metaphysische" Alchemie.

373 Sheppard Gnosticism and Alchemy S. 99 u. *passim* deutet sie als einen "Gnostic symbolism".

374 Wie in der wichtigen, doch reduktionistischen und aufgrund ihrer "Unterschätzung der empirischen Basis der Alchemisten" "unhistorische[n] Methode" der Interpretation durch C. G. Jung (Telle Alchemie II S. 218f.); vgl. Scherers Kritik an psychologisierenden Interpreten (Alchymia S. 46): "Sie verfehlen ... die Alchemie deswegen, weil sie, was bei den Alchemisten als Einheit gedacht war, stofflicher und subjektiver Prozeß, aufspalten und den stofflichen Teil unterschlagen. Die psychologische Anschauung verflacht die Alchemie zum Abbild."

375 Vgl. Wilhelm Kühlmanns Artikel "Pansophie" in TRE 25 S. 624-627 mit wichtiger Literatur.

sprechung des „Oberen" mit dem „Unteren" alles in einer unmittelbar wirksamen Interdependenz erscheint, stehen auch Religion, Anthropologie und Naturphilosophie in einem engen nicht nur Denk-, sondern auch Sachzusammenhang,
in einer Entsprechung der Analogie. Eins wird zum „Bild" des anderen in dem
Sinne, daß es als dessen Pendant oder Entsprechung selbst Anteil an seinem Ur-
bild oder Gegenbild hat. „So wie in der alchemistischen Arbeit die Metalle und
andere Stoffe gereinigt und geläutert werden, um auf einer höheren Stufe ihre
Wirksamkeit zu entfalten; ebenso muß der Alchemist sich reinigen, will er zu
seinem Ziel gelangen. In diesem Sinne wird der Unterschied zwischen Subjekt
und Objekt im Erkennntnisprozeß relativiert; der Prozeß der Alchemie umfaßt
beide. Und das bedeutet, daß die eigene Subjektivität für den Alchemisten ebenso Gegenstand der alchemistischen Arbeit ist wie die einzelnen chemischen Prozesse."[376] Insofern sind Theoalchemie und religiös-alchemische Metaphorik – ein
nicht reduktionistisches Verständnis des Begriffs der Alchemie vorausgesetzt –
selbst als genuiner Teil alchemischen Denkens, und nicht erst als eine sekundäre
Ableitung oder eine ‚Anwendung' in einem übertragenen Sinne zu interpretieren.

„Gleichwie uns GOtt des Leibes Arznei geschaffen in der Natur: also der
Seelen Arzenei im Wort."[377] Der, wenn man so will, *Theomedicus* Arndt liebt Analogieschlüsse zwischen Theologie und Medizin. Als Johann Gerhard, in manchem noch unter prägendem Einfluß von Arndts Denken, in der Vorrede zu
den *Meditationes sacrae* seinerseits auf die bekannte alchemische *lapis*-Christus-Par-
allele und sonstige medizinische Analogien anspielt, rühmt Arndt dies in seinem
Schreiben vom 5. Juli 1606 mit einem seiner typischen absoluten Superlative:
„Medicinae collatio verissima est."[378] Daß sich innerhalb des „Wahren Christentums" das Thema der Alchemie weder auf Buch IV, den *liber naturae*, noch auf
die kosmologisch-naturphilosophische Ebene allein beschränken läßt, zeigt gerade der *liber vitae*. Arndt eröffnet ihn mit der Metaphorik von der Sünde des Menschen als unheilbar tödlicher Krankheit, der gegenüber Christus als himmlischer
„Arzt" – von dem auch „Basilius Valentinus" spricht[379] – und als „Arzenei" zugleich erscheint. Aus dieser „himmlischen Cur" erwachse dem Menschen neues
und ewiges Leben.[380] In dem Zusammenhang heißt es, Gott habe „das göttliche
Blut [!] Christi zu unserer Arzenei und Reinigung unserer Sünde gemacht; sein
lebendigmachendes Fleisch [!] zum Brod des Lebens".[381] Dies verleiht Arndts
Rede von „der Seelen Arzenei im Wort" jedoch noch einmal einen anderen Charakter, nicht zuletzt im Blick auf die Gestalt solchen „Wortes", das im Blick auf
die Heilsfrage in einer forensisch gedachten *imputatio iustitiae alienae* bei weitem

---

[376] Scherer Alchymia S. 46.
[377] *WCh* II,45,1.
[378] Raidel S. 55; zu Brief wie Thematik vgl. bes. Gerhard *Meditationes* (Steiger) Bd. 3/2 S. 649-653.
[379] *De Microcosmo – De Macrocosmo*, in: Scherer Alchymia S. 305; zu Basilius' Theoalchemie vgl. die
     eher kurzen Hinweise bei Fritz Basilius Valentinus S. 139 sowie Wollgast Philosophis S. 91f.
[380] *WCh* II,1,2; nach III,18,6: sind *"Kreuz und Anfechtung ... unserer vergifteten Natur Arzenei"*.
[381] *WCh* II,1,1; dazu vgl. Koepp S. 90, Schwager Bemühen S. 20f., Schneider Paracelsist S. 98f.

nicht aufgeht.[382] Die Formulierungen weisen nach Formulierung und Gehalt, wie im Zusammenhang des *liber vitae* dargelegt,[383] zu dem aus Sicht der lutherischen Orthodoxie zweifellos häretischen, weil gnostisierenden Theorem des „himmlischen Fleisches Christi", das vom „Fleisch Adams" radikal zu unterscheiden sei. Ziel dieses Erlösungsweges, der aus dem „sündlichen" „Fleisch Adams" heraus zur *deificatio*, der Vergöttlichung, gedacht als Teilhabe an seiner Existenz und nicht zuletzt auch verklärten Leiblichkeit des „Fleisches Christi", wie sie der theosophischen Tradition geläufig ist, ist nicht nur eine bloße seelische oder bewußtseinsmäßige Wandlung, sondern eine Transformation oder reale ‚Transmutation' aus einer adamischen Existenz in eine christusförmige, an dessen Herrlichkeit und Herrschaft partizipierende Existenz durch die ‚neue Geburt'. Dabei bildet die christusförmige Lebensweise in *usu et praxi virtutum*, dem Tugendleben, die eine Seite, und die anfängliche, erst in der endzeitlichen lichterfüllten „Verklärung" der – wie die Alchemiker Michael Sendivogius[384] und Leonhard Müllner[385] gleichlautend sagen würden, „clarifizirten" – Leiber und Seelen[386] in die lautere Menschheit Christi zu ihrem Ziel kommende Transformation des Menschen die andere, von der ersten unlösbare Seite. So kommen Tugend und Licht überein, und es liegt dem – und Arndts Vision der Heiligen als leuchtender Sterne – keineswegs fern, wenn ‚Basilius Valentinus', dessen tief theoalchemisch geprägte Schriften in der Dekade vor Arndts dortigem Wirken in Eisleben erschienen, über den in Gericht und Auferstehung erlösten Menschen schreibt:[387]

---

[382] Vgl. die 1630 bei Lucas Jennis in Frankfurt/M. erschienene *Authoritas Philosophorum vom Stein der Weisen*, in: Scherer Alchymia S. 313 zur alchemischen Sublimation als einer "Rechtfertigung [!] deß Steins", wie hier die chemischen Prozesse in der Gegenrichtung metaphorisiert werden: "Es ist in der wissenschafft dieser Kunst kein ander Ding, dann der Dampff unnd Sublimirung deß Wassers, darauß dann folgt, daß *die erste Arbeit und Werck seye die Sublimirung deß Geistes*, oder deß Wassers. Auch wirdt es von vielen Philosophis die Seel genennet, wie davon sagt Menaldus in der Turba [Philosophorum]: Nimm das Ey, und setze es in die Flamme deß Fewers, *und scheide seine Seel von dem Leib: Unnd dieses ist die Rechtfertigung* [!] *und Zerstörung deß Cörpers*.". Die eine klare Leibfeindlichkeit propagierende theoalchemische Analogie ist offensichtlich. In Weigels *Dialogus*, in dem der *Auditor* (Laie) die Auffassung vertritt: "Also ist vnser Leib tod vmb des einwonenden Christi willen, vnd der Geist lebet vmb der Gerechtigkeit willen; ja Christi Todt in vnns ist vnser Leben." (Werke IV S. 55), bringt der *Concionator* (Prediger) dies, um es aus Sicht der Lehrorthodoxie zu verurteilen, auf die Formel: "Solche *Todung der Glieder auff Erden* [!] durch die Einwonung Christi *ist die -/-* Busse oder *Rechtfertigung* [!] bey dir. Aber bey mir vnd den Orthodoxen in allen hohen Schuelen wirdt nicht ein solches Gesitze vnd Gewirre gemacht ... Also wird der Mensch gerechtfertiget, aus Gnaden durch das Verdienen Christi im Glauben gefasset." (Werke IV S. 56). Vgl. die Parallele in Arndts *Glauben/Leben* 1,3: "alsdann ist er [: der Mensch im Tod] *gerechtfertiget* von der Sünde, *wenn er nämlich* [!] *das sündliche Fleisch abgeleget hat*." (alle Hervorhebungen von mir).

[383] S. o.

[384] *Novum Lumen Chymicum*, in: Scherer Alchymia S. 165, und zwar formuliert im Zusammenhang der Analogie von geistlicher Verklärung und alchemischer *transmutatio metallorum*.

[385] *Abhandlung von der Generation und Geburt der Metallen*, in: Scherer Alchymia S. 165-167; Müllner spricht davon im Abschnitt über die "Transmutation der Metallen".

[386] *Hex* 1,28f.

[387] *De Microcosmo – De Macrocosmo*, in: Scherer Alchymia S. 298 (Hervorhebung von mir).

„so wird der Leib nicht mehr irdisch wie zuvor, sondern gantz *himmlisch und ver-kläret* befunden werden, *leuchtend wie die Sterne vom Orient* ".

Durchgängig bleibt bei Arndt schillernd, ob die ‚neue Geburt' aus Werk oder Gnade kommt oder aus dem Ineinander von beidem. Deutlich ist die Erlösung als ein Perfektionierungskonzept gefaßt, das den Menschen von aller „Unrein-heit" der Seele und der fast durchweg negativ konnotierten Leiblichkeit läutert, bis die Seele ihrem göttlichen Ursprung gemäß zur licht- und gottvollen „schö-nen" Seele wird – auf die als Fluchtpunkt das *Hexaemeron* zustrebt.[388] Das *Hexa-emeron* schließt mit der Perspektive, daß durch Gebet und Gespräch der Seele mit Gott deren Schönheit „immer vermehret" wird, „also daß wir von einer Klarheit in die andere verkläret werden, als vom Geiste des HErrn. 2 Cor. 3,18. Denn so Mosis Angesicht glänzte von dem Gespräch, so er mit GOtt nur wenige Tage hielt, 2 Mos. 34, 35: sollte nicht unsere Seele, die ohne Unterlaß mit GOtt redet, viel mehr und größere geistliche Klarheit und Schönheit empfahen?"[389] Die „Klarheit" oder „Verklärung", von der Arndt hier am Ende spricht, führt zurück zum ersten Kapitel des *Hexaemeron*, das, die pseudodionysische Lichtmetaphysik einrahmend, am Beginn „die höchste Clarität" des Urlichtes der Schöpfung[390] und gegen Schluß „die Verklärung unsers Leibes und unserer Seele in der Auf-erstehung"[391] im großen Bogen thematisiert, und bis hin zu den letzten Kapiteln des *liber scripturae*, die die im ganzen Werk angestrebte Wiederherstellung der *imago dei* mit Termini und Bildern von „Klarheit" und „Verklärung" beschreiben.

Doch sind, neben dem zitierten Schluß des *Hexaemeron*, nicht nur jene letzten, ebenfalls dem selben Gedankenkreis zugehörigen Worte des *liber vitae*, daß der Wiedergeborene „ein HErr sei des Himmels, und über das Gestirn herrsche",[392] sondern bereits der Satz, mit dem Arndt die Vorrede von Buch II eröffnet, von hermetisch-alchemischem Denken inspiriert. Vor dem Hintergrund jener im ersten Buch programmatisch erhobenen Forderung nach einer „Tötung" Adams, „auf daß Christus in uns lebe" – also dem Thema des zweiten Buchs – und dem dort aus der *imitatio* und dem „Leben Christi" entfalteten Zusammen-hang von der Erleuchtung und Erhebung der Seele „über die Natur" zu Gott ge-winnt der Einstieg der Vorrede zum *liber vitae* (der zugleich eine Verbindung mit dem *liber scripturae* gewährleistet) einen auf präzise Weise symbolischen Klang:[393]

„Gleichwie in der Natur, christlicher lieber Leser, eines Dinges Untergang des andern Anfang ist: also gehets auch zu im wahren christlichen Leben. Denn der alte fleischliche Mensch muß zuvor untergehen, soll der neue geistliche Mensch hervorkommen."

---

[388] *Hex* 6,22-30.
[389] *Hex* 6,30; es folgt darauf nur noch in einem Halbsatz der Hinweis auf Teil II von Buch IV.
[390] *Hex* 1,2.
[391] *Hex* 1,28; Schneider Paracelsist S. 101 betont die Bedeutung der Lichtsymbolik für die *imago*.
[392] *WCh* II,58,12, s. o.
[393] *WCh* II Vorrede 1.

Die ‚Natur' liefert Arndt das Paradigma der ‚Wieder-Geburt'.[394] Doch handelt es sich bei diesem den *liber vitae* eröffnenden theologischen Interpretament der für die Gesamtkonzeption des „Wahren Christentums" schlechterdings fundamentalen Adam-Christus-Antitypologie um einen schon antiken Mysterienkulten sowie der alchemischen Tradition geläufigen Topos,[395] mit dem etwa die Schrift *Arcani Artificiosa Aperta Arca* die der *compositio* unabdingbar vorausgehende *putrefactio* auf die bekannte Formel bringt:[396] „die Zerstörung deß einen ist die Gebärung deß andern". Der im *Dreyfachen Hermetischen Kleeblat* publizierte, M. Ficino zugeschriebene Traktat *Vom Stein der Weisen* beruft sich für diesen Schritt des alchemischen *opus* auf (Pseudo-)Roger Baco, Plato und sogar auf Aristoteles:[397]

> „Dannenhero muß man also am nöthigsten darthun und erläutern / was *die Ursach der Gebehrung* seye / wie Bacco der Philos. bezeuget / welcher also spricht: *Wann die Natur corrumpiret / zerbrochen / oder zerrüttet wird und faulet / alsdann so bringt sie etwas anders herfür.* Dieser generation oder Gebehrung / gibt Plato ein Gleichnus im Ey[398] / welches erstliche faulet / und alsdann wird ein jung Huhn draus / welches / nachdeme das Ey / gantz und gar corrumpiret ist worden / ein lebendiges Vieh ist. Dannenhero eben dieser Plato spricht: mercke, daß *keine Gebehrung ohn die Zerstörung* geschehen könne : weiln der Philos[ophus] sagt: *die Zerstörung des einen ist die Gebehrung eines andern.* Der König und Philosophus Aristoteles spricht also: Ich habe niemaln etwas Lebendiges ohn die Fäulung wachsen sehen: *wo man nicht fäulet in dem Alchymistischen Werck / so arbeitet man umsonst und vergebens.* Pithon sagt / die Fäulung kan ohn feucht und trucken nicht verrichtet werden / das ist / ohn Geist und Leib. Daher spricht unser Herr und Heiland ... "[es folgt das Jesuswort vom Weizenkorn Joh 12,24].

---

[394] Vgl. Beginn des *liber conscientiae WCh* III Vorr. 1: die natürlichen und geistlichen Altersstufen.

[395] Vgl. etwa Haage Alchemie S. 66-68; Sheppard (Gnosticism and Alchemy *passim*) verfolgt die "two concomitant themes: the transmutation of base metals into gold" als "a process of perfection, or regeneration" und "a quasi-religious conception of the regeneration of the soul ... as a spiritual perfection" religionsgeschichtlich zurück und erweist den gnostischen Ursprung.

[396] Zur Geschichte vgl. Haage Alchemie S. 66-68; die Formel selbst z. B.: *Arcani Artificiosa Aperta Arca*, in: Scherer Alchymia S. 87-94: 93: "Die gantze und erste Operation oder action biß an die composition oder Zusammensetzung ist nichts anders als daß man die Materiam muß sublimirn, das ist subtil machen ... wie dann Hermes sagt: Das grobe mach subtil, und hierin geschehen viel puncta, so die Philosophi wegen der unverständigen in sonderliche Kapitel setzen als putrificatio, Sublimatio, solutio, Mundificatio, subtiliatio, &c. Und ist doch nichts anders im Grunde als *eine Reinigung deß übrigen sulphurischen Stancks und dann eine Aufflösung des Körpers* daß es zum Sale metallorum oder in aquam philosophicam möchte gebracht werden. ... dann ein fast [sehr] groß Stück unser Meisterschafft stehet in der aufflösung deß Cörpers oder Leibs im Wasser ... welches die Philosophi eine *Putrefaction, ein Feulung oder Verderbung* nennen, ohne welche die circularische Veränderung der Metallen eines in das andere nit beschehen mag ... *dann die Zerstörung deß einen ist die Gebärung deß andern ...* " (Hervorhebung von mir). Wenn heute die Propheten neoliberalistischer Marktreligion den Ökonomen Schumpeter zitieren, wissen sie meist nur die Formel, daß Neues die Zerstörung des Alten voraussetze.

[397] S. 364f. (Hervorhebung von mir).

[398] Den Vergleich führt "Basilius Valentinus" näher aus in *De Microcosmo – De Macrocosmo*, in: Scherer Alchymia S. 301f.

Und so stellt die ebenso von Christoph Hirsch in der *Gemma magica* zitierte Formel:[399] „Die Zerstörung eins Dinges / ist die Erzeugung des andern" einen Grundsatz nicht nur des alchemischen – wie es auch der von Arndt in dem Morsius gewidmeten alchemischen Gedicht von Suchtens genannte Vogel des Hermes sinnenfällig zeigt[400] –, sondern speziell auch des theoalchemischen Denkens dar. Arndts Variante dieser Formel folgt in seinem *liber vitae* wie schon im *liber scripturae* zuvor der permanente Aufruf zur Buße, Tötung bzw. Kreuzigung des „Fleisches" und Selbstverleugnung, ja Selbsthaß, sowie der Verweis auf Christus als Arznei und Heilbrunnen, vor allem aber Buch und Spiegel, dem der Mensch in mitvollziehender Annahme des „Lebens Christi" gleichförmig werden müsse, was Arndt vorwiegend in den ersten beiden Büchern vielfach wiederholt und, wie bereits dargelegt, in aller leib- und weltfeindlichen Konsequenz formuliert.[401]

Der Vorrede des ersten Braunschweiger Drucks von Buch I zufolge[402] will Arndt unter dem Begriff der Buße: „verstanden haben die wahre rewe, dadurch ein Mensch ein mißfallen an der Sünde vnd an jhm selbst hat, dadurch *der alte Mensch gecreutziget vnd getödtet wird*, welches St. Paulus *mortificationem* nennet ... Darumb auch S. Paulus die Busse beschreibet Durch diese zwey Wort: *Tödtung des Fleisches* vnd *lebendig machung des Geistes*, Ro. 6.7.8. Col. 3".

Ein Blick auf Weigels *Dialogus* zeigt, daß der – den *Dialogus* bis hin zur literarischen Form und der zentralen Gestalt *Mors*/Christus prägende – mit Arndts Anliegen sachlich weitgehend identische Appell zur *mortificatio carnis*, nämlich einer „Todung der Glieder [!] auff Erden",[403] aus der das neue Leben im Geist entstehen soll, in die theoalchemische Analogie einer *transmutatio metallorum* mündet. Auch der *Auditor* begründet wie Arndt die Forderung nach einer ‚geistlichen' *mortificatio carnis* gut theoalchemisch[404] mit dem Zeugnis der „ganze[n] Natur":[405]

„Wer nun durch den Tod Christi seinen alten Menschen kreutziget, der ist lebendig nach dem Geiste, der kennet Christum vnd ist erkandt von Christo ... Ein Christe hat die Welt ausgezogen, mortuus est carni, sanguini et mundo et toto homini animali. ...

---

[399] S. 36.
[400] Abgedruckt in: *De VERA MEDICINA. Acutissimi PHILOSOPHI & MEDICI ALEXANDRI A SUCHTEN TRACTATVS De VERA MEDICINA Editus cura IOACHIMI MORSII*; Hamburg: Heinrich Carstens 1621, fol. C 5 ʳ⁻ᵛ; vgl. Schneider Lutheraner S. 290f., ders. Paracelsist S. 103f.
[401] Vgl. insbesondere oben zum *liber conscientiae*.
[402] Fol. (:) ʳ⁻ᵛ.
[403] Weigel *Dialogus*, Werke IV S. 56, s. o.; vgl. ebd. S. 53f.: *Auditor*: "Darumb mus vnser alter Leib mit Christo an das Creutze, das ist, vnsere Glieder auff Erden werden getödtet an vns durch den Tod Christi in vns. Also wandeln wir im Himmel, in Gotte, in der Liebe, im Geiste, welchen vns Gott gegeben hat. *Concionator*: Du verstehest die Erde fur den alten irdischen Menschen, fur die alte Creatur, die da nach -/- den Lusten des Fleisches wandelt, vnd den Himmel fur den newgebornen Menschen, der in Gotte wonet durch Christum."
[404] Vgl. Biedermann Lexikon S. 308f.: *mortificatio* ist ein alchemischer *terminus technicus*.
[405] Weigel *Dialogus*, Werke IV S. 72f. (Hervorhebung von mir).

Were kein Sterben noch Tod, es konte kein Christus sein. Es ist alles zu thuen vmb die renouation, vmb die Verneuerung, vmb die Frucht, vmb den Gewin. *Denn im Tode ligt die Frucht, wie die ganze Natur bezeuget.* Solte Christus in das Leben kohmen vnd zur Seiligkeit [sic] eingehn, er muste zuuor sterben. Sol ein Mensch zum newen Leben kommen, so mus ehr *durch Christum im Glauben* [!] dem alten Menschen abesterben. Sol ein Weizenkorn Frucht bringen[406] vnd ein new Leben haben, so mus es faulen vnd sterben. Sol ein Baum oder ander Gewechsse herfurwachssen zur Frucht, er [sic] mus zuuor sterben. *Sol ein Ertz zum gediegenen Metal werden, es mus zuuor im Feuer sterben, zerbrochen vnd getödet werden, vnd je öffter ein Metall stirbet, je edler es wirdt mit Abwerffung des alten Leibs* [!]: *Also je –/– öffter ein Mensch stirbet, je grösser Erleuchtung er bekommet, das er auch von einer Klarheit zur andern komme* [407] nur allein *durch den Tod Christi in ihme selber* vnd mitnichte ausser ihme."

Daß Arndt in der Urversion von Buch I mit den Worten: „Sol die Seele leben, so muß der Leib Geistlich sterben vnd geopffert werden zu einem lebendigen Opffer, Rom 12[,1]."[408] sachlich dasselbe fordert wie Weigel, ist nicht von der Hand zu weisen. Und wenn dieser sich auf die durch ein immer neues ‚Sterben' zu erreichende, gradativ interpretierte „Klarheit" nach 2 Kor. 3,18 bezieht, korrespondiert dies mit der „Klarheit" im Schlußabschnitt von Arndts *Hexaemeron*, die Arndt dort ebenso wie in I,41,4 mit dem „Spiegel" Gottes in der Seele des Menschen als dessen wiederhergestelltem Ebenbild sowie in *Hex* 1,28 mit der Perspektive der endzeitlichen Verklärung auf denselben Bibelvers bezieht. Von der Forderung nach der „Tötung" des *homo animalis* über das normative Zeugnis der „Natur" bis zu einschlägigen Bibelstellen sind die Argumentationsstruktur und das Argumentationsmaterial bei Weigel und Arndt weitestgehend identisch. Ein nicht den Handschriften, jedoch den frühen Drucken dieser Schrift zwischen den Anhängen *Author dialogi ad Lectorem* und *Tod zu allen, ein Beschluß aller Lebendigen*[409] eingefügter Einschub mit dem Titel *AD DIALOGVM DE Morte*[410] – der in der Peuckert/Zellerschen Weigelausgabe leider nicht abgedruckt, wenngleich kurz besprochen ist[411] – nimmt in der literarischen Form des *Dialogus* unter explizitem Bezug auf Alexander von Suchten die theoalchemische Spur erneut auf, intensiviert die alchemische Analogiebildung und verbindet sie mit epistemologischen Reflexionen aus der Tradition des Geheimwissens:[412]

„*AVDITOR. Ich kans durch natürliche Exempel beweisen / daß der Todt das höchste Geheimnuß sey ohn welchen kein Leben seyn mag in tota rerum natura.* Als so man ein Baum tödtet zu Aschen / oder *in seine tres primas* [sic] *bringet / das*

---

[406] Vgl. o. zur Schrift *Vom Stein der Weisen* in: *Dreyfach Hermetisches Kleeblat* S. 364f.: Joh 12,24.

[407] Anspielung auf 2. Kor 3,18.

[408] *WCh* I,20,17 nach F S. 225.

[409] Weigel *Dialogus*, Werke IV S. 151 und 153.

[410] Ausgabe 1618 "Knuber"/"Newenstatt" = Francke/Magdeburg S. 99-104.

[411] Weigel *Dialogus*, Werke IV S. 170f..

[412] S. 99-101 (zu von Suchten s. S. 99 u. 104); der besseren Übersichtlichkeit wegen lasse ich jede der redenden Personen jeweils in einer neuen Zeile beginnen (alle Hervorhebungen von mir).

ist / tödtet / so mag man viel ein edler besser Holtz darauß bekommen ...
Sehet an lieber Herr / *die Natur gibts euch selber zuerkennen / daß im Todt die
gröste Frucht liege* / ein granum tritici,[413] so es stirbet / bringt es einen
schönen Stengel mit 20. 30. Granis, ex vno plurima, das könnet jhr ja nicht
leugnen / so man ein Schlang in 56. Stücke hauwet / vnd leget sie in die
putrefaction in jhren Acker / werden 6. Schlangen auß einer. ...
MORS. Dein Auditor ... kennet *das Leben / das auß dem Todte kommen muß*
/ wie du [: Concionator] auch Christum billich kennen soltest / *mit jhme in
Todt zugehen / zusterben* / so würdest du auch in ein leben kommen ...
A VD[itor]. Ich dancke Gott / daß ich *im Liechte der Natur* [!] *das gröste vnd
höchste Geheimnuß erkenne* / nemblich *den Todt vnnd das Leben* / dardurch *ein
Ding zerstöret / getödtet / vnnd an seiner ersten Form zu nichts würd* / daß *hernach
viel edler an seiner Form / Krafft / Tugendt* / als es zuvor gewesen ist. Ich will
allein *in der Göttlichen Kunst* [!] *Alchimia* solches beweisen / *daß durch den Todt
das edelste vnnd beste Leben herfür komme* ... die Alchimiam achte ich hoch /
dann sie ist ein Gabe deß Höchsten / vnnd *lehret die neuwe Geburt / daß man
sie gleich mit Augen sehen* [!][414] *kan* ... ".
Die Güter wahren gesunden Lebens und Reichtums betreffend sagt der
Auditor: „solches mag nicht erlangt werden / man lerne dann *durch den Todt
die neue Geburt recht erkennen / beydes im Himmlischen vnnd natürlichen Liechte."*

Daß die „göttliche" Kunst der Alchemie nicht nur „im Licht der Natur", also
hier in der Erkenntnis des Übernatürlichen im Bereich der *magia naturalis*, sondern auch „beydes im Himmlischen vnnd natürlichen Liechte", in dem das *lumen
naturae* weit überragenden *lumen gratiae* gleichermaßen, die „neue Geburt" gleichsam augenscheinlich zu erkennen lehrt, vermag deutlich wie kaum etwas anderes
die Relation der *analogia entis* zu belegen, wie sie genauso für Arndts Denken gilt.
Ebenso wie in Weigels *Dialogus* oder in Arndts „Wahrem Christentum" ist die
lapis-Christus-Analogie jedenfalls explizit und direkt vermieden, jedoch finden
sich in dem Einschub *Ad Dialogum de morte* ein paar, wiederum von dem laboran-
tischen *opus* ausgehende, doch insgesamt eher vorsichtige Andeutungen dazu.[415]

---

[413] Wiederum auch hier die Anspielung auf Joh 12,24.

[414] Auch Arndt redet in *Hex* 1,30 von dem *"augenscheinlich* Zeugniß der Verklärung", dazu vgl. u.

[415] S. 103f.: Der *Auditor*, der S. 100 wie auch die iatro-paracelsische und der rosenkreuzerische
Tradition die chrysopoietische Alchemie gegenüber der spirituellen beinahe im Nebensatz
abgewertet hatte – "Jch halte auch gar nichts von den Alchimisten die da wollen [: Symbol
Sol] vnd [: Symbol *Luna*] machen / vnnd haben kein Gelt." (vgl. S. 104) – beschreibt in
analog verschlüsselter Weise den *lapis philosophorum*, der gegenüber den Metallen, die er ver-
edeln soll, von höherer Qualität sein müsse. Das Wechselspiel von Rede mit der Gegenrede
des *Mors*, daß der *Auditor* – dem biblischen Topos der okkulten Traditionen Mt 7,6 zufolge
(vgl. Schneider Lutheraner S. 284f.; ders. Studienzeit S. 168) – nicht "die Perlin nicht vor die
Seuw" werfen solle – d. i. vor den lutherischen *Concionator*! – führt dann zur, nicht explizit
formulierten, Identifikation des *lapis* mit Christus: "doch daß ich bezeuge wie in der Natur
der Todt nothwendig seye zur newen Geburt / vnnd daß ohne den Todt oder neuwe Geburt
wider [: Symbol Luna] noch [: Symbol Sol] in der Kunst gemacht könne werden / so höret
doch ein verborgen rede also drauff / das jenige dardurch alle Metall in Goldt vnnd Silber
leichte transmutiert werden / ist mehr vnnd muß mehr seyn als Sol und Luna, vnd das vber
Sol vnd Luna ist / ist bey allen Menschen gering vnd veracht / *allein die Weisen haben es lieb* /

Vor diesem Hintergrund gewinnen Arndts Analogieschlüsse aus dem natürlichen auf den geistlichen Bereich wie jener von den Erdgewächsen im Frühling,
die, weil sie „den alten Leib abgelegt, und einen neuen angenommen" haben,
„denn der alte ist verfaulet[416] und gestorben", zu einem Bild der „neue[n] Creatur", der Auferstehung und der „Verklärung" der neuen himmlischen Leiber
werden,[417] neue Bedeutung. Auch der „natürliche" Schluß: „Je mehr Lichts, je
edler Geschöpf", den Arndt von Metallen über die Edelsteine bis zu den Engeln
anwendet, um ihn schließlich tropologisch auf die Tugenden und ein dem jeweiligen Maß an Tugenden direkt proportionales Maß an Verklärung der Menschen
zu übertragen, bewegt sich in einem beide Bereiche übergreifenden, hierarchisch
gestuften Weltbild, durch das der Weg der Läuterung, die einer Entmaterialisierung vom grob Stofflichen und „Irdischen" gleichzusetzen ist, „nach oben" zu
immer größerem Licht führt. Wenn Arndt kosmologisch den Unterschied der
Elemente Erde, Wasser, Luft und Himmel erklärt: „je weniger Erde damit vermischet, je reiner ist es", so könnte er die Folgerung daraus: „Und je reiner das
Wesen, je spiritualischer (geistiger) und mehr Kraft da ist"[418] für seine theo-
alchemisch-theosophischen Anschauungen annähernd gleichlautend formulieren, zeigt im Vergleich doch auch Arndts – platonische – Lehre der „drei ...
Stände im Menschen", daß die obersten Kräfte der Seele, die „nicht leiblich, sondern ganz geistlich, darum auch ganz edel" seien, im Gegensatz zu den ‚unteren',
die „mit dem Leibe verbunden, und fast leiblich; darum ... unedler" sind.[419]

Daß man Arndt, wie Buddeus es in seiner Untersuchung von der Alchemie berichtet und im gleichen Atemzug verwirft,[420] aufgrund seiner Wohltätigkeit die alchemische Kunst des Goldmachens nachsagte, mag sich aus seiner bekannten alchemischen Praxis ebenso wie aus seinem nicht ganz geringen Gebrauch des alchemischen Sprachspiels in kosmosophischen und theoalchemischen Bezügen erklären lassen. Und letzterer zeigt, daß es Arndt mit einer spirituellen Form der
Chrysopöie durchaus ernst war. Der geistliche Weg bis zur deificatio und Verklä-

---

kennen dasselbe / vnd ist gemein / bey allen Menschen. ... Christus ist verspottet / verachtet vnd ein Fußhader / wer jn kennet der liebet jn / wer jn suchet der findet alle Schetze
vnd dz Leben / also hat er auch ein Ding geschaffen / welches jme die Magi in seine lincke [!]
Hand mahlen ... niemand kennet es / allein die weisen." Hier sind der magisch-alchemische Lapis
und der ihm analoge Christus in die beiden Hände der einen Gestalt projiziert. Die Frage des
Concionator nach dem Weg zur neuen Geburt beantwortet der Auditor: "Das muß allein der
wircken / der es selber ist / dann eben das Ding ist Leben / Todt / soll es ein Leben seyn
aller Metallen / so muß es zuvor sterben vnd in das Leben kommen." Das Subjekt der
theoalchemischen Transmutation ist also ohne jeden Zweifel Gott! (Hervorhebung von mir).
[416] Die alchemische putrefactio.
[417] Hex 3,11f.
[418] Hex 2,3. Eine kosmologische hierarchische Stufung bis hinauf zu Gott zeigt schön IV,II,28,4.
[419] WCh IV,II,10,1.3 (Pss 139/III Bd. 2 S. 324f. leitet Arndt sie samt griechischen Termini explizit von Platon ab); vgl. die Erhebung der Seele in II,36,6: „kommen wir GOtt immer näher,
vergessen allgemach der Erden [!] und der Welt, und werden aus irdischen Menschen geistlich und
himmlisch" (Hervorhebungen von mir); wörtlich nahezu identisch: Pss 119/XIX Bd. 2 S. 236 b.
[420] Buddeus, in: Roth-Scholtz: Deutsches Theatrum Chemicum I S. 70f.

Abb. 19   Kupfer *Tab. L. p: 588*: „Starcke Glut macht mich gut."
in „Wahres Christentum", Nürnberg: Endter 1762

rung führt durch eine theologisch wie psychologisch alles andere als unproblematisch forcierte Trübsal des Leidens, die Arndt als Gottes „Feuerprobe" deutet: „die liebsten Kinder ... werden recht gereiniget und geläutert wie Gold".[421] Ähnlich wie eine Predigt zu Psalm 12 handelt „Wahres Christentum" II,52, das nicht von ungefähr das biblische Motto Jes 48,10 trägt: „Ich will dich auserwählt machen im Ofen des Elendes", zur Gänze von jener „höchste[n] Probe" für den Menschen, „dadurch ihn GOtt läutert und die Sünde ausfeget."[422] Dies geschieht in Gottes „Schmelz- und Probirofen", also dem (theo-)alchemischen Athanor, in dem – einer im paracelsischen *Liber de resurrectione* formulierten Analogie des *opus* zur Trennung der reinen Seele durch Ausschmelzen der sie verunreinigenden Schlacken und ihrer neuen Einkleidung mit dem reinen „fleisch" Christi analog[423] – nun nicht jene die edle ‚Essenz' der Metalle verunreinigenden Erd-Schlacken, sondern die die Seele als Bildnis und Spiegel Gottes verdunkelnden Unreinigkeiten im Feuer ‚abgebrannt' werden müssen: „wenn wir einmal die Schlacken unserer Bosheit recht abbrennen lassen, Hoffart, Wollust, Geiz, Neid, so können wir darnach in allem Kreuzfeuer desto besser bestehen".[424] Nach aller Anfechtung zeigt diese „Goldprobe" ihr Ergebnis:[425] „ein Mensch, der in solcher Probe geläutert ist, *ist hernach das feine Gold*, dem kein Feuer, kein Wasser, kein Unlgück [sic] schaden kann, weder Teufel noch Tod." Eine analoge Verheißung solch „herrlichen Philosophischen Goldtes" ebenso wie die Anleitung zu dessen Bereitung samt „Probe" findet sich u. v. a. auch bei den Paracelsisten Gerhard Dorn[426] und, wieder einmal, Heinrich Khunrath.[427]

---

[421] *WCh* II,50, 9.12.

[422] *WCh* II,52,5; theoalchemisch zeigt neue Geburt, Wort Gottes, Feuerprobe *Pss* 12/III S. 102f.

[423] Werke Reihe II (theol. und religionsphilos. Schriften, ed. Matthießen) Bd. I S. 310f.: Paracelsus fordert, "das wir sollen glauben des fleischs uferstehung, aber nit des kotsfleisch von Adam, sondern us Christo. das in Adam uferstehet, das geet zum ewigen tot [!]. ... *zu gleicherweis: nichts ist golt, als allein, das von allen schlacken gereiniget ist, und durch das feur in plei gangen ist und durch das spießglas gossen und gefirmirt im aquafort.* so nun das *die proben* seind eines natürlichen golts, *so ist es uns auch ein exempel, das dermaßen proben müssen sein im leib der uferstehung*, das do weit über den schlacken ein irdisch leib werd sein, und vil mer des feurs im blei, im schmelzen, im aquafort, im spießglas bedürfen wird, uf das es lauter und klar werd. ... also ist die *glorifizirung* dermaßen auch zuverston in der uferstehung. dan die uferstehung wird sein, nachdem und *alle körper rein und superfein* sein. alsdan, so der körper rein und superfein ist, das ist, *glorifizirt*, von allem wust geschiden und unflat, *iezt steigt er uf zu den himeln*, zu dem tisch, den uns got, der himmlisch vatter bereit hat bei seinem son zuessen." (Hervorhebung von mir).

[424] *WCh* II,52,11; *Pss* 119/XV Bd. 2 S. 224 deutet die Scheidung des "Reine[n] von dem Unreinen", des "Goldes" von den "Schlacken" und die "Probe" auf die Scheidung im Endgericht.

[425] *WCh* II,52,10 (Hervorhebung von mir); zur Theoalchemie vgl. auch II,53,5 (1 Petr 1,7!) u. 13.

[426] *Schlüssel zu der Chimistischen Philosophey* II cap. III S. 168-170: "Daß viel ein grössere ergötzligkeit inn dem Gemüth / als inn dem Leibe seye. ... Lehrne derowegen erstlichen die Seel mit dem Geist vereinigen / so wirstu ein grösseren lust in solcher erfinden / als in dem Leib. Auß deren erkantnuß nachgohnds [sic: nachgehends] / Mens, das ist das Gemüth entspringt / vnd *des Leibs freywillige absönderung* jhren anfang nimpt / wan[n] die Seel *auff einer Seyten des Leibes verderbten vnflat vnd Vndergang / auff der andern Seiten aber des Geistes herrliche vnd bestendige Seeligkeit* sihet / begehret sie mit disem (mit beystand Göttlicher Gnaden [!]) sich zuverbinden / vnd dem anderen gentzlichen abzusagen / auff daß sie allein dieser begehre / was sie siehet

Wobei die Läuterungsprozesse auch *bei Leibe*, d. h. nicht nur im übertragenen, sondern ebenso ethisch wie „physisch" transmutatorischen Sinne zu sehen sind. Arndt geht es um eine qualitative „Reinigung" der menschlichen, durch Adam verderbten ‚Natur', „indem Christus Mensch worden, unsere menschliche Natur angenommen, und dieselbe so hoch gereiniget in Ihm selbst, ja viel höher, als sie immer in Adam gewesen; bleibet auch mit derselben einmal angenommenen menschlichen Natur ewig vereiniget, und in derselben alle Gläubigen."[428] Abermals – und auch dieses Mal überaus präzise plaziert – begegnet in diesem theoalchemischen Kontext die Rede vom „göttlichen" Blut Christi und den „verklärten" Leibern der Auserwählten in einem gedanklichen Zusammenhang, den theosophisch zu deuten man nicht leicht umhinkommen wird. Daß eine tschechische Übersetzung des „Wahren Christentums" von Michael Longolius, Praze 1617, den zusätzlichen Obertitel trägt: *Anatomia et Laboratorium veri Christiani,*[429] dürfte diesem theoalchemischen Verständnis ziemlich präzise entsprechen.

In einem in die Analyse bisher nicht einbezogenen[430] Schreiben an den Theosophen, Arndt-Freund und Herausgeber von Khunraths *Amphitheatrum* Erasmus Wolfart, welches später den Titel *Das große Geheimniß der Menschwerdung des ewigen Worts* oder *Mysterium de Incarnatione* erhielt und welches Arndt geheimgehalten wissen wollte,[431] leitet Arndt, nachdem er den „Stein der uhr-alten Weysen" als einen „Spiegel der Schöpffung / Wiedergebuhrt und Heyligung" gedeutet hat,[432] den „herrliche[n] Artickel von der Wiedergeburt" theoalchemisch aus der – so wörtlich – „Wiedergeburt der Metallen" ab. Damit schließt er abermals von ‚natürlichen' bzw. physiomimetischen auf religiöse Prozesse, wobei diese Analogie, wie an den anderen Textbeispielen beobachtet, auch hier in einem Kontext

---

von Gott zum Ewigen heyl vnd Seeligkeit verordnet sein / wird alsdann nachmaln der Leib beden nunmehr vereinbarten Geist vnd Seel zu folgen getrungen. Dieses ist nun *die wunderseltzame Philosophische verwandlung des Leibs in de*[n] *Geist* [Marginalie zur Stelle: "*Transmutatio Philosophorum* mirabilis corporis in spiritum ac contra."]/ vnd hinwiederumb des Geists / in den Leib / von deme dieser / der weisen Spruch entspringet / da sie sprechen / Mache das fix vnd Veste / Flüchtig / vnd das Flüchtig / Fix vnd Vest / so wirstu die gantze Kunst der Meisterschafft haben / das ist / *Mache auß dem Eygensinnigen vnnd hartneckigen Leib / ein geschmeidigen vnd Geistreichen Cörper* / also daß *des Geistes fürtrefflichkeit mit der vbereinstimmenden Seel ein bestendiges Corpus machen* / so alle proben außstehen möge. Dann *das Goldt wirdt durchs Fewr probiert* / da doch durch ebenmeßiges Fewr alles dz so nicht Goldt ist verzehret wirdt. O des herrlichen *Philosophischen Goldtes* [vgl. o. § 1 Arndts *auri resolutio philosophica*] / mit dem *allein die kinder der weißheit* bereicht [sic] werden / vnnd nicht mit dem / daß von Weltkindern so hefftig gesucht ved [sic: vnd] begehrt wirdt." (Hervorhebung von mir).
427 Vgl. Töllner Khunrath S. 134f. mit Belegen.
428 *WCh* II,3,5.
429 So gefunden in der Bibliographie von Blekastad Comenius S. 752.
430 Die 'esoterischen' Schriften Arndts sind einer eigenen Reflexion im Anhang vorbehalten.
431 Dazu siehe Koepp S. 32; Schwager Bemühen S. 20f.; Schneider Lutheraner S. 282-285 (unter Hinweis auf die ältere Literatur); ders. Studienzeit S. 154; ders. Paracelsist S. 98f.
432 *Geheimniß der Menschwerdung* S. 12.

von der *deificatio* über die Frage nach dem „Fleisch Christi" – die Anlaß zu diesem Schreiben gegeben hatte! – bis zu einer Anspielung auf 2. Kor 3,18 steht: [433]

> „Hier müßte nun erklärt werden der herrliche Artikel von der Wiedergebuhrt. Besehet die Wiedergebuhrt der Metallen; also [!] müssen alle natürliche Menschen wiedergeboren werden / das ist / mit einem Himmlischen Geist tingiret / erneuert / gereiniget und verherrlichet / immer mehr und mehr von Tage zu Tage / von einer Klarheit in die andere[434] / als vom Geiste des Herren / wie S. Paulus herrlich redet / das wird eben so wol wesendlich Fleisch und Blut in dem Menschen / gleich wie die Tinctur ein neu Wesen giebt / nicht eine neue Eigenschafft allein ... und nicht allein werden wir des wesentlichen [!] Fleisches Christi theilhafftig / sondern auch durch ihn der göttlichen Natur / wie S. Petrus spricht ... Dies ist das gröste Geheimnus."[435]

Daß es aufgrund so anstößiger Reden wie etwa von der geistlichen „Tinktur" oder dem „wesentlichen Fleisch[] Christi" u. a. wiederholt auch Versuche gab,[436] Arndt die Autorschaft abzusprechen, mag aus apologetischer Perspektive erklärlich sein. Doch bleibt es ein müßiges Unterfangen, weil derselbe, hier theoalchemisch zugespitzte Themenkreis – vom ‚Tingieren' abgesehen, das jedoch durch die sonstige Entfaltung alchemischer Metaphorik mühelos wettgemacht wird – *en detail* wie in ihrem inneren Zusammenhang auch in allen „Vier Büchern vom wahren Christentum" offen zutage liegt, freilich noch zu wenig Beachtung fand.

Bartholomäus Sclei, dessen Schrifttum voll theoalchemischen Denkens ist,[437] verwendet solche Weise, vom Geist zu sprechen, häufig:[438] Wenn „wir das lebendige Wort GOttes in unserm Hertzen tragen ... So werden wir dadurch tingiret, transmutiret und verneuert / daß wir die alte Haut sampt ihren Hörnern[439] ablegen und folgen GOtt alleine / als dann erleuchtet Er uns je länger je mehr in seinem Worte [!] ... ". Im Gegensatz zu dem geradezu ängstlich auf Verschwiegenheit bedachten und auch in seinen brieflichen Äußerungen noch vorsichtig abwägenden Arndt sieht Sclei keinerlei Notwendigkeit zu übermäßiger Vorsicht, wenn er die theosophisch-spiritualistische Religiosität theoalchemisch auslegt:[440]

---

[433] *L. c.*: "Die Uberschattung ist eine Schöpffung; Die Wiedergebuhrt ist die Erleuchtung / mit dem wesentlichen Liechte Gottes; Die Heyligung ist die Herrlichmachung."

[434] Anspielung auf 2 Kor 3,18.

[435] *Geheimniß der Menschwerdung* S. 13 (Hervorhebung von mir); zur *deificatio* als dem "größte[n] Geheimnis" in Arndts letztem Satz vgl. Sclei *Theologia universalis* II Vorrede 28 S. 122: "Und das wird unsere Seeligkeit und ewiges Leben seyn / wenn wir in GOtt verwandelt werden." Zum Widerhall dieses Schreibens bei Gottfried Arnold und Wilelm Ernst Tentzel vgl. Steiger Nachwort, in: Gerhard *Meditationes* (ed. Steiger) Band 3/2 S. 743-745.

[436] Schneider Lutheraner S. 283 und A. 57 nennt nach den *Unschuldigen Nachrichten* div. Autoren (ohne Beleg). *Pss* 119/XIII Bd. 2 S. 219: Was durch Gottes Wort "tingiret" ist, verdirbt nicht.

[437] Zu Sclei vgl. in Band I dieser Studie § 4 Nr. 1.3 und die im Anhang abgedruckten Texte.

[438] Sclei *Theologia universalis* II,330 S. 318.

[439] Des 'tierischen' oder 'viehischen' Menschen; die Enthäutung zielt auf asketische Entleibung.

[440] Sclei *Theologia universalis* II Vorrede 19 S. 119 (Hervorhebung von mir).

„Das wahre Erkäntniß Gottes ist nicht ... ein Menschen Werck oder Menschen-Tand / sondern ein Göttliches Werck und ein Göttlicher Bau / und *eine übernatürliche himmlische Alchymia. Alchymia Coelestis aber ist vera Magia.* Vera Magia ist nichts anders denn *Commutatio Christi, das ist / Transmutatio Hominis in Deum.* Welches dann gar keinem Menschen auff Erden / sondern alleine dem Sohne GOttes / CHRISTO / *als dem höchsten Spagyro,* zu vollenden und ins Werck zu setzen möglich ist / bey deme wird es auch wohl bleiben / wie närrisch und unbesonnen es unsere falsche Alchymisten / Pseudo Magi und Transformatores fürgeben ... ".

Die *deificatio* ist göttlich-gnadenhafte Gabe an die Würdigen, ihre Ausformungen sind polymorph. Ob Christus als *Spagyrus* erscheint – dem bei Arndt der in den „Destilliröfen" der Berge Metalle ‚kochende' Gott entspricht (*Hexaemeron* 3,25) – ob wie im *Mysterium de Incarnatione* oder in Jakob Böhmes *Sendbriefen* der „Geist", genauer: der „Geist Christi" „tingiert",[441] oder ob, wie für die pseudo-Weigelsche Schrift *De igne et Azoth,*[442] die *Warnungs-Vorrede*[443] oder auch für Heinrich Khunrath[444] der „Stein der Weisen" zum Typus Christi wird, in all den in vielerlei Hinsicht auch austauschbaren Spielarten geht es letztlich um eine von Sclei höchst prägnant formulierte *Transmutatio Hominis in Deum* bzw. *deificatio,*[445] welche, wie

---

[441] *Sendbriefe* (Hg. Wehr) II Nr. 38,9 S. 61: "Keiner ist ein Christ, er sei denn aufs neue mit dem Geist Christi tingieret und aus Christi Liebe entsprossen ... ". Wehrs Erläuterung "durchdrungen" für "tingiert" klingt, weil den alchemischen Anklang vernachlässigend, zu schwach.

[442] *Beytrag zur Geschichte der höhern Chemie oder Goldmacherkunde* S. 74.

[443] In: Roth-Scholtz: *Theatrum Chemicum* III S. 588f.

[444] *Amphitheatrum* S. 106f. 196f., 213 u. ö.; aber auch *lapis* – Geist: S. 130 (jeweils mit Belegen).

[445] Ein schönes Beispiel dafür, wie Soteriologie, Christologie und Pneumatologie theoalchemisch ineinander verwoben werden, bietet Nuysements *Saltz der Philosophorum,* in: *Dreyfach Hermetisches Kleeblat* S. 107f.: „Unser Herr JEsus Christus / als der rechte Widersetzer / hat uns nur zweyerley Arten der Wiedergeburt gelehret / eine durch das Wasser der Tauff / die andere durch das Feuer des H. Geistes. *Das Wasser ist / welches die Flecken abwäscht / das Feuer aber verzehrt und nimmt weg allen Unflat von der reinen essentz.* Und gleichwie desselben theures Blut / (*welches das rechte Wasser ist*) von den Sünden reinigt / und den Menschen von dem Tod erlöset / welchen die *tödliche corruptio* des irrdischen Vatters eingeführet hat / *also löst das Wasser auf /* und sondert den wüsten Unflat ab / welcher eine *corruption in allen sustantiis* verursachet. Das Feuer des Heiligen Geistes verzehrt / und nimmt weg die häßliche Unreinigkeit der Sünden: *also vertilgt das gemeine Feuer / die Unreinigkeit der substantz der Dinge / welche deswegen sollen getödtet werden / damit sie können widergebohren werden. Und diese mortificatio, ist die putrefactio und digestio,* welche selbige geschickter machen / *daß sie der separation möge theilhafftig werden.* Und diese Tödtung geschicht alsdann in uns / wann die Sonne des H. Geistes ihre Göttliche Straalen auf den innerlichen Globum des Menschen / welcher das Hertz ist / schiessen läst / die biß zum centro denselben erwärmen / und allgemach die verderblichen Lüsten des alten Adams verzehren." S. 139f. (in cap. IV: „Von dem hinauffsteigen des Spiritus gen Himmel / und desselben hinunter steigen zur Erden"): „Derowegen ist er auf die Erden kommen / daß er in und mit uns wohnen / und uns in den Schrancken der Gerechtigkeit und Mässigkeit einschliessen möchte / *indem er uns zum ewigen Leben / durch die mutation des Geistes und Leibs / regeneriret / die corruption und Sünde in uns tödtet / und hingegen das studium der Reinigkeit und Tugenden wiederbrächte.* Welches zwar nicht könte verrichtet werden / als durch ihn allein / wegen der beederley Naturen / welche er an sich haben solte; dann *er ist der Göttlichen und menschlichen Natur theilhafftig gewesen / damit er die obern Ding mit den untern vereinigen möchte /* welche durch eine unvergleichliche Weite des Todes und Lebens / der *corruption und Reinigkeit* voneinander

im Kontext des *liber conscientiae* zu beobachten war, auch jenseits dieses theoalchemischen Sprachspiels zum Kernbereich von Arndts Theologie gehört, hier
nur eine *lumen naturae* und *lumen gratiae* zugleich integrierende Form gefunden hat.
Es handelt sich um eine in theosophischen Kreisen verbreitete Denkform,
die in einer „Contrafactur"[446] analoger Prozesse in Makro- und Mikrokosmos, in
sinnlicher und supracoelestischer Welt den Gleichklang allen wahren Seins und
Lebens in dem vom All-Einen Gottes emanierten Kosmos zu finden und in der
über die Welt des Sinnlichen erhebenden Erkenntnis das Heil anstrebt, so daß
sie in Einzelzügen wie Gesamtbild einen gnostisierenden Religionstyp darstellt.
Eine innere Logik spricht – aufgrund eines, unbewußt oder beabsichtigt, jedenfalls genialen Satzfehlers – aus der Übersetzung von Nuysements *Saltz der Philosophorum*,[447] nämlich daß „die natürlichen und Spagyrische operationes, mit den
heiligen Geheimnussen des Christentums wegen der *Gleichfrömmigkeit* / welche
sie zum Theil mit ihnen haben / zuweiln miteinander verglichen" werden.
Die theoalchemische Analogie zur ‚neuen Geburt' ist eine asketische. Die nur
in verunreinigender Vermischung vorkommenden Kräfte „recht philosophisch"
zu ‚separieren' und zu ihrer ‚natürlichen Verklärung' zu ‚perficiren', erfordert die
Herauslösung der ‚reinen' Essenz aus den sie hindernden Schlacken. Die *separatio
puri ab impuro* – nach Telle ein „paracelsistische[s] Losungswort" – charakterisiert
die pseudoparacelsische Schrift *De natura rerum*[448] als „ein extraction des reinen
edlen geists oder quintae essentiae von seinem groben zerstörlichen elementalischen Leib", was ‚geistlicher' Deutung Material zur ‚Anschauung' genug bietet.
Dies ist auch im buchstäblichen Sinne zu verstehen, baut doch das theoalchemische und in einem *cabalistischen* Sinne naturallegorische Denken im frühneuzeitlichen Hermetismus auf den Glauben, daß, wie Arndt sagt,[449] „der heilige Geist
in seinem Wort den Gebrauch hat / daß er uns himmlische / geistliche / ewige
Dinge fürbildet / *durch die Natur uns gleichsam dieselbe zeiget / daß wir es mit Augen
sehen mögen*", nicht anders als es im *Dialogus ad mortem* im Anhang zu Weigels

---

unterschieden waren. Die Erde hat solchen theuren und hochwehrten / und ihren Verdienst
weit übertreffenden Schatz / durch ein unbegreiffliches Mittel an und auffgenommen / von
welcher er nach der Widergebuhrt / die er uns durch *das Wasser der purification* / und *das Feuer
des heiligen Geistes* hinterlassen / wieder gen Himmel gefahren / zwar von dem [sic] zufälligen
und leiblichen passionibus gantz und gar befreyet / doch daß er seinen Leib nicht weggelegt
/ welchen er *unverderblich und verklärt* behalten / nemlich durch den Tod / durch den er Unsterblichkeit erlangt: er wird auch von der rechten Hand seines Vatters / nach der allgemeinen Verbrennung der Erden wieder hinab fahren / die welt zu verneuren / und eine *separation der Formen* / welche zum Leben verordnet und erhöhet seynd / von den Bösen / die zum
Tod hinunter gedruckt und verdammt seynd / zumachen." (Hervorhebung von mir).
[446] Khunrath *Chaos* S. 87 verwendet den Begriff theoalchemisch (nach Töllner Khunrath S. 42):
"der STEIN der Weisen [ist] CHRISTI Symbolum, bedeutung / Fürbild / Ja Contrafactur /
Natürliche abbildung und Gleichnüß / auß unnd in dem grossen Buch der NATUR".
[447] *Saltz der Philosophorum*, in: *Dreyfach Hermetisches Kleeblat* S. 176f. (Hervorhebung von mir).
[448] Nach Telle Stein der Weisen S. 180f. A. 46: Paracelsus Werke (Sudhoff) XI S. 352.
[449] *Pss* 19/I Bd. I S. 176 (Hervorhebung von mir).

Dialogus heißt: „die Alchimia[] … lehret die neuwe Geburt / *daß man sie gleich mit Augen sehen kan*".[450] In diesem Sinne zeigt Arndts Kapitel der Lichtmetaphysik im Schlußabschnitt *Hexaemeron* 1,30 „ein herrlich *augenscheinlich* Zeugniß" für die in der Theoalchemie sinnenfällig dokumentierte enge Verbindung von *lumen naturae* und *lumen gratiae*, für die letztlich zweitrangig bleibt, ob sie, wie bei Böhme, Sclei, Angelus Silesius und anderen, eine ‚nur' metaphorische, oder bei einem praktizierenden *Spagyrus* wie Arndt und anderen auch eine praktische *analogia* bedeutet:

> „Zum Beschluß ist auch zu wissen, daß der gütige Schöpfer ein reines, schönes und anmuthiges Licht allen Dingen eingeschlossen habe, wie die wissen, so die *natürliche Separation* und Absonderung verstehen, und die *Purität*, Reinigkeit, *aller Dinge recht philosophisch scheiden können von der Impurität*, Unreinigkeit, und Finsterniß. Und so können alle Dinge *natürlich perficiret* … und *gebracht werden in ihre Klarheit*. Denn das ist ihre *natürliche Verklärung*, und ein herrlich, *augenscheinlich Zeugniß der Verklärung unserer Leiber am jüngsten Tage, wenn alle Unsauberkeit von Leib und Seele hintan wird geschieden seyn*."

Der von Gehalt und Plazierung her als ein Schlüsseltext zu identifizierende Abschnitt, der wie kaum ein anderer nicht nur Arndts Schlußverfahren von der Natur auf die Übernatur im Sinne einer *analogia entis* zu erkennen gibt, sondern auch seine bei aller Zurückhaltung in manchen Formulierungen tiefe Verwurzelung in diversen Spielarten frühneuzeitlichen hermetischen Denkens belegt, soll die Betrachtung der Theoalchemie beschließen. Fictulds im *Chymisch-Philosophischen Probier-Stein* geäußerten Urteil ist zuzustimmen, Arndt habe im „Wahren Christentum" „die primam materiam lapidis Philosophorum und die gantze Bereitung desselben so zierlich, lieblich und angenehm einfliessen lassen, daß es ohne ein die Natur und deren Wercke kennender nicht leicht jemand vermercken wird".[451] Dies gilt um so mehr, als Arndts *lapis* ein *physice* wie *metaphysice* wirkender ist, der alle drei nach Khunrath wesentlichen Dimensionen vereinigt:[452] die religiöse, in der es um die ‚neue Geburt' an Seele und Leib geht, die mikrokosmische in der hermetischen „Naturkündigkeit" und die makrokosmische, die „spagyrisch" das „philosophische", d. i. iatrochemische, „Gold"[453] bereiten kann.

Der theoalchemische ist nur einer unter anderen Strängen in Arndts Denken. Doch dürfte deutlich sein, warum aus orthodoxer Perspektive der darin angelegte Keim zu einer Naturalisierung der Religion bzw. Theologie und die damit verbundene Tendenz zu Ermächtigung wie auch Zwang des Menschen zu tätiger Mitwirkung an seiner religiösen Perfektionierung schwere Hypotheken birgt, gilt dafür nach Sheppard doch: „Christianity was assimilated trough Gnosticism".[454]

---

[450] Weigel *Dialogus* (Knuber/Newenstatt 1618) S. 100 (Hervorhebung von mir).
[451] S. 12f. (Hervorhebung von mir).
[452] S. Töllner Khunrath S. 102 und 116 zu Khunrath *Amphitheatrum* S. 204f. u. ders. *Chaos* S. 130.
[453] Croll *De signaturis internis* (ed. Kühlmann/Telle) S. 172: "die Medicinische Essentz oder Magische Golt".
[454] Sheppard Gnosticism and Alchemy 99 und *passim*.

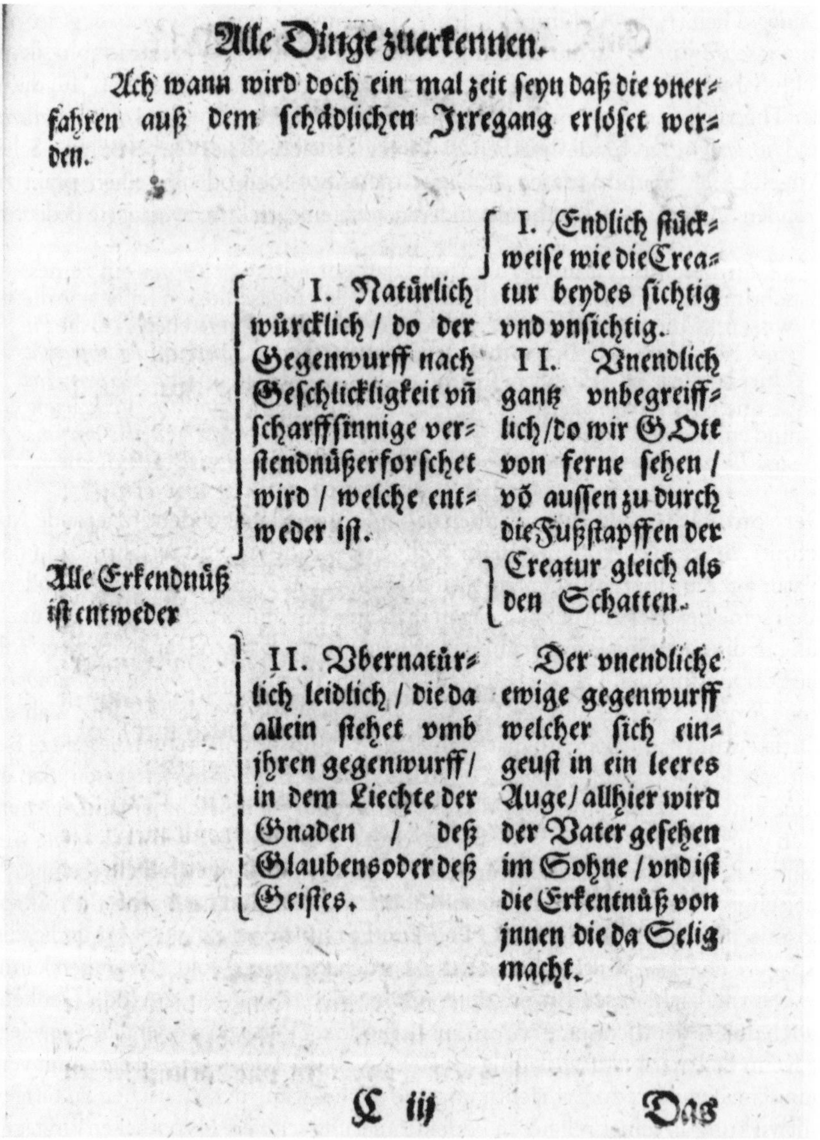

Alle Dinge zuerkennen.

Ach wann wird doch ein mal zeit seyn daß die vnter=fahren auß dem schädlichen Irregang erlöset wer=den.

Alle Erkendnüß ist entweder

I. Natürlich würcklich / do der Gegenwurff nach Geschlicklikeit vñ scharffsinnige verstendnüßerforschet wird / welche ent=weder ist.

> I. Endlich stück=weise wie die Crea=tur beydes sichtig vnd vnsichtig.
>
> II. Vnendlich gantz vnbegreiff=lich/do wir GOtt von ferne sehen / vō aussen zu durch die Fußstapffen der Creatur gleich als den Schatten.

II. Vbernatür=lich leidlich / die da allein stehet vmb jhren gegenwurff/ in dem Liechte der Gnaden / deß Glaubens oder deß Geistes.

> Der vnendliche ewige gegenwurff welcher sich ein=geußt in ein leeres Auge/ allhier wird der Vater gesehen im Sohne / vnd ist die Erkentnüß von innen die da Selig macht.

C iij   Das

Abb. 20   Die Textseite aus Valentin Weigel: *Kurtzer Bericht Vom Wege vnd Weise* ... [Magdeburg] 1618 (Universitätsbibliothek München), *fol.* C iij ᵛ, zeigt, typographisch abgesetzt, das Theorem Weigels u. a. von den zwei Erkenntnisweisen oder „Lichtern", der natürlichen Erkenntnis (die, nochmals unterteilt, auf die Kreatur bzw. indirekt auf den Schöpfer zielt, vgl. die *Cabala* von Hirsch) und der Erkenntnis aus dem *lumen gratiae*.

C.   Spiritualistisch-hermetische Theologie
Das theologische Programm der „vier Bücher"

§ 4   *Lumen gratiae et naturae conjungere* [1]

Angesichts disparater Einschätzungen, aber auch vieler Querverbindungen stellt sich die Frage, was die beiden großen Teile des „Wahren Christentums", den mystisch-spiritualistischen Strang von Buch I bis III und den hermetisch-natur-philosophischen und -allegorischen Strang in Buch IV, verbindet. Handelt es sich beim *liber naturae* um einen „Anhang" (Koepp) oder um den integralen Teil eines größeren Ganzen? Dies ist unter den Stichworten des *lumen naturae* und *lumen gratiae* zu betrachten, in denen sich der in einem engeren Sinne ‚theosophi-sche' sowie der ebenfalls in einem engeren Sinne ‚pansophische' Strang bündeln.

Da auch ausweislich des „Wahren Christentums" die Psalmen für Arndt eine zentrale Rolle spielen, sind seine *Psalterauslegungen* mit einzubeziehen. Zwar sind sie zeitnah zum „Wahren Christentum" entstanden, doch erst 1617 publiziert (Jena: Steinmann). Möglicherweise ließ eine spätere Überarbeitung hier manches stehen, das die Zensur des „Wahren Christentum" in Jena nicht passiert hätte.

Mit den *Psalterauslegungen* hat es eine eigene Bewandtnis. Hatten Mager und in Folge Schneider auf Passagen verwiesen,[2] die mit Arndts *liber vitae* übereinstim-men, so fand – nach Koepp – Sommer im Aufsatz zum „Bild der Natur" bei Psalm 19 und 104 „ganz ähnlich geprägte Grundgedanken" wie im *liber naturae*.[3] Was ihnen entging, ist die – sicher auch redaktionsgeschichtlich aufschlußreiche – Tatsache, daß *Hexaemeron* 3-6 über viele doppelspaltige Folioseiten, mitunter in Anlehnung, jedoch ganz überwiegend wörtlich, die *Psalterauslegungen* ausschreibt.[4]

---

[1]   Dieses "Bekenntnis der Gegner der galenischen Medizin und der aristotelischen Philosophie" (Trepp Alchemie S. 490 A. 84 nach Telle: Opus mago-cabbal. S. 378f.) benennt Arndt 1612 gegenüber dem jungen Theologen Hermann zu Winsen als Leitmotiv seines Strebens: "sem-per volupe mihi fuit, *Lumen gratiae & naturae conjungere* " (Wernsdorff S. 10; vgl. Koepp S. 23).

[2]   Mager Schmecken S. 155 A. 22 (Verweis auf Koepp S. 77); Schneider Frühschriften S. 56-59.

[3]   Koepp S. 77; Sommer Odem S. 216f. (hierzu ohne Bezug auf Koepp, Mager oder Schneider).

[4]   *Hex* 3,24-35: *Pss* 104/II,3 Bd. 2 S. 45b-47a; *Hex* 3,36-61: *Pss* 104/III *l. c.* S. 47a-50b; *Hex* 4,40-53 u. 60: *Pss* 104/IV S. 50b-52b; *Hex* 5,25-29, 31-47: *Pss* 104/V S. 54a-56b; *Hex* 6,8-20: *Pss* 104/VI S. 57a-59a; vgl. auch *Hex* 3,8 und 4,7f.10: *Pss* 19/I,1 Bd. 1 S. 177a-b.

1.   „dein unvergänglicher Geist ist in Allen"[5] – *lumen naturae*

1.1   *lumen naturae* als Quelle von *magia naturalis* und Theologie

In Übereinstimmung mit der hermetisch-magischen Tradition, wie sie sich ihm durch und im Zusammenhang mit dem Baseler Paracelsismus vermittelte, beschreibt Arndt die Weisheit der alten *Magi* und biblischen Weisen als eine „*Kunst / nemlich Magia*", also eine *ars*, die er näher charakterisiert als „eine *gründtliche Erkentnus*" (*scientia*), und zwar, stellvertretend für die außermenschliche Kreatur insgesamt, als die salomonisch inaugurierte Erkenntnis „aller Thiere / Gewechse vnd der Sternen".[6] Wie in der *divina sapientia* und in der Gesamtkonzeption des „Wahren Christentums" überhaupt, so liegt auch im *liber naturae* der Schwerpunkt auf der Erkenntnis. Wie geistesverwandte Theo- und Pansophen allesamt weit entfernt von Praktiken schwarzer Magie und Zauberei, geht es ihm um das Erkennen der „verborgene[n] Kraft"[7] und, weil die Schöpfung ein ‚Buch' bzw. einen ‚Text' darstellt, um die ‚Auslegung' ihrer ‚Bedeutung'. Dieses unspektakuläre Magie-Verständnis verbindet Arndt mit anderen Vertretern dieser ‚Kunst' oder ‚Philosophie'. Neben dieser magisch-hermetischen Linie des *lumen naturae* findet sich im zweiten Teil des vierten Buchs auch eine rationalistische Linie, die parallel zu jener und zusammen mit ihr dem *liber naturae* seine Konturen verleiht.

Wiederholt hat sich gezeigt, daß Arndt mit andern Hermetikern nicht nur in Details, sondern vor allem in entscheidenden Grundlinien des Weltbilds übereinstimmt. Vor dem Hintergrund dessen, was etwa Hirsch, Meder, von Suchten und andere wie der Magie-Kritiker Johann Weyer als *magia naturalis* beschreiben, läßt sich, was Arndt verschiedentlich im *Hexaemeron*, seien es Lichtmetaphysik, Astrologie, Alchemie oder auch sein spezifisches Verständnis der gestuften göttlichen und natürlichen Weisheit, formuliert, wie aus verschiedenen Mosaiksteinchen zu einem klar konturierten und schlüssigen Gesamtbild zusammenschauen. Für die paracelsistische *magia naturalis* ebenso wie für den naturphilosophierenden Mystiker Arndt ist bezeichnend, daß sich diverse kosmologische bzw. kosmosophische Grundanschauungen, Elemente des astrologischen und des alchemischen Geheimwissens, eine spezifische Form des Strebens nach Erkenntnis und eine betont religiöse Haltung zu einem Ganzen zusammenfügen. Zur Verdeutlichung des Gesamtbilds sind einige wenige Linien in Erinnerung zu rufen.

Handelt schon gleich das das *Hexaemeron* eröffnende Kapitel „Vom ersten Tagewerk GOttes", dem Licht, an seinem Ende von jenem besonderen „Licht",[8]

---

[5]   *Sapientia Salomonis* 12,1; Teil des biblischen Mottos für *WCh* IV,II,9, zitiert u. a. in *Hex* 6,12.
[6]   *Ikon* III fol. 16 ᵛ (Hervorhebung von mir).
[7]   *Hex* 3,14 nennt Arndt im Kontext der Signatur "die lebendige Handschrift und Ueberschrift GOttes, damit Er jedes Kraut gezeichnet *nach seiner verborgenen Kraft* ... Ja mit der äußerlichen Form und Proportion zeigen sie oft an *ihre verborgene Kraft*." (Hervorhebung von mir).
[8]   *Hex* 1,2; vgl. *De X plagis* IX/1 S. 85f.: "Die Kräuterlein haben auch ihr *Licht* ... Wer das Licht von ihnen *scheiden* kan, der ist ein rechter *Künstler*", der diese *ars hermetica* kennt; denn "das Liecht [ist] eine schön liebliche Creatur ... *in allen Geschöpfen* ..." (Hervorhebungen von mir).

„so in der Schöpfung von der Finsterniß der großen Welt geschieden, ... dadurch die Welt erleuchtet, erfreuet, unterschiedlich erkannt, und ganz weislich und wunderbarlich offenbaret worden; ja, *dadurch das Licht des Lebens*, nach Etlicher Meinung, *der großen Welt influiret, und allen Creaturen einverleibet worden*",

so kehrt Kapitel 1 vom Licht im Schlußabschnitt zu dem nur den ‚Philosophen', d. h. den Alchemikern, eröffneten Wissen darum zurück,[9]

„daß der gütige Schöpfer ein reines, schönes und anmuthiges Licht allen Dingen eingeschlossen habe ... ".

Dieses den Augen unsichtbare Licht eröffnet sich nach *Hex* 3,15 dem *Spagyrus* als eine „pur lautere Essenz und helles Licht", die immateriell in den „Schaalenhäuslein und Kästlein", d. h. den *corpora* der Materie und der Elemente, verborgen liegt und die durch die „Kunst der Scheidung" aus ihnen zu extrahieren ist. Verknüpft man diese mit der Gesamtheit des den Kreaturen inkorporierten und in den ganzen Makrokosmos hinein sich verströmenden Lichtes, findet man, nicht anders als von anderen zeitgenössischen Hermetikern propagiert, das *lumen naturae*. Obwohl dieses „Licht" in alle Kreaturen hinein ausstrahlt und den ganzen Kosmos von „innen" her durchwirkt, bleibt es selbst doch unsichtbar. Ein „Licht", dem gegenüber die Dinge der Körperwelt bloße „Schatten" darstellen, beschreibt Michael Sendivogius in seinem *Novum Lumen Chymicum* so:[10]

„Dann vergeblich arbeitet der, wer ohne erkentnüß der Natur die arbeit in dieser heiligen und warhafften Kunst angreifft: der stecket in natürlicher Finsternuß, deme die Sonn nicht scheinet, der liget in dicken schatten, deme Nachts der Mond nicht scheinet. *Die Materia hat ein eigen Licht, welches wir mit unsern Augen nicht sehen*, der schatten der Natur ist unsern Augen ein corpus, *wann aber einem das Liecht der Natur bescheinet, deme wird alßbald der Nebel von den Augen hinweg genommen*, und kan ohne verhindernuß alßdenn den Puncten unsers Magnets sehen, wie er mit beyden centris der Stralen, nemlich der Sonnen, und der Erden correspondiere: Dann *so weit erstrecket sich das Liecht der Natur, und eröffnet das innerliche*".

Erst im Gesamtzusammenhang bilden das „Licht" in der Materie, die *centra*, auf die dieses bezogen ist, und dazu das „innerliche" Licht das „Licht der Natur". Mit einem einprägsamen Bild vergleicht Christoph Hirsch alias Joseph Stellatus zur Erklärung der Herkunft der *magia* das sowohl im Makrokosmos wie im Mikrokosmos zugleich fließende *lumen naturae* mit Sonnenstrahlen, die sich, von einem konkaven Spiegel reflektiert, in einem Punkt bündeln, wie es das „purum

---

9   *Hex* 1,30 (Hervorhebung von mir); Kemper I S. 284 identifiziert es als emanatives Naturlicht.
10 Beschluß, zitiert nach Scherer Alchymia S. 148 (Hervorhebung von mir). Goldammer Lichtsymbolik S. 677 nennt das "Licht der Natur" des Paracelsus ein "die 'Natur' konstituierendes, sie durchdringendes Prinzip" und, als "Licht" gedeutet, die "in den Dingen wirkende Kraft".

Naturae Lumen ... *ex quo* vera *MAGIA profluit*", seinerseits im Menschen tue.[11] So ist die *magia* die praktische Anwendung des *lumen naturae*, und *lumen* und *magia* bilden die zwei Seiten ein und derselben Sache.

Von diesem Licht redet Arndt. Einerseits liegt es in den Dingen selbst und hat andererseits auf Seiten des Menschen in seinem siderischen, d. h. geistigen Teil seine strukturelle Entsprechung. Dem geistigen Teil gemäß, der makrokosmisch der siderischen Sphäre zugerechnet wird, ist der natürliche Mensch „dem Gestirn" unterworfen. Aus diesem empfängt er das zum natürlichen Leben Nötige, und es dient ihm in diesem übergreifenden „Licht der Natur" vor allem als Quelle der Erkenntnis, denn „die Sinne, Gedanken und der Geist des Menschen haben ihre Speise vom Gestirn". Die „natürliche Weisheit",[12] eine „Wirkung" des „natürlichen Himmels" auf den *homo naturalis* – daher in *Hexaemeron* 4 präzise plaziert – ist die Quelle aller menschlichen Kunst und Weisheit:[13]

> „Daher sind die inventores rerum, die Erfinder der Dinge, entsprungen, nicht, daß sie Erfinder seien, sondern *Werkzeuge, durch welche der Himmel seine von GOtt eingepflanzte Wirkung vollbracht*, und aus den verborgenen Schätzen GOttes die Künste *ans Licht hervor* [!] getrieben, gleichwie ein Baum zu seiner Zeit seine Frucht giebt. Denn also sollt ihr auch die Sterne in ihren Wirkungen verstehen, und nicht anders."

Diese Impressionen sind nach Arndt eine die wahren Astronomen offenbarende „gewaltige Probe ... der Astronomie".[14] Auch wenn – anders als in der *Ikonographia*[15] – im „Wahren Christentum" der Terminus selbst fehlt, ist doch klar, daß dieses den Kosmos in Gestirn, Kreaturen und menschlichem Geist durchwirkende Licht das hermetisch-magische *lumen naturae* ist, das Arndt analog versteht wie Christoph Hirsch, Benedikt Töpfer, Oswald Croll oder eben Weigel:[16]

> „also *der siederische* [sic] *Geist* hat auch *seine Speise* [!] *auß dem Firmament*: Dann alle Künste, Handtwercke, Sprachen, Faculteten, vnd alle *natürliche Weißheit* [!]*empfehet er vom Firmament;* ... *alles was zu diesem tödtlichen Leben gehöret*, kompt vom Gestirne; *das Firmament* mit seinen Sternen ist *das Liecht der Natur, darauß die Menschen auff Erden geboren* [!] *werden*, ein jeder zu dem seinigen: also wie der Leib auß den Elementen seine Speise, Tranck vnd Nahrung hat, *also der Geist auß dem Firmament*, dergleichen auch nach seiner art."

---

11 *Pegasus Firmamenti* VII fol. F 6 ͬ (Hervorhebung von mir); dazu ausführlicher s. u. Anhang 2.
12 *Hex* 4,15, vgl. 4,13.
13 *Hex* 4,13 (Hervorhebung von mir).
14 *Hex* 4,15 und 4,13.
15 *Ikon* IX fol. 37 ͬ⁻ᵛ im Blick auf die in der Apk verborgenen „viel Göttliche [!] vnd natürliche Geheimnus", welche „einen sonderlichen hohen Verstandt im *Liecht der Natur*" erfordern (Hervorhebung von mir).
16 *Gnothi seauton* I cap. IV S. 12f. (wie in § 1 schon zitiert); vgl. ebd. I cap. XVIII S. 46f., wo das "Licht der Natur" ebenfalls im paracelsischen Sinne aus der Astronomie abgeleitet wird. Wie Ficinos *De amore* V,13: *Qui dii, quas artes hominibus largiantur*, offenbart, bilden die über den Zodiacus herrschenden 12 *numina*, i. e. Götter, den religionsgeschichtlichen Hintergrund.

Die diesem *lumen naturae* auf Seiten des Menschen entsprechende „Weisheit" wiederum, die ganz verschiedene Disziplinen und Dimensionen der hermetischen Naturphilosophie von der Astrologie einschließlich der *Praesagia* bis hin zu Alchemie und (spagyrischen) Medizin miteinander verbindet, ist die *magia naturalis*. Daß Arndt mit dem hier von Weigel gebrauchten Begriff der „natürliche[n] Weißheit"[17] die *magia* bezeichnet, zeigt sein Hirsch analoger Rückgriff auf die altorientalischen *Magi* nicht nur in den kleineren Schriften, sondern auch im „Wahren Christentum" im Rahmen der auf Paracelsus gestützten, jedoch eigenständig weiterentfalteten Sapientiologie. Wie sein Eislebener Freund unterscheidet Arndt die Weisheit der altorientalischen *Magi* – nicht aber, wie der *Bericht von den Weisen aus Morgenland* zeigt, jener *Magi* von Matth 2 – kategorisch von jener „höheren" Weisheit der biblischen Weisen aus dem heiligen Geist:[18]

> „Solche Leute sind gewesen die heiligen Erzväter und Propheten, wie vom Joseph, Daniel und Salomon geschrieben ist, daß ihre Weisheit übertroffen habe *alle Weisheit Egyptens und Persiens, und des ganzen Orients*, 1 Kön. 4,30. Denn diese haben nur *die natürliche Weisheit des natürlichen Himmels* [!] gehabt; Moses aber, Joseph, Daniel, David, Salomo haben über dieselbe auch die *übernatürliche Weisheit* gehabt".

Bei der „natürliche[n] Weisheit des natürlichen Himmels" der alten *Magi* und *Philosophi* handelt es sich um nichts anderes als die *magia* aus dem *lumen naturae*. Was dieses *lumen naturae* anbetrifft, erscheint nun neben dieser magischen und der naturallegorisch-cabalistischen, die aufgrund der verheißenen ‚göttlichen Geheimnisse' jenen „sonderlichen hohen Verstandt im *Liecht der Natur*"[19] erfordert, eine dritte, oben schon angesprochene Linie in „Wahres Christentum" I,7 – wo von „dem kleinen innerlichen Lichtlein, so in ihnen von Natur ist", die Rede ist. Dieses lehre auch die „Heiden", „daß ein GOtt ist", daß es ein jüngstes Gericht gebe und daß in ihm „das Gesetz der Natur, oder die natürliche Gerechtigkeit" im Sinne der Vergeltung herrsche.[20] Diese Linie nimmt wie der ganze zweite Teil des *liber naturae* so auch Kapitel XII dieses Teils wieder auf und fordert, daß als Antwort auf Gottes Liebe „wir GOtt wieder zu lieben schuldig sind. Nicht allein GOttes Wort, sondern auch das *Licht der Natur* überzeuget uns."[21] So handelt es sich bei diesem „Licht" – aus dem immerhin eine Schuldigkeit des Menschen, „gottselig [!] zu leben",[22] zu erkennen sei – auch in dieser Hinsicht um eine eigene Quelle der Offenbarung, aus der es mittels rationalistischer Schlußfolgerungen zu schöpfen gilt. Wenn Arndt – angesichts seiner gelegentlichen Ausfälle ge-

---

17 *Hex* 4,13.15.17, vgl. *Ikon* I fol. 12 ᵛ – 13 ʳ; vgl. Weigel *Gnothi seauton* I cap. IV S. 12f. u. a.
18 *Hex* 4,17.
19 Fol. 37 ʳ⁻ᵛ (Hervorhebung von mir).
20 *WCh* I,7,1.8.
21 *WCh* IV,II,12,6 (Hervorhebung von mir).
22 *WCh* IV,II,19,6.

gen die „die logischen Artisten" und ihre „unnöthigen Subtilitäten"[23] ungewöhnlich genug – im selben Kapitel[24] davon spricht, daß solche Schuldigkeit „uns die Vernunft [!] und die Natur lehret", was Arndt an anderer Stelle als „ein unauslöschliches natürliches Licht"[25] qualifiziert, so zeigt sich auch begrifflich, daß neben dem *Hexaemeron* und seinem von der *magia naturalis* inspirierten kosmosophischen Konzept des *lumen naturae* im zweiten Teil ein rationalistisches Verständnis von *liber* und *lumen naturae* dominiert, dem Arndt mit diesem zweiten Teil ein eigenes Gewicht verleiht. In dem auf Buch IV,II folgenden *Beschluß* des Werkes bindet er all die vorhandenen Linien zu einem Bündel zusammen und folgert,[26]

> „daß wir neben dem Wort GOttes und dem Buch der heil. Schrift auch können überzeuget werden in unsern Herzen und Gewissen aus dem *Buch der Natur*[27] und aus dem *Licht der Natur*, daß wir GOtt zu lieben schuldig sind wegen seiner großen Liebe ... Und solch *Argument aus der Natur* überzeuget alle Menschen, er sei Heide oder Christ ... Ja darum rufet und reizet uns GOtt *durch alle Creaturen* zu seiner Liebe ... Darum freilich auch GOttes Liebe *aus dem Buch der Natur zu erkennen*, und können damit auch die Heiden überzeuget werden."

In der zweiteiligen Konzeption von Arndts *liber naturae* finden sich demnach alle drei Linien des *lumen naturae* repräsentiert, die rationalistische in dem auf Raimund von Sabunde gestützten zweiten Teil, die hermetisch-paracelsistische und naturallegorisch-*cabalistische* Linie im *Hexaemeron*, das seiner Gattung und seiner Charakteristik nach ohne weiteres auch den im Mittelalter gebräuchlichen Titel eines *liber creaturarum* tragen könnte. Beides sei auch „Heiden" zu vermitteln.

Das *lumen naturae* beschränkt sich bei weitem nicht auf die menschliche *ratio*, der eher die Rolle einer geschwächten, verdunkelten, wenn nicht gar im Falle der *scientia carnalis* schädlichen, weil eigenmächtigen Kraft im Menschen zukommt. Es verdankt sich auch nicht menschlichem Streben oder Können, sondern versteht sich vielmehr als eine Gabe Gottes, die in irdischen Kreaturen, im Gestirn und im Menschen zugleich liegt und in diesem Zusammenhang empfangen wird. Dementsprechend ist die *magia naturalis* als eine auf *praxis* zielende *scientia* bzw. *sapientia* eine allein den Weisen verliehene „natürliche Weisheit". Gegenüber dem rationalistischen Konzept jenes *lumen naturae*, das als mittels der Vernunft seine Schlußfolgerungen ziehend, im Menschen bzw. seinem Geist selbst seinen Ort hat, bleibt für das Verständnis der *magia naturalis* grundlegend, daß diese Gestalt des *lumen naturae* nicht im menschlichen Geist allein, sondern, mit diesem korrespondierend, ebenso im gesamten Kosmos verborgen gegenwärtig ist und wirkt.

---

[23] *Hex* 5,9.
[24] Abschnitt 3.
[25] *WCh* IV,II,14,1.
[26] Beschluß 3 (Hervorhebung von mir).
[27] Eine Komplexion von drei der "vier Bücher"!

Das *lumen naturae* stellt, weil Gottes ewiges Licht dem menschlichen Erkennt-
nisstreben unzugänglich bleibt, ein entscheidendes Element nicht nur der Welt-,
sondern auch der Gotteserkenntnis dar:[28] „Denn weil sonst GOtt unsichtbar
und unbegreiflich ist, sollen wir *aus den schönen natürlichen Lichtern seine Natur* [!]
erkennen lernen. Denn durch die lieblichen Lichter *will Er uns reizen, Ihn zu lieben*."
Die unzähligen „Lichter" der Kreaturen bzw. in den Kreaturen als Ausflüsse des
den ganzen Kosmos tragenden und durchwaltenden *lumen naturae* induzieren gemeinsam das in den Menschen gelegte Licht der natürlichen Erkenntnis, das zu
seinem Ursprung, dem Schöpfergott, führt, und korrespondiert damit. In diesem
Impuls zur dankbaren ebenso wie – nach IV,II *passim* – pflichtschuldigsten[29]
Gottesliebe laufen im „Wahren Christentum" alle drei Linien des *lumen naturae*,
die hermetisch-magische, die cabalistische und die rationalistische, zusammen.
Indes bleiben sie nicht unvermittelt nebeneinander stehen. In der zweiteiligen
Konzeption des *liber naturae* liegt der Schlüssel, der die innere Verknüpfung
dieser *lumina naturae* eröffnet. Schon Abschnitt 1 der Vorrede zum vierten Buch
erklärt dessen Gesamtanlage aus der Makro-/Mikrokosmos-Relation – „beide
aus der großen Welt und aus des Menschen Herzen" –, die den Zusammenhang
ergibt, innerhalb dessen sich auch jene *lumina* zusammenfügen: Das *lumen naturae*
in seiner Präsenz in allen Kapillaren des Kosmos auf der hermetisch-magischen
Seite einerseits findet mikrokosmisch seine Entsprechung in der Erkenntnis
Gottes im inneren Menschen andererseits, die Arndt hier unter – mit Khunrath
geteiltem[30] – Rückgriff auf Sabundus rationalistisch entfaltet. Ein tendenziell
synkretistischer mystischer Spiritualismus, das tragende Fundament von Arndts
theologischem Streben, vermag ohne Mühe das *lumen naturale* des Hermetismus
mit dem eines Rationalismus zu verbinden und zu einem Ganzen zu integrieren.

1.2 „diese lebendigmachende Kraft GOttes ist das Wort"[31]
Gottes „Wort", „Geist" und „Krafft" in der Schöpfung

Verschiedentlich klang bereits eine besondere Nähe des schöpferischen Wortes
Gottes zu und in den Kreaturen an, wenn es etwa im Zusammenhang der *semina*
heißt: „Und ist GOttes Wort der allererste Same der Erdgewächse."[32] *Hexaemeron*
3,49 führt in ähnlicher Weise die umfassende Wirkung der Universalspeise Brot
darauf zurück: „Die nährende Kraft ist GOttes Wort im Brod. ... Denn, nimmt
GOtt die nährende Kraft vom Brod, so verschwindet unser Fleisch und Blut".
Und wenn sich nach *Hexaemeron* 3,15 in dem alchemischen Extrakt der „innerliche[n] verborgene[n] Form" und „Kraft" – der berühmten „pur lautere[n]

---

28 *Hex* 4,59 (Hervorhebung von mir).
29 Inwieweit bei dem für *WCh* IV,II zentralen Thema der Schuldigkeit des Menschen gegen
   Gott an eine Beeinflussung durch Gedankengut Melanchthons zu denken ist, wäre zu prüfen.
30 Klein Anfang S. 137 mit Belegen.
31 *Hex* 6,12.
32 *Hex* 3,58; nach *Pss* 104/III Bd. 2 S. 48a wächst "Auß dem Wort Gottes / als auß der Wurzel
   deß Segens Gottes ... heute zu Tage noch alles / und diß Brünnlein hat Wassers die Fülle".

Essenz und helle[m] Licht" – „die Güte des Schöpfers schmecken" läßt „in seinem Werk", so kommt in dem Begriff des „Schmeckens", der innerhalb des mystisch-spiritualistischen Gedankenkreises eine Metapher für die unmittelbare Berührung der Seele mit Gott bildet,[33] eine Präsenz Gottes in der Kreatur zum Ausdruck, die in Arndts Verständnis des „Wortes" in der Schöpfung kulminiert.

Gegenüber diesen eher verstreuten Hinweisen hat das Thema im *Hexaemeron* seinen eigenen – und, wie so vieles andere, seinen angesichts der häufigen Klage über die mangelnde Disposition des Werkes sehr präzise gewählt zu nennenden – Ort gefunden: Nachdem Arndt in *Hexaemeron* 6 zunächst die Tiere eingeführt hatte,[34] leitet er mit Abschnitt 6 dazu über, „die wunderliche Vorsehung GOttes, dadurch Er alle Creaturen erhält, ernähret, und für sie sorget", zu „betrachten", was er in die *providentia generalis* (Abschnitt 6-16) und *providentia specialis* (17-19) teilt, bevor er „Zum Beschluß ... auch nothwendig etwas vom letzten Geschöpf GOttes, nämlich vom Menschen" als der „kleine[n] Welt, und aller Creaturen Beschluß und epitome, Inbegriff"[35] schreibt, das das *Hexaemeron* beendet (20-30). Innerhalb der die außermenschliche Kreatur und ihr Telos,[36] den Menschen, differenzierend verbindenden *providentia*, die auch die *creatio continuata* beinhaltet, kommt dem die Schöpfung tragenden „Wort" Gottes eine Schlüsselstellung zu.

Wie schon an früheren Stellen des *Hexaemeron* rekurriert Arndt hier auf den Schöpfungs- und Weisheitspsalm 104, dessen Verse 27-29 – die dort den gesamten Bogen der Schöpfung mit der Betrachtung des alles tragenden „Odems" Gottes zum Ende hin zusammenführen – ihm den Leitfaden für die Abschnitte 8 – 13 bieten. Dabei erweist sich, daß – wie vieles zuvor – die Passage *Hexaemeron* 6,12f. mit einer aus Predigt VI zu Psalm 104 weitestgehend identisch ist.[37]

In diesem Kontext ist von Gottes „Wort" auf eine der mystisch-spiritualistischen Dimension von Arndts Theologie nicht unähnliche Art und Weise die Rede, die aufhorchen läßt: Da geht es um „Krafft" und „Leben", die „in" den Dingen zu finden seien, nicht um „Schatten" oder einen bloßen vergehenden „Schall", vielmehr um ein „kräftiges Wort", um den „Kern", die „Lebenskraft in allen Creaturen", und im Gegensatz dazu um die leeren „Hülsen" des Äußerlichen, die dem Nichts anheimfallen. Daraus, wie Arndt diese „lebendigmachende Kraft" mit dem „Wort Gottes" einerseits und mit „GOttes Odem, das ist GOttes Geist", andererseits identifiziert, resultiert eine aus jenem anderen Zusammenhang bekannte Gleichsetzung von „Wort" und „Geist" Gottes, die hier in dem von Psalm 104,29f. gebotenen Stichwort des „Odems" koinzidieren. Auch die sechste Predigt zu Psalm 104, die, an einigen Stellen abweichend, den *en detail*

---

[33] Vgl. Bd. I § 5.
[34] *Hex* 1.3-5; 1f. handelt *en passant* von der "angeschaffenen" "natürlichen Weisheit" Adams, die als *magia naturalis* zu identifizieren ist.
[35] *Hex* 6,20.
[36] *Hex* 6,20: "ja der Mensch ist das Ende aller geschaffenen Dinge".
[37] Arndts Querverweis *Hex* 6,13: „wie solches in meiner Auslegung über den Psalter an vielen Orten erkläret ist" legt eine zeitliche Priorität der *Psalterauslegungen* vor dem *Hexaemeron* nahe.

wohl älteren Textbestand zeigt, handelt übrigens „Von der wunderlichen allgemeinen Versehung Gottes", bezieht sich also auf denselben theologischen Ort.[38]

> „Hier hören wir, *was unser und aller Creaturen Leben ist, nämlich GOttes Odem,
> das ist, GOttes Geist* [!] *und lebendigmachende und erhaltende Kraft, die in allen
> Dingen ist*; wie das Buch der Weisheit [Salomonis] spricht, Kap. 11,27
> [: 11,26/12,1]. Du Liebhaber des Lebens! Und *dein unvergänglicher Geist* [!] *ist
> in allem* [*Pss*: „allen"], das ist, deine *erhaltende lebendigmachende Kraft*, dadurch
> in der ersten Schöpfung nicht allein alles geschaffen, sondern bis [„bis" fehlt in
> *Pss*] auf den heutigen Tag erhalten wird. Ps. 33,6. Der Himmel ist durchs
> [*Pss*: das] *Wort des HErrn* gemacht, und alle sein Heer durch den Geist
> seines Mundes. *Und eben diese lebendigmachende Kraft GOttes ist das Wort,
> dadurch GOtt alles geschaffen hat*. Dies Wort, so GOtt geredet hat, ist nicht ver-
> schwunden, oder ein bloßer Schall gewesen, sondern *ist das Leben worden
> aller Creaturen*, also, daß es *von den Geschöpfen GOttes nicht gewichen, sondern
> dabei geblieben. Und ist eben die erhaltende Kraft aller Dinge*, davon St. Paulus
> [*Pss*: „davon die Epistel an die Hebräer am 1.] spricht: Der HErr hält und
> trägt alles durch sein kräftiges Wort. Hebr. 1,3. Wie ein Schatten am [*Pss*:
> „an einem"] Baum hanget [„hanget" fehlt in *Pss*]: also hänget [*Pss*: „han-
> get"] unser Leben an GOtt.
> 13. Wenn nun GOtt von den Creaturen *dies sein Lebenswort und seine* [*Pss*:
> „seine" fehlt] *Kraft* wieder hinweg nimmt, so vergehen sie, und werden
> wieder zu Staub, fallen wieder in ihr eigen Nichts. [*Pss*: ...] Ist gleich, *als
> wenn einer den Kern* [!] *wegnähme, und ließ einem die Hülsen*. Wie ein Faß zerfällt,
> wenn die Reiffen abgehauen: also zerfällt das Gefäß aller Creaturen [*Pss*
> hier: „zufället"] ohne GOttes Wort. *Von GOttes Wort ist die ganze Welt voll*
> [*Pss* abweichend: „*Gottes* ist die gantze Welt voll"!]. Röm. 11,36 [?]. *GOtt,
> der da ist über euch alle, und* [„und" fehlt in *Pss*] *durch euch alle, und in euch allen*.
> Eph. 4,6. *Der ist unser Leben und unsers Lebens Kraft* Ps. 27,1. *Ich bin dein
> Leben und deiner Tage Länge* 5 Mos. 30,20[39]. ... also ist *eine Lebens-Kraft in
> allen Creaturen*. Und *das ist das Wort der Schöpfung*. Wird dasselbe [*Pss*: „das"]
> weggenommen [*Pss*: „hinweg genommen"], das ist [*Pss*: „so ist es"] aller
> Creaturen Tod. Dies Wort ist [*Pss*: „auch"] der Segen und die [*Pss*: „die"
> fehlt] Vermehrung aller Creaturen, dadurch GOtt die Gestalt der Erde
> jährlich erneuert ... Daraus lernen wir nun (1) die wunderliche *allgemeine
> Vorsehung GOttes* über alle Creaturen ... ".

Das Verständnis des „Wortes" Gottes, das sich hier artikuliert, läßt sich wohl am
ehesten als dynamistischer Spiritualismus charakterisieren. Gottes „Wort", das
„Wort der Schöpfung" – als sein „Geist" – ist eine unmittelbar *in* den Kreaturen
als deren „Kern" das natürliche Leben schaffende und erhaltende "Kraft", so
wie es in der „Universalspeise" des Brotes die „nährende Kraft" ist. Das „Wort
Gottes" als Wort der Schöpfung im Kosmos ist ähnlich dem mystischen Wort in
der Seele ein verborgenes und innerliches, das erst von innen her seine „Kraft"

---

[38] *Pss* 104/VI Bd. 2 S. 57b-58a zu V. 29f.; eine Variante desselben Zusammenhangs, die etwa
     denselben Kanon von Bibelstellen (samt anderen mehr) enthält, findet sich in *WCh* II,37,2-4.
[39] Zu Deuteronomium (= 5. Mose) 30,20 s. u.

entfaltet, ja diese „Kraft" selbst ist. Und ebenso wie im mystisch-theosphischen Spiritualismus die Grenze zwischen dem (inneren) „Wort" und dem „Geist" verwischt oder gar völlig schwindet, gilt auch nach dem analogen kosmosophischen Spiritualismus, daß das innere „Wort" in den Kreaturen als deren „Kern" und „Leben" „Geist" ist – was nicht von ungefähr an jenes nach *Hex* 1,30 in den Kreaturen unsichtbar verborgene „Licht" der Alchemiker erinnert, das nach *Hex* 3,15 „aus ihrem Schaalenhäuslein und Kästlein" zu extrahieren sei und in dem die Güte des Schöpfers zu „schmecken" sei wie die „Kraft" des Wortes im Brot.

So gilt – analog zur Erlösung – auch in der Schöpfung, daß nicht ein *ab extra* ergehendes Wort, das ein bloßer „Schall" ohne Wirkung bleibt, sondern allein ein *ab intra* ergehendes und *intus* gegenwärtiges Wort „Krafft", „Leben" und Sein zu geben vermag. Nur sofern und solange „Von GOttes Wort ... die gantze Welt voll" ist, hat diese – ausschließlich „in" diesem Wort – Bestand. So gibt nicht nur, sondern „ist" in einem präzisen Sinne das Schöpfungswort selbst das „Leben" aller Kreaturen. So ist das Schöpfungswort weniger als souveräner, performativer, eine neue Wirklichkeit *sui generis* setzender Sprechakt zu verstehen, sondern als der ontologische Grund, ja „Kern" alles natürlichen Seins, demgegenüber die Kreaturen für sich bloße Schatten und Hülsen ohne Wesen sind, die aus dem Nichts kommen und wieder dorthin zurückfallen.[40] Zumal, wie zu sehen ist, eine klare Unterscheidung zwischen „Wort", „Geist" und letztlich Gott schwerfällt, gewinnen die im Zusammenhang der Alchemie angeklungenen, zu einem Panentheismus oder Pantheismus tendierenden Formulierungen wie etwa „*In* [!] GOtt, dem Schöpfer aller Dinge, *ist alles Gut*, so in allen Geschöpfen und Creaturen ist, im Himmel und auf Erden. *Denn es entspringet alles aus Ihm.*"[41] in Verbindung mit dem Rekurs auf Röm 11,36[42] in der von Luther abweichenden, jedoch mit Agrippa übereinstimmenden Reihenfolge:[43] „Von Ihm, *in Ihm*, durch Ihn sind alle Dinge" sowie nicht zuletzt: „*Er ist* aller schönen Dinge Schönheit, aller lieblichen Dinge Lieblichkeit, *aller Lebendigen Leben* [!]. *Er ist alles.*"[44] eine erhöhte theologische Brisanz. In dieser Perspektive gilt in einem noch unmittelbareren als dem physikotheologisch-doxologischen Sinn, daß die Kreaturen zu Gott führen, ist Gott doch nicht nur Schöpfer und Erhalter der Welt, sondern selbst *in* den Kreaturen „aller Lebendigen Leben", was Arndt mit dem im „Wahren Christentum" als Motto von IV,II,9 und verschiedentlich in den *Psal-*

---

[40] *Hex* 6,13: "Wenn nun GOtt von den Creaturen dies sein Lebenswort ... nimmt, so vergehen sie, ... fallen wieder in ihr eigen Nichts"; Klein betont die Bedeutung dieses Gedankens bei Paracelsus, aber auch in den *Paradoxa* Sebastian Francks: "Und Got spricht noch teglich dieß wort ... Unn wenn Got nit noch heut diß wort spreche / damit er alle ding in einem wesen helt / tregt / neret unnd noch immerzu schaffet / so fielen alle ding in einem augenblick wider in sein nicht." (fol. XXX ᵛ Ausgabe Basel 1542, zitiert nach Klein Anfang S. 77 A. 52).

[41] *WCh* IV,II,2,1 (Hervorhebung von mir).

[42] *WCh* IV,II,2 Motto und Abschnitt 1.

[43] Wittenberg 1545, Bd. II S. 2289: „Denn von jm / *vnd durch jn* / *vnd in jm* / sind alle ding." *Occ Phil* III,8 (ed. Compagni) S. 422 – im Kontext paganer Hinweise auf Trinität und *anima mundi*!

[44] *WCh* II,26,10 (Hervorhebung von mir).

terauslegungen[45] – überall in analogem Sinne – verwendeten Wort aus Sapientia
Sal. 12,1 vernüpft: „dein unvergänglicher Geist ist in allem". Auch dieses ,innere
Wort' der Schöpfung ist „Geist" und – im Sinne einer Präsenz des göttlichen
πνεῦμα in all den einzelnen Kreaturen – das „Leben" in allem Lebendigen selbst.
   Weil „GOttes Geist und lebendigmachende und erhaltende Kraft", als „Wort
der Schöpfung" oder „GOttes Odem", „in allen Dingen" ist, ist dieses „Wort"
ubiquitär, muß es doch als „eine Lebens-Kraft in allen Creaturen" zugleich sein.
Diese Allgegenwart des ontologisch kreaturimmanenten Schöpfungswortes leitet
Arndt nicht zuletzt aus einer unmittelbaren Identifikation von Gottes „Wort"
der Schöpfung mit Gottes „Weisheit" ab, wie das Predigt XII zu Psalm 119 mit
einem Zitat aus Jesus Sirach 24,4-11 ausweist. Anlaß dazu gibt Arndt der von
Gottes „Wort" auch in seiner welterschaffenden und -erhaltenden Dimension
handelnde Abschnitt Psalm 119,89-96, dessen Predigt Arndt mit dem üblichen
thematisch korrespondierenden Text einleitet, dem es hier zukommt, jene Identifikation herzustellen. Anstelle von Arndt erklärt „der heilige und weise Mann
Sirach", wo dieses „Gottes Wort" als „Gottes Weisheit" wirkt und sich aufhält:[46]

> „Und nennet er erstlich *Gottes Wort Gottes Weisheit* / wie er [Sirach] auch
> am 1[,5]. spricht: Gottes Wort ist ein Brunnen der Weisheit ... 2. Preiset
> er *Gottes Wort und Weisheit* wegen dessen / *daß sie allenthalben ist* [!]. *Ich bin /*
> *saget die Weisheit / Gottes Wort* / und schwebe über dem gantzen Erdboden
> / wie die Wolcken / mein Gezelt ist in der Höhe / und mein Stul in den
> Wolcken. *Ich bin allenthalben / so weit der Himmel ist / und so tieff der Abgrund*
> *ist.* Allenthalben im Meer / allenthalben auff Erden / unter allen Leuten /
> unter allen Heiden."

Offenbart sich in theosophischer Perspektive das innere Wort als eine *divina*
sapientia,[47] so zeigt sich in der kosmosophischen Perspektive das analoge Phänomen, daß sich das innere Wort der Schöpfung als eine von Gott selbst stammende „Weisheit" zu erkennen gibt – wobei der Zusammenhang von „Weisheit"
und „Kräften", von σοφία und δυνάμεις, die als Teile des πνεῦμα im Zusammenwirken dem Natürlichen seine Existenz verleihen, in Richtung einer gnostisierenden Konzeption weist,[48] in der wohl Anleihen bei der stoischen Vergeistigung der Elementarkräfte zum göttlichen πνεῦμα eine wichtige Rolle spielen.[49]
Auch Arndts „natürliche Weisheit" ist nicht oder – scheinbar entgegen aller
Bibliophilie nicht zuletzt im naturphilosophisch-medizinischen Bereich – nicht
primär aus menschlichen Büchern zu gewinnen, sondern aus dem *liber naturae*
Gottes und dessen Schrift, was in einer noch tiefer reichenden Dimension die

---

[45] *Pss* 91/I Bd. 1 S. 801b; *Pss* 104/VI Bd. 2 S. 58a; *Pss* 139/II S. 322a. Dabei handelt es sich
   lediglich um Stichproben und nicht um einen umfassenden Nachweis des Vorkommens.
[46] *Pss* 119/XII Bd. 2 S. 213a-214a (Hervorhebung von mir).
[47] Vgl. Bd. I § 5 *passim*.
[48] Vgl. auch Biedermann Lexikon S. 119.
[49] Vgl. Jaeckle Naturphilosoph Paracelsus S. 175.

Geistesverwandtschaft von Arndts hermetischer und mystisch-spiritualistischer Wissenschaftskritik erweist. Das eine wie das andere läßt sich nicht vermittels der Buchstaben, gleichsam von außen her, erkennen, sondern aus dem inneren „Geist", aus einer Erfahrung, die sich auf Gottes Spuren selbst begibt und seine Gegenwart Gottes wie in der Seele, so auch im Kosmos allein *ab intra* erkennen kann, ein Weg im „Liecht der Natur", den in Position wie auch Negation gleichermaßen die *Weigeliana* weisen. „Weltgelehrte wider die Natur / vnd Gottesgelehrte nach der Natur", in diesem Sinne unterscheidet der *Libellus disputatorius*,

> „das zweyerley studieren oder lernen sey / das eine *nach Ordnung der Natur von jnnen herauß / wie das Liecht der Natur außweiset /* do man einen bestendigen vnbeweglichen Grund erlanget: Dz ander geschicht wider die Ordnung der Natur / do das Liecht verrücket vnd verkehret wird / do einer muß zugefallen gläuben / do einer auff den Sandt gegründet ist".[50]

Dieses Lernen „von jnnen herauß" bildet das entscheidende Kriterium jeglicher falschen oder wahren Erkenntnis. Dieses allein „in diß vergängliche Leben vnd auff den natürlichen Menschen"[51] weisende *testimonium internum*, „das Liecht der Natur oder der Geist im Menschen" bzw. „der rechte Verstandt im Menschen"[52] weist demnach eine dem mystisch-spiritualistischen inneren Zeugnis des *lumen gratiae* analoge Struktur auf, der gegenüber die Bücher im besten, d. h. aus dem *lumen naturae* abgeleiteten Falle auch nur äußerer ‚Schatten' aus dem inneren ‚Wesen' sind. Als erstes der hieran sich anschließenden „Sechs Stücke", welche in diesem Sinne zeigen sollen, wie alle wahre Erkenntnis eine „von jnnen herauß quellende" sei „vnd nicht auß dem Buch genommen werde", weist die ganze Schöpfung die von Arndt bereits geläufige Seins- und Erkenntnisordnung auf:[53]

> „Erstlich die natürliche Schöpffung / damit *in* [!] *allen Geschöpffen* bezeuget wird / *das alle ding von jnnen herauß fließen in das sichtbare / Alle leibliche ding kommen auß dem vnleiblichen: Das sichtige auß dem vnsichtigen:* Die Birne auß dem Bawm / *Alle Gewächse auß dem inwendigen* [!] *Samen*[54] / alle Schrifft auß dem Geist."

Daß die „geist*lich*" induzierte Kreatur innerhalb des zwischen den Kreaturen, dem Gestirn und dem Verstand im Menschen wechselseitig korrespondierenden Geist-Zusammenhang ihrerseits wiederum eine allein „aus" dem Geist zu erkennende ist, dieser Fundamentalsatz des „Lichts der Natur" steht für den *Güldenen Griff* Weigels außer Frage:

---

[50] S. 40 Exempel V *De situ mundi*, also im Zusammenhang einer kosmologischen Fragestellung (Hervorhebung von mir).
[51] *Gnothi seauton* I,XVIII S. 46f. im Zusammenhang des "Lichts der Natur" aus der Astronomie.
[52] *Libellus disputatorius* S. 12f.
[53] *Libellus disputatorius* S. 40 (Hervorhebung von mir).
[54] Vgl. oben zu Arndts Unterscheidung der von den leiblichen "Samen" zu unterscheidenden unkörperlichen *semina* und *astra* der Kreaturen – sowie das analoge *semen* des *verbum internum*.

„denn Gott hat alle ding auß dem verborgen herfür geruffen an das Liecht / *auß dem Geistlichen vnsichtbaren / in das leibliche vnnd vnsichtbare* [cj.: *sichtbare*] / daher alle sichtbare ding *durch den vnsichtbaren Geist müssen ersehen und erkennet werden.*" [55]

Und wie im gesamten *Corpus Weigelianum* die Erkenntnis im „Licht der Natur" immer in einem Zusammenhang mit der übernatürlichen Erkenntnis zu sehen ist,[56] so stehen auch bei Arndt verschiedene Dimensionen des einen, alles dominierenden Geist-Prinzips in engstem Zusammenhang, bis dahin, daß Arndt in der zweiten Predigt zum 139. Psalm in einer Weise, die deren, wo nicht Identität, so doch zumindestens größte Nähe suggeriert, ohne jegliche Abgrenzung vom *spiritus mundi* zu Gottes „ewige[m] Geist" und von diesem zum heiligen Geist nach 1 Kor 12 sowie dem Geist in den Seelen der Menschen übergeht. Was die unterschiedlichen Manifestationen des Geistprinzips miteinander verbindet, ist die ubiquitäre bzw. universale Gegenwart in Kosmos und menschlichen Seelen:[57]

„Wer hat zuvor gedacht / wie hoch der Himmel / wie tieff das Meer / wie breit die Erde / wie viel Tropffen im Regen / wie viel Sand am Meer / wie viel Tage der Welt werden sollen? Daher auch das Buch der Weisheit [Salomonis] am 11[,26/12,1]. spricht: Du Liebhaber deß Lebens / und *dein unvergänglicher Geist ist in allen.* Ist das nicht ein unbegreiffliches hohes Werck Gottes / daß *sein ewiger Geist* [!] *in allen Dingen* [!] *seyn soll?* Darum S. Paulus / 1 Corinth. am 12[,4-6]. spricht: Es sind mancherley Gaben / aber es ist *ein Geist* [58] / und es sind mancherley Aemter / aber es ist ein HErr / und es sind mancherley Kräffte / aber es ist *ein GOtt / der da wircket alles in allem.* Ist das nicht eine hohe / unendliche Gewalt Gottes / daß GOtt alles wircket in allem [sic]? Und ohne Gott könnte keine Creatur etwas wircken. Darum S. Paulus spricht / Ephes. 4[,6].[59] daß GOtt *in uns allen* / über uns alle / durch uns allen [sic] sey: Uber uns alle / mit seiner Gewalt / *in uns alle* [sic] / *mit seinem Geist und Weisheit*[60] / die allein regieret / durch uns allen / durch seine ewige Weisheit. ... Rom. 11[,36]. Von ihm und durch ihn sind alle Dinge.[61]"

---

55   *Güldener Griff* cap. XXI S. 61 (Hervorhebung von mir).
56   S. u.
57   *Pss* 139/II Bd. 2 S. 322a (Hervorhebung von mir).
58   Derselbe "Geist" wie der "in allen Dingen"? Der Sprung zu 1 Kor 12,4-6 ist in der Tat kühn.
59   Wobei nach Eph 4,6 "in allen" das dritte Glied nach "über" und "durch alle" ist. Vgl. Arndts analoge Umkehrung von Röm 11,36 im selben Sinne in IV,II,2 Motto und Abschnitt 1, wo das eine der drei Elemente: "in ihm" beide Male wenigstens um eine Stelle nach vorne gezogen ist. Auch das Beispiel von Eph 4,6 beweist, welches inhaltliche Anliegen die Feder führt.
60   Den "Geist" identifiziert Arndt hier wie auch an anderer Stelle zum selben Psalm *Pss* 139/II Bd. 2 S. 322a unmittelbar mit der "Weisheit", also der *Sophia*!
61   Daß ausgerechnet hier das andernorts, *WCh* IV,II,2 Motto und Abschnitt 1, sogar bewußt zweimal vorgerückte Element "in ihm" – das vergleichsweise unverdächtig im so nun auch in inhaltlicher Hinsicht verkürzten Bibelzitat gewesen wäre – eliminiert ist, erscheint mir als untrügliches Indiz für ein zumindest partielles – womöglich späteres – Problembewußtsein.

Die verbindende Klammer zwischen verschiedenen Manifestationen des – zumindest an dieser Stelle – offensichtlich einen, identischen Geistes ist ohne Zweifel, „daß GOtt alles wircket in allem", doch kann dies gerade auch angesichts des nachgeschoben und wenig klar wirkenden Bemühens, zwischen Gottes *providentia generalis* und der *divina sapientia* in den Seelen zu differenzieren, nicht darüber hinwegtäuschen, daß Arndts verschiedentlich beobachtete mangelnde Trennschärfe auch hier nicht geringe theologische Probleme aufwirft, nicht nur, aber auch im Hinblick auf die sein theologisches Denken verschiedentlich prägende Verwischung der Grenzen von Seins- und Heilsordnung. Eine Vorstellung, die Arndt nur indirekt anspricht, ist dennoch von tragender Bedeutung für sein Verständnis des *lumen naturae* und des göttlichen Wirkens darin.

1.3   „Gottes ist die gantze Welt voll"[62] – *anima mundi*

Hatte Arndt mit der Allgegenwart der „Weisheit" in der Schöpfung postuliert, daß Gottes „ewiger Geist in allen Dingen" sei, was er mit Sirach an Erde, Himmel, Abgrund, „Heiden" usw. näher ausführte, so geht er in einer im „Wahren Christentum" vermutlich sekundär verdeckten Formulierung darüber noch deutlich hinaus. Jene zitierte Passage zu Gottes „Odem" und Geist als der „Lebenskraft" „in" allen Kreaturen und deren „Kern" in *Hexaemeron* 6,13 führt den Gedanken so zusammen: „Von GOttes Wort ist die ganze Welt voll. Der ist unser Leben und unsers Lebens Kraft". Wie schon erwähnt, findet sich der Text dieser Passage weitgehend identisch in Arndts sechster Predigt zu Psalm 104 wieder – in der vermutlich älteren Version. Dabei zeigt sich, daß der Wortlaut zwar vom Umfang her nur gering, doch inhaltlich nicht unerheblich abweicht. Denn hier ist nicht mehr die Rede davon, daß „Von GOttes *Wort*", sondern daß vielmehr „*Gottes* ... die gantze Welt voll"[63] sei! So ist Gott nicht nur souveräner Ursprung und transzendentes Gegenüber der Welt, sondern in einem unmittelbaren – und nahezu wörtlich zu verstehenden – Sinn Inbegriff der Welt und ihr immanent, jedoch ohne darin aufzugehen, und das, wo Gott doch zugleich das All „erfüllt", wie es wiederum in der bereits genannten zweiten Predigt zum 139. Psalm heißt.

Hier gibt Arndt der bekannten Makro-/Mikrokosmos-Relation insofern eine überraschende Wendung, als er sie zusätzlich auf die Weise bezieht, mit der Gott Himmel und Erde erfüllt. Er vergleicht sie damit, daß die menschliche Seele den Körper und alle Glieder mit Leben erfüllt und regiert, woraus erhellt, daß Arndt die Präsenz Gottes in der Welt nicht anders als im Sinne der *anima mundi* deutet. Auch hier argumentiert er insofern ansatzweise verdeckt, als er just am entscheidenden Punkt, bei der *anima mundi*, die Richtung der Vergleichslogik in ihr Gegenteil ändert, nur um sie gleich darauf wieder in die alte Richtung zu wenden:[64]

---

[62]   *Pss* 104/VI Bd. 2 S. 58a.
[63]   *Pss* 104/VI Bd. 2 S. 58a (Hervorhebung von mir).
[64]   *Pss* 139/II Bd. 2 S. 321a (Hervorhebung von mir).

Arndt setzt ein mit Jer 23,23f.: „Bin ich nicht ein GOtt / der nahe ist / spricht der HErr ... Bin ich es nicht / *der Himmel und Erden erfüllet?* In diesem schönen Spruch lehret uns der Prophet / daß GOtt der HErr *überall gegenwärtig* sey / und nicht ferne von einem jeden unter uns / sondern so nahe / *daß er in uns / und wir in ihm seyn / leben und weben.*[65] ... Aber der HErr spricht / er sey ein solcher GOtt / der nicht allein wisse und sehe alles ... sondern der auch *Himmel und Erde erfülle.* Wie dasselbe nu zugehe / können wir nicht mit unserer Vernunfft begreiffen. Können wir doch nicht begreiffen / *wie unsere Seele in unserm Leibe ist* / davon die *Physici, Naturkündiger und Philosophi, Weise* [!] schreiben / daß unsere Seele sey *tota in singulis membris,* unsere Seele sey gantz in allen und jeden unsern Gliedern deß Leibes / und verrichte ihre Wercke in allen Gliedern / und mache alle Glieder lebendig. ... [66] *Gleich wie nun GOtt der HErr überall gegenwärtig ist / und Himmel und Erde erfüllet in der grossen Welt* [: Makrokosmos]: *Also erfüllet unsere Seele unsern gantzen Leib / die kleine Welt* [: Mikrokosmos]/ das ist / den Menschen. Und ist die *Allgegenwart Gottes* ein starckes Argument und Zeugniß seiner *göttlichen Versehung und Regierung* aller Dinge."

Entgegen ihrer Intention ist die Hauptaussage auf die Ebene des Nebensatzes gerutscht, was jedoch nicht das Geringste daran ändert, daß sie eindeutig bleibt, ist doch Ziel des Abschnittes, ein Verständnis der Präsenz Gottes zu vermitteln. So wie die menschliche Seele den Leib der „kleinen Welt" erfüllt, so erfüllt Gott die ganze „grosse Welt". Gottes unmittelbare „Allgegenwart" in allen Kreaturen in Gestalt einer *anima mundi* ist die Weise, wie Arndt die *providentia divina* deutet. Sein Bezug auf die „Physici, Naturkündiger und Philosophi, Weise" dabei zeigt einmal mehr die Verankerung in der naturphilosophisch-hermetischen Tradition.

Diese *anima* steht in einer explizit nicht näher ausgeführten, doch unabweisbaren Relation zu jenem den Kosmos unsichtbar durchströmenden „Licht" als dem den Kreaturen Leben, Form, Wachstumskraft und Bewegung gebenden Prinzip. Denn ist nach *Hexaemeron* 1,2 das *lumen vitae* „der großen Welt", also dem Makrokosmos „influiret, und allen Creaturen einverleibet [!] worden", wo es in der alchemischen[67] und iatrochemischen[68] Bemühung zum Vorschein und zu nutzbringender Anwendung gebracht werden kann, so ist nach jener zweiten Predigt zu Psalm 139 Gott selbst ein bzw. das „Licht", das die ganze Schöpfung wirkend durchdringt:[69] „*GOtt ist* [!] *ein unendliches Licht* / für welchem alle Creaturen bloß seyn / *und diß Licht Gottes gehet durch alle Creaturen* / welches keine Höhe / keine Tieffe / keine Mauer / keine Finsterniß hindern kan."

---

[65] Wörtliche Anlehnung an den mehrfach diesen Gedankenkreis fundierenden *locus* Apg 17,27f.

[66] An dieser Stelle kehrt sich die Argumentation gegen die bis dahin herrschende Logik plötzlich in die exakte Gegenrichtung um, als ginge es darum, vom Beispiel Gottes auf die Seele zu schließen und nicht umgekehrt, vielleicht ein Indiz, daß Arndt selbst Probleme mit seiner Betonung einer göttlichen Präsenz in den Kreaturen in Gestalt einer *anima mundi* bekommt. *Ikon* IX fol. 33ʳ nennt Platons *Timaios,* der in 2.2.2.2f. (S. 250-257) die *anima mundi* verhandelt!

[67] *Hex* 1,30.

[68] *Hex* 3,15.

[69] *Pss* 139/II Bd. 2 S. 321b (Hervorhebung von mir).

Dem steht in *Hexaemeron* 1,5 ein „verborgenes Licht" der „ewige[n] Weisheit GOttes" gegenüber, das Arndt bis in die einzelnen Kreaturen hinein wirken sieht, das weder dem „natürlichen" noch dem „erschaffene[n]" Licht zuzurechnen ist. Im Kontext der pseudodionysisch-neuplatonischen Lichtmetaphysik ist es als in der Welt der Ideen beheimatete Emanation eines göttlichen Urlichtes zu begreifen, welche näher auf der Seite Gottes als auf der der Kreaturen steht:[70]

> „Und weil GOtt das Licht zu dem Ende geschaffen, daß dadurch alle Creaturen in ihrer eigenen äußerlichen Form, Gestalt, Zierlichkeit und Lieblichkeit erkannt und unterschieden werden, so ist daraus 2) zu schließen, daß *ein anderes verborgenes Licht* seyn müsse, dadurch *alle innerliche* [!] *Formen und Gestalten aller Creaturen* erkannt werden; vor welchem Licht sich nichts verbergen kann, es sei so heimlich, als es wolle. *Und dasselbige ist die ewige Weisheit GOttes*, welche nach rechter Art des natürlichen geschaffenen Lichtes, genannt wird candor aeternae lucis, ein Glanz des ewigen Lichtes. Weish. [Salomonis] 7,26."

Es wäre allemal zu einfach, diese verschiedenen, als „in" den Kreaturen wirkend lokalisierten „Lichter" vorschnell und unmittelbar miteinander zu identifizieren. Doch zeigt andererseits über den dokumentierten begrifflichen Komplex von Odem, Wort, Weisheit, Kraft etc. hinaus eine bemerkenswerte Formulierung wie „Wahres Christentum" III,19,5: „Nun *ist* [!] *GOtt selbst sein Reich*, und in demselben Reich *reichet Er in alle vernünftige Creaturen*",[71] die gerade eine Differenzierung zwischen Gott selbst und dem von ihm ausgehenden Wirken aufzuheben nahelegt, daß eine in einem oberflächlichen Sinne bloß bildliche Deutung Arndts Gedanken des göttlichen „Lichtes" im Makrokosmos nicht annähernd gerecht wird. Denn auch das genannte göttliche Licht steht sehr wohl in direktem Zusammenhang zu jenem *lumen internum creaturarum*, aus dessen Extraktion man in der „pur lautere[n] Essenz und helle[m] Licht ... die Güte des Schöpfers schmecken [kann] in seinem Werk",[72] und wie Gottes „Odem", „Wort", sein „Geist", seine „Weisheit" und sein „Reich" – die Fülle scheinbarer Synonyma spricht bereits für sich – so reicht nach der ersten Predigt zum 91. Psalm auch seine „Gütigkeit" bis in die einzelnen Kreaturen:[73] „Gottes Gütigkeit durchgehet alle Creaturen / gibt ihnen Wesen / Leben und Krafft." Angesichts einer kategorischen „Vereinerleiung"[74] der Begriffe und Topoi innerhalb des *Omnia-Unum*-Denkens, wie sie schon im Zusammenhang der *theologia mystica* zu beobachten war, fällt eine eindeutige Scheidung zwischen Gott und seinem Wirken bzw. auch seinen

---

[70] *Hex* 1,5 (Hervorhebung von mir).
[71] Zur Stelle vgl. auch Brecht Spener und das Wahre Christentum S. 134 bei A. 62.
[72] *Hex* 3,15.
[73] *Pss* 91/I Bd. 1 S. 801b, s. u.
[74] Diesen zweifellos nicht wertungsfreien Begriff habe ich von Troeltsch (Absolutheit S. 60) entlehnt, der im Zusammenhang seiner Diskussion des Absolutheitspostulates von einer „Vereinerleiung von Allgemeinbegriff und Normbegriff" spricht.

Emanationen schwer, wo sie nicht gar unmöglich ist, so daß manches in einer Schwebe der vielen Unschärfen bleiben muß. Doch ist festzuhalten, daß dieses innere „Licht", wo es nicht selbst Gott oder aber göttlich ist, so doch wie der *candor aeternae lucis* in einem zum Archetypus abbildlichen Sinne mittelbar eine Emanation des göttlichen Lichtes bzw. dessen, das Gott selbst ist, darstellt. In diesem Sinne beschränkt sich das *lumen naturae* keineswegs auf eine im Geist des Menschen angelegte Disposition zu einer zureichenden Erkenntnis des Natürlichen und einer partiellen Erkenntnis des Göttlichen, sondern bildet den integralen Bestandteil einer durchgängigen und die Ebenen wie Sphären übergreifenden lichtmetaphysischen Dimension in Arndts theosophischer Theologie insgesamt.

Den Anhängern eines in der begrifflichen Alternative eines Renaissanceplatonismus einerseits und Renaissancehermetismus andererseits nur unzureichend umrissenen eklektizistischen Denkens gewährleistet die *anima mundi* den Zusammenhang und -halt des Weltbilds. Haage hat mit Nachdruck darauf verwiesen, daß eine jener der Renaissancezeit ähnliche Vorstellung von *lumen naturae* bzw. *anima mundi* bereits im Umkreis des mittelalterlichen Platonismus in Chartres existiert, wo Haage bei Wilhelm von Conches die neuplatonische *anima-mundi*-Konzeption eines Marsilio Ficino „Bis in Einzelheiten hinein ... vorgezeichnet" findet. Die „Renaissance des 12. Jahrhundert [sic] vor allem in den nordfranzösischen Schulen" zeigt nach Haage eine „unauflösliche Verquickung von griechischer Wissenschaft in arabischem Gewande, von Hermetismus und christlichem Lehrgut, ganz zu schweigen von der spätrömischen Schultradition. Der Heilige Geist war dort eins mit dem gnostisch-neuplatonischen ‚nous' entsprechend dem heraklitisch-stoischen ‚logos', der sich u. a. in der ‚anima mundi' zeigt."[75]

Eine ähnliche Komplexität, bei der weniger die jeweiligen Einzelzüge als der Gesamtzusammenhang das Bild beherrschen, gilt für den Renaissanceplatonismus und -hermetismus. Gerade bei der für diese Strömungen zentralen Vorstellung der *anima mundi* geht es nach Beierwaltes[76] um die „Frage nach ‚Sein' und Wirken des Einen" und den „Bezug des Seienden auf seinen Ursprung hin", in dem sie gegenüber dem „Geist" (Nus), der aufgrund seiner Zeitlosigkeit in einer höheren Intensität der Einheit dem Einen näher steht, selbst eine im Blick auf die Vielheit des Seienden stärker vermittelnde Position einnimmt. So muß nach Plotin sich die Seele, „ob als Welt- oder Einzel-Seele, ... im Modus der Zeitlichkeit auf ihren zeitlosen *einen* Grund hin sammeln, sich ihres transzendenten Prinzips als eines immanenten [!] bewußt werden."[77] Die Wirkweise der *anima mundi* besteht für Ficino vor allem im Prinzip des *amor* als *nodus perpetuus et copula mundi*, der als „eine das geschaffen Seiende insgesamt durchdringende, im eigentlichen

---

[75] Haage Kein Luther der Medizin, in: Zimmermann (hg.) Paracelsus Rezeption S. 116f. A. 20. (auch mit Texten und weiterführender Literatur); zum Stichwort "Weltseele" allgemein vgl. etwa WPhB⁴ Bd. III S. 509-511, EPhW Bd. IV S. 658 u. a. m.

[76] Neuplatonisches Denken, in: Magia naturalis, Studia Leibnitiana *passim*, bes. S. 4, 8f., 10f.

[77] Beierwaltes ebd. S. 4 (Hervorhebung von Beierwaltes).

Sinne kosmo-logische Kraft ... das in sich unterschiedene, abgegrenzte und bestimmte Seiende zu einer Eintracht ... verbindet, es damit zugleich ordnet und
schön macht". So läßt die *anima mundi* in aller disparat anmutenden Vielheit innerhalb der Materialität „den einen und einigenden intelligiblen Grund" transparent werden. „Reduktion also" – in diesem Sinne einer Zurückführung auf das
Eine als den Grund alles Seienden – „ist zugleich Spiritualisierung."[78] Mit der
Weltseele teilt die ihr vielfach analoge Einzelseele nicht nur die vermittelnde
Zwischenstellung zwischen der geistigen und der sinnlichen Welt sowie ihre Existenz im Zeitlichen, sondern auch – durchaus in einem auf die *anima mundi* selbst
bezogenen Sinne – die „reduktive Kraft, ... alles Materielle und Körperhafte ins
Intelligible erkennend zurückzuführen. Ihr Mitte-Charakter postuliert zugleich,
daß sie sich durch Reflexion immer mehr aus der disparaten Vielheit zurück-
ziehe und sich dadurch der ursprunghaften Einheit ähnlich mache, um den
Ursprung schließlich selbst zu berühren oder mit ihm eins zu werden."[79]

Aus dieser in jener Epoche zumal makro-/mikrokosmisch gedeuteten Analogie von Welt- und Einzelseele zueinander sowie nicht minder ihrer Relationalität untereinander sowie gemeinsam gegenüber dem Einen als dem Ursprung
von Allem resultiert letztlich auch die untrennbare Trias jener universalistischen
Erkenntnis Gottes, seiner selbst und des Kosmos, die vor allem im *Corpus Weigelianum*, in der Rosenkreuzer-Bewegung sowie bei Arndt eine zentrale Rolle spielt.

Vor allem Marsilio Ficino wurde mit seiner neuen Rezeption dieser Vorstellung zum Wegbereiter einer ganzen Epoche neuplatonisch-/plotinisch-/-herme-
tischen Denkens. Unter Rückgriff auf frühere Literatur charakterisiert Eugenio
Garin in Ficinos Vorstellung der *anima mundi*[80] eine von dieser bewirkte *concordia
mundi* als eine „lebendige Einheit des Kosmos, die sich, übersetzt in verschiedene Realitätsebenen, gleichsam bricht, so daß jede dieser Sonderungen als die
Synthese der anderen erscheint. Das Ganze präsentiert sich wie eine unendliche
Reihe von Spiegeln, eine Serie von Bildern und Abbildern bzw. Abschattungen:
oben die vollkommenen Formen der Ideen, unten die verdünnten Ausformungen ihrer Einflüsse. Alle diese Formen und Produkte sind letztlich ‚formale'
Übersetzungen *einer kosmischen Pulsation*, Zeichen der einheitlichen Wirklichkeit
des Lebendigen, die ihrerseits nichts anderes ist als die unendliche Brechung des
Lebens."[81] André Chastel formuliert diese Pulsation treffend:[82] „Das Universum
erscheint wie ein riesiger Organismus in ständiger Vibration; die Wirkkräfte der
nicht-sensiblen Materie, der Pflanzen oder der Tiere haben ihren Ursprung in
den Sternen. Direkt beeinflußt durch die alexandrinische Wissenschaft, be-

---

78 Beierwaltes ebd. S. 9.
79 Beierwaltes ebd. S. 10f.
80 Zu *mens*, *anima* und *corpus mundi* und den *rationes seminales* bei Ficino vgl. Yates Bruno S. 64.
81 Garin Astrologie S. 104 (Hervorhebung von mir).
82 Chastel, André: Marsile Ficin et l'art, Genève-Lille 1954 S. 42, zitiert nach Garin Astrologie
     S. 103 (Hervorhebung von mir).

schreibt Ficinos *De vita* in eindrucksvoller Weise *die pneumatische Einheit der Welt*, die überall garantiert wird durch das Strömen planetarischer Einflüsse, durch harmonische Koinzidenzen und Korrespondenzen." In diesem System bildet die *anima mundi*, der menschlichen Seele entsprechend, das integrierende, allenthalben gegenwärtige Vernunftprinzip. „Als Mediation zwischen göttlicher Vernunft und körperlicher Materie sammelt die Weltseele in sich so viele rationes seminales ... , wie der göttliche Geist Ideen zählt; er reflektiert und gestaltet sie wie ‚Formen' (species) der Materie."[83] Diese *rationes seminales* sind es, die etwa bei Arndt, Croll und anderen in Gestalt der die Kreaturen formenden *semina* und *astra* neu begegnen. Die *anima mundi* stellt das verbindende Prinzip zwischen der intelligiblen, siderischen und sinnlichen Welt und ihrer jeweiligen Wirkungen dar, in einem System universaler Harmonie, das Astrologie und Magie nicht nur duldet, sondern sie in „Konsonanz, Akkord und Gleichklang"[84] als wechselseitig aufeinander bezogene und stets miteinander kommunizierende Sphären begreift.

Nicht nur in dem Detail, daß Arndt, wie Ficino die Sonne,[85] so das von dieser ausgestrahlte „natürliche Licht / als *Mundi oculus*" tituliert[86] und damit einem analogen Anthropomorphismus huldigt, berührt Arndts Werk sich mit der von Ficino repräsentierten und durch dessen Schriften nachhaltig beförderten Tradition. Auch das auf hierarchisch gestuften Emanationen und in sympathetischer Harmonie durch Influenzen, Konkordanz und Konsonanz sowie die den *rationes seminales* analogen *semina* und *astra*, die die stellaren Influenzen in der Materie zur Wirkung bringen und den Kreaturen ihre Form geben, verbundenen Ebenen aufgebaute Weltbild entspricht in den großen wie in manchen kleinen Zügen auch dem von Ficino in *De vita coelitus comparanda* entfalteten. Doch weist im besonderen auch die Art, wie in dem Ficino zugeschriebenen *Büchlein vom Stein der Weisen* von der *anima mundi* und in deren Zusammenhang davon die Rede ist, wie der Schöpfer in der Schöpfung gegenwärtig ist, eine Nähe des Denkens auf. Die hermetische[87] Schrift verbindet in einer auch ästhetisch bedeutsamen Schau die verschiedenen Emanationen und Stufungen in deren gleichsam musikalischer Harmonie zu einer Schwingung oder Pulsation eines großen Organismus, der

---

83 Garin Astrologie S. 103.
84 Garin Astrologie S. 107.
85 *De vita* III,11, vgl. Garin Astrologie S. 103; *De amore* II,3 (Blum) S. 38-41; vgl. auch das Ficino zugeschriebene *Büchlein vom Stein der Weisen*, in: *Dreyfach Hermetisches Kleeblat* S. 390 (Überschrift) u. S. 397.
86 *Pss* 19/I Bd. 1 S. 178a.
87 *Vom Stein der Weisen*, in: *Dreyfach Hermetisches Kleeblat* cap. XIX (Schluß der Schrift), S. 448 resümiert den Inhalt nicht nur der Schrift, sondern zugleich auch der *ars* des *lapis philosophorum*: „Ferners / so ist diese Kunst vom Philosophischen Wasser-Stein nichts anders / denn eine Purificatio und Reinigung der Erden / und der Natur. Es kan das Erdreich von seiner Unflätigkeit / durch kein anders Mittel gesäubert noch gereiniget werden / dann es nehme sein ausgezogenes Wasser wiederum zu sich. Und dieses hält kürtzlich die gantze Kunst in sich / wann du dich anderst auf die Natur verstehest. Mehr dergleichen Sachen kanst du / mit Verleihung Göttlicher Gnaden [!] / bey dir selbsten abnehmen und erlernen. ... ".

von der *anima mundi* am Leben und in seiner inneren Bewegung gehalten wird. Der *mundus sensibilis* ist dabei im *mundus intelligibilis* bis ins Detail vorgezeichnet: [88]

> Als „im Anfang der Welt alles ein Ding"[89] war, „da ist der *Geist GOTtes* kommen / und hat der allerkunstreicheste Schöpffer *diese sichtbare Welt / als einen Nachriß der unsichtbarn Welt /* Kunstgemäß und gleichsam nach der Schnur gleichförmig ausgebildet und vorgestellet. ...
> Dannenhero / hat er die in die Höhe schwebende Himmels-bühne[90] / mit *hell-zwitzernden Feuerflammen* [!]/ als der allerbeste Werck-Künstler geschmucket und gezieret / seine und *des Gestirns Bewegung* also angesetzet und geordnet / daß sie um den Himmels-Kreiß / wunderbarlicher Weise ihren Lauff nehmen / indem sie mancherley Veränderungen / derer aufeinander folgenden Zeiten mit sich bringen / damit sie die untern Dinge / *mit ihrer Bewegung und Liecht* [!] erwärmen / nähren und mehren / und in ihrem Wesen erhalten. ... Denenselben hat GOtt von Anbeginn der Welt / *saamreiche Kräffte*[91] eingepflantzet / damit sie sich / nach dero Gelegenheit / für und für mit stetwährender Fruchtbarkeit / in ihren Nachkommen vermehreten. Es hat aber GOtt *dieses Welt-Gebäu* dermassen zusammen gefüget / daß es *gleich einer wollautenden Music lieblich miteinander einstimme /* dergestalt / *daß die Ding in der obern / auch in der untern Welt / doch auf ihre irrdische Weise / anzutreffen: Ebenermassen die untere Dinge / in den obern / nemlichen / auf ihre himmlische Weise /* der Ursach halben zu finden seyen; dahin man dann vielleicht ziehen kan / des Anaxagorae alte Meinung / so er statuiret: Ein jeglich Ding seye in einem jeglichen Ding. Inmassen es dann der Waarheit gemäß / *daß GOtt alle Ding / wie er sie erschaffen: also auch regiere und erfülle / doch sagen wir nit / daß GOtt darum alle erfülle / ob solten sie ihn begreiffen und innen halten; sondern daß dieselbige von ihm umfangen werden.* Man darff auch nicht gedencken / ob wäre GOtt also in allen Dingen / als wann ihn ein jeglich Ding seines wenigern Theils / nach geringfügigem Modell erfassen und ergreiffen könte / als wie das grössere das Grosse / und das kleine das geringere: sondern *GOtt erfüllet alle Ding / daß nichts nit ist / da GOtt nicht seye.* Und solcher Gestalt verstehen wir nun / *daß GOtt in allen Dingen ist / aber nit darinne eingeschlossen; Er ist auch ausser allen Dingen / aber nit von ihnen ausgeschlossen.* Dahero nennen ihn etliche einen innerlichen / darum / daß er alle innerliche Dinge in sich halte: Darum einen äusserlichen / daß er mit seiner umfangenden Grösse / alle Ding zusammenschliesse. "

Dies erinnert in vielerlei Hinsicht an die Weise, wie Arndt von Gottes „Allgegenwart" in den Kreaturen spricht, nur daß hier zunächst eine höhere Sensibilität gegenüber dem Problem eines Pantheismus oder auch Panentheismus, die einander in der hier genannten „innerlichen" und „äusserlichen" in etwa komplementär sind, zu herrschen scheint. Doch gibt einer der folgenden Abschnitte,

---

[88]   *Vom Stein der Weisen,* in: *Dreyfach Hermetisches Kleeblat* S. 391-393 (Hervorhebung von mir).
[89]   Das Chaos, oder in alchemischer Sprache die noch ungeschiedene, ungeformte *prima materia.*
[90]   Möglicherweise ein Anstoß für Khunraths Titel des *Amphitheatrum?*
[91]   Die *rationes seminales.*

der die *anima mundi* ganz ähnlich wie Arndt mit der menschlichen Seele vergleicht, jegliche zuvor noch waltende Vorsicht auf und setzt in einer noch über Arndt, der sich hier schon vergleichsweise weit vorwagt, hinausgehenden Weise die *anima mundi* unmittelbar mit dem im Kosmos allgegenwärtigen Gott gleich:[92]

> „so höret den Dionysium[93] hiervon also reden: *Daß GOtt sey in allen Dingen / oder alle Ding seyen in GOtt*; gleichwie alle Zahlen in der Zahl / Eins / welches in [sic] Anfang ist aller anderer Zahlen[94] ... Eben eine solche Gestalt / hat es auch mit denen erschaffnen Creaturen / gegen GOtt ihrem Schöpffer zu rechnen: Und wie *die menschliche Seele* / eine unzertrennliche Regentin ist ihres Leibes / und sie *gantz und gar dem gantzen Leib / und einem jeglichen Theil oder Glied desselben gegenwärtig: Also ist auch GOtt zu gleicher Weiß in dieser Welt gegenwärtig / erfüllet solche und regiers* / und erhält sie immerdar / durch die Krafft und Tugend / welche er täglich aus dem unerschöpflichem [sic] *Brunnen seines Geistes* [!] / den Creaturen reichlich einflösset. Dahero wir recht und *wol Gleichnußweiß* von unserer Seelen-Genanden / *den lieben GOtt* [!] *oder dessen Krafft und Würckung* / damit er alle Ding erhält / *die Mittel-Natur oder die Seele der Welt* [!] *nennen*; nicht / als wann die Welt ein leibhafftiges Thier seye[95] / welches von der Christlichen Philosophia, stracks im Eingang des [sic] Bibel und Glaubens-bekanten / theils in der Christlichen Metaphysic, theils in Betrachtung dieses unsern [sic] Steins auszurauschen erlaubt ist. ... ".

Eine im folgenden noch vehementere polemische Abgrenzung gegen theriomorphe ‚Irrtümer' ist nur als Indiz dafür zu werten, wie nah mit der Rezeption spätantiker Philosopheme auch deren mythologischer Hintergrund gerückt ist und offensichtlich schon nahezu als Bedrohung wahrgenommen wird. So gilt es in einer Art ‚Entmythologisierungsprogramm' den wahren Kern dieser Philosophie aus all den paganen ‚Irrtümern' herauszuschälen und zu reinigen. Was diese Philosophie zu den Themen der Sitten, Zucht und Tugend, der Erziehung der Jugend und zur Erkenntnis der Natur selbst lehre, gewinne sie auch aus der ‚Natur'. Was an Inhalten genannt wird, erinnert vielfach an Arndts *Hexaemeron*:[96]

> „dero *Fundament ist die Natur / oder die Welt* ... sie behält ihr vor / *der Natur Erklärung* / und *die vor unserm Augen verborgener Arcanen Erkündigung*; die der Ehren wol wehrt ist / daß man / aller Ding beedes Göttlicher und menschlicher Sachen / *disputationes* zu erörtern / für sie bringe: Durch dieselbe können wir / soviel immer müglich / die gantze durchgehende Welt / das weite Meer / die breite Erden / den hohen Himmel / *mit Verleihung Göttlicher Gnad* [!] / *und aus dem Liecht der Natur* [!] durchsuchen: Sie beschleust den Himmel / und die unzählige Menge des Gestirns: Sie

---

[92] *Vom Stein der Weisen*, in: *Dreyfach Hermetisches Kleeblat* S. 396f. (Hervorhebung von mir).
[93] Pseudo-Dionysius Areopagita, dessen Schriften Ficino ebenfalls übersetzte und publizierte.
[94] Besonders der vorausgehende Abschnitt enthält einige theosophische Zahlenspekulationen.
[95] Vgl. altorientalische theo- und kosmogonische Mythen; sowie Agrippa *Occ Phil* III,8: Indien.
[96] *Vom Stein der Weisen*, in: *Dreyfach Hermetisches Kleeblat* S. 403 (Hervorhebung von mir).

beschreibet der goldstrahlenden Sonne arbeitseelige Craiß; sie umzirckelt
der Sternen Lauff: Sie lehret / aus was Blaßbälgen die Winde hersaussen
und braussen … warum grosse Erdbeben geschehen: was den Regenbogen mache … woher Gold und Eisen / auch die andern Metalle sich
besaamen; woraus die lebendige Brunnen-quellen ihren Ursprung nehmen;
und was dergleichen mehr ist."

Diese ontologisch wie erkenntnistheoretisch auf Basis der *anima mundi* erfolgende „Erkündigung" „verborgener Arcanen" ist nicht allein das Werk menschlicher Bemühung, sondern bedarf einer besonderen gnadenhaften Inspiration
Gottes als Voraussetzung dafür, daß sie im „Liecht der Natur" tätig werden
kann. Auch dieser hermetische Topos verbindet die Schrift wiederum mit Arndt.

Als einem Vermittler neuplatonisch-hermetischen wie magischen Denkens,
der nicht selten auf Ficino rekurriert, ist auch Agrippa von Nettesheim an der
Vorstellung der *anima mundi* viel gelegen, wie dessen *Occulta Philosophia* gleich in
allen drei Büchern, vorwiegend aber im ersten und im zweiten Buch, ausweist.
Im Rahmen der Kosmologie entfaltet Agrippa in I,11 die *anima mundi*, welche die
rationes seminales enthält und den einzelnen Kreaturen ihre *virtutes* vermittelt. Auch
ohne daß der einschlägige Begriff dafür explizit genannt wird, begegnet in I,13
das Thema der die hierarchischen kosmischen Stufungen differenzierenden wie
verbindenden *catena aurea*, die bei Gott als der *prima causa*[97] den Ausgang nimmt.
I,14 schließlich führt als die *quinta essentia* und das nun seinerseits zwischen den
corpora und der *anima* vermittelnde Prinzip den *spiritus mundi* ein, mittels dessen
per radios stellarum den Kreaturen des *mundus sensibilis* die Kräfte verliehen werden.
Daß Agrippas Interesse in dieser Phase nicht ein rein weltanschauliches, sondern
auch an der magischen Praxis orientiertes ist, zeigen die Erläuterungen in I,46,
wie die durch die *anima mundi* vermittelten *proprietates* zu operationalisieren seien.
Die zentrale Bedeutung läßt sich auch gegen Ende des zweiten Buches an dem
großen Bogen der Kapitel 55 bis 58 zur *anima mundi* ablesen, dem nur noch die
zwei Kapitel mit Beschreibung der *septem mundi gubernatores planetae* (I,59) und der
magischen *imprecationes* sowie der *gradus* folgen, durch die hindurch der Aufstieg
der Seele zu einem sie immer höher erleuchtenden Licht in den *mundus intelligibilis* führt (I,60), der schon die *magia caeremonialis* des dritten Buches vorbereitet.
Wenn Arndt sich summarisch auf die „Physici, Naturkündiger und Philosophi,
Weise" als Quelle seiner Anschauung der *anima mundi* beruft,[98] könnte er sich dabei auf Agrippas *Occulta Philosophia* stützen, die in II,55 eine zum Teil mit Zitaten
unterstützte Reihe illustrer antiker Autoren anführt, unter denen sich auch die
von Arndt angezogenen[99] Autoren Manilius und Vergil finden sowie Lucan und
Boethius u. a. So wie Agrippa später in III,8 im Kapitel über pagane Zeugnisse

---

[97] Vgl. wie Arndt in *Hex* 4,36f. die *auream catenam naturae et providentiae divinae*, die sich inhaltlich
vielfach mit *Occ Phil* I,13 berührt, "von oben an, a prima caussa" – bei Gott – beginnen läßt.
[98] *Pss* 139/II Bd. 2 S. 321a, s. o.
[99] Zu beiden s. u.

der Trinität die *anima mundi* mit der zweiten *emanatio* Gottes, dem Geist, identifiziert, so betont er auch hier, sachlich mit Arndt wie Ficino übereinstimmend, unter Hinweis auf eine Fülle antiker philosophischer und gnostischer Traditionen eine große Nähe zwischen der *anima mundi* und ihrem Ursprung in der göttlichen *mens*. Hinter dieser *mens* dürfte sich nicht zuletzt auch jenes göttliche ‚Gemüt' verbergen, das dem „Hermes Trismegistos" in der Gestalt des göttlichen Poimandres gegenübertritt, welches als der göttliche *pater* und zugleich als *vita et lux* sowie *ignis atque spiritus* erscheint, und dessen von ihm ausgehendes göttliches *verbum* das Universum durchwirkt (vgl. Arndts „Wort" der Schöpfung). Doch verbindet in jedem Falle die *participatio mentis divinae* die Schöpfung mittels der *anima mundi* in einem ontologischen Sinne mit ihrem göttlichen Ursprung:[100]

> „Quid enim hi versus aliud velle videntur, quam mundum non modo habere spiritum et animam, *sed etiam mentis divinae esse participem atque omnium inferiorum originem*, virtutem vigoremque ab ipsa mundi dependere? Hoc Platonici omnes, hoc Pythagorici, hoc Orpheus, hoc Trismegistus, hoc Aristoteles, Theophrastus, Avicenna, Algazeles omnesque Peripatetici fatentur atque confirmant."

In II,56 entfaltet Agrippa in diesem Zusammenhang die für hermetisches und besonders auch alchemisches Denken elementare Vorstellung der Allbeseelung:

> „Habet mundus, habent coeli, habent stellae, habent elementa animam, *cum qua causant animam in istis inferioribus* atque mixtis … absurdum foret … mundum ipsum integrum, perfectissimum, totale ac nobilissimum corpus neque vivere neque animam habere. Non minus absurdum est coelos, stellas, elementa, quae singulis vitam animamque largissime praebent, ipsos vita animaque carere … Quis enim, nisi vitae insors, *terram et aquam* neget *vivere*, quae ex se innumerabiles arbores, plantas animantesque *generant, vivificant, nutriunt, augent? … Neque enim possent elementa eiusmodi viventia generare et nutrire, si ipsa vita animaque carerent. … Vivit itaque mundus habetque animam et sensum …* "[101].

So ist auch, wenn Arndt davon spricht, daß die Metalle, aber auch der unterirdische weltumspannende Wasserbaum in der Erde „wachsen" und die Elemente ihre „Früchte" „gebären" etc., dies nicht ‚nur' als eine Metaphorik zu verstehen, sondern im übergreifenden Kontext des *anima mundi*-Konzepts zu interpretieren, ebenso wie wenn Alchemiker etwa von der „Generation" der Metalle sprechen. Daß – worum Ficinos *Büchlein vom Stein der Weisen* sich so besorgt zeigte – die *anima mundi* ihrer ursprünglichen theriomorph-mythologischen Gestalt entkleidet ist, muß noch lange nicht bedeuten, daß auch die verbliebenen Elemente dieses Weltbildes ihr – in einem wörtlichen Sinne verstandenes – Eigenleben entbehren

---

[100] *Occ Phil* II,55 (ed. Compagni) S. 384 (Hervorhebung von mir); zum hermetischen *Poimandres* s. Ficino *Opera* II,2 S. 1837-1839, hier S. 1837 Mitte, in der Ausgabe des *CH* 1706 S. 3 §§ 30f.
[101] *Occ Phil* II,56 (ed. Compagni) S. 384f. (Hervorhebung von mir).

müßten – wie insgesamt, allen voran in der Astrologie und der Alchemie, antike Mythologie und Religion verschiedenster Provenienz subkutan fortleben, wie von Lippmann in seiner stupend gelehrten Studie zur Alchemie dargelegt hat. Vielmehr bildet diese Belebtheit, wie Agrippa unter Berufung auf Theophrastus hinzufügt, geradezu das Kriterium bzw. die *fundamenta* der ganzen Philosophie.[102] Das Kapitel II,57 schließt, wenngleich weit weniger poetisch, so doch bis hin zu einem Vergleich aus der Musik Ficino nicht unähnlich mit einem Blick auf die in allem unterschiedlichen Seienden die Einheit in Harmonie stiftende Weltseele:[103]

> „Est itaque anima mundi *vita quaedam unica omnia replens,* omnia perfundens, omnia colligans et connectens, *ut unam reddat totius mundi machinam* sitque velut unum monochordum ex tribus generibus creaturarum,[104] intellectuali, coelesti et corruptibili reboans, *unico flatu* tantummodo et *unica vita.*"

Zwar klingt sie in der *participatio mentis divinae* an, doch steht anders als bei Arndt und Ficino bei Agrippa hier die Gottesfrage weniger im Zentrum des Interesses. Doch ändert sich dies wiederum bei Arndts Coparacelsisten Heinrich Khunrath.

Wie Ralf Töllner in seiner Studie zu vier der Tafeln des Khunrathschen *Amphitheatrum* durchgängig nachwies,[105] spielt das Theorem der *anima mundi* in einem ganzen Komplex wechselseitig aufeinander bezogener Begriffe und Theoreme in Khunraths Werk eine zentrale Rolle. Der Horizont dieser Vorstellung läßt sich in den Termini „Gott" – in einer gewissen, wenig trennscharfen Bandbreite von der *Ruach Elohim* nach Gen 1,2b bis zum *SPIRITUS DEI Sancti Sanctus* verstanden – „Geist", „Licht", „Leben", „Feuer", „Fewer Funcken", „SEEL der Welt", „Licht der Natur" und ihrer – nun weder Objekt, noch Gegenüber, sondern – ungestalten, noch nicht von jenen der *anima mundi* innewohnenden *FORMAE Rerum essentiales* zu einzelnen Kreaturen geformten und damit generierten *prima materia* im „Chaos" umreißen. Letztere sind nun nicht nur im Sinne eines Beginnes, sondern eines in der „philosophischen" Bemühung immer neu zu reproduzierenden Urzustandes der Welt und des Seienden zu verstehen, aus dem alle Erneuerung, die reduktive Perfektionierung ist, ihren Ausgang nimmt.

---

[102] *Occ Phil* II,56 (ed. Compagni) S. 385: "Si quis autem coelos dubitet vivere, inquit Theophrastus, *is non censetur philosophus* et qui negat coelum animatum esse ita ut motor eius non sit forma eius, *totius philosophiae fundamenta* destruit." (Hervorhebung von mir).

[103] *Occ Phil* II,57 (ed. Compagni) S. 387 (Hervorhebung von mir).

[104] Die den drei Welten von *Occ Phil* I,1 entsprechen.

[105] Vgl. Töllner Khunrath S. 40f., 56f., 105f., 119f., 124, 126f., 130, 137f., 146f., 172-175, 207, 211, 220, zumeist unter Bezug auf Khunraths *Chaos,* gelegentlich auch *Amphitheatrum.* Daß Töllner, der nach verbreiteter Unsitte ohne Kapitelangaben und nur nach Seiten zitiert, im Quellenverzeichnis nicht kenntlich macht, auf welche der nicht weniger als sechs das Stichwort "Chaos" als Leitbegriff des Titels führenden Ausgaben er sich mit dem Kurztitel "Chaos" bezieht, ist für quellenorientiert Arbeitende schlicht ärgerlich. Die insgesamt sehr erhellende Studie leidet etwas unter den nicht von Töllner verantworteten Übersetzungen der lateinischen Texte, die, weil mit der Materie nicht vertraut, den Sinn z. T. deutlich verfehlen.

Alle die mit den genannten Termini bezeichneten Vorstellungen bilden in Identität oder Teilhabe aneinander denselben einen Zusammenhang, der allen sichtbaren Kreaturen und der Welt als ganzer zugrunde liegt. „Gott ist als Feuer und Geist in die Natur eingegangen und hat sie beseelt, so daß das Leben der Welt das Licht der Natur ist. Diesem Licht haben alle diejenigen nachgeforscht, die wahre Liebhaber der göttlichen Geheimnisse sind ... Aufgrund göttlicher Erleuchtung können die Alchemisten", wie Töllner die sachlich mangelnde Trennschärfe mittels Parallelisierung treffend pointiert, „*das Licht der Natur bzw. Gottes* erkennen."[106] Dieses „Licht der Natur" – ein Kernthema und Kernbegriff der paracelsischen und weigelischen Tradition – identifiziert Khunrath explizit nicht nur mit der *anima mundi*,[107] sondern zugleich mit den Funken des göttlichen Geistes in der Welterschaffung:[108] „Ein Universal Fewerfunck RUACH ELO-HIM, *des GEISTES GOTTES / welcher ist* [!] *die Seel der Welt / und LICHT der NATUR / ja die Natur selbst* [!]". Diese das Universum durchströmenden „Fewer Funcken der SEEL der Welt als reine *FORMAE Rerum essentiales*" – die *rationes seminales*, oder in Arndts Diktion die *astra* oder *semina*, die den Kreaturen mit der Formgebung nach „innen" ihre Essenz und Kraft und nach „außen" ihre auf das Innere verweisende „Signatur" verleihen – beseelen nicht nur die *prima materia* und bringen so „Alle Formas und Gestalten / So GOTT in zierung der Welt befahl" hervor,[109] sondern der analoge Vorgang vollzieht sich auch in der Bereitung des *lapis philosophorum*, woraus dieser die Kraft zur Verwandlung der Dinge gewinnt.[110] Dieses das gesamte Universum mit einem unsichtbaren Netz von Licht- bzw. Feuerfunken durchwaltende Wirken der *anima mundi* setzt Khunrath, wie bereits anklang, mit Gottes „Geist" in eine Relation der engsten Art. Von der hermetischen Charakterisierung Gottes als eines Feuers leitet er in einer doppelten Stufung als des direkten Lichtes, das Gott selbst ist, und des indirekten Lichtes Gottes in den Kreaturen ab „dessen Geist als Feuerfunken, der im Chaos der Welt körperlich geworden und in allen Dingen zu finden ist."[111] So ist der Feuerfunke des Geistes über den Urwassern die „FORMA, rerum omnium, interna ... Mundi ANIMA universalis: Virtus substantialis, per se subsistens, causa omni creaturae, Mundi huius subsistendi: ESSENTIA (quia increatus) ipsissima substantificaque rerum NATURA",[112] wobei Khunrath unter der „Natur" nicht den sichtbaren Kosmos versteht, sondern das ihn gestaltende innere formgebende und „feurige" Prinzip, das er als eine Emanation Gottes deutet:[113]

---

106 Töllner Khunrath S. 120 (Hervorhebung von mir).
107 Haage Alchemie S. 31f. verweist auf die Entsprechung der Begriffe bei Ficino und Paracelsus (zu ihm vgl. auch Gilly Erfahrung I S. 85); Khunrath identifiziert sie folgerichtig miteinander.
108 Khunrath *Chaos* S. 198f. nach Töllner Khunrath S. 146 (Hervorhebung von mir).
109 Khunrath *Chaos* S. 216f. nach Töllner Khunrath S. 105f.
110 Töllner Khunrath S. 124.
111 Töllner Khunrath S. 220 unter Bezug auf Khunrath *Chaos* S. 67 und 279.
112 Khunrath *Amphitheatrum* S. 157, vgl. *Chaos* S. 66, 68, nach Töllner Khunrath S. 173.
113 Khunrath *Chaos* S. 67, nach Töllner Khunrath S. 173 (Hervorhebung von mir).

„Freylich ist die NATUR ein Hochweises / sich selbst bewegendes [!] / lebendigmachendes / uberauß sehr mechtiges und wunderthetiges LICHT und FEWER / ja ein mechtig-krefftiger *Geist / oder Geistliche* [!] *Krafft / von dem Allerweisesten...* GOTT (der ein Fewer und Geist ist) *selbst herfliessende* [!] / in das erst Weld-anfangs erschaffene Hylealische / das ist / *Pri-materiali-sche wesserige CHAOS eingehende / dasselbige* [be-]*seeligende* unnd auch schwen-gerende / und *das gantze darauß erbawete Gebew der grossen Weld... erhaltende*".

Daß vor diesem Hintergrund der *lapis philosophorum* in die greifbare Nähe einer Identifikation mit der *Ruach Elohim*, dem „Geist" Gottes nach Gen 1,2b, rückt, den Khunrath seinerseits mit der *anima mundi* identifiziert, verwundert kaum.[114] So fänden auch diejenigen, die in diesem „Licht der Natur" das Weltengebäude erforschen und, der Spur Gottes, der selbst Feuer[115] und Licht sei, folgend, das „Leben" der Welt ergründeten, Gottes „Geist" in allen Kreaturen. Hier schließt sich ein Kreis. Denn derselbe Bibelvers Weisheit 12,1, der in Arndts „Wahrem Christentum" und den *Psalterauslegungen* diesen *cantus firmus* der Präsenz von Got-tes „Wort", „Geist", „Weisheit", „Licht" und „Leben" in allen Kreaturen into-niert,[116] erschließt einem Heinrich Khunrath dasselbe Thema:[117] „Dann HERR dein UNVERGENGLICHER Geist IST IN ALLEN! / diesem Licht / sage ich / haben von anfang der Weld alle Göttlicher [!] und Natürlicher Geheimnisse liebende Menschen jeder zeit in ihren Oratorijs und Laboratorijs nachgesuchet."

1.3.1   *ignis magicus*

Daß einerseits „die Natur" als *anima mundi universalis* das aller Kreatur die Form gebende[118] „LICHT und FEWER" ist, weshalb dieses „Licht der Natur" in ei-nem „Universal FEWER"[119] alles durchwirkt, daß andererseits jedoch „GOTT ... ein Fewer und Geist – oder auch wiederum ein Feuer und Licht[120] – ist, der in dem „Fewer" und den „Fewer Funcken" seines allbeseelenden Geistes als eben dieser *anima mundi* in aller Kreatur selbst gegenwärtig ist, spiegelt zum einen die tief religiöse Fundierung dieser gnostischen Welten- und Gottesschau, zum andern aber und in einem unlöslichem Zusammenhang damit, in der gleichzei-tigen Allgegenwart des feurigen Prinzips in Gott selbst als dem Feuer und dem von ihm feurig durchwirkten Universum zugleich die Ubiquitarität des Gött-lichen als des allbeseelenden Prinzips. Dieses Prinzip und Symbol des Gottes-Geistes bezeichnet Khunrath mit der hermetischen und alchemischen Tradition

---

[114] Töllner Khunrath S. 130; vgl S. 174: die Funkenmenge des Geists in aller Kreatur *ist* der *lapis*!
[115] Zu göttlicher Feuersymbolik vgl. Platon *Timaios* 2.2.4.1 S. 264f.; Arndt *Pss* 104/I, Bd. 2 S. 43a.
[116] U. a. in *Hex* 6,12 sowie als Teil des biblischen Mottos von *WCh* IV,II,9; *Pss* 91/I Bd. 1 S. 801b; *Pss* 104/VI Bd. 2 S. 58a; *Pss* 139/II S. 322a; s. o.
[117] Khunrath *Chaos* S. 69f., nach Töllner Khunrath S. 55f.
[118] Töllner Khunrath S. 172f.
[119] Khunrath *Chaos* S. 265, nach Töllner Khunrath S. 137; zum Motivkomplex des Feuers in der frühen Neuzeit vgl. Kempers grundlegende materialreiche Studie Bd. I,280-292, 311-325 u. ö.
[120] Khunrath *Chaos* S. 67, 71, 279 u. ö., nach Töllner Khunrath S. 211.

als ein „Fewer":[121] „Est enim IGNIS RUACH ELOHIM, SPIRITUS DEI Sancti Sanctus, perpetuo inextinguibilis: so alle Natürliche Seelen [!] der Vegetabilien / Animalien und Mineralien Natürlich tröstet und erfrewet. Ohne dieses heilige Catholische Fewer / vermag noch kan niemandt zu der Kunst kommen." Dieses göttlich gewirkten oder gar selbst göttlichen unsichtbaren Feuers, das die *tria regna* alles Natürlichen beseelt und mit Leben erfüllt, bedienen sich die Alchemiker, wofür sie eines *ignis magicus* oder *ignis magorum* bedürfen, den Arndt in der *Ikonographia* anspricht, und dem Heinrich Khunrath sogar eine eigene Schrift widmet.

Der im Umfeld der *anima mundi* erfolgte Rekurs in Ficinos *Büchlein vom Stein der Weisen* auf den Topos der Sonne als Herz oder Auge der Welt[122] dürfte religionsgeschichtlich einen Ausläufer des parsischen oder auch ägyptischen (dessen Priester „Hermes" ist!) solaren Kultes im Hermetismus bilden, der auch Arndt nicht fremd ist. Dies zeigt etwa der im Kontext des Brotes als einer gegenüber allen „eitel particular[en]"[123] Lebensmitteln einzigartigen Universalspeise und des Mikrokosmos als Inbegriff des Makrokosmos erfolgende Hinweis auf die Einzigartigkeit der Sonne, die nach Predigt II zu Psalm 19 „ein Ursprung ist der Krafft deß Lebens in allen Creaturen":[124] „Das ist die Ursache, daß das Brod *eine allgemeine Speise* ist, darin alle Speise *ihre Kraft* nimmt, *gleichwie die Sonne ein allgemein Licht ist*, daraus alle Sterne *ihre Kräfte* nehmen und empfangen."[125] Die Analogie zu der alle „Kräfte" und „Fewerfuncken" oder *rationes seminales* bergenden *anima mundi* und deren astral-terrestrischem Wirkungszusammenhang ist unübersehbar.

Doch ist die herausgehobene Stellung der Sonne als stellares Zentrum, in dem alle „Kräfte" sich bündeln und von dem sie ihren Ausgang auf den *mundus sensibilis* nehmen, in einem Zusammenhang hermetischer Religiosität zu sehen, die die göttliche *mens* selbst nicht nur als in den Kreaturen gegenwärtige und wir-

---

[121] Khunrath *Chaos* S. 231, vgl. 63-68, nach Töllner Khunrath S. 126.

[122] S. o.; vgl. Ficino *Büchlein vom Stein der Weisen*, in: *Dreyfach Hermetisches Kleeblat* S. 397f.: „Allein ist es rahtsam / weil es die Hoheit dieser Materi so haben will / daß wir in etwas subtiler und verblümbter Manier hiervon zu reden fortfahren sollen: biß anhero hat uns mit gemeiner Lehrart / Fußtritt / Schritt für Schritt / leiß zu tretten beliebt; und setzen *diese Seele der Welt fürnemlich in die Sonnen.* Dann im Circul des Firmaments ist nichts / als die Seel; weiln sie eine grössere Gleichnuß mit GOtt hat / dann das Liecht selbsten. *Jndem ein jegliches Ding soviel von GOttesart (also zureden) ihme zueignet / wie viel es des Liechtes fähig und theilhafftig ist.* [Vgl. Arndt *Hex* 1,16: „Je mehr Lichts: je edler Geschöpf; als wir sehen an Engeln, an Sonne, Mond und Sternen, an Edelgesteinen, an Metallen. Also ist auch die Tugend ein schönes Licht. ... ".] Und weil nichts scharpffsinniger ist / als die Sonne / so haben ihrer viel von des Platonis Nachfolgern / dem Orpheo nachgeäffet / und die Sonnen der Welt Aug genennet / weiln man darinnen alle Ding / so sich darinnen erzeigen / als in einem hellgläntzendem [sic] Spiegel sehen könne. [hier erfolgt ein Verweis auf Heraklit] ... Darum haben es etliche [genannt sind: Jamblichos, Proklos und "auch viel andere Philosophi"] für gut angesehen / daß sie die Sonne geheisen [sic] haben / das Hertz des Himmels." ... (Hervorhebung von mir).

[123] *Hex* 3,17; zur Bedeutung von Ausläufern solchen hermetischen, den gesamten Komplex von 'Feuer', 'Licht' und 'Geist' umfassenden solaren Kultes bei Brockes vgl. Kemper I S. 322 u. ö.

[124] *Pss* 19/II Bd. 1 S. 180b; "geistliche" Deutung der Sonne: S. 179-181; *Hex* 1,2-8.11-15.23f.28f.

[125] *Hex* 3,50; vgl. Croll *Signaturae* (1996) *Vorrede* S. 86f., 178f.; s. u. zu Agrippas *Occulta Philosophia*.

kende *vita et lux*,[126] sondern auch als *ignis atque spiritus*[127] begreift. Für Ficino charakterisiert Osterhus dies als ein Fortschreiten „vom neuplatonischen πάρεστιν (adest) zum hermetischen inest. Gott wirkt nicht nur in der Vorsehung, er gibt nicht die Impulse von außen als transzendentes Wesen, er bewegt die Welt als dessen [: deren] innerstes Zentrum und ist allen Wesen näher als sie sich selbst. Er ist der universale Pol (Cardo), Dreh- und Angelpunkt des Weltganzen.“[128] Ficinos *Büchlein vom Stein der Weisen* bezieht sich dafür auf „Hermes" und Platon:

> „Dann / wie Trismegistus davon sagt / deme auch Divinus Plato gefolget: *GOtt wohne in einer feurigen substantz*, verstehe / den unaussprechlichen Glantz GOttes in ihm selbsten / und um sich selbsten herum *die grosse Lieb / welche etliche den feurigen Geist des Verstandes* genennet / so aber keine feurige Gestalt habe / sondern sich ändere und verwandele in dasjenige / worein einer will / und auf eine manchfältige Art und Weiß / mit seinen Creaturen verknüpfft und vereinbaret wird.“ [129]

Der *ignis magicus* der antiken Philosophen kommt besonders ins Spiel, wo Ficinos *Büchlein* den Begriff der „Natur" – wie Khunrath – antiphänomenologisch von dem allbeseelenden Prinzip der *anima mundi* als einer „Gebährerin" her deutet: [130]

> „Dann die Natur gebietet / ernähret / vermehret / und erhält alle Ding. Darum hat die Natur aller Dinge / ihre Namen [!] in und bey sich. ... *Die Natur ist ein Band* der Elemente / *und eine Krafft* zusammen zumischen / in einem jedwedern Ding dieser / unterm Mond liegenden / Welt / seine Elementarische Krafft / durch welche die Natur / einer jeglichen Art *seine angehörige Form und Gestalt eingedrucket* / dardurch ein jedweders Ding von dem andern unterschieden und abgesondert werde. *Die Natur hat keine Farb / und* [: ist] *aller Farben fähig / und machet dieselben / sie hat auch kein Gewicht noch quantität / sondern eine fruchtbare Gebährerin aller Ding und ihrer Eigenschafften.* Was ist dann nun die Natur? *GOtt ist die Natur* [!] / *und die Natur ist GOtt* [!]. Diß soll man also verstehen: *Es kommt etwas von GOtt her / so ihm am nächsten ist. Ist derhalben die Natur ein unsichtbares Feuer* / von welchem Zoroastres gelehret / daß *durch solches Feuer / alle Dinge gezeuget und gebohren werden* / deme auch Heraclitus der Philosophus zu Epheso zustimmet. Ist ihm nit also? daß *der Geist des HErrn* / welcher ist *eine feuerbrennende Lieb* / da er auf dem Wasser schwebete / denenselben [: Wassern] *eine lebhaffte Flamme eingegossen*; indem ohne Wärme nichts kan gezeuget noch gebohren werden. Es hat GOtt denen Creaturen ... *eine gewächsige Krafft* / das ist / einen grünenden Safft / durch welche sich alle Ding vermehren / gegeben ... Hat uns demnach / *diese gebährende Krafft / und Erhaltung aller Ding / die Seele der Welt zunennen* / also beliebet".

---

[126] Diese *Vita et Lux* finden sich etwa auch in *Studium universale* IX fol. D 8 ʳ.
[127] *Poimandres*, in: Ficino *Opera* II,2 S. 1837f. (S. 1838 zweimal: *vita et lux*), Ausgabe des *CH* 1706 S. 3 § 30. Zum hermetischen πῦρ νοερόν vgl. von Lippmann Alchemie S. 232.
[128] Osterhus Hermetismus Ficinos S. 39.
[129] *Büchlein vom Stein der Weisen* cap. VIII S. 394 (Hervorhebung von mir).
[130] *Büchlein vom Stein der Weisen* cap. IX S. 399-401 (Hervorhebung von mir).

Gegen die "Meinung / als ob die Welt ein lebhafftes Thier seye[131] / massen die Platonischen Geister statuiren / denen auch die Arabischen / Aegyptischen / und Chaldaeischen Sterngucker / mit ihrem Zeugnuß / und Beyfall erscheinen", erfolgt massive Kritik an Demokrit, Orpheus, den Pythagoristen, Aristoteles, Theophrastos, Avicenna, Algozelas, Stoikern und Aristotelikern und deren, sei es theriomorphen, sei es die individuellen Seelen zugunsten der Weltseele bestreitenden Vorstellungen von der *anima mundi*, doch scheint es, daß diese Kritik eher ein Instrument zur ‚Entmythologisierung' der antiken *anima mundi*-Tradition zum Zweck ihrer Rezeption darstellt, der dann in Hermetiker- und Alchemikerkreisen eine Remythisierung zum geheimen *ignis magorum* auf dem Fuß folgt.[132] Die radikale Gleichsetzung: „GOtt ist die Natur / und die Natur ist GOtt", die über die schon kühne emanatistische Formulierung Arndts: „Gottes ist die gantze Welt voll"[133] noch deutlich hinausgeht, läßt entfernt bereits den hermetisch inspirierten ‚Pantheismus' eines Giordano Bruno oder auch Brockes erahnen.[134]

Der große Sammler und Systematiker der magischen Traditionen Agrippa bietet in *Occulta Philosophia* I,5, mit „Hermes" und „Dionysius" einsetzend sowie unter Berufung auf Plinius, Cleanthes (bei Cicero) und Pythagoras, einen Überblick über leitende Traditionen und Vorstellungen zu diesem gestuft alles durchwirkenden, der Emanation entsprechend in verschiedenen Graden der Intensität und Wirkung nach seinem göttlichen, solaren (also der stellaren Sphäre zugehörigen) und irdisch-elementischen Charakter und Bereich differenzierten „Feuer". Dabei gilt sein Interesse in diesem Buch I primär den kosmologischen Fragen:[135]

„Ignis, ut ait Dionysius, *in omnibus et per omnia* clare venit et removetur, *omnibus lucidus est, simul et occultus ignotusque ipse ... immensus est et invisibilis*, per seipsum potens ad actionem propriam ... semper motus movens alterum, comprehendens incomprehensus ... simul *omnibus praesens invisibiliter* ... Immensa et improba rerum naturae portio ignis est ... Ignis *unus est et per omnia penetrans*, ut aiunt Pythagorici ... est in terra ... in aquis ... in profundo mari ... in aëre ... et animalia quaeque et viventia omnia et vegetantia calore nutriuntur; *et omne quod vivit, propter inclusum ignem vivit*. ... *coelestis* et lucidus *ignis* ... habet *simulachrum* et vehiculum *lucis illius superioris*; quin et illius qui ait: 'Ego sum lux mundi',[136] *qui verus ignis* [!] *est, pater luminum*, a quo omne datum optimum venit,[137] *splendorem ignis sui emittens* et communicans *primo Soli* et caeteris *coelestibus corporibus et per haec*, tanquam *per media instrumenta*, illum in *hunc ignem nostrum* influens."

---

131 Zu dieser – zu klarer Ablehnung führten – Diskussion bei den mittelalterlichen Platonikern vgl. Kurdzialek Abbild des Kosmos S. 40, 62-64 u. ö.; bei Brockes vgl. Kemper I S. 321f.

132 *Büchlein vom Stein der Weisen* Kap. IX S. 401f.

133 *Pss* 104/VI Bd. 2 S. 58a.

134 Zu Bruno vgl. Yates Bruno *passim*; zu Brockes Pantheismus Kemper I S. 338-340 u. ö.

135 *Occ Phil* I,5 (ed. Compagni) S. 91-93 (Hervorhebung von mir).

136 Joh 8,12.

137 Vgl. Jak 1,17: "Omne datum optimum, et omne donum perfectum desursum est, descendens a Patre luminum ... ".

Obwohl das allgegenwärtige und alles durchdringende Feuer *unus est*, äußert es sich doch in sehr verschiedener Gestalt, wobei das Interesse der Hermetiker weniger dem *hic ignis noster* des gewöhnlichen Feuers gilt, als vielmehr dem solaren Feuer, das – während *luna*, ganz der Polarität des ägyptischen Götterpaares Osiris und Isis entsprechend, als das empfangende Prinzip die *anima mundi* repräsentiert – die alles Leben anregende und im Zusammenwirken mit der *anima mundi* von oben herab initiierende Prinzip darstellt.[138] Erst aus dem – im sexualmythischen Sprachspiel formulierten – Zusammenwirken beider entsteht und verändert sich alles Leben:[139] „Superni ignis propria sunt calor omnia foecundans et lux omnibis vitam tribuens; inferni ignis propria sunt ardor omnia consumens et obscuritas cuncta sterilitate complens." Deshalb hat sich auch jegliche magische oder alchemische Bemühung um den Preis ihres Erfolgs dieses solaren – oder zumindest eines vom ihm entzündeten oder abgeleiteten elementischen Feuers als dessen *simulachrum et vehiculum* – zu bedienen, wie ein Heinrich Khunrath unter Berufung auf die *Occulta Philosophia* dann näher ausführt. Daß die Sonne antiker Tradition zufolge neben „Phoebus, Diespiter ... Titan, Pean, Phanes, Horus, Osiris" hier auch mit Apollo identifiziert wird,[140] erklärt im übrigen,

---

[138] Vgl. *Occ Phil* II,21, wo der Sonne als einem illustren Symbol des Göttlichen (vgl. *Occ Phil* II,32 (Compagni) S. 345f. *passim* und 345: "imago et statua summi principis, utriusque mundi terrestris et coelestis vera lux atque ipsius Dei exactissimum simulachrum") die die Einheit und Zentralität symbolisierende Zahl 1 zugewiesen wird, dem Mond dagegen, der die Weltseele repräsentiert, wegen der originären Verbindung mit und Gemeinschaft zur Monas die symbolische Zahl 2. *Occ Phil* II,32 (Compagni) S. 345-347 entfaltet deren herausragende Stellung: "Sol elementalium omnium virtutum dominus et Luna virtute Solis domina generationis, augmenti et decrementi. ... Sol omnibus lumen a seipso dat et omnibus copiose largitur non solum in coelo et aëre, sed etiam in terra et intimis profundis abyssi; quicquid habemus boni, ut ait Iamblichus, habemus *a Sole vel ab ipso per alia*. ... Heraclitus Solem coelestis luminis fontem appellat et *multi Platonicorum mundi animam in Sole*[!] *principaliter collocarunt*, ut quae globum Solis totum implens, *radios suos undique quasi spiritum effundit per omnia, vitam, sensum et motum ipsi universo distribuens.* Hinc veteres Physici *Solem ipsum cor coeli* appellaverunt ... Tanta consonantia Deo respondet ut Plato eum vocet conspicuum Dei filium; et Iamblichus illum imaginem divinae intelligentiae appellat et noster [!] Dionysius illum perspicuam Dei statuam vocat ... *Luna* autem terris finitima, *receptaculum omnium coelestium influxuum*, cursus sui pernicitate singulis mensibus *Soli caeterisque planetis et stellis coniungitur et velut stellarum omnium uxor facta*, stellarum foecundissima, *Solis caeterorumque planetarum atque stellarum radios et influxus quasi foetum*[!] *suscipiens, inferiori mundo sibi vicino velut parturiens edit.* Omnes enim stellae in ipsam influunt ultimam suscipientem; quae deinceps omnium superiorum influxus inferioribus communicat terrisque refundit ... *ab ea enim in coelestibus incipit rerum series quam Plato vocat catenam auream*, qua unaquaeque res aut causa alteri connexa a superiori dependet quousque deveniatur ad supremam omnium causam, a qua pendent omnia." Da die deutsche Sprache *Sol* und *Luna* genau gegenüber der antiken und lateinischen Tradition das Geschlecht je genau entgegengesetzt zuweist, kann keine Übersetzung einen unmittelbar authentischen Eindruck vermitteln – jedoch erst recht nicht, wenn sie wie die 1987 in Nördlingen erschienene Übersetzung Friedrich Barths aus dem Jahr 1855 die Wendung *luna ... domina generationis* etc. mit folgenden Worten wiedergibt (S. 298, analog S. 353 u. a.): "der Mond ist ... *der Herr*[!] über die Zeugung".

[139] *Occ Phil* I,5 (Compagni) S. 92.

[140] *Occ Phil* II,59 (Compagni) S. 390.

daß es sich bei dem *Apollineus* ... *ignis* aus dem von Arndt dem Joachim Morsius gewidmeten Gedicht des Alexander von Suchten,[141] der im spagyrischen *opus* das *corpus* zu dissolvieren habe, schlicht um das solare Feuer der Hermetiker handelt. In partieller Anlehnung an Reuchlins Abhandlung *De verbo mirifico* und deren Bezug auf eine Reihe von antiken Quellen entfaltet Agrippa im Kapitel III,8: „Quid de divina Trinitate veteres senserint philosophi" einen ganzen Zusammenhang angeblicher paganer Typoi der Trinität, den das Feuer als Symbol des Göttlichen wie ein roter Faden durchzieht, der wiederum in die Frage der *anima mundi* und ihrer Relation zu dem – wie auch immer zu deutenden – „Geist" mündet, und der geradezu als ein Kompendium des gedanklichen Fundus für den hermetischen Gesamtkomplex von *anima mundi*, Solarsymbolik, Präsenz und Erkennbarkeit von „Geist" und Trinität im Universum etc. bis hin zu der biblisch-legitimatorischen Verknüpfung mit Dtn 4,24 und vor allem Römer 11,36 erscheint.[142]

Neben Paracelsus[143] beruft sich Khunrath in seinem – zusammen mit einem Traktat von Benedictus Figulus und dem anonymen, von Eingeweihten Arndt zugewiesenen und später auch öffentlich mit dessen Namen verbundenen *Iudicium* über vier Figuren des Khunrathschen *Amphitheatrum* – posthum edierten Traktat *De igne magorum philosophorumque* vor allem auf Agrippa von Nettesheim[144] und seine Unterscheidung des himmlischen *IGNIS Solaris*[145] und dessen „öberen Sonnenkräffte[n] / vnd tugenden"[146] vom sogenannten „gemeine[n] Elementisch[en] Fewer"[147] oder „Kohlenfewer",[148] wie es mittels eines Feuersteins aus

---

141 Von Suchten *De vera medicina*, hg. von Joachim Morsius: Fol. C 5 r-v.

142 *Occ Phil* III,8 (Compagni) S. 420-422 (Hervorhebung von mir): "Adducit etiam Iamblichus Chaldaeorum oracula ponentia in Deo paternam potestatem, intellectus a Patre emanationem, *amoremque igneum* a Patre Filioque procedentem, eundemque Deum. Hinc apud Plutarchum legitur gentiles deum descripsisse esse ipsum *spiritum intellectualem et igneum*, non habentem formam, sed transformantem se in quodcunque voluerit et coaequantem se universis. Et in Deuteronomio legitur: *'Deus ignis consumens est'*; de quo et Zoroastes ait *omnia uno ab igne genita esse*. Et Heraclitus Ephesius *cuncta ex igne genita esse* docuit. Hinc divinus Plato *Deum in ignea essentia habitare* posuit, intelligens videlicet inenarrabilem Dei in seipso splendorem et circa seipsum amorem. Et apud Homerum legimus *aethera esse regnum Iovis* – welches Motiv auch bei Arndt erscheint, s. u. – "Pater ergo et Filius et *Spiritus amatorius idemque igneus* vocantur a Theologis tres personae ... Ipseque Augustinus libro quarto *De civitate* testatur Porphyrium platonicum tres in Deo personas posuisse: primam, quam patrem universitatis appellat; secundam, quam primam mentem – et filium a Macrobio dictum; *tertiam animam mundi*, quam *Vergilius* ex Platonis opinione *spiritum vocat*, inquiens:
   Spiritus intus alit totamque infusa per artus
   Mens agitat molem ...   [Aeneis 6: 726f., vgl. Timaios 34b-35b nach Compagni z. St.]
   Est igitur Deus, *ut inquit Paulus, 'a quo omnia, in quo omnia et per quem omnia': a Patre enim tanquam a primo fonte emanant omnia; a Filio vero tanquam in piscina suis ideis collocantur omnia; per Spiritum Sanctum vero explicantur omnia et propriis gradibus singula distribuuntur.": Paulus lehrt die Weltseele!

143 Khunrath *De igne magorum* S. 26-29.

144 Khunrath *De igne magorum* S. 29-32.

145 Khunrath *De igne magorum* S. 15 Marginalie.

146 Khunrath *De igne magorum* S. 63.

147 Khunrath *De igne magorum* S. 15.

148 Khunrath *De igne magorum* S. 39.

materialem Brennstoff entzündet wird. Geht es bei dieser Unterscheidung doch um Erfolg oder Mißerfolg bei der Bereitung des *lapis philosophorum*.[149] Erklärt daher schon die erste Seite, daß es der Schrift um die „Kunst Alchymia" und das „LAPIDIS Philosophorum Regimen" zu tun sei – liege doch das ganze Geheimnis der spagyrischen Philosophie im „Fewer",[150] und stammen die Zeugnisse der „Weisen" vom Feuer aus dem Bereich der Alchemie[151] –, so eröffnet Khunrath gleich auf Seite 2 unter Berufung auf einen nicht namentlich genannten *Philosophus*, es gehe um nichts weniger als um „IGNIS ... quasi *DEUS*[!] *aliquis Naturalis et Physico-Artificialis* Chymicorum"[152]! Wobei er jeden denkbaren Vorwurf der Blasphemie schon im Vorfeld weit von sich weist, sei dies doch in Wahrheit „Das Himmlische deß HERREN Fewer", das als „ratione Essentiae atque substantiae [!] IGNIS COELESTIS" zu gelten habe.[153] Schon – was Khunrath zunächst deutlich zu kritisieren weiß – die alten Perser hätten das Feuer als Gottheit angebetet, wo es doch in Wirklichkeit das „heylige ... deß HERREN Fewer" sei, das die „Alten Patriarchen oder Ertzvätter der Hebreer" im wunderbaren Eingreifen Gottes erfahren und empfangen[154] und von da an in der Stiftshütte aufbewahrt hätten, wo es trotz seiner Erhaltung mit natürlichem Brennstoff – durchaus dem römischen Feuer der Vestalinnen ähnlich[155] – seinen überirdischen Charakter bewahrt hätte.[156] Auch über den reichlich theosophisch gedeuteten Prometheus[157] hinaus bietet der Traktat aufschlußreiche Hinweise, auf welchem religions- und kulturgeschichtlichen Acker seine delikaten Früchte gewachsen sind: Als das Feuer auf den Altären verehrende Kulte nennt der ehemalige Baseler Student neben dem vestalischen und persischen die Assyrer, Chaldäer, Meder, Ägypter und in Delphi die Griechen.[158] Die zeitliche Priorität des israelitischen Feuerkultes steht ihm dabei außer Frage, doch daß der persische Kult authentisch und durchaus der Anerkennung wert sei – „Dahero haben die Vhralten Weisen Heyden (sonderlich vnd fürnemblich aber die Persen) jhr ORIMASDA, das ist / IGNEM SANCTVM, seu lucem DEI ... genandt"[159] –, ist sowohl nach den Spekulationen, auf welchen wohl eher illegitimen Wegen das heilige israelitische Feuer zu ihnen gelangt sei, als auch nach den nur gewagt zu nennenden hebraisierenden etymologischen Deutungsversuchen des Namens Orimasda nicht von der Hand zu weisen. Zumal Khunrath das von ihm favorisierte solare Feuer dann unter Berufung auf Strabo wie folgt völlig eindeutig

---

[149] Khunrath *De igne magorum* S. 46f.
[150] Khunrath *De igne magorum* S. 48f.
[151] Khunrath *De igne magorum* S. 40-43.
[152] Khunrath *De igne magorum* S. 2 (Hervorhebung von mir).
[153] Khunrath *De igne magorum* S. 8f.
[154] Khunrath *De igne magorum* S. 5f. unter Berufung auf Lev 9,23 und 1 Kön 18,38.
[155] Khunrath *De igne magorum* S. 14f. und noch einmal ausführlicher 18-21.
[156] Khunrath *De igne magorum* S. 7f. unter Berufung auf Lev 6,12.
[157] Khunrath *De igne magorum* S. 24f.
[158] Khunrath *De igne magorum* S. 14-16.
[159] Khunrath *De igne magorum* S. 9.

identifiziert:[160] „IGNIS MITHRIACVS; hoc est Solaris, quia a Sole accensus"![161] *Dieses* Feuer höherer Provenienz hätten die alten Weisen „als Natur-Erfahrene *SOPHI vnd Philosophi* ... auch in *MAGIA Physica et hyperphysica, in Natürlicher vnd vbernatürlicher*[!] *weißheit*kunst[162] / vnd in ALCHYMIA ... geheim angewendet".[163] Nicht nur, daß er die ‚natürliche Weisheit' mit der *Magia naturalis* identifiziert, sondern auch, daß die *Magia* ‚übernatürliche Weisheit' lehrt, verbindet Khunrath wie mit Agrippa, so auch mit Arndt. Daß Khunrath diesen, wie er in Kontraktion trefflich formuliert, „*Solympischen* Vulcanum, das ist Fewer der Sonnen", durch welchen die „Mediciner, Alchymisten vnnd Apotecker" ihre „Spagyrische Labores" bis in die Gegenwart hinein verrichteten,[164] so eifrig propagiert, ist ihm, so kann man spüren, ein Herzensanliegen. Die paganen Impulse der *prisca theologia* regieren – ähnlich wie bei Ficino und Pico della Mirandola – den jüngeren Khunrath deutlich unbeschwerter als den älteren, denselben Traditionen verpflichteten, eher vorsichtigeren und häufig schwankenden Theologen Arndt. Ein historisches Exempel verdeutlicht Khunraths Anliegen: Jährlich wurde am 12. März in Rom das vestalische Feuer erneuert, sinnenfälliger Mythos dessen, daß im Frühling die von Gott in die Sonne als Regentin des natürlichen Himmels gelegten solar-feurigen Kräfte die allenthalben präsenten „Scintillulae ANIMAE MVNDI" anregen,[165] ihre verborgene Tätigkeit zu aller Fülle neuen vernalen Wachstums zu entfalten.[166] So wirken von ‚oben' und ‚unten' *Sol coelestis* und *anima mundi* unabdingbar und in sympathetischer Harmonie zusammen, alles Leben im sublunaren Kosmos neu zu generieren, „wie den *SOPHIS, dz ist / Weisen / alß auch Naturkündigen* [sic] */ vnnd von Gott gelehrten* [!] *MAGIS* (quales etiam erant illi, qui venerant [sic] ab Oriente[167] ...)"[168] wohl vertraut war. Bei näherer Betrachtung ist es eine einfache und klare Sache um dieses „Heylige[] Fewer":[169]

---

160 Khunrath *De igne magorum* S. 16; Strabo Buch XV.

161 Biedermann Handlexikon S. 163 zum Stichwort "Feuer" verweist unter Bezug auf Widengrens Religionsphilosophie (S. 62, 149) auf die ʻfeurigeʼ Sperma-Substanz des Manichäismus.

162 Vgl. Arndts Begriff der "natürlichen Weisheit', der sich sachlich mit der *magia naturalis* deckt.

163 Khunrath *De igne magorum* S. 17 (Hervorhebung von mir).

164 Khunrath *De igne magorum* S. 39 (Hervorhebung von mir).

165 Khunrath *De igne magorum* S. 44 „Gesagtes alles thut der Sonnen-Fewer! daß in der grossen Welt allerley Natürliche Früchte so eusserlicher Wärme bedörffen / von aussen hinzu durchkochet / Zeitiget / Reiffmachet / vnd zu jhrer perfection vnd vollkommenheit befördert."

166 Auch jene eigentümliche Stelle aus dem oben zitierten, der *anima mundi* analogen Kontext von Gottes "Wort" als "Lebenskraft" in allen Kreaturen, Arndt *Hex* 6,13, in der von einer *jährlichen Neuerschaffung* der Welt die Rede ist, stellt strukturell einen Widerhall mythischen Denkens dar: "Dies Wort *ist* der Segen und die Vermehrung aller Creaturen, dadurch GOtt die Gestalt der Erde [Anklang an Psalm 104,30 nach Luther: "Du lessest aus deinen Odem / so werden sie geschaffen / *Vnd vernewest die gestalt der Erden*", wo jedoch von einer *creatio nova* oder *iterata* nirgends die Rede ist] jährlich erneuert in Wiederbringung jährlicher Früchte und Thiere, daß GOtt durch die Erneuerung aller Dinge, *gleichsam jährlich eine neue Welt schaffet*."

167 Mt 2,1; vgl. Arndts *Bericht von den Weisen aus Morgenland.*

168 Khunrath *De igne magorum* S. 20-22 und Marginalie (Hervorhebung von mir).

169 Khunrath *De igne magorum* S. 32-34 (Hervorhebung von mir).

„SVMMA: Was sol man viel sagen? Die Sonne ist ein sichtbar / Fewriges
UNIVERSALE INSTRVMENTVM, oder Catholischer / das ist / Allgemeiner [sic] werckzeug / durch welches *Gott der HERR im Catholischen
LABORATORIO* [!] der grossen Welt [: Makrokosmos] / von Erster derselben Erschaffung ahn / allenthalben vnd allgemein Natürlich *laborirt hat*
wie auch noch heut zu tage Er also krefftiglich würcket / dann *aller Samen
kräffte*[170] / sich zumehren / vnd frucht zubringen / frewen sich zu operiren
in Calore Solis ... werden auch angereitzet vnd herfürgebracht / durch der
Sonnen wärme ... Dahero es auch wohl *ein Gottes-Fewer* genennet mag
werden / dieweil *GOtt der HERR dasselbige gebrauchet zu natürlicher Fortbrin-
gung vnd Zeittigung allerley früchte in diser Welt. Jha die Vhralten SOPHI, haben
daß von der Sonnen angezündete Fewer / gehalten für ein Heyliges Fewer* / wie auß
deß Vhralten vnnd Geheimnis reichen Poeten Orphei nachfolgenden versen seines Büchleins de Lapidibus von Steinen außtrücklich zusehen."

Daß so, wie Arndt Gott als *Protalchymista* in den Bergen sein *opus* wirken sieht,[171]
auch Khunrath Gott die Rolle eines archteypischen Laboranten anträgt, spiegelt
das Verständnis von Magie wie auch Alchemie als einer physiomimetischen, die
mikrokosmisch das kosmisch-universale Geschehen des Makrokosmos abbildet.
Der *Spagyrus* vollzieht im *opus* nach bzw. mit, was die *anima mundi* – der paracelsische „Archeus" – als Archetypus solcher Mimesis universal wirkt.[172] Doch bliebe, wie vielerorts zu beobachten sei, jede Bemühung, die nicht im Abbild am Ur-
bild selbst teilhat, vergeblich. Daher muß das Feuer des *lapis*, mit dem es das den
Kreaturen in der *anima mundi* innewohnende verborgene Feuer zu erwecken gilt,
an jenem solaren Feuer selbst teilhaben, weil das ‚elementische' Feuer dies niemals vermag – es sei denn, es sei seinerseits durch das ‚solare' Feuer neu erweckt
–, wobei sich die theosophische Analogie der Wiedergeburt wiederum geradezu
aufdrängt. Allein wenn es gelingt, in einem vom Mythus abgeleiteten magischen
Nachvollzug eines zwar terminologisch nicht explizit formulierten, in der Sache

---

170 Vgl. Arndt *Hex* 3,10 die „Samenkräfte[]", die "als verborgene lebendige Gestirne" wirken.
171 *Hex* 3,25: „Die Berge sind ... als natürliche Destillieröfen, darin GOtt alle metallische und
     mineralische Dinge kochet und zeitiget."
172 Khunrath *De igne magorum* S. 75f. referiert Paracelsus *lib.* 1 *Alchymiae* cap. 1 zum "Sonnen
     Fewer" folgendermaßen: „Derhalben ist sein Arth / Krafft / Tugend vnd Eigenschafft / *den
     Archaeum Naturae, das Essentialische oder wesenliche* [sic] *innere Fewer / deß Liechtes der Natur* / der
     Elementen vnnd jhrer Früchten / nemlich / dz eingeschlossene Fewer der Natur / so Gott
     der Herr / in Mundi Creatione, et prima rerum constitutione ... in sein Geschöpff gelegt hat
     / Von den Superfluitatibus corruptibilibus ... aber beschweret / gehindert / vnd von der
     Jrrdischen Hütten sehr gedruckt wirt / *damit es ad et in actum operationis ... gewaltthätig trette / zu
     stimuliren vnd anzureitzen.* Vnnd wie *dieses einfache Fewer der Sonnen* / von Gott gestellet ist in der
     grossen Welt / *alle verborgene vnsichtbare Fewre* [sic] / *daß ist / ANIMAE MVNDI scintillas* per
     totum VNIVERSVM MVNDANVM hinc inde mirabiliter atque mirifice dispersas, in globo
     praesertim sublunari ... hin vnd wider wunderbarlich vnd wunderthätig außgetheilet oder
     zerstrewet sind / empfindlich / vnnd in jhren / oder durch jre operationes, *sichtbar zu-
     machen*", so geht es in der "Spagyrische[n] Kunst-Welt" (ebd. S. 74-77) das makrokosmische
     Werk der Sonne im Kleinen nachzuahmen und mittels des alchemischen *opus* im *ignis magicus*
     das Licht der Natur zum Vorschein zu bringen.

jedoch eindeutigen ἱερὸς γάμος von Himmel und Erde eine Verbindung des „elementischen" Feuers mit dem himmlischem zu erzielen, ist der allein das *opus* bewirkende *Ignis Magicus*[173] und damit auch der *lapis philosophorum* zu gewinnen:[174]

> „Es soll vnd muß das vntere / grobe / Elementische Fewer ... auß der Spagirey dißfals gestossen / vnnd dagegen *das Himmlische Sonnen Fewer* (mediate, vermittelst / dz nemlich vnser Materialisch kohlen oder Lampenfewer / *Vnione Physico-Magica, et Magnete Naturae Sympatico* ... sit *simulacrum* [!] *et vehiculum LVCIS superioris, h. e. SOLARIS*, gleich als ein Wagen sey / deß Obern / das ist / deß Sonnen Liechts / vnd dahero *eine gleichnus vnd gemeinschafft mit demselbigen* habe: Dergleichen auch von dem in der Hütten deß Stiffts mit holtz fovirten ... Heyligen Fewer vorne angezeiget) hinein gesetzt werden / solle man anders / in Lapidis Philosophici praeparatione ... zum fruchtbarlichen Ende gelangen."

Angesichts der Formulierung des „simulacrum et vehiculum LVCIS superioris" ist die Anknüpfung an Agrippa unübersehbar. Setzt man dieses ‚natürliche' *instrumentum* nach Art der rechten Alchemiker richtig, d. h. „Naturgemeß" ein, so wirkt im Laboratorium oder Athanor eines die Natur imitierenden und die in ihr liegenden, jedoch nicht realisierten Potentiale ‚künstlich' entfaltenden Liebhabers der Kunst nicht das irdische, sondern das ‚himmlisch'-solare Feuer, das dem mit ihm vereinigten elementischen Feuer seine himmlische Kraft verleiht:[175]

> „Bißher erklertes Himmlische Fewer vnd Liecht der Sonnen / ist deß HErrn allgemeiner / wunderbarlicher / *Fewriger Werckzeug* / in der grossen Welt viel Wunderbares Natürlich würckende: Eben dasselbige kahn / soll vnd *muß auch vnser Instrumentum sein* ... in Naturgemeß-Alchymischen Laboratorio oder Athanore, daß ist / *in vnserer kleinen* ... *kunst Welt*; auff das durch dieser der Philosophorum eusserlicher Sonnen Lebendig machende wärme / *dz Catholische Fewerfüncklein der Fewrigen Sehle der Welt in der VNIVERSAL MATERIA vnsers Natürlichen wercks* ... in vnnd zu gewünschter fruchtbarlicher thättlicher würckung desto artiger vnd schleuniger angebracht werde. ...
> SVMMARITER, Es ist dises Arcanum vom Solympischen Fewer der höchsten / Natürlichen vnd Naturgemeß künstlichen Scrupel einer / nit nur allein deß ALCHYMISCHEN VNIVERSALIS der Weisen / sondern auch noch vieler anderer geheimen / Naturgemeß-Chymischer vnnd der gleichen anderer guth Magischer laborum oder Arbeiten ... ".

So ist das alchemische *opus* letztlich keine Beschäftigung mit einer wie immer gearteten Materie und auch nicht mit einem absoluten Objekt, sondern der operative Eintritt in eine sympathetische Wechselbeziehung von im Zusammenhang miteinander wirkenden Kräften bzw. Systemen solcher Kräfte. Aufgrund

---

173 Khunrath *De igne magorum* S. 56f.
174 Khunrath *De igne magorum* S. 46f. (Hervorhebung von mir).
175 Khunrath *De igne magorum* S. 50-52 (Hervorhebung von mir).

seiner Fähigkeit, an den Kräften des Himmels Anteil zu gewinnen und sich ihrer zu bedienen, kann es die in den einzelnen Kreaturen verborgenen Feuerfunken der *anima mundi* wecken und ans Licht bringen. Auch dies bezeichnet die Rede vom „Licht der Natur", und der *lapis* ist die „Kunst", im Wissen um die unsichtbaren Zusammenhänge und dem Werk der Sonne ähnlich, die *anima mundi* zielgerichtet und nutzbringend zu ‚stimulieren', was, weil es sich der himmlischen Kräfte und des „Heylige[n] Fewer[s]" bedient, selbst als ein ‚heiliges' Werk gilt:[176]

> „Förder sage Ich recht: Gleich wie die Sonne in der grossen Welt / als im ... Laboratorio Gottes lieblich ermuntert / recht Naturgemeß stimulirt / vnd wol anreitzet daß Leben vnnd kräffte / (*Scintillas animae MVNDI, die innern Vnsichtbaren Fewerfüncklein der Sehle der Welt*) in allen Elementen Vniversaliter; ... Also auch / wann vnser holtz / kohlen ... oder aber vnser Lampenfewr [sic] *von der Sonnen Fewer angezündet* / mit demselben animiret, oder gleich alß impraegniret, gesehliget oder geschwengert / vnd auch mit deroselbigen kräfften / Magnete Naturae Sympathetice Harmonico ... also vnd dermassen vereiniget / das numehr vnd forthin immer für vnd für / Sie ... sind vnd bleiben *simulacra et vehicula Lucis illius superioris, Omnia in hisce inferioribus foecundantis, omnibusque Vitam promoventis*: ... So anreitzet dann / stimulieret, leitet vnd führet Sie (die Sonne) auch in Catholicismo Naturali ... *Materiae Catholicae, Syncerioris (AZOTH) LAPIDIS Philosophorum Catholici ANIMAE MVNDI SCINTILLAM synoptice-Catholicam* ... im Philosophischen Glaß oder Kunst EY, ... also sehr artig vnd dermassen / daß dieselbe beydes *Naturgemeß / vnnd Natur gemäß-künstlich* recht wohl vnd thetig komme / in et ad actum Operationis frugiferè optatum".

Die wahren Philosophen finden daher allein auf dem Weg einer sympathetischen *unio* des gewöhnlichen oder „gemeinen" Feuers mit der himmlischen *lux solaris*[177]

> „das vnsichtbare Fewer deß Philosophischen Steins / welches eygentlich aufflöset vnd zuschleust / figirt vnd figiret wirdt / so allezeit in gleicher Mensur / gleicheit [sic] vnd grad ist / vnnd recht Wunder stifftet / ... *Ein füncklein deß Fewers / vnnd warhafftigen wesentlichen Liechts der Natur* / ja die geheimbste Seele deß AZOTHS selbst / vnnd also folgendt das jnnere / *vnsichtbare Fewer der Weysen* ist".

Zumal er mit dem *Iudicium* zu den Figuren von Khunraths *Amphitheatrum* zusammen publiziert wurde, ist anzunehmen, daß Arndt der Traktat bekannt war. Daß er mit der Thematik und der hinter ihr stehenden Tradition[178] vertraut war, ist

---

[176] Khunrath *De igne magorum* S. 52-54 (Hervorhebung von mir).
[177] Khunrath *De igne magorum* S. 102f. (Hervorhebung von mir).
[178] Sie ist im zeitgenössischen Umfeld etwa auch in Leonhard Müllners alchemischem Traktat *Von der Generation der Metallen*, in: Scherer Alchymia, S. 165f. in einer theoalchemischen Analogie, die inhaltlich wiederum an Arndts *Hex* 1,30 erinnert: "Wodurch werden sie dann in Silber und Gild verwandelt? Respons: Durch das [sic] ignis Philosophorum! Dann gleich wie am jüngsten Tag die gantze Welt brennen wird, und durch das Feuer alles verclarificiret, und wir Menschen werden auferstehen mit einem clarificirten Leib, heller dann die Sonne, als-

nach der *Ikonographia* klar auszumachen, in der im Gegensatz zu den anderen öffentlich und namentlich publizierten Schriften Arndts hermetische Interessen offen zutagetreten. Kapitel 1, das mit der *Magia* einsetzt und dann erklärt, „das Gott der HErr die Opffer der Patriarchen mit Fewer vom Himel angezündet" habe, führt sogleich als erstes Beispiel des religiösen Mißbrauchs von Bildern die kultische Verehrung des Feuers durch die Chaldäer an, jedoch um wie Khunrath diese im nächsten Augenblick von den Feuer-Offenbarungen und -Theophanien der biblischen Patriarchen herzuleiten, welche dagegen das rechte Verständnis bestätigten.[179] Wiederum in einem Kontext, in dem es im Rahmen der von Arndt grundsätzlich für gut befundenen „Bilder / so aus der Natur jren Vrsprung haben" explizit um die „Kunst" der *Magia* geht, bezieht sich Arndt, und dieses dritte Mal modifiziert positiv, auf das magische Feuer: Am Sitz der *Magia* „in Egipten / Chaldea / Persia" hat „der Pöbel[180] gesehen / das solche weise Leut mit solchen sachen vmbgangen / vnd wünderliche Dinge damit vollbracht", woraus die kultische Verehrung von Tieren, Pflanzen und Gestirnen entstand, [181]

> „Welches aber stets dieselben Philosophi / sonderlich die Perser / verboten vnd gestraffet. Mit dem Fewer / so die Perser geehret [182] / hat es viel eine andere meinung / Denn jr Fewer / so sie in grossen Winden gehalten / *ist das wünderliche Fewer der Philosophen / vnd Weisen* gewesen / damit sie grosse ding haben außgericht".

Gehalt und Diktion verraten eine hohe Wertschätzung gegenüber den von den superstitiösen Irrtümern ‚des Pöbels' völlig freien Philosophen bzw. „Weisen", allen voran den persischen Magiern, die an Khunraths *Ignis Mithriacus* erinnern.

Wie ernst es Arndt mit dem *ignis magicus* ist, zeigt seine Deutung der Abirrungen, die sich – ganz der Logik jeder spiritualistischen wie hermetischen Kritik treubleibend, die sich an einem angeblich bloß ‚äußerlichen' Verständnis der Dinge festmacht – darin äußerten, daß „der Pöbel" in Verkennung des wahren philosophischen Feuers, das ‚von oben' komme, auf die Anbetung des „gemeinen" Feuers verfallen sei. Eine Anlehnung an jene von Agrippa und Khunrath propagierte Unterscheidung der verschiedenen „Fewer" ist unüberhörbar: „Dar-

---

dann wird sich GOTT mit seiner Creatur vereinigen, dann mit uns Menschen, dann er allbereit den Eingang mit uns durch Christum, welcher Mensch worden, gemacht hat, also wird sich gleicher weiß diß Feuer und Medicin mit den unreinen Metallen vereinigen, und von all ihren Sünden abwaschen, und in das Königliche Metall des Goldes verwandeln ... ". Die nur wenige Seiten umfassende, auf 1626 datierte rosenkreuzerische Handschrift *Ergon et Parergon Fratris R. C.* (als Faksimile und in Transskription abgedruckt in Scherer Alchimia S. 205-213) handelt zur Gänze von dem in Gott wohnenden und aus Gott fließenden, sich durch das Universum und die menschliche Seele entfaltende, unzertrennlich mit dem "Geist" verbundene göttliche Feuer. Auch Hirschs *Pegasus Firmamenti* V fol. E [r] verhandelt den *Ignis magicus*.

[179] *Ikon* I fol. 12 [v] -13 [r]; vgl. ebd. III fol. 20 [r] die Kritik an einer "Abgötterey" gemäß Jos 24,2.14.
[180] Auch hier zeigt sich im Blick auf die *Magia* Arndts Standesbewußtsein oder auch -dünkel.
[181] *Ikon* III fol. 16 [v]- 17 [r] (Hervorhebung von mir); zum Gottesfeuer vgl. auch *WCh* I,21,1f. 12.
[182] In diesem Duktus ist sehr bewußt "geehret" und nicht "verehret" formuliert.

umb auch entlich der Aberglaube auff *das gemeine Elementische Fewer* kommen".[183]
Hingegen verhindere das göttliche Feuer den Tod jener Männer im Feuerofen.[184]

Die „Kunst" des *lapis*, die deren Verfechter des *ignis magorum* hier vertreten,
ist von ihrem als deviante Unterströmung das kirchliche Christentum begleiten-
den vor- und außerchristlichen religionsgeschichtlichen Hintergrund nicht zu
trennen. Nicht nur in der Rede von der heiligen, von Gott besonders Würdigen
verliehenen Kunst der Alchemie, auch *materialiter* lebt pagane Religiosität darin
fort, wie gebrochen oder domestiziert auch immer. Der in Richtung eines, wie
Kemper anhand von Brockes und Zell treffend formuliert,[185] „gradualisierten"
bzw. „hierarchisch gestuften Pantheismus" oder auch eines Panentheismus ten-
dierende und in vielerlei Hinsicht eindeutig gnostische Vorstellungskomplex von
magia naturalis, anima mundi und dem als „Geist" das Universum und alle Kreaturen durchströmenden göttlichen „Licht" und „Feuer" bildet mit der sie inferiori-
sierenden und damit zugleich integrierenden Vorstellung und Begriff eines aller
biblischen Offenbarung vorausgehenden allgemeinen „Lichtes der Natur" – das
wie den *Magis ex oriente*, so auch den altorientalischen und -ägyptischen „Weisen"
sowie den griechischen und römischen Philosophen (-schulen) trotz aller Versuchung der Idolatrie bis hin zur Erkenntnis übernatürlicher Weisheit grundsätzlich offenstand – in dieser spezifischen christlichen Rezeption ein eigenes reli-
giöses Subsystem, eine eigene Subreligion des „Lichtes der Natur" mit einem,
nicht von ungefähr im Sinne der *prisca theologia* erhobenen, eigenständigen religiösen Anspruch, dessen theologische Integration keine geringe Herausforderung
darstellt, und das in der Gegenrichtung alles Potential zu einer religiösen wie kulturellen Emanzipation im Brockesschen Sinne eines „weltlichen Gottesdienstes"
birgt, der „innerhalb eines von der ‚gratia' freien Bereichs der ‚natura'" beheimatet ist und so „dem Bürgertum ein neues, die innere Abkehr vom angestamm-
ten Kirchenglauben ohne Preisgabe des religiösen Bedürfnisses ermöglichendes
‚Identifikationsmuster' eröffnet", wie Kemper an Brockes' Hermetismus zeigt.[186]
Daß in späterem Kontext dem der parsischen Religion entlehnten hermetischen
Feuermotiv in Illuminatenkreisen im Sinn einer antikatholisch formierten, zumal
in die Nähe zur lutherischen Reformation gerückten, ‚neuen Religion der Weisheit' Symbolkraft eignet, erweist Mozarts Illuminaten-Oper „Die Zauberflöte".[187]

---

[183] *Ikon* III fol. 17 ʳ (Hervorhebung von mir). Nach *De X plagis* V/1 S. 46 wiederum war das
Feuer, das Sodom zerstörte, ein göttliches und keineswegs ein "irrdisch materialisch Feuer".

[184] *Pss* 119/XX S. 239b-240: "das himmlische Feuer" nahm "dem irdischen Feuer seine Krafft".

[185] Was Kemper I S. 321 zu Brockes formuliert, kann gut ein gemeinsames, auch auf Arndt zu-
treffendes Charakteristikum frühneuzeitlichen hermetischen Denkens beschreiben: "Orga-
nisierendes Zentrum seiner Auswahl aus Altem und Neuem ist ... der Aufweis einer den
Kosmos durchziehenden Polarität von Kräften und zugleich eines nahtlosen Übergangs
zwischen Geist und Materie in einer spezifischen, von Natur-Kräften zusammengehaltenen
'Kette des Seins', die ... auf einem gradualisierten Pantheismus basiert."; zu Zell ebd. S. 359.

[186] Kemper I S. 360f. u. ö.

[187] Perl Zauberflöte S. 57f. (Belege): Nach dem Illuminaten Johann Adam Weishaupt heißt "der
[sc. illuminatische] Orden in weiteren Graden der Feuerdienst [!], Feuerorden, Parsenorden".

1.4   "In Ihm leben, weben und sind wir"[188]

„ Träget uns GOtt in seinem Leibe [!] / und hebet er uns / wie sollte er denn nicht bey uns seyn?"* heißt es in Arndts zweiter schon zitierter Predigt zu Psalm 139,[189] derzufolge Gott mit seinem „Licht" sowie „mit seinem Geist und Weisheit" alles durchdringt und „in allen Dingen" gegenwärtig ist wie die menschliche Seele im Leib. Das Bild der *anima mundi* und des *lumen naturae* bei Arndt wäre nicht vollständig, wenn es nicht um eine weitere entscheidende Dimension ergänzt würde. In dieser Auslegung heißt es in Anspielung auf einen von Arndts Kernbelegen,[190] „daß GOtt der HErr *überall gegenwärtig* sey / und nicht ferne von einem jeden unter uns / sondern so nahe / daß *er in uns* / und *wir in ihm seyn* / *leben und weben.*" Die Immanenz Gottes bzw. seines göttlichen Geist- und Lichtfunkens in aller Kreatur beschränkt sich keineswegs auf die außermenschliche Kreatur, sondern erstreckt sich auf den Menschen, ja sogar auf dessen aus Gott geflossene Seele[191] – wie Arndt in jenem Kapitel, in dem er von dem nach dem Sündenfall dem Menschen verbliebenen „Fünklein des natürlichen Lichts" handelt, entfaltet: [192]

„Daraus sehen wir nun, wie GOtt *ein Fünklein des natürlichen Lichts* oder eine Spur und Merkmal *des natürlichen Zeugnisses GOttes im Menschen* auch nach dem Fall lassen übrig bleiben, *auf daß der Mensch seinen Urspung soll erkennen lernen,* woher er kommen, und demselbigen nachgehen; wie auch etliche der Heiden solches gemerkt, als der Poet Aratus bezeuget, welchen St. Paulus anführet Apostelgeschichte 17,28: *Wir sind GOttes Geschlecht;* und Manilius:
    An dubium est, *habitare Deum sub pectore nostro,*
    In coelumque redire animas coeloque venire?[193]
Das ist: Es ist kein Zweifel, es wohnet GOtt unter unserer Brust, und die Seelen kommen wieder in den Himmel und vom Himmel."

Von dem Astrologen Manilius, der Gott und *anima mundi* gleichsetzt,[194] über den dankenswerterweise schon von Paulus – anonym – zitierten Aratus bis zu Plato, der, was die Unsterblichkeit der menschlichen Seele betrifft, „gewaltig davon disputiret", wissen „Heiden" aus jenem natürlichen Licht große Dinge von Gott und der menschlichen Seele zu berichten, bis hin zu deren Herkunft „aus" und

---

188 *WCh* I,19,10 u. ö.; auf denselben Vers bezieht sich analog Weigel im *Güldenen Griff* XV S. 47.

189 *Pss* 139/II Bd. 2 S. 323a.

190 *Pss* 139/II Bd. 2 S. 321a (Hervorhebung von mir): Die Bibelstelle ist Apg 17,28.

191 *WCh* I,23,1f, zitiert nach F S. 259f. „Dann gleich wie dem Menschlichen Leibe nicht besser, dann wann er in seinem Hause ist: *Also ist der Seelen nit besser, als wann sie inn jhrem eygenen Hause ist, das ist, in Gott, darauß sie geflossen ist; da muß sie wider eynfliessen, sol jhr wol seyn.* Ein Mensch ruht nicht besser als in dem, darauß er worden ist ... *Also die Seele in Gott ...* ".

192 *WCh* I,7,2 (Hervorhebung von mir); vgl. abermals das *Studium universale* I A 2 ᵛ und IX D 8 ʳ.

193 Diese Manilius-Sentenz kehrt wieder in *Rep ap* II,2,3 mit Apg 17,28a und 2 Petr 1,4 (*deificatio*).

194 Dazu kritisch: Ficino *De amore* IV,5 (Blum) S. 118f.: [*lumen*] *naturale propter abusum depravavere.* Zu Manilius u. dessen christlicher Rezeption vgl. Hübner Religion und Wissenschaft S. 28ff.

Rückkehr in Gott, der nicht nur im Universum, sondern in jeder Brust wohne. Mit jenem anderen Teil von Apg 17,28 führt Arndt aus, wie das zu verstehen sei.

Osterhus hat dargelegt, wie Ficino die zwischen Gott und der Schöpfung bestehende Relation der Immanenz in zweierlei Richtung denkt:[195] Der Florentiner Theologe und Philosoph „sieht in Gott nicht ein außerhalb des Weltzusammenhangs gegebenes Prinzip, sondern versteht ihn als Kraft *in* der Welt selbst." Doch nicht Gott sei es, der sich in der Welt ausbreite, sondern diese erstrecke sich überall dorthin, wo Gott sei. „Er sei in den Dingen wie die Dinge in ihm seien; wären sie nicht in ihm, so besäßen sie kein Sein."

Ähnliches ist bei Arndt zu finden. Einerseits ist Gott, und sei es mittels des Geistes, der Weisheit oder der Wortes, in allen Dingen und in der Seele, andererseits „Träget uns GOtt in seinem Leibe", wie Arndt auf seine Weise es in dem in eindeutigen Bezügen und häufig wiederkehrenden Topos Apg 17,28a ausdrückt. Die wechselseitig reziproken Weisen der Immanenz schließen sich ein, nicht aus. Weil es um das „natürliche Licht" bzw. auch um eine Erkenntnis aus demselben geht, findet sich der Halbvers neben der Auslegung zu verschiedenen Psalmen im „Wahren Christentum" in den Büchern I, II und IV – fehlt konsequenterweise aber völlig in Buch III, das als Platzhalter des *lumen gratiae* fungiert. Und fast durchgängig steht der Vers in einem auf die *anima mundi* bezogenen Kontext: Noch am unauffälligsten in dieser Hinsicht heißt es im „Wahren Christentum" II,42,15, „daß wir in seiner Güte leben, weben und sind". II,26,9 stellt einander eingängig gegenüber: „wie Himmel und Erde voll sind der Liebe GOttes", „so sind wir in GOttes Liebe eingeschlossen, gleichwie wir alle unter dem Himmel eingeschlossen sind". Wer allerdings den Verweis auf Psalm 139,7 ernst nimmt und in den *Psalterauslegungen* nachschlägt, findet dort – und zwar seinerseits mit klarem Bezug auf den Topos Apg 17,28a! – den oben eingehender dargelegten Gesamtkomplex der *anima mundi*. Ebenfalls in die Richtung einer engen Zusammengehörigkeit von diesen beiden weist auch in *Hexaemeron* 2,9 die Rede von der Erschaffung des Himmels, wenn es dort heißt: „Also erfüllet GOtt zugleich alles. Er erfüllet Himmel und Erden, und ist nicht weit von einem jeglichen unter uns. Denn in Ihm leben, weben und sind wir ... ". Die Nähe ist eindeutig. Das Kapitel vom wahren innerlichen Gottesdienst „in Geist und Wahrheit" I,21 – das übrigens mit einer Kritik am „fremde[n] Feuer" einsetzt, das im Gegensatz zu jenem von Gott zu Opferungen befohlenen rechten Feuer auf dem Altar einen „falschen Gottesdienst" „bedeutet"![196] – fordert in gut spiritualistischer Diktion eine Erkenntnis, die „nicht in einem bloßen Schall und Wort" bestehe, sondern die „kräftiglich" empfinden lasse, „wie ich in Ihm lebe, webe und bin". Wie eine Untersuchung des mystischen Spiritualismus ergab, ist dieses „Empfinden" oder „Schmecken" jedoch nicht nur Voraussetzung, sondern bereits die Gabe des inneren Wortes selbst. Daher findet sich in einem analogen Sinne des

---

inneren Wortes der Schöpfung in jener größeren, die *anima mundi* beschreibenden Passage, in welcher es heißt:[197] „Dies Wort ... ist nicht verschwunden, oder ein bloßer Schall gewesen, sondern ist das Leben worden aller Creaturen", im Übergang von der außermenschlichen Kreatur auf den Menschen als Ziel der Schöpfung in *Hexaemeron* 6,9[198] auch wiederum der Bezug auf Apg 17,28a: „Und hat also keines einigen Thierleins vergessen ... Wie sollte doch GOtt dessen vergessen können, der *in Ihm* lebet, webet und ist, der *von* GOttes Kraft und Odem lebet? In GOtt aber leben, weben und sind alle Menschen ... ".

Hexaemeron 3,49, wo von dem Brot als einer die Kräfte aller Speisen bergenden „Universalspeise" die Rede ist, expliziert dies auf seine Weise. Mit diesem Brot „bildet GOtt durch seine Allmacht unser Leib, Fleisch und Blut noch heut zu tage, daß wir wohl sagen mögen: in GOtt leben, weben und sind wir. Apost Gesch. 17,28. Die nährende Kraft ist GOttes Wort im Brod." Und damit spätestens ist der Hintergrund des „Wortes" als des „Geistes" oder der „Weisheit" Gottes in den Kreaturen unmittelbar im Blick, wie er in „Wahres Christentum" II,10,13 noch schärfer hervortritt, wo es über den in Gott lebenden etc. Menschen heißt: „GOtt *ist*[199] seine Bewegung und sein Leben." Der Abschnitt bietet eine Betrachtung, daß ohne diese Lebenskraft in ihm der Mensch ein lauteres „Nichts" und „Schatten" sei, welches Motiv in Buch I Kapitel 19 ausführlicher wiederkehrt, das einsetzt mit dem Gedanken der menschlichen Nichtigkeit und seinem Pendant: „GOtt ist alles allein."[200] Folgerichtig eröffnet Arndt Abschnitt 10 mit den Worten: „Ein Mensch ist nichts anders, denn ein Schatten." Dieses eher düstere Motiv dominiert den gesamten Abschnitt, damit im Kontrast dazu in obligatorischer Verbindung mit Apg 17,28 das Gegenbild nur um so heller hervorstrahlt: Gott selbst als die „grünende Kraft" im dürren Holz. Wie der Apfel am Baum nicht aus dem als Materie selbst toten Holz wachse, „sondern aus der grünenden Kraft, ex centro seminis, aus dem innersten [!] Samen, sonst trügen auch dürre Hölzer Äpfel", so gelte analog für den in Gott webenden etc. Menschen: „GOtt ist seine grünende Kraft"! Doch ist hermetischem Verständnis nach diejenige „Kraft", welche die Elemente und die Materie zum Blühen und Grünen bringt, als *astrum* oder *semen* je einzeln Teil der *anima mundi* und als Totalität diese selbst, wie etwa das Ficinische *Büchlein vom Stein der Weisen* formuliert:[201] „Es hat GOtt denen Creaturen ... *eine gewächsige Krafft / das ist / einen grünenden Safft / durch welche sich alle Ding vermehren /* gegeben ... Hat uns demnach / *diese gebährende Krafft / und Erhaltung aller Ding / die Seele der Welt zunennen /* also beliebet". Die Analogie zu der „grünende[n] Kraft" Arndts ist unabweisbar.

---

[197] *Hex* 6,12 und die parallele Äußerung zum bloßen "Schall" in *Pss* 104/VI Bd. 2 S. 57b-58a.
[198] Der Passage im Übergang von der Fülle der Kreatur zu deren Sinn und Ziel, dem Menschen.
[199] Hervorhebung von mir.
[200] Abschn. 1-3; zum Motiv des Schattens vgl. Ficino *De amore* IV,4 S. 54f.; Sendivogius in: Scherer Alchymia S. 149.151: Das *lumen naturae* ist unsichtbar in den bloßen 'Schatten' der Körper.
[201] *Büchlein vom Stein der Weisen* Kap. IX S. 399-401 (Hervorhebung von mir).

Im selben Abschnitt I,19,10 rekurriert Arndt bezeichnenderweise auf Psalm
27 Vers 1: „Der HErr ist meines Lebens Kraft." Wer die Spur aufnimmt, stößt
in den *Psalterauslegungen* zu diesem Vers auf eine hoch aufschlußreiche Predigt,
die von Apg 17,28 über Gott als die alles Leben tragende „Krafft" „in uns" bis
zu einem bemerkenswerten Parallelismus von *vita naturalis* und *spiritualis* reicht:[202]

> „Da hören wir / daß unser Leben von Gott *und auß*[!] *Gott komme / durch*
> *den lebendigmachenden Geist Gottes* / der alles im Leben und Wesen erhält /
> darum *derselbe Geist der ewigen Weisheit Gottes* Sap. 7[,25][203]. genennet wird
> das Hauchen der göttlichen Krafft. Und im 5. Buch Mose am 30[,20].
> spricht GOtt der HErr: Ich der HErr *bin* [!] *dein Leben*[204] / und dein
> langes Alter / oder deiner Tage Länge. Joh. 11[,25]. Ich bin die Aufferste-
> hung und das Leben. Und Joh. 1[,4]. In ihm war das Leben / und das
> Leben war das Licht der Menschen. Das ist ja ein grosser Trost / daß wir
> wissen / GOtt habe uns *nicht allein das Leben gegeben* ... sondern das ist ein
> sonderlicher grosser Trost / *daß GOtt selbst unser Leben ist*[!] / *und die Krafft*
> *und Stärcke unsers Lebens*. Daher St. Paulus Act. 17[,28]. saget: *In GOtt leben*
> */ weben und sind wir.* ... 2. So ist auch GOtt unsers Lebens Krafft / *Ratio-*
> *ne gratiae*, wegen seiner Gnaden / daß wir in unserm gantzen Leben Got-
> tes Güte / Barmhertzigkeit und Liebe spüren ... 3. *Ratione confortationis*
> ... 4. *Ratione gaudii et pacis* ... 5. Ist GOtt also unsers Lebens Krafft /
> *Ratione spiritualis vitae, wegen deß geistlichen Lebens* / wenn er in uns durch den
> heiligen Geist / *Krafft der neuen Geburt* / wircket das neue geistliche Leben
> und alle Christliche Tugenden: Denn *nicht allein das natürliche Leben ist Gottes*
> *Krafft in uns / sondern viel mehr das geistliche Leben* / dadurch wir in Christo
> leben / und Christus in uns. ... Darauß sollen wir abermal einen grossen
> Trost schöpffen / *daß Christus unser Leben selbst ist / nicht allein deß natürlichen*
> *Lebens* [!] */ sondern viel mehr / daß er mit seiner Gnade in uns lebet* ... ".

So ist es nur konsequent, daß Arndt in *Repetitio apologetica* II,2,3 – „da es doch die
Heiden besser verstanden"! – Manilius, Aratus, Apg. 17,28a auf der einen und
2 Petr 1,4 (*deificatio*) auf der anderen Seite völlig ineinander zieht und verwebt.
Die Analogie zwischen dem inneren Wort in der Seele und dem inneren Wort in
der Schöpfung gründet darin, daß es sich dabei um denselben – in einem „gradualisierten Pantheismus" (Kemper) wurzelnden – gestuften Dynamismus von
„Gottes Krafft" als dem – sei es natürlichen, sei es geistlichen – „Leben" aller
Kreaturen und so auch des Menschen handelt, was gut mit dem Konzept einer
anima mundi übereinkommt, die sich nach der Auffassung vieler Philosophen
nicht nur in den außermenschlichen Kosmos, sondern auch bis in die Indivi-

---

[202] *Pss* 27/II Bd. 1 S. 264a-265a: zu V. 1b; es erfolgt abermals ein Rekurs auf Ps 104,29f., s. o.
[203] Zu diesem für Arndt zentralen Vers vgl. u. Anhang 1.1.
[204] Die Lutherbibel bietet folgende von Arndt deutlich abweichende Lesart: "Denn *das ist dein*
Leben vnd dein langs Alter / das du im Lande wonest ... ", *Die gantze Heilige Schrifft Deudsch*
Wittenberg 1545 [= Darmstadt 1972] Bd. I S. 394. Daß Arndt auch diesen Vers eklektisch
und wenig kontextgemäß benutzt, zeigt seine topische Wiederkehr etwa in *Pss* 104/VI Bd. 2
S. 58a sowie *Pss* 139/III S. 325b, wo die Flüchtigkeit bis zur falschen Angabe "Exod." reicht.

dualseelen erstreckt (wofern sie diese nicht gar ersetzt). Arndts Liebe und Interesse gilt primär der neuen Geburt. Doch zeigt seine Fixierung auf die Dualismen, daß er mit der hermetischen und Teilen der spiritualistischen Tradition diese neue Geburt von der „religion of the world" (Yates) her denkt, die in Überhebung über den *mundus sensibilis* den göttlichen Ursprung sucht, sei es in Anschauung des im Sichtbaren verborgenen *mundus intelligibilis* durch das *lumen naturae*, sei es im mystisch-theosophischen *alloquium divinum* der Seele im *lumen gratiae*.

In die scheinbare Gegenrichtung eines betont *Irdische*[n] *Vergnügen*[s] *in Gott* schlägt etwa ein Jahrhundert später das Pendel bei Brockes aus. Doch hängt das Pendel am selben Angelpunkt, und seine Grundschwingung ist dieselbe. Gottes „Lichts- oder Feuer-Gestalt" und das aus ihr emanierte „Feuer" oder „Licht" als „Wurzel aller Creaturen" als eine „zentrale Vorstellung des Hermetismus" oder „,nervus rerum' hermetisch-pansophischer Betrachtung und Lehre"[205] – die ein Brockes in „tausend Sonnen" der sichtbaren Welt und des täglichen Lebens bis hin zum Küchenherd aufweist –, sein nach Kemper[206] „häretisches, hermetisch-pansophisch-kabbalistisches Feuer-Bekenntnis" „ganz im Sinne der neuplatonischen und hermetisch-kabbalistischen Emanationstheorie", verbindet den Protagonisten eines ,natürlichen Gottesdienstes' unübersehbar mit dem des „Wahren Christentums" – welch letzterem, bemerkenswert genug, eine weit heftigere Ablehnung von Seiten eines kirchlichen Christentums entgegenschlug als jenem: [207]

> „GOtt ist ja ein ewigs Wesen, / Folglich auch *ein ewigs Licht,* / Wie wir solches klärlich lesen, / Und er Selbst so von sich spricht, / Woraus wir denn folgern müssen: / Daß kein' ew'ge Finsternissen: / Weil ja sonst, nach dieser Lehr', / GOtt und Nacht gleich ewig wär.
> Diese Wärm' ist *Licht und Leben,* Diese muß *der gantzem Welt / Ihre Daur und Nahrung geben,* / *Nichts ist sonst, daß sie erhält.* / Ja wenn ich vom *Feur und Lichte* / Meine Meynung recht berichte; / Deucht mich, daß *aus Licht allein* / *Alle Ding' entstanden sein.*
> Sondern, wie GOtt schaffen wollen, / Muß durch Seiner Liebe Schein / Finsterniß aus Licht gequollen, / *Leib aus Geist* geworden seyn, / Draus das Lichteste, vereinet, / In viel tausend Sonnen scheinet, / Deren Licht, wie hell es leucht't, / Nicht ans Unerschaff'ne reicht. ...
> Dennoch spührt man, daß *das Leben,* / Ja ein allgemeiner Geist, / Drin wir alle sind und schweben [!],[208] / Aus der Sonnen Cörpern fleußt: / Daß ein männlichs Feuer quillet, / Welches alle Ding' erfüllet, / Alles schmückt, erwärmt, ernährt, / Wodurch alles wird und währt.
> Wenn dieß Lebens-Feur verlischet; / Starret alles, alles stirbt, / Doch bleibts in dem Stoff vermischet, / Daß durch Fäulniß nichts verdirbt. / Wann die Erde sich beweget, / Der Natur-Geist stets sich reget, / Immer zeugt und nimmer ruht; / Stammt es bloß aus Licht und Gluht."

---

[205] Kemper I S. 311f.
[206] Kemper I S. 317f.
[207] *Irdisches Vergnügen in Gott* S. 520f, zitiert nach Kemper S. 317f.
[208] Wenn auch verfremdet, ist doch der Anklang an Apg 17,28 unübersehbar.

Gilt Arndt gemeinhin als „Wegbereiter", „Vorläufer", ja gar als „Begründer" des
– meist im Sinne des kirchlichen, wobei der radikale nicht minder zu berücksich-
tigen wäre – Pietismus, so ist angesichts Arndts immenser Popularisation verschiedener Spielarten des *lumen naturae* auch eine sicherlich kaum geringere Verbreitung von Gedankengut in Rechnung zu stellen, an das die beginnende
Aufklärung anknüpfen konnte – wobei die Weise, wie Arndt den der Welt partiell immanenten Schöpfergott engstens mit dem Erlösergott identifiziert, ihn in
dieser Perspektive näher bei dem Leibnizschen Konzept einer göttlichen Urmo-
nade als bei dem paracelsischen Konzept des Archeus stehend erscheinen läßt.[209]
Die plurale Rezeption von Arndts Werk zeigt das zitierte Beispiel einer Inan-
spruchnahme Arndts für die *magia naturalis* durch den Braunschweiger Arzt Martius gerade auch im Gegenüber zu Spener, dessen Nachkommen in der Vorrede
zur Edition von dessen *Predigten Über des seeligen Johann Arnds Geistreiche Bücher
Vom wahren Christenthum* von der Ratlosigkeit gegenüber dem *liber naturae* berichten: „Allein wenn Ihm auch GOtt sein Leben noch länger gefristet hätte / würde
Er [sic] doch über das vierdte Buch des sel[igen] Arnds nicht geprediget haben /
weil er selber bekant / daß Er solches nicht in allem verstünde / und also auch
nicht recht zu erklären wüste."[210] Daß Spener es nicht ausgelegte, hinderte nicht,
daß durch tägliche Lektüre Gedanken und Elemente von Arndts Weltbild und
theologischem Denken eine breite kulturelle Sedimentierung erfuhren. Daß die
verschiedensten Strömungen sich auf Arndt bezogen und an ihn anknüpften,
spiegelt eine nicht geringe Komplexität des „Wahren Christentums", das in aller
heterogenen Fülle zugleich eine in den großen Linien klare Disposition aufweist.

2. "ein Göttliches jnnerliches Liecht der Seelen"[211] *lumen gratiae*

Gottes Gegenwart in der Seele und seine ubiquitäre Präsenz im Universum im
Sinne einer *anima mundi* sind, wie Arndt in seiner Vorrede zum *liber conscientiae*
erläutert, in einer qualitativ zwar graduell abgestuften, jedoch direkten Beziehung
zueinander zu sehen. Arndt drückt dies in dem Gedanken einer „allgemeine[n]"
und einer speziellen, d. h. „eigentlich[en]" Gestalt göttlicher „Gegenwart" aus:[212]

> „Denn obwohl *GOtt durch seine allgemeine Gegenwart in allen Dingen* ist, ...
> *dadurch Er Himmel und Erden erfüllet,* so ist Er doch *sonderlich und eigentlich*[!]
> in *des Menschen erleuchteter Seele,* darin Er wohnt und seinen Sitz hat ...
> als in *seinem eigenen Bilde und Gleichheit.*"

---

[209] Domandl Neuzeitliche Philosophie S. 202-204.
[210] *Vorrede* 2. Blatt (anonym, unpag.); Wallmanns Sicht (Pietismus S. O 18), Spener lasse Buch IV
    "als unwesentlich beiseite", verkennt die Motive, spiegelt dafür aber eine Forschungstradition.
[211] *WCh* I, 2. Braunschweiger Ausgabe von 1606, Rückseite des Titelblattes.
[212] *WCh* III Vorrede 4 (Hervorhebung von mir).

Wie zum *liber conscientiae* oben bereits dargelegt, ist die nach Arndt „lautere göttliche Seele" „mit GOtt vereiniget und ist göttlich".[213] Deshalb besitzt sie „ein verborgenes, innerliches, bloßes, lauteres Wesen, welches mit der Zeit und mit der Welt nichts zu thun hat."[214] Vor dem Hintergrund von Arndts hermetisch und neuplatonisch/-plotinisch inspiriertem Weltbild zeigt sich, wie eindeutig es bis hin zur Analogie einer Herkunft der Geschöpfe aus den Elementen zu verstehen ist, wenn Arndt in Buch I *emanatio* und *remeatio* der Seele so beschreibt:[215]

> „Also ist der Seelen nit besser, als wann sie inn jhrem eygenen Hause ist, das ist, *in Gott, darauß sie geflossen ist; da muß sie wider eynfliessen*, sol jhr wol seyn. Ein Mensch ruhet nicht besser als in dem, *darauß er worden ist*, ein Fisch im Wasser, ein Vogel in der Lufft vnd ein Baum im Erdtreich: *Also die Seele in* [!] *Gott ...* ".

Nach der inhaltlichen Seite sind diese Zusammenhänge, die im ersten Band[216] sowie anhand der Bücher I bis III, vor allem des *liber conscientiae*, bereits angesprochen wurden, nur in Erinnerung zu rufen. Hier geht es – vor dem Hintergrund eines Ganges durch das Weltbild – speziell um das „Licht der Gnaden" und die in dem Begriff implizierte Lichtmetaphorik oder auch Lichtmetaphysik und ihrer zentralen Bedeutung für den Kern von Arndts theologischem Denken.

Billigt Arndt auf der einen Seite Aratus, Manilius, Platon und anderen „weisen Heiden" mit ihrer Erkenntnis Gottes und der aus Gott geflossenen unsterblichen Seele ein keineswegs geringes „Fünklein des natürlichen Lichts" zu,[217] so sticht demgegenüber eine scheinbar radikale Zurückdrängung des Natürlichen ins Auge:[218] „Wenn im Verstand kein irdisch Ding scheinet, sondern die thierische Weisheit untergegangen ist, und in eine Nacht oder göttliche Finsterniß verwandelt ist; so gehet dann *das göttliche Licht* auf, und giebt einen Blick und Strahl von sich und scheinet in der Finsterniß. Das ist das Dunkel, darin der HErr wohnet, und die Nacht, in welcher der Wille schläft und mit GOtt vereiniget ist". Doch steht dieses „göttliche[] Licht" der himmlischen Weisheit zur „thierische[n]", d. h. dem *mundus sensibilis* zugehörigen Weisheit minderen Werts, in Antithese, und gerade nicht zum *lumen naturae*, das von Gott dem natürlichen Himmel zugewiesen ist, und von dem hier, einem möglichen oberflächlichen Eindruck entgegen, nicht die Rede ist. Daß III,10 den Untergang des „natürliche[n] Licht[s]" fordert, verrät weitere Spannungen. Die 13. Predigt zum 119. Psalm konstatiert:[219] „Die irdische und weltliche Weisheit kömmt auß der Vernunfft / und ist mit vielem Irrthum / Blindheit und Thorheit erfüllet / in

---

213 *WCh* III,4,4f.
214 *WCh* III,21,2.
215 *WCh* I,23,1f., zitiert nach F S. 259f.
216 Vor allem in den §§ 3 und 5.
217 *WCh* I,7,2; vgl. aber *Hex* 1,23: "das rechte Nachtlicht der Vernunft verfinstert den Verstand".
218 *WCh* III,6,1.
219 *Pss* 119/XIII Bd. 2 S. 217a (Hervorhebung von mir).

Glaubens- und Religions-Sachen ist sie eitel Irrthum und Verführung / ja die greulichste
Abgötterey / wie wir an den Heiden sehen" – was in klarem Widerspruch zur
andernorts gern zitierten Erkenntnis eines Manilius, Plato, aber auch der *Magi ex
oriente* zu stehen scheint. Hingegen sei die „himmlische Weisheit" „das rechte
Licht der Menschen / beyde in Religions-Sachen und in weltlichen [!] Sachen."
Mag dieses letzte Beispiel einer zumindest von der Oberflächenstruktur her
deutlichen Anpassung der spät publizierten *Psalterauslegungen* an die orthodoxe
Gedanken- und Sprachwelt geschuldet sein, so blieben doch auch schon im *liber
naturae* in dieser Hinsicht divergente Linien sichtbar. Insgesamt wird auch die
Beantwortung dieser wie vieler analoger Fragen angesichts des systembedingten
Changierens zwischen einer emanativen Gradation und einer dualistischen Anti-
these uneindeutig bleiben (müssen). Das im göttlichen „Dunkel" der Seele auf-
scheinende „Licht" hat einen besonderen, für sein Wirken ausersehenen Ort:[220]
„Das ist das edle lautere Wesen der Seele. Dieselbe Statt will der ewige GOtt in
Ihm selber allein haben, und will sie auch mit keinem andern gemein haben."
Zwar durchwirkt dieses „Licht" alle Bereiche und Kräfte der Seele, doch ist
deren „Grund" der religiös-metaphysische Urort, von dem es auszugehen und
in dem es selbst unmittelbar anwesend oder besser: ‚inwesend' zu sein scheint:[221]

> „So *beweget* alsdann in einem Augenblick das göttliche Licht den Verstand,
> die himmlische Begierde den Willen, und die ewige Freude das Gedächt-
> niß, und es kanns doch weder Verstand, Wille, oder Gedächtniß begreifen
> noch behalten; denn es bleibet nicht in den Kräften der Seele, sondern ist
> *verborgen im innersten Grund und Wesen* [!] *der Seele. Es kann aber wohl erwecket
> werden durchs Wort,* daß wir im Herzen rufen mit der heiligen Monica:
> Evolemus, evolemus ad aeterna gaudia!"

Dem „Grund" gegenüber erscheinen auch die Seelenkräfte geradezu noch wie
ein ‚Außen'. Daß dieses „Licht", das in jenem von Gott sich selbst vorbehalte-
nen „Grund" der Seele am dichtesten präsent ist, von einem menschlichen Wort
„erwecket" werden kann, deutlicher jedoch noch, daß der *Repetitio apologetica* zufolge die „Erleuchtung" durch das „Gnadenlicht" durch „GOttes Wort und den
heiligen Geist" als „Mittel" [!] geschieht,[222] erweist – zumal im Kontrast zu solcher Kontingenz des gesprochenen Wortes – die Prävalenz des „Lichtes" gegenüber jeglichem „Wort" und seinen klar ontologischen, bei weitem nicht nur,
jedenfalls in einem engeren Sinne verstanden, metaphorischen Charakter. Dies

---

[220] *WCh* III,6,4 (Hervorhebung von mir).
[221] *WCh* III,6,1 (Hervorhebung von mir).
[222] *Rep ap* III,10: "Daß GOtt, der Allmächtige, mit seinem Gnadenlicht uns inwendig erleuchtet,
     ist nicht so zu verstehen, als wenn dies ohne Mittel, ohne GOttes Wort und den heiligen
     Geist geschehe; sondern wenn das Herz ist gläubig worden und mit dem heiligen Geist
     versiegelt [!], und der Mensch sich in der Andacht übet und im Gebet, so erleuchtet ihn das
     göttliche Gnadenlicht weiter, machet ihn geistreicher und völliger in der Erkenntniß Christi
     und der himmlischen Geheimnisse." Dies erfolgt in bekannter direkt proportionaler Relation.

bestätigt sich, wenn im *liber conscientiae* wiederholt davon die Rede ist, daß nicht nur allgemein gesprochen „GOtt ... mit seiner göttlichen Liebe" den Menschen bzw. die Seele „berühret"[223] oder die „Liebe GOttes" dies tut,[224] sondern daß das „Berühren" – ein übrigens etwa auch von Sebastian Franck im Kontext seiner Rede von der Erleuchtung im Sinne der spiritualistischen Gottunmittelbarkeit verwendeter Terminus[225] – durch das „Gnadenlicht" erfolgt. Dieses *lumen gratiae* ist von einer solchen Qualität, daß es sich „empfinden" läßt:[226]

> „Der Unterschied[227] aber ist hier wohl zu merken, daß *der innerste Grund der Seele über alle Sinne und Vernunft durch dies Gnadenlicht berühret wird.* Und je mehr du ledig bist von auswendigen Creaturen, je öfter und lauterer dies geschiehet, daß du *Licht und Wahrheit empfindest.*
> ... Denn Wahrheit ist *inwendig im Grunde der Seelen,* und nicht auswendig. Aus diesem *Licht der Seele* steiget oft auf ein solcher heller Schein und Glanz, das ist, eine solche Erkenntniß, daß der Mensch oft mehr weiß und erkennet, denn ihn Jemand lehren kann. Und welcher Mensch des göttlichen Lichts in ihm gewahr wird einen Augenblick, der wird also getröstet und erfreuet, daß dieselbe Wonne und Freude übertrifft tausendmal alle Wonne, Freude und Trost, die alle Welt mit einander leisten mag."

Daß das *lumen gratiae* und das ihr eigene „Licht" der „lautere[n] göttliche[n] Seele" ineinander zu verfließen scheinen, erklärt sich aus der Eckhart-Taulerschen Tradition[228] vom „Grund" und „Fünklein Feuer"[229] der Seele, der *scintilla animae*

---

223 *WCh* III,13,1.3 (in beiden Abschnitten je analoge Formulierungen).
224 *WCh* III,12,4; die Formel ist ohne eingehendere Würdigung zitiert bei Gruebner S. 35.
225 *Außführlicher Bericht,* in: *Philosophia Mystica,* S. 86f.: mystische *visio dei*: "Es ist etwas ein vereinigung vnd *berührung deß göttlichen wesens* / daß vns ohn alle imagination in sich zuckt ... daß dem menschen frey *ein blick wird Gottes* ... " (davon, daß die Seele Gott "schauet", spricht auch Arndt am Ende des Kapitels 10 in Abschnitt 9); *Außführlicher Bericht* ebd. S. 89 besteht Franck darauf, "das zu Prophetisieren vnnd Schrifft außlegen ... das gemüht selbs *berührt vnd erleucht* muß werden / vnd Gott selbst *sehen und reden hören*" (Hervorhebung von mir).
226 *WCh* III,10,5 (Hervorhebung von mir).
227 Etwa zu menschlichen Regungen wie "Lust, Verwunderung und Freude".
228 Daß Weber S. 79-99 allein für das dritte Buch Arndts 20 [!] Seiten lang von Arndt aus Tauler, Eckhart u. a. entlehnte Stellen ausschließlich auflistet [!], spricht für sich. Die in der Forschung vieldiskutierte Frage, wie Arndt seine "Vorlagen" in der Überarbeitung abgeändert habe, relativiert sich schnell in zweierlei Hinsicht: Zum einen ist gegenüber manchen Differenzen im einzelnen die schier erdrückende Fülle von Entlehnungen Beweis genug für die geistige Nähe und dafür, daß Arndt sich die Positionen der alten Mystiker so zu eigen macht, daß die entlehnten Texte in der Gestalt, die sie gefunden haben, seine Ansicht repräsentieren. Zum anderen aber, und das ist methodisch noch längst nicht in Angriff genommen, ginge es darum, anhand des *ersten* Buchs in der Ausgabe Frankfurt 1605 Arndts Quellenrezeption zu dokumentieren. Denn nur hier liegt die Arndtsche Erstversion *manu propria* vor, während die späteren Drucke schon in zeitlichem Abstand zu jener Quellenrezeption erfolgte Überarbeitung zeigen, während die drei anderen Bücher, die nur in der Letztgestalt vorliegen, durch die orthodoxe Zensur der Jenaer Fakultät gelaufen sind, folglich auch nicht zu unterschätzende Spuren einer Kritik von fremder Hand tragen, wobei mögliche Differenzen nur in einem relativ komplizierten Rückschlußverfahren anhand der gestuften Entwicklung der

– „das Wesen, die Flamme, der Grund und Quelle"[230] – als dem edelsten Bereich der Seele, der selbst göttlich ist und in dem die Seele, die von Christus selbst als ein „Licht, so in uns ist", bezeichnet werde,[231] unmittelbar von Gott berührt wird, in der mitunter die Grenzen zwischen Gott und Seele unscharf werden. Erfolgt diese göttliche ‚Berührung' nicht, liegt es daran, daß die Seele sich in den Äußerlichkeiten des Sinnlichen verliert. Die Negation weist auf die Position:[232]

> „Warum aber *dies Licht den innersten Grund der Seele* nicht *berühret*, ist diese Ursache, daß die Kräfte der Seele zerstreut sind in die äußerlichen Sinne, da keine Ruhe ist ... Dies Licht aber suchet und begehret einen stillen Sabbath des Herzens, *auf daß der Mensch von innen erleuchtet werde*, daß alle seine Sinne, Vernunft, Verstand, Wille und Gedächtniß *von innen aus dem Grunde der Seele erleuchtet werden*."

Für beide „Lichter" Gottes, *lumen gratiae* wie *lumen naturae*, gilt, daß sie dem äußeren Auge unsichtbar – weshalb es einer „Eröffnung der inwendigen Augen"[233] bedarf – „von innen" heraus leuchten. Das gegenüber dem *lumen naturae* weit höher stehende „Gnaden-Licht" ist rein geistiger Art und will nichts Sinnliches und nichts Kreatürliches mit Ausnahme des ihm verwandten „Grundes" der Seele berühren, „denn es ist das ewige [!] Gut der Seele."[234] Damit Gott das von der Welt ‚gereinigte' Herz nach III,9,2 mit „Licht, Trost, Gnade und Kraft" „erfüllen" kann, erfordert die angestrebte Einkehr der Seele in ihren „Grund",[235]

> daß sie „also entblößt wird von allen vernünftigen, sinnlichen, creatürlichen Dingen, *das GOtt nicht selbst ist* [!] ... so kommt man in den *Grund, da man GOtt lauter findet mit seinem Licht und Wesen* [!]. ... Wer nun eine solche Seele sehen könnte, der sähe die allerschönste[236] Creatur, und *das göttliche Licht in ihr leuchten*. Denn sie ist mit GOtt vereiniget, *und ist göttlich* ... "!

Wie bei Franck spielt dabei die *visio dei* eine herausragende Rolle, wie an zwei der zentralen Kapitel sichtbar wird.[237] Daß Arndt nicht nur vom „Gnadenlicht"[238]

Fremdtexte in den verschiedenen Versionen von Buch I – dessen *sowohl* von Arndt *wie* von Jena Überarbeitungen erfuhr – gewinnen.

[229] *WCh* III,1,3; nicht von ungefähr kehrt das Feuer-Motiv in diesem Zusammenhang wieder. Vgl. auch *Rep ap* III Vorrede 2.

[230] *WCh* III,14,4.

[231] *Rep ap* III,6,2: "Darum wird unsre Seele vom HErrn Christo genannt ein Licht, so in uns ist, auf daß sie GOtt erleuchte."

[232] *WCh* III,10,8 (Hervorhebung von mir).

[233] *WCh* III,15,5; die Hervorhebung: "*sonderlich aber* durch Eröffnung der inwendigen Augen" unterstreicht ähnlich dem Vorrang des "Schmeckens" vor dem "Hören" die Prävalenz der visuell-luminalen Dimension vor anderen.

[234] *WCh* III,10,4.

[235] *WCh* III,4,3f. (Hervorhebung von mir).

[236] Vgl. die das *Hexaemeron* beschließenden 11 Abschnitte über die "schöne" Seele *Hex* 6,20-30!

[237] *WCh* III,10,9; vgl. auch III,4,5; dazu III,15,9f., wie die Seele durch "Uebung" seines Leidens Christi "mit seligen Augen" – vgl. die "inwendigen Augen" nach III,15,6 – "sehen" könne.

bzw. dem „Licht der Gnade"[239] wie auch von dem „Licht der Seele"[240] spricht, sondern dieses „Licht" im Zusammenhang der „Wahrheit des göttlichen Erleuchtens" „das rechte *göttliche* Licht"[241] nennt – welches „wahrhaftige *göttliche* Licht ... suchet *den inwendigen Grund, daraus es geboren* [!] *ist, nämlich GOtt*"[242] –, all dieses offenbart, in was für eine große Nähe zu Gott selbst dieses „göttliche Licht" gerückt erscheint. Dies zeigt sich auch an Stellen, an denen es offensichtlich schwierig wird, zwischen dem „Grund" der Seele und jenem „Grund", aus dem Gottes Erleuchtung ‚hervorquillt', Gott, eindeutig zu unterscheiden:[243]

> „Darum muß der Mensch ablassen von allem dem, was GOtt nicht selbst ist ... Einem solchen Menschen schmecket allein GOtt und Niemand anders, und derselbe wird in der Wahrheit erleuchtet ... und *behält den Grund seiner Seele rein von den Creaturen und von der Welt. So erleuchtet denn GOtt von innen. Denn es muß alles von innen hervorquellen* [!] *aus GOtt.*
> 2. Dies innerliche Licht leuchtet denn auswendig in den Werken ... ".

Gott selbst ist es, aus dessen Gegenwart im „Grund" der Seele die Erleuchtung „von innen" heraus hervorgeht. Auch die geistliche „Freunde und Wonne ... entspringet im Grunde deiner Seele aus GOtt. ... Das ist das edle lautere Wesen der Seele."[244] So ist Gott nicht nur der Ursprung und Geber dieses „Lichts", sondern in dem, was er der Seele verleiht, selbst „von innen" „mit seinem Licht und Wesen" gegenwärtig, weil dieses „Licht" „aus" Gott selbst kommt bzw. „aus" ihm „geboren" ist und so an ihm unmittelbar Anteil gewährt – in welchem Zusammenhang auch Seins- und Gnadenordnung nahe zueinander zu stehen kommen, wie die Begriffe „Licht" und „Heil" auf der einen, und die auf die *anima mundi* verweisende Formel von der „Lebens Kraft" auf der anderen Seite zeigen: „Und so der HErr ... unser Licht und Heil, unseres Lebens Kraft, unsere Stärke und Alles ist, ist Er dann nicht in uns und mit uns vereiniget?"[245] Und wie Gott nach dem natürlichen und dem Gnadenlicht „im" Menschen gegenwärtig ist, so ist Gott selbst das Licht, das den Menschen inwendig „erleuchtet":

> „GOtt *ist* [!] das höchste, lauterste, reinste, subtilste, klarste und schönste Licht, und hat eine unermeßliche Liebe zu des Menschen Seele, sie zu erleuchten und sich mit ihr zu vereinigen".[246]

---

238 *WCh* III,10 und *Rep ap* III,10 jeweils in der Überschrift; *WCh* III,10 *passim*; *Pss* 136/II Bd. II
    S. 308a; *Pss* 119/XIV Bd. 2 S. 220b u. ö.
239 *Rep ap* III Vorrede 1 und 2.
240 *Rep ap* III Vorrede 1 (*genitivus obiectivus*).
241 *WCh* III,15,11 (Hervorhebung von mir).
242 *WCh* III,11,6 (Hervorhebung von mir).
243 *WCh* III,11,1f. (Hervorhebung von mir); vgl. die oben zitierte analoge Passage *WCh* III,4,3.
244 *WCh* III,6,4.
245 *Rep ap* III,13,2.
246 *WCh* III,11,1 (Hervorhebung von mir).

Daß Arndt diese Spitzenaussage gleich im folgenden Abschnitt wieder ins Ethische wendet und Gott als die die Werke wirkende und in ihnen leuchtende Kraft identifiziert, nimmt ihr nichts von ihrer Kühnheit. Der Argumentationsgang hat gezeigt, daß, wie es analog für den Bereich des *lumen naturae* gilt, das *lumen gratiae* im Sinne einer bloßen Metaphorik zu wenig tief erfaßt wäre. Dieses die Seele in ihrem „Grund", aus dem es als aus Gott hervorquillt, erleuchtende „göttliche Licht" ist als eine Emanation Gottes, in der Gott in den Seelen als seinen gegenüber der Welt höheren Geschöpfen selbst innerlich gegenwärtig ist, von hohem ontologischem Stellenwert. Folgerichtig räumt Arndt diesem „innerlich[en] Licht" der Seele in jenem großen, das *Hexaemeron* eröffnenden Kapitel vom Licht einen gewichtigen Ort ein. Das „Licht der Seele" identifiziert Arndt einerseits mit Gott selbst, von dem er sagt: „Er bedarf keiner Sonne und keines erschaffenen Lichtes. *Er ist selbst das ewige unendliche Licht.*"[247] Andererseits erklärt er, von Pseudo-Dionysius Areopagita herkommend, die Herkunft des „Licht[es] der Gnaden" „aus" dem „ewigen Licht" Christi und des heiligen Geistes, in welchem Zusammenhang folglich die *linguae ignitae* der *divina sapientia* erscheinen:[248]

> „Hat GOtt den leiblichen Dingen, oder dem Leibe des Menschen ein so schön Licht verordnet, so hat Er vielmehr ein innerlich Licht der Seele verordnet [!]. *Dies Licht*[249] *der Seele ist* [!] *GOtt selbst, unser HErr JEsus Christus, und der Heil. Geist* ...
> Gleichwie nun die Sonne die Welt erleuchtet, also erleuchtet Christus unsere Seele. Das ist das wahrhaftige Licht, welches alle Menschen erleuchtet, so in diese Welt kommen. Joh. 1,9. ... Und GOtt wird von St. Jacobo K. 1 V. 17 genannt ein Vater des Lichts. Und der Heilige Geist ist in einer Feuerflamme im Munde der Apostel erschienen in Gestalt *feuriger Zungen*[250] ... *Aus diesem ewigen Licht* [!] *kommt nun das Licht der Gnaden*, das Licht der Weisheit und Erkenntniß GOttes, das Licht der Wahrheit und des Lebens, das Licht der Freude, das Licht des Trostes, das Licht der Herrlichkeit GOttes, das Licht des Glaubens und aller christlichen Tugenden."

So gilt für Arndt, dem inneren „Licht" oder „Geist" in den außermenschlichen Kreaturen analog, doch seinem göttlichen Ursprung weit näher, auch das *lumen gratiae* eine Emanation[251] aus Gott, der „selbst das ewige unendliche Licht" ist. So, wie dieses innerliche „Licht" seinen ‚Ort' im Herz bzw. im Grund der Seele hat, so hat dieses Thema unbeschadet dessen, daß es auch sonst in vielen Zusammenhängen aufscheint, seinen besonderen Ort im „Wahren Christentum"

---

[247] *Hex* 1,7 (Hervorhebung von mir).
[248] *Hex* 1,13f. (Hervorhebung von mir).
[249] Das "verordnete".
[250] Apg 2,3.
[251] *Hex* 1,4 bezieht Arndt sich auf den Emanatismus des "Auslegers" von Pseudo-Dionysius: "Quia *ab ipsa divina luce* plus quam intelligibili statim *emanat lux omnium simillima Deo.*" (Hervorhebung von mir).

im *liber conscientiae.* Denn der Kurzcharakteristik der Ausgabe Braunschweig II
von Buch I nach handelt das dritte Buch insgesamt von diesem „Licht", nämlich

> „Wie GOtt den höchsten Schatz / sein
> Reich / in deß Menschen Hertz geleget hat / als ei-
> nen verborgenen Schatz im Acker / als ein
> *Göttliches jnnerliches Liecht der Seelen.*" [252]

So ist hier neben dem „Reich" Gottes nicht das „Wort", sondern das ‚göttliche
innerliche Licht' im Grund der Seele der Leitbegriff und -gedanke von Buch III.

3. Lumen gratiae et naturae conjungere

3.1 „diß Licht Gottes gehet durch alle Creaturen"[253]
Lichtmetaphysik

Den Zusammenhang zwischen Gott und Welt, Gott und Mensch beschreibt
Arndt in Denken und Sprache der Emanation. Die Kreaturen unterscheiden sich
darin durch einen je nachdem niedrigeren oder „höher[n] Grad" ihres ‚edlen
Lebens' in Bezug auf Gott und damit durch eine Stufung des „Lichtes" in ihnen
von einander. Dies beruht auf der ontologisch gefaßten Grundlage,[254]

> „daß *GOtt aller lebendigen Dinge Leben ist* [!], effective, wirkend, daß Er das
> Leben in allen wirket und erhält; *und es fließt aus GOtt, als die Wärme aus der
> Sonne* ... [es folgen Röm 11,36 und Kol 3,11]
> Wiewohl nun alle Creaturen *aus GOtt ihr Leben nehmen*, so hats doch der
> Mensch *in excellentiori gradu*, in einem höhern Grad. Der Mensch hat *das
> edelste Leben* unter allen irdischen Creaturen, wegen der *vernünftigen Seele*, so
> in ihm wohnt. Darnach der Engel Leben ist *noch edler, und in höherm Grad*
> als der Menschen, *weil GOttes Herrlichkeit in ihnen leuchtet.* ... Darnach
> Christus, unser HErr, hat *das alleredelste Leben*, dieweil Er wahrer GOtt und
> das Leben selbst ist. Er ist der wahrhaftige GOtt und das ewige Leben,
> 1 Joh. 5,20., und hat *das Leben im höchsten Grad. Deus de Deo, lumen de
> lumine* ...
> Wie nun *das Leben aus GOtt ist*: also alle *Gütigkeit*[255] und Güte *ist in* [!] *GOtt
> und aus* [!] *GOtt*. Denn er ist das ewige Gut. Und *alles, was gut ist* ... *ist aus
> diesem Brunnen geflossen.* ...
> Was nun *in der Natur GOttes Gütigkeit* heißt, bonitas naturae [!];[256] das heißt
> *theologice in der Schrift GOttes Gnade* [!]. Jenes gehet *den Leib* an, dieses *die
> Seele.* Wie nun GOtt in dem *großen Buche der Natur* auf tausenderlei Weise
> seine *Gütigkeit* geoffenbaret [!], und dem Menschen zu erkennen gegeben;

---

252 1606, Titelblatt Rückseite (Hervorhebung von mir).
253 *Pss* 139/II Bd. 2 S. 321b.
254 *WCh* II,37,4-7 (Hervorhebung von mir).
255 *Bonitas.*
256 Jedoch offensichtlich nicht *bonitas dei.*

also in dem *Buch der heiligen Schrift* hat Er unzähliger Weise seine *Gnade und Liebe* geoffenbaret. Welches alles in Christo JEsu erfüllet ist. Denn in Christo ist *zusammengefasset alle Güte und Liebe* im Himmel und auf Erden; *darin ists alles.*"

Arndt scheut sich nicht, auch Christus, der *aurea catena* vergleichbar, in einer wenngleich enormen, so doch gerade darin graduellen Differenz in die emanative Stufung des aus Gott „geflossen[en]" „Lebens" und „Lichtes" einzureihen, die weitgehend den Sphärenkosmos des neuplotinischen Denkens widerspiegelt. In diesem hierarchisch gestuften Seins- und Lebenszusammenhang kommt dem in (dem Buch) der Natur ins Leibliche hinein wirkenden Prinzip der *bonitas* die analoge, jedoch hierarchisch tieferstehende (ontologische) Funktion zu wie der „Gnade" in Bibel und geistlichem Leben. Die „Gnade", verstanden als Wirken des göttlichen „Geistes" und „Lichtes" in der Seele, wird zur höheren Geist-Natur. Der gestufte „Krafft"-Zusammenhang dieser göttlichen *bonitas* wird daher, wie Arndt in der ersten Predigt zu Psalm 91 darlegt, im *mundus sensibilis* nur indirekt und wie verdünnter Wein „vermischet", „lauter" dagegen, d. h. mystisch und *immediate*, in der neugeborenen Seele wahrgenommen und „geschmecket":[257]

„Solche grosse Dinge sind die himmlische Freude und Süssigkeit / so das Hertz bißweilen empfindet in einem freudigen Gebet ... Denn *was auß GOtt kömmt ohne Mittel* [!] *in deß Menschen Hertz und Seele* / ist eine edlere Freude / denn alle Creaturen vermögen. Wie man köstlichen Wein mit Wasser menget / so schmecket es wol nach Wein / aber *man kan die lautere Krafft* [!] *nicht empfinden*: Also ist wol *Gottes Güte* [!] *in den Creaturen / aber nicht lauter / in GOtt ist sie lauter* / wenig Leute haben die himmlische Freude geschmecket [!]. Das ist alles *irdische Freude* / so auß *leiblichen Dingen* kömmt / ... aber *die / so allein auß GOtt kömmt* / haben ihrer wenig geschmecket. ... Das ist der Heiligen Studium, Arbeit / und ihre Schule gewesen ... ".

Auf dieser differenzierten Stufung basiert auch die Unterscheidung zwischen der „natürlichen" und der „göttlichen", „übernatürlichen Weisheit", die den Gläubigen *mediate*, d. h. *per creaturam*, oder immediate, *per spiritum sanctum*, zuteil werden, worin auch der Unterschied zwischen „Weisen" und „Heiligen" zu suchen ist.[258] Allenthalben ist Gottes „Wort" – das von Gottes ‚Wesen' nicht zu trennen und manchmal auch schwer zu unterscheiden ist – „in" den Kreaturen und der Seele gegenwärtig, wo es, auf die eine wie die andere Weise, als „Krafft" zu spüren ist. Da der innere Zusammenhang der hier wie dort wirkenden „Krafft" derselbe ist, können sie nach der elften Predigt zu Psalm 119 auch auf einander verweisen: [259]

---

[257] *Pss* 91/I Bd. 1 S. 803a (Hervorhebung von mir). Zur qualitativen Differenz der Wahrnehmung der *fecunda vis* ... *omnium creandorum* in der Seele vgl. Ficino *De amore* V,4 (Blum) S. 142f.
[258] *Hex* 4,13-17.
[259] *Pss* 119/XI Bd. 2 S. 214b (Hervorhebung von mir).

„Denn wie GOtt ist / so ist auch sein Wort ... es hat auch eine solche *Krafft und Wirckung / ihm gleich zu machen* alle / die es gläuben / wie S. Paulus spricht: Das Evangelium ist eine *Krafft Gottes* / selig zu machen / die daran gläuben. Warum? Denn es ist ein seliges Wort / darum hat es die *Krafft* / selig zu machen. Durch Gottes Wort empfähet der Mensch *Gottes Krafft / ja / GOtt selbst* [!] / *und wird mit GOtt vereiniget.* Wenn Gottes Wort seine *Krafft* im Menschen beweiset / so *machet es* den auch *ewig / wie es selbst ist* [!]. ... *Dieses alles beweiset unser Psalm mit dem Werck der Schöpffung".*

Dieses Werk erklärt die welterschaffende und -erhaltende "Krafft" des Wortes Gottes, das als in der Seele wie im Universum wirkendes dynamistisch gedeutet wird. Daß Gottes Wort ohne Zweifel ein „ewiges" Wort sei, sagt Arndt selbst. [260]

Der Gedanke, daß die göttliche Erleuchtung mit der universalen Wirkung der alle Kräfte der sinnlichen Welt in sich bergenden und sie ausstrahlenden Sonne zu vergleichen sei, begegnet des öfteren und unterstreicht so indirekt die Beobachtung, daß Arndt die in hermetischen Kreisen verbreitete Anschauung von der einzigartigen Stellung der Sonne als zentraler Quelle von Kraft und Licht teilt. Die Erleuchtungsthematik wird wie im ‚Licht der Natur' so analog im ‚Licht der Gnade' jeweils in einer alles durchstrahlenden Lichtquelle gleichsam anschaulich:

„Darum gleich wie nun ein natürlicher Himmel / Sonne / Mond und Sterne sind / also ist ein geistlicher Himmel ... Gleich wie *die Sonne am Himmel führet das natürliche Licht / als Mundi oculus* ... : Also unser HErr *JEsus Christus* ... *das Licht deß ewigen Lebens."* [261]

Neben *Hexaemeron* 1 – das trotz deren eigentlichem Ort im vierten Kapitel fast durchgängig die Sonne zum Gegenstand einer „geistlichen" Auslegung erhebt – und den Predigten zum thematisch naheliegenden Psalm 19 widmen sich gerade auch die erste und zweite Predigt zum 27. Psalm der übergreifenden Analogie: [262]

I: „Gleich wie *in der Sonnen die natürlichen Leibes-Kräffte seyn aller Creaturen* / also ist unser Licht [: Christus] ein Licht deß ewigen Lebens ... ".
II: „Gleich wie *in der Sonnen das Licht* ist / und *sie ist der Brunnen* [!] *deß Lichts* / sie erleuchtet den Mond und alle Sterne / *gibt ihnen ihre Krafft und Leben* [!]: Also ist in Christo alle unser [sic] Leben / Licht und Seligkeit zusammen verfasset / und ist verborgen in Christo."

Daß die Analogie von der Lebenskraft spendenden Sonne zu Christus sich nicht in einer bloßen bildlichen Metaphorik erschöpft, sondern auf einen übergreifenden Zusammenhang verweist, zeigt Arndts Interesse an biblischen und histori-

---

[260] Dies ist gegen Braw S. 148-150; 154 mit Gruebner S. 36 (ohne Bezug auf Braw) festzuhalten. Vgl. *Pss* 119 *l. c.* S. 214a-b den gesamten entsprechend titulierten Abschnitt I: "Daß Gottes Wort ewig sey", woraus die zitierte Passage stammt und wo der Gedanke mehrfach begegnet.

[261] *Pss* 19/I Bd. I S. 177b-178a (Hervorhebung von mir); ebd. S. 179-181; im *liber naturae* v. a. *Hex* 1,2-8.11-15.23f.28f.; 3,50; 4,44-49.57.60 u. ö.; zur hermetischen solaren Kraftquelle s. o.

[262] *Pss* 27/I Bd. 1 S. 260a und *Pss* 27/II Bd. 1 S. 263b (Hervorhebung von mir).

schen Berichten göttlicher Lichterscheinungen, die, wo sie nicht in jener nahezu konstantinisch anmutenden *Sol*-Christus-Analogie mit dem „Licht [] der ewigen Sonne", doch mit der natürlichen Sonne in direkte Beziehung gesetzt werden. Nach der *Ikonographia* leuchtete das dem Kaiser Konstantin erschienene – supranaturale – Lichtkreuz weitaus heller denn die natürliche Sonne.[263] Innerhalb des Übernatürlichen besteht sodann eine deutliche qualitative Stufung zwischen altem und neuem Bund, Moses und Christus. So war nach Moses Gespräch mit Gott der Schein auf dem "Angesicht des Mose *viel heller denn die Sonne*, also daß es die Kinder Jsrael nicht ansehen konnten, um der Klarheit willen ... Mosis Angesicht leuchtete schrecklich; Christi Angesicht aber blieb lieblich in seiner Verklärung." Was sich in Christus zeigte, „Das war der himmlische übernatürliche candor oder weißes Licht, der ewigen Sonne." [264] Der Begriff *candor*[265] verweist auf den Zusammenhang der pseudodionysischen Lichtmetaphysik, auf die sich Arndt im selben Kapitel *Hexaemeron* 1 zweimal explizit bezieht.[266] Ebenso wie die auch bei Dante und Ficino aufgenommene Rede vom Himmel als einem „Spiegel", in welchem sich „des höchsten Werkmeisters Meisterstück" zeige,[267] gehört auch die graduelle Differenzierung des Lichtes zu dieser neuplatonisch-christlichen Lichtmetaphysik von kaum zu überschätzender theologie- und kulturgeschichtlicher Bedeutung. Die Stufungen des Lichtes entsprechen darin den Himmelssphären: Während der *splendor* der achten, ,ogdoadischen' Sphäre oberhalb des Fixsternhimmels, also dem Ort der gläubigen Seelen[268] zuzuweisen ist, und das *lumen ipsum*[269] dem *Empyreum*, dem auf ‚Alles' ausstrahlenden, das Göttliche repräsentierenden Licht- und Feuerzentrum der zehnten Sphäre, steht der *candor* für die neunte Sphäre des kristallinen, direkt aus dem *Empyreum* hervorgehenden Licht-Himmels.[270] Indem er sich das Theorem einer Emanation des Lichtes und der entsprechend der platonischen Trichotomie dreifach gestuften *lux* – der *lux superintelligibilis* „in GOtt", der *lux intelligibilis* „in Engeln und Menschen" und der *lux visibilis* „in der Sonne" (die es an alle sichtbaren Kreaturen weitergibt)[271] – aneignet, stellt Arndt sich auch explizit in den Rezeptionszusammenhang dieser Lichtmetaphysik.[272] Die *lux superintelligibilis* als die „erste" Quelle allen Lichtes, die nach dem Zitat aus Pseudo-Dionysius, klein anfangend, sich schließlich in ihrer Überfülle in alle himmlischen Geister und die menschlichen Seelen ergießt,[273]

---

[263] *Ikon* X fol. 38 ᵛ (Hervorhebung von mir).
[264] *Hex* 1,29 [fälschlich: "28"].
[265] Vgl. *Hex* 1,2: "der edelste, subtilste, reineste, weißeste candor"; ebd. 5: *candor aeternae lucis*.
[266] *Hex* 1,4 auf den "Ausleger des heiligen Dionysius", 1,6 auf "St. Dionysius".
[267] *Hex* 2,1.4; zu diesem Topos vgl. Yates Bruno S. 120.
[268] S. o. "sapiens dominabitur astris".
[269] Vgl. die nicaeno-constantinopolitanische Formel *lumen de lumine*, die auch Arndt zitiert, s. u.
[270] Vgl. Yates Bruno S. 118-120 (mit Belegen).
[271] Die hier abermals in jene alles beherrschende Zentralstellung gerückt erscheint, analog zu der alle Kräfte auf sich vereinigenden menschlichen Seele.
[272] *Hex* 1,4.
[273] *Hex* 1,6 (Hervorhebung von mir).

„übertrifft alles Licht, als der *erste Strahl* und *überfließendes Licht*, und erleuchtet alle Geister von der *Fülle* seines Lichts, und *begreift in sich, als der Ursprung des Lichtes, alles geistliche, engelische, vernünftige und natürliche Licht*, und machet unsterblich. "

Daher kommt der Mensch, welches ‚Licht' immer er vorfindet, allenthalben mit einem Ausfluß des göttlichen ‚Lichtes' in Berührung: „Wie die Lichter am Himmel leuchten / so leuchtet und GOttes Güte und Gnade täglich ohn Unterlaß / daß wir *in GOttes Gnaden-Licht* wandeln / wie wir *im natürlichen Tages-Licht*²⁷⁴ wandeln. "²⁷⁵ Und wenn die alchemisch aus dem Stofflichen extrahierte „pur lautere Essenz und helles Licht ... die Güte des Schöpfers schmecken" läßt „in seinem Werk",²⁷⁶ so führt ebenso wie das natürliche Licht der Sonne und das Gnadenlicht in der Seele auch das unsichtbare *lumen naturae* zum Ursprung allen Lichtes.

So erweisen sich Sonne und natürliches Licht als eine *imago bonitatis Dei*, „ein Bildniß der göttlichen Gütigkeit",²⁷⁷ jener „Gütigkeit" oder „Güte" Gottes, die als „Wort", „Licht", „Geist" und „Weisheit" allenthalben in den übernatürlichen und natürlichen Geschöpfen der verschiedenen Welten wirkt, was nicht nur von ferne an Heinrich Khunraths *anima mundi universalis*²⁷⁸ in jenem Zusammenhang des mit der Trinität engstens verbundenen Lichtes, Feuers und Geistes erinnert. *Hexaemeron* 1,8 überträgt nun jene *imago* auf die dem Licht der Sonne vergleichbare allgegenwärtige „Weisheit": „Und weil die ewige Weisheit GOttes eine solche Sonne und Licht ist, die uns in allen Dingen GOttes Liebe und Güte zeigt, so wird dieselbe nach Art und Eigenschaft der natürlichen Sonne und des Lichtes genannt imago bonitatis divinae, ein Bild der göttlichen Gütigkeit. Weish. 7,26." Von dieser „göttlichen, ewigen, himmlischen Weisheit", „welche ist Christus", heißt es in *Hexaemeron* 1,23, daß gegenüber jeglicher „Weltweisheit" nur sie, der Sonne und „des Tages Licht" gleich, den Menschen recht erleuchte. Die sprunghaft assoziativen Analogesen in dem auch sonst nicht gerade stringenten Argumentationsgang von *Hexaemeron* 1 irritieren und vexieren, doch schält sich ein alle Stufungen des Lichts übergreifendes und integrierendes Ganzes heraus, eine sich vom Göttlichen über die Welt der Engel, Seelen, Gestirne, Erde bis zu den in Elementen und Materie präsenten Kräften erstreckende Lichtmetaphysik.

Eine Gesamtlinie wird insofern in diesem Kapitel dennoch sichtbar. Von einer Präambel ausgehend, daß das Licht als göttliches Geheimnis letztlich nicht zu ergründen, „und daß der Ursprung des Lichts aller Vernunft unbegreiflich sei", erklärt der zweite Abschnitt die Entstehung des Lichts als des *candor* aus der Scheidung von der Finsternis und deutet unter Verweis auf „Etlicher Meinung"

---

²⁷⁴ Es heißt hier nicht: "im *natürlichen Licht* wandeln", ohne daß dieses ausgeschlossen wäre.
²⁷⁵ *Pss* 136/II Bd. II S. 308a (Hervorhebung von mir).
²⁷⁶ *Hex* 3,15.
²⁷⁷ *Hex* 1,4.
²⁷⁸ Vgl. Töllner Khunrath S. 172f. mit Texten und Belegen.

vorsichtig die *anima mundi* an, um darauf die Sonne (und das Licht) als sichtbare *imago bonitatis Dei* zum Ausgangspunkt von sechs Schlußfolgerungen zu machen.

1. *Gott ist selbst als das Licht* zu sehen, der das Licht erschaffen hat und birgt (4).
2. Die *„ewige Weisheit GOttes"* als *verborgenes Licht*, das alles erkennt, identifiziert Arndt mit der *lux superintelligibilis* des Pseudo-Dionysius (5f.).
3. Abschnitt 7 bis 12 schließen nach dem bekannten Muster vom sichtbaren Licht und der natürlichen Sonne allegorisch auf *Gott und seine Liebe.*
4. Von dem „äußerlich[en] Licht" der Sonne geht Arndt eher unvermittelt über auf *Gott als „ein geistlich innerlich Licht der Seele"* und *die Erleuchtung durch Christus.* In Zusammenhang eines daran anschließenden analogen Schlusses vom Licht als der höchsten „Zierde, Schmuck und Herrlichkeit" der Kreaturen auf die endzeitliche „Klarheit und Licht" als „der Auserwählten höchste[n] Schmuck" kommt Arndt von dort direkt auf die dem Leuchten von Engeln, Gestirnen, Edelsteinen und -metallen entsprechenden Tugenden zu sprechen, um konsequenterweise unmittelbar zur Freude des ewigen Lichtes überzugehen (15 bis 17), so daß in Abschnitt 13 bis 17 in wenigen Strichen in etwa der Kern seines theologischen Anliegens vom Reich Gottes in der Seele über die *deificatio* bis zur Forderung nach dem heiligen Leben umrissen ist. Es folgen, wie auch sonst üblich, von spontanen Assoziationen offenbar stärker inspiriert als von einer reflektierten Disposition, zehn Abschnitte, die, Abschnitt 7 bis 12 ähnlich, eher allgemein auf Christus oder Gott schließen. Diese lockere Ordnung bedeutet keineswegs, daß die Abschnitte nicht wichtige Einzelgedanken enthielten: So deutet Nr. 20 die natürliche „Lebenskraft" der *anima mundi* als Verweis auf Christus als das „Leben" und „Licht der Menschen" und ihres „Lebens Kraft", während Nr. 21 mit dem – auch von Khunrath[279] – als hermeneutische Grundregel herangezogenen Vers 10 aus Psalm 36 „In deinem Lichte sehen wir das Licht" die Erleuchtung als Voraussetzung der Gotteserkenntnis betont (21), woran sich ein verschiedene Aspekte der Erleuchtung behandelnder Gedankengang anschließt (Abschnitte 22 bis 24). Die Lichterfülltheit des himmlischen Jerusalem[280] in Abschnitt 15 wie auch 25 – in 24f. ist die Eschatologie Thema – verrät abermals eine eher assoziativ fortschreitende, nicht immer stringente Argumentation.
5. Licht und Sonne fungieren als „Zeuge der *Verklärung"* von *Leib und Seele* im Eschaton, die jedoch im irdischen Leben schon beginne und in der Verklärung Christi ihr Ur- und Vorbild habe (Abschnitte 28f.).

---

[279] Vgl. Töllner Khunrath S. 120 und 220 (mit Belegen): Khunrath dient dieser Vers dazu, das doppelte, gleichermaßen von Gott stammende "Licht" der inneren Erleuchtung und "Licht der Natur" als Einheit von aufeinander bezogenen Offenbarungsweisen zu integrieren.
[280] Mensching Lichtsymbolik S. 429 parallelisiert die δόξα Apg 21,23 mit der Verklärung Christi (vgl. *Hex* 1,29!) Luk 9,32: "Diese doxa ist Licht in unirdischem Sinne ... überirdisches Licht."

6. Nachdem Arndt in Abschnitt 2, 5 und 20[281] in verschiedener Hinsicht auf ein in den Kreaturen wirkendes Licht angespielt hat, kommt er „Zum Beschluß" dieses das *Hexaemeron* eindrücklich eröffnenden Kapitels auf das „allen Dingen eingeschlossen[e]" unsichtbare „Licht" der Alchemiker zu sprechen, das eindeutig als das „*Licht der Natur*" zu identifizieren ist (Abschnitt 30). Daß er dabei nicht stehenbleibt, sondern diesem Endpunkt der Argumentation eine – theoalchemische – Wendung zur „Verklärung unserer Leiber" gibt, spiegelt – mikrokosmisch gegenüber der Anlage des Werks – die im engeren Sinne theologische Bedeutung des *liber naturae* und *lumen naturae*.

So erweisen die Punkte 1) Gott, 2) die ewige Weisheit als göttliches Licht, 3) das Licht als Ausdruck der göttlichen Liebe und Bild seiner „Gütigkeit", 4) Gott als innerliches Licht der Seele, 5) die an Christus anteilgebende „Verklärung" von Leib und Seele und schließlich 6) das sowohl naturphilosophisch wie „geistlich" zu interpretierende *lumen naturae* einen einzigen, seins- und kreaturenübergreifenden Zusammenhang des Lichtes durch alle Welten, wie ihn jene bereits zitierte Predigt zu Psalm 139 charakterisiert:[282] „*GOtt ist ein unendliches Licht / für welchem alle Creaturen bloß seyn / und diß Licht Gottes gehet durch alle Creaturen* ... ".
Nach seiner Auslegung des in *Hexaemeron* 1,21 angeklungenen Verses Psalm 36,10 in den *Psalterauslegungen*, der nicht nur von seinem Umfang, sondern auch thematisch und hinsichtlich seiner biblischen Bezüge in gewisser Weise eine Parallele zu *Hexaemeron* 1 bietet, geht Arndt mit seiner metaphysischen Identifikation Gottes mit dem „wesentlich[en]" Licht über den *liber naturae* noch hinaus:[283]

„ES ist der heiligen Schrifft Gebrauch / daß sie offt zusammen setzet Leben und Licht. ... Wie nun GOtt der HErr wesentlich das Leben selbst ist / ... Also ist GOTT der HErr auch *wesentlich* [!] *das ewige Licht selbst* / das ist die ewige unaußsprechliche Klarheit / Herrlichkeit und Majestät selbst. Daher wird der Sohn GOttes genannt *ein Glantz der Herrlichkeit GOttes.* Und gleich wie nun das Leben selbst sein / *die allerhöchste wesentliche Eigenschafft GOttes* ist / welche ausser und ohne GOTT niemand gebühret: *Also ist auch GOtt das ewige / unendliche / wesentliche Licht / Klarheit und Herrlichkeit selbst* / wie St. Johannes in seiner ersten Epistel am 1[,5]. sagt: Gott ist ein Licht / und ist keine Finsterniß in ihm. Und St. Paulus: GOtt wohnet in einem Licht / da niemand zukommen kan / 1 Timoth. 6[,16].[284] Welches ist eine Beschreibung der unaußsprechlichen Herrlichkeit Gottes. ... Also *ist auch GOtt das ewige Licht* / das ist / alle Klarheit / Schönheit / Majestät selbst / *und daher alles Licht und Erleuchtung seinen Ursprung hat.* Wie fein stehet dieses nun bey einander / Leben und Licht / denn das Leben

---

[281] "Das Licht führet mit sich eine verborgene Lebenskraft."
[282] *Pss* 139/II Bd. 2 S. 321b (Hervorhebung von mir).
[283] *Pss* 36/III,2 Bd. 1 S. 349a-b (Hervorhebung von mir); gegenüber den beiden Licht-Kapiteln Arndts liest sich analog, doch abstrakt und bibelärmer Weigel *Soli Deo Gloria* II,VIII S. 30-32.
[284] Vgl. *Pss* 136/II Bd. II S. 308a: das *lumen gloriae*, in dem Gott wohnt: „Sind die Lichter am Himmel so schön / wieviel ein schöner Licht muß seyn / darin GOtt wohnet."

ist alles Gut / und *das Licht ist alle Herrlichkeit. ... Das ist alles GOtt selbst wesentlich* [!] / und kan von keiner Creatur / Engel / oder Menschen gesaget werden. ... Ob wol eine grosse Herrlichkeit ist der heiligen Engel / so sind sie doch nicht *die ewige wesentliche Herrlichkeit und Licht / welches allein GOTT ist* ... Daher das Symbolum Nicenum, da dasselbe will *die Gottheit deß HErrn Christi* beschreibe / beschreibet sie Christum also: *Licht vom Licht* / warhafftiger Gott vom warhafftigen Gott. ... *GOttes Licht ist Christus / und der heilige Geist*: Darum auch *der heilige Geist in Feuer-Flammen erschien in dem Munde der Apostel.* Und weil nun GOTT ein Licht ist / so ist es unmöglich GOtt / zu sehen und zu erkennen / denn in dem Licht GOttes / welches er in die Welt gesandt hat / welches ist Christus ... *GOttes Licht ist auch* [!] *Gottes Wort* / und in demselben müssen wir *Gott und Christum / und den heiligen Geist / das ewige Licht* / erkennen". [285]

Vollends hier kann von einer bloßen Metaphorik oder Bildhaftigkeit keine Rede mehr sein. Wie ein roter Faden durchzieht den Text bis hin zu Christologie und Pneumatologie der Gedanke, daß Gott selbst „wesentlich" das Licht sei. In hier ausgelassenen Passagen bezieht Arndt sich auf verschiedene biblische Lichterscheinungen und -visionen des alten und neuen Testaments. Während die Argumentation von *Hexaemeron* 1 dem Charakter und der Zielsetzung des *liber naturae* gemäß in das natürliche Licht und dabei in die präzise Doppelung von Alchemie und Theoalchemie mündet, führt die Argumentation zum Psalmvers, der hier im Sinne der aus Gott allein zu gewinnenden Gotteserkenntnis ausgelegt wird, nicht von ungefähr zu den *linguae ignitae* als einem sinnenfälligen Symbol der Gegenwart des Geistes. So widersprechen die beiden Texte einander nicht, sondern ergänzen vielmehr einander im Sinne der alle Bereiche übernatürlichen und natürlichen Lebens schaffenden wie auch durchwirkenden Lichtmetaphysik.

Nach den drei Predigten zu dem Schöpfungs- und Geschichtspsalm 136 bildet den „Beschluß" eine Auslegung von Vers 26: „DAncket dem GOtt deß Himmels / denn seine Güte währet ewig", die den lichtmetaphysischen Zusammenhang auf eine Trias der folgenden Grundfragen reduziert und konzentriert: 1.) das natürliche Licht, 2.) das himmlische Licht und 3.) die endzeitliche Verklärung des Leibes[286] (nicht aber der Seele):[287]

„Ist es nicht ein groß Wunder / daß *Gott Himmel und Erde erfüllet* [!] / und im Himmel seinen Stul hat? ... So ist ja das noch viel ein grösser Wunder / und eine viel grössere *Gütigkeit*[288] / daß der allmächtige unendliche GOtt *in unserm Hertzen wohnet* ... daß wir seine Gnade / Liebe und Trost

---

[285] Dieser letzte Satz, der als einziger in der ganzen Passage einen neuen Absatz eröffnet, in dem der Gedanke jedoch keine Fortführung findet, wirkt gegenüber den anderen Teilen eher angehängt als integriert. Die Gleichsetzung von "Wort" und "Licht" weist auf die Erleuchtung.

[286] Auch *Hex* 1,30 spricht lediglich von "der Verklärung unserer Leiber am jüngsten Tage". Gemeint ist damit, wie auch die theoalchemische Analogie zeigte, daß die gereinigte Seele einen vom alten unterschiedenen neuen, wie Paracelsus sagt, 'clarifizierten' Leib erhält, s. o.

[287] *Pss* 136/III Beschluß Bd. II S. 310b-311b (Hervorhebung von mir).

[288] Der Begriff der *bonitas* ist also nicht allein für die Seinsordnung des Natürlichen reserviert.

schmecken und empfinden ... Und wie GOtt den Himmel beweget und regieret / also beweget er *unser Hertz* durch seinen heiligen Geist / und *erleuchtet es mit seinem himmlischen Licht / wie den natürlichen Himmel mit dem natürlichen Licht* / biß er an jenem Tage *unsern Leib*[!] *verklären / und mit ewigem Licht erfüllen wird.*"

In der Formulierung, „daß Gott Himmel und Erde *erfüllet*", klingt, wie oben gezeigt, der Gedankenkomplex von *anima mundi* und *lumen naturae* an, und so wird man die Formulierung vom „natürlichen Himmel mit dem natürlichen Licht" nicht überdehnen müssen, um den durchaus auch darin angesprochenen Zusammenhang des *lumen naturae* in diesem Beschluß der Auslegung finden zu können. Das „himmlische[] Licht" im Herzen ist *per se* und zusätzlich durch die Termini „schmecken und empfinden" als das mystisch-spiritualistische Generalthema zu identifizieren. Das Thema der „Verklärung" des Leibes schließlich, das eigentümlich genug die Auslegung gerade dieses Psalms beschließt, komplettiert die allumfassende Trias von „himmlische[m]", „natürliche[m]" und „ewigem Licht", die hier zwar nicht für die drei Welten, jedoch für Natur und Übernatur steht.

Daß sie in einem Verhältnis enger Entsprechung stehen, zeigt die Art, wie Arndt nicht nur in *Hexaemeron* 1,22, sondern auch in der vierzehnten Predigt zum 119. Psalm die Erleuchtung der Seele mit der Erschaffung des Lichts nach Genesis 1,3-5 im Sinne der ersten und zweiten Schöpfung Gottes parallelisiert. Die Predigt über den 14. „Octonarius" des Psalms, der mit V. 105 beginnt: „DEin Wort ist meines Fusses Leuchte / und ein Licht auff meinem Wege", überschreibt Arndt mit den Worten: „Gottes Wort ist ein Licht deß Glaubens und Lebens / ein *Licht der Gnaden* und Trostes ... ". Im ‚geistlichen' Analogieschluß überträgt Arndt in Analogie einer beiderseitigen Finsternis die Erschaffung des Lichtes vom Makrokosmos auf den Mikrokosmos als *homo naturalis*: [289]

„Diese *wunderliche Erschaffung deß Lichts* und der erste Tag *der grossen Welt* [Makrokosmos] *erinnert uns der Erleuchtung deß Menschen* [Mikrokosmos] durch Gottes Wort und den heiligen Geist. ... Gleich *wie aber GOtt der HErr das Licht gemacht hat durch das Wort*: Also muß GOTT *durch* sein Wort in unser Hertz pflantzen das *Licht seiner göttlichen Erkenntniß* / und *das Licht in unser Hertz sprechen* [!] ... ".

Daß Gott das „Licht" in die Seele ‚spricht', nimmt die vom Mittelalter rezipierte „augustinische Gleichsetzung von ‚Wort' und ‚Licht'"[290] auf. Dabei scheint ontologisch dem „Licht" gegenüber dem „Wort" ein höheres Gewicht zuzukommen. Nach Buch III,6,1 und 11,1 erfolgt in der „Erleuchtung" der Schöpfung analog eine höhere „Scheidung" von Licht und Finsternis durch den heiligen Geist.

Nicht nur auf Jacob Böhme übt die *aurora* eine besondere Anziehungskraft aus. Psalm 110 Vers 3 „Deine Kinder werden dir geboren wie der Tau aus der

---

[289] *Pss* 119/XIV Bd. 2 S. 219 a-b (Hervorhebung von mir).
[290] Ratzinger Licht und Erleuchtung S. 377.

Morgenröte", den Arndt in *Hexaemeron* 3,38f. auf die Inkarnation dahingehend deutet, daß „*der Glanz der Herrlichkeit*,[291] der Sohn GOttes, ... sich mit der klaren reinen Wolke menschlicher Natur im jungfräulichen Leibe vereinigt" habe als Archetypos der Wiedergeburt, dient ihm in der Auslegung zu Psalm 110 dazu, typologisch die erste Schöpfung und die Wiedergeburt aufeinander zu beziehen. Die „neue Geburt" aus dem lichthellen „Glantz" der geistlichen „Morgenröhte" geschieht – der allerersten Schöpfung analog – „auß ... Wasser und ... Geist":[292]

> „Die neue Geburt erkläret David mit einem schönen Gleichniß / genommen von dem Ursprung des Thaues / denn gleich wie auß dem *schönen Glantz der Morgenröhte* [!] der Thau geboren wird / also auß dem *schönen Glantz der Gnaden Gottes* / auß der Morgenröhte deß heiligen Evangelii / ja auß GOtt selbst / und auß dem heiligen Geist werden GOttes Kinder gebohren: Wunder ist es / daß aus einem *Liecht und Glantz* der Thau gebohren / also ist die neue Geburt ein groß geistlich Wunder ... Was nun gen Himmel kommen soll / *das muß von oben herab / vom Himmel neu gebohren werden* / wie die *erste Geburt durchs Wort der Schöpffung* geschahe / so muß *die Wiedergeburt auch durchs Wort der Erlösung* geschehen: Wie *die erste Schöpffung geschahe auß Wasser / da der Geist Gottes auff dem Wasser schwebete* / so muß *die neue Geburt auch geschehen auß dem Wasser und heiligen Geist.*"

Wenn Arndt in *Hexaemeron* 1,22 formuliert: „GOtt muß auch in uns sprechen [!]: Es werde Licht, wie im Werke der Schöpfung.", bezieht er sich abermals auf diesen Zusammenhang zwischen dem Glanz der *aurora* und der Gnade, dem „Wort der Schöpfung", durch das von dem über dem „Wasser" schwebenden „Geist" das natürliche Licht hervorgeht, und dem „Wort der Erlösung" in der Wiedergeburt „auß dem Wasser und heiligen Geist". Zur Erinnerung sei auf jene Stelle aus der Predigt zu Psalm 139/II verwiesen, in der Arndt den allgegenwärtigen „ewige[n] Geist in allen Dingen" nicht nur mit der göttlichen „Weisheit", sondern direkt auch mit dem heiligen Geist nach 1 Kor 12,4-6 identifiziert.[293] Doch während für Heinrich Khunrath eindeutig ist, daß der „Geist" auf dem Wasser, „*RVACH-HHOCHMAH-EL*", nicht nur mit dem *lapis philosophorum*, sondern auch mit dem heiligen Geist im neutestamentlichen Sinne identisch zu

---

[291] Die gleiche Christus-Prädikation findet sich in der o. zit. Auslegung zu Ps 36,10 (*Pss* 36/III,2 Bd. 1 S. 349a) im Kontext der Aussage, die göttlichen Personen seien "wesentlich" Licht.

[292] *Pss* 110 Bd. 2 S. 129b (Hervorhebung von mir); Thema von V 3 ist demnach die neue Geburt. Die 'Geburt' der antiken Venus erfolgt aus dem Element Wasser, nämlich aus Meeresschaum.

[293] *Pss* 139/II Bd. 2 S. 322a (Hervorhebung von mir): „*dein unvergänglicher Geist ist in allen.* Jst das nicht ein unbegreiffliches hohes Werck Gottes / daß *sein ewiger Geist in allen Dingen seyn soll?* Darum S. Paulus / 1 Corinth. am 12[,4-6]. spricht: Es sind mancherley Gaben / aber es ist *ein Geist* [!] ... und es sind mancherley Kräffte / aber es ist *ein GOtt / der da wircket alles in allem.* ... Darum S. Paulus spricht / Ephes. 4[,6]. daß GOtt *in uns allen* / über uns alle / durch uns allen [sic] sey: Uber uns alle / mit seiner Gewalt / *in uns alle* [sic] / mit seinem *Geist und Weisheit* [!] ... durch uns allen / durch seine ewige Weisheit." Zum Verhältnis des Schöpfungswortes zu dem der Erlösung vgl. auch Gruebner Lebendigkeit S. 151f.; ebd. 145-147 reduziert sie das Wort "in uns" jedoch auf das der Bibel und das in der Schöpfung auf "Sinn"-Erfahrung.

sein scheint,[294] bleiben die Dinge bei Arndt in einer unausgesprochenen Schwebe. Unübersehbar ist gleichwohl, daß es sich bei der Art, wie Arndt den „Geist" von Genesis 1 als in der Schöpfung allgegenwärtige „Weisheit" und inneres „Licht" im Sinne der *anima mundi* in Beziehung zum „Geist" der Wiedergeburt setzt, um mehr handelt als einen bloßen Vergleich. Sie stehen bei aller impliziten graduellen Differenzierung in dem unmittelbaren Zusammenhang des einen aus Gott fließenden „Lichtes" und „Lebens", wie zum Beschluß dieses Abschnitts eine weitere Passage aus der zweiten Predigt zu Psalm 139 dokumentieren soll. Manche Ähnlichkeit zu dem lichtmetaphysischen Abschnitt aus der Auslegung zu Psalm 36,10 belegt, daß auch hier ein ganzer terminologischer und biblischer Fundus zur Verfügung steht, dessen Material je nach Bedarf in neue Formen gegossen werden kann. Ausgehend von der göttlichen Allgegenwart, schlägt die Predigt einen weiten Bogen von dem im Licht bestehenden „Wesen und Essentz" Gottes über Christus und dem heiligen Geist als „Glantz" von Gottes Herrlichkeit, also der trinitarischen Lichtspekulation auf neuplatonischer Basis, über den himmlischen *candor* in der Verklärung Christi bis zur Ubiquität Gottes, der als ein „ewiges Licht ... alle Creaturen durchdringet", nicht ohne eine grundsätzliche Unterscheidung zu formulieren zwischen den emanierten Stufungen des Lichtes und deren Quelle, dem „unerschaffene[n] Licht". Unübersehbar ist auch hier, daß es nicht um metaphorische, sondern um metaphysische Aussagen zu einer Ontologie des geschaffenen wie ungeschaffenen „Lichts" geht, das Natur und Übernatur, die Welten, Seelen und Engelwelt durchstrahlt und trägt:[295]

„Das dritte Argument der Allgegenwart / Allwissenheit / und unendlichen Majestät und Gewalt Gottes nimmt er von *dem göttlichen Wesen und Essentz, von dem ewigen Licht / Glantz und Klarheit Gottes* ... St. Johannes spricht: *GOtt ist ein Licht* / und ist keine Finsterniß bey ihm [1 Joh 1,5] / welches nicht allein von den Tugenden / Heiligkeit und Gerechtigkeit Gottes zu verstehen ... sondern *es ist auch von seinem göttlichen Wesen* [!] *zu verstehen. Darum der Sohn Gottes* [sic] *genannt wird der Glantz und Herrlichkeit Gottes* / und das Ebenbild seines Wesens. Daher das Symbolum Nicaenum ... die Gottheit Christi beschreibet: Licht vom Licht / warhafftiger GOtt vom warhafftigen GOtt. Und Joh. 1[,4f.9]. wird *Gottes Sohn ein Licht genannt.* Und S. Paulus saget [1 Tim 6,16]: GOtt wohnet in einem Licht / da niemand zukommen kann.[296] Und das Buch der Weisheit am 7[25f.]. nennet *den heiligen Geist oder die Weisheit*[297] *Gottes einen Glantz deß ewigen Lichts / und einen Strahl seiner Herrlichkeit.* Und in der Verklärung Christi hat man *den Glantz der Herrlichkeit Gottes* gesehen.[298] Dieweil nun [!] *GOtt der HErr*

---

[294] Vgl. Töllner Khunrath S. 130 (mit Belegen); zur mittelalterlichen Diskussionen und analogen Positionen in dieser Frage – so etwa Wilhelm von Conches, der die *anima mundi* mit dem *spiritus sanctus* identifiziert – vgl. Kurdzialek Abbild des Kosmos S. 64.

[295] *Pss* 139/II Bd. 2 S. 322b (Hervorhebung von mir).

[296] Diesen Vers verwendet in einem analogen Sinne Valentin Weigel im *Güldenen Griff* VI S. 18.

[297] Der heilige Geist, mit dem "Geist" von Sap 7,22 verknüpft, ist die *Weisheit* (wie ebd. S. 322b).

[298] Vgl. *Hex* 1,29.

ein unendliches ewiges Licht ist / welches alle Creaturen durchdringet / wie kan doch etwas im Himmel / oder im Abgrund vor GOtt verborgen seyn? Wir verwundern uns billig über die Klarheit der Sonnen / und unsere Augen können ihren Glantz nicht ertragen / aber das ist *ein erschaffenes Licht / GOtt ist* [!] *ein ewiges unerschaffenes Licht.*"

Aussagen über das „Gnadenlicht" wie das „natürliche Licht" stehen in diesem ontologischen Zusammenhang eines aus Gott, der selbst das Licht „ist",[299] geflossenen Lichtes: Wenn dieses „Licht" in „lauterer" Gestalt die Seele „berührt" oder sich in vermittelter und „vermischter" Form als im Kosmos verborgenes und zu extrahierendes zeigt, kommt der Mensch *immediate* oder *mediate* mit dem Göttlichen selbst in Berührung und gewinnt Anteil an ihm. Darin berühren und ergänzen sich beide „Lichter" im Gebäude des gestuften Seinszusammenhangs. Präzise diagnostiziert Kemper bei Arndt eine gewisse „Verehrung des Lichts, ... das er unter zitierendem Rückgriff auf Dionysius Areopagita als stufenweise Emanation Gottes in die Schöpfung hinein begreift, wobei er folgerichtig zwischen übernatürlichem und natürlichem Licht nur einen graduellen Unterschied gelten zu lassen scheint ... dazu zählt auch seine ... Auffassung von dem in *alle* Dinge eingegossenen und gefangenen Licht, das aber durch die ‚chymische' Kunst von der Materie befreit und damit zu seiner ursprünglichen Klarheit ‚perficirt' werden kann."[300] Dabei verfließen die Grenzen der *lumina gratiae et naturae*.

Zwar handelt die oben bereits herangezogene Auslegung zu Psalm 91 selbst nicht unmittelbar vom „Licht", doch weil sie sich im Zusammenhang der *anima mundi* mit der alle Kreaturen ‚durchgehenden' „Gütigkeit" und „Krafft" Gottes sowie dessen „Geist ... in allen" usw. sachlich auf dieselbe Metaphysik bezieht,[301] kann sie sowohl die Gemeinsamkeiten wie die Differenzierung zwischen Übernatur und Natur, *lumen gratiae* und *naturae* aus externer Perspektive erhellen. In dem Text, der die sonst verstreuten Gedanken wie Strahlen in einer Linse bündelt, kehren Apg 17,27f. und Weisheit Salomos 11,26/12,1 wieder, ebenso wie der ins Zentrum paracelsistischer *magia naturalis* führende Gedanke, daß mittels der am Äußeren ablesbaren „Signatur" als „Gottes Buchstaben" *textus et sensus libri naturae* zu entschlüsseln seien, worin der *Ikonographia* zufolge die „rechte Philosophia" besteht.[302] Diese findet Arndt vor allem in einem Punkt: Heißt es in *Hexaemeron* 6,13: "Von GOttes Wort ist die ganze Welt voll", und in der paral-

---

[299] Die christologischen Prädikationen erinnern an Agrippas *Occ Phil* III,8 ("Quid de divina Trinitate veteres senserint philosophi") S. 418f. (Compagni): "Dei filium, primam mentem, divinum scilicet intellectum tradunt Plotinus et Philo a Deo patre manantem, quemadmodum abs loquente verbum, vel sicut a lumine lumen. Hinc et verbum et sermo et splendor [!] Dei patris nomina accepit" usw. Agrippa verbindet trinitarisch-christologischen Theoreme mit der antiken paganen philosophischen Tradition sowie mit der Bibel und Kirchenvätern.

[300] Kemper I S. 284 unter Bezug auf *Hex* 1,30; zu Lucas Osianders Kritik s. a. II S. 327 A. 110.

[301] Vgl. *Pss* 139/II Bd. 2 S. 321b: „GOtt ist ein unendliches Licht ... und diß Licht Gottes gehet durch alle Creaturen", dazu s. o.

[302] *Ikon* IX fol. 35 ʳ.

lelen sechsten Predigt zu Psalm 104 in größerer Klarheit und Prägnanz:[303] "*Gottes ist die gantze Welt voll*", so zeigt sich, daß das, was im *liber naturae* präzise am Übergang von der Fülle der Kreaturen zum Menschen als dem Inbegriff (*epitome*) der ganzen Schöpfung plaziert war, auch hier den tragenden und alles bis hin zur *magia naturalis* integrierenden Grundgedanken bildet. Dort allein liege "das Fundament der wahren Philosophiae, Welt-Weisheit",[304] deren Name, samt jenen der "alten Philosophi", hier einen unerwartet guten Klang hat. Unversehens tut sich ein Blick auf die zumeist verdeckten Hintergründe von Arndts Denken auf.

Der erste Vers dieses Psalms vom "Schirm des Höchsten" und "Schatten des Allmächtigen", mit dem Arndt mehrfach den Schutz der Wiedergeborenen, die "über die Natur" seien, vor den schädlichen "Influenzen" des natürlichen Himmels als des Lenkers alles Geschehens auf Erden begründet hatte,[305] bildet abermals den Ausgangspunkt. Der dort bergende "Schatten" erweist sich hier als das, was die Himmel und "den Erden-Kreiß" "erfüllet" und sie als "Odem" trägt:[306]

"Und das ist die Ursach / warum der heilige Geist[307] denselben nennet den Schatten deß Allmächtigen[308] / weil er / nemlich / über aller Menschen Hülffe erqvicken und erhalten kan / und heisset in seiner Sprache / Schaddai, das ist / uberrimus, *eine überfliessende*[309] *Krafft/ davon alles lebet und schwebet* / denn *Gottes Gütigkeit*[!] *durchgehet alle Creaturen* / gibt ihnen Wesen / Leben und Krafft. Act. 17[,25.27f.]. GOtt gibt einem jeden Leben und Odem / und ist nicht weit von einem jeglichen unter uns / denn in ihm leben / weben und seyn wir [!]. Also erhält GOtt alles / was ist und lebet / also / daß Gottes Güte und Segen in dem geringsten Kräutlein zu spüren ist / daß man wol sihet / Gottes Finger seyn da gewesen / und haben es künstlich formiret / und mit einer sonderlichen *Signatur* bezeichnet / wozu es dienet. Wer diß verstehet / der kan recht *das Buch der Natur* lesen / denn die Creaturen sind *Gottes Buchstaben* / wer sie verstehet / verstehet nicht den geringsten Theil der Natur. Daher *die alten Philosophi, Welt-Weisen* / recht gesaget haben / πάντα θεοῦ πλήρη, πάντη θεὸς ἐστεφανῶται, *Alles ist voll Gottes* [!] */ alles ist von Gott umgeben*. Daher Virgilius sein *Jovis* [!] *omnia plena*, Jupiter sey in allen Dingen / genommen.[310] *Diese erhaltende Krafft Gottes aller Dinge* [!] *ist das Fundament der wahren Philosophiae, Welt-*

---

303 *Pss* 104/VI Bd. 2 S. 58a; Ps 104 spielt nicht von ungefähr auch hier bei *Pss* 91 eine Rolle.
304 Was Arndt hier nicht im pejorativen Sinne meint wie etwa in *Hex* 1,23, wo er bei seiner Kritik der "Weltweisheit" "das rechte Nachtlicht der [sich autonom gebärdenden] Vernunft" im Visier hat, sondern auf den Gegenstand bezogen im Sinne der *philosophia (naturalis)*.
305 S. o. zu "Sapiens dominabitur astris".
306 *Pss* 91/I Bd. 1 S. 801 b (vgl. auch 803a); (Hervorhebung von mir).
307 Als der Autor der Bibel.
308 Zum "Schatten" Gottes bzw. der "Überschattung" vom Schutz in der Not bis dazu, daß der Geist zu Maria kommt, sie geistlich zu "überschatten", vgl. *Pss* 91/I Bd. 1 S. 801a u. ö.
309 Vgl. *Hex* 1,6: Die *lux superintelligibilis* "übertrifft alles Licht, der erste Strahl und *überfließendes Licht*, und erleuchtet alle Geister von der Fülle seines Lichts, und begreift in sich, als der Ursprung des Lichtes, alles geistliche, engelische, vernünftige und natürliche Licht, und machet unsterblich." Zu dieser Stelle s. o.
310 Vergil *Buc* III,60; vgl. Kurdzialek Abbild des Kosmos S. 62 (die mittelalterliche Diskussion).

Weisheit [!]. Daher die Weisheit Salomonis spricht [1,7 und 11,26/ 12,1]:[311]
Der Geist deß HErrn erfüllet den Erden-Kreiß / du Liebhaber deß Lebens! und
dein unvergänglicher Geist ist in allen."

Das beherrschende Thema der *antiqua philosophia* – die Arndt in seiner frühen
Dissertatio wegen ihres Tugendeifers so gelobt hatte – scheint für Arndt, dem an
dieser Stelle bemerkenswerten Vergilschen Diktum: „Jovis omnia plena" gemäß,
demnach offensichtlich die *anima mundi* zu sein. Einen parallelen Beleg für diese
Anschauung bietet Agrippa von Nettesheim, der Kapitel I,14 seiner *Occulta Philosophia* zum Thema: *De spiritu mundi quis sit vinculum occultarum virtutum* mit den
Worten eröffnet:[312] „Democritus autem et Orpheus et multi Pythagoricorum,
coelestium vires inferiorumque naturae diligentissime perscrutati, *omnia plena diis
esse dixerunt.*" Wenn Agrippa im Zusammenhang der *anima mundi* sowohl in I,11
wie in II,55-58[313] auf Vergil und dessen Rede von der ‚feurigen Lebenskraft' in
den Dingen zu sprechen kommt, bezieht er sich offensichtlich auf dieselbe, auch
Ficinos *Symposium*-Kommentar geläufige[314] Tradition. Und auch in Agrippas
drittem Buch kehrt das Thema in Kapitel 58 wieder, das – wiederum im Kontext
der *anima mundi* – von den *animae coelestes* handelt. So erweist sich die bei Arndt
zunächst befremdende Rede vom alles erfüllenden ‚Jupiter' als antikisierende
Verbrämung der Weltseele oder „Einheitsseele"[315] des *universum* innerhalb des
gestuften Weltbildes, die der platonisch-hermetischen Tradition geläufig ist:[316]
„*Animam vero mundi* sive totius universi *vocant magi* [!] *Iovem mundanum,* mentem
vero mundi Appollinem[317] nuncupant, naturam mundi Minervam". „Jupiter" ist
demnach eine Chiffre nicht nur für die *anima mundi,* sondern auch für deren
religions- und kulturgeschichtliche Ausläufer eines spätantiken synkretistischen
Polytheismus und ‚Pantheismus' in der Adaption für eine ‚religion of the world'.
Diese Denkform, christlich-magisch modifiziert als „erhaltende Krafft Gottes
aller Dinge" und als Gottes „unvergänglicher Geist ... in allen", bildet nach
Arndt „das Fundament der wahren Philosophiae, Welt-Weisheit" oder *magia
naturalis.* Sie hat er in der *Ikonographia* und dem *Bericht von den Weisen aus Morgenland* bei den *magi* gesucht, als die „natürliche Weisheit" vielfach aber auch in den
Psalterauslegungen und nicht zuletzt im *Hexaemeron.* Doch bleibt er dabei nicht
stehen, ist dies doch nur ein Teil, noch dazu der geringere, der wahren Weisheit.

---

[311] Eine signifikante Kombination zweier weit voneinander entfernter *loci* für diese Philosophie.
[312] *Occ Phil* I,14 (Compagni) S. 112.
[313] *Occ Phil* I,11 (Compagni) S. 107; II,55 ebd. S. 384.
[314] Ficino *De amore* V,12 (Blum) S. 176f.: *Iupiter... id est anima mundi*; II,7 (Blum) S. 60-63 nennt
     sie je nach ihrer auf Gott, Himmel oder Welt bezogenen Funktion Saturn, Jupiter und Venus.
[315] So Garin Astrologie S. 97 zu Ficino.
[316] *Occ Phil* III,58 (Compagni) S. 388 (Hervorhebung von mir); zur *anima mundi* s. o.; vielleicht ist
     auch ebd. III,49 S. 553 analog zu verstehen: "imago autem Dei homo est, saltem qui iam
     venereo furore Deo similis effectus, sola vivit mente atque capit toto pectore Iovem."
[317] Den Gott der Sonne! So spiegelt sich hier wie bei Osiris/Isis die solar-terrestrische Polarität.

Und so fährt nach dem dargelegten Prinzip:[318] „Was nun in der Natur GOttes Gütigkeit heißt, bonitas naturae; das heißt theologice in der Schrift GOttes Gnade. Jenes gehet den Leib an, dieses die Seele", der begonnene Abschnitt fort, indem er das Bibelwort: „Der Geist deß HErrn erfüllet den Erden-Kreiß ... und dein unvergänglicher Geist ist in allen" „natürlich" wie auch „geistlich" deutet:[319]

> „Welches natürlich und geistlich zu verstehen:
> *Natürlich* / wie der *Geist Gottes in der ersten Schöpffung* auff dem Wasser
> schwebete / und alle Creaturen lebendig machte:
> *Geistlich* / wie GOtt seinen *Geist mit seinen Gaben außgegossen* über alles
> Fleisch.
> Ja / im 104. Psalm [V. 29f.] wird *das Leben aller Creaturen Gottes Odem* genannt / der alles erhält.
> Also ist *Gottes Odem*
>   das *natürliche Leben aller Dinge* /
>   und auch das *ewige Leben der Gläubigen* ... ".

Was „natürlich" oder „geistlich" gilt, entfaltet sich nach der einen oder anderen Seite aus ein und demselben Prinzip, das Arndt „Gottes Odem",[320] „Geist", „Leben aller Creaturen" oder deren „erhaltende Krafft" nennt: Gottes innere Gegenwart im *universum* wie in der einzelnen Seele in bzw. als deren „Grund". So ist das Grundelement dieser Theosophie das Geistprinzip oder innere „Wort" *in* allen Dingen, einerseits in den Kreaturen der außermenschlichen Schöpfung und andererseits, als deren aus „Gnade" höhere Natur, in den neugeborenen Seelen. Als auf einer höheren Stufe desselben Prinzips stehend, können die *sancti* daher die „natürliche Weisheit" der *magi* integrieren, sie zugleich mit ihrer „übernatürlichen Weisheit" überbieten und jenen gegenüber Gott *immediate* „schmecken".[321]

3.2   „wie alle Erkentnüß von jnnen herauß fliesse"[322]
Zwei „Lichter" der Erkenntnis in Renaissance und früher Neuzeit

Bei den *sancti* oder „Gottweisen" tritt zu dem „natürlichen Licht" „die Erleuchtung von oben herab"[323] hinzu, die Arndt die „übernatürliche Weisheit" nennt. Christoph Hirsch bezeichnet diese als das *lumen gratiae* und würdigt sie mit einem eigenen, dem des *lumen naturae* parallelen Kapitel.[324] Beide stimmen darin überein, daß dieselben „Weisen" der Bibel zwar die vorchristlichen magischen Tradi-

---

[318] *WCh* II,37, 7 (Hervorhebung von mir); Fortsetzung: „Wie nun GOtt in dem großen Buche der Natur auf tausenderlei Weise seine Gütigkeit geoffenbaret, und dem Menschen zu erkennen gegeben; also in dem Buch der heiligen Schrift hat Er unzähliger Weise seine Gnade und Liebe geoffenbaret. Welches alles in Christo JEsu erfüllet ist. "

[319] *Pss* 91/I Bd. 1 S. 801 b (graphische Absetzung des Textes und Hervorhebung von mir).

[320] Den „Odem" als "Allgegenwart Gottes in seiner Schöpfung" nennt Sommer Odem S. 211f.

[321] *Hex* 4,13-17; vgl. auch *Pss* 119/XIII Bd. 2 S. 217a u. v. a.

[322] *Libellus disputatorius* S. 24.

[323] *Hex* 4,16 (Hervorhebung von mir).

[324] Vgl. die Darlegungen und Nachweise zu diesem Abschnitt unten in Anhang 3.

tionen des Orients rezipiert hätten, diese *magia veterum* aber im Licht des heiligen Geistes – durch das nach Arndt auch „die natürlichen Gaben einen viel höhern Grad zu ihrer Vollkommenheit" erreichen[325] – um ein Vielfaches überträfen, in welchem Licht auch die übernatürliche Deutung des *liber naturae* zu verstehen ist. Erst diese christlich adaptierte und damit zugleich überhöhte *Magia*, die Doxologie ist und die aus der von Hirsch ebenso wie von Alexander von Suchten nun in einem christlichen Sinne des hermetischen Topos verstandenen, energisch eingeforderten *pietas* fließt, stellt die wahre *Magia* oder, wie Arndt sie nennt, „natürliche Weisheit" dar, und weil bzw. erst wenn sie mit dem *lumen gratiae*, der „übernatürlichen Weisheit", verbunden ist – der gegenüber sie allemal die geringere bleibt –, erlangt sie ihre vollkommene Entfaltung. *Gratia perficit naturam*, und erst in diesem „Licht" liegt die wahre geistliche Erkenntnis, die ihrerseits im *lumen naturae* die Erkenntnis des Natürlichen einschließt und nicht ausschließt:[326]

> „Solche Leute sind gewesen die heiligen Erzväter und Propheten, wie vom Joseph, Daniel und Salomon geschrieben ist, daß ihre Weisheit übertroffen habe *alle Weisheit Egyptens und Persiens, und des ganzen Orients*, 1 Kön. 4,30. Denn diese haben nur [!] *die natürliche Weisheit des natürlichen Himmels* gehabt; Moses aber, Joseph, Daniel, David, Salomo haben über dieselbe [sc. hinaus] *auch die übernatürliche Weisheit* gehabt".

So findet innerhalb dieses Systems einer „emanatistische[n] Form der Physik", wie Ernst Cassirer[327] das Denken im Sphärenkosmos treffend charakterisiert, eine integrative Synthese zwischen Hermetismus und mystischen Spiritualismus statt, die der hermetisch-magischen Tradition – der eine eigene und dominante gnostisch-religiöse Dimension eignet, und die sich auf die priesterliche Gestalt des „Hermes Trismegistos" zurückführt –, aber auch dem Spiritualismus auf seiner Suche nach dem „Einen" in „Allem" in vielerlei Hinsicht entgegenkommt. Daß beide sich dem neuplatonischen Erbe und wesentlichen Elementen von dessen Weltbild verpflichtet zeigen, scheint eine derartige Synthese geradezu nahezulegen. Die Integration zu einem neuen Ganzen, das verschiedene Traditionen bis zur Unkenntlichkeit miteinander verschmilzt, ist daher nichts Systemfremdes, sondern etwas bereits in dem gemeinsamen und gemeinsam rezipierten philosophischen Erbe und dem eklektischen Prinzip Angelegtes, das entgegen Haages Deutung über eine bloße „streckenweise Parallelität" noch hinausgeht.[328]

---

[325] *Hex* 4,16; zur Stelle vgl. auch Krolzik Säkularisierung S. 21.

[326] *Hex* 4,17; vgl. *Pss* 119/XIII Bd. 2 S. 217a die von aller Weisheit menschlicher Vernunft zu unterscheidende „himmlische aber und göttliche Weisheit", mit der die „hochweisen Regenten" Joseph, Daniel, David, Salomo „Land und Leute wol regieret haben".

[327] Individuum und Kosmos in der Philosophie der Renaissance S. 116, dazu vgl. auch Müller-Jahncke Agrippa, in: Studia Leibnitiana S. 22.

[328] Gegen Haage Alchemie S. 33-36: 36, der "die" Mystik ausschließlich von "einem Leben in dieser Welt ohne die [: materielle] Welt" her deutet, was einem gängigen, m. E. jedoch verkürzenden Verständnis von Mystik entspricht, angefangen von dem von Haage genannten Meister Eckhart bis hin zu ganz verschiedenen Gestalten und Entwürfen franziskanischer

Diesem Phänomen, wie es vor allem für den stärker religiös geprägten Teil des Paracelsismus, für den Weigelianismus, die Rosenkreuzer-Bewegung und andere typisch wurde, soll der folgende Abschnitt in einigen wenigen Zügen nachgehen und die tragenden Anschauungen darin exemplarisch herausarbeiten. Als einer der entscheidenden Impulsgeber ist Marsilio Ficino anzusehen, der nicht nur das Werk von Plato sowie auch das Plotins und anderer Neuplatoniker nebst dem *Corpus Hermeticum* quellenmäßig durch Übersetzung und Kommentierung erschloß, sondern der, selbst durch die Auseinandersetzung mit den alten Schriften angeregt, der Renaissancephilosophie entscheidende Impulse gab, die zusammen mit dem Werk des Pico della Mirandola, sei es in direkter oder einer vermittelten Rezeption, auch im deutschsprachigen Kulturraum wirksam waren. Zu Ficinos einflußreichsten gehört wohl die Schrift *De amore*, ein, seinem Gegenstand angelehnt, in sieben *orationes* gestalteter Kommentar zu Platons *Symposion*. Darin ist mehrfach von zwei „Lichtern" die Rede, die auf unterschiedliche Weise der Seele eignen und zwei komplementäre Erkenntnisgegenstände erschließen. Die von Gott unsterblich geschaffenen[329] „Homines, id est, hominum anim[a]e" waren ursprünglich ungeteilt erschaffen: „Integre sunt, duobus exornate luminibus, ingenito et infuso. Ut ingenito equalia et inferiora, infuso superiora conspicerent."[330] Durch das *lumen ingenitum* „utpote sibi equalem se ipsam et que infra se sunt, id est, corpora omnia, anima videt quidem, deum vero et alia superiora non videt. Sed per primam hanc scintillam deo facta propinquior, alius iterum clarius accipit lumen quo etiam superna cognoscet."[331] Das „natürliche Licht" eignet der Seele von „Natur". Das exteriore „göttliche Licht" hingegen empfängt sie, einer in der Scholastik üblichen Vorstellung und Begrifflichkeit gemäß, als „infusum": „Lumen igitur habet geminum. Naturale alterum sive ingenitum, divinum alterum et infusum."[332] Beide *lumina* sind um der Stellung der Seele zwischen Gott über ihr und der Erde unter ihr unverzichtbar; „lumen illud ingenitum et naturale"[333] ist es aber auch um der Erde willen, die, wenn die Seelen sich auf Gott alleine ausrichten würden, „terra rationalibus esset animalibus vacua"[334]! So spiegelt die Lehre vom *lumen geminum* präzise das platonisch-plotinische Einheitsdenken wider, nach dem die wahre Erkenntnis notwendig nicht nur die Seele selbst und den göttlichen Ursprung des Einen einschließt, sondern auch den Seinszusammenhang, in dem sie steht, *in toto*, zu dem nach der von Gott ausgehenden, sowohl die Einzelwesen wie deren Gesamtheit umfassenden Stufung

---

und dominikanischer Mystik – in denen die *Hexaemeron*-Tradition von Bonaventura bis zu dem Jesuiten Juan de la Puente eine eigene wichtige Rolle spielt – und deren Fernwirkungen.
[329] Ficino *De amore* IV,3.
[330] Ficino *De amore* IV,2 (Blum) S. 100.
[331] Ficino *De amore* IV,4 (Blum) S. 108.
[332] Ficino *De amore* IV,4 (Blum) S. 108.
[333] Ficino *De amore* IV,2 (Blum) S. 100.
[334] Ficino *De amore* IV,4 (Blum) S. 108.

des Seins nach Engeln, Seelen und Körpern[335] auch die Welt des Körperlichen gehört. Mit dieser aus den zwei Lichtern zu einer einzigen vereinigten umfassenden Erkenntnis ausgestattet, vermochte die Seele sich, wie Ficino mit seinem berühmten Bild sagt,[336] zum Flug erheben: „Quibus una coniunctis ceu duabus alis per sublimem pervolare valeat regionem."[337]

Umsomehr ging die Seele, als sie das *lumen divinum sive infusum* preisgab, einer entscheidenden Dimension ihrer selbst verlustig. Jene Ungeteiltheit des ersten Ursprungs wurde zerstört, als die Seelen sich über ihren Status erheben wollten, weshalb sie das *lumen infusum* verloren: „Deo equare se [!] voluerunt. Ad unicum lumen ingenitum se reflexerunt. Hinc divise sunt. Splendorem infusum amiserunt, quando ad solum ingenitum sunt converse statimque in corpora cecidere." Dieser ‚Fall‘ und die Verfallenheit in den Körper sind einander gleichbedeutend: „Cecidit autem animus noster in corpus, cum, pretermisso divino, solo usus est lumine ac se ipso cepit esse contentus."[338] Bemerkenswert ist, wie Ficino diesen ‚Fall‘ konsequent als Reduktionismus auf *lumen naturale* sowie eine allein Gott zukommende Selbstgenügsamkeit interpretiert. Kaum verheißungsvoller könnte es, etwa im Blick auf die Aufklärung, verstanden werden, wenn Ficino fortfährt: „Superbiores facte iterum dividentur, id est, si naturali nimium confidant ingenio, lumen illud ingenitum et naturale quod restitit quodammodo extinguetur."[339] Die ursprüngliche Einheit dieser ‚Flügel‘, deren einen er als *indagatio* und den anderen als *boni desiderium* charakterisiert,[340] sei allein durch den *amor socraticus* wiederzugewinnen möglich,[341] wobei „Verus ... amor nihil est aliud quam nixus quidam ad divinam pulchritudinem evolandi".[342]

Diese Sehnsucht ist der Seele dennoch verblieben. Und so sucht sie, indem sie sich ihres *naturalis fulgor* bedient, in der Erforschung des *naturalium ordo rerum* nach ihrer verlorenen Hälfte und dem göttlichen Licht. „Qua investigatione architectum ingentis huius machine aliquem esse persentit. Eum videre cupit et possidere." Doch ist Gott mittels des natürlichen Lichtes nicht zu erkennen. „Ille solo divino splendore conspicitur."[343] In der Erfahrung dieses Defizits gründet eine Sehnsucht des *naturale lumen*, in Überwindung seines *mancus* einer Beschränkung auf das Natürliche seine ursprüngliche andere Hälfte, *lumen illud divinum* – und damit seine *pristina integritas*[344] – wiederzugewinnen: „Instigatio

---

[335] Ficino *De amore* z. B. II,5; VI,10; VI,15f.; VI,19 u. ö.
[336] Auf dieses Bild als einen seiner Leitgedanken rekurriert Peuckert in seinem mehrbändigen *opus* wiederholt.
[337] Ficino *De amore* IV,4 (Blum) S. 108.
[338] Ficino *De amore* IV,4 (Blum) S. 110.
[339] Ficino *De amore* IV,2 (Blum) S. 100.
[340] Ficino *De amore* VII,14 (Blum) S. 356.
[341] Ficino *De amore* VII,16 (Blum) S. 360.
[342] Ficino *De amore* VII,15 (Blum) S. 360.
[343] Ficino *De amore* IV,5 (Blum) S. 112.
[344] Ficino *De amore* IV,5 (Blum) S. 118.

vero appetitioque huiusmodi verus est amor".[345] Daher ist das höchste Prinzip, das auch allein die *integritas* wiederherstellen kann, nicht die Erkenntnis, sondern die Liebe: „Qui deum cognoscunt non dum illi placent nisi cognitum diligant. Qui cognoscunt et diligunt, non quia cognoscunt sed quia diligunt amantur a deo. ... Quod ergo nos celo restituit non dei cognitio est, sed amor."[346] Diese kategorische Vorordnung des *amor* vor die *cognitio* erinnert wiederum an Arndt, wenngleich dieser die tätige Liebe als *exercitium virtutum* im Sinne einer *fides operosa* und allein wahren *cognitio dei sapida* interpretiert, worin sich letztlich jedoch dieselbe Priorität ausdrückt. Diese Liebe schließt eine umfassende Erkenntis ein:[347] „Ita deum ad presens in omnibus diligemus ut in deo tandem omnia diligamus. Nam *ita viventes* eo proficiscemur *ut et deum et in deo omnia videamus amemusque et ipsum et que in ipso sunt omnia. Et quisquis hoc in tempore sese deo caritate devoverit, se denique recuperabit in deo."* So kehrt die Seele in ihre Idee zurück. Gott, der selbst das Licht schlechthin ist, kann der Mensch in diesem Leben nicht schauen. „Itaque per dei lumen omnia intelligimus. *Ipsum vero purum lumen eiusque fontem* hac in vita videre non possumus." Doch kann die Seele, wenn sie in ihrem Streben nach Liebe die *vitae puritas* – Arndts Forderung zielt auf die *vitae sanctitas* – und die *summa studii intentio* verwirklicht, in ihrer eigenen *penetralia*, den verborgenen Tiefen, Gottes ewiges Licht leuchten sehen und so selbst im Lichtglanz der göttlichen Ideen stehen:[348] „In hoc plane tota anime consistit fecunditas, *quod in eius penetralibus lux illa dei fulget eterna* rerum omnium rationibus ideisque plenissima, ad quam anima, quotiens vult, *vite puritate et summa studii intentione* convertitur, conversa scintillis emicat idearum." Daß darin eine strukturelle Offenheit für eine Verknüpfung mit (wo nicht gar ein gemeinsamer Wurzelgrund mit) der mystischen Tradition Eckhartscher und Taulerscher Provenienz und deren Vorstellung vom göttlichen Seelenfunken wie Seelengrund besteht – von der aszetischen wie von der mystischen Seite her –, ist nicht zu übersehen.

Aus diesem Zusammenhang ist noch ein Gedankenkomplex herauszugreifen, der – ob im Sinne einer, und sei es indirekten, literarischen Abhängigkeit, bleibe dahingestellt – aufgrund seiner besonderen Affinitäten für das Verständnis von Arndts Denken und der Konzeption des „Wahren Christentums" erhellend ist: das ästhetisch-metaphysische Verhältnis von *pulchritudo dei* und *pulchritudo animi*, das Ficino verschiedentlich verhandelt. Der Florentiner Philosoph und Theologe geht von einer differenzierten Gegenwart Gottes in den innerhalb der verschiedenen Sphären angesiedelten Wesen aus, die er auf mancherlei Weise beschreibt. Da schildert er im Zusammenhang dessen, wie der Mensch beim Anblick eines schönen menschlichen Körpers und der von ihm ausgehenden Anziehungskraft sein Streben darauf richtet, in dieser äußerlichen und mit Defiziten behafteten

---

[345] Ficino *De amore* IV,5 (Blum) S. 112, vgl. S. 116.
[346] Ficino *De amore* IV,6 (Blum) S. 120.
[347] Ficino *De amore* VI,19 (Blum) S. 300 (Hervorhebung von mir).
[348] Ficino *De amore* VI,13 (Blum) S. 268 (Hervorhebung von mir).

Schönheit des Körpers die innere ideale Schönheit und darin letztlich die Schönheit Gottes zu suchen, der den Ausgangspunkt des *pulchritudinis radius* darstellt:[349] „Descendit autem a deo primum inque angelum et animam, quasi vitreas materias transiens, et ab anima in corpus eius susceptioni paratum facile demanans, ab eo ipso iunioris hominis corpore presertim per oculos, animi phenestras lucidissimas, emicat." Diesem Lichtstrahl folgt der durch die Schönheit des Körpers angezogene Verehrer der wahren Schönheit bis in deren einen Ursprung zurück. Vater des *amor* ist dieser Lichtstrahl, und *amor* ist es auch, der all den Teilen des Weltkörpers oder Weltganzen wie den Gliedern des Körpers ihren Zusammenhalt verleiht, weshalb er als *magus* bezeichnet wird. Und hier kommt, bezeichnenderweise im selben Kapitel, die [*ars*] *magica* ins Spiel. Ein Zauberer heiße *amor*, [350]

> „Quia tota vis magic[a]e in amore consistit. Magice opus et attractio rei unius ab alia ex quadam cognatione nature. Mundi autem huius partes ceu animalis unius membra,[351] omnes ab uno auctore pendentes, unius nature communione invicem copulantur. Ideo sicut in nobis cerebrum, pulmones, cor, iecur et reliqua membra a se invicem trahunt aliquid seque mutuo iuvant et uno illorum aliquo patiente compatiuntur, ita ingentis huius animalis membra, id est, *omnia mundi corpora connexa* similiter, mutuant invicem naturas et mutuantur. *Ex communi cognatione communis innascitur amor, ex amore, communis attractio. Hec autem vera magica est.*"

Amor heißt das Zauberwort der Magie, denn diese besteht in einem Verhältnis der Sympathie zwischen den verschiedenen Sphären oder den Gliedern des *corpus mundi* untereinander, weshalb auch „natura omnis ex amore mutuo maga cognominatur."[352] Der *Magus* muß die *attractio* der Sphären oder Glieder füreinander verstehen, damit er mit der *ars* die Kräfte der *natura* beeinflussen kann:[353] „*Magice igitur opera nature sunt; ars vero ministra. Ars* enim, ubi naturali cognationi deest aliquid, per vapores, numeros, figuras, qualitates opportunis *supplet* temporibus. Quemadmodum in agricultura, *natura* segetes *parit, ars preparat.* Hanc artem veteres demonibus attribuerunt ... " wegen deren Wissen um die *rerum naturalium societas.* So führt Ficino den magisch-sympathetischen Weltzusammenhang auf den dem göttlichen *pulchritudinis radius* entsprungenen *amor* zurück und folgert:[354] „Quapropter nemini dubium est quin amor sit magus, cum et *tota vis magice in amore consistat ... .*" Damit ist die Magie, noch sehr viel behutsamer indes, als ein Agrippa von Nettesheim dies später sieht, in das neuplatonisch-neuplotinische Denken und eine darauf gegründete Theologie integriert, und einer daran an-

---

[349] Ficino *De amore* VI,10 (Blum) S. 240.
[350] Ficino *De amore* VI,10 (Blum) S. 242/244 (Hervorhebung von mir).
[351] Aus dieser Analogie rührt die Rede etwa vom *cor mundi* oder vom *oculus mundi,* welch letztere auch Arndt geläufig ist, s. o.
[352] Ficino *De amore* VI,10 (Blum) S. 246; zur Magie vgl. Osterhus Hermetismus Ficinos S. 119.
[353] Ficino *De amore* VI,10 (Blum) S. 242/244 (Hervorhebung von mir).
[354] Ficino *De amore* VI,10 (Blum) S. 246 (Hervorhebung von mir).

knüpfenden weitergehenden Synthese von Spiritualismus und Hermetismus, wie Graf Pico della Mirandola sie dann vollzieht, stehen bereits hier alle Türen offen. Verbindet der die *attractio* zweier *partes* zueinander erzeugende *amor* je einzeln die Sphären oder *membra* miteinander, so ist es der göttliche *radius*, der die alles übergreifende Einheit stiftet und den Zusammenhang des Universums gewährleistet. In allem und in allen Sphären und Wesen sind daher die Spuren Gottes zu lieben, in den *corpora* als seine *umbra*, in den Seelen als seine *similitudo*, in den Engeln als seine *imago*, und allein in Gott selbst als *omnia*.[355] Die fünfte Rede eröffnet der *conviva* Carlo Marsupini mit dem Kapitel I:[356] „Amor est beatissimus, quia pulcher est et bonus." Unter Berufung auf Platons Philebos philosophiert Marsupini/Ficino über die der *beatitudo* entsprechende *perfectio*, die gleichsam eine Innen- und eine Außenseite hat: „Est autem perfectio interior quedam est et exterior. Interiorem *bonitatem*, exteriorem *pulchritudinem* dicimus. Propterea quod bonum penitus est et pulchrum, id tamquam ab omni parte perfectum beatissimum nuncupamus. Hanc utique differentiam in rebus animadvertimus", was er an Edelsteinen, Pflanzen, Tieren, ja an der *Virtus*... *animi* zu zeigen sucht. Dabei steht der *latens interius bonitas*, die auch begrifflich an Arndts „Gütigkeit" – *bonitas* – des Schöpfers in allen Kreaturen gemahnt, die er dem unscheinbaren Samen vergleicht, eine sinnlich – und noch viel mehr geistig – wahrnehmbare *pulchritudo* gleichsam als dessen Blüte gegenüber, wobei zwischen beiden ein zirkuläres Verhältnis des Gebens und Nehmens besteht: „ut flores arborum seminibus orti semina ipsi quoque producunt, ita spetiem hanc bonitatis florem, ut ex bono pululat, sic et ad bonum amantes producere."

Diese *pulchritudo* ist eine mit dem leiblichen und vielmehr noch geistigen Auge zu schauende Manifestation der von dem göttlichen *radius* und der aus diesem hervorgehenden *vis fecunda*[357] ins Dasein gerufenen Metaphysik allen Seins, die sich in den Wesen der verschiedenen Sphären je nach deren graduell verschiedener Dichte in differenter Deutlichkeit zeigt, wie Kapitel IV derselben Rede unter der Überschrift: „Pulchritudo est splendor divini vultus" näher ausführt: [358]

„Divina potestas omnia supereminens statim a se natis angelis atque animis, suum illum radium in quo fecunda vis inest omnium creandorum, tamquam filiis, clementer infundit. Hic in eis utpote sibi propinquioribus totius mundi dispositionem et ordinem multo pingit exactius quam in mundi materia. ... Picture huiusmodi in angelis, exemplaria et idee, in animis, rationes et notiones, in orbis materia, forme atque imagines a Platonicis nominantur. Clare quidem in orbe, clariores in animo, in angeli mente clarissime. Unus igitur dei vultus tribus deinceps per ordinem positis lucet in speculis: angelo, animo, corpore mundi. In illo tamquam propinquiore clarissime."

---

[355] Ficino *De amore* VI,19 (Blum) S. 300.
[356] Ficino *De amore* V,1 (Blum) S. 124/126 (Hervorhebung von mir).
[357] Vgl. Arndts "grünende Kraft" in *WCh* I,19,10, aber auch *Hex* 4,37.
[358] Ficino *De amore* V,4 (Blum) S. 142/144.

Auf jeder der Sphären bildet die Schönheit einen Spiegel des göttlichen *radius*, und im Anschauen dieser Schönheit erblickt die auf Gott gerichtete Seele, wenn sie schon Gott selbst nicht schauen kann, so doch „einen *splendor divini vultus*, und zwar nicht nur in der Welt der Körper – „*totus hic mundi decor* ... *tertius est dei vultus*"[359] –, sondern, wenn sie sich von ihrer verderblichen *inclinatio* zum *terrenum corpus* ab- und dem Geistigen zuwendet, gerade im eigenen Innersten:[360]

> „Hinc efficitur ut *divini vultus illius candorem in se perpetuo enitentem* non prius animadvertat quam, adulto iam corpore et ratione expergefacta, *dei vultum in mundi machina refulgentem et oculis manifestum* cogitatione consideret. Qua quidem consideratione provehitur ad eum *qui intus emicat* intuendum. ... Vultus huius ... nitor et gratia sive in angelo, sive in animo, sive in mundi materia *pulchritudo universalis* est apellanda [sic]. *Impetusque ad illam universalis dicendus est amor*."

Wenn diese *pulchritudo dei* oder *pulchritudo divini vultus* in der Seele aufleuchtet, so wird auch diese selbst ‚schön'. In einer erklärtermaßen fiktiven Rede der Diotima an Sokrates, die der sechste Redner, Tomaso Benci, seinen Tischgenossen vorträgt, fordert die Prophetin, daß der Philosoph sich von der Schönheit der Körper zur geistigen und von da bis zur Schönheit Gottes selbst erheben solle, um die Täuschungen zu meiden. „Quapropter una multorum corporum pulchritudo ab uno aliquo incorporali pendet artifice. Artifex unus omnium deus est".[361] Diotima leitet weiter zur Betrachtung der *animi pulchritudo*, welche wesentlich in *veritas* und *sapientia* bestehe, wie Ficino unter Bezug auf ein Gebet von Plato sagt:

> „Quid autem in animo amare te iubeo? Animi pulchritudinem. Lux autem est pulchritudo corporum, *lux est animi pulchritudo*. *Lux animi veritas*, quam solam, amicus tuus, Plato in votis suis a deo postulare videtur. 'Da mihi', inquit, 'deus ut meus animus pulcher efficiatur et que ad corpus attintent animi pulchritudinem non impediant. Solum sapientem, divitem putem.' In iis Plato declarat *pulchritudinem animi in veritate sapientiaque consistere, eam a deo hominibus tribui*."[362]

Schon die fünfte Rede hatte, diesmal unter Berufung auf Orpheus, formuliert, daß die *pulchritudo* der Seele „in veritatis et virtutis claritate consistit",[363] was nun die sechste in Kapitel 18 ausführlich entfaltet. Daß die ‚Schönheit' *in veritate* besteht, äußert sich darin, daß diese *veritas* sich in Gestalt verschiedener Tugenden zeigt, die nach *virtutes morales* und *virtutes intellective* zu unterscheiden seien. „Ideo *pulchritudinem animi, que consistit in moribus*, primam considerare te iubeo, ut intelligas *unam esse morum omnium rationem*, per quam similiter honesti vocantur.

---

[359] Ficino *De amore* V,4 (Blum) S. 148.
[360] Ficino *De amore* V,4 (Blum) S. 144/146 (Hervorhebung von mir).
[361] Ficino *De amore* VI,18 (Blum) S. 290.
[362] Ficino *De amore* VI,18 (Blum) S. 292.
[363] Ficino *De amore* V,2 (Blum) S. 134.

Unam scilicet vite purissime [!] *veritatem,* que iustitie, fortitudinis, temperantie actioni-
bus ad veram nos perducit felicitatem."[364] Die *animi pulchritudo* ist anders als die
pulchritudo rerum naturalium nicht ästhetisch, sondern ethisch gefaßt, die *animi lux*
ist eine *veritas morum* oder *virtutum*.[365] „Quamvis autem varias sapientie, scientie,
prudentieque doctrinas contuearis, in cunctis tamen *unicam esse veritatis lucem*
existimato, *per quam omnes pulchre similiter apellantur. Eam tibi utpote suppremam animi
pulchritudinem summopere amare precipio.*"[366] Daher begreift die *animi pulchritudo* als
veritas und *sapientia* alle *virtutes* in sich. Noch über die Schönheit der Seele hinaus
sollte Sokrates „unicam unice sapientie lucem, angeli pulchritudinem" lieben.
„Quoniam vero angeli lux in idearum complurium serie micat ac supra multitudinem omnem unitas sit oportet, que est numeri totius origo, necesse est eam ab
uno rerum omnium principio, quod ipsum unum vocamus, effluere. *Ipsius itaque
unius lux penitus simplicissima infinita pulchritudo est ...*".[367] Der Aufstieg anhand der
verschiedenen Ausdrucksformen der *pulchritudo* von den *res naturales* über die Seelen und Engel führt zu Gott, der Quelle und dem Urheber von *lux, bonitas* und
pulchritudo. So ist Ficinos Vorstellung von der als aus der *supereminens dei existentia,*
dem *bonum,* als dessen „actus quidam sive radius ... per omnia penetrans" alle
Sphären und bis in die Seelen hinein durchstrahlenden *pulchritudo,* der Ficino ein
eigenes Kapitel unter dem signifikanten Titel: „Pulchritudo divina per omnia
splendet et amatur in omnibus"[368] widmet, als ein durch die Auseinandersetzung
mit Plotin überformter, nicht unbedeutender Widerhall von Platons „Metaphysik des Schönen"[369] zu verstehen. Hauskeller charakterisiert diese Metaphysik
Ficinos so:[370] „Wie bei Pseudo-Dionysius ist die Schönheit das göttliche Licht in
den Dingen, ein ‚Blütenschmuck der Güte' Gottes, und die Schönheit der Welt
die Weise, auf die Gottes Liebe seine Geschöpfe an sich zu binden sucht, in der
unbelebten Materie, der lebendigen Natur, der Seele und dem Geist. ... Mensch
und Welt erscheinen gleichermaßen von Göttlichkeit durchdrungen, miteinander
und mit Gott verbunden durch die Macht der Liebe. Licht, Schönheit, Liebe,

---

364 Ficino *De amore* VI,18 (Blum) S. 292 (Hervorhebung von mir).
365 Ficino *De amore* VI,18 (Blum) S. 294.
366 Ficino *De amore* VI,18 (Blum) S. 294/296 (Hervorhebung von mir).
367 Ficino *De amore* VI,18 (Blum) S. 296 (Hervorhebung von mir).
368 Ficino *De amore* II,5 (Blum) S. 54/56.
369 Hauskellers (Hg.) erhellende, klug kommentierte Anthologie: Was das Schöne sei, skizziert
    diese Metaphysik unter Bezug auf *Phaidros* u. *Symposion,* cap. 1 S. 14: "Die Schönheit der sinn-
    lichen Erscheinung sei nur ein Abglanz jener wahren und einzigen Schönheit, die der Mensch
    einmal als körperlose Seele geschaut habe, bevor ihn seine Schwäche auf die Erde und in die
    Leiblichkeit habe fallen lassen. Durch den Anblick schöner Dinge werde der Mensch an die
    Schau jener Schönheit erinnert, so daß er sie aufs Neue ersehne und sich bemühe, von der
    sinnlichen Schönheit stufenweise hinaufzusteigen über die Schönheit der Seelen, die Schön-
    heit eines aufrechten Lebenswandels, die Schönheit des Wissens, bis zu jener unwandelbaren
    und einen Erkenntnis, der Schau der höchsten Schönheit, die zugleich die höchste Wahrheit
    und die Idee des Guten sei. So erwecke das sinnlich Schöne die suchende Liebe zur Erkennt-
    nis, die allein das Leben lebenswert mache und die man Philosophie nennt."
370 Hauskeller (Hg.): Was das Schöne sei, Kap. 4 S. 86f.

Seele: Um diese vier Begriffe kreist die Ficinische Philosophie." Alle Schönheit, die nicht Gott selbst ist, ist nur ein Abglanz, doch führt sie, recht verstanden, als eine abgeleitete letztlich zurück zur *dei lux et pulchritudo absoluta* als dem Grund und der Quelle allen Seins: [371]

> „Itaque *dei lux et pulchritudo*, que mera est prorsus, *ab aliis omnibus absoluta, absque dubio infinita dicitur pulchritudo*. Infinita pulchritudo immensum quoque requirit amorem ... deum vero amore diligas infinito neque ullus divino modus assit amori."

Aus dem inneren Zusammenhang des Dargelegten zeigt sich, daß für Ficino nicht nur Kosmologie (samt der *magica*), Anthropologie und Angelologie in einer Metaphysik der göttlichen *lux* bzw. des göttlichen *radius* gründen, sondern auch die Rede von der – der *pulchritudo divina* korrespondierenden – *animi pulchritudo* im Sinne der *veritas* und der *virtutes*, worin die zu Gott führende Weisheit besteht. Zu dem aus den Wesen aller Sphären leuchtenden *divinus vultus* findet die Seele, wenn sie sich aus der verfehlten Hinneigung zum Körperlichen befreit und dem Geistigen zuwendet,[372] worauf sie die verlorene *lux infusa* wiederfindet als „divini vultus illius candorem in se perpetuo enitentem ... qui intus emicat".[373] Von manch großen Linien über Details bis in die Begrifflichkeit hinein zeigen sich Analogien zu Arndt, die eine – hier nicht zu leistende – nähere Überprüfung denkbarer Beziehungen, sowohl zu Ficino selbst als auch zu dem durch ihn vermittelten Platonismus bzw. Neuplatonismus, sinnvoll erscheinen lassen könnten.

Einige wenige Punkte seien angesprochen, an denen sich an entscheidender Stelle Arndts „Wahres Christentum" mit dem Denken Ficinos, aber auch der von ihm repräsentierten Traditionen eng berührt: Neben der Lichtmetaphysik in *Hexaemeron* 1 gilt dies etwa für die Beschreibung der *vita contemplativa* in Buch II. Hier kommt in Kapitel 28 Arndt mehrfach auf die „Gütigkeit" Gottes, das begriffliche Äquivalent der *bonitas*, zu sprechen, die der Mensch „wahrhaftig im Herzen schmecken und empfinden" müsse[374] und in der er „das ewige vollkommene Gut hat, in dem alles Gut ist".[375] Daher müsse die Seele sich alles Weltlichen entledigen und sich mit Gott vereinigen, der sie „mit seinem Licht und Trost erfüllet."[376] Das folgende Kapitel, das den Titel trägt: „Wie die liebhabende Seele GOtt in seinen Wohlthaten anschauet [!], als die mildeste Gütigkeit", wiederholt zwar im Text nicht den Begriff der „Gütigkeit", doch lehrt es anhand von „leiblichen" sowie „geistlichen und ewigen" „Wohlthaten" Gottes mit einer

---

[371] Ficino *De amore* VI,18 (Blum) S. 298 (Hervorhebung von mir).
[372] Einer der zentralen Gedanken aus des *Poimandres* Rede an *Hermes*, Ficino *Opera* II,2 S. 1838f.
[373] Ficino *De amore* V,4 (Blum) S. 144, s. o.
[374] Abschnitt 1, vgl. 2.5 usw.
[375] Abschnitt 8.
[376] Abschnitt 4.

nachgerade mathematischen Präzision[377] zu erkennen, „daß alle Creaturen voll sind der *Liebe GOttes.*" [378]

Zu *bonitas* und *amor* tritt im dritten Kapitel in dieser Reihe („Wahres Christentum" II,30), das davon handelt, „Wie sich GOtt der liebhabenden Seele offenbaret als die höchste Schönheit", als ein drittes schließlich die *pulchritudo dei* hinzu. Sie erweist sich als Ursprung aller von ihm abgeleiteten Schönheit, die sich in den von Ficino bekannten Sphären zeigt: [379]

> Die liebhabende Seele „siehet GOtt als die höchste Schönheit, der nichts im Himmel und auf Erden zu vergleichen ... Denn wenn alle heilige Engel in ihrem Glanz, und alle Auserwählten in ihrer Verklärung da auf einem Haufen stünden, so würde man doch sehen, daß *alle ihre Schönheit und Klarheit* [!][380] *von GOtt, und aus* [!] *GOtt, als aus der ewigen Klarheit und Schönheit, aus dem ewigen unendlichen Licht und Glanz, ihren Ursprung habe.* 2. Denn gleichwie GOtt alles Gut, und das höchste Gut ist, so ist Er auch *alle Schönheit, Zierde und Schmuck.*[381] Und wenn man *GOttes Herrlichkeit im Geist anschauet,* so vergisset man aller Creaturen, ja aller Engel Schönheit ...".

Es liegt auf der Hand, daß nach einem Abschnitt über „GOttes Sohn" als „Glanz der Herrlichkeit GOttes", der „die Menschen seiner göttlichen Natur und Schönheit theilhaftig gemachet" hat,[382] „Plato, der weise Heide" die Bühne betritt. Dieser habe,[383] „als er die Schönheit der Creaturen betrachtete, ... aus der Vernunft geschlossen: *GOtt müsse ein ewiges, überaus schönes Wesen seyn, denn es müsse in demselben aller Creaturen Schönheit beschlossen seyn.*" Nach dem bereits von den *magi* bekannten Konzept von Anknüpfung und Überbietung verfährt Arndt auch hier: „Wir aber sagen und bekennen aus GOttes Wort und dem heiligen Evangelisten Johanne ... daß wir Ihm (GOtt) gleich seyn werden, denn wir werden Ihn sehen, wie Er ist, 1 Joh. 3,2". Nach der völligen Erneuerung des „Gebilde[s] GOttes" wird die Seele „wahrhaftig ein solch Bild seyn ..., *daraus GOttes Schönheit, Klarheit und Herrlichkeit leuchten wird*; aus Christo JEsu aber, unserm HErrn, die höchste Klarheit und Schönheit über alles."[384] Wie schon fast zu erwarten, mündet das kurze Kapitel in das Thema der endzeitlichen Verklärung, wenn nach Phil 3,21 die Leiber der Auserwählten dem verklärten Leib Christi „ähnlich" würden und nach Dan 12,3 „die Heiligen leuchten werden, wie die Sterne, und wie des Himmels Glanz immer und ewiglich". Die Metaphysik

---

377   *WCh* II,29,13: "Rechne alle Wohlthaten GOttes zusammen, so wirst du empfinden ...".
378   *WCh* II,29,13 (Hervorhebung von mir).
379   *WCh* II,30,1f. (Hervorhebung von mir).
380   Nach Ficino *De amore* V,2 (Blum) S. 134 besteht die *pulchritudo* der Seele „in veritatis et virtutis *claritate*"!
381   Vgl. Ficino *De amore* V,4 (Blum) S. 148: „totus hic mundi *decor* ... tertius est dei vultus".
382   *WCh* II,30,3.
383   *WCh* II,30,4 (Hervorhebung von mir).
384   *WCh* II,30,4 (Hervorhebung von mir).

des göttlichen Lichtes, die sich der Vorstellung Ficinos analog von Gott über
den Sphärenkosmos bis zur ‚schönen' Seele und ihrer endzeitlichen Verklärung
erstreckt, durchdringt alles und führt es in seinen göttlichen Ursprung zurück.
„Und weil der 104. Psalm V. 2 von GOtt spricht: Licht ist dein Kleid, das Du
anhast; *so wird unser Kleid auch nichts anders seyn, denn Licht und Klarheit.*"[385] So ist die
animi pulchritudo nichts anderes als die in der Seele leuchtende *pulchritudo dei* selbst.

„Wer nun eine solche Seele sehen könnte, der sähe die allerschönste Creatur,
und das göttliche Licht in ihr leuchten. denn sie ist mit GOtt vereiniget, und ist
göttlich, nicht von Natur, sondern aus Gnaden", heißt es im *liber conscientiae*.[386]
Aus dieser Lichtmetaphysik erklärt sich daher auch, daß dem Thema von der
‚Schönheit' der Seele nicht von ungefähr sowohl in Buch III wie in Buch IV eine
zentrale Bedeutung zukommt. So trägt Kapitel 3 des *liber conscientiae* den Titel:
„Wie eine gläubige Seele GOtt inwendig in ihr selbst suchen soll; und von der
Schönheit und Seligkeit der Seele, so mit GOtt vereiniget ist." Und wo Ficino
von dem in der Seele klarer als im Kosmos erkennbaren *vultus divinus* spricht,
heißt es bei Arndt im Blick auf Endgericht und Ewigkeit: „die lautere göttliche
[!] Seele wird GOtt, und das Reich GOttes in ihr selbst anschauen, und wird
GOtt ewiglich sehen in seinem Wesen, als GOtt, und dasselbe in ihr selbst".[387]
Für das *Hexaemeron* bildet die „schöne Seele" den Fluchtpunkt, in dem alle
Linien zusammenlaufen. Insofern die Seele als ein zwischen Zeit und Ewigkeit
stehendes Wesen zugleich die Dimensionen des Sterblichen und des Unsterblichen in sich trägt, weist die durch das *lumen divinum* in der Seele als *imago dei*
ergänzte und zugleich überbotene Makro-/Mikrokosmos-Relation schon *per se*
über sich selbst und ein bloß immanentes intramundanes Verständnis hinaus.
Rund ein Drittel des sechsten Kapitels, das seinem Titel nach eigentlich „Von
dem sechsten Tagewerk GOttes, von den Thieren" handelt, ist dem Menschen
gewidmet, der gleich im ersten Abschnitt davon nicht nur als „aller Creaturen
Beschluß und epitome, Inbegriff", sondern gleich zweimal auch als die „schön-
ste Creatur" apostrophiert wird.[388] Beides zusammen, *epitome* und *pulchritudo*,
verbindet Arndt ausdrücklich mit dem Begriff der „Vollkommenheit", in der er
als das „Ende" (*Telos*) der Schöpfung all den anderen Kreaturen überlegen sei.
Und „weil solche Schönheit alle um des Menschen willen geschaffen, so muß
freilich der Mensch viel schöner und herrlicher seyn". Dies gilt „sonderlich wenn
man die Seele des Menschen betrachtet."[389] Und so kann, wie im Platonismus
und in der von diesem inspirierten Schrift *De amore* des Ficino auch,[390] „der
Seelen Schönheit aus der schönen Gestalt menschlichen Leibes erkannt wer-

---

385 *WCh* II,30,5.
386 *WCh* III,4,4.
387 *WCh* III,4,5.
388 *Hex* 6,20.
389 *Hex* 6,20f.
390 Vgl. Ficino *De amore* VI,18 (Blum) S. 288-298 die gegenüber der geistigen weitaus geringere
     Schönheit der menschlichen Körper.

den", welcher sich zur Seele verhalte wie ein Haus zu seinem Gast,[391] wie überhaupt dieser Tradition gemäß das Streben der Seele sich von den Dingen der
Körperwelt auf die Erhebung zu Gott als *ipsa pulchritudo* richten soll, „der die
unendliche Schönheit selbst ist".[392] Nachdem die beiden längsten Abschnitte
dieses Teils „die Schönheit der menschlichen Seele" aus deren einzigartiger
Stellung als „Bildniß und Gleichniß GOttes" erklärt – und damit die fundamentale Bedeutung des das „Wahre Christentum" tragenden *imago-dei*-Theorems
über die ersten drei Bücher hinaus auch im *liber naturae* bestätigt – haben,[393]
erscheint abermals Plato mit dem Diktum, „daß die Tugend und Gottseligkeit [!]
sei der Seele Schönheit"[394] – nur um ein weiteres Mal nach seiner nur indirekt
erfolgten Rezeption christlich überboten zu werden: „Wenn wir aber bedenken
die Vereinigung unserer Seele mit GOtt und Christo, und die Gerechtigkeit
Christi ... so verstehen wir die rechte innerliche Schönheit unserer Seele. Denn
unsere Seele hat alle ihre Schönheit von Christo JEsu."[395] Das hindert Arndt jedoch nicht daran, sich für seine Darstellung der Vereinigungsmystik aus dem gedanklichen und sprachlichen Fundus der platonistischen Tradition zu bedienen.
Die Passage, und damit auch das ganze *Hexaemeron*, schließen nach weiteren
Abschnitten etwa zur Brautmystik und der Rede von der Seele als Tempel Gottes mit der im *divinum alloquium* permanent zunehmenden ‚Verklärung', in der die
Seele selbst noch gegenüber dem das Gotteslicht widerspiegelnden Angesicht
des Mose[396] eine „*viel mehr* [!] *und größere* geistliche Klarheit und Schönheit"[397]
gewinnt, wovon – womit das *Hexaemeron* reichlich lapidar endet –, der zweite
Teil des vierten Buches handele. Dies allerdings entpuppt sich als wichtiger Hinweis darauf, daß dieser zweite Teil, der *in toto* von der Liebe (*amor*) und von der
Verpflichtung des Menschen zu einem gottgewollten Leben nicht nur der Dankbarkeit gegenüber Gott, sondern der gelebten Praxis der Tugenden handelt, im
‚Licht' der „schönen Seele" zu verstehen ist, was gut korrespondiert mit dem
von Ficino vorgetragenen Verständnis der *animi pulchritudo* im christlich modifizierten Sinne einer orpheischen *veritatis et virtutis claritas* und einer platonischen
veritas et sapientia, nach der *veritas morum* und *lux animi* gleichbedeutend seien.[398]
Auch hier zeigt sich, daß eine Arndtsche ‚Metaphysik des Schönen'[399] ebenso wie

---

[391] *Hex* 6,22.
[392] *Hex* 6,27.
[393] *Hex* 6,24f.
[394] *Hex* 6,26; vgl. auch oben zu Ficino *De amore* V,2 und VI,18.
[395] *Hex* 6,26.
[396] Welches lichtmetaphysisch gedeutete Thema nach *Hex* 1,29 – wo es sich ebenfalls im Kontext der "Verklärung" Christi wie der Auserwählten findet – hier zum Ende wiederkehrt. Zur
Verklärung und dem Spruch: "Tota pulchra es, anima mea" samt Bibelstellen vgl. *WCh* II,3,5.
[397] *Hex* 6,30 (Hervorhebung von mir); zu *claritas* und *pulchritudo* vgl. o.
[398] S. o. zu Ficino *De amore* V,2 und VI,18.
[399] Vgl. auch *WCh* II,26,10: Gottes "liebliche[s] Wesen ... daß Er unaussprechlicher Weise übertreffe alle Schönheit und Lieblichkeit der Welt. *Er ist aller schönen Dinge Schönheit*, aller lieblichen Dinge Lieblichkeit, aller Lebendigen Leben." (Hervorhebung von mir).

eine davon schwer zu trennende und oft nicht einmal leicht davon zu differenzierende analoge ‚Metaphysik des Lichtes‘ nicht nur einzelne Themenfelder, sondern die Konzeption und Gestalt des „Wahren Christentums" insgesamt prägen.

Sowohl die mystische Erhebung der Seele von der „Welt" oder auch „Erde" als die physikotheologische „Leiter der Creaturen" münden von unterschiedlichen Wegen her beiderseits in dieselbe von Gott mit „Licht" erfüllte „schöne Seele". Zwar besteht zwischen dem *lumen gratiae* und dem *lumen naturae* eine hierarchisch-qualitative Abstufung, doch zielen beide gleichwohl in dieselbe Richtung, so wie beide aus demselben Ursprung herkommen oder aus ihm „fließen". Auch wenn die Topik der *pulchritudo animae*, die Arndt – wohl im Zusammenhang einer eigenen, bisher nicht näher untersuchten Plato-Rezeption – mit Ficino verbindet, ihn in dieser Hinsicht aus dem Chor der hermetisch-spiritualistischen Stimmen herauszuheben scheint, verbindet ihn mit diesen Traditionen doch gerade seine spezifische Sicht auf diese beiden „Lichter" der Erkenntnis, und zwar in struktureller Hinsicht durchaus in den von Ficino vorgezeichneten Bahnen, jedoch in deutlich modifizierter Ausformung und auch Terminologie. Daß dieser Themenkomplex in einer langen Tradition steht, in der der platonisierenden Kathedralschule von Chartres, für die etwa die Namen Bernhard Sylvestris und Thierry von Chartres zu nennen wären, aber auch Albertus Magnus, Dietrich von Freiberg und Dionys der Karthäuser und andere, die ein gemeinsames Interesse an Mystik, Platonismus und Naturphilosophie verbindet, eine zentrale Rolle zukommt, darauf hat, vor allem im Anschluß an wichtige Arbeiten von Claus Baeumker, Peuckert im ersten Kapitel seiner Pansophie[400] erneut aufmerksam gemacht, worauf hier nur allgemein verwiesen werden kann.[401] Auch jenseits der Frage, ob nun die Florentiner Renaissance in dieser Hinsicht eher als ein Neuansatz anzusehen ist, oder in mancherlei Hinsicht auch als eine Erneuerung älterer Strömungen, in jedem Fall ist ihr anhand von Ficinos Schrift *De amore* dargelegter Impuls im Blick auf die zwei „Lichter" ein nachdrücklicher, zumal im Zuge einer im Lauf der Zeit noch zunehmenden, jene amalgamierenden Integration von Hermetismus, Kabbala und weiteren geheimen Traditionen. Für die vornehmlich mit den Namen Paracelsus und Weigel verbundenen, sich

---

[400] S. 1f.; 7; 24.

[401] Eine sicherlich lohnende gründliche Untersuchung dieser Fragen in diachroner Hinsicht bedürfte eines weitaus breiteren Ansatzes, als er im Rahmen dieser synchron ansetzenden Studie möglich ist. Hierzu gehörte neben der Platorezeption auch die des Neuplatonismus, die Geschichte der pseudo-dionysischen Theologie und verschiedener ihrer Elemente wie der Lichtmetaphysik, die von diesen Fragen unlösbare nach der Hermetismusrezeption u. a., die sinnvoll nur im größeren Zusammenhang miteinander betrachtet werden können, wie ihn die vielfältige Geschichte der Rezeption dieser Themen spiegelt. Erst ein umfassender Überblick über diese in der Forschung je in sich komplexen Gebiete erlaubte differenzierte Urteile. Wichtige Anregungen verdanke ich der thematischen Aufsatzsammlung im *Studium Generale* 10/1957, wovon im einzelnen Hempel Lichtsymbolik, Ratzinger Licht und Erleuchtung, Mensching Lichtsymbolik, Blumenberg Licht als Metapher und am selben Ort Nr. 13/1960 Goldammer Lichtsymbolik (s. u.) zu nennen sind, dazu die Studie von Hedwig: Sphaera lucis.

vielfältig bis zur Unkenntlichkeit überlagernden hermetischen und spiritualistischen Strömungen des ausgehenden 16. und beginnenden 17. Jahrhunderts stellen die zwei „Lichter" geradezu eine Art von Koordinaten dar, die ein ganzes Bezugssystem des Denkens aufspannen, wie an einigen Beispielen zu zeigen ist.

„Paracelsus wäre nichts gewesen, und hätte keine Jünger gehabt, leuchteten ihm nicht die beiden Lichte."[402] Auch wenn man von dem für Peuckert so typischen Pathos abstrahiert, bleibt die Erkenntnis zutreffend, daß Hohenheims Rede von den zwei „Lichtern" sowohl für sein Denken wie das vieler seiner Rezipienten fundamentale Bedeutung besitzt, auch wenn dies in repräsentativen Feldern der Forschung noch nicht genug zur Kenntnis genommen erscheint.[403] Doch räumt etwa Goldammer im Aufsatz: „Lichtsymbolik in philosophischer Weltanschauung, Mystik und Theosophie", in dem er von Cusanus über die Florentiner Renaissance, den nachreformatorischen mystischen Spiritualismus bis zur Aufklärung eines Christian Thomasius Entwicklungslinien in der Rede vom „Licht" im „symbolischen" Sinne verfolgt, dem Hohenheimer einen wichtigen Platz ein. Danach erscheine in den Frühschriften um 1520 das „Licht der Natur" als umfassender Begriff, der sowohl das „Licht der Vernunft" wie das im Menschen wirkende „Licht microcosmi" wie auch das „gleichsam in Hypostase und Urgestalt" „für sich selbst bestehende Licht" bezeichnen könne. Während um die Zeit das „Licht des Geistes" noch als „„Synonym' zum ‚Licht der Natur'" zu verstehen sei, trenne der Hohenheimer in den „großen medizinisch-philosophischen Programmschriften" etwa um das Jahr 1530 – denen „ein skeptischer Zug gegenüber der Suffizienz des Natürlichen" eigne, infolge dessen er die Fähigkeiten des natürlichen Lichtes vorsichtig einzuschränken scheint – zunehmend klar das „Licht der Natur" vom heiligen Geist, dem als dem höheren „Licht" die

---

402 Peuckert Pansophie S. 229; vgl. auch Thema und einschlägige Paracelsuszitate ebd. S. 243-45.

403 Im Aufsatzband "Paracelsus (1493-1541) ‚Keines andern Knecht …'" (hg. Dopsch/Goldammer/Kramml) stößt man wiederholt auf das "Licht der Natur" einerseits und religiöse Themen andererseits, doch sucht man in dieser Publikation, in der Goldammers Aufsatz zur Magie und Kämmerers Beitrag zum "Leib-Seele-Geist-Problem" unter der Rubrik "Grenzbereiche" [!] firmieren, vergeblich nach den zwei *lumina*, was vielleicht für eine stärker naturwissenschaftlich orientierte Forschungsrichtung repräsentativ ist. Doch auch in Ute Gauses theologiehistorischer Studie zu Paracelsus findet trotz S. 23f. keine spezielle Auseinandersetzung mit dem Thema der"Lichter" statt, was sowohl von der methodischen Beschränkung auf frühe Schriften einerseits (für die Goldammer Lichtsymbolik S. 676 beim Hohenheimer eine Synonymität des 'Lichtes des Geistes' mit dem der Natur diagnostiziert) wie einer theologischen Einordnung des Hohenheimers hinsichtlich Offenbarung und Erkenntnis näher bei Luther als den zeitgenössischen mystischen Spiritualisten andererseits herrühren dürfte (ebd. S. 287 konstatiert Gause bei Paracelsus ein den Wittenbergern nahestehendes "Festhalten am Wort Gottes als der einzigen Offenbarung" u. am Prinzip der *sola scriptura*, was allerdings schon mit dem "Licht der Natur" und erst recht mit der *theologia adepta* in *Astronomia magna* I,1, Werke (Sudhoff) XII S. 189f. und Ähnlichem kaum vereinbar scheint, dazu vgl. Gause S. 23f. selbst). Für das Thema erhellend sind begriffsgeschichtliche Ausführungen bei Gilly Erfahrung I S. 85-90 zu Theosophie, Anthroposophie, Pansophie etc. Zu hoffen ist, daß der zunehmende interdisziplinäre Diskurs beitragen wird, Themen dieser Art, Paracelsus' Denken vielleicht angemessener, verstärkt auch fachübergreifend in den Blick zu nehmen.

Rolle eines „Anzünder[s] des Lichts der Natur" zukomme.[404] „Eine Identifikation von Geistlicht und Naturlicht wird nicht vorgenommen. ... Er rühmt sich
zwar auch hier noch, daß er sowohl der Heiligen Schrift wie des Lichtes der
Natur kundig sei, und er preist das Licht der Natur gegenüber der Autorität des
Aristoteles, aber er konfrontiert [: es?] jetzt mit dem besseren Licht Gottes, das
ist der Heilige Geist. Ja, er behauptet, daß Künste und Handwerke nicht aus dem
Licht der Natur, sondern aus Gott kommen, und daß das Licht Gottes besser ist
als alle Lichter der Menschen".[405] In einer dritten Stufe findet Goldammer den
„Licht-Komplex um Natur und Gott" in Theophrasts „persönlichen Bekennt-
nis-Schriften" von 1537/38 wieder, wo das ‚Licht der Natur' als „geradezu göttlich" verstanden sei. Allerdings sei in der *Philosophia sagax* oder auch *Astronomia
magna* – der auch im Blick auf diese Thematik wohl wichtigsten und wirkmäch-
tigsten Schrift – verstärkt wieder jene Differenzierung zum „Licht[] des Ewigen"
zu beobachten. Bedauerlicherweise geht Goldammer auf dieses höhere „Licht"
und auf das Verhältnis der beiden nicht näher ein und diagnostiziert resümierend
Schwankungen und deutliche Unsicherheiten des Hohenheimers im Blick auf
den Begriff des „Lichts der Natur", die, bei aller Anerkenntnis dessen, daß eine
begriffliche Schärfe weder dessen Intention noch Stärke ist, sich zumindest im
Blick auf eine von Goldammer zwar benannte, jedoch nicht eingehender
gedeutete Stelle zu relativieren scheinen, da sich an dieser klare Konturen zeigen.
Basis aller Gedanken ist die trichotomische Anthropologie, unterteilt nach dem
elementischen („tierisch[en]") und dem astralen („siderisch[en]") Leib sowie der
„biltnus", die je aus einem anderen Grund „Wesen" und „Speise" empfangen: [406]

> „also entpfahet ein ieglicher teil sein wesen, nach dem und er im geben
> hat. was vom fleisch ist, das ist tierisch und hangt allen tieren an; was vom
> gestirn ist, das ist menschlich, und was vom geist gottes ist, das ist nach
> der biltnus."

Den drei Schichten oder Sphären im Menschen, die mikrokosmisch den Sphären
des Makrokosmos entsprechen und die zwar in einem Menschen zusammen existieren und zusammenwirken, aber letzten Trennungen unterliegen, entsprechen
je eigene Quellen des Seins und der diesem Sein gemäßen Erkenntnis. Nach seiner natürlichen Existenz eignet dem Menschen neben der geistigen noch die ihn
mit dem „vihe" verbindende animalische Schicht, die in diesem Sinne kein spezifisches „Licht" besitzt: „des vihes art ist alein zum essen und trinken und sein

---

[404] Blümlein Naturerfahrung S. 31f./34 (zu den 'Lichtern' Bezug auf weitere zumeist ältere Para-
celsus-Literatur), bestreitet diese "pessimistische[] Haltung" des Paracelsus zu jener Zeit und
plädiert mit guten Gründen für eine deutlich größere Kontinuität von dessen Anschauungen.
[405] Goldammer Lichtsymbolik S. 676f. (mit Belegen), wie auch zu diesem ganzen Abschnitt.
[406] *Astronomia magna* I,1, Werke (Sudhoff) XII S. 22 (Hervorhebung von mir); Goldammer Lichtsymbolik S. 677 nennt in diesem Kapitel allgemeiner die Seiten 14ff. und 27ff.; darüberhinaus
beziehe ich mich auf weitere diesen Zusammenhang betreffende Stellen desselben Kapitels.

art zu volbringen." Die beiden höheren sind nach der „tötliche[n]" Seite des Menschen dem „Gestirn", nach seiner „ewige[n]" dem „Geist" zuzuordnen, und diesen entsprechend fügen sich auch die jeweiligen „Lichter" oder Weisheiten diesen Sphären des Menschen in einem harmonischen Zusammenwirken zu:[407]

> „die vernunft des menschen in künsten, gemüt und weisheiten, *die komen im vom gestirn* … das ist sein tötliche weisheit, vernunft, kunst, *und was aus dem liecht der natur ist, das muß aus demselben gelernt werden, alein die biltnus gottes nicht, die ist dem geist befolen,* der ir vom herrn geben ist. derselbig *lernet den menschen ubernatürlichs zu dem ewigen,* der auch in der scheidung[408] der massa und des geists wider zum hern gehet …
> dieweil das gestirn unser natürlicher schulmeister ist … also ist … der mensch sein schüler *und lernet das natürliche liecht von im, das ist vom gestirn.* also ist auch *die erkantnus des geistes der biltnus; die kraft des geistes der biltnus hat die erkantnus des ewigen lebens.* …
> also sind sie alle bei einander, das natürlich und das ewig, under dem natürlichen[409] also entpfahen wir *das liecht der natur und das ewig.*"

So differenzieren sich die „Lichter" scharf voneinander: Nicht anders als das von Ficino genannte nach unten gerichtete „Licht" gewährt auch bei Paracelsus das „natürliche Licht" aus dem Gestirn dem Menschen alle Erkenntnis, deren dieser zum natürlichen Leben bedarf, während der Geist Gottes als das „ewige" „Licht" in die Sphäre des Religiösen und der Geheimnisse ewigen Lebens führt. Gerade auch angesichts der mittelalter- und renaissanceplatonischen Tradition dürfte Gilly die herausragende Rolle des Paracelsus überbewerten, wenn er ihn der beiden *lumina* wegen „posthum zum Stifter einer neuen Religion" erklärt.[410] Dessen Schul- und Autoritätenkritik, mit der er dieselben Töne anschlägt wie andere Hermetiker und Spiritualisten, gipfelt darin, daß „der phariseisch sauerteig, die in scholis wandlen", „dise secten", mit ihrer „sophisterei … beide [!] liechter verboten [!] hat"; „es ist aber eingerissen ein logica, dieselbig hat verblendet das liecht der natur und das liecht der weisheit und eingeführet ein frömbde doctrin". Deren Vertreter hätten begonnen „das liecht des ewigen und der natur zu verleschen und also [wurde] durch sie verdunkelt die warheit beider liechter" usf.[411] Daß der Hohenheimer das „Licht der Natur" auf Gott zurückführt und als dessen Gabe bezeichnet,[412] hindert ihn keineswegs an der Annahme, daß diese „astronomei" – im Hintergrund ist der Titel der gesamten Schrift unüberhörbar

---

[407] *Astronomia magna* I,1, Werke (Sudhoff) XII S. 20f. (Hervorhebung von mir).
[408] Den alchemisch besetzten Terminus der "Scheidung" verwendet Paracelsus (wie Arndt in *Hex* 1,30; 2,2 – in Verbindung mit dem Terminus der *corruptio*; 3 Überschr. u. Abschn. 1 u. ö. sowie *Pss* 119/XV Bd. 2 S. 224) nicht nur für Schöpfung, sondern auch für die Eschatologie (wie Arndt auch etwa in *Hex* 1,30 sowie *Pss* 119/XV Bd. 2 S. 224, s. o. zur Theoalchemie).
[409] Unter den Bedingungen der irdisch-vergänglichen Existenz.
[410] Gilly Theophrastia Sancta S. 449f.; dieser wichtige und einen guten Überblick bietende Aufsatz verhandelt *passim* den "Paracelsismus als Religion im Streit mit den offiziellen Kirchen".
[411] *Astronomia magna* I,1, Werke (Sudhoff) XII S. 28f.; dazu vgl. auch Kemper I S. 75.
[412] Goldammer Lichtsymbolik S. 676f.

präsent – die „von den alten" oder auch „gar alten" „groß gehalten ist worden
von anfang der welt in denen sie ie und ie wunderwerk gewirkt hat",[413] auch den
„Heiden" zugänglich gewesen sei, im Unterschied zu dem zweiten und größeren
Licht:[414] „ein heid mag ein heid sein, groß im liecht der natur und aber unbekant
im heiligen geist." Daraus erhellt, daß die Kombination der beiden „Lichter"
oder der jeweils mit ihnen korrespondierenden zwei „Weisheiten" – dem Leitgedanken dieser zwei „Lichter" verdankt immerhin das ganze Werk der *Astronomia magna* seine Gliederung der zwei großen Teile – eine ganz bestimmte Disposition voraussetzt. Ein Mensch könne zwar das „Licht der Natur" alleine besitzen, doch wenn er das „Licht" des Geistes habe, schließe dieses jenes von sich
aus mit ein, so daß sie in abgestimmter Harmonie zusammen das Gute wirken:[415]

> „also mag die natürliche vernunft gar wol on *die ewige weisheit* sein die nach
> dem heidnischen handelt und nicht nach dem ewigen achtet. die ewige
> vernunft aber mag on die natürliche weisheit nicht sein, in dem das der
> mensch aus dem natürlichen das ewig erkennen sol [!]. *darumb sein sie beide
> bei dem menschen, der in got lebet, fürtreflich für alle ding*. ...
> das alte lebet aber noch und das neu im alten.[416] *also seind beide liechter ver-
> einigt*, keins wider das ander; *das eine als zum tötlichen, das ander zum ewigen*, in
> ieglichs sol gebraucht werden in der maß, wie die gab geben ist. dan mir ist
> wol wissend, das der mensch ein staub ist ... und *sein weisheit des natürlichen
> liechts* auch ein staub und das gestirn, aus dem die weisheit komt, auch ein
> staub. mit dem staub gehen alle künst und klugheit ab, *aber die werk des men-
> schen gehen wider mit dem werk der biltnus zu dem herrn*, dem sie zugehören."

Aus der Wiedergeburt folgt auch eine erneuerte Erkenntnis des Natürlichen.
Eindeutig formuliert Paracelsus die Hierarchie der Wertigkeiten und die sich von
daher auch klar ergebende Reihenfolge dieser beiden „Lichter",

> „*das der neugeborne leib das sein volbring vor dem anfang des natürlichen liechts*, das
> ist das wir *am ersten suchen das reich gottes, darnach werden uns alle ding geoffenbart
> in dem liecht der natur*. also wird der zank zwischen dem ewigen und töt-
> lichen liecht vertragen ... so wir *am ersten Christum suchen*, so wird uns alles
> geben, was in der natur ist. *dan das ewig in uns sol erstlich versehen werden*, also
> das wir in solcher gestalt das reich gottes suchen. *nachfolgents* wird es uns
> alles zugestellt, was wir *im natürlichen liecht* bedörfen ... also erneren wir
> *zwen leib* [!], *den aus erden und den aus Christo*, den einen vom vatter, den
> andern vom son, und beide in einem geist. was *in dem geist* geschicht, das
> wandlet seliglich im weg des herrn. *das alte liecht ist ein staub und ein pulver,
> das neue aber bleibet in ewikeit* etc.".

---

[413] *Astronomia magna* I,1, Werke (Sudhoff) XII S. 25.
[414] *Astronomia magna* I,1, Werke (Sudhoff) XII S. 29.
[415] *Astronomia magna* I,1, Werke (Sudhoff) XII S. 29-31 (Hervorhebung von mir).
[416] Das natürliche "Licht" der 'alten Geburt' und das, welches von daher stammt, daß "der son
uns wider neu geboren hat".

Mit der eigenständigen Ausformulierung dieser Lehre von den zwei „Lichtern"[417] ist in diesem ersten Kapitel der Grund gelegt für die weitere Entfaltung der *Philosophia sagax* des Hohenheimers, und damit hat Paracelsus für mindestens ein Jahrhundert auch für alle die den Grund gelegt, die im „Licht der Natur" sowie im „Licht des Geistes" bzw. „Licht der Gnaden" in den von ihm gelegten Spuren nicht nur die „natürliche", sondern auch die „ewige weisheit" suchten. Dabei hat er nicht nur das Denken geprägt, sondern auch stil- und sprachbildend gewirkt, so daß Nicolaus Hunnius' Vorwurf *DEr Newen Paracelsischen vnd Weigelianischen Theology* auch in dieser Hinsicht einen wichtigen Sachverhalt trifft.

Die Ausgabe der *Sämtlichen Werke* ordnet die *Astronomia magna* der „I. Abteilung: Medizinische, naturwissenschaftliche und philosophische Schriften" zu. Auf den ersten Blick läßt sich dies gut begründen. Allerdings könnten wesentliche Dimensionen dabei unberücksichtigt bleiben, die auf einen zweiten Blick in der anderen Abteilung der *theologischen und religionsphilosophischen Schriften* angemessener plaziert erschienen – womit das grundsätzliche Dilemma jedoch nur auf die andere Seite verlagert wäre. So kann gerade diese Schrift beispielhaft zeigen, wie einschränkend eine Zuweisung von Schriften nach nicht dem Gegenstand entlehnten posterioren Kategorien sein kann, die nach getrennten Sektoren separieren, was als eine in sich differenzierte, doch den Gesamtzusammenhang voraussetzende innere Einheit gedacht war. Möglicherweise spiegelt schon die Anlage dieser Edition von ihr mit induzierte Probleme einer sektorierten Forschung.

Eine Betonung des Sphärenkosmos und der mit ihr einhergehenden Lichtmetaphysik, die platonistisch-plotinistische Sprachwelt ebenso wie scholastisierende Formulierungen (wie z. B. die *infusio luminis*), wie sie bei Ficino auf Schritt und Tritt begegnen, finden sich bei Paracelsus kaum. Das „ewige Licht", das bei Ficino lediglich als ein der göttlichen Lichtwelt zugehöriges begegnet, identifiziert Paracelsus eindeutig und explizit mit dem heiligen „geist". Doch auch wenn er sich von Ficino in vielerlei Hinsicht klar unterscheidet, schließt inhaltlich-strukturell seine Lehre von den zwei „Lichtern", von denen das höhere, gnadenhaft erlangte in die Sphäre des Religiösen führt, das „natürliche Licht" dagegen all die für das vergängliche Leben nötige Erkenntnis erschließt, gut an Ficino an. Wenn bei ihm auch die spezifisch mystischen Töne nicht im Vordergrund stehen,[418] so wird nicht nur aus seiner Polemik gegen die „kirchen der gemäuer"[419] und im Gegenzug seiner Betonung eines radikal individualistischen Christentums,[420] sondern auch aus so manchen Themen und Einzelzügen gerade in der

---

[417] Die *Astronomia magna* repräsentiert als ganze dieses Thema, im einzelnen wichtig sind *l. c.* etwa die Seiten 4f., 8-13, 35, 167f., 273, 300f. u. ö.; auch die vorausgehende *Erklärung der ganzen astronomei*, Werke (Sudhoff) XII S. 496f., 456f.; dazu die schon vom Titel her einschlägige Schrift *Liber de fundamento scientiarum sapientiaeque*, Werke (Sudhoff) XIII S. 292 u. a. m.

[418] Zu einer deutlichen Nähe zu Müntzer vgl. Gause etwa S. 283f., 287 u. ö.

[419] Zitiert nach Gause Paracelsus S. 129, vgl. S. 118, 121, 126, 129-131 u. ö.; Wollgast Philosophie S. 660; Wollgast ebd. S. 657 betont, daß vieles sich auch mit Sebastian Franck berührt.

[420] Vgl. Gause 284 u. ö.

Astronomia magna ein starker spiritualistischer Grundzug[421] seines theologischen Strebens deutlich, an den viele radikale und gemäßigte, vor allem auch ‚theosophisch' wie ‚pansophisch' zugleich orientierte Spiritualisten und Hermetiker anknüpfen konnten, deren Spekulation der Hohenheimer mit dieser Art *Summa* seines Denkens eine geeignete Plattform darbot. Wie der die Blätter des Naturbuches mit den Füßen umkehrende firmamentische *medicus* und coelestische *theologus adeptus* es vorgelebt hatte, wurden die Gedanken zum Teil recht eigenständig fortentwickelt und in Kombination mit anderem Gut inhaltlich wie terminologisch modifiziert, doch bleibt in allen Varianten diese Grundstruktur konstant.

Für Valentin Weigel, den in der Tradition der Wittenberger Reformation studierten Theologen, der, der mystisch-spiritualistischen Tradition tief verpflichtet, zugleich einem Paracelsus vieles ihn nachhaltig Prägendes verdankt,[422] erklärt mit dem *Güldenen Griff* – das ist zum einen seine grundlegende erkenntnistheoretische Schrift *Der Güldene Griff*, zum anderen aber die auf diese prägnante Formel gebrachte Sache selbst – die wahre, das zeitliche und ewige Leben umfassende Erkenntnis als eine doppelte Erkenntnis aus dem „Liecht der Natur" und dem „Liecht der Gnaden" als dem „Liecht des Glaubens vnd Geistes"[423] oder auch „Liecht der Gnaden vnd des Glaubens".[424] In ihrer Komplementarität gehören, wie bei Ficino und Paracelsus, die beiden „Liechter" unabdingbar zusammen: [425]

> „DIeweil alle ding so *von Gott dem ewigen Brunnen geflossen*[426] sind / erkent werden / entweder aus dem *Liecht der Natur* durch fleissiges *nachforschen* / oder durchs *Liecht der Gnaden* in einem *stillen Sabbath* / da man nit wircket / sonderst leidet[427] / da sich Gott selber erkent / durch sich selber / so setzet man billich *eine zwiefache Philosophiam / als eine natürlich: durchs Liecht der Natur / vnd ein vbernatürliche durchs Liecht des Glaubens vnd Geistes in Christo*

---

421 Vgl. etwa die 'feurigen Zungen' als Symbol unmittelbaren Geistbesitzes S. 12, 27f., 189f., 196, 374; der in verschiedenen Zusammenhängen oben bereits angesprochene Gesamtkomplex von biltnus, neuer Geburt aus Gott, himmlischer Weisheit, *sapiens dominabitur astris*, übernatürlicher Astronomie (*coelestis Astrologia* und *signatura*), der je doppelten Geburts-'Linie' und Leiblichkeit Christi ('himmlisches Fleisch') und des Menschen der alten Geburt u. a. m., s. o.

422 Vgl. Pfefferl Weigel und Paracelsus *passim*.

423 *Der Güldene Griff* V S. 14.

424 *Der Güldene Griff* VI S. 18.

425 *Der Güldene Griff* V S. 14f. (Hervorhebung von mir).

426 Vgl. den analogen Emanatismus bei Arndt *WCh* II,37,4-7 (s. o.; Hervorhebung von mir): „Wie nun *das Leben aus GOtt* ist: also alle Gütigkeit [: *bonitas*] und Güte *ist in GOtt und aus GOtt*. ... Und alles, was gut ist ... ist *aus diesem Brunnen geflossen*." Zu Gottes Wort als "Brunnen" der Weisheit in auch schöpfungstheologischem Kontext vgl. *Pss* 119/XII Bd. 2 S. 213a.

427 Arndt *WCh* III,4,1 (Hervorhebung von mir): "GOtt wird auf zweierlei Weise gesuchet: die eine ist auswendig; die andere inwendig. Die erste geschicht in *wirkender Weise*, so der Mensch GOtt suchet; die andere in *leidender Weise*, so der Mensch von GOtt gesucht wird." Arndt deutet dies – in bemerkenswerter Reihenfolge – hier auf "mancherlei Uebung der christlichen Werke, mit Fasten, Beten, Stille [immerhin Teil bzw. Voraussetzung des inneren Sabbats!], Sanftmuth ... ". Doch sind Terminologie und Struktur dieselbe und ließen sich ohne Mühen auf Arndts den Schöpfer in den Geschöpfen suchendes *Hexaemeron* übertragen.

/ die natürliche Sophia oder Weißheit begreifft die Werck der Natur / nemblich den gantzen *Adam / vor vnd nach dem Fall* [!]*/* vnd die gantze Schöpffung. *Die vbernatürliche Sophia aber begreifft den gantzen Christum nach bey den Ständen* [sic] */ als den Schöpffer der newen Creatur vom Himmel /* also macht man *Sophiam naturalem, das ist / natürliche Weißheit*[428] */ von Gott und seinem Geschöpff / neben Philosophiam et Sophiam super naturalem,* das ist */ vber natürliche Weißheit / von Adam vnd von Christo /* vom alten vnnd newen Menschen / von Buchstaben vnnd Geist *möcht man heissen Theologiam,* die vbernatürliche Weißheit oder Theologia, *lehret vns erkennen / was Adam vnd Christus sey / in vns selber* [!] */* vnd ausser vns wird begriffen in den Schrifften vnd Propheten vnd den Aposteln *dienet zum ewigen vnd Himlischen Leben /* aber die *Natürliche Weißheit vnd Philosophia, lernet erkennen die gantze Natur / des sichtbaren vnd vnsichtbaren Liechts* [!] */ dienet auff das kurtze sichtige leben ...* vnd ob wohl die Theologia erkleret die Natur vnd Gnad des jrrdischen Adams[429] vnd des Himlischen / vnnd die Philosophia alle natürliche Geschöpff ergründet */ so sollen doch diese beyde nit von einander gescheiden sein / auch gantz vnd gar nit mit einander vermischt werden / sondern beyde mit einander mit Bescheidenheit geübt / gefürt vnd erkent werden.* Es gibt eins dem andern die Hand / vnnd so sie recht ordentlich mit einander ohne Vermengung geführet werden / *so erkent man alle Geheimnuß der natürlichen vnd vbernatürlichen Ding ... "*.

Bis hin zur Erkenntnis „des sichtbaren vnd vnsichtbaren Liechts" mittels der „natürlichen Weißheit" handelt es sich um die bereits bekannten Themen der zwei „Lichter" natürlicher und übernatürlicher Erkenntnis. Neu ist hier die deutliche Akzentuierung durch die mystisch-spiritualistischen Dualismen von Adam/ Christus, alter/neuer Mensch, Buchstabe/Geist etc., wie sie wiederum etwa von Arndts *Vorrede* zur *Theologia deutsch* und dem „Wahren Christentum" her vertraut sind, von denen mannigfaltige Verbindungslinien zum *Corpus Weigelianum* laufen. Und wenn Arndt in seiner Vorrede zum *liber naturae*, wo er, Genesis 1 folgend, den Menschen als Mikrokosmos aus dem Werk der ganzen Schöpfung ableitet, schreibt:[430] „Achte deßwegen unnöthig zu beweisen, daß auch dies Buch zum wahren Christenthum gehöre, wie ihnen etliche möchten ein Widriges träumen lassen.", so liefert Weigel die fehlende Begründung, daß diese Erkenntnis aus dem *lumen naturae* unabdingbarer Bestandteil der theologischen Erkenntnis sei. Die Erleuchtung „von oben herab" beinhaltet die Erkenntnis im *lumen naturae*:[431]

„dann diß ist *ein schlechter Theologus,* welcher nur nach der Schrifft den eusserlichen Christum vnd Adam / wie die Histori lautet / ohne Krafft vnnd neben Wirckung vnd Geist im himlischen vnd jnnern Wesen bekent / soll er aber ohne Irrgang vnd Finsterniß */ die Natur vnd Gnad den Adam vnnd CHristum recht erkennen vnd erkleren /* nach Apostolischem vnnd Propheti-

---

428 Der Begriff der "natürliche[n] Weißheit" ist auch terminologisch dem Arndts analog, s. o.
429 Wie das natürliche Licht Urstand und Fall, so erklärt die "Gnad" den "jrrdische[n] Adam".
430 Abschnitt 3.
431 *Der Güldene Griff* V S. 15f. (Hervorhebung von mir).

schen grund / so muß er *durch den H. Geist von oben herab gelehret werden*[432] /
*die Natur vnd Ordnung der Geschöpff erkennen worauß / warumb vnd worzu der
Mensch vnd die Welt gemacht vnnd geordnet sey / dz heist Philosophia naturalis*...
vnd wird begriffen / vnd kürtzlich *im Mose erzehlet im Buch der Schöpffung /
darumb sol ein Theologus den Adam vnd die Natur erkennen / so muß er die gantze
Welt kennen.* [sic] *vnd alle Geschöpff* als dan mag er sagen / dz *der Mensch sey
eine kleine Welt* [: Mikrokosmos]...
Christus ist die Weißheit Gottes / ein Anfang vnd End [sic] aller Creaturen /
wil einer die *Natur ergründen* / vnd philosophirn / one Irrgang / so muß er
in Christo anfangen / vnd in jm vollenden / wer in diesem nichts finden wird /
der wandlet in Finsterniß mit allen seinen Sophistischen Schulkünsten vnd
Menschlichen Sudijs [: Studijs]... Darumb so jr *die Philosophia vnd Theologia
eine gabe Gottes / beyde von Gott / doch eine auff diese Zeit / die andere zur Ewigkeit fürend* / vnd wer philosophiam also in die Natur fürt / dz er zu Christo
komme / vnd Theologiam also in der Gnaden braucht / das er Christum
kenne / vnd in jme wandele / der wird Liechtes [!] / Lustes vnd Frewd
in dieser Zeit genug haben / begert auch endlich in Frewden zusterben."

Arndts Vorrede zum *liber naturae*, die mit dem Theorem von Makro- und Mikrokosmos, die „Der große Prophet Moses" in der *Genesis* als Zeugen Gottes
benennt, Leitgedanken dieses Teils einsetzt, trägt als biblisches Motto Kol 1,16 f.
von der universalen Schöpfungsmittlerschaft des kosmischen Christus, „durch"
den alles geschaffen sei und „in" dem alles bestehe, was ganz im Sinn von Weigels Forderung verstanden werden kann, daß alle Philosophia oder natürliche
Weisheit von Christus herkommen und wieder zu diesem zurückführen müsse.
Motivik und Programmatik repräsentieren jenseits individueller Ausprägungen
weitgehend denselben Denkzusammenhang, und daß Weigel und Arndt – letzterer von Ausnahmen abgesehen – den Terminus der *magia naturalis* vermeidend,
lieber von der *Philosophia* und „natürlichen Weisheit" sprechen, kann nicht darüber hinwegtäuschen, daß es sich bei beiden um den Typus einer stark religiös
akzentuierenden Naturphilosophie der *magia naturalis*-Tradition handelt.[433] Zwar
tritt bei beiden die etwa bei Paracelsus, Crollius und vielen anderen reichlich ver-

---

[432] Vgl. Bd. I dieser Studie § 5 *passim.*

[433] Vgl. v. a. Weigels *Informatorium* und *Natürliche Auslegung von der Schöpfung* als Teile in Nr. II und
Vom Ursprung aller Dinge als Nr. IV der posthum von Biedermann kompilierten *Viererlei
Auslegung von der Schöpfung* (Pfefferl Überlieferung S. 378-381); vgl. aber etwa auch Stellen wie
jene an die *anima mundi* erinnernde in *Kurtzer Bericht vnd Anleitung*, Werke III S. 117 f.: "Gott ist
ohn alle Nahmen / darumb ist er keines deß Stückwercks / noch das Stück ist nicht das
Vollkommene / als ein Exempel: Jn der Nuß ist verborgen eine Wurtzel / Stamm / Aste /
Zweygen / Bletter / vnd etliche tausend Nüß / vnd die einige Nuß ist ein Wesen dieser Dinge allen / vnd ist alles selbst / sc. implicite, vnd ist doch die Nuß nicht die Wurtzel / noch
der Stamm / noch der gantze Baum / sc. explicite. *Also ist Gott ist 'aller Wesen Wesen / vnd aller
Lebendigen Leben' complicatiue*, vnd ist doch Gott nicht Creatur / sc. explicatiue. ... *Also ist Gott
aller Creaturen Wesen / Leben / Liecht vnd Geist / dann in Gott stehen vnd gehen alle Creaturen* viel
mehr dann in ihnen selbst / vnd ist Gott doch nicht Creatur / viel weniger ist die Creatur
Gott / sie ist nur ein Schatten oder Bildnus deß wahren Wesens / vnd mag ohne Gott nicht
bestehen einen Augenblick." (Hervorhebung von mir); vgl. *Vom Wege und Weise* XI fol. D ij ᵛ.

tretene magische Terminologie deutlich zurück, doch bleibt etwa die den meisten Hermetikern wie Spiritualisten gemeinsame Rückführung aller „natürlichen Weisheit" auf Gott als Geber des „Liecht[es] der Natur" bei beiden zu erkennen. Ein gleiches betrifft die von beiden auf das *lumen gratiae* zurückgeführte "vber natürliche Weißheit / von Adam vnd von Christo … oder Theologia", die erklärt, „was Adam vnd Christus sey / in vns selber". Beide wissen, daß dieser *Christus in nobis* oder das inwendige Reich Gottes jenseits jeglicher Kategorien von Zeit und Raum „leidender Weise"[434] bzw. „leidenlicher weiß"[435] im stillen „Sabbat" des Herzens oder der Seele zu suchen seien, weshalb sie nicht in menschlichen Büchern des toten Buchstabens von außen, sondern nur im „Buch deß Hertzens"[436] oder *liber conscientiae*[437] als dem inneren „Wort" zu finden seien.

Das Thema der zwei „Liechter" oder Weisheiten durchzieht wie ein *cantus firmus* die Schriften des *Corpus Weigelianum*, von den wohl authentischen[438] bis zu *Post-* und *Pseudoweigeliana*[439] wobei es sich fast durchweg unter dem folgenden gemeinsamen Nenner der Schrift *Vom Ursprung aller Dinge* gut subsumieren läßt:

---

434 Arndt *WCh* III,4,1.
435 Weigel *Der Güldene Griff* VI S. 17; vgl. Überschrift cap. VI: "Das man nothwendig sehen muß ein zwiefache erkentniß / als eine Natürliche / Wirckliche zu diesem Leben / vnd eine Vbernatürliche / Leidenliche Erkentniß zu dem ewigen Leben." Zur 'wircklichen' und 'leidenlichen' Erkenntnis vgl. auch *Ein Büchlein vom Wege und Weise* cap. II fol. B iij ʳ⁻ᵛ und *passim* sowie analog den pseudoweigelschen *Libellus disputatorius* cap. II S. 17, der hier betont, daß die beiden Weisen der Erkenntnis, die Geschwister seien, 'von innen' herausgingen.
436 Weigel *Der Güldene Griff* cap. XVI; XXVI – XXVI.
437 Das dritte Buch von Arndts „Wahrem Christentum".
438 *Kurtzer Bericht und Anleitung*, Werke III S. 119-121, wo Weigel zwischen "Liecht" und "Erkentnuß" nicht differenziert; *Güldener Griff* XV S. 46f.: zwei Geburten und Weisheiten; u. a.
439 *Gnothi seauton* I S. 6; II S. 7; V S. 15; XX S. 54, wo, der trichotomischen Kosmo- und Anthropologie entsprechend, drei "Schulen" unterschieden werden: 1) Die irrenden menschlichen Schulen der philosophisch-theologischen Gegner; 2) das siderische *lumen naturae*; 3) die der Pfingstschule der *divina sapientia* entsprechende Schule aus Gott (vgl. § 5 von Bd. I dieser Studie); dazu vgl. ebd. *Gnothi seauton* VIII S. 21f. in ähnlichem Sinne, "daß nemlich der Mensche kan wandlen *wie ein Thier vnd Viehe* / als die Säuffer / Fresser / Hurer / etc. Oder als *ein vernünfftig Mensch / als die Gelehrten im Liecht der Natur* in allerley Künsten vnd Sprachen / oder als ein *Geist vnd Engel / als die Gelehrten im Liecht der Gnaden* / vnd solches mag durch diese drey Theil bedeutet werden" (Hervorhebung von mir). Die Schrift *Soli Deo Gloria* versteht sich ihrem Titel nach als "Anweisung vnd Anleitung der Anfahenden / einfeltigen Christen zu der Rechten Schulen GOTTES / darinnen alle Natürliche vnnd vbernatürliche Weißheit vnd Erkentnuß gesehen / gelehrnet vnd gefunden wird." Nach einem allgemeinen ersten Teil findet sich zur Eröffnung des zweiten Teils cap. 1 S. 15f. der die beiden *lumina* oder Weisheiten umgreifende Zusammenhang: „Zwey dinge sol ein ieder Mensch in seinem Leben mit allem fleiß vnd ernst lernen, sehen vnd erkennen, als nemblich *sich selbst vnd Gott*; den wer sich selbst ansiehet vnnd erkennet, *von Innen vnd aussen, im Geist vnd in der Natur*, der mus erkennen *den ewigen Gott, dessen Bildnuß er treget* vnd von welchen er ist herkommen; darnach erkent er *die Engel, deren mit gesel er sein sol* [*anima socia angelorum*, s. o.], vnd erkent auch *die grosse Welt* [: Makrokosmos], auß welchem [sic] er gemacht ist nach seinem sterblichen theil; *wer Gott kennet, der kennet auch die Engel, vnd wer die Engel kennet, der kennet auch die Astra vnd gestirn; wer die Sterne kennet, der kennet auch die Vier Element vnnd alle Geschöpff, das ist die grosse Welt, vnd*

„Gleich wie zwei Liechter seind, als das Natürliche, dadurch wir alle ver-
gengliche dinge erkennen, auch das ewige von ferne ansehen vnd bekennen müßen, vnd das Licht der Gnaden aus Christo in dem Heiligen Geiste, dardurch wir Gottliche Himlische dinge lernen, vnd auch selig werden.
*Das Licht der Natur gibt einen rechten Philosophum. Das Licht der Gnaden aber
einen warhafftigen vnd ungefelschten Theologum.*" [440]

„Theologie" und „Philosophie" wirken in diesem Sinne unabdingbar, wenngleich abgestuft zusammen. Für beide gilt: „die Weißheit oder Erkentnis [als] das
beste vnd edelste am Menschen ... kömpt auß dem Menschen von innen heraus
/ vnd nicht von aussen hinein", weshalb beide nicht als eine Büchergelehrsam-

---

also den Menschen; den der Mensch ist auß dem Erdenkloß geschaffen, das ist, aus der gantzen
Welt, vnd die grosse welt ist zum Menschen worden. In Summa, sich selber kennen führet
ihn in die erkentnuß Gottes vber jhm, er siehet auch vnd kennet die vrsach des falls in die
Sünde an Engel vnd Menschen, auch die widerbringung durch Christum ... darumb du
Mensch, lerne dich selber kennen vnd Gott, so findestu die warheit in allen dingen vnd hast
hier vnd dort friede, Ruhe vnd gnüge. *Das man aber diese zwey notwendige dinge, nemblich sich selbst
vnd Gott recht sehe vnd erkenne, daraus hernach fleust Irrdische vnnd Himlische Weißheit,* da gehöret ein
Auge [d. i. die rechte Erkenntnis] darzu ... Also lieget verborgen eine zweyfache Weißheit im
Menschen / die Jrrdische zum zeitlichen Leben / vnnd die Himlische zum ewigen Leben".
Entsprechend teilen sich die Teile II und III in bereits bekannter Weise den zwei *lumina* zu.
Der *Libellus disputatorius* handelt S. 12-14 vom *lumen naturae* als dem Geist im Menschen allgemein, wogegen S. 14-16 das *lumen gratiae* als den Geist Gottes im Menschen deuten; vgl. auch
S. 20-25 (aus dem *lumen naturae* stammen Künste und Wissenschaften, die Theologie dagegen
aus dem *lumen gratiae*, während alle am Äußerlichen haftende fehlgeleitete Pseudowissenschaft
selbstverständlich den Aristotelikern zugewiesen wird) und *passim*; dieser Schrift zufolge sind
die Gottesgelehrten, d. h. die Theosophen, die legitimen Vertreter des *lumen naturae*, von dem
die Weltgelehrten nichts verstünden (S. 40). Vgl. *De arcano arcanorum*, in: *Philosophia Mystica* –
in deren Titel wiederum sich die folgenden Zeilen finden: "An jtzo ... zum Christlichen Vorschub / beyde Liechter / der Gnaden vnd der Natur in vns zuerwecken / in offenen Truck
gegeben" – S. 133 und 148f. (im Sinne der allumfassenden Erkenntnis aus verschiedenen
Disziplinen, die aus der Gottes- und Selbsterkenntnis erwächst; dazu vgl. wiederum *Soli Deo
Gloria* III,XIII S. 77: Der „Schlüssel David" eröffnet „alle Jrrdische vnd Himlische weißheit
alle Natürliche vnd ewige erkentnus"); *Astrologia Theologizata* XXIX S. 105 usf.

[440] Sie ist als vierte in das mutmaßlich von Benedikt Biedermann stammende Kompilat der *Viererlei Auslegung von der Schöpfung* integriert; ebd. cap. 1 S. 549 (Hervorhebung von mir). Vgl.
auch *Der Güldene Griff* VI S. 17f. (Hervorhebung von mir): "also mit den inwendigen geistlichen Auge / siehet vnd erkent man die objecta oder Gegenwurff / vnd diß Aug den [sic]
inwendigen Menschens sol *an beyden Liechtern der Natur vnd gnaden* verstanden / geübt vnd
gebraucht werden / darum vnd dieweil man mit einem solchen inwendigen Auge alle ding
erfert / sihet vnd ergreifft / so bleibt dz Aug oder begreiffligkeit vnd erkentniß ein ding /
welches doch ... auff zwyfache weiß muß gebraucht werden / *als natürlicher wircklicher weiß /
zur Philosophiam in dieses Leben / vnd vbernatürlicher leidenlicher weiß zur Theologia in das Himmlische
Leben* / denn es ist *zweyerley Weißheit* / auß dem Adam vnd durch den Adam / natürlich /
zeitlich / vnnd auß Christum vnd durch Christum / vbernatürlich vnnd ewig / *Es seyn auch
zweyerley Liecht / das Licht der Natur / auff das zeitliche Leben / vnd das Licht der Gnaden vnd des
Glaubens / auff das ewige Leben* / also sind auch 2. Adam in der Welt / ein jrrdischer mit der
Natur sichtig / vnd ein vnsichtbarer vnd Himlischer / mit der Gnaden / als Christus. Es ist
auch ein zwyfacher Glaub / als der natürliche angeborne glaub auß dem allmechtigen
Schöpffer / in allen Menschen / vnd der Glaub der Gnaden / oder des Geistes auß Christo
/ welcher den Menschen ewig selig macht ... ".

keit gleichsam „von aussen" erworben werden können. Einflüsse „von aussen" können, wenn sie gut sind, lediglich eine „Erweckung" dessen bewirken, „was der Mensch ist vnd seyn sol / von Natur vnd Gnaden / das muß er in jme haben vnd besitzen / vnd nit von aussen zu suchen". In den Menschen hinein kommt es aber „durch die geburt vnd empfengnis. Es hat ein jeder Christ eine zweyfache empfengnis oder geburt", die alte des *homo naturalis* und die neue des Wiedergeborenen.[441] Dem entsprechen die „Weisheiten" und die „Liechter", aus denen diese fließen. So leitet Weigel seine Lehre der zwei *lumina* aus den theoanthropologischen Konstituentien ab, nicht aus einer formalen Wissenschaft:[442]

> „In diesem Samen / oder natürlichen Menschen / liget verborgen alle natürliche Weißheit / in diesem sterblichen Leben / vnd alles wz Kunst vnd Weißheit berührt / das liegt in dieser natürlichen Geburt / auß dem Erdenkloß. Die andere Geburt geschicht auß dem Samen / nemblich auß dem Weibessamen / welcher ist das Spiraculum der Geist / der Geist GOttes / das Wort Gottes / oder Christus in vns durch den Glauben [!] wonhafftig ... diese zwiefache Geburt begreifft die natürliche / vergengliche / vnd auch die vbernatürliche himlische Weißheit ... ".

Von daher gilt, daß „beyderley Erkentnis vnnd Weißheit *im* Menschen sey verborgen ... vnd sie *beyde* ... auß dem Menschen *kommen von innen herauß* [!] / Ist auch offenbar auß dem Liecht der Natur vnd Gnaden."[443] Der Weg zu der ‚wircklichen' und der ‚leidenlichen' Erkenntnis und zu den beiden sie eröffnenden *lumina* ist der auch von Arndt gewiesene aszetisch-mystische Weg, der in *mortificatio carnis, imitatio Christi, fides operosa* in einem Herzens-„Sabbat" das Reich Gottes als den *Christus in nobis* im „Grund" der gelassenen Seele zu finden sucht. Diese doppelte Erkenntnis ist zweifellos eine zum Heil notwendige.[444] Nicht von ungefähr nennt Nicolaus Hunnius als ersten von 42 Punkten, deretwegen „Weigelij Theologia / als ein hochschedliches Seelengifft mit höchstem fleiß zu flihen" sei, dessen die innere Offenbarung und die Natur integrierende Theologie.[445] Als Widerhall auf Weigel verspricht das pseudoweigelsche *Studium universale* unter seinem verheißungsvollen Titel die Erkenntnis aus den beiden aus der alten und neuen Geburt stammenden Lichtern: „Und in Summa / welcher ein ding nicht also studiret und lernet / in vtroque Lumine, Naturae et Gratiae, daß er eben dasselbige werde / das er lernet / der gehet nicht in die rechte Schule / bleibet ein Hümpeler / ein Verführer / ein Verderber."[446] Und wie bei Weigel

---

[441] Weigel *Der Güldene Griff* XV S. 45f.
[442] Weigel *Der Güldene Griff* XV S. 46.
[443] Weigel *Der Güldene Griff* XV S. 47 (Hervorhebung von mir).
[444] Pseudo-Weigel *Gnothi seauton* II,I S. 62.
[445] *Paracelsische und Weigelianische Theologie* XIII. Vrsach S. 497: „Die Theologie ist ein innerlichs befinden / wann der Mensch von herab gelehret wird / was die Natur vnd ordnung der Geschöpff sey vnd wozu der Mensch vnd die Welt geschaffen worden."
[446] *Studium universale* VII fol. D ʳ.

und Arndt führt diese Erkenntnis zum metaphorischen inneren „Buch", dem sich auch die anderen „Bücher", der Makrokosmos und Christus, erschließen:[447]

> „DEr da recht und gründlich philosophiren will ohne Irrthum in beyden Liechtern / der Natur und Gnaden / das ist / in Astrologia [!] und Theologia, der muß ihm käuffen das rechte Buch ... Wilt du es wissen / was es für ein Buch sey ... so kehre in dich selber / und erkenne dich selber / so findest du den Buchladen ... Der Mensch ist das Buch selber ... ".

Der Kreis schließt sich, das Theorem der beiden „Liechter" von Gnade und Natur führt zurück zum Ausgangspunkt der metaphorischen „Bücher", ein weiterer Beleg dafür, daß Arndts spiritualistisch-hermetische Neigungen sich nicht auf gelegentliche thematische Einzelzüge beschränken, sondern sein Werk bis tief in dessen Grundlagen, in Makro- und Mikrostruktur hinein prägen. Daher gab er ihm eine den spiritualistischen und hermetischen Kategorien entsprechende Gestalt, die in dieser Prägnanz ihresgleichen sucht. Bevor dies im letzten Paragraphen zu zeigen ist, soll eine Skizze in wenigen exemplarischen Strichen die Bedeutung des Theorems der zwei „Lichter" für die von Paracelsus und Weigel inspirierten Kreise belegen, die darin ohne Zweifel eine gemeinsame Basis haben.

In seinem von Arndt hochgeschätzten *Amphitheatrum* bringt der *Medicus* und in Basel studierte wie auch promovierte Paracelsist Heinrich Khunrath die nach Theorie und praktischer Anwendung nicht zu trennende doppelte Erkenntnis auf eine an Prägnanz kaum zu überbietende Formel, die charakteristische terminologische Erweiterungen zeigt. Im Anschluß an Reuchlins Schrift *De verbo mirifico*, welche Bezugnahme eine der Quellen seiner kabbalistischen Prägung offenbart, definiert Khunrath die Philosophie, die den Namen *Sapientiae amor* trage, als „Spiraculum DEI, et Illustrationem Diuinam". Für sie gilt daher: „Apud IEHOVAM THEOSOPHICE, hoc est, Christiano-Cabalice, Divino-Magice, et Physico-Chemice; in Oratorio ac Laboratorio, Micro et Macrocosmice, quaerenda est: a DOMINO, qui eam inspiratur atque largitur, impetranda. Donum DEI est."[448] Weil alle Weisheit letztlich von Gott kommt, umfaßt bei Khunrath der Begriff der Theosophie hier alle drei genannten Bereiche der *Cabala* als der dem *lumen gratiae* entsprechenden inneren Offenbarung, der *Magia* als hermetisch-paracelsistischer Naturphilosophie im *lumen naturae* und der Alchemie als deren praktischer Anwendung. Glänzend ist das Wortspiel von *Oratorium* und *Laboratorium*, das – als einziger Stich nach einer Vorlage des Hans Vredeman de Vries – von Paul van der Doort in Kupfer gestochen im *Amphitheatrum* auch visualisiert ist[449] und mit der Vereinigung eines Gebetszeltes und eines alchemischen Laborato-

---

[447] Pseudo-Weigel (Pfefferl Überlieferung Teil III S. 381 Nr. 25: Benedikt Biedermann) *Studium universale* II fol. A 4 ᵛ - A 5 ʳ; es folgen die weiteren metaphorischen "Bücher" Makrokosmos, Christus, Mensch; zu den *lumina* vgl. auch cap. VII fol. C 7 ᵛ - D 1 ᵛ sowie fol. E 4f.

[448] *Amphitheatrum* IV Nr. 168 S. 77; Bezug auf Reuchlin *l. c.* I,7.

[449] Vgl. Töllner Khunrath S. 20f.; Text des Stichs S. 55, Analysen dazu S. 197-222; der berühmte Stich ist öfter abgebildet, z. B. Gilly Katalog Manifeste S. 35, Ohly Buch der Natur S. 799 u. a.

riums zu einem korrespondierenden Raumensemble die „Verschmelzung von Natur- und Gotteserkenntnis zu einer pansophischen Einheit"[450] augenfällig darstellt. Die Reihenfolge der Begriffe wie die Visualisierung geben klar zu erkennen, daß ganz im Sinne der hermetischen Tradition die sachliche und auch zeitliche Priorität beim *Oratorium* anzusiedeln ist, muß doch der Bereitung des *lapis* die Wiedergeburt und Erleuchtung vorausgehen.[451] In Aufnahme des Wortspiels grenzt Khunrath in seiner Schrift vom *Athanor* den Begriff der Theosophie ein: „Theosophice, das ist / GOTT-WEISLICH in ORATORIO, vnnd Naturgemes-Alchymisch in LABORATORIO",[452] definiert ihn damit also gegenüber der Chymie hier ganz im Sinne der Baseler theosophischen und paracelsistischen Kreise als *divina sapientia*, als „Weisheit durch Erleuchtung Gottes", die in einem relativen Gegensatz zur Weisheit von den natürlichen Dingen (als der „Anthroposophia", „Magia" etc.) zu verstehen sei, wie Gilly in seiner Studie „Zwischen Erfahrung und Spekulation" begriffsgeschichtlich genauer dokumentiert hat.[453]

Das Werk Khunraths gehört ebenfalls zu den für die Rosenkreuzerbewegung wichtigen Schriften, in welcher die Thematik von *Cabala* und *Magia*, aber auch die Wiedergeburt und Erleuchtung als Voraussetzung jeglicher Erkenntnis, so auch des Natürlichen, allenthalben geläufig waren.[454] Auch jenseits des Schrifttums der Protagonisten stößt man im Horizont einer allgemeinen und tiefen Verpflichtung gegenüber Paracelsus und Weigel auf eine wie schon bei Khunrath über diese beiden noch hinausgehende Sprach- und Begriffswelt, die sich vom strengen Weigelschen Mystizismus abkehrt und, in aller spiritualistischen Brechung, eine gegenüber dem Zschopauer Prediger insgesamt weitaus größere und freudigere Diesseitsorientierung vertritt, in der – analog zu der, bei Weigel und Arndt letzlich in den Hintergrund getretenen, erneuten sozialen und sozialethischen Orientierung – nicht zuletzt ein genuines paracelsisches Erbe steckt. Wo eine reichlich düster rückwärtsgewandte Theorie der Dekadenz vom wahren christlichen Leben Arndts Vorreden zur *Theologia deutsch* wie zum „Wahren Christentum" dominiert, da spricht aus den Rosenkreuzer-Schriften häufig ein weitaus fröhlicher gestimmtes reformerisches Pathos, das aus den zwei „Lichtern" alle Energie zur „Generalreformation" saugen zu wollen und zu können scheint.

---

[450] Telle Khunraths *Amphitheatrum*, in: Bibliotheca Palatina Textband S. 346f. (auch zu diesem Werk insgesamt).

[451] Vgl. Töllner Khunrath S. 192.

[452] Khunrath *Athanor* II S. 40.

[453] Gilly Erfahrung I S. 86-90, insbesondere 88f. mit A. 74; dazu vgl. auch Schneider Studienzeit S. 151-155. Zu diesem Komplex vgl. Bd. 1 dieser Studie § 5.

[454] Vgl. *Fama Fraternitatis* (ed. van der Kooij/Gilly) S. 76; vgl. u. a. Arnold *KKH* 2. T. B. XVII C. XVIII Abschn. 22 S. 1124; Gilly Katalog Manifeste S. 56f.; van Dülmen Utopie S. 49 (spirituelle Erkenntnis der "Weisheit" Gottes und der Welt); S. 136f., 140 (auf die Erleuchtung folgt im *Civis Christianus* die Erkenntnis vorher unverstandener Bilder wie auch des Weltalls) u. ö. Zu den 2 *lumina* in *Mythologia* und *Christianopolis* vgl. Kühlmann Wissenschaft u. Reformbegehren S. 55 sowie die wichtige, vieldiskutierte Rosenkreuzer-Literatur insgesamt.

Eindrückliches Beispiel dafür, wie sich in dieser Bewegung ein verändertes geistiges Klima zeigt, ist die zu „Parthenopolis" 1629 „Auß Sonderbarem geheiß, der durchleugtigster und H. Frawen Sophiae Christinae, Gubernantin dieses Frawen Zimmers" gedruckte, auf ihre Weise durchaus ‚emanzipatorische' Schrift: *Frawen Zimmer der Schwestern Des Rosinfarben Creutzes*, die sich mit viel Witz und Esprit nicht nur gegen den reichlich unbiblischen Selbstruhm vieler *fratres* ob ihres angeblichen Besitzes unerhörter Weisheit, sondern auch gegen die Gepflogenheit wendet, „das diese Bruder nuhr allein Mans personen in jhren schriften gedencken, und keiner Weibs-bilder, als wan sie von den Weibs-bildern nicht geboren wären, oder aber das sie mitt D: Doctore Longomontio Matroleio Burggravio Clivense die Weiber fur keine Menschen achten [!], Sed malam herbam, und darumb dieser ihrer Weißheit nicht fahich zu seyn vermeinen".[455] „Schwester" Magdalena erklärt – unter Anspielung auf die der Selbstbezeichnung eine Vorlage bietende Lutherrose als Symbol einer konfessionell-kulturellen Verankerung der Bewegung im kirchlichen Luthertum[456] – den Namen der „Rosen Creutzer" aus den beiden dem *lumen gratiae* wie dem *lumen naturae* verdankten „Weißheit[en]", die diese Kreise üblicherweise als *Cabala* und *Magia* bezeichnen:

> „Durch das *Creutz* willen [sic] sie zu verstehen geben *die Himmlische Weißheit*, die eine Seligmachende erkentnus des gecreutzigsten [sic] Jesu Christi, und seines Evangelions ... Durch die *Rose* aber bezeignen sie *der Welt Weißheit oder Philosophiam, die erkentnus aller natuirlicher* [sic] *dingen, als das wesen eingentschaft* [sic] *wirckung, influentz* der Sternen, Elementen, Metallen, Edel Gestein, Blumen, Kreuter, Thier etc. ... Und das *diese beiden weisheiten* in ihrer Bruderschaft solten am hochsten gefunden werden mehr als bei anderen menschen."[457]

Daß die Rosenkreuzerbewegung sich einem Johann Arndt tief verpflichtet fühlt, liegt nach dieser Kurzformel des Selbstverständnisses unmittelbar auf der Hand. Inhaltlich handelt es sich um dieselben zwei „Weisheiten" der durch Ficino,

---

[455] *Frawen Zimmer*, in: Scherer Alchymia S. 218; ebd. S. 220 wird die Frage verhandelt, "ob auch Wibs-bilder, mitt in diese Bruderschaft auff genommen wurden?", da doch "etliche Frawen, Jungfrawen, und Widwen, ein Fraawen-Zimmer absunderlich vor vil Jahren schon auffgerichtet hetten, in wilchem auch gleiche wissenschaft, Weißheit und Kunste gefunden wurden, ja auch etliche Secreta die den Rosen Creutzern allerdings noch nicht wehren offenbaret dasselbe solte mitt der zeitt kundbar gemachet werden ... ". Leider wird diesem Anspruchs eines unmittelbaren und dem der Brüder keineswegs nachstehenden Zugangs zu den Quellen der wahren Weisheit zum Trotz der entscheidende Anstoß zur Gründung des "Frawen-Zimmer[s]" dann doch wieder einem Mann in den Mund gelegt (ebd. 218 u. 220), doch zeigt die Schrift aufs Ganze gesehen ein zukunftsweisendes Selbstbewußtsein, gepaart mit einer genauen Kenntnis der einschlägigen Schriften und aktuellen Debatten und einem präzisen Bewußtsein für die im Medium rascher Kleinpublikationen vermittelte Kommunikation der Bewegung, wie die Kritik am Ausbleiben "ihrer nuhn so oftermale verheissener offenbarung" verrät (S. 218): "Omne enim bonum est sui communicativum. Und harren macht Narren."
[456] *L. c.* S. 220; Begemann Pansophia S. 221 spricht pikiert von "dieser etwas seltsamen Schrift".
[457] *L. c.* S. 219 (Hervorhebung von mir).

Paracelsus, Weigel und Arndt vermittelten Tradition, doch ist neben dem Bezug auf Luther in der identifikatorischen Verknüpfung der „Himmlische[n] Weißheit" mit dem Evangelium eine sehr viel stärkere Kirchlichkeit greifbar, als sie bei den genannten Überlieferern in all ihrer Unterschiedlichkeit festzustellen ist. In ähnliche Richtung weist des nachdrücklich um eine Synthese der cabalistischmagischen Tradition mit Luther bemühten Christoph Hirsch,[458] der in seinem die mit der rosenkreuzerischen *Pansophia* gleichbedeutende *veterum sapientia* beschreibenden *Pegasus Firmamenti* zwei Kapitel dieser doppelten Weisheit widmet: Die Priorität gebührt dabei – wie Hirsch mit dem Wort „Trismegisti Germani", also des Paracelsus, begründet: „So ein Philosophus nicht auß der Theologia gebohren [!] wird / so hat er keinen Eckstein / darauff er seine Philosophey setzen müge."[459] – nach Kapitel VI klar der aus dem *Gratiae lumen* fließenden *Cabala*, die Hirsch als *prophetia* und *Prophetica illuminatio* definiert,[460] während dem *Lumen naturae* die *Magia* entspreche.[461] Beide zusammen repräsentieren in paracelsischer und Arndtscher, aber auch christlich-kabbalistischer Tradition jene doppelte *Astronomie*, die natürliche der Gestirne, und die übernatürliche der Engel, für die Hirsch gar Luther als Zeugen „utriusque Astronomiae" bemüht.[462]

In seiner Streitschrift wider das *Platonisch-Hermetische Christenthum* beruft Ehregott Daniel Colberg sich auf diese unter dem Pseudonym des Josephus Stellatus erschienene Schrift des Christoph Hirsch, wenn er das unter den Begriffen der *Cabala* und *Magia* verhandelte Theorem von den zwei *lumina* oder Weisheiten als den Inbegriff „der heutigen Fanatischen Theologie" und Ursprung der „vielerley Secten ... unterm Namen der Paracelsisten, Weigelianer, Rosencreutzer, Böhmisten, Wiedertäuffer, Bourignisten, Labadisten und Quietisten"[463] identifiziert:[464]

> „Daraus ersehen wir alsobald / daß durch die *Magia* müsse *eine Erkäntniß göttlicher* [!] *und natürlicher Dinge aus dem Buch der Natur* [!] verstanden werden / gleich wie durch die *Cabala eine Wissenschaft göttlicher und natürlicher Sachen / aus der inwendigen Offenbahrung* bedeutet wird. Solches lehret deutlich Josephus Stellatus in Introd. ad veterum sapientiam[465] c. 7. f. 6. wann er saget / daß *die Magia aus dem reinen Licht der Natur hervorfliesse* wie im Gegentheil c. 6. lit. f. *die wahre und reale Cabala aus dem Licht der Gnaden herkomme.*"

---

[458] Im *Pegasus Firmamenti* von Hirsch/"Stellatus" wird Luther genannt und, z. T. auch umfangreicher, zitiert (cap./fol.): I A 4 ᵛ – 5 ʳ; II B 2 ʳ; III B 4 ʳˉᵛ; 5 ʳ; IV B 7 ʳ; C 5 ʳ – C 6 ʳ; V E 3 ᵛ; VI E 5 ᵛ; E 7 ᵛ – E 8 ᵛ; VII F 2 ᵛ – F 4 ᵛ; F 6 ʳ; dazu s. u. Anhang 2.

[459] *Pegasus Firmamenti* V C 7 ʳ.

[460] *Pegasus Firmamenti* VI F ʳ; zu den beiden lumina und deren Ableitung aus der Anthropologie vgl. auch ebd. IV C 3 ʳˉᵛ.

[461] *Pegasus Firmamenti* VII F 6 ʳ.

[462] *Pegasus Firmamenti* VII F 3 ʳ. S. o.; vgl. J. V. Andreaes *De Christiano Cosmoxeni Genitura Judicium.*

[463] So der Titel seiner Schrift.

[464] Colberg *Platonisch-Hermetisches Christenthum* I S. 153 und S. 168 (Hervorhebung von mir).

[465] Das ist der Untertitel des *Pegasus Firmamenti.*

„Ob nun gleich *die Schwarmgeister diese beyden Principia, Cabalam und Magiam,* oder *die Erkäntnüß sein selbst / und das Buch der Natur / die inwendige und auswendige Offenbahrung / eintzig und allein* [an-]*erkennen,* so setzen sie doch zum Schein die heil. Schrifft hinzu / damit sie von den Unwissenden dennoch für gute Christen möchten angesehen werden / wiewohl sie nicht das geringste / so in der heiligen Schrifft geschrieben stehet / gläuben / sondern *alles mystice und anagogice erklähren.*"

Von der aus dem *lumen naturae* fließenden *Magia* des *Buches der Natur,* die über natürliche hinaus auch *göttliche Dinge* offenbart, über die *inwendige Offenbarung* der *Cabala* aus dem *lumen gratiae,* die wiederum *göttliche und natürliche Sachen* offenbart, bis hin zur mystisch-tropologischen und anagogischen Bibelallegorese, die der gewiegte Kenner Colberg in ihrem inneren Zusammenhang interpretiert, handelt es sich durchweg um Prinzipien, die auch Arndts theologisches Denken zutiefst prägen. Ebenso kommt es mit Arndts Verständnis des *liber naturae* gut überein, wenn Colberg im Anschluß an Paracelsus sowie die Rosenkreuzer Mögling und Fludd treffend dieses Prinzip dahingehend charakterisiert, „daß durch das *Natur-Buch* nichts anders verstanden werde / als *das allgemeine Liecht / so in allen Creaturen verborgen / oder die Idealische Licht-Welt / so die Ideas aller Dinge in sich heget /* daß also wann dieses Licht erkannt wird / zugleich alle Ding mit erkennt werden."[466] Colberg findet gerade in der Verbindung zwischen der *Cabala* und der *Magia* denselben Zusammenhang, den die Untersuchung der Lichtmetaphysik ergab:[467]

„Wir finden in ... der Platonischen Christen Schrifften ein zweyfaches Principium ihrer Lehr / die Erkäntnüß unser selbst / und die Erkäntnüß der Welt / Macrocosmum und Microcosmum, Cabalam und Magiam, die inwendige Offenbarung und das Buch der Natur oder der Lebendigen / *mit einem Worte / die Erkäntnüß des allgemeinen Welt-Geistes in allen Dingen / beydes durch die inwendige Erleuchtung des innern Lichts /* als des *ewigen Worts /* verbi fiat, und durch *die Erkäntnüß der Signaturen oder Characteren /* so *in dem Buch der Natur* geschrieben sind / das ist / *des inwendigen Lichts /* wie es in den Creaturen verborgen lieget. Dieses wird bedeutet durch *die inwendige Erkäntnüß / welche sie allein erheben / und die äußere Wissenschaft verachten.*"

Das Prinzip des zweifach gestuften „Geistes" oder „Lichtes" in den Seelen und, in verminderter Dichte, in der außermenschlichen Kreatur erklärt Colberg zum ideologischen Fundament des hart kritisierten *Platonisch-Hermetischen Christentums.* Auch wenn er Arndts „Wahres Christentum" nicht explizit nennt,[468] ist eindeutig, daß die hier vorgetragene theologische Kritik auch dieses Werk treffen muß.
Der wohl zu den Wegbereitern des Rosenkreuzertums zu zählende anhaltinische Theosoph und Alchemiker Julius Sperber, der wie Arndt in Magdeburg bei

---

[466] Colberg *Platonisch-Hermetisches Christenthum* I S. 154 (Hervorhebung von mir).
[467] Colberg *Platonisch-Hermetisches Christenthum* I S. 133f. (Hervorhebung von mir).
[468] Ob sich hinter der *l. c.* S. 135f. genannten und zitierten, im Jahr 1615 an die Fraternität geschriebenen "Epist. J. A." der Celler Generalsuperintendent verbirgt, wäre noch zu prüfen.

Johann Francke publiziert, deutet in seiner *Isagoge* die Dyas von *Cabala* und *Magia* als den „Stein der Weisen",[469] wobei er, in einer Tradition von Pico della Mirandola, Reuchlin, Khunrath und anderen stehend, wie sein ganzes Schrifttum ausweist, weitaus tiefer mit der christlich-theosophischen Rezeption einer genuinen Kabbala vertraut ist als viele, die sich in einem eher allgemeinen und modischen Sinne des Terminus der *Cabala* für das innere „Wort" oder „Licht" bedienen:[470]

„IN SUMMA: Er [der *lapis*] *purificiret und erleuchtet den Leib und die Seele,* durch die Krafft seiner *Animae,* so alles durchdringet ...
Und das ist die *Natürl. und Heilige MAGIE, das ist, die vollkommene Wissenschafft aller Natürlichen Dinge,* so im Himmel und in der Erden sind; Dadurch der Mensch die Geistl. Kräffte und Tugenden der Obern und Himmlischen Dinge mit den Untern und Irrdischen also copuliren und verehlichen kan ... Diese *Magiam* oder Weisheit [!] hat der König Salomon gehabt ...
Von den Cabalisten wird diese *H. Magia* genannt *Opus de Breschit, das ist, die Wissenschafft* und Verständniß alles dessen, was in den V. [: 5] Büchern Mosis geschrieben stehet. Dann *sie leitet auch das Gemüthe noch höher zu der Erkäntniß, nemlich der Engeln,* daß wir in Anima rationali, welche ist die Englische Natur, dieselbe sehen, *mit ihnen reden,* und ihre Antwort wiederum verstehen können. ...
Und dieses ist *die CABALA,*[471] *sonsten Opus de Mercava genannt, das ist, die Wissenschafft der Uber-Irrdischen Dinge,* (scientia rerum ultra-mundanarum,) welche die Seele, oder den vernünfftigen Geist, zur *Conversation mit den Engeln,*[472] *und endlich mit dem drey-einigen GOtt selbst,* erhebet. ... Hier herrschet der Glaube an Christum [!] : und die Liebe gegen dem Nechsten. ..."

---

[469] Das *ECHO Der von GOtt hocherleuchten Fraternitet* fol. A viij ᵛ [unpag.] vertritt dieselbe noetische Priorität der *Cabala*: "Dieselbe *offenbarung / welche die Cabala das ist zu Latein receptio, vnd der glaube behalten / hat hernach andere die Magiam die Weißheit Gottes / den schöpffer vnd dz Geschöpff rechtschaffen erkennen gelehret / vnd das in seinem verfinsterten Verstande / verborgene Gut / dem Verstande der Genaden gezeiget. Ist dieselbe art / auff welche Adam seine nachkommen gelehret / vnd das A b c Himmels vnnd der Erden / wie es jm Gott nach dem fall widerumb auß Genaden eröffnet vnd genennet / außgeleget hat ...* " (Hervorhebung von mir).

[470] *Isagoge, das ist: Einleitung,* übs. von Roth-Scholtz, in: Roth-Scholtz (Hg.): *Deutsches Theatrum Chemicum* II (Nürnberg 1730) S. 158-161 (Hervorhebung von mir); der Traktat, den ich um der Lesbarkeit willen in Übersetzung zitiere, erschien zuerst auf Lateinisch in Hamburg 1674.

[471] Der als Auszug aus Alexander von Suchtens Schrift *De tribus facultatibus* zu identifizierende, an das *ECHO Der von GOtt hocherleuchten Fraternitet deß löblichen Ordens R. C.* angehängte Traktat *Von dem höchsten allerbesten vnnd theuresten Schatze* belegt ebd. S. 44f. im Zusammenhang dieser Thematik eine direkte Rezeption Ficinos: "Mit Göttlichen Sachen ist also geschaffen / das dieselbe nicht / wie Menschliche Künste vnnd Weißheiten mögen gelehret werden / sondern so die Seele gebürlich gereiniget vnd bekehret wird / bekömpt sie einen verstand in Göttlichen sachen / wie der hocherfahrne vnnd gelehrte Mann Marsilius Ficinus darvon geschrieben / Daher ist auch dieselbe Kunst der Himlischen weißheit / von etlichen in der Hebraischen Sprache / Caballa oder zu Latein Receptio genen[n]et worden / welches zu Deutsch so viel heist / als eine solche Kunst / die man durch offenbarung von Gott anlanget."

[472] Vgl. oben Arndts zur verborgenen "Astronomie" der Engel 'höher führende' Auslegung des *Hexaemeron* in 4,10, sowie analog *Pss* 19/I Bd. 1 S. 177b und die *Colloquia angelorum theosophica*.

Abb. 21 *Figura IV* von Matthäus Merian, in: *Musaeum Hermeticum...*, Frankfurt am Main 1678
(Bay. Staatsbibliothek München);
der Akzent der nur im Horizont
der vorausgehenden zu deutenden *Figura* liegt sichtlich im Feld
hermetischer Naturphilosophie,
deren Fundierung auf den Psalmen ebenso wie auf der *Tabula
Smaragdina* in Arndts Nähe weist.
Im Geist der letzteren zeigt *Figura IV* die hermetische Analogie
zwischen ‚Oberem‘ und ‚Unte-
rem‘, von der Alchemie bis zur
Hierarchie zwischen dem astralen und dem ‚neuen Himmel‘ der
‚Wiedergeborenen‘ (Arndt). Der
wahre *lapis philosophorum* liegt hier
noch, sie umgreifend, im Schnittpunkt aller Himmel und Welten.
Seine universale Erkenntnis zielt
auf das Irdische *und* das Göttliche, erschließt *Magia* und *Cabala*.

VERBO DOMINI FIRMATI SUNT COELI, ET SP
BONITATE TUA DOMINE : AVERTENTE TE

VErum, sine mendacio, Certum & veriſſiumm: ℓ
eruntab Uno, meditatione Unius : Sic omnes
omnis Teleſmi totius mundi eſt hic. Vis ejus ir
ſcendit in Terram, Et recipit Vim Superiorum & Inf∊
tilem, omnemque ſolidam penetrabit : SIC MUNI
tes Philoſophiæ totius Mundi. Completum eſt quo

FIGURA IV.

OMNIS EXERCITUS EORUM, Pſalm.33. SPIRITUS DOMINI REPLEVIT ORBEM TERRARUM: OMNIA SATIANTUR
...UR: AUFFERS SPIRITUM EORUM, ET DEFICIUNT ET IN PULVEREM SUUM REVERTUNTUR: EMITTIS SPIRITUM
...UR: SIC RENOVAS FACIEM TERRÆ: GLORIA TUA IN SECULUM. Pſalm. 104.

SMARAGDINA HERMETIS TABVLA.

ſicut quod eſt Superius, & quod eſt Superius eſt ſicut quod eſt inferius ad perpetranda miracula Rei Unius. Et ſicut omnes Res fu-
...ac Una Re Adaptatione. Pater Ejus eſt Sol, Mater Ejus Luna. Portavit illud Ventus in Ventre ſuo. Nutrix ejus Terra eſt, Pater
...t in terram. Separabis Terram ab Igne, ſubtile à ſpiſſo, ſuaviter cum magno ingenio. Aſcendit à Terra in Cœlum, iterumque de-
...loriam totius Mundi. Ideò fugiet à te omnis obſcuritas. Hic eſt totius fortitudinis fortitudo fortis, quia vincet omnem rem ſub-
...T. Hinc erunt Adaptationes mirabiles, quarum modus hic eſt. Itaque vocatus ſum Hermes Triſmegiſtus, habens Tres par-
Solis.

Und dieses ist die Ursach, warum der Teufel den Lapidem Philosophorum nicht machen kan, dieweil die *Reinigkeit und Hellheit* [!][473] des Steins der Natur des Teufels ... stracks zuwider und entgegen stehet. Denn *der Stein oder die Tinctur ist ein Werck des H. Geistes* [!], und die allgemeine H. Erde der Gottgelehrten (Theosophorum,) darinnen das Holtz des Lebens[474] und die Hütte GOttes[475] ist mit den Menschen. Daher sagt HERMES in Tabula Smaragdina: Also wirst du die Herrlichkeit der gantzen Welt haben. Das ist: weil die Welt dreyfach ist, nemlich, Englisch, Himmlisch, und Elementisch: wirst Du, der du der Tinctur theilhafftig seyn wirst,

> *die Erkäntniß der Engeln,*
> *die Wissenschafft der Sternen,*
> *und Goldes und Silbers in Uberfluß*[476] haben. Und dieses ist die Herrlichkeit

der gantzen Welt. Und er füget noch hinzu: derohalben wird von dir fliehen alle Dunckelheit, nemlich, des Leibes und des Gemüths. Dann nach abgelegter Dunckelheit folget *Glantz und Verklärung des Leibes und Gemüths.*"

Von Engeln, Sternen und philosophischem „Gold" über die *magia naturalis* als *scientia* und die ‚cabalistischen' *colloquia angelorum,* von der alchemischen und theoalchemischen *purificatio* bis zu einer ‚Clarificirung' der Leiber und Seelen und manch anderem reicht bei allen Unterschieden die Palette der Gemeinsamkeiten zwischen den anhaltinischen Landsleuten Sperber und Arndt, immer auf Basis der fundamentalen Verbindung zwischen *Cabala* und *Magia,* zwischen *lumen gratiae* und *lumen naturae.* Diesem Verständnis nach verwundert es keineswegs mehr, wenn Arndt wiederholt der Besitz des *lapis philosophorum* zugeschrieben wurde.[477]

Die Rosenkreuzer Adam Haslmayr und Daniel Mögling, der auch unter den sprechenden Pseudonymen Theophil Schweighart und Florentinus de Valentia publiziert, verleihen jener in Khunraths Wortspiel vom *Lab-/Oratorium* ausgedrückten Zusammengehörigkeit der beiden Lichter oder Erkenntnisweisen eine neue prägnante Formel, die zugleich deren abgestufte Wertigkeit markiert. Der Mediziner Mögling, der in einer gegenüber der Tradition leichten Variation der Metaphorik des *liber conscientiae* „das Buch des Lebens, das doch mit dem finger Gottes eingeschrieben ist in aller Menschen hertzen", und damit die Geistunmittelbarkeit, zur Quelle aller wahren Erkenntnis erklärt, stuft das Zusammenspiel der Erkenntnisbereiche so ab, daß das, was andernorts *Cabala* und *Magia* heißt, hier die Wertungen *Ergon* („Vorwerck") und *Parergon* („Nachwerck")[478] erhält – sachlich identisch mit jenem Begriffspaar aus dem ersten Teil der *Apophthegmata*

---

[473] Vgl. Arndts *separatio puri ab impuro* in *Hex* 1,30 sowie die mit dem Grad der Tugenden korrespondierende differenzierte Helligkeit der Metalle, Edelsteine etc. in *Hex* 1,16 sowie die 'Clarificirung' der Leiber und Seelen in *Hex* 1,28. 30 u. ö.

[474] Das Kreuz Christi; vgl. o. Band II § 3 zu Hugo von St. Victors *liber vitae* und *lignum vitae.*

[475] Apk 21,3, in diesen Kreisen zumeist auf Gott in der Seele gedeutet.

[476] Wobei der fromme Theosoph dabei sicherlich an das *aurum philosophicum* denkt.

[477] Vgl. die unten in Anhang 3: "Arndt in der Geschichte der Alchemie" aufgeführten Beispiele.

[478] Damit charakterisiert die *Fama Fraternitatis* (ed. van der Kooij/Gilly) S. 98 das Goldmachen.

Patrum des ägyptischen Wüstenmönchtums, mit dem der Mönchsvaters Antonius Gebet und Handarbeit hierarchisiert.[479] Van Dülmen referiert Mögling so:[480]

> „Das Buch des Lebens, die ewige Weisheit im Menschen ist das Reich Gottes. Es besteht nicht in Worten sondern in *Kraft*. Und *dieses ist das Ergon Fratrum, das Vorwerck Regnum Dei und die höchste Wissenschaft, von ihnen genand Pansophia*. ... Der göttliche Ursprung des Menschen, die menschliche Seele, ist zugleich der Ursprung des Buchs der Natur wie der Hl. Schrift. Hier liegt das Ergon der Rosenkreuzer, ohne das das Parergon, die Sphäre des menschlichen und weltlichen Wissens, nicht erkennbar wird. ... Das Ergon ist auf Gott gerichtet, seine Quelle und Fundament bildet die Hl. Schrift. Das Parergon umfaßt die Welt der Kreaturen, die Magnalia Gottes. ... Die Seele des Menschen, die sowohl auf Gott als auf die Welt gerichtet ist, besitzt zwei geistliche Augen,[481] das eine blickt auf Gott den Archetyp der Welt und sieht kraft seiner Ebenbildlichkeit in die Ewigkeit, das andere richtet sich auf die Zeit und Kreaturen, auf das Parergon. Zwar kann das Ergon ohne das Parergon erkannt werden,[482] aber nicht umgekehrt. Jede Erkenntnis der Schöpfung geht von der Erkenntnis Gottes aus. ... *Dieses ist und heyst Pansophia Rhodostaurotica, dieses deß Menschen höchste Perfection in dieser Welt, darinnen alle Schätz ... verborgen sind.*"

Möglings berühmtem Werk ist eine Figur beigegeben, die oben auf einem Berg ein (an das in dem *Oratorium/Laboratorium*-Stich in Khunraths *Amphitheatrum* abgebildete erinnerndes) Gebetzelt zeigt, das von den Lettern *ER GON* eingerahmt ist, während unten ein im Wasser stehender Mann mit einem Sieb hantiert, der in ein aufgeschlagenes Buch mit dem Wort *LABORE* blickt, neben einem in der benachbarten Höhle neben einschlägigen Gerätschaften stehenden Alchemiker (dessen Kopf das Tetragrammaton als Symbol seiner Erleuchtung nimbusartig umgibt), dem der Schriftzug *Arte [sc.: et] Natura* beigeordnet ist.[483] In der Mitte des Bildes steht eine geflügelte weibliche Figur, von einem Feuerkranz sowie alchemischen, der *Tabula Smaragdina* zuzuordnenden Symbolen umgeben, eine Kugel mit einem Embryo vor dem Bauch hält. Die Figur zeigt eine auf den Text abgestimmte Übersetzung des Theorems von den beiden ‚Lichtern'. In *cap.* 2 und 3 des *Speculum Sophicum Rhodo-Stauroticum Universale*[484] beschreibt Mögling dies analog in der Metaphorik eines Berges, auf dem das *Ergon* des Gebets seinen genuinen Ort hat,[485] und von dem der *Frater R. C.* „auß der Höhe hernieder"

---

479 Antonius (1); vgl. Dörries: Vita Antonii als Geschichtsquelle, in: Wort und Stunde I S. 148.

480 Van Dülmen Mögling S. 50f. u. Anm. (Kursivdruck nach van Dülmen markiert Mögling-Zitate); zu Haslmayr (dort auch *Lab-/Oratorium*) vgl. Gilly Theophrastia Sancta S. 460f. u. Anm.

481 Das *Speculum Sophicum* führt dies in cap. 3 näher aus, in: van Dülmen Mögling S. 66f.

482 Die nur mystisch-spiritualistische Variante, wie sie C. Hoburg repräsentiert, vgl. o. Bd. I § 4.

483 Abgedruckt bei van Dülmen Mögling S. 53.

484 Abgedruckt als Anhang bei van Dülmen Mögling S. 55-68; dito Gilly Manifeste S. 93 u. a.

485 Bezeichnend ist, wie diese dem Kirchenwesen letztlich abholde Religiosität topographisch die räumliche Erhebung sucht. Vgl. die in kriminalistisch-psychologisch-theologischem Gewand einhergehenden, psychologisch wie religionspsychologisch subtilen Reflexionen zum Höhenkult und die nach oben strebende u. nach unten stürzende Dimension gotischer Architektur

zu steigen habe, um sich in naturphilosophischer Erkenntnis und deren praktischer Anwendung dem – ikonographisch als *ars hermetica* ausgewiesenen – *Parergon* zu widmen. Die Metaphorik von Höhe und Abstieg spiegelt raumbildlich
mit der Wertigkeit der Stufung zugleich die sphärenkosmische Stufung der Welten, die sich entsprechend in den Zugängen zur Weisheit in der geistlich-intelli-
giblen, der himmlisch-siderischen sowie der elementischen Sphäre wiederfinden:

> „Damit aber solches geschehe, ist von nöthen, daß du erstlich dein Hertz
> unnd Gedancken vor Gott deinem Schöpffer außschüttest, und wie
> S. Paulus vermanet, selbst prüffest, dich aller Menschlichen Händel, son-
> derlich aber eygens Vermögen, und der verfluchten philautie gäntzlich und
> gar entschlagest, mit deinen gedancken *in dich selbst gehest, den innerlichen
> Menschen, und die diuinae bonitatis* [!] *relictas scintillulas* betrachtest. ... Betracht
> dein eygen Heyl, und laß dir *dieses Ergon* angelegen seyn, so wirstu *im
> folgenden des parergi Verstand* desto glücklicher fortkommen ...
> *Nun steigestu auß der Höhe herunder*: und begibst dich under die *Creaturen
> und Magnalia Gottes,* dir und deinem Nechsten zu dienen, *hirinnen steckt
> aller Gelehrten Weißheit und philosophia,* welche bißhero von viel 100 geübt
> unnd wenig recht verstanden ... ".[486]

Im Gegensatz zum verbreiteten Gebrauch des Begriffs „Pansophie" im Sinne
des *Parergon* bezeichnet Mögling erst diese beide „Augen" umfassende doppelte
Erkenntnis mit dem Terminus der „Pansophia Rhodostaurotica", die der Tendenz des *Corpus Weigelianum,* Arndts, insbesondere des Rosenkreuzertums insgesamt und anderer entsprechend zumindest dem Anspruch nach eine universal-
wissenschaftliche Tendenz beinhaltet, wie sie dann in den so unterschiedlichen
Werken eines Robert Fludd und Johann Amos Comenius eine je imponierende,
doch von den Entwicklungen dieser Zeit schnell überholte Gestalt gewannen:[487]

> „Schaw, lieber Christ, dieses ist und heyst Pansophia Rhodostaurotica,
> dieses ist deß Menschens höchste Perfection in dieser Welt,[488] darinnen
> (wie gemelt) alle Schätz, Reichthumb, und Geschicklichkeit verborgen, aus-
> ser welchen nichts, ohne welches nichts auff dem gantzen Erdboden, alle
> Theologische Geschicklichkeit, alle Juristische Gerechtigkeit, alle Medici-
> sche Heylsamkeit, alle Mathematische Subtiligkeit, alle Ethische, Politi-
> sche, Oeconomische Practick alle Metaphysische, Logische, Rhetorische,
> Grammaticalische Spitzfindigkeit, In Summa alles das, so der Mensch
> reden und gedencken mag, ist hierinnen begriffen ... ".

---

in Gilbert K. Chestertons Erzählung: Der Hammer Gottes. Vom (gestuften) anachoretischen
Rückzug auf die Berge zum Gebet handelt stilbildend Athanasius: *Vita Antonii* 11f.; 49f.; 65ff.

[486] *Speculum Sophicum* cap. 2, van Dülmen Mögling S. 60 (Hervorhebung von mir); dazu vgl. auch
cap. 3 S. 66f.

[487] *Speculum Sophicum* cap. 3 S. 67.

[488] Der Gestus solcher selbstgefälligen Erhabenheit ist es wohl auch, gegen den die Schrift:
Frawen Zimmer der Schwestern Des Rosinfarben Creutzes sich wendet, s. o.

Abb. 22   Das Kupfer zu Daniel Möglings *Speculum Sophicum Rhodo-Stauroticum Universale*
zeigt, schon von deren räumlicher Position her hierarchisch abgestuft, das *Ergon* („Vorwerck") im *Oratorium* und das *Parergon* („Nachwerck") in freier Landschaft bzw. im ‚Laboratorium' (die vom Hügel des *Oratorium* geradezu überwölbt und umschlossen werden).
Die von je einem Feuer- und Strahlenkranz umgebene, auf der Stele posierende Drei-
viertelfigur, die mit ihrer *Sol-Pater* und *Luna-Mater*-Symbolik in sichtlich erkennbarem
Bezug zur *Tabula Smaragdina* steht, erweist die *Sapientia* des *Parergon* als eine hermetische.

Eine Quintessenz seines rosenkreuzerisch-pansophischen Denkens bietet der zu kurzen Schriften neigende Mögling in seiner *PANDORA SEXTAE AETATIS*, die schon von der Abfolge ihrer drei Kapitel her – *THEOSOPHIA. Von der erkanntnuß Gottes vnd seiner Wunderwerck* (1), die *erkanntnuß seiner selber* (2) und *Wie beede Cognitiones in ein Pansophische Concordantz zuschliessen* (3) – die „Pansophische Concordantz" als Ziel und Inbegriff des „beede Cognitiones" verbindenden mystisch-spiritualistischen und hermetisch-naturphilosophischen Strebens nennt. [489]

---

[489] Um ihrer Prägnanz und Klarheit seien hier der Titel und ein paar Auszüge wiedergegeben: *PANDORA SEXTAE AETATIS, SIVE SPECULUM GRATIAE Das ist: Die gantze Kunst vnd Wissenschafft der von Gott Hocherleuchten FRATERNITET CHRISTIANI Rosencreutz / wie fern sich dieselbe erstrecke / auff was weiß sie füglich erlangt / vnd zur Leibs vnd Seelen gesundheit von vns möge genutzt werden / wider etliche deroselben Calumnianten ... Durch THEOPHILUM SCHWEIG-HART Constantiensem, Pansophiae Studiosum. MDCXVII ... Cum Privilegio Dei et naturae* [!] *in ewigkeit nicht vmbzustossen.* (Im Folgenden stammt jede Hervorhebung von mir).
Vorrede S. 7f: "Dann was soll der Kuh eine Muscaten / oder dem Esel eine Lauten / Er [sic] darff nicht vil suchens oder entdeckens / die Weißheit steht vorhin jedermenniglich offen / hastu Augen / so sihe. Hastu ein hertz zu studieren / so lerne / du hast zu lernen biß in Todt / vnd lernest doch nicht auß. Verstehe mich was ich sage / es ist ein Buch / ein Buch sag ich / *ein groses Buch / wann du verstehest / was darinnen geschrieben / so bist ein Rosencreutzer*. Darffst dir aber nicht einbilden / das solches Buch zu Franckfurt / Leipzig / Ambsterdam / Rom / oder gar Utopia zuverkauffen sey / Nein gar nit / es ist den Buchhendlern gar zutheur [sic] / vnd vermags keiner zuverlegen / Die Brüder aber wissens / wo es ist / vnd lesen darin täglich / du aber stehest dabey / sihest es an / wie ein Kuh ein neu Stadelthor / beduncken die Böhmische Dörffer. Warumb? Dieweil du *das Alphabeth* nicht recht gelernt / *dessen Clavis' vnter dem gewalt Jehovae.*"
Die Überschriften der drei Kapitel des kurzen Schriftchens von 18 Seiten lauten:
1.   *THEOSOPHIA.* Von der erkanntnuß Gottes vnd seiner Wunderwerck. [S. 9-11]
2.   Von der erkanntnuß seiner selber. [S. 11-13]
3.   Wie *beede Cognitiones* in ein *Pansophische Concordantz* zuschliessen. [S. 13-15]
Cap. 1: „*Gott ist in allem / vnd wird doch von keinem beschlossen / er ist die vnendliche circumferentz /* cujus centrum ubique superficies nullibi. Er ist das α. vnd ω. der anfang vnd das end ... Derowegen folge den Brüdern / such Gott am ersten / quaerite primo regnum DEI [Mt 6,33], laß diß dein *ergon* vnd anfang in der Rhodo-stavrotischen Philosophi seyn. ... Nun sihestu / wie man von Gott kommt auff die Creaturen [in rosenkreuzerischer Terminologie also auf das *Parergon*]. Erstlich must du Gott erkennen / dich demselbigen durchauß vereinigen durch seinen Sohn Christum in krafft deß H. Geistes / all deinen willen vnd Werck nach seinem wolgefallen anrichten / Summa dich gantz verendern / vnd deine vermöglichkeit hindan setzen. Auff dise weiß wirstu gesundt an der Seelen / *vnd bist ein Theosophus'*."
cap 2: Nach der „versorgung der Seelen" geht es um die Weise, wie der Christ „auch den Leib recht procurieren solte / Nemlich / liebe deinen Nechsten." Die natürliche Existenz des erneuerten Menschen besteht in der praktisch tätigen Liebe des Nächsten. Indem der Mensch sich als „ebenbildt Microcosmi" – gemeint ist selbstverständlich das „ebenbildt Macrocosmi" als irdisch-natürliches Pendant der *imago dei* – erkennt, wird er „hierauß lernen wunderlicher Künst vnd handgriff genug", die insbesondere – ein Thema des Arztes Mögling! – auf medizinischen Gebiet Wertvolles leisten können. „Dann Natura non vendit suos thesauros, darffst hierzu keines vollen Seckels / aber eines reinen / Gottesförchtigen vnd arbeitsamen gemühts. Golt zumachen wird dir ein geringe Kunst seyn / vnd dich nicht mehr wundern / daß die Fratres sagen / sie können noch vil tausend bessere Stuck." [vgl. etwa Arndts *auri resolotio philosophica* oder das medizinische „Magische Golt" Oswald Crolls, s. o.].

Ebenso wie der Begriff „Theosophie" bleibt auch der der „Pansophie" schillernd. Bezeichnet jene in der einen Richtung den Ursprung, in der anderen den eigentlichen Gegenstand der Erkenntnis – was naturgemäß in diesem Denken vielfach ineinander übergeht – so kann die „Pansophie" entweder komplementär zu einer vorwiegend auf Gott selbst gerichteten „Theosophie" bzw. *divina sapientia* eine in der Fülle den gemeinsamen Ursprung suchende *scientia rerum naturalium* bezeichnen, das heißt in relativem Gegensatz zu Gott und Seele die das Universum oder „All" beschreibende Weisheit. Oder er bringt die Totalität und zugleich Einheit einer „Alles" umfassenden Erkenntnis Gottes, seiner selbst und der Fülle der Kreatur auf einen Begriff, wie etwa in den Schriften Möglings.[490] Nach Kühlmann[491] bezeichnet der Begriff „Ordnungsanspruch, Erkenntnisziel und pädagogische Implikationen einer neuplatonisch inspirierten und zugleich schöpfungstheologisch begründeten christlichen Universalwissenschaft". Diese griff den antiken Gedanken der Einheit der *sapientia* auf und verband ihn ebenso wie der mystischen, so auch der schon vorchristlich-hermetischen Tradition gemäß mit einem hohen Anspruch an die persönliche *pietas* – nicht zuletzt als einer unabdingbaren Voraussetzung göttlicher Erleuchtung als Grund aller Erkenntnis. Dabei scheint, allem auch vor der Rezeption aristotelischer Gedanken nicht zurückschreckenden Eklektizismus zum Trotz, diesem im Überlieferungsstrom platonischen und hermetischen Denkens stehenden Streben nach der All-Einheit ein prononcierter und geradezu konfessorischer Antiaristotelismus inhärent.

Der „pansophische" Gedanke in diesem Verständnis ist also keineswegs neu. Er verdankt sich einer Rezeption antiker bzw. auch antikisierender Traditionen und deren Amalgamierung mit virulenten spiritualistischen wie hermetischen Strömungen und Tendenzen. Eine Vermittlungsrolle könnte dabei Agrippa von Nettesheims *Occulta Philosophia* gespielt haben. In Buch III, der *magia caeremonialis,* Kapitel 50, das *De raptu et extasi* und anderem handelt, kommt er in in anonymer Anlehnung an Ficino und Pico della Mirandola und in expliziter Anspielung auf

---

cap. 3: Notwendig ist nun diese „beede Seulen" in die rechte „Pansophische Concordantz" zu bringen, „damit auß dero concordantz du mögest endlich erlangen die volkomene perfection in disem leben." „Das erst Capitel gibt dir den [sic] ἔργον, den fürnemsten scopum vnd zweck der gantzen Kunst. Das ander applicirt das πάρεργον, selbiges must du also anrichten / das es mit Microcosmo, Macrocosmo vnd dem obermelten ἔργῳ in gleichem Thon vnd Melodey gehe [die Harmonie!] / damit keinem zuvil / oder zuwenig geschehe. ... Es gehört hierzu kein ansehlich herkommen / kein grosser Reichthumb / kein prächtige Tracht / kein Aristotelische subtilitet, kein Academisch disputiren / kein Oratorisch plaudern vnnd Marcktschreyen / *Ora et labora Deo et naturae consentaneus, et eris magnus Philosophus.*"

490 Über Begemann Pansophia S. 212-221 hinaus, der, wie etwa Kühlmanns TRE-Artikel "Pansophie" zeigt, immer noch als grundlegend gilt, hat Gilly Erfahrung I S. 88 A. 73 die Geschichte des Pansophie-Begriffs im 16. und 17. Jahrhundert erweitert und gezeigt, daß dieser Begriff nicht erst im rosenkruezerischen Milieu (nicht in den Urschriften) ab 1617 begegnet, sondern schon 1596 in Scleis *Theologia universalis* II 98 S. 181 – allerdings in einem von Gillys Deutung abweichenden stärker kosmosophischen Sinne! – sowie 1600 bei van Heer in Basel.

491 Artikel Pansophie, TRE 25 S. 624; zum Begriff vgl. Peuckert Pansophie *passim* u. S. 352-358.

die *Aegyptii*, also die hermetische Überlieferung, sowie Cicero und Plato auf das *lumen* der Seele und dessen universale Schau Gottes und der *omnia* zu sprechen:

> „Sciendum ergo quod iuxta *Aegyptiorum doctrinam, cum anima lumen sit quod-dam spirituale*, quando a corpore est soluta,[492] omnem locum et omne tem-pus comprehendit, non secus atque lumen in lanterna inclusum, qua aperta usquequaque diffunditur neque deficit:[493] nam ubique est et semper. Et Cicero in suo *De divinatione* libro ait: 'Nec aliquando animus hominis divi-nat, nisi cum ita solutus est ut ei plane nihil sit cum corpore aut parum'. Cum igitur pervenerit ad illum statum qui est *supremus gradus contemplativae perfectionis*,[494] tunc *rapitur ab omnibus creatis speciebus et intelligit* non per species acquisitas, *sed per inspectionem ad ideas* [!] *omniaque in idearum lumine* [!] *cognoscit; cuius luminis Plato dicit paucissimos homines participes fieri* in hac vita, sed bene deos [!] omnes."[495]

Dieser divinatorische Einblick in die und Aufenthalt in der Welt der göttlichen Ideen ist auch Möglings lichte Höhe, von der es später herabzusteigen gilt, damit der Pansoph sich *arte et natura* den Geheimnissen in den Dingen zuwenden kann. Doch die fast noch wichtigere Stelle, an der Agrippa sich mit einer ‚pansophisch‘ integrierten Erkenntnis Gottes, der Seele und des Universums auseinandersetzt, ist Kapitel 36 desselben dritten Buches, das mit „Trismegistus" einsetzt. Es ist – wobei es sich inhaltlich abermals um einen der Schlüssel zu Arndts „Wahrem Christentum" handelt – das Kapitel *De homine quomodo creatus est ad imaginem Dei*! Unter Aufnahme eines Gedankens aus dem hermetischen *Asclepius*, demzufolge Gott die Welt *und* den Menschen als seine *imagines* erschaffen habe, verbindet Agrippa nun den *imago dei*-Gedanken mit der hermetisch-alchemischen Mikro-/Makrokosmos-Spekulation und weist so einen Weg zu universaler Erkenntnis:[496]

> „Exuperantissimus Deus, ut Trismegistus ait, duas sibi similes finxit *imagi-nes, mundum videlicet atque hominem*, in quorum altero luderet miris quibus-dam operationibus, in altero vero deliciis frueretur. ... et cum sit *summa bonitas*, verbum suum, quod est prima omnium rerum idea, optima sua voluntate essentialique amore complexus, mundum hunc extrinsecum ad exemplar mundi intrinseci, videlicet idealis, fabricavit ... Creavit Deus etiam hominem ad imaginem suam: nam, *sicuti imago Dei mundus est, sic imago mundi homo est ... iccirco microcosmus dictus est*, hoc est minor mundus. ... Homo itaque *alter mundus* vocatus est et *altera Dei imago*, quia *in seipso habet totum quod in maiori mundo continetur* ... Hinc in Sacris Literis vocatur homo omnis creatura nec solum homo alter mundus effectus ipsius partes omnes in se complectitur, sed etiam *per ipsum Deum concipit et continet*. Hinc

---

[492] Die hermetische wie (neu-)platonische Voraussetzung wahrer Erkenntnis.
[493] Ab hier beginnt die spätere Erweiterung von Agrippas Hand für die zweite, späte Edition.
[494] Vgl. auch Möglings *Speculum Sophicum* cap. 3 S. 67: „Schaw, lieber Christ, dieses ist und heyst Pansophia Rhodostaurotica, dieses ist deß Menschens höchste Perfection in dieser Welt ... ".
[495] *Occ Phil* III,50 (ed. Compagni) S. 555 (mit Belegen; Hervorhebung von mir).
[496] *Occ Phil* III,36 (ed. Compagni) S. 506-508 (mit Belegen; Hervorhebung von mir).

Xystus Pythagoricus ait *hominis animum esse templum Dei*,[497] quod etiam
multo lucidius expressit Paulus inquiens: 'Templum Dei estis vos'[498] ...
Homo itaque solus hoc honore gaudet, quod cum omnibus symbolum
habet et cum omnibus operationem, cum omnibus conversationem ... ".

Diese alle Ebenen der Emanation betreffende Gemeinschaft und Kommunikation der Seele schreitet Agrippa nun einzeln von der Materie über die Elemente,
die drei Reiche des Natürlichen, die Himmel und Engel hinauf bis zu Gott, um
von dort wieder mit Blick auf die Frage der Erkenntnis Stufe um Stufe abzu-
steigen. Sofern die Seele an Gott teilhat, erkennt sie mit Gottes Erkenntnis, und
weil sie erkennt, wird sie selbst wiederum *filius Dei*. Der *imago* eröffnet sich der
uralte gnostische Weg, Franciscus Georgius und der arabische *Geber* weisen ihn:

> „conversatur cum Deo in intelligentiis *per fidem* [!] *et sapientiam*, cum coelis
> et coelestibus per rationem et discursum, cum inferioribus per sensum et
> dominium agitque cum omnibus et in omnia posse habet – etiam in Deum
> ipsum, illum intelligendo et amando. Et sicut Deus cuncta cognoscit, *sic
> etiam homo omnia cognoscibilia cognoscere potest, cum pro obiecto adaequato habeat ens
> in communi vel* (ut alii dicunt) *ipsum verum*; nec reperitur aliquid in homine,
> non ulla dispositio, *in quo non fulgeat aliquid divinitatis*, nec quicquam est in
> Deo, quod ipsum non etiam repraesentetur in homine."

Die Selbsterkenntnis hält den Schlüssel zur universalen Erkenntnis in der Hand:

> „*Quicunque igitur seipsum cognoverit, cognoscet in seipso omnia*: cognoscet *in primis
> Deum*, ad cuius imaginem factus est; *cognoscet mundum*, cuius simulacrum
> gerit; *cognoscet creaturas omnes*, cum quibus symbolum habet ... Et Geber in
> Summa Alchymiae [!] docet neminem ad eius artis perfectionem pervenire
> posse, qui illius principia in seipso non cognoverit: quanto autem magis
> quisque seipsum cognoscet, tanto maiorem vim attrahendi [!] consequitur
> tantoque maiora et mirabiliora operatur[499] *ad tantamque ascendet perfectionem,
> quod 'efficitur filius Dei transformaturque in eandem imaginem quae est Deus'* et cum
> ipso unitur, quod neque angelis neque mundo nec cuiquam creaturae
> datum est, nisi soli homini, *posse scilicet filium Dei fieri et uniri Deo*; homine
> autem Deo unito, uniuntur omnia quae [: microcosmice] in homine sunt
> ... quousque glorificetur in immortalitatem ... ".

So vermag ‚*pansophische*' Spekulation Mystik und Naturphilosophie zu integrieren.
Zu Beginn des 17. Jahrhunderts, der Zeit, in der auch Arndts „Wahres Christentum" entsteht, zeigt sich dieselbe Seins- und Erkenntnisordnung (neu-)plato-
nisch-hermetischer Provenienz als eine unter der dominanten Prägung durch
Paracelsus und Weigel und die unter ihnen als den Leitfiguren sich formierende
geistig-kulturelle Bewegung in Sprache und Ausrichtung nochmals modifizierte.

---

[497] Zur Seele als "Tempel" Gottes vgl. auch bei Arndt *WCh* III Vorrede 4 und III,7,1f. u. a. m.
[498] Wobei Paulus – 1 Kor 3,16f. – keineswegs von der Seele als dem Ort Gottes redet!
[499] C. G. Jungs These von der psychologischen Relevanz der *Esoterica* bestätigt sich auch hierin.

Wie schon bei Paracelsus und verstärkt bei Weigel ist die im heutigen Sinne
‚magische' Dimension deutlich zurückgetreten, während sowohl der theologisch-
philosophischen wie der medizinischen Dimension – bezeichnenderweise oft in
deren engerer Verbindung – eine erneuerte Bedeutung zuwächst. Abschließend
soll der Arndt in so vielem inhaltlich nahestehende *Medicus* Oswald Croll zu
Wort kommen, der in jener unlöslichen Verbindung der – lichtmetaphysisch
gedachten – ‚Lichter' und ‚Bücher' von Gnade und Natur das Fundament aller –
inspirierten – theologisch-philosophischen Weisheit sieht, wie Croll in Gegenkri-
tik eines antiparacelsistischen wie antiramistischen Aristotelismus formuliert: [500]

> „Sie sind aber mit dieser jhrer Vocation der Medicin noch nit zu frieden /
> sondern ... lästern auch seine [: des Paracelsus] Theologica ... in deren er
> *der Theologischen vnnd Philosophischen Warheit zusampt der vollkommenen auß dem*
> *Buch der Gnaden vnnd Natur* [!] *genommenen Frombkeit vnvberwindlich Fundament*
> *mit einander verbunden* / ... hat vnterstanden zueröffnen / damit vnser
> Gemüthe zu Gott vnnd vnsere Augen zu der Warheit würden erhoben /
> wie gleichsfalls auch zu der *Widergeburt* vnd Begierde der künfftigen vnd
> ewigen Seeligkeit. Sintemahl *ohne die Philosophi vnmüglich ist recht vnnd eygent-*
> *lich Fromseyn. Gleich wie auch niemand in beyderley Liecht recht vnnd Christlich*
> *philosophiern kan / er sey dann warhafftig Fromb. Dann es sind die zwey Liechter*
> bekannt / *in welchen alles vnd ausser welchen nichts ist* [501][!] / *wie gleichsfalls auch*
> *keine vollkommene Erkanntnuß der Ding. Das Liecht der Gnaden gebähret einen*
> rechten, [sic] *Theologum, jedoch nicht ohne die Philosophi. Das Liecht der Natur*
> (welches ein Schatzkammer ist der Weißheit Gottes durch die Heilige
> Schrifft bestättiget) macht einen rechten vnnd wahren *Philosophum / jedoch*
> *nicht ohne die Theologi / welche das Fundament der rechten Weißheit ist. Die Werck*
> Gottes sind zweyerley: *Die werck oder den Weg der Natur begreifft die Philo-*
> *sophia: Die Werck aber oder den Weg Christi die Theologi:* ... Darauß dann zu-
> sehen / *daß ein jeder rechtschaffener Theologus auch ein Philosophus, vnd widerumb*
> *ein jeder rechter vnnd wahrer Philosophus auch ein Theologus sey.* Eben dieses
> haben sich viel fromme vnnd gelährte Männer / als Paulus Braun von
> Nürnberg, Valentinus Weigelius vnd Petrus Winzius,[502] nach dem Theo-
> phrasto [!] vnterstanden / welche eben in solchem richtigen Wege einher
> gangen / nicht allein in der Sensualischen Schul der Anfänger / sondern *in*
> *der dritten Mentalischen vnnd Intellectualischen der vollkommen PfingstSchüler* [sic]
> vnterwiesen / in welcher *Schul auch die Propheten / Apostel vnd alle gelährten*
> *Männer / so in jhrem Leben den Fußstapffen Christi nachgefolgt /* ohne Mühe vnd
> Verdruß haben studiert / ... ".

Aus dieser auf die Emanation zurückgeführten Lehre von den zwei *lumina*, nach
welcher die Theologie nicht ohne die Philosophie und die Philosophie nicht ohne die Theologie sei, erklärt sich die innere Einheit des „Wahren Christentums".

---

[500] *Basilica Chymica Erinnerungs Vorrede* S. 71f. (vgl. Peuckert Pansophie S. 375f.; Hervorhebung
von mir); zum Thema vgl. das prägnante Dokument *in toto*, v. a. auch S. 23f., 26f., 29-31, 69f.
[501] Die Lichtmetaphysik.
[502] *Leo rugiens* fol. 213 v – 214 r nennt diese drei zusammen mit Franck, Lautensack – und Arndt.

§ 5 Die Konzeption der „Vier Bücher" als theologisch-theosophisches Programm

„Denn obwohl GOtt durch seine allgemeine Gegenwart in allen Dingen ist, ... dadurch Er Himmel und Erden erfüllet, so ist Er doch sonderlich und eigentlich in des Menschen erleuchteter Seele, darin Er wohnet und seinen Sitz hat ... als in seinem eigenen Bilde und Gleichheit."[1] Der doppelten Erkenntnis gilt es Arndt zufolge im *lumen naturae* mittels der „natürlichen Weisheit" nachzuspüren und im *lumen gratiae* mittels der „übernatürlichen Weisheit", welche die Heiligen der Bibel von den „Weisen" des alten Orients oder, in der Diktion des Hohenheimers, die *Sancti* von den *Magi* unterscheidet.[2] Zwar ist dem Menschen auch nach dem Fall Adams „ein Fünklein des natürlichen Lichts" im Sinne einer allgemein-religiösen Erkenntnis Gottes als des Schöpfers und im Sinne der Vergeltung gerechten Gottes verblieben, um die auch die „Heiden" wüßten, doch komme die seligmachende Erkenntnis allein aus dem *lumen gratiae*. Erst durch dieses aber „erreichen die natürlichen Gaben einen viel höhern Grad zu ihrer Vollkommenheit".[3] Ursache dessen ist, daß erst die Wiedergeburt auch die ursprüngliche, von Gott schöpfungsmäßige dem Adam „angeschaffene[] Weisheit" restituiert.[4] Weil die menschliche Vernunft zur Erkenntnis des Kosmos, dessen Geheimnisse „unausdeutlich, und der Vernunft unbegreiflich" sind, völlig unzureichend ist – sie „muß ... aufhören zu denken" –, „Darum zeiget uns der Heilige Geist [!] die Höhe des Himmels".[5] Derselbe Geist – doch nach *Hexaemeron* 6,1 der „Geist der Weisheit" von Weisheit Salomo 7,21 – „führet uns auch aus, daß wir beschauen sollen die erschaffene Creaturen".[6] Es gilt, das in der Wiedergeburt vom Geist neu entzündete *lumen naturae* von menschlicher *ratio* zu differenzieren, sonst gehen auch die den *homo naturalis* betreffenden Künste und Wissenschaften in die Irre:[7] „Viel sindt in der Linea des Heidnischen Weltgeistes gebo-

---

1   *WCh* III Vorrede 4 (Hervorhebung von mir), oben schon zitiert zum *lumen gratiae*.
2   *Hex* 4,13-17; vgl. *WCh* II,58,10.
3   *WCh* I,7,2; vgl. I,41,19 u. zu beidem Schneider Paracelsist S. 100; 'höherer Grad': *Hex* 4,16.
4   *Hex* 6,1f.; zur Wiederherstellung von *imago*, Erkenntnis und Verstand vgl. auch *WCh* II,33,10.
5   *Hex* 4,6.46.49.
6   *Dreieinigkeit* 3,8. Zu erinnern ist an die mangelnde Trennschärfe zwischen Gottes "ewige[m] Geist in allen Dingen" und dem "Geist" Gottes nach 1 Kor 12,4-6 in *Pss* 139/II S. 322a.
7   *Ikon* Beschluß fol. 48 v (Hervorhebung von mir).

ren / die den Heiligen Geist zuhaben vermeinen / Daher kommen Pseudoprophetae, vnd Pseudomedici, vnd Pseudophilosophi, die jren grund setzen auff
den Heidnischen Geist / vnd nicht in den *Heiligen Geist / aus welchem doch alle
Weißheit in allen Faculteten fliessen mnss* [sic]." So kommt dem *lumen naturae* von der
Seins- wie von der Erkenntnisordnung her gegenüber dem *lumen gratiae* die eindeutige Posteriorität zu, wie sie entsprechend in der Gestalt des „Wahren Christentums" Ausdruck fand. In der Nachordnung des das *lumen naturae* repräsentierenden *liber naturae* nach dem für ‚Geist' und *lumen gratiae* stehenden *liber conscientiae* spiegelt sich die Tradition der zwei „Weisheiten" und deren Quelle(n), der
zwei *lumina*, präzise wieder. Sie bezeugt Arndts Bewußtsein von der hierarchischen Abstufung einerseits und einer untrennbaren Zusammengehörigkeit der
Erkenntnis andererseits, „in dem beyderley Liecht / nemblich nach dem Geist
vnd Natur", wie wiederum Arndts Geistesverwandter Croll prägnant formuliert,
der sich hier in der Frage der ‚Wiedergeburt' auf „Hermes Trismegistos" beruft:[8]

> „Die Erkantnuß Gottes ist die Seeligkeit vnd das ewige Leben: Dann wer
> Gott in Christo erkennt / der wird eine *Wohnung vnd Tempel Gottes* / vnnd
> also *gleichsamb vergöttert:*[9] Dann *er wird ein Sohn GOTtes auß Gott gebohrn.* Vnd
> gleich wie wir *durch die Erkantnuß der sichtbahren Welt zu der Erkantnuß deß
> vnsichtbahren Werckmeisters* gelangen: Also lernen wir auß dem sichtbaren
> Christo den Vatter erkennen ... Gleichwie aber niemand zum Sohn kom-
> men kan / er höre vnnd lerne es dann von dem Vatter: *Also kan auch nie-
> mand das Gebäw der Welt recht erkennen / er werde dann von Gott vnterricht vnd
> gelehrt.* ... Were demnach vergeblich eine Wissenschafft bey denen suchen
> / welche die gantze Zeit jhres Lebens mit dem Nachforschen zugebracht
> / wiewol jhrer viel nicht auß Boßheit / sondern auß Vnwissenheit gejrret
> vnd verführet worden sind / dieweil jhnen *das Liecht der Warheit noch nicht
> auffgangen / noch das Liecht der Natur von dem heiligen Geist angezündet* [!] *worden.
> Die wahre Philosophia mit sampt den vbrigen Faculteten soll auß der heiligen Schrifft
> gegründet werden / vnd widerumb zu Gott kehren / damit der Saame / so bey den
> Heyden wegen mangels der Sonnen vnter den Dornen erstickt / bey den
> Widergebohrnen Christen zu seiner Vollkommenheit gelange: Zu der Vollkommenheit
> aber aller Künste wird eine Wiedergeburt erfordert vnd soll die wahre Philosophi auff
> den Eckstein Christum gegründet seyn.* ... Sintemal allein die Christen /
> welchen die Warheit beywohnet vnnd die *den Saamen von GOtt zur Philosophi
> durch Hülffe der Widergeburt empfangen* vnd die den Heyden versaget / recht
> vnd ohne Irrthumb können Philosophiern vnd die vbrige Facultates nach
> Gebühr begreiffen. Dann *nach Außgiessung deß heiligen Geistes / können die
> Glaubige auß GOTT gelehrt seyn.* In summa es ligt vnd besteht alles in der
> Erkantnuß als der gantzen Welt Schatz ... Diese Widergeburt haben
> *Hermes* [!] *vnd andere / so eines reinen Hertzens vnd heiligen Wandels gewesen /*
> eher [sic] das Wort Fleisch worden / *durch den heiligen Geist erleuchtet* in dem
> geheimen Schrein jhrer Hertzen stillschweigent [sic] gehabt / vnd besser

---

[8] *Basilica, Erinnerungs Vorrede* S. 26-28 (Hervorhebung von mir); vgl. Peuckert Pansophie S. 368.
[9] Die *deificatio*.

erkennt / dan viel auß den vnsern / welche Christen wöllen genennet seyn / vnd viel *lieber für Erkenner / als Liebhaber Gottes gehalten werden.* "

Mit der These, daß die wahre „Philosophie" aus der „Widergeburt" oder der vom Geist gewirkten Theologie stamme, oder auch daß „das Liecht der Natur von dem heiligen Geist angezündet" werden müsse im *lumen gratiae*, steht weder Croll noch Arndt allein. „Fast alle Schwärmer haben sich auch vorzüglicher Kenntnisse in natürlichen Dingen gerühmet", konstatiert treffend der aufklärerische Criticus und Spötter Adelung in seiner berühmten *Geschichte der Narrheit.*[10] Den Kerngedanken spiritualistisch-hermetischer Gnoseologie,[11] daß „das liecht der natur ein schüler ist des heiligen geists",[12] formuliert Paracelsus im *Paragranum* vorwiegend in Anwendung auf geheimwissenschaftliche Traditionen so:[13]

---

[10] Adelung *Narrheit* Bd. II cap. 17 S. 88 zu George Fox; ebd. S. 86f. referiert Adelung ein aufschlußreiches, George Fox angeblich in Adams Urstand zurückversetzendes Erleuchtungserlebnis, "wo er nach dem Ebenbilde Adams, wie er vor dem Falle war, umgebildet wurde. Er ward zugleich in den geheimsten Dingen unterrichtet, so daß ihme auch die Schöpfung der Welt vorgelegt, und ihm dabey gezeiget wurde, wie jedes Geschöpf nach Maßgebung seiner Natur seinen Namen empfangen habe" – vgl. Arndt *Hex* 6,1f. (auch die *nomina propria*) – "Auch Böhm bildete sich ein, in der Naturwissenschaft, besonders in Ansehung der Kräfte des Naturkörpers und ihrer Nahmen, besondere göttliche Aufschlüsse erhalten zu haben."

[11] Zu Seb. Franck vgl. Hegler S. 211f.; Weigel *Güldener Griff* V S. 15f.: wenn der Mensch von Gott die Theologie gelernt habe, "so muß er durch den H. Geist von oben herab gelehret werden / die Natur vnd Ordnung der Geschöpff erkennen worauß / warumb vnd worzu der Mensch vnd die Welt gemacht vnd geordnet sey / d. heist Philosophia naturalis ... ", welcher Weigel – wie Arndt im biblischen Motto zum vierten Buch – eine christologische Dimension zuspricht; vgl. auch ebd. XV S. 45-49 u. ö.; Khunrath *Confessio* II S. 51f.: der Geist erklärt auch die Schriften der Philosophen und führt "in verstand des LICHTS der NATVR"; Böhme *Sendbriefe* 41,3.5-7 (Wehr) Bd. 2 S. 77-79 u. ö.; vgl. der Franckenbergsche Bericht von Böhmes Erleuchtungserlebnis in seiner Vita Böhmes (II; SS. X, S. 10f., zitiert nach Haas Böhmes Aurora S. 12f.): "Unterdessen ... wird er ... zum andernmal vom Göttlichen Lichte ergriffen, und mit seinem gestirnten Seelen-Geiste [!], durch einen gählichen Anblick eines Zinnern Gefäßes ... *zu dem innersten Grunde oder Centro der geheimen Natur eingeführet*; Da er ... vermittelst der angebildeten Signaturen oder Figuren, Lineamenten und Farben, *allen Geschöpfen gleichsam in das Hertz und in die innerste Natur hinein sehen können* ... und von solchem *feinem empfangenen Lichte*, und *innern Wandel mit GOtt und der Natur*, wenig oder nichts gegen iemanden gedacht." Wie bei Arndt, Croll u. a. erfolgt die Erkenntnis aus den Signaturen nur scheinbar phänomenologisch 'von außen', vielmehr 'von innen' aus der Erleuchtung! Zu Böhmes erleuchteter Erkenntnis der Wiedergeborenen vgl. auch Kayser Natursprache S. 557 und 561. Auch in J. V. Andreaes *Civis Christianus* u. a. lernt erst der Wiedergeborene auch alles Kreatürliche zu erkennen, vgl. van Dülmen Utopie S. 137 (mit Belegen). Zur Erleuchtung als einem fundamentalen alchemischen Topos, demzufolge die hermetische Naturdeutung nur aus der Vereinigung mit dem allumfassenden Geist möglich sei, vgl. Titus Burckhardt Alchemie S. 43-48. Es geht dabei nicht um eine analytische Erkenntnis mit rationalen Methoden, sondern um eine intuitive Schau der Diaphanität aller Kreaturen auf ihre Urbilder oder göttlichen Ideen hin, nicht um Quantitäten, sondern um metaphysische Aussagen über Qualität, Wesen und die sympathetisch-harmonische Verkettung der Kreaturen und Sphären.

[12] Paracelsus *Astronomia magna*, Werke (Sudhoff) XII S. 325.

[13] Werke (Sudhoff) VIII S. 208 (Hervorhebung von mir); zur Stelle vgl. Goldammer Lichtsymbolik S. 676.

„alle künst auf erden sind götlich, sind aus got und nichts aus anderm grund. *dan der heilig geist ist der anzünder des liechts der natur*, darumb niemants lestern mag die astronomei, niemants die alchimei, niemants die medicin, niemants die philosophei, niemants die theologei ... und ander all."

Unter dem Eindruck einer deutlich schärferen begrifflichen Profilierung der *lumina gratiae et naturae* durch Weigel sieht das *Studium universale* – übrigens in Verbindung mit dem Topos Apg 17,28: „Nos genus Ejus sumus"[14] – alle Kunst und Wissenschaft aus der *Theologia*, die aus Gottes Geist stamme, erwachsen: [15]

„Der Geist GOttes lehret vns Theologiam veram ... und durch die Theologiam lernen wir Astrologiam, Magiam, Philosophiam, Physicam, Alchymiam, Künste / Handwercke und alle Dinge. Die Welt gläubet nicht / daß I[esus]. C[hristus]. aller Dingen Anfang ist / aller Dingen Mittel / aller Dingen Ende: Er ist der rechte Theologus, Er giebet Astronomos, Magos, Philosophos, Medicos, Physicos, Alchymistas. Und ob solche Dinge gleich aus dem Gestirne seynd / *so muß doch das Liecht der Natur angezündet werden vom Liechte der Gnaden / das ist / von Christo / vom Worte GOttes / von dem Geiste Gottes / der in allen ist* [!]."

Wie bei Arndt können auch die, wenn man so will, gut orthodox klingenden Formeln: „vom Liechte der Gnaden / das ist / von Christo / vom Worte GOttes / von dem Geiste Gottes" nicht drüber hinwegtäuschen, daß diese „Theologie" aus anderem Grunde lebt, dem inneren „Sabbath".[16] Ihr Thema ist daher eben nicht die Rechtfertigung aus Glauben, sondern: „Transplantatio, Renascentia, Regeneratio."[17] In diesem „Lumine Gratiae, Fidei [!], das ist / im Licht des Spiraculi vitae / des heiligen Geistes",[18] allein steht alle ,theologische' Erkenntnis, zu der auch jegliche ,philosophische' Erkenntnis gehört, die aus ihr hervorgeht. Wenn ähnlich der lutherische Prediger, *Theosophus* und christliche *Magus* Christoph Hirsch in seiner anonym publizierten *Gemma magica* – unter Berufung auf Arndts *liber naturae*-Quelle, den *Cabalista* Raimund von Sabunde – konstatiert, der *liber naturae* sei in Wahrheit nur von einer gereinigten und von der Erbsünde befreiten Seele recht zu lesen,[19] und wenn ein Abraham von Franckenberg in seinen *Theologische[n] Sendschreiben Von dem Rechten Kirchengehen* unter Bezug auf kabbalistische Gedanken eine spirituelle Erkenntnis der Natur aus der Wiedergeburt ableitet,[20] so dokumentieren damit beide gleichermaßen die Verankerung sowohl in der spiritualistischen wie der hermetischen Tradition, die in diesem

---

14 Zu Apg 17,28 (in ihm leben, weben und sind wir) s. o.
15 *Studium universale* I fol. A 2 ᵛ – A 3 ʳ (Hervorhebung von mir); vgl. ebd. F 1 ᵛ – F 2 ʳ.
16 *Studium universale* III fol. C 5 ʳ: "Wer solche Dinge und dergleichen lernet / der wird ein rechter Theologus, bekommet den Schlüssel David zu allen Künsten / Weißheit und Facultäten."
17 *Studium universale* III fol. B 3 ʳ.
18 *Studium universale* VIII fol. C 8 ᵛ.
19 S. 18; vgl. Ohly Welt als Text S. 256.
20 I S. 22-26.

Kernelement koinzidieren, das in Arndts Studienort Basel nach Gilly unter dem komplementären Begriffspaar *Theosophie* und *Anthroposophie* verhandelt wurde.[21]

Die Ausgangsfrage nach Stellenwert und konkreter Stellung des *liber naturae* in der Konzeption des „Wahren Christentums" erfährt vor diesem Hintergrund gleich mehrere und eindeutige Antworten.

1.) Wenn Arndt in der Vorrede zu Buch IV poltert:[22] „Achte deßwegen unnöthig zu beweisen, daß auch dies Buch zum wahren Christenthum gehöre, wie ihnen etliche möchten ein Widriges träumen lassen", so trifft dies aus seiner theologischen Perspektive exakt den Sachverhalt, daß der *liber naturae* – wenngleich aus mystisch-spiritualistischer Perspektive nicht unabdingbar notwendig, so doch – im Sinne der zwei *lumina* einen integralen Bestandteil des ganzen Werkes bildet. „Himmlische" und „natürliche Weisheit", *lumen gratiae* und *lumen naturae*, die derselben Quelle entstammen, sich jedoch auf unterschiedliche Bereiche der Erkenntnis erstrecken, das geistlich-ewige und das irdisch-natürliche Leben, ergänzen einander wechselseitig und bauen zugleich aufeinander auf. Daß sich Wilhelm Koepp, darin auf seine Weise Speners Predigten zum „Wahren Christentum" folgend, allein auf die ersten drei Bücher kaprizierte mit dem Argument, der *liber naturae* sei von Arndt selbst „zu einem Anhang herabgedrückt worden",[23] war seiner die Untersuchung präjudizierenden Sicht eines verengten Mystikbegriffs geschuldet und hat eine selektive Rezeption und Wahrnehmung des Werkes unnötig prolongiert, bis vor allem seit Webers quellenkritischer Erforschung ein neuer Blick auch auf das „Buch der Natur" fiel, der Koepps These, dieses trete „völlig in die Stellung eines angehängten Nachtrags zurück",[24] nach und nach korrigieren half.[25] Gerade der von Wimmel an den Eingang seines Kapitels über den *liber naturae* gestellte Abschnitt der Vorrede zu Arndts *liber conscientiae*:[26] „Das vierte Buch aber habe ich darum hinzu thun

---

[21] Gilly Erfahrung I S. 86-90 u. ö.

[22] *WCh* IV Vorrede 3.

[23] Koepp S. 180; auch Gruebners (Lebendigkeit S. 21) Formulierung, daß es sich um eine "Ergänzung" handle, ist zumindest mißverständlich. Koepps Sicht der Dinge wurde prägend für weite Teile der Arndtforschung des 20. Jahrhunderts. Noch Wallmann schreibt im *Pietismus*-Faszikel des Handbuchs *Die Kirche in ihrer Geschichte* S. O 18 ganz in Koepps Sinne, der *liber naturae* sei „von Arndt zuweilen als Zutat bezeichnet" worden. Daß jedoch Arndt "*mehrfach versichert*" hätte, daß in Buch I – III (nebst *Paradiesgärtlein*) "das ganze Christentum beschrieben" sei (Wallmann ebd.), ist so nicht zu belegen. Außerdem führt die Stelle, auf die Wallmann anspielt, *WCh* III Vorrede 2, gerade zur *theologischen* Relevanz des *liber naturae*, s. u.

[24] Koepp S. 64; Koepp deutet *WCh* IV Vorrede 3 demgemäß gerade in einem defensiven Sinne.

[25] Für die Eigenständigkeit und gegen die These vom Anhang wendet sich deutlich Brecht GdP I S. 137f. Anders als weite Teile der theologischen hat die germanistische Forschung gerade dem *liber naturae* ein größeres Interesse gewidmet, vgl. etwa die angesprochenen Arbeiten von Kayser Natursprache, Kemper, Wimmel. In der ersten eigenen theologischen Studie hat Gruebner: Gott und die Lebendigkeit in der Natur, Hamburg 1998, sich dem *liber naturae* gewidmet (und in einem vergleichsweise kurzen vorgeschalteten Kapitel dem *liber conscientiae*).

[26] *WCh* III Vorrede 2 (Hervorhebung von mir); Wimmel S. 93; auch Koepp S. 64 interpretiert dies in apologetischem Sinne; die Bedeutung der Stelle betont Gruebner Lebendigkeit S. 215.

wollen, daß man sehe, *wie die Schrift, Christus, Mensch und die ganze Natur übereinstimme*, und wie *alles in den einigen, ewigen, lebendigen Ursprung, welcher GOtt ist, wieder einfließe* [!] und zu demselben leite," – der *in nuce* das theologische Programm der „Vier Bücher" rekapituliert – widerspricht Koepps These vom bloßen „Anhang" ebenso klar wie der von Wimmel: „Das Buch der Schrift ist dem Buch der Natur vorgelagert, das *nur als Notbehelf herangezogen* wird, wenn die Schrift nicht die von ihr intendierten Wirkungen bezweckt."[27] Daß die Offenbarungsweisen Gottes in seinen „Büchern" und daß das „natürliche Licht" sowie das „Licht der Gnaden", wenngleich abgestuft, so doch im Letzten *„übereinstimme[n]"*, weil sie, aus demselben „Ursprung", aus Gott, stammend, in diesen *„wieder einfließe[n]"*, dies ist das Thema der (nach Möglings Formulierung) *„pansophische[n] Concordantz"* der göttlichen „Bücher" und „Lichter" in Arndts „Wahrem Christentum".

2.) Noch in der Antithese zu Koepp – dessen Deutung der „Mystik" Arndts als eines puren Neuplatonismus wohl für diese Hintanstellung des *liber naturae* verantwortlich zeichnet, weil sie, doch zu Unrecht, ihr zu widersprechen scheint – spiegelt sich eine Desintegration des vierten Buches wider. So führen Zeller, in dessen Folge Weber, sowie Wallmann gegen die Sicht Koepps ins Feld, Arndt habe um seiner Einbeziehung der Naturphilosophie willen gar nicht als Mystiker zu gelten,[28] während Braw im Kapitel „Die Botschaft der Geschöpfe"[29] seine These von Arndts evangelischer, bekenntnistreuer Mystik sehr wohl mit dessen naturphilosophischen, ja astrologischen Interessen in Einklang zu bringen weiß. Eine allzu schematische Trennung zwischen Mystik hier und Naturphilosophie dort scheint Maier insofern unangemessen, als die Mystik „in dem Totalgefühl von der Immanenz Gottes bereits den Keim zur naturphilosophischen Spekulation in sich" trage, wie etwa Franziskus *Sonnengesang* und Taulers Predigt vom Gott in allen Kreaturen zeigten. Mit Joel konstatiert Maier für diese ganze nachreformatorisch-frühneuzeitliche Epoche mit Entschiedenheit, „daß die Mystiker dieser Zeit Naturphilosophen und die Naturforscher zugleich Mystiker sind."[30]

3.) Aus dem Dargelegten ergibt sich eine adäquate Position für den *liber naturae* im „Wahren Christentum" fast von selbst: Erst wenn das Gnadenlicht in der Seele leuchtet, kann es das über eine bloße nach dem Fall Adams verbliebene *cognitio naturalis simplex* (*WCh* I,7) weit hinausführende *lumen naturae* entzünden,

---

[27] Wimmel S. 112 (Hervorhebung von mir).
[28] Zeller Lebenszeugen S. 183 und nach ihm Weber S. 178; Wallmann Protestantische Frömmigkeit (Chloe) S. 173f.
[29] Braw S. 72-77. Im Blick auf die natürliche Offenbarung differenziert Braw dabei nicht zwischen der *cognitio naturalis simplex* nach *WCh* I,7 und dem durch das *lumen gratiae* entzündeten *lumen naturae* des vierten Buches. Seine Kritik an Koepps These rationalistischer Bestrebungen von Buch IV (S. 74f.) spiegelt einen puristischen Rationalismusbegriff wider, nach dem ausschließlich "die Möglichkeit der Vernunft, den Willen und das Wesen Gottes ohne Offenbarung zu ergründen" als ein solcher zu deuten wäre. Zudem ist *Hex* 4,23 nicht das einzige, was Arndt zum Thema der Vernunft sagt, vgl. *WCh* IV,II,10,3 (platonische Seelenlehre).
[30] Maier Spiritualismus Weigels S. 22 (: Joel Ursprung d. Naturphilosophie ... Jena 1916 S. 9ff.).

mit dem die Wiedergeborenen gleichsam in die gott- und schöpfungsunmittel-
bare prälapsarische „natürliche Weisheit" Adams zurückversetzt sind (*Hexaemeron* 6,1f.) und die Diaphanität des Universums auf seinen göttlichen Ursprung
hin ‚durchschauen', analog zur ψυχή ... διορατικὴ γενομένη des Mönchsvaters
Antonius nach dem Bild, das die für die Gattung Heiligenvita bedeutsame und
stilbildende *Vita Antonii* des Athanasius von Alexandrien von diesem zeichnet.[31]
Insofern ist es auch keineswegs zwingend, angesichts der Plazierung des *liber
naturae* an vierter Stelle und Arndts Rezeption Raimunds, die als eine dessen
eigenen Intentionen „an wesentlichen Punkten diametral entgegengesetzt" zu
verstehende sei, mit Greschat primär von einer „Konzeption ... des *lutherischen
Orthodoxen*" Arndt auszugehen.[32] Im Gegenteil zeigt gerade eine exemplarische
Rezeption des Raimund von Sabunde, der sich zumal in hermetischen Kreisen
einiger Beliebtheit zu erfreuen scheint, daß der Katalane weder durch eine
radikal rationalistische, noch durch eine lutherisch orthodoxe Brille allein gelesen
werden mußte.[33] Daß Christoph Hirsch Raimund als *Cabalista* apostrophiert, hat
einen Grund darin, daß dieser selbst die Reinheit von Sünde und die Erleuchtung Gottes zur unabdingbaren Voraussetzung jeglicher Erkenntnis aus dem
liber creaturarum erklärt hatte, woran jeder Hermetiker mühelos anschließen kann:

> „CUm vero Sapientiam, seu Pansophian nullus hominum possit per se in
> Nature LIBRO semper quidem aperto legere et cognoscere, *nisi fuerit ab
> animi sordibus purgatus, atque a DEO illuminatus, ut verbis Cabalistae Raymundi
> de sabunde utar,* eam ob causam in primi Libri per lapsum nobis obscurati
> defectum, DEUS Opt. Max. nostrae inscitiae, et calamitatus misertus,
> alterum Scripturae scilicet LIBRUM in manus tradere dignatus est, cujus
> ductu et explicatione *ad primaevam Sapientiae in primo Naturae Libro recondi-
> tam*, et valde alias secretam iterum pertingere valeamus. Si homo mansisset
> in statu innocentiae, tunc Scriptura minime opus habuisset ... ".[34]

So geht auch bei Hirsch der *Liber authenticus Scripturae* (cap. 3) dem *Libro Naturae
authentico secundo* (cap. 4) – ebenso wie das *lumen gratiae* (cap. 6) dem *lumen naturae*
(cap. 7) – klar voraus, doch ohne daß Hirsch dabei an die markanten mystischen
„Bücher" *liber vitae* und *liber conscientiae* seines Freundes Arndt näher anknüpfen
würde, was seine hermetischen Prävalenzen umso deutlicher hervortreten läßt.
Nachdem er am Ende des vorausgehenden Kapitels neben Sapientia Salomonis
cap. 7f. nachdrücklich auf Arndts *liber naturae* sowie den *Labyrinthus* des Hohen-

---

31   *Vita Antonii* XXXIIIf, vgl. auch ebd. LX, wo es um die Schau weit entfernter Ereignisse geht.
32   Greschat Emblem S. 167 A. 53.
33   Wimmel S. 108-117 untersucht, ohne auf die Frage des Hermetismus genauer einzugehen,
     Raimunds Rezeption bei Arndt und Brockes (der seinerseits Arndts Schriften rezipiert); da-
     neben ist vor allem Arndts Freund, Kollege und Geistesverwandter Christoph Hirsch zu
     nennen, der sich im *Pegasus Firmamenti* und in der *Gemma magica* auf Raimund bezieht, s. u.
34   Hirsch/Stellatus *Pegasus Firmamenti* III fol. B 3 ᵛ – B 4 ʳ (Hervorhebung von mir); zu der
     Formel Raimunds: "nisi / sit a Deo illuminatus et a peccato originali / mundatus" vgl. auch
     Wimmel S. 111.

heimers, „drinnen er die wahren [sic] Liberey GOttes anweiset",[35] verwiesen hat, beklagt Hirsch in der *Gemma magica*, ebenfalls unter Berufung auf den *Cabalist*[a] *Raymund von Sabunde* die Blindheit des natürlichen Menschen: „Aber gewißlich er kan nun nach dem kläglichen Fall Adams in selbigem allezeit zwar auffgethanem Buche [: *liber naturae*] / doch gar mit nichten lesen … Ist uns derhalben das Buch der Natur gleichfals mit sieben Siegeln verschlossen".[36] Erst die *illuminatio* eröffnet dem *Hermeticus*, *Pansophus* oder christlichen *Magus* die Erkenntnis – oder nach Arndt die „geistlichen Augen"[37] – und damit den *liber naturae* selbst, dessen Geheimnisse eben nicht die Vernunft, sondern allein der Geist eröffnet.

Von Hirschs Dualität der zwei *lumina* und *libri* unterscheidet sich Arndt dadurch, daß seine ausgeprägten mystischen Interessen ihn dazu bewegen, in den Bahnen der bei Spiritualisten wie Hermetikern tradierten Buchmetaphorik ein spiritualistisch ausgedeutetes *lumen gratiae* mit dem *lumen naturae* zu verbinden.

Während Hirsch auch mit seiner hermetischen Naturphilosophie der augustinisch-bonaventurianischen Tradition der zwei-Bücher-Theorie verhaftet bleibt, setzt Arndt eine völlig andere an deren Stelle. Daß auch ihm der augustinische *unum esse auctorem*-Gedanke der zwei-Bücher-Theorie nicht fremd ist, zeigt sein *physica sacra*-Prinzip innerhalb des *Hexaemeron* selbst, nach dem er um den durchgängigen Aufweis der engen Konkordanz von Bibel und *liber naturae* bemüht ist. Der eigentliche *liber scripturae* hingegen spielt in dieser Hinsicht kaum eine Rolle, da er zum einen in der Gesamtanlage vom Zentrum zu weit entfernt ist, zum andern seinerseits stark in den gegenüber Buch IV in sich bestehenden Zusammenhang der ersten drei Bücher eingebunden ist. Daher erscheint die traditionelle zwei-Bücher-Theorie zunächst auf den ersten Teil von Buch IV beschränkt, dem der auf Raimund von Sabunde gestützte Teil II korrespondiert, der gerade durch seine gegenüber dem gesamten sonstigen Werk ungewöhnliche Bibelabstinenz auffällt. Schon für sich genommen, spiegelt also der *liber naturae* mit seinen beiden Teilen die zwei-Bücher-Theorie und kann allein von daher mit Recht eine relative Eigenständigkeit reklamieren, wie sie auch das ihm in so vielerlei Hinsicht verwandte Werk der *Gemma magica* zeigt. Bei näherem Zusehen ist unverkennbar, daß das Herz des Paracelsisten wie des Theologen Arndt auch gerade im vierten Buch so deutlich schlägt, daß sich all die Mutmaßungen von „Anhang", „Notbehelf" oder „Zutat" von selbst erledigen. Und spricht man Arndt aufgrund des naturphilosophischen und natürlich-theologischen ‚Buches' im „Wahren Christentum" ab, ein Mystiker zu sein, so müßte man dies analog auf nicht geringe Bereiche der mystischen Tradition, nicht zuletzt der franziskanischen, anwenden und dies ebenso etwa einem Bonaventura absprechen, der in

---

[35] *Gemma magica* I S. 17f.; es geht um Bibliothek der metaphorischen "Bücher" Gottes, s. o.
[36] *Gemma magica* II S. 18.
[37] *Hex* 1,3.

seinem *Itinerarium mentis in Deum* den Aufstieg der Seele durch den Stufenkosmos hinauf zu Gott in Analogie setzt zum Abstieg der Seele in sich.[38]

Gegenüber Hirschs zwei „Büchern" Bibel und Natur steht in Arndts Konzeption der „Vier Bücher" eine Dyas von zwei anderen Bücher im Zentrum: Die Untersuchung der ersten drei „Bücher" hatte – die ältere Forschung teils bestätigend, teils modifizierend – ergeben, daß die drei Bücher in einem den drei mystischen Stufen der *purgatio, illuminatio* und *unio* entsprechenden Weg den Prozeß der Wiedergeburt beschreiben, der in der „Das ganze Christentum" umfassenden „Wiederaufrichtung des Bildes GOttes im Menschen"[39] gipfelt, die im *liber scripturae* den Ausgang nimmt (Adam/Christus; Buchstabe/Geist), im *liber vitae* in einem Prozeß der zunehmenden *conformitas Christi* in Nachfolge des „Lebens Christi" und Übung der Tugenden „über die Natur" führt und mit dem *liber conscientiae* im innerlichen „Reich" Gottes im „Grund" der Seele schließlich zum Ziel kommt.

Daraus ergeben sich innerhalb der „Vier Bücher" noch einmal klarer abgestufte Wertigkeiten, die aus der von Arndt selbst als aufsteigend beschriebenen Linie in den ersten drei Büchern einerseits und deren erkennbarem Gegenüber zu Buch IV mit den zwei unterschiedlichen Teilen andererseits abzulesen sind:

Arndt löst die gut ein Jahrtausend lang herrschende augustinisch-sabundische Dyas der zwei „Bücher" Bibel und Natur durch eine neue Dyas ab, die den *liber conscientiae* als das innere Wort, das wiederaufgerichtete Bild Gottes und die unmittelbare (*immediata*) Präsenz Gottes in der Seele und den *liber naturae*, das *mediate* zu erfahrende innere „Wort" der Schöpfung als die Allgegenwart Gottes „in" den Kreaturen im Sinne der *anima mundi* einander zuordnet. Diese neu ins Zentrum gerückten „Bücher" *conscientia* und *natura* repräsentieren komplementär die „eigentlich[e]" Gegenwart Gottes in der Seele durch das *lumen gratiae* und seine „allgemeine Gegenwart"[40] im Universum durch das *lumen naturae*, zu deren Erkenntnis Gott dem Menschen die „göttliche" und, davon deutlich abgestuft, die „natürliche Weisheit" gab, die zu gewinnen späteren Rosenkreuzern von Hirsch bis Mögling und anderen als das *Ergon* und das *Parergon* gilt.[41]

Schon von seiner Struktur her spiegelt das „Wahre Christentum" daher eine – im Gefolge von Paracelsus und Weigel – sowohl die mystisch-spiritualistische wie die hermetische Tradition eigenständig integrierende Gesamtkonzeption, die in ihrer Komplexität durch die weiteren „Bücher" noch erheblich angereichert wird, die sich sowohl traditionsgeschichtlich wie in Arndts konkreter Verwendung als eine dem Spiritualismus verpflichtete Metaphorik zu erkennen geben:[42]

---

38 Dazu vgl. Blumenberg Lesbarkeit S. 53.
39 Titel von *WCh* I,41.
40 *WCh* III Vorrede 4, s. o.
41 Vgl. auch die stark von kabbalistischem Denken und der magisch-kabbalistischen Feuer-symbolik geprägte Handschrift *Ergon et Parergon Fratris R. C.*, in: Scherer Alchymia S. 205-213.
42 Dazu s. o. den die ersten drei Bücher behandelnden und den diese resümierenden Abschnitt.

1. Wenngleich nicht mit derselben Radikalität wie Franck oder Weigel, so doch in analoger Tendenz, rückt Arndt, indem er dem „Buch des Herzens" und dem innerlichen ‚Empfinden' der ‚Kraft' des Geistes den Vorrang vor einem ‚bloßen' ‚Hören' des ‚äußerlichen' Wortes der Bibel einräumt, letztlich den *liber scripturae*, der spiritualistischen Hermeneutik gemäß, in die vorbereitende Position eines ‚Äußeren' gegenüber dem eigentlichen ‚inneren' Geschehen.[43]

2. Daran anknüpfend, schlägt der *liber vitae*, der in Anlehnung an die spiritualistische Tradition und Weigels Motto: „Omnia me Christi vita docere potest" das „Leben Christi" als „Buch" und „Spiegel", d. h. als Vorbild und Form des seligmachenden „heiligen Lebens", darstellt,[44] als Repräsentant des ethisierenden Prinzips die Brücke zu jenem inneren Reich und Wort in Buch III.

3. In der gereinigten, bereiteten und „über die Natur" erhobenen (II,58) Seele ereignet sich das „Licht der Gnaden" und gewährt originäre ebenso wie universale Erkenntnis, die alle Gottes-, Selbst- und Welterkenntnis einschließt.

4. Diese erschließt auch den *liber naturae* und damit ein erneuertes *lumen naturale*.

So kann, was Sten Lindroth in seiner 1943 publizierten, von der deutschsprachigen Arndtforschung noch kaum zur Kenntnis genommenen Studie *Paracelsismen i Sverige* für die inhaltliche Seite treffend formuliert, auch auf die konzeptionelle Gestalt der „Vier Bücher vom wahren Christentum" seine Anwendung finden, nämlich daß darin die „Vereinigung vom [sic] spiritualistischen Christentum und paracelsischer Naturlehre, die wir als Religio Paracelsistica bezeichnen, ihren vollkommenen Ausdruck"[45] finde. Eine solche Einschätzung ist auch vor dem möglichen Mißverständnis gefeit, als sei Arndt lediglich als ein epigonaler Redaktor fremden Gutes zu sehen, und nicht als im versierten Umgang mit Traditionen und fremden Texten durchaus eigenständiger, origineller Kopf, unter dessen Hand all das tradierte Gut eine neue Gestalt und einen neuen Ausdruck gewinnt.

Aus diesem theologisch-theosophischen Programm der „Vier Bücher", die sich ohne weiteres in eine Reihe mit den oben herangezogenen ‚theosophischen' wie ‚pansophischen' Schriften stellen lassen, erhellt auch, daß die in spirituali-

---

[43] F. S. 70f.: „Es hat auch Gott die H. Schrifft nit darumb offenbaret, daß sie *außwendig auff dem Papier* als ein *todter Buchstabe* soll stehen bleiben, sondern sie sol in vns lebendig werden im Geist vnd Glauben, vnd sol ein gantzer jnnerlicher newer Mensch darauß werden, oder die Schrifft ist vns nicht nütze. *Es muß alles im Menschen erfüllet werden im Geist vnd Glauben, wz die Schrifft eusserlich lehret*" (Hervorhebung von mir); vgl. o. den Abschnitt zum *liber scripturae*. Zur mystischen Allegorese vgl. Colberg *Platonisch-Hermetisches Christenthum* I S. 168 (s. o.).

[44] Vgl. o. den Abschnitt zum *liber vitae*.

[45] Zitiert nach Blekastad Comenius S. 27 (dort übersetzt), angeblich Paracelsismen S. 5, doch war das Zitat, das ich noch nicht auffinden konnte – obwohl ich es für authentisch erachte – erwartungsgemäß in der Einleitung nicht zu verifizieren; Lindroth betont den großen Einfluß im Norden, u. a. auf Gustav Adolf und die Umgebung des dänischen Reichsrats und Reformers Holger Rosenkrantz, der u. a. mit Arndt in Kontakt stand (Blekastad *l. c.* S. 28 unter Bezug auf Andersen: Rosenkrantz S. 145ff.). Lindroths vielversprechende Studie, die ich bisher nur kurz eingesehen habe, konnte ich noch nicht näher auswerten.

stisch-hermetischen Kreisen – deren Mitglieder mit der Bezeichnung als *Theosophi* ein nicht geringes Selbstverständnis dokumentieren – verbreiteten, zweifellos schillernd und divergent verwendeten Begriffe der *Theosophie* und der *Pansophie* nicht so sehr unterschiedliche Sachen benennen, als vielmehr unterschiedliche Perspektiven ein und derselben Sache: Markiert der Begriff der Theosophie die ausschließliche Herkunft aller wahren Weisheit von Gott in Gestalt einer *illuminatio* oder *divinatio specialis* sowie deren kategorische Priorität vor jeglichem menschlich-autonomen Streben nach Wissen und Erkenntnis, so reklamiert der Begriff der „Pansophie" – sei er nun auf die Erkenntnis des Universums eingeschränkt oder beinhalte er die triadische Gottes-, Selbst- und Welterkenntnis – die nicht minder kategorische Universalität der von Gott gewährten Erkenntnis.

Wie schon wiederholt zu beobachten war, sind die beiden „Bücher" *conscientia* und *natura* und damit zugleich die von ihnen repräsentierten Teile von Arndts Hauptwerk auf vielfältige Weise untereinander verbunden, sei es durch thematische Doubletten, Überschneidungen oder die häufigen Analogie-Relationen. Zu den entscheidenden, die beiden großen Teile miteinander verbindenden und so das Gesamtwerk integrierenden Momenten gehören sicherlich die folgenden:

1. Vielleicht die wichtigste Klammer des Gesamtwerkes ist die Konzeption der *imago dei*. Wie auch im Zusammenhang der *lumina* bei Ficino bei der Untersuchung der Arndts Bücher II, III und IV miteinander verbindenden Thematik der *pulchritudo* deutlich wurde, ist diese *imago dei* nicht nur das die ersten drei Bücher tragende und bestimmende Leitmotiv, sondern, insofern das *Hexaemeron* auf die „schöne Seele" als seinen Fluchtpunkt hinausläuft, (von wo aus der *liber naturae* auf einer anderen Ebene seine Fortsetzung im Sinne einer Konkretion dieser „schönen Seele" in einem von der Liebe bestimmten gottgefälligen Leben findet), ist die durch die Wiedergeburt wiederhergestellte *imago dei* auch Angelpunkt zwischen den zwei großen Teilen des „Wahren Christentums". Alle drei so unterschiedlichen Wege, der aszetisch-mystische von Buch I bis III, der kosmosophische im *Hexaemeron* [46] und der auf Basis der Erleuchtung rationalistische, die im *liber naturae* kombiniert sind, führen zuletzt zur wiedergeborenen, von Gott erleuchteten Seele; sei es, wie im ersten Fall durch die konsequente Entweltlichung – die in der *vita contemplativa* gleichwohl doch durch die Kreaturen führt[47] – sei es, wie im zweiten und dritten Fall, durch eine „Leiter der Creaturen zu GOtt",[48]

---

[46] *Hex* 6,20f.
[47] *WCh* II,29; II,33 und öfter im Zusammenhang dieser Kapitel.
[48] *WCh* II,29,8; das Motiv findet sich bezeichnenderweise auch in beiden Teilen, vgl. IV,II,26,6: die "Leiter" führt hinauf zur Erkenntnis Gottes und wieder herab zur Liebe der Menschen, worin "das natürliche [!] Auf- und Absteigen" bestehe. Von den Kreaturen als einer (Jakobs-) Leiter zu Gott hinauf sprechen auch Sclei *Theologia universalis* I,I,115 S. 26 und Weigel *Soli Deo Gloria*, Titel und II,IV, der *Libellus Theosophiae* S. 6 und 12, aber auch Agrippa von Nettesheim (vgl. Gerl Renaissance S. 77 mit Belegen).

welcher wiederum die geistliche Himmelsleiter Christus mit der zu Gott aufsteigenden *vita Christi* korrespondiert.[49] In dieser Gottes vollen „schönen" Seele kulminieren sowohl die *theologia sincerior* des mystischen Spiritualismus, als auch eine *theologia naturalis*, die darin das aus der Erkenntnis des Natürlichen abzuleitende Ziel der Schöpfung sieht, in dem die makro-/ mikrokosmische *epitome* und die *pulchritudo animae* sich als eines erweisen. Die schlechterdings allbeherrschende Zentralstellung der menschlichen Seele ist dabei nicht nur auf das mystische, sondern nicht zuletzt auch – wie Osterhus an Ficino nachgewiesen hat[50] – auf ein hermetisches Erbe zurückzuführen. Ohne Zweifel verdankt Arndts das „Wahre Christentum" tragende Konzeption der *imago* Wesentliches der „biltnus" des Paracelsus und nicht zuletzt den ihn nachhaltig prägenden Schriften Weigels.[51] Doch auch wenn Arndt die von Agrippa in *Occulta Philosophia* III,36 referierte hermetische Anschauung von der Welt und der Seele als den *zwei* Bildern Gottes, mittels deren Agrippa die *imago dei*-Lehre mit der Makro-/Mikrokosmos-Spekulation zu einer Einheit integriert, nicht in vergleichbarer Prägnanz formuliert, weist dennoch seine Konzeption des „Wahren Christentums" eine zwar verhaltenere, doch ähnliche Verbindung von *imago dei*-Lehre mit hermetischem Einschlag einerseits und einer damit aufs engste verbundenen Makro-/Mikrokosmos-Spekulation andererseits auf, die eine Beeinflussung Arndts durch das ihm bekannte Schrifttum Agrippas zumindest denkbar erscheinen läßt.

2. Der auf der weltanschaulichen Basis des Sphärenkosmos in der hermetisch rezipierten ptolemäischen Formel *sapiens dominabitur astris* formulierte theosophische Gedanke, daß der Wiedergeborene „über die Natur" herrsche und ein „HErr" aller Dinge sei, der eines der – wiederum mit der *imago*-Konzeption verknüpften – Leitmotive bildet, verbindet nicht nur allein schon durch sein bloßes Vorkommen in der Braunschweiger Vorrede zu Buch I (später eliminiert), an der Schwelle zu Buch III (II,58) und in *Hexaemeron* 4, sondern vor allem durch die von ihm geleistete paradigmatische Integration von mystischem Spiritualismus und hermetisch-gnostischer „religion of the world" (Yates) die verschiedenen Bücher und Teile des Werkes miteinander.

3. „Schön" ist die Seele, weil sie als die wiederhergestellte *imago dei* an Gottes „Schönheit" teilhat, weil Gottes „Schönheit", und damit Gott, der selbst alle „Schönheit" ist, in ihr und aus ihr leuchtet.[52] In diesem Arndt von anderen

---

[49] *WCh* II Vorrede 5.

[50] Osterhus Hermetismus Ficinos S. 23.

[51] Wie ich in der Zusammenfassung zu Buch I - III und zur "höheren Astronomie" näher dargelegt habe. Zu Weigel vgl. ergänzend *De vita beata* cap. 3f., S. 13-18 und 20, u. ö.

[52] *WCh* III,4,3f.: "Wenn die Seele „also entblößt wird von allen vernünftigen, sinnlichen, creatürlichen Dingen, das GOtt nicht selbst ist ... so kommt man in den Grund, da man GOtt lauter findet mit seinem Licht und Wesen. ... Wer nun eine solche Seele sehen könnte, der sähe die allerschönste Creatur, und das göttliche Licht in ihr leuchten. Denn sie ist mit GOtt vereiniget, und *ist göttlich* ... " (Hervorhebung von mir). S. o.

doch deutlich abhebenden Ästhetizismus spiegelt die urbildliche und ohne jeden Zweifel metaphysische Relation der *pulchritudo dei* zur *pulchritudo animae* zugleich die deifikatorische Wiedergeburtsvorstellung wider. Wie die keineswegs nur bildlich in einem äußerlichen Sinne zu verstehenden Vergleiche zwischen Gestirnen, Edelsteinen, Metallen einerseits sowie den Auserwählten und ihren Tugenden andererseits nach dem Motto: „Je mehr Lichts: je edler Geschöpf",[53] wie die Vision der wie Sterne am Himmel leuchtenden Glieder der wahren Kirche und ähnliches mehr bei näherem Zusehen offenbaren, handelt es sich um Schlüsse der Analogie, die auf der Vorstellung des nach Sphären gestuften, alles übergreifenden Seinszusammenhangs basieren, dem noetisch, soteriologisch und kosmologisch die – Dualismus wie Graduation verbindenden – Konzepte Aufstieg und Perfektionierung entsprechen.

4. Wie schon seine frühe *Dissertatio* zeigte, waren und blieben die *vitae sanctitas* und die diese konkretisierende *praxis virtutum* Arndts beherrschendes Thema. Wenn Christoph Besold in seinem auf das „Wahre Christentum" bezogenen *De verae philosophiae fundamento Discursus* den *liber conscientiae* als – in Gillys Worten – einen „Inbegriff der Tugenden" charakterisiert,[54] so korrespondiert dies nicht nur gut mit diesem lebenslangen Herzensanliegen Arndts, sondern nicht minder mit jener platonisch-ficinischen Tradition des *animus pulcher* im Sinne der *veritatis et virtutis claritas*, der *puritas vitae* und der *virtutes*, zu der Arndts Verständnis der *imago* und *anima pulchra* klare Affinitäten aufweist. Den norddeutschen Prediger verbindet mit dem Florentiner Philosophen und Theologen auch, daß der Liebe der Vorrang vor der Erkenntnis gebührt – doch so, daß die Praxis und Erfahrung der Liebe die wahre Erkenntnis *ist*.

5. Die Theoalchemie erscheint im *Hexaemeron* 1,30 nicht von ungefähr im Kapitel vom „Licht" als dessen Schluß. Insofern darin nicht nur statische Seinsrelationen Ausdruck finden, sondern transformatorische Prozesse in der „Natur" wie in der geistlichen Existenz des Menschen, eignet sie sich wie kaum ein anderes als Paradigma der *analogia entis* für eine Theologie, deren Herzstück der Prozeß der Wiedergeburt als einer realen Verwandlung oder Transmutation nicht nur in einen anderen Status, sondern in ein überprüfbar anderes Sein ist. Auch dieser Vorstellungskreis, der alle relevanten Bereiche von Arndts Theologie tangiert, durchzieht nicht nur im Blick auf das „sündliche Fleisch" Adams sowie das „lebendigmachende[] Fleisch" und „göttliche[] Blut" Christi, durch welche die „menschliche Natur ... gereiniget" wird „viel höher, als sie immer in Adam gewesen", die Bereiche von Natur und Übernatur, sondern mit seinem Vorkommen auch alle Teile des Werkes. In diesem Verständnis beschreiben *Perficirung* und *Clarificirung* nicht nur die „Wiedergeburt der Metallen", sondern nicht minder auch die der Menschen.

---

[53] *Hex* 1,16; vgl. *Pss* 104/I Bd. 2 S. 41b-42a, wo die absteigende Reihe detaillierter erscheint: Engel, Seelen, Himmel, Sonne, Sterne, Feuer, Edelsteine, Metalle – im Bezug zu Tugenden.

[54] Vgl. Gilly Manifeste S. 136.

6. Damit daß Alchemie und Theoalchemie es je auf ihre Weise mit einem den
leiblichen Augen unsichtbaren „Licht" zu tun haben, rühren sie gemeinsam
und gleichermaßen an die tiefsten Grundlagen des Seins, die zugleich jenseits
allen Seins liegen, denn „GOtt ist ein unendliches Licht / für welchem alle
Creaturen bloß seyn / und diß Licht Gottes gehet durch alle Creaturen." [55]
Wie das innere „Licht" der Seele, aber auch das in den Kreaturen, und wie
das beides umgreifende, eine ganze Lichtmetaphysik von Gott bis in das
Innere der Materie und bis zur endzeitlichen *claritas* der Erlösten entfaltende
erste Kapitel des *Hexaemeron* zeigen, findet der Theosoph Arndt mit seinen
Brüdern im Geiste in den Welten des Sinnlichen, Siderischen und Intelligiblen, d. h. aber auch im *liber naturae* ebenso wie im *liber conscientiae*, die eine, in
sich abgestufte „Idealische Licht-Welt / so die Ideas aller Dinge in sich
heget / daß also wann dieses Licht erkannt wird / zugleich alle Ding mit erkennt werden." (Colberg [56]). Gerade sein Eingeständnis gegenüber Gerhard,
daß ihm manches aus der Tradition der *Theosophi*, insbesondere im Blick auf
die *caligo divina* pseudodionysischer Provenienz, verschlossen bleibe, zeigt,
wie intensiv Arndt sich auch um die Fragen der Lichtmetaphysik bemühte. [57]

7. Mit Weisheit Salomonis 12,1: „dein unvergänglicher Geist ist in allen" bringt
Arndt das universale Geistprinzip in Kosmos und menschlichen Seelen auf
die abermals natürliches und geistliches Leben in abgestufter Weise umgreifende Formel, „daß GOtt alles wircket in allem", [58] die er im Sinne einer göttlichen „Allgegenwart" so versteht, „daß sein ewiger Geist in allen Dingen"
ebenso wie „GOtt in uns allen" sei; „daß GOtt aller lebendigen Dinge Leben
ist", gelte daher für den Menschen „in excellentiori gradu". Nach dem
Grundsatz: „Was nun in der Natur GOttes Gütigkeit heißt, bonitas naturae;
das heißt theologice in der Schrift GOttes Gnade", sieht Arndt das Natürliche und das Geistliche, zwar qualitativ unterschieden, doch gemeinsam aus
dem einen „Brunnen", Gott, ‚fließen': [59] „Wie nun das Leben aus GOtt ist:

---

55 *Pss* 139/II Bd. 2 S. 321b.
56 Colberg *Platonisch-Hermetisches Christenthum* I S. 154.
57 Arndt an Gerhard 29. 1. 1608, in: [Breler] Bericht S. 2-9: 8: "fateor me nondum capere omnia
praesertim abstrusissima, quae de intimo animae sinu et recessu Theosophi et θεοδίδακτοι
quidam disserunt. ... Nondum igitur descendi ad profunditatem illam animae, quam vocat
Taulerus; alii caliginem divinam, praefiguratem caligine, quam Moses ingressus est, appel-
lant. Quoniam enim *Deus lux est, quam nulla creatura comprehendere potest, igitur ad orientem illam
ineffabilem lucem caligat sensus et ratio* [vgl. *WCh* III,6,1 die "göttliche Finsterniß", "das Dunkel",
darin der HErr wohnet", in dem "das göttliche Licht" aufgeht.], quemadmodum lux meridi-
ana caligo est noctuarum. *Caligo igitur illa lux est ineffabilis.* Quemadmodum enim sole oriente
stellae obscurantur, ita luce divina in anima fulgente omnes animae vires occidunt, ut *solus
luceat in mente Deus, ut medio coelo sol solus luceat* [abermals die Analogie zur Zentralstellung der
Sonne!]. Sed aliis haec summa, *mediocribus contentus*, relinquo. Sufficit mihi, Jesum meum unice
amasse, quod omnem scientiam superat et opus est summae suavitatis et delectationis."
(Hervorhebung von mir). Arndt zeigt eindrücklich, wie sehr er sich als Lernenden versteht.
58 *Pss* 139/II Bd. 2 S. 322a (Hervorhebung von mir).
59 *WCh* II,37,4-7 (Hervorhebung von mir).

also alle Gütigkeit und Güte ist in GOtt und aus GOtt. Denn er ist das ewige Gut. Und alles, was gut ist ... ist aus diesem Brunnen geflossen." Die differenzierten Manifestationen des einen Geistprinzips schaffen und durchwirken alles Leben. Mystischer und kosmosophisch-‚pansophischer' Spiritualismus, aus demselben „Brunnen geflossen", reichen einander in der abgestuften Wertigkeit eines *lumen gratiae* und *lumen naturae* die Hand, ob dieses alles verbindende und innerlich in allem wirkende Prinzip in Variation nun „Licht", „Geist" oder „Krafft" heißt. Während es in den Kreaturen des *mundus sensibilis* nur wie verdünnter Wein „vermischet" erscheint, kann es in der wiedergeborenen Seele „lauter" – d. h. *immediate* – „geschmecket" werden.[60]

8. In alledem bleibt der (ein Berufsleben lang) lutherische Prediger Arndt ein Theologe des „Wortes", allerdings auf seine eigene Weise. Das durchgängige gestufte Geist-Prinzip eines mystischen wie kosmosophischen Spiritualismus erscheint je unterschiedlich auch als inneres „Wort" der Seele, aber auch des Kosmos, in dem „GOttes Wort der allererste Same der Erdgewächse" ist.[61] Dies steht nicht im Widerspruch, sondern in spezifischer Relation zu der – unnötig zu beweisenden – Tatsache, daß und in welchem Maß Arndt Bibeltheologe ist, worin er sich allerdings von vielen anderen Spiritualisten und Theosophen nur *in concretione* unterscheidet. Wie sehr ihm dies nicht nur ein sekundärer Legitimationszwang, sondern ein tief verwurzeltes theologisches und gestalterisches Prinzip ist, zeigen die fast durchgängige „Biblisierung" (Weber[62]) seiner Schriften mit Motti, Belegen u. a., die Ableitung vieler Argumentationen aus Bibelversen und -stellen, das *physica sacra*-Prinzip einer ‚philosophia Moysiaca' im *Hexaemeron* und nicht zuletzt eine von biblischer Sprache und deren Bildern tief gesättigte Diktion und Denkweise Arndts. Wenn Wimmel die These äußert, daß bei Arndt im Blick auf das „persönliche", also religiöse Leben die „Buchstaben der *Schrift* ... im *wörtlichen* Sinn Gestalt annehmen", „die Buchstaben der *Natur*" dagegen den Menschen „nur in ihrer *allegorischen und moralischen* Erweiterung beeindrucken" sollen,[63] erweist sich dies im Blick auf den *liber naturae*, der bis hin zur biblizistischen Entscheidung kosmologischer Streitfragen sehr wohl einen *sensus literalis*[64] vertritt, als ungenau, und im Blick auf das geistliche Leben schlicht als falsch, hat doch die Untersuchung der Bibelhermeneutik eine klare Dominanz des *sensus mysticus* offengelegt: Was die Bibel „eusserlich" beschreibt, das müsse „in uns" „erfüllet" werden. Die im Blick auf die „Natur" wie das geistliche Leben analog angewandte Rede von Gottes „Wort" als einem „Samen", ob dies natürlich als „der allererste Same der Erdgewächse" oder geistlich als

---

60 *Pss* 91/I Bd. 1 S. 803a.

61 *Hex* 3,58; nach *Pss* 104/III Bd. 2 S. 48a wächst "Auß dem Wort Gottes / als auß der Wurzel deß Segens Gottes ... heute zu Tage noch alles / und diß Brünnlein hat Wassers die Fülle".

62 S. 40, allerdings dort verstanden im Sinne einer dezidiert lutherisch-orthodoxen Ausrichtung.

63 Wimmel S. 97 (Hervorhebung von mir).

64 Die ganze Kosmologie Arndts baut häufig geradezu biblizistisch auf den wörtlichen Sinn.

„der Same / darauß wir geboren werden"[65] und „geistliche frucht" hervorzu-
bringen haben – andernfalls es „ein todter Same vnd todte Geburt" bleibe[66]
– gedeutet wird, lebt hier wie dort von der spiritualistischen Fundamen-
taldifferenz von innen und außen. Ob nun als das im Bibelwort „verborgene
Manna"[67] oder als die „die Kraft, in welcher die rechte Arzenei liegt, die pur
lautere Essenz",[68] beiderseits ist das Entscheidende die ‚innerliche' „Kraft",
die allein die wirkende ist, und die es zu „schmecken" gilt, sei es natürlich als
„Güte" (bonitas) des Schöpfers, sei es mystisch als immediate zu erfahrende
Gegenwart Gottes in der Seele. Wo diese Berührung nicht mystice zu
‚empfinden' ist, bleibt „es doch nur ein bloßer Schall ohne Kraft"![69] Wie
beim „Wort der Schöpfung", doch noch deutlicher besteht beim „Wort der
Erlösung" ein unübersehbarer ontologischer und noetischer Primat des
inneren „Worts" oder Geistprinzips als der „Kraft" vor dem „eusserlich[en]"
Bibelwort: „Es muß alles im Menschen erfüllet werden im Geist vnd Glauben, wz
die Schrifft eusserlich lehret".[70] Damit bleibt zwar der für Arndt schlechterdings
unverzichtbare Bibelbezug durchgängig gewahrt, doch verhindert dies nicht,
daß, wie die Anordnung der Bücher I bis III zeigt, deren Rolle letztlich doch
eine vorbereitende bleibt – der gegenüber auch das vermeintliche Paradoxon
eines inspirierten Bibelverständnisses in Wahrheit gar keines ist! Präzise
analysiert Colberg, welche untergeordnete Rolle innerhalb jenes von ihm
diagnostizierten Platonisch-Hermetischen Christenthums und dessen Synthese
einer spiritualistischen Gottes- und Selbsterkenntnis im verbum internum mit
einer magisch-hermetischen Naturphilosophie der Bibel zukommt und letztlich nur zukommen kann. Von der bewußt polemischen Aberkennung jeglicher Hochschätzung der Bibel seitens der Spiritualisten abgesehen, klingt der
folgende Abschnitt fast, als wäre er auf das „Wahre Christentum" gemünzt:
„Ob nun gleich die Schwarmgeister diese beyden Principia, Cabalam und Magiam,
oder die Erkäntnüß sein selbst und das Buch der Natur, die inwendige und auswendige
Offenbahrung, eintzig und allein erkennen, so setzen sie doch zum Schein die
heil[ige]. Schrifft hinzu, damit sie von den Unwissenden dennoch für gute
Christen möchten angesehen werden, wiewohl sie nicht das geringste, so in der heiligen Schrifft geschrieben stehet, gläuben, sondern alles mysticè und anagogicè erklähren."[71]

---

[65] Hex 3,58 sowie F S. 4f.

[66] F S. 70f.

[67] WCh I,36,4: „Meine Worte sind Geist und Leben, sagt der HErr Joh 6,63. So sie nun Geist
        und Leben sind, so können sie von keinem ungeistlichen, fleischlichen, üppigen Herzen und
        Sinn empfunden werden ... Sonst hat man von GOttes Wort nichts mehr, denn den äußer-
        lichen Schall und Buchstaben ... also empfindet man nichts von der Kraft des göttlichen
        Worts, wenns nicht ins Leben verwandelt wird." Vgl. WCh I,36 passim.

[68] Hex 3,15.

[69] WCh I,35,3.

[70] F S. 70f. (Hervorhebung von mir).

[71] Platonisch-Hermetisches Christenthum Band I (1690) cap. III § 5 S. 168 (Hervorhebung von mir).
        Der hier auf Arndt angewandte Abschnitt wurde in anderem Zusammenhang bereits zitiert.

Gerade gegen ein angebliches äußerliches Scheinchristentum richtet sich Arndts Kampf um das „Wahre Christentum". Doch ist sein Weg dazu ein anderer als der der Wittenberger Reformation und mit diesem letztlich schwer zu vereinbaren. Der Gang durch die verschiedenen Themen, Ebenen und nicht zuletzt „Bücher" von Arndts Theologie hat klar deren tiefen inneren Zusammenhang erwiesen. Erscheinen seine Texte auf den ersten Blick [72] manchmal eigentümlich unstrukturiert und den Bedürfnissen eines logischen und reflektierenden Denkens wenig entgegenkommend gestaltet, so erschließt sich aus der Perspektive ihres holistischen Gesamtansatzes eine alle Redundanzen überstrahlende und Spannungen integrierende innere Geschlossenheit, in der – manchmal sogar bei offensichtlichen Selbstwidersprüchen – alles zu allem zu passen scheint und alles zu allem in einer unmittelbaren systemischen Relation oder Analogie steht. Ein organologisch strukturiertes Denken induziert ein ihm entsprechendes Schrifttum, das sich wiederum aus dieser Perspektive sehr schlüssig ,erlesen' läßt.

Unter dem Stichwort THEOSOPHICI beschreibt Zedlers Universal-Lexikon aller Wissenschaften und Künste [73] ein ganzes – in scharfer Antithese zur menschlichen Vernunft – auf der theosophischen Lehre vom inneren „Licht" oder „Funcken" der Seele aufbauendes Denkgebäude. Daß damit auch Arndts Denken annähernd treffend umrissen werden kann, erklärt sich schon, wenn als die „beruffensten Häupter" dieser Lehre Paracelsus, Valentin Weigel, Robert Fludd, Jakob Böhme, die beiden van Helmonts sowie die Rosenkreuzer erscheinen. Gegen das angesichts der schillernden Materie zum Scheitern verurteilte Vorhaben, ein „allgemeines Systema Theosophicum zu entwerffen", spreche – was das Selbstverständnis der Vertreter dieser Erleuchtung und deren Werke gut trifft –, daß „ein jeglicher seine besondere Einflüsse hat, nachdem er sich eingebildet, ein besonderes Maas des Geistes, der da alles lehret, empfangen zu haben." [74] Nicht nur, daß „diese Leute" „das von Gott gegebene Vernunfft-Licht" mißachteten, [75] „sondern auch Natur und Gnade, Mittelbares und Unmittelbares unter einander mengen, sich der Criteriorum veritatis damit begeben, und, indem sie es blos auf eine innerliche Erfahrung ankommen lassen, sich in Gefahr geben, auf das schändlichste betrogen zu werden", [76] ist in der Analyse durchaus scharf gesehen.

---

[72] Tholuck Lebenszeugen S. 278 beklagt einen "Mangel[] an strenger Ökonomie" sowie in diesem Sinne den "Mangel ... einer bestimmten Reihenfolge der Kapitel, ja selbst der vier Bücher" (Hervorhebung von mir), von welch letzterem bei näherem Zusehen keine Rede sein kann.

[73] Band 43 Sp. 1116-1121; teilweise zitiert diesen Artikel auch Kemper II S. 57f.

[74] Sp. 1117.

[75] Sp. 1116: Es geht um Charakter und Quelle der lumina: "Es bedienen sich zwar dieselben auch des Wortes Vernunfft, sie verstehen aber dadurch nicht die Erkänntnis der Wahrheit aus natürlichen Prinzipien, oder die Krafft dieselbige zu erkennen, sondern das inwendige Principium, das sie als einen Ausfluß und Funcken des Göttlichen Wesens in der menschlichen Seele suchen, das sie der in ordentlichen Verstande genommenen Vernunfft entgegen setzen." Hier fügt der Autor einen Satz an, den man nur unterschreiben kann: "Wer in den Schrifften der Theosophicorum bewandert ist, dem wird dieses gantz was bekanntes seyn."

[76] Sp. 1118.

Ein Grundirrtum „dieser Secte" beruhe darauf, daß das „Systema Emanativum von ihnen zum Grunde geleget, und der Ausfluß aller Dinge aus GOtt, und die daher radicaliter in GOtt ruhende Ursache, Wesen und Würckung der Seele die Ursache solcher Erleuchterung [sic] seyn muß. Denn da also die Seele dahin geleitet wird, daß sie die Quelle woraus sie ausgegangen, wiederum suchen und in sie einfliessen solle; So muß nothwendig diese Theosophie auf einen gefährlichen, den Menschen oder wohl gar alle Dinge vergötternden Enthusiasmum hinauslauffen ... ". Daß auch das „Wahre Christentum" dieses Kriterium erfüllt und damit nach Zedler, auch ohne namentliche Nennung, unter dieses Verdikt des Enthusiasmus fällt, ist unzweifelhaft, wenn es in Arndts erstem Buch lautet:[77] „Also ist der Seelen nit besser, als wann sie inn jhrem eygenen Hause ist, das ist, in Gott, darauß sie geflossen ist; da muß sie wider eynfliessen, sol jhr wol seyn." Seinen anfänglichen Bedenken zum Trotz unternimmt es der Autor, daraus ein *Systema Theosophorum* zu entwickeln, das man in Übereinstimmung mit Kempers Urteil nur als ein „vorzügliche, knappe Zusammenfassung theosophischer Lehren im systematischen Zusammenhang" bewerten kann. Von dem gesamten Bogen her und bis zu vielen Details korrespondiert es eng mit Arndts Theologie oder besser Theosophie, so daß es hier in seinem ganzen Zusammenhang wiedergegeben werden soll, ohne daß ich nach der Darstellung von Arndts Denken noch einzelne Querverweise für nötig erachte:[78]

> „Es gehet nehmlich dasselbige dahin, daß 1) aus dem Wesen Gottes alles ausgeflossen, und wiederum dahin zurücke gehen müsse. 2) Folglich auch unsere Seele, gleichwie diesen Ursprung, also auch diesen Endzweck haben müsse, wiederum in Gott als ihr Centrum einzugehen; daß 3) daher die Loßreissung der Seele von dem Dienst der fleischlichen Begierden durch Busse und Reinigung des Hertzens der Anfang seyn müsse, um zu GOtt aufzusteigen; welche Philosophie man nicht von Aristotele oder den Heyden, sondern aus der innerlichen Erleuchtung des H. Geistes in der Stille der Seele erlernen müsse. Zu welchem Ende 4) GOtt das Bild seines Wesens allen Dingen eingedrucket, um sein Wesen in denselbigen zu erkennen, von welchem man auf die Creaturen absteigen müsse, um sie aus und in ihm zu erkennen. 5) In solcher Erkänntnis und Einsicht der Verbindung des Göttlichen Wesens mit dem Wesen der geschaffenen Dinge, und der aus demselbigen in ihnen liegenden Krafft, bestehe die Magia naturalis, durch welche man wunderwürdige Würckungen hervor bringen könne, wenn man also das Wesen der Natur aufgeschlossen habe, und da dieser Göttliche Ausfluß durch die Gestirne würcke, so bestehe auch 6) die wahre Theosophie in einer gründlichen Erkänntnis der wahren Astronomie, deren Harmonie 7) mit der Erde und deren Gewächsen, Mineralien und Metallen, den wahren Saamen derselbigen aufschliesse; welche man 8) sodann extrahiren, und dadurch zu dem gesegneten Geheimnis kommen könne, die Metallen zu verwandeln, und eine allgemeine Artzney

---

[77] *WCh* I,23,1f, zitiert nach F S. 259f.; vgl. III Vorrede 2: 'Alles' remaniert in Gott als Ursprung.
[78] Kemper II S. 57, der ebd S. 57f. denselben Text Zedler 43 Sp. 1120f. zitiert.

zu bekommen ... worzu 9) der allgemeine Welt-Geist, der alle Dinge
zeichne, würcke und bilde, das Seinige beytrage, welcher dadurch erweckt,
und dirigiret werden könne. 10) Es bestehe auch der Mensch aus einem
Göttlichen Funcken, einem Astralischen Geist und dem Leibe; so lange er
diesem diene, stehe er in einem viehischen Zustand, aus dem er aber erstlich durch den Astralischen Geist zu einem Menschen werden, von demselbigen aber durch vielerley revolutiones und Reinigungen durch den
Göttlichen Funcken zu GOtt selbst aufsteigen, und also 11) Die in dem
Cörper und Stern-Geist liegende Quelle des Bösen verlassen, und in die
Quelle seiner Ruhe und Glückseligkeit eingehen müsse; welches 12) In der
bevorstehenden glückseligern Zeit insonderheit geschehen werde, wo alle
Künste und Wissenschafften in einem vollkommenen Flor erscheinen
werden."

Auch wenn an der einen oder anderen Stelle eine Differenz oder Nuance der
Abweichung zu diesem abstrahierten, wenn man so will, ‚summarischen Begriff'
der Theosophie auftritt, ist doch deutlich, daß das „Wahre Christentum" diesen
Kriterien nach eindeutig den Typus solcher Theosophie repräsentiert, und zwar
diesem *Systema* nach weitgehend vollständig. Die abgestufte Integration von
mystischem Spiritualismus im Sinne des göttlichen „Lichtes" in der vergöttlich-
ten Seele und hermetischer Naturphilosophie ist ein Grundpfeiler dieses *Systema*
ebenso wie der epistemologische Primat der Erleuchtung und das emanative
Omnia unum-Denken. Die Vehemenz und Einseitigkeit, mit der Arndt all dies in
Richtung seines Generalthemas der *vitae sanctitas* und *praxis virtutum* zu wenden
weiß – welches Anliegen, wie das Thema des *animus pulcher* bei Ficino gezeigt hat,
in der Tradition als inhaltliche Orientierung durchaus prominent vertreten ist –,
ragt auch angesichts Weigels herbem Asketizismus, jedoch auch und gerade in
der Form seines kulturativen Impetus, noch vor anderen heraus. Und auch die
reiche Ausgestaltung dieses Gebäudes aus dem Fundus mystischer Traditionen
der verschiedensten Provenienz trägt Arndts unverwechselbare Handschrift.
Daß Arndt die „Leben Christi"-Mystik und -Ethik zur Heilsmystik – keineswegs
nur „Heiligungsmystik"[79]! – erhebt und sie in dieses Gebäude integriert, ist der
spätmittelalterlichen Tradition und Weigel geschuldet, und doch ist die Weise,
wie Arndt dies, an die Buchmetaphorik anknüpfend, umsetzt, ganz seine eigene.
Den markantesten Ausdruck wird Arndts theosophisches Denken im metaphorischen Programm der „Vier Bücher vom wahren Christentum" gefunden haben.
Dieses Programm vereinigt, von der Bibel in der bezeichenden spiritualistischen
Doppeldeutigkeit abgesehen, durchweg immaterielle, metaphorische „Bücher",
die den Erkenntnis- oder Offenbarungsquellen mystisch-spiritualistischer und
hermetischer Religiosität wie „Weisheit" Gestalt verleihen. Die metaphorischen
‚göttlichen' Bücher sind *per se* Ausdruck dieses Verständnisses von Erkenntnis
insofern, als sie – in paradoxaler Antithese gegen alle Buch- und Buchstaben-
gelehrsamkeit – die fundamentale These der „*Theo-Sophie*", daß alle „Weisheit",

---

[79] Gegen Wallmann Pietismus S. O 18.

ob *immediate* in der Seele oder *mediate* in der Schöpfung, ausschließlich von Gott
selbst zu empfangen sei, in einem geradezu buchstäblichen Sinne ‚verkörpern'.[80]
Nur einer der geistesverwandten Zeitgenossen hat es Arndt in dieser Hinsicht
annähernd gleichgetan, und zwar, wenn den Angaben zu trauen ist, wofür vieles
spricht, bereits 1596, also etwa eine Dekade vor dem „Wahren Christentum",
nämlich Bartholomaeus Sclei. Er hat zugleich von allem, was mir an Schriften
dieser Zeit untergekommen ist, die mit Abstand prägnanteste Formel für das gefunden, was in seiner sowie Arndts und vieler Zeitgenossen Theosophie in eine
Synthese gebracht wurde. In – sei es direkter oder vermittelter, jedenfalls in ein
mystifizierendes Gewand von allegorisierender Apokalypsedeutung gekleideter –
Anknüpfung an Ficinos Motiv der zwei Flügel der Seele zur Erkenntnis erklärt
Sclei die Quelle und den Erstreckungsbereich aller Erkenntnis gut theosophisch:

> „Darumb aber hat es der ewigen Majestät Gottes wol gefallen / sich auff
> zweyerlep [sic] Manier / und nicht alleine durch todte Buchstaben / son-
> dern auch durch lebendige Schrifft zu offenbahren / Was und wer Er sey;
> wie dann die H. Schrifft heimlicher und verborgener weise[81] also hievon
> redet: Und es sind dem Weibe *zween grosse Adlers Flügeln* gegeben / daß sie
> in die Wüsten flohe / da sie sich noch auffhält [Apoc 12,14]. Aldar in der
> geistlichen Wüsten[82] und Thal Achor am Gläsern Meer / offenbahret
> Christus noch seine Geheimnüß und *Mysticam Theologiam und Pansophiam,*
> ja alle Schätze der Weißheit und Erkäntniß / die in [!] Ihm verborgen /
> an seine Braut und getreue Freunde ... davon die Welt mit ihren Secten
> nichts weis noch wissen wil / sondern solches für Phantasey und Enthu-
> siasterey ausruffet ... ".[83]

Mystica Theologia und – im engeren Verständnis des Begriffs – *Pansophia,* das sind
in der Tat die beiden großen, zur Einheit verschmolzenen theosophischen Themen, die in der Tradition der zwei *lumina* verhandelt werden und von den zwei
großen Teilen oder Flügeln des „Wahren Christentums" repräsentiert werden.
Wie etwa ein Jahrzehnt später Arndt setzt Sclei dies in eine entfaltete Buchmetaphorik um, die ihn auch darin mit Arndt verbindet, daß er den ersten großen
Teil seines Werks als unmittelbare Ausführung der göttlichen „Bücher" gestaltet,
ist doch seine *Theologia universalis* oder *Theosophia,* wie das Titelblatt verrät, „Gegründet und angewiesen In dem Dreyfachen Göttlichen Offenbahrungs-Buche
Als Der H. Schrifft, der Grossen und Kleinen Welt[84]." Auch Sclei versteht die
Anordnung der „Bücher" programmatisch im Sinne einer aufsteigenden Linie,

---

80 Auf die von Sclei auf der Rückseite des Titels geschlagene Volte, daß der Leser dieses sein
    Un-Buch nach Lektüre abtun oder gleich vernichten solle, habe ich oben bereits hingewiesen.
81 Das heißt, in allegorisch zu deutender Weise.
82 Ein Motiv der mystischen Tradition, das etwa bei Meister Eckhart eine zentrale Rolle spielt.
83 *Theologia universalis* II,98f S. 180f. (Hervorhebung von mir); Gilly Erfahrung S. 88 A.73, bei
    dem ich damit den bisher einzigen Nachweis dieses interessanten Werkes in der – eher ufer-
    losen – Literatur fand, zitiert daraus für die Begriffsgeschichte der *Pansophie* wichtige Zeilen.
84 Makro-/Mikrokosmos, vgl. Arndts *Hexaemeron.*

die bei ihm allerdings – abgesehen davon, daß bei ihm sich kein Pendant zu Arndts *liber vitae* findet – eine nicht nur vom eigenen Titelblatt, sondern vor allem vom „Wahren Christentum" signifikant abweichende Reihenfolge aufweist: Diese „Bücher" sind 1) die Kreaturen; 2) die Bibel; 3) der innere Mensch der neuen Geburt bzw. das innere Wort, die einem spiritualistisch von ‚außen' nach ‚innen', d. h. von ‚unten' nach ‚oben' aufsteigenden Dreischritt entsprechen. Daß Sclei den Kreaturen insgesamt 26 von 112 diese „Bücher" behandelnden Seiten widmet, zeigt schon eine enorme, nicht nur quantitative Differenz gegenüber Arndt, in dessen Erstausgabe von 1610 allein der *liber naturae*, allem deutlich größeren Druck zum Trotz, immerhin nicht weniger als 359 Seiten beansprucht! Zweifellos hegt Sclei eine Vorliebe für hermetische Themen und Anspielungen, wie insbesondere deren religiöse Applikation im Sinne der *Magia* und Christus als eines *Spagyrus* der *alchemia coelestis* zeigen,[85] doch bleibt das eher im theoalchemischen Sprachspiel, und auch etwas Arndts *liber naturae* an Fülle und Konsistenz nur annähernd Vergleichbares suchte man bei Sclei vergeblich. Er ist in erster Linie radikaler Spiritualist und bedient sich dazu hermetischer Analogien. Vor diesem Hintergrund erscheint deutlich, daß sich in Arndts theosophischem Programm des „Wahren Christentums" eine deutlich größere inhaltliche Breite, eine höhere Komplexität und nicht zuletzt auch eine konsequentere strukturelle Umsetzung des theosophischen Kerndogmas vom *lumen geminum* manifestieren: Anders als Sclei nur nach der einen und Hirsch nur nach der anderen Seite, vertritt Arndt nach *beiden* Seiten fundiert und belesen sowohl eine *Theologia Mystica* wie eine *Pansophia*. So, wie er mit Entschiedenheit Mystiker ist, ebenso konsequent ist er, sich nicht mit Anspielungen und peripheren Analogien begnügend, auch Hermetiker. Seinerseits verbindet er in Naturallegorese und Theoalchemie diese Ebenen im Sinne der naturmagisch-„cabalistischen" Tradition aufs engste. Daß er eine insgesamt stringente spiritualistisch-hermetische Gesamtkonzeption vertritt, ist auch daran abzulesen, daß Arndt dem Theorem des *lumen geminum* gemäß – dem zufolge das *lumen gratiae* das *lumen naturae* entzündet bzw. wiederherstellt – den *liber naturae* (als Repräsentanz des *lumen naturae* oder der *Pansophia*) dem spiritualistischen (das *lumen gratiae* oder die *theologia mystica* repräsentierenden) Komplex der ersten drei „Bücher" nach- bzw. unterordnet. Wie all dies zeigt, ist Arndt Hirsch gegenüber ein genuiner mystischer Spiritualist, und gegenüber Sclei – wie auch Böhme[86] – ein *in theoria et praxi* versierter Hermetiker.

Noch in einer anderen Hinsicht kommt Arndts Werk in einer Balance zwischen den Polen Sclei und Hirsch zu stehen. Während Sclei auf so vielen und immer kleiner bis fast zur Unleserlichkeit gedruckten hunderten Seiten nicht müde wird, gegen Kirchenwesen und Amtsträger mit allen nur erdenklichen

---

85 Vgl. Band I dieser Studie § 4 zu Sclei.
86 Zur Differenz Arndt/Böhme (auch gegen deren Parallelisierung in Croll *De signaturis* (Kühlmann/Telle) Einleitung S. 15f.) vgl. u. Oetinger: Anhang 3; zur mystisch-spiritualistisch motivierten Ablehnung des *liber naturae* bei 'Gratianus Amandus' vgl. Peuckert Pansophie S. 383f.

Vorwürfen und Schmähungen zu Felde zu ziehen, zeigt sich der lutherische Prediger Hirsch auf Schritt und Tritt darum bemüht, die Anschauungen des Hohenheimers, der geläuterten magischen Tradition und das, was er selbst daraus gezogen hat, mit den Schriften und dem Geist Luthers zu harmonisieren. *Beides*
liegt einem Johann Arndt völlig fern.[87] Es hat den Anschein, als stünde er über
beidem, über einem fanatischen Haß gegen seine Kirche – all seiner massiven
Kritik an Kirche und Amtsträgern zum Trotz – wie auch über einer naiven wie
taktischen, doch grundsätzliche Unverträglichkeiten ignorierenden Beflissenheit.

Arndts Thema ist nicht die Kirche, sondern das „Christentum", und zwar in
Gestalt des „wahren Christentums". Individualistisch formuliert ist Arndts Thema eine auf Wiedergeburt und Erleuchtung der Seele gründende Existenz *in
praxi virtutum* und *vitae sanctitate*. Die wahre Kirche oder der wahre Tempel ist im
Herzen, im „Grund" der Seele in der höchsten Gottes-Zweisamkeit oder auch
-Einsamkeit, in deren Verlängerung Arndts sprechende ekklesiologische Vision
die über den geistlichen Himmel verstreuten leuchtenden Sterne zeigt. Wie alles
Leibliche, Sichtbare und Institutionelle verharrt demgegenüber die *ecclesia visibilis*
in einer Ambiguität. Als ein Äußerliches, Temporäres kann sie in den einzelnen
Wiedergeborenen mit ‚Geist', ‚Leben' und ‚Kraft' erfüllt sein, sich als ein Ausfluß geistlichen Lebens erweisen und so im ‚Wesen' stehen, doch kaum konkres-
ziert sie in leiblich-menschlich-institutioneller Gestalt zu einem Gebilde von
eigenständiger Gestalt und Anspruch, so verfällt sie dem Verdikt ‚Fleisch' und
fällt als ‚Schatten' in das ‚Nichts' zurück. Insofern bleibt die verfaßte Kirche, der
gegenüber ein ganzes Spektrum von Partizipations- und Verhaltensformen möglich ist, kategorisch sekundär. So ist Arndts Haltung ihr gegenüber konsequent
spiritualistisch eine indifferentistische. Nicht, was er je *pro* oder *contra* sagt, sondern daß er dazu schweigt, ist die entscheidende Aussage über die *ecclesia visibilis*.

Daß Arndt den Schwerpunkt von den zwei „Büchern" Bibel und Natur auf
die Dyas von *conscientia* und *natura* verlegt hat, ist in seiner Bedeutung kaum zu
überschätzen, zumal dies sich fast unbemerkt vollzieht innerhalb einer plero-
phoren Vierzahl metaphorischer „Bücher", die schon als solche die Obsolenz
der überkommenen zwei-Bücher-Theorie erweist und deren originäre Relativierung der Bibel als einziger Offenbarungsquelle noch potenziert, so daß dieser,
rein formal betrachtet, nur noch das Gewicht von *einer* Position unter *vieren* zukommt und sachlich eine von ‚außen' her zum Eigentlichen leitende Stellung.
Paradoxerweise – oder aber gerade in einer konsequenten Fortsetzung dessen –
ist das, jedenfalls als einer der beiden Pole von Bibel und Schöpfung, entste-

---

[87] Wenn man vielleicht von dem im "Wahren Christentum" jeweils an Beschlußstellen wiederkehrenden Beteuerungen einer Vereinbarkeit seines Werks mit den lutherischen Bekenntnis-
sen absieht – die ihm möglicherweise von der Jenaer Zensur nahegelegt oder gar auferlegt
wurden, und die, entgegen gewissen Tendenzen der Forschung, sie als Beweis seiner orthodoxen Gesinnung zu interpretieren, doch gerade durch ihre alleinige Existenz ein Indiz für
ein offensichtliches Problem darstellen. Denn welches "Erbauungsbuch" sonst böte Anlaß
zur wiederholten expliziten Beteuerung seiner Rechtgläubigkeit oder machte dies zur Regel?

hungsgeschichtlich erheblich jüngere und dabei noch virtuelle „Buch" der Natur zur Konstante geworden, während das einst schon durch den *liber naturae* auf eine bloße, und dabei auch noch sekundäre, Hälfte der Offenbarung reduzierte Buch der Bibel gegenüber dem in der spiritualistischen Tradition weit höher bewerteten „Buch des Herzens" seinen ohnehin schon erheblich geminderten Rang ein weiteres Mal abzutreten hat. Möglicherweise ist es kein Zufall, daß sich auch dies gerade im Einflußbereich der augustinischen, u. a. dem Neuplatonismus verbundenen, Tradition ereignet, die der Mystik einen Nährboden bot, und aus der heraus Impulse stammen, die die Spiritualisten der Reformations- und nachreformatorischen Zeit in entscheidenden Anliegen trugen – eine Tradition immerhin auch, die aus den Anfängen der Wittenberger Reformation nicht wegzudenken ist, von der sich deutlich abzugrenzen jedoch Luther zunehmend eine innere und später auch äußere Notwendigkeit sah.

So wie der *liber naturae* das gegenüber der Bibel ursprünglichere „Buch" ist, eignet auch dem inneren „Buch" oder „Wort" bei Arndt – wie bei Weigel [88] – eine naturhafte Komponente. Zu den Äußerungen, die die Entrüstung über die Frankfurter Erstveröffentlichung von Arndts Buch I auslösten, dürfte auch die Primärversion jener Passage aus dem Kapitel von der natürlichen Erkenntnis auch der „Heyden": „Wie Gottes Wort in aller [!] Wenschen [sic] Hertzen geschehen [cj.: geschrieben] sei … " zählen, die auf diese Herzensschrift anspielt: [89]

„Dann gleich wie GOtt der HErr nach seinem gerechten Gerichte die Heyden in einem verkehrten Sinn gegeben / weil sie *das jnnere Gesetz der Natur* / vnd *jhr eygen Gewissen* / *als Gottes jnnere Wort* [später: „GOttes Gerechtigkeit"!] *in jr Hertz geschrieben* verworffen / vnd nichts geachtet … Also … die / so Christen seyn wollen / *beyde das jnnere vnd eusserliche Wort* vnd Zeugnüß Gottes verworffen [haben] … gibt sie Gott dahin … ".

Gegenüber diesem „jnnere[n]" stellt die Bibel nicht nur das zeitlich sekundäre, sondern auch noch das *„eusserliche* Wort vnd Zeugnüß Gottes" dar. Wenn schon das ursprünglich ins Herz geschriebene „jnnere Wort" Gesetz ist, so wird auch der neue Bund nach Jer 31,33 als die *nova lex* im inneren Menschen kodifiziert: [90]

Wie Gott die „Heiden" strafe, „weil sie dem kleinen jnnerlichen Liechtlein / so in jnen von Natur ist / *vnd jrem eygenen Gewissen* / vnnd dem Gesetze der Natur / nicht haben folge gethan … wie viel mehr [die] … welchen nicht allein [!] von Natur / sondern *durchs geoffenbarte Wort Gottes* / vnnd *durch den neuwen Bundt* / *GOTtes Wort ins Hertz geschrieben* … Wie Jerem. 31[,33] stehet: Ich wil *mein Gesetz in jhr Hertz geben vnnd in jhren Sinn schreiben* / vnnd soll keiner den andern lehren … sie sollen mich alle kennen … ".

[88] Naturalistisch gefaßtes inneres 'Wort' und 'Buch' bei: Maier Spiritualismus Weigels S. 59f. 62.
[89] *WCh* I,7,6 nach F S. 83f. (Hervorhebung von mir); Natur und Gewissen analog in: IV,II,30,1.
[90] *WCh* I,7,8 nach F S. 85f. (Hervorhebung von mir).

Beides zusammen bedeutet jedoch: Es existiert – wie im übrigen auch für den *liber scripturae*, wo sich dies nicht nur publikationsgeschichtlich dokumentiert, sondern auch inhaltlich spiegelt – eine ‚Urversion' des *liber conscientiae authenticus*, die belegt, daß die göttliche *inscriptio conscientiae* als zum *liber naturae* komplementäre zweite Offenbarung nicht erst zur Gnadenordnung, sondern – zumindest in ihrer durch diese später zwar inhaltlich überbotenen, doch der Tendenz nach bestätigten ursprünglichen Version – bereits zur Schöpfung selbst gehört. Diese beinhaltet damit gleichsam in prototypischer Gestalt bereits den späteren Kernbestand eines *lumen geminum* im Sinne von *lumen internum* und *lumen naturae*, denen gegenüber das sogenannte „eusserliche Wort vnd Zeugnüß Gottes", die Bibel, *qua* Distanz zum erklärten Ursprung aller *libri dei* abermals relativiert, ein nunmehr tertiäres Zeugnis darstellt. Während nun im Blick auf *liber et lumen naturae* den Akzent eher die Wiederherstellung eines Urzustands adamitischer Erkenntnis durch das *lumen gratiae* trägt, liegt im Blick auf das *lumen internum* eine inkommensurable Steigerung gegenüber der ursprünglichen Anlage vor, doch ändert dies nichts daran, daß es sich um eine – zwar enorme, letztlich aber doch nur um eine – Vertiefung des im *liber scripturae* [!] in Verbindung mit Apg 17,28 etwa in den Zeugnissen eines Aratus und Manilius längst Angelegten handelt: [91]

> „An dubium est habitare Deum sub pectore nostro,
> In coelumque redire animas, coeloque venire?"

Die *Summa* des *liber conscientiae* liest sich demgegenüber bekanntermaßen so: [92]

> „Wie GOtt den höchsten Schatz / sein
> Reich / in deß Menschen Hertz geleget hat / als einen verborgenen Schatz im Acker / als ein
> Göttliches jnnerliches Liecht der Seelen."

Arndts inhaltliche Ausführung dessen orientiert sich an Platons Diktum, „daß die Tugend und Gottseligkeit sei der Seele Schönheit", [93] sucht dies zugleich jedoch in einem christlichen Sinne entscheidend zu überbieten. Und so, wie die Berufung auf Plato und dessen Rezeption des *lumen naturae* eine anknüpfende und zugleich mit Emphase überbietende ist, besteht analog auch die Differenz zwischen der *inscriptio conscientiae* im *status gratiae* gegenüber der im *status naturae* nicht zuletzt in deren kategorisch ‚christlicher' Übersteigerung. [94] Vieles verdankt Arndt schließlich vorchristlichen Traditionen, wenn er Heiligung und Heil in der graduativen, wechselseitig reziproken Entweltlichung und Vergöttlichung sucht.

---

[91] *WCh* I,7,2 nach F. S. 81, wobei es sich um den Zusammenhang desselben Kapitels handelt.
[92] Braunschweig (2) 1606, Titelblatt ᵛ; s. o.
[93] *Hex* 6,26; vgl. o.
[94] Vgl. die allein in *WCh* I,7 nicht weniger als dreimal begegnende typische Argumentationsfigur: Gegenüber den "Heiden" werden die Christen wegen ihres Verhaltens gleichsam quantitativ "vielweniger" (I,7,2) bzw. "wie viel mehr" (I,7,8) Entsprechendes zu gewärtigen haben.

Wenn Rothacker[95] im Zusammenhang seiner Zuordnung der zum „Buch der Natur" gesammelten Texte eine zunehmende Verschmelzung des *lumen naturale* mit dem *lumen internum* wesentlich für das Entstehen des neuzeitlichen idealistischen Vernunftbegriffs verantwortlich macht, wird deutlich, an welche Entwicklungen Arndts Verlagerung seines Schwerpunkts auf die zwei „Bücher" Herz und Natur anschließt. Hierbei wäre an eine Reihe von Spiritualisten zu denken, die wie Sebastian Franck,[96] Valentin Weigel[97] oder Abraham von Franckenberg[98] Mystik und Rationalismus konsequent in Richtung eines Subjektivismus integrieren, woraufhin wohl auch Arndts Rezeption Raimunds zu deuten ist. Analog zu Rothacker sieht Hans-Joachim Schwager im Idealismus ein zentrales Erbe der Mystik gerade an diesen Stellen entscheidend zur Geltung kommen:[99]

> „Erstens: die idealistische Philosophie nimmt zum Ausgang ihrer Wirklichkeitsinterpretation das menschliche Bewußtsein, das Ich. Das Absolute aktualisiert sich im Bewußtsein, im Ich. Diese Philosophie ist ohne die mystische Lehre vom Seelenfunken nicht denkbar. Als zweiter Punkt ist der mystische Naturbegriff für die idealistische Philosophie von Bedeutung. Nach mystischer Anschauung hat die Natur ihr Urbild im Schöpfer. Die mystische Gotteserkenntnis umfaßt somit mit dem Blick ins Wesen Gottes gleichzeitig den Blick ins Wesen der Natur, d. h. sie sieht die Dinge in ihrer ursprünglichen Ordnung, so wie sie in Gott sind. Diese Naturschau wird durch den Idealismus ebenfalls ins Bewußtsein, in das Ich verlagert. Der Blick ins Ich enthüllt nicht nur das Wesen Gottes, sondern zugleich das Wesen aller Wesen ... ".

Die Verlagerung der Naturschau von Gott ins eigene Ich wiederum ist jedoch von der Mystik nicht nur vorbereitet, sondern in dieser selbst angelegt, wo nicht bereits gar ausgeformt, wenn die Seele Gott in ihrem eigenen „Grund" schaut, wie Arndt dies mit seinem enorm ausgeprägten Anthropozentrismus vertritt. So scheint auch der Weg von der geistigen Welt der Theo- und Pansophen zum Idealismus in der Tat nicht weit, und es wird darin vielleicht etwas von der Faszination deutlicher, die diese Leute in all ihrer Buntheit in den Bahnen einer *prisca philosophia* oder *theologia* nach den uralt-neuen Ideen ‚schwärmen' ließ. Mit seinen ins Zentrum gerückten „Büchern" Herz und Natur, die er als gottunmittelbar zu verstehen lehrt, befördert Arndt *das* neuzeitliche Thema von Individuum und Kosmos, Subjekt und Universum, das bis hin zu Kants ‚gestirntem Himmel über mir' und dem ‚moralischen Gesetz in mir' die Gemüter bewegt.[100]

---

[95] Buch der Natur S. 14.
[96] Vgl. Hegler Franck S. 211f.
[97] Vor allem Maier Spiritualismus Weigels S. 58f.; vgl. Wollgast Weigel S. 137, 140 (das von Tertullian stammende Motiv der *anima naturaliter christiana*) u. ö.; vgl. ders. Philosophie S. 575.
[98] Vgl. Wollgast Philosophie S. 792.
[99] Deutsche Mystik S. 21.
[100] Auf eine Affinität zwischen *WCh* III-IV und Kant (betr. Unsterblichkeit der Seele; menschliche Vertrautheit mit den außermenschlichen Kreaturen) weist Gruebner S. 184 und A. 309.

So ergibt ein, von Koepps wiederholter Betonung der Mittelalterlichkeit des Arndt prägenden Gutes vielleicht lange Zeit verstellter, Blick darauf, daß Arndts Theologie – in einer gewissen Spannung zu seiner in einer Weise durchaus dem Geist und die Sprachwelt spätmittelalterlicher Buß- und mystischer Theologie verpflichteten und darin eher traditionalistischen Diktion und Denkungsart – auf der anderen Seite zu geradezu modernen Anschauungen hinneigt. So betrachtet, kann man Arndts Werk nicht nur im Blick auf eine pietistische „Frömmigkeit", sondern weit darüber hinaus auf seine Weise zu den Wegbereitern und Katalysatoren eines neuzeitlichen Welt- und Menschenbildes überhaupt zählen, was nicht aus-, sondern gerade einschließt, daß vieles von dem, was Arndt inhaltlich vertrat, vom Gestus spätmittelalterlicher Bußfrömmigkeit und -theologie bis zu den sehr der Zeit verhafteten Zügen des Weltbildes, rasch überholt war. Seine über die Prägung von bestimmten Milieus hinausgehenden, bleibenden Impulse sind wohl eher in Richtung einer konsequenten Individualisierung des lutherischen Protestantismus, einer Tendenz zur Moralisierung der Theologie, der mit einer grundsätzlich gewordenen Neigung zur Verinnerlichung bleibend verbundenen Spannung zwischen frommer Weltflucht und -verachtung einerseits und – häufig romantisierender – Welt- und Schöpfungsfrömmigkeit andererseits und anderem mehr zu suchen, als in vielen überwundenen Einzelzügen von Arndts Theologie. In alledem erweist sich Arndts Kombination von *lumen gratiae* und *lumen naturae* im „Buch des Herzens" und im „Buch der Natur", die die anderen „Bücher" sehr wohl ein-, nicht ausschließt, als entscheidender Schlüssel einer theosophisch gegründeten Philosophie und nicht zuletzt Theologie des religiösen Subjekts.

Auf zwei *Discursus*, die um das Ende der Dekade entstanden, in der das „Wahre Christentum" zuerst veröffentlicht wurde, und die sich in einem inhaltlich nicht unähnlichen Blickwinkel mit dem Subjekt und mit dem Universum befassen, möchte ich hier kurz eingehen und einen Ausblick daran anschließen. Daß die dem Rosenkreuzerimpuls wie der von ihm ausgelösten Bewegung nahestehenden Kreise eine universale Erkenntnis aus den zwei *lumina* in *Cabala* und *Magia* einem Julius Sperber analog und wie Teile der alchemischen Tradition[101]

Vgl. Fictuld *Probier-Stein* Band I Vorrede S. V, Band II S. 155f. u. ö. Ohne den *lapis* explizit zu nennen, faßt abermals Colberg prägnant zusammen, was dazugehört: *Platonisch-Hermetisches Christenthum* Band I S. 89f.: "Es ist auch nicht zu vergessen / daß die Begierde den Grund der Chymie / welche nach Außspruch ihrer Liebhaber den rechten Grund und Wissenschafft / göttliche und natürliche Dinge zu ergründen und zuerkennen mittheilet / zu erforschen / viel Neulinge angetrieben habe / Hermetis Trismegisti Schrifften zulesen / und weil sie darinn die Platonischen Fundamenta angetroffen / zu schließen / es könne niemand zur anerschaffenen / und in Adam verlohrnen Weißheit wieder gelangen / er sey denn von der Unreinigkeit des Leibes gesaubert und erleuchtet / durch Hülffe theils der Schrifft, theils des Buchs der Natur / das ist / der Cabalae verae, Magiae, Astrologiae und Pansophiae. Bes[iehe]. Rob. Fluddi. Tract. Apologet. pro societate Roseae crucis und Josephi Stellati introduct. in Veterum sapientiam [= *Pegasus Firmamenti*] c. 3. Deß also die Alchymia und Nachschlagung der Hermetischen Bücher was von den vornehmsten Mitteln gewesen ist / durch dessen Behuf der Fanatismus hervorgekrochen und im Wachstum zugenommen hat."

unmittelbar mit dem Besitz des *lapis philosophorum* identifizieren, läßt sich von Andreae[102] bis Hirsch /Stellatus,[103] aber auch bei Kieser[104] beobachten. Von dem *lydius lapis*, an dem alle Erkenntnis zu prüfen sei, spricht dagegen der Tübinger Jurist, Arndt-Verehrer und Freund Andreaes, Christoph Besold, in seinem 1618 publizierten *De verae philosophiae fundamento Discursus*,[105] den er Arndt als einem *divinae sapientiae antistes primarius* und Tobias Adami als dem der *humana sapientia* widmet, ein Traktat, den Gilly nicht nur als eine „wunderschöne[] hermetische[] Schrift" charakterisiert, sondern auch zutreffend identifiziert als „eine philosophische Bearbeitung der zwei letzten Bücher vom Wahren Christentum des Johannes Arndt".[106] Der *Discursus* setzt mit der These ein, daß die Philosophien „apud varias gentes", oder welchen Namen diese immer trügen, „apud omnes duobus ex voluminibus" als deren Ursprung hergeleitet würden. Den offensichtlich kulturübergreifenden gemeinsamen Grundbestand jeglicher philosophischen Erkenntnis – zu welchem weder Arndts *liber scripturae* noch der *liber vitae* zählen – eröffnet Besold in einer von dem Celler Theologen abweichenden Reihenfolge:

> „Horum primum, ingens ille *Mundi Liber* est, universi naturam ambitu suo complectens: qui si non coeca speculatione consideretur; *magnum* nobis ac etiam *parvum mundum*, et quidem *utrumque vivum ac animatum* refert; *utriusque harmoniam*, singularumque partium *concentum* (quomodo nempe sese habeant *superiora erga inferiora*) docet. Ex *separatione* seu anatomia naturalium rerum, earum *compositionem*, *ex characteribus hieroglyphicis, earundem proprietatem* indagat. Inde *Deum unum, et summum esse, ab eoque omnia regi, gubernari, colligit*. In mechanicis porro et communi vita, *naturam nunc imitando nunc adjuvando*, opera stupenda producit. Haec licet *vetustioris sapientiae pars*, ampla satis, et illustris per se siet [sic]".[107]

Teil eins der *vetustior sapientia* zeigt einen geradezu kompendiarischen Überblick über die *liber-naturae*-Thematik von der Makro-/Mikrokosmos-Spekulation, der Allbeseelung, dem *concentus* und der *harmonia* der Sphären und deren Influenzen untereinander, der *anatomia* und Signaturenlehre (*characteres* und *proprietates*), dem Selbstverständnis naturphilosophisch-hermetisch-alchemischer „Kunst", die der Natur selbst eigenen Werke durch gezielte Beeinflussung voranzutreiben, bis hin zur *cognitio dei naturalis simplex* und der schöpfungsursprünglichen, Natürliches wie Göttliches umfassenden universalen Erkenntnis Adams einschließlich der

---

102 Vgl. Brecht Andreae Weg S. 297 zum *Turbo* und S. 329 zum *Peregrinus*: ein Herz in der *unio* mit Christus "enthält alles Wissen der Welt. ... Die Einung mit Gott ist der Stein der Weisen, der alles vervielfacht und verwandelt. Man beobachtet hier nun ganz deutlich, wie alchemistische Vorstellungen ethisch und theologisch ins Christliche transformiert worden sind ... ".

103 Vgl. etwa seinen *Pegasus Firmamenti* IV fol. C 4f. u. a.

104 Vgl. Peuckert Pansophie S. 394.

105 Vgl. Gilly Manifeste S. 134-138, dem ich wichtige Einsichten zu dieser Schrift verdanke.

106 Gilly Manifeste S. 135; Gilly zufolge hat Besolds Freund Johannes Kepler sich reichlich kritisch zu der Schrift geäußert, was aber der Freundschaft keinen Abbruch tat.

107 Fol. A 2 ʳ (Hervorhebung von mir).

nomina propria,[108] also durchweg Elemente, die sich in Arndts *liber naturae* und den diesen prägenden Traditionen überall finden. Doch schien dieses „Buch", so viel immer es zu offenbaren vermochte, die Philosophen keineswegs zu befriedigen:

> „ea [: sapientiae parte] tamen contenti minime fuerunt, sed et alterum (conscientiae nempe Librum) addendum esse, *prisci Sophi* [!] censuerunt: et ita *naturae cognitioni, vitae pariter artem adjungendo, perfectum Philosophiae systema composuerunt.* ... ita ut homo *natura edoctus, conscientiaeque testimonio convictus, ad rectae rationis normam instituens vitam; suavissimam universi harmonia frueretur.* et quantum natura concedit, *beatus efficeretur.*" [109]

Wie bei Arndt, doch in der Genese des Theorems den *prisci Sophi* zugewiesen,[110] erscheint auch in diesem Reflex auf Arndt der *liber conscientiae* in seinem Grundbestand bereits als vorchristlich. „Das Buch des Gewissens ist der Inbegriff der Tugenden, das Buch der Natur ist der Inbegriff der Wissenschaften."[111] Erst in einer Balance dieser beiden „Bücher" seien die – in einem nicht zuletzt moralischen Sinne – *vitae ars* und die *universi harmonia* ebenso zu finden wie die von Besold gleichermaßen wie von Andreae angestrebte *Scientia universalis* oder *Polymathia*, das Unterfangen einer „theosophische[n] Universalwissenschaft",[112] die einerseits Arndts Polemik gegen alle Vielwisserei eigentümlich kontrastiert und andererseits von einem Robert Fludd[113] und später einem Johann Amos Comenius ‚pansophisch' voluminös ins Werk gesetzt wird. Nicht das Wissen als solches ist offensichtlich das Problem, sondern die Frage nach dessen Quellen. Diese Quellen vermitteln alle wahre Weisheit, und sie sind zugleich ubiquitär:[114] „ubique talis schola invenitur. Conscientia intra nos, et natura nullibi non est. ... Alii declament causas forenses, alii problemata, alii syllogismos tractent: tu mortem, tu vincula, tu exilia meditare. ... Alibi quaeritis felicitatem et principatum, ubi non est: ... Quid foris illam quaeritis? in nobis est.[115]" Der Traktat atmet auch in seiner ausgereiften, schönen und dabei schlichten Diktion den Geist einer tiefen, philosophisch[116] und theosophisch abgeklärten Meditation. In der Gottgelassenheit der Seele die wahre Freiheit aus jeglicher Abhängigkeit von allem, das nicht selbst das Wesen ist, zu suchen, darin liegt die wahre Weisheit,

---

108 Fol. B 3 ᵛ.
109 *Discursus* fol. A 2 ʳ⁻ᵛ (Hervorhebung von mir).
110 Eine Identifikation dieser Tradition jenseits von Franck und Weigel steht noch aus.
111 Gilly Manifeste S. 136f.
112 Vgl. Gilly Manifeste S. 136f.
113 Allein die zwei dicken Folianten der in dieser spezifischen Perspektive universalwissenschaftlich angelegten *Utriusque Cosmi Historia* von 1617/18 mit ihren unzähligen Graphiken und geradezu scholastisch differenzierenden und systematisierenden Figuren sprechen für sich.
114 *Discursus* fol. B 2 ʳ; nach Gilly Manifeste S. 136f. handelt es sich um ein Diktum des Hohenheimers; zum letzten hier zierten *dictum* Besolds vgl. auch Gilly Gnosis S. 421.
115 Zu dieser Sentenz vgl. Arndt *WCh* III Vorrede 4: "Was suchen wir auswendig in der Welt, dieweil wir inwendig in uns Alles haben, und das ganze Reich GOttes mit all seinen Gütern?"
116 So rekurriert Besold wiederholt u. a. auf Sokrates.

die sich in einer Lebenspraxis und Erkenntnis niederschlägt, welche, ohne den Tod zu fürchten, in diesem eine Rückkehr in den eigenen Ursprung sieht:[117] „*Dei filii cum simus*; cur quicquam timeamus rerum humanarum? ... Deum vero auctorem et patrem nobis esse; id annon tristitia, metuque nos poterit liberare? si sciamus *nos Deum attingere cognatione, atque inde venire*. Quomodo quaeso putare quimus, mortem malam esse? *Redimus illuc, unde venimus.*" Was diese *cognatio* des Menschen mit Gott und der Verweis darauf, daß die Schule der Weisheit „in nobis est", bedeuten, führt Besold näher aus:[118]

> „A Deo, tanquam vnico, immoto, aeternoque principio, nos dependere; et Deum Patrem esse hominum atque Angelorum; demonstrat *tam physica, quam etiam Metaphysica Philosophia: sumus, ut quidem ait, particula Divinae aurae.*"

Und so, wie Arndt mit dem Bezug auf Apg 17,28 gleichermaßen den Gedanken, in Gott zu sein, mit dem des *habitare Deum sub pectore nostro* ausdrückt, verbindet auch Besold den Gedanken vom Sein in Gott als einer *particula Divinae aurae* mit dem jener inneren Gegenwart Gottes, die in jedem Menschen zu finden sei:[119]

> „*Universitatis gubernatorem circumferimus, in nobismetipsis. Est Deus in nobis, agitante calescimus illo.*[120] ... o ignare *naturae* [!] *tuae*, proinde Deo invise! ... Si ergo fidele numen est, nos quoque fideles esse oportet: si liberum, nos quoque liberos: si beneficum, si magnanimum; nos quoque tales esse decet. Denique ut *imitatores Dei*, reliqua omnia et facere et dicere, Deumque in omnibus laudare; eo modo *Deum intra nos amicum*, non ultorem et hostem habere sentireque velimus."

In der Erkenntnis, daß Gott inwendig gegenwärtig sei, realisiert die *imitatio dei* auch in praktischer Hinsicht, daß ihre Werke die Werke Gottes sind, nicht des Menschen. Wer danach strebt, den verweist Besold mit den Empfehlungen des Kirchenvaters Athanasius, wie die *Christiana Theosophia* zu erlangen sei, zunächst den Weg einer *vitae morumque similitudo* gegenüber den Heiligen. „Nam absque munditia animi, et vita sanctitatis aemula, possibile non est, intellegere Sanctorum dicta." Wer die Lehre verstehen wolle, müsse zuvor die *mores* nicht nur lesen und verstehen, sondern „vitaque, ac factis" zum Ausdruck bringen. Allein den reinen, lauteren und in den göttlichen Gesetzen geübten Seelen sei es vorbehalten, auch in die tieferen, vor den *prophani* verborgenen Geheimnisse einzudringen, die jedoch dem, der nicht im Besitz des heiligen Geistes ist, verschlossen bleiben. Nach einer Reihe, in der die alttestamentlichen Heiligen Henoch, Noah, Abraham, David, Salomo, aber auch Luther zu stehen kommen, schließt Besold den *Discursus* aller *Polymathia* zum Trotz in der theosophischen wissenschafts-

---

[117] *Discursus* fol. A 3 ʳ (Hervorhebung von mir).
[118] *Discursus* fol. A 2 ᵛ (Hervorhebung von mir).
[119] *Discursus* fol. A 3 ʳ (Hervorhebung von mir); zur ersten Sentenz vgl. auch Gilly Gnosis S. 421.
[120] Diese lateinische Sentenz zitiert Arndt 1620 – wohl im Reflex auf Besold – in *Rep ap* II,2,3.

skeptischen Tendenz bis zum Zitat eines *sapiens Arabs* und der – noch signifikant ergänzten – Sentenz Bernhards von Clairvaux, die Arndts Titelblatt schmückt:[121]

> „Numen silentio et consensu optime coli. Quod aliis alicubi div. Bernhardus proponit: Citius apprehendes Christum sequendo quam legendo, aut etiam disputando."

Dem auf Arndts Spuren vom *liber naturae* und *liber conscientiae* in die theosophische Gotteinsamkeit der Seele führenden Weg Besolds steht in einem ein Jahr jüngeren *Discours* ein zwar in ganz ähnlicher Weise von denselben beiden Quellen oder ‚Büchern' seinen Ausgang nehmender, doch deutlich andersgearteter Weg gegenüber, der allerdings nicht uninteressante Parallelen zum theosophischen Weg Arndts, Besolds und anderer Geistesverwandter zeigt. Daß der Autor Arndt gekannt haben sollte, ist kaum anzunehmen – und auch hier keineswegs der entscheidende Vergleichspunkt –, doch ist indes immerhin verbürgt, daß er Verbindung zu rosenkreuzerischen Kreisen pflegte.[122] Nicht anders als den hier betrachteten Theosophen liegt ihm, bei aller „Abneigung, die mich das Geschäft des Büchermachens stets hat hassen lassen",[123] daran, „statt jener spekulativen Philosophie, die in den Schulen gelehrt wird, eine praktische zu finden" und „zu Kenntnissen zu kommen, die von Nutzen für das Leben sind".[124] Der etablierten Schulphilosophie, die er wiederholt höchst kritisch und auch polemisch kommentiert, macht er nicht zuletzt zum Vorwurf, daß sie weder Gott noch die Seele zu erkennen vermöge. Seiner eigenen Erfahrung nach wäre er in keinem Fall bereit, ihr zuzubilligen, „daß man in den Disputationen, die in den Schulen geübt werden, irgend etwas Wahres, das man vorher noch nicht wußte, zutage gefördert hätte. Denn solange es allen nur ums Siegen geht, bemüht man sich weit mehr, das Wahrscheinliche zur Geltung zu bringen als wirklich Gründe für und wider abzuwägen...".[125] Wie die Invektiven selbst, so klingt auch deren Begründung, als handelte es sich um eine Variante der theosophischen Aristotelismuskritik: Weil sie den sinnlichen Erscheinungen verhaftet bliebe, müsse die (aristotelistische) Schulphilosophie die göttlichen Ideen notwendig verfehlen:[126]

> „Daß es aber viele gibt, die überzeugt sind, es sei schwierig, ihn [: Gott] zu erkennen, und sogar auch zu erkennen, was ihre eigene Seele sei, kommt daher, daß sie ihr Denken niemals über die sinnlich wahrnehmbaren Dinge erheben und daß sie so sehr daran gewöhnt sind, nichts zu durchdenken, ohne sich ein Bild davon zu machen ... Was darin hinreichend

---

[121] *Discursus* fol. B 3 ͬ - B 4 ͬ (Hervorhebung von mir).
[122] Wollgast Weigel S. 63: Der Autor hatte über seinen Kontakt zu dem Ulmer Baumeister Johann Faulhaber, einen "Vertraute[n]" des Johann V. Andreae, Verbindung zu diesen Kreisen.
[123] *Discours* (Gäbe) VI,1 S. 98f.
[124] *Discours* (Gäbe) VI,2 S. 100f.
[125] *Discours* (Gäbe) VI,5 S. 112f.
[126] *Discours* (Gäbe) IV,6 S. 60f.

klar zutage tritt, daß selbst die Philosophen es in den Schulen als Grundsatz annehmen, daß es nichts im Verstande gebe, was nicht zuerst in den Sinnen gewesen sei, wo freilich die Vorstellungen von Gott und der Seele sicherlich niemals gewesen sind."

In Wahrheit könnten dagegen[127] „unser bildliches Vorstellungsvermögen und unsere Sinne uns nur, wenn der Verstand sich ins Mittel legt, über irgend etwas Sicherheit verschaffen". Daher seien die Erkenntnis und deren Sicherheit an anderer Stelle als in den bleibend trügerischen Sinneswahrnehmungen zu suchen. Rhetorisch zweifelnd, ob er mit seinen *méditations*, die er selbst als *métaphysiques et ... peu communes* vor allem gegenüber der solchen Gedanken abholden Schulphilosophie erachtet, den Geschmack der Lesenden treffe, führt er die Interessierten weg von „den Wissenschaften, die in Büchern niedergelegt sind, wenigstens die, die sich auf bloß wahrscheinliche Voraussetzungen stützen und in denen es keine strikten Beweise gibt",[128] auf den Weg, den er sich selbst wählte: [129]

„Daher gab ich die wissenschaftlichen Studien ganz auf ... und entschlossen, *kein anderes Wissen zu suchen, als was ich in mir selbst oder im großen Buche der Welt* [: trouver *en moi-même*, ou bien *dans le grand livre du monde*][130] *würde finden können*, verbrachte ich den Rest meiner Jugend damit, zu reisen, Höfe und Heere kennenzulernen, mit Menschen verschiedenen Temperaments und Standes zu verkehren ... Denn ich würde, so schien mir, weit mehr Wahrheit in den praktischen Urteilen finden können ... als in Überlegungen, die ein Gelehrter in seinem Zimmer über wirkungslose Theorien anstellt ... ".

Auch die Kenntnis verschiedener Lebensweisen und *mœurs* anderer Menschen erbrachte keine Sicherheit der Erkenntnis, doch eine um so wichtigere, alles relativierende Sicht auf eigene und fremde Konventionen, die den Ertrag zeitigte,

„daß ich daraus lernte, nichts allzu fest zu glauben, wovon man mich nur durch Beispiel und Herkommen überzeugt hatte; so befreite ich mich nach und nach von vielen Irrtümern, die das natürliche Licht des Verstandes verdunkeln und uns unfähiger machen, Vernunft anzunehmen. Nachdem ich aber einige Jahre darauf verwandt hatte, *so im Buche der Welt zu studieren* und mich um neue Erfahrungen zu bemühen, entschloß ich mich eines Tages, *auch in mir selbst zu studieren* [résolution d'étudier aussi en moi-même] und alle Geisteskräfte aufzubieten, um den Weg zu wählen, dem ich folgen wollte; was mir weit besser gelang, so schien es mir, als wenn ich mich niemals von meinem Vaterlande *und meinen Büchern* entfernt hätte."

---

127 Ebd.
128 *Discours* (Gäbe) II,1 S. 20f.
129 *Discours* (Gäbe) I,14f. S. 16-19 (Hervorhebung von mir).
130 Vgl. die – wenig benutzte – Stadtbibliothek in Andreaes *Christianopolis* cap. 39 (van Dülmen S. 106; bessere Übers. in: dass. Ausgabe Reclam S. 64): "multis sancta simplicitas pro bibliotheca est. Alii ex *universitatis huius volumine* satis aiunt habere, quod legant. Plurimi *intra se* plus reperire, et artium fontem facilius vestigare confirmant, quam ex librorum integris struibus."

Erst durch das Hinzutreten dieser zweiten Quelle seines Studiums zur ersten wurde es möglich, eine Sicherheit der Erkenntnis und des Urteils zu gewinnen. Die Erkenntnis, die der Philosoph in seinen *méditations métaphysiques* aus diesem Studium des *grand livre du monde* und seiner selbst gewann und in seinem *Discours de la méthode* formulierte, hat das Denken der Neuzeit revolutioniert:[131]

> „Und indem ich erkannte, daß diese Wahrheit: 'ich denke, also bin ich' so fest und sicher ist, daß die ausgefallensten Unterstellungen der Skeptiker sie nicht zu erschüttern vermochten, so entschied ich, daß ich sie ohne Bedenken als ersten Grundsatz der Philosophie, die ich suchte, ansetzen könne.
> Sodann untersuchte ich aufmerksam, was ich denn bin, und beobachtete, daß ich mir einbilden könnte, ich hätte keinen Körper und es gäbe keine Welt noch einen Ort, an dem ich mich befinde, daß ich mir aber darum nicht einbilden könnte, daß ich selbst nicht wäre; ganz im Gegenteil sah ich, daß gerade aus meinem Bewußtsein, an der Wahrheit der anderen Dinge zu zweifeln, ganz augenscheinlich und gewiß folgte, daß ich bin, sobald ich dagegen nur aufgehört hätte zu denken, selbst wenn alles übrige, das ich mir jemals vorgestellt habe, wahr gewesen wäre, ich doch keinen Grund mehr zu der Überzeugung hätte, ich sei gewesen. Daraus erkannte ich, daß ich eine Substanz bin, deren ganzes Wesen oder deren Natur nur darin besteht, zu denken und die zum Sein keines Ortes bedarf, noch von irgendeinem materiellen Dinge abhängt, so daß dieses Ich, d. h. die Seele, durch die ich bin, was ich bin, völlig verschieden ist vom Körper, ja daß sie sogar leichter zu erkennen ist als er, und daß sie, selbst wenn er nicht wäre, doch nicht aufhörte, alles das zu sein, was sie ist."

Wie seine Zeitgenossen Besold[132] und Arndt[133] kommt auch René Descartes zu der Überzeugung, daß die – das Menschsein konstituierende und gerade als solche den Menschen von den Tieren unterscheidende – unkörperliche Seele unsterblich sei, welchen Schluß Descartes – wie Arndt[134] – *naturellement* zieht.[135] Es geht nicht darum, Descartes unter die Theosophen zu reihen, und doch zeigt dieser kurze Einblick, daß vieles, das mitten ins Zentrum seiner philosophischen Erkenntnis führt, nicht geringe strukturelle und auch materiale Ähnlichkeiten[136] zum theosophischen Denken aufweist, so daß auch Descartes Rede vom zwei-

---

[131] *Discours* (Gäbe) IV,1f. S. 52-55 (Hervorhebung von mir).
[132] *Discursus* fol. B 2 ᵛ: "Mors omnium terribilissimum est; sed et contra eam, ex natura medicinam aliquam Philosophi desumpserunt. *Anima sola immortalis, corpus nunc mortale factum est ...* quae tamen terrae committenda, ac non nisi per putredinem et corruptionem (quae omnis regenerationis mater) [vgl. die Theoalchemie!] ad vitam reduci queunt. Minime ideoque de morte naturali solliciti simus, cum ea janua sit ad vitam: *quod cui naturae liber apertus est, ignotum esse nequit.*" (Hervorhebung von mir).
[133] *WCh* IV,II,9,2.
[134] *WCh* IV,II,9 *passim*, vor allem 2f.
[135] *Discours* (Gäbe) V,12 S. 96f.
[136] Dies ließe sich auch an Descartes Blickwinkel auf das Universum u. a. mehr zeigen.

fachen Studium im Buch der Welt und in sich selbst in einer nicht nur äußerlich-zufälligen Relation zu der theosophischen Lehre der zwei „Bücher" zu sehen ist.

Nicht minder verfehlt wäre es, analog zu Abraham von Franckenberg, der Staupitz als ersten in der Reihe der Lutheraner nennt,[137] Arndt als *Cartesianum ante Cartesium* zu deuten. Und doch kommt auch der Braunschweiger Prediger in seiner Synthese der ursprünglichen und gottunmittelbaren „Bücher" der Natur und des Gewissens oder Herzens zu Aussagen, die, aus ihrem nicht selten starr und gesetzlich wirkenden religiösen Kontext herausgelöst, in ihrer philosophischen Kühnheit nahe an den französischen Philosophen heranzureichen scheinen und die zweifellos in seinem parallelen Rekurs auf jene „Bücher" gründen. Unter der Überschrift: „Daß ein jeglicher aus seiner eigenen Liebe erkennen kann, was er GOtt zu thun schuldig sei", argumentiert Arndt im 35. Kapitel vom zweiten Teil des *liber naturae*, „daß aus natürlichem Rechte GOtt vor allen andern Dingen soll geliebet werden", was er Schritt für Schritt aus den Bedürfnissen des Menschen nach Liebe, Ehre, Lob usw. im Umkehrschluß auf Gott folgert.[138] Das für den hiesigen Zusammenhang Aufschlußreiche findet sich jedoch in den dies rahmenden Abschnitten 1 und 4, die die Grundlage jener Schlüsse darlegen:

> „1. Ein jeder Mensch kann *nicht besser überzeuget werden, denn durch sich selbst, und ist der allergewisseste Beweis, was aus des Menschen eigenem Gewissen kommt.* Und wenn er *in ihm selbst* siehet, *als in einem Spiegel,* was er thun soll, *so* [be-] *darf er nichts mehr zum Beweis denn sich selbst,* und keine anderen Zeugen. ... 4. Also ist offenbar, daß *ein jeglicher Mensch in ihm selbst trägt einen klaren unbetrüglichen Spiegel,* darin er sehen kann, was er GOtt zu thun schuldig ist, wenn er nämlich sich von der Statt und Stuhl GOttes herab setzet, und GOtt daselbst sitzen lässet. *Und dies ist so ein gewiß Zeugniß, das alle Menschen ohne Schrift* [!] *und Bücher überzeuget."*

Besolds im Zusammenhang der neuen zwei-Bücher-Theorie von Natur und Gewissen entwickelte Formel lautet: „Quid foris illam quaeritis? in nobis est." Und darin stimmt er mit Arndt ebenso wie mit Descartes überein. Den „klaren unbetrüglichen" und „allergewisseste[n] Beweis" findet Arndt, auch wenn er ihn anders formuliert und deutlich andere Konsequenzen daraus zieht, dem Philosophen analog in „des Menschen eigenem Gewissen". Die Aussage, daß dies „gewiß Zeugniß ... alle Menschen ohne Schrift und Bücher überzeuget", klingt für einen lutherischen Prediger reichlich kühn, doch zeigt es klar, daß, wie Besold und Descartes es je auf ihre Weise philosophisch umsetzten, eine Theologie wie eine Philosophie der zwei „Bücher" Natur und Gewissen letztlich auch ohne weitere – seien es reale, seien es die metaphorischen – „Bücher" auszukommen vermögen. Die letztere Konsequenz hat Arndt *mit* seinen „Vier Büchern vom wahren Christentum" gerade nicht gezogen, doch hat er sie *in* diesen formuliert.

---

[137] S. o. Band 1.
[138] *WCh* IV,II,35,2f.

Wenn Gottfried Hornig unter der Überschrift: „Cartesianismus und Auf-
lösung der altprotestantischen Orthodoxie" die Lehre des Cartesianismus so zusammenfaßt: „Den letzten Grund der Gottesgewißheit sollte der Mensch in sich
selber finden."[139], so läßt sich diese Formel abstrahiert auch auf das „Wahre
Christentum" übertragen, in dem neben den aus dem *liber naturae* zitierten Sätzen
solche und viele andere im *liber conscientiae* zu finden sind: „wenn du die Frucht
der Taufe, die neue Geburt, die Salbung des Geistes, die wahre Erleuchtung *nicht
in dir hast, was wirds dir helfen?*"[140] Noch wird bei Arndt nicht anstelle eines göttlichen ‚Buches des Lebens' im Himmel ein dem Menschen eignendes ‚Buch des
Lebens' von diesem auch selbst geführt, wie dies wenig später ein Jean-Jacques
Rousseau dekretiert.[141] „Denn inzwischen ist die Selbsterkenntnis zur sichersten
Gewißheit, zur einzigen der göttlichen Erkenntnis adäquaten erhoben worden."
   Doch verlagert auch Arndt die traditionell als Metapher der himmlischen
Bürgerliste dienende Formel vom *liber vitae* vom Himmel in den Menschen, der
in sich, und das heißt, in einer aktiven praxis *virtutum* als einer *imitatio Christi*,[142]
das „Leben Christi" so zur Entfaltung zu bringen hat, daß Christus, der nicht
nur das „Buch" und der „Spiegel" aller Tugenden sei, sondern *ipsissima virtus*, die
Tugend selbst, im Menschen Gestalt gewinne und der allein Wirkende bleibe.
Auch hier gilt Besolds Maxime: „Quid foris illam quaeritis? in nobis est." nicht
anders als im Blick auf das erste Buch, den *liber scripturae*: Damit es nicht ein
„toter Same" und eine „tote Geburt" bleibt, müsse, was die Bibel „äußerlich"
beschreibt, „alles in dir geistlich seyn"; denn „das gantze neue Testament muß
gantz vnnd gar in vns seyn".[143] Daß in diesem Angelpunkt des Universums, ja
der Schöpfung schlechthin, alle Linien des Gnaden- wie des natürlichen „Lichtes" sich als in ihrem *centrum* bündeln, sagt Arndt gerade im Kapitel zur Bibelhermeneutik:[144] „Denn die ganze Bibel fleußt zusammen in Ein centrum (oder
Mittelpunkt) in dem Menschen, gleichwie auch die ganze Natur." In diesem
Punkt treffen sich die Linien aller „Vier Bücher vom wahren Christentum". Die
Programmatik der je einzelnen Bücher als „Bücher" der Offenbarung Gottes
koinzidiert in diesem Generalprinzip. Dieses ist hinsichtlich aller vier Bücher
und hinsichtlich der beiden Teile von Buch I bis III und Buch IV ein spirituali-
stisch-theosophisches Prinzip, demzufolge sich das theologische Programm der
„Vier Bücher vom wahren Christentum" als theosophisches Programm erweist.
   Im verzweifelten Ringen um die Erfahrung, daß *im* Menschen „auch in dem
bestem Leben" (EG 299,2) nichts Gutes und Gott gemäßes zu finden sei,
empfing Luther den persönlichen Anstoß zu seinem reformatorischen Durch-
bruch in der grundstürzenden Erfahrung, daß Gottes Gerechtigkeit und Heil

---

[139] HDThG III S. 94.
[140] *WCh* III,1,8 (Hervorhebung von mir).
[141] Blumenberg Lesbarkeit S. 31f.
[142] Vgl. Besolds *imitatio dei*.
[143] F. S. 73f.
[144] *WCh* I,6,2.

ihm im Glauben allein *ab extra* zuteil würden. In radikaler Anfechtung, die ihn an allem, was im Menschen – gerade auch in dessen höchstem Streben – liegt, verzweifeln ließ, klammerte er sich an das *scriptum est* des *verbum externum*, dessen Zentralbedeutung ihm zum Schlußstein der reformatorischen Erkenntnis wurde.

Gegen dieses Prinzip *ab extra*, an dem für Luther gegenüber den Spiritualisten alles lag, setzte Arndt seine Sicht Gottes, „daß Er den Menschen *von innen heraus rechtfertige aus dem Grunde der Seelen"*,[145] weshalb Gott „unsere Gerechtigkeit ... *in den innersten Grund des* [menschlichen] *Herzens geleget"* habe,[146] was sich daher an den „rechtschaffene[n] *Früchte*[n] der *innerlichen Glaubensgerechtigkeit"* entscheide.[147]

Ob sie wirklich denselben Gott suchten und fanden? Zwischen den Wegen jedenfalls, die auf Seiten Arndts und auf Seiten Luthers zu Gott oder aber von Gott her zu den Menschen führen, liegen theologisch wie philosophisch Welten.

Sollte man deshalb Arndts theologisch-spirituelles Erbe „als Trug verwerfen und mit Ernst hinausweisen aus Luthertum und Christentum", wie einst Koepp mit Ungestüm forderte? Indem ‚das Luthertum' Arndt in einem alles andere als konfliktfreien längeren Prozeß integrierte, dann jedoch auf eine mit anderen Gestalten und Theologien kaum je vergleichbare Weise rezipierte, hat es (wie ‚das Christentum' auch) historisch sein Urteil längst gesprochen und dieses in einem eigenen, Arndt geschuldeten Veränderungsprozeß selbst tiefgreifend vollzogen. *Jenseits* dieser historischen Prägung des Luthertums durch Arndt erscheint jedes pauschale Urteil darüber, ob er ‚dem Luthertum' zuzurechnen sei oder nicht, ungeschichtlich und künstlich. Die – durchaus auch kritische – Auseinandersetzung mit Arndt ist in diesem Sinn also eine ‚innerlutherische'. Daß Arndt zugleich keine ‚lutherische' Theologie im Sinne der Wittenberger Tradition vertritt, sondern einen diese Tradition kontrastierenden eigenen Typus von Theologie – für dessen Wurzeln und Profile sich Analogien in den meisten Epochen der Theologie- und Kirchengeschichte finden lassen –, spricht eher als für schwierig bleibende Versuche, ihn zu einem ‚orthodoxen Lutheraner' zu stilisieren, für die öffnende Erweiterung eines Verständnisses von frühneuzeitlichem ‚Luthertum', das in der Ableitung aus einer bestimmten Lehrnorm und -tradition keineswegs aufgeht. Mag in theologiehistorischer Hinsicht dem Fokus des ‚Zeitalters der Orthodoxie' ein gewisses Recht zukommen, muß er doch, wenn er als *der* Interpretationsansatz der ganzen Epoche verabsolutiert wird, in seinen Auswirkungen reduktionistisch erscheinen, weil die einseitige, notwendig polarisierende Fixierung auf Fragen der Lehrnorm der historisch gewachsenen Vielgestaltigkeit theologischer wie spiritueller Traditionen im Luthertum zu wenig gerecht wird. So legen Linien, die über Arndt nicht nur zum Pietismus, sondern etwa zu Aufklärung oder Idealismus führen – und eigene Aufmerksamkeit verdienten – es nahe, dessen Werk verstärkt auch jenseits des Paradigmas von Ortho-/Heterodoxie zu untersuchen.

---

[145] *WCh* II,3,2 (Hervorhebung von mir).
[146] *WCh* II,4,2 (Hervorhebung von mir).
[147] *WCh* II,4,4 (Hervorhebung von mir).

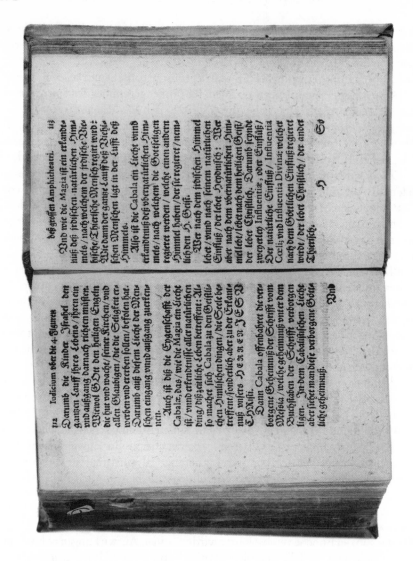

Abb. 23 Doppelseite aus: [Arndt, Johann:] *IUDICIUM PHILOSOPHI ANONYMI.*
Vber die 4 Figuren deß grossen Amphitheatri [: Heinrich Khunraths] ... , Straßburg 1608
(Universitätsbibliothek Erlangen)

D.   Anhänge

Anhang 1.   Arndts *Esoterica*

Die Untersuchung hat gezeigt, in welch hohem Maß spiritualistisch-hermetisches Gedankengut das „Wahre Christentum" prägt, bis dahin, daß es ihm die programmatische Gestalt der „Vier Bücher" gleichsam als seine ‚Signatur' verlieh. Dies alles ist aus Arndts öffentlichen, von ihm selbst unter eigenem Namen in Druck gegebenen Schriften zu ersehen. Daß daneben weitere – gar nie, anonym oder erst posthum veröffentlichte – Schriften, die sich mit diesen Themen beschäftigen, Arndt zugeschrieben werden, ist der Arndtforschung lang vor dem 20. Jahrhundert bekannt, wurde allerdings – außer von Koepp sowie eher am Rande von Schwager und Weber, dann vor allem aber von Breymayer/Häussermann, Gilly und Schneider, die sich damit befaßten –, wenig diskutiert und kann als eines der in der Arndtforschung bisher vernachlässigten Themen gelten.

Aus zwei Gründen waren diese Schriften bisher nicht in die Untersuchung einbezogen: Erstens wollte ich einer *petitio principii* entgehen, die daraus Gedanken in den Kontext des „Wahren Christentums" eintragen und von dort aus im Zirkelschluß eine Echtheit der Schriften postulieren würde. Weil die Fragen unvermischt blieben, ließ sich zweitens die Vermutung verifizieren, daß sich der ganze Zusammenhang spiritualistisch-hermetischen Denkens in den öffentlichen Schriften Arndts findet. Die sich anschließende Beobachtung, daß die *Esoterica*[1] wenig darüber Hinausgehendes bieten, sich ihrerseits aber gut in den Duktus der öffentlichen Schriften einfügen, ist wiederum ein nicht gering zu veranschlagendes Argument für deren Echtheit. Nicht, daß ich die *Esoterica* nicht zur Kenntnis genommen oder nicht hie und da einen Blick in sie geworfen hätte, doch habe ich zunächst bewußt auf deren Bearbeitung verzichtet, um mir zuerst ein Bild der öffentlichen Schriften zu erarbeiten. Daß dieses in Einzelzügen noch Korrekturen und Ergänzungen erfuhr, liegt in der Natur der *Esoterica* und deren Differenz zu den öffentlichen Schriften begründet. Aufs Ganze gesehen, war ich überrascht, wie sehr sie zumeist das aus den öffentlichen Schriften Erhobene bestätigten. Deshalb bin ich überzeugt, daß es sich um Schriften Arndts handelt.

---

[1]   Die Bezeichnung erklärt sich aus deren Inhalt wie auch Adressatenkreis; sie sind weder von Arndt, noch (Ausnahme: *Iudicium*) zu seinen Lebzeiten oder überhaupt (*Ant. Phil.*) publiziert.

1.1 *Mysterium de Incarnatione*

Zwei einander widersprechende Angaben könnten über die Entstehung dieser Schrift Auskunft geben, wenn man sie komplementär versteht. Heißt es in einem Postskript zum Text selbst:[2] „Abgeschrieben zu Dreßden aus seiner eygenen Hand am 25. Decembr. im Jahr Christi 1599", so behauptet demgegenüber die Überschrift über dessen „Anhang und Erklärung",[3] das Sendschreiben sei – wiederum „aus des Authoris eigener Hand" – „abgeschrieben im Jahr Christi 1669". Beide Angaben der 1676 gedruckten Version[4] beziehen sich demnach auf einen Autographen Arndts. Kombiniert man beides, läßt sich vermuten, daß die erste, etwas holperige Angabe die Originaldatierung von Arndts Manuskript betrifft, nämlich am 25. Dezember des Jahres 1599, was auch zu deren Inhalt bestens passen würde, während die – dann auch wohl in Dresden zu lokalisierende – Abschrift *ex manu propria* 1669 im Zuge der beabsichtigten Publikation erfolgte.[5]

Das Schreiben Arndts an Erasmus Wolfart, den *filius sincerioris theologiae*,[6] erklärt in explizitem Anschluß an Paracelsus und Weigel[7] die elementare spiritualistische Differenz zwischen dem „Fleisch Adams und Christi" und verknüpft dies mit der – für Arndts *liber naturae* grundlegenden – theosophischen makro-/ mikrokosmischen Spekulation, „daß im Fleisch Adae nach Ahrt der kleinen Welt verborgen seyn alle Eygenschafften der grossen Welt",[8] was Arndt „desselben Natur" zuschreibt. Indem er erklärt, daß er den Begriff „Natur" in diesem speziellen Fall „nicht nach Gottes-gelährter Leute Weise", also der theosophischen Weise, verstanden wissen will, zeigt er, was er sonst mit Khunraths *Confessio* cap.

---

[2] S. 16.

[3] S. 17.

[4] Der Erstdruck erschien unter dem Titel *Mysterium de incarnatione verbi, oder das große Geheimnis der Menschwerdung des ewigen Wortes*, s. l. 1670 bei Heinrich Betkio, vgl. Schneider Lutheraner S. 283 (weitere Publikationen im Anhang zu Werken von Christian Hoburg und Jane Leade).

[5] Auch Schneider Lutheraner S. 282-285: hier 282, der den Traktat unter Bezug auf die vorausgehende Forschung (*Unschuldige Nachrichten* [ohne nähere Angaben], die die Kritikpunkte von Dieckmann, Wernsdorf, Elers, Scharff, Walch und Rambach diskutieren; Koepp S. 31-33, der das Schreiben ohne Zweifel für echt ansieht, wenngleich er darin eine die Inhalte nur referierende, doch nicht teilende Position ausmachen will – welcher Ansicht sich Schwager Bemühung S. 20f. anschließt –, was jedoch in Gegensatz zu der von Koepp selbst zutreffend beobachteten Rede vom 'lebendigmachenden Fleisch' Christi in *WCh* I,36,2 steht) für fraglos echt erklärt (vgl. auch ders. Paracelsist S. 98f.), nennt 1599 als den *terminus ad quem*. Koepp Klassiker S. 55-59 bietet einen gekürzten Text; ebd. A. 6 S. 155 bringt er seine Einschätzung auf die knappe Formel: Der Brief "zeigt Arndt in interessanter geheimer Verbindung mit den Schwärmern. Doch wurden deren Einflüsse durch Arndts Orthodoxie stets niedergehalten", eine Interpretation, die nach den hiesigen Ergebnissen schwer zu halten ist.

[6] Vgl. dazu Band I § 3.

[7] Daß Schwager Bemühung S. 20f. die Nennung Weigels als spätere Interpolation deutet, hat bereits Schneider Paracelsist S. 98 A. 63 unter Hinweis auf Arndts frühe Kenntnis ungedruckter Weigel-Schriften widerlegt. Seine detaillierte Kenntnis der Tradition verrät Arndt unmißverständlich, wenn er schreibt, "Daß Theophrastus Paracelsus, *und nach demselben* M^r. Valentinus Weigelius" (Hervorhebung von mir) diese Unterscheidung getroffen hätten (S. 2).

[8] S. 2.

drei darunter versteht, „nemlich … [das] Liecht und Leben aller Creaturen / welches freylich ein Ausfluß[9] aus Gott ist / wie im 7. Capit. [V. 25] des Buchs der Weisheit mercklich beschrieben / und genant wird das Hauchen der Göttlichen Krafft / und ein Glantz des ewigen Liechts", was mit dem aus dem „Wahren Christentum" und den *Psalterauslegungen* erhobenen Befund hinsichtlich des Weltbilds gut übereinkommt[10] Hans Schneider[11] hat gezeigt, daß die hier vorgetragenen Gedanken über die zutiefst verderbte, *realiter* bzw. „Physice oder ihrer Lebens-ahrt nach" „Thierisch / Viehisch / Brutalisch / oder insonderheit / Wölfisch / Hündisch / Füchsisch / etc." gewordene „Natur des Fleisches Adae",[12] die sich eng – und explizit[13] – an den *Liber de lunaticis* des Hohenheimers anlehnen, auch in zentralen Kapiteln des „Wahren Christentums" zu finden sind. Nicht anders führt die Rede, daß „diese Fleischliche Gebuhrt aus dem Fleisch [sic!] Adae ist dem irdischen Himmel unterworffen / und allen Einflüssen der Planeten, welche solche fleischliche Gebuhrt tingiren / incliniren / regiren / und influiren",[14] in längst vertrautes Terrain.[15] Gnostisch-hermetischer Tradition gemäß, wie sie hier in Paracelsus und Weigel greifbar wird, liegt Arndt alles an der Feststellung, daß dies nicht im aristotelistischen Verständnis lediglich als „ein Zusatz ohne Wesen" im Sinne eines Akzidens zu verstehen sei, sondern daß diese Verderbtheit „in den Menschlichen Klumpen selber / im Limbo oder Leime[16] eingeleibet", dem Menschen durch seine Geburt aus Adam unweigerlich „eingenaturet / im Fleisch und Blut Adae … fortgepflanztet / gleichsam auß seiner Wurtzel / oder aller-inwendigstem Wesen" sei, und zwar „als in einem kurtzen Begriffe der ganzen Welt".[17] Den sein Werk durchziehenden hermetisch-paracelsischen Gedanken, daß der Mensch teleologisch als *epitome* der Welt zu verstehen sei, äußert der spätere Celler Generalsuperintendent nicht nur im „Wahren Christentum"[18] sowie in seiner fingierten, an Johann Gerhard mit Bitte um Veröffentlichung geschickten Dedikationsepistel vom 29. Januar – und nicht Juni! – 1608,[19] sondern auch in seiner wie diese nie publizierten *De antiqua philo-*

---

9   *Emanatio*; inhaltlich vgl. o. zu *lumen naturae* und Lichtmetaphysik.
10 Vgl. *Pss* 27/II Bd. 1 S. 264a: „Da hören wir / daß unser Leben von Gott und auß Gott komme / durch den lebendigmachenden Geist Gottes / der alles im Leben und Wesen erhält / darum derselbe Geist der ewigen Weisheit Gottes Sap. 7[,25]. genennet wird das Hauchen der göttlichen Krafft." S. o.
11 Schneider Paracelsist S. 99f. nennt vor allem *WCh* I,2 und 3; II,58 sowie I,12,8; I,18,11; II,5,6 sowie (nach Weigel) II,7,1.
12 S. 3.
13 S. 5; dazu vgl. Schneider Paracelsist S. 99f.
14 S. 3.
15 S. o. *Sapiens dominabitur astris*.
16 Der paracelsisch-weigelische *limus terrae*.
17 S. 3f.
18 *Hex* 6,20.
19 In: Breler Bericht S. 7; vgl. o. Band 2; zu dem Schreiben vgl. Koepp S. 63, 301, der dort völlig zu Recht das Programm der "Vier Bücher" entfaltet sieht; zu diesem Brief in analoger

sophia … Oratio[20] sowie in *De decem plagis*.[21] Im *Mysterium* äußert Arndt diesen Gedanken im Sinne des naturhaft verderbten „tödtlichen Leim-wesens / darinnen
alles begriffen / was vom Firmament oder eussern Himmel und der Erden her-
rühret",[22] also dem hermetisch-astrologischen Verständnis von alter und neuer
„Geburt" gemäß, das Arndt wiederholt, hier in Anlehnung an Khunraths *Amphitheatrum*, auch mit dem paracelsischen Motiv der „Geburts-Linien"[23] ausdrückt:

> „aus Dʳ. Khunraths Buche / genant Schau-platz der Ewigen Weißheit /
> habe ich gelernet Gott und die rechte Weißheit *aus der Schrifft der großen und
> kleinen Welt*[24] zu erkennen: was aus Fleisch gebohren ist / ist Fleisch / was
> aber aus dem Geiste gebohren ist / das ist Geist Joh. 3[,6]. da sind *die
> beyden Linien / Fleischlich und Geistlich / und dieselben sind wesentlich* / welches
> das Wort Gebohren bezeuget … die zufällige Sachen gebähren nichts;
> Hülsen und Spreu zeugen nichts".[25]

Im „Fleisch Adae" – aus dessen *Linea* „Christi Fleisch nicht ist / das sey ferne /
ferne!" – das sich als ein Grundprinzip in unzähligen Variationen konkretisiert,
liegen alle die mit der *magia naturalis* oder „Kunst der Erkündigung der Natur"
verbunden, auf den *homo naturalis* bezogenen Künste und Traditionen geheimen Wissens, die in der *Ikonographia* und im „Wahren Christentum" begegnen:[26]

> „Aus der Fortpflanzung und Vermehrung der unzehlichen Ahrten /
> Eigenschafften und propriätäten des algemeinen Fleisches Adae in so viel
> tausend Ahrten und particularitäten der Menschen / ist entsprungen die
> löbliche Kunst der Erkündigung der Natur[27] aus jemandes Angesichte /
> Bezeichnung / und Hände-seher-kunst / dann so offt eine sondere Ahrt
> und Eigenschafft fortgepflanztet und abgesondert wird / so offt eine
> andere Physiognomey, Signatur[28] oder Chiromantzy; welche bezeichnen /
> den im Menschen verborgenen Planeten-lauff durch die Lineamenten … ".

Deutung – doch ohne expliziten Bezug auf Koepp – vgl. Schneider Paracelsist S. 99, auf den
wiederum – nun seinerseits ohne Bezug auf Koepp – Sommer Odem S. 208 A. 10 rekurriert.

[20] *De antiqua philosophia … Oratio* fol. 10 ʳ⁻ᵛ: „Derohalben auff daß der Mensch die vnsichtbare
Weißheit Gottes so in rerum Natura verborgen, erforschen könte, hat er die gantze *große Welt*
… in die *kleine Welt* eingeschlossen, vnd also *den Menschen zu einem kurtzen begriff des Universi vnd
grossen Welt* … gemacht." Zu dieser Schrift s. u.

[21] Gedruckt in Frankfurt/Main 1657 S. 79, vgl. Schneider Paracelsist S. 96.

[22] S. 5.

[23] *WCh* I,3,3 (vgl. Schneider Paracelsist S. 100) sowie *Ikonographia*: IX fol. 37 ʳ, *Beschluß* fol. 48 ᵛ;
zu dieser Thematik vgl. oben Band 2 zum *Liber conscientiae*.

[24] Also dem nach Makro- und Mikrokosmos differenzierten *liber naturae*, vgl. die Konzeption
von Arndts viertem Buch!

[25] S. 7 (Hervorhebung von mir).

[26] S. 5f.; inhaltlich vgl. o. zur *magia naturalis* in Arndts Schriften.

[27] Die „Naturkündigkeit" der „ Naturkündiger" samt ihren verschiedenen Disziplinen, hier der
Physiognomik.

[28] Zu Signatur und Physiognomik allgemein als "angeschaffene[r] Weisheit" des Adam *Hex* 6,2.

Dies ist die geheimwissensmäßige Konkretion des nicht zuletzt an zentraler Stelle im „Wahren Christentum" II,58 und *Hexaemeron* 4 geäußerten hermetischen Gedankens der Abhängigkeit des *homo naturalis* von astraler Influenz.[29] Der in der *linea Christi* neu geborene, über das Gestirn herrschende Mensch dagegen[30]

> „hat allen *Eusserlichen Creaturen zu gebieten* / als der rechte Mensch / der da ist der *Herr Himmels und der Erden*; der kan den eusserlichen Himmel auff- und zuschliessen / (wie Elias.) Er ist *der rechte Gelährte in dieser Weißheit Gottes und Sternkunst*[31] / diesem hat Gott *die Herrschafft gegeben über alles*. Aber ich komme zu weit; hie heist Plato mich stillschweigen ... ".

Dies gilt für den neuen Menschen aufgrund seiner ‚neuen Geburt', die ihn in Christus versetzt, an dessen Herrschaft und Göttlichkeit er Anteil gewinnt, und zwar aufgrund seiner Teilhabe an dessen „Fleisch", über das Arndt schreibt:[32]

> „Was aus dem Geist gebohren ist / das ist Geist: Darum ist er vom H. Geist empfangen *über die Natur / ist keiner Natur- und Sternkunst unterworffen* / wie das Fleisch Adae. Alle *Thierische und vom Gestirn entspringende Einflüsse / Eigenschaften und Impressiones* haben mit seinem *allerheiligsten Fleische*[33] nichts zu thun ... darum auff Jhn *eine neue Himlische Naturkunst* gehöret / wie der Stern im Morgenlande bezeuget[34] ... So muß auch nohtwendig das allerheiligste Fleisch Christi *warhafftig ein lauter Geist seyn* [!];[35] das ist / *nichts dan Leben und Krafft / doch wesentlich / leiblich / menschlich / ein geistlicher Adam*[36] ... die rechte menschliche Natur ists / die von solchen irdischen [: Adamischen] Dingen pur, lauter und rein[37] / und je mehr von denselben rein / je mehr Mensch. Darum hat Christus die aller reineste / Edelste / Menschliche Natur / darum daß sie nicht aus dem Geiste der Welt / sondern aus Gottes Geiste empfangen ist".

---

[29] S. o. zu *Sapiens dominabitur astris*.

[30] S. 14 (Hervorhebung von mir).

[31] Die *Astronomia* nach einem umfassenden Verständnis, wie es sich in Paracelsus' *Astronomia magna* ausdrückt.

[32] S. 8f. (Hervorhebung von mir).

[33] Vgl. die im Zusammenhang von Buch III gezeigten Gedanken vom 'Fleisch Christi', etwa *WCh* II,18,8: „Was die leibliche Pein und Marter *dem unschuldigsten, heiligsten, jungfräulichen, zarten Leibe des HErrn* für Schmerzen gemacht, wer kann das ausdenken? *Einen so unschuldigen, zarten, edlen, reinen Leib, von dem Heil. Geist empfangen, mit der ewigen Gottheit persönlich vereiniget, mit dem Heil. Geist und aller Fülle der Gottheit erfüllet*, schlagen, geißeln, verwunden, zerstechen, kreuzigen, tödten; das ist ein Leiden über alles Leiden auf Erden." (Hervorhebung von mir).

[34] Dazu vgl. o. die Ausführungen zur "übernatürliche[n] Astronomie" und zu Gott selbst als dem neuen geistlichen Himmel der Wiedergeborenen, wie sie sich vor allem in *Hex* 4,10.16f. finden u. a. m. In diesen Zusammenhang gehört selbstverständlich auch der *Bericht von den Weisen aus Morgenland*, dazu s. o.

[35] Die Anmerkung "l" S. 20 sucht dies mit Hinweis auf eine reale Geist-Leiblichkeit als nicht doketisch zu entkräften, allerdings wie zu erwarten mit nur begrenztem Erfolg.

[36] Vgl. S. 11: "durch die allergeheimst-Göttliche Uberschattung ... ist ein Geistlicher Himlischer Adam worden / mit solcherley Fleisch und Blut / doch Menschlich ... ".

[37] Der theoalchemische Anklang ist nicht zu überhören.

Von der ‚Reinigung' der menschlichen Natur durch Christus[38] über die von jener Adams radikal zu unterscheidende Geist-Leiblichkeit des „allerheiligsten Fleische[s]" Christi bis zur höheren Astronomie der *Magi ex oriente* und der Wiedergeborenen begegnen allenthalben Gedanken, die, wie oben gezeigt, von tragender Bedeutung für das „Wahre Christentum" und andere Schriften sind. Der theoalchemische Komplex mit seiner hier in den drei Stufen Schöpfung („Uberschattung"[39]), Wiedergeburt („Die Wiedergebuhrt ist die Erleuchtung mit dem wesentlichen [!] Liechte Gottes") und Verklärung („Herrlichmachung") angesprochenen Analogie zum *lapis philosophorum*[40] und der Erklärung der in die *deificatio* als „das gröste Geheimnus" mündenden Wiedergeburt aus der „Wiedergebuhrt der Metallen"[41] findet sich wie im „Wahren Christentum",[42] doch hier detaillierter ausgeführt, ebenso wie der auch in Arndts Auslegung zu Psalm 19 formulierte Gedanke,[43] daß die wahren Gläubigen in einem ontologischen Verständnis „*mit Christo* ein Geist / eine Seele / ein Fleisch und Blut werden" müßten:

> „das wird eben so wol *wesendlich Fleisch und Blut in dem Menschen* / gleich wie *die Tinctur ein neu Wesen giebt*[44] / nicht eine neue Eigenschaft allein: Jch muß eben so wol *Christi Fleisch und Blut in mir* haben / als Adams Fleisch und Blut; das heisset ein *Neues Geschöpffe wesentlicher* [!] *weise*; und nicht allein werden wir *des wesentlichen Fleisches Christi theilhafftig* / *sondern auch durch ihn der Göttlichen Natur* / wie S. Petrus spricht: Daß uns also *Christus seine Menschliche und Göttliche Natur mittheilet;*[45] Dieß ist das gröste Geheimnus."[46]

Nicht nur nach der im engeren Sinne religiösen Wiedergeburt und *deificatio* betreffenden Seite hin, sondern auch nach der hermetisch-naturphilosophischen hin ist die Übereinstimmung mit den öffentlichen Schriften offensichtlich. Doch wie in anderen Punkten wie etwa der unverstellten Benutzung einschlägiger Terminologie wie der vom „himmlischen Fleisch Christi" u. ä. auch ist das, was man sich dort erst aus der Zusammenschau verstreuter Äußerungen zu erschließen hat, in Arndts *Esoterica* prägnant und in seinem inneren Zusammenhang erklärt,

---

38 Vgl. *WCh* II,3,5.
39 Ein (christologisch gedeutetes, s. auch u.) Schöpfungs-Motiv zeigt *Pss* 139/III Bd. 2 S. 324a.
40 S. 12.
41 S. 13: "also müssen alle natürliche Menschen wiedergeboren werden / das ist / mit einem Himlischen Geiste tingiret / erneuert / gereiniget und verherrlichet / immer mehr und mehr von Tage zu Tage / von einer Klarheit in die andere / als vom Geiste des Herren / wie S. Paulus herrlich redet ... ". Hierzu vgl. auch Repo Rechtfertigung und Unio S. 392 u. a.
42 Vgl. etwa *Hex* 1,30; zur Thematik insgesamt s. o.
43 *Pss* 19/II Bd. 1 S. 181b (Hervorhebung von mir).
44 Durch die reale Transmutation.
45 2 Petr 1,4 [?]. Zur *deificatio* und 2 Petr 1,4 als *locus classicus* vgl. o. zum *liber conscientiae*.
46 S. 13 (Hervorhebung von mir); auch die Konsequenz daraus für das Abendmahlsverständnis, daß "der innerliche Wiedergebohrne Mensch / ... mit dem wesentlichen wahren Fleisch und Blute Christi muß gespeiset werden im Nachtmahl; von dem werden wir ernehret / daraus wir seynd geschaffen." (S. 14), findet sich analog in Arndts öffentlichen Schriften, so etwa in *Vereinigung* 12,1f.4; *Glauben/Leben* 5,8; "Wahres Christentum" II,4,7 u. a.; s. o. zu Buch III.

wie Arndt das hier mit den als „Geist" „leibliche Frucht" gebenden „Samen",
dem „Liecht der Natur" und dem „Geist" Gottes in allen Dingen tut. Ausgangspunkt der Argumentation ist bezeichnenderweise die Geist-Leiblichkeit Christi:

> „Daher habe ich geschrieben / daß die Linea des Geistes eine leibliche
> Frucht gebe / dann[47] *aller natürlicher Sahme ist ein Geist* / und giebt doch eine
> leibliche Frucht / und das ist nicht der Sahme / den man siehet / sondern
> *der Spiritus oder Geist / den man nicht siehet; das man siehet ist sein Hauß*. Und
> damit ihr mich recht verstehet / was *der unsichtbare / geistliche Sahme aller*
> *Dinge* sey / so ists eben *das Liecht der Natur / das Leben der grossen Welt / der*
> *unvergängliche Geist Gottes in unzählich viel particularitäten oder absonderliche Sachen*
> *ausgetheilet* / in Menschen menschlich / in Thieren thierisch / in den Erd-
> gewächsen nach Ahrt der Erdgewächse / *derer aller warhafftiger Sahme ist ein*
> *Geist* / und wo der nicht im Sählein were / so were er thum / und
> wüchse nichts; *Sperma ist nicht der rechte Sahme / sondern das Hauß des Sahmens*
> */ der Sahme ist der allersubtileste Geist / und zeuget doch leibliche dinge /* und ist
> wol *der Geist Gottes als eine ausfliessende* [!][48] *Krafft* / ist aber nicht Gott der
> heilige Geist / der dritte Zeuge in der Gottheit ... So *die Natur / die ein*
> *lauter Geist ist / etwas leibliches gebieret* und in eine *leibliche Krafft und Frucht*
> gehet; wie viel mahl / ja hundert tausend mahl eher wircket und gebieret
> der lebendig-machende Geist ... eine *leibliche heylige Frucht?* ...". [49]

Die Analogie zwischen Schöpfungs- und Gnadenordnung ist *via eminentiae* von
der Schöpfung her gedacht. Auch im *Hexaemeron* ist die Rede davon, daß der
eigentliche „Same" „Geist" sei, und nicht körperlich,[50] und von den „Schaalenhäuslein und Kästlein" einer darin verborgenen „Kraft" oder „Essenz".[51] Die
Rede vom „Liecht der Natur" als Gottes „Geist" in allen Dingen[52] – der hier
klarer als in der Auslegung zu Psalm 139 vom heiligen Geist unterschieden,[53]
doch nicht weniger als sonst im Zusammenhang der *anima mundi* in Analogie zu
diesem zu verstehen ist –, die das innere Leben und Wesen aller Kreaturen bezeichnet, erscheint hier zwar viel direkter als im „Wahren Christentum" und in
den *Psalterauslegungen*, doch ist die Übereinstimmung der Gedanken eindeutig.
Die keineswegs nur bildhaft gemeinte, jene teleologische Makro-/Mikrokosmos-
Spekulation final explizierende Rede davon, daß am Ende der Entwicklung „der
universalische Baum des Fleisches Adae ausgewachsen [sein wird] / und alle seine Aeste ausgebreit [haben wird]", trägt deutlich pansophische Züge: „so ist das

---

[47] Die theologische Argumentation folgt auch hier klar einer *analogia entis*.
[48] Anmerkung a) S. 17 sucht dies durch eine Differenzierung zwischen dem göttlichen Wesen
     bzw. der göttlichen "substantz" und deren Wirkung (wie die Strahlen der Sonne) zu sichern.
[49] S. 7f. (Hervorhebung von mir).
[50] *Hex* 3,18: „Das liegt alles in spiritu seminis, in dem verborgenen Geist des Samens. Da liegen
     so mancherlei Kräfte... Merke, was ein spiritus oder Geist für Kraft habe." S. o. unter *semina*.
[51] *Hex* 3,15.
[52] S. o. zum "Licht der Natur" und zur *anima mundi*, auch gerade im Hinblick auf eine durch-
     gängige Analogiebildung zwischen alter und neuer Schöpfung/Geburt/etc.
[53] *Pss* 139/II Band 2 S. 322a; s. o.

allgemeine ALLE [!] in seine absonderliche Aeste gangen / und dann komt das Ende der Welt / und der jüngste Tag [!] / Ursache / dan haben alle Gestirne und Natur-kräffte ihre Endschafft erreichet / und können ferner dem Menschen / als der kleinen Welt / nichts geben / sind alle im Menschen erfüllet".[54] Zwar ist diese radikal naturalistische Eschatologie (soweit ich bisher sehe) bei Arndt singulär – wenngleich sie ähnlich etwa von Paracelsus[55] und Brockes[56] vertreten wird –, doch korrespondiert sie zum einen mit Arndts ausgeprägter makro-/ mikrokosmischer Teleologie, zum andern mit der geistig eng verwandten Vorstellung von dem einen alle Gewässer gebärenden „Wasserbaum" ebenso wie mit der von dem analogen „metallische[n] oder mineralische[n] Baum" in der Erde, die gleichermaßen anschaulich das *Omnia-Unum*-Prinzip materialisieren.[57] Erasmus Wolfart gegenüber stellt Arndt sich in milieutypischer, vielleicht auch kokettierender Bescheidenheitstopik als ein „unwürdiger geringer Lehr-schüler in der wahren Weißheit Gottes"[58] dar, doch wenn er schreibt:[59] „Hab ichs nicht alles troffen / oder so genau erwogen / haltet mirs zu gute; Es wirfft das Liecht / so Gott in einen Menschen gesäet hat / nicht auf einmahl seine Strahlen von sich", so korrespondiert dies bestens mit jener brieflichen Äußerung gegenüber Johann Gerhard, in der Arndt sich *in Theosophicis* als einen Lernenden darstellt.[60] Was Arndt meint, wenn er erklärt: „das dritte begehr ich nicht", enthüllt sein im folgenden Abschnitt zu kommentierendes *Iudicium* zu Khunraths *Amphitheatrum*.

Arndt versieht das Schreiben mit der Bitte um Geheimhaltung im Gegensatz zu Khunrath, der die steganographische Arkandisziplin im Sinne der Trennung theosophischen Geheimwissens von einem dem „gemeinen Mann" zu vermittelnden religiösen Wissen vertrete.[61] Auch der letzte thematische Satz des Traktats sollte nicht überlesen werden, weil er Arndts weder unkompliziertes noch unstrittiges Verhältnis zum Amt als lutherischer Prediger im Sinn der prekären angeblichen Alternative Theosoph *oder* Kirchenmann berührt: Ausgerechnet hier schließt er mit der Hoffnung, daß „ich nur den gesegneten himmlischen Eckstein recht habe / und *in meinem von Gott befohlenen Amt* recht brauchen möge … ".[62]

---

54   S. 6; vgl. *Hex* 5,13 die mortale "Endschaft und Consummation" eines 'Baumes' der Metalle.
55   Vgl. Domandl Paracelsus Philosophie S. 208; ders. Paracelsus Stationen S. 93f.: 'heidnisch'.
56   Vgl. Kemper I S. 328f.
57   *Hex* 5,2.10-13: 11: "und ist doch alles Ein Baum, Ein Ursprung, Eine Wurzel von Einem Stamm" (letale Finalität solcher "Bäume"); *Hex* 4,13: " solcher Baum am Himmel" (Gestirn).
58   S. 6; vgl. S. 16. "Wolte GOtt / daß ich möchte ein wenig mehr nachrichtung haben in der Göttlichen Himmlischen Weißheit und Christlichen Erkäntniß Gottes / der Engel und Geister", welch Letzteres auch Arndts kabbalistische Interessen einmal mehr unterstreicht.
59   S. 15; vgl. aber *Jes Sir* Vorrede V. 5: "wo wir etwa einige Worte nicht recht getroffen haben".
60   Arndt an Gerhard 29. 1. 1608, in: [Breler] Bericht S. 2-9: 8: "*fateor me nondum capere omnia* praesertim abstrusissima, quae de intimo animae sinu et recessu Theosophi et θεοδίδακτοι quidam disserunt. … *Nondum igitur descendi ad profunditatem illam animae*, quam vocat Taulerus … *Sed aliis haec summa, mediocribus contentus, relinquo.* Sufficit mihi, Jesum meum unice amasse, quod omnem scientiam superat … " (Hervorhebung von mir).
61   S. 14-16; zur Arkandisziplin vgl. Schneider Lutheraner S. 284f. (sowie ders. weitere Aufsätze).
62   S. 16 (Hervorhebung von mir).

1.2 *Iudicium Philosophi anonymi*

Daß Koepp in seiner auf Wittius, Lippenius, Hendreich, Arnold, Wernsdorff, Scharff, Walch, Rambach und Arnd fußenden Liste „Arndts Schriften und Traktate" diese Schrift nicht erwähnt, mag einer der Gründe für deren weitgehende Vernachlässigung zumindest in der theologischen Arndt-Forschung gewesen sein, ein keinesfalls geringerer jedoch der, den Gilly in seinem Katalog über die *Manifeste der Rosenkreuzerbrüderschaft* 1986 konstatiert:[63] „Man hatte vergessen oder nicht wahrnehmen wollen, daß Johannes Arndt während seines ganzen Lebens ein begeisterter Paracelsist war, und dass das vierte Buch von seinem *Wahren Christentum* (Liber naturae) nichts anderes ist als eine geschickte Ueberarbeitung der Naturlehre des Paracelsus!"[64] Während Schwager[65] und Weber[66] die Schrift gerade einmal in einer Anmerkung erwähnen und die Frage der Autorschaft, zumindest explizit, unbeantwortet lassen, würde man, wie bei diesen auch, in den Literaturverzeichnissen etwa von Lund, Braw, Sommer, Behjat, Gruebner und anderen vergeblich nach dem Traktat suchen. Der Kunsthistoriker und Khunrath-Forscher Ralf Töllner, der eine Hamburger handschriftliche Kopie einer Schrift aus der Königlich Dänischen Bibliothek überprüft hat, die auch dieses *Iudicium* beinhaltet, möchte sich hinsichtlich der Autorschaft nicht festlegen.[67] Hingegen hat nach Ferguson,[68] Breymayer/Häussermann (unter Bezug auf Oetingers Urteil und hohe Wertschätzung des Traktats)[69] und Gilly[70] in letzter Zeit vor allem Schneider nachdrücklich für die Echtheit des Traktates plädiert.[71]

Kann es in den *annotationes* dieses Anhangs schon insgesamt um wenig mehr als um einige Erläuterungen zu den Arndtschen *Esoterica* – und keinesfalls um eine umfassende Erschließung – gehen, so könnten sich gerade Hinweise zum *Iudicium* auf weniges beschränken, liegt doch in Gillys genanntem Katalog der *Manifeste* eine in knapper Form gehaltene, prägnante Zusammenfassung sowie Kurzkommentierung vor.[72] So ist das Folgende – das sich auf Arndt, und wie auch der Traktat selbst letztlich nicht auf Khunrath kapriziert – als eine interes-

---

[63] S. 37-40: hier 38. Hans Schneider hat in seinem Aufsatz: Johann Arndt als Paracelsist (1995), zwar unter Bezug auf Gillys Monographie: Zwischen Erfahrung und Spekulation, doch nicht den Katalog zu den Manifesten, seinerseits die These vom Paracelsisten Arndt begründet.

[64] Was in dieser Form jedenfalls nur auf dessen ersten Teil zutrifft und auch diesen nicht in seiner Gänze charakterisiert, etwa hinsichtlich der Naturallegorese, der "schönen Seele" u. a.

[65] Bemühen S. 116 A. 34 äußert sich lediglich dahingehend, daß diese Zuweisung auf "schwärmerische Kreise" zurückzuführen sei, woraus sich indirekt deren Ablehnung mutmaßen läßt.

[66] S. 214 A. 8 referiert Weber die Zuweisung, doch ohne eine eigene Einschätzung zu äußern.

[67] Töllner Khunrath S. 18f.

[68] Bibliotheca Chemica I S. 48.

[69] (Hg.): Oetinger, Friedrich Christoph: *Die Lehrtafel der Prinzessin Antonia*, Teil 2 S. 554-556, (Bibliographie diverser Ausgaben des Traktats; zu Oetingers Rezeption Schoberth S. 130f.).

[70] Gilly Manifeste S. 37-40.

[71] Scheider Studienzeit S. 154; ders. Paracelsist S. 101f. (jeweils ohne Bezug auf die sonst oben genannten Autoren) geht zwar auf die Publikation, doch nicht näher auf die Schrift selbst ein.

[72] Gilly Manifeste S. 38-40.

sengeleitete Ergänzung dazu zu verstehen. Allerdings zeigt sich eine bisher unbekannt gebliebene Quelle dieser Schrift.

Daß eine der ausweislich dieser Schriften unbestreitbaren Hauptquellen die *Sapientia Salomonis* bildet, teilt, wie dieses bestellte Gutachten[73] unterstreicht, Arndt mit seinem Korrespondenzpartner, Baseler Mit-Paracelsisten und Gesinnungsfreund Heinrich Khunrath,[74] welcher die Teile seines *Amphitheatrum* darauf gründet und darin „den grundt und Fundament ... der Natürlichen Magiae, vbernatürlichen Cabalae, vnnd Göttlichen Theologiae" beschrieben findet.[75] So begegnet etwa die Kernstelle Sap 7,27 auch in Arndts erster *Vorrede* zur *Theologia deutsch*,[76] und die gerade für Arndts Lichtmetaphysik wichtige Stelle Sap 7,25f. nicht nur in *Hexaemeron* 1,11, sondern in zentraler Bedeutung auch im lichtmetaphysischen Abschnitt der zweiten Predigt zu Psalm 139.[77] Dieses Licht teile Khunrath „dreyfach / Jn GOtt / Den Menschen / vnd die Natur ... Diß Liecht ist nun dreyfach / vnnd doch ists eins". Bei Sap 12,1: „Dein vnvergänglicher Geist ist in allen" handelt es sich schließlich um einen *locus classicus* Arndts, der für seine Metaphysik des *lumen internum creaturarum* von unverzichtbarer Bedeutung ist.[78] Um einiges präziser als etwa im „Wahren Christentum", wo inhaltlich analog davon die Rede ist, heißt es hier zu der Terminologie und den Quelle(n) des *lumen naturae:*[79] „Wer nun *diß Liecht in allen Creaturen* sihet leuchten / vnd verstehet / der heisset vnd ist ein *Magus*, vnnd *seine Kunst heisset Magia*. Paracelsus nennets an viel hundert orten *das Liecht der Natur* / vnd ein andere Sonne / bey welcher die Weysen sehen. *Dieses Liecht suchen die Weysen auß Morgenland* in dem Sterne ... ". Die Abgrenzung der Bereiche ist, Arndts auf Paracelsus' Differenzierung zwischen den *Magi* und den *Sancti* gestützter Sapientologie in *Hexaemeron* 4,15-17 entsprechend, doch in der Terminologie eindeutiger, präzise konturiert:[80]

> „Auch ist die Eygenschafft der Cabalae, das / *wie die Magia ein Liecht ist* / vnnd *erkendtnisse aller natürlichen ding / diß zeitliche Leben betreffent*: Also macht sich *Cabala zu den Geistlichen Himlischen dingen / die Seele betreffent* / sonderlich aber zu der Erkantnuß vnsers HERREN JESV CHRisti."

Die *Cabala* ist ein die „übernatürliche Astronomie"[81] repräsentierendes „Liecht vnnd erkandtnuß deß vbernatürlichen Himmels / nach welchem die Gottseligen regieret werden / welche einen anderen Himmel haben / der sie regieret /

---

73 *Iudicium* S. 107 einleitender Abschnitt und S. 123.
74 *Iudicium* S. 107-110 beziehen sich fast ohne Unterbrechung auf Salomo.
75 *Iudicium* S. 108.
76 Abschnitt 5; *Iudicium* S. 108.
77 *Pss* 139/II Bd. 2 S. 322b.
78 *Iudicium* S. 110; vgl. *WCh* IV,II,9 (biblisches Motto); *Hex* 6,12 par. *Pss* 104/VI Band 2 S. 58a; außerdem *Pss* 91/I Bd. 1 S. 801b, *Pss* 139/II S. 322a u. ö.; vgl. o. insgesamt zur *anima mundi*.
79 *Iudicium* S. 110 (Hervorhebung von mir).
80 *Iudicium* S. 112 (Hervorhebung von mir).
81 S. o.

nemlich den H. Geist",[82] wie es in z. T. wörtlicher Entsprechung zu „Wahres Christentum" II,58,3.5 und *Hexaemeron* 4,15-17 heißt, so wie das *Iudicium* den qualitativ einschneidenden Unterschied zwischen den altorientalischen *Magi* und den biblisch-alttestamentlichen Heiligen den genannten Kapiteln des „Wahren Christentums" analog erklärt.[83] Zu diesem *cabalistischen*, den Wiedergeborenen eröffneten Status gehört auch, daß sie „die verborgene Geheimniß der Schrifft vom Messia ... [die] vnter dem Buchstaben der Schrifft verborgen ligen",[84] erkennen, worin Arndts fundamentales Prinzip allegorischer Bibelauslegung gründet. Der Dreiteilung dieses dreieinigen Lichtes bzw. seinen Teilen entsprechen die drei geheimwissenschaftlichen Disziplinen (in aufsteigender Linie) 1) der *Magia*, die als „das natürliche Liecht" den Bereich des Natürlichen repräsentiert, 2) der *Cabala*, „ein vbernatürlich Liecht vnd Geist", die das Übernatürliche und den *mundus angelicus* sowie vor allem die Erkenntnis Christi vertritt, und 3) als höchster der *Theologia*, die als „das Liecht GOttes / der heilige Geist" selbst für den „Prophetische[n] Geist" steht.[85] All dies und anderes mehr fügt sich, abgesehen davon, daß das zuletzt genannte Dreierschema bei aller Bekanntheit der darin zu findenden Themen in dieser Form ungewöhnlich klingt, in ähnlicher Weise zu Themen und Diktion von Arndts öffentlichen Schriften.

Und dennoch stammt das meiste des hier Genannten nicht von Arndt – und wenn er wider Erwarten nicht mit dem *Philosophus Anonymus* des Titels identisch sein sollte, auch nicht von diesem. Einige Beobachtungen führen auf diese Spur. Bei näherer Betrachtung fällt auf, daß der Traktat, von den Figuren abgesehen, kaum wirklich auf den Traktat Khunraths eingeht. Die Bezüge bleiben eher allgemein: Daß das Werk dreigeteilt sei und Khunrath ihm „die Sprüch Salomonis" in einer veränderten Ordnung zugrundelege, woraus „diese verloschene Mysteria wieder ans Liecht [zu] bringen" seien;[86] ferner, daß Khunrath die, vom *Iudicium* verschiedentlich zitierten, Sprüche Salomos „dreyfach" ausdeute, „Jn GOtt / Den Menschen / vnd die Natur ... vnd zuletzt alles in der Unitet, in der Ewigkeit GOttes".[87] Davor und danach erläutern reichlich allgemein bleibende und etwa auf Paracelsus eingehende[88] Passagen, was die dem „Liecht der Natur" entsprechende *Magia* als „ein erkandtnuß deß jrdischen natürlichen Himmels / nach welchem der jrdische Viehische / Thierische Mensch regirt wird" und was die *Cabala* als „ein Liecht vnnd erkandtnuß deß vbernatürlichen Himmels / nach welchem die Gottseligen regieret werden" seien,[89] welche *Cabala* „die verborgene

---

82 *Iudicium* S. 113; vgl. S. 115 sowie die Abbildungen Nr. 17 (der Sache nach) und Nr. 23 (Text).
83 *Iudicium* S. 114-116; vgl. *WCh* II,58,2.10 und *Hex* 4,17.
84 *Iudicium* S. 112; vgl. S. 114.
85 *Iudicium* S. 116.
86 *Iudicium* S. 107f.
87 *Iudicium* S. 109.
88 *Iudicium* S. 110.
89 *Iudicium* S. 113.

Geheimniß der Schrifft vom Messia" eröffne,[90] bis hin zu Joseph, Daniel und
den altorientalischen Weisen, die gegenüber diesen biblischen *Cabalisten* die übernatürlichen Träume der Herrscher nicht hätten deuten können usw., bis der
Autor erneut und wiederum sehr allgemein auf Khunrath zu sprechen kommt:
„Diese herrliche Sachen / vnnd drey Liechter / die doch eines sind / ... tractie-
ret nun das Amphitheatrum in dem Ersten theyl ... " nebst der das eigene Adep-
tentum herauskehrenden Bemerkung des Autors, „das es der Tausent nicht darinnen schmecken wird".[91] So solle im folgenden, „Was ... der Author deß
Amphitheatrum mit worten gelehret in dem Prologo", an den vier Figuren des
Werks „augenscheinlich" gezeigt werden.[92] Es folgen relativ knappe, die Themen
eher sporadisch ansprechende Kommentare zu jenen ersten vier Figuren, die in
ihrem Charakter die schon beobachtete Diskrepanz zwischen erstem und zweitem Teil bestätigen,[93] bis hin zu gegeneinander nicht abgeglichenen Doppelun-
gen wie der eines *Colloquium Divinum* gegenüber dem terminologisch nur wenig
variierenden *Alloquium Divinum*[94] oder der offensichtlichen inhaltlichen Doub-
lette des hohepriesterlichen *Pectorale*, die nicht aus diesen Figuren motiviert ist.[95]

Diese Diskrepanz beider Teile erklärt sich schlicht daraus, daß sie zwar vom
selben Autor geschrieben, doch nicht verfaßt wurden, weshalb Schneiders These
einer „Echtheit ... aufgrund sprachlicher und inhaltlicher Kriterien"[96] nur bedingt zutrifft. Denn ein Blick in die Vorrede der von dem Frankfurter *Chymico
vnd Medico* Franz Kieser publizierten *CABALA CHYMICA* zeigt, daß Teil I des
Iudicium von S. 107 unten bis S. 117 oben, von wenigen Einschaltungen – nämlich fast ausschließlich jene sehr allgemeinen Verknüpfungen mit Khunrath und
dessen Werk – und gelegentlichen, mehr oder weniger umfangreichen Auslas-
sungen[97] oder auch Umstellungen[98] abgesehen, einen weitgehend wörtlichen

---

[90] *Iudicium* S. 112.
[91] *Iudicium* S. 117; dabei handelt es sich um die Variante eines Mottos von Khunrath, das später
      den Titel der Hanauer Ausgabe 1609 ziert: "E millibus vix uni non intelliget", s. Gilly Mani-
      feste S. 37 u. 40. Vgl. Arndts Diktion in *WCh* III,23,7: "Unter tausend Christen aber findet
      man kaum Einen, der zu dieser Vollkommenheit kommt". Vgl. Weigels *Dialogus* Werke
      IV S. 40 die Sehnsucht nach einem Prediger aus dem Geist, „das ich einen finden möchte
      vnter so viel Tausenten, der do von Gott geleret ... " wäre; Ps-Weigel *Libellus disputatorius* S. 6:
      "Das vnter Tausendt Menschen ... kaum einer gefunden wird"; Sclei *Theologia universalis*
      II,438: "aber der 1000ste Mensch weiß nicht / daß Christus ... die neue Gebuhrt ist." U. a.
[92] *Iudicium* S. 117.
[93] *Iudicium* S. 118-123.
[94] *Iudicium* S. 116 und 123.
[95] *Iudicium* S. 111 und 122.
[96] Schneider Paracelsist S. 102.
[97] Kieser *Cabala* Vorrede fol.)(vj ᵛ - vij ʳ, wo das *Iudicium* S. 110 nach den *Magi ex oriente*
      abbricht und weiterspringt. Kieser *Cabala* Vorrede fol.)(vi ᵛ nennt hier die biblischen Gestal-
      ten des Johannes (der Apk.), Aron, Tobias, David, Daniel etc., "welche alle das wahre Liecht
      gehabt vnnd erkandt haben / vnd ist ein jeglicher ein Magus, Cabalist vnd Divinator / so wol
      alß Moyses gewesen / Darumb ist Cabala billich ein Schlüssel aller verborgenen heimligkei-
      ten genennet / damit offenbaret vnd auffgeschlossen werden / der Natur Secreta in allen

Auszug aus dieser Vorrede darstellt.[99] Daß keineswegs Kieser selbst – der seinen Traktat zwei Jahre zuvor in weit umfangreicherer Form unter vollem Namen veröffentlicht hatte – der Autor sein wird, dürfte auch aus der Differenz folgender Bemerkung zwischen dem Text Kiesers: „darauß klärlich zu beweisen"[100] und dem *Iudicium*: „Darauß *wil man* beweisen"[101] abzulesen sein. Übrigens läßt der – leider wieder einmal – mit seinen Nachweisen und Belegen so verunklarend, ja geradezu verfälschend verfahrende Will-Erich Peuckert in der Wiedergabe des Kieserschen Textes just dieselbe Passage über das ewige Licht Gottes als ‚Licht der Weisheit' aus, die auch der Autor des *Iudicium* übergangen hatte.[102]

Die erste Hälfte dieses Traktats, die den Textteil des Khunrathschen *Amphitheatrum* zu erklären vorgibt, erweist sich als sekundäre und eher oberflächliche Applikation eines ganz anderen, von einer Verbindung zu Khunrath völlig freien Textes, die wenige im Allgemeinen verbleibende Verknüpfungen zum Objekt ihrer Erläuterung herstellt. Allzuviel Mühe scheint sich der Autor mit dem Traktat offensichtlich nicht gemacht zu haben. Eine Erklärung dafür könnte sich im einleitenden Abschnitt finden, der den Traktat als ein von einem ebenfalls anonym bleibenden Herrn angefordertes Schriftstück bezeichnet. Verknüpft man dies damit, daß es Teil einer Publikation ist, die als Haupttext Khunraths Schrift *De igne magorum* enthält, und in der Benedikt Figulus im Nachtrag *ad Lectorem* die zweite Auflage von Khunraths (gest. 1605) *Amphitheatrum* ankündigt,[103] so erklärt sich die Existenz des *Iudicium* möglicherweise aus diesem Publikationsvorhaben, für das ein dieses Werk mit den ausgewiesenen Leitthemen der spiritualistisch-hermetischen Bewegung verknüpfendes *Iudicium* den Boden bereiten sollte, sodaß sich der Traktat als publikationsstrategische Auftragsarbeit verstehen ließe, die auch einen geringeren Eigenaufwand angebracht erscheinen lassen konnte. Dies könnte sowohl die – von Arndt sonst bekannte,[104] hier allerdings recht weit

---

Creaturen.", welches Verständnis sowohl mit den zwei *lumina* wie mit der *cabalistischen* Naturdeutung etwa eines Christoph Hirsch übereinstimmt.

[98] Etwa Kieser *Cabala* Vorrede fol.)(vi ᵛ gegenüber *Iudicium* S. 109f.

[99] Kieser *Cabala* Vorrede fol.)(v ᵛ - viij ᵛ[unpag.]; zum Verhältnis von Kiesers *Cabala Chymica* zu Franz Krells *Physica naturalis* vgl. Lederer Krell S. 156 A. 145 u. S. 172.

[100] Kieser *Cabala* Vorrede fol.)(v ᵛ (Herleitung der *Magia* und *Cabala* aus Salomos Schriften).

[101] *Iudicium* S. 107f. (Hervorhebung von mir).

[102] Pansophie S. 342. Peuckert gibt nicht nur nicht die *folia*, sondern nicht einmal die Vorrede selbst als Quelle an, während mir zugleich seine Angabe "Ebd. II c. 19" nicht nachvollziehbar war. Immerhin hat er eine Verbindung zum *Iudicium* hergestellt, diese leider aber nur die Alchemie als "Species vnnd Stück der Magiae" (ein – in seinem Text wiederum nicht aufzufindendes – Zitat aus *Iudicium* S. 119) betreffend, und ohne mit auch nur einem Wort auf die weitreichende Identität der beiden Texte einzugehen. Doch verdanke ich ihm und seiner stupenden Belesenheit diese für das *Iudicium* erhellende Spur der drei "Lichter" bei Franz Kieser.

[103] Im von Figulus verfaßten Nachtrag *ad Lectorem* S. 124-126: 126; zu dem Sammelband, dessen Hg. nicht Figulus ist, vgl. Telle Figulus S. 318f.; einen Auszug der Ankündigung, die auf die Seltenheit und den für gewöhnliche Leute unerschwinglichen Preis der ersten Auflage von 1595 anspielt, bietet Gilly Manifeste S. 32 (zu Khunraths *Amphitheatrum*).

[104] In welch hohem Umfang Arndts Texte die Texte von anderen sind, hat Weber dokumentiert.

getriebene – Unbekümmertheit beim Ausschreiben fremder Texte[105] wie auch den sporadischen Charakter von Teil zwei erklären, so daß die späte Wertschätzung eines Oetinger[106] einem mit rascher Hand hingeworfenen *Parergon* zukäme.

Nicht nur, daß es Arndts auch sonst gepflegem Usus eines anonymen Ausschreibens fremder Quellen entspräche, und daß der erste, aus Kiesers Vorrede entlehnte Teil des *Iudicium* wie gezeigt mit Arndts Intentionen gut übereinstimmt – was als *argumentum pro* gelten kann –, auch der Anschein, daß dagegen der zweite Teil in seinem Duktus kaum eine durchgängig verwendete fremde Quelle vermuten läßt, aber mindestens ebenso deutliche Entsprechungen zu Arndts theosophischem Denken und Sprache aufweist wie jener, spricht dafür, die Jahrhunderte alte Zuweisung des *Iudicium* zu Arndt als dessen Autor zu bestätigen.

Sowohl das Interesse an kabbalistischer Spekulation um Gottes „Namen", für das sich in den *Psalterauslegungen* unter Psalm 91 und 136 Anhaltspunkte finden,[107] wie die aus den „Namen" emanierenden, den Stufen des Sphärenkosmos entsprechenden „kreffte" oder *virtutes*, als auch der Gedanke, daß „Alles aber fleusset auß GOTT",[108] lassen Arndt in den Tafeln zum *Amphitheatrum*, das er in der *Ikonographia* rühmt,[109] vertrautes Gedankengut finden. Daß das *Iudicium* auf – bei einer Kenntnis Kiesers vorauszusetzende – detaillierte alchemische Kenntnis baut, diese zugleich aber dreigestuft in ‚Astralisch'/ ‚Astronomischer', ‚Philosophischer' und ‚Microcosmischer' Analogie gedeutet wissen will – wobei „Geist vnd Leben" das nicht nur mikro-, sondern gerade makrokosmisch verbindende Prinzip ist – und daß die alchemische Passage dort mündet, wo „zum dritten ist die Seel die Perfectio vnd clarificiertes wesen", zeigt abermals ein Khunrath und Arndt verbindendes, Alchemie und Theoalchemie integrierendes Denken und Sprachspiel.[110] Daß die Ausführungen zum *ignis magorum*, zumal in dessen explizit astral-magischer Deutung, über die *Ikonographia*, mit der sie zumeist übereinstimmen, terminologisch und sachlich hier noch hinausgehen, liegt in der Natur der Schrift und ihrem literarischen Kontext, dem Traktat Khunraths zu diesem Thema.[111] Auch daß das Motiv des hohenpriesterlichen *Pectorale* – das über die auch in der *Ikonographia* genannte chaldäische Stadt Ur mit den *Urim* verbunden wird – nach dem Exzerpt aus Kiesers Vorrede ein zweites Mal wiederkehrt,[112] kann für die Autorschaft Arndts sprechen, spielt das – im Zusammenhang dieser Re-

---

[105] Ob dies eine Spur sein könnte, die – inhaltlich und zumal von dem Verfahren her passend – auch zum Publikator des rosenkreuzerischen *ECHO* führt? Zu diesem vgl. Gilly Gnosis S. 411.

[106] Bei Breymayer/Häussermann (Hg.): Oetinger Lehrtafel, Teil 2 S. 554f. sind auch die späteren Ausgaben bibliographiert, u. a. die 1783 von „I. Y. R" edierte, was Telle Figulus S. 319 (nach ihm Schneider Paracelsist S. 102) als Pseudonym für Johann Christoph Lenz entschlüsselt.

[107] *Iudicium* S. 118; *Pss* 91/VI Bd. 1 S. 813a-b; *Pss* 136/IV Bd. 2 S.304a-b.

[108] *Iudicium* S. 118f.

[109] *Ikon* IX fol. 32 ᵛ nennt das Werk ohne den Namen seines Autors.

[110] *Iudicium* S. 119-121; auch dies harrt fachspezifisch wie fachübergreifend noch detaillierter Erhellung; zum *Amphitheatrum* vgl. diesbezüglich Telle in: Bibliotheca Palatina Textband S. 346.

[111] *Iudicium* S. 122; zum *ignis magorum* bei Arndt und Khunrath s. o. unter *lumen naturae*.

[112] *Iudicium* S. 117, 122; vgl. *Ikon* I fol. 12f. (Verbindung mit dem chaldäischen astralen Feuerkult).

zeption – eindeutig kabbalistische Motiv,[113] das nicht nur bei Agrippa von Nettesheim,[114] Pseudo-Weigel,[115] Robert Fludd,[116] im *Libellus Theosophiae*[117] und anderen als Symbol erscheint, auch bei Arndt eine wichtige Rolle, wo es von der *Ikonographia*[118] über „Wahres Christentum"[119] und *Psalterauslegungen* bis hin zur *Repetitio apologetica*[120] über fast zweieinhalb Jahrzehnte thematisch eine Konstante bleibt. Friedrich Oetinger, der Arndt klar im theosophischen Sinne interpretiert und ihm das *Iudicium* zugeschrieben hat, war es, der hierzu auf die dritte Predigt zu Psalm 4 verwies,[121] in der Arndt vom „Licht deß Antlitzes Gottes" schreibt:[122]

> „Es ward auch bey den Jüden das Licht deß Antlitzes Gottes genennet der helle Schein / dadurch Gott antwortete / durch das Licht auff der Brust deß Hohenpriesters / wenn GOtt dem Volck gnädig war. ... Aber Aarons Licht ist nun erloschen / wir haben einen ewigen Hohenpriester / JEsum Christum / *auß welches Hertz Gottes Gnaden-Licht leuchtet* ... der ist das rechte Licht deß Angesichts Gottes / welches wir anschauen müssen durch den Glauben / auß ihm leuchtet *das gantze Gnaden-Licht der unaußsprechlichen Liebe Gottes* ... Diß *Licht der Gnaden* sollen wir entgegen setzen der Verachtung der gottlosen Welt ... und sprechen: Ach mein HErr Christe! *in der Welt habe ich keinen Stern* [!][123] / der mir leuchten will / darum komme ich zu dir ... du bist das Licht deß Antlitzes Gottes ... ".

Doch auch die vierzehnte Predigt zum 119. Psalm zeigt eine andere, für Arndt typische Seite, die von seiner Theologie her die oben zitierte notwendig ergänzt:

> „Denn gleich wie Moses in das Brust Schild deß Hohenpriesters hat müssen *hinein thun Licht und Recht: Also müssen wir* unser Hertz also züchtigen / neigen / reinigen / und *auch Licht und Recht hinein thun.* Gleich wie alles Gewächs sich nach der Sonnen neiget / ihr Licht und Einfluß zu empfahen ... Also must du dein Hertz zu GOtt neigen. ... Also du auch, thue dein Hertz auff / und neige es zu GOtt / *so wirstu sein Licht empfangen.*"[124]

---

[113] Vgl. Breymayer/Häussermann (Hg.): Oetinger Lehrtafel, Teil 2 S. 555 Häussermann Theologia emblematica II S. 96 A. 257 (Dtn 33,8; 1 Sam 14,40-43), sowie Scholem Kabbala S. 118f.

[114] *Occ Phil* III,34, wo die 12 Edelsteine auf die 12 Apostel gedeutet werden.

[115] *Vom alten vnd Newen Jerusalem* fol. B ij ᵛ, wo die zwölf Edelsteine die Tugenden repräsentieren.

[116] Vgl. Scholem Kabbala S. 118f. (speziell zu R. Fludd, doch auch in verallgemeinerndem Sinn).

[117] S. 3f.; zu "Vrim & Thumim" vgl. noch S. 10 und den Schluß auf S. 14, wo es allenthalben um das göttliche Licht geht, das Mose und Aaron, aber auch die biblischen Patriarchen besaßen.

[118] Nach *Ikon* II fol. 15 ʳ ist damit typologisch "vorgebildet dz gnadenLicht des H. Evangelij".

[119] *Hex* 5,14 im Kapitel vom Meer und den Wasser im Zusammenhang der "Edelgesteine" etc. als Früchten des Wassers, die wiederum geistlich auszudeuten sind, "was GOtt der Allmächtige dadurch hat wollen vorbilden" (Typologie), was Arndt hier jedoch nicht näher ausführt.

[120] *Rep ap* I,6,3, dem Kapitel zur Bibelhermeneutik findet sich das Motiv, ebenfalls nicht ausgeführt, in einer die Seite füllenden Reihe von 'geistlich' auf die Seele zu deutenden Motiven.

[121] Vgl. Breymayer/Häussermann (Hg.): Oetinger Lehrtafel, Teil 2 S. 555.

[122] *Pss* 4/III Band 1 S. 31b (Hervorhebung von mir); im Hintergrund steht auch hier die traditionelle antijudaistische Theorie, nach der die Christen das Erbe der Juden angetreten hätten.

[123] Denn die *Astronomia* des natürlichen Himmels ist für die Wiedergeborenen überwunden!

[124] *Pss* 119/XIV Band 2 S. 221b-222a (Hervorhebung von mir).

Bevor er sich noch in Andeutungen eines möglichen künftigen Traktates zu den
Transmutationes in Magia ergeht, schließt der *Philosophus Anonymus* im Blick auf die
berühmteste Tafel zum Khunrathschen *Amphitheatrum* mit dem Thema, das in so
vielen Variationen das *unicum unum* Herzstück von Arndts Theologie bildet:

> „Jn der 4. Figur, lehret das Amphitheatrum Theologiam in Oratorio, vnd
> ist Theologia nichts anders / dann *Alloquium Divinum*, ein Gespräch mit
> GOtt durchs Gebet / vnnd durch den heiligen Geist." [125]

1.3   *De antiqua philosophia*

Manches ist gerätselt worden über eine Schrift, die Arndt in der *Ikonographia* –
„wie ich in meinem Büchlein de antiqua Philosophia ferner Meldung thu" [126] –
und im „Wahren Christentum" I,36,15 [127] ankündigt: „Davon in dem Traktat de
antiqua philosophia, von der alten Philosophie, weiter." Weil These 14 der als
Anhang zu Johann Gerhards *Aphorismi Sacri* abgedruckten *Dissertatio* Arndts [128]
lautet: „Haec est antiqua illa philosophia", wurde, wie Schneider notiert, [129] die
Schrift seit Rambach mit jener Thesenreihe identifiziert, was thematisch jedoch
zu den Angaben der genannten Stellen gar nicht zu passen scheint. Gilly dagegen
spricht sich klar dafür aus, die Wolfenbütteler Handschrift Cod. Guelf. 912 Novi
4°, die die – das Datum der Abschrift markierende – Jahreszahl 1631 und den
Titel: *DE ANTIQUA PHILOSOPHIA: Et divina veterum Magorum sapientia
recuperanda, deque VANITATE SCIENTIARUM et artium huius Seculi*, jedoch
keinen Autorennamen trägt, Arndt (ohne detaillierte Begründung) zuzuweisen,
wobei er anführt, daß sich deren Appendix, eine *ORATIO Ad Christum pro vera
sapientia*, in den rosenkreuzerischen *Iudicia Clarissimorum aliquot ac Doctissimorum
Virorum* zusammen mit Arndts Initialen findet. [130] Noch ohne Kenntnis dieser

---

[125] S. 123; zum *alloquium divinum* und den Varianten vgl. o. Band 1 § 5: *divina sapientia (passim)*.

[126] *Ikon* IX fol. 33 ͬ (Schneider Studienzeit S. 152 A. 138 unvollständig: 32 ᵛ [- 33 ͬ]).

[127] Wie Schneider Frühschriften S. 34 A. 29 notiert, fehlt dies in der Urausgabe von Buch I.

[128] S. Band 1 dieser Studie.

[129] Frühschriften S. 34 und A. 30-34 (mit Belegen). Während Schneider selbst in Lutheraner
(1992 gedruckt) S. 292 noch von dieser Identifikation ausgeht, stellt er sie im später entstandenen, doch früher gedruckten Beitrag Studienzeit S. 152 bereits leise in Frage. In Frühschriften S. 33-36 rückt er noch weiter davon ab, verbunden mit der Beobachtung, daß die
Themen der *Dissertatio* mit dem thematischen Kontext der *Ikonographia* wenig zusammen-
stimmten; im Nachtrag zu Frühschriften S. 68 scheint Schneider Gillys Identifikation des
Traktats mit jener Wolfenbütteler Handschrift zuzuneigen (s. u.), ohne sich ganz festzulegen.

[130] Gilly Cimelia Nr. 13 S. 15f. (ders. Haslmayr S. 131): zu den Korrekturen von Gillys auch in
der 2. Auflage unveränderten Titeltransskriptionsfehlern vgl. Schneider Frühschriften S. 68
A. 246f., der die Formulierung: [*de*] *vanitate scientiarum et artium huius seculi* im Titel der *Oratio*
als Anspielung auf den Titel der von Arndt in *Ikonographia* IX fol 36 ͬ erwähnten Schrift des
Agrippa von Nettesheim von 1526 identifiziert – deren Titel jedoch genau lautet: *Declamatio
de incertitudine et vanitate scientiarum et artium atque excellentia Verbi Dei*. Zu der für das Bild einer
Entwicklung Agrippas aufschlußreichen Schrift vgl. Kuhlow Imitatio Christi S. 57-104. Bei

Handschrift gewann ich bei Entdeckung der Handschrift mit demselbem Titel: *Anleittung zu der rechten vhralten Philosophey vnd der altten Magorum Weißheit. Deß- gleichen vonn der Eitelkeit dieser Zeit Künsten* in der Sammlung Cgm. 4416 der Staats- bibliothek München den Eindruck, daß es sich hierbei um eine Abschrift von Arndts „verschollenem"[131] Traktat *De antiqua philosophia* handeln müsse – was zu Arndts genannten Angaben inhaltlich passen würde. Ein Vergleich ergab dann, daß die Handschrift mit dem ersten Teil jener Wolfenbütteler, von Differenzen *en detail* abgesehen, weitestgehend identisch ist, dann jedoch unvermittelt ab- bricht. Mag dies manchen bedauerlich erscheinen, so bedeutet die Tatsache, daß dieser Traktat nie gedruckt wurde, rein publizistisch betrachtet, sicherlich keinen Verlust. Aus Perspektive der Forschung ist er dagegen um so aufschlußreicher. Im Namen der wahren Weisheit und der wahren *Eruditio*, die ausschließlich und direkt aus dem heiligen Geist zu gewinnen seien, ist der Traktat über all seinen Umfang hinweg eine ebenso massive wie letztlich billige, ja platte Kampfansage gegen die Ideale humanistischer Bildung, Wissenschaft und Schulgelehrsamkeit (vor allem aristotelistischer Ausrichtung), damit nicht minder aber auch gegen eine Aufwertung der biblischen Ursprachen und der Sprachkultur durch die lutherische Reformation, wie sie aus anderen Schriften Arndts, vor allem seiner *Vorrede zur Theologia deutsch* und dem „Wahren Christentum" vertraut ist, hier allerdings in noch verschärfter Form auftritt. In nicht endenden Diffamierungen und Tiraden gegen die akademischen Wissenschaften und Berufe drängt sich der psychologische Eindruck auf, daß hier jemand einen tiefsitzenden, in mancher Hinsicht auch auf Unkenntnis oder mangelndem Verständnis beruhenden Haß und vielleicht eine nicht minder tief sitzende persönliche Frustration oder Krän- kung bearbeiten muß. Der pauschale Vorwurf an die schemenhaft bleibenden Totalgegner, ihre Worte blieben bloße *vox* und ermangelten der „Krafft" im Sinne eines Wesens der in ihnen formulierten *res*, läuft psychologisch betrachtet Gefahr, sich als Projektion zu erweisen. Bemerkenswert und zugleich befremd- lich ist, wie sich ein geradezu gefährliche und dumpfe Töne annehmender Haß auf die Sprach- und Bildungskultur gegen Bücher und Bibliotheken richtet, auf welchen inneren Widerspruch angesichts der Tatsache, daß Arndt eine Menge von Publikationen auch fremder Schriften verantwortet und in späteren Jahren selbst dickleibige Folianten und andere Bücher schreibt, an anderer Stelle hin- gewiesen wurde. Auch noch die Ausführungen hinsichtlich der an die Stelle der

---

mir hat indes deren Lektüre die Frage aufgeworfen, inwieweit es angemessen ist, den jungen Agrippa wirklich als überzeugten Verfechter der *Occulta Philosophia* zu verstehen, und nicht so sehr als einen von diesem Phänomen zweifellos faszinierten, es gleichwohl aus einer gewissen – ihm die kühne Systematisierung erlaubenden – Distanz analysierenden Kartographen eines solchen heiklen Terrains. Dafür könnte die von Agrippa verantwortete späte und ergänzte Neuausgabe sprechen, die das Werk gerade nach Entstehung der *Declamatio* neu aufbereitet. Die Art, wie der Agrippa-Schüler Johannes Wier/Weyer Deskription und 'aufklärerischen' Impuls miteinander zu verbinden weiß, könnte Indiz für eine entsprechende Prägung sein.

[131] Zur Frage sogenannter "verschollener" Arndtschriften vgl. Schneider Frühschriften *passim*.

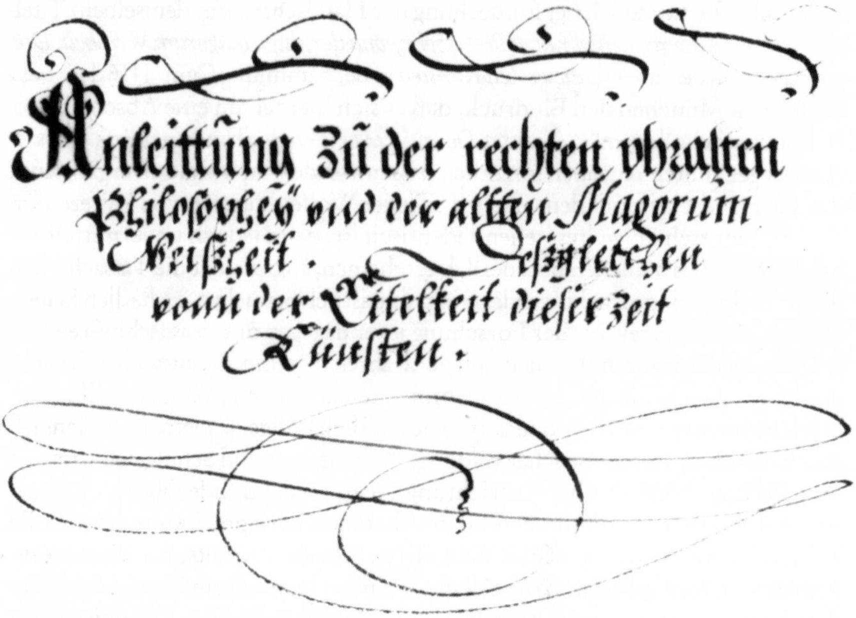
Anleittung zu der rechten vhralten Philosophey vnd der altten Magorum Weißheit. Deßgleichen vonn der Eitelkeit dieser zeit Künsten.

Abb. 24 Titelseite: [Arndt, Johann]: *Anleittung zu der rechten vhralten Philosophey vnd der altten Magorum Weißheit. Deßgleichen vonn der Eitelkeit dieser Zeit Künsten.* (Bayerische Staatsbibliothek München) verschmähten Bildung zu setzenden „vhralten Weißheit" bleiben pauschal, vergleichsweise oberflächlich und arm an Substanz, was sich in einer eher trivial anmutenden Sprachgestalt spiegelt. Wer zuvor Besolds reifen, abgeklärten und eleganten *Discursus* studiert hat, muß angesichts dieses Traktats fast erschrecken. Inhaltlich begegnen viele der von Arndt bereits bekannten Themen in einem relativ geschlossenen Zusammenhang. Der Traktat setzt ein mit einer Generalattacke auf all jenes, was man an „Geschickligkeit, wissenschafft", „weißheit", „Erkantnüß" oder „Erudition" vergeblich „in denen auf Pappier beschriebenen Büchern" zu finden hoffe. Lautete der entscheidende Ruf des Humanismus dereinst: *Ad fontes*, so bestreitet Arndt diesen kategorisch und setzt ihm entgegen, daß Bücher niemals „brunnen", *fontes*, sein könnten. Der Hintergrund der scharfen Wissenschafts- und Bücherkritik vor allem in der vermutlich etwa zeitgleichen *Vorrede zur Theologia deutsch* läßt noch deutlicher seine Konturen erkennen:

> „Wir sind bißhero in gentzlicher meinung gewesen, daß alle Geschickligkeit, Wissenschafft, sowohl aller Künsten Vrsprung, vnd arten, wie auch die Weißheit selbsten, in denen *auf Pappier beschriebenen Büchern* verborgen stecke, vnd daß *aus denselben ihre Erkantnüß zu haben, aus ihnen, alß aus den brunnen*, die eigentliche Erudition zu schöpffen: Derohalben man auch der Sprachen benötiget, auff daß iegliche bücher in ihrer eigenen Zung könten gelesen, auch die ware erkentnüs der Künst vnd Wissenschafften so in ihnen verborgen steckten, darauß gleichsam aus einem vollen Kasten vnd Vorraht, genommen werden: Derohalben hat man die aristotelischen vnd Galenischen Grichischen *bücher bißhero fontes, brunnen genennet*, vnd gleichsam vor Evangelium gehalten [!], daß niemand ohne die bücher vnd Wissenschafften der Sprachen gelehrt werden oder eines gelehrten Mannes Nahmen erlangen könne. Dahero ists kommen, daß wir biß dato mit büchern nit erfüllet [?] noch gesättiget, weniger vns aus der Weitleufftigkeit, vnd viele der Sprachen die gantze Zeit des lebens herauffer kratzen, noch vnser Leben, auch biß wir alt vnd graw werden, anders alß mit lesen, schreiben, vnd disputiren können zubringen. ... Ja eiteler alß Eitel (daß ich nichts ärgers sage) ist dieser Zustand. Denn der gerechte Richter wird einmal nit von dir fragen, wie viel du bücher durchlesen, wie viel du Sprachen gelernet, wie viel du geschrieben, wie gut vnd wohl du Grichisch vnd Lateinisch geredet, sondern *wie wohl du gelebet*. Wie nützlich du deinem Nechsten gewesen, vnd was vor einen geistlichen vnd ewigen Schatz du dir gesamlet habest." [132]

Nach Inhalt und Diktion atmet die einleitende Passage ganz den Geist der sonstigen Schriften Arndts. Nicht nur einen generellen Kulturpessimismus – „Daß die Pappierenen bücher gantz vnd gar nit brunnen seyen der waren Weißheit, Eloquentz vnd Erudition" [133] –, sondern auch den Widerhall des mittelalterlichen Universalienstreits meint man hier herauszuhören, wenn es kurz darauf heißt: [134]

---

[132] Fol. 2 ʳ - 3 ʳ (*in toto* unpaginiert; Hervorhebung von mir); div. Auszüge s. Gilly Cimelia S. 15f.
[133] Fol. 24 ʳ.
[134] Fol. 3 ʳ (Hervorhebung von mir).

„Item daß die geschriebenen bücher nit seyn brunnen der Künsten, das
ist, *der Dingen selber*, vnd nützlicher nöhtiger Wercken, sondern *nur allein der*
Wortte vnd Sprachen, oder der Schattigen [!] vnd Wortwissenschafften, *so nur*
mit Worten, nit mit Wercken ümbgehen."

Was in Büchern geschrieben steht, das sei [135]

„kaum ein schatten warer Weißheit, ia so geringschätzig, daß es fast vor
nichts zu rechnen, wie Plato [!] bezeuget. Dann du kanst *die lebendige wirck-*
liche Krafft vnd tugent durchaus nit aus büchern lernen: Drumb hast auch
nichts anders alß *Wortte ohne dinge: Wissenschafft ohne Krafft.* ... Dieses nun ist
dasienige, so vnsern Gelehrten mangelt, *nemblich die Dinge, nit die Wortte.*
Diß ist der Vnterscheidt vnter der Heidnischen vnd des H. Geistes Schulen.
Denn die Weißheit ist das ware Licht des Gemüts ...".

Es finden sich dieselben Dualismen und Stereotypen wie in der *Vorrede* zur
Theologia deutsch und im „Wahren Christentum", doch was dort vorwiegend auf
die Bibelhermeneutik bezogen bleibt, erscheint hier auf das ganze Phänomen der
(Un-)Kultur ausgeweitet, die *in toto* aus der „Heidnischen", weil nicht direkt aus
„des H. Geistes Schulen" entspringe – wobei schlechterdings alles, was nicht
jenseits von allen Büchern aus diesem „Brunnen" spiritualistischer Gottunmittelbarkeit geflossen ist, *per se* dem Verdikt „heidnisch" verfällt. Demgegenüber weise Christus den Weg zum einzig wahren „Buch" für die Bildung des Menschen:

„Im Namen vnd mit Hülffe vnsers einigen Heylands vnd Erlösers, mit
frölichem Hertzen vnd gemüht, reiße vnd weltze ich mich nun aus so
vielen Philosophischen netzen, Stricken, Kleyen, vnd Spreyern, aus einem
solchen Hauffen der Bücher, vnergründlichem Meer der heidnischen
Opiniones, vnd Irrsamen Irrgarten vnd Labyrinth der itzigen gelehrten,
vnd erkenne mit danckbarem Hertzen vnd gemüt den waren vnd einigen
brunnen aller Weißheit, Wissenschafften, Künsten vnd Sprachen, wie auch
ein einiges Buch der gantzen Microcosmischen Erudition." [136]

Dieses „einige Buch" menschlicher Bildung ist der heilige Geist, aus dem alle
Sprachen fließen, der Salomo in alle Weisheit der Natur eingeführt und Paulus
und die Apostel in Wahrheit zu Theologen gemacht hat „also, daß sie nit Buch-,
sondern Gottsgelehrte worden" . [137] Diese „ware Weißheit" ist „dreyfaltig, vnd in
dreyen höchsten Kräfften vnd faculteten bestehet", in der *Theologie* als der rechten Gotteserkenntnis, der *Philosophie* als der Erkenntnis der natürlichen Dinge
und der „Politia" als dem „rechten gebrauch der Rechte, Gericht, vnd Gerechtigkeit". [138] Mit den *tres facultates* variiert Arndt ein bei dem paracelsistischen Arzt
Alexander von Suchten begegnendes Motiv, der in seinem Traktat *De tribus facul-*

---

[135] Fol. 24 ᵛ (Hervorhebung von mir).
[136] Fol. 3 ᵛ (Hervorhebung von mir).
[137] Fol. 3 ᵛ.
[138] Fol. 3 ᵛ (Hervorhebung von mir).

tatibus eine angebliche Ureinheit der später differenzierten *facultates* der *Theologia*, *Astronomia* und *Medicina* in der Magie der Alten beschwört und eine Erneuerung dieser Disziplinen aus dem Geist dieser Magie einfordert. Arndt teilt mit von Suchten, wie gerade das „Wahre Christentum" zeigt, die „Theologie" und die sowohl „Astronomia" wie Medizin beinhaltende (Natur-)„Philosophia". Doch daß ebenso der Bereich des Politischen zu seinen genuinen Interessen gehört, zeigt nicht nur sein recht breit entfaltetes (theokratisches) Obrigkeitsverständnis,[139] sondern auch die divinatorische Deutung der wahren Regierungskunst als einer von aller Weisheit menschlicher Vernunft zu unterscheidende „himmlische aber und göttliche Weisheit",[140] mit der begabt, die (biblischen) „hochweisen Regenten" Joseph, Daniel, David und Salomo „Land und Leute wol regiret haben".[141] Doch nicht nur diese „ware Weißheit" in den *tres facultates* „fleust" aus diesem „Brunnen". Das – und zwar in dieser Reihenfolge! – nächstfolgende ist sodann

> „das Geschriebene Wort Gottes, welches wir die Bibel nennen. Eben aus diesem Brunnen muß vnd soll man schöpffen den waren Verstandt des Wortt Gottes, vnd die Außlegung der H. Schrifft. Zu [sic] diesem Brunnen, gleichsam in einem ewigen Schatz wird auffgehaben das Wort Gottes. In diesem Brunnen wird bewahret das Gemüht [!] der Schrifft, vnd ihr warer eigentlicher Sinn vnd Verstand".[142]

Weniger auf den Buchstaben als auf „das Gemüht der Schrifft", d. h. eine aus dem Geist unmittelbar fließende Deutung der Bibel, kommt es demnach an, alles von Arndts Bibelhermeneutik auch sonst wohlvertraute Gedanken. Und wie im „Wahren Christentum" – vor allem in dessen Urversion von Buch I[143] – bleibt die Stellung der Bibel als eines äußerlichen Zeugnisses schillernd und im letzten überflüssig da, wo der Geist selbst das Zeugnis unmittelbar gewährt. Wie dort, so ist die Posteriorität des biblischen Zeugnisses gegenüber jenem ‚inneren' abermals keine rein zeitliche. Wozu bedürfte es der sonst gescholtenen und als vergeblich erklärten Erkenntnis aus papierenen Büchern, wo doch der Geist selbst das innere Zeugnis gewährt. Daß Patriarchen und „Weyse" dieses Zeugnis besaßen, führt umgehend auf ein theologisch reichlich umstrittenes – und in durchaus ähnlicher Weise auch von Sebastian Franck reklamiertes[144] – Terrain:[145]

---

[139] Vgl. dazu Sommer Obrigkeitsverständnis und ders. Generalsuperintendent.
[140] Vgl. die *divina sapientia*.
[141] *Pss* 119/XIII Bd. 2 S. 217a; vgl. *Hex* 4,15 die "klugen Regenten und Kriegshelden" Gottes.
[142] Fol. 3 ᵛ – 4 ʳ.
[143] S. o., etwa im letzten Paragraphen zu *WCh* I,7.
[144] Eine uranfängliche Erkenntnis ohne die Bibel reflektiert *Franck* analog in den *PARADOXA* Nr. CXV-CXVIII fol. LXVIIʳ bezeichnenderweise unter dem Thema der „Bildtnuß gottes in vns" (so die Marginalie) in einer Weise, die, ähnlich wie bei Arndt, weniger auf die biblische Antike als vielmehr, im Streit um den Weg der Theologie, auf die Gegenwart abzielt: „Dann so wir jhe zu der Bildtnuß Gottes erschaffen seindt / vnd ein gespür vnd charakter Gottes / allen menschen ist eingedruckt / *welches bild nichts anders ist / dann ein liecht vnd funck / darin Gottes erkantnuß glaßtet / zu erleuchten / allen menschen eingepflantzet* / aber durch den auß-

„Gleichwie nun der einige Erlöser Menschlichen geschlechts, so da ist der
scopus vnd Zweck der gantzen Theologiae vns eröffnet, vnd bekant worden ist *durch das geschriebene vnd gepredigte Wort Gottes, gleichsam durch ein mittel*
[146] *vnd treues Zeugnüß*; also ist hingegen *ohne das geschrieben Wortt Gottes, allein
durch eingeben vnd anblasen des H. Geistes, welcher da ist ein trewer Zeuge Jesu
Christi*, selbiger eröffnet vnd bekant worden den alten Vätern vnd Weysen.
Dahero *vor*[!] *dem beschriebenen Wort Gottes die erkantnüß Göttliches Namens
vnter den Patriarchen vnd Propheten gemein gewesen.* Vnd gleichwie wir itzo die
Lehre von Gott fortpflantzen *durch die Bücher*; also haben vnsere Vorfahren
eben dieselbe[!] *fortgepflantzet durch etliche wunderbarliche, vnd vnaußsprächliche
traditiones vnd arten zu lehren* ... sie haben etliche andere Göttliche, aller-
heiligste, vnd verborgenste, reine vnd vnbefleckte Künste gehabt vnd
gebraucht, welche nit verfelscht noch vertilget kunten werden, die sie dann
an statt der geschriebenen Bücher [147] brauchten. Diese Künste nenne ich
die vhralte Philosophey, vnd Göttliche Weißheit der alten, nemlich die Cabala, so von
vielen genennet, wenigen bekant, durch welche *Göttliche Kunst die Weysen
aus Morgenlande, ohne das geschriebene Wortt Gottes Christum erkennet haben* ...
durch diese Kunst vnd Weißheit einig vnd allein, vnd durch kein ander
[ist] Christus, vnd seine Zukunfft ins fleisch, den Weisen bekant worden".

Das eigentümliche Schwanken und Schweigen des *Berichts von den Weisen aus Morgenland* über deren Quelle und Maß der Erkenntnis Christi erfährt hier eine Erklärung, die in dieser Direktheit in der spät publizierten *Evangelienpostille* keinen
Eingang hätte finden können. Doch sind diese immerhin biblisch legitimierten
Weisen – zu deren *cabalistischer* innerer Offenbarung jedoch etwa einem Luther
in seiner Kirchen- und Hauspostille schier gar nichts einfallen will – bei weitem
nicht die einzigen, die „ohne das geschriebene Wort Gottes" dennoch die voll-
gültige Offenbarung besaßen:[148]

„Durch diese Göttliche Kunst vnd Weißheit haben die *Sybillae* vor Zeiten
von Christo geweissaget, ohne das geschriebene Wort Gottes ... Es waren, sag ich, *die Sybillen, Caballisten vnd Magi* ... selbige haben auch durch
diese Göttliche Weißheit [149] *die ware erkentnüs Gottes, vnd der Natürlichen Dingen*
zugleich mit dem waren *Verstandt der Politischen Königreiche* Ziel, periodo,
auff- vnd niedergang, erlanget. Derhalben auch die gantze Grichische
Antiquitet alles dasienige, was sie vor bröcklin der waren Weißheit gehabt,
aus den Sybillinischen Oraculis erlangt vnd außgesogen ... Durch diese

---

gang des fleischs verfinstert. Als nun etlich / als wißtenn sie es nit / sich des willens Gottes
entschuldigen wolten / gab er nach. 3684. jaren (so vonn Adam / biß auff Mosen seind /
nach der außrechnung Josephi / Eusebij / vnd Philonis / *darinnen glat kein schrifft vnd dannoch
reichliche erkantnuß Gottes war*) das geschriben gesatz / offentlichen zu überzeugen / wie Hieronymus sagt / *das sie es zuuor in jrem hertzen hetten / vnd aber nit lasen.*" (Hervorhebung von mir).
[145] Fol. 4 [r-v] (Hervorhebung von mir).
[146] Scheinbar gut lutherisch das *medium salutis*!
[147] Das einzige Buch, von dem in diesem Zusammenhang die Rede war, ist die Bibel!
[148] Fol. 4 [v] - 5 [r] (Hervorhebung von mir).
[149] *Divina sapientia*!

Göttliche Weißheit vnd Vhralten Philosophia hat *der Aegyptische Hermes, vnd Mercurius Trismegistus* Christum auch erkennet, von welchem, alß dem Sohn Gottes er heyliglich propheceyet: Aus diesem Brunnen hat er *die erkentnüs der gantzen Natur, wie auch alle Wissenschafften der bürgerlichen Justitiae* geschöpffet, dahero er auch Trismegistus genennet worden, nemlich *der Gröste seiner Zeit vnd Vaterlands Theologus, der gröste Philosophus, vnd gröste König.* Jn dieser *Göttlichen Kunst* seind vortrefflich gewesen vorzeiten *die Chaldeer vnd Juden.*"

Die Deutung der „Politischen Königreiche" ist von *Hexaemeron* 4 bekannt.[150] Von der expliziten Nennung der *Sibyllinischen Orakel*, dem Terminus der *Cabala* und nicht zuletzt der – allerdings milieutypisch alles andere als ungewöhnlichen – allerhöchsten Wertschätzung des „Hermes Trismegistus"[151] abgesehen, bietet auch diese Passage gegenüber dem, was in dem *Bericht von den Weisen aus Morgenland* und der *Ikonographia* gesagt ist, inhaltlich nichts wesentlich Neues. Der sachliche Hinweis bezüglich „Hermes" ist insofern aufschlußreich, als er Arndts spezifisches Interesse an der Spekulation der Schriften des *Corpus Hermeticum* um den „Sohn" Gottes als dessen „Wort" markiert, was ein erhellendes Licht sowohl auf die eigentümliche Rede von Gottes „Wort" in der Schöpfung als auch auf die christologische bzw. christosophische Fundierung des *liber naturae* durch das ihm vorangestellte biblische Motto Kol 1,16f. wirft, die sich gut aus einer Verknüpfung von christlicher Logosspekulation altkirchlicher Provenienz und hermetischer Logosspekulation erklären lassen, zwischen denen schon zu Zeiten der alten Kirche entstehungsgeschichtlich bedingt die Grenzen mitunter fließen.

Nicht ein christlicher Antijudaismus als solcher unterscheidet Arndt von so vielen seiner Zeitgenossen, sondern eine hermetisch-spiritualistische und nicht minder scheußliche Begründung dafür, die den klassischen Stereotypen und dem Grundmuster der – sei es materiellen oder geistigen – Enteignung (hier der Kabbala) als Vorstufe von Vertreibung oder Vernichtung ganz entspricht. Noch von der Afterseite her zeigt sich, wie das spiritualistische Prinzip die Mitte usurpiert und das Herzstück aller Religion wie auch Erkenntnis zu sein beansprucht:

> „*Der heilige Geist*, welcher ist ein Geist Christi, *hat sie verlassen*; Ja verlassen hat sie *die wahre Göttliche Weißheit, vnd Vhralte Cabala* vnd seind worden zu Wohnungen der Gotteslesternden Teufel ... Derohalben die Christliche Obrigkeit durch Christi Willen [!!] zu bitten, daß sie diese, so Christum vor den waren Meßiam nit erkennen wollen, aus ihrem Land vnd Gräntzen vertreiben wolten. Daß aber *diese Kunst vnter dem Jüdischen Volck mercklich florirt*, vnd im schwang gewesen, seind viel Zeugnüße in H. Göttlicher [!] Schrifft, welche klärlich bezeugen, *daß sie ihre Weißheit, Wissenschafften, Künst vnd Sprachen, nit aus geschriebenen büchern, sondern aus dem H. Geist gehabt.*"[152]

---

150 *Hex* 4,19, s. o.
151 Den Arndt im Widmungsgedicht zu von Suchtens *De vera medicina* hoch rühmt, s. o. u. u.
152 Fol. 5 ʳ⁻ᵛ (Hervorhebung von mir).

Noch darin, daß die Bibel zum äußerlich stützenden ‚Zeugnis' dafür dient, daß
die *Cabalisten* die „wahre Göttliche Weißheit" nicht ‚papierenen' Büchern, sondern der Geistunmittelbarkeit verdankten, zeigt sich deren Inferiorität präzise.
Dem Geist verdankte auch Salomo seine Weisheit, die in zweierlei bestehe: [153]

> „Diese geheime, vnd im Geist der Weißheit verborgene Magiam [die
> Erkenntnis alles Natürlichen] vnd ihr eröffnung haben die alten Cabalam
> genennet, in welcher allein die gründtliche Erudition vnd Lehre begriffen."

Wie dem zu Zeiten misobiblen Bibliomanen Arndt auch des Paracelsus „Scripta
gnugsam bezeugen", ist „der deutsche Aesculapius Theophrastus ... zu seiner
Zeit derer heiligen Kunst Monarcha, vnd Fürst gewesen". Doch begnügt Arndt
sich nicht mit dessen Gedankengut. Wie im „Wahren Christentum" und der
Ikonographia wird auch ein paganer religions- wie kulturgeschichtlicher Hintergrund dieser schlechthinnigen Theologie in jener ‚alten Philosophia' sichtbar, [154]

> „in welcher vortrefflich gewesen sein die Cabalisten der Juden, der Perser
> Magi, vnd Priester der Aegyptier, in welcher Weißheit auch Moyses, die
> Könige der Chaldeer, der Jndianer Brachmanni, der Grichen Sybillen auch
> der Frantzosen vnd Deutzschen Druides aufferzogen worden. Die Vnwis-
> senheit vnd Verlierung dieser H. Kunst ist die einige Vrsach so vielerley
> Secten, Ketzereyen, Jrthumben, finsternüssen, Zanck, Streit, Vnreinigkeit,
> Wiederwertigen Opinionen, aberglauben, eitelen Künsten, vnnützen
> Büchern in allen disciplinen, faculteten, vnd profeßionen."

Spaltungen und Ketzerei in der Christenheit bzw. Kirche erklärt Arndt aus dem
Fehlen dieser *paganen* Werke! Deshalb gelte es die „Pappierene[n] Bücher" abzu-
tun, die aus dem in Wahrheit heidnischen „Welt-Geist" – der Arndt nicht ge-
nehmen Theologen und Christen – geschrieben seien, „wie dann der meiste teil
der Theologischen bücher heutiges tages solcher art seind:[155] Vnd wenn du nicht
den vrsprünglichen vnd ewigen brunnen aller Weißheit nachforschen wirst, vnd
werdest *ein recht Gottgelehrter, vnd Theophrastus: der nur von* [: aus] *Gott redet,* so wirstu
die Philosophiam vnd Weißheit der Alten nit überkommen."[156] Damit sind noch
weitere Stichworte aus dem großen begrifflichen Gesamtkomplex der *divina
sapientia* angesprochen, und hier liegt in der Tat dasselbe theologisch-philosophi-
sche Fundament zutage, auf dem auch das „Wahre Christentum" in seinen zwei
großen Teilen der *divina sapientia* und der *magia naturalis* als einer zusammengehörigen, jedoch in sich abgestuften *Theophilosophia* aufgebaut ist:[157]

---

[153] Fol. 5 ᵛ (Hervorhebung von mir).
[154] Fol. 6 ʳ (Hervorhebung von mir); zu denselben Gruppen vgl. auch fol. 24 ᵛ sowie die von
    Michael Maier im *Silentium post clamores* Cap. 5 (S. 36 – 56) als Vorbilder der Rosenkreuzer-
    Fraternität benannten antiken philosophischen *Fraternitates et Collegia* (dazu vgl. u. Anhang 3).
[155] Fol. 21 ʳ: den Bibelkommentaren mangelt der Geist; vgl. o. Bd. 1 § 2: Arndts Theologiekritik.
[156] Fol. 6 ᵛ (Hervorhebung von mir).
[157] Fol. 7 ᵛ – 8 ʳ (Hervorhebung von mir).

„Es ist aber derselbe brunnen [: der waren Weißheit, vnd waren Künste]
Die *Göttliche vnd Natürliche Weißheit* der Alten, vnd die *vhralte Philosophia,*
welche ich heiße: Alloquium divinum: Göttliche Anredung. Hiehero beruffe ich [!]
nun *alle Theologen, Medicos, Rechtsgelehrte, vnd Philosophen.* Durch diese Thür
seind eingangen *die Propheten vnd Apostel.* Auff diese Weise werden *Göttlich*
vnterricht[et]*, erwehlet, eingesetzt, vnd bestetiget*[158] alle geheimbe rechtschaffene
Doctores, heilsame Medici, vnverfälschte Priester der Gerechtigkeit, vnd
vnverderbte vortreffliche *Theophilosophi.* Dann *alle ware Wissenschafften vnd*
Künste seind dieser Göttlichen Weißheit vnd vhralten Philosophey einverleibt. ...
Diese vhralte Philosophia ist ... das gewisseste, vnverfälschte, ohn allen
Betrug reineste *Buch der waren Wissenschafften, in welches Gott die vnaußleschliche*
warheit selbsten geschrieben, vnd mit eigenem Finger eingegraben. Dieser Göttlichen
Weißheit haben sich vorzeiten *anstatt der geschriebenen Bücher gebraucht* die
heiligen Propheten, Dieser solten wir vns auch noch heutiges tages, *anstatt*
der Pappierenen Bücher gebrauchen."

Der Traktat führt zurück zum Wurzelgrund der Arndtschen Buchmetaphorik,
die den verachteten Menschenbüchern die authentischen „Vier Bücher" Gottes
als alleinige Quelle der die „Göttliche vnd Natürliche Weißheit" umfassenden
Offenbarung entgegensetzt und diesen – wie damit abermals bekräftigt ist,
prononciert vor- und außerbiblisch fundierten – Gedanken zur konzeptionellen
Grundlage seines „Wahren Christentums" erhebt. Es ist das „Licht" Gottes, das
sich als „füncklin" – wie in „Wahres Christentum" I,7 das verbliebene natürliche
Licht – oder als „flammen" zeigt, so wenn es darum geht, daß die wirklich guten
Redner „nit allein mit Grichischer, sondern auch Fewriger Zungen [!] reden":[159]

„Alle ware Künst seind füncklin vnd flammen des Lichts ... Vnd dieses
Licht hat der allerweiseste Schöpffer, *dieser vhralten Philosophiae* einverleibt,
vnd übergeben, gleichwie die Morgenröthe der Sonnen: *Von welcher* [sc.:
dieser vhralten Philosophiae!] *dann die Propheten vnd Apostel ihre Theologiam* [!]
gelernet haben, alß noch kein geschrieben Wort Gottes vorhanden war."

Die Propheten waren demnach *Cabalisten,* wie auch in den viele *Mysteria* und
Cabalistische gesicht enthaltenden Schriften Ezechiels und der Johannesapokalypse
abzulesen sei. Daß man sie noch nicht gänzlich verstanden hat, liegt daran, daß
es „an dem waren außleger dem H. Geist gemangelt" habe. Wer den nicht hat,
dem bleibt, wie an den „Gottlosen" und an den ihre Profession letztlich verfeh-
lenden Theologen zu sehen, nur „Wort" und „Thon", doch nicht die allein beim
Geist – und den diesen Geist besitzenden – liegende „lebendige Crafft":[160]

---

158 Damit sind die Schritte bis zur Einsetzung in ein Amt, und damit dieses selbst, spiritualisiert.
159 Fol. 11 ᵛ- 12 ʳ; zum Motiv der *linguae ignitae* vgl. Band 1 § 5.
160 Fol. 8 ᵛ - 9 ʳ (Hervorhebung von mir).

„Muß derowegen der ware Verstandt, vnd *lebendige Crafft Göttliches Worts von dem heiligen Geist erlangt,* vnd überkomen werden. Dahero dann die irrigen, so *die Wort vnd den Thon der H. Schrifft* können vnnd lauten [sic], nit alsobalden der waren Theologiae erkentnüß haben vnd rechte Theologi seind: Sondern in welchen der Geist der Propheceyung cräfftig ist, vnd *sein Licht ihrem gemüht eingeust. So weit ists gefehlet, daß der eusserliche Thon vnd profeßion einen Theologum machet:* Alß gleich wie der irrige, so in natürlichen dingen Rauten vnd Wermuth: Morgenstern, vnd Siebengestirn etc. nennet, oder zunennen gelernet hat, nit alsobalden *ein Naturkündiger* [!] oder Sternseher ist, oder den Namen eines Physici erlanget".

Was für andere Ämter und Professionen gilt, ist um so mehr für die Theologie zu veranschlagen: Nicht das „eusserliche", der Buchstabe, das Amt, die *vocatio* etc. machen den wahren Theologen, sondern allein der Besitz des Geistes. Und auch zum „Naturkündiger" gehört offensichtlich mehr als ein paar angelesene Kenntnisse, so etwa eine ‚geistlich'-symbolische, d. h. also ‚cabalistische' Deutung des Makrokosmos – wie Arndt sie im *Hexaemeron* fast durchgängig ausführt:

„von Gott sollen wir lernen. Denn was der Mensch, die kleine Welt über die Lehr von der ewigen Seeligkeit wissen solt oder könt, muß alles aus diesem künstlichen vnd wunderlichem Weltgebew geschöpfft werden." [161]

So vertritt auch Arndt in hermetischer Spur eine „gnostic religion of the world" (Yates). Den folgenden Teil – der von der hier abbrechenden Münchner Handschrift nicht mehr geboten wird – eröffnet Arndt damit, daß er die fundamentale Bedeutung des Makro-/Mikrokosmos-Theorems für die *antiqua philosophia* proklamiert – wobei nicht übersehen werden sollte, daß es genau dieses Theorem ist, das Arndt der Konzeption seines *liber naturae* zugrunde legt: [162]

„Derohalben auff daß der Mensch die vnsichtbare Weißheit Gottes so in rerum Natura verborgen, erforschen könte, hat er die gantze *große Welt* ... in die *kleine Welt* eingeschlossen, vnd also *den Menschen zu einem kurtzen begriff des Universi* [163] *vnd grossen Welt*, eins aus dem andern schaffend gemacht. *Dieses ist das fundament*, vnd *der Natürliche Brunn der vhralten Philosophischen Weißheit: Aus diesem Buch der Natur*, so nit aus menschlichem Witz entsprungen, sondern *älter alß der Mensch*, soll die ware Philosophische Wissenschafft geschöpffet werden."

---

[161] Fol. 9 ᵛ (Hervorhebung von mir). Ähnlich sagt Oswald Croll in seinem *Chymisch Kleinod, Erinnerungs Vorrede* I S. 27f. (Hervorhebung von mir): "Vnd gleich wie wir durch die Erkantnuß der sichtbahren Welt zu der Erkantnuß deß vnsichtbahren Werckmeisters gelangen: Also lernen wir auß dem sichtbaren Christo den Vatter erkennen ... Gleichwie aber niemand zum Sohn kommen kan / er höre vnnd lerne es dann von dem Vatter: Also kan auch niemand das Gebäw der Welt recht erkennen / er werde dann von Gott vnterrichtet vnd gelehrt."

[162] Fol. 10 ʳ⁻ᵛ (Hervorhebung von mir).

[163] Vgl. *Hex* 6,20: der Mensch als "die kleine Welt, und aller Creaturen Beschluß und epitome".

Hieraus erhellt jedoch schlagartig, daß nicht nur 1) Arndts *liber naturae* als solcher und 2) dessen Themen und Materialien, sondern 3) auch dessen Konzeption und Programmatik dem theosophischen Projekt einer *divina veterum Magorum sapientia recuperanda* geschuldet sind. Abermals zeigt sich, daß – bei zeitlich und sachlich allen Beteuerungen zum Trotz weit abgeschlagener Bibel – das *testimonium internum* oder das innere „Licht" des Geistes und der *liber naturae* als *lumen naturae* die *authentici*, schöpfungsursprünglichen und dem Menschen unmittelbaren göttlichen zwei „Bücher" sind, denen alles andere vor- und allenfalls beigeordnet ist. Dabei ist auch die Präferenz für *diese* beiden „Bücher" Teil desselben Projektes. Deshalb werden wie einst vor der Sintflut, der Zeit ohne geschriebene Bücher, auch die „waren Künst, vnd Philosophia nit vntergehen: Denn sie ist [sic] nit ausser, sondern in dem Menschen, vnd hat ihre residentz im Licht der Natur, vnd in deßen Schöpffer." [164] Daß die wahren Kräfte – welche „gentzlich geist*lich*" sind – daher rein innerlich sind und der menschlichen Vernunft wie den Sinnen verschlossen bleiben, gilt gleichermaßen für das „Buch der Natur", das nur ein aus dem rechten „Brunnen" gelehrter Mensch, der zwischen Schalen und Korn, Hülsen und Früchten zu unterscheiden weiß,[165] „durchsehen" kann:

> „Dann weder Vernunfft noch Sinn kan die [sic] verborgenen Brunnen Vrsprung, vnd vnsichtbaren Leblichen [?] Dingen vrsachen erreichen, oder *die gentzlich geistliche* (daß ich also reden mag [!]) *vnd verborgene Natur*, so ein quellbrunn aller Dingen, *durchsehen*. Daher der Jrthumb der Philosophen offenbar wird, so da sagen: *Es sey nichts im Verstande so nit zuvor im Sinn gewesen*; da doch vnser Sinn in erforschung Natürlicher Dingen, nichts [sic] anders, als ein Nachteule gegen der Sonnen stockblind, Jrrsam vnd betrieglich seind, wo sie nit durch die Göttliche alte Weißheit, vnd vhralte Philosophia vnd derselben Clares Licht erleuchtet werden." [166]

Der „Brunnen" ist das „Licht der Natur". In diesem ganzen auf einen philosophischen Realismus[167] zielenden Zusammenhang begegnet dieselbe von den Aristotelisten vertretene Argumentationsfigur, gegen die sich auch Descartes in seinem *Discours de la méthode* gegenüber den von ihm kritisierten „Philosophen ... in den Schulen" erklärt, nämlich, „daß es nichts im Verstande gebe, was nicht zuerst in den Sinnen gewesen sei".[168] Und so gilt wie im Blick auf die Signaturenlehre und die zum selben Gedankenkreis gehörigen *nomina propria* aller Kreaturen, so auch im Blick auf alle menschliche Kunst und Wissenschaft, daß sie keineswegs in den Worten und Begriffen, sondern „in den Dingen" selbst lägen:

---

164 Fol. 22 ᵛ - 23 ʳ.
165 Fol. 14 ᵛ.
166 Fol. 10 ᵛ (Hervorhebung von mir).
167 Fol. 11 ʳ, 14 ʳ u. 15 ʳ argumentiert Arndt im Sinne der *res ante voces* gegen "Wort ohne ding".
168 *Discours* (Gäbe) IV,6 S. 60f.

„*Die dinge bringens schon vor sich selbsten mit sich.* Derhalben so offt ein neu
licht, oder Newe Kunst entspringet, so ist alsobald vor eine Dienerin vorhanden die Eloquentz oder Beredsamkeit, so derselben Kunst gemeß oder
gebührend. *Kombt nit die Beredsamkeit aus den Dingen, oder Natur der Dingen.*
Muß man nit von den Dingen die gleichnüß, Metaphoren, figuren, vnd in
Summa alles, was zur Wohlredenheit vnd scharffsinnigkeit gehört, her-
nemmen: Dann es hat der allerweyseste Schöpffer die Dinge künstlicher
vnd schöner erschaffen, als wir außsprechen, vnd nachthun mögen. ...
Dahero bestehet gar nit die geschickligkeit Gelehrter Leute in den Sprachen vnd Logi-
schen Künsten: Dann iegliche Dinge, so aus ihrem Brunnen entspringen, die gebehren
zugleich vnd bringen mit sich ihre eigene Grammaticam, Rhetoricam, Dialecticam etc.
also daß die gantze Logica in den Dingen stecket, vnd nit anderst." [169]

Was helfen da „die vortrefflichsten ingenia" samt allen geschriebenen Büchern,
wenn die Leute „ihre augen nit können zu dem waren brunnen, vnd Licht der
Natur wenden".[170] Gilt für das *lumen naturae,* daß es ontologisch wie noetisch
ebenso wie das *lumen gratiae* ein innerliches, nur diesem gegenüber qualitativ
niedriger abgestuftes ist, so stehen sie in einer *analogia relationis* oder *proportiona-*
litatis zueinander in der Weise, daß die prophetische Inspiration des Geistes und
die divinatorische Inspiration des *lumen naturae* einander strukturell ähnlich sind.
Daher war Homer in seiner säkularen Inspiration als Verfasser seiner Schriften[171]

„*ein Natürlicher Magus, Weiser Prophetischer art,* das ist, von der Natur selbsten
zu diesem officio bestellet: Er hat *Magischer weise die Geschicht des T*roia-
nischen Kriegs *gesehen:* Das ist, er hat *aus antrieb, inclination, vnd Zwang der*
Natur, gleichsam violenter, mit den Dingen selbsten, eine liebliche klingende Krafft, vnd
Wohlredenheit erlanget, vnd solches gar nit aus geschriebenen Büchern geschöpffet ...
weil aus dem zerstörten Troia die Stadt Alba solt entspringen, vnd ein
newes Römisches Reich aus den überbliebenen Troianern erwachsen: alß,
schaffete ihr die *Natura sagax, so auch Maga kan genennet werden,* einen solchen Werckzeug vnd wohlklingende Posaun des künfftigen Reichs."

So hat die „große Krafft vnd gewalt Luminis Naturae" in den antiken Poeten
und Geschichtsschreibern gleichermaßen wie in „Heroen vnd Heroinen" sich als
inspirierende „Vis Magica vnd verborgene impreßio Luminis Naturae" erwiesen,
aus welcher Quelle auch Vergil, Ovid, Cicero, Apollonius, Hesiod – getreu der
Sentenz Ovids: „Von oben herab[172] kompt dieser Geist etc." – geschöpft hätten,
und die als „Magische impreßion" dem Scipio seinen Traum eingegeben habe.[173]
Die Eingeistung „Prophetischer art" eines Homer unterscheidet sich nur graduell, nicht strukturell von der des *sapientissimus rex,* worin sich das beobachtete
Modell von Anknüpfung und Überbietung in entgegengesetzter Richtung zeigt.

---

[169] Fol. 12 ʳ⁻ᵛ (Hervorhebung von mir).
[170] Fol. 12 ᵛ.
[171] Fol. 12 ʳ (Hervorhebung von mir).
[172] Vgl. Band 1 § 5: Die Formel "von oben herab" als Äquivalent der *divina sapientia*!
[173] Fol. 13 ʳ - 15 ʳ und 22 ᵛ - 23 ʳ.

Doch könnte der mehrfache, insgesamt eher oberflächliche Bezug auf antike Größen täuschen, geht es doch gerade nicht um eine Pflege der Bildung, auch in Sprachen und Künsten, sondern um die Ersetzung einer toten, leeren Büchergelehrsamkeit durch die „ware Erudition" aus dem *lumen naturae*, das diese Männer inspirierte und das es gerade für „dieses Pappierene seculum",[174] für welches gelte: „Worte gnung, aber wenig Weißheit",[175] wieder und neu aufzurichten heiße. Hier entpuppt sich jedoch die Rede von jenem die antiken Poeten und Philosophen ‚inklinierenden' *lumen naturae* als eine der Berufung auf diese Größen und aller Kultur, Philosophie, Gelehrsamkeit und Bildung hohnsprechende Kulturverachtung. Die Beschwörung jener „Schul des heiligen Geistes" impliziert als Kehrseite, „daß von der Zeit an, der heilige Geist von Menschen gewichen, alß sie angefangen haben mit gantzen Kräfften über die heidnische Büchern zu liegen [sic]" und anstatt der Tugenden und des Glaubens „sich des Prachts, Hoffart, eigenwitzigen [!] disputationen vnd Geitzes zu gebrauchen, welches dann *früchte seind der Heidnischen Kunst, vnd Geschickligkeit".* Die Untugend kommt aus einer falschen, was bedeutet, einer nicht-spiritualistischen Bildung. Daher kann Arndt nur ganz pauschal dekretieren: „also sind alle [!] Bücher nichts anders, alß *heidnische Abgötterey* ... es ist eben, alß wenn man einem schöne *gemahlte Götzen* zeigete, die das gesicht vnd gemüt vnnützlich erfüllen." So steht, wie schon nach der *Vorrede* zur *Theologia deutsch* auch, der Niedergang der Religion zu seiner Zeit in reziproker Proportion zur theologischen Literaturproduktion: „Nachdem man aber hat angefangen, so viel Bücher zu schreiben, ist Christus aus vnseren hertzen verschwunden. Denn Christus vnd die ware Weißheit wohnen *im Hertzen der frommen, vnd nit in Büchern.*"[176] Wie in Arndts Schriften auch sonst bekannt, folgt Gottes Strafe auf dem Fuß in Gestalt der göttlichen *providentia*, die die Ersetzung der abgöttischen und schon durch ihre bloße Existenz die Wahrheit und göttliche Weisheit verhindernden Bücher durch das *lumen naturae* in antiken wie zeitgenössischen Kulturkatastrophen sinnfällig und mit Lust zu inszenieren weiß:

> „Dahero dann offenbar, daß die mänge der Bücher nur ein Verhinderung warer Weißheit. Derhalben dann vnd *die Göttliche Vorsehung gar wenig heiliger Bücher hat überbleiben lassen,* vnd erhalten. Dann wieviel statlicher vnd herrlicher Bibliothecken seind von grund außgereutet [!]. Lieber warumb? antwortet: Diß ist durch *Gottes Verhengnüß* geschehen. Dann *allzeit hat die ware Weißheit auffgehört, wann sich die Bücher mehreten: Sobald aber die ware Weißheit herfür blickte, wurden die Bücher dem Vulcano übergeben* [!], wie in der Apostel Geschicht zu lesen. Also spielet vnd erlustiget sich [!] die Natura sagax inn Menschlichen Dingen. Dann die *Verbrennung vnd Vertilgung* [!] der Alexandrinischen, Hierosolymitanischen, Constantinopolitanischen, auch anderer mehr Bibliothecken, so in der Nechesten Bauren aufruhr vnter-

---

174 Fol. 21 ʳ, vgl. 18 ᵛ.
175 Fol. 18 ᵛ.
176 Fol. 19 ᵛ - 20 ʳ (Hervorhebung von mir).

gangen, *waren augenscheinlich Zeugnüß,*[177] *daß das Licht selbsten wolt herfür brechen, vnd den schatten vertreiben. Denn die ware Weißheit wird mehr mit wercken, alß mit worten fortgepflantzet, durch lebendige Tugenden mehr, alß geschriebene Bücher."*[178]

Wo das „Licht" Gottes derart hervorbricht und die „wercke" solcher „ware[n] Weißheit" vulkanisch sind, schlägt philosophischer Realismus in Zynismus um. Abgesehen davon, daß Arndt mit diesen göttlichen Bücher-„Verbrennung[en]" und der nicht minder göttlichen Erhaltung „gar wenig heiliger Bücher" selbst die Vorlage für die sein Werk im Streit darum kraft göttlicher Autorität unumstöß-lich legitimierenden Legenden von den – paradox genug, weil die *providentia dei* Bücher ansonsten ja eher zu zerstören scheint! – wunderbar erhaltenen *Büchern* geliefert hat, sind Gedanken und Diktion brutal und kulturfeindlich. Die anti-zivilisatorische Tendenz wird auch aus Äußerungen wie dieser deutlich:

> „So sehr tieff steckt diese itzige Zeit vnter der Eitelen last der Bücher, daß entweder ein gentzlicher, oder doch gröster teil Vntergang vnd Zerstörung Europae [!] dardurch gedauert wird. Dann vnser Weißheit, tugent, Ehr, vnd Herrligkeit, vnd gutter nahm ist *nit lebendig, sondern Pappieren vnd todt."*[179]

Gegen die verhaßten Bücher bricht das Licht des Geistes mit ‚vertilgender' und ‚ausreutender' Gewalt hervor, um das gesamte Gelehrten-, Buch- und Bildungs-wesen als einen „schatten" zu „vertreiben", was nicht von ungefähr sprachlich wie sachlich an Arndts dargelegten Antijudaismus erinnert, spricht doch aus bei-dem eine etwa dem ‚aufgeklärten', Toleranz fordernden Spiritualismus eines Sebastian Franck fremde Brutalität – die ausgerechnet in den auch Bibliotheken vernichtenden Brandschatzungen der Bauernkriege das ‚Licht' der *Natura sagax* hervorbrechen sieht, was mit Arndts sonst so obrigkeitsfrommer Gesinnung wenig vereinbar scheint. Daß es auf die Tugenden, nicht auf Bücher und Gelehr-samkeit ankomme, verbindet diesen Traktat neben dem „Wahren Christentum" nicht zuletzt mit jener *Dissertatio*, der lange Zeit irrtümlich als die Schrift *De anti-qua philosophia* identifiziert wurde. „Nit sagen, sondern thun verdient Lob vnd Ehr."[180] oder: „Entweder das Evangelium Christi ist falsch vnd vnrecht, oder aber wir seind keine Christen."[181] lauten einschlägige, ihrer Botschaft nach wohl-vertraute *dicta probantia*. Weil die Tugenden allemal über allen Büchern stünden,

---

[177] Nach *Hex* 1,30 ist die spagyrische "Separation" des "Licht[es] in allen Dingen" (*lumen naturae*) ein *„augenscheinlich Zeugniß"* der endzeitlichen Verklärung.

[178] Fol. 20 ͬ⁻ᵛ (Hervorhebung von mir); dazu vgl. *Studium universale* VII fol. C 5 ᵛ: „Alle papirne menschliche Bücher würde man auf grossen Rüstwagen zum Feuer führen / und würden alle nur diß einige [: innere] Buch kauffen"; vgl. auch *Ikon* fol. 9 ͬ⁻ᵛ die Offenbarung des *Erdbebem*.

[179] Fol. 20 ᵛ (Hervorhebung von mir).

[180] Fol. 18 ᵛ.

[181] Fol. 17 ͬ.

„Daher nennet der Apostel die Corinther sein geschrieben Buch,[182] nit zwar mit Tinten, sondern durch den lebendigen Geist Gottes. Es seind auch nit die Schwätzerhafftigen Logischen Theorien ware scientien, alß biß dato vermeinet worden, sondern die lebendigen Kräffte." [183]

Und für die Tugend als theologische Zentralkategorie Arndts gilt: „Die Tugent wird nit aus Büchern gelernet, sondern ist eine himmlische gabe."[184] Und weil Gott selbst der „brunnen" ist, deshalb bedürften die Christen keiner „heidnischen" Bücher – wenn man vom *Corpus Hermeticum* und anderem einmal absieht! Ein Detail wie das, daß die Sentenz: „Wir lernen allzeit, vnd kommen niemahlen zu warer erkentnüß" anders als sonst nicht als 2 Tim 3,7,[185] sondern als „das Platonische Sprüchwort" identifiziert erscheint, bestätigt ebenso wie der in der Schlußpassage wiederkehrende – in den öffentlichen Schriften jedoch nie explizite – Antiaristotelismus und der wiederholt artikulierte Realismus, daß es sich um ein durch und durch *Platonisch-Hermetisches Christenthum* (Colberg) handelt, das in dem „ware[n] vnd einige[n]" – wenngleich den *liber naturae* als einen Bestandteil desselben integrierenden – „Buch" des heiligen Geistes gipfelt, das Arndt zum Ende des Traktats wie folgt zu dessen „Summa" erklärt:[186]

„Jn Summa, *daß der heilige Geist sey das ware vnd einige Buch,* aus welchem die Theologia, Erkantnüß der Natur, Medicina, Gerechtigkeit, *Heiligkeit vnd Krafft oder Gnade* [!] zu lernen, gelernet werde. Die Ordnung, art, vnd Weise aber zu lernen sey die vhralte Philosophiae der Alten, oder die Göttliche Magia vnd Cabala. DIXI."

Wenn Arndt in der *Vorrede* zur *Theologia deutsch* 4f. im Kontext der Polemik gegen menschliche und vor allem theologische Bücher in Verbindung mit 2 Kor 3,2f. über die Wiedergeborenen sagt: „sie haben das rechte Buch im Herzen, den heiligen Geist", so ist dies strukturell identisch. Doch zeigt sich in der *Vorrede* eine über die *De antiqua philosophia Oratio* noch hinausgehende mystisch-spiritualistische Einfärbung, die den Schluß nahelegt, daß bei Arndt der aus dem Klima der Baseler Geistigkeit rezipierte paracelsistische Hermetismus das erste war, an den – wie in der Paracelsus-Rezeption Weigels auch – ein in der Tradition von Tauler, Thomas von Kempen und der *Theologia deutsch* stehender mystischer Spiritualismus anknüpfen und sich als dessen Herzstück etablieren konnte. Wenn die von Schneider bisher nur angedeutete,[187] auf die persönliche Entdeckung und Neuerschließung der *Theologia deutsch* zurückgeführte intensive Beschäftigung

---

182 In 2 Kor 3,2f. spricht Paulus dagegen von den Korinthern als einem *Brief*!
183 Fol. 20 v (Hervorhebung von mir).
184 Fol. 23 r.
185 Fol. 22 r, wo Arndt die einer anderen theologisch-philosophischen Orientierung folgenden als "A.B.C. Schüller" und "Schulbuben" diffamiert; zu 2 Tim 3,7 als Topos vgl. Band 1 § 4.
186 Fol. 27 r (Hervorhebung von mir).
187 Schneider Frühschriften S. 62 weist in Anknüpfung an die von ihm ansonsten nicht in dieser Form geteilte Periodisierung der Arndtschen Entwicklung durch Wilhelm Koepp hierauf hin.

Arndts mit der mystischen Tradition – die etwa in der 1596 abgeschlossenen
Ikonographia noch kaum wahrzunehmen ist, in der *Vorrede* der *Theologia-deutsch*-
Edition aber schon deutlich die Feder zu führen beginnt – in dieser Weise um
das Jahr 1597 herum zu datieren wäre, dann ließe sich innerhalb der Gesamtkonzeption des „Wahren Christentums" der *liber vitae* – der mit der aus der *Theologia
deutsch* rührenden „Leben Christi"-Konzeption, viktorinischen und franziskanischen buchmetaphorischen Motiven und Angela von Folignos *liber-vitae-Christi*-
Konzeption verschiedene mystische Impulse aufgreift – als das in dem *concentus*
der vier jüngste „Buch" identifizieren, was zugleich eine Datierung des Traktats
De antiqua philosophia, der neben den Haupt-„Büchern" von Geist und Natur als
drittes das deutlich relativierte Buch der Bibel nennt, im Umkreis der *Ikonographia* wahrscheinlich erscheinen läßt, der er auch inhaltlich relativ nahesteht.
Indem er einen noch tieferen Blick in außerchristliche Quellen und Termino-
logie (*Magia* und *Cabala*) der *prisca philosophia* freigibt, bestätigt der Traktat aufs
Ganze gesehen, was auch viele von Arndts anderen Schriften inhaltlich vertre-
ten, und was im „Wahren Christentum" programmatische Gestalt erhalten hat.
Überraschend mag allenfalls wirken, wie ungeschützt Arndt hier die paganen
Traditionen der *prisca sapientia* oder *philosophia* als die gegenüber der ‚nur' ge-
schriebenen Bibel unmittelbare und daher originäre Offenbarung Gottes deutet.
Nicht nur der exakt passende Titel, sondern auch die in Arndts Verweisen in der
Ikonographia[188] und im „Wahren Christentum" I,36,15 genannten,[189] im Traktat
entsprechend ausgeführten Inhalte bestätigen, daß nicht jene *Dissertatio* – die sich
jedoch gelegentlich damit berührt –, sondern die in der Wolfenbütteler und der
erheblich gekürzten Münchner Abschrift vorliegende *De antiqua philosophia...
Oratio* den eigentlichen Traktat Arndts zu diesem Titel und Thema darstellt.

Arndts Haßtiraden gegen „heidnische" papierene Bücher, worunter er Werke
christlicher, nicht-spiritualistischer, meist aristotelistischer Tradition verpflichte-
ter Autoren versteht, darf nicht darüber hinwegtäuschen, daß es sich gerade bei
den hier genannten Hauptquellen der *prisca sapientia* ihrerseits um pagane Schriften handelt. Daß er die den „Heiden" zugebilligte inspirierende *inclinatio* durch
das „Licht der Natur" strukturell analog deutet wie die entsprechend höhere
Erleuchtung durch das „Licht" des Geistes, zeigt – just in diesem Kontext der
paganen Quellen – ebenso wie das spiegelbildliche Phänomen einer anknüpfenden Überbietung Platons und anderer, daß sich Herzstücke von Arndts theologischem Denken einer spiritualistischen Überhöhung und Überbietung von ihrer
Herkunft nach paganen Traditionen verdanken, die als die „wahre" und allein
christliche Position gegen jene angeblich „heidnischen" Bücher und Repräsentanten außerspiritualistischer Theologie in Stellung gebracht werden – wobei
Arndt jene zu letztlich nur den eigenen Interessen dienenden Spolien degradiert.
Doch bleibt dies nicht die einzige Inkonsequenz. Den Gegnern macht er zum

---

[188] *Ikon* IX fol. 33 ʳ (Schneider Studienzeit S. 152 A. 138; dazu s. o.).
[189] Wie Schneider Frühschriften S. 34 A. 29 vermerkt, fehlt der Abschnitt in der Urausgabe.

Vorwurf, sie hätten nur die *verba* oder *voces*, nicht aber die *res*, was seiner im Kontext der Theologiekritik erhobenen Suche nach der inneren „Kraft" im bloß ‚äußerlichen' Buchstaben des *verbum externum* genau entspricht. Die ebenso pauschale wie über weite Strecken nur noch verunglimpfende Art, wie er mit antiken und zeitgenössischen philosophischen wie theologischen Traditionen sowie der gesamten Bildungskultur seiner Zeit umgeht, erweist seine Tiraden schlicht als Projektion. Von den Positionen, gegen die er wütend kämpft, kennt er selbst nur einen – auf diese wiederum rückprojizierten – „Schatten". Und schließlich benötigt einer, der wiederholt erklärt, „Daß die Pappierenen bücher gantz vnd gar nit brunnen seyen der waren Weißheit, Eloquentz vnd Erudition",[190] sondern „Jn Summa, daß der heilige Geist sey das ware vnd einige Buch",[191] in der Erstveröffentlichung des diesem Kerngedanken eine ihm gemäße Form verleihenden Werkes allein dafür nicht weniger als 1.831 Druckseiten, von den späteren, nicht minder voluminösen Werken zu schweigen. Dies ist angesichts des nicht vorzüglich frommen, dafür aber reichlich antihumanistischen und antizivilisatorischen Wunsches nach einer durch die „ware Weißheit" und das göttliche „Licht" induzierten „Verbrennung vnd Vertilgung"[192] jeglicher Buchgelehrsamkeit eine nicht geringe Dreistigkeit, die durch die spätere Mystifikation, daß Arndts Schriften in Feuers- und Wassersnöten durch Gottes unmittelbares Eingreifen – das einer vieltausendfachen Zerstörung anderer Bücher und ganzer Bibliotheken auch hier ungerührt zusah – unzählige Male und allein mit der Bibel zusammen wundersam errettet worden seien, posthum auch noch honoriert und überhöht wurde. Daß jemand, der Bücher – schriftlich – als „heidnische Abgötterey" und „gemahlte Götzen"[193] diffamiert, selbst Bücher produziert, denen schon als Druckerzeugnissen eine geradezu unwiderstehliche göttliche Aura anzuhaften scheint, gehört zu den – Arndts Theologie rezeptionsgeschichtlich präzise spiegelnden – inneren Widersprüchen, denen möglicherweise auch ein nicht geringer Teil der lange Zeit von seinem Werk ausgehenden Faszination zuzuschreiben sein wird. In jedem Fall hat sein Programm einer *indocta ignorantia*, das er in den öffentlichen Schriften nicht minder als in den *Esoterica* vertrat, tiefe Spuren hinterlassen.

---

[190] Fol. 24 ʳ.
[191] Fol. 27 ʳ. Zu diesem "Buch" vgl. das oben in Band 2 § 4 *passim* Gesagte sowie auch noch Weigel *Gnothi seauton* XIV S. 37; ebd. XIX S. 48 und Ps.-Weigel: *Gnothi seauton* II cap. X S. 89.
[192] Fol. 20 ʳ⁻ᵛ (Hervorhebung von mir).
[193] Fol. 19 ᵛ.

Anhang 2. „aus jedwedem Dinge ein natürliches Licht zu scheiden stehet"[194] – Arndts Rezeption in der Geschichte der Alchemie

Der Textbefund gibt Hermann Fictuld recht, daß Arndt in das „Wahre Christentum" „die primam materiam lapidis Philosophorum und die gantze Bereitung desselben so zierlich, lieblich und angenehm [habe] einfliessen lassen".[195] In der Tat zeigt die Geschichte der Alchemie, daß in Kreisen der „die Natur und deren Wercke kennender", d. h. Alchemiker oder zumindest Kenner der Alchemie, Arndts Name selbstverständlich geläufig ist, wie nicht nur die in John Fergusons *Bibliotheca Chemica* gesammelten Beispiele von einschlägigen Werken ausweisen.[196]

2.1 Benedikt Nikolaus Petraeus

In seiner *Critique über die Alchymischen Schrifften*[197] bezieht Benedikt Petraeus sich im Rahmen einer Erörterung über die „Materia unseres Steins", in der er sich u. a. mit Isaac Holland, Roger Baco, Artephius auseinandersetzt, auf Arndts *Hexaemeron*. Ob er dies nun direkt Issac Holland entlehnt oder selbst in diese Debatte einflicht, die Weise, wie er eher beiläufig Arndt einführt, läßt dies als eine selbstverständliche Referenz auf eine allseits bekannte Größe erscheinen:

> „Diesem [Hollandus] nach ist dann wohl gewiß und ausgemacht, daß, *weiln GOTTES unvergänglicher Geist in allen Creaturen ausgegossen, und aus jedwedem Dinge ein natürliches Licht zu scheiden stehet, wie der Geistreiche JOHANN ARNDS* [sic] *redet,* die Natur nicht so arm anzusehen, als daß nur bloß und alleine in einer eintzigen Materie oder Saltz-Cörper das geistliche Wesen der Weißheit sollte gelegen seyn ... ".

In einer strittigen Debatte beruft Petraeus sich auf Johann Arndt als alchemische Autorität für die Frage, ob man „ein wahres Philosophisches Solvens oder Agens" nicht nur, wie das die meisten Vertreter der ‚Kunst' befürworten, in den

---

194 Benedikt N. Petraeus *Critique* (zu Arndt) in: Roth-Scholtz *Deutsches Theatrum Chemicum* II S. 49.
195 S. 12f. (Hervorhebung von mir).
196 Bibliotheca Chemica: A CATALOGUE OF THE ALCHEMICAL, CHEMICAL AND PHARMACEUTICAL BOOKS IN THE COLLECTION OF THE LATE JAMES YOUNG OF KELLY AND DURRIS, ESQ., LL.D., F.R.S., F.R.S.E., Glasgow 1906 (= London 1954/Hildesheim/New York 1974), Bd. I S. 48. Folgende der u. zitierten Autoren entnahm ich diesem Werk: Amelung von Tannenbaum; [Soeldner]; Fictuld; "Carbonarius".
197 Roth-Scholtz *Deutsches Theatrum Chemicum* II S. 49 (Hervorhebung von mir).

Metallen, sondern „auch in dem Urin statuiren" solle oder in anderen nicht-
metallischen Substanzen, wobei hier Arndt für die letztere Position ins Feld geführt wird. Die Formulierung zeigt eindeutig, daß Petraeus sich auf das erste
Kapitel des *Hexaemeron* bezieht, und zwar auf die oben genannten Abschnitte 1,2
und 1,30. Arndts Gedanke vom ‚Licht' in den Kreaturen dient Petraeus als Argument in seinem Streben, gegenüber einer Engführung der Alchemie in Richtung der Metalltransmutation den Horizont für eine stärkere Einbeziehung anderer Stoffe bei der Bereitung des Steins zu weiten. Dieses ‚Licht', das jenseits der
Metalle in allen Kreaturen zu finden sei, lasse sich auch medizinisch nutzen.

2.2   Heinrich Christian Amelung von Tannenbaum

Daß *Hexaemeron* 1,30 auch sonst als zentraler Beleg für Arndts alchemisches
Wissen gilt, zeigt Amelung von Tannenbaum. In seiner *Chymischen Untersuchung*[198]
von 1690 zitiert er diesen Abschnitt, der ihm Ausweis genug zu sein scheint, als
einzigen[199] aus Arndts Werk. Von Tannenbaum beschreibt die „Edle Alchymia
oder Ars spagyrica", die „bey ietzigen als vorigen Zeiten nicht so hoch mehr
aestimiret und in Werth / ja vielmehr vor Sophisterey und Betrug gehalten
wird".[200] Er beansprucht diese Wissenschaft im Gegensatz zu den modernen
Wissenschaften unmittelbar aus der – freilich aus „spagyrischer" Perspektive betrachteten – „Natur" selbst gewinnen zu können. In diesem Zusammenhang
eröffnet von Tannenbaum eine weit ausgreifende, kulturell und geographisch
fast den ganzen Kreis der alten Welt einbeziehende Ahnenreihe dieser Alchymia.
Bemerkenswert daran ist zum einen die Tatsache, daß unter den insgesamt doch
vergleichsweise wenigen Gestalten Johann Arndt überhaupt erscheint, zumal als
eine der zentralen Gestalten aus dem deutschen Bereich, zum anderen der Kontext selbst, in den er ihn stellt. Über das Gros der zeitgenössischen Forscher
klagt Amelung, sie suchten ihr Wissen nicht[201]

> „in dem schlechten [: schlichten] Weg der Natur / sondern wollen viel
> lieber andere subtile Dinge / von welchen die Natur nichts weiß / aus
> Schrifften der Philosophen erpochen und erzwingen. Ja ich halte dafür /
> daß wenn heute der *Hebräische* Chamus (welcher der erste Erfinder der
> Alchemie und Salis Philosophorum soll gewesen seyn) wie auch die
> *Aegyptier und Chaldäer* / Mizraimus, Hermes Trismegistus, Thebit und Haly,
> die *Araber* Geber, Avicenna, Mesue und Albohaly, der *Griechische* Demo-
> critus und Jason, der *Römische* Morienus, der *Frantzösische* Dionysius, Bern-
> hardus comes Trevisanus und Flamellus, der *Hispanische* Lullius, der *Eng-*
> *lische* Rogerius Bacchon, Riplaeus, Thomas Nortonus, der *Teutsche* Edel-
> mann Lamspring / *Theophrastus Paracelsus, Henricus Kunradus* [Khunrath!],

---

[198] Heinrich Christian Amelung von Tannenbaum: *Chymische Untersuchung / Von dem Unterscheid
    Des Philosoph. Und Mineralischen ANTIMONII …* , Dresden 1690.
[199] Entgegen der Notiz Fergusons, *Bibliotheca Chemica* Bd. I S. 48: "has *some* extracts from Arndt".
[200] Zuschrift fol. A 2ᵛ.
[201] Fol. A 3ᵛ bis A 5ʳ (Hervorhebung von mir).

Johann Arnd / Michael Majerus, Peter Amelung, und andere mehr sollten
wieder auffstehen / Sie würden nicht für Philosophen, sondern nur für
Schüler von solchen subtilen und spitzsinnigen Köpffen gehalten werden
... in dem Dieselbigen *bloß nach der Natur in einer einigen Materien gearbeitet*
und durch simple Decoction doch soweit gekommen / daß Sie ihr gantzes
Vorhaben zur höchsten maturität und Vollkommenheit ... gebracht."

Die, wenn man so will, „internationalistische" Liste von 25 Namen – Beleg für
die Interkulturalität des grenzüberschreitenden hermetisch-alchemischen Denkens und seines Selbstbewußtseins – enthält eine Art „Who is who" der ‚Kunst‘.
Für unseren Zusammenhang interessanter noch als die Frage, wer warum in
dieser Auswahl nicht erscheint, ist die nach Arndt und seiner gesamten „teutschen" Umgebung. Neben den weniger bekannten[202] Alchemikern Lamspring
und Amelung [!] stellt Amelung den Celler Generalsuperintendenten, sachlich
zutreffend, in eine Reihe zwischen Paracelsus, den Arndt-Freund und in Basel
promovierten Paracelsisten Heinrich Khunrath,[203] sowie den der Rosenkreuzer-
bewegung eng verbundenen Leibarzt Rudolfs II. und des Landgrafen Moritz
von Hessen, Michael Maier[204] – im Text finden aus dem näheren Umfeld dann
u. a. auch der in alchemischer Perspektive eigentlich bekanntere und zentralere
„Basilius Valentinus"[205] sowie Aegidius Gut[t]mann eine Würdigung[206] – und
erklärt ihn damit unmißverständlich zu einem herausragenden Repräsentanten
der „Edlen Alchymia oder Ars spagyrica", wobei seine wie des Petraeus Interessen unübersehbar auf der materialen Seite des alchemischen Komplexes liegen.

2.3   *Fegfeuer der Scheide-Kunst und Erlösung aus dem Fegfeur*

Ein ergötzliches Stück aus der Geschichte von Arndt und der Alchemie bieten
zwei Schriften um die Wende zum 18. Jahrhundert, die in gut alchemischer
Metaphorik nicht etwa nur die Metalle, sondern die Alchemie selbst und ihre
Vertreter dem *purgatorium* eines läuternden Feuers auszusetzen bzw. sie im
Gegenzug aus diesem wieder zu erlösen gedenken. Die dabei auftretende Über-
spitzung des alchemischen Sprachspiels und die sprühende Polemik bereiten ein
Lesevergnügen der eigenen Art.
    Der Titel der ersten, der Angabe nach 1702 in Hamburg anonym erschiene-
nen Schrift lautet:

---

[202] Weder von Lippmann Alchemie I/II noch Priesner/Figala Alchemie verzeichnen sie. Zu
    Lamspring, der u. a. auch im berühmten *Musaeum hermeticum* zu Wort kommt, vgl. aber etwa
    Ferguson II S. 6 sowie Biedermann Lexikon S. 258 u. a.
[203] Telle in Priesner/Figala Alchemie S. 194 – 196.
[204] Neumann in Priesner/Figala Alchemie S. 232 – 235.
[205] Zu dieser fiktiven Gestalt und dem unter ihrem Namen verbreiteten Werk vgl. Fritz, Felix:
    "Basilius Valentinus", in: Das Buch der großen Chemiker, hg. von Bugge, Günther, Berlin
    1929, Band 1 S. 125-141 u. a.
[206] Nr. VI S. 28; Nr. XIII S. 38f.

KEREN HAPPUCH,
POSAUNEN ELIAE
des Künstlers /
oder
Teutsches Fegfeuer
der
Scheide = Kunst /
Worinnen
Nebst den Neu-gierigsten und grössesten Ge =
heimnüssen für Augen gestellet
Die wahren Besitzer der Kunst;
Wie auch
Die Ketzer / Betrieger / Pfuscher /
Stümpler / Bönhasen und Herren
Gern = Grosse.
Mit gar vielen Oertern aus der Schrifft
und andern Urkunden
eröffnet von
Einem Feinde des Vitzliputzli, der ehrli =
cher Leute Ehre und der aufgeblasenen
Schande entdecken will

Diese Schrift, als deren Verfasser Johann Anton Soeldner gilt, erschien mit derselben Jahreszahl 1702 unter leicht verändertem Titel auch noch in Amsterdam.[207] Dem Hinweis auf die Bibel schon im Titel entsprechend, setzt Soeldner
damit ein, daß er mit der christlich-alchemischen Tradition die „Scheide-Kunst"
als eine biblische Weisheit aus ältester Zeit herzuleiten sucht. Ob schon Adam
sie besessen habe, sei fraglich, aber Moses – als Schüler der Ägypter –, David,
Jesaja, Salomo, Hiob, Esra, Hesekiel, Daniel, Zacharias, Micha „und andere"
seien zweifellos in diese hohe Kunst der Chymisten eingeweiht gewesen; „aber
alles ausführlich dar zu thun, erfordert eine sonderliche Schrifft, und wäre der
Mühe werth, eine Biblische Chymie [!] zu schreiben, wenn nur Leute bey Handen wären, derer man sich bedienen könnte ... ".[208] Im Banne des Denkens der
zwei-Bücher-Theorie stehend, sucht dieser Ansatz nicht so sehr eine Konvergenz vom Naturbuch in Richtung der Bibel herzustellen, sondern, den Konzepten der *Physica sacra* und der *Hexaemeron*-Tradition entsprechend, die naturphilosophischen Bemühungen biblisch zu fundieren und zu bewähren:[209] „Dieses

---

[207] *Fegfeuer Der CHYMISTEN, Worin für Augen gestellet / Die wahren Besitzer der Kunst / wie auch Die
Ketzer / Betrieger / Sophisten und Herren Gern-Grosse. Eröffnet Von Einem Feinde des Vitzli-putzli, der
ehrlicher Leute Ehre / und der Aufgeblasenen Schande entdecken will.* Amsterdam 1702. Ich habe zu
verschiedenen Zeiten an verschiedenen Orten mit beiden Ausgaben gearbeitet, hatte aber
nicht die Gelegenheit zu einem exakten Vergleich der Ausgaben zur Überprüfung ihrer
Identität oder Differenz. Im Folgenden zitiere ich beide Ausgaben, wobei ich die Hamburger
Ausgabe mit *Keren Happuch*, die Amsterdamer mit *Fegfeuer der Chymisten* abkürze.
[208] *Fegfeuer der Chymisten* S. 5-9.
[209] Ebd. S. 9.

wenige wird hoffentlich Grundes gnug seyn zu beweisen, daß die Chymie unter
den Männern GOttes in großem Werth gewesen sey, von GOtt den Menschen
als ein grosser Schatz gegeben werde und daß sie selbst in göttlicher Schrifft als
ein Eigenthum der Knechte des HErrn gerühmet werde, davor wir wohl sagen
können, GOtt habe alle Geheimnisse auch der Natur uns offenbar in der
Schrifft vor Augen gelegt." An diesen Kriterien mißt das *Fegfeuer* die Alchemie
und unterzieht viele große Autoritäten der Tradition einer vernichtenden Kritik.

Nach vielen Textproben, u. a. zitiert er Pseudo-Weigels *Azoth et Ignis* seiten-
weise, kommt Soeldner unter Nr. 50 zu Johann Arndt.[210] Schon der erste Satz
einer Charakterisierung Arndts läßt aufhorchen: „in seinen Predigten über den
Psalter / wie auch im wahren Christentum giebt er viel Proben seiner Kunst".
Demnach seien die Themen nicht oder nicht nur in abgelegenen, unveröffent-
lichten Schriften zu finden, sondern lägen dem, der sie zu lesen weiß, in den gän-
gigsten Publikationen offen zutage. Soeldner greift auf eine apokryphe Tradition
zurück, die sich zu erklären anschickt, woher Arndt sein Wissen bezogen habe:[211]

> „Es war in Stade ein Rent-Meister / Nahmens Wiesing, der den Ruhm
> eines redlichen Mannes bey allen hatte / dieser berichtete / daß er bey
> einem Mecklenburgischen Edelmann ehemals in Diensten gestanden / der
> wegen hohen Alters in Hamburg kranck wird. Als dieser Edelmann
> merckte / daß seine Artzney nicht mehr wollte anschlagen / foderte er
> diesen Wiesing, hieß ein feuer in den Camin machen / und viele Schrifften
> verbrennen / was Gattung die Schrifften gewesen / konte er nicht sagen.
> Uber dieses vertrauet er diesem Wiesing auch / etliche Schrifften ver-
> siegelt nebst einer Schachtel / und meyne gar / daß sich dieser Wiesing
> mit einen Eyde verbinden müssen / doch kann ichs nicht gewiß sagen was
> den Eyd betrifft / daß so bald der Edelmann todt sey / solle die Schachtel
> und Schrifften an Joh. Arndten, Superintendenten in Zelle abgegeben wer-
> den / welches dieser Wiesing auch treulich verrichtet / und so ist Joh.
> Arndts anfangs an den Verwandlungs-Stein gelanget."

Soeldner bezieht sich auf zweierlei: 1) Die Zusendung von mutmaßlich alchemischen Schriften und jener geheimnisvollen Schachtel, über die nichts sonst
verlautet, welche Sendung in Arndts Zeit als Celler Generalsuperintendent datiert wird; aus ihr soll Arndt in den Besitz des philosophischen „Steins" gekommen sein; 2) sollen aber „Wahres Christentum" und die *Psalterauslegungen* – die
ganz bzw. zumindest in Teilen deutlich *vor* Arndts Celler Zeit entstanden sind –
Arndt vielfältig als einen Adepten der „Kunst" ausweisen. Nachdem aber jener
Empfang der angeblichen Sendung erst nach Erstellung dieser Schriften erfolgt
sein soll, ist das Argument vom spezifischen Charakter der Schriften allemal das
gewichtigere. Wie Arndts Hermetik-Rezeption im einzelnen erfolgt sein soll, tritt
zurück gegenüber der Tatsache, daß seine geläufigen Schriften für Kenner eine

---

[210] S. 95-100.
[211] S. 95f.

solche unzweifelhaft ausweisen. Seine besondere Aufmerksamkeit richtet Soeldner jedoch auf jenes berühmte alchemische Gedicht, das Arndt dem Freund
Joachim Morsius, „Theosopho et Philosopho", zueignete,[212] und zwar in jener

[212] *De VERA MEDICINA. Acutissimi PHILOSOPHI & MEDICI ALEXANDRI A SUCH-
TEN TRACTATVS De VERA MEDICINA Editus cura IOACHIMI MORSII*; Hamburg:
Heinrich Carstens 1621. Zu Morsius und seinem weit verzweigten Freundeskreis vgl. Kayser,
Rudolf: Morsius, sowie Schneider, Heinrich: Morsius und sein Kreis.
Die Widmung an M. Breler lautet: „EXCELLENTISSIMO viro, DN. MELCHIORI BRE-
LERO, Theosopho [!] & Medico praestantissimo, Amico fraterno, JOACHIMUS MORSIUS
Salutem & amicitiam perpetuam.".
Schon Arndts Zueignung dieses Gedichtes an Morsius läßt aufhorchen, weil – wie Morsius es
in seinerseits in der Widmung der Schrift Breler gegenüber tut – Arndt es Morsius als dem
„*Theosopho* et Philosopho" (Morsius an Breler: „*Theosopho* et Medico praestantissimo") über-
eignet. Die Fremd- wie auch wohl Selbstbezeichnung *Theosophus*, die mit dem Selbstverständ-
nis der Adepten einer *divina sapientia* gut korrespondiert, scheint demnach Gemeingut in die-
sem Zirkel zu sein, in dem Morsius, Arndt, Breler und andere miteinander verbunden sind.
Das Gedicht, das dem Text der Zueignung an Morsius nach eindeutig nicht, wie gelegentlich
immer noch zu hören ist, von Arndt selbst stammt, sondern von Alexander von Suchten,
findet sich fol. C 5 ʳ⁻ᵛ (Abdruck auch in *Keren Happuch* S. 96f.; übs. von Soeldner ebd. S. 97f.):
„Clarissimo
Theosopho & Philosopho,
DN. JOACHIMO MORSIO,
Hoc ALEXANDRI A SUCHTEN Car-
men de L[apide]. P[hilosophico]. Tanquam testimoni-
um amoris apponebat.
Corpus Apollineo vivum dißolvimus
igne,
Spiritus ut fiat, quod fuit ante lapis.
Hujus et è medijs trahimus penetralibus
aurum,
Aegra quod à matris sordibus ara le-
vat,
Semine natali postquàm seiunximus ossa.
Haec consanguinea deinde lavamus
aqua.
Nascitur ex illis varios induta colores
Ales, et in coelum candida facta volat.
Tu nos igne novo depingimus illius alas,
Lacte coloratus imbuimusque suo.
Atque quod est reliquum, cum sanguine
pascimus illam,
Mulciberis rabiem donec adulta
ferat.
Hanc, MORSI, volucrem Sophìae, ter
maximus Hermes
Dixit et in toto non habet orbe parem.
                    IOHANNES ARENDT
                    Ill. Ducatus Lunaeburgici
                    Superintendens, Cellis
                    19. Oct. Anno 1620".
Zu Arndts Zitation des Gedichts vgl. Schneider Studienzeit S. 149, ders. Paracelsist S. 103f.

Ausgabe von Alexander von Suchtens Traktat *De vera medicina* von 1621, die
Arndts Schüler und Freund, dem Celler Mediziner und seinerseits „Theosopho"
Melchior Breler, gewidmet ist. Aus den letzten beiden Zeilen, die ausweislich der
Anrede „MORSI" von Arndt stammen, und die Soeldner als inhaltliche Korrek-
tur des Gedichtes von Suchtens interpretiert, meint Soeldner – in der literarischen Form eines Gesprächs mit einem „guten Freund", also Gleichgesinnten –
erweisen zu können, daß zwar der Theologe Arndt, im Gegensatz zu diesem
nicht jedoch der Mediziner Alexander von Suchten unter die „wahren Besitzer
der Kunst" zu rechnen sei:[213]

> „Wenn diese erste Verse alleine genommen werden / so sind sie erlogen /
> und beweisen / daß Suchten kein Kunst-Besitzer gewesen sey / und die
> Sache nicht verstanden habe. So bald aber der eine Vers dazu komt / das
> [sic] Arndt gemacht hat / so ist das gantze Ding wahr / und beweiset /
> daß Arndt die Sache verstanden / und gewust habe / er verbessert den
> Suchten, auff eine vortreffliche und unempfindliche Art."

Diese Deutung nun ruft die *Erlösung Der Philosophen aus dem Fegfeuer der Chymisten*
auf den Plan, die schon durch ihren Titel die sprachalchemisch geglückte spirituelle Metaphorik des *Fegfeuers* gekonnt aufnimmt und zurückspielt. Dieses streit-
bare Pamphlet unterzieht Zug um Zug Soeldners kritische Interpretation der
Alchemie und der Adepten ihrerseits einer noch weit schärferen und polemischen Globalkritik, wobei sie manche Bewertungen Soeldners durchaus auch
teilen kann, die meisten aber gänzlich und mit Emphase verwirft.[214] Das Anlie-

---

[213] S. 98f.
[214] Der volle Titel lautet: *Erlösung Der PHILOSOPHEN aus dem Fegfeur der Chymisten. Das ist:*
Rechtmäßige RETORSION, Jm Nahmen der Philosophen Denen ohnlängst Ausgeflogene drey Läster-
Bogen entgegen gesetzt Durch Jhrer Herrligkeiten Fiscal. Das Jahr zuvor / ehe das Fegfeur angeschüret ward
/ 1701. Schon mit der Datierung beginnt die Auseinandersetzung, und das im Titelblatt!
Denn das Fegfeuer, aus dem hier „erlöst" werden soll, trägt in beiden Ausgaben die Jahreszahl 1702, während die *Erlösung aus dem Fegfeur*, die sich nachträglich darauf bezieht, das Jahr
1701 angibt und diese, sei es Unterstellung einer Fälschung oder eigene Fälschung, auch
noch ironisiert. So ist schon die Datierung selbst Kritik an der Vorlage.
Der köstliche polemische Stil ist für die Schrift insgesamt charakteristisch. Ich will es mir
nicht versagen, dies mit ausgewählten Lesefrüchten zu garnieren. "Ob nun wohl alle Philosophen, ja wohl gar eine Katze, die der unverständige Kotost mit seiner unglücklichen Feder
(gleichwie Profoß-Gretchen ihre neue Butte) zu besudeln gedacht, das Fegfeuer leicht aus-
pissen (Kopff bey! Darinnen es angangen) könte und gnugsam gerettet wären", will der Anonymus doch eine Schrift wider "das unbedachtsame, eingebildete, groß-närrische Schmiera-
ment" (S. 6f.) ausgehen lassen, "dieß Kuhdicium" (S. 18), das ein "eingebildeter närrischer
Ignorant" (S. 7) zu verantworten hat. So beklagt er "dein verruchtes und Stock-blindes Gemüth in Philosophischen Dingen" (18), beschimpft ihn: "du bist ein Dreck in der Leuchte"
(9), ein "Sauhacksch" (19); "An Raymundo Lullio must du auch deinen Saurüssel wischen"
(16); "O du Unflat" (18). Sein literarisches Produkt sei entsprechend: "aber wie sagte dort der
Teuffel, als er die Sau schore? Viel Geschrey, aber wenig Wolle. Eben so gehets auch mit dir"
(19). Daß ihm noch mehr sowohl an Emotion wie an Phantasie in polemischen Erfindungen
zur Verfügung steht, zeigt folgender Katalog von Beschimpfungen: "ein so vielfacher Phan-
tast, Erb- und Ertz-Lügner, Narr, Hans Dampff, Anti-Vitzliputzli [dies jedoch ist dem Titel

gen des anonymen Autors insgesamt ist eine Ehrenrettung der „Philosophen" vor einer Schmähung als „Sophisten" durch „Narren, die sich mehr einbilden, als Sie [sic] wissen und verstehen"[215] wie Soeldner. Dabei scheiden sich die Geister bezeichnenderweise an der Beurteilung Alexander von Suchtens – der sich von der Alchemie ab- und der Medizin zugewandt hatte – nicht aber an der Johann Arndts. Offenbar erscheint dem Verfasser, wie indirekt aus seiner Kritik an einer umfänglichen Zitation anderer Werke hervorgeht, beinahe das vierte Buch Arndts *in toto* als einschlägige Quelle alchemischer Anschauungen: "Item, der Weigelius[216] muß ihme [Soeldner] gefallen, dieweil er etliche Manuscripta gantz hergesetzet; Es hat mich Wunder, daß er nicht das 4te Buch aus dem wahren Christentum Arnds [!] darzu gesetzet, zuletzt wäre es gar ein Buch worden."[217]

Zur Ehrenrettung von Suchtens und genaueren Interpretation Arndts setzt der Autor der *Erlösung aus dem Fegfeur* sich intensiv mit Soeldners Übersetzung und Deutung des Morsius gewidmeten Gedichts auseinander. Er ironisiert Erstaunen darüber, daß Soeldner nicht auch noch Arndt unter die Sophisten, sondern – zu Recht – unter die wahren Adepten der geheimen Kunst zähle: [218]

„Warum lästu Arndten so passiren? Das ist ein Wunder! Doch bekomt er gleichwohl seines Theils wegen Suchten einen kleinen Pruduct [?]. Aber bedencke es wer nur Vernunfft hat, er [Soeldner] hat forne [sic] verheissen er wolle die Adeptos beysamen setzen, setzt auch Suchten drunter // doch spricht er er [: von Suchten] seye keiner[219] / daß heist sich in die Backen gehauen / *Mendacem oportet esse memorem.* Ferner wenn du gestehest *daß Arnd ein Adeptus gewesen* so gestehestu ja zugleich / *daß Arnd die Sache* (wo nicht besser doch]*[220]* *verstanden* / als du; Nu schreibet Arnd das Suchtenische Carmen einem guten Freunde / als ein Zeichen sonderlicher Freundschafft / zu / und lobet in denen hinten angehenckten Disticho solches Carmen / daß der rechte Vogel Hermetis drinnen abgemahlet und beschrieben wäre / welches auch die sonderliche Auffschrifft bezeuget. Aber was hat dieser gerne grossige Momus [Soeldner] zu thun? Der leugnets. Erstlich macht er sich drüber und teutscht solche / ver-

---

seiner Schrift nach das Selbstverständnis Soeldners: "von Einem Feinde des Vitzliputzli"], Spitzbube, Hans Unvernunfft, Merten Bindfaden, unvorsichtiger Bengel, Hans Ranfft, Jrrwisch, Schoß-Barthel, Schlauraffe, Tapp ins Liecht, Tölpel, grober Esel, Dollrontomphose, Naseweiß, Sauhacksch, Jan Potage, Harlequin, Cauderwelsche Scheide-Künstler, Ertz-Bärenheuter, Ignorant und Idiotischer Lausebengel, Nasutius, alter dummer Jung, Hans Alber, ein mit Heckerling-Rampangen und Schneider-Lappen ausgefüllter Kopff, liederlicher Trumph, grober unwissender Bube, Betrieger, Ochsenhaffter Lümmel, dummer Rentzel und Galgen-Candidat ... ... " (S. 43).

[215] S. 3.
[216] Pseudo-Weigel: *De igne et azoth*; zitiert in *Keren Happuch* S. 75–78.
[217] *Erlösung aus dem Fegfeur* S. 26.
[218] *Erlösung aus dem Fegfeur* S. 28–32 (Hervorhebung von mir).
[219] Während Soeldner ihn zunächst unter die Adepten rechnet, bestreitet er dies im Abschnitt zu Arndt später selbst.
[220] Die Vermischung von runder und eckiger Klammer findet sich so im Druck.

stehet sich aber drauff wie der Hund auff das Schacht-Spiel [sic], denn der
Pentameter welcher im Lateinischen lautet / Aegra quod a matris sordibus
aera levat und auff teutsch heissen soll / welches (Gold nembl.) die
unvollkommenen Metallen, welche aus Schuld der verdorbenen matricis
nicht haben zu Golde werden können, sondern zum theil Bley / Zinn /
Kupffer / Eysen etc. bleiben müssen / nunmehro mit sonderlicher Krafft
verbessern und entweder zu Silber oder gar zu Gold machen kann / und
hiesse ohngfehr im Teutschen Rhythmo: So die Metallen gar vom Erb-
Aussatz macht fein; hat er geteutscht / so von der Mutter Schlamm die
Erze machet rein. Als wenn etwa ein Scheide-Pulver dardurch verstanden
werde, dadurch der Ertz-Probirer die Schlacken von denen Metallen schiede. Darum siehet man, wie viel der Clauß [?] vom L[apide]. P[hilosophico].
verstehen muß. Jndeme ich aber biß daher schreibe, werde ich erst gewahr, daß er das gantze Carmen folgends nicht verstanden hat ...
aber so
will ich fortfahren / sage aber wer das weiß / was Suchten und Arnd per
corpus vivum, ignem apollineum, per spiritum qui lapis fuerat, per media
penetralia, und per aurum etc. verstanden haben / dem fehlet gar nicht
viel / und wird auch das Letztere mit Freuden verstehen und erwarten ...
Wie nun diese meine Version welche besser klapt / wie dieser Mörder des
Philosophischen Lateins selbst erkennen wird / mit seinen teutschen Versen ... mag ein jeder der Latein kann / selbst urtheilen. Ja ich sage / *wenn
alle Philosophischen Schrifften ümkämen* [sic] */ und diese Verse erhalten würden /
sind sie gnug das gantze Werck a prima materia usque ad processum tingendi zu
revelirn / sed sufficit, sapienti sat.*"

Die Verse enthalten demnach alles, was zu wissen nötig sei. Nachdem er klar-
gestellt hat, daß ebenso wie Arndt nicht minder Alexander von Suchten als
Adept anzusehen sei, meint der Anonymus auch noch den hochangesehenen
Arndt vor der Unterstellung in Schutz nehmen zu müssen, als habe dieser ein
scheinbar untaugliches Gedicht von Suchtens erst durch einen korrigierenden
Zusatz überhaupt verwendbar gemacht:[221]

„Pfui / du Ertz-Lügner! Siehe was machestu? Wie straffstu Arnd lügen;
Zu geschweigen der Auffschrifft[222] da der theure Arnd ausdrücklich saget
/ daß es vom L. P. handele / da aber der Thunichklug [!] das Wort
tanquam welches zum folgenden gehöret mit einem Commate abschneidet
und zum vorhergehenden nimt / so verstehestu ja von Arndts angehengten Versen wahrhafftig nicht was ein Tertianer verstehen soll / Jch will
aber dir zur Schande des Arndii Verse vollendts / nicht um deinet willen /
exponiren; höre zu du Banckreuterichter[223] Lesebengel / wer du bist!
Arnd wollte dem Morsio etwas sonderlichs erzeigen und schriebe ihme
dahero dieses suchtenische Carmen, (darinnen das gantze Philosophische
Werck / wie gedacht / beschrieben worden) wie er selber spricht / als ein
sonderliches Liebes-Zeichen zu; Vielleicht wuste Arnd / daß es Morsius
nicht hatte / recommendiret dahero solches nicht allein mit der Auff-

---

[221] *Erlösung aus dem Fegfeur* S. 32-34 (Hervorhebung von mir).
[222] Die das Gedicht einleitende Widmung an Morsius.
[223] Bankrottiererischer.

schrifft, sondern noch zum Uberfluß mit denen angehengten Versen; Gib
acht / du thummer Jung: Ter maximus Hermes, der übergrosse Hermes,
dixit, der hat genennet / hanc volucrem, diesen (durch Suchten deutlich
beschriebenen) Vogel / sophiae (per Synekdochen pro sophorum) sc.
volucrem den Vogel der Weißheit / oder der Weisen / etc. und / (sc. hic
est qui) non habet patrem[224] in toto orbe, das ist ein Vogel / welcher (nach
den Worten Hermetis, pater ejus est Sol, mater ejus luna[225]) in der gantzen
Welt keine Eltern hat. ... Pfui! Pfui! nun bringe mir einer herauß / daß
Arnd auff eine subtile und fürtreffliche Art den Suchten refutiret habe!
O du Hans Albercht [sic] / du bist gewiß auf Valtens Tag jung worden /
daß du so drehend im Kopffe bist. Sich / sich: Audi, conveni, kömstu
nicht / so hohl ich dich ... ".

Mit diesen und ähnlichen Argumenten bzw. Invektiven sucht der anonyme
Autor der *Erlösung aus dem Fegfeur* Alexander von Suchten und Arndt gleicher-
maßen, doch je unterschiedlich,[226] gegen eine, wie er meint, ungerechtfertigte
Kritik Johann Soeldners in Schutz zu nehmen.

Drei Punkte aus seiner Argumentation sind unmittelbar für Arndt selbst
festzuhalten: 1) Durch seine Widmungszuschrift und die Zitation des Gedichtes
bezieht Arndt sich zustimmend auf den *lapis philosophorum*; 2) konstatiert der
Anonymus zu Recht, daß Arndt, indem er dieses Gedicht des Alexander von
Suchten Morsius widmet, sich damit identifiziert und es sich inhaltlich zu eigen
macht und zu erkennen gibt, daß er ein Anhänger der Alchemie sei. Und 3) zeigt
das zum Schluß angefügte Distichon Arndts explizite Berufung auf die schlecht-
hinnige Autorität der hermetischen „Philosophie", den legendären „Hermes
Trismegistos". Die Beobachtungen anhand des Morsius gewidmeten Gedichtes
korrespondieren mit den am „Wahren Christentum" analysierten hermetisch-
magischen Zügen und fügen sich von daher gut in das Gesamtbild.

Arndt ist übrigens nicht der einzige, der sich des Suchtenschen Gedichts bedient. Unter der Widmungszuschrift: „DE LAPIDE PHILOSOPHORUM EPI-
GRAMMA. ALEX: De S. ad Guilelmum Blancum" setzt der Paracelsist Benedikt Figulus (Töpfer)[227] es auf die Rückseite des Titels seiner 1608 bei Lazarus
Zetzner in Straßburg erschienenen *PANDORA MAGNALIUM NATURA-
LIUM AUREA ET Benedicta, De Benedicto Lapidis Philosoph*[ici]. *Mysterio.* Die von
der Morsius zugeeigneten, spezifisch modifizierten Version Arndts abweichen-

---

[224] Hier trägt der Anonymus seinerseits einen Lese- und Interpretationsfehler ein; es geht um
den, der nicht seinesgleichen hat (non habet parem), was entweder auf den Vogel, oder aber
auf Hermes zu beziehen ist, den Arndt damit auf ungewöhnliche Weise rühmen würde.

[225] Ein Kernsatz aus der Hermes Trismegistos zugeschriebenen *tabula smaragdina*.

[226] *Erlösung aus dem Fegfeuer* S. 35: "Jch hätte bald des Exempels vergessen / das er giebt / ümb
zu beweisen / daß Suchtens Verse ohne des Arnds Recommendation erlogen seyen / Econ-
tez: Similis simili gaudet, und wäre nicht gut / wenn die Copia besser wäre / als das Original,
ohnerachtet es sich auf jenes schicket / als wenn man die Hosen zu einer Grenadier-Mütze
machen wollte / et vice versa ... ".

[227] Zu Leben und Werk vgl. Telle, Joachim: Benedictus Figulus. Zu Leben und Werk eines deutschen Paracelsisten, Medizinhistorisches Journal 22/1987 S. 303-326; zu Figulus s. u.

den letzten Zeilen von Figulus zeigen, daß solche Zueignung, die den Namen des Empfängers in das Gedicht integriert und den Schluß eigenständig variiert, Usus in diesen Kreisen ist.[228]

Was nun den so heftig und deftig ausgetragenen Streit zwischen dem *Fegfeuer der Chymisten* auf der einen und der *Erlösung aus dem Fegfeur* auf der anderen Seite betrifft, so ist festzuhalten, daß *beide* so konträren Autoren – die bezüglich Alexander von Suchten eine gegensätzliche Meinung vertreten – doch klar in ihrem Urteil übereinstimmen, daß Arndt unter die Vertreter der „Kunst" zu zählen sei.

2.4   Johann Franz Buddeus [229]

Nachdem er in den §§ 16 und 17 seiner 1727 in Roth-Scholtzens *Deutschem Theatrum Chemicum* abgedruckten *Untersuchung von der Alchemie*[230] von Rosenkreuzern und Paracelsisten handelt – hier erscheinen u. a. die aus verschiedenen Zusammenhängen um Arndt geläufigen Namen Stellatus (Hirsch), Andreae, Libavius, Paracelsus, Oporinus, Florentinus de Valentia (Mögling) –, schreibt der überaus belesene Hallenser Theologieprofessor Johann Franz Buddeus in § 18: „Einige wollen nicht weniger [sc. als die genannten Personen] den JOH. ARNDT ... sowohl unter die Rosen-Creutzer / als auch unter die Besitzer des Steins der Weisen zehlen." Buddeus bezweifelt beides: die Nähe zum Rosenkreuzertum unter Hinweis darauf, daß ihm keinerlei Erwähnung oder gar Lob von Mitgliedern dieser Kreise bei Arndt selbst bekannt seien. „Indessen wollen doch einige aus der besonden Freundschafft welche dieser gute Mann mit dem JOH. VALENTINO ANDREAE gepflogen / schliessen / er müsse dis gantze Spiel [der Fraternität der Rosenkreuzer] gewust / und keinen geringen Wohlgefallen daran gefunden haben." Wiederum „einige" – nicht näher bezeichnete – Autoren[231] könnten sich Arndts gerühmte Wohltätigkeit nicht anders als aus

---

[228]   "Hanc volucrem Gulielme [: Wilhelm Blank] Suam Ter Maximus
                 HERMES
            Dixit, et hoc toto non habet orbe parem.
                 B. F. V. F. P. L. C. T. T. P. M. E.
            Haec Benedicta ALES nostro ut nascatur in Horto
                 Exoptata diu, Christe Benigne fave."
      Gegenüber dieser pointiert religiös-hermetischen Wendung in die Theoalchemie, die Figulus dem Poem verleiht, wirkt Arndts Version "Hanc, MORSI, volucrem Sophiae, ter maximus Hermes Dixit et in toto non habet orbe parem." geradezu nüchtern.

[229]   Zu Person und Werk vgl. TRE 7 S. 316f. und RE 3 S. 518-522.

[230]   Abgedruckt in deutscher Übersetzung in dem alchemischen Sammelwerk: Roth-Scholtz: *Deutsches Theatrum Chemicum* I, S. 1-146, hier 70f.; vgl. hierzu auch Trepp Alchemie S. 490, die allerdings anstelle des Titels der Schrift nur die Kapitelüberschrift angibt.

[231]   Das Roth-Scholtzsche Register S. 640 nennt für die benutzten Seiten 70f. lediglich das „Urtheil des *Borrichii* hievon" ohne nähere Angaben. Es handelt sich um Olaus Borrichius (Oluf Borch), der einige Schriften zu Alchemie und Chemie verfaßt hat, so etwa *De ortu et progressu chemiae dissertatio ...* Hafniae 1668, *Hermetis, Aegyptiorum et chemicorum sapientia ...* Hafniae 1674, sowie den *Conspectus scriptorum chemicorum illustriorum libellus posthumus cui praefixa Historiae vitae ipsius ab ipso conscripta ...* Havniae 1697.

einer Praxis der Goldmacherkunst erklären, welcher Spekulation der fromme
Buddeus jedoch ironisch entgegensetzt, „was vor ein grosser Gewinn es seye
um die Sparsamkeit". Indes sieht auch er selbst eine gewisse Affinität Arndts zur
Alchemie existieren, wenn auch auf eine andere Weise als die chrysopoietische:

> „Und was es auch seyn mag / so ist das gewiß / daß der ARNDT auf die
> *Chemi*sche *Philosophie* sehr viel gehalten / und des *Paracelsi* selbst zuweilen
> in Ehren gedacht." Daß, und wie, sich das auch auf theologische Äuße-
> rungen auswirkt, zeigt Buddeus an folgendem Beispiel: "So kan man auch
> aus seinem Büchlein *Mysterium incarnationis* betitult / leicht abnehmen /
> daß er den Stein der Weisen nicht gäntzlich verworffen / sondern aus sol-
> chen ein Beyspiel der Schöpffung / Widergeburt und Heiligung genom-
> men / und insonderheit des Menschen Veränderung welcher diejenigen /
> die wollen Widergebohrne werden / sich unterwürffig machen müssen /
> mit der Verwandelung der *Mettallen* verglichen."

Zwei Punkte sind es, die Buddeus in Abgrenzung von einer chrysopoietischen
Alchemie an dem von ihm verehrten Arndt beobachten zu können glaubt:
1) Seine Hochschätzung des Paracelsus und der medizinischen ‚Spagyrie'. Und
2) – was jenseits der Interessen etwa eines Fictuld liegt – eine „geistliche" Alchemie, die im *opus* eine Metapher für den Heilsweg der Seele sieht – was jedoch
nicht ohne gravierende Folgen für das Verständnis dieses Heils bleiben kann.
Dabei zögert der Gelehrte keinen Moment, die bis heute bezüglich ihrer Echtheit umstrittene Schrift *Mysterium de incarnatione verbi divini*,[232] die theosophische
Spekulationen und von Weigel wie auch von Schwenckfeld vertretene Anschauungen über das „himmlische Fleisch Christi" beinhaltet, Arndt zuzuweisen.
Dennoch steht für ihn außer Zweifel, daß dieser „gute Mann", ein „von un-
sträfflichen Wandel und erbaren Leben so wohl als von Gelehrsamkeit hochbe-
lobte[r] Geistliche[r]" die Grenzen zu wahren gewußt habe. So „wird er [Arndt]
nebst dem JOH. GERHARDO[233] der nicht weniger ein berühmter Theologus
war / unter die Liebhaber der *Alchemisti*schen Kunst gezehlet. Welches ihnen
zwar keinesweges kan nachtheilig seyn / weilen man insonderheit weiß / daß
beyde sich gar sehr vorgesehen / daß sie die *Chemi*sche *principia* mit denen geistlichen Lehr-Sätzen nicht haben vermischet."[234] Das harmonisierende Bemühen
von Buddeus verzeichnet jedoch sowohl die – zunehmenden – Differenzen zwi-

---

[232] Zu dieser Arndt-Schrift s. u.

[233] Buddeus bezieht sich auf Arnolds *KKH* II,XVII,XVIII § 23 [fälschlich: "22"; bei Arnold
Doppelzählung von 23] S. 1124f., der sich insbesondere auf die Vorrede *Meditationes sacrae*
beruft, in der Joh. Gerhard den *lapis philosophorum* mit dem "Eckstein" Christus vergleicht;
hierzu vgl. Gerhard *Meditationes* (ed. Steiger) 3/2 S. 742-745 (u. a. zu Wilhelm Ernst Tentzel).

[234] Dies stellt möglicherweise einen Reflex dar auf Dieckmanns Äußerung, er „leugne schlechterdings / daß Arnd auch nur einiger massen dem Paracelso inn geistlichen Sachen Gehör
gegeben habe" (Dieckmanns Ausgabe der *Sechs Bücher vom wahren Christenthum*, Stade 1706,
Vorrede S. 30), eine Anschauung, die sich bis zu Weber S. 108 durchhält, vgl. auch Schneider
Paracelsist S. 92.

schen den Positionen von Arndt und Gerhard als auch eine – die Echtheit der
Schrift vorausgesetzt – theologische Problematik bei Arndt, die sich aus dem
von Buddeus selbst verursachten Widerspruch zwischen einer angeblichen Trennung von Lehre und „chemischen" Prinzipien und der Analogie des alchemischen *opus* und der Konsequenzen daraus ergibt. Jedenfalls gilt ihm Arndt als
Vertreter sowohl der praktischen wie der spirituellen Alchemie. Daß für letzteres
auch jenseits des *Mysterium de Incarnatione* Spuren existieren, war dort zu erweisen.

2.5   „Carbonarius"

1785 erschien ein *Beytrag zur Geschichte der höhern Chemie oder Goldmacherkunde.*[235]
Darin äußert der Verfasser mit dem herrlichen Kryptonym „Carbonarius" die
Überzeugung, Arndt habe den *lapis* besessen, und seine Schriften legten davon
Zeugnis ab. Die apokryphe Tradition vom Erbe jenes mecklenburgischen Edel-
manns erfährt dabei eine kleine, jedoch nicht unbedeutende Überzeichnung:[236]

> „Durch Erbauungsschriften, die freylich nicht den gereinigten Geschmack
> unsers Zeitalters tragen, erwarb er sich unvergänglichen Ruhm. Den
> Verwandlungsstein [!] überkam er erblich von einem meklenburgischen
> Edelmann, der zu Hamburg starb, und vor seinem Ende dem Rentmeister
> Wiesing zu Stade den Auftrag ertheilte, Arnden einige versiegelte Schriften
> nebst einer *Schachtel mit Pulver* [!] einzuhändigen. Dieser that, was er dem
> Edelmann eydlich zugesagt hatte, und der sel. Arnd ward wider seine
> Erwartung [!] Steinbesitzer. Von der Zeit an *mischte er in seine Schriften viele
> theosophische Lehrsätze und alchemistische Kunstwörter*, die er, wie Unwissende
> glaubten, aus dem Paracelsus gelernt haben sollte. – Er nahm sie, wie jeder
> Vernünftige sahe, aus den ererbten Handschriften."

Daß der das aufklärerische Ideal des „Vernünftigen" hochhaltende Verfasser
Arndts Paracelsus-Rezeption verfehlt einschätzt, kann spätestens seit Edmund
Webers Studie[237] als erwiesen gelten, und auch sonst verdienten manche Einschätzungen eine nähere Überprüfung.[238] Wichtiger für den hiesigen Zusammenhang ist die Nachricht jedoch, weil sie noch zu diesem späten Zeitpunkt die Präsenz Arndts in der alchemischen Überlieferung bestätigt und weil auch sie
inhaltlich die Wiedererkennung des alchemischen Sprachspiels aus einer durch
intime Kenntnis der Tradition berufenen Quelle zweifelsfrei belegt. Mag des
„Carbonarius" Verständnis vom *lapis philosophorum*, wie seine materialisierende
Trivialisierung jener Tradition im Sinne eines „Pulvers" im Schächtelchen – wie
es im übrigen ähnlich auch dem kryptischen „Basilius Valentinus" angedichtet

---

[235] ... *in ihrem ganzen Umfange. Ein Lesebuch für Alchemisten, Theosophen und Weisensteinsforscher, auch
für alle, die wie sie, die Wahrheit suchen und lieben.* Leipzig 1785. Der Autor (vielleicht: Köhler, L.)
war über nationale wie internationale Recherche-Instrumente und Dateien nicht zu ermitteln.

[236] S. 496 (Hervorhebung von mir).

[237] S. 108-167.

[238] Die hier nicht geleistet wird.

wurde[239] – das Interesse des Autors an einer „Chrysopöie" im allgemeinen[240] belegen, ein stärker chemieorientiertes sein als das manch anderer Anhänger der hermetischen Tradition, die mit der Chiffre eher oder zumindest auch ein immaterielles Gut bezeichnen, so erscheint es um so bemerkenswerter, daß auch er Arndts alchemische Äußerungen für authentisch erachtet und diesen demnach für einen Adepten ansieht, der das *opus* auch *in praxi* zu vollziehen wußte. Um so mehr mußte ihn Arndts Sympathie für das Werk Heinrich Khunraths – die aus Arndts *Ikonographia*[241] zu belegen ist –, befremden, hält er den „Wundermann" doch, wie er seitenlang darlegt,[242] für einen Menschen „von unerträglichem Stolz und eingebildeter übernatürlicher Weisheit", dem er wegen seines Anspruchs, sogar Kieselsteine mittels seines schier unübertrefflichen Steins in Gold zu verwandeln und angesichts eines Schifttums „voll mystischen Unsinns, und kaum für Böhmisten [!] lesbar", rundweg abspricht, ein „ächter hermetischer Philosoph"[243] zu sein – abermals in einem deutlich formulierten Gegensatz zu Arndt:

> „Seine [Khunraths] theosophischen und alchemistischen Schriften sind über alle menschliche Vernunft erhaben, und wahrlich unverständlicher als Jakob Böhmens Wahnsinn. Er schrieb sie in der tiefsten verstandlosesten Begeisterung nieder ... Berglichter halten es nicht aus, sie verlöschen, sobald man diese trüben melancholischen Gegenden, wo ewiger Todesschlummer herrscht, betritt. – – Fliehe diese gefährlichen Abwege, lieber guter Wandrer! fliehe sie, wenn dir noch dein Leben, wenn dir dein guter gesunder Menschenverstand theuer und schätzbar ist! Jch warne dich als Freund, folge meinem freundschaftlichen Wink, sonst – bange Ahndung bebt in meiner Seele auf – wird dein Verstand ohne Rettung an schneidenden Klippen scheitern, dein Bewußtseyn wird plötzlich schwinden, gleich als ob du ewigen und unerforschlichen Geheimnissen nachspähetest".[244]

Inmitten einer im selben Stil fortfahrenden Beschreibung solcher „gefahrvollen Klippen und Abwege", d. h. Khunraths Schriften, findet sich in einem Abschnitt zu Khunrahts *Tractat*[us] *de igne magorum philosophorumque secreto externo et visibili* ... *Nebst Johann Arnds philosophisch kabbalistischen Judicio über die vier ersten Figuren des grosen khunrathischen Amphitheaters*[245] folgende Klage von Freund „Carbonarius":

> „Daß sich der fromme Arnd mit dem trostlosen khunrathischen Werke beschäftigen konnte, ist mir ein so durchdringliches Geheimnis, als das Amphitheater selbst. – Kaum eine Zeile, ich kann es bei Gott schwören, verstehe ich aus diesem Buch. Die Worte sind freylich verständlich, aber die Sachen, – hic cura, hic labor est ... ".

---

[239] Vgl. Fritz Basilius Valentinus S. 128 mit Belegen.
[240] Vorrede fol. * 2 v.
[241] Cap. IX fol. 32 v.
[242] Abschnitt 36 S. 287 – 297.
[243] *L. c.* S. 293 und 289.
[244] *L. c.* S. 291f.
[245] *L. c.* S. 296f.

Carbonarius' Urteil über Khunrath als Blender, der der hermetischen Philosophie nicht kundig sei, und das Unbehagen über Arndts Sympathie für Khunraths Werk unterstreichen *e contrario* einmal mehr seine Einschätzung Arndts als eines gegenüber Khunrath wahren Besitzers des „Steines" und Vertreters der „Kunst". Das Muster, Arndt im Gegensatz zu einer jeweils anderen Gestalt der Tradition als den wahren Vertreter des hermetischen Denkens darzustellen wie im *Fegfeuer der Chymisten*, zieht sich, abermals zugunsten Arndts, durch die Zeiten.

2.6   Friedrich Christoph Oetinger

Es mag zunächst befremden, den großen schwäbischen Pietisten und Theosophen unter eine Reihe von alchemischen Arndt-Rezipienten subsumiert zu finden. Oetinger darauf zu reduzieren, würde ihm selbstredend in keiner Weise gerecht, und es ist so auch nicht beabsichtigt. Doch ist speziell die naturphilosophisch-hermetische Thematik von nicht geringer Bedeutung für das (Selbst-)Verständnis *beider* Theologen, Oetinger wie Arndt, beruht doch Oetingers Wertschätzung Arndts auf einer tieferen geistigen Verwandtschaft zwischen beiden.

Friedrich Christoph Oetinger, dem Ernst Benz angesichts der Breite des hermetischen Überlieferungs- und Rezeptionsstroms vielleicht doch ein wenig zu einseitig zuschreibt, daß er es gewesen sei, der „die große Tradition des esoterischen Christentums wieder ans Licht gebracht hat",[246] sieht das Ziel einer wahren Naturlehre in einer „zukünftige[n] Wiedervereinigung der Naturwissenschaften mit der Theologie".[247] Auf der Suche nach dieser „Wissenschaft des Lebens" begibt Oetinger sich auf den Weg einer „esoterischen kabbalistisch-theosophischen Naturphilosophie und Schöpfungslehre".[248]

Im Artikel „Tempel Ezechiels" seines *Biblischen und Emblematischen Wörterbuchs* erläutert Oetinger den inneren Zusammenhang einer solchen auf Christus bezogenen „wahren Wissenschaft" näher, aus dem der hermetische und spiritualistische Wurzelgrund deutlich wird:[249]

> „Aus allem diesem erhellt, daß das Priesterthum Jesu nach der Ordnung Melchisedek der Grund und die Quelle aller wahren Wissenschaft sei, und daß er, da er jeziger Zeit noch als ein verborgener Herr der Natur alle Wissenschaften dahin leitet, daß durch gute und böse Künstler alles Heimliche nach und nach ausgewickelt werde, er als ein offenbarer Herr der Natur und höchster Priester nach der Zeit der Verdeckung alles Wissenschaftliche anschauend darstellen, leicht begreiflich machen und das Überflüssige und Verwirrte in den Wissenschaften abschaffen werde ... Nemlich die wahre Wissenschaft ist *ein Inbegriff göttlicher Dinge, welcher im Geist*

---

[246] Benz, Ernst: Die Naturtheologie Friedrich Christoph Oetingers, in: Faivre/Zimmermann (Hg.): Epochen der Naturmystik S. 256-277, hier 277; für den hiesigen Zusammenhang vgl. speziell die Seiten 274-277.

[247] Benz *l. c.* S. 274f.

[248] Benz *l. c.* S. 275.

[249] S. 606, hier zitiert nach Benz *l. c.* S. 276.

seinen Siz hat, und hernach in die Vernunft ausfließt. Gott hat sie dem Geist eingesenkt, der Lehrer muß sie durch Gott in die Vernunft bringen, die Vernunft muß sie mit dem Geist vereinbaren, und der Geist muß sich dadurch mit Gott vereinigen."

Benz resümiert Oetingers Ganzheitsdenken: „So ist die *visio dei* gleichzeitig die universale Wissenschaft, die alle Dinge in Gott erkennt."[250] Theosophie und was die Früheren „Pansophie" nannten, gehen in eines, und was im Umfeld der Rosenkreuzer als jene „pansophische Konkordanz" von Gottes-, Selbst- und Welterkenntnis angestrebt und gefeiert wurde, wird hier zum Impuls eines alt-neuen Konzepts der hermetisch inspirierten „wahren Wissenschaft".

Diese „wahre Wissenschaft" bindet Oetinger mit der Tradition an eine Priesterschaft „nach der Ordnung Melchisedek". Ganz im Sinne dieser Tradition führt Oetinger diese Sukzession bis auf den legendären „Hermes Trismegistos" zurück. In eine Reihe solcher Priestergestalten stellt Oetinger zwischen Raimund Lullus, einen herausragenden mittelalterlichen Hermetiker – „der allergrößte Besitzer der Mutter aller Wissenschaften der beschaulichen Erkenntnis" –, und Jakob Böhme, dem Theosophen und *philosophus teutonicus*, nun Johann Arndt hinein, dem er in dieser „wahren Wissenschaft" und Priesterschaft einen herausgehobenen Rang zuweist. Im Gegensatz zu Jakob Böhme, der diese Wissenschaft „nur in der Theorie, nicht in den Handgriffen" besessen habe, muß für Oetinger ohne jeden Zweifel gelten: „Arnd ist ein wirklicher Besitzer dieser Wissenschaft gewesen."[251] So schreibt Oetinger ähnlich in seiner *Genealogie*,[252]

daß Gott „die Thüre zur wahren Physik schon zu ARNDS Zeiten hat aufgehen lassen [!] ... ARNDS Verse zeigen an, daß er die Manipulationen besser als JAKOB BÖHM verstanden ... LULLIUS hatte die Central-Erkenntnis; aber ohne Lehrmeister wußte er das Subject nicht zu tractiren; ARND'en aber ist es durch ein Testament eines Adepten[253] gezeiget worden ... ".

Was Oetinger an Arndt in diesem Zusammenhang – und in freundlich gesinnter Abgrenzung – sowohl gegenüber Raymund Lullus wie gegenüber Jakob Böhme hervorhebt, ist, daß er die Alchemie einerseits nicht nur in der Theorie beherrscht habe wie der große Lull und andererseits sie nicht nur in ihrem metaphorischen Gehalt als Bild der Wiedergeburt verwendet habe wie Böhme, sondern sie in der eigenen Praxis bewährt habe, also im Sinne solcher „wahren Wissenschaft" die Vereinigung von Theorie und Praxis verwirklicht habe.

---

250 Benz *l. c.* S. 276.
251 Benz *l. c.* S. 275.
252 *Genealogie*, Oetingers Leben und Briefe S. 184f., zitiert nach Breymayer/Häussermann: Lehrtafel der Prinzessin Antonia Teil 2 S. 555.
253 Auch er bezieht sich auf jene Tradition, macht sie aber, bezeichnend genug, gerade nicht an jenem angeblichen "Pulver" der gewissen Schachtel fest, sondern genau an dessen Gegenstück, dem Testament, d. h. an einem jenem "Pulver" beigegebenen schriftlichen Dokument.

Neben anderen, im Zusammenhang der hermetischen Arndt-Rezeption schon genannten Schriften, die Oetinger Arndt ohne jeden Zweifel zuweist, wie das Sendschreiben an Erasmus Wolfart *Mysterium de incarnatione* und das *Iudicium Philosophi Anonymi*, spielt gerade das „Wahre Christentum" eine besondere Rolle, die Ernst Benz folgendermaßen erklärt: „JOHANN ARNDT ... wird hier genannt, weil er in seinen ‚Vier Büchern vom wahren Christentum' die Kosmologie wieder in einen festen inneren Zusammenhang mit der Christologie[254] gebracht hat und *die Schöpfung, den Menschen, Christus, die Hl. Schrift als die vier Bücher der Selbstoffenbarung und Selbstabbildung Gottes* versteht."[255] Der Kreis schließt sich. Von den „Handgriffen" der alchemischen Praxis bis zur Konzeption des „Wahren Christentums" in den göttlichen „Büchern" hat Oetinger seinen Arndt genau gelesen. Er hat ihn kongenial in dessen eigenem Sinne interpretiert und ihn als großen Könner seines Metiers geehrt, der ‚Lehre' und ‚Praxis' zu vereinen wußte.

Bei nicht geringen Unterschieden im einzelnen stimmen die zitierten Werke und Autoren von ihren ganz verschiedenen Perspektiven her doch in dem einen Punkt überein, daß sie Johann Arndt ein profundes alchemisches Wissen zubilligen. Bezeichnenderweise wird das zumeist in einem Gegensatz zu namhaften Autoritäten wie Raimund Lullus, Jakob Böhme, Alexander von Suchten und Heinrich Khunrath konstatiert, denen in diesem Zusammenhang das entsprechende Wissen mehr oder weniger klar abgesprochen wird. Und auch dort, wo, wie rund um das *Fegfeuer der Chymisten* und die *Erlösung aus dem Fegfeur*, der Streit darum geht, welche Gestalten als die wahren „Kunst-Besitzer" und welche als „Sophisten" zu gelten hätten, gilt Arndt *beiden* Seiten unangefochten als Adept. Die Übereinstimmung im Gesamtbild ist beträchtlich. Die Frage nach der nicht nur metaphorischen spirituellen Seite der Alchemie, welche insbesondere auch bei Johann Buddeus anklang, erwies sich als Frage von nicht geringer Tragweite.

Drei der zitierten Autoren beziehen sich in ihrer Zuweisung Arndts auf jene apokryphe Tradition, nach der Arndt den recht unterschiedlich gedeuteten *lapis* aus dem Erbe des Edelmannes erhalten habe. Doch den inhaltlichen Ausschlag geben neben dem z. T. Arndt fälschlich zugeschriebenen, gleichwohl aber von ihm verwendeten alchemischen Gedicht des Alexander von Suchten letztlich vor allem die öffentlichen und bekannten Schriften Arndts, neben den *Psalterauslegungen* vor allem der *liber naturae* des „Wahren Christentums". So stimmt die Deutung jener Autoren mit den im vorhergehenden Abschnitt am *liber naturae* des „Wahren Christentums" gewonnenen Beobachtungen überein. Beides zusammen führt zu dem Urteil, daß die späteren Interpreten, ungeachtet verschiedener Nuancen und Differenzierungen im einzelnen, Johann Arndt zu Recht der alchemischen Tradition zuweisen.

---

[254] Siehe insbesondere die Vorrede zu Buch IV.
[255] Benz *l. c.* S. 275f. (Hervorhebung von mir). Es fällt auf, daß Benz, ohne es kenntlich zu machen, möglicherweise auch unbewußt, die Reihenfolge der 4 Bücher Arndts genau umkehrt.

Anhang 3. *magia naturalis* in Arndts Umfeld

Arndts Verständnis der *magia* als einer „natürlichen Weisheit" und „gründlichen Erkenntnis" der Schöpfung zeichnet sich in das Bild ein, das auch sein geistig-kulturelles Umfeld zeigt, und läßt ihn als profilierten Repräsentanten einer *magia naturalis* erscheinen, wie einige Beispiele in Kontinuität und Differenz bestätigen.

3.1 Christoph Hirsch: *Pegasus Firmamenti*

Der bereits mehrfach genannte Kollege und nach Gottfried Arnolds Worten „busemfreund" Arndts aus Eisleben, Christoph Hirsch, zeichnet in seinem – unter dem astralmagischen Pseudonym „Josephus Stellatus" und der Selbst-bezeichnung „Secretioris Philosophiae alumnus" 1619 veröffentlichten – *Pegasus Firmamenti* mit wenigen Strichen die Umrisse der *Magia*, der diese Schrift thematisch gewidmet ist. Dem Titel nach identifiziert er sie mit der von der Rosen-kreuzer-Fraternität und deren Umfeld angestrebten *Pansophie*. Schon der Titel gibt Aufschluß über die geistige Welt und eine Verortung in Hirschs Gegenwart:

PEGASUS FIRMAMENTI.
Sive
INTRODV-
CTIO BREVIS IN
VETERUM SAPIENTIAM,
quae olim ab Aegyptijs & Persis MAGIA,
hodiè vero á Venerabili Fraternitate Ro-
seae crucis PANSOPHIA rectè voca-
tur, in Piae ac Studiosae Juventutis
gratiam conscri-
pta

Anhand der Gliederung läßt die Vorrede die Ausrichtung des Traktats erkennen:

„Totus autem tractatus majoris lucis seu perspicuitatis gratia distingui pot-est in septem Capita, quorum Primum aget de triplici Philosophorum ge-nere, Alterum de verae Philosophiae fonte et mediis seu vijs ad illum per-veniendi, Tertium proponet librum Scripturae cum noticia linguarum et optimis interpretibus, Quartum librum Naturae cum Elementorum maxi-mis folijs et genuinis itidem interpretibus, Quintum septem sapientiae columnas eriget, Sextum Lumen gratiae renatis instillabit. Septimum Lumen Naturae dignis manifestabit."

Im ersten Kapitel[256] wendet Hirsch sich gegen die „terna Philosophorum secta hodie potissimum in Scholis et Academijs ... , utpote Peripatetica, Ramea, Theophrastea", die er eine nach der anderen einer scharfen Kritik unterzieht. Die Kritik an der „secta Theophrasti Paracelsi" richtet sich dabei gerade nicht gegen den Paracelsismus als solchen, dem sich auch die Rosenkreuzerbewegung verpflichtet weiß, sondern aus deren Perspektive gegen jegliche korrumpierende – und völlig unparacelsische – Akkomodation an die Mächtigen. Davon zu unterscheiden seien jedoch die echten Vertreter dieser Schule: „Sequuntur autem *Paracelsistae genuini* Hermetem Trismegistum Philosophorum parentem, in Alchimia potissimum, quibus mirabili DEI consilio accedunt hodie Venerandi Fratres R. C. Pansophiae perfectum circulum dignis offerentes."[257] Daher seien allein die Rosenkreuzer die wahren Hermes-Jünger und legitimen Erben der *magia veterum*. Anders als bei Arndt erfolgt die explizite Rückbindung an Hermes Trismegistos.

Das zweite Kapitel, das davon handelt, wie alle Weisheit von Gott zu gewinnen sei, beschreibt einen dreifachen Weg zur „Pansophie". Den ersten bildet die "ORATIO certe in spiritu et veritate ad DEUM directa", den dritten die *lectio authenticorum librorum*, nämlich der „Bücher" der Bibel, der Natur und des Menschen, beides von Arndt her wohlvertraute Themen. Der zweite dazwischenliegende Weg zur Pansophie besteht hermetischer Tradition gemäß und unter Verweis auf Michael Maier, der in seinem *Silentium post clamores* antike „Fraternitates seu Collegia Philosophica" näher beschreibt,[258] im Rekurs auf die Verbindung von altorientalischer und biblischer Weisheitslehre. Unter Anknüpfung an den rosenkreuzerischen Sozietätsgedanken lenkt Hirsch die Aufmerksamkeit auf jene „fidelis praeceptorum INSTITUTIO, quo referantur Philosophorum collegia celeberrima, in quibus indefessum studium perscrutandi Naturae arcana pro-

---

[256] Die im folgenden genannten Themen beanspruchen keinen Gesamtüberblick über den *Pegasus Firmamenti*, sondern benennen ausgewählte Vergleichspunkte gegenüber Arndt.

[257] *Pegasus Firmamenti* I A 6 ʳ (Hervorhebung von mir).

[258] *Pegasus Firmamenti* I A 6 ᵛ. Michael Maier selbst beschreibt diese *Collegia* in seinem *Silentium post clamores* ausführlicher in Cap. 5 (S. 36 – 56): „Fuisse antiquitus apud alias gentes Fraternitates seu Collegia Philosophica, quae naturae arcana et hanc Medicinam vnice fouerint, et quasi per manus, multis seculis, successioribus ex omni Philosophorum numero selectis reliquerint, notorium est." Maier nennt dort die folgenden Gruppierungen:

I.	Collegium, antiquißimum Aegyptiorum	(S. 37-41)
II.	Collegium Eumolpidarum Eleusiniorum	(S. 42-45)
III.	Collegium Samothracum in Caribis	(S. 45-47)
IV.	Collegium fuit Magorum in Persia, siue Chaldaeorum Babyloniae	(S. 47-49)
V.	Collegium Brachmanum in India	(S. 49-52)
VI.	Collegium Gymnosophistarum in Aethiopia	(S. 52-53)
VII.	Collegium Pythagoreorum in Magna Graecia seu Italia vlteriore	(S. 53-55)
VIII.	Collegium Arabum in Arabia	(S. 55-56)
IX.	Collegium Maurorum Fessae	(S. 56).

S. 37 verweist Maier auf eine andere Schrift, in denen er sie genauer behandelt: „quae licet in nostris *Arcanis Arcanissimis* seu Hieroglyphicis passim in 1. & 4. lib. nec non in Symbolis lib.3 potissimum euolverimus".

pagatur et ad posteros transmittitur."[259] An erster Stelle stehen die im Titel des Traktats schon angekündigten Quellen der ‚uralten Weisheit' in Ägypten und Persien und deren gemutmaßten biblischen Ableitungen. Auch dieser Abschnitt reklamiert dieselbe inhaltliche Übereinstimmung mit den frühen Quellen der Weisheit der *Magorum* und ihrer christlich-paracelsistischen Nachfolger, der Ägypter, Chaldäer und Perser, die auch Arndt wiederholt benannt hatte:

> „Inprimis *schola Regia Pharaonis, in quam Moses receptus a primis mox annis in omni Aegyptiorum sapientia instituebatur*, a Scriptura admodum commendatur, nec minus *Ludus Imperatorius in Chaldaea, cujus Daniel, Hanania, Misael, Asaria alumni* ad miraculum usque eruditi a Rege Nebucadnezare celebrantur. In eodem *sapientiae Gymnasio* [!] edocti fuere septem Magi et pincipes Persici Regni tempore Ahasveri, Esth. cap. 1[V. 13f.]. Ita etiam non adeo difficile conjectu est de *Magis Persicis, qui CHRISTUM, Mundi Redemptorem natum ex nova miraculosa regia stella*[260] certo cognoscebant, inventumque divino honore adorationis et mystico munere afficiebant ... " etc.

Wer die Pansophie anstrebt, reiht sich in die weit über Christentum und auch Judentum zurückgreifende Kette von Trägern der ‚uralten Weisheit' ein. Und doch muß die Weisheit der biblischen Weisheitsträger notwendig die all ihrer paganen Vorläufer weit übertreffen, weil sie von Gott stammt. So ist die biblisch-christlich überhöhte hermetische Weisheit die ‚göttliche Weisheit' schlechthin:[261]

> „Salomoni scriptura S. ejusmodi tribuit Elogium: Dedit quoque DEUS Sapientiam Salomoni, et prudentiam multam nimis, et cordis latitudinem, quasi arenam, quae est in littore maris! *Et superabat sapientia Salomonis Sapientiam omnium orientalium et Aegyptiorum*. De *Daniele* vero, suisque Collegis, expresse affirmatur his verbis: DEUS autem horum quatuor Adolescentum, dedit eis scientiam et intellectum, in omnis scriptura et sapientia! Danieli autem *intelligentiam omnium visionum et somniorum*. Sic quoque *Magi ex Oriente habuere divinitus propheticam somniorum scientiam seu illuminationem*. Unde infallibiliter concludi potest hoc modo. Si Deus solus est FONS SAPIENTIAE universae purissimus, ceu sat dilucide jam probatum, cujvis palam erit, quod nullus Ethnicorum Philosophorum hunc Fontem repraesentare possit, et per consequens omnes Paganorum asseclae pro incertis opinionum figmentis belligerantes, in maximo versentur errore, sive in caecitatis turri teneantur occlusi."

Die *Magi* ordnet Hirsch eindeutiger zu als Arndt: Sie besitzen die Weisheit als eine *prophetica scientia*, also als eindeutig übernatürliche Gabe, die sie *divinitus*, d. h. von Gott selbst, empfangen. Hirsch nennt sie just an dieser Stelle nicht um ihrer Astrologie willen, sondern wegen ihres Empfangs und der Deutung übernatürlicher Träume, also ebenfalls eines wichtigen ‚magischen' Themas.

---

[259] *Pegasus Firmamenti* Kap. II B 2 ʳ⁻ᵛ.
[260] Vgl. das Pseudonym „Stellatus".
[261] *Pegasus Firmamenti* II A 8 ᵛ – B ʳ (Hervorhebung von mir).

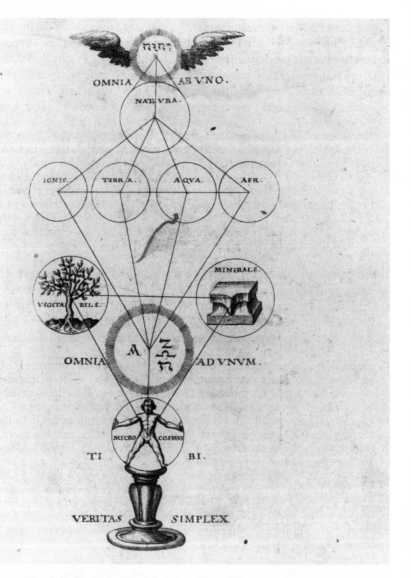

Abb. 25 Die Figur des *Arbor Pansophiae*, in: „Theophil Schweighart" [= Daniel Mög-
ling]: *Speculum Sophicum Rhodo-Stauroticum Universale* (Universitätsbibliothek Erlangen), erschließt ‚pansophisch' den Seinszusammenhang vom All-Einen her, aus dem die (nicht
mit dem *mundus sensibilis* zu verwechselnde) ‚Natur' emaniert und von dieser wiederum
die immateriellen ‚Elemente', von welchen her durch ‚AZOTH' (als *noster Mercurius* bzw.
die *prima materia*) hindurch sich die Kreaturen in den *tria regna* ausformen – wobei den
Part des *regnum animale* hier auffälligerweise der *homo naturalis* als *Microcosmus* einnimmt.
Die auf die *remeatio* allen Seins in seinen Grund verweisende Formel: *Omnia ad vnum* qualifiziert ebenso wie die verkürzte Formel *TI-BI* [*sit laus*] die *Pansophia* als betont religiöse.

Das dritte Kapitel des *Pegasus Firmamenti* behandelt den *Liber Scripturae* als den ersten der *libri authentici* [Dei], aus denen die wahre Weisheit zu gewinnen sei. Nach Hirsch erlangen allein diejenigen „sacrae scripturae fundamentalem noticiam", „qui PIETATIS praxin in Fide, spe, precibus, patientia dilectione, mansuetudine, humilitate, castimonia, justicia, totiusque vitae sanctitate unice urgent." Die Verwandtschaft mit Arndts Tugendstreben und seiner Forderung der *vitae sanctitas* sind dabei mit Händen zu greifen. Daneben sticht ins Auge, daß Hirsch sich gerade in seinem, wie all seine Schriften, so auch diese durchziehenden und prononcierten Rekurs auf den „LUTHERUS vir DEI"[262] sehr deutlich von Arndt unterscheidet – dem manche just diesen jedoch unbeirrt nachsagen. Im Kapitel vier charakterisiert Hirsch den zweiten *Sapientiae Liber* wie folgt:[263]

„EX Naturae LIBRO omnis naturalis Sapientia seu Philosophia, omnes artes et scientiae, quarum praecipuae numerantur Ethica, Physica, Astronomia, Mathematica, Alchimia, multo melius et perfectius, atque ex libris Chartaceis [: papieren] disci possunt: Proinde *veri Magi, vel sapientes olim in Aegypto, Chaldaea, Persia, Arabia, Mauritania suos discipulos ad Natura solummodo, penetralia institutione fideli deduxere.* Quin potius *in Libro Naturae itidem Regni Christi Mysteria parabolice descripta reperiuntur,*[264] veluti omnes Evangelistae veritati luculentum perhibent testimonium ... ".

Hirsch spricht, an dieser Stelle bereits ein wichtiges Gliederungselement seiner pansophischen *Gemma magica* vorwegnehmend, die „folia praecipua" sowie die codierten Schriftzeichen „hujus Libri" (: *Naturae*) an:[265]

„Si nimirum quis habuerit optime *perspectas Elementorum, VIRTUTES specificas, tam arcanas, quam manifestas, affectiones seminalium astralium internas et externas, operationem Naturae in Elementis* abstrusissimam, dissonantiam vehementissimam, ad *omnis generis creata, seu corpora Physica* producendum Naturae ordine: quae creata, utpote *Astra, Animalia, Vegetabilia, Mineralia hujus Libri Naturae sunt literae Hieroglyphicae, ceu Elementa, Terra, Aqua, Aer, Ignis, folia principalia consent.* Nunc restat solummodo *artificiosa Lectura ad Arcanorum sensum eliciendum,* quem *doctrina signaturarum, tanquam clavis veris Philosophis aperit.*"

Die *virtutes* der Elemente, die astralen *semina*, die astralen, animalischen, vegetabilischen, mineralischen Bereiche als Blätter oder verschlüsselte Zeichen im Naturbuch und nicht zuletzt die naturphysiognomische Signaturenlehre erweisen auch hier eine grundsätzliche Übereinstimmung zwischen Hirschs *Magia* oder *Pansophie* und dem Weltbild und der Thematik von Arndts *Hexaemeron*. Was Arndt

---

262 *Pegasus Firmamenti* III B 4 ᵛ; Luther wird genannt und, z. T. auch umfangreicher, zitiert in: I A 4 ᵛ – 5 ʳ; II B 2 ʳ; III B 4 ʳ⁻ᵛ; 5 ʳ; IV B 7 ʳ; C 5 ʳ – C 6 ʳ; V E 3 ᵛ; VI E 5 ᵛ; E 7 ᵛ – E 8 ᵛ; VII F 2 ᵛ – F 4 ᵛ; F 6 ʳ.

263 *Pegasus Firmamenti* IV B 6 ᵛ – B 7 ʳ (Hervorhebung von mir).

264 Vgl. die 'geistlich'-'cabalistische' Auslegung des *liber naturae* bei Hirsch und Arndt, s. o. § 3.

265 *Pegasus Firmamenti* IV B 7 ᵛ – 8 ʳ (Hervorhebung von mir).

dort als „natürliche Weisheit" bezeichnet, gleicht völlig dem, was Hirsch hier –
und was Arndt selbst in der *Ikonographia* und dem *Bericht von den Weisen* – als
Magia apostrophiert, und was in den rosenkreuzerischen Kreisen *Pansophie* heißt.

So wie nur die rechte Theologen sind, die die Bibel „secundum Fidei analogiam" auslegen, gilt entsprechend für die wahren Ausleger des Naturbuches, daß
sie „Naturam solam, propriis figmentis exclusis, sequuntur".[266] Ungeachtet ihrer
eigenen hermetisch-paracelsistischen Traditionsgebundenheit versteht die *magia
naturalis* sich als die einzige und allein unmittelbar physiomimetische.

Drei Patriarchengestalten dieser ‚Weisheit' im *Liber naturae* nennt Hirsch:[267]
Hermes Trismegistos, den Arndt immerhin in seinem Zusatz zu Alexander von
Suchtens alchemischem Gedicht hoch rühmt,[268] Paracelsus sowie den fiktiven,
schon von seiner Namensgebung her reichlich gnostischen „Basilius Valenti-
nus", hinter dem sich der Herausgeber von dessen Schriften, der Paracelsist
Johann Thölde, verbergen dürfte.[269] An dessen Schrifttum mag Hirsch an seinem
Wirkungsort Eisleben gekommen sein, das etwa eine Dekade vor Arndts kurzem
Aufenthalt von zwei Jahren ein wichtiger Druckort und daher möglicherweise
auch Umschlagplatz hermetisch-alchemischen wie magischen Schrifttums war.[270]

---

[266] *Pegasus Firmamenti* IV B 8 ʳ.
[267] *Pegasus Firmamenti* IV B 8 ᵛ - C 2 ᵛ.
[268] Siehe oben.
[269] Vgl. Fritz Basilius *passim*; Priesner Art. Basilius V., in: Priesner/Figala Alchemie S. 70-75: 73.
[270] *Ein kurtz Summarischer Tractat, Fratris Basilii Valentini Benedicter Ordens / Von dem grossen Stein der
Uralten ... durch den Druck ans Liecht bracht.* Durch Iohannem Thölden Hessum, Eisleben:
Bartholomäus Hornigk 1599/Leipzig 1602 (wo weitere wichtige Schriften des "Basilius
Valentinus" erscheinen), vgl. Priesner *l. c.* und Ferguson Bibliotheca Chemica II S. 428. Am
selben Ort publiziert Johann Thölde 1603 bei dem Verleger Jacob Apels und dem Drucker
Jacob Gaubisch seine *Hali[o]graphia* (Ferguson Bibliotheca Chemica II S. 445). Ebenso ließ
Joachim Tanckius, der den 1604 ebenfalls bei Jacob Apels, nun aber von diesem schon in
Leipzig verlegten *Triumph Wagen Antimonii fr. Basilii Valentini (, nebst VII andern Tracktätlein)*
mit einer Vorrede versah – ein typischer Beleg für die Verbindungen der Paracelsisten unter-
einander – seine beiden eigenen 1605 in Leipzig von Johann Rose verlegten Werke *Succincta et
brevis Artis Chemiae Instructio* sowie das *Alchimistisch Waitzenbäumlein, das ist: Vom Stain der
Weisen* in Eisleben bei Gaubisch drucken.
Im Jahr 1597 erscheinen in Eisleben bei Henning Grosse die *Magica, seu mirabilium historiarum
de spectris et apparationibus spirituum ... libri 2* des Agrippa von Nettesheim, welches Werk im
Jahr 1600 dann in deutscher Sprache auf den Markt kommt: *Magica, das ist: Wunderbarliche
Historien von Gespensten und mancherley Erscheinungen der Geister, von zauberischen Beschwerungen,
Beleidigungen, Verblendungen und dergleichen Gauckelwerck ... mit besonderm Fleisz inn lateinischer
Sprache zusammengetragen, itzo aber allererst gemeinem Vaterlande, deutscher Nation, zu Nutz in die deut-
sche Sprache trewlich gebraucht[?], und in Druck verfertiget. Cum Privilegio. Eiszleben, typis Grosianis[:
Henning Grosse] ... Magicorum ander Theil, darinnen viel wunderbarliche Geschichte, von mancherley
Gespensten und Erscheinungen der bösen Geister ...* Gedruckt im Jahr nach Christi geburt 1600
(deutscher Titel nach Ladrague: Bibliothèque Ouvaroff. Catalogue Spécimen. Sciences
Secrètes, Moskau 1870, 4. Teil II Nr. 1698 S. 166).
Das Vorwort des Herausgebers "Johann Hippodamus, Cheruscus" (wohl Johann Lange)
zum 1596/7 sowie 1607 bei dem später wichtigsten Drucker der Arndt-Schriften, Johann
Francke/Magdeburg, erschienenen *Theophrastisch VADE MECVM* entstand 1596 in Eis-
leben. Ein Jahr später kam, ebenfalls bei dem schon genannten Bartholomäus Hornigk, ein

Wie nach Hirschs Empfehlung der *libri authentici*[271] bereits anzunehmen war, ist dieser *liber naturae* auf seine Weise thematisch engstens mit dem Menschen verbunden. Gemäß der hermetischen Tradition spielt hier die Makro-/Mikrokosmos-Relation – der Arndt seine Konzeption für die beiden Teile des *Liber naturae* entlehnte, das *Hexaemeron* und den auf Raimund von Sabundes *Theologia naturalis* gestützten zweiten Teil –, eine zentrale Rolle. In diesem, wenn man so will, hermetischen Kerndogma koinzidieren und integrieren sich Kosmologie, Anthropologie, Soteriologie und Gnoseologie: [272]

„Ultimo Microcosmi mysterium imperitis ex parte detegam, cum utriusque Mundi majoris et minoris Harmonica comparatione. Homo sapienter [!] nuncupatus *MICROCOSMUS a Graecis, Latine parvus Mundus propter Harmonicam ex majori* [mundo] *compositionem*. Etenim constat *tribus partibus Essentialibus*, seu integrantibus, quarum una omissa, sive non recte disposita, maximi et in Theologia et in Philosophia errores pullulare solent illud! ... Potissima ac nobilissima hominis pars est *Anima, Spiritus ille coelestis* [!], *aeternus, divinitus inspiratus*, quo invisibilia, aeterna immensa homo apprehendere valet: In illa Anima, seu fundo depurato lucet *Gratiae, LUMEN* et fidei per verbum accensae. Altera pars hominis appellatur *Spiritus sydereus et vitalis* [: vitalis] vulgo, *ex Astris et Elementorum virtutibus tractus*, hominique unitus, in quo Spiritu *Lumen naturae et Ratio* cum omnibus artibus et scientiis propriam sedem obtinent, atque per sensus operationes varias exerunt. Nec hoc Rationis Lumen ab errore immune existit, teste Luthero, et capnione[273] in Cabala sua, *nisi superiori Gratiae Lumen regatur*! ... Tertia pars est *corpus visibile ex limo terrae*[274] artificiosissime ad *majoris Mundi imaginem* [!] compositum, ita ut *totus mundus contineatur in Homine*, et contra parvus Mundus cum singulis suis partibus conspiciatur in Macrocosmo, id quod summa certe admiratione et aeterna Sapientiae DEI Optimi Maximi celebratione dignum censeatur."

---

unbefugter Eislebener Nachdruck derselben Schrift des französischen Paracelsisten und Alchemiker Bernhard Gabriel Penot heraus (Sudhoff Bibliographia Paracelsica Nr. 238 und 242f., S. 420f. und 423f.). Bei Penot wiederum handelt es sich um den ehemaligen Baseler Kommilitonen Arndts, von dem ein Brief an Arndt von 1581 in der Lyoner Paracelsus-Ausgabe 1582 erhalten ist (Näheres bei Schneider Studienzeit S. 149f., 166 u. ö., Abdruck S. 174f.; ders. Paracelsist S. 93). Bezüge zu Arndt sind vielfältig denkbar.

[271] *Pegasus Firmamenti* II B 2 ᵛ – B 3 ʳ (Hervorhebung von mir): Gemäß der – in präziser Entsprechung zu Arndts *liber naturae* – mit der Buchmetaphorik verknüpften Mikro-/Makrokosmos-Spekulation vermögen die „Weisen" „per lumen Naturae" den Menschen als „extracta quasi Epitome" des Makrokosmos zu erkennen: „Inde enim Microcosmus recte et verissime a *Sophis* appellatur, hanc ob causam, quod nimirum secundum virtutes, vitia, affectiones internas, proprietates externas, omnium plane creaturarum essentiam intra se mire complicatam possideat."

[272] *Pegasus Firmamenti* IV C 3 ʳ – 5 ʳ (Hervorhebung von mir).

[273] Johannes Reuchlin.

[274] Aus dem "Erdenkloß", in den die Hermetiker allerhand Spekulationen über die Urmaterie legen.

Mit der Tradition ordnet Hirsch die Quellen der Erkenntnis den jeweiligen kosmologisch-anthropologischen Sphären zu: Der suprastellaren Sphäre des „Himmlischen" das *lumen gratiae* als die unmittelbare Inspiration und Divination, der sublunaren Sphäre des natürlichen Lebens das *lumen naturae*, das dem im Menschen zusammenfließenden Elementen des Makrokosmos und speziell dem geistigen, also „siderischen" Anteil gemäß dem Menschen aus dem Gestirn zuwächst, wie das schon im „Wahren Christentum" und anderwärts in diesem Milieu zu beobachten war. Der einer bloßen „thierische[n] Weißheit" („Wahres Christentum" III,6,1) des *homo animalis* entsprechende inferiore *mundus sensibilis* findet in dieser Lehre von den unsichtbar-unsinnlichen „Lichtern" kein eigenes Pendant. Nur wenn die Seele durch das *lumen gratiae* geleitet wird, kann das ansonsten durch den Fall Adams weitestgehend verdunkelte *lumen naturae* seine Wirkung entfalten. So lebt der Mensch schöpfungsgemäß in einer „Harmonia" der kosmisch-anthropologischen Sphären, in der alles ihm zu dienen bereitsteht:

> „Tanta dignitate et potentia HOMO a CREATORE suo est dotatus atque ornatus, ut si secundum Harmoniam divinitus attributam vixerit, omnes omnino creturae [: creaturae] tam invisibiles, quam visibiles illi ad nutum inservire cogantur. *HARMONIA* Itaque *Microcosmica* sic se habet: *Lumen Gtatiae* [: Gratiae] divinum inferiora Fidei luce collustrare et regere debet: *Lumen* vero *Naturae* sese intra Naturalia continere ad corpus saltem gubernandum in actionis Physicis et civilibus, in meditatione seu speculatione, labore, quiete, cibo, potu, sermone, somno, vigiliis etc. ut appetitus in hisce pareat semper rationi, tum suavissima orietur Harmonia Macro- et Microcosmica ... ".

Es folgt ein Zitat aus der rosenkreuzerischen *Fama*, nach dem Hirsch von der Makro-/Mikrokosmos-Spekulation als ihrer inneren Voraussetzung wieder unmittelbar zur *magia naturalis* zurückführt:

> „Quare ex fundamentalis Microcosmi noticia, potentia et Harmonia *verus Magus* flores et herbas coeli *arte secreta* decerpere, metalla etiam et mineralia, firmamento ad statum constellationis tempus eruere valet, quae deinceps *Magnalia naturae igni praeparata* in appropriatis subjectis occulta operatione *aegrotis ad sanitatem recuperandam*, aliisque dignis ad scientiarum impressionem et felices successus movendum applicari possunt!"

Unschwer zu erkennen ist, daß Hirschs Interessen im *liber naturae* nicht anders als die Arndts im *Hexaemeron* der vorwiegend medizinisch orientierten Alchemie im *lumen naturae* gelten. Mit einem umfangreichen Zitat aus Luthers Auslegung von 1 Thess 5,23, durch die er sich passenderweise in seinem trichotomischen Weltbild bestätigen läßt, beschließt Hirsch dieses Kapitel.

Den „Pansophiae studiosis" stellt „Stellatus" im fünften Kapitel die – nicht zuletzt für die maurerische Tradition bedeutsamen – aus Prov 9,1 abgeleiteten *septem Sapientiae columnes* vor, die er auf folgende Weise ausführlicher allegorisiert:

1. Die *columna aurea*, die er, dem höchsten Rang des Goldes entsprechend, mit der *pietas omnes alias virtutes complexa*[275] identifiziert; ihr gebührt der höchste Rang vor allen anderen, was an Arndts *Dissertatio* und anderes mehr erinnert;

2. die *columna smaragdina* der *castitas*, unter der Hirsch die *temperantia* subsumiert;

3. die *columna rubinea* der *justicia*, unter der u. a. die auch von Arndt bekannten Gedanken verhandelt werden, daß die Bosheit der Menschen große kosmisch-astralische Strafen[276] und Krankheiten[277] nach sich zieht, wohingegen in Übung dieser Tugend „Anima cum DEO, Spiritus astralis cum Firmamento, corpus cum Elementis per suavissimam Harmoniam conjungantur";[278]

4. die *columna saphyrea*, die eine für die „wahre Philosophie" unverzichtbare *Taciturnitas in secretis* bedeutet, welche sprichwörtlich ,hermetische' Grundtugend selbstverständlich auch dem Theosophen Arndt am Herzen liegt;[279]

5. die *columna magnetica*, deren symbolträchtige Anziehungskraft „adsiduam Naturae Librum perscrutandi Diligentiam designat";[280] so wie der Magnet durch Ausrichtung am Pol „maximam habet concordantiam: Ita Spiritus hominis sydereus[281] speculando cum omnibus Elementorum Astris." Dieselben *astra*, oder, wie er sie auch nennt, *semina spiritualia* der Kreaturen sind es, die Arndt durch die *ars spagyrica* aus den Elementen zu gewinnen und aus denen er „das helle Licht und pur lautere Essenz" zu ziehen sucht. Und nicht anders als Arndt[282] sieht auch Hirsch alle natürliche Weisheit zwar aus Gott allein, doch durch das Gestirn vermittelt dem Menschen zukommen;[283]

6. die *columna crystallina*, die „veluti Crystallus est candidissimus, clarus, diaphanus, ab omni sorde et excremento purissimus"[284] – die theosophischen Tugenden sind *per analogiam* den edelsten Naturphänomenen vergleichbar – repräsentiert die *veritas*, die sich freilich allenthalben den „calumniae" und „sophismata" der falschen Weisen ausgesetzt sieht;

7. die letzte, die *columna adamantina*, bedeutet die „fidei fortitudo et Magnanimitas Heroica", welche die täglichen *exercitia* der „ternarum virtutum Christianarum", nämlich der auch vom „Wahren Christentum" wohlbekannten Trias von Tugenden, der Demut, Sanftmut und Geduld, beinhaltet. „Hujus Probatae Fidei postremo potentiae subjacet tota Mundi machina cum singulis Elementis atque Elementatis, uti in exemplis sanctorum videre est."[285]

---

[275] *Pegasus Firmamenti* V C 6 ᵛ.

[276] Vgl. etwa *WCh* I Vorr 3; *Hex* 4,23-25.

[277] Sie wurden oben im Zusammenhang der *catena aurea* bereits angesprochen; vgl. *WCh* II,58,4.

[278] *Pegasus Firmamenti* V D 2 ᵛ.

[279] Vgl. Schneider Lutheraner S. 284f. mit Belegen.

[280] *Pegasus Firmamenti* V D 4 ᵛ.

[281] Also der aus dem "Gestirn" bzw. aus dem "Licht der Natur" gespeiste menschliche Geist!

[282] *Hex* 4,14f.

[283] *Pegasus Firmamenti* V D 5 ʳ: "Hujus modi igitur dona Naturalia post DEUM habent dependentiam *ex Firmamenti astris, sive Naturae Lumine.*" D. h. die *astra* und das *lumen naturae* bezeichnen dieselbe Sache, s. o.

[284] Dazu vgl. Arndts Beschreibung des Himmels in *Hex* 2,2f.

[285] *Pegasus Firmamenti* V E 3 ᵛ.

Daß der letztere Gedanke, den Hirsch mit einer langen Reihe von Exempeln einer magischen Naturbeherrschung durch biblische Gestalten von Moses im Schilfmeer über Josua und Ezechiel, die den Lauf der Sonne anhielten, usw. ausführt, auch Arndt keineswegs fremd ist, zeigt etwa eine der Passagen Arndts, die den Status des Wiedergeborenen beschreiben, der „über die Natur" sei und dementsprechend über sie auch zu herrschen vermöge. Sie findet sich in den letzten beiden Abschnitten des zweiten Buches vom „Wahren Christentum".[286]

> „Durch den Glauben haben die Heiligen den Himmel auf- und zuge-
> schlossen, des Feuers Gluth ausgelöschet, Sonne und Mond heißen stille
> stehen, Jos. 10,12. 13., der Löwen Rachen zugehalten. Hebr. 11,33.[287]
> 12. Nicht allein *die Natur ist dem Glauben unterworfen,* sondern auch alle hölli-
> sche Macht und Pforten der Höllen, Sünde, Tod, Teufel und Hölle. ... "

Wenn die sieben Säulen der Weisheit recht gesetzt sind, kann Hirschs „CAR-BUNCULUS" der Pansophie oder Magie den Würdigen sein Licht „longe late-que" verbreiten, „nec ullus unquam hominum quantumvis potentissimus istud LUMEN impedire valebit, veluti orientis Solis radios sub modium occultare supervacaneum et ridiculum esset."[288] Der leuchtende „Carbunckel" gibt Hirsch später seiner *Gemma magica* den Titel, einer ausführlichen Schrift über die Magie, die ebenso „durchscheinig" zu sein sucht wie dieser geheimnisvolle Edelstein.[289]

Die beiden letzten, enger zusammenhängenden Kapitel behandeln in größerem Umfang die im Zusammenhang der kosmologisch-anthropologischen Sphären schon angesprochenen zwei Erkenntnisquellen, zuerst das *lumen gratiae* (cap. 6) und anschließend das *lumen naturae,* das den *Pegasus Firmamenti* beschließt.

Nach einer Verteidigung gegenüber „carnalibus [!] quibusdam literatis", die die Legitimation des *lumen gratiae* auf „frivole" Weise in Frage stellten, erläutert Hirsch im sechsten Kapitel näher, daß der „Gradus ... Luminis GRATIAE in S. codice potissimum tres numerantur". Diese von Hirsch identifizierten biblischen *Gradus* oder auch Manifestationen des übernatürlichen Gnadenlichtes sind die folgenden:[290]

---

[286] *WCh* II,58,11f. (Hervorhebung von mir); Was Arndt dort kühn als „Glauben" beschreibt, rührt deren Verständnis nach an höchste Kräfte der Magie.

[287] Letzteres Beispiel gehört wohl auch zu dem Fundus magischer Wirkungen, auf den Hirsch nach der Reihe biblischer Gestalten anspricht (E 3 ᵛ): "Leones, Ursae, Monstrum Romanum, omniumque hostium truculentia, qua de *Fidei victoria* [!] stupenda sancte gloriatur totum 11. Caput Epistola ad Ebraeos." (Hervorhebung von mir) Ob Arndt auch an diesem sensiblen Punkt wie etwa in der ursprünglichen Vorrede zum ersten Buch im Blick auf die Existenz der Wiedergeborenen "vber die natur" unter dem Eindruck der Jenaer Zensur korrigierende Eingriffe vorgenommen hat, ist denkbar, doch weder zu verifizieren, noch zu falsifizieren.

[288] *Pegasus Firmamenti* V E 4 ʳ⁻ᵛ.

[289] *Gemma magica* Vorrede A 2 ᵛ.

[290] *Pegasus Firmamenti* VI E 5 ʳ⁻ᵛ (Hervorhebung von mir).

1. „*DEI instinctus*, quo homines pij ducuntur; et homines peculiariter *illuminati*, et vocati ad res praeclare gerendas sive in Ecclesia, sive in Republica *divinitus impelluntur*";[291] „Stellatus" nennt König Saul und Simson, „qui *vocatione caelitus adepta* [!] a Spiritu Domini ferebantur; dazu Psalm 85,9: „audiam quid in me loquatur dominus", Simeons „Spiritus DEI instinctu[s]" nach Luk 2,27 etc. Die Art, wie Hirsch die biblischen Gestalten einführt und interpretiert, weist, auch wenn er sie von ‚Enthusiasmus' frei wähnt, in dieselbe Richtung wie die im ersten Teil dieser Studie betrachteten Topoi der mystischen Theologieen.

2. Dieser *Gradus* umfaßt „somnia fatidica, quibus DEUS occulta et futura revelare solebat Prophetis suis, aliisque, saepius Regibus";[292] hier nennt Hirsch die klassischen theosophischen Bezugsgrößen Jakobus und Joseph, Daniel, die *Magi ex oriente*, aber auch den ägyptischen Pharao und Nebukadnezar als Empfänger besonderer Träume „et item alij multi, *de quibus studiosi Pansophiae consulant sacras Historias*", wie es sich für einen eigenen Bereich solchen Geheimwissens gehört, der von den „diabolorum nocturnae illusiones" scharf zu unterscheiden ist.

3. Hierunter faßt der Eislebener Theo- und Pansoph „visiones Propheticas, quae sunt aut internae, aut externae",[293] wobei er zu den ersteren Samuels Vision von Sauls Eselinnen, die Eröffnung der feindlichen Kriegslist durch Elisa, zu den letzteren Moses' brennenden Dornbusch, Daniels kämpfende Böcke, die Visionen des Jesaja, Ezechiel und Sacharja, aber auch die Apokalypse des Johannes usw. rechnet. Wiederum stützt er sich auf Luther. Und schließt mit einer terminologisch-genealogisch präzisen Charakteristik: „Ultimo sciendum, quod ex hoc Gratiae Lumine duntaxat resultat realis, sive *vera CABALA Ebraice sic dicta, Graece prophetia vel Prophetica illuminatio*".[294]

Kapitel sechs, das im übrigen insgesamt den Eindruck vermittelt, daß Hirschs Interesse und Verständnis aufs Ganze gesehen doch noch mehr dem *lumen* und *liber naturae* als dem *lumen gratiae* gelten, nimmt wie viele andere Hermetiker der Zeit das Anliegen des mystischen Spiritualismus auf und integriert es in seine magische Weltsicht, was um so leichter möglich ist, als zwischen beiden Seiten eine Fülle von Beziehungen und inneren Affinitäten herrscht, aus der heraus die integrierte Einheit des gestuften Weltbildes entstehen kann.

Lehrt der Spiritualismus die kategorische Priorität der „inneren" immateriellen Welt gegenüber der „äußerlichen" sichtbaren, so betont, während beide zugleich auch auf neuplatonischer Grundlage operieren, der Hermetismus die sympathetischen Beziehungen der verschiedenen Glieder in der *catena aurea* und

---

[291] *Pegasus Firmamenti* VI E 6 ʳ⁻ᵛ (Hervorhebung von mir).
[292] *Pegasus Firmamenti* VI E 6 ᵛ – E 7 ʳ (Hervorhebung von mir).
[293] *Pegasus Firmamenti* VI E 7 ʳ⁻ᵛ (Hervorhebung von mir).
[294] *Pegasus Firmamenti* VII F ʳ (Hervorhebung von mir).

entwirft seine Sicht der Welt auf Basis der Annahme einer Konsonanz des „Unteren" mit dem „Oberen", die wie für die sichtbare Welt der Körper, etwa in der Beziehung der Planeten zu den Metallen, so auch für die hinter ihr verborgene und unsichtbare, allein den Naturkündigern offenstehende Welt der *astra* und *semina spiritualia* gilt. So ist einerseits auf Basis der kosmologisch-anthropologischen und ihr entsprechend der gnoseologischen Trichotomie der Gesamtzusammenhang des Weltbildes gewahrt, während sich, gewissermaßen arbeitsteilig, der spiritualistische Strang im *lumen gratiae* der göttlichen, himmlischen und ewigen Sphäre zuwendet, der hermetisch-magische hingegen im *lumen naturae* den *rebus naturalibus sive invisibilibus sive visibilibus* und deren innerer Relation. So ergibt sich im 16. und beginnenden 17. Jahrhundert gleichsam wie von selbst eine Verschmelzung von so heterogenen und doch zugleich in ihren Grundlagen und Intentionen geistig verwandten Gestalten und Bewegungen wie Paracelsus, den vielfach auf ihm ebenso wie auf der mystischen Tradition fußenden *Weigeliana*, den *Rosicruciana*, einem Julius Sperber u. a. m. – und mitten in diesem Feld Arndt. Der ausgeprägte Synkretismus, so scheint es, ist eines der Erfolgsgeheimnisse dieses polyvalenten Phänomens einer geistig-kulturellen Umbruchszeit und zugleich eine ihrer wesentlichen Hypotheken.

Das abschließende siebte Kapitel des *Pegasus* gilt dem *lumen naturae*, auf das der Traktat zuläuft bzw. in dem die meisten Fäden zusammenlaufen. Zum Einstieg grenzt Hirsch sein magisches Verständnis des *lumen naturae* von der, wie er meint, irrigen Ansicht ab, daß es mit der *Ratio* des Menschen gleichzusetzen sei. „Luminis naturae veram originem" zu erkennen, sei die erste Aufgabe aller Lernenden. Dieser Ursprung liege im Gestirn, woraus es in den Menschen fließt: [295]

> „*Originem* igitur *in Astris tum Divinis, tum Naturalibus abstrusissimam* Omnipotens et Sapientissimus CREATOR initio recondidit, et *quorum deinde influentia, inclinatione, impressione secreta omnes artes, scientiae, et Arcanorum*[296] *noticia ad Microcosmum derivantur.* Praeterea *Luminis Naturae latitudo sese extendit per totum terrarum orbem*, adeo ut nihil tam occultum, in oceano profundo, et sub Polo Antarctico contineatur, quod non *in hominis expurgatum intellectum, radiorum Reflexum occulto trajiciat.* Sicuti enim Solis Elementale ac visibile [sc. lumen] totum orbem collustrat, ut tenebris discussis singula creata postmodum distincte ab omnibus cognosci possint: *Ita Lumen Naturae suis radiis occultis, et invisibilibus totum Microcosmum retexit*, ut caligine coecitatis fugata, secreta perceptu alias difficilima meditando inquirere valeat."

Wenngleich schon nicht die Relativierung der menschlichen Vernunft durch eine Einschränkung ihrer Alleingeltung, so gemahnt doch das Pathos der Erleuchtung, vor der die Finsternis der Blindheit fliehen muß, an die nahende Aufklärung. Daß Hirsch den entscheidenden Akzent beim Aufgang des *natürlichen* Lich-

---

[295] *Pegasus Firmamenti* VII F ʳ⁻ᵛ (Hervorhebung von mir).
[296] Die Erkenntnis der *Arcana* verortet auch Arndt in der *magia*, vgl. *Ikon* IX fol. 33 ʳ: "wer diß Alphabet [der Signatur] wol kan, der kan darnach ... der Natur Arcana verstehen."

tes setzt [297] und daß er sich auf den von ihm so bezeichneten *Cabalista* Raimund von Sabunde – die Hauptquelle von Arndts zweitem Teil des *liber naturae* – beruft, dessen *liber creaturarum* bzw. *theologia naturalis* später eine der entscheidenden Quellen der frühen Aufklärung wird,[298] zeigt, daß durchaus vitale Verbindungslinien zwischen der frühneuzeitlichen *magia naturalis* und der frühen Aufklärung existieren.

Mit wenigen Strichen skizziert Hirsch faszinierend klar, anschaulich und zugleich schön, was er mit anderen Paracelsisten unter dem *lumen naturae* versteht. Das Besondere ist, daß dieses *lumen* weder eine Fähigkeit noch eine Instanz im Menschen bildet, sondern die Projektion des Weltganzen und all seiner verborgenen Kräfte in den Menschen einerseits darstellt und die nicht nur Relation, sondern Korrespondenz zwischen Makrokosmos und Mikrokosmos andererseits. Was der Mensch im *lumen naturae* erkennt und vermag, gewinnt er so nicht nur aufgrund dessen, was in ihm liegt, sondern aufgrund seiner Relationalität zum Makrokosmos, in der er empfängt, was jener auf ihn einstrahlt, was sich wiederum im Bereich jener *astra* abspielt, welche überall unsichtbar wirken. Schon zwei Kapitel früher legt Hirsch im Zusammenhang der kristallinischen Säule dar, wie das *lumen naturae*, das in unendlich vielen Strahlen alle Kreaturen des Makrokosmos innerlich und unsichtbar durchwirkt, im Menschen wie von einem gekrümmten Spiegel reflektiert in einem Brennpunkt zusammenfließt: [299]

„Lux veritatis in Microcosmo sic accensa cum speculo concavo non male confertur: Sicuti enim ejusmodi speculum radios solares copiose excipit, quos deinde in aliud objectum fortissime conjocere potis est, adeo ut Incendium maxima [?] inde exoriatur, ceu de Archimede Historici scriptum reliquere: Similiter *Spiritus Hominis Astralis*, Luce veritatis collustratus, *Solis invisibiles radios, et Constellationis Influentias scientiis variis tinctas intra se recipit, ad Naturae LUMEN*, ... quod tamen Lumen initio se non plenis radiis exerit, sed paulatim ac sensim accrescit ad visibilis Elementalis luminis naturam, motumque."

Das ‚Licht der Natur‘ findet sich als verborgene Kraft allenthalben im Kosmos. Hirsch nimmt mit Paracelsus[300] an, „quod Naturale Sapientiae Lumen ex Sole per omnes Planetas et Astra firmamenti adipiscamur,[301] quibus de secretis Mago-

---

[297] Wie anders, weltabgewandt, verinnerlichend, mystisch klingt dagegen Arndts *WCh* III,6,1: "Wenn im Verstand kein irdisch Ding scheinet, sondern die thierische Weisheit untergegangen ist, und in eine Nacht oder göttliche Finsterniß verwandelt ist; so gehet dann das *göttliche Licht* auf, und giebt einen Blick und Strahl von sich und scheinet in der Finsterniß. ... So beweget alsdann in einem Augenblick das göttliche Licht den Verstand, die himmlische Begierde den Willen, und die ewige Freude das Gedächtniß ... " (Hervorhebung von mir).

[298] Philipp *Werden der Aufklärung* S. 47f., 53; Raimund als *Cabalista*: Hirsch/Stellatus *Pegasus Firmamenti* III fol. B 3 ᵛ.

[299] *Pegasus Firmamenti* V D 8 ʳ⁻ᵛ (Hervorhebung von mir).

[300] Er nennt den *Tractatus de peste*.

[301] Vom selben Wortstamm abgeleitet ist das Partizip *adeptus/adepti*.

rum Scripta absoluta amplius consuli poterunt",[302] welche Themen er zu seiner
Zeit bei den rosenkreuzerischen *collegia*, zu deren Unterstützung und Verteidi-
gung nicht zuletzt er diesen Traktat verfaßt, in guten Händen weiß. Auch der
Medicus Oswald Croll vertritt dieselbe Anschauung in seinem *Chymischen Kleinod*:

> „Vnnd gleich wie dem sichtbahren Leib oder Cörper seine Speise auß der
> Erden wächst / also wächst auch dem Syderischen Geist deß Menschen
> oder dem vnsichtbahren Menschen (welcher deß eusserlichen Hauses Jnn-
> wohner ist) seine Nahrung von der Lufft vnd Feuwer oder eusserlichen
> Firmament / nemblich *von dem Feuwer deß Firmaments / als da sind alle Künste*
> */ Handwercke / Sprachen vnnd Faculteten. Dann der Himmel oder Firmament ist*
> *der Vatter vnnd Doctor aller Künste /* außgenommen die Theologia vnd heilige
> Iustitia ... Vnnd wie der Elementalische Cörper durch den Hunger vnnd
> Durst die Elementalische Cörper an sich zeucht / also zeucht *der Syderische*
> *Geist deß Menschen von den Stralen der ober Gestirn alle Künste / Wissenschafften /*
> *Faculteten vnd Menschliche Weißheit* an sich: Sintemal *das Firmament ein Liecht ist*
> *der Natur / welches dem Menschen alle Dinge Natürlich mittheilet.*"[303]

In anderer Diktion vertritt Croll dasselbe Verständnis vom ‚Licht der Natur', das
dem Menschen aus dem „Firmament" zukommt und das ihm alle das Irdische
betreffende Weisheit samt Künsten, Handwerken und Fakultäten vermittelt.
Croll wie Hirsch leiten das *lumen naturae* konsequent aus der ganzen Schöpfung
und in ihr speziell aus der Makro-/Mikrokosmos-Relation ab. Es stellt also nicht
eine bestimmte Fähigkeit oder Disposition im menschlichen Geist dar, sondern
ein verborgenes System von Influenzen und ein inneres Verhältnis der Entsprechung und Sympathie innerhalb der *catena aurea*. Dieses Verhältnis zu erkennen,
eröffnet den Zugang zu dem unsichtbaren Licht. *Artes, scientiae* und *noticia* sind
demnach ein *Derivat* des natürlichen Himmels. Sie zu gewinnen, heißt, *in* diesem
Licht das zu entfalten, was das *firmamentum* oder *astrum* in den siderischen Teil
des Menschen gelegt hat bzw. in ihn projiziert. Dies alles, die astrale, terrestrische und anthropologische Seite dieses verschränkten makro-/mikrokosmischen
Zusammenhangs – und in alledem die sapientiale – bilden gemeinsam das *lumen*
naturae. Dies in seinem großen Zusammenhang und seiner vor den Augen der
Welt verborgenen Tiefe zu erkennen und damit in rechter Weise zu handeln, ist
nun wiederum nach Hirschs großer magischer Schrift, der *Gemma magica*, Privileg
und Aufgabe der

> „heilige[n] und geheime[n] Magie, welche nechst Gott / in dem wieder-
> gebohrnen Gemüthe [!][304] zu Anfangs die Füncklein der Weißheit / dar-
> nach die Strahlen / und endlich von Tag zu Tage ein je mehr und mehr
> helleres Licht / durch das grosse Geheimniß der Schöpffung / einwirfft
> und außbreitet."[305]

---

[302] *Pegasus Firmamenti* VII F 5 ʳ; zur exzeptionellen hermetischen Zentralstellung der Sonne s. o.
[303] *Erinnerungs Vorrede* S. 23f. (Hervorhebung von mir).
[304] Vgl. Arndt *WCh* 4,16, s. o.
[305] *Gemma magica* Vorrede A 3 ʳ.

Die *magia* ist demnach das Pendant des *lumen naturae* auf Seiten des Menschen, wofür Disposition und Habitus des *homo renatus* die Voraussetzung sind, denn sie ist „heilig". Wieder zeigt sich die bei bereits Croll – und Arndt – beobachtete Verschränkung von Spiritualismus und Hermetismus. In dem Maß, in dem der Mensch sich die Gottesgabe der *magia* aneignet, erschließt sich ihm in und aus dem Kosmos das *lumen naturae*, woraus als aus der rechten Philosophie oder Weisheit er alle *artes, scientiae* und *noticia* gewinnt, die die sichtbare Welt und das irdische Leben betreffen. Quelle und Gegenstand der Erkenntnis liegen ineinander, und der als ganzer und in all seinen Teilen und Bereichen dynamistisch gedachte Kosmos ist nicht nur Objekt, sondern zugleich Subjekt des Erkennens! Umgekehrt wird der Mensch erst dadurch zum Subjekt des Erkennens, daß er zu einem Objekt des zu Erkennenden wird, das seine unsichtbaren Impressionen auf ihn ausübt und ihn dadurch gerade und dem jeweiligen Maß des Einwirkens gemäß in die Lage versetzt, selbst in die Rolle des Erkennenden einzutreten und Erkenntnis zu gewinnen. Eine scharfe Trennung von Subjekt und Objekt ist, analog zur Philosophie Weigels, *beiderseits* nicht möglich.

Die Verbindung mit der Wiedergeburtsthematik macht den Zusammenhang noch komplexer, sie fügt sich aber durchaus homogen in dieses System ein: Als in ihren wesentlichen Zügen Selbst- und Gotteserkenntnis, die sich in analogen Objekt-Subjekt-Relationen vollzieht, bildet die gegenüber der „nach außen" gerichteten Welterkenntnis „nach innen" orientierte Selbsterkenntnis nicht nur die Voraussetzung, sondern das Korrelat oder Pendant zu jener. Die Gotteserkenntnis hat ihren Ort sowohl in der Innen- wie in der Außenseite, der Selbst- wie der Welterkenntnis. Wie die letzten beiden Kapitel des *Pegasus* zeigen, gehören *lumen naturae* und *lumen gratiae* zusammen, und beides subsumiert Hirsch hier unter die *magia*. Systembedingt ist über den Konnex zwischen trichotomischer Anthropologie und Kosmologie auch das Verständnis der Wiedergeburt mit der kosmologisch-kosmosophischen Spekulation eng verknüpft, wie das an den verschiedenen Entwürfen mystischer Theologie näher zu beobachten war.[306] Und so fügen sich, auch wenn dies bei Hirsch nicht so im Vordergrund des Interesses steht, Selbst- und Welterkenntnis und in beiden die Gotteserkenntnis zu der auf das All und Eine gerichteten Trias zusammen, die in rosenkreuzerischen Kreisen gerne mit dem einerseits präzisen, in seinem Gebrauch andererseits dann doch wieder schillernden Begriff der „Pansophie" bezeichnet wird. Dieses Verständnis spiegelt sich in der Formulierung des Titels, der die *veterum sapientia* mit der *magia* und diese mit der *Pansophia* identifiziert: „INTRODVCTIO BREVIS IN *VETERUM SAPIENTIAM*, quae olim ab Aegyptijs & Persis *MAGIA*, hodie vero a Venerabili Fraternitate Roseae crucis *PANSOPHIA* recte vocatur". In Annäherung und späterer Verschmelzung der zwei *lumina* sind Spuren gelegt, die in der Konsequenz weit über das hermetisch-magische Milieu hinausweisen.

---

[306] Vgl. Band I dieser Studie §§ 4 und 5.

Die umfangreichste Passage indes, was dem Thema des Kapitels zunächst eher fernzuliegen scheint, widmet der Eislebener Theosoph den „colloquia Angelorum Theosophica", wie sie etwa an den Propheten oder dem Johannes der Apokalypse zu beobachten seien. Unter Bezugnahme auf einen nicht näher identifizierten „Praestantissimus et illuminatus quispiam Theologus ac Medicus" geht er davon aus, „quod scilicet omnis sapientia in verbo DEI, et rerum Natura abscondita, primum per Angelorum ministerium revelata sit!",[307] welche Vorstellung Hirsch unter Rückgriff auf das bemerkenswerte Zwiegespann Luther und Paracelsus,[308] das den Wagen seines magisch-theologischen Denkens insgesamt zu ziehen berufen scheint, nach jeder Seite unanfechtbar zu legitimieren sucht.

In wiederholt erklärtem Gegensatz zur diabolischen schwarzen Magie fließt für „Stellatus" alles im Ideal und in der Forderung nach der *pietas* zusammen, die der Erzvater der *magia*, Hermes Trismegistos, übereinstimmend mit Salomos sieben Säulen der Weisheit fordert. Der Abschnitt zeigt, wie ganz Verschiedenes ineinandergreift, Frömmigkeit, die „wahre Philosophie", die *Magia* aus dem ‚Licht der Natur', der rechte theosophische Habitus und die *colloquia angelorum*:[309]

> „Verbis Hermetis Trismegisti demum concludam: Pius esto, o fili, qui vero pius est, summe Philosophatur. Quando igitur *purum Naturae Lumen*, Lector Christiane et benevole, et [sic; cj.: ex] *quo vera MAGIA profluit*, unice desideras, columnarum structuram capite quinto[310] adumbratam aggredere, certo confidens, studia actionesque tuas Angelorum consilio et auxilio directum iri, columnis Sapientiae absolutis; Cujus Angelicae curae et directionis quoque Lutherus facit mentionem, Gen: cap: 24. Sic etiam, inquit, Ecclesiasticas aut Politicas functiones subituri cogitemus: Quia vocor ad Munus Pastoris aut Doctoris, faciam, quod possum; Angelus aderit, qui gubernabit omnia. Et alibi Principium ergo omnium negociorum sit INVOCATIO DEI; deinde cogitatio de CURA Angelorum."

Hirschs Verständnis der wahren Magie oder Pansophie beschränkt sich keineswegs auf eine Deutung und tätige Nachahmung der Natur. Die hermetische „Philosophie" ist zugleich eine zutiefst religiöse Haltung, die nicht nur von ferne

---

[307] *Pegasus Firmamenti* VII F 3 ʳ.

[308] *Pegasus Firmamenti* VII F 3 ᵛ: "Haec igitur fundamenta, quae alias certa sunt et immota, propter discentis Doctoris Martini Lutheri, et Doctoris Theophrasti Paracelsi propriis verbis et perspicua explicatione simpliciter cum DEO sic demonstrabo." Es folgen Zitate aus Luthers Vorrede zu den Lichtenbergerschen *vaticinia*, aus der Hirsch den Beweis entnehmen zu können glaubt, daß "Lutherus utriusque Astronomiae fundamentum, et Auream Naturae catenam [s. o.!] per Spiritum sapientiae recte intellexisse animadvertitur". Sollte diese Sicht Luthers zutreffen – was hier nicht näher zu verfolgen ist –, dann allerdings stehen nicht geringe Probleme für die zu erwarten, die Arndts theosophische Seite mit Hinweis auf seine angeblich große Nähe zu Luther zu negieren oder herunterzuspielen suchen. Hirsch postuliert in diesem Zusammenhang ein ähnlich hierarchisches Verhältnis der göttlichen gegenüber der natürlichen Weisheit wie Arndt in *Hex* 4,16, "licet Lux Naturae plena nondum eo tempore statim lucem Evangelij accensam consecuta sit".

[309] *Pegasus Firmamenti* VII F 6 ʳ (Hervorhebung von mir).

[310] S. o.

an Arndts Forderung der „Philosophie" erinnert, „welche da allein die Werke GOttes zu erkennen giebt, welche ein jeder Mensch aus schuldiger Dankbarkeit und Liebe GOttes zu erkennen schuldig ist, auf daß er wisse, was sein Schöpfer seinetwegen geschaffen habe"[311] – welche Forderung Arndt im Kontext seiner Darlegung der hermetischen Anschauung von den *astra* und den Elementen erhebt! Bis in die Grundlagen hinein zeigt sich bei allen Unterschieden sonst der Gleichklang dieser beiden Geistesverwandten.

3.2 David Mederus Osterfeldensis

Bereits zwei Jahre vor Erscheinen des *Pegasus Firmamenti* mischte der „Pastor[] der Kirchen zu Nebra an der Unstrut" David Meder[312] sich mit einem *IUDI-CIUM THEOLOGICUM; Oder Christlichs und kurtzes Bedencken von der FAMA ET CONFESSIONE der Brüderschafft des löblichen Ordens deß Rosencreutzes*[313] in den Streit um die Rosenkreuzerbewegung ein. Er mag einer der stilleren und unscheinbareren Vertreter seines Standes gewesen sein, so wie er sich einführt als von „professione ein Theologus vnd beruffener Pastor Ecclesiae Christi, vnd dazu ein alter Mann". Wie Arndt, Andreae und viele andere gibt er zu erkennen, daß er seine Beschäftigung mit der hermetischen Naturphilosophie nicht, wie viele zu seiner Zeit das empfunden haben mögen, in einem Widerspruch zu seiner Profession sieht, sondern im Gegenteil gerade aus seinem Verständnis von Theologie den entscheidenden Impuls dazu gewinnt. Auch er befaßt sich, wie Arndt und manch andere, in jenem inneren Zusammenhang zur Theologie mit medizinischen Fragen, doch beläßt er es in dieser Hinsicht, anders als jener, bei der Theorie oder dem eigenen Hausgebrauch, was ihn nicht hindert, sich als *Alchymista* zu betätigen und zu verstehen. Den Kritikern der *magia* entgegnet er, wenn es sein muß, auch mit dem in diesen Kreisen üblichen Schuß würziger Polemik, sie sollten doch als Theologen die Bibel wachsam lesen, damit sie finden, was dort allenthalben zur *magia naturalis* geschrieben stehe. Dieses auch persönlich sympathische Zeugnis ist als Quelle von eigenem Wert, zumal es nicht von einer herausragenden Gestalt mitten im Zentrum der Ereignisse stammt, sondern von einer wenig bekannten und eher an der Peripherie eines die Aufmerksamkeit gewinnenden Geschehens angesiedelten Gestalt. Um so eindeutiger bilden sich in Meders Denken die elementaren Muster und sozusagen das Grundwissen dieser „hohe[n] Weißheit vnd Erkäntniß der Natur" ab: [314]

> „Wiewol nun jemand dafür halten möchte / das Ich / als der professione ein Theologus vnd beruffener Pastor Ecclesiae Christi, vnd dazu ein alter Mann were / mich billich dieses studij bevorab / der in der newligkeit publicirten Famae Fraternitatis Rosae Crucis, enthalten / vnd dagegen

---

[311] *Hex* 5,9; s. o.
[312] Zu Meder vgl. auch Arnold *KKH* 1729 2. Teil Buch XVII Cap. XVIII Abschn. 23 S. 1125a.
[313] 1616 *s. l.*
[314] *Iudicium theologicum* A iij ᵛ – A 5 ʳ (Hervorhebung von mir).

meiner Bibel Thaeologiae [sic] &c. ergeben sein solte: So gebe ich doch
solchen ... diß zur antwort: Das ich *eben darumb / weil ich ein Theologus,
Prediger vnd Außleger der H. Schrifft* [!]/ vnd alter Mann ... *ein Magus naturalis,
oder welchs ex parte, eben so vil ist / ein Alhcymista* [sic] *et Medicus Chymicus*
(wiewol ich Medicinam nicht practicire, sondern alleine für mich vnnd die
meinen medicamenta Chymica praeparirt habe) sein solle. Denn aller
andern vrsachen dißmahl zugeschweigen / deren doch sehr viel sind / ... :
So gehe man doch vmb GOttes willen / zur Bibel / vnnd durchlese vnnd
erwege sie vom Anfange biß zum Ende / So wirdt man befinden / *Das der
heilige Geist Gottes vnzehlich viel Exempel / auß dieser Kunst / durch die
H. Ertzväter / Propheten / Christum vnd die Apostel eingeführet vnnd gebraucht
habe. Sind die Priester Gottes / vnter vnd nach Mose nicht Medici gewesen?* Haben
sie nicht *eine hohe Weißheit vnd Erkäntniß der Natur* gehabt? Ist nicht *Moses in
Aegypten Weißheit gelehrt* worden? Sind *die Egyptischen Priester* zurselben zeit
vnnd hernach / nicht *fürtreffliche Magi naturalis* [sic]*, Ertzte vnd anderer Künste
hocherfahrne Männer* gewesen? Was solte es dann schaden / wann schon *ein
Theologus oder Pastor Ecclesiae, neben getrewer vnnd fleissiger verrichtung seines Beruffs
vnd Ampts* [!] ... auch noch heut zu tage / *ein Medicus* were? warumb
müssen wir den Mathesin vnnd Physicam ... auff den hohen Schulen
studiren? Pfuy dich Teuffel vnd Lästergeist an."

Meder ist sich auch gegen Anfeindungen seiner Sache sicher. In seiner Argumentation kehren die üblichen Elemente der Selbstbegründung dieser *magia naturalis* wieder. Schon ihre Grenzen sind relativ fließend; ob man nun die Alchemie
– und die *medica chymia* – mit ihr in eins setzt oder sie als deren Teil bezeichnet,
ist letztlich sekundär, fließen doch das Ganze und all seine Teile aus einem
gemeinsamen Grund und Denkzusammenhang. Die ägyptischen Arzt-Priester,
denen gegenüber die von Nebra an der Unstrut vielleicht noch weiter entfernten
chaldäischen und persischen Magi hier etwas ins Abseits geraten wirken, kehren
ebenso wieder wie die – im Unterschied zu jenen Ägyptern – vom Geist Gottes
in dieser Weisheit unterwiesenen biblischen Weisen. Einer die theologische
Legitimität der Rosenkreuzer bestreitenden Kritik begegnet Meder auf geradezu
klassische Weise mit dem Hinweis auf den göttlichen Ursprung der *magia* schon
von Adams und Salomos Zeiten her, wie auch Arndt ihn kennt: [315]

„Sie sagen bestendig / das jhre *Magia, Weißheit vnd Wissenschafft Gottes Werck
vnd Gabe* sey: das auch alleine die jenigen derselben nochmahls fehig sein
vnd theilhafftig werden / welche Gott fürchten / lieben / anruffen vnd
jhme von gantzem Hertzen alleine vertrawen : Es sey diß *eben die Weißheit /
welche natürlich vnd* [: welche] *Gott dem Adam angeschaffen / vnnd nach desselben
Fall / in seiner Widergeburt durch den H. Geist / wiederumb vernewet hat*: Darumb
auch *Salomo* / der Junge König Israel / den wahren GOTT / von welchem alleine alle Weißheit kömmet / Jacob. i. v. 5. so hertzlich angeruffen
vnd gebeten / vnnd dieselbe auch von jhme erlangt hat ... ".

---

[315] *Iudicium theologicum* C ij v-r (Hervorhebung von mir); zu Adam vgl. Arndt *Hex* 6,2.

Gott selbst sei die Quelle der Weisheit, und die auf zwei verkürzte Reihe der biblischen Gestalten weist in die übliche Richtung: Durch Wiedergeburt und Geist erlangen sie, wie die Rosenkreuzer, die höhere Weisheit, die jedoch lediglich als die nach dem Fall wiederaufgerichtete ursprüngliche Weisheit Adams erscheint. Daß er Theologe und Prediger im Amt ist, ist ihm auf Grund seiner Verpflichtung auf die Bibel nicht Hindernis, sondern bleibend Anstoß zur *magia*.

3.3 Johann Weyer: *Von verzeuberungen*

Im Jahr 1565 erscheint in Arndts späterem Studienort Basel in zweiter Auflage ein Werk, mit dem Johann Weyer *alias* Wier(us)[316] – ein Schüler des großen Sammlers und Kenners der Magie Agrippa von Nettesheim – die *magia infamis* auf das Entschiedenste bekämpft. Dokumentierend setzt er sich mit allen ihm bekannten Formen und Praktiken auseinander. Für wes Geistes Kinder er diese Erscheinungen und vielleicht ihre Anhänger hält, verrät der Titel des Werkes, das in einer unautorisierten Übersetzung von Johannes Füglin herauskommt:

> *Von verzeube//rungen / verblendungen /// auch sonst viel vnd mancherley // gepler des Teuffels vnnd seines // gantzen Heers: Deßgleichen von // versegnungen vnd gifftwercken /// fünff bücher zum andern mal wi//derumb übersehen / gemehrt vnd gebessert.*

Im dritten Kapitel von Buch II handelt Weyer „Von der Magia oder verzauber kunst / welche allererst mit dern [sic] vmbgegangen / auch etlichen Zauberbüchern / so den recht sinnigen Vettern der ersten Kirchen vnbillicher weise sind zugeschrieben worden / Cap. iij."[317] Nachdem er in der Geschichte weit ausgeholt hat, kommt Weyer zu den griechischen Philosophen, die bei Ägyptern und Chaldäern als den ältesten Vertretern und Vorbildern der wahren Magie in die Schule gegangen seien:[318]

> „Die verrümbten Philosophi Pythagoras / Empedocles / Democritus vnd Plato ... haben *von der Magia wegen* / so weite reisen / ... fürgenommen vnd vollbracht ... Es befindt sich das Pythagoras vnd Plato die herlichen menner / jhrn zu lieb biß zu den *Memphitischen Warsagern* gezogen / vnd gar nahe an das gantze Syriam / Egypten / Judeam / vnd die hohen Schulen der Chaldeern durchgezogen sind. Denn es jhe gewiß ist / *das die Magia anfangs mehr bey den Chaldeern (welche denn auch auß der Religion ein Philosophische weißheit machten) Assyriern / Persen* [sic] */ Arabern / Moren vnd Jüden / denn bey keinen andern Völckern / im schwanck gegangen ist.*"

---

[316] Zu Weyers Kampf gegen die Magie vgl. die Zusammenfassungen und Textauszüge aus Weyers – bei dem ehemaligen Paracelsus-Schüler, -Famulus und -Verleger Johannes Oporin(us) 1563 erschienener – Schrift *De praestigiis daemonum et incantationibus ac veneficiis libri VI* bei Müller-Jahncke Heilkunde S. 99-102 und Goldammer Magier S. 62f.

[317] S. 191.

[318] S. 197-199 (Hervorhebung von mir).

Wie zu seiner eigenen Zeit in der *magia infamis*, so sei in der Antike auch mit der
magia allerhand Superstition betrieben worden, wie Weyer, Arndts *Ikonographia*[319]
ähnlich, insbesondere an der Magie der Ägypter und Griechen kritisiert:

> „Die Egyptier aber / so von natur abergleubig / vnd derhalben den Got-
> tesdienst in nerrische fabeln vnd dantmerlin verwandelt / haben jederzeit
> den vorzug gehept / denn der Teuffeln dienst allwegen bey jhnen hoch-
> geacht worden ist ... ", so wie die Griechen „jhr Religion vnd Gottesdienst
> mit Pyrrhonischer disputation verwechselt. ... Derhalben der Sathan bey
> diesen beiden so gewaltigen Völckern ein gewunnen spiel gehept hat. Vnd
> wiewol vielleicht jemandts hie ein einrede brauchen möchte / vermeinen-
> de das vorgemeldete Philosophey *nicht mit dieser verlümbdten Magia / sondern
> mit der natürlichen* sich bemühet vnnd vmbgegangen seyen / so ist doch ein
> mal gewiß / das sie beiden pfeffer / wie man spricht / durcheinander ver-
> mischt haben ... ".

Unter Bezug auf Cicero, Proklos und (Diogenes) Laertius beklagt Weyer „viel
abgötterey", die eine Abirrung von der guten *magia naturalis* der Alten darstelle:[320]

> „Auß welchen allen / was schendlicher Kunst Magia infamis seye / augen-
> scheinlich vnnd am tage wie der Bawr an der Sonnen ligt ... Aber welte
> Gott / das ein solche Gottesforcht in den Magis bey volgenden / wie vor
> alten zeiten in Persia / den Sacerdotibus oder Priestern in Egypto / deß-
> gleichen den Druiden in Gallia gebliben were / welche solche Magischen
> heimligkeiten an das liecht zuuerfertigen / vnnd dem gemeinen Mann in
> seine hend zekommen lassen / für ein grosse schand geachtet hetten /
> gebliben were."

Von jeglicher Vermischung mit solchem Teufelswerk befreit, erweist die *magia
naturalis* der wahren Philosophen und Weisen eine hohe Würde und Befähigung,
die sie einer christlichen Rezeption geradezu anempfehlen, zumal Gott selbst in
dem übernatürlichen Stern zu Christi Geburt solche Kunst ja besonders ausge-
zeichnet habe:[321]

> „Souiel aber *die gründtliche erkendtnis natürlicher geheimnissen vnd ware Philo-
> sophiam / so man gemeinlich Magiam naturalem nennet /* antrifft / vnnd wol wir-
> dig das sie vonn allen *liebhabern der weißheit* hoch geachtet werde / will ich
> die selbe vnuerachtet lassen / vnnd an jhrem lob nicht vmb ein har gerin-
> gert haben. Denn *welche bey den Griechen Sophi vnd Philosophi / das ist / weise
> vnnd liebhaber der weißheit heissen / werden bey den Chaldeern /* wie denn solchs
> der h. Hieronymus vber den Danielem[322] zeuget / *Magi genennt /* welchen
> auch *die historia vonn der Menschwerdung deß Herrn Jhesu Christi / Matthei am 2
> capitel* ein gut lob verleihet / anzeigende / das sie die zeit vnd das orth

---

319 *Ikon* III 17 ʳ⁻ᵛ.
320 S. 200f.
321 S. 199f. (Hervorhebung von mir).
322 Daniel-Kommentar des Hieronymus.

seiner geburt auß den Propheteien / welchs die Israeliter zur zeit jrer gefengknis in Chaldea vnd Babylonia hin vnd wider außgespreittet vnd hinder jnen verlassen / am sternen abgenommen vnd erkennt haben. Denn sie jhe wol vermerckt / das der selbe nicht ongefehr erschienen / auch nicht durch würckunge der natur / auß natürlicher materi / wie die cometen / etc. im lufft / sonder den aller nehesten / *ohne andre mittel / von Gott dem Herrn selbst* / die fröliche geburt deß Heilandts der gantzen Welt / anzuzeigen vnd bedeuten / angezündet were. ... ".

Spricht Arndt von der Magie oder wahren Philosophie im Unterschied zu allen der scharfen Kritik unterzogenen abergläubischen oder täuschenden Praktiken als einer „gründtliche[n] Erkentnus ... aller Thiere / Gewechse vnd der Sternen",[323] so gilt sie Weyer, mit der identischen Formel wie bei Arndt, als eine „gründtliche erkendtnis natürlicher geheimnissen vnd ware Philosophia[]", die allein den „Liebhabern der Weisheit", also den Philo-Sophen, vorbehalten sei. Bei aller vernichtenden Kritik der *magia infamis* will Weyer der *magia naturalis*, die er mit der auch Arndt geläufigen Identifikation von *(Philo-)Sophoi*, „Weisen" und *Magi* als die „wahre Philosophie" apostrophiert, nichts von ihrer verdienten Ehre nehmen.

Für die theologisch heikle Frage, wie die paganen *Magi ex oriente* zu ihrer religiös eindeutigen Deutung des Sterns gekommen seien, bietet Weyer die deutlich elegantere Lösung, die sowohl den rein übernatürlichen Charakter solcher außerordentlichen Offenbarung wie eine religiöse Differenz im Blick auf die außerchristlichen *Magi* ermöglicht: Deren erstaunliche Sterndeutung war ihnen möglich, weil ausgerechnet die Israeliten zu Zeiten ihres Exils den Chaldäern und Babyloniern die Geheimnisse der übernatürlichen Astrologie eröffnet und sie ihnen dort als ein spezielles geheimes Wissen zurückgelassen hätten. So bleibt für den Mediziner Weyer vermeintlich, ähnlich wie in jener patristischen Theorie, nach der die griechischen Philosophen ihre Weisheit dem mosaischen Schrifttum entlehnt hätten, eine zeitliche und qualitative Priorität der biblischen Offenbarung gewahrt, die die *magia naturalis* um so bibel- und glaubensgemäßer erscheinen läßt.

Gegenüber der Kritik an der dämonischen Magie in all ihren Schattierungen bildet in Weyers Werk das, was später in Arndts und anderer Hermetiker und Paracelsisten Sinne als die wahre und gute *magia* gilt, die *magia naturalis*, als Gegenbild letztlich nur eine Nebenrolle, in der sich allerdings mit ein paar Variationen dieselben Grundlinien und -muster wiederfinden. Doch ist es durchaus denkbar, daß von Weyers Kritizismus, der seine verlegerische Basis bei dem abtrünnigen Paracelsus-Jünger Oporinus hatte, auch gerade in den weit ausstrahlenden Basler Paracelsismus hinein eine reinigende und aufklärende Wirkung ausging in dem Sinne, daß sich immer klarer eine kategorische Ablehnung zauberischer Praktiken und schwarzer, d. h. mit Dämonen und dem Teufel in Ver-

---

[323] *Ikon* III fol. 16 ᵛ – 17 (Hervorhebung von mir).

bindung gebrachter Magie verband mit jener *magia naturalis* auf neuplatonisch-
hermetischer Grundlage, die vor allem nach *Erkenntnis*, und zwar der verborgenen Kräfte im Kosmos, strebt, wie sie sich in ganz verschiedenen, in wenigen
Beispielen hier dokumentierten Schriften vor und nach der Wende zum 17. Jahrhundert vielfach artikuliert. Jedenfalls tritt, während sich evangelischer- wie
katholischerseits eine konsequente Ablehnung jeglicher Form von Magie for-
miert, die sich vor allem mit Jean Bodin und Martin del Rio verbindet,[324] eine
klar nichtdämonische, erkenntnisorientierte *magia naturalis* auf, die von Aegidius
‚Gutmann‘ bis zu Oswald Croll, von den Rosenkreuzern bis hin zu Arndt reicht.

3.4   Alexander von Suchten

Der aus Danzig stammende Arzt und Paracelsist Alexander von Suchten [325] –
dessen alchemisches Gedicht Arndt dem Joachim Morsius gewidmet hatte –
geht in seinem Traktat *De tribus facultatibus*[326] von einer gemeinsamen Wurzel und
ursprünglichen Einheit der drei *facultates* von Theologie, Astronomie und Medizin aus, welche erst sekundär getrennt worden seien. Ihren gemeinsamen
Ursprung sieht er in der Magie gegeben, deren Fehlen oder nachträgliche Ver-
fälschung zwangsläufig auch zu einem Niedergang jener *facultates* geführt hätten.
     Erklärt der Theologe Arndt, daß alle irdischen Kreaturen letztlich aus dem –
„recht philosophisch“ zu verstehenden – „Wasser“ herrührten, so liest sich Analoges bei dem Mediziner von Suchten folgendermaßen:[327]

> „Es war aber die Materia prima Mundi & Hominis ein Crystallinisch
> Wasser / davon die Schrifft saget: Ehe Gott schuff Himmel und Erden /
> schwebet der Geist des HErrn ob dem Wasser. Also war das Wasser eine
> Materia prima der beyder.“

Die „Crystallinisch[e]“ Sphäre ist nach pseudodionysisch-neuplatonischer Lichtmetaphysik die neunte Sphäre des kristallinen, aus dem *Empyreum* hervorgehenden, noch über der Sphäre der gläubigen Seelen angesiedelten Licht-Himmels.[328]
Wovon Arndts Konzeption des *liber naturae* den Ausgang nimmt, die Makro-
/Mikrokosmos-Spekulation, erklärt von Suchten hier als zum Grundbestand des
magischen Denkens gehörig, deren Teilbereiche und dessen inneren thematischen Zusammenhang der Danziger *Medicus* in folgenden Umrissen skizziert,[329]

---

[324] Müller-Jahncke Heilkunde S. 102-105 und Goldammer Magier S. 63f.
[325] Vgl. Priesner: A. v. Suchten, in: Priesner/Figala Alchemie S. 351f. (dort weitere Literatur).
[326] *De tribus facultatibus*, in: Alexandri von Suchten / *Eines wahren Philosophi und der Artzneyen Doctoris Chymische Schrifften Alle / So viel deren vorhanden / Zum erstenmahl zusammen gedruckt ... und in
zwey Theile / als die Teutschen und Lateinischen / verfasset* ... ; Frankfurt/M.: Georg Wolff 1680,
Nr. 6, S. 357-382; zu der Schrift und zu *De vera medicina* vgl. auch Gilly Theophrastia S. 438f.
[327] S. 359 (Hervorhebung von mir).
[328] Vgl. Yates Bruno S. 118-120 (mit Belegen); s. o. unter § 4 zur Lichtmetaphysik.
[329] S. 360f. (Hervorhebung von mir).

„erstlich wie Gott der Allmächtige von Anfang zwey Ding geschaffen / *die grosse und kleine Welt.*[330] Zum andern / *wie der Mensch von der grossen genommen / und eine sondere Welt sey.* Zum dritten / wie er durch *die Kunst des Wassers* ergründet und erlernet / was die *Materia mundi majoris & minorisHominis* [sic]. Zum vierdten / was zu einer mehr dann zu der andern. Zum fünff-ten / wie die eine ewig / die ander vergänglich sey.
Jetzo will ich reden von denen Dingen / so *auß dem Wasser / id est, auß der Materia prima* entsprungen seynd / wie sie der erste Mensch erfunden[331] / getheilet / seine Kinder gelehrnt / und zum letzten beschrieben habe. Diß aber schreibe ich *auß meiner Erfahrenheit* / der ich mich allein behelffe / *und des Geistes / so mir Gott gibt*: Solte ich schreiben auß der *Theologia*, so müste ich der Theologorum terminos gebrauchen / schriebe ich auß der *Astronomia*, müste ich wie ein Astronomus reden; Schrieb ich auß der *Medicin*, müste ich auß den terminis Medicorum nicht tretten ... Aber ich schreib allhier auß keiner dieser *Kunst* / sondern *auß der / die da war / ehe die alle waren / und ein Mutter ist aller andern / id est, Magia,*[332] die dann bey unsern Zeiten ins Exilium geflohen ist / und Gott weiß / wo unter der Banck ligt / und gar nichts bekandt denen / so auff Menschen-Verstand bauen ...“.

Wie Arndt es von den *Magi ex oriente* und biblischen Weisen sagt, so sieht auch von Suchten die *Magia* aus einer Inspiration des Geistes Gottes hervorgehen. Als der suchende Ur-Mensch in den „drey Corpora, das ist / drey greiffliche und sichtige Substantzen: Die eine ist Wasser / die andere Saltz / die dritte ein Sulphur", also den drei Prinzipien (*tria principia*), in denen sich nach Paracelsus die Elemente verkörpern, nach den verborgenen Geheimnissen forschte, wurde er weder im Wasser als dem flüssigen, noch im Schwefel als dem schleimig-flüchtigen Prinzip fündig. Doch als er das Salz betrachtet, zeigen sich für ihn scheinbar undurchdringliche Geheimnisse, die sich jedoch in einer persönlichen Offenbarung dem darum bittenden Sucher eröffnen. Wie die *Magi ex oriente* erfährt auch der suchende Theosoph der Gegenwart Geheimnisse, welche die Fragen der Naturphilosophie und jegliche Grenzen menschlicher Vernunft weit übersteigen:[333]

„Darumb war er nicht wenig traurig / seufftzet und schreyet Tag und Nacht zu dem HErren: Disrumpe Coelos & descende: Trieb es so lang / biß er erhört wurde und das fand so er suchte / wie aber das finden zugieng / wer will das schreiben? Oder / wann mans gleich schrieb / welche Ohren könten solch Mysterium anhören? *Warlich in diesem Stück ist verborgen die Sapientia omnium Coelestium & Terrestrium rerum.* Allhier ist das *Mysterium*, wie zu letzten Zeiten das Wort sey Fleisch worden / wird denen / so Gott zu dieser Erkäntnuß erwehlet / also offenbahr / daß sie mit Stephano den Himmel offen sehen / und den Sohn deß Menschen sitzen zur rechten

---

[330] Makro- und Mikrokosmos, das ist Welt und Mensch.
[331] Adam als *Protomagus*.
[332] Hervorhebung von mir.
[333] S. 363f. (Hervorhebung von mir).

Hand Gottes und mit Paulo von der Erden aufffahren biß in den dritten
Himmel / sehen darinnen / das keinem erlaubt zu offenbahren.[334]
Auß diesem Mysterio haben die Magi Trinitatem et Incarnationem Verbi gewust /
und viel hundert Jahr vor Christi Geburt darvon geschrieben.[335] Aber *wehe
dem Menschen / der solch Geheimniß anders offenbahret / dann es offenbahr ist /*
darumb ist mir zuverzeihen / so ichs auch bleiben lasse / und *verschweige
das Geheimniß / so Gott allen seinen Geliebten zuoffenbahren hat /* und in seinem
[sic] Göttlichen Gewalt behält / und behalten wird in Ewigkeit; uns allein
/ so wir redlich darumb gekämpffet haben / auß lauter Barmhertzigkeit
mittheilet."

Der enge theosophische Zusammenhang zwischen der spiritualistisch stilisierten
revelatio specialis als der *sapientia coelestium rerum* und dem *magia naturalis* als der
sapientia terrestrium rerum ist kein Beiwerk, sondern Kernstück dieses Verständnisses von *Magia*, zu dem auch die etwa von Hirschs Säule der Weisheit bekannte
taciturnitas notwendig gehört. Den Ursprung der Magie sieht von Suchten mit der
Tradition bereits bei Adam gegeben, der schon vom Beginn der Welt an jene *tres
facultates* gekannt und der Nachwelt überliefert habe:[336]

Weil er seine Hilfe bei Gott suchte, „darumb fand er auch Steg und Weg
wie die Göttliche Erkäntniß seine Nachkömmlinge erfahren und lernen
möchten: Schreibt derhalben drey Bücher: Im ersten tractirt er *von Gott dem
Vatter und dem Sohne und dem H. Geiste*: Im andern *vom Himmel und seinen
Astris*: Im dritten *von krafft der Dingen so auß der Erden wachsen /* das ist
          THEOLOGIAM,
          ASTRONOMIAM,
          MEDICINAM.
Durch die *Theologiam*, lehret und beschreibet er die Mittler Substantz, so
unter den dreyen ist / id est, den Geist deß HErrn. Durch die *Astro-
nomiam*, das Wasser / darob der Geist deß HErrn schwebete. Durch die
Medicinam die dritte Substantz, id est, Terram. Daß zu gleicher weiß / wie
das Wasser und Erden / davon hie Meldung gethan wird / durch den
Geist deß HErrn verknüpffet und ein Ding war; Also auch Astronomia
und Medicina durch Theologiam vereiniget eins war / h. e. drey eines
Wesens [!] ...
Die aber / denen es offenbahret war / waren die nechsten Kinder und
Blutsverwandten Freund. Alsso wuchs die Theologia je länger je mehr /
deßgleichen auch die Astronomia & Medicina. Wo ein jeder zugeschickt
war / das Theil trieb er nach seinem Vermögen. Diese Leut wurden
geheissen *Magi, das ist / Weise Leut* [!] / die mehr waren dann ander Leute
/ darumb sie auch ihre Könige / Fürsten / Priester / und Herren waren /

---

[334] Der Text findet sich abgedruckt im *ECHO Der von GOtt hocherleuchten Fraternitet deß löblichen
        Ordens R. C.* von 1615.
[335] *ECHO Der von GOtt hocherleuchten Fraternitet deß löblichen Ordens R. C.* (c) viij ᵛ: "Vnd ist eben
        dieselbe Erleuchtunge / dardurch als dann die Magi, Trinitatem vnd Incarnationem verbi
        begrieffen ... viellhundert Jahr vor Christi geburt davon geschrieben".
[336] Von Suchten *De tribus facultatibus* S. 366f. (Hervorhebung von mir).

sie thäten grosse Wunder unter dem Volck / under andern halffen sie den
Krancken / machten die Blinden sehend / reinigten die Aussätzigen /
heylten die Wassersüchtigen / gaben den Armen grosse Allmosen.
Das ander Volck so nicht Magi, hielten sie mehr für Götter / als für
Menschen.

Also kam die   Theologia
               Astronomia   in die Welt."
               Medicina

Die drei Disziplinen oder *facultates* bilden nach von Suchten von der Schöpfung
an eine nach den jeweiligen Sphären des Weltengefüges in sich abgestufte Einheit, die sich erst später differenzierte und durch den Verlust der Magie und
durch die wachsende zeitliche und innerliche Entfernung von den alten *Magi* im
Bewußtsein verlorenging, sehr zum Schaden der Wissenschaften und der Menschen. Nachdem die *Magi* verschwunden waren, kamen in allen drei Fakultäten
unwürdige Leute an die Macht, die die Dinge von außen nach dem Buchstaben
betrachteten und nur nach Geld und Ruhm strebten. Die Theologen insonderheit mißachteten das „Licht der Natur", sehr zum Nachteil ihrer Profession:[337]

„Sie hatten gut machen / wer wolt sie Lügen straffen / die Magi waren
gestorben / so ward die Welt mit Lügen erfüllet / so bleibts noch biß auff
die jetzigen Stund / wie hätte Gott nun die Welt häfftiger straffen können
/ dan daß er solche falsche Gelehrte her für kommen ließ / die den
Grund / auß welchen die drey Fakultäten entspringen / nicht wusten.
Also kamen die Theologi in die Welt / *haben den Geistlichen Verstand nicht
von den Magis empfangen / haben ihn auch nicht auß dem Liecht der Natur / das
uns Gott* [!] *und sein Geschöpff zuerkennen gibt / darauß die Magi ihn erkandt haben
/ und darnach erst Theologiam geschrieben* [!] / darinnen sie die Geheimniß
Gottes / nach ihrem höchsten Vermögen / verdunckelt haben / auff daß
die Erkäntnuß Gottes / hoc est, der Schatz der gantzen Welt allein bey
ihnen bleib / oder bey denen so es Gott offenbahret: Warumb solt er sich
uns auch nicht offenbahren / seynd wir nicht so wol Menschen als sie /
oder woran fählet es? Resp. An unser Faulheit / denn es ist viel leichter
ein Stund in der Kirchen sitzen / hören was ein ander sagt / daheim ein
Buch nach dem andern durchlesen / dann uns im Schweiß unsers Angesichts in so schröckliche Händel einlassen / mit all unserm Vermögen
Leibs und guts suchen *den lebendigen Geist Gottes / so er in den Erdenkloß /
darauß er Adam erschaffen / bliß* / welcher uns die Augen auffthut / und die
Geheimnuß der Schrifften / Petri, Pauli, und der Apostel offenbahret /
dardurch wir Theologi werden / der Welt nutz seyn / unserm Nechsten
hellfen auß seinen Nöthen / und den *Geist deß HErrn / der doch in uns /
zufinden* / von ihm Gesundheit und Fried haben / *von ihm lernen den Sohn des
Menschen zu erkennen / wie sein Fleisch unser Fleisch transmutiret in sein Fleisch /
ins ewige Leben.* Hab ich / sprechen sie / die H. Schrifft / hab ich doch die
Theologos gelesen / hab ich doch die zwey Testament / da stehet das

---

[337] S. 370f.

Wort Gottes und die klare Warheit / was darff ich mehr? Also gehet es /
also werden die Theologi von uns selbst / also thun wir die Zeichen / die
uns Zeugnuß geben unser Lehr / id est, hetzen ein Land ans ander /
richten Jammer in der Welt an: das sind ja auch Zeichen / darauß man
denselben erkennen mag / der sie zu Theologos gemacht."

Befaßt im Gefolge des Paracelsus der Theologe und Philosoph Valentin Weigel
sich tiefgründig mit naturphilosophischen Fragen und integriert sie mit dem
mystischen Spiritualismus zu einem Ganzen, so geht der Mediziner Alexander
von Suchten den umgekehrten Weg. Wie bei jenem ist auch bei von Suchten
eine tiefe Auseinandersetzung mit dem jeweils anderen Fachgebiet spürbar, nicht
zuletzt eine auch praktische Konsequenz aus der in Suchtens Traktat formulierten These von der ursprünglichen Einheit der Trias. Die Theologie trägt in
Position wie Negation die Kontur eines mystischen Spiritualismus. Die Elemente dieser Trias, Theologie, Astronomie und Medizin – oder leicht modifiziert,
Mystik, Astrologie und Alchemie – komplementär zu deuten, ist nur folgerichtig
im Sinne des gestuften Weltbildes von übernatürlich-ewiger, siderischer und
terrestrischer Sphäre bzw. Welt, das als innerer Zusammenhang mit je eigenen
Gesetzen und vielerlei Interdependenzen begriffen wird. Wie kompliziert und
polyperspektivisch die Dinge sind, zeigt sich daran, wie bei von Suchten das
„Licht der Natur", hier noch divinatorisch verstanden, zur *conditio sine qua non*,
und noch mehr, in einer Weise zur Grundlage und Quelle der Theologie selbst
wird, die entfernt abermals bereits wesentliche Elemente der Aufklärung ahnen
läßt. Zugleich bleibt theologisch vieles in der Schwebe. War zunächst davon die
Rede, daß die *Magi ex oriente* aus derselben Qualität von – spiritualistisch gedeuteter – Offenbarung wie Stephanus, Paulus im dritten Himmel etc., nach Hirsch
also aus dem *lumen gratiae*, „Trinitatem et Incarnationem Verbi gewust" hätten,
so sind die göttlichen Geheimnisse nach den alten *Magis* in nicht geringem Maß
aus dem natürlichen Licht,[338] d. h. aus einer spirituellen Deutung natürlicher Erscheinungen zu erkennen – wie Arndt es in der Naturallegorese mit dem Aufweis von „geistlichen Bedeutungen" verfolgt. Der Schlüssel zur *Sapientia omnium
Coelestium & Terrestrium rerum* liegt in jedem Fall nicht erst bei der Theologie, die
sich jener gegenüber als etwas erst Posteriores erweist, sondern, ursprünglich jedenfalls, bei der umfassenden *Magia veterum* und ihrer „der grossen Welt Theologia" – vgl. Yates' „gnostic religion of the world" –, die den „Messiam fürbildet".

---

[338] Vgl. etwa die Zusammenfassung sehr verschiedener entsprechend gedeuteter paganer Texte
in Agrippa von Nettesheims *Occulta Philosophia* III,8: "Quid de divina Trinitate veteres senserint philosophi" *passim*; zur Thematik insgesamt vgl. Edgar Winds informative und materialreiche Appendizes Nr. 2: "Heidnische Spuren der Trinität" (die als "Einige kursorische Bemerkungen [!] zu diesem weiten Thema" apostrophierten Ausführungen auf immerhin 19
Seiten unterteilt Wind in die Abschnitte: "I. Der Schatten des Arianismus, II. Hellenische
Theologie, III. Heidnische Triaden, IV Christliche Apokryphen") sowie Nr. 4: "Die Trinität
des Serapis" in Wind Heidnische Mysterien S. 276-294 und S. 298-302.

Die Intention seines Traktats, die zugleich sein magisches Weltbild repräsentiert, faßt von Suchten in den folgenden fünf Kernpunkten zusammen: [339]

„Jch hätte hiervon viel zureden / aber es ist genug angezigt die Ding weiters zubetrachten. Das ich nun zum End komme / beschliesse ich und habe gesagt:

I. Wie der Geist deß HErrn auff dem Wasser schwebete / ehe Gott schuff Himmel und Erden.

II. Wie auß dem selbigern Wasser die grosse Welt geschaffen / daß ist / Himmel und Erden.

III. Auß der grossen Welt der Mensch / das ist / die kleine Welt / ein kleiner Himmel / und ein kleine Erden.

IV. Wie Gott seinen Stul gesetzt im Himmel / aber in Himmel deß Menschen [d. h. in seiner Seele].

V. So hab ich auch fürs Fünfft gemeldet / daß der Mensch mit seinem Menschlichen Verstand hat Gott nicht können begreiffen / aber im Schweiß seines Angesichts gesucht seinen Heyland / und zuletzt gefunden / von ihm auch *alle Heimligkeit der Natur gelernet / dieselbe in drey Bücher verfasset* [340] */ dardurch die Göttliche verborgene Natur zufinden /* geschrieben / seinen Kindern dasselbe Augenscheinlich [sic] gewiesen / daß sie solche Bücher recht verstunden: Aber durch Absterben [sc.: der Magier hat] dieselbigen der gemeine Mann [341] bekommen / der solche Bücher nicht verstanden: und durch seinen Unverstand die Schalen vor den Kern behalten [342] / dardurch viel Secten [343] angerichtet in der Welt / die biß zu unser Zeit verharret / ja wol bleiben biß ans End der Welt."

---

[339] S. 378f. (Hervorhebung von mir).

[340] Eben die Theologie, Astronomie und Medizin.

[341] Von Suchten meint damit immerhin die zeitgenössischen Koryphäen der Medizin an den berühmtesten hohen Schulen der alten Welt!

[342] Was von Suchten, spiritualistischer Denkweise verpflichtet, den Wissenschaften vorwirft, hier am Beispiel der Astronomie: Auch hier dominierten ahnungslose Stümper, die nur auf das Äußerliche schauten und das Zeichen mit dem Bezeichneten verwechselten und so die Signatur für die Sache selbst hielten, S. 376-378 (Hervorhebung von mir): „Aber es ist dieser Facultät eben gangen / wie den andern zweyen. Vom *Signato* wissen wir nichts / martern uns mit dem *Signo*, welchs ist das Firmament, und die Bücher / so darvon geschrieben: Haben nicht so viel gelernet / daß zugleicherweiß ein Nuß hat *den Kern und die Schalen / aber der Kern nicht die Schal ist / noch die Schal der Kern. Also auch das Signum nicht Signatum ist.* Denn das Firmament, die [Symbol Sonne: Kreis und Punkt] und [Symbol Mond: zunehmend], so ein Bauer ob ihm sihet / ist nit das Signatum, sondern ein Signum Astronomiae, *welchs Signatum allein der Gottsgelehrte* [!] *verstehet.* Dann er weiß das noch ein ander Himmel ist / ein ander Firmament, ein ander Sonn / ein anderer Mond / dann dich dein rothes Hütlein gelehret hat. Er weiß daß *der grossen Welt Theologia* [!] *ihren Messiam fürbildet* [!]*/* er weiß / daß Gott zwo Welten geschaffen hat / zween Himmel / zwo Erden / er weiß auch daß die eine Welt ihre Theologiam, ihre Astronomiam, ihr Medicinam hat: Der grossen Astronomia, der kleinen Sonn und Mond anzeigt: Der grossen Midicina, der kleinen die Artzney bedeutet. Also wird durch das Eussere das Jnner erklärt und verstanden; nicht daß das Eusser darumb das Jnnere sey; sondern eine Anzeigung / ein Signum, nicht Signatum. Darumb seynd auch der Kirchen-Ordnung / Ceremonien / Geziert / Priesterschafft / und was darzu gehört /

Wie es seinem Magiebegriff im Sinne der darin umfaßten drei *facultates* entspricht, interessiert sich der Mediziner von Suchten konsequent auch für die „theologischen" Themen in der Magie, ist für ihn doch gerade die starke wechselseitige Durchdringung aller drei Bereiche das Bezeichnende:

> „Darum die so Professores Theologiae, Astronomiae, Medicinae seyn wollen / ehe sie gen Bononiam, Pariß ziehen, sollen sie zuvor *Magiam* gelernet haben / *das ist / die Kunst den HErrn zufinden in seinem Geschöpff* [!]. *Das Fiat,*[344] *dadurch die Welt erschaffen / das ist der Saamen*[345] *deß Himmels und der Erden / der Athem Gottes / den er in den todten Erdenkloß einbließ* / der die Erden zu einem lebendigen Menschen machte / der bey ihm bleibt / dieweil er lebt. Derselbe weiß alle Heimligkeiten / so im Himmel und auff Erden ist / *wie* [!] *die dritte Person in der Heyligen Dreyfaltigkeit / der kann uns lehren Gott kennen / die Menschwerdung des Sohns Gottes verstehen / und alles was die Theologia außweiset.* Der zeigt uns an unsere Sonne / unsern Mond / die Planeten mit allen Sternen / wie sie in uns herrschen Fried und Freundschafft unter einander machen wie die Astronomia darvon meldet. Der offenbahret uns den wahren hermodactylum, der das Podagram heilet / den wahren Ebulum, der die Wassersucht stillet / die Coloquint, so Quartanam vertreibt / den Crocum, der das Hertz stärcket / und was die Artzney weiter antrifft. Der / *der ist unser Theologus, unser Astronomus, unser Medicus,* ein wahrer und rechter Schulmeister / der seine Discipulos krönet mit Wunderzeichen / in allen Nöthen bey ihnen stehet / ja nach diesem Leben führet zu dem / auß dessen Mund er in die Welt kommen.

nicht meine Seeligkeit / sondern Gott ist sie / der in mir durch Christum wohnet / und durch den Glauben kräfftig ist.

Die Sonne und Mond / die ich ob mir sehe, influiren in mich nichts Böses / noch Gutes; Aber die Sonne / Mond und Planeten / damit die Göttliche Fürsichtigkeit gezieret hat den Himmel / der in mir ist / und ein stul deß Allmächtigen / die haben Gewalt mich zu regieren / reformiren / nach ihrem Lauff / wie denselben Gott geordnet hat. Sie [die Lehrenden und Studierenden an den berühmten Fakultäten der Welt] haben die Süssigkeit dieses Kerns nie geschmäckt; aber die Bitterkeit der Schalen über die gantze Welt außgebreitet." Mit der Kritik, die fehlgeleiteten Wissenschaften blieben der äußeren "Schale", d. h. für den naturphilosophischen Bereich dem äußerlichen *signum*, den *corpora* und der Materie, verhaftet, erfaßten aber nicht den "Kern", nämlich die darin verborgene immaterielle Welt, erweist sich von Suchten, der sich selbst als "Gottesgelehrten" bezeichnet, auch von seiner Diktion her als Spiritualist, der seine Magie ja auch *theosophisch* begründet. So nimmt es nicht wunder, wenn sein Name und Gedankengut in einem zu Weigels *Dialogus*, betitelt *AD DIALOGVM DE Morte* erscheinen, und zwar präzise mit einer spirituellen Deutung der Alchemie, derzufolge der Tod – *Mors* ist die beherrschende Gestalt von Weigels *Dialogus* mit seiner Forderung, die neue Geburt erfordere das Sterben, ja die Tötung des alten Menschen – *conditio sine qua non* des neuen Lebens, der neuen Geburt sei; Weigel *Dialogus* "Knuber"/"Newenstatt" [Francke/Magdeburg] 1618 S. 99-104; vgl. Weigel IV S. 170f. und A. 10.

[343] Vgl. den analogen Begriff der "Sekten" bei Arndt, Weigel und anderen, s. o. im ersten Band.

[344] Das göttliche Schöpfungswort "es werde".

[345] Gottes Wort als *primum semen*; vgl. *Hex* 3,58: "Und ist GOttes Wort der allererste Same der Erdgewächse."

Lerneten die Theologi von ihm die Schrifften dolmetschen / und nicht von ihnen selbst / sie würden keine Secten anrichten / sondern under einander einige seyn / wie die Apostel einig waren / die von dem Geist / da er ihnen gesandt / Christum / der doch Persönlich bey ihnen war / und sie täglich lehret / etc. erst recht erkanten ... ".

Dem zeitweiligen Kanonikus am Dom zu Frauenberg nach, der später eine Zeit Leibarzt des Königs Sigmund August[346] war, ist die wahre *Magia* eine untrennbar philosophische *und* theologische bzw. religiöse Bemühung zugleich; sie „ist / die Kunst den HErrn zufinden in seinem Geschöpff." Indem von Suchten, seinem Verständnis von Magie und deren sachlich-zeitlicher Priorität vor der Theologie gemäß, den Geist von Gen 1,2b, der über dem Wasser schwebte, in eine große, in ihren Konturen jedoch letztlich unklar bleibende Nähe zum Geist als der dritten Person der Trinität rückt,[347] verfließen zunehmend die Grenzen zwischen dem, was Hirsch und andere klar unterscheiden, dem *lumen gratiae* und *lumen naturae*, die schließlich nur noch in ihrem Erkenntnisbereich, nicht aber in Modus und Qualität der jeweiligen Offenbarung zu unterscheiden sind, was insgesamt auch eine deutliche Naturalisierung der Theologie zur Konsequenz hat. Analog zu Arndt, welcher von der Gegenseite her kommt, sind bei von Suchten das medizinisch-naturphilosophische und das theologische Interesse Stränge einer einzigen Denkbewegung. Wer bei Gott als Lehrmeister in die Schule geht, findet dort sowohl die einzig angemessene Bibelauslegung wie auch die wahre Medizin, die die verborgenen, zumeist ‚astralischen' Ursachen der Krankheiten erkennt.[348] Auch der Mediziner von Suchten versteht die *Magia* im Unterschied zu okkulten Praktiken oder Zauberei klar als eine Bemühung um Weisheit und Erkenntnis. Dies formuliert er in Auseinandersetzung mit den Antiparacelsisten u. a. in seinem *Dialogus*, einem fiktiven Gespräch zwischen zwei Personen, Alexander, einem *Galenicus*, also Vertreter der Schulmedizin, und Bernhardus, einem Paracelsisten, im Rahmen von deren Diskurs über die ärztliche Kunst:[349]

„Aber die hochgelehrten Dölpel betrachten nicht / daß Paracelsus seine Bücher Stylo Magico beschrieben. So ist auch ihr Hirn voller Witz / daß *Intellectus Magicus* nicht hinein kann. Darumb schreyen sie / Magia ist Zauberey / hütet euch / es ist Teuffelswerck / da doch *Magia* keine Zauberey / sondern *die allergröste Weißheit Göttlicher Werck ist / und eine Erkennerin verborgener Natur.*"

---

[346] Priesner, in: Priesner/Figala Alchemie S. 351f.

[347] Vgl. auch S. 380f.: „Welcher Schrifftgelehrter hat jemals auß dem Buchstaben verstanden / daß Künst vorhanden wären / dardurch der Mensch deß Geistes theilhafftig werde / der ob dem Wasser schwebete / ehe Himmel und Erden geschaffen ward / der auß GottesMund [sic] gieng in einen Erdenkloß."

[348] Vgl. von Suchtens *Dialogus* S 320f.: „Paracelsus ist der erste Medicus Microcosmi gewesen / und vor ihm keiner ... Der innerliche Mensch ist Astralisch / darumb muß er Astralische Artzney haben ... ".

[349] S. 346.

Die von Gott stammende und sein Werk erschließende Weisheit gehört, analog
zu Arndt, nach von Suchten zum ursprünglichen Bestand der Schöpfung und
des Ur-Menschen Adam, von dem sie bis Noah – den von Suchten, der Tradition entsprechend, mit „Hermes" identifiziert – weiterreichte, dann aber von der
Erde verschwand, weshalb allenthalben sich allerlei falsche Lehren – in der
Medizin vor allem die Galenische – ausbreiteten, wie „Bernhardus" erläutert:

> „Adam unser erster Vatter / hat *aller Künsten Wissenschaft* gehabt / auch die
> Artzney / *von Gott empfangen* / ist von den Gelehrten / biß auff die Zeit
> Noe heimlichen (Als die grosse Gabe Gottes) gehalten worden / und dem
> gemeinen Manne gantz verborgen gewesen; Die so mit der Artzney
> umbgangen / waren Fürsten und grosse Herren / haben die Kunst der
> Artzney für ihren grösten Reichthumb gehalten und geschätzet / darumb
> verhütet / daß sie dem gemeinen Mann / (Als solch GeheimnußGottes
> [sic] und der Natur unwürdig /) nicht zu Theil würden.[350] Da nun Gott
> unser Sünden halben die Welt ließ untergehen / durch den Sündfluß / da
> wurden verlohren viel trefflicher Künst / und damit auch die Artzney; da
> war kein Mensch mehr / der sie wuste / dann die fromme Noha [sic], wel-
> chen etlichen [sic] Hermogenem nennen / oder Hermetem, dem die Anti-
> quitas *scientiam omnium coelestium et terrestrium* attribuirt; derselbe Noha hat
> die Artzney vor seinem Tod beschrieben: Aber mit trefflichem Verstande
> unter andere facultäten vermischt / daß selten einer spüren kann / daß
> etwas von der Artzney darinnen verborgen. Nach seinem Tod ist die
> Kunst der Artzney wieder zu Gott gefahren / und also durch den Sünd-
> fluß und Tod Noe dem Menschlichen Geschlecht entzogen."[351]

Seit dem „Sündfluß" war die wahre Medizin verborgen und von Irrtümern verdunkelt, bis endlich, wie von Suchten mit großem religiösen Pathos erklärt, analog zu der nach langer Verhüllung erfolgten Offenbarung der religiösen Wahrheit in Christus, gegenüber dem ursprünglichen Wissen Adams Gott selbst nun
auch die rechte Medizin erst nach langer Zeit mit dem Auftreten des Paracelsus
endlich wieder ans Licht gebracht habe, wie von Suchten in einer in ihrer Ste-
reotypie typisch paracelsistischen Polemik gegen Galenus darlegt, dem ja auch
Arndt alles andere als wohlgesonnen ist.[352] Galenus erscheint ihm demnach als[353]

---

350 Auch Arndt will die *Esoterica* vor dem "gemeinen Mann" geschützt wissen, wie nicht nur aus
    dem umstrittenen *Das große Geheimnis der Menschwerdung des ewigen Wortes* (= *Mysterium de Incar-
    natione*) 1676, S. 14f. – "Jst gnug für den gemeinen Mann / daß sie wissen / Christus sey ein
    wahrer Mensch / ohne Sünde vom heiligen Geist empfangen ... " – , sondern auch aus den
    unbestritten echten *Zehen Lehr- und Geistreiche[n] Predigten: Von den Zehen grausamen und schröck-
    lichen Egyptischen Plagen* hervorgeht, wo es S. 57 heißt: "Aber solches dienet nicht für den
    gemeinen Mann" und "diß ist dem gemeinen Mann zu hoch / vnnd diß zuverstehen gehöret
    mehr dazu."; dazu vgl. Schneider Lutheraner S. 284f. und ders. Studienzeit S. 168.
351 S. 313f.
352 Vgl. Weber S. 110-113 mit Belegen.
353 S. 317.

„ein bloßschwätziger Mann / der strich der Hippocratischen Artzney eine
schöne Farbe an / erdichtet Ursachen der Kranckheiten / und wie dieselbigen auß den Zeichen zuerkennen. ... Also erfand Speculatio Humana
auß den Experimenten scientiam Medicinae, aber in Grund war keine
Scientia da / sondern eitel Opiniones, die wurden pro ipsa veritate gehalten. Aber Gott der nicht ewig mit dem Menschen zürnet / hat zu unsern
Zeiten Philippum Theophrastum Bombast von Hohenheim[354] erwehlet /
daß durch ihn das Licht Scientiae Medicinae, wieder an Tag käme / und
der Betrug offenbahr würde / auch zu seiner Zeit (wie die Abgötter vor
Christo) undergehe. Also ist dieser Philippus Theophrastus, wie er sich
dann selbst rühmet / Verus Medicinae Monarcha, wird der auch bleiben /
dieweil die Zeit stehet."

So wie Arndt fordert, daß die wahre Theologie unmittelbar von Gott erlangt
werden müsse, verlangt von Suchten in dem (später von dem paracelsistischen
Arzt Melchior Breler separat edierten) Traktat *De vera medicina*[355] analog für die
Medizin, daß sie ausschließlich aus der *Magia* zu gewinnen sei, für die er mit
deren postulierter Schöpfungsunmittelbarkeit reklamiert, daß sie aller traditions-
orientierten und geschichtlich gewachsenen Wissenschaft zum Trotz den einzigen und allein legitimen, weil unmittelbar gottgegebenen Zugang zur Weisheit in
allen ‚Fakultäten' bietet. Dieses ‚natürliche' Fundament jeglicher Erkenntnis oder
Weisheit liegt all den ‚Fakultäten' als deren gemeinsame Basis voraus. Wie für die
Aufklärung ist die ‚natürliche' Erkenntnis auch Kriterium für die Offenbarung:[356]

„Medicandi scientia, qua Podalirius, Machaon, Apollo & Hippocrates
claruerunt, non tantum ex Galeno, Avicenna, Mesue, caeterisque hujus
notae scriptoribus petenda est, sed ex MAGIA: quam qui recte perceperit,
is demum curabit omnes, quae curam pre morte admittunt, aegritudines.
Habet autem MAGIA: LIBROS [!] *TRES*: 1. Theologiam. 2. Medicinam.
3. Astronomiam. Unde *MAGUS Trinitatem in unitate cognoscit et veneratur,* im-
pertitque potestatem, quam accepit a Deo, miseris mortalibus. Caeteri
autem sive Theologi, sive Astronomi, sive Medici, qui operibus id, quod
ore profitentur, non praestant, Cacomagi et Pseudoprophetae sunt. Ex
fructibus eorum cognoscetis eos."

Die Art, wie von Suchten – und zwar für die Vertreter aller drei magischen „Bücher" gleichermaßen – gegen die *Pseudoprophetae* und *Cacomagi* polemisiert und –
in Verbindung mit Arndts *locus classicus* Matth 7,16.20 – im Gegenzug auf eine
Übereinstimmung des ‚Lebens' mit der ‚Lehre' sowie auf deren *fructus* dringt,
läßt wie noch manch andere Grund- und Einzelzüge mehr erkennen, daß eine
keineswegs nur oberflächliche geistige Verwandtschaft zwischen diesen beiden
theomedizinisch-medicotheologischen Paracelsisten und Spiritualisten besteht.

---

[354] Der sich selbst Paracelsus nannte.
[355] *Acutissimi PHILOSOPHI & MEDICI ALEXANDRI A SUCHTEN TRACTATVS De
VERA MEDICINA Editus cura IOACHIMI MORSII*; Hamburg: Heinrich Carstens 1621.
[356] Einleitung fol. A 3 [r-v] (Hervorhebung von mir).

3.5   Benedictus Figulus: *Pandora magnalium naturalium aurea*

Im Jahr 1608 erscheint in Straßburg bei Lazarus Zetzner unter dem Titel *PANDORA MAGNALIUM NATURALIUM AUREA ET Benedicta, De Benedicto Lapidis Philosoph*[ici]. *Mysterio* eine Sammlung von hermetischen und (z. T. pseudo-)paracelsischen Schriften. Herausgeber ist der im Titel mit seinem Vornamen spielende Paracelsist Benedictus Figulus (Töpfer), der die *Pandora* mit einem aufschlußreichen *PROLOCUTRIX SERMO DEDICATORIUS* versieht, in dem er die von ihm so bezeichnete „Hermetische Philosophie" vorstellt. Eine nicht nur beiläufige Verbindung zu Arndt ergibt sich aus der Tatsache, daß Figulus einen Beitrag zu der im selben Verlag und Jahr erfolgten Publikation von Khunraths Schrift *De igne magorum philosophorumque secreto externo et visibili* beisteuert, in deren Anhang sich das *fürtrefflich Iudicium und Bericht eines Erfahrnen Cabalisten und Philosophen / uber die 4 Figuren deß grossen Amphitheatri D. Heinrici Khunradi*[357] findet, das, lang bekannt, aus Arndts Feder stammt, was jedoch erst der Titel der dritten Auflage dieses Sammelwerks Leipzig 1783 öffentlich macht.[358]

In der Vorrede zur *Pandora* geht Töpfer/Figulus von einer Trias der Weisheit aus. Mit der ersten knüpft er geradezu klassisch an die Tradition an, die eigene Position aus einer vehementen Negation der Schulphilosophie zu entwickeln:[359]

> „die täglich Erfahrung vor Augen stellet / das Dreyerley Philosophia oder Weißheit sey / derer sich die Welt zum Theil gebraucht / vnd Einer mehr als der Ander / Einer dieser / der Ander jehner / darunter doch nur Eine Ewig vnd Vntödtlich / vnnd vor Gott dem Allmächtigen bestehen mag / (derer doch wenig Studiosi gefunden werden.) weil sie *von oben herab / vnd vom Vatter deß Liechts herkommen vnd fliessen thut.*
> Die erste ist nun die Gemeine Aristotelische Platonische / et nostri temporis Philosophia, welches nur ein Cagastrische Philosophi, Speculation, vnd Phantasey ist ... Vnd diese ist ein lähres todtes geschwätz von dem Grunde der Warheit weit abwegs / vnnd irrig / mit Allerley der Alten Heyden (so vor Weyse leuth gehalten worden) opinionibus, Meynungen / Wähnen vnd irrigen gedancken ... noch heutiges tags mordicus vnd frävenlich defendirt werden: Dann sie *von einem vngünstigen Himmel vnd Gestirn / bösen Jnfluentzen, Auch Inspirationibus Sathanae her rühret* ... Cavete vobis ab inani Philosophia, vnnd Sehet euch für / daß jhr nicht durch die falsche Philosophien verführet werdet ."[360]

Mit dem sich selbst erklärenden paracelsischen Ausdruck „cag-astrisch" gibt Figulus kund, daß diese Schulphilosophie, die „fleissig auch gegen [!] mir getrieben / inculcirt vnd auffgedrungen worden", unter einem alles andere als guten Stern stehe. Doch „auß sonderlicher eingebung deß H. Geistes" wurde sie ihm

---

[357] S. o. Anhang 1.
[358] Vgl. Schneider Paracelsist S. 101f. (mit weiterer Literatur).
[359] Fol. :) ij ᵛ – * iij ʳ (Hervorhebung von mir).
[360] Kol 2,8f.: Seht zu, daß auch niemand einfange durch Philosophie und leeren Trug, gegründet auf die Lehre von Menschen und auf die Mächte der Welt und nicht auf Christus.

zutiefst „suspect". Durch die „Göttliche[] providentz" stieß er schließlich auf die
Schriften von Paracelsus, Roger Baco und Isaac Holland, „darinnen Ich / sonderlich in Medicina, vnnd da sie vom Universal Stein vnnd Medicin geschrieben
/ einen andern vnd bessern Grundt gesehen / vnnd Gefunden", den, weil er ihn
zugleich noch nicht verstanden, er sein Leben lang zu erforschen beschloß, „daß
ich mir gäntzlich fürgenommen nicht zuersterben / vnd meinen Kopff nicht
sanfft zulegen / biß ich solchen Universal Stein sampt der Thewren Himmlischen Medicin erlangte."[361] Nachdem er „allerley verfolgung vnd drangsal"
erlitten hatte und „theils vom Antichristischen hauffen / theils von falschen
Brüdern / von Weib vnnd Freundschafft / torquirt, gemartet / vnd agitirt, vnd
also vom Teuffel redlich durch die hechel gezogen worden" war, ist er „durch
Gottes Vätterlichen willen ... in meiner geführten Pilgramschafft ... wiederumb
zu dieser *wahren Philosophey, Studio Medico, vnnd Scholam Theophrastem* Gott lob
kommen / vnnd mich offentlich für einen *Discipulum Paracelsi* erkläret".[362] Hier
endlich findet er, wonach er in der Schulphilosophie vergeblich gesucht hatte,
„Diese vnsere Hermetische Philosophey" als die Quelle aller Wissenschaften:[363]

> „Jehne *Philosophia* lehret vns nimmer mehr daß *Nosce teipsum*,[364] vnd *den
> grund deß Natürlichen Liechts* / in welchem doch viel Heydnische Philo-
> sophey, Sonderlich Pythagoras, so weit kommen / daß er vielen heutigs
> tags vermeinten Maulchristen[365] wol bilich könte vorgezogen werden /
> sintemal er *auß dem Gestirn vnd Creatis die erkündigung der Natur*[366] *besser ge-
> lernet* / als heut zu tag vnsern auffgeblasenen Naßweise Philosophi andere
> lehren wollen / vnnd selbst im Grund nichts verstehen.
> *Diese vnsere Hermetische Philosophey Aber / welche in sich begreifft die wahre Astro-
> nomiam, Alchymiam, vnd Magiam, wie auch Cabalam etc. Jst ein Vhralte Wahre /
> Natürliche Scientia von Adam her* [!]*/* welcher so wol nach dem fall als vor
> dem fall / *allerding völlige erkandtniß gehabt* / auff die Altvätter / vnd liebe
> Freund Gottes / von Einem zum Andern geerbet / vnd hinderlassen /
> worden. Nach der Sündfluß ist diese *Allgemeine Erkantniß vnd Wissenschafft
> dieser wahren Natürlichen Philosophey / so auß dem Hellen Liecht*[367] *der Natur bey
> ihnen Entsprungen* / Stucksweiß in vnderschiedliche Ort vnd End außge-
> theilt / vnnd spargirt worden / auch an Kräfften weit geschwechet vnd
> gemindert / daß auß solcher Absönderung ein Partialitet entstanden / vnd
> Einer ein *Astronomus* der Ander ein *Magus*, der Dritte / Ein *Cabalist*, der
> Vierdt ein *Alchymist* worden ... ".

---

361 Fol. * iij ᵛ – * iiij ʳ.
362 Fol. * iiij ᵛ (Hervorhebung von mir).
363 Fol. * iiij ᵛ – * v ᵛ (Hervorhebung von mir).
364 Vgl. Weigels Schrift: *Gnothi seauton*; der Titel knüpft bereits an die platonische Akademie an.
365 Spiritualistischer Kampfbegriff gegen ein angeblich veräußerlichtes Christentum, vgl. Band I
   dieser Studie.
366 Der antike Philosoph gewinnt die natürliche Weisheit vermittels des *lumen naturae* aus dem
   Gestirn! Vgl. auch oben: "Naturkündiger".
367 Vgl. Arndts "pur lautere[] Essenz und *helle[s] Licht*".

Das Bild vexiert. Es zeigt, daß die Begrifflichkeit und damit verbunden die Sache
selbst allenthalben verfließen, auch wenn der Gesamtzusammenhang weitgehend
derselbe bleibt. Hatte von Suchten von den drei *facultates* der Theologie, Astronomie und Medizin[368] gesprochen, die aus der *Magia* hervorgegangen seien, so
erscheint bei Figulus die *Magia* als ein Bereich unter den anderen Gebieten der
Astronomie, Alchemie und Cabala, die alle zusammen zur *Hermetischen Philosophie*
zusammengefaßt sind. Diese wiederum entspricht in etwa dem, was von Suchten
oder Arndt *in toto* als die *magia* bezeichnen. Figulus' christlich-magische
Genealogie der Weisheit von Adam her ist jedenfalls eine weitgehend identische:

> „Diese Kunst haben auch jederzeit die *Chaldeer / Hebreer / Perser / vnd
> Aegyptier* neben der Theologi [!] vnnd Vnderrichtung in Göttlichen sachen
> gehabt / vnd tractirt. Also ward *Moses in der Aegyptier Schul* in allerhand
> guten Künsten instituirt vnd dermassen Vnderrichtet worden / daß Er
> außbündig in der Weißheit worden ... Also hat auch *Daniel diese Kunst vnnd
> Lehren von Jugendt auff in der Chaldeer Schulen* in sich gesogen / vnd erlernet /
> wie dann seine Prophecey gnugsam außweiset ... Solche *Philosophi vnd
> Magi* sind auch gewesen die *Drey Weysen auß Morgenland /* so CHRISTUM
> JESUM vom Auffgang der Sonnen hergesucht ... ". [369]

Mit der Tradition benennt Figulus dieselben Kulturvölker, biblischen Gestalten
und bis hin zu den reisenden griechischen Philosophen dieselben Rezeptions-
wege solcher „Göttlichen Magiae vnd Natürlichen wahren Philosophey",[370] welche das „Fundament vnd Grundveste Aller Natürlichen Geheymniß / vnd Verborgener Künsten"[371] bildet. Die griechische Philosophie habe zwar Elemente
davon übernommen, aber letztlich doch verdunkelt, so daß der Teufel bis in die
Gegenwart in Schulen und Akademien großen Schaden anzurichten vermochte;

> „vnd im Newen Testament auch also ergangen / Da *CHRISTUS der
> Höchste Spagyrus philosophus* vnd Himmlische Sähmann seinen Edlen Wait-
> zen außgesähet / Er also bald als der Feind seinen Raden vnd Vnkraut
> darauff häuffig geworffen / vnd eingeschmeist / wie leider zu Erbarmen /
> am tag ist."[372]

---

[368] Vgl. Zimmermann Weltbild S. 98-103, hier 103, der gegenüber von Suchtens *tres facultates*
durch Weglassen der Astronomie und die Aufteilung zwischen Alchemie und Medizin "die
drei praktischen Traditionen der Hermetik" als "die Alchemie, die Medizin, die Mystik"
bestimmt (wobei Mystik und "Theologie" im Suchtenschen Sinne weitgehend identisch
verstanden werden können). Nach Zimmermann gehört zur "Hermetik" neben der Berufung
auf Hermes Trismegistos der Anspruch jener Urweisheit von Adam her.
[369] Fol. * v ᵛ - * vi ʳ (Hervorhebung von mir).
[370] Fol. * vi ʳ.
[371] Fol. * vi ᵛ.
[372] Fol. * vi ᵛ (Hervorhebung von mir).

Nicht nur Adam als Träger dieser Urweisheit, nicht nur Gott als deren Geber, sondern auch Christus findet sich als paracelsistischer *Protalchemicus* oder auch *Spagyrus*[373] in die *hermetische Philosophie* involviert.

An der Frage von Schale und Kern entscheidet sich die Wahl der rechten „Schule", ob sie sich aus leerer Spreu speist oder aber aus dem „Licht der Natur", das, wie Hirsch und Croll ganz analog sagen, aus dem „Gestirn" fließt:[374]

> „Wann wir aber ... wollen der *Wahren Natürlichen Philosophey / auß dem Liecht der Natur gegründet* nachgehen / vnd dieselbe erlernen / *Als vnsere Spagyrische Phylosophey / Astronomiam Veram, vnd Magiam,* Wo vnd von wem sollen wir sie studiren? Sollen wir deren Doctores vnd Praeceptores bey den Hohen Schulen suchen? Da werden wir sie wahrlich nicht finden ... Sie wollen lieber bey den *Hülsen vnd Sprewern* ... als bey den Edlen wolschmäckenden *Kern* / Rocken vnd Waitzen auß der grossen Scheuren oder Schatzkammer deß Ewigen Gottes / Als deß Reichen Haußvatters / hoc est, Macrocosmo vns vorgelegt / vnnd gegönnet / verbleiben. ... Anders nirgends können / sollen oder müssen wir sie suchen als *bey dem Gestirn / das ist die Schul / darauß alles gelernet wird. Alle natürliche Künst vnd Weißheit werden von dem Gestirn dem Menschen gegeben / vnnd wir seind deß Gestirns Schuler / Das Gestirn ist vnser Natürlicher Lehrmeister: Auß dem Liecht der Natur als auß vnserm Vatter*[375] */ auß dem wir Gemacht vnd Geschaffen sind / sollen wir lernen.* ... Allso hat es Gott verordnet / daß *das Natürliche Liecht sey in dem Gestirn /* vnd in dasselbig gelegt den Schatz[376] der Menschen / auß demselben gelernet zu werden ... Was aber nun der Mensch *vom Gestirn* sauget / das ist alles seine *tödliche Weißheit*[377] */* Vernunfft / Kunst / vnnd *was auß dem Liecht der Natur ist / daß muß auß denselbigen erlernet werden. Jn Summa / was zu dem Tödlichen dienet / das lehret vns das Firmament"*.

Diese *hermetische Philosophie* aus dem „Licht der Natur" bildet die zweite der eingangs benannten drei Weisheiten, deren erste für Figulus längst abgetan ist. Auch sie ist noch nicht jene, von der Figulus sagte, daß nur „Eine Ewig vnd

---

373 Zum Schluß fol. ** viij ᵛ spricht Figulus in einer reichlich gewagten Anspielung auf Hermes Trismegistos gar vom "Christ[us] Trismegist[us] nost[er] Spagyr[us]". Zu dem Bild von Christus als dem höchsten "Spagyrus", das auf die *deificatio* anspricht, vgl. auch Sclei *Theologia universalis* II Vorr. 19 (S. 119; Hervorhebung von mir): "Das wahre Erkäntniß Gottes ist nicht ein solches Wesen wie sie vermeinen, es ist nicht ein Menschen Werck oder Menschen-Tand, sondern ein Göttliches Werck und ein Göttlicher Bau und eine *übernatürliche himmlische Alchymia. Alchymia Coelestis* aber ist *vera Magia. Vera Magia ist nichts anders denn Commutatio Christi, das ist Transmutatio Hominis in Deum.* Welches dann gar keinem Menschen auff Erden, sondern alleine dem Sohne GOttes, *CHRISTO, als dem höchsten SPAGYRO,* zu vollenden und ins Werck zu setzen möglich ist; bey deme wird es auch wohl bleiben, wie närrisch und unbesonnen es unsere falsche Alchymisten, Pseudo Magi und Transformatores fürgeben"; vgl. o. Band I § 4.

374 Fol. * vii ᵛ - * viii ᵛ (Hervorhebung von mir).

375 Nämlich aus dem Makrokosmos.

376 Vgl. Arndts "Schatzkammern" in den Gestirnen: *Hex* 4,6.12.13; "Schatzkasten" in *Hex* 4,31 u. ö.

377 Die Weisheit des natürlichen, d. h. sterblichen oder vergänglichen Bereichs.

Vntödtlich" sei, denn sie befaßt sich mit dem sublunaren Bereich der vergänglichen Welt und des „tödlichen" Lebens. Doch ist sie, weil sie ein verborgenes,
in die Natur als den Makrokosmos gelegtes „Licht", das der Mikrokosmos
Mensch, wenn er denn dieser Philosophie mächtig ist, aufgrund seiner Herkunft
aus dem Makrokosmos von innen her zu entdecken und nutzbar zu machen vermag, eine gottgewollte und gottgegebene Weisheit. Sie steht in enger und nach
Bereichen abgegrenzter Verbindung zu jener „ewigen und untödlichen" Weisheit, die Figulus als dritte benennt, und deren Erstreckungsbereich die unver-
gängliche Welt Gottes und das Heil des Menschen ist:[378]

> „Was aber auff den andern Vntödtlichen theil der Sehlen[379] gehört / vnd
> deß innern Menschens im Göttlichen wandel / *daß alles muß auß Gott geler-*
> *net werden* / Das trifft nun *die Bildnuß Gottes* an / die ist *dem Geist befohlen /*
> *der Jhr vom Herren geben ist / derselbig lehret den Menschen vber Natürliches zum*
> *Ewigen*: Der ist beim Menschen allein als ein Schulmeister / *den Menschen*
> *zuerleuchten in das Ewige*. Darumb sind auch 2. Leib / Einer auß den Ele-
> menten / vnnd Einer auß dem Gestirn: Durch den todt kompt der Ele-
> mentisch Leib mit seinem Geist in die Gruben / vnnd die Aetherischen
> werden in jhrem Firmament verzehrt: *Der Geist der Bildniß Aber gehet zu dem*
> *in deß die Bildtniß ist*. Also stirbt ein jeglicher in dem / auß dem er ist / vnd
> in dasselbig wird er Vergraben. Also scheidet der todt Drey Geister von
> einander vom Menschen. *Darumb der Weyse Mann hoc est, der Mann der auß*
> *Göttlicher Weißheit lebt in der Bildtnuß deß HERren / derselbig herrschet vber den*
> *Gestirnten vnnd Elementischen Leib*. Aber Bruder Bildnuß soll der Mensch
> genug thun / in einer jeglichen wandeln / das er im Gesatz deß HERren
> erfunden werde *in der Natur / wie die Alten Weysen Heyden gelebt haben* / vnd
> dann fürs ander / *in willen Gottes im Göttlichen Geist* / vnnd den Tödlichen
> Leib mit seiner klugheit nit fürsetze der Ewigen Bildniß / (wie alle Welt
> fast jetzo mit jhrer vermeinten falschen Weißheit thut) ... ".

Ein Stück weiter im selben Zusammenhang schließlich resümiert Figulus unter
Rekurs auf den Begriff des „weisen Mannes", den Paracelsus[380] mit dem des
Magus identifiziert hatte:[381]

> „Der nun *nach der Bildnuß deß HErren lebt / der vberwindet das Gestirn / vnd*
> *wird billich ein weiser Mann genennet* ... Von diesem aber weitters zu Philo-
> sophiren gehört nit deß Orts zu der Tödlichen Philosophey / sondern zu
> der Vntödlichen Ewigen Philosophey ... welche Christum Jhesum zum
> Anfänger hat / von welchem wir die Stimm deß Vatters haben / Hunc
> audite.[382] Item, Seine Selbst eigene zuruffende Stimme / an vns Matth.

---

378 Fol. * viii ᵛ - ** ʳ (Hervorhebung von mir).
379 Seele.
380 Vgl. Goldammer Magie bei Paracelsus S. 37.
381 Fol. ** ij ʳ (Hervorhebung von mir).
382 Mk 9,7 parr. (Verklärung Jesu).

11[,29]. Venite Omnes, etc. Discedite [sic!][383] a me, quia sum humilis et mitis corde etc. Von diesem sollen wir die Himmlische vnd Ewige Philosophey lernen / damit wir in das Reich der Himmlen kommen mögen."

Die Zuordnung der beiden legitimen Weisheiten zueinander, die Figulus hier vorlegt, frappiert in mehrerlei Hinsicht.

Zum einen ist sehr viel klarer als bei Alexander von Suchten nicht nur die Verbindung, sondern zugleich auch die Differenzierung zwischen einem Hermetismus im „Licht der Natur" für die natürlich-vergängliche Sphäre und einem mystischen Spiritualismus, also dem, was Hirsch zehn Jahre später als das *lumen gratiae* bezeichnet, für die himmlisch-ewige Sphäre und den jenseitig-übernatürlichen Bereich *in toto* zu beobachten.

Zum anderen erstaunt der mit wenigen Strichen sehr prägnant konturierte mystische Spiritualismus selbst, der mit dem „Bildnuß", dem göttlichen Ebenbild in der Seele des Menschen, das Figulus im selben Zusammenhang noch als „Bildnuß vnd Göttlich fewriges[384] Ewiges Depositum Spiraculum Vitae" charakterisiert,[385] mit dem „Lernen" aus Gott und nicht minder dem „Lernen" von dem demütigen und milden Lehrer, der *divina sapientia*, schließlich mit der in dem „Bildnuß" begründeten Herrschaft über das Gestirn, die den „weisen Mann" kennzeichne, von der Wissenschaftskritik ganz abgesehen, alle wesentlichen Elemente beinhaltet.

Und nicht zuletzt überrascht die vom zentralen Topos des Bildes Gottes bis in viele Einzelzüge hineinreichende vielfache Übereinstimmung dieser „hermetischen Philosophie" mit der Gesamtkonzeption des „Wahren Christentums", die sich auf Schritt und Tritt zeigt, und gerade in einem ganz eigenständigen Ansatz.

Diese Philosophie sucht der Paracelsist, der „beydes / der Natürlichen vnd tödlichen / vnnd der vber Natürlichen Himmlischen / Vntödlichen Ewigen h[oc]. e[st]. Immortali Philosophiae gantz vnd gar ergeben / vnd darbei biß in mein end vnd gruben hinein deren Discipulus vnnd Alumnus bleiben will", „auß dem wahren gründlichen Liecht vnnd Fundament der Natur" zu gewinnen.[386] Dieser Weg der Erkenntnis führt direkt hinein in die – pluralen – *libri naturae*:[387]

---

383 Hier ist Figulus ein gravierender 'Freudscher' Verschreiber unterlaufen: Statt Matth 11,29 "*discite* a me" (vgl. o. zum *liber vitae*) schreibt er, offenbar in Anlehnung an das von Arndt und anderen Spiritualisten gern zitierte Wort aus den beliebten Topoi der Falschpropheten-Perikope Matth 7,23: "*Discedite* a me, qui operamini iniquitatem" und Endzeitrede Matth 25,41: "*Discedite* a me maledicti in ignem aeternum". Ein ergötzliches und bisher noch kaum zur Kenntnis genommenes Beispiel dafür, wie eingeschliffene Stereotypen, die beide zu einer bestimmten Form von mystischem Spiritualismus gehören, in einer vorbewußten Ebene unkontrolliert ihre Kapriolen schlagen.

384 Vgl. Arndts 'verschollenen' Traktat *De igne magorum* u. das hermetische Feuermotiv allgemein.

385 Fol. ** i ᵛ.

386 Fol. ** ij ʳ⁻ᵛ.

387 Fol. ** ij ᵛ - ** iij ʳ; vgl. dazu die wohl als Vorlage dienende Buchmetaphorik bei Paracelsus, s. o. Bd. II.

„so müssen wir die Naturbücher mit vnsern Füssen tretten / Die
Geschrifft erforschet man durch jhren Buchstaben: Die Natur aber durch
Land zu Land / da findet man bißweilen fromme vnd trewhertzige Nico-
demos, Naturalisten, Philosophos, vnd erkündigung der Natur / vnd Liebhaber vnserer Spagyrischen Philosophey ... Darumb als offt ein Land /
als offt ein Blatt im Buch der Natur zu finden: Also ist nun Codex Naturae satis amplus et largus, Also muß man jhre Bletter mit den Füssen vmb-
kehren / vnnd mit dem Geist der vernunfft erforschen ... “.

Dazwischen erklärt Figulus die drei Prinzipien seiner „Philosophie“, die wiederum den von Arndt bekannten Triebkräften der Weisheit ähneln:[388]

„Darumb achte ich auch nicht in der gantzen Welt ... welches Andere
Hoch achten / sondern allein was Gottes Hand geschaffen / darob ver-
wundere ich mich / das sehe ich an / vnnd begehre es zu durchforschen
seine 3. Principia zuerkündigen / purum ab impuro zu scheyden[389] / Gottes Ehr vnd
Glori dardurch zu praediciren vnd zubeschreiben[390] / vnnd etwas nützlichers darauß mir vnnd meinem Nechsten zu Nutz vnnd gutem an Leib vnnd Seel
zuschöpffen.“

Das erste ist das bereits bekannte alchemische oder „spagyrische“ Opus, das
zweite die aus der „Naturkündigung“ allenthalben hervorkommende und her-
vorzubringende Verehrung des Schöpfers im Geschöpf – die etwa auch von
Suchten einfordert –, das dritte die Forderung, das eigene Tun dem Nächsten
zugute zu tun. Indem der Mensch diese Principia und das Nosce te ipsum beherzigt,
lebt er in der Weisheit und kann sich mit den drei wesentlichen „Büchern“
begnügen, die alles zum irdischen und ewigen Leben Notwendige beinhalten:[391]

„Darumb begnüget mir billich an diesen Dreyen Büchern / darauß ich alle
Weißheit schöpffen vnnd erlernen möge. Als aus dem grossen mächtigen Circkelrunden
Buch der Natur / so nit mit dinten oder Stylo geschrieben, sondern mit dem
Finger Gottes durch Sacrum Uni Trinitatis Signaculum, Himmel vnd
Erden vnnd allen geschöpffen darinen eingegraben vnd verzeichnet vns
vor augen steht: Welches Buch Macrocosmus genennet wirdt. Zum Andern An
dem kleinen Buch / welches mit allen seinen Blettern und Stücken auß dem
grossen genommen / vnnd darnach formirt ist worden / Welches der Mensch ist
... vnd dieses wird Microcosmus genennet: Vnd ist der Mensch allein Der /
Der ein Jnstrument ist deß Natürlichen Liechts / das jehnig zuvolbringen /
dieselbigen werck in Künsten vnd Weißheit darzu thun / wie sie dann
Gott im Firmament verordnet hat.“

---

388 Fol. ** iij ʳ (Hervorhebung von mir).
389 Vgl. Arndt Hex 1,30: "wie die wissen, so die natürliche Separation und Absonderung verstehen,
     und die Purität, Reinigkeit, aller Dinge recht philosophisch scheiden können von der Jmpurität,
     Unreinigkeit und Finsterniß."
390 S. o. zur doxologischen Funktion des liber naturae.
391 Fol. ** iij ᵛ - ** iv ʳ (Hervorhebung von mir); (in Band 2 § 1 schon zitiert).

Mit diesen beiden Naturbüchern Makro- und Mikrokosmos – die Arndt in zwei
Teilen zu seinem einen *liber naturae* verschmilzt – bleibt Figulus in der Sphäre des
natürlichen Menschen. Er verbindet die „Bücher" und ihre Weisheit eng mit
dem „Licht der Natur" auf die Weise, daß dieses Licht einerseits im Makrokosmos als verborgenes Licht der Kreaturen liegt, und im Mikrokosmos Mensch
andererseits, der daher das *lumen naturae* sowohl erkennt als in sich als Fähigkeit
zur Erkenntnis trägt, die selbst ein Teil dieses *lumen* ist. Beide Seiten gehören
zum *lumen naturae*. Das dritte Buch bringt gegenüber den beiden ersten – die
Reihenfolge spricht für sich – etwas Neues und Eigenständiges, indem die Bibel
den Umriß einer spiritualistisch-hermetischen Theologie bietet, die weit über den
natürlichen Bereich hinausgreift und doch auf ihn zurückverweist: [392]

> „*Das dritte Buch ist Nemblich Sacra Biblia*, die H. Hochwürdige Schrifft Alt
> und New Testaments das weiset vns auff diese 2. vorgehende Bücher
> hinein / darinnen vns die Göttliche Chronica vom H. Geist beschrieben /
> darthut / wie die Grosse Welt vmb der kleinen Welt willen beschaffen /
> vnd Gott dem HErren Einigen vnnd Allein vmb den Menschen zuthun
> gewesen / der von Gott dem Vatter zeitlich auß der grossen Welt gespei-
> set / ernehret vnd erhalten / vnd nach dem fall durch seinen Sohn vom
> ewigen verderben erlöset / *durch Wasser vnd Geist wider Newgeboren / vnd mit*
> *dem Himmlischen Manna vnd der Ewigen Speiß / der Newen Creatur zugehörig /*
> zum Ewigen Leben vorsehen vnd gespeiset / vnd durch den H. Geist in
> alle warheit geleitet vnd geführet werde.
> Auß diesen Dreyen Büchern ... können vnnd mögen wir gnugsam durch
> hilff vnnd beystand Göttlicher Gnaden vnd deß H. Geistes erlernen / was
> vns *an Leib vnnd Sehl / Zeitlich vnd Ewiglich nutzlich vnd heylsam* sein mag /
> das wir aller Irrigen, Verführischen Heydnischen Bücher vnd Scripten ...
> gar wol entrathen mögen."

Wie von Suchten strebt auch Figulus nach einer *sapientia omnium coelestium et terre-*
strium rerum. Sowohl der erste wie der zweite Abschnitt zeigen, wie alles ineinandergreift, wie die Naturbücher und das Bibelbuch zusammen in eine Totalität
der Schau und der Weisheit einführen, die alles, was das jenseitige und das dies-
seitige Leben betrifft, umfassen und zusammenschauen. Die hermetische Philosophie im „Licht der Natur" bildet in diesem mit dem mystischen Spiritualismus
verknüpften Denken nur ein Element im größeren Zusammenhang, der gemäß
einer Kombination des Modells von Natur und Übernatur mit dem des Sphärenkosmos die *lumina naturae et gratiae*, deren *communicatio idiomatum* eingeschlossen,
hinsichtlich des Bereiches von deren Erstreckung differenziert. Daß diese Verknüpfung nichts dem Hermetismus Wesensfremdes ist, zeigt sich schon darin,
daß er sich seinerseits schon von seinen Anfängen her als eine religiöse Haltung
versteht, was christliche Hermetiker der frühen Neuzeit immer wieder betonen,
weshalb sie, gerade in Kombination mit den Theoremen der *regeneratio* und *divina*

---

[392] Fol. ** v r-v (Hervorhebung von mir).

sapientia, diesen Hermetismus genuin christianisieren zu können glauben. Wenn nur diese ‚urälteste‘ natürliche Weisheit von Adam her an die Stelle der papierenen Pseudoweisheit, Falschprophetie und *Cacomagie* träte, und wenn sie durch das *lumen gratiae* geläutert, ergänzt und weit über sich hinausgeführt würde zur Sphäre des Ewigen, dann wäre der Mensch im „Bildnuß“, d. h. im Besitz aller Weisheit für das zeitliche und ewige Leben, d. h. des wahren *Lapis Philosophorum*.

Nach diesem eklektischen Gang durch die Vorrede zu dieser „alle[n] Christeyfferige[n] Liebhabere[n] vnd Nachfolger[n] Verae Christianae Philosophiae“ oder „Filiis Doctrinae Spagyricae“ von „einem Wolbekandten / doch Armen Discipulo SS. [!] Theopharastiae [sic], vnd Immortalis Philosophiae Christianae alumno“[393] zugeeigneten *Pandora* läßt sich vielleicht eher nachvollziehen, wie vor dem gemeinsamen Hintergrund von Paracelsismus und mystischem Spiritualismus nahezu zeitgleich[394] bei Figulus und Arndt zwei einander inhaltlich so eng verwandte und dabei auch wieder grundverschiedene Konzeptionen entstehen.

---

[393] Fol. ** vij ᵛ - ** viij ʳ.
[394] Ca. 1606 und 1608.

Anhang 4.   Textauszüge aus Bartholomäus Scleis *Theologia universalis* (Teil II Vorrede)

Nr. 4 (S. 116):

„Einen so großen Frevel und Unthaten begehen alle die, die sich selbst für Lehrer und Seelsorger des Volcks und für Liechter der Welt auffwerffen und sich nicht allein wolgelehrte und hocherleuchte THEOLOGOS von andern schelten lassen, sondern auch sich selbst Magistros und Doctores Sacrae Theologiae schreiben und ausruffen, das ist, für Meister und Regenten, ja für Gebieter und Gewalthaber der Heiligen Schrifft außgeben, dieses einigen, unaussprechlichen Worts und großmächtigen Liechtes, das niemand möglich ist zu begreiffen und auszusprechen, als wären sie alleine für andern dazu deputiret und gleich eben die rechten magi von Orient,[395] die Christo dem Neugebornen König Gold, Weirauch und Myrrhen zutrügen; So sie doch vielmehr a Septentrione, unde omnum malum panditur, vom Mitternacht, daher alles übel, Kälte und Finsterniß kompt, hergekommen und entstanden sind, die Ihn nur mit stinckenden Teuffelsdreck verehren und bedienen."

Nr. 9-12 (S. 117f.):

„9. Und darumb hat ihme dieser einige höchste Spagyrus [gemeint ist Gott] und Magorum omnium summus Magus (nach der Schrifft, die also saget: Denn GOtt ist ein grosser GOtt und ein grosser König über alle Götter. Ps. 95. 96. 97. 98. [)] gantz heimlich und verborgen ein klein, einfältig geringes Häuflein vorbehalten, erwehlet und außersehen, denen Er selbst durch sich selbst diese seine Geheimniß zu verstehen gibt und sie in Ihme läst sehen, wie hoch diese irren, die sich einer solchen Frevelthat unterstehen. 1 Cor. 1. 2. 3. 4. Luc. 8. 10. 12 13. Matt. 10. 11. 13. Apoc. 14. 15.[396]

10. Daß also ihr wenigen und alleine denen, die von Gott selbst gelehret werden, die rechte Warheit GOttes bekandt und offenbahr ist, diese alleine wissens und sehens augenscheinlich, daß alle diese hochgelehrte, weise und kunstreiche Doctores der Academien, Universitäten und hohen Schulen über einen Hauffen die allergröste Narren seyn für den Heiligen Augen Gottes ... //118//
... Ja auch sie selbst die Pseudo Doctores sind mit sehenden Augen blind, wollens selbst nicht glauben, daß eben sie die seyn, die GOtt seinen Nahmen und

---

[395] Mt 2,1-11; zu den *magi ex oriente* bei Arndt und anderen s. o.

[396] Stellvertretend für unzählige Beispiele einer 'Biblisierung' sei auf dieses eigens verwiesen. Die offenkundige Pauschalität erübrigt je einzelne Nachweise und Registrierung von Bibelversen.

Ehre rauben, und daß sie die sind, die noch den wenigsten Buchstaben in der
Schrifft nicht verstehen, und dazu noch nicht so viel gelernet haben, daß sie
alleine den Titul, den sie doch fälschlich führen [nämlich: Theologen] und sich
des so hoch rühmen und erheben (und darumb so hoch gesehen sein wollen)
noch nicht recht verstehen können, also daß sie wüsten, was Theologia Vera
oder Verus Magus wäre.

11. Und wiewohl dieser Nahme von manchen Kopff auff mancherley Arth
gedeutet wird, so soll er doch auff jetzt umb der einfältigen wegen also verstanden werden, daß THEOLOGIA eine solche geheime, verborgene, wunderbahre
Rede sey, die das wunderbahre, unaussprechliche Erkäntniß GOttes des einigen
in sich begreiffe, und THEOLOGUS ein solcher Mann, der dieses andern geben
könne oder sie das lehren.

12. Wo ist aber jetzt auff Erden ein solcher Mann zu finden, der das thun
könne? Fürwahr es vermags Niemand, er sey dann mit einer feurigen Zungen
begabt wie die Apostel Christi; dergleichen man jetzt ihr wenig und nur wenig
finden wird, denn wir sein jetzt alle in der Zeit der Finsterniß unter dem Creutze
Christi, das will Niemand glauben noch erkennen. Esa. 60. Act. 2."

Nr. 14f. (S. 118f.):

„Dann der einzige Mensch Christus Jesus ist und bleibet alleine das Lamm,
das da würdig ist, auffzuthun die Siegel des Buchs des Lebens, darinnen der unaussprechliche wesentliche Nahme Gottes eingeschrieben stehet, daß man den
lesen konne [sic], der sonst aller Welt unaussprechlich und unbegreiflich ist; von
welchem Großmächtigen Schatz die Schrifft also redet: Die Rede des Herren ist
lauter wie durchläutert Silber im Erdenen Tiegel bewähret siebenmahl. Ps. 12.
Auff welche Worte hohe und grosse Achtung zu geben ist, denn es sind solche
Worte, die aus dem Munde und aus dem Hertzen des Herrn geflossen sind,
denn es stehet ausdrücklich: Eloquia Domini, und nicht Eloquia Hominis. Das
ist nun ein solch wunderbahres Eloquium, davon die Heiligen Gottes also sagen:
Ich wil hören, was GOtt der Herr in mir redet.[397] Rede Du, HErr, denn dein
Knecht höret. Ps. 85. 1 Sam. 3. Darumb so kan dieses Wort oder diese //119//
Rede von keinem Menschen ohne GOtt ausgesprochen werden, sondern alleine
ausgesprochen gewiesen werden oder angehöret. Denn es ist uns nicht auszusprechen gegeben worden, sondern alleine uns zu leuchten und zu erleuchten.

15. Darumb spricht sich dieses großmächtiges Wort und Heiliger Nahme
GOttes alleine selbst aus; und durch sein selbst aussprechen geust Er sich selbst
aus in unser aller Hertzen und [be-]darff anderer frembder Leute aussprechens
gar nichts hierzu, wie sich die verlogene Pfaffen alle rühmen; darumb diese
teuffelische Lügen eine erschreckliche Blasphemia ist. Denn GOtt kan allein
Gottes Wort reden, wie Menschen allein Menschen Wort. Und so GOtt nicht
selbst sein Wort in und durch uns redet. So sind aller Menschen Wort und

---

[397] Vgl. etwa Arndt *WCh* I,23,11.

Predigt nur Papageyen Werck und des Teuffels Affenspiel, damit Satanas die gantze Welt verführet unter dem Schein und Nahmen Christi und seines Wortes. Jer. 23. Joh. 8. Apoc. 12. Act. 19."

Nr. 19 (S. 119f.):

„Das wahre Erkäntniß Gottes ist nicht ein solches Wesen wie sie vermeinen, es ist nicht ein Menschen Werck oder Menschen-tand, sondern ein Göttliches Werck und ein Göttlicher Bau und eine übernatürliche himmlische Alchymia. Alchymia Coelestis aber ist vera Magia. Vera Magia ist nichts anders dann Commutatio Christi, das ist Transmutatio Hominis in Deum. Welches dann gar keinem Menschen auff Erden, sondern alleine dem Sohne GOttes, CHRISTO, als dem höchsten SPAGYRO, zu vollenden und ins Werck zu setzen möglich ist; bey deme wird es wohl auch bleiben, wie närrisch und unbesonnen es unsere falsche Alchymisten, Pseudo Magi und Transformatores fürgeben, die sich in deme eines //120// unmöglichen und unmenschlichen Dinges berühmen und unterfangen."

Nr. 21 (S. 120):

„Dann ist das nicht ein überreiches grosses Geschencke und ein edles Kleinod genugsahm, das uns GOtt seinen Sohn (Veram Tincturam Panacaeam Lapidem und Magnesiam) geschencket hat, den allerwehrtesten und theuresten Schatz im Himmel und auff Erden? Was möchten ihnen doch die glaubigen mehr begehren? Wir haben ja alles in ihm. Sintemahl in Ihm die gantze Fülle der Gottheit wohnet leibhafftig, wie die Schrifft hievon also redet: Wie viel ihn auffnahmen, denen gab Er macht, Kinder Gottes zu werden, die an seinen Nahmen gläuben. Joh. 1. 3. Dann alle die, die in seinen Nahmen glauben, die haben eine solche Macht bey ihnen, daß sie das seyn mögen, was Er ist, denn Er selbst ist das in ihnen. Sie mögen auch thun, was Er gethan hat, und noch wohl ein mehrers. Joh. 14. Marc. 16. Das ist nun so viel gesaget: Er hat uns die Tinctur in unsere Hand gegeben, daß nun ein jeder forthin sich selbst durch den Glauben an und in CHristum JEsum tingiren, transformiren und verjüngen kan zum Sohn GOttes. Und gar keiner andern Hülffe ausserhalb der Tinctur hierzu bedarff, wie die falschen Alchymisten alle fürgeben ... Dann die Heilige Schrifft redet uns alle ins gemein also an, und nicht sie [die falschen Alchymisten und selbsternannten Theologen] alleine: Esa. 9. Ein Kind ist uns gebohren. Ein Sohn ist uns gegeben, der wunderbahr etc. heist und ist; das ist: uns, uns selbst und einem jeden Insonderheit ist diese Macht oder Tinctur gegeben, sich selbst in eigener Persohn damit zu tingiren, und mit nichten keinem andern; darumb dann auch den Aposteln nicht anderst erlaubt war zu tauffen, als allein in dem Nahmen JEsu."

Nr. 23f. (S. 120f.):

„Weil uns dann GOtt der Vatter die Materiam Lapidis, darinnen die Tinctur verborgen stecket, gewiesen und gegeben hat, so wil //121// Er auch, daß wir dieselbige brauchen sollen nach seinem Wohlgefallen und mit nichten nach unserm Gutdüncken, unsern Vortheil oder Gewinn damit zu suchen und GOtt seine Ehre hiemit zu rauben, welches dann aller Pseudo Alchymisten einiger Scopus ist. Dann die Heilige Schrifft erfodert gar viel ein anders von uns, als unsere Pseudo-Doctoren vornehmen, nehmlich dieses: Das ist der Wille Gottes, ewer Heiligung. 1 Thess. 4. 1 Petr. 1. Joh. 17. Dann wir sind nicht selbst die Tinctur, aber wir haben sie von GOtt dem Vatter, der ist und bleibet dieselbige alleine nach der Schrifft: Ich bin der HErr, der euch heiliget. Levit. 21. 22.

24. Und ob wohl die Materia dieses Himmlischen Lapidis, der alles Ertz in Gold tingiret, auff allen Gassen, für allen Thüren, ja in allen Häusern reichlich und überflüssig genugsahm ist und hauffen-weise bey einander liegende gefunden wird / so bleibet doch diese Materia von den Pseudo-Alchymisten unerkant und also ist sonst auch fast niemand, der sie recht kennen lernete und zu Händen nehme, sondern sie wird von allermenniglich als eine geringe, unansehnliche, untüchtige Materie offentlich [sic] verachtet und verworffen, so doch nichts köstlichers und nützlichers auff Erden seyn kan für alle Gebrechen dann dieses alleine."

Nr. 27-29 (S. 121f.):

„So sie aber das wahre und edle Elixir und Aurum potabile hetten, des sie sich berühmen, und sein gewaltig wären, würden sie nicht alleine andere damit von ihrer VESANIA oder Tollsinnigkeit Gesund machen, sondern auch ihnen selbst hiemit vor allen andern rathen; sie sind aber noch gar weit davon; sie kennen auch nicht das verborgene Himmlische und Centralische Fewer und die vier Arthen der Fewer der wahren Regeneration, ohne welche vier Gradus gar keiner von neuem kan gebohren werden. Er muß zuvor durch diese vier Feuer alle, dann in der vierdten Schöpffung wird der Mensch erst Vollkommen und gantz zum Reich GOttes formiret und gebohren. Wie der vierdte Mensch ein Seth ward. Mal. 3. 4. //122//

28. Dann wie wir lesen, daß Adam auff viermahl geschaffen ist, ehe dann Er gantz und vollkommen worden, also müssen wir auff heutigen Tag alle viermahl verneuret[398] werden, ehe wir zu einer vollkommenen tüglichen Massa kommen

---

[398] Eine Erklärung könnte sich in Sclei, *Bußrede* 91(S. 582) finden: „Hieraus können wir nun recht mercken und sehen, was die wahre Busse sey. Nemlich daß sie im innern Grunde nichts anders ist dann die vollkommene Offenbahrung GOttes in dem dreyfachen lebendigen Bilde der drey Persohnen der Heyligen Trinität GOttes, welche durch die Gradus der vier Evangelisten auch noch hier in diesem Leben, durch den Engel, Löwen, Ochsen und Adler, Nascendo, Vivendo, Moriendo et Resurgendo, angefangen und vollendet werden muß. Nach allen vier Zeiten, Arthen, Ständen und Veränderungen des Reichs Christi in der Welt und dessen Offenbahrung in uns. Apoc. 4. 5. sq."

werden, die der Tinctur und des Fulguris ab oriente recht fähig ist, ehe wir dadurch in Sacrum Septenarium, in den rechten innern Sabbath und Henochs Leben, daran GOtt allein Gefallen hat, tingiret und transmutiret werden, zu welchem Ende wir dann alle erschaffen seyn, daß GOtt seine Ruhe und seinen Wohlgefallen in uns haben soll ohne Ende ewiglich. Und das wird unsere Seeligkeit und ewiges Leben seyn, wenn wir in GOtt verwandelt werden.

29. Darumb so darff nun niemand diese Gedancken machen, daß seine Erlösung und Transmutatio ohne Feuer, ohne grosse Noht und ohne mächtige Trübsal zugehen werde oder zugehen könne; dann so die Tinctur erstlich hindurch gemust und das allerhöchste Leyden geschmecket, wie gar vielmehr die partes tingendae? Die da sollen aus unedle Metallen in recht fein geläutert Gold tingiret und also vergöttert werden in Christo? wie CHristus selbst saget: Geschicht das am grünen Holtz, was wil dann am durren [sic] geschehen. Luc. 23. 1 Petr. 4. Denn Christi Erscheinung in uns ist wie das Feuer eines Goldschmieds zu schmeltzen, reinigen und läutern; wer wird den Tag seiner Zukunfft erleiden mögen. Mal. 3. Derhalben dann auch die Schrifft so wunderbarlich davon redet und sonderlich, da sie also meldet: Die sich sehlig einbilden, müssen in Feurigen Zorn verzehret werden. Sir. 36. Diese sind, die da kommen sind aus grossen Trübsal. Apoc. 7. Du hast uns versuchet und geläutert wie das Silber geläutert wird; wir sind durch Feuer und Wasser gangen, aber du hast uns außgeführet und erquicket. Ps. 66. und also muß GOttes Geschöpff als durchs Feuer und Wasser erhalten werden. 4 Esdr. 8. Esa. 43. 1 Cor. 3. Das sind fürwar wunderbare Wege und erschreckliche Reden genugsam, wer sie recht behertzigen wolte.“

Nr. 34 (S. 123):
„Und das ist auch mein Vornehmster einiger Scopus, all mein Intent und Fundament, daß Ich dir hie will angezeiget und gewiesen haben, auff welches du auch vornehmlich gute Achtung geben solt, nemlich, daß dir das wahre Wesentliche Erkäntniß GOttes kein Mensch geben noch lehren kan, GOTT muß es selbst alleine thun.“

Nr. 36 (S. 123f.):
„Solches alles zu sehen und zu erkennen, ist dieses Büchlein angefangen und vorgenommen, dir solches anzumelden und dich //124// hiemit von allen Menschen zu GOtt und in GOtt zu weisen. Darumb so überliese es mit Fleiß und bewege es recht, so wirstu sehen, daß dem also und nicht anderst ist, und dich derhalben alleine zu GOtt, dem einigen höchsten Spagyro, halten und Ihn anruffen, daß er dich illuminiren, leutern, kochen und prägeln wolle nach seiner großen Barmhertzigkeit, so lange, biß Er dich endlich gantz und gar von den Todten aufferwecke und lebendig mache. Und du also endlich durch Ihn alleine transmutiret und regeneriret werdest, daß du sehen und erkennen mögest, daß GOtt alleine das wahre ewige Leben und das Licht der Welt selbst seye, du aber,

zusampt allen Menschen, keinen außgenommen, nichts als der Todt und die Finsterniß selbst seyst, die da nirgends anderswoher als von ihme, dem einigen
großmächtigen wesentlichen Liechte selbsten alleine müssen erleuchtet und
angezündet werden. Joh. 1: 3. 5. 6.

Nr. 38-41 (S. 124-128):

„38. Wann wir nun in seinem Wohlgefallen sind und in seiner Barmhertzigkeit gantz und gar gelassen stehen, Ihme mit uns zu thun und zu lassen nach
seinem Willen uns gantz ergebende wie Christus und Paulus, so fangen wir erst
an vollkommen zu werden, wie unser Vatter im Himmel vollkommen ist, der
uns neu gebohren hat in CHRISTO JESU unserm HErrn, welcher diese wunderbahre neue Gebuhrt, Creatura und Tinctura Coelestis und Vera Magia selbst
ist allein, und mit nichten der todte nichtige Mensch, wie Paulus sagt: Nicht ich,
sindern Christus lebt in mir. Gal.2 ... .

39. Instans enim Theologia illa Universalis hactenus toto Mundo incognita,
quae nobis unicum Veri Dei Filium CHRISTUM praesentem, personalem, visi-
bilem et palpabilem exhibet in omnibus, mera veraque est MAGIA COELE-
STIS. Soli enim Magi norunt quae alias ignorantur, audiunt quae non audiuntur,
vident quae non videntur, scilicet admirabilem et gloriosam apparitionem et
manifestationem praesentiae Christi in suis fidelibus, quam Mundus plane igno-
rat, quoad in Occidente cum Jerusalem in suis peccatis dormit. Quia ex Oriente
oriundi, id est e supernis veniunt ut nos ex profundae securitatis somno excitent,
ut Christo in Spiritu adventanti obviam eamus cum Ecclesia pru- //125// den-
tium ejusque adventum Mysticum exspectantium. Matt. 2:25. 2 Thess. 1. Eph. 5,
MAJESTAS ILLOCALIS etenim quaecunque agit nobiscum agit localiter, vo-
caliter, personaliter. Intuemini ergo praesentiam loquentem, ne quis vestrum
recuset Omnipotentem, simul atque perpendite QUANTUS sit in illo. Hebr. 12.
Magica sunt omnia Summi Magi Eloquia, Magus Magiam efflavit ex Mago Silentio.[399] Solis Magis haec nota sunt, non Magis abscondita.

40. [fälschlich: 41] Magiam igitur addiscas, Magusque sis Coelestis oportet, si
ad summi verique Magi perfectam cognitionem conscendere satagis, et simul
cum ipso esse sine Fine, Invisibilis, Immortalis et Omnia potens. Omnia et viva
et mortua simul. Exortum est in Tenebris Lumen Rectis Corde. MISERICORS,
MISERATOR ET JUSTUS. Haec omnia evenere nobis per Viscera Misericor-
diae Dei nostri, in quibus visitavit nos ORIENS EX ALTO, cui Laus, Honor et
Gloria in secula. Amen. Dieß ist so viel gesagt." [Es folgt keine wörtliche Übersetzung, sondern eine Paraphrasierung und freie Weiterführung der Gedanken
dieses anonymen lateinischen Zitats.] „Die anstehende und nun wie eine volle
Morgenröthe,[400] Morgenstern und Sonne hereinbrechende allgemeine Theologia
oder Gottes-Lehr, die bißher der gantzen Welt unbekandt ist, stellet uns Chri-

---

399 Vgl. den 'Sabbat' des Herzens, s. auch u.
400 Vgl. das Motiv der Morgenröte im Aufgang bei Jakob Böhme.

stum den eingebohrnen Gottes Sohn in allen Dingen für den Sinnen des inwendigen Geistlichen Menschen so gegenwertig, persohnlich, sichtbahr und empfindlich vor in der inwendigen Geistlichen Welt oder im Mysterio magno,[401] als die Sonne, Himmel, Lufft und alle Creaturen eusserlich, handgreifflich und sichtbahr für den Augen und Sinnen des auswendigen Menschen uns täglich durch das natürliche Liecht zu unser täglichen Auffweckung, Erwärmung, Speise, Tranck, Artzney, Nohtturfft, Leben und Freude dargestellet werden. So gar, daß das eussere, zeitliche, leibliche, irrdische und sichtbahre Wesen der Creaturen zu unser Leibes Nohtturfft und Unterhalt uns nimmer so gewiß sichtbahr und handgreifflich gegenwertig ist, als das Geistliche, Himmlische und unsichtbahre rechtschaffene Wesen Christi und seines Geistlichen Reichs in uns uns in unserm Hertzen und inwendigen neuen Menschen gegenwertig ist, wie uns GOttes Wort solches außwendig zeuget, daß wir es also gläuben, inwendig in uns wahrnehmen, suchen, empfinden und erfahren sollen, umb damit viel grössere Dinge und Wercke außzurichten, als die Welt mit dem außwendigen je thun kan und gethan hat, wie Jacob, Joseph, Moses, David und Christus vor uns im Glauben mit GOtt und seinem Wort gethan. Hebr. 11. 12. Und das //126// ist die rechte Mystica Theologia und Magia Coelestis, die bald aller heutigen Egyptischen Priester und Zäuberer, der Schlangen- und Ottern-gezüchte ihren Schlangen-Saamen und Welt-Weißheit durch die rechte Himmlische und weise Schlange Christum den weisen Stein ohne Hände und durch seine verborgene Himmlische Weißheit verschlingen und zertreten wird. Denn das müssen rechte Magi, Weisen und Adepti seyn, die das wissen, was anderen unbekandt ist. Die das hören können im Geist, was andere, die im Fleisch und eigen Klugheit stehen, nicht hören, und die das mit inwendigen Augen des Glaubens und Geistes und Wortes GOttes sehen, was andere davon außgekehret nicht sehen noch mercken können. Nemlich die wunderbahre und herrliche Erscheinung und Offenbahrung der Gegenwart Christi in seinen Gläubigen, welche die Welt eben so wenig heut erkennet, als das alte Jerusalem mit ihren Phariseern, die da als träumende von Christo und seiner Gebuhrt zu Bethlehem predigten und dem Herodi und den Weisen aus Morgenlande davon Nachricht gaben und doch nicht ein Fuß darumb aus der Stelle setzeten, ja solche hernach eben so hoch verfolgeten als Herodes die Kinder zu Bethlehem, da Christus mit seinem Reich und Wort sich unter ihnen offenbahrete. Da hingegen die rechte verborgene Magi und Weisen aus Orient durch den inwendigen Morgenstern in Ihnen von oben herab gebohren und auffgewecket Ihn wohl kenneten, weil GOtt ihnen die inwendige Ohren und Augen geöffnet, dieser gegenwertigen Zeiten, Secten und aller Dinge inwendige Signaturen zu erkennen und darnach alle Dinge zu unterscheiden und ein jedes also zu nennen und ponderiren mit solchem Nahmen

---

[401] Wie die „Morgenröte im Aufgang" ist auch die Formel vom *Mysterium magnum* in theosophischen Kreisen verbreitet und wird etwa von Böhme oder Sperber als Titel theosophischer Schriften verwendet.

nach dem Gewicht, Zahl und Maaß[402] des Heiligthumbs, als es recht ist, und nach dem inwendigen Grunde und Centro in der That und Warheit stehet und für GOtt beschaffen ist: Herodem als einen Fuchs, die Phariseer als Wölffe [zu erkennen] und ein armes Kind im Stall zu Bethlehem als einen König aller Könige anzubeten und verehren auch mit Königlicher Ehrerbietung und Gaben als Gold, Weyrauch und Myrrhen, ja sich selbst Ihm gantz zu Dienst untergeben und auffopffern und eine arme Zimmermans Frau als eine Mutter GOttes ansehen. Wer hat Ihnen solche Kunst gelehret und was für ein Liecht hat sie dahin geführet? Und da sie ihren Stern und Leitsman in Jerusalem bey den Phariseern und Herodianen verlieren, da finden sie Ihn inwendig und auswendig in Bethlehem wieder. Dennoch müssen sie auch in Jerusalem kommen, ob sie dasselbe mit ihren Secten und Priestern noch heut aus dem tieffen Schlaff der Sicherheit mit sich auffwecken möchten, ob die noch mit ihnen dieses Irrdische Weltwesen und Jerusalem verlassen und mit Christo ihrem Himmels-König und Bräutigam im Geist entgegen gehen und zu Ihm als hochfliegende Adeler auff dem Geistlichen Berge Zion und Jerusalem, das droben ist, als unser aller geistlichen Mutter sich wollen versamlen lassen. Matth. 25. Apoc. 14. Die ewige Majestät, die in keinem Ohrt und Zeit eingeschlossen ist, erniedriget sich zu uns in unserer Schwachheit und handelt mit uns als mit schwachen und unerfahrenen Menschen-kindern alhier in dieser Zeit und Ohrt der Welt also als wir es fassen können, wenn wir nur umbkehren, Schühler und Kinder unter Ihm werden und uns //127// aus dem Fleisch in den Geist wollen übersetzen lassen, daß Er also im Geist mit uns reden und sich persohnlich in uns offenbahren möge. Darumb sehet mit inwendigen Glaubens Augen auff Christum und seine Gegenwart in euch und mercket mit inwendigen Hertzens-ohren auff die Stimme dessen, der gegenwertig in euch redet, welchen euch der Vater zu hören befohlen hat. Sehet zu, daß ihr euch dessen nicht wegert [sic], der nun als ein Lebendigmachender Geist 1 Cor. 15 im Neuen Testament in seinem inwendigen Central Himmel im Geist und Warheit mit euch redet und da Er Himmel und Erden in euch bewegen, verändern und neu schaffen wil. Hebr. 12. Bedencket wie groß der sey, der also täglich an eures Hertzens Thür anklopfet und das herrliche Abendmahl nun am Abend dieser Welt in euch anrichten und mit euch halten wil. Und bleibet daheim inwendig bey Ihm, daß ihr euch nicht auswendig von ihm in der Welt verlauffet und dadurch euren Morgenstern verlieret. Diese Worte sind Magische Reden des höchsten Magi, der die Göttliche Magiam aus seinem Magischen Stillschweigen und Verborgenheit gern an den Unmündigen und Kindern in Christo offenbahren wolte, Ihm dadurch einen herrlichen Nahmen auff dem gantzen Erdbodem [sic] zu machen und alle Rachgierige Verfolger seines Geistligen Israels wie die Egypter und Phariseer zu vertilgen.

---

[402] Auch dem Theosophen Sclei ist, wenn auch in dieser symbolischen Verbrämung, eine Quantifizierung und mathematische Dimension des Denkens nicht fremd, die bei Kepler und Galilei den entscheidenden Schritt zur modernen Wissenschaft bedeutete.

Darumb solche Reden den Magis wol bekandt seyn, aber den falschen magis auch wohl verborgen bleiben werden. Darumb, O Mensch! wiltu in und mit Gott alles ohn Ende seyn, wissen, können und vermögen und zur vollkommenen Erkäntniß des höchsten magi auffsteigen, so mustu erst mit Christo herunter steigen und biß zur Höllen zu dich erniedrigen, daß du also mit Ihm durch Todt und Hölle herdurch brechest und ein rechter magus werdest und also in Christi Schule und Nachfolge die rechte magiam lernest, darin Christus alle Gewalt im Himmel und auff Erden empfangen und mittheilet, wem Er wil. Denn wie Lucifer durch hochherfahren ein falscher magus geworden und darin alle hoch-fliegende Geister mit ihm ergreiffet, so müssen wir erst mit Christo hinunter fahren, leiden, sterben und nichts werden, wollen wir sonst mit Ihm erhöhet und in Ihm alles werden. Und so sind alle Dinge zugleich lebendig und todt. 2 Cor. 4. Eph. 4. Phil. 2.3. Gal. 2. Rom. 6. Col. 2. Ich dancke GOTT für seine unaussprechliche Gabe. Und daß das Liecht allen auffrichtigen Hertzen in der Finsterniß auffgehet von dem Gnädigen, Barmhertzigen und Gerechten. Ps.112. Dieß alles ist uns wiederfahren durch die hertzliche Barmhertzigkeit GOttes unsers Heylandes, durch welche uns besuchet hat der Auffgang aus der Höhe. Welchen [sic] sey Lob, Ehre und Herrligkeit von nun an biß in alle Ewigkeiten, Amen. Halleluja.

41. Was ist der Sabbath GOttes? Verbum Caro factum, das ist der Sabbath und die Creatur, das GOTT geschaffen hat zu heiligen. Haec est dies quam fecit Dominus, exultemus et laetemur in ea. Omnia propter semetipsum creavit et operatus est Dominus. Alles, was GOtt geschaffen hat, darinnen hat GOtt seine Ruhe und seinen Wohlgefallen. Dann GOtt sahe alle Dinge, die Er gemacht hatte, und siehe, sie waren sehr gut. So sind nun alle Ding zur Ruhe und nicht zur Unruhe erschaffen, das bezeuget der eussere Sabbath; darumb sollen wir sie alle zur Nohtturfft alleine //128// und mit nichten zum Uberfluß brauchen, zur Heiligung, und nicht zur Entheiligung. In der Nohtdurfft werden alle Dinge geheiliget, im Überfluß aber dagegen entheiliget. Denn GOtt leidet und stirbet selbst in allen Creaturen. Die gantze Creatur ist der Sohn Gottes CHRISTUS, und das, das die Creatur erhält und trägt, ist JESUS; darinnen aber alle Ding getragen werden, ist M. Inhabitans Verbum vivum in nobis est Unicus Dominus, Coeli et Terr[ae] Deus. Huic Honor, virtus, Gloria in secula, Amen. Das ist die Gerechtigkeit GOttes, daß GOtt und Mensch ein Christus ist. Junge misericordiam et Veritatem Dei, et exurget inde JUSTITIA DEI, id est, DEUS IPSE. Alle Dinge sind in allen Dingen. OMNIA UNUM et UNUM OMNIA."[403]

---

[403] Hier offenbart der *omnia-unum*-Gedanke seinen unbestreitbar 'pantheistischen' Charakter.

Anhang 5.   Angelus Silesius
Cherubinischer Wandersmann (Textauszüge)

Der römisch-katholische Konvertit und ehemalige Lutheraner Johann Scheffler *alias* Angelus Silesius steht in derselben Tradition einer *theologia mystica* wie Arndt, Abraham von Franckenberg – mit dem er zeitweise, auch gerade im Umfeld seiner Konversion, engen Kontakt pflegt – und andere im Rahmen dieser Studie genannte Gestalten. Seine berühmte – wie das eigene Pseudonym eines *Angelus Silesius* auf das Engel-Motiv anspielende – Dichtung vom *Cherubinischen Wandersmann* weist weit und tief reichende Analogien zur Gestalt der ebenfalls konfessionell-kulturell – wenngleich auch keineswegs dogmatisch – dem Luthertum entwachsenen mystischen Theologie eines Arndt auf. Deshalb soll ein kleiner Auszug aus diesem Werk den inneren Zusammenhang seiner Theologie dokumentieren, der von der *imago dei*-Lehre und Emanatismus wie ‚Pan(en)theismus' des *in* der Schöpfung verborgenen Gottes über das *verbum internum*, die Gelassenheit, die Neugeburt, *deificatio* und Verklärung bis zur spiritualistischen Hermeneutik und zu Anklängen an die Metaphorik des *liber conscientiae* reicht. Ein besonderer Schwerpunkt liegt bei Scheffler in dem (die Alchemie inhaltlich zwar voraussetzenden, letztlich aber als uneigentlich abwertenden) theoalchemischen Sprachspiel, in dem sich sein Interesse bündelt. Anders als bei Arndt, der eigene ausgeprägte naturphilosophische Interessen pflegt, dienen Scheffler – wie etwa Jacob Böhme oder Bartholomaeus Sclei auch – die Naturmagie und Alchemie ausschließlich der religiösen Symbolik. Die hier vorgelegte Auswahl ist als eine (etwa auch unter theoalchemischem Aspekt) eklektische, doch nicht repräsentative zu verstehen. Sie soll in einer gewissen Ergänzung zu den oben in Band I § 4 genannten Konzepten von frühneuzeitlicher *theologia mystica* diesen profilierten wie von seiner faszinierenden poetisch-literarischen Gestalt her wiederum so andersgearteten Entwurf skizzieren, aus dem deutlich wird, weshalb das (Arndt auch persönlich eng verbundene) Lüneburger Verlagshaus der „Sterne" der Ausgabe des „Wahren Christentums" von 1679[404] eine Reihe von diesem Werk gut korrespondierenden Sinnsprüchen aus dem *Cherubinischen Wandersmann* einfügte.

---

[404] Dumrese Offizin der Sterne S. 16, 19 u. ö. zeigt, wie der Verlag von Anfang an Arndt selbst wie seinem Werk verbunden war. Das verknüpfte sich mit den Beziehungen zum Herzog, wie Peil Illustrationsgeschichte Sp. 1011 A. 102 unter Hinweis auf die Mitarbeit Arndts an den Bibeleditionen des Verlages notiert.

I,87   *Im Ekstein liegt der Schatz.*
Was marterstu das ärtzt [: Erz]: der Ekstein ists allein /
In dem Gesundheit / Gold / und / alle Künste seyn.

I,102   *Die geistliche Goldmachung.*
Dann wird das Bley zu Gold / dann fällt der Zufall hin /
Wann ich mit GOtt durch GOtt in GOtt verwandelt bin.

I,103   *Auch von derselben.*
Ich selbst bin das Metall / der Geist ist Feur und Herd /
Messias die Tinctur, die Leib und Seel verklärt.

I,104   *Noch von jhr.*
So bald durch Gottes Feur ich mag geschmeltzet seyn /
So drukt mir GOtt alßbald sein eigen Wesen ein.

I,105   *Das Bildnuß Gottes.*
Ich trage GOttesbild: wenn Er sich wil besehn /
So kan es nur in mir / und wer mir gleicht / geschehn.

I,107   *Es ist noch alls in GOtt.*
Ists / daß die Creatur auß GOtt ist außgeflossen [!]:
Wie hält Er sie dannoch in seiner Schoß beschlossen?

I,109   *Die Geschöpffe.*
Weil die Geschöpffe gar in [!] GOttes Wort bestehn:
Wie können sie dann je zerwerden und vergehn?

I,167   *So viel du in GOtt / so viel Er in dir.*
So viel die Seel in GOtt / so viel ruht GOtt in jhr:
Nicht minder oder mehr / Mensch glaub es / wird er dir.

I,173   *Der Mensch lebt nicht vom Brodt allein.*
Das Brodt ernährt dich nicht: was dich im Brodte speist /
Ist GOttes Ewigs Wort / ist Leben / und ist Geist.

I,180   *Ein Christ ist Kirch' und alles.*
Was bin ich endlich doch? Ich sol die Kirch' und Stein /
Ich sol der Prister GOtts und auch das Opffer seyn.

I,191   *Wer GOtt sol schaun / muß alles seyn.*
Wer selbst nicht alles ist / der ist noch zugeringe
Daß er dich sehen sol Mein GOtt und alle Dinge.

I,192   *Wer recht Vergöttet ist.*
Mensch allererst wenn du bist alle Dinge worden /
So stehstu in dem Wort / und in der Götter Orden.

I,193   *Die Creatur ist recht in GOtt.*
             Die Creatur ist mehr in [!] GOtte dann in Ihr:
             Zerwird sie / bleibt sie doch in Ihme für und für.

I,195   *Das Licht besteht im Feuer.*
             Das Licht gibt allem krafft: GOtt selber lebt im Lichte:
             Doch / wär Er nicht das Feur / so würd es bald zu nichte.

I,206   *Wie heist der Neue Mensch?*
             Wiltu den Neuen Mensch und seinen Namen kennen /
             So frage GOtt zuvor wie er pflegt sich zunennen.

I,216   *Die Vergöttung.*
             GOtt ist mein Geist / mein Blutt / mein Fleisch
                                               / und mein Gebein
             Wie sol ich dann mit jhm nicht gantz durchgöttet seyn?

I,223   *Die Zuversicht.*
             Die Zuversicht ist gut / und das Vertrauen fein:
             Doch / bistu [!] nicht gerecht / so bringt es dich in Pein.

I,237   *Im jnnern bethet man recht.*
             Mensch so du wissen wilt was redlich bethen heist:
             So geh in dich hinein / und frage GOttes Geist.

I,238   *Das Wesentlich Gebethe.*
             Wer lauters Hertzens lebt / und geht auff Christi Bahn /
             Der bethet wesentlich GOtt in sich selber an.

I,244   *Die Liebe ist der weisen Stein.*
             Lieb' ist der weisen Stein: sie scheidet Gold aus koth /
             Sie machet nichts zu jchts / und wandelt mich in GOtt.

I,245   *Es muß vereinigt werden.*
             Im fall die Liebe dich versetzen sol auß Peyn /
             Muß deine Menschheit vor mit GOttes Eines seyn.

I,246   *Die Tingierung.*
             Der heilge Geist der schmeltzt / der Vater der verzehrt /
             Der Sohn ist die Tinctur, die Gold macht und verklärt.

I,247   *Das alte ist hinweg.*
             So wenig du das Gold kanst schwartz und Eisen nennen:
             So wenig wirstu dort den Mensch am Menschen kennen.

I,248   *Die genaue Vereinigung.*
             Schau doch wie hoch Vereint die Goldheit mit dem Bley /
             Und der Vergöttete mit Gottes wesen sey!

I,249   *Die Goldheit und GOttheit.*
Die Goldheit machet Gold / die Gottheit machet GOtt:
Wirstu nicht eins mit jhr / so bleibstu Bley und Koth.

I,250   *Wie die Goldheit also die Gottheit.*
Schau wie die Goldheit ist deß Golds fluß
                   / schwer' und schein
So wird die Gottheit auch im seelgen alles seyn.

I,257   *Die Dreyeinigkeit in der Natur.*[405]
Daß GOtt Dreyeinig ist / zeigt dir ein jedes Kraut /
Da Schwefel / Saltz / Mercur / in einem wird geschaut.

I,258   *Das Tingiren.*
Betrachte das Tingirn / so sihstu schön und frey /
Wie dein Erlösung / und wie die Vergöttung sey.

I,264   *Die Creaturen sind GOttes Widerhall.*
Nichts weset ohne Stimm: Gott höret überall /
In allen Creaturn / sein Lob und Widerhall.

I,270   *Die Stimme GOttes.*
Die Creaturn sind deß Ewgen Wortes Stimme:
Es singt und klingt sich selbst in Anmuth und im Grimme.

I,280   *Der wahre weisen Stein.*
Dein stein Chymist ist nichts: der Ekstein den ich mein /
Ist meine Gold Tinctur, und aller weisen Stein.

I,282   *In GOtt der beste Stand.*
Was hilfft michs daß den Herrn die Morgensterne Loben /
So ich nicht über sie [!] in Ihn bin aufgehoben.

I,287   *Die Schönheit.*
Die Schönheit ist ein Licht: je mehr dir Licht gebrist /
Je greulicher du auch an Leib und Seele bist.

I,292   *Der Seeligen Lohn.*
Was ist der Seelgen Lohn? Was wird mir nach dem Streit?
Es ist die Lilie der lautern Göttligkeit.

I,298   *Das Himmelreich ist innwendig in uns.*
Christ mein wo lauffstu hin? der Himmel ist in dir.
Was suchstu jhn dann erst bey eines andern Thür?

---

[405] Zu dieser 'theologischen' Deutung vgl. auch o. Anhang 3 Nr. 3.4 Alexander von Suchten.

I,299   *Mit schweigen höret man.*
               Das Wort schallt mehr in dir / als in deß andern Munde:
               So du jhm schweigen kanst / so hörstu es zur Stunde.

I,300   *Trink auß deinem eignen Bronnen.*
               Wie thöricht thut der Mann der auß der Pfütze trinkt /
               Und die Fonteine läst / die Ihm im Hauß entspringt.

I,301   *Die Kinder GOttes.*
               Weil Gotteskinder nicht das eigne Lauffen lieben[406] /
               So werden sie von jhm und seinem Geist getrieben.

II,18   *Die Weißheit Salomons.*
               Wie? schätzstu Salomon den weisesten Allein?
               Du auch kanst Salomon und seine Weißheit seyn.

II,20   *Das Lebens-Buch.*[407]
               GOtt ist deß Lebens Buch / ich steh in ihm geschrieben
               Mit seines Lammes Blutt: wie solt er mich nicht lieben?

II,36   *Das Buch deß Gewissens.*[408]
               Daß ich GOtt fürchten sol / und über alles lieben /
               Ist mir von Anbegin in mein Gemütt geschrieben.

II,37   *An einem Wort liegt alles.*
               Ein eintzigs Wort hilfft mir: schreibts GOtt
                                         mir einmal Ein[409] /
               So werd ich stätts ein Lamb mit Gott gezeichnet seyn.

II,39   *Der anbether im Geist und in der Warheit.*
               Wer in sich übersich [sic] in GOtt verreisen kan /
               Der bethet GOtt im Geist und in der Warheit an.

II,43   *Die mittelwand muß wegg.*
               Wegg mit dem mittel[410] weg / sol ich mein Licht anschauen /
               So muß man keine Wand für mein Gesichte bauen.

II,86   *Du musts auch selbst gewinnen.*
               GOtt hat wol gnug gethan: doch du trägst nichts davon /
               Wo auch nicht du in Ihm erkriegest [!] deine Kron.

---

[406] S. u. *l. c.* II,193; zu Röm 9,16: *Non est volentis neque currentis ...* bei Arndt und Weigel vgl. o.
[407] Der *Liber vitae*, hier in einer Verknüpfung von himmlischer 'Bürgerliste' und Heilstat Christi.
[408] *Liber conscientiae.*
[409] *Inscriptio cordis.*
[410] Die "Mittel" im Sinne der *media salutis* der reformatorischen Theologie? Dazu vgl. u. II,137.

II,107   *Die Neugeburt.*
Hat deine Neugeburt mit wesen[411] nichts gemein /
Wie kan sie ein Geschöpff in Christo JEsu seyn?

II,110   *Die Verklärung.*
Mein Leib der wird für GOtt wie ein Carfunkel stehn /
Wenn seine grobheit wird im Feuer untergehn.

II,121   *Das Glied hat des Leibes wesen.*
Hastu nicht Leib und Seel und Geist mit Gott gemein:
Wie kanstu dann ein Glied im Leibe JEsu seyn?

II,123   *Geduld hat jhr warumb.*
Ein Christ trägt mit Geduld sein Leyden / Creutz und Pein /
Damit er ewig mag bey seinem JEsu seyn.

II,130   *Es muß Vergoldet seyn.*
Christ alles was du thust / das überzeuch mit Gold:
Sonst ist GOtt weder dir / noch deinen Werken hold.

II,135   *Die Gelassenheit.*
Ich mag nicht Krafft / Gewalt / Kunst / Weißheit
                              / Reichthum / Schein:
Ich wil nur als ein Kind in meinem Vater seyn.

II,136   *Eben von derselben.*
Geh auß / so geht Gott ein: Stirb dir / so lebstu GOtt:
Sey nicht / so ist es Er: thu nichts / so gschicht's Geboth.

II,137   *Schrifft ohne Geist ist nichts.*
Die Schrifft ist Schrifft sonst nichts. Mein Trost ist
                              Wesenheit /
Und daß GOtt in mir spricht das Wort der Ewigkeit.

II,158   *Die Seele kombt von GOtt.*
Die Seel ist eine Flamm auß GOtt dem Blitz gegangen:
Ach solte sie dan nicht in Ihn zurük gelangen.

II,163   *GOtt würket wie das Fewr.*
Das Fewer schmeltzt und eint: sinckstu inn Ursprung ein /
So muß dein Geist mit GOtt in Eins geschmeltzet seyn.

II,193   *Der Sieg ist wesentlich.*
Mensch weil es nicht im wolln und eygnem Lauffen ligt /
So mustu thun wie GOtt / der ohne willen Sigt.

---

[411] Vgl. o. Band 1: Glaube als Substanz/Hypostasis.

II,237   *GOtt wil vollkommne haben.*
Entwachse dir mein Kind: wiltu zu GOtt hinein;
So mustu vor ein Mann vollkommnes Alters seyn.

II,257   *Du auch must für Ihn sterben.*
Deß HErren Christi Tod hilfft dich nicht eh mein Christ /
Biß auch du selbst für Ihn [!] in Ihm gestorben bist.

III,108   *Der Volkomne ist nie frölich.*
Mensch / ein Volkomner Christ hat niemals rechte freud
Auf diser Welt: warumb? Er stirbet allezeit.

III,114   *Die Überformung.*
Dann wird das Thier ein Mensch / der Mensch
                                                ein Englisch wesen /
und dieses GOtt / wann wir Vollkömmlich seynd genesen.

III,117   *Der Ekstein ist das beste.*
Den Goldstein suchet man / und läst den Ekkestein /
Durch den man ewig reich / gesund / und klug kan seyn!

III,118   *Der weisen Stein ist in dir.*
Mensch geh nur in dich selbst. Denn nach
                                                dem Stein der weisen /
Darf man nicht allererst in frembde Lande reisen.

III,119   *Der Ekstein macht was ewig wehrt.*
Der Goldstein machet Gold das mit der Welt vergeht:
Der Ekstein einen Bau der ewiglich besteht.

III,120   *Die beste Tingirung.*
Den halt ich im Tingirn für Meister und bewehrt /
Der GOtt zu Lieb sein Hertz ins feinste Gold verkehrt.

IV,150   *Der höchste GOttesdienst*
Der Höchste GOttesdienst / ist GOtte gleiche werden:
Christförmig seyn an Lieb / am Leben und Geberden.

IV,164   *Das Conterfect GOttes.*
Ich weiß GOtts Conterfect: Er hat sich Abgebildt /
In seinen Creaturn / wo du's erkennen wilt.

V,86   *Der Schöpffer im Geschöpffe.*
Die Schöpffung ist ein Buch [!]; Wer's weislich [!] lesen kan /
Dem wird darinn gar fein der Schöpffer kundt gethan.

E.   Quellen- und Literaturverzeichnis

Dieses Verzeichnis umfaßt nur die unmittelbar verwendete bzw. zitierte, nicht die insgesamt eingesehene Literatur. Kurztitel sind, soweit sie zur Anwendung kommen, in eckigen Klammern und Kursivdruck vermerkt.

1.   Johann Arndt: Schriften und Briefe

[Arndt, Johann]: Anleittung zu der rechten vhralten Philosophey vnd der altten Magorum Weißheit. Deßgleichen vonn der Eitelkeit dieser Zeit Künsten. Bayerische Staatsbibliothek München Cgm. 4416 Nr. 11 [vgl. u. die Parallelüberlieferung unter ders.: DE ANTIQUA PHILOSOPHIA]

Arndt, Johann: Außlegung Deß gantzen Psalters Davids / Deß königlichen Propheten / In zwey Theile abgefasset ... Item: Der Katechismus ... Lüneburg 1710
[Pss/Psalterauslegungen]

Arndt, Johann: Brief *de studio*, in: Monatliche Unterredungen Einiger Guten Freunde Von Allerhand Büchern und andern annehmlichen Geschichten ... Januar 1690 S. 623-625   *[de studio]*

Arndt, Johann: Das große Geheimniß der Menschwerdung des ewigen Worts. In einem Sendschreiben an seinen guten Freund ERASMUM WOLFARTUM ... Itzo vom neuen in reine Teutsche Sprache gebracht, s. l. 1676 *[Arndt Mysterium de Incarnatione]*

[Arndt, Johann]: DE ANTIQUA PHILOSOPHIA: Et divina veterum Magorum sapientia recuperanda, deque VANITATE SCIENTIARUM et artium huius Seculi. ORATIO. 1631 [mutmaßliches Datum der Abschrift]. Welcher gestalt die vhralte Philosophia, vnd Göttliche Weißheit der alten Weysen wiederumb zu erlangen. Item Von Eytelkeit der Wissenschafften vnd Künsten dieser itzigen Zeit. Herzog August Bibliothek Wolfenbüttel, Cod. Guelf. 912 Novi 4° ff. [1-27][vgl. o. ders.: Anleitung zu der rechten vhralten Philosophey]   *[Arndt De antiqua philosophia]*

Arndt, Johann: DISSERTATIO D. JOHANNIS ARNDS; SUPERINTENDENTIS ECCLESIARUM IN DUCATU LÜNEBURgensi de hujusmodi scriptorum genere ..., in: Gerhard, Johann: APHORISMI SACRI PRAECIPUA CAPITA THEOLOGIAE PRACTICAE COMPLECTENTES ..., Jena 1616, jetzt abgedruckt in: Schneider, Hans: Johann Arndts „verschollene" Frühschriften, in: Pietismus und Neuzeit 21/1995, S. 29-68, hier S. 63-65   *[Dissertatio]*

Arndt, Johann: Eine HuldigungsPredigt als der Hochwürdiger Durchläuchtiger Hochgeborner Fürst vnd Herr Herr Christian ... die Erbhuldigung ... eingenommen ... Auch eine LandtagesPredigt Auff dem Landtage zu Osterroda am 19. Septembris gehalten ... Celle 1618   *[Landtagspredigt]*

Arndt, Johann: Fünff Geistreiche Bücher, Vom wahren Christenthum, Welche handeln Von heilsamer Busse, hertzlicher Reue etc. ... Welchen noch beygefüget Drey andere kleine Bücher, welche zu Des sel. Johann Arndts wahren Christenthum gehörig ... , Leipzig: Heinsius 1727

Arndt, Johann: IKONOGRAPHIA. Gründtlicher vnd Christlicher Bericht Von Bildern, jhrem vhrsprung, rechtem gebrauch vnd mißbrauch im alten vnd newen Testament: Ob der mißbrauch die Bilder gar auffhebe: Was dieselbe für ein gezeugnuß in der Natur haben, in Geistlichen vnd Weltlichen Sachen: Von der Ceremonia oder Zeichen des Creutzes: Auch von der eusserlichen Reverentz vnd Ehrerbietung gegen dem hochgelobten Namen Jesu Christi, vnsers einigen Erlösers vnd Ehren-Königes ... Halberstadt *s. a.* [1596/7]   *[Ikonographia]*

[Arndt, Johann]: IUDICIUM PHILOSOPHI ANONYMI. Vber die 4 Figuren deß grossen Amphitheatri [: Heinrich Khunraths, s. dort], in: Khunrath, Heinrich: DE IGNE MAGORUM PHILOSOPHO-rumq[ue] secreto externo & visibili: Das ist: Philosophische Erklährung / von / vnd vber dem geheymen / eusserlichen / sichtbaren Gludt vnd Flammenfewer der vhralten Magorum oder Weysen / vnd andern wahren Philosophen. Durch H. Heinrici Khunrath Lipsensis / Göttlicher Weißheit getrewen Liebhabers / vnd beyder Artzney Doctoris ... Straßburg: Lazarus Zetzner 1608, S. 107-123   *[Arndt Iudicium]*

Arndt, Johann: Sechs Bücher Vom Wahren Christenthum, Handelnd von heilsamer Busse, herzlicher Reu und Leid über die Sünde und wahrem Glauben, auch heiligem Leben und Wandel der rechten wahren Christen ... Nebst dem Paradies-Gärtlein ... Mit einer historischen Vorrede Herrn D. Johann Jacob Rambachs, sel. ... , Züllichau 1739

Arndt, Johann: Sechs Bücher vom wahren Christenthum, nebst dessen Paradies-Gärtlein. Mit der Lebensbeschreibung des seligen Mannes nebst seinem Bildniß und 57 Sinnbildern, Neue Stereotyp-Ausgabe. Vierz. Abdruck, Stuttgart *s. a.* [ca. 1919?]. Die als Standardtext benutzte Ausgabe enthält die folgenden zitierten Schriften:
- Wahres Christentum   *[WCh]*
- Vom wahren Glauben und heiligen Leben   *[Glauben/Leben]*
- Von der hochwunderlichen gnadenreichen Vereinigung der Christgläubigen mit dem allmächtigsten, unsterblichen und unüberwindlichen Kirchenhaupt, Jesu Christi
                                                           [De unione]
- Von der heiligen Dreieinigkeit, von der Menschwerdung des Sohnes GOttes, JEsu Christi, und dem heiligen Geist, und seinen Gaben und Wohlthaten   *[Dreieinigkeit]*
- REPETITIO APOLOGETICA, oder Wiederholung und Verantwortung der Lehre vom wahren Christenthum   *[Rep ap]*
- Paradies-Gärtlein voller Christlicher Tugenden, wie solche zur Uebung des wahren Christenthums durch andächtige, lehrhafte und trostreiche Gebete in die Seele zu pflanzen ... Stuttgart *s. a.* (wie oben)   *[Paradiesgärtlein oder Par]*

Arndt, Johann: [Texte], hg. von Koepp, Wilhelm, Berlin-Schöneberg 1912 (= Die Klassiker der Religion, hg. v. Pfannmüller, Gustav Bd. 2)   *[Koepp Arndt Klassiker]*

Arndt, Johann: Vier Bücher. Von wahrem Christenthumb, Heilsamer Busse: Hertzlicher Rewe vnnd Leid vber die Sünde / warem Glauben / heiligem Leben vnd Wandel der rechten wahren Christen ... Das erste Buch. Auffs newe vbersehen / vnd gebessert ... Braunschweig 1606 [1. Ausgabe 1606]   *[B₁]*

Arndt, Johann: Vier Bücher. Von wahrem Christenthumb / Heilsamer Busse: Hertzlicher Rewe vnnd Leid vber die Sünde / warem Glauben / heiligem Leben vnd Wandel der rechten wahren Christen ... Das erste Buch. Auffs newe vbersehen / vnd gebessert ... Braunschweig 1606 [2. Ausgabe 1606]   *[B₂]*

Arndt, Johann: Vier Bücher Von wahrem Christenthumb / Heilsamer Busse / Hertzlicher Rewe vnd Leid vber die Sünde vnd warem Glauben: auch heiligem Leben vnd Wandel der rechten wahren Christen ... Das Erste Buch [zugleich Titel der Gesamtausgabe]. Jetzo auffs newe vbersehen vnd gebessert ... Magdeburg: Johann Francke 1610

Arndt, Johann: Von wahrem Christenthumb, heilsamer Busse, wahrem Glauben, heyligem Leben vnd Wandel der rechten wahren Christen. Das erste Buch. ... Frankfurt/M. 1605 (Herzog-August-Bibliothek Wolfenbüttel Sign: Th 82)   *[F]*

Arndt, Johann: Vorrede zu: Die teutsche Theologia. Das ist: ein edles büchlein vom rechten verstande, was Adam vnd Christus sey, vnd wie Adam in vns sterben vnd Christus in vns leben sol, hg. von Arndt, Johann ... Halberstadt 1597
[Vorrede ThD I]

Arndt, Johann: Vorrede zu: Postilla JOHANNIS TAULERI, Des berümbten Theologi, der zur zeit deß Keysers caroli IV. gelebt vnd Prediger zu Straßburg gewesen ... Item zwey Geistreiche Büchlein [= Theologia deutsch und Nachfolge Christi wie unten]... , hg. von Arndt, Johann, Hamburg 1621   *[Vorrede Tauler-Postille]*

Arndt, Johann: Vorrede zu: Zwey alte vnd edle Büchlein. Das Erste. Die Deutsche Theologia [wie oben] Das Ander. Die Nachfolgung Christi. Wie man alle Eitelkeit dieser Welt verschmehen soll. Durch D. Thomam a Kempis Anno 1441 gantz geistreich beschrieben. Derer beyder Summa vnnd heilsamer nutz in der Vorrede zu finden. Itzo auffs newe zu erweckung rechtschaffener Busse vnd beförderung wahrer Gottseligkeit in dieser argen letzten Welt deutlicher vnd verstendlicher denn zuuor an den tag gegeben Durch Johannem Arndten ... Magdeburg 1606
[Vorrede ThD II]

Arndt, Johann: X. Lehr und Geistreiche Predigten Von den Zehen grausamen und schrecklichen Egyptischen Plagen; Wie auch D. Johann Heinrich Mayeri ... Gründliche Erklärung Des Wort-Verstands, Schrifftmäßige Deutung und Nutzanwendung des Gerichts GOttes, Oder der Zehen Plagen über die Egyptier ... Nördlingen 1741
[De X plagis]

Arndt, Johann: Zwey Sendschreiben H. Johan Arendts. Darinnen er bezeuget, daß seine Bücher vom waren Christenthumb mit deß Weigelii vnd dergleichen Schwärmer Irrthumben zur vngebühr bezüchtiget werden. S. l. 1620   *[Zwei Sendschreiben]*

Gleichius, Jo[hannes] Andr[eas]: TRIFOLIUM ARNDTIANUM SEV B[eati]. IOANNIS ARNDTI TRES EPISTOLAE HACTENUS INEDITAE ... , Wittenberg *s. a.*
[Gleichius Trifolium]

Raidel[ius], Georg[ius] Martin[us]: EPISTOLAE VIRORUM ERUDITORUM AD JOHANNEM GERHARDUM MAGNI NOMINIS THEOLOGUM EX MANUSCRIPTIS EDITAE ET NOTIS QUIBUSDAM ILLUSTRATAE ... Nürnberg 1711   *[Raidel]*

2.   Arndts Editionen mystischer Schriften (samt Vorreden)

Die teutsche Theologia: Das ist: Ein edles büchlein / vom rechten verstande / was
Adam vnd Christus sey / vnd wie Adam in vns sterben / vnd Christus in vns leben
sol. ... Halberstadt 1597
Postilla JOHANNIS TAULERI, Des berümbten Theologi / ... Item / zwey
Geistreiche Büchlein [s. u. nächste Ausgabe] ... Mit einer Vorrede Johannis Arndtes
/ GeneralSuperintendenten deß Fürstenthumbs Lüneburg / darinnen die Summa
vnd heilsamer Nutz dieser dreyer Bücher erkleret wird. Omnia nos Christi vita
docere potest. ... Hamburg 1621   *[Tauler-Postille]*
Zwey alte vnd edle Büchlein. Das Erste: Die Deutsche Theologia / Das ist: Ein edles
Büchlein vom rechten verstande / was Adam vnd Christus sey / vnd wie Adam in
vns sterben / Christus aber in vns leben soll. Das Ander. Die Nachfolgung Christi /
Wie man alle Eitelkeit dieser Welt verschmehen soll. Durch D. Thomam à Kempis
Anno 1441 gantz geistreich beschrieben ... Magdeburg 1606 [so auch schon 1605]

3.   Sonstige handschriftliche und gedruckte Quellen
(bis ca. 1800)

Auch die Pseudo- und Post-*Weigeliana* (zumeist zugeordnet nach Pfefferl Überlieferung
III B S. 378-384) werden hier sämtlich unter dem Namen ,Weigel, Valentin' aufgeführt.

ACADEMIA SPIRITUS SANCTI. Von der Schul des Heiliges Geistes, Handschrift,
    datiert auf 1557, Bayerische Staatsbibliothek München Cgm 4416 Nr. 23
                                            [ACADEMIA SPIRITUS SANCTI]
Adelung, Johann Christoph: Geschichte der menschlichen Narrheit oder Lebensbe-
    schreibungen berühmter Schwarzkünstler, Goldmacher, Teufelsbanner, Zeichen-
    und Liniendeuter, Schwärmer, Wahrsager, und anderer philosophischer Unholden,
    2. Teil, Leipzig 1786   *[Adelung Narrheit]*
Agrippa von Nettesheim: s. u. unter [Cornelius] Agrippa von Nettesheim
Alchymia. Die Jungfrau im blauen Gewande. Alchemistische Texte des 16. und 17. Jahr-
    hunderts, hg. von Scherer, Richard, Mössingen-Talheim 1988 (= ttg talheimer texte
    aus der Geschichte Band 1)   *[Scherer Alchymia]*
Andreae, Johann Valentin: Reipublicae Christianopolitanae descriptio. Reise nach der
    Insel Capharsalama und Beschreibung der darauf gelegenen Republik Christians-
    burg, lat. u. dt., nach der Ausgabe von Georgi, D. F., eingel. u. hg. von van Dülmen,
    Richard, Stuttgart ¹1972 (= Quellen und Forschungen zur Württembergischen
    Kirchengeschichte Band 4)   *[Andreae Christianopolis]*
Andreae, Johann Valentin: Christianopolis. Übs. und hg. von Biesterfeld, Wolfgang,
    Stuttgart 1975 (Reclam Universalbibliothek Nr. 9786 [2])   *[Andreae Christianopolis]*
[Andreae, Johann Valentin]: Fama Fraternitatis. Das Urmanifest der Rosenkreuzer Bru-
    derschaft. Zum ersten Mal nach den Manuskripten bearbeitet, die vor dem Erst-

druck von 1614 entstanden sind, hg. von van der Kooij, Pleun, eingel. von Gilly,
Carlos, Haarlem 1998 *[Fama Fraternitatis (ed. van der Kooij/Gilly)]*
Angelus Silesius: s. unter: Scheffler, Johann
APOLOGETICA ARNDIANA, Das ist Schutz-Briefe zur Christlichen Ehren-Rettung
des geistreichen Theologi, Herrn Johann Arnts ... Leipzig 1706
[Apologetica Arndiana]
Arnold, Gottfried: Das Leben Der Gläubigen Oder Beschreibung solcher Gottseligen
Personen, welche in denen letzten 200. Jahren sonderlich bekandt worden, Halle
1701 *[Arnold Leben der Gläubigen]*
Arnold, Gottfried: Historie und beschreibung [sic] Der Mystischen Theologie oder
geheimen Gottes Gelehrtheit wie auch derer alten und neuen Mysticorum; im An-
hang findet sich beigegeben eine „Verthädigung Der Mystischen Theologie", die
vom selben Autor stammen dürfte; Franckfurt 1703 (= Stuttgart/Bad Canstatt 1969
= Arnold, Gottfried: Hauptschriften in Einzelausgaben Bd. 2)
[Arnold Mystische Theologie/dass. // Verthädigung]
Arnold, Gottfried: [Texte] In Auswahl hg. von Seeberg, Erich, München 1934
(= Mystiker des Abendlandes, hg. von Merkel, R. F.) *[Seeberg Arnold II]*
Arnold, Gottfried: Unpartheyische Kirchen- und Ketzer-Historie, Vom Anfang des
Neuen Testaments Biß auf das Jahr Christi 1688, Teile I bis IV in 2 Bänden Frank-
furt/M. 1729 *[Arnold KKH]*
Athanasius von Alexandrien: Vita Antonii, in: Migne (Hg.): Patrologia Graeca, Band 26,
S. 835-976 *[Athanasius Vita Antonii]*
Ausführliche Historie Derer EMIGRANTEN Oder Vertriebenen Lutheraner Aus dem
Ertz-Bisthum Saltzburg ... Leipzig ³1733

Bekenntnisschriften der evangelisch-lutherischen Kirche, Göttingen ⁶1967 *[BSLK]*
Besold, Christoph: Christlich vnd Erhebliche Motiuen, Warumb Christoff Besold, Bee-
der Rechten Doctor, hieuor bey der Fürstlichen Würtenbergischen Vniuersitet zu
Tüwingen, nuhn aber in der Churfürstl. Bayerischen Academi zu Ingolstatt Profes-
sor, vornemblich darfür gehalten, daß der Recht vnd Einig Seeligmachende Glaub
allein in der Römisch Catholischen Kirchen anzutreffen: Derenthalben Er auch auß
aignem Trib seines Gewissens vnd zu Entfliehung ewiger Verdamnuß zu solcher
Alten Catholischen Kirchen sich begeben vnd all andere new auffkommne Secten
oder Lehre verlassen hat, Ingolstadt 1637 *[Besold Christlich vnd Erhebliche Motiuen]*
Besold, Christoph: DE VERAE PHILOSOPIAE [sic] FUNDAMENTO DISCURSUS,
s. l., s. a. [1619] *[Besold Discursus]*
Beytrag zur Geschichte der höhern Chemie oder Goldmacherkunde in ihrem ganzen
Umfange [hg. von „Carbonarius, L."]. Ein Lesebuch für Alchemisten, Theosophen
und Weisensteinsforscher, auch für alle, die wie sie, die Wahrheit suchen und lieben.
Leipzig 1785. *[Carbonarius]*
BIBLIA, Das ist: Die gantze Heilige Schrifft / Deutsch. D. MART. LVTH. ...
Goslar/Vogt (Druck) und Lüneburg/Sterne (Verlag) 1620
Böhme, Jakob: Theosophische Sendbriefe, Teil 1 und 2, hg. von Wehr, Gerhard,
Freiburg/B. 1979 *[Böhme Sendbriefe]*

[Breler, Melchior] M. B. F. B.: MYSTERIVM INIQVITATIS PSEUDOEVANGELI-
CAE: Hoc est, DISSERTATIO APOLOGETICA PRO DOCTRINA BEATI
IOANNIS ARND, Ducatus Lunaeburgensis Superintendentis generalis, &c. Adver-
sus Centauros quosdam Pseudoevangelicos & sophisticam illorum Theologiam ...
Goslar 1621   *[Breler Mysterium Iniquitatis]*

[Breler, Melchior:] Warhafftiger, Glaubwürdiger und Gründlicher Bericht von den vier
Büchern vom Wahren Christenthumb Herrn Johannis Arndten auß den gefundenen
brieflichen Vrkunden zusammen getragen ... Lüneburg 1625   *[Breler Bericht]*

Buddeus, Johann Franz: Historische- und Politische Untersuchung von der Alchemie /
und was davon zu halten sey? ..., in: Roth-Scholtz: Deutsches Theatrum Chemicum
Bd I,1 Nürnberg 1727/28 (= Hildesheim/New York 1976) S. 1-146
[Buddeus Untersuchung von der Alchemie]

[„Carbonarius, L.": Pseudonym. vermutlich: Köhler ...]: s. o. unter: Beytrag zur Geschichte der höhern Chemie oder Goldmacherkunde in ihrem ganzen Umfange ...

Colberg, Ehregott Daniel: Das Platonisch-Hermetische Christenthum, Begreiffend Die
Historische Erzehlung vom Ursprung und vielerley Secten der heutigen Fanatischen
Theologie, unterm Namen der Paracelsisten, Weigelianer, Rosencreutzer, Quäcker,
Böhmisten, Wiedertäuffer, Bourignisten, Labadisten und Quietisten ... Teil I und II
Frankfurt/M./Leipzig 1690-91   *[Colberg Platonisch-Hermetisches Christentum]*

COLLOQUIUM RHODOSTAUROTICUM. Das ist: Gespräch dreyer Personen von
der vor wenig Jahren durch die Famam & Confessionem etlicher massen geoffenbar-
ten FRATERNITET deß Rosen Creutzes ... *s. l.* 1621 *[Colloquium Rhodostauroticum]*

Cornelius Agrippa: De Occulta Philosophia Libri tres, hg. von: V. Perrone Compagni;
Leiden/New York/Köln 1992 (= Studies in the History of Christian Thought
XLVIII)   *[Agrippa Occ Phil]*

[Heinrich] Cornelius Agrippa von Nettesheim: De Occulta Philosophia. Drei Bücher
über die Magie, Nördlingen 1987

Corpus Hermeticum: s. unter „Mercurius Trismegistus", in: Ficino, Marsilio. Opera
omnia, Basel 1576, Band II,2   *[CH oder Corpus Hermeticum]*

Crollius, Oswaldus: Chymisch Kleynod. Hiebevor zwar außgangen / Jetzo aber durch
den Hochgelehrten Johann Hartmannum M. D. gemehrt verbessert / mit nothwen-
digen Notis spagyricis zu Erläuterung der Artzneyen / gezieret / vnd zum Ersten
mal / neben dem Hermetischen Wunderbaum / ... Frankfurt/Main 1647; darin vor
allem die: ErinnerungsVorrede An den Gottesfürchtigen vnd guthertzigen Leser
[Crollius ErinnerungsVorrede]

Crollius, Oswaldus: De signaturis internis rerum. Die lateinische Editio princeps (1609)
und die deutsche Erstübersetzung (1623), hg. von Kühlmann, Wilhelm und Telle,
Joachim, Ausgewählte Werke Band I, Stuttgart 1996 (= Heidelberger Studien zur
Naturkunde der frühen Neuzeit Band 5)   *[Crollius De signaturis internis
deutsch: Von den jnnerlichen Signaturn]*

Cyclopaedia Paracelsica Christiana: drey Bücher von dem waren Ursprung und her-
kommen der freyen Künsten, auch der Physiognomie, obern Wunderwercken und
Witterungen, hg. von „Siderocrates Brettanus, Samuel" [: Eisenmenger, Samuel], *s. l.*
(: Straßburg) 1585   *[Cyclopaedia Paracelsica]*

Descartes, René: Ausgewählte Schriften. Ausgew. von Frenzel, Ivo, Frankfurt/ Main 1989 *[Descartes Schriften]*

Descartes, René: Discours de la méthode. Französisch – Deutsch, übs. und hg. von Gäbe, Lüder, bearb. von Heffernan, George, Hamburg ²1997 (= Philosophische Bibliothek Band 261) *[Descartes Discours]*

Dieterich: D. Konrad Dieterich. Superintendent und Scholarch in Ulm (1614-1639) und sein Briefwechsel, hg. von Dieterich, Hermann, Ulm 1938 *[Dieterich Dieterich]*

Dorn, Gerhard: Schlüssel Der Chimistischen Philosophy: Mit welchem die heimliche vnd verborgene Dicta vnd Sprüch der Philosophen / eröffnet vnd auffgelöset werden. ... Straßburg: Lazarus Zetzner 1602 *[Dorn Schlüssel]*

Dreyfaches Hermetisches Kleeblat / in welchem begriffen dreyer vornehmer Philosophorum herrliche Tractätlein. Das erste von dem geheimen waaren Saltz der Philosophorum, und allgemeinen Geist der Welt /, H. Nuysement aus Lothringen. Das andere Mercurius Redivivus Unterricht von dem Philosophischen Stein so wol den weisen als rohten aus dem Mercurio zu machen / Samuelis Nortoni sonsten Rinville. Und das dritte von dem Stein der Weisen Marsilii Ficini Florentini, ... übersetzet / und ... zum Truck verfertiget. Durch Vigilantium de Monte Cubiti. Nürnberg: Endter 1667 *[Dreyfaches Hermetisches Kleeblat]*

ECHO Der von GOtt hocherleuchten Fraternitet deß löblichen Ordens R. C. Das ist: Exemplarischer Beweiß, Das nicht allein das jenige was jtzt in der Fama vnd Confession der Fraternitet R. C. außgebotten, müglich vnnd war sey, sondern schon für neuntzehen vnd mehr Jaren solche Magnalia DEI etzlichen Gottesfürchtigen Leuten mitgetheilet gewesen vnd von jhren Privatschrifften depraediciret worden ... Danzig 1616 *[ECHO Fraternitatis]*

[Eisenmenger, Samuel] Siderocrates Brettanus, Samuel [Hg.]: s. o. unter: Cyclopaedia Paracelsica Christiana

Erlösung Der PHILOSOPHEN aus dem Fegfeur der Chymisten. Das ist: Rechtmäßige RETORSION, Jm Nahmen der Philosophen Denen ohnlängst Ausgeflogene drey Läster-Bogen entgegen gesetzt Durch Ihrer Herrligkeiten Fiscal. Das Jahr zuvor / ehe das Fegfeur angeschüret ward, *s. l.* 1701 *[Erlösung aus dem Fegfeur]*

Fama Fraternitatis: s. o. Andreae, Johann Valentin

Fegfeuer Der Chymisten: s. u. Soeldner, Anton

Ficino, Marsilio: Büchlein vom Stein der Weisen, in: Dreyfaches Hermetisches Kleeblat / in welchem begriffen dreyer vornehmer Philosophorum herrliche Tractätlein. ... Durch Vigilantium de Monte Cubiti. Nürnberg: Endter 1667 (siehe auch dort) S. 373-448 *[Ficino Büchlein/Stein der Weisen]*

Ficino, Marsilio. Opera omnia, Basel 1576 (= Turin 1959, hg. von Kristeller, Paul Oskar; = Monumenta Politica et Philosophica Rariora Series I Numerus 10) *[Ficino Opera]*

Ficino, Marsilio: Über die Liebe oder Platons Gastmahl. Lateinisch-deutsch, übs. von Hasse, Karl Paul, hg. von Blum, Paul Richard; (Philosophische Bibliothek Bd. 368), Hamburg ³1994 *[Ficino De amore]*

Fictuld, Hermann: Des Längst gewünschten und versprochenen Chymisch-Philosophischen Probier-Steins Erste Classe, In welcher der wahren und ächten ADEPTORUM und anderer würdig erfundenen Schrifften Nach ihrem innerlichen Gehalt und Werth vorgestellet und entdecket worden, Dresden ³1784
[Fictuld Probier-Stein]

Figulus [Töpfer] Benedictus: PANDORA MAGNALIUM NATURALIUM AUREA ET Benedicta, De Benedicto Lapidis Philosoph. Mysterio. ... Straßburg 1608
[Figulus Pandora]

Franck, Sebastian: PARADOXA DVCENTA OCTOGINTA. Das ist. Zweyhundert vnd achtzig Wunderreden / vnd gleych als Räterschafft / auß der H. Schrifft / so vor allem fleysch vngelaublich / vnd vnwar / aber doch wider der gantzen welt wahn vnd achtung / gewiß vnnd warhafftig seynd ... [Basel?] 1542
[Franck Paradoxa]

Franck, Sebastian: PARADOXA, eingel. von Lehmann, W., hg. von Ziegler, Heinrich, Jena 1909
[Paradoxa Ziegler]

Franck, Sebastian: Von dem Baum Des Wissens guts vnd böses, dauon Adam den Todt hat gessen vnnd noch heut alle Menschen den Todt essen ... Was dargegen der Baum des Lebens wider aller natürlicher Menschen Kinder Weißheit, Frommkeit vnd Kunst ... Frankfurt/M. 1619
[Franck Baum des Wissens]

Franckenberg, Abraham von: Briefwechsel, eingel. und hg. von Telle, Joachim, Stuttgart/Bad Canstatt 1995
[Telle Briefwechsel]

[Ps.-] Franckenberg, Abraham von: Gemma magica: s. unter Hirsch, Christoph

Franckenberg, Abraham von: OCULUS AETERNITATIS, Das ist Geistliche Erkäntnüs GOTTES Oder Schrifftmäßige Erklärung viel und grosser Gottseligen Geheimnüsse, ... Amsterdam 1677
[von Franckenberg Oculus Aeternitatis]

Franckenberg, Abraham von: Theologische Sendschreiben Von dem Rechten Kirchengehen ... Erstausgabe Amsterdam 1667
[von Franckenberg Sendschreiben]

Franckenberg, Abraham von: THEOPHRASTIA VALENTINIANA: Das ist: Ein unpartheyischer schrifft- und natur-mäßiger bericht uber ein Fragmentum von der lehre VALENTINI, genommen aus einem büchlein, welches durch GERHARDUM LORICHIUM anno 1540 zu Cöln ediret, und Vallum Religioniis Catholicae intituliret ..., In: Arnold, Gottfried: Unpartheyische Kirchen- und Ketzer-Historie, Supplementa, Bd. 2 S. 1216-1235
[von Franckenberg Theophrastia Valentiniana]

Gemma Magica: s. unter Hirsch, Christoph

Gerhard, Johann: MEDITATIONES SACRAE (1606/7). Lateinisch-deutsch, hg. von Steiger, Johann Anselm, Tbd. 1 u. 2, Stuttgart-Bad Canstatt 2000 (= Doctrina et Pietas. Zwischen Reformation und Aufklärung; Texte und Untersuchungen/ Abt. I: Johann Gerhard-Archiv 3)
[Gerhard Meditationes (ed. Steiger)]

Gmelin, Johann Friedrich: Geschichte der Chemie Seit dem Wiederaufleben der Wissenschaften bis an das Ende des 18. Jahrhunderts, Göttingen 1797 (= Hildesheim 1965)
[Gmelin Geschichte der Chemie]

HELIAS ARTISTA. Das ist: Wolmeyndtliches Vrtheil von der newen Brüderschafft deß Ordens vom Rosencreutz genannt. Zur Antwort auff deroselben zwo Schrifften, deren man die Erste Fama, Die Andere Confessio intituliert. Frankfurt/M. 1619
[Helias Artista]

„Hermes Trismegistos": s. auch unter: „Mercurius Trismegistus"

„Hermes Trismegistos": HERMETIS TRISMEGISTI Erkäntnüß Der Natur Und Des darin sich offenbahrenden Grossen Gottes / ... Verfertiget von ALETHOPHILO, Hamburg 1706 (leicht überarbeitete Neuausgabe München 1964)

[Hirsch, Christoph: Ps.-Abraham von Franckenberg] GEMMA MAGICA oder Magisches Edelgestein / das ist / Eine kurtze Erklärung des Buchs der Natur / nach dessen sieben grösten Blättern / auff welchem beydes die Göttliche und Natürliche Weißheit / durch GOttes Finger hinein geschrieben / zu lesen ist: geschrieben von [Ps.-]Abraham von Franckenberg ... Amsterdam 1688   *[Gemma magica]*

[Hirsch, Christoph:] „Stellatus, Josephus": PEGASUS FIRMAMENTI. Sive INTRO-DVCTIO BREVIS IN VETERUM SAPIENTIAM, quae olim ab Aegyptijs & Persis MAGIA; hodie vero a Venerabili Fraternitate Rosae crucis PANSOPHIA recte vocatur ... s. l. 1618   *[Pegasus Firmamenti]*

Hoburg, Christian: THEOLOGIA MYSTICA, oder Geheimde Krafft-Gottes-Lehre der Frommen Alten. in Dreyen sonderbaren Wegen und Theilen als I. Von der Busse II. Von der Erleuchtung. III. Von der Vereinigung einer büssenden und erleuchteten Seelen mit Gott ... 3. Aufl. Nimägen 1684   *[Hoburg Theologia Mystica]*

Hunnius, Nicolaus: Christliche Betrachtung DEr [sic] Newen Paracelsischen vnd Weigelianischen Theology; Darinnen durch Viertzehen Vrsachen angezeiget wird, warumb sich ein jeder Christ für derselben als vor einem schädlichen Seelengifft mit höchstem fleiß hüten vnnd vorsehen soll ... Wittemberg 1622
[Hunnius Paracelsische Theologie]

INTRODUCTIO HOMINIS, Oder Kurtze Anleitung zu einem Christlichen Gottseligen Leben neben Außführung, was der Mensch in demselben studieren vnd lernen sol, als nemlich, warauß der Mensch, von wem der Mensch vnd zu welchem Ende der Mensch gemacht seye. Mystice tractiret von einem in beyden Liechtern erfahrnen Theosophico Anonymo, in: Philosophia Mystica, „Newstadt" [Frankfurt/M.] 1618 (s. u.)   *[Introductio hominis]*

KEREN HAPPUCH, POSAUNEN ELIAE des Künstlers / oder Teutsches Fegfeuer der Scheide=Kunst / Worinnen Nebst den Neu-gierigsten und grössesten Geheimnüssen für Augen gestellet Die wahren Besitzer der Kunst; Wie auch Die Ketzer / Betrieger / Pfuscher / Stümpler / Bönhasen und Herren Gern=Grosse. Mit gar vielen Oertern aus der Schrifft und andern Urkunden eröffnet von Einem Feinde des Vitzliputzli, der ehrlicher Leute Ehre und der aufgeblasenen Schande entdecken will. Hamburg 1702 [vgl. u. Fegfeuer der Chymisten]   *[KEREN HAPPUCH]*

Kettner, Friedrich Ernst: Kirchen- und Reformations-Historie Des Kayserlichen Freyen Weltlichen Stiffts Qvedlinburg ... Qvedlinburg 1710
[Kettner Kirchen- und Reformations-Historie]

Khunrath, Heinrich: AMPHITHEATRUM SAPIENTIAE AETERNAE SOLIUS VE-
RAE, CHRISTIANO-KABALISTICVM, DIVINO-MAGICUM; nec non PHYSI-
CO-CHYMICVM, TERTRIUNUM, CATHOLICON ... Magdeburg 1608
[Khunrath Amphitheatrum]
Khunrath, Heinrich: DE IGNE MAGORUM PHILOSOPHO-rumq[ue] secreto exter-
no & visibili: Das ist: Philosophische Erklährung / von / vnd vber dem geheymen /
eusserlichen / sichtbaren Gludt vnd Flammenfewer der vhralten Magorum oder
Weysen / vnd andern wahren Philosophen. Durch H. Heinrici Khunrath Lipsensis /
Göttlicher Weißheit getrewen Liebhabers / vnd beyder Artzney Doctoris ... Straß-
burg: Lazarus Zetzner 1608 *[Khunrath De igne]*
Khunrath, Heinrich: Von hylealischen, das ist pri-materialischen catholischen oder alge-
mein *natürlichen* Chaos, der naturgemessen Alchymiae und Alchemisten wiederholete,
vernewerte und wolvermerete naturgemeß-alchymisch und rechtlehrende philoso-
phische Confessio oder Bekentnus Henrici Khunrath ... Magdeburg 1597
[Khunrath Confessio]
Khunrath, Heinrich: Warhafftiger Bericht von philosophischen Athanore ... auch
Brauch und Nutz desselbigen ... Magdeburg 1597, auch 3. ed. & auct. „Magdeburg
In Verleg. d. Autoris 1615 [Khunrath starb 1605!] *[Khunrath Athanor]*
Kieser, Franciscus: CABALA CHYMICA, CONCORDANTIA CHYMICA, AZOT
PHILOSOPH. SOLIFICATUM. Drey vnterschiedliche / Nützliche / vnd zuvor nie
außgegangene Tractätlein / ohn welcher Hülff niemandt in Ewigkeit Chymiam
veram verstehen / noch das summum Arcanum erlernen wirdt. ... Mülhausen 1606
[Kieser Cabala Chymica]

Lautensack, Paul: Offenbahrung Jesu Christi: Das ist: Ein Beweiß durch den Titul vber
das Creutz Jesu Christi vnd die drey Alphabeth als Hebreisch, Graegisch vnd Latei-
nisch wie auch etliche wunderbahre Figuren ... Frankfurt/M. 1619
[Lautensack Offenbahrung Jesu Christi]
LEO RVGIENS oder LEWEN GEBRVELL. Daß Ander Büchlein der Apocalypti-
schen TRIGOMETRIAE [sic]; Datierung fol. 233ᵛ Schluß der Schrift: „DEO SOLI
GLORIA Finis impositus Mense Februarij Die 23. S. N. Anno 1620"; Bayer. Staats-
bibliothek München Cgm 4416 Nr. 9 *[Lewen Gebrüll]*
Libellus de via perveniendi ad veram Theologizandi rationem, Handschrift Bayer.
Staatsbibliothek München Cgm 4416 Nr. 37 *[Libellus de via perveniendi]*
Libellus Theosophiae DE VERI RELIQVII SEV SEMINE DEI IN NOBIS POST
LAPSVM RELICTO; QUO SANCTI PATRES ET Prophetae in tantos viros excre-
verunt: Das ist: Ein Büchlein der göttlichen Weißheit von dem wahren Heiligthumb
oder von dem in vns nach dem Fall vberbliebenen Sahmen Gottes, „Newstadt"
[Frankfurt/M.] 1618 *[Libellus Theosophiae]*
Luther, Martin: Von der Freiheit eines Christenmenschen, Faks., hg. von Schmitt, L. E.,
Tübingen ³1954 (Neudrucke deutscher Literaturwerke Nr. 18)
[Luther Freiheit eines Christenmenschen]

MAGIA ADAMICA Oder Das Alterthum Der MAGIE, Als Dererselben von Adam an herabwärts geleitete Erweisung, Welcher Eine gantz vollkommene Entdeckung des wahren Himmels, der Erden, oder derer Magorum, himmlischen Chaos und erste Materie aller Dinge zugefüget Durch EUGENIUS PHILALETHA [: Vaughan, Thomas]. ... Leipzig und Hof 1735 *[Vaughan MAGIA ADAMICA]*

Maier, Michael: SILENTIVM POST CLAMORES, HOC EST, TRACTATVS APO-LOGETICVS, QVO causae non solum clamorum seu Reuelationum FRA-TERNITATIS Germanicae de R. C. sed & Silentii, seu non redditae ad singulorum vota responsionis, vna cum malevolorum refutatione, traduntur & demonstrantur, Frankfurt/Main 1617. *[Maier Silentium post clamores]*

Mederus, David [Osterfeldensis; „Pastor[] der Kirchen zu Nebra an der Unstrut"]: IUDICIUM THEOLOGICUM; Oder Christlichs und kurtzes Bedencken von der FAMA ET CONFESSIONE der Brüderschafft des löblichen Ordens deß Rosen-creutzes ... 1616 *s. l.* *[Mederus]*

„Mercurius Trismegistus" [= „Hermes Trismegistos"]: Liber de Potestate et Sapientia Dei, cui titulus PIMANDER: Marsilio Ficino Florentino Interprete, in: Ficino, Marsilio. Opera omnia, Basel 1576 (= Turin 1959, hg. von Kristeller, Paul Oskar; Monumenta Politica et Philosophica Rariora Series I Numerus 10) Band II,2 S. 1837ff. *[Corpus Hermeticum oder CH]*

Montaigne, Michel de: Essais. Erste moderne Gesamtübersetzung von Stilett, Hans [Pseudonym], Frankfurt/Main 1998 (Die andere Bibliothek, *s. n.*) *[Montaigne Essais]*

MYSTERIVM INIQVITATIS s. unter: Breler Melchior

Neander, Michael: THEOLOGIA CHRISTIANA. S. SCRIPTVRAE PATRVM GRAECORVM GRAECIS, ET LATINORVM LATInis, e Fontibus ipsorum, & tandem Theandri Lutheri dictis & testimonijs illustrata & exposita ... Leipzig 1595 *[Neander Theologia Christiana]*

Oetinger, Friedrich Christoph: Die Lehrtafel der Prinzessin Antonia, hg. von Brey-mayer, Reinhard und Häussermann, Friedrich, Band 1 u. 2, Berlin/New York 1977 (= Texte zur Geschichte des Pietismus Abt. VII Band 1 und 2) *[Oetinger Lehrtafel]*

Osiander; Lucas: Theologisches Bedencken Vnd Christliche Treuhertzige Erinnerung, welcher Gestalt Johann Arndten genandtes Wahres Christenthumb nach Anleitung deß H. Wortes Gottes vnd der reinen Evangelischen Lehr vnd Bekandtnussen anzusehen vnd zuachten seye ... Tübingen 1623 *[Osiander Bedencken]*

Paracelsus: Vom Licht der Natur und des Geistes, hg. von Goldammer Kurt, Stuttgart 1979

Paracelsus Werkausgabe: s. Theophrast von Hohenheim

Petraeus, Benedikt Nikolaus: Critique über die Alchymischen Schrifften, in: Roth-Scholtz Deutsches Theatrum Chemicum II S. 49ff. *[Petraeus]*

PHILOSOPHIA MYSTICA, Darinnen begriffen Eilff vnterschidene Theologico-Philo-
sophische doch teutsche Tractätlein, zum theil auß Theophrasti Paracelsi, zum theil
auch M. Valentini Weigelii ... bißhero verborgenen manuscriptis der Theosophischen Warheit liebhabern. An jtzo in zweyen Theilen zum Christlichen Vorschub,
beyde Liechter der Gnaden vnd der Natur in vns zuerwecken in offenen Truck
gegeben ... „Newstadt" (Frankfurt/M.) 1618   *[Philosophia Mystica]*
Platon: Philebos. Timaios. Kritias. Griechisch und deutsch, Sämtliche Werke, nach der
Übs. von Schleiermacher, Friedrich, erg. durch Übs. von Franz Susemihl u. a., hg.
von Hülser, Karlheinz, Frankfurt/Main/Leipzig 1991 (= insel taschenbuch 1408)
[Platon Timaios]

Rehtmeyer, Philipp Julius: Historiae ecclesiasticae inclytae urbis Brunsvigae Pars IV.
Oder: Der berühmten Stadt Braunschweig Kirchen-Historie Vierter Theil ... Braun-
schweig 1715   *[Rehtmeyer Historiae Brunsvigae Pars IV]*
Reitz, Johann Henrich: Historie Der Wiedergebohrnen Oder Exempel gottseliger so
bekannt- und benannt- als unbekannt- und unbenannter Christen Männlichen und
Weiblichen Geschlechts In Allerley Ständen ... Itzstein ⁴1717 [von der Ausgabe
Idstein 1716 existiert ein Reprint, hg. von Schrader, Hans-Jürgen: Tübingen 1982]
[Reitz Historie Der Wiedergebohrnen]
Roth-Scholtz, Friedrich: Deutsches THEATRUM CHEMICUM, Auf welchem der
berühmesten Philosophen und Alchymisten Schrifften / Die von dem Stein der
Weisen / von Verwandlung der schlechten Metalle in bessere, von Kräutern, von
Thieren, von Gesund- und Sauer-Brunnen, von warmen Bädern, von herrlichen
Artzneyen und von andern grossen Geheimnüssen der Natur handeln ... Nürnberg
1728ff. (= Hildesheim/New York 1976)   *[Roth-Scholtz Theatrum Chemicum]*

Saubert, Johann: LIBER PROVIDENTIAE DIVINAE SPECIALIS,/ Das ist /
Denckzeddel / Gottes / Darinn die recht Gottesfürchtige auffgezeichnet zu finden
/ Auß dem 3. Cap. Malachiae v. 16. / In der predigt / Am Newen-Jahrestage /
Anno / 1643; Nürnberg: Wolfgang Endter *s. a.*   *[Saubert Denckzeddel]*
Scheffler, Johann: Johann Schefflers von Breßlaw ... 'Gründtliche Vrsachen vnd Moti-
ven, Warumb er Von dem Lutherthumb abgetretten Vnd sich zu der Catholischen
Kyrchen bekennet hat ... Ingolstadt 1653
[Scheffler, Johann:] Angelus Silesius: Cherubinischer Wandersmann. Kritische Ausgabe,
hg. von Gnädinger, Louise, Stuttgart 1984 (= Reclam Universal-Bibliothek Nr. 8006)
[Scheffler Cherubinischer Wandersmann]
„Schweighart, Theophil" [= Mögling, Daniel]: PANDORA SEXTAE AETATIS, SIVE
SPECULUM GRATIAE Das ist: Die gantze Kunst vnd Wissenschafft der von Gott
Hocherleuchten FRATERNITET CHRISTIANI Rosencreutz *s. l.* 1617
[Mögling Pandora]
Sclei, Bartholomaeus: Theosophische Schrifften: Oder Eine Allgemeine und Geheime,
jedoch Einfältige und Teutsche THEOLOGIA; Wie nemlich ein jeder Mensch
durch das Geheimnuß JEsu Christi in uns zu dem wahren und lebendigen Glauben
und Erkäntnuß des Drey-Einigen Gottes, seiner selbst und aller Creaturen wesent-

lich gelangen und also das Reich Gottes in der Seele wieder finden, eröffnen und im rechten Gebrauch aller Dinge empfindlich geniessen solle ... Geschrieben aus Göttlichem Liecht und Liebe zur Warheit vor alle Menschen Anno 1596. in Klein Pohlen: Anjetzo aber ... ans Liecht befördert ... *s. l.* 1686 *[Sclei Theologia universalis]*
Severinus Danus, Petrus: IDEA MEDICINAE PHILOSOPHICAE, FVNDAMENTA CONTINENS totius doctrinae Paracelsicae, Hippocraticae, et Galenicae ... Basel Sixtus Henrikpeter 1571 *[Severinus Idea medicinae]*
Seyppel, Joachim (Hg.): Texte deutscher Mystik des 16. Jahrhunderts. Unruhe und Stillstand, Göttingen 1963
Siderocrates/Syderocrates Brettanus, Samuel: s. unter: Eisenmenger, Samuel
Silesius, Angelus, s. unter: Scheffler, Johann
[Soeldner, Anton]: Fegfeuer Der CHYMISTEN, Worin für Augen gestellet / Die wahren Besitzer der Kunst / wie auch Die Ketzer / Betrieger / Sophisten und Herren Gern-Grosse. Eröffnet Von Einem Feinde des Vitzli-putzli, der ehrlicher Leute Ehre / und der Aufgeblasenen Schande entdecken will. Amsterdam 1702 [vgl. o. Keren Happuch] *[Fegfeuer der Chymisten]*
Spener, Philipp Jacob: Predigten Uber des seeligen Johann Arnds Geistreiche Bücher Vom Wahren Christenthum zu mehrerer Erbauung in Derselben auf Christliches Verlangen heraus gegeben, hg. von „D. Speners hinterlassene Erben", Frankfurt/Main 1706
Sperber, Julius: ISAGOGE, das ist: Einleitung zur wahren Erkänntnüß des Drey-einigen GOTTES und der Natur. Worinn auch viele vortreffliche Dinge von der MATERIA des Philosophischen Steins und dessen gar wunderbahren Gebrauch enthalten sind. Übs. und hg. von Roth-Scholtz, Friedrich, Nürnberg 1729 *[Sperber Isagoge]*
Sperber, Julius: ISAGOGE In Veram Triunius DEI & Naturae cognitionem ... In qua multa quoque praeclara De Materia Lapidis philosophici, ejusque usu mirabilissimo continentur ... Hamburg 1674 *[Sperber Isagoge]*
Sperber, Julius: Mysterium Magnum, das ist das allergrösseste Geheimbnus 1. Von Gott 2. Von seinem Sohne u. v. 3. Der Seele dess Menschen ... Amsterdam 1660
„Stellatus, Josephus": PEGASUS FIRMAMENTI, s. unter: Hirsch, Christoph
Suchten, Alexander von: De VERA MEDICINA. Acutissimi PHILOSOPHI & MEDICI ALEXANDRI A SUCHTEN TRACTATVS De VERA MEDICINA Editus cura IOACHIMI MORSII; Hamburg: Heinrich Carstens 1621.
Suchten, Alexander von: Eines wahren Philosophi und der Artzneyen Doctoris Chymische Schrifften Alle / So viel deren vorhanden / Zum erstenmahl zusammen gedruckt ... und in zwey Theile / als die Teutschen und Lateinischen / verfasset ... ; Frankfurt/M.: Georg Wolff 1680
Syderocrates Brettanus, Samuel: s. unter: Eisenmenger, Samuel

Tannenbaum, Heinrich Christian Amelung von: Chymische Untersuchung / Von dem Unterscheid Des Philosoph. Und Mineralischen ANTIMONII ... , Dresden 1690 *[von Tannenbaum Chymische Untersuchung]*
Tennhardt, Johann: Extract aus Hn. Joh. Arnds wahren [sic] Christenthum, wie wir GOtt oder das Wort durch Einkehrung des stillen Sabbaths in uns suchen und fin-

den sollen, wollen wir anders die Seligkeit erlangen; an bzw. in: ders.: Göttlicher EXTRACT; So auff Befehl Des grossen GOttes, Schöpffers Himmels und der Erden Auß Doct. JOHANN THAULERI Schriften gezogen zu Nutz den armen Menschen aus dem Jahr 1710   *[Tennhardt Extract]*
Tertullian: Apologeticum. Verteidigung des Christentums, latein. und dt., hg., übs. u. erl. von Becker, Carl, München 1952   *[Tertullian Apologeticum]*
Theophrast von Hohenheim, gen. Paracelsus: Sämtliche Werke, hg. von Sudhoff, Karl, I. Abteilung: Medizinische, naturwissenschaftliche und philosophische Schriften, München/Berlin 1929ff.   *[Paracelsus {röm. Ziffer des Bd.} (Sudhoff)]*
Thumm[ius], Theodor: Impietas Weigeliana, HOC EST, NECESSARIA Admonitio DE CENTUM ET VIGINTI ERRORIBVS NOVORUM PROPHETARUM coelestium, quos a Valentino Wigelio nostra haec aetas dicere coepit WIGELIANOS, in qua e Scriptura Sacra demonstratur, hypocritas istos, & Religionis Christianae principia, & ipsam fidem, & tres vitae humanae Hierarchicos Status palam evertere; obtrudere vicissim doctrinam, e qua nec sincere promoveri gloria Dei, nec plantari pietas, nec ullum adflictis conscientiis accedere solidum solatium possit unquam ... Tübingen 1622   *[Thummius Impietas]*

[Vaughan, Thomas]: s. unter MAGIA ADAMICA ...
Verzeichnus Der Jenigen Bücher, Welche Dinstags den 12. Martij Anno 1622 bey Eberhard Wilden Buchhändlern erhebt worden ... ; es existieren 2 (benutzte) Exemplare:
1)   Landeskirchliches Archiv Stuttgart A 26/728,2a
2)   Universitätsarchiv Tübingen, Aus: 8/1,39

Walch, Johann Georg: Historische und Theologische Einleitung in die Religions-Streitigkeiten Der Evangelisch-Lutherischen Kirchen von der Reformation an bis auf ietzige Zeiten ... , 2. Aufl. Jena 1733 Bd. III *s. a.* (zu Arndt vgl. § 37-54 S. 171-241; der wichtige Abschnitt fehlt in der ebenfalls ab 1733 bis 1739 im selben Verlag „bey Johann Meyers Wittwe" erschienenen dritten Auflage!)   *[Walch]*
Warhafftiger, Glaubwürdiger und Gründlicher Bericht: s. unter: Breler, Melchior
Warnungs-Vorrede wider die Sophisten und Betrüger welche ein ANONYMUS A[nno]. 1670 und A[nno]. 1691 in Hamburg deß JOHANNIS TICINENSIS, ANTHONII DE ABBATIA. und EDOVARDI KELLAEI Chymischen Schrifften vorgesetzet hat, in: Roth-Scholtz, Friedrich: Deutsches Theatrum Chemicum Bd III Nürnberg 1731 (= Hildesheim/New York 1976) S. 561-606   *[Warnungs-Vorrede]*
Wehr, Gerhard (Hg.): Mystisch-theosophische Texte der Neuzeit, Zürich 1989
Weigel, Valentin: Ausgewählte Werke, hg. von Wollgast, Siegfried, Stuttgart/Berlin u. a. 1978 (= Texte zur Philosophie- und Religionsgeschichte o. Nr.)   *[Wollgast Weigel]*
Weigel, Valentin: Sämtliche Schriften, hg. von Peuckert, Will-Erich und Zeller, Winfried, 1. bis 7. Lieferung, Stuttgart/Bad Canstatt 1962ff.   *[Weigel I-VII]*
Weigel, Valentin: Sämtliche Schriften, Neue Edition, begründet von Peuckert, Will-Erich und Zeller, Winfried, hg. von Pfefferl, Horst, Stuttgart/Bad Canstatt 1996ff.: Die Bände 3/1996, 4/1999, 8/1997.   *[Weigel NE (Pfefferl)]*

Weigel, Valentin: Der Güldene Griff, Das ist, Alle Ding ohne Irrthumb zu erkennen, vielen Hochgelehrten vnbekandt vnnd doch allen Menschen nothwendig zuwissen ... „Newenstatt" [Magdeburg] 1616 *[Der Güldene Griff]*

Weigel, Valentin: DIALOGVS de Christianismo: Das ist EIn Christliches hochwichtiges vnnd nothwendiges Colloquium, oder Gespräche dreyer fürnembsten Personen in der Welt, als Auditoris, Concionatoris vnd Mortis. Wie der Mensch von Gott gelehret, auß Gott wider geborn, mit Christo leibhafftig innerlich vnd eusserlich vereyniget, selig vnd gerecht werde, vnd nicht außerhalb jhme ... „Newenstatt" [Magdeburg] 1618 *[Weigel Dialogus; wird auch nach Werkedition zitiert]*

Weigel, Valentin [Pseudo-Weigel]: Eine kurtze ausführliche Erweisung, daß zu diesen Zeiten in gantz Europa bey nahe kein einiger Stul sey in allen Kirchen und Schulen, darauff nicht ein PSEUDO-PROPHETA, Ein PSEUDO-CHRISTUS, Ein Verführer des Volcks, ein falscher Ausleger der Schrifft stehe und der nicht in die Zahl der blinden Leiter gehöre ... der da nicht anhabe die Notas, Characteres, Signa & Fructus falsorum Prophetarum ... *s. l.* [vermutlich Frankfurt/Main wie STUDIUM UNIVERSALE] 1697 *[Pseudo-Propheta]*

Weigel, Valentin: Ein schön Gebetbüchlein. Welches die Einfeltigen vnterrichtet. Erstlich Wie das Hertz durch gründliche Vorbetrachtung zum jnnigen Gebet erwecket vnd bereitet werde. Zum Andern Wie Adam vnd CHristus beyde in vns seyn vnd nicht ausser vns, dahin die ganze H. Schrifft sihet. Zum dritten Warumb das Gebet von Christo befohlen, so doch Gott vns weit zuvor kömpt mit seinen Gütern, ehe wir beten ... „Newen Stadt" [Magdeburg] 1618 *[Weigel Gebetbüchlein]*

Weigel, Valentin: ΓΝΩΘΙ ΣΕΑΥΤΟΝ. Nosce teipsum. Erkenne dich selbst. Zeiget vnd weiset dahin, daß der Mensch sey ein Microcosmus, das gröste Werck Gottes vnter dem Himmel, Er sey die kleine Welt vnd tregt alles in jhme, was da funden wird in Himmel vnd Erden vnd auch darüber ... „Newenstadt" [Magdeburg] 1618 *[Gnothi seauton]*

Weigel, Valentin [Pseudo-Weigel]: Kurtzer Bericht [Titel innen: Ein Büchlein] Vom Wege vnd weise alle Ding zuerkennen. Das die Erkentnüß oder das Vrtheil herkomme von dem Vrtheiler vnd Erkenner, vnd nicht von deme, das da gevrtheilet oder erkandt wird, Vnd wie der Glaube auß dem Gehör komme ... „Newenstadt" [Magdeburg] 1618 *[Vom Wege und Weise]*

Weigel, Valentin [Pseudo-Weigel]: LIBELLVS DISPVTATORIVS. Das ist Ein Disputation-Büchlein, Spöttlicher Weyse Schamroth zu machen vnd zu widerlegen alle Disputanten vnd gelehrten, die wider daß Liecht der Natur Studiren vnd de vero modo cognoscendi nichts wissen ... „Newen Stadt" [Magdeburg] 1618 *[Libellus disputatorius]*

Weigel, Valentin [Weigel und Überarbeitung]: SOLI DEO GLORIA. Drey Theil einer gründlichen vnd wol Probirten Anweisung vnd Anleitung der Anfahenden einfeltigen Christen zu der Rechten Schulen GOTTES, darinne alle Natürliche vnnd vbernatürliche Weißheit vnd Erkentnuß gesehen, gelehrnet vnd gefunden wird ... „Newenstadt" [Magdeburg] 1618 *[Soli deo gloria]*

Weigel, Valentin [Pseudo-Weigel]: STUDIUM UNIVERSALE, Das ist Alles dasjenige, So von Anfang der Welt biß an das Ende je gelebet, geschrieben, gelesen oder gelernet und noch geschrieben oder gestudiret werden möchte; Was das rechte Studiren und Lernen sey; Was alle Menschen in dieser Zeit studiren sollen; Wie gantz leicht, wie gantz schwer die Theologia und alles zu lernen sey, daß wir einig und allein durchs Gebeth alle Dinge ohne Verdruß und Arbeit erlangen und lernen ... Frankfurt/Main/Leipzig 1698   *[Studium universale]*

Weigel, Valentin [Pseudo-Weigel]: Theologia VVEIGELII. Das ist: Oeffentliche Glaubens-Bekändtnüß Des Weyland Ehrwürdigen, durch die dritte Mentalische oder Intellectualische Pfingst-Schule Erleuchteten Mannes M. VALENTINI WEIGELII ... Frankfurt/M. 1699   *[Theologia Weigelii]*

Weigel, Valentin [Weigel und Post-Weigel]: Viererley Auslegung über das erste Capittel Mosis, von der Schöpffung aller Dinge; Staats- und Universitätsbibliothek Hamburg, Sign.: Cod. theol. 1892   *[Viererley Auslegung/von der Schöpfung]*

Wernsdorff, Gottlieb [/Elers, Petrus]: ARNDTIANOS DE VERO CHRISTIANISMO LIBROS ... LEGITIMIS EXAMINABIT PONDERIBUS PETRVS ELERS, Wittenberg 1726   *[Wernsdorff]*

Wick, Johann Jakob: Die Wickiana: Johann Jakob Wicks Nachrichtensammlung aus dem 16. Jahrhundert. Texte und Bilder zu den Jahren 1560-1571, hg. von Senn, Matthias Küsnacht/Zürich 1975

Wier/Weyer, Johann: Von verzeuberungen / verblendungen / auch sonst viel vnd mancherley gepler des Teuffels vnnd seines gantzen Heers: Deßgleichen von versegnungen vnd gifftwercken / fünff bücher zum andern mal widerumb übersehen / gemehrt vnd gebessert. ... Übersetzt von Johannes Füglin, Basel 1565   *[Weyer Von verzeuberungen]*

4. Forschungsliteratur

Alchemie. Lexikon einer hermetischen Geheimwissenschaft, hg. von Figala, Karin und Priesner, Claus, München 1998   *[Priesner/Figala Alchemie]*

All Geschöpf ist Zung' und Mund. Beiträge aus dem Grenzbereich von Naturkunde und Theologie, hg. von Reinitzer, Heimo, Hamburg 1984 (= Vestigia Bibliae 6)

Althaus, Paul: Die Theologie Martin Luthers, 6. Aufl. Gütersloh 1983
   [Althaus Theologie Luthers]

Analecta Paracelsica. Studien zum Nachleben Theophrast von Hohenheims im deutschen Kulturgebiet der frühen Neuzeit, hg. von Telle, Joachim; Stuttgart 1994 (= Heidelberger Studien zur Naturkunde der frühen Neuzeit 4)   *[Analecta Paracelsica]*

Arndt, Friedrich: Johann Arndt, weiland General-Superintentdent des Fürstenthums Lüneburg. Ein biographischer Versuch. Berlin 1838   *[F. Arndt]*

Axmacher, Elke: Die Passionsgebete in Johann Arndts „Paradiesgärtlein", in: Praxis Pietatis. Beiträge zu Theologie und Frömmigkeit in der Frühen Neuzeit, FS für Wolfgang Sommer zum 60. Geburtstag, hg. von Nieden, Hans-Jörg, und Nieden, Marcel, Stuttgart 1999, S. 151-174   *[Axmacher Passionsgebete]*

Baring, Georg: Bibliographie der Ausgaben der „Theologie deutsch" (1516-1961). Ein Beitrag zur Lutherbibliographie ... Baden-Baden 1963 (= Bibliotheca Bibliographica Aureliana Bd. VIII)   *[Baring Bibliographie]*

Baring, Georg: Valentin Weigel und die Deutsche Theologie, in: Archiv für Reformationsgeschichte 55/1964, S. 5-17   *[Baring Weigel und ThD]*

Barth, Hans-Martin: Theologia experimentalis. Eine Erinnerung an Gottfried Arnolds Plädoyer für die Erfahrung, in: Neue Zeitschrift für Systematische Theologie und Religionsphilosophie 23/1981, S. 120-136   *[Barth Theologia experimentalis]*

Barnes, Robin Bruce: Prophecy and Gnosis. Apocalypticism in the Wake of The Lutheran Reformation, Stanford/California 1988   *[Barnes Prophecy]*

Baur, Jörg: Johann Gerhard, in: Greschat, Martin (Hg.): Orthodoxie und Pietismus, Stuttgart u. a. 1982, S. 99-119 (= Gestalten der Kirchengeschichte 7)   *[Baur Gerhard]*

Beck, Hermann: Die religiöse Volkslitteratur der evangelischen Kirche Deutschlands in einem Abriß ihrer Geschichte, Gotha 1891 (= Zimmers Handbibliothek der Praktischen Theologie Bd. Xc)   *[Beck Volkslitteratur]*

Begemann, W. [?]: Zum Gebrauche des Wortes „Pansophia" vor Comenius, in: Monatshefte der Comeniusgesellschaft, Berlin 5 (1896) S. 210-221   *[Begemann Pansophia]*

Behjat, Hamideh: Johann Arndts „Wahres Christentum" als Erbauungsbuch, *Diss. phil.* I, Zürich 1990   *[Behjat]*

Beierwaltes, Werner: Neuplatonisches Denken als Substanz der Renaissance, in: Magia naturalis und die Entstehung der modernen Naturwissenschaften. Symposion der Leibniz-Gesellschaft Hannover, 14. und 15. November 1975, hg. von Heinekamp, Albert und Mettler, Dieter, Wiesbaden 1978, S. 1-16
   [Beierwaltes Neuplatonisches Denken]

Benrath, Gustav Adolf: Die Lehre außerhalb der Konfessionskirchen, Kapitel I: Die Lehre der Spiritualisten, in: Handbuch der Dogmen- und Theologiegeschichte, hg. von Andresen, Carl, Bd. 2: Die Lehrentwicklung im Rahmen der Konfessionalität, Göttingen 1980 [Nachdruck 1988], S. 560-610   *[Benrath HDThG]*

Benz, Ernst: Die christliche Kabbala. Ein Stiefkind der Theologie, Zürich 1958 (= Albae Vigiliae N. F. Heft XVIII)   *[Benz Kabbala]*

Benz, Ernst: Die Naturtheologie Friedrich Christoph Oetingers, in: Faivre/ Zimmermann (Hg.): Epochen der Naturmystik S. 256-277   *[Benz Naturtheologie Oetingers]*

Benzing, Josef: Die Buchdrucker des 16. und 17. Jahrhunderts im deutschen Sprachgebiet, 2. Aufl. 1982 Wiesbaden   *[Benzing Buchdrucker]*

Benzing, Josef: Die deutschen Verleger des 16. und 17. Jahrhunderts, in: Archiv für die Geschichte des Buchwesens 18/1977, Sp. 1077-1322   *[Benzing Verleger]*

Bergier, Jean-François (Hg.): Zwischen Wahn, Glaube und Wissenschaft. Magie, Astrologie, Alchemie und Wissenschaftsgeschichte, Zürich 1988

Biedermann, Hans: Lexikon der magischen Künste. Die Welt der Magie seit der Spätantike, München 1991 (= Heyne Sachbuch Nr. 19/146)   *[Biedermann Lexikon]*

Blekastad, Milada: Comenius. Versuch eines Umrisses von Leben, Werk und Schicksal des Jan Amos Komenský, Oslo/Prag 1969   *[Blekastad Comenius]*

Blümlein, Kilian: Naturerfahrung und Welterkenntnis. Der Beitrag des Paracelsus zur Entwicklung des neuzeitlichen, naturwissenschaftlichen Denkens, Frankfurt/M./ Bern/Paris/New York 1992 (= Europäische Hochschulschriften Reihe XX Philosophie Band 300)   *[Blümlein Naturerfahrung]*

Blum, Richard Paul: Qualitates occultae: Zur philosophischen Vorgeschichte eines Schlüsselbegriffs zwischen Okkultismus und Wissenschaft, in: Die okkulten Wissenschaften in der Renaissance, hg. von Buck, August, Wiesbaden 1992, S. 45-64 (= Wolfenbütteler Abhandlungen zur Renaissanceforschung Band 12)
[Blum Qualitates occultae]

Blumenberg, Hans: Die Lesbarkeit der Welt, Frankfurt/Main ²1989 (Suhrkamp-Taschenbuch Wissenschaft 592)   *[Blumenberg Lesbarkeit]*

Braun, Friedrich: Johann Tennhardt. Beiträge zur Geschichte des Pietismus, München 1934 (= Einzelarbeiten aus der Kirchengeschichte Bayerns 17)   *[Braun Tennhardt]*

Braw, Christian: Bücher im Staube. Die Theologie Johann Arndts in ihrem Verhältnis zur Mystik, Leiden 1986   *[Braw oder Braw Theologie]*

Braw, Christian: Das Gebet bei Johann Arndt, in: Pietismus und Neuzeit 13/1987, S. 9-24   *[Braw Gebet]*

Brecht, Martin: Das Aufkommen der neuen Frömmigkeitsbewegung in Deutschland, in: Geschichte des Pietismus Bd. I: Der Pietismus vom siebzehnten bis zum frühen achtzehnten Jahrhundert, hg. von Brecht, Martin, Göttingen 1993, S. 113-203
[Brecht GdP I]

Brecht, Martin: Die deutschen Spiritualisten des 17. Jahrhunderts, in: Geschichte des Pietismus Bd. I: Der Pietismus vom siebzehnten bis zum frühen achtzehnten Jahrhundert, hg. von Brecht, Martin, Göttingen 1993, S. 205-240   *[Brecht GdP I]*

Brecht, Martin: Johann Valentin Andreae. Weg und Programm eines Reformers zwischen Reformation und Moderne, in: ders. (Hg.): Theologen und Theologie an der Universität Tübingen. Beiträge zur Geschichte der Evangelisch-Theologischen Fakultät, Tübingen 1977, S. 270-343 (= Contubernium. Beiträge zur Geschichte der Eberhard-Karls-Universität Tübingen 15)   *[Brecht Weg und Programm]*

Brecht, Martin: Martin Luther, Bd. I: Sein Weg zur Reformation 1483-1521, Stuttgart 1981 und Bd. II, Stuttgart 1986   *[Brecht Luther]*

Brecht, Martin: Philipp Jakob Spener und das Wahre Christentum, in: Pietismus und Neuzeit 4/1977/78, S. 119-154   *[Brecht Spener und WCh]*

Brecht, Martin: Randbemerkungen in Luthers Ausgabe der „Deutsch Theologia", in Luther-Jahrbuch 47/1980 S. 10/11-32   *[Brecht Randbemerkungen]*

Bruckner, János: Abraham von Franckenberg: A bibliographical catalogue with a short-list of his library, Wiesbaden 1988 (= Beiträge zum Buch- und Bibliothekswesen 25)   *[Bruckner Franckenberg]*

Büttner, Manfred: Regiert Gott die Welt? Vorsehung Gottes und Geographie. Studien zur Providentiallehre bei Zwingli und Melanchthon, Stuttgart 1975 (= Calwer Theologische Monographien B,3)   *[Büttner Regiert Gott die Welt]*

Bubenheimer, Ulrich: Beobachten – Einbinden – Ausbürgern. Kultur der Anpassung in der Tradition der evangelischen Kirche, in: Raisch, Herbert (Hg.): Auf dem Weg zur Einheit. Aspekte einer neuen Identität, Idstein 1994, S. 62-75 (= Forschen – Lehren – Lernen. Beiträge aus dem Fachbereich IV (Sozialwissenschaften) der Pädagogischen Hochschule Heidelberg Bd. 9)

Bubenheimer, Ulrich: Christen und wahre Christen. Verwehte Spuren nebenkirchlicher Frömmigkeit in Herrenberg zwischen Reformation und Pietismus, in: Janssen, Roman und Müller-Baur, Harald (Hg.): Die Stiftskirche in Herrenberg 1293-1993, Herrenberg 1993, S. 99-130 (= Herrenberger Historische Schriften Bd. 5)

Bubenheimer, Ulrich: Aspekte der Karlstadtrezeption von der Reformation bis zum Pietismus im Spiegel der Schriften Karlstadts zur Gelassenheit, in: Europa in der frühen Neuzeit, Festschrift für Günter Mühlpfordt, Bd. 1 Weimar/Köln/Wien 1997, S. 405-426   *[Bubenheimer Karlstadtrezeption]*

Bubenheimer, Ulrich: Orthodoxie – Heterodoxie – Kryptoheterodoxie in der nachreformatorischen Zeit am Beispiel des Buchmarkts in Wittenberg, Halle und Tübingen, in: Oehmig, Stefan (Hg.): 700 Jahre Wittenberg. Stadt Universität Reformation, Weimar 1995, S. 257-274

Bubenheimer, Ulrich: Schwarzer Buchmarkt in Tübingen und Frankfurt. Zur Rezeption nonkonformer Literatur in der Vorgeschichte des Pietismus, Rottenburger Jahrbuch für Kirchengeschichte 13/1994, S. 149-163   *[Bubenheimer Buchmarkt]*

Bubenheimer, Ulrich: Streittheologie in Tübingen am Anfang des 17. Jahrhunderts. Versuch einer sozialpsychologischen Interpretation, Kirchliche Zeitgeschichte (KZG) 7/1994 Heft 1, S. 26-43   *[Bubenheimer Streittheologie]*

Bubenheimer, Ulrich: Von der Heterodoxie zur Kryptoheterodoxie. Die nachreforma-
torische Ketzerbekämpfung im Herzogtum Württemberg und ihre Wirkung im Spiegel des Prozesses gegen Eberhard Wild im Jahre 1622/23, Zeitschrift der Savigny-
Stiftung für Rechtsgeschichte, Kanonistische Abteilung LXXIX/1993, S. 307-341
                                                    [Bubenheimer Kryptoheterodoxie]
Bubenheimer, Ulrich: Wilhelm Schickard im Kontext einer religiösen Subkultur, in:
Seck, Friedrich (Hg.): Zum 400. Geburtstag von Wilhelm Schickard. Zweites Tübinger Schickard-Symposion 25. bis 27. Juni 1992, Sigmaringen 1995, S. 67-92 (= Con-
tubernium. Tübinger Beiträge zur Universitäts- und Wissenschaftsgeschichte Bd. 41)
                                                        [Bubenheimer Schickard]
Bultmann, Rudolf: Art. Mystik IV. Im N[euen] T[estament], in: Die Religion in Ge-
schichte und Gegenwart, Band 3, Tübingen ³1960, Sp. 1243-1246 *[Bultmann Mystik]*
Burckhardt, Titus: Alchemie. Sinn und Weltbild, Olten und Freiburg/Br. 1960
                                                            [Burckhardt Alchemie]
Burger, Christoph, Art. Gerson, Johannes, in: Theologische Realenzyklopädie Band 12
S. 532–538   *[Burger Gerson]*

Cimelia Rhodostaurotica: s. u. Gilly, Carlos
Curtius, Ernst Robert: Das Buch als Symbol, in: ders.: Europäische Literatur und latei-
nisches Mittelalter, Bern/München ⁸1973, S. 306ff.   *[Curtius Buch als Symbol]*

Dassmann, Ernst: Kirchengeschichte I. Ausbreitung, Leben und Lehre der Kirche in
den ersten drei Jahrhunderten, Stuttgart/Berlin/Köln 1991 (= Kohlhammer-
Studienbücher Theologie Band 10)   *[Dassmann Kirchengeschichte I]*
Die Alchemie in der europäischen Kultur- und Wissenschaftsgeschichte, hg. von
Meinel, Christoph, Wiesbaden 1986 (= Wolfenbütteler Forschungen 32)
Die okkulten Wissenschaften in der Renaissance, hg. von Buck, August, Wiesbaden
1992 (= Wolfenbütteler Abhandlungen zur Renaissanceforschung 12)
Dörries, Hermann: Dörries: Die Vita Antonii als Geschichtsquelle, in: ders.: Wort und
Stunde. 1. Band: Gesammelte Studien zur Kirchengeschichte des vierten Jahrhun-
derts, Göttingen 1966, S. 145-224   *[Dörries: Vita Antonii als Geschichtsquelle]*
Domandl, Sepp: Paracelsus in der Geschichte der neuzeitlichen Philosophie, in: Para-
celsus (1493-1541) „Keines andern Knecht ... ", hg. von Dopsch, Heinz, Gold-
ammer, Kurt und Kramml, Peter F., Salzburg 1994, S. 201-210
                                                    [Domandl Neuzeitliche Philosophie]
Donat, Dietrich: Eberhard Wild, ein Drucker mystisch-spiritualistischer Werke zu Be-
ginn des 17. Jahrhunderts, in: Tschizewskij, Dmitrij (Hg.): Slavische Barockliteratur
I. Untersuchungen – Texte – Notizen – Rezensionen, München 1970, S. 100-105 (=
Forum Slavicum Bd. 23)   *[Donat]*
Dülmen, Richard van: Daniel Mögling, „Pansoph" und Rosenkreuzer; Blätter für
Württembergische Kirchengeschichte 72/1972, S. 43-70   *[van Dülmen Mögling]*

Dülmen, Richard van: Die Utopie einer christlichen Gesellschaft. Johann Valentin Andreae (1586-1654) Teil 1, Stuttgart-Bad Canstatt 1978 (= Kultur und Gesellschaft. Neue historische Forschungen Bd. 2,1) *[van Dülmen Utopie]*
Dülmen, Richard van: Orthodoxie und Kirchenreform. Der Nürnberger Prediger Johannes Saubert (1592-1646); Zeitschrift für Bayerische Landesgeschichte 33/1970, S. 636-785 *[van Dülmen Orthodoxie und Kirchenreform]*
Dumrese, Hans/Schilling, Friedrich Carl: Lüneburg und die Offizin der Sterne. Erster Teil: Der Sternverlag im 17. und 18. Jahrhundert (Dumrese) ... Lüneburg 1956
[Dumrese Offizin der Sterne]

Elert, Werner: Morphologie des Luthertums I. Theologie und Weltanschauung des Luthertums hauptsächlich im 16. und 17. Jahrhundert, München 1931
[Elert Morphologie I]
Eliade, Mircea: Schmiede und Alchemisten, Stuttgart 1960
Enzyklopädie Philosophie und Wissenschaftstheorie, hg. von Mittelstraß, Jürgen u. a., Bd. 4, Stuttgart/Weimar 1996 *[EPhW]*
Epochen der Naturmystik. Hermetische Tradition im wissenschaftlichen Fortschritt, hg. von Faivre, Antoine u. Zimmermann, Rolf Christian, Berlin 1979
Euler, Walter Andreas: Art. Raimund von Sabunde in: Theologische Realenzyklopädie, Band 28, S. 123-125 *[Euler Raimund von Sabunde]*
Evangelisches Kirchenlexikon. Internationale theologische Enzyklopädie, hg. von Fahlbusch, Erwin u. a., Göttingen ³1986-1997 *[EKL]*

Fauth, Dieter: Dissidentismus und Familiengeschichte. Eine sozial- und bildungsgeschichtliche Studie zum kryptoheterodoxen Tübinger Buchdrucker Eberhard Wild, Rottenburger Jahrbuch für Kirchengeschichte 13/1994, S. 165-177
[Fauth Dissidentismus]
Fauth, Dieter: Verbotene Bildung in Tübingen zur Zeit der Hochorthodoxie. Eine sozialgeschichtliche Studie zum Zensurfall des Buchhändlers und Druckers Eberhard Wild (1622/23), Zeitschrift für Württembergische Landesgeschichte 53/1994, S. 125-141 *[Fauth Bildung]*
Fauth, Dieter: Lernen in der 'Schule Gottes', dargestellt vor allem an Quellen von Martin Luther und dem protestantischen Dissidentismus, Paedagogica historica XXX/1994/2, S. 477-504 *[Fauth Schule Gottes]*
Ferguson, John: Bibliotheca Chemica. A Catalogue of the alchemical, chemical and pharmaceutical books in the collection of the late James Yong of Kelly and Durris, 2 Bände, Glasgow 1906 (= Hildesheim/New York 1974) *[Ferguson I und II]*
Foucault, Michel: Die Ordnung der Dinge. Eine Archäologie der Humanwissenschaften, Frankfurt/Main 1978² (= suhrkamp taschenbuch wissenschaft 96)
[Foucault Ordnung der Dinge]

Franz, Gunther: Bücherzensur und Irenik. Die theologische Zensur im Herzogtum Württemberg in der Konkurrenz von Universität und Regierung, in: Brecht, Martin (Hg.): Theologen und Theologie an der Universität Tübingen. Beiträge zur Geschichte der Evangelisch-Theologischen Fakultät, Tübingen 1977, S. 123-194 (= Contubernium. Beiträge zur Geschichte der Eberhard-Karls-Universität Tübingen Nr. 15) *[Franz Bücherzensur]*

Fritz, Felix: "Basilius Valentinus", in: Das Buch der großen Chemiker, hg. von Bugge, Günther, Band 1, Berlin 1929, S. 125-141 *[Fritz Basilius Valentinus]*

Fritz, Friedrich: Die Wiedertäufer und der Württembergische Pietismus, Blätter für Württembergische Kirchengeschichte N. F. 43/1939 Heft 2, S. 81-109
[Fritz Wiedertäufer]

Fritz, Friedrich: Die württembergischen Pfarrer im Zeitalter des 30jährigen Krieges, 1. Teil: Blätter für Württembergische Kirchengeschichte N. F. Jg. 29/1925, S. 129-168; Jg. 30/1926, S. 42-87 und 179-197; Jg. 31/1927 S. 78-101 und 167-192
[Fritz Württembergische Pfarrer]

Fritz, Friedrich: Theodor Thumm, ein Vorkämpfer der lutherischen Kirche in der Zeit des dreißigjährigen Krieges, Luthertum Heft 7/1939 S. 202-219, 225-230
[Fritz Thumm]

Garin, Eugenio: Astrologie in der Renaissance. Aus dem Italienischen von Lackner, Eleanor, Frankfurt/M. / New York 1997 *[Garin Astrologie]*

Geissmar, Christoph: Das „Wunder=Auge der Ewigkeit", in: Garewicz, Jan und Haas, Alois Maria (Hg.): Gott, Natur und Mensch in der Sicht Jacob Böhmes und seiner Rezeption, Wiesbaden 1994 S. 23-39 (= Wolfenbütteler Arbeiten zur Barockforschung 24)

Gerl, Hanna-Barbara: Einführung in die Philosophie der Renaissance, Darmstadt 1989 (= Die Philosophie. Einführungen in Gegenstand, Methoden und Ergebnisse ihrer Disziplinen) *[Gerl Philosophie der Renaissance]*

Geschichte des Pietismus Bd. I: Der Pietismus vom siebzehnten bis zum frühen achtzehnten Jahrhundert, hg. von Brecht, Martin, Göttingen 1993 *[GdP I]*

Gilly, Carlos: Adam Haslmayr. Der erste Verkünder der Manifeste der Rosenkreuzer, Amsterdam/Bad Canstatt 1994 *[Gilly Haslmayr]*

Gilly, Carlos (Bearb.): Cimelia Rhodostaurotica. Die Rosenkreuzer im Spiegel der zwischen 1610 und 1660 entstandenen Handschriften und Drucke. Katalog zur Ausstellung der Bibliotheca Philosophica Hermetica Amsterdam und der Herzog August Bibliothek Wolfenbüttel, Amsterdam 1995 *[Gilly Cimelia]*

Gilly, Carlos: Das Bekenntnis zur Gnosis von Paracelsus bis auf die Schüler Jacob Böhmes, in: De Hermetische Gnosis in de loop der eeuwen. Beschouwingen over de invloed van een Egyptische religie op de cultuur van het Westen, hg. von Quispel, Gilles, Baarn 1992 S. 400-441 *[Gilly Bekenntnis zur Gnosis]*

Gilly, Carlos: Iter Rosicrucianum. Auf der Suche nach unbekannten Quellen der frühen Rosenkreuzer, in: Das Erbe des Christian Rosenkreuz. Vorträge anläßlich des Amsterdamer Symposiums 18. - 20. November 1986: Johann Valentin Andreae und die Manifeste der Rosenkreuzerbruderschaft 1614-1616, Amsterdam 1988, S. 63-89
[Gilly Iter Rosicrucianum]

Gilly, Carlos (Bearb.): Johann Valentin Andreae 1586-1986. Die Manifeste der Rosenkreuzerbruderschaft. Katalog einer Ausstellung in der Bibliotheca Philosophica Hermetica, Amsterdam 1986 *[Gilly Katalog Manifeste]*

Gilly, Carlos: „Theophrastia Sancta". Der Paracelsismus als Religion im Streit mit den offiziellen Kirchen, in: Analecta Paracelsica. ... hg. von Telle, Joachim; Stuttgart 1994 (s. dort), S. 425-488 *[Gilly Theophrastia]*

Gilly, Carlos: Zwischen Erfahrung und Spekulation. Theodor Zwinger und die religiöse und kulturelle Krise seiner Zeit; Basler Zeitschrift für Geschichte und Altertumskunde 77/1977, S. 57-137 und 79/1979, S. 125-223 *[Gilly Erfahrung I und II]*

Gloy, Karen: Artikel Naturphilosophie, in: Theologische Realenzyklopädie Band 24 S. 118-132 *[Gloy Naturphilosophie]*

Goeters, Johann Friedrich Gerhard: Art. Spiritualisten, religiöse, in: Die Religion in Geschichte und Gegenwart ³1960 Band 6, Sp. 255-257 *[Goeters Spiritualisten]*

Gogarten, Friedrich: Luthers Theologie, Tübingen 1967 *[Gogarten Luthers Theologie]*

Goldammer, Kurt: Der göttliche Magier und die Magierin Natur. Religion, Naturmagie und die Anfänge der Naturwissenschaft vom Spätmittelalter bis zur Renaissance ... Stuttgart 1991 (= Kosmosophie Band 5) *[Goldammer Magier]*

Goldammer, Kurt: Lichtsymbolik in philosophischer Weltanschauung, Mystik und Theosophie vom 15. bis zum 17. Jahrhundert, in: Studium Generale 13/1960, S. 670-682 *[Goldammer Lichtsymbolik]*

Goldammer, Kurt: Magie bei Paracelsus. Mit besonderer Berücksichtigung des Begriffs einer „natürlichen Magie", in: Magia naturalis und die Entstehung der modernen Naturwissenschaften. Symposion der Leibniz-Gesellschaft Hannover, 14. und 15. November 1975, hg. von Heinekamp, Albert und Mettler, Dieter, Wiesbaden 1978, S. 30-51 *[Goldammer Magie bei Paracelsus]*

Graf, Friedrich Wilhelm (Hg.): Profile des neuzeitlichen Protestantismus, Band 1 Aufklärung, Idealismus, Vormärz, Gütersloh 1990 (= Gütersloher Taschenbücher Siebenstern 1430) *[Graf Profile]*

Greyerz, Kaspar von: Alchemie, Hermetismus und Magie. Zur Frage der Kontinuitäten in der wissenschaftlichen Revolution, in: Im Zeichen der Krise. Religiosität im Europa des 17. Jahrhunderts, hg. von Lehmann, Hartmut und Trepp, Anne-Charlott, Göttingen 1999, S. 415-432 *[von Greyerz]*

Grimm, Jacob und Wilhelm: Artikel: Genie, in: Deutsches Wörterbuch, bearbeitet von Hildebrand, Rudolf und Wunderlich, Hermann, Leipzig 1897, Sp. 3396-3450

Gruebner, Birgit: Gott und die Lebendigkeit in der Natur. Eine Interpretation des Dritten und Vierten Buchs von Johann Arndts „Wahrem Christentum", Hamburg 1998 (= Arbeiten zur Theologiegeschichte 4) *[Gruebner]*

Grützmacher, Richard H.: Wort und Geist. Eine historische und dogmatische Untersuchung zum Gnadenmittel des Wortes. Leipzig 1902 *[Grützmacher Wort und Geist]*

Haage, Bernhard Dietrich: Alchemie im Mittelalter. Ideen und Bilder – von Zosimos bis Paracelsus, Zürich/Düsseldorf 1996   *[Haage Alchemie]*
Haas, Alois Maria: Erfahrung und Sprache in Böhmes Aurora, in: Gott, Natur, Mensch in der Sicht Jacob Böhmes und seiner Rezeption. Vorträge, gehalten anlässlich eines Arbeitsgespräches vom 16. bis 20. Oktober 1989 in der Herzog-August-Bibliothek, hg. von Garewicz, Jan und Haas, Alois Maria, Wiesbaden 1995 (= Wolfenbütteler Arbeiten zur Barockforschung Bd. 24), S. 1-21   *[Haas Erfahrung]*
Haas, Alois Maria: Vorstellungen von der Makrokosmos-Mikrokosmosbeziehung im Denken der Zeit vor Paracelsus, in: Nova Acta Paracelsica 6/ 1991/92, S. 51-76
[Haas Makrokosmos]
Häussermann, Friedrich; Pictura Docens, Blätter für Württembergische Kirchengeschichte 66/67: 1966/67, S. 65-153   *[Häussermann Pictura]*
Hamm, Berndt: Geistbegabte gegen Geistlose: Typen des pneumatologischen Antiklerikalismus - Zur Vielfalt der Luther-Rezeption in der frühen Reformationsbewegung, in: Dykema, Peter A. und Oberman, Heiko A. (Hg.): Anticlericalism in Late Medieval and Early Modern Europe, Leiden 1993, S. 379-440 *[Hamm Geistbegabte]*
Hamm, Berndt: Johann Arndts Wortverständnis. Ein Beitrag zu den Anfängen des Pietismus, Pietismus und Neuzeit 8/1982, S. 43-73   *[Hamm Wortverständnis]*
Handbuch der Dogmen- und Theologiegeschichte, hg. von Andresen, Carl, Bd. 2: Die Lehrentwicklung im Rahmen der Konfessionalität, Göttingen 1988 *[HDThG II]*
Hartman, Sven S.: Artikel Alchemie I, in: Theologische Realenzyklopädie, Band 2, S. 195-199   *[Hartman Alchemie I]*
Hegler, Alfred: Geist und Schrift bei Sebastian Franck, Freiburg/Br. 1892
[Hegler Geist und Schrift]
Hirsch, Emanuel: Geschichte der neueren evangelischen Theologie im Zusammenhang mit den allgemeinen Bewegungen des europäischen Denkens, Band 1-5, Gütersloh [2]1960   *[Hirsch Theologie]*
Hirschberger, Johannes: Geschichte der Philosophie 1. und 2. Teil, Lizenzausgabe der 12. Auflage 1980, Frechen *s. a.*   *[Hirschberger Philosophie]*
Hochhuth, Karl Wilhelm Hermann: Mittheilungen aus der protestantischen Secten-Geschichte in der hessischen Kirche. I. Theil ... Vierte Abtheilung: Die Weigelianer und Rosenkreuzer; Zeitschrift für die historische Theologie 1862, 1. Heft, S. 86-162
[Hochhuth Secten-Geschichte]
Hoffmann, Georg: Protestantischer Barock, in: Kerygma und Dogma 36/1990, Heft 2 S. 156-176   *[Hoffmann Protestantischer Barock]*
Hornig, Gottfried: Lehre und Bekenntnis im Protestantismus, in: Andresen, Carl (Hg.), Handbuch der Dogmen- und Theologiegeschichte, Bd. 3: Die Lehrentwicklung im Rahmen der Ökumenizität, Göttingen 1984 (= 1988), S. 71-287   *[Hornig HDThG]*

Hübner, Wolfgang: Religion und Wissenschaft in der antiken Astrologie, in: Bergier, Jean-François (Hg.): Zwischen Wahn, Glaube und Wissenschaft. Magie, Astrologie, Alchemie und Wissenschaftsgeschichte, Zürich 1988, S. 9-50
[Hübner Religion und Wissenschaft]

Im Zeichen der Krise. Religiosität im Europa des 17. Jahrhunderts, hg. von Lehmann, Hartmut und Trepp, Anne-Charlott, Göttingen 1999 (= Veröffentlichungen des Max-Planck-Instituts für Geschichte 152)
Israel, August: M. Valentin Weigels Leben und Schriften. Nach den Quellen dargestellt, Zschopau 1888
[Israel Weigels Leben und Schriften]

Jaeckle, Erwin: Der Naturphilosoph Paracelsus, in: Paracelsus (1493-1541) „Keines andern Knecht ... ", hg. von Dopsch, Heinz, Goldammer, Kurt und Kramml, Peter F., Salzburg 1994, S. 173-180
[Jaeckle Naturphilosoph Paracelsus]
Jones, Rufus M.: Geistige Reformatoren des sechzehnten und siebzehnten Jahrhunderts, übers. von Werthenau, E. C., Berlin 1925
[Jones Geistige Reformatoren]

Kayser, Rudolf: Joachim Morsius (geb. 1593, gest. um 1644), in: Monatshefte der Comenius-Gesellschaft 6 Berlin 1897, S. 307-319
[Kayser, Rudolf: Morsius]
Kayser, Wolfgang: Böhmes Natursprachenlehre und ihre Grundlagen, in: Euphorion 31/1930 S. 521-562
[Kayser Böhmes Natursprachenlehre]
Kemper, Hans-Georg: Gottebenbildlichkeit und Naturnachahmung im Säkularisierungsprozeß. Problemgeschichtliche Studien zur deutschen Lyrik in Barock und Aufklärung, Bd. I und II, Tübingen 1981 (= Studien zur deutschen Literatur Bd. 64f.)
[Kemper I und II]
Kirchhoff, Albrecht: Ein speculativer Buchhändler alter Zeit: Johann Francke in Magdeburg, in: Archiv für Geschichte des Deutschen Buchhandels Bd. XIII, Leipzig 1890 S. 115-176
[Kirchhoff Speculativer Buchhändler]
Klein, Wolf Peter: Am Anfang war das Wort. Theorie- und wissenschaftsgeschichtliche Elemente frühneuzeitlichen Sprachbewußtseins, Berlin 1992
[Klein Anfang]
Koch, Ernst: Das konfessionelle Zeitalter – Katholizismus, Luthertum, Calvinismus (1563-1675), Leipzig 2000 (= Kirchengeschichte in Einzeldarstellungen Band II/8)
[Koch Das konfessionelle Zeitalter]
Koch, Ernst: Taulerrezeption im Luthertum der zweiten Hälfte des 16. Jahrhunderts, in: „Der Buchstab tödt – der Geist macht lebendig", Festschrift Hans-Gert Roloff, hg. von Hardin, James und Jungmayr, Jörg, Bern/Berlin/ Frankfurt/Main u. a. 1992
[Koch Taulerrezeption]
Koch, Ernst: Therapeutische Theologie. Die Meditationes sacrae von Johann Gerhard (1606), in: Pietismus und Neuzeit 13/1987, S. 25-46
[Koch Therapeutische Theologie]

Koep, Leo: „Das himmlische Buch in Antike und Christentum": Eine religionsgeschichtliche Untersuchung zur altchristlichen Bildersprache ... , Bonn 1952 (=
Theophaneia; 8) *[Koep Himmlisches Buch]*

Koepp, Wilhelm: Johann Arndt. Eine Untersuchung über die Mystik im Luthertum.
Berlin 1912 [= Aalen 1973] (= Neue Studien zur Geschichte der Theologie und der
Kirche 13) *[Koepp]*

Koepp, Wilhelm: Johann Arndt und sein „Wahres Christentum". Lutherisches Bekenntnis und Ökumene, Berlin 1959 *[Koepp Bekenntnis]*

Koffmane, Gustav: Die religiösen Bewegungen in der evangelischen Kirche Schlesiens
während des siebzehnten Jahrhunderts, Breslau 1880 *[Koffmane Bewegungen]*

Koßmann, Bernhard: Alchemie und Mystik in Johann Valentin Andreaes „Chymischer
Hochzeit Christiani Rosencreütz", *Diss. phil.* Universität Köln, 1966
[Koßmann Alchemie und Mystik]

Krafft, Fritz: Artikel Kepler, Johannes, in: Theologische Realenzyklopädie Band 18
S. 97-109 *[Krafft Kepler]*

Kriechbaum, Friedel: Grundzüge der Theologie Karlstadts, Hamburg 1967 (= Theologische Forschung. Wissenschaftliche Beiträge zur kirchlich-evangelischen Lehre
Nr. 43) *[Kriechbaum Karlstadt]*

Krolzik, Udo: Säkularisierung der Natur. Providentia-Dei-Lehre und Naturverständnis
der Frühaufklärung, Neukirchen-Vluyn 1988 *[Krolzik Säkularisierung]*

Kühlmann, Wilhelm: Oswald Crollius und seine Signaturenlehre: Zum Profil hermetischer Naturphilosophie in der Ära Rudolphs II, in: Die okkulten Wissenschaften in
der Renaissance, hg. von Buck, August, Wiesbaden 1992 (= Wolfenbütteler
Abhandlungen zur Renaissanceforschung 12) S. 103-123 *[Kühlmann Signaturenlehre]*

Kühlmann, Wilhelm: Artikel Pansophie, in: Theologische Realenzyklopädie, Band 25,
S. 624-627 *[Kühlmann Pansophie]*

Kühlmann, Wilhelm: Wilhelm Schickard – Wissenschaft und Reformbegehren in der
Zeit des Konfessionalismus, in: Seck, Friedrich (Hg.): Zum 400. Geburtstag von
Wilhelm Schickard. Zweites Tübinger Schickard-Symposion 25. bis 27. Juni 1992,
Sigmaringen 1995, S. 41-66 (= Contubernium. Tübinger Beiträge zur Universitäts-
und Wissenschaftsgeschichte Bd. 41) *[Kühlmann Wissenschaft]*

Kuhlow, Hermann F. W.: Die Imitatio Christi und ihre kosmologische Überfremdung.
Die theologischen Grundgedanken des Agrippa von Nettesheim, Berlin/Hamburg
1967 *[Kuhlow Imitatio]*

Kurdzialek, Marian: Der Mensch als Abbild des Kosmos, in: Der Begriff der repraesen-
tatio im Mittelalter. Stellvertretung, Symbol, Zeichen, Bild, hg. von Zimmermann,
Albert, Berlin/New York 1971 (= Miscellanea Mediaevalia 8)
[Kurdzialek Mensch als Abbild]

Ladrague, A[?].: Bibliothèque Ouvaroff. Catalogue Spécimen. Sciences Secrètes, Moskau
1870 *[Ladrague Bibliothèque Ouvaroff]*

Lederer, Thomas: Zum Leben und Werk des Alchemikers Franz Krell, in: Analecta Paracelsica (s. dort) S. 149-166   *[Lederer Krell]*

Leube, Hans: Die Reformideen in der deutschen lutherischen Kirche zur Zeit der Orthodoxie, Leipzig 1924   *[Leube Reformideen]*

Lieb, Fritz: Valentin Weigels Kommentar zur Schöpfungsgeschichte und das Schrifttum seines Schülers Benedikt Biedermann. Eine literarkritische Untersuchung zur mystischen Theologie des 16. Jahrhunderts, Zürich 1962   *[Lieb Schöpfungsgeschichte]*

Lindroth, Sten: Paracelsismen i Sverige till 1600-talets mitt, Uppsala 1943 (= Lychnos-Bibliothek 7)   *[Lindroth Paracelsismen]*

Lippmann, Edmund O[tto] von: Entstehung und Ausbreitung der Alchemie. Mit einem Anhange: Zur ältern Geschichte der Metalle. Ein Beitrag zur Kulturgeschichte; Berlin, Band I 1919; Band II 1931   *[von Lippmann Alchemie]*

Lohse, Bernhard: Die Stellung der „Schwärmer" und Täufer in der Reformationsgeschichte, Archiv für Reformationsgeschichte 60/1969 S. 5-26   *[Lohse Stellung der „Schwärmer"]*

Loofs, Friedrich: Leitfaden zum Studium der Dogmengeschichte, 1. und 2. Teil: Alte Kirche, Mittelalter und Katholizismus bis zur Gegenwart, bearb. von Kähler, Ernst, hg. von Aland, Kurt, Tübingen ⁷1968   *[Loofs Leitfaden]*

Louth, Andrew: Artikel Mystik II, in: Theologische Realenzyklopädie, Band 23 S. 575f.

Lüers, Grete: Die Sprache der deutschen Mystik des Mittelalters im Werke der Mechthild von Magdeburg, München 1926   *[Lüers Sprache]*

Lund, Eric: Johann Arndt and the Development of a Lutheran Spiritual Tradition, Diss. phil. Yale 1979   *[Lund]*

Mager, Inge: Gottes Wort schmecken und ins Leben verwandeln. Johann Arndts Schriftverständnis, in: Jahrbuch für finnisch-deutsche Literaturbeziehungen 24/1992, S. 149-158   *[Mager Schmecken]*

Mager, Inge: Johann Arndts Bildfrömmigkeit, in: Grundbegriffe christlicher Ästhetik. Beiträge des V. Makarios-Symposiums Preetz 1995, hg. von Fitschen, Klaus und Staats, Reinhard, Wiesbaden 1997, S. 101-118   *[Mager Bildfrömmigkeit]*

Mager, Inge: Spiritualität und Rationalität. Johann Arndt und Georg Calixt in Norddeutschland im 17. Jahrhundert, Jahrbuch der Gesellschaft für Niedersächsische Kirchengeschichte 90/1992, S. 31-41   *[Mager Spiritualität und Rationalität]*

Magia naturalis und die Entstehung der modernen Naturwissenschaften. Symposion der Leibniz-Gesellschaft Hannover, 14. und 15. November 1975, hg. von Heinekamp, Albert und Mettler, Dieter, Wiesbaden 1978 (= Studia Leibnitiana Sonderheft 7)   *[Studia Leibnitiana]*

Mahlmann Theodor: Die Stellung der *unio cum Christo* in der lutherischen Theologie des 17. Jahrhunderts, in: Repo, Matti und Vinke, Rainer (Hg.): Unio. Gott und Mensch in der nachreformatorischen Theologie. Referate des Symposiums der Finnischen Theol. Literaturgesellschaft in Helsinki 15.-16. November 1994, Helsinki 1996, S. 72-199 (= Suomalaisen Teologisen Kirjallisuusseuran Julkaisuja 200 = Schriften der Luther-Agricola-Gesellschaft 35) *[Mahlmann Unio]*

Maier, Hans: Der Mystische Spiritualismus Valentin Weigels, Gütersloh 1926 (= Beiträge zur Förderung christlicher Theologie Band 28 Heft 4) *[Maier Spiritualismus Weigels]*

Marsch, Angelika: Die Salzburger Emigration in Bildern ... Weißenhorn ³1986

Maron, Gottfried: Individualismus und Gemeinschaft bei Caspar von Schwenckfeld. Seine Theologie, dargestellt mit besonderer Ausrichtung auf seinen Kirchenbegriff, Stuttgart 1961 (= Beiheft zum Jahrbuch Kirche im Osten Bd. II)

Marti, Hans-Peter: Rezension von Erb, Peter C.: Pietists, Protestants and Mysticism ... in: Pietismus und Neuzeit 18/1992, S. 203-206

Matthias, Markus: 'Enthusiastische' Hermeneutik des Pietismus, dargestellt an Johanna Eleonora Petersens „Gespräche des Hertzens mit Gott" (1689), in: Pietismus und Neuzeit 17/1991, S. 36-61 *[Matthias Petersen]*

Mehlis, Georg: Die Mystik in der Fülle ihrer Erscheinungsformen in allen Zeiten und Kulturen, München *s. a.* [1927] *[Mehlis Die Mystik]*

Meier, Christel: Überlegungen zum gegenwärtigen Stand der Allegorie-Forschung. Mit besonderer Berücksichtigung der Mischformen, in: Frühmittelalterliche Studien. Jahrbuch des Instituts für Frühmittelalterforschung 10/ 1976, S. 1-69 *[Meier Allegorie-Forschung]*

Meinel, Christoph: Exakte und okkulte Wissenschaften, in: Die okkulten Wissenschaften in der Renaissance, hg. von Buck, August, Wiesbaden 1992, S. 21-43 (= Wolfenbütteler Abhandlungen zur Renaissanceforschung 12)

Mensching, Gustav: Die Lichtsymbolik in der Religionsgeschichte, in: Studium Generale 10/1957 S. 422-432 *[Mensching Lichtsymbolik]*

Meschler, Moritz, SJ: Drei Grundlehren des geistlichen Lebens, Freiburg 1909

Meyer, Heinz: Schriftsinn, mehrfacher, in: Historisches Wörterbuch der Philosophie, Band 8, Darmstadt 1992, Sp. 1431-1439 *[Meyer Schriftsinn]*

Mühlen, Karl-Heinz, zur: Art. „Mystik 2. Kirchengeschichtlich", Evangelisches Kirchen-Lexikon, Band 3, Göttingen ³1992 Sp. 577-586: Arndt etc. Sp. 584

Mühlpfordt, Günter: Der frühe Luther als Autorität der Radikalen. Zum Luther-Erbe des ‚linken Flügels', in: Steinmetz, Max und Brendler, Günter (Hg.): Weltwirkung der Reformation. Internationales Symposium anläßlich der 450-Jahr-Feier der Reformation in Wittenberg vom 24. - 26. Oktober 1967, Referate und Diskussionen, Bd. 1 Berlin/Ost, S. 205-225 *[Mühlpfordt Autorität]*

Müller, Karl: Kirchengeschichte, Bd. 2, 2. Halbband, Tübingen 1923

Müller-Jahncke, Wolf-Dieter: Agrippa von Nettesheim: „De occulta philosophia". Ein „Magisches System", in: Magia naturalis und die Entstehung der modernen Natur-

wissenschaften. Symposion der Leibniz-Gesellschaft Hannover, 14. und 15. November 1975, hg. von Heinekamp, Albert und Mettler, Dieter, Wiesbaden 1978, S. 19-26
[Müller-Jahncke Agrippa]
Müller-Jahncke, Wolf-Dieter: Astrologisch-magische Theorie und Praxis in der Heilkunde der frühen Neuzeit, Stuttgart 1985 (= Sudhoffs Archiv Beiheft 25)
[Müller-Jahncke Heilkunde]
Müller-Jahncke, Wolf-Dieter: Makrokosmos und Mikrokosmos bei Paracelsus, in: Paracelsus. Das Werk – die Rezeption, hg. von Zimmermann, Volker, Stuttgart 1995, S. 59-66
[Müller-Jahncke Makrokosmos]
Mutz, Franz Xaver: Christliche Aszetik. Mit besonderer Berücksichtigung des priesterlichen Lebens, Paderborn 1907 (= Wissenschaftliche Handbibliothek. Erste Reihe. Theologische Lehrbücher. XXVII)
[Mutz Aszetik]

Natura loquax. Naturkunde und allegorische Naturdeutung vom Mittelalter bis zur frühen Neuzeit, hg. von Harms, Wolfgang und Reinitzer, Heimo, Frankfurt/M./ Bern / Cirencester/U. K. 1981
[Natura loquax]
Neue Beiträge zur Paracelsus-Forschung, hg. von Dilg, Peter und Rudolph, Kurt, Akademie der Diözese Rottenburg-Stuttgart 1995 (= Hohenheimer Protokolle 47)
Nigg, Walter: Heimliche Weisheit. Mystisches Leben in der evangelischen Christenheit, Zürich/München ... Aufl. 1987
[Nigg Weisheit]
Nobis, Heribert M.: Art. „Buch der Natur", in: Historisches Wörterbuch der Philosophie (HWP), Basel u. a. 1971ff., Bd. 1 Sp. 957-959
[Nobis Buch der Natur HWP]
Nobis, Heribert M.: Art. „Buch der Natur", in: Lexikon des Mittelalters (LMA), München u. a. 1980ff.; Band 2, Sp. 814f.
[Nobis Buch der Natur LMA]
Nutton, Vivian: Der Luther der Medizin: ein paracelsisches Paradoxon, in: Paracelsus: Das Werk – die Rezeption. Beiträge zum 500. Geburtstag von Theophrastus Bombastus von Hohenheim, genannt Paracelsus (1493-1541) an der Universität Basel am 3. und 4. Dezember 1993, hg. von Zimmermann, Volker, Stuttgart 1995, S. 105-112
[Nutton Paradoxon]

Ohly, Friedrich: Das Buch der Natur bei Jean Paul, in: Studien zur Goethezeit, FS Erich Trunz zum 75. Geburtstag, hg. von Mähl, Hans-Joachim und Mannack, Eberhard, Heidelberg 1981 (= Beihefte zum Euphorion 18), S. 177-232; jetzt auch in: ders.: Ausgewählte und neue Schriften zur Literaturgeschichte und zur Bedeutungsforschung, hg. von Peil, Dietmar und Ruberg, Uwe, Stuttgart/Leipzig 1995 S. 845-888
[Ohly Jean Paul]
Ohly, Friedrich: Die Welt als Text in der *Gemma Magica* des Ps.-Abraham von Franckenberg, in: Text-Etymologie. Untersuchungen zu Textkörper und Textinhalt, FS Heinrich Lausberg zum 75. Geburtstag, hg. von Arens, Arnold, Stuttgart 1987, S. 253-264, jetzt auch in: ders.: Ausgewählte und neue Schriften zur Literaturgeschichte und

zur Bedeutungsforschung, hg. von Peil, Dietmar und Ruberg, Uwe, Stuttgart/ Leipzig 1995 S. 713-725 *[Ohly Welt als Text]*

Ohly, Friedrich: Neue Zeugen des ‚Buchs der Natur' aus dem Mittelalter, in: Iconologia sacra. Mythos, Bildkunst und Dichtung in der Religions- und Sozialgeschichte, FS für Karl Hauck zum 75. Geburtstag, hg. von Keller, Hagen und Staubach, Nikolaus, (= Arbeiten zur Frühmittelalterforschung 23), Berlin 1993 *[Ohly Neue Zeugen]*

Ohly, Friedrich: Zum Buch der Natur, in: ders.: Ausgewählte und neue Schriften zur Literaturgeschichte und zur Bedeutungsforschung, hg. von Peil, Dietmar und Ruberg, Uwe, Stuttgart/Leipzig 1995 S. 727-843 *[Ohly Buch der Natur]*

Ohly, Friedrich: Zur Goldenen Kette Homers, in: ders.: Ausgewählte und neue Schriften zur Literaturgeschichte und zur Bedeutungsforschung, hg. von Peil, Dietmar und Ruberg, Uwe, Stuttgart/Leipzig 1995 S. 599-678 *[Ohly Goldene Kette]*

Ohly, Friedrich: Zur Signaturenlehre der Frühen Neuzeit. Bemerkungen zur mittelalterlichen Vorgeschichte und zur Eigenart einer epochalen Denkform in Wissenschaft, Literatur und Kunst. Aus dem Nachlaß hg. von Ruberg, Uwe und Peil, Dietmar, Stuttgart/Leipzig 1999 *[Ohly Signaturenlehre]*

Opel, Julius Otto: Valentin Weigel. Ein Beitrag zur Literatur- und Culturgeschichte Deutschlands im 17. Jahrhundert, Leipzig 1864 *[Opel Weigel]*

Osterhus, Ulrich: Der Hermetismus in der Philosophie Marsilio Ficinos (*Diss. phil.*) Kiel 1987 *[Osterhus Ficino]*

Pagel, Walter: Das medizinische Weltbild des Paracelsus. Seine Zusammenhänge mit Neuplatonismus und Gnosis, Wiesbaden 1962 (= Kosmosophie 1)

Pailin, David A.: Art. Natürliche Religion II, in: Theologische Realenzyklopädie Band 24 S. 80-85 *[Pailin Natürliche Religion II]*

Paracelsus: Das Werk – die Rezeption. Beiträge zum 500. Geburtstag von Theophrastus Bombastus von Hohenheim, genannt Paracelsus (1493-1541) an der Universität Basel am 3. und 4. Dezember 1993, hg. von Zimmermann, Volker, Stuttgart 1995 *[Paracelsus Werk Rezeption]*

Paracelsus (1493-1541) „Keines andern Knecht ... ", hg. von Dopsch, Heinz, Goldammer, Kurt und Kramml, Peter F., Salzburg 1994

Parerga Paracelsica. Paracelsus in Vergangenheit und Gegenwart, hg. von Telle, Joachim; Stuttgart 1991(= Heidelberger Studien zur Naturkunde der frühen Neuzeit 3) *[Parerga Paracelsica]*

Peil, Dietmar: Zur Illustrationsgeschichte von Johann Arndts „Vom wahren Christentum". Mit einer Bibliographie, in: Archiv für Geschichte des Buchwesens XVIII/ 1977, Sp. 963-1066 *[Peil Illustrationsgeschichte]*

Perl, Helmut: Der Fall „Zauberflöte". Mozarts Oper im Brennpunkt der Geschichte, Darmstadt [dass. auch: Zürich/Mainz] 2000 *[Perl Zauberflöte]*

Peuckert, Will-Erich: Das Rosenkreutz. Mit einer Einleitung herausgegeben von Zimmermann, Rolf Christian, 2. neugefaßte Auflage Berlin 1973 *[Peuckert Rosenkreutz]*

Peuckert, Will-Erich: GABALIA. Ein Versuch zur Geschichte der magia naturalis im 16. bis 18. Jahrhundert, Berlin 1967 (= ders.: Pansophie 2. Teil)   *[Peuckert Gabalia]*

Peuckert, Will-Erich: Pansophie. Ein Versuch zur Geschichte der weißen und schwarzen Magie, 2. Aufl. Berlin 1956   *[Peuckert Pansophie]*

Pfefferl, Horst: Die Überlieferung der Schriften Valentin Weigels (Teildruck der Diss. phil.), Marburg 1991   *[Pfefferl Überlieferung]*

Pfefferl, Horst: Valentin Weigel und Paracelsus, in: Paracelsus und sein dämonengläubiges Jahrhundert, Wien 1988, S. 77-95 (= Salzburger Beiträge zur Paracelsusforschung, hg. von Domandl, Sepp, Folge 26)   *[Pfefferl Weigel und Paracelsus]*

Pfefferl, Horst: Das neue Bild Valentin Weigels – Ketzer oder Kirchenmann? Aspekte einer erforderlichen Neubestimmung seiner kirchen- und theologiegeschichtlichen Position, in: Herbergen der Christenheit, Jahrbuch für deutsche Kirchengeschichte 18: 1993/94, S. 67-79   *[Pfefferl Ketzer oder Kirchenmann]*

Pfister, Kathrin: Paracelsus in frühneuzeitlichen Astrologica. in: Analecta Paracelsica. Studien zum Nachleben Theophrast von Hohenheims ... , hg. von Telle, Joachim; Stuttgart 1994 (s. dort) S. 531-540   *[Pfister Astrologica]*

Ratzinger, Josef: Licht und Erleuchtung. Erwägungen zu Stellung und Entwicklung des Themas in der abendländischen Geistesgeschichte, in: Studium Generale 13/1960, S. 368-378   *[Ratzinger Licht und Erleuchtung]*

Realencyclopädie für protestantische Theologie und Kirche, begr. von Herzog, hg. von Hauck, Albert, Leipzig [3]1896-1913   *[RE]*

Repo, Matti: Die christologische Begründung der Unio in der Theologie Johann Arndts, in: Repo, Matti und Vinke, Rainer (Hg.): Unio. Gott und Mensch in der nachreformatorischen Theologie. Referate des Symposiums der Finnischen Theologischen Literaturgesellschaft in Helsinki 15.-16. November 1994, Helsinki 1996, S. 249-274 (= Suomalaisen Teologisen Kirjallisuusseuran Julkaisuja 200 = Schriften der Luther-Agricola-Gesellschaft 35)   *[Repo Unio]*

Repo, Matti: Uskon lahja vai rakkauden päämäärä? Johann Arndtin käsitys vanhurskauttamisesta ja uniosta. Zusammenfassung: Gabe des Glaubens oder Ziel der Liebe? Johann Arndts Verständnis von Rechtfertigung und Unio, Helsinki 1997
[Repo Rechtfertigung und Unio]

Ritschl, Albrecht: Geschichte des Pietismus Bd. II: Der Pietismus in der lutherischen Kirche des 17. und 18. Jahrhunderts, Bonn 1884   *[Ritschl Pietismus II]*

Rothacker, Erich: Das „Buch der Natur". Materialien und Grundsätzliches zur Metapherngeschichte, aus dem Nachlaß hg. und bearb. von Perpeet, Wilhelm, Bonn 1979
[Rothacker Buch der Natur]

Ruhbach, Gerhard: Art. Arndt, Johann, in: Lexikon für Theologie und Kirche, Band. 1, [3]1993 Sp. 1017f.

Rusterholz, Sibylle: Zum Verhältnis von *Liber naturae* und *Liber scripturae* bei Jacob Böhme, in: Gott, Natur, Mensch in der Sicht Jacob Böhmes und seiner Rezeption. Vorträge, gehalten anl. eines Arbeitsgespräches vom 16. bis 20. Oktober 1989 in der

Herzog-August-Bibliothek, hg. von Garewicz, Jan und Haas, Alois Maria, Wiesbaden 1995 (= Wolfenbütteler Arbeiten zur Barockforschung Bd. 24), S. 129-146
[Rusterholz]

Schaarschmidt, Karl: Art. Raimundus Sabieude in: Realencyklopädie für protestantische Theologie und Kirche, 3. Aufl. Bd. XVI Leipzig 1905 S. 415-421
[Schaarschmidt Raimundus Sabieude]

Schiele, Fritz: Zu den Schriften Valentin Weigels, Zeitschrift für Kirchengeschichte XLVIII. Bd. N. F. XI/1929, S. 380-389   *[Schiele Schriften Weigels]*

Schleiff, Arnold: Selbstkritik der lutherischen Kirchen im 17. Jahrhundert, Berlin 1937 (= Neue Deutsche Forschungen, Abteilung Religions- und Kirchengeschichte, Band 6)   *[Schleiff Selbstkritik]*

Schmidt, Martin: Artikel Arndt, Johann, in Theologische Realenzyklopädie Bd. IV, Berlin/New York 1979, S. 121-129   *[Schmidt Arndt]*

Schmidt, Martin: Artikel Arnold, Gottfried, in Theologische Realenzyklopädie Bd. IV, Berlin/New York 1979, S. 136-140   *[Schmidt Arnold]*

Schmidt, Martin: Christian Hoburgs Begriff der „mystischen Theologie", in: ders.: Wiedergeburt und neuer Mensch, Witten 1969, S. 51-90

Schmidt, Martin: Luthers Vorrede zum Römerbrief im Pietismus, in: ders.: Wiedergeburt und neuer Mensch, Witten 1969, S. 299-330   *[Schmidt Römerbrief]*

Schmidt, Martin: Artikel Mystik VII: Prot. Mystik, in: Die Religion in Geschichte und Gegenwart, Band 4, Tübingen ³1960 (= Neudruck 1986), Sp. 1253-1256

Schmidt, Martin: Teilnahme an der göttlichen Natur. 2. Petrus 1,4 in der theologischen Exegese des Pietismus und der lutherischen Orthodoxie, in: Joest, Wilfried und Künneth, Walter (Hg.): Dank an Paul Althaus (FS. zum 70. Geb.), Gütersloh 1958, S. 171-201   *[Schmidt Teilnahme an der göttlichen Natur]*

Schmidt, Werner H.: Die Schöpfungsgeschichte der Priesterschrift. Zur Überlieferungsgeschichte von Gen 1,1-2,4a und 2,4b-3,24, Neukirchen-Vluyn ²1967 (= WMANT Nr. 17)   *[Schmidt Schöpfungsgeschichte]*

Schmithals, Walter: Der Pietismus in theologischer und geistesgeschichtlicher Sicht, in: Pietismus und Neuzeit 4/1977/78, S. 235-301   *[Schmithals Pietismus]*

Schmitz, Rudolf: Okkulte Wissenschaften und die moderne Pharmazie, in: Die okkulten Wissenschaften in der Renaissance, hg. von Buck, August, Wiesbaden 1992, S. 5-20
[Schmitz Okkulte Wissenschaften]

Schneider, Hans: Der radikale Pietismus im 17. Jahrhundert, in: Geschichte des Pietismus Bd. I: Der Pietismus vom siebzehnten bis zum frühen achtzehnten Jahrhundert, hg. von Brecht, Martin, Göttingen 1993, S. 391-437   *[GdP I]*

Schneider, Hans: Der radikale Pietismus im 18. Jahrhundert, in: Geschichte des Pietismus Bd. II: Der Pietismus im achtzehnten Jahrhundert, hg. von Brecht, Martin, Göttingen 1995 S. 107-197   *[GdP II]*

Schneider, Hans: Gottfried Arnold in Gießen, in: Standfester Glaube, Festschrift für Johann Friedrich Gerhard Goeters, hg. von Faulenbach, Heiner, Köln 1991, S. 247-275   *[Schneider Arnold in Gießen]*

Schneider, Hans: Johann Arndt als Lutheraner? In: Rublack, Hans-Christoph: Die lutherische Konfessionalisierung in Deutschland. Wissenschaftliches Symposion des Vereins für Reformationsgeschichte, Gütersloh 1992, S. 274-298 (= Schriften des Vereins für Reformationsgeschichte Band 197) *[Schneider Lutheraner]*

Schneider, Hans: Johann˙Arndts Studienzeit, in: Jahrbuch der Gesellschaft für Niedersächsische Kirchengeschichte 89/1991, S. 133-175 *[Schneider Studienzeit]*

Schneider, Hans: Johann Arndts „verschollene" Frühschriften, in: Pietismus und Neuzeit 21/1995, S. 29-68 *[Schneider Frühschriften]*

Schneider, Hans: Johann Arndts „Vier Bücher vom wahren Christentum". Offene Fragen der Quellen- und Redaktionskritik, in: Pietas in der lutherischen Orthodoxie, hg. von Sträter, Udo, Wittenberg 1998 S. 61-77 *[Schneider Quellen- und Redaktionskritik]*

Schneider, Hans: Johann Arndt und die makarianischen Homilien, in: Strothmann, Werner (Hg.): Makarios-Symposium über das Böse. Vorträge der finnisch-deutschen Theologentagung in Goslar 1980, Wiesbaden 1983, S. 186-222 (= Göttinger Orientforschung I. Rh.: Syriaca Bd. 24) *[Schneider Homilien]*

Schneider, Hans: Johann Arndt und Martin Chemnitz – zur Quellenkritik von Arndts „Ikonographia" – in.: Der zweite Martin der Lutherischen Kirche. Festschrift zum 400. Todestag von Martin Chemnitz, H.-W. Krumwiede zum 65. Geburtstag, in: Ev.-luth. Stadtkirchenverband und Propstei Braunschweig (Hg.), Redaktion W. A. Jünke, Braunschweig 1986, S. 201-223 *[Schneider Chemnitz]*

Schneider, Heinrich: Joachim Morsius und sein Kreis. Zur Geistesgeschichte des 17. Jahrhunderts, Lübeck 1929 *[Schneider Morsius und sein Kreis]*

Schneider, Manfred: Die erkaltete Herzensschrift. Der autobiographische Text im 20. Jahrhundert, München/Wien 1986 *[Schneider Herzensschrift]*

Schoberth, Wolfgang: Zur Geschöpflichkeit in der Dialektik der Aufklärung. Zur Logik der Schöpfungstheologie bei Friedrich Christoph Oetinger und Johann Georg Hamann, Neukirchen-Vluyn 1994 (= Evangelium und Ethik Band 3) *[Schoberth]*

Scholem, Gerhard (Gershom): Alchemie und Kabbala. Ein Kapitel aus der Geschichte der Mystik, in: Monatsschrift für Geschichte und Wissenschaft des Judentums 69. Jg. N. F. 33. Jg. 1925 S. 13-30, S. 95-110, Nachbemerkung S. 371-374, auch in: ders.: Judaica 4, hg. von Tiedemann, Rolf, Frankfurt/M. ¹1984 (= Suhrkamp Bibliothek Band 831), S. 19-128 *[Scholem Alchemie und Kabbala]*

Scholem, Gerhard (Gershom): Bibliographia Kabbalistica. Verzeichnis der gedruckten und die Jüdische Mystik (Gnosis, Kabbala, Sabbatianismus, Frankismus, Chassidismus) behandelnden Bücher und Aufsätze von Reuchlin bis zur Gegenwart, Leipzig 1927 *[Scholem Bibliographia Kabbalistica]*

Schütze, Ingo: Zur Ficino-Rezeption bei Paracelsus, in: Parerga Paracelsica. Paracelsus in Vergangenheit und Gegenwart, hg. von Telle, Joachim; Stuttgart 1991 (= Heidelberger Studien zur Naturkunde der frühen Neuzeit 3) *[Parerga Paracelsica]*

Schwager, Hans-Joachim: Johann Arndts Bemühen um die rechte Gestaltung des Neuen Lebens der Gläubigen, *Diss. theol.* Münster 1961 *[Schwager Bemühen]*

Seebaß, Frieder: Die Schrift „Paraenesis votiva pro pace ecclesiae" (1626) und ihr
  Verfasser, in: Pietismus und Neuzeit 22/1996, S. 124-173   *[Seebaß Paraenesis]*
Seeberg Arnold II: s. o.: Arnold, Gottfried: [Texte] In Auswahl hg.
  von Seeberg, Erich,
  München 1934 (im Quellenverzeichnis)   *[Seeberg Arnold II]*
Seeberg, Erich: Gottfried Arnold. Die Wissenschaft und die Mystik seiner Zeit. Studien
  zur Historiographie und zur Mystik, Meerane 1923 (= Darmstadt 1964)
                                                    [Seeberg Arnold I]
Seeberg, Erich: Zur Frage der Mystik. Ein theologischer Vortrag, Leipzig/Erlangen
  1921   *[Seeberg Mystik]*
Sennett, Richard: Civitas. Die Großstadt und die Kultur des Unterschieds, Frankfurt/
  Main 1991   *[Sennett Civitas]*
Sheppard, H. J. [?]: Egg Symbolism in Alchemy, in: Ambix. The Journal of the Society
  of Alchemy and Early Chemistry 6 (1957/58) S. 140-148   *[Sheppard Egg Symbolism]*
Sheppard, H. J.: Gnosticism and Alchemy, in: Ambix. The Journal of the Society of
  Alchemy and Early Chemistry 6 (1957/58) S. 86-100
                                        [Sheppard Gnosticism and Alchemy]
Sommer, Wolfgang: Gottesfurcht und Fürstenherrschaft. Studien zum Obrigkeitsver-
  ständnis Johann Arndts und lutherischer Hofprediger zur Zeit der altprotestan-
  tischen Orthodoxie, Göttingen 1988   *[Sommer Gottesfurcht und Fürstenherrschaft]*
Sommer, Wolfgang: Gottes Odem in der Schöpfung. Zum Bild der Natur bei Johann
  Arndt und Jakob Böhme, in: Sommer, Wolfgang: Politik, Theologie und Frömmigkeit im Luthertum der Frühen Neuzeit. Ausgewählte Aufsätze, Göttingen 1999,
  S. 206-226   *[Sommer Odem]*
Sommer, Wolfgang: Johann Arndt im Amt des Generalsuperintendenten in Braunschweig-Lüneburg, in: Rublack, Hans-Christoph (Hg.): Die lutherische Konfessiona-
  lisierung in Deutschland. Wissenschaftliches Symposion des Vereins für Reforma-
  tionsgeschichte, Gütersloh 1992, S. 299-315 (= Schriften des Vereins für Reforma-
  tionsgeschichte Band 197); jetzt in: ders.: Politik, Theologie und Frömmigkeit im
  Luthertum der Frühen Neuzeit. Ausgewählte Aufsätze, Göttingen 1999, S. 227-238
                                            [Sommer Generalsuperintendent]
Sommer, Wolfgang: Johann Sauberts Eintreten für Johann Arndt im Dienst einer
  Erneuerung der Frömmigkeit, in: ders.: Politik, Theologie und Frömmigkeit im
  Luthertum der Frühen Neuzeit. Ausgewählte Aufsätze, Göttingen 1999, S. 239-262
                                            [Sommer Sauberts Eintreten]
Sommer, Wolfgang: Politik, Theologie und Frömmigkeit im Luthertum der Frühen
  Neuzeit. Rückblick und Ausblick auf die Diskussion in der gegenwärtigen For-
  schung, in: ders.: Politik, Theologie und Frömmigkeit im Luthertum der Frühen
  Neuzeit. Ausgewählte Aufsätze, Göttingen 1999, S. 227-238   *[Sommer Politik]*
Sparn, Walter: Art. Natürliche Theologie, in: Theologische Realenzyklopädie Band 24,
  S. 85-90   *[Sparn Natürliche Theologie]*
Spink, George Samuel: John Arndt's religious Thought: A Study in German Proto-
  Pietism Diss. phil. Temple University 1970   *[Spink]*

Stegmüller, Friedrich: Art. Raimund von Sabunde, in: Die Religion in Geschichte und Gegenwart, Tübingen ³1961 Band 5, Sp. 771   *[Stegmüller]*

Steiger, Johann Anselm: Johann Gerhard (1582-1637). Studien zu Theologie und Frömmigkeit des Kirchenvaters der lutherischen Orthodoxie, Stuttgart-Bad Canstatt 1997 (= Doctrina et Pietas. Zwischen Reformation und Aufklärung; Texte und Untersuchungen/Abt. I: Johann Gerhard-Archiv 3)   *[Steiger Johann Gerhard]*

Stoeffler, Ernest: Johann Arndt, in: Greschat, Martin (Hg.): Orthodoxie und Pietismus, Stuttgart, Berlin, Köln, Mainz 1982, S. 37-49 (= Gestalten der Kirchengeschichte 7)   *[Stoeffler Arndt]*

Sträter, Udo: Meditation und Kirchenreform in der lutherischen Kirche des 17. Jahrhunderts, Tübingen 1995 (= Beiträge zur Historischen Theologie Nr. 91)   *[Sträter Meditation und Kirchenreform]*

Sudhoff, Karl: Bibliographia Paracelsica. Besprechung der unter Hohenheims Namen 1527 - 1893 erschienenen Druckschriften, Berlin 1894 (= Graz 1958)   *[Sudhoff Bibliographia Paracelsica]*

Telle, Joachim: Art. Alchemie II, in: Theologische Realenzyklopädie, Band 2 S. 199-227   *[Telle Alchemie II]*

Telle, Joachim (Hg.): Analecta Paracelsica. Studien zum Nachleben Theophrast von Hohenheims im deutschen Kulturgebiet der frühen Neuzeit: s. dort

Telle, Joachim: Astrologie und Alchemie im 16. Jahrhundert. Zu den astrologischen Lehrdichtungen von Christoph von Hirschenberg und Basilius Valentinus, in: Die okkulten Wissenschaften in der Renaissance, hg. von Buck, August, Wiesbaden 1992, S. 227-253   *[Telle Lehrdichtungen]*

Telle, Joachim: Benedictus Figulus. Zu Leben und Werk eines deutschen Paracelsisten, in: Medizinhistorisches Journal 22/1987 S. 303-326   *[Telle Figulus]*

Telle, Joachim: Khunraths Amphitheatrum – ein frühes Zeugnis der physikotheologischen Literatur, in: Bibliotheca Palatina. Ausstellung Heiliggeistkirche Heidelberg 1986, Katalog, hg. von Mittler, Elmar, Heidelberg 1986, S. 346f.   *[Telle Bibliotheca Palatina Textband]*

Telle, Joachim (Hg.): Parerga Paracelsica. Paracelsus in Vergangenheit und Gegenwart: s. o. unter: Parerga Paracelsica

Telle, Joachim: „Vom Stein der Weisen". Eine alchemoparacelsistische Lehrdichtung des 16. Jahrhunderts, in: Analecta Paracelsica (s. dort) S. 167-212   *[Telle Stein der Weisen]*

Theologische Realenzyklopädie, hg. von Krause, Gerhard und Müller, Gerhard, Berlin/ New York 1977ff.   *[TRE]*

Tholuck, Friedrich August Gottreu und Hölscher, Wilhelm: Art. Arndt, Johann, Realencyklopädie für protestantische Theologie und Kirche, 3. Aufl. Band II, Leipzig 1897, S. 108-112   *[Tholuck/Hölscher]*

Töllner, Ralf: Der unendliche Kommentar. Untersuchungen zu vier ausgewählten Kupferstichen aus Heinrich Khunraths „Amphitheatrum Spientiae Aeternae Solius

Verae" (Hanau 1609), Ammersbek bei Hamburg 1991 (= Wissenschaftliche Beiträge aus Europäischen Hochschulen Reihe 09 Kulturgeschichte Bd. 3) *[Töllner Khunrath]*

Trepp, Anne-Charlott: Religion, Magie und Naturphilosophie: Alchemie im 16. und 17. Jahrhundert, in: Im Zeichen der Krise. Religiosität im Europa des 17. Jahrhunderts, hg. von Lehmann, Hartmut und Trepp, Anne-Charlott, Göttingen 1999, S. 473-493
[Trepp Alchemie]

Troeltsch, Ernst: Die Absolutheit des Christentums und die Religionsgeschichte und zwei Schriften zur Theologie, hg. und eingeleitet von Rendtorff, Trutz, München/ Hamburg 1969 *[Troeltsch Absolutheit]*

Troeltsch, Ernst: Die Soziallehren der christlichen Kirchen und Gruppen, Bd. 1 und 2, Tübingen 1994 (= Neudruck der Ausgabe Tübingen 1912; = UTB für Wissenschaft: Uni-Taschenbücher; 1811) *[Troeltsch Soziallehren]*

Wallmann, Johannes: Der Pietismus, Göttingen 1990 (= Die Kirche in ihrer Geschichte. Ein Handbuch, Bd. 4 Lfg. O 1) *[Wallmann Pietismus]*

Wallmann, Johannes: Der Theologiebegriff bei Johann Gerhard und Georg Calixt, Tübingen 1961 (= Beiträge zur Histor. Theologie Bd. 30) *[Wallmann Theologiebegriff]*

Wallmann, Johannes: Die Anfänge des Pietismus, in: Pietismus und Neuzeit 4/1977/78, S. 11-53 *[Wallmann Anfänge des Pietismus]*

Wallmann, Johannes: Einflüsse der Schweiz auf die Theologie und das religiöse Leben des deutschen Luthertums im konfessionellen Zeitalter 1580-1650, in: Schweize-risch-deutsche Beziehungen im konfessionellen Zeitalter. Beiträge zur Kulturge-schichte 1580-1650, Wiesbaden 1984, S. 203-226 *[Wallmann Einflüsse der Schweiz]*

Wallmann, Johannes: Fehlstart. Zur Konzeption von Band 1 der neuen „Geschichte des Pietismus", in: Pietismus und Neuzeit 20/1994, S. 218-235 *[Wallmann Fehlstart]*

Wallmann, Johannes: Herzog August zu Braunschweig und Lüneburg als Gestalt der Kirchengeschichte, in: Pietismus und Neuzeit 6/1980, S. 9-32
[Wallmann Herzog August]

Wallmann, Johannes: Johann Arndt und die protestantische Frömmigkeit, in: Jahrbuch der hessischen kirchengeschichtlichen Vereinigung 35/1984, S. 371-379
[Wallmann Protestantische Frömmigkeit (JHKGV)]

Wallmann, Johannes: Johann Arndt und die protestantische Frömmigkeit. Zur Rezep-tion der mittelalterlichen Mystik im Luthertum, in: Breuer, Dieter (Hg.): Frömmig-keit in der frühen Neuzeit, Amsterdam 1984, S. 50-74 (= Chloe 2)
[Wallmann Protestantische Frömmigkeit (Chloe)]

Was das Schöne sei. Klassische Texte von Platon bis Adorno, hg. von Hauskeller, Michael, München 1994 (= dtv wissenschaft, s. n.) *[Hauskeller Was das Schöne sei]*

Weber, Edmund: Johann Arndts Vier Bücher vom Wahren Christentum als Beitrag zur protestantischen Irenik des 17. Jahrhunderts. Eine quellenkritische Untersuchung, Hildesheim ³1978 (= Studia Irenica II) *[Weber]*

Wimmel, Herbert: Sprachliche Verständigung als Voraussetzung des „Wahren Christen-tums". Untersuchungen zur Funktion der Sprache im Erbauungsbuch Johann

Arndts, Frankfurt/M. 1981 (= Kasseler Arbeiten zur Sprache und Literatur Bd. 10)
[Wimmel Verständigung]

Wind, Edgar: Heidnische Mysterien in der Renaissance, Frankfurt/Main ¹1987 (= suhrkamp taschenbuch wissenschaft 697)   *[Wind Heidnische Mysterien]*

Winter, Friedrich Julius: Johann Arndt, der Verfasser des „Wahren Christentums". Ein christliches Lebensbild, Leipzig 1911   *[Winter]*

Wörterbuch der Philosophischen Begriffe, begründet von Eisler, Rudolf, 4. Auflage bearb. von Roretz, Karl, Band 3, Berlin 1930   *[WPhB]*

Wollgast, Siegfried: Philosophie in Deutschland zwischen Reformation und Aufklärung 1550-1650, Berlin/Ost 1988   *[Wollgast Philosophie]*

Wollgast, Siegfried: Der deutsche Pantheismus im 16. Jahrhundert. Sebastian Franck und seine Wirkungen auf die Entwicklung der pantheistischen Philosophie in Deutschland, Berlin/Ost 1972   *[Wollgast Pantheismus]*

Yates, Frances A[melia]: Giordano Bruno and the Hermetic Tradition, London 1964
[Yates Bruno]

Zedler, Johann Heinrich [Hg.]: Art. Theosophici, in: Großes Universal-Lexikon aller Wissenschaften und Künste, Halle 1732ff.; Band 43, Sp. 1116-1122
[Zedler Theosophici]

Zeller, Winfried: Der frühe Weigelianismus – zur Literarkritik der Pseudoweigeliana, in: ders.: Theologie und Frömmigkeit, Bd. 1: Marburg 1971, S. 51-84
[Zeller Früher Weigelianismus]

Zeller, Winfried: Die Bibel als Quelle der Frömmigkeit bei Gerhard Tersteegen, in: ders.: Theologie und Frömmigkeit. Gesammelte Aufsätze, hg. von Jaspert, Bernd, Bd. 2: Marburg 1978, S. 161-184

Zeller, Winfried: Die Schriften Valentin Weigels. Eine literarkritische Untersuchung. Diss. theol., Teildruck Berlin 1940 (= Historische Studien *s. n.*)
[Zeller Schriften Weigels]

Zeller, Winfried: Naturmystik und spiritualistische Theologie bei Valentin Weigel, in: Faivre, Antoine und Zimmermann, Rolf Christian (Hg.): Epochen der Naturmystik. Hermetische Tradition im wissenschaftlichen Fortschritt/ Grands Moments de la Mystique de la Nature/Mystical Approaches to Nature, Berlin 1979, S. 105-124
[Zeller Naturmystik]

Zeller, Winfried: Theologie und Frömmigkeit. Gesammelte Aufsätze, hg. von Jaspert, Bernd, Bd. 1: Marburg 1971 Bd. 2: ebd. 1978 (= Marburger Theologische Studien Bd. 8 und 15)   *[Zeller TuF I und II]*

Zimmermann, Rolf Christian: Das Weltbild des jungen Goethe. Studien zur hermetischen Tradition des deutschen 18. Jahrhunderts; Band 1: Elemente und Fundamente: München 1969, Band 2: Interpretation und Dokumentation: München 1979
[Zimmermann Weltbild I/II]

F.   Verzeichnis der Abbildungen

Den genannten Institutionen und Einrichtungen danke ich herzlich für ihre Geneh-
migung zur Veröffentlichung ebenso wie den jeweiligen Fotografinnen und Fotografen.

Band 1

1. Zum Titel:
   Porträt Johann Arndts, Kirchenbibliothek St. Andreas zu Eisleben; entstanden
   wohl in seiner Zeit dort, 1609/11 (Foto: H. Geyer; Bearb.: Peter Langemann)

2. S. 69
   Verzeichnus Der Jenigen Bücher, Welche Dinstags den 12. Martij Anno 1622
   bey Eberhard Wilden Buchhändlern erhebt worden ... (Landeskirchliches Archiv
   Stuttgart A 26/728,2a; Foto: Hauptstaatsarchiv Stuttgart/Fotost.: Frau Filipitsch)

3. S. 140
   Arndt, Johann: Von wahrem Christenthumb, heilsamer Busse, wahrem Glauben,
   heyligem Leben vnd Wandel der rechten wahren Christen. Das erste Buch. ...
   Frankfurt/M. 1605: Herzog August Bibliothek Wolfenbüttel: Th 82 (Fotostelle)

4. S. 221
   Frontispiz ob. Teil: *Ausführliche Historie Derer EMIGRANTEN Oder Vertriebenen
   Lutheraner Aus dem Ertz-Bißthum Saltzburg,* [3]Leipzig 1733.[1] (Bay. Staatsbibl. Mün-
   chen/Fotostelle; frdl. Hinweis von H. Pfr. Rudolf Hackner/Petersaurach/Mfr.)

5. S. 228
   Hoburg, Christian: THEOLOGIA MYSTICA, oder Geheimde Krafft-Gottes-
   Lehre der Frommen Alten. ... Nimägen [3]1684: Titel: Herzog August Bibliothek
   Wolfenbüttel (Xb 6339)/Fotostelle

---

[1]   Vgl. Marsch, Angelika: Die Salzburger Emigration in Bildern, Weissenhorn 1986[3], Nr. 161.

6. S. 310

Besold, Christoph: *De verae philosopiae* [sic] *fundamento*: Titel: Vorder-/Rückseite (Universitätsbibliothek Tübingen/Fotostelle, Sign.: Ka I 600 Bd. 148 Nr. 66)

7. S. 381

Kupfer *Tab. V. p: 17*: „Durch Krafft von oben": „Wahres Christentum"/*Paradiesgärtlein*, Nürnberg: Endter 1762 (Bibl. Augustana-Hochschule Neuendettelsau, Sign.: 75/984; Fotostelle Bay. Staatsbibl. München)

8. S. 396

Kupfer *P[aradies]. G[ärtlein]. 114*: „Die Sendung des Heil. Geistes": in: „Wahres Christentum"/*Paradiesgärtlein*, Nürnberg: Endter 1762 (wie o. Nr. 7)

Band 2

9. S. 6

Frontispiz zu „Wahres Christentum", hg. von Rambach, Johann Jacob, Züllichau 1739 (Bibliothek Augustana-Hochschule Neuendettelsau, Sign.: Pr. Theol. 201; Foto: Fa. Foto Meidel/Nürnberg); eine – doppelte – Anspielung auf das augustinische Motiv des *tolle, lege* (Augustinus: *Confessiones* VIII,12,29) ist unübersehbar

10. S. 21

Kupfer *Oculus Fidei* zu Comenius' Ausgabe von Raymund von Sabundes *Theologia naturalis sive liber creaturarum*, Amsterdam 1661[2]; fol. * 3 v (Universitätsbibliothek Tübingen/Fotostelle Sign.: Ac 321)

---

[2] Eine Erläuterung zum Kupfer und zur Ausgabe findet sich bei Blekastad Comenius S. 606f.; die aufschlußreiche *Emblematis Elucidatio* lautet: "*Ter geminus grex est tractantum verba Fidei:/ Simplex, arguta, & suspiciosa cohors. // Illa* (1) Columbina *est*, Aqvilina (2) *haec, tertia qvalem / Noctua* (3) *caligans assimilare potest. //* Credis qvod nescis? *Fides est inscitia./* Sola Intellecta Fides est oculata Fides. // *Si tamen adfuerit COR simplex (qvale Columbae) / Credulitas ipsa simplicitate placet. //* Credenti prudente[m] OCULUM tamen insere CORDI: / *Bis placet alma Deo lucida facta Fides. // Huic aqvilina acie solem datur innocue ipsum, / Momenta & rerum qvaelibet, inspicere. //* Ast [sic] Oculo ingenii nimium qvi fidit, acutum / In rebus Fidei cernere vix poterit. // *Contemptum qvia Lux aeterna ulciscitur umbris: / Cum sibi plus credit Thraso, minusque Deo. // Noctua nocte videns tenebras videt: Alta diei / Lux hanc excaecans, nos sapuiße docet. //* JESU Sol noster [!], noster Tu Phosphore [!], nostros / Luce reple Libros, Corda, Oculosqve, Tua! // *Noctua ne noceat, ne Verspertilio, Talpa! / Fac Jesu! obtutu nos Tibi fac Aqvilas! // Ut Solem aeternum, TE, acie spectemus acuta: Solo a Sole venit splendida lux Fidei.*" (Kursivdruck wie im Original).

11. S. 76

Adam-Christus: *WCh* Leipzig: Heinsius 1727 (Privatbesitz H. Geyer; Foto: Fotostelle Bayer. Staatsbibliothek München); das Buch I vorangesetzte „Haupt-Bild[]"
kommentiert die *inscriptio* – hinsichtlich der geforderten *mortificatio* drastisch – so:
„Erklärung des Haupt-Bildes zum ersten Buch. HIer sind zwey Jungfern, da in
der ersten ihrem Hertzen der *Fall Adams* abgebildet ist, wodurch der *alte Mensch*
wird angedeutet, der mit *dem Messer* [!] der täglichen Busse soll getödtet werden; in
der andern Jungfer Hertzen ist zu sehen die *Auferstehung Christi*, durch dessen
Krafft der *neue Mensch* in uns soll aufstehen. Denn in der Tödtung des alten
Adams und in der Lebendigwerdung und Wachsthum des neuen Menschens
bestehet das gantze Christenthum." (Hervorhebung in der *inscriptio*).

12. S. 102

Christus als Quelle der Weisheit (Begegnung Thomas von Aquin/Bonaventura):
Deckengemälde in der Bibliothek des benediktinischen Klosters Metten/Donau
bei Deggendorf/Niederbayern (Foto: Firma Foto Neuhofer, Deggendorf/Ndb.)

13. S. 182

Buch des Herzens: Emporenmalerei Pfarrkirche zu Friedersdorf (Foto: H. Geyer,
Bearb.: Peter Langemann; das Foto spiegelt den übermalten Zustand des Bildes)

14. S. 191

‚Buch des Herzens': Frontispiz: Bartholomaeus Sclei: *Theologia universalis, s. l.* 1686
(Landeskirchliches Archiv Nürnberg: Fenitzer-Bibliothek: Sign.: Fen II 8° 914;
Fotostelle: Gerhard Köstler). Zur jüdisch- wie auch christlich-kabbalistischen
Symbolik des Buchstaben *v* vgl. u. a. das – freilich zumeist mit großer Vorsicht
zu benutzende – Werk: Papus: Die Kabbala, Wiesbaden [15]1998, S. 72 sowie 110ff.

15. S. 248

Kupfer *Tab. XLVII. p: 497*: „Ich steige und säubere mich.": „Wahres Christentum"/*Paradiesgärtlein*, Nürnberg: Endter 1762 (wie oben Nr. 7 u. a.; Foto: Fotostelle Bayerische Staatsbibl. München); der Text der *inscriptio* (S. 497) dazu lautet:
„Hier siehet man eine Rackete an einen Stecken oder Stab gebunden, welche angezündet und etwas in die Höhe gestossen, in der Luft je länger je höher steiget,
und sich von dem, womit sie angefüllet ist, säubert, bis sie ganz ausgebrennet ist:
Hiemit wird abgebildet, wie GOtt einen Christen durch das Feuer des Creutzes
zum Steigen tüchtig machet, und dahin bringet, daß er mit seinem Herzen und
Sinn immer höher hinan zu dem Himmlischen und Ewigen steiget, und zugleich
von der Welt- und Eigenliebe und aller andern irrdischen Dinge, die ihn in seinem Christenthum bisher noch aufgehalten, je länger je besser gesäubert und
gereiniget wird. Siehe Jer. 31,3. Off. 3,19."

16. S. 293

Kupfer: Brille: *Tab. LI. p: 591*: „Durch hin auf etwas anderes" (vor Buch IV T. 2);
„Wahres Christentum"/*Paradiesgärtlein*, Nürnberg: Endter 1762 (wie o. Nr. 7 u. a.;
Foto: Fotostelle Bayer. Staatsbibliothek München); der Text der *inscriptio* lautet:
„Hier ist eine Brille, durch welche man auf etwas anders siehet, und es deutlicher
erkennen kan: Also sollen die Creaturen unsere geistliche Brillen seyn, durch
welche wir sollen auf ihren Schöpfer sehen, und denselben desto mehr lieben.
Siehe Es. 40,26."

Band 3

17. S. 187

Sphärenkosmos, Stich (Werkstatt Matthäus Merian) in: Fludd, Robert:
Utriusque Cosmi Maioris scilicet et Minoris ... Historia, s. l. [Oppenheim] 1617, S. 9
(Bayerische Staatsbibliothek München, Sign.: Res/2 Phys. m. 6e; Fotostelle BStB)

18. S. 205

Fludd, Robert: *Utriusque Cosmi Maioris scilicet et Minoris ... Historia,*
s. l. [Oppenheim] 1617: *ars hermetica* S. 415 (Werkstatt Matthäus Merian)
(Bayerische Staatsbibliothek München, Sign.: Res/2 Phys. m. 6e; Fotostelle BStB)

19. S. 223

Kupfer *Tab. L. p: 588*: „Starcke Glut macht mich gut.":
„Wahres Christentum"/ *Paradiesgärtlein*, Nürnberg: Endter 1762 (wie oben Nr. 5
Foto: Fotostelle Bayer. Staatsbibl. München); der Text der *inscriptio* (S. 588) lautet:
„Hier siehet man einen Brenn- und Ziegelofen, darinnen durch das grosse Feuer
und dessen starke Glut die Ziegel recht gut gemacht werden: Also pflegt GOtt
auch die Seinigen in dem heissen Creutzofen zu prüfen und bewähret zu machen.
Siehe 1. Petr. 4,12." Auffällig an dem Emblem ist u. a., daß es anstelle des (theo-)
alchemischen Athanor den weniger verfänglichen Ziegelofen setzt, wie die Illu-
strationen insgesamt meist eher der orthodoxen Interpretation korrespondieren.

20. S. 230

Fol. C iij ᵛ aus Valentin Weigels *Kurtzer Bericht Vom Wege vnd Weise ...*
„Newenstadt"/Magdeburg 1618 (Universitätsbibliothek München,
Sign.: 0001/4 Theol 3918; dass. auch: 0001/4 Theol 5101;
Foto über UB München: Herr Komma)

21. S. 326f.

Figura IV (Matthäus Merian), letzte der folgendem Werk am Ende beigefügten Tafeln: Musaeum Hermeticum Reformatum et Amplificatum... , Frankfurt/Main 1678 (Bayerische Staatsbibliothek München, Sign.: Res/4 Alch. 60; Fotostelle d. BStB)

22. S. 331

Ergon und Parergon, in: „Theophil Schweighart" [= Mögling, Daniel]: Speculum Sophicum Rhodo-Stauroticum Universale... , s. l. 1618 (Universitätsbibliothek Erlangen, Sign.: H 61/4 Trew L 542; Fotostelle der UB)

23. S. 372

[Arndt, Johann]: IUDICIUM PHILOSOPHI ANONYMI. Vber die 4 Figuren deß grossen Amphitheatri [: Heinrich Khunraths], in: Khunrath, Heinrich: DE IGNE MAGORUM PHILOSOPHO-rumq[ue] secreto externo & visibili ... Straßburg 1608, S. 112f. (Universitätsbibliothek Erlangen/Fotostelle, Sign.: H 61/Trew. Dx 399)

24. S. 390

Titel zu: [Arndt, Johann]: Anleittung zu der rechten vhralten Philosophey vnd der altten Magorum Weißheit. Deßgleichen vonn der Eitelkeit dieser Zeit Künsten. (Bayerische Staatsbibliothek München Cgm. 4416 Nr. 11; Fotostelle der BStB)

25. S. 426

Arbor Pansophiae, in: „Theophil Schweighart" [= Mögling, Daniel]: Speculum Sophicum Rhodo-Stauroticum Universale... , s. l. 1618 (Universitätsbibliothek Erlangen, Sign.: H 61/4 Trew L 542; Fotostelle der UB)

G.   Register

1.   Bibelstellen

Die Reihenfolge der biblischen Bücher entspricht der in Luthers Bibelübersetzung.

ALTES TESTAMENT

Genesis (1. Mose)

1		*II* 200; 202; 318; 322;
		III 5; 7-9; 12; 77; 142f.;
		206; 291; 315;
	1,2b	*III* 254; 256; 451
	1,3-5	*III* 289
	1,12	*III* 102
	1,14-17	*III* 192
	1,26	*II* 226
2		
	2,7	*I* 245
	2,19(f.)	*III* 66; 118f.
	2,23	*III* 119
5		
	5,3	*II* 238
	5,22	*I* 267
	5,24	*I* 267; *II* 249
6		
	6,14	*II* 319; *III* 146
7		
	7,16	*II* 319; *III* 146
11		
	11,4	*I* 97
18		
	18,9ff.	*II* 238

23		*I* 197
24		*III* 438
28		
	28,10-15	*III* 206
29		
	29,25	*II* 85
41		
	41,8	*II* 172

Exodus (2. Mose)

7		*III* 150
8		*III* 150
9		*III* 150
10		*III* 150
	10,21ff.	*III* 150
11		*II* 95; *III* 150
12		
	12,29ff.	*II* 95
19		
	19,12f.	*I* 237f.
31		
	31,2	*I* 321
	31,18	*II* 54; 100
32		
	32,32f.	*II* 100
34		*II* 212

34,1.4   *I* 348
34,29   *I* 348
34,35   *II* 217

Leviticus (3. Mose)
6
6,12   *III* 262
9
9,23   *III* 262

Deuteronomium (5. Mose)
4
4,1   *II* 185
4,24   *III* 261
6
6,5   *II* 306
8
8,3   *II* 318
30
30,20   *III* 239; 272
33
33,8   *III* 387

Josua
10   *III* 181
10,12f.   *III* 181; 432
24   *III* 111
24,2.14   *III* 267

1. Samuel
3
3,9   *I* 263

14
14,40-43   *III* 387

1. Könige
4
4,30   *III* 235; 296
12
12,22   *I* 322f.
18
18,38   *III* 262

Hiob
11
11,6   *I* 325
12
12,7   *II* 319
26
26,7   *III* 2
28
28,20f.   *I* 325
31
31,35f.   *II* 71; 185
38
38,4(u. 7)   *III* 3; 185f.

Psalmen
1
1,4   *II* 234
4   *III* 161; 387
9
9,7   *I* 323
12   *I* 328; *III* 180; 224
12,7   *I* 263

13

13,7	*III* 83

18 | *III* 156

18,30	*III* 141

19 | *I* 389;

II 254; 286;

III 147; 186; 188; 199;
211; 228; 231; 257; 283;
378

19,1	*II* 329

27 | *III* 188; 283

27,1	*III* 239; 272

33

33,6	*III* 192; 239

34 | *I* 330; 354; 389

34,9	*I* 281; 296; 328; 404f.; 416; *II* 292

36 | *I* 389

36,9	*I* 405
36,10	*III* 286f.; 290f.

39 | *II* 138

42

42,2	*I* 404

45 | *II* 16

49 | *II* 230

51 | *I* 272

51,8	*I* 112; 315-317; 325 *II* 172; 302f.

57

57,8	*I* 323

62 | *II* 138

63 | *I* 389

63,4	*I* 419

66

66,10.12	*I* 267

68

68,29	*II* 100

73

73,22	*III* 24

84 | *I* 389

84,3	*I* 382; 419

85

85,9	*I* 263; 387; *II* 190; *III* 433

91 | *I* 34; 389; *III* 179f.; 182;
189f.; 246; 256; 282;
292f.; 351; 386

91,1	*III* 161; 178
91,7f.	*III* 178

92

92,6	*III* 24

94

94,8ff.	*II* 291

104 | *II* 286; 360; *III* 81; 231;
237-239; 244; 256; 259;
271; 293; 349; 351

104,2	*III* 306
104,15	*III* 82
104,16	*III* 102
104,25f.	*II* 319
104,29f.	*III* 238; 272
104,30	*III* 263

108

108,1	*I* 323

110

110,3	*II* 253f.; *III* 289f.

112 | *III* 180

115 | *II* 301

115,1	*II* 299; 301

116 | *I* 61; *II* 138

117 | *II* 301

119 | *I* 319; 388f.; *II* 123; 257;
III 38; 222; 224; 226;
241; 268; 275; 279; 282f.;
295; 387

119, 89-96   *III* 241
119,105ff.   *III* 289
121   *III* 178; 180
131
131,2   *I* 406
136   *II* 301;
              III 186; 279; 285; 289;
              386
136,26   *III* 288
138
138,16   *II* 100
139   *II* 286;
              III 222; 241; 243-245
              252; 256; 269; 272; 281;
              287; 290-292; 378f.; 382
139,7(f.)   *II* 292; *III* 270
143
143,6   *I* 404
147
147,4   *III* 192; 199
148   *III* 185; 188; 204
148,2f.   *II* 297
148,3   *III* 185
148,4   *III* 186

Sprüche Salomos (Proverbia)
2
2,4-6   *III* 114
4
4,7f.   *I* 91
9
9,1   *III* 430
12
12,1   *III* 24
16
16,1   *I* 323

25
25,27   *I* 237

Prediger Salomo (Kohelet)
7
7,8   *I* 324
8
8,17   *II* 172
12
12,12f.   *I* 119; *II* 119

Jesaja
4
4,3   *I* 100
9
9,5   *I* 266
11
11,2   *I* 179; 383
12
12,3   *I* 328
29
29,11-14   *I* 116
38
38,16   *II* 240
43
43,2   *I* 267
45
45,3   *I* 325
48
48,10   *III* 224
48,17   *II* 61
54
54,13   *I* 109; 326f.; 329
65
65,13   *I* 407; *II* 165

Jeremia
10
   10,2   *II* 169
23
   23,23f.   *III* 245
31
   31,33(f.) *I* 348; *II* 183; 212f.;
             III 359

Hesekiel (Ezechiel)
1
   1,10   *II* 363
9   *I* 360
28
   28,13   *III* 90

Daniel
1
   1,8.12   *I* 379
2
   2,27   *II* 172
7
   7,10   *II* 184
12
   12,3   *III* 188; 211; 305

Hosea
2   *I* 149
   2,21f.   *III* 38

Joel
3
   3,1   *II* 350

Sacharja
2
   2,9   *III* 141f.
6
   6,5   *II* 363; *III* 201

Maleachi
3
   3,3   *I* 267
   3,16   *II* 113f.

**AUSSER- BZW. DEUTERO-
KANONISCHE SCHRIFTEN**

Weisheit Salomos (Sapientia Sal.)
1
   1,7   *III* 294
5
   5,18.21ff. *III* 178
6
   6,18   *II* 247
7   *II* 139; *III* 118; 343
   7,7   *I* 339
   7,17-21   *III* 115
   7,17   *II* 198
   7,20   *III* 118
   7,21   *II* 198; *III* 337
   7,22   *III* 291
   7,25   *III* 272; 291; 375; 382
   7,26   *III* 246; 285
   7,27   *II* 139; 198; *III* 382
8   *III* 343
9   *II* 138

11/12　　　(= Verse: 11,26/12,1)
　　　　　　　III 239; 243; 292; 294
12
　　12,1　　　*III* 241; 256; 350; 382

Jesus Sirach
1　　　　　*I* 368
　　1,5　　　*III* 241
24
　　24,4-11　*III* 241
　　24,28f.　*I* 404
36
　　36,11　　*I* 267
43
　　43,4　　　*III* 84

4. Esra
　　　　　　　I 325
8　　　　　*I* 267
13
　　13,55　　*I* 323

NEUES TESTAMENT

Matthäus
2　　　　　*III* 235
　　2,1　　　*II* 56; *III* 263
　　2,1-11
　　/12/13　*III* 113; 165; 209
　　　　　　　463
3
　　3,7　　　*II* 230; 232

4
　　4,4　　　*II* 318
6
　　6,33　　　*III* 332
7
　　7,6　　　*II* 232; *III* 221
　　7,7　　　*I* 115; 118
　　7,14　　*I* 118;
　　　　　　　II 80f.; 119-121; 216
　　7,15　　*II* 232
　　7,16.20　*I* 101; *III* 64; 453
　　7,21　　*I* 115
　　7,23　　*III* 459
9　　　　　*I* 360
　　9,20　　*III* 180
11
　　11,25　　*I* 112; 316
　　11,28　　*II* 129
　　11,29　　*I* 109; 328;
　　　　　　　II 111; 115; 131f.;
　　　　　　　III 458f.
12
　　12,34　　*III* 64
13
　　13,44(-46)　*II* 183; 218; 266; *III* 196
16
　　16,2　　　*II* 320f.; *III* 156
17
　　17,2　　　*I* 398
22
　　22,29　　*I* 87
23
　　23,8　　　*I* 331; 333
24
　　24,23　　*I* 97; 100
25
　　25,41　　*III* 459

Markus

5

  5,26   *III* 42

7

  7,18   *I* 105

9

  9,2-13 *II* 250

  9,7   *II* 64; *III* 458

  9,23   *I* 237

13

  13,27   *III* 201

Lukas

1

  1,47   *I* 329; 420

2

  2,27   *III* 433

8

  8,43   *III* 180

9

  9,32   *III* 286

12

  12,54   *II* 321; *III* 156

13

  13,32   *II* 230; 232

15

  15,11-32 *II* 85

17

  17,21   *I* 20; 115; 184; 303; 359;
          II 81; 198; 205; 215f.

  17,28   *I* 297

18

  18,8   *I* 109

  18,22   *I* 104

21

  21,25   *III* 156

Johannes

1   *I* 318; *II* 205

  1,3   *II* 109; 323

  1,4(f.) *III* 272; 291

  1,9   *I* 397; *III* 280; 291

3   *I* 318

  1,3ff.   *I* 238; 378

  1,6   *III* 376

  1,19   *I* 274

  1,21   *II* 140

  1,36   *II* 262

4   *I* 318

  4,23f.   *I* 125; 186; 215f.; 351;
          391;
          II 50; 202; 207;
          215-218

5

  5,24   *II* 262

6   *I* 252; 334

  6,27   *I* 404

  6,45   *I* 287; 289; 332

  6,47   *II* 262

  6,48ff. *II* 258

  6,56   *II* 262f.

  6,63   *I* 117; *III* 352

7

  7,1ff.   *I* 359

  7,(37-)38 *I* 328; *II* 262

8

  8,12   *III* 259

  8,44   *III* 48

11

  11,25   *II* 262; *III* 272

12

  12,24   *III* 218; 220f.

13

  13,17   *I* 164

14

    14,6   *II* 119

    14,21   *I* 314; 382; 419

    14,23   *I* 383

17

    17,3   *II* 276

Apostelgeschichte (Acta Apostol.)

2

    2,1f.   *I* 379

    2,3   *I* 397f.; *III* 280

    2,38   *II* 138

7

    7,56   *III* 103

17

    17,11   *I* 354

    17,25   *III* 293

    17,(27-)28 *II* 223; 245; 318

                 III 245; 269-273; 292f.;

                 340; 360; 365

20

    20,28   *II* 260

21

    21,23   *III* 286

Brief an die Römer

2

    2,14f.   *II* 338

3   *II* 61

6   *II* 145; 240

    6,4   *II* 277

    6,6   *II* 230

    6,13   *II* 258

7   *II* 240

    7,24   *II* 243

8   *II* 240

    8,9   *II* 206f.

    8,14   *II* 149

    8,(15-)16 *I* 387; *II* 7

    8,19-23 *III* 15

    8,22   *II* 286; *III* 144

    8,26   *I* 351

9

    9,3   *II* 100

    9,16   *II* 356

11

    11,36   *III* 103; 239f.; 243; 261;

                281

12

    12,1   *II* 237; 240; *III* 220

    12,21   *II* 171

13   *II* 137

14

    14,8   *II* 242

1. Brief an die Korinther

1   *I* 317

    1,18ff.   *I* 132

    1,19   *I* 116

    1,20   *I* 112; 318

    1,25   *II* 304

2   *I* 272; 316-318; 329f.

                II 172f.

    2,4(ff.) *I* 132; 325

    2,7   *I* 315

    2,8   *I* 112

    2,10(f.) *I* 327; *II* 172; 266; 302

    2,11b-17 *II* 173

    2,14   *III* 24

3

    3,13.15 *I* 267

	3,16(f.)	*I* 132; *III* 335
	3,19f.	*I* 132
4		
	4,20	*I* 109; 112; 275; 297
		II 198; 212
12		*I* 149; *II* 262; *III* 243
	12,4(-6)	*I* 321f.; *III* 243; 290; 337
	12,5	*I* 297
	12,12.27f.	*I* 297
13		*I* 120; *II* 125; 206
15		
	15,28	*III* 103
	15,50	*II* 239
	15,52	*II* 286; *III* 144

2. Brief an die Korinther

3		*I* 102; 334; 365
	3,(2-)3	*I* 105; *II* 183; 187f.; 198
		211; 213; *III* 403
	3,18	*II* 198; *III* 217; 220; 226
4		*I* 334
	3,6	*III* 76
5		
	5,17	*II* 143; 170
6		*I* 334
	6,6	*I* 115
	6,(14-)15	*I* 96; 115; *III* 157
12		
	12,4	*I* 383

Brief an die Galater

2		
	2,20	*II* 94; 128; 143; 159
4		
	4,19	*II* 197

5		
	5,24	*II* 237-240; 258
6		*II* 223

Brief an die Epheser

1		*I* 334
	1,13	*I* 359
	1,18	*I* 383
2		*II* 137
3		
	3,19	*I* 79; 109; 119f.; 188
4		*I* 334; 360
	4,3	*II* 280
	4,6	*III* 239; 243; 290
	4,13	*II* 167; 276
	4,18.21	*I* 109
5		
	5,14	*II* 137f.
	5,30	*II* 263f.

Brief an die Philipper

1		*I* 354
2		
	2,1	*II* 145
	2,8	*II* 126
3		
	3,(20-)21	*II* 165; 250;
		III 305
4		
	4,3	*II* 100

Brief an die Kolosser

1		
	1,13.27	*I* 297

1,(16-)17	II 109; 285; 323
	III 103; 144; 316; 395
2	
2,3	II 278
2,8f.	III 454
3	II 240
3,5	II 258
3,11	III 281
3,16	II 218

1. Brief an die Thessalonicher

4	I 334
4,9	I 287
5	II 206
5,21	I 268
5,23	III 430

1. Brief an Timotheus

6	
6,3f.	I 131
6,16	III 287; 291

2. Brief an Timotheus

1	
1,6	I 328f.
2	
2,7	I 245; 248; III 403
4	
4,17	II 230

Brief an die Hebräer

| **1** | I 334 |
| 1,2 | I 297 |

1,3	II 318; 323; III 239
2	I 334
3	I 334
4	I 334
5	I 334
6	I 330
6,4(-5)	I 328; 410f.
8	I 334
8,11	I 287
10	I 334
10,26f.	II 342
11	
11,1	I 410; 413f.
11,33	III 432
12	I 334
13	
13,13	II 165

Jakobusbrief

1	
1,5	I 321f.; III 440
1,17	I 380; III 259; 280
3	I 342
3,15	I 378

1. Petrusbrief

1	
1,7	III 224
2	
2,21	II 122

2. Petrusbrief

| **1** | |
| 1,4 | II 158; 245-247; 249; |

	III 269; 272; 378
1,5	*I* 350; *III* 37
1,20f.	*II* 11
3	
3,5	*II* 362; *III* 7; 12
3,13	*II* 235

1. Johannesbrief
1	
1,5	*III* 287; 291
2	*I* 334; 354
2,6	*II* 144f.; 278
2,20	*I* 163f.
2,20.27	*I* 287; 350f.; 351f.; *III* 212f.
3	
3,2	*II* 250; *III* 305
3,3	*II* 145
4	
4,4-6	*II* 278
5	
5,1(.5)	*I* 348; *II* 147
5,4	*II* 119; 170
5,20	*III* 281

Judasbrief
| V. 24 | *III* 24 |

Offenbarung/Apokalypse
des Johannes
| allgemein | *II* 368f.; *III* 155; 191 |

1	*III* 142
1,4	*III* 199f.
1,16	*III* 185; 200
1,20	*III* 200
2	
2,3f.	*I* 262
2,17	*I* 116; 328; *II* 140
3	*I* 272
3,5	*II* 100; 117
3,12	*II* 140
3,20	*I* 328; 404
4	
4,6f.	*II* 363
5	*II* 112
5,1	*II* 105; 116
5,5	*II* 363
7	*I* 360; *III* 24
7,1(f./f.)	*I* 431; *II* 363; *III* 201
7,14	*I* 267
8	
8,10f.	*III* 192; 199
12	
12,1(ff.)	*II* 170; 227
12,14	*III* 356
13	*III* 24
13,8	*II* 100
14	*I* 27; *III* 24
14,6ff.	*I* 26
20	
20,12f.	*II* 100
21	
21,3	*III* 328
21,12	*III* 142
21,14	*III* 142.

2. Personen

Die römischen Ziffern bezeichnen den jeweiligen Band, die arabischen Ziffern die Seite.

Abaelard: *I* 169; 307; *II* 185; *III* 51
Abresch, Wilhelm: *I* 378
Adami, Tobias: *I* 311f.; *III* 114
Adelung, Johann Christoph: *I* 334;
    II 298; *III* 10; 339
Agrippa von Nettesheim, Heinrich C.:
    I 13f.; 72; 82;
    II 29; 167; 222; 224; 368;
    III 1; 39; 47; 88; 119; 125-127; 137f.;
    146; 155; 165-168; 173; 180f.; 189-
    193; 196-202; 206; 212f.; 240; 251-
    254; 259-261; 263; 265; 292; 294; 300;
    333-335; 347f.; 387-389; 428; 448
Albertus Magnus: *I* 250; *II* 308
Albrecht, Georg: *II* 289
Albumasar: *III* 11
Alexander der Große: *III* 82
Algazeles (Algozelas): *III* 253; 259
Alsted, Johann Heinrich: *II* 290; *III* 68
Althaus, Paul: *I* 367
Ambrosius von Mailand: *I* 197; 250;
    II 184; 197; 286; 319
Amerbach, Johann de: *I* 14
Anaxagoras (Philosoph): *III* 250
Andreae, Jakob: *I* 53
Andreae, Johann Valentin: *I* 5; 11; 13; 51;
    53f.; 58-61; 63; 65; 67f.; 70; 72; 85; 97;
    164; 197f.; 283; 319; 337; 345; 424f.;
    II 11-14; 29; 66; 72; 211; 238; 274;
    III 68; 142; 191; 210; 323; 339; 363f.;
    366f.; 416; 439
Angela da Foligno: *I* 127; 153; 251; 254;
    330; 402; *II* 116f.; 177; 180; *III* 404
Anna II., Fürstin von Stolberg: *I* 323
Anonymus, Philomusus: *III* 68
Antonius Eremita (Mönchsvater): *I* 103;
    II 68f.; *III* 329f.; 343
Apels, Jacob: *III* 428
Apian, Philipp: *I* 54
Apollinaris von Laodicea: *II* 265
Apollonius: *III* 40; 400
Apoll (Gottheit): *III* 294
Apringius: *II* 16

Aratus: *II* 223; 245; 339;
    III 269; 272; 275; 360
Archimedes: *III* 435
Aristoteles: *I* 86f.; *II* 40; 49; 135; *III* 57;
    65; 82; 84; 86; 132; 218; 253; 259; 354
Arndt, Friedrich: *I* 340; *II* 163
Arnobius: *I* 120
Arnold, Gottfried: *I* 13f.; 18; 21; 26f.; 43;
    101; 121; 138; 148-151; 154; 158;
    203f.; 217; 222f.; 230; 232; 285-305;
    307-309; 324; 331; 337; 354; 358; 378;
    395; 402; 404; 407; 425; 427; 432f.;
    II 49f.; 83f.; 90; 101; 122f.; 155; 172;
    195; 238; 241f.; 249; 266f.; 283;
    III 27; 55; 74; 125; 179; 321; 381; 417;
    423; 439
Arnold von Villanova: *III* 84
Artephius (Alchemiker): *III* 406
Athanasius von Alexandrien: *I* 287;
    III 197; 330; 343; 365
August d. J., Herzog von Braunschweig-
    Lüneburg: *I* 63; 200; 205; 280; 306;
    382; 407; *II* 130
August, Fürst von Anhalt: *I* 32; 137; 243;
    II 42; 46; 210
Augustin sowie Ps.-Augustin: *I* 45f.; 164-
    166; 195; 197f.; 250f.; 286; 329; 340;
    399; *II* 15f.; 19; 26; 184; 197; 233;
    236; 258; 287; 319; 358; 362;
    III 44; 134; 146; 261; 289; 344; 359
Augustus (Kaiser): *III* 82
Avedon, Richard: *I* 183
Avicenna: *III* 164; 253; 259
Axmacher, Elke: *I* 144; 195;
    II 127; 129; 140; 359

Baader, Franz von: *I* 337
(auch Ps.-)Baco, Roger: *III* 218; 406; 455
Baeumker, Claus: *III* 308
Barclay, Robert: *I* 414
Baring, Georg: *I* 22; 43; 48; *II* 79
Barnes, Robin Bruce: *I* 59f.; 280

Barth, Friedrich: *III* 260
Barth, Hans-Martin: *I* 395; 402; *II* 50; 84
Barth, Karl: *II* 327; 336
Basilius der Große: *I* 164; 197; 250; 286;
    II 16; 123; 286; 289; 319
„Basilius Valentinus": *II* 241; *III* 84; 116;
    213; 215f.; 218; 408; 418; 428
Baur, Gerhard: *I* 164; 170
Beck, Hermann: *I* 48
Begemann, W. [?]: *II* 53; 198; 301
Behár, Pierre: *II* 29
Behem, Abraham: *II* 235
Behjat, Hamideh: *I* 90; 92; 97; 151; 174;
    327; *II* 34; 72; 281; 364; *III* 381
Beierwaltes, Werner: *III* 247f.
Benci, Tomaso: *III* 302
Benedikt von Nursia: *II* 161
Bengel, Johann Albrecht: *II* 313
Benrath, Gustav Adolf: *I* 42; 45; 346;
    427f.; 432; 435
Benz, Ernst: *I* 14; *III* 420-422
Benzing, Josef: *I* 34; 36f.; 77
Bernardin von Siena: *III* 162f.
Bernhard von Clairvaux: *I* 152; 165f.;
    169; 195; 197; 205; 250f.; 307; 311;
    323; 336; 405; 424; 442;
    II 68; 165; 176; *III* 366
Bernhard[t] Trevisanus, Graf: *III* 84; 407
Bernard Andreas: *II* 288
Bernardus Sylvestris: *III* 39; 51; 308
Besold, Christoph: *I* 53-55; 58; 66-68;
    71f.; 74; 77; 85; 88; 222; 306; 308;
    311f.; 334; 340; 345; 426; 433;
    II 14; 29; 178; 245; 274; *III* 27; 114;
    349; 363-366; 368-370; 391
Betke, Joachim: *I* 16; 271; 424; 430; *II* 42
Beza, Theodor: *I* 42
Biedermann, Benedikt: *I* 46; 236; 238;
    243f.; 246; 250-253; 258; 271; *II* 59;
    109-111; 123; *III* 316; 318; 320
Biedermann, Hans: *I* 29f.;
    III 3; 26; 219; 241; 263; 408
Bißmarck, Christoph(orus): *II* 179
Blank (Prediger in Danzig): *I* 28
Blekastad, Milada: *I* 60; *II* 53f.; 290;
    III 225; 346
Blümlein, Kilian: *III* 310

Blum, Paul Richard: *III* 65; 249; 269;
    282; 297-307
Blumenberg, Hans: *II* 15-17; 20;
    23-27; 34; 58; 288; 319; 362;
    III 146; 308; 345; 370
Bodenstein, Andreas von: s. Karlstadt
Bodin, Jean: *III* 126; 444
Böel, Joachim: *I* 38
Böhme, Jacob: *I* 7; 14; 25; 42; 96; 98;
    146; 149; 271; 334; 337; 352; 424;
    427f.;
    II 14; 34; 41; 48; 72; 153f.; 173; 193-
    197; 199, 204; 241; 272f.; 287; 313;
    362;
    III 10; 26; 68-70; 72; 135; 227; 229;
    289; 339; 353; 357; 421f.; 468f.
Boethius: *I* 198; *II* 26; *III* 252
Bonaventura: *I* 307; 402; *II* 19f.; 49;
    51; 101; *III* 44; 134; 297; 344
Borch, Oluf: *III* 416
Bornkamm, Heinrich: *I* 37; *II* 196
Boyle, Robert: *II* 30
Brahe, Tycho: *II* 305; *III* 1
Braun, Friedrich: *I* 20
Braun, Paul: *I* 26f.; *III* 106; 336
Brauns, Levin: *I* 36; 38
Braw, Christian: *I* 2; 139; 144; 150-158;
    171; 175; 196f.; 225; 268; 270; 308;
    336; 363; 369f.; 374; 382; 385; 391;
    399; 408; 413f.; 445-451; *II* 77; 97;
    215; 285; *III* 283; 342; 381
Brecht, Martin: *I* 13; 16; 19; 42; 45; 53;
    59; 67; 85; 98; 113; 136; 138; 144-146;
    271; 285; 305; 311; 319; 418; 424-427;
    433; *II* 3; 12f.; 73; 274; 344;
    III 246; 341; 363
Breckling, Friedrich: *I* 53; 271; *II* 40; 49
Brel[l]er, Melchior: *I* 11; 14; 19; 180; 200;
    205; 214; 317; 321f.; 326; 329; 340;
    360; 375; 382; 407; 418;
    II 5; 7; 42; 46; 52; 163; 282;
    III 13; 196; 350; 375; 380; 411f.
Brentano, Bettina von: *II* 313
Brenz, Johannes: *I* 14; 63; 196
Breymayer, Reinhard: *III* 373; 381;
    386f.; 421
Brocard, Jakob: *I* 12

Brockes, Barthold Heinrich: *III* 257; 259; 268; 273; 343; 380

Bruckner, János: *I* 259

Bruno, Giordano: *II* 18; 29; 69; *III* 1f.; 133; 259

Bubenheimer, Ulrich: *I* 18; 29-31; 33; 35; 39; 48; 51; 54-57; 60-62; 64-68; 70-74; 76-78; 209; 268; *II* 35

Buck, August: *III* 69

Buddeus, Johann Franz: *III* 222; 416-418; 422

Bünderlin (Bündelein), Johannes: *I* 42; 46

Büttner, Manfred: *III* 10

Bugenhagen, Johannes: *I* 46; 344

Bugge, Günther: *III* 408

Bullinger, Heinrich: *I* 312

Bultmann, Rudolf: *II* 238f.

Bunel, Pierre: *II* 23

Burckhardt, Titus: *III* 339

Bureus, Johannes: *I* 38

Burger, Christoph: *I* 307

Buscher, Anton: *I* 120; 171; 329

Bylebyl, Jerome: *II* 31

Caesar (röm. Kaiser): *II* 133

Calixt, Georg: *I* 147; 151; 158; 168f.; 363; 449

Calvin, Johannes: *I* 42; 250

Camerarius, Joachim: *II* 337

Campanella, Tommaso: *II* 290

„Carbonarius" [?]: *III* 418-420

Carrichter, Bartholomaeus: *III* 68

Carstens, Heinrich: *III* 132

Casander, Fridericus: *II* 312

Cassiodorus Flavius M.: *II* 26

Cassirer, Ernst: *III* 296

Castellio, Sebastian: *I* 43; 87f.; 304; *II* 217

Cato, Marcus Porcius: *I* 198

Cellius, Johann Georg: *I* 62

Chastel, André: *III* 248

Chemnitz, Martin: *I* 63; 90; 125; 196; *II* 366; *III* 153

Chesterton, Gilbert Keith: *III* 330

Christian, Herzog von Braunschweig-Lüneburg: *II* 267

Christine, Herzogin von Eisenach: *I* 170

Chrysostomus, Johannes: *II* 16; *III* 11

Chytraeus, David: *I* 164

Cicero, Marcus Tullius: *I* 198; 320f.; *II* 22; 135; *III* 259; 400; 442

Clarenbaldus von Arras: *III* 51

Claudius, Matthias: *I* 282

Clausnitzer, Tobias: *I* 352

Cleanthes, Assius: *III* 259

Colberg, Ehregott Daniel: *I* 40f.; 44f.; 98; 299; 303; 334; 378; 414; *II* 58; 87; 244; *III* 323f.; 346; 350; 352; 362; 403

Colemann, Gerhard: *I* 404; 414; *II* 172; 255

Comenius, Johann Amos: *I* 5; 346; 424; *II* 53f.; 59; 290; *III* 143; 330; 364

Compagni, Perrone: *II* 224; *III* 39; 47; 88; 119; 138; 173; 180f.; 190; 198; 201; 240; 253f.; 260f.; 334

Corderius (Mystiker): *I* 296

Corvinus, Johann: *I* 28; 64; 70; 180; 340

Cramer, Daniel: *I* 63; *II* 130

Crautwald, Valentin: *I* 375

Creuzer, Friedrich: *II* 313

Croll, Oswald: *I* 27; 334; 342; *II* 41; *III* 39f.; 59-62; 67-72; 104; 106f.; 119; 121f.; 125; 128f.; 134f.; 137; 186; 234; 249; 257; 316; 332; 336; 338f.; 357; 398; 436f.; 444; 457

Cruz, Juan de la: *I* 318

Curtius, Ernst Robert: *II* 15; 24; 26; 32; 34f.; 58; 70; 100f.; 183-186; 287f.

Cusanus, Nicolaus: *I* 66; *II* 23f.; 27; 185; 290; *III* 116; 309

Cyprianus: *I* 250; *II* 219

Cyrillus: *I* 250; *II* 127

Czepko von Reigersfeld, Daniel: *I* 424

Dannhauer, Johann Konrad: *II* 344

Dante Alighieri: *III* 191; 193; 284

Dassmann, Ernst: *II* 87; 183

Debus, Allen: *II* 30

Dee, John: *II* 29; *III* 133; 202; 204

del Rio, Martin Antonio SJ: *III* 126; 444

Democritus: *III* 40; 73; 259; 294

Denck, Hans: *I* 42; 366; 415; 428

Descartes, René: *II* 290; *III* 368f.; 399

Diadochus: *I* 287

Dieckmann, Johann: *II* 116; 173; *III* 417

Dieterich, Hermann: *I* 52; 61f.
Dieterich, Johann: *I* 61; 63; 78
Dieterich, Konrad: *I* 32; 52f.; 61-63; 70, 78
Dietrich von Freiberg: *III* 308
Dilger, Daniel: *I* 19; 28; 180; 206f.; 209; 275; 341; 420; *II* 5; *III* 188
Diogenes Laertius: *III* 442
Ps.-Dionysius Areopagita: *I* 245; 278; 299; *II* 219; *III* 69; 77; 193; 195-197; 251; 259f.; 280; 284; 286; 292; 303
Dionysius Carthusianus (Rijkel): *I* 296; *III* 308
Diotima: *III* 302
Dippel, Johann Konrad: *I* 427; *III* 55
Dobbs, Betty: *II* 30
Dörries, Hermann: *III* 329
Domandl, Sepp: *III* 274; 380
Donat, Dietrich: *I* 64-66; 68; 70f.; 77
Doort, Paul van der: *III* 320
Dopsch, Heinz: *III* 203; 309
Dorn, Gerhard: *II* 48; *III* 8; 112; 224
Dorsche, Johann Georg: *I* 374; 427
Duber, Johann: *I* 28
Duchesne, Joseph/Quercetanus: *III* 68
Dülmen, Richard van: *I* 12; 14; 43; 51-57; 59f.; 62-65; 67; 70f.; 75; 78; 219; 311; *II* 49; 198; 301; *III* 204; 321; 329f.; 339; 367
Dumrese, Hans: *I* 306; *III* 472
Duns Scotus: *I* 250

Eckhart, Meister: *I* 251; 336; *III* 277; 297; 299; 356
Egard, Paul: *I* 203
Ehrenfried Hegenitz von Görlitz: *II* 241
Ehrentreich, Alfred: *I* 96; 354f.; 371
Eichendorff, Joseph Freiherr von: *II* 313
Eisenmenger, Samuel: *II* 39; 217; *III* 8; 112; 203
Eliade, Mircea: *III* 70; 104
Empedokles: *III* 82
Endter, Wolfgang: *II* 113
Ephraem der Syrer: *I* 297
Epictetus: *I* 86
Erasmus, Desiderius: *I* 198
Erastus, Thomas: *III* 126

Erb, Peter C.: *I* 154; 301
L'Espine, Jean/Spinaeus: *I* 195; 197; 251
Euler, Walter Andreas: *II* 20
Eusebius von Caesarea: *II* 277; *III* 394
Evagrius Ponticus: *II* 69

Faivre, Antoine: *III* 420
Falco, Johannes: *I* 62
Farel, Wilhelm: *I* 42
Faulhaber, Johann: *III* 366-368
Faustus von Reji: *II* 184; 197
Fauth, Dieter: *I* 56f.; 60; 64-68; 70f.; 74f. 345; 359; 393; *III* 24
Felgenhauer, Paul: *I* 424; 428
Ferguson, John: *II* 48; 198; 301; *III* 8; 112; 381; 406-408; 428
Fesel, Philipp: *III* 68
Feuerborn, Justus: *I* 4
Ficino, Marsilio: *I* 323f.; *II* 167; *III* 9; 125; 160; 163; 165; 184; 189; 193-197; 201; 218; 234; 247-249; 251-259; 263; 269-271; 282; 284; 294; 297-307; 311; 314; 322; 325; 347-349; 355f.
Fictuld, Hermann: *I* 43f.; *III* 74; 229; 362; 406; 417
Figala, Karin: *II* 30; *III* 73; 76; 84; 86; 92
Figulus (Töpfer), Benedictus: *I* 334; *II* 54; 59; *III* 100; 128; 130; 132f.; 204; 234; 261; 385; 415f.; 454-462
Fischer, Georg: *I* 24; 394
Fischer, Johann: *I* 406
Flacius Illyricus, Matthias: *I* 44; 418; *II* 86
Fludd, Robert: *II* 29; *III* 68; 143; 195; 203f.; 324; 330; 353; 362; 364; 387
Foucault, Michel: *II* 288; *III* 68; 135
Fox, George: *I* 337; *III* 339
Franck, Sebastian: *I* 11f.; 26f.; 29; 31; 33; 37; 40; 42; 46; 49; 66; 73; 78; 102; 105; 198; 232; 268; 280; 292; 332; 337; 347; 353; 360; 362; 365; 374; 376; 388; 391; 400f.; 428; *II* 79; 87f.; 101; 103f.; 106; 119; 187-190; 208; 218f.; 227; 237; 263; 277; 298; 349; 356; *III* 47; 240; 277; 313; 336; 339; 346; 361; 364; 393; 402
Francke, August Hermann: *I* 346

Francke, Johann: *I* 29; 33; 35-39; 76; 96; 163; 231; 311; 325; 422; *II* 179; 197; *III* 428

Franckenberg, Abraham von: *I* 11; 13f.; 18f.; 21-24; 31; 40; 46; 182; 186f.; 215; 218; 258-260; 268; 271; 353f.; 358; 365; 385f.; 394; 433f.; 436; *II* 11; 57; 65-67; 72; 112f.; 152; 181; 204; 217; 241f.; 249; *III* 7; 27; 340; 361; 369

Franz, Gunther: *I* 62; 65; 78; *II* 186

Franz [Frantz] Wolfgang: *II* 7; 289

Franziskus von Assisi: *III* 342

Frazer, James: *II* 30

Frederigo d'Urbino, Herzog: *III* 165

Frey, Hermann Heinrich: *II* 289

Friedrich I., Herzog von Württemberg: *I* 56

Fritsch, Thomas: *I* 148

Fritz, Felix: *III* 215; 408; 419; 428

Fritz, Friedrich: *I* 20; 54; 62; 354; 428

Ga'far Abu 'Abd Allah: *III* 88

Gäbe, Lüder: *III* 366-368

Galenus, Claudius: *II* 35; 49; *III* 75; 452

Galilei, Galileo: *II* 18; 26-28; 40; 47; 69; 305

Garin, Eugenio: *III* 31; 44; 135; 160; 162-165; 167; 181; 248f.

Garnerius von Rochefort: *II* 54

Gaubisch, Jacob: *III* 428

Gaubisch, Urban: *I* 36

Gaule (Weigelianer): *I* 14; 28

Gause(-Leineweber), Ute: *III* 309

„Geber" (Alchemiker): *III* 84; 91; 335

Geissmar, Christoph: *I* 258

Georgius, Franciscus: *III* 335

Gerhard, Johann: *I* 7; 50; 52; 81f.; 102; 111; 119f.; 122; 147; 151; 162-170; 189; 194f.; 197-199; 201f.; 205; 209; 214; 219; 251; 263; 273; 283; 288; 317; 326f.; 329; 340; 357; 399; 418; *II* 52; 163; 172; 174; 218; 238; 265-268; 282; 285; 311; *III* 11; 13; 74f.; 107; 215; 350; 375; 380; 388; 417f.

Gerhardt, Paul: *I* 339; *II* 126

Gerl, Hanna-Barbara: *III* 68; 70f.; 347

Gerlach, Stephan: *I* 53

Germanus, Johannes: *I* 26

Gerson, Johannes: *I* 296; 307

Gesner, Konrad: *I* 196

Gichtel, Johann Georg: *I* 271; 337; 427; *III* 55

Gifftheil, Friedrich: *I* 64; 428; *II* 142

Gilbert, Jakob: *II* 289

Gilly, Carlos: *I* 11f.; 26f.; 32; 35; 38; 53; 81f.; 86-88; 129; 137; 238; 243; 258; 265; 292; 304; 311; 314; 324; 326; 376; 378; *II* 12-14; 39-42; 178; 210; 235; 241; 244; *III* 8; 11; 19; 26f.; 81; 88; 186; 210; 214; 255; 309; 311; 321; 328f.; 341; 349; 356; 363-365; 373; 381; 383-386; 388; 391; 444

Glaser, Petrus: *I* 44

Glassius, Salomon: *II* 86

Glauber, Johann Rudolf: *III* 82; 133

Gleich(ius), Johannes Andreas: *I* 200; *II* 174; 267; *III* 107

Gloy, Karen: *II* 364; *III* 19

Gmelin, Johann Friedrich: *II* 35

Goeters, Johann Friedrich Gerhard: *I* 426f.; 432; 435

Goethe, Johann Wolfgang von: *II* 287; *III* 40; 148

Gogarten, Friedrich: *II* 123

Goldammer, Kurt: *III* 9; 115f.; 125f.; 154; 165-169; 171; 173; 203; 233; 308-311; 339; 444; 458

Granada, Ludwig von: *I* 195; 197; 251; 296; 404

Gregor der Große: *I* 371; *II* 16

Gregor von Nazianz: *I* 286

Gregor von Nyssa: *II* 16

Greiffenberger, Hans: *I* 385

Greschat, Martin: *II* 220; 296; 308; 327; 331-339; 345-347; *III* 149; 343

Greyerz, Kaspar von: *II* 29f.; 322

Grosse, Henning: *III* 428

Großschedel, Johann Baptist: *III* 110

Grotius, Hugo: *II* 290

Gruebner, Birgit: *I* 5; 370; *II* 214; 281; 285; 289; 307; 318; 320; 323; 348;

350; 364; *III* 44; 70; 110; 277; 283; 290; 341; 361; 381

„Grünewald", Matthias: *I* 103

Grützmacher, Richard H.: *I* 14; 370; 372f.

Gryphius, Andreas: *I* 424

Grynaeus, Johann Jacob: *I* 312

Guibert von Nogent: *II* 58; 184

Gustav II. Adolf (König von Schweden): *III* 346

„Gutmann, Aegidius": *I* 11f.; 334; *II* 41-48; 60; 70; 362; *III* 8; 10; 68; 143; 408; 444

Haage, Bernhard Dietrich: *III* 3; 6; 26; 82f.; 88; 136; 218; 247; 255; 296

Haas, Alois Maria: *II* 14; 34; 71; 117; 322; *III* 26; 136

Haas, Hans: *I* 89; *III* 339

Hägglund, Bengt: *I* 156; 447

Hätzer, Ludwig: *I* 42f.

Häussermann, Friedrich: *I* 14; *III* 373; 381; 386f.; 421

Hafenreffer, Matthias: *I* 53; 196; *II* 29

Hahn, Johann Michael: *I* 337

Hamann, Johann Georg: *II* 287; 313

Hamm, Berndt: *I* 2; 16; 48f.; 105; 144-150; 158; 167; 196; 202; 204; 222f.; 268; 285; 364; 369; 383-385; 392; 394f.; 399; 402; 409; 415; 430-432; *II* 81; 84; 211; 219

Hannecken, Meno: *I* 4

Hardenberg, Georg Philipp Friedrich Leopold von (= Novalis): *I* 339; *II* 287; 313

Harms, Wolfgang: *I* 9; *II* 289; 312f.; *III* 12

Harnack, Adolf von: *I* 9; 364

Hartman, Sven S.: *III* 214

Hartmann, Johann: *III* 129

Hartprecht, Johann: *III* 214

Haslmayr, Adam: *II* 42; *III* 210; 328f.

Hauskeller, Michael: *III* 65f.; 303

Hedwig, Konrad: *III* 308

Heer, Henricus van: *I* 258

Heerbrand, Jakob: *I* 53; 196

Hegler, Alfred: *I* 42f.; 198; 332; 362; 366; 369; 374; 400; *III* 339; 361

Helmont, Franciscus Mercurius van: *II* 167; *III* 55; 125; 133; 353

Hempel, Johannes: *III* 308

Hendreich, Christoph: *III* 381

Henkel, Lazarus: *II* 65

Heraklit: *III* 257f.; 260f.

„Hermes Trismegistos": *I* 198; *II* 241; *III* 26f.; 40; 47; 73; 84; 91; 105; 117; 122; 132; 137; 184; 192; 197; 212f.; 218; 253; 257-259; 296; 304; 328; 334; 338; 362; 394f.; 407; 415f.; 421; 424; 428; 438; 452; 456f.

Herrenschmidt, Jakob: *II* 289

Hersent(ius), Carolus (Charles): *I* 299

Heshusius, Tileman: *I* 196

Hesiod: *III* 88; 400

Hess, Tobias: *I* 53; 59; *II* 13f.; 274; *III* 191

Hesse, Mary: *II* 30

Heussi, Karl: *I* 151

Hiel (niederl. Mystiker): *II* 90

Hieronymus: *I* 250; *II* 277; *III* 442

Hild, Heike: *III* 3; 73

Hildebert von Lavardin: *II* 70f.; 185; 211

Hirsch, Christoph: *I* 13; 53; 268; 322; 334; 378; 387; 398; *II* 24; 45; 49-51; 53; 68; 139; 217; 363; 369; *III* 26; 41f.; 77; 94; 115; 122; 126f.; 130f.; 136; 138; 140-147; 150; 152; 179; 189; 203; 213; 219; 232-235; 267; 295f.; 323; 340; 343-345; 357f.; 363; 385; 416; 423-439; 446; 448; 451; 457; 459

Hirsch, Emanuel: *II* 195; 272f.

Hirschberger, Johannes: *III* 3; 44; 88; 134; 195

Hoburg, Christian: *I* 7; 14f.; 43; 217; 222; 230; 271-284; 293; 295; 301; 303; 308f.; 316; 324; 334; 352; 354; 360; 403f.; 414; 416; 424f.; 427f.; 433; *II* 112f.; 132; 137; 139; 172; 198f.; 270-272; *III* 329; 374

Hochhuth, Karl Wilhelm Hermann: *I* 377; *II* 88

Hölderlin, Johann Christian Friedrich:
    II 313
Hölscher, Wilhelm: *I* 28
Hoffmann, Georg: *I* 151
Hofmann, Johann: *I* 12; *II* 264
Holl, Karl: *II* 187
Holland, Isaac: *III* 406; 455
Homagius, Philipp: *I* 377; *II* 88
Homer: *I* 90; *III* 261; 400
Hornig, Gottfried: *I* 158; 329; 365; 449;
    III 370
Hornigk, Bartholomäus: *III* 428
Hübner, Wolfgang: *III* 30; 269
Hugo von Folieto (= Ps.-Hugo von
    St. Victor): *II* 70
Hugo von Fouilloy: *II* 54
Hugo von St. Victor: *I* 402; *II* 25; 71;
    101; 103; 113; 201; 313; *III* 328
Hunnius, Aegidius: *I* 200
Hunnius, Nicolaus: *I* 44f.; 121; 177; 196;
    234; *II* 159; 174; 203f.; 263f.; 267f.;
    III 107; 208; 313; 319
Hus, Johannes: *I* 13
Hutter, Leonhard: *I* 121
Hynitzsch, Erasmus: *I* 33

Ignatius von Antiochien: *I* 164; *II* 264
Isidor von Sevilla: *II* 26
Isis (Gottheit): *III* 260
Israel, August: *I* 35; *II* 123

Jaeckle, Erwin: *III* 241
Jamblichus: *I* 326; *III* 257; 260f.
Jenes/Jennis, Lucas: *I* 34; 37; 77; 353;
    365; *II* 107f.; *III* 110; 216
Joel, Karl: *III* 342
Johann Casimir, Herzog v. Coburg: *I* 170
Johann Friedrich, Herzog von
    Württemberg: *I* 68; 70f.
Johannes Klimakos: *II* 176
Johannes von Salisbury: *II* 185
Joris, David: *I* 334; 428; *III* 10
Josephus, Flavius: *II* 277; *III* 394
Julian Apostata (röm. Kaiser): *III* 193
Jung, Carl Gustav: *III* 214; 335
Jungclaussen, Emanuel OSB: *I* 337

Junius, Franciscus: *I* 288
Jupiter (Gottheit): *III* 293f.
Justin Martyr: *I* 164

Kämmerer, Ernst Wilhelm: *III* 309
Kahn, Fritz: *II* 32
Kant, Immanuel: *I* 7; *II* 313
Karlstadt (von Bodenstein), Andreas:
    I 17f.; 21; 29f.; 42; 45; 49; 120f.; 137;
    139; 235; 292; 308; 345; 356; 362;
    391f.; 428; *II* 160; 162; 164; 186f.;
    219; 344; 349-351; *III* 75
Kautz, Jakob: *I* 42
Kay, Lily E.: *II* 288
Kayser, Wolfgang: *II* 313;
    III 68; 339; 341
Keckermann, Bartholomäus: *I* 288
Kedd, Jodocus: *I* 306
Kegel, Philipp: *I* 44
Keil, Gundolf: *III* 76
Kelley (Kellaeus), Edward: *III* 202
Kempen, Thomas von: *I* 11; 20f.; 24f.;
    29; 31; 39-44; 47-49; 72; 74; 77f.; 153;
    178; 195; 197f.; 251f.; 280; 418;
    II 34; 96; 165; 274; *III* 18; 403
Kemper, Hans-Georg: *I* 121; 295; 306;
    324; 331; 424; *II* 19f.; 83; 124; 142;
    III 1; 33f.; 39; 137; 170; 233; 256f.;
    259; 268; 272f.; 292; 311; 341; 353f.;
    380
Kepler, Johannes: *I* 54; 58f.; *II* 18; 26-30;
    40; 47; 69; 303; 305; *III* 1; 363
Kettner, Friedrich Ernst: *I* 323
Khunrath, Heinrich: *I* 12; 38; 122; 320-
    323; 325-327; 334; 376f.; *II* 51f.; 53;
    55-57; 59; 196-199; 217; 298; 368;
    III 10; 16; 24; 30; 60; 68; 70f.; 89; 91f.;
    109; 112; 114; 118f.; 135; 143; 193;
    224; 227-229; 237; 250; 254-258; 260-
    267; 285f.; 290; 320f.; 325; 328f.; 339;
    376; 380-386; 408; 419f.; 422
Kienle, Richard von: *I* 89
Kieser, Franz: *III* 101; 363; 384-386
Kiesewetter, Karl: *III* 166
Kirchhoff, Albrecht: *I* 35f.
Klein, Wolf Peter: *I* 98; *II* 187; 313-315;
    353; *III* 69; 135; 166; 200; 237; 240

Klüpfel, Karl: *I* 53f.
Knorr von Rosenroth, Christian: *I* 14
Koch, Ernst: *I* 7; 44; 163f.; 220; 260;
  II 174
Köhler, Walter: *I* 430
Koep, Leo: *II* 15; 100; 113; 184
Koepp, Wilhelm: *I* 3; 12-14; 16; 28; 50;
  52; 81f.; 93; 97; 123-130; 134; 142-
  145; 150; 152f.; 154; 157f.; 197; 204f.;
  213f.; 219f.; 223f.; 335; 409f.; 412;
  424; 437-446; 450;
  II 9; 23; 70; 72-74; 94; 140; 151; 174f.;
  210; 212; 257; 267; 281f.; 285; 312;
  332; 370;
  III 1; 6; 13; 74f.; 178; 188f.; 225; 231;
  341f.; 362; 371; 373-376; 381; 403
Koffmane, Gustav: *I* 24; 259
Konečný, Matouś: *II* 290
Konstantin (röm. Kaiser): *III* 211; 284
Kooij, Pleun van der: *I* 26; 35; 38; 53;
  III 321; 328
Kopernikus, Nikolaus: *II* 305; *III* 1
Korndorffer, Bartholomäus: *II* 301
Koßmann, Bernhard: *I* 269
Krafft, Fritz: *II* 27f.; *III* 69
Kramml, Peter F.: *III* 203; 309
Krell, Franz: *III* 100f.
Kriechbaum, Friedel: *I* 29f.; 45; 121; 137;
  392;
  II 160; 162; 164; 186; 344; 349-351
Krolzik, Udo: *II* 285; 294-296;
  III 54; 84; 296
Krummacher, Hans Henrik: *I* 424
Krusicke, Joachim: *I* 29; 32f.; 96; 354;
  II 179
Kühlmann, Wilhelm: *I* 27; 57-59; 61; 65;
  164; *III* 59f.; 62; 66-69; 71f.; 75; 104;
  135; 214; 229; 321; 333; 357
Kuhlmann, Quirinus: *I* 426
Kuhlow, Hermann F. W.: *III* 165-167;
  388
Kurdzialek, Marian: *II* 26; 323;
  III 22; 26f.; 30; 39; 50f.; 259; 291; 293

Labadie, Jean de: *I* 428
Lactantius: *I* 90; 321
Lamspring (Alchemiker): *III* 408

Lange, Johann:*III* 428
Lautensack, Paul: *I* 11f.; 26f.; 37; 77; 360;
  II 58f.; 67; 107-111; 116; *III* 143; 191;
  336
Lauterwald, Matthias: *I* 44; 382
Lay (Ley), Gabriel: *I* 71
Leade, Jane: *III* 374
Lederer, Thomas: *III* 100; 385
Leibniz, Gottfried Wilhelm: *II* 58;
  III 40; 274
Lenz, Johann Christoph: *III* 386
Lenfant, David: *II* 16; 184
Leo der Große: *II* 16
Lessing, Gotthold Ephraim: *I* 7
Leube, Hans: *I* 151; 198
Leyser, Polykarp: *I* 36
Libavius, Andreas: *III* 26f.; 416
Lieb, Fritz: *I* 243
Lieb, Hans: *I* 65
Lindner, Kaspar: *II* 193
Lindroth, Sten: *III* 346
Lippenius, Martin: *III* 381
Lippmann, Edmund Otto von: *III* 3; 26;
  73; 117; 136f.; 192; 254; 408
Loeben, Otto Heinrich Graf von: *II* 313
Lohse, Bernhard: *I* 429
Lombardus, Petrus: *I* 293
Longolius, Michael: *III* 225
Loofs, Friedrich: *II* 264
Louth, Andrew: *I* 428
Lucan: *III* 252
Lüers, Grete: *I* 318; 387; 391
Lund, Eric: *I* 13; 15; *III* 74; 381
Luppius, Andreas: *I* 271
Luther, Martin: *I* 13; 18f.; 25; 27; 42; 44-
  46; 63; 73f.; 94; 147; 152; 154f.; 171;
  196; 232; 235; 250; 337; 344f.; 356;
  362; 366f.; 371; 391; 414; 430f.; 447f.;
  450;
  II 50; 68; 86; 107; 123; 140; 142; 145;
  156; 163f.; 195f.; 203; 215; 230; 263;
  294; 335; 342; 344;
  III 41; 54; 103; 146; 178-180; 309;
  323; 358f.; 365; 370f.; 427; 429f.; 433;
  438

(Pseudo-)Makarios Aegypt.: *I* 195; 197

Macrobius: *III* 39; 261
Mästlin, Michael: *II* 27; 29
Mager, Inge: *I* 2; 9; 80; 82; 118; 137; 196;
    268; 362f.; 375; 386; 391; 393f.; 432;
    II 74; 83; 159; 213; 348; 365f.; 368;
    III 70; 108; 151; 231
Mahlmann, Theodor: *I* 32; 121; 133;
    144; 147; 200; 338; 374; 411; *III* 69
Maier, Hans: *I* 364; *II* 153f.;
    III 342; 359; 361
Maier (Majerus), Michael: *III* 396;
    408; 424
Manilius: *II* 223; 339; *III* 26, 30; 136;
    252; 269; 272; 275f.; 360
Mantuanus, Baptista M.: *II* 133
Marc Aurel (Philosoph u. Kaiser): *I* 321
Maresius (Des Maret), Samuel: *I* 44
Maron, Gottfried: *I* 7
Marsupini, Carlo: *III* 301
Marti, Benedikt (Aretius): *I* 195
Marti, Hanspeter: *I* 154; 301
Martius, Johann Nicolaus: *II* 167f.;
    III 125; 185; 274
Matthias, Markus: *I* 370; 402
Mavort, Abraham: *I* 243
Meder(us), David: *III* 127; 130; 232;
    439-441
Megenberg, Konrad von: *II* 25
Mehlis, Georg: *II* 151
Meier, Christel: *II* 321
Meinel, Christoph: *I* 225; *II* 30-32;
    III 65; 214
Meisner, Balthasar: *I* 288
Meister, Eckhart: s. Eckhart
Melanchthon, Philipp: *I* 44; 46; 63; 196;
    235; 250; 344; 367; *II* 107; *III* 237
Menius, Justus: *I* 344
Menno Simons: *II* 264
Mensching, Gustav: *III* 286; 308
Merian, Matthäus: *I* 71
Meschler, Moritz SJ: *II* 100
Meyer, Heinz: *II* 86
Minerva (Gottheit): *II* 294
Minucius Felix: *II* 16
Mirandola, Graf Pico della: s. Pico ...
Mögling, Daniel: *I* 43; 59; 334;
    II 49; 198; 204; 301;
    III 324; 328; 330; 332-334; 342; 345

Moller, Martin: *I* 11f.; 44; *II* 178f.
Moncada, Guglielmo Raimondo
    (*alias* Mithridates, Flavius): *III* 165
Montaigne, Michel de: *II* 23; 290
Morsius, Joachim: *III* 117; 132; 219;
    261; 411; 413; 444
Mozart, Wolfgang Amadeus: *III* 268
Mühlpfordt, Günter: *I* 18, 42; 232
Müller, Heinrich: *I* 406
Müller, Karl: *I* 195
Müller, Samuel: *I* 17; 30; 342
Müller-Jahncke, Wolf-Dieter: *III* 20;
    26; 125f.; 165; 167; 296; 444
Müllner, Leonhard: *III* 92; 216; 266
Müntzer, Thomas: *I* 59; 194; 235;
    337; 345; 356; 362; 393; 428;
    II 186f.; *III* 24; 313
Mutz, Franz Xaver: *II* 124

Narni, Galeotto Marzio da: *III* 164; 181
Neander, Michael: *I* 44; 196; 198
Neckam, Alexander: *III* 41
Nerlich, Nickel: *I* 36
Neumann, Ulrich: *III* 408
Newton, Isaac: *II* 30; *III* 2
Niclaes, Heinrich: *I* 428
Nicolai, Philipp: *I* 395
Nigg, Walter: *I* 338f.
Nilus Asketus: *I* 287; 289
Nobis, Heribert: *II* 15f.; 23-26; 28;
    34; 58; 313; *III* 135
Nollius, Heinrich: *I* 312
Norton, Thomas: *III* 407
Novalis: s. Hardenberg ...
Nutton, Vivian: *III* 155
Nuysement, Jacques de: *III* 227f.

Oberman, Heiko A.: *I* 155; 413f.
Oetinger, Friedrich Christoph: *I* 5; 337;
    III 357; 381; 386f.; 420-422
Ohly, Friedrich: *II* 14-17; 20; 24-26; 34;
    53-55; 69; 287; *III* 39-41; 44; 63; 65;
    67-72; 104; 140; 203; 320; 340
Opel, Julius Otto: *I* 14; 34f.; 198
Oporin(us), Johannes: *III* 75; 416; 443
Origenes: *I* 198

Orpheus: *III* 253; 259; 264; 296; 302
Osiander, Andreas: *I* 14; 414
Osiander, Lucas der Ältere: *I* 189; 195
Osiander, Lucas (Tübingen): 4; 15; 44f.;
   52; 54; 59; 62f.; 64; 67f.; 418; 423;
   II 141f.; *III* 292
Osiris (Gottheit): *III* 260
Osterhus, Ulrich: *III* 258; 270; 300; 348
Ovidius Naso, Publius: *III* 400

Pachymeres: *I* 287; 297
Pagel, Walter: *II* 35; 241; *III* 88
Pailin, David, A.: *II* 19
Paltz, Johann von: *I* 145
Paracelsus Theophrastus Bombastus
   Aureolus Philippus von Hohenheim:
   I 11f.; 14; 28; 34; 37; 48; 57; 60; 67;
   87; 98; 198; 248; 255; 278; 342f.;
   375; 397f.; 418; 424; 428;
   II 33f.; 35-41; 46; 48; 57; 61; 70;
   117; 125; 131; 167-169; 173f.; 197;
   200; 226-229; 231f.; 241; 277; 283;
   287; 302; 315; 366;
   III 3; 5; 8; 18; 23f.; 30; 32; 41f.; 55;
   61-64; 68; 70-72; 75; 86; 88; 91; 94;
   106; 115f.; 120; 122; 125; 128; 132;
   135; 145; 153f.; 158; 165; 167-173;
   175f.; 182f.; 203; 210; 213; 235;
   240; 255; 261; 264; 308-314; 316;
   320f.; 323; 335-337; 339; 345; 348;
   353; 375; 377; 380; 382; 396; 403;
   408; 416; 424; 428; 434; 438; 445;
   448; 451; 453; 455; 458f.
Patrizzi da Cherso, Francesco: *I* 258
Paul, Jean: *II* 287; *III* 203
Paul IV (Papst): *II* 23
Peil, Dietmar: *I* 306; 406; *III* 472
Pelusiota, Isidorus: *I* 299
Penot, Bernhard Gabriel: *III* 429
Perikles: *II* 133
Perl, Helmut: *III* 268
Perpeet, Wilhelm: *II* 287f.
Petersen, Eleonora: *I* 402
Petraeus, Benedikt Nikolaus: *III* 406-408
Petrarca: *III* 160; 162
Peuckert, Will-Erich: *I* 13; 21; 38; 335;
   II 34; 39f.; 42f.; 45; 55; 167-169; 193;

197; 206; 290;
   III 6; 39f.; 47; 68; 75; 112; 122; 125;
   130; 169; 185; 197; 201; 210; 214;
   220; 308f.; 336; 363; 385
Pfefferl, Horst: *I* 18; 29-31; 34f.; 37; 46;
   197; 230; 236; 238; 243; 318; 354;
   356; 364; 379; 417;
   II 105; 199; 208; 210; 215;
   III 3-5; 94; 314; 316; 320
Pfister, Kathrin: *III* 154
Philipp, Wolfgang: *II* 23; 290; *III* 435
Philo von Alexandrien: *II* 277;
   III 44, 134; 292; 394
Phocion (Phokion): *II* 133
Photius (Photion?): *I* 286
Pico della Mirandola, Giovanni: *II* 48;
   III 9; 69; 125; 160; 163; 165; 193-197;
   202; 263; 297; 301; 325
Pius IV (Papst): *II* 23
Plato: *I* 86f.; 111; 198; 308; 321f.;
   II 29; 40; 135; 221; 236; 241; 244; 268;
   310; 339; 355;
   III 27; 40; 69; 73; 110; 116; 123; 134;
   218; 222; 245; 256-258; 260f.; 269;
   275f.; 297; 301-303; 305; 307f.; 349;
   360; 377; 392
Plinius Secundus: *III* 65; 137; 259
Plotin(os): *I* 198; *II* 41;
   III 22; 44; 65f.; 134; 292; 297
Plutarch(os): *I* 198; *III* 261
Poimandres (göttl. Gestalt): *III* 192
Poiret, Pierre: *I* 291; 337; *III* 55
Pomponazzi, Pietro: *III* 31
Ponticus, Aemilius: *I* 324
Porphyrius: *I* 324; *II* 287; *III* 261
Porta, Giambattista della: *III* 68
Postel[l], Guillaume: *I* 12
Pregitzer, Johann Ulrich: *I* 55; 59
Priesner, Claus: *III* 73; 76; 87; 428; 444
Proklos: *I* 324; *III* 39; 257; 442
Prosper von Aquitanien: *II* 16
Prunius, Heinrich: *I* 14
Ptolemaios: *III* 162; 173
Publianus: *II* 133
Puente, Juan de la (Johannes de Ponte):
   III 297
Pythagoras (Philosoph): *I* 86; 198; *II* 241;
   III 40; 259

Rahtmann, Hermann: *I* 14; 28; 70; 180; 363; 427

Raidel, Georg Martin: *I* 53; 102; 162f.; 165f.; 170; 199; 201; 283; 329; 399; *II* 265f.; 285; 312; *III* 74f.; 215

Raimund Lullus: *II* 20; *III* 412; 421f.

Raimund von Sabunde: *I* 47; 126f.; 402; *II* 18; 20; 22-24; 49; 69f.; 117; 290; 306; 321; 333; *III* 6; 66; 140; 236f.; 340; 343f.; 361; 434f.

Rambach, Johann Jakob: *I* 81f.; 218; *II* 86; *III* 381; 388

Ratzinger, Josef: *III* 308

Rehtmeyer, Philipp Julius: *I* 323; *III* 74

Reichel(ius), Johannes Gottlob: *II* 123

Reinitzer, Heimo: *I* 9; *II* 72; 289; 312f.; 317f.

Reischle, Max: *I* 439

Reitz, Johann Heinrich: *I* 27; *II* 120

Repo, Matti: *I* 133; 144; 408-410; 413f.; *II* 131; 155; 158; 300; 354; *III* 378

Retzel, Georg Friedrich: *II* 48

Reuchlin, Johannes: *I* 13f.; 98; 376; *III* 125; 193; 201; 261; 320; 325; 429

Rhambaw, Johann: *II* 179

Rhegius, Urbanus: *I* 63

Rhodogino, Ludouico Celio: *I* 198

Richard von St. Victor: *I* 295

Ridley, Mark: *II* 288

Ritman, Joost R.: *III* 30

Ritschl, Albrecht: *I* 142; 151; 154; 373; 433; 435f.; 439; 442; 450

Ritter, Helmut: *II* 313; *III* 39

Röslin (Rosellus), Helisäus: *III* 8; 11; 68

Rosbach, Konrad: *II* 289

Rose, Johann: *III* 428

Rosenkrantz, Holger: *III* 346

Rothacker, Erich: *II* 34; 58; 287f.; 313; *III* 66; 68; 361

Roth-Scholtz, Friedrich: *II* 197; 301; *III* 222; 227; 325; 406; 416

Rousseau, Jean-Jacques: *II* 189; *III* 370

Rudolph, Kurt: *III* 29

Ruhbach, Gerhard: *I* 424

Rusterholz, Sibylle: *II* 14; 34; 71f.; 117; 193; *III* 68f.; 72; 135

Ruysbroek, Jan van: *I* 40

Sabunde, s.: Raimund von Sabunde

Sachsen, Ludolf von: *I* 254

Sandaeus, Maximilian: *I* 296

Saubert, Johann: *I* 52; 219; *II* 72; 113; 115; 117

Schaarschmidt, Karl: *II* 20, 22

Scharff, Gottfried Balthasar: *III* 381

Scheffler, Johannes (Angelus Silesius): *I* 6; 222; 285; 305f.; 308; 337; 424; 426; 428; 433; *III* 229; 472-478

Schelhammer, Johann: *I* 34

Schelling, Friedrich Wilhelm Joseph: *II* 287

Scherer, Richard: *I* 330; *III* 72; 84; 87; 92; 99f.; 105; 116; 137; 212-216; 218; 233; 266f.; 271; 322; 345

Scheuchzer, Johann Jakob: *II* 318

Schickard, Wilhelm: *I* 51; 56; 58; 61; 65; *II* 29

Schiele, Fritz: *I* 34-36; 38

Schiller, Friedrich von: *II* 133

Schlegel, Friedrich von: *II* 313

Schleiermacher, Friedrich Daniel Ernst: *I* 386; 434

Schleiff, Arnold: *I* 312; *II* 152; 193

Schleupner, Christoph: *I* 52; *II* 74; 173

Schmalor, Hermann-Josef: *I* 120

Schmidt, Martin: *I* 271; 285; 308; 414f.; 424f.; *II* 247; 279

Schmidt, Peter: *I* 30; 52

Schmidt, Werner H.: *III* 185

Schmidtberger, Isaac: *I* 260

Schmithals, Walter: *I* 378

Schmitt, L. E. [?]: *II* 163f.

Schmitz, Rudolf: *III* 65

Schneider, Hans: *I* 14; 20; 32; 43; 81f.; 90; 92; 97; 115; 124f.; 128f.; 137; 144; 147; 155; 161; 170; 189; 195; 200; 214; 222; 226; 283; 285; 303; 308; 317; 320; 326; 348; 377; 391; 413; 418; 446; *II* 1; 49; 74; 152; 210; 219; 224; 229; 232; 282; 285; 289; 366; *III* 6; 13f.; 64; 74f.; 81; 94; 107-109; 113f.; 116f.; 119f.; 122; 138; 151; 153; 196; 209; 215; 217; 219; 221; 225f.; 231; 321; 337; 373-376; 380f.; 384; 386; 403f.; 411; 417; 429; 431; 452

Schneider, Heinrich: *III* 411
Schneider, Manfred: *II* 189; 274
Schoberth, Wolfgang: *III* 381
Schoeps, Julius: *II* 265
Scholem, Gershom (Gerhard): *I* 14;
   III 165; 192; 387
Schopenhauer, Arthur: *II* 287; 313
Schoppe, Andreas: *I* 280
Schrader, Hans-Jürgen: *III* 492
Schröder, Friedrich J. W.: *III* 112
Schütt, Hans-Werner: *II* 26
Schütze, Ingo: *III* 196
Schwager, Hans-Joachim: *I* 80; 174; 336;
   393; 402; *II* 95; 116; 285; 354;
   III 215; 225; 361; 373f.; 381
Schwarz, Wilhelm: *I* 25
Schwenckfeldt, Caspar von: *I* 7; 14; 21;
   24f.; 28f.; 31; 40; 42; 46; 49; 60; 66f.;
   77f.; 232; 337; 345; 356; 358; 362;
   367; 375; 391f.; 414; 418; 428;
   II 141; 219; 253; 264; 353; *III* 417
Sclei, Bartholomaeus: *I* 6; 104; 175; 177;
   217; 230; 257-272; 295; 304; 316-319;
   333f.; 343; 345; 347; 353; 365; 377f.;
   380; 385; 387; 395; 404; 406f.; 414;
   II 57; 60-67; 70; 86; 111f.; 116; 120;
   125; 132; 137f.; 152f.; 154; 159; 165;
   172; 176; 189f.; 192; 195; 199; 213;
   215-217; 227; 249; 253; 255; 301; 353;
   III 24; 47; 226f.; 229; 347; 356f.; 384;
   457; 463-471
Seck, Friedrich: *I* 56
Seebaß, Frieder: *I* 4; 11; 14; *II* 11; 42
Seeberg, Erich: *I* 285; 288; 290f.; 294;
   300; 303-305; 307-309; 427
Sheppard, H. J. [?]: *III* 3; 214; 218; 229
Seidel, Georg: *I* 19; 433
Seidenbecher, Georg Lorenz: *I* 25; 258
Sendivogius, Michael: *III* 84; 92f.; 212;
   216; 233; 271
Seneca, Lucius Annaeus: *I* 111; 197; 323;
   II 133-135; 244; 355; *III* 149
Senn, Matthias: *II* 295
Sennett, Richard: *I* 183
Severinus Danus, Petrus (Peder Sœren-
   sen): *III* 43; 51; 81; 94; 132
Seyppel, Joachim: *I* 105; 376
Siber, Justus: *I* 203

„Siderokrates": s. Eisenmenger
Siedel, Gottlob: *I* 442
Sigmund August, König von Polen:
   III 451
Sigwart, Johann Georg: *I* 53
„Silesius, Angelus", s. Scheffler, Johann
Söderblom, Nathan: *I* 445
Soeldner, Johann Anton: *III* 408-416
Sokrates: *I* 86; *III* 302; 364
Sommer, Wolfgang: *I* 2-5; 9; 14-17; 52;
   144; 157; 217; 219; 222; 224f.; 283;
   345; 397; 425; 431; *II* 285; 295; 304;
   313f.; 364; *III* 2; 13; 38: 62; 70; 72;
   231; 295; 376; 381
Sozzini, Fausto: *I* 258
Sparn, Walter: *II* 20
Spener, Philipp Jakob: *I* 5; 18; 71; 151;
   213; 424; 426f.; 434;
   II 274; 285; 344; *III* 274; 341
Sperber, Julius: *I* 11-13; 38; 268; 324f.;
   334; 374; 376; *II* 196-198; *III* 10; 24;
   143; 324; 328; 362; 434; 469
Spink, Samuel George: *I* 405
Spinoza, Baruch de: *III* 44
Staricius (Staritz), Johannes: *I* 29f.; 36-38;
   77; *II* 197
Staupitz, Johannes von: *I* 29-31; 39; 45f.;
   48f.; 72; 76-78; 139; 152f.; 251; 345;
   III 369
Stegmüller, Friedrich: *II* 23
Steiger, Johann Anselm: *I* 7; 120; 163f.;
   166; 189; 197; 200; *III* 216; 227; 417
Steinmann, Tobias: *I* 30; 33
„Stellatus, Joseph", s.: Hirsch, Christoph
Stoeffler, Ernest: *I* 92; 145
Strabo von Amaseia: *III* 262f.
Sträter, Udo: *I* 2; 136; 173; 393
Studion, Simon: *I* 12
Sturm, Johann: *I* 161
Suchten, Alexander von: *I* 322; 324; 376;
   III 75; 116f.; 128; 130; 132; 137; 145;
   183; 208f.; 212-214; 220; 232; 261;
   296; 325; 392f.; 395; 411-416; 422;
   444-453; 456; 459; 461; 475
Sudermann, Daniel: *I* 29; 59; 72; 75; 77;
   105
Sudhoff, Karl: *I* 37f.; 397; *II* 33; 35-38;
   46; 131; 168f.; 197; 226-229; *III* 8f.;

23; 63f.; 70; 75; 91; 99; 116; 154; 167-172; 175; 213; 228; 309-314; 339; 429
Sulzer, Simon: *I* 312

Tancke (Tanckius), Joachim: *III* 72f.; 100; 105; 137; 428
Tannenbaum, Heinrich Christian, Amelung von: *III* 406-408
Tauler, Johannes: *I* 13f.; 18-21; 24f.; 29; 31; 33; 40f.; 43-49; 72; 76; 78; 153; 173; 178; 198; 208f.; 242; 251f.; 280; 336; 359; 370; 380; 382; 391; 399; 418; 424; 442;
II 104f.; 119; 134; 219; 243;
III 18; 277; 342; 350; 380; 403
Telle, Joachim: *I* 13; 21f.; 24-27; 258; 394; *II* 54; 65; *III* 59f.; 62; 66-69; 71f.; 99-101; 104; 135; 140; 154; 214; 228f.; 231; 321; 329; 357; 385f.; 408; 415
Tennhardt, Johann: *I* 20f.
Tersteegen, Gerhard: *I* 337; *II* 53
Tertullianus, Quintus Septimius Florens: *I* 90; 114; 288; *II* 16
Thales von Milet: *III* 88; 91
Theodoret: *I* 197; *II* 286; 319
Theophrastus (Philosoph): *III* 253f.
Theophrastus ... von Hohenheim, s. o. unter Paracelsus
Thierry von Chartres: *III* 39; 51; 308
Thölde, Johann: *III* 428
Tholuck, Friedrich August Gottreu: *I* 28; *II* 73; 160; 174; *III* 110; 353
Thomas von Aquin: *I* 250; 293; *II* 101; *III* 27; 162f.
Thomas von Cantimpré: *II* 26
Thomasius, Christian: *I* 148; *III* 309
Thumm(ius), Theodor: *I* 52; 54f.; 59; 62-64; 67f.; 122f.; 176; 209; 340; 352; 371; 375; 387-389; *II* 87; 162; *III* 208
Titus (römischer Kaiser): *II* 133
Töllner, Ralf: *III* 89; 91; 225; 228f.; 254-257; 285f.; 291; 320f.; 381
Töpfer, Benedikt, s. Figulus
Torricelli, Evangelista: *II* 352
Toxites, Michael: *III* 68
Trepp, Anne-Charlott: *III* 74; 79; 231; 416

Trithemius, Johannes: *III* 112; 125; 193
Troeltsch, Ernst: *I* 434f.; 448-451; *III* 246
Trunz, Erich: *II* 331
Tschesch, Johann Theodor von: *I* 14

Ursinus, Heinrich: *II* 289

Valdés, Juan de: *I* 428
Varenius, Heinrich: *I* 64; 374; 427
Varro, M. Terentius: *II* 22
Vaughan, Thomas: *III* 130f.
Vergil: *III* 252; 261; 293f.; 400
Vetter, Ferdinand: *II* 104; 243
Vickers, Brian: *II* 30
Vinzenz von Beauvais: *III* 10
Viue, Ludouico: *I* 198
Vogel, Heinrich: *II* 198
Vredemann de Vries, Hans: *III* 320

Walch, Johann Georg: *I* 18; 220; 363; *III* 381
Wallmann, Johannes: *I* 14; 52; 63; 144f.; 161; 163; 167f.; 197; 213; 216; 223f.; 271; 285; 292; 294; 336; 346; 351; 424; 426;
II 151; 281; 370;
III 274; 341f.; 355
Walter, Rudolf: *I* 46; 195
Walther, Michael: *II* 72; 289
Weber, Edmund: 43; 48; 50; 119; 130; 175; 223; 230; 268; 304; 342; 375; 411f.; 446;
II 23; 95; 116f.; 125; 152; 165; 173; 175; 177; 180; 285; 289; 290; 302; 308; 335; 366;
III 3; 6; 18; 70; 75; 86f.; 105; 108; 116; 120; 124; 146; 153-155; 173; 175; 178f.; 196; 204; 277; 341f.; 351; 373; 381; 417f.; 452
Weber, Max: *II* 30
Webster, Charles: *II* 30
Wehr, Gerhard: *I* 337; *II* 153; 193f.; *III* 227
Weick(h)art, Christoph: *I* 236; 243
Weigameier, Johann Baptist: *I* 59; 66

Weigel, Valentin (incl. Pseudo-Weigel): *I* 7; 12; 14f.; 17-19; 21f.; 24-28; 30-32; 34-36; 40-42; 46; 48f.; 52; 54; 57; 60f.; 65-67; 75; 78; 95f.; 98-100; 105; 121; 123; 149; 174; 176f.; 180; 182-185; 187; 191f.; 197f.; 200f.; 203; 206-208; 210f.; 217; 222; 229-242; 248; 255; 261; 263; 271; 278; 295; 301; 303; 309; 312; 326; 332; 334; 337; 340-342; 345; 347; 352; 354-357; 359f.; 361; 364f.; 370f.; 375; 378-380; 386-388; 391f.; 394f.; 398f.; 401; 416-418; 424; 427f.; 433; 435;
II 11; 24; 34; 37; 48; 57-59; 70; 72; 79-82; 89; 95f.; 101; 104-108; 112; 116-120; 122-124; 129; 134; 141; 144-146; 149; 153; 155-157; 159-162; 172; 174; 176-179; 189; 195; 198-210; 214-219; 222; 228; 231f.; 235; 238-240; 242; 249; 253; 255-257; 263f.; 268; 277; 279; 281; 283f.; 335; 348f.; 351; 353; 356; 362;
III 3-5; 7; 10; 14f.; 17-19; 22f.; 25f.; 28; 32f.; 41-43; 47; 56-59; 64; 71; 90; 94-97; 101; 106; 116; 133; 159; 173-177; 182f.; 204; 206-208; 216; 219-221; 228f.; 234f.; 242; 269; 287; 291; 308; 314-321; 323; 335f.; 339f.; 345-348; 353; 355; 359; 361; 364; 375; 384; 403; 405; 413; 417; 434; 437; 448; 450; 455; 476

Weishaupt, Johann Adam: *III* 268
Welling, Georg von: *III* 55
Werdenhagen, Johann Angelius: *I* 32
Werner, Johann: *I* 73
Wernsdorff, Gottlieb: *II* 46; *III* 231; 381
Westfall, Richard: *II* 30
Weyer/Wier, Johannes: *III* 112; 126f.; 232; 389
Wick, Johann Jakob: *II* 295
Widemann, Carl: *I* 11; 137; 243; *II* 42; *III* 210
Widengren, Geo: *III* 263
Wild, Eberhard: *I* 54; 59f.; 63f.; 66-68; 70f.; 73-78; 356; 434; *II* 5
Wilhelm von Conches: *III* 51; 247; 291
Wimmel, Herbert: *I* 371; *II* 315; *III* 341-343; 351

Wind, Edgar: *III* 448
Winsen, Hermann zu: *II* 46; *III* 231
Winter, Friedrich Julius: *I* 218
Wintzius, Petrus [auch fälschlich: Winkius]: *I* 26f.; *III* 106; 336
Witte, Henning: *III* 381
Woelk, Ulrich: *II* 288
Wolf, Johannes: *I* 260
Wolfart, Erasmus: *I* 38; 122; 170f.; 269; *II* 173; *III* 109; 225; 374; 380; 422
Wolf, Georg: *III* 444
Wollgast, Siegfried: *I* 27; 37; 42; 60; 65; 78; 198; 268; 332; 342; 357; 395; *II* 12; 27-29; 39; 46; 101; 106; 123; 186f.; 196; 200; 204; 217; 255; 258; 263; 265; *III* 26-29; 68; 215; 313; 361; 366

Xystus, Pythagoricus: *III* 335; 455

Yates, Frances Amelia: *II* 30; *III* 192-195; 197; 202f.; 248; 259; 273; 284; 348, 398

Zedler, Johann Heinrich: *III* 353f.
Zell, Albrecht Jakob: *III* 268
Zeller, Michael: *I* 59
Zeller, Winfried: *I* 14; 17; 30; 32; 34; 65; 183; 198; 230; 243f.; 246; 250; 309; 343; 394; 417; *II* 53; 104f.; 107; 206; 235; 290; *III* 4; 47; 220; 342
Zetzner, Lazarus: *II* 13; 54; *III* 415; 454
Ziegler, Heinrich: *I* 46; *II* 87; 103; 106; 187f.; 218; 227; 263
Zimmermann, Albert: *III* 26
Zimmermann, Georg: *I* 59; 377; *II* 88
Zimmermann, Rolf Christian: *III* 40; 53; 55; 456
Zimmermann, Volker: *III* 26; 247; 420
Zoroaster: *I* 7; *II* 241; *III* 258; 261
zur Mühlen, Karl Heinz: *I* 424
Zwinger, Theodor: *I* 86-88; 160; 326; 377; *II* 23; *III* 14; 68; 81
Zwingli, Ulrich: *I* 94; 195; 250.